ISBN 978-0-265-32252-9
PIBN 11021600

1 MONTH OF
FREE
READING

at
www.ForgottenBooks.com

By purchasing this book you are
eligible for one month membership to
ForgottenBooks.com, giving you
unlimited access to our entire
collection of over 1,000,000 titles via
our web site and mobile apps.

To claim your free month visit:
www.forgottenbooks.com/free1021600

English
Français
Deutsche
Italiano
Español
Português

www.forgottenbooks.com

Mythology Photography **Fiction**
Fishing Christianity **Art** Cooking
Essays Buddhism Freemasonry
Medicine **Biology** Music **Ancient**
Egypt Evolution Carpentry Physics
Dance Geology **Mathematics** Fitness
Shakespeare **Folklore** Yoga Marketing
Confidence Immortality Biographies
Poetry **Psychology** Witchcraft
Electronics Chemistry History **Law**
Accounting **Philosophy** Anthropology
Alchemy Drama Quantum Mechanics
Atheism Sexual Health **Ancient History**
Entrepreneurship Languages Sport
Paleontology Needlework Islam
Metaphysics Investment Archaeology
Parenting Statistics Criminology
Motivational

Jahrbücher

für

Deutsche Theologie

herausgegeben

von

Dr. Liebner in Dresden, Dr. Dorner in Berlin,
Dr. Ehrenfeuchter und Dr. Wagenmann in Göttingen,
Dr. Landerer, Dr. Palmer und Dr. Weizsäcker in Tübingen.

Achter Band.

Gotha.

Inhalt.

                                                                    Seite

Löwe, welches ist der Gesammtertrag der neueren Forschungen
über die christliche Gottes-, insbesondere die Trinitätslehre seit
Schleiermacher? Eine theologische Anfrage und vorläufige Antwort   1

Frommann, über die seufzende Creatur, Röm. 8, 19—23. .   25

Zöckler, die einheitliche Abstammung des Menschengeschlechts.
Ein Vortrag mit wissenschaftlichen Erläuterungen und Belegen   51

Steitz, die Bußdisciplin der morgenländischen Kirche in den ersten
Jahrhunderten, zur Entscheidung der Frage: ob in derselben eine
seelsorgerliche Privatbeichte bereits bestanden habe?   .   .   91

Ritschl, die Aussagen über den Heilswerth des Todes Jesu im
Neuen Testament   213

Schmidt, Origenes und Augustin als Apologeten. Ein Beitrag
zur Geschichte der Apologetik. 2. Artikel   261

Schaff, über die ökumenischen Concilien mit Rücksicht auf
Dr. Hefele's Conciliengeschichte   326

Hamberger, die Rationalität des Begriffes der himmlischen
Leiblichkeit   433

Ritschl, die Aussagen über den Heilswerth des Todes Jesu im
Neuen Testament (Fortsetzung)   477

Diestel, die Idee des theokratischen Königs. Mit besonderer
Rücksicht auf die Königspsalmen   536

Plitt, das biblisch-evangelische Princip der Lehrtropen mit besonderer Beziehung auf Zinzendorf   621

Osiander, Bemerkungen über die evangelische Rechtfertigungslehre und ihre Geschichte in Beziehung auf die Angriffe in
Döllinger's „Kirche und Kirchen"   691

Jacoby, die Idee der Religion und des religiösen Lebens   . 715

Baxmann, Baur's speculative Geschichtsconstruction und der
Wunderanfang des Christenthums   733

Anzeige neuer Schriften:

	Seite
Becker, das philosophische System Platon's in seiner Beziehung zum christlichen Dogma	369
Bessell, Leben des Ulfilas	600
Besser, St. Pauli erster Brief an die Korinther	792
Bleef, Vorlesungen über die Apokalypse	356
Boden, Lessing und Göze	405
Boehl, vaticinium Jesaiae cap. 24—27	191
Böhl, zwölf messianische Psalmen	193
Cassel, Weihnachten, Ursprünge, Bräuche und Aberglauben	391
Dalmer, Nachrichten aus der Zeit und dem Leben des A. J. v. Krakewitz	608
Delitzsch, Commentar über den Psalter	762
Ernesti, vom Ursprunge der Sünde	610
Gaß, Geschichte der protestantischen Dogmatik. 3. Bd.	402
Geiger, Sadducäer und Pharisäer	781
Gillet, Crato von Craftheim und seine Freunde	398
Hävernick's Vorlesungen über die Theologie des A. T.	771
Hanne, die Idee der absoluten Persönlichkeit	197
Harms, die Philosophie Fichte's nach ihrer geschichtlichen Stellung und nach ihrer Bedeutung	201
Hasse, Geschichte des Alten Bundes	774
Heppe, Entstehung, Kämpfe und Untergang evangelischer Gemeinden	607
Herrmann, die nothwendigen Grundlagen einer consistorial-synodalen Kirchenverfassung	808
Hitzig, die Psalmen übersetzt und ausgelegt	766
Hölemann, die Einheit der beiden Schöpfungsberichte Gen. I. u. II.	188
Hupfeld, die Psalmen übersetzt und ausgelegt	759
Johaentgen, über das Gesetzbuch des Manu	773
Kamphausen, die Psalmen übersetzt und ausgelegt	770
Keerl, die Einheit der biblischen Urgeschichte	776
Kemmler, die Offenbarung Jesu Christi an Johannes	365
Kleinschmidt, die typologischen Citate der vier Evangelien	347
Kögel, der erste Brief Petri	794
Krehl, über die Religion der vorislamischen Araber	773
Kym, die Gotteslehre des Aristoteles und das Christenthum	369
Lämmert, Babel, das Thier und der falsche Prophet	789
Lüdemann, die Verläugnung Gottes des Vaters	414
Dr. Martin Luther's sämmtliche Werke	397
Dr. M. Lutheri opera latina	397
Maehly, Sebastian Castellio	606
Nägelsbach, homerische Theologie	369
Oesterley, Handbuch der musikalischen Liturgik in der deutschen evangelischen Kirche	428
Oischinger, die Einheitslehre der göttlichen Trinität	416
Olshausen, biblischer Commentar über sämmtliche Schriften des Neuen Testaments. II. Bd. 2. Abth.	350
II. „ 3. „	351

Pfeiffer, Berthold von Regensburg 386

Pfeil, das Leben des chriſtlichen Dichters und Miniſters Chriſtoph Carl
    Ludwig von Pfeil 426

Philippſon, die heilige Schrift 780

Piper, die Kalendarien und Martyrologien der Angelſachſen . . 393

Plath, Carl Hildebrand Freiherr von Canſtein 807

Riggenbach, die moſaiſche Stiftshütte 781

Schenkel, die Briefe an die Epheſer, Philipper, Coloſſer . . 591

————— das Weſen des Proteſtantismus 409

Schott, Th., der zweite Brief Petri und der Brief Judä . . 592

Schott, die neueren Bearbeitungen der Geſchichte des franzöſiſchen
    Proteſtantismus 795

Schrader, Studien zur Kritik u. Erklärung der bibliſchen Urgeſchichte
    Gen. I.—XI. 778

Seinecke, evangeliſcher Liederſegen 616

Sprenger, das Leben und die Lehre des Mohammed. 2. Bd. 383

Stähelin, ſpecielle Einleitung in die kanoniſchen Bücher des A. T. 185

Stahl, die Kirchenverfaſſung nach Lehre und Recht der Proteſtanten . 205

Stichart, die kirchliche Legende über die heiligen Apoſtel . . 390

Stier, der Brief an die Hebräer 353

Sudhoff, theolog. Handbuch zur Auslegung des Heidelberger Katechismus 210

Thierſch, Döllinger's Auffaſſung des Urchriſtenthums . . . 384

Tiſchendorf, bibliorum codex Sinaiticus Petropolitanus . . 784

Trutz-Rom, halliſches, von 1521 395

Volkmar, Handbuch der Einleitung in die Apokryphen. — II. Abth.:
    Das vierte Buch Esra 588

————— Commentar zur Offenbarung Johannis . . . 356

Volquardſen, das Dämonium des Sokrates und ſeine Interpreten 369

————— Platon's Idee des perſönlichen Geiſtes und ſeine Lehre
    über Erziehung, Schulunterricht und wiſſenſchaftliche Bildung 369

de Wette, kurzgefaßtes exegetiſches Handbuch zum N. Teſt. III, 2. 356

Wörner, das Verhältniß des Geiſtes zum Sohne Gottes . . 201

Zezſchwiz, Syſtem der chriſtlich-kirchlichen Katechetik . . . 421

Zur Verantwortung des chriſtlichen Glaubens 431

Welches ist der Gesammtertrag der neueren Forschungen über die christliche Gottes-, insbesondere die Trinitätslehre seit Schleiermacher?

Eine theologische Anfrage und vorläufige Antwort

von

Lic. F. A. Löwe in Zürich.

Mitten in den Geburtswehen, in welchen mit allen Dingen und vielleicht mehr als alle Dinge auch die evangelische Theologie liegt, ist uns Eins gewiß. Es wird Freude sein auch für sie, wenn der Mensch zur Welt geboren ist, wenn Christus auch in der theologischen Wissenschaft und durch sie eine vollere Gestalt gewonnen haben wird in der Menschheit, nach dem Maße seines Mannesalters.

Diese Zeitschrift hat von Anfang an Ernst gemacht mit der Aufgabe "der lange versäumten Entfaltung des reformatorischen Princips durch den Blick vorwärts oder in die Zukunft des Reiches Gottes" (Jahrb. I. S. 24.). Sie will darum die andere Seite der Aufgabe nicht versäumt wissen, "rückwärts zu greifen und die Fundamente des rechtfertigenden Glaubens im Bewußtsein der Zeit wieder festzustellen". — Sie will aber auch gerade die objectiven Lehren, die Gottes= und Trinitätslehre und die Christologie, welchen sich seit Anfang des Jahrhunderts auch die deutsche Philosophie befruchtend aber auch hindernd zugewendet hat, vom reformatorischen Princip aus neu gestaltet wissen und darin dem evangelischen Grundsatz gemäß verfahren (I. S. 32.): "daß der Glaube sein Wissen von seinem Erlöstsein aus Gott hat und auf Grund dessen, daß er von Gott in Christo sich erkannt und geliebt weiß, das christliche Wissen von sich selber hat." — "Die ethischen Keime, welche dem evangelischen Glaubensprincip immanent sind, müssen der Fortbildung und Neugestaltung der christlichen Lehre von Gott, von der Trinität und Christus zu Gute kommen." — "Die Wissenschaft der Gottesgelehrsamkeit" (sagt eine andere bedeutende Stimme I. S. 53 ff.) "scheint oft über alles Andere ge=

lehrter zu sein, als über den, besser Namen sie trägt und bekennt.
Unser Anfang sei im Namen Gottes — gilt auch für die wissen=
schaftliche Vollziehung des christlichen Glaubens. — So wahr für
unsere menschliche Betrachtung der Gegensatz zwischen dem unbekann=
ten und offenbaren Gott ist, in diesem Gegensatze kann doch der
Name Gottes nicht verharren, das ungetheilte Gefühl der Religion
würde sich jeden Augenblick durch ihn gestört und beleidigt fühlen. —
Die Erfahrung der Religion selbst erlaubt, ja nöthigt uns, in dem
Leben Gottes einen analogen Punkt anzunehmen, wie ihn das Sein
der Creatur zeigt, eine Analogie, die durch den allgemeinen Begriff
des Lebens vermittelt ist. — Dieser Lebenspunkt aber in Gott, worin
ewiges Sein und ewiges Werden in Einem zumal gesetzt erscheint,
ist das Wort, der Logos Gottes. Mit diesem steht die Religion
in einem innern und nothwendigen Zusammenhange. Sie erkennt
ihre transcendente Ursache in nichts Andrem, als in diesem in Gott
und Gott seienden Logos. Indem so die Religion ihre Selbstbetrach=
tung vollzieht und von da nothwendig auf die Anschauung des gött=
lichen Logos kommt, entsteht eine von allen andern Gebieten des Wis=
sens unabhängige Wissenschaft, mit welcher die Theologie anzuheben
vermag."

Zwei Principien sind hier als unzertrennlich und in tieferem
Sinne Eins bezeichnet, das Ausgehen der Erkenntniß von Gott und
seiner Selbstoffenbarung in den Thatsachen der Geschichte und das
Ausgehen vom Menschen und dessen subjectivem Bewußtsein und Be=
dürfniß Gottes, das im engeren Sinne theologische und das an=
thropologische Princip, das eine überwiegend von der älteren
Kirche, das andere von der neueren, am bewußtesten von Schleier=
macher, ausgebildet. Das Eine ohne das Andere führt nimmermehr
zum Ziel. Aber auch die Einheit des religiösen Lebens und Er=
kennens mit dem ethischen, des Gottesbewußtseins mit dem Ge=
wissen, des Glaubens mit der Gesinnung, des Natur= und Schöpfungs=
geheimnisses mit dem Geheimniß der Freiheit und der Geschichte,
welche dem Christenthum durchweg und im vollkommensten Sinne eigen
ist und schon dem Alten Testament einwohnt, ist in dem Obigen als
wesentlicher Gesichtspunkt für die Theologie und ihre Zukunft auf=
gestellt. Wir bleiben also durchaus in der Bahn dieser Jahrbücher,
wenn wir fragen: Was hat das Zusammenschauen dieser Principien
seit Schleiermacher im Allgemeinen für Ergebnisse gehabt in Bezug
auf die Gotteslehre, die Trinitätslehre insbesondere? Mehr eine

Anfrage an den theologifchen Leferkreis diefer Blätter foll dies
fein von einem Mitforfchenden, als eine genügende Beantwortung,
wozu ihm unter Anderem der Apparat fehlt.

I.

Wir ftellen die Grundgedanken voran, auf die es uns an=
zukommen fcheint und zu denen wir die Zuftimmung erlangen möchten.
Die allgemeinften Ergebniffe der theologifchen Forfchung feit
Schleiermacher — zunächft in Bezug auf die Gotteslehre — möchten
folgende fein.

1. Was chriftliche Gotteserkenntniß fein will, das darf
nicht abftractes und buchftäbliches Gefetz, auch nicht für's Denken
fein — nach Art des feftgehaltenen Alten Bundes — ebenfo wenig wie
bloßes Product des begrifflichen Proceffes in den Wiffenden; fon=
dern das muß durchweg hiftorifch begründetes und ethifch=
begrifflich angeeignetes Evangelium fein, gefchichtliche
Heils= und Lebensbotfchaft in fittlich=wiffenfchaftlicher Vermittelung.
Solche Botfchaft wendet fich nicht bloß an diefes oder jenes menfch=
liche Gefühl und Bedürfniß und hält demfelben nicht bloß diefe oder
jene Befriedigung der Erkenntniß göttlicher Dinge vor, hat weder
einen bloß religiöfen oder metaphyfifchen, noch bloß moralifchen In=
halt. Sondern für die ungetheilte menfchliche Natur nach
ihrer einerfchaffenen ethifchen Gottesbedürftigkeit und
nach ihrer eigenen innerften vom Gewiffen geleiteten Erkenntniß ihrer
felber muß hier Befriedigung durch wahrhaftige Gotteserkenntniß zu
finden fein. Mit anderen Worten: das Geheimniß des ewigen We=
fens Gottes, dem bloß natürlichen Menfchen abfolut unnahbar, im
Alten Bunde unbedingte Unterwerfung fordernd, wenn auch in freier
Liebe, als philofophifche Formel immerdar fich felbft aufhebend, ift
durch den hiftorifchen Gottes= und Menfchenfohn für den durch ihn
erlöften Menfchen ein thatfächlich offenbares Lebens= und
Liebesgeheimniß geworden, genau fo, wie dem Menfchen
fein eigenes höheres Wefen erft offenbar geworden ift
durch Chriftus. Vermittelft des Glaubens an den Erlöfer wird
der fich felbft abhanden gekommene Menfch nach Maßgabe feines
Bedürfens nicht bloß religiös, fondern ebenfo fehr ethifch wieder zu
dem unmittelbaren Bewußtfein Gottes, der Welt und feiner felber
hergeftellt, deffen wefentliche Verdunkelung eben die Sünde des gan=
zen Gefchlechts und jedes Einzelnen ausmacht. Die Theologie hat

dieses offenbar gewordene höchste Geheimniß vernunftgemäß auszu=
sprechen und als sich selbst und alle andere Wahrheit beweisend dar=
zuthun, wie sie es aus den äußeren Thatsachen und der inneren
unmittelbaren Erfahrung davon zuvor ermittelt hat; nicht aber hat
sie das Wesen Gottes auf's Neue begrifflich zu construiren, als wäre
es noch nicht als Thatsache offenbar geworden. Als ewig begrün=
detes und ethisch=geschichtlich vermitteltes Liebesver=
hältniß Gottes und des Menschen trägt das Evangelium
seinen Beweis für Vernunft und Gewissen in sich selber.

2. In dem System der anerkannten Kirchenlehre schwebt die
Gottes=, insbesondere die Trinitätslehre, mittelbar daher die gesammte
Christuslehre, auch nach der Reformation noch einigermaßen als un=
abänderlich buchstäbliches Gesetz und als metaphysisch eingekleidetes
Schuldogma über dem Evangelium und über der menschlichen Natur
zugleich. Von beiden verschiedenen Abwegen, von der jüdisch=gesetz=
lichen Erstarrung der Idee des Einen, unnahbaren und unbegreiflichen
Gottes und von der schulmäßigen Zergliederung des göttlichen Wesens,
insbesondere der Dreiheit in der Einheit, in den pseudo=philosophischen
Systemen alter und neuer Gnostik, sind die Spuren darin zu finden.
Die volle, freudige, ethische Aneignung des Evangeliums, auch für's
Denken, ist dadurch bald gehindert, bald wiederum das Geheimniß
desselben dem experimentirenden metaphysischen Denken der Schulen
preisgegeben worden. Niemand hat diese tiefen Gebrechen schärfer
erkannt als Schleiermacher, welcher auch die beiden Principien der
wahren Theologie, die unmittelbare aber verdunkelte ethische Gottes=
bewußtheit des Menschen und die sich selbst wesentlich und geschicht=
lich der Menschheit gemäß ihrem anerschaffenen Bedürfniß mit=
theilende Liebe Gottes, mit hellerem wissenschaftlichen Bewußtsein als
je vorher in das dogmatische System eingeführt hat. Es genügt nur
nicht vollständig, weder der heil. Schrift und ihren historischen Zeug=
nissen, noch dem ethisch=religiösen und christlichen Bewußtsein aller
Jahrhunderte gegenüber, was Schleiermacher an die Stelle der kirch=
lichen Bestimmungen setzt, zumal in der Trinitätslehre, und trägt
sogar die alte, zwischen Deismus und Pantheismus, gesetzlicher Starr=
heit und physischer Verringerung des göttlichen Wesens, schwankende
Gotteslehre zum Theil noch in sich.

3. Es ist voller Ernst zu machen mit der Beziehung des Ge=
halts aller christlichen Dogmen, zumal der Trinitäts= und Logoslehre,
wie auf die geschichtlichen Thatsachen des Heils, so auf unser unmittel=

bares ethisches Gottes = und Selbstbewußtsein, näher auf unser wirkliches, im Gewissen sich darthuendes, im Gesetz sich mittelbar abspiegelndes, ethisches Gottesbedürfniß und Erlösungsbedürfniß. So ist auch Ernst zu machen mit der Beziehung dieses unseres innersten Bedürfnisses auf das höchste Geheimniß des göttlichen Wesens selber, dessen unmittelbare Erkenntniß und Gemeinschaft, im Glauben an Christus vermittelt, auch das wahre Geheimniß unserer Freiheit einschließt. Denn das „in Ihm leben, weben und sind wir" wird nicht eher als volle Wahrheit erkannt, bis die menschliche Natur und das Wesen Gottes nach ihrem zwiefachen Verhältniß klar erkannt sind. Die menschliche Natur nämlich als aus Nichts geschaffen und im Zusammenhange mit der Welt unbedingt abhängig und dennoch potentiell vermöge des Bewußtseins dieser unbedingten Abhängigkeit und der freien Vollziehung desselben durch den Willen als im unmittelbaren Zusammenhange mit Gott stehend und frei sich über den gesammten Naturzusammenhang erhebend; das göttliche Wesen aber als beides, an sich unbedingt für die Welt verschlossen und allein sich selbst genügend und dennoch sein innerstes Geheimniß der Freiheit und Seligkeit rückhaltlos mittheilend an die empfängliche Creatur.

4. Der Ertrag aus diesen eng zusammenhängenden Erwägungen für den Gehalt der christlichen Gotteslehre möchte sich im Allgemeinen wohl so aussprechen lassen, daß eingesehen wird: Der Gott des Evangeliums ist dadurch der Eine und der lebendige Gott schlechthin und wird als solcher erkannt, daß Er, ohne irgendwie aufzuhören, schlechthin Er selbst zu sein, unveränderlich ewiger Grund seiner selber und der Möglichkeit alles anderen Seins, als die schöpferische Liebe von Ewigkeit thatsächlich und persönlich aus sich herauszutreten, sein Anderes oder Nicht = Gott zu sein und darin doch Gott zu bleiben vermocht hat. Mithin vermag er auch in die Welt und Zeit persönlich und ohne Rückhalt einzugehen und ihr einzuwohnen als Grund creatürlicher ethischer Freiheit und Seligkeit. Denn Er ist zuvor in sich selbst aus der reinen Unbedingtheit in die ethische Bedingtheit der Allmacht durch die Liebe getreten und damit auch für die Welt. Mit einem anderen, gleichsam geringeren Gott giebt sich weder unser einmal durch's Gesetz erwachtes Bedürfniß nach seiner wesentlichen Liebe zufrieden, noch die unbedingt in uns liegende Forderung eines alle Natur und natürliche Erkenntniß übersteigenden ethischen Geheimnisses in Gott, womit

das Geheimniß unseres eigenen wahren Seins, d. h. unseres ethischen Menschseins, zusammenfällt, von dem Geheimniß der Person Christi noch zu schweigen. Jedes natürliche Ding, wie jeder Begriff, schließt sein Gegentheil aus und wird von ihm ausgeschlossen. Omnis determinatio negatio. So scheinen in Gott Persönlichkeit und Unendlichkeit sich auszuschließen, wie der Deismus das Wahre des Pantheismus verneint und umgekehrt. Aber Gott ist eben dadurch Gott, der wahrhaft Unendliche und Unausdenkbare, an kein Sein wie an kein Denken gebunden, auch nicht an sein eigenes Sein, und doch der bedürftigen Creatur wahrhaft erkennbar, ja ethisch mittheilbar, daß er Er selbst und sein Gegentheil in Einem zu sein vermocht hat, allein der hingebenden Liebe erkennbar, die sein eigenstes Wesen ist; denn Liebe ist Sein im Anderen als in sich selbst. Die Liebe in ihrer vollen ethischen Höhe und Tiefe genommen, wo sie Eins ist mit der absoluten Macht auch über das eigene Sein, und somit erst die Vollendung des Seins überhaupt, ist der einzige Schlüssel zum Geheimniß des Wesens Gottes, wie das Bedürfniß, von Gott göttlich geliebt zu werden und wiederum gottähnlich zu lieben, der einzig wahre kategorische Imperativ und der sittlich zwingende Beweis für die Wahrheit des Evangeliums ist. Nur solche Liebe, welche Gott ethisch zur Welt herabzwingt und die Welt zu Gott emporhebt, ist des Gesetzes Erfüllung; das Gesetz aber will und muß erfüllt sein und nur die vollkommene Erfüllung ist auch sein Ende.

5. Der dieser Gotteslehre entsprechende thatsächliche Gehalt unseres unmittelbaren Bewußtseins von der Welt, insbesondere von uns selbst als Menschen, wird zunächst dies enthalten, daß die Welt (und wir in ihr mitbegriffen) das schlechthin Andere Gottes sind, schlechthin endlich, getheilt und bedingt, durchaus das Sein nicht an uns und aus uns selber habend, am wenigsten ein selbstständiger Gegenstand der Liebe für Gott, weil wir für ihn überhaupt an und durch uns selber nicht sind, sondern nur erst werden durch ihn. Aber dies Bewußtsein der unendlichen Abhängigkeit wird in unserem erweckten Gewissen, so gewiß dies auf freie Selbstbestimmung gegenüber der gesammten Welt und Natur gerichtet ist und auf Erfüllung des in uns lebenden höchsten Gesetzes der Liebe zu Gott und zum Nächsten, nicht anders vorkommen können als so, daß wir die factisch darin mitgesetzte Getrenntheit von Gott und seinem Wesen, die absolute Verborgenheit Gottes für uns und die unfreie Gebundenheit

durch ihn und durch das Bewußtsein von ihm, als nicht normal und nicht in seinem und unserem Wesen gegründet, sondern ethisch als Unseligkeit, respective als Schuld empfinden. So ergiebt sich, daß das Selbstbewußtsein der absoluten Abhängigkeit, je bewußter, lebendiger und freier es wird, desto entschiedener übergehen wird in den Trieb des unbedingten Bedürfnisses nach einem wahren Sein Gottes für uns und in uns, nach dem Erkennen und Aufnehmen des uns von Natur unendlich fernen Wesens Gottes mit unserem Wesen. Es wird übergehen in absolut hingebende, empfangende, der göttlichen Selbstmittheilung durch Verleugnung unseres eigenen Seins entsprechende Liebe. Erst so als vollkommen ethisches Moment unseres Wesens enthält das Gefühl der absoluten Abhängigkeit auch die wahre Religion vollständig in sich, die eben deshalb außerhalb des Christenthums als der vollkommenen Selbstoffenbarung Gottes nicht zu finden ist, weil erst hier die göttliche Liebe den uns von ihr trennenden Naturzusammenhang vollends ethisch durchbrochen hat und in unsere Gottesferne persönlich eingegangen ist, um unsere gebundene Empfänglichkeit aus ihren Banden zu lösen.

6. Solche unbedingte Bedürftigkeit nach persönlicher und thatsächlicher Gemeinschaft mit Gott kann in der menschlichen Natur nicht abermals natürlichen Ursprungs sein oder aus dem Naturzusammenhange stammen, so wenig wie sie in diesem ihre Befriedigung findet. Das ist auch abgesehen von allen äußeren Thatsachen a priori ethisch gewiß. Für unsere ethische Befriedigung und Beseligung ist der gesammte Zusammenhang der natürlichen Dinge, ja auch ein Gott, der absolut hinter der Natur verborgen und unserem Wesen und Wollen fern bliebe, als schlechthin unzulänglich, ja als reines Nichtsein gesetzt, sobald auch nur das Gebot: Du sollst Gott lieben über alle Dinge — als wahrer Ausdruck unseres Wesens anerkannt wird. Dies Gesetz, in unser Wollen und Begehren übergehend, verlangt unbedingt einen entsprechenden absoluten Gegenstand des liebenden Anschauens, dessen unbewußtes Abbild eben jenes Bedürfniß ist, ein persönliches Object, in welchem Gott sich als wesentlich göttlich und doch als mit unserem ethischen Wesen wahrhaft und persönlich Eins seiend, also selbst in der Gestalt unendlich hingebender Empfänglichkeit, sich uns anzuschauen giebt. Denn anders vermöchten wir ihn — bei der unendlichen Ferne seines Wesens von dem unseren — gar nicht, geschweige über Alles zu lieben. Eben damit ist aber auch gesetzt ein der Welt und der menschlichen Natur inner

lich mittheilbarer ethisch=schöpferischer Grund der nach
dem Anschauen Gottes begehrenden Liebe, in welchem jene
absolute Gottesbedürftigkeit ihren höheren Lebensquell und ihre aus
Gottes Wesen selbst herstammende Gewähr einer unendlichen Befrie=
digung haben wird.

7. Es muß also auf alle Weise kund werden, daß das Geheim=
niß der Trinität nicht Begriff, sondern ethisch anzueignende ewige
Thatsache ist, nicht in der Formel der Dreiheit und Einheit, sondern
in dem ewigen Herausgetretensein des liebenden Gottes aus seiner
Selbstheit in das Anderssein sein Centrum hat, nicht auf Gottes ab=
solute Abgetrenntheit von der Welt sich bezieht, sondern auf seine
liebende Umfassung aller noch zu schaffenden Creaturen in Einem
höchsten persönlichen Liebesobject vermittelst seines unendlich mittheil=
bar gewordenen göttlichen Geistes. Mit anderen Worten: der Eine,
ewige, sich selbst genugsame Gott hat seine Seligkeit
schon von Anbeginn her nicht für sich behalten, son=
dern hat dieselbe persönlich anschaubar und ethisch mit=
theilbar werden lassen für eine Unendlichkeit noch zu
schaffender Wesen, die an sich keine Gegenstände seiner
selbstmittheilenden Liebe zu sein vermochten. Die Tri=
nität wird erst in diesem Sinne kund als thatsächliches ethisches Ge=
heimniß der ewigen Liebe, nicht des bloßen Begriffes von Gott, auch
nicht seines Begriffes von sich selber. Der Vater, d. h. die ewig
aus sich selbst heraustretende und aus dem eigenen Wesen heraus ihr
Anderes schaffende Liebe, liebt in dem Sohne nicht bloß abermals
sich selbst, sondern in ihm und um seinetwillen liebt er
sein schlechthin Anderes, seine durch den Sohn ethisch=
schöpferisch hervorzubringende und in ihm ethisch be=
gründete Schöpfung. Nur alsdann ist der Sohn der wahre
vollgenügende Gegenstand unserer innersten Liebesbedürftigkeit und das
persönliche Haupt der Menschheit, welches ethisch an die Stelle der
Gesammtheit treten konnte·vor Gott, wenn er dies schon als ewiger
Logos ist, d. h. als aus der Ewigkeit in die Endlichkeit hinaus=
gesprochenes wesentliches, Gott offenbarendes Wort, wenn wir als
nach seinem Bilde geschaffen in ihm Gott so anzuschauen vermögen,
daß wir unser eigenes höheres Wesen als Menschen zugleich liebend
in ihm anschauen, wenn er die für uns geschaffene und endliche Eben=
bilder Gottes persönlich anschaubar und ethisch erfaßbar oder nach
dem Bedürfniß unseres Seins ewig gegenständlich gewordene Liebe

und Seligkeit des Vaters selber ist. Der Geist aber muß es sein, durch dessen ewiges Ausgehen Gott als Vater und als Sohn nicht bloß abermals sich einander selber anschauend lieben, sondern auch eben damit ihre gegenseitig erkennende Liebe von Ewigkeit her persön= lich und ethisch mittheilbar gemacht haben, also daß wir als geschaf= fene, endliche Wesen Gott und uns einander erkennend zu lieben mit ähnlicher Liebe fähig werden, wie Vater und Sohn sich unter einan= der von Ewigkeit lieben (Joh. 17, 21.).

8. Hieraus wird ferner kund, daß als der wahre und volle Ausdruck des Selbstbewußtseins Jesu Christi nicht bloß dies zu be= trachten ist, daß er von Ewigkeit Eins war dem Wesen nach mit dem Vater, wiewohl persönlich unterschieden, und in der Fülle der Zeiten uns gleich geworden ist durch Annahme menschlicher Natur, — denn daraus allein geht nach dem Zeugniß der Geschichte und Ver= nunft noch keine klare Anschauung seiner historischen Person hervor, sondern eher irgend welches Zwitterwesen. Es wird vielmehr kund, **daß er von Ewigkeit her das persönliche Einheits= und Liebesband war zwischen Gott und seiner aus freier Liebe hervorzubringenden Schöpfung, oder der ethisch= schöpferische Grund (Joh. 1.) der zu schaffenden Welt und Menschheit, und daß er in dieser seiner Persön= lichkeit schlechthin derselbe geblieben ist als Mensch.** Nur hat er sich herabgelassen, dasjenige durch die Zeitlichkeit hindurch für sein Bewußtsein ethisch neu zu erringen, was er von Ewigkeit her schon besaß. Denn alsdann war er das ewige persönliche Urbild, dessen Abbilder wir alle als Menschen sind, die Urperson, nach deren Aehnlichkeit geschaffen wir auch ethische Personen sind oder vielmehr uns mit Freiheit in ihr Bild gestaltend, erst wahrhaft Personen wer= den. In Wahrheit besitzen wir als natürliche Menschen keine von der seinigen wesentlich verschiedene ethisch=persönliche Natur, sondern Person in wahrem Sinne werden wir erst in ihm; was aber bloß Natur in uns ist, Seele und Leib, das ist zwar als Individualität darauf angelegt, persönlich im höheren Sinne zu werden und der Urperson, als dem Haupte der Menschheit, zum Organe zu dienen, bringt aber nicht eine durchaus eigene Persönlichkeit, kein absolut dif= ferentes Sein, sondern nur ein Werden oder relatives Nichtsein zu dem seinigen hinzu.

9. In das Gesetz unseres Werdens, oder unseres relativen Nichtseins, frei sich begebend hat der Sohn Gottes so wenig eine

andere Person zu werden als eine wesentlich andere oder zweite Natur in die Einheit seiner Person aufzunehmen gehabt, um uns wahrhaft und für immer gleich zu werden. In beiden Fällen hätte der Logos sich selbst nicht sowohl sittlich zu entäußern (Phil. 2.) als magisch zu verwandeln gehabt und hätte damit Gottes Wesen nicht sowohl geoffenbart in seiner unbedingten urbildlichen Freiheit über das eigene Sein und seiner höchsten Liebe, als vielmehr uns das göttliche Wesen vollends verdunkelt. Sondern dasselbe ewig seiend, was wir zu werden bestimmt sind, der die Liebe des Vaters vollkommen empfangende und sich ihr vollkommen hingebende persönliche Gegenstand, hat er die ihm zukommende Gestalt oder Daseinsform des unmittelbaren Einsseins mit Gott (τὸ εἶναι ἴσα θεῷ) frei daran gegeben an diejenige Bewußtseins- und Daseinsform seiner Einen und unveränderlichen Person, die auch wir in seiner Gemeinschaft an uns tragen, wonach dieselbe erst sittlich vermittelt und nach dem Maße ihrer Treue aus dem relativen Nichtsein und Unbewußtsein auch zum bewußten Antheil an der göttlichen Freiheit und Seligkeit gelangt. Oder er hat das, was er an sich war, frei an's Nichtsein dahingegeben, um die Nichtseienden und an's Nichtsein Gebundenen zu seinem eigenen Sein zu erheben, eben darin seine wesentliche Gottheit, d. h. seine Macht über sich selber und über alles Sein, nicht sowohl ablegend als recht eigentlich in weltumschaffende Liebesthat verwandelnd.

10. Demgemäß wird als der wahre Ausdruck unseres Selbstbewußtseins im Verhältniß zu Gott und zu Christus nicht bloß dies betrachtet werden dürfen, daß wir als Menschen uns als aus Nichts geschaffen oder absolut abhängig fühlen in und mit der Welt und als erlöste Menschen zu diesem unmittelbaren Bewußtsein vollends hergestellt sind durch den Mittler, welcher ewig bei Gott und in welchem Gott wesentlich war; sondern daß wir als durch ihn und zu ihm geschaffen das Bewußtsein der Endlichkeit also in uns zu tragen bestimmt und durch seine Erlösung wieder fähig gemacht sind, wie der Sohn selbst es ewig in sich trägt. Denn ohne dies Bewußtsein wäre er überhaupt nicht Eins mit uns. Sofern er sich persönlich mit der durch seine Vermittelung geschaffenen Welt Eins weiß, sofern vollzieht er in freier Hingebung das Bewußtsein der unbedingten Abhängigkeit auch an sich („der Vater ist größer als ich“). So gewiß er aber ewig und wesentlich mit dem Vater Eins ist, faßt er die Welt als an sich nichtseiend, aber nach Sein dürstend in seine eigene absolute

Empfänglichkeit zusammen und erhebt sie in sich zum Gefäß der sich selbst mittheilenden Liebe des Vaters („der Vater hat mir gegeben, das Leben zu haben in mir selber"). So wird dem entsprechend der Glaube an Christus in uns als der höchste Act der sittlichen und geistigen Freiheit überhaupt erkannt werden, und nicht mehr, wie bisher meistens, als eine vereinzelte, der menschlichen Natur unorganisch angethane Gewaltthat erscheinen. Auch alle speculative Erkenntniß kommt in ihm zu ihrer Wirklichkeit. Durch den Glauben ergreifen wir, die Gesammtheit der natürlichen Dinge und unser eigenes natürliches Sein als relatives Nichts ethisch durchbrechend, die uns im Gewissen sich als solche ankündigende historische Offenbarung der ewigen Liebe Gottes als schlechtweg das wahre Sein auch für uns. Der Glaube ist der wahre in's Leben getretene nicht bloß kategorische, sondern schöpferische ethische Imperativ, der sich an die neuschaffende Liebe hingebenden geschaffenen Liebe, die da spricht: Es ist so, die gesammte Welt und Natur möge Nein sagen, so gewiß Gott die ewig aus ihrem Ich in das Du und Er herausgetretene Liebe ist, und dies „Es ist" — wird zum zweiten, weltumschaffenden, ethischen „Es werde, und siehe, es ward."

II.

Einige Erläuterungen und Nachweisungen, an die einschlagenden Abhandlungen dieser Zeitschrift anknüpfend, mögen für diesmal genügen, bis sich vielleicht Aufforderung und Gelegenheit zu einer eingehenderen Darlegung findet.

Der höchste apologetische Gesichtspunkt, der hier leitend ist, wird von Dr. Ehrenfeuchter in der Abhandlung: „Höchster Gegensatz in der Apologie des Christenthums" Bd. I. S. 435 ff. hinlänglich treffend bezeichnet. Es handelt sich davon, daß nachgewiesen werde, wie allein das Christenthum den tiefen anscheinenden Widerspruch hebt zwischen religiöser und ethischer Weltanschauung, zwischen Naturnothwendigkeit und Willensfreiheit, zwischen Pantheismus und Deismus, zwischen Orient und Occident, Centralität und Individualität, Stabilität und Fortschritt, Katholicismus und Protestantismus u. s. w., der sich in weltgeschichtlichen Kämpfen des Geistes wie des Schwertes und in immer neuen Gestalten bis auf diesen Tag herab durch alle Jahrhunderte und Völker hindurchzieht und für den es keine wahre Lösung weder des bloßen Begriffes noch des rein persönlichen Wollens giebt. Der einzelne Mensch wie die gesammte

Menschheit findet sich hier in ein Räthsel innerlichst hineingestellt, das zum Selbstwiderspruch des Menschen mit sich selber wird, je ernster er es mit der Forderung sei es der unbedingten Selbstbestimmung oder der unbedingten Hingabe an die verborgene Ursache der Dinge nimmt. Die gestörte Harmonie aller Dinge läßt sich nicht deutlicher nachweisen noch das Bedürfniß einer Lösung und Erlösung, die weder aus unserem Wollen noch aus unserem Denken hervorgehen kann.

„Das Christenthum ist beides, Herstellung der religiösen Voraus= setzung in geschichtlicher Wirksamkeit und Wiederherstellung des ethi= schen Lebens der Menschheit; nur im Zusammenhange beider Thätig= leiten läßt sich die ganze Fülle des Christenthums erkennen." Dem= gemäß muß auch die Gotteslehre sich gestalten. „Jene abstracte Tran= scendenz, die man (früher) als das specifisch Christliche pries, ist nicht das volle Christenthum, ist nur ein entgegengesetzter Irrthum, wie das System der abstracten Immanenz". — „Die Annahme von der Unbedingtheit der Natur ist das Charakteristische des Heidenthums. — der Grundbegriff, der sich gegen das Dasein und den Inhalt des Christenthums wendet. — (Wohl ist ein ungeheurer Unterschied zwischen dem antiken und modernen Heidenthum, aber auf Seiten nicht sowohl des objectiven Gehaltes als der subjectiven Auffas= sung.) — Wir werden daher auf den Gegensatz geführt von dem Selbstleben der Menschheit in sich und dem Gottesleben der Mensch= heit." — „Ob Gott oder Gattung, ob Schöpfung oder Natur, ob Vorsehung oder Schicksal, ob Gnade oder Glück — in diesen Fragen explicirt sich die Grundfrage: ob Reich Gottes oder Welt?" —

Das Heidenthum ist im Princip überall da, wo Religion und Ethik nur ein Ausdruck des natürlichen Volksbewußtseins sind und wo eben deßhalb nicht nur Gott, sondern auch der Mensch an die Welt verloren geht. Aus dem feindlichen Widerspruch zwischen Nothwendigkeit und Freiheit, Gottheit und Menschheit, Natur und Geschichte kommt das Heidenthum factisch nirgend heraus, mag es Gott mehr in der Natur und den Menschen in Gott untergehen lassen oder die vermenschlichte Gottheit neidisch dem vergöttlichten Menschen gegenüberstellen, der den Prometheusfunken der geistigen Freiheit als Raub davonträgt. Die Lösung des Widerspruchs ist ent= weder nur eine mythische oder eine rein subjective, philosophische. Der Orient neigt sich mehr zu derjenigen Religion, welche die Ethik und die Geschichte zerstört, zum Allleben der Natur und zur Priester= religion. Der hellenisch=romanische Occident neigt sich zu der=

jenigen Natursittlichkeit, die den Menschen im Staat zum Eins und
Allen erhebt und keine innerliche Religiosität zuläßt, sondern nur eine
historische Staatsreligion. — Im Alten Testament allein ist die
Religion ethisch und die Ethik religiös, nur volksthümlich gebunden.
So haben auch Gott und Mensch ein historisches Gemeinleben, in
welchem sie sich wahrhaft zusammenfinden, Gott gebietend und ver=
heißend, der Mensch gehorchend und empfangend. Hier ist die Re=
ligion nicht ein Product des bloß zugedeckten unaufgelösten Wider=
spruchs, sondern die dem wahren Gottesbedürfniß entsprechende
und dasselbe als solches darstellende Offenbarungsreligion, welche die
wirkliche Lösung als Zukunft in sich trägt, ja als Person verkündet,
die Himmel und Erde einigen werde. Das Element des jüdischen
Irrthums tritt erst da ein, wo der Gott des Gesetzes und der Ver=
heißung starr und todt über der Welt schweben bleibt und das ab=
solute Bedürfniß des Menschen nach vollzogener Gemeinschaft mit
Gott von seiner wahren Erfüllung abgeschnitten wird. Der Wider=
spruch zwischen Gott und Welt, Soll und Sein, Natur und Geschichte
u. s. w. wird hier ausdrücklich und bewußt festgehalten oder die Lö=
sung in eine schattenhafte Zukunft verwiesen. Alle Zerreißung von
Gott und Welt, von Religion und Sittlichkeit, alle starr gesetzliche
Entgöttlichung der Welt und Menschheit, schließt sich historisch an's
Judenthum an, wie alle Verweltlichung Gottes und des Menschen
an das Heidenthum anknüpft. Oftmals auch diente das jüdische
Element als Gegengewicht gegen das heidnische, durch abstracten Su=
pranaturalismus dem Ineinanderfließen von Gottheit und Mensch=
heit wehrend.

　　Die alte Kirche rang siegreich mit beiden Abwegen. Der Aria=
nismus hatte ein judaistisches Element in sich, wie der Sabellia=
nismus ein orientalisch=heidnisches. Immerhin mag man Baur
(Kirchengeschichte, zweiter Band, S. 101.) einräumen, daß Athanasius
nicht aller Einseitigkeit entgangen ist und daß selbst ein Rationalis=
mus wie der Arianische ihm gegenüber ein gewisses Recht hatte; nur
ist die höhere Wahrheit unbedingt auf jener Seite. Es wird aber
darauf ankommen, einzusehen, daß das bloße „homousios" den Sohn
noch nicht als ewigen Mittler und Erstgebornen aller
Creatur bezeichnet und daß erst der ewig aus sich in die Endlich=
keit herausgetretene und dennoch Eins mit sich gebliebene Gott dem
Evangelium und der menschlichen Natur, der Religion und der Ethik
zugleich Genüge thut. Wäre dies wirklich ein absoluter Widerspruch,

so wäre Gott an sein Ich gebunden wie der Mensch, der historische
Christus wäre ein wesentlich und persönlich Anderer als
der Logos, aber auch die Vereinigung des göttlichen Wesens mit
unserem Wesen im heiligen Geiste wäre ein Schein. Wir möchten
nicht von einer „ewigen Entäußerung des Logos“ reden. Denn ent=
weder ist die Entäußerung eine Bezeichnung seines Wesens, und
dann ist sie für ihn als Logos keine Entäußerung mehr, am wenigsten
in dem Sinne von Phil. 2., — oder macht sie sein Wesen nicht aus,
so kann sie auch nicht eine ewige heißen. Wohl aber sagen wir
und glauben darin die heil. Schrift und zwar den Gesammtzusammen=
hang derselben auf unserer Seite zu haben, daß der Gott, der die
schöpferische Liebe ist, von Ewigkeit her persönlich sich seiner Verborg=
genheit entäußert oder für die zu schaffende Welt sich geoffen=
bart hat, mithin aus seinem Ich herausgetreten und darin
doch Er selbst geblieben ist, oder daß er seine wesentliche Selig=
keit und Herrlichkeit persönlich der Creatur gemäß ihrem Wesen an=
schaubar und real mittheilbar hat werden lassen wollen, bis
zum Eingehen in unser menschliches Ich, so daß wir göttlichen
Wesens ethisch theilhaft werden können, ohne unsererseits aufzuhören,
ganz und wahrhaft wir selbst zu sein nach Seele und Leiblichkeit.

Es würde ohne Zweifel nicht schwer sein, diese Lehre als den
eigentlichen, nur nicht immer gleich deutlich ausgedrückten Sinn der
ältesten Kirchenlehrer darzuthun, auch gerade des Athanasius. Aller=
dings aber trat je länger je mehr die Wesenseinheit über den Unter=
schied hervor, da Alles daran lag, den Gedanken an ein Zwitter=
geschöpf zwischen Gott und Welt abzuwehren. Dr. Dorner's Ge=
schichte der Christologie zeigt, in welchen Schwankungen die zwar im
Ganzen stetig fortschreitende historische Entwickelung der Gottes= und
Christuslehre in der Kirche bis auf diesen Tag geblieben ist, und seine
Abhandlung „über die Unveränderlichkeit Gottes“ führt diese Schwan=
kungen auf ihren letzten Grund in der hergebrachten Gotteslehre
zurück. Dieser Abhandlung entlehnen wir noch einige Belege für
unsere Auffassung. Wir meinen nämlich, daß wir mit dem oben
Ausgesprochenen nichts Anderes als den eigentlichen Sinn — deut=
licher vielleicht als bisher geschehen — haben hervortreten lassen der
neuesten Forschungen in diesem Gebiete, und auch die scheinbare Dif=
ferenz zwischen Dr. Dorner einerseits und Männern wie Dr. Liebner,
Hoffmann, Martensen, Geß u. s. w. andererseits, als angeblichen „Theo=
paschiten“, glauben wir auf solchem Wege erfolgreich lösen zu können.

Zuvörderst nämlich genügen wir der Forderung Dr. Dorner's, welche er z.B. in der angeführten Abhandlung (Jahrbücher, Band 3. S. 632.) also ausspricht: „Die Reformation hat zwar anthropologisch und soteriologisch die Einigung des Nothwendigen und des Freien errungen, in dem Glaubensprincip, in welchem Willkür und Gesetzlichkeit, Heidnisches und Jüdisches ausgeschlossen sind. Aber es kommt noch darauf an, die hergebrachte Gotteslehre, welche den Deismus und Pantheismus noch nicht definitiv zu überwinden vermochte, ethisch dahin fortzubilden, daß in Gott die urbildliche, ewige Einigung des Nothwendigen und des Freien erkannt werde, eben damit aber auch die im Glauben gegebene abbildliche Einheit beider ihre absolute Begründung erhalte. — Die absolute Einigung des Ethisch-Nothwendigen und des Ethisch-Freien, in der beide einander bestätigen, ist aber die Liebe, und so ist das Urgute dadurch, daß in ihm das Ethische eine dreifache und doch unauflöslich zusammengehörige Daseinsweise hat, die Liebe." — S. 633. heißt es: „Gott ist Liebe — das Ethische in Gott ist Gott in der Gottheit. Alles, was sonst in Gott ist oder gedacht wird, ist für seine Liebe da." — S. 634: „Es sind in letzter Beziehung alle (sog. physischen) göttlichen Kräfte und Eigenschaften nicht für sich da, als wären sie für sich absolut werthvoll und nothwendig, sondern für die absolute Liebe." — S. 637: „Die Liebe als mittheilende findet die eigentliche Stätte ihrer Bethätigung noch nicht in Gott selbst, sondern erst da, wo ein freies ursprüngliches Geben Statt findet, erst da, wo in dem Empfangenden reine Bedürftigkeit ist. Ihre uneigennützige Lauterkeit offenbart sich gerade erst da, wo die Möglichkeit ist, daß sie nicht wieder empfange, was sie gab (Luc. 6, 3.), was in Gott keine Stelle hat. Die Selbstmittheilung an das wirklich Andere, die Creatur, ist eben in keiner Weise ein Selbstverlust, ein Sichaufgeben Gottes, sondern ist die Kraft der Liebe, in dem Anderen bei sich und bei sich in dem Anderen zu sein."

Wir meinen, diesen Principien entspricht genau die ethische Gottes- und Trinitätslehre, wie wir sie aufgefaßt haben. Der Gott des Evangeliums ist weder der Gott des Judenthums noch des Heidenthums, weder ein starres, absolut einfaches und auf diese Einfachheit eifersüchtiges Ich, noch ein allverschlingendes und allzerfließendes metaphysisches $\Pi\tilde{\alpha}\nu$. Sein Wesen wird weder durch ein strenges Verbot jeder Annäherung zur Welt und Endlichkeit noch durch irgend welche metaphysische Formel wahrhaft ausgedrückt. Gott wäre nicht

Gott, nicht einmal nach dem Begriffe der Allmacht, geschweige der allmächtigen Liebe, wenn er nichts Anderes als Er selbst zu ein genöthigt wäre, gesetzt auch, daß kein äußerer Zwang als der es einmal Sofeins ihn in feinen Schranken festhielte. Er kam ebenso wenig die leere, sich selbst widersprechende Willkür sein. Er uß vor Allem derjenige sein, dessen der Mensch ethisch im Tiefsten bdarf, so wahr das Bedürfniß, Gott wesentlich zu erkennen und zu lieben, in unserem Gewissen als unbedingte Forderung unseres eigem ethischen Seins sich geltend macht und jeder anderen sittlichen Foerung zu Grunde liegt. Denn der Mensch findet sich, ist er einmu durch das Gesetz auf sich selbst und sein Wesen hingerichtet worden, benso wenig als ein einfaches Ich, geschweige als ein bloßes Natu- und Weltproduct vor. Er findet sich, wie schon gesagt und wie di ganze Geschichte der Menschheit davon zeugt, als ein Räthsel, gesiei nicht nur zwischen Triebe des Geistes und Fleisches, sondern zischen anscheinend entgegengesetzte höhere Forderungen, zwischen Go und Creatur, Endlichkeit und Unendlichkeit, absolute Bedingtheit unreine Selbstheit, zwischen religiöse und ethische Triebe, zwischen di doppelte höchste Forderung, sich Gott unbedingt hinzugeben und ut innerster Freiheit sich in sich selbst zu fassen. Auch für dies Rthfel des Menschenwesens giebt es keine vollständig erschöpfende Fmel, geschweige eine rein philosophische Lösung. Die ethische Natu des Menschen ist gerade so sehr ein Geheimniß, das über die atur und den Weltzusammenhang hinausgeht, wie seine religiöse Ntur, genau so mysteriös wie diese und ohne das Christenthum eine Frage ohne Antwort. Dies mindestens hat Kant dargethan, wie Sokrates es schon erkannt hatte. Zwar die bloße Wahlfreiheit zwichen Recht und Unrecht wäre kein Räthsel und setzte nichts Uebernatürliches im Menschen voraus, wenn es nicht einerseits in seine Hand gelegt wäre, sogar seinem Gewissen, ja mittelbar dem seiner noch ungebornen Nachkommen bis auf einen noch unermessenen Grad Gealt anzuthun und ihm vorzuschreiben, was es für Recht und Unrecht, Wahrheit und Lüge halten solle, — wie dies die Geschichte aller Völer, Religionen und Systeme beweist (das Aufhalten der Wahrheit in Ungerechtigkeit nennt es der Apostel Röm. 1.), und wenn nicht anderseits eben das Gewissen ihm seinen, ja mittelbar seines Voes und der ganzen Menschheit, factischen Zustand als Schuld und Urtschuld anzurechnen vermöchte, fast als hätte er sich selbst geschaen (Kant's radicales Böses). Da sind die Merkmale eines Freihes

Gott, nicht einmal nach dem Begriffe der Allmacht, geschweige der
allmächtigen Liebe, wenn er nichts Anderes als Er selbst zu sein ge=
nöthigt wäre, gesetzt auch, daß kein äußerer Zwang als der des ein=
mal Soseins ihn in seinen Schranken festhielte. Er kann ebenso
wenig die leere, sich selbst widersprechende Willkür sein. Er muß vor
Allem derjenige sein, dessen der Mensch ethisch im Tiefsten bedarf,
so wahr das Bedürfniß, Gott wesentlich zu erkennen und zu lieben,
in unserem Gewissen als unbedingte Forderung unseres eigenen ethi=
schen Seins sich geltend macht und jeder anderen sittlichen Forderung
zu Grunde liegt. Denn der Mensch findet sich, ist er einmal durch
das Gesetz auf sich selbst und sein Wesen hingerichtet worden, ebenso
wenig als ein einfaches Ich, geschweige als ein bloßes Natur= und
Weltproduct vor. Er findet sich, wie schon gesagt und wie die ganze
Geschichte der Menschheit davon zeugt, als ein Räthsel, gestellt nicht
nur zwischen Triebe des Geistes und Fleisches, sondern zwischen
anscheinend entgegengesetzte höhere Forderungen, zwischen Gott und
Creatur, Endlichkeit und Unendlichkeit, absolute Bedingtheit und reine
Selbstheit, zwischen religiöse und ethische Triebe, zwischen die dop=
pelte höchste Forderung, sich Gott unbedingt hinzugeben und mit in=
nerster Freiheit sich in sich selbst zu fassen. Auch für dies Räthsel
des Menschenwesens giebt es keine vollständig erschöpfende Formel,
geschweige eine rein philosophische Lösung. Die ethische Natur des
Menschen ist gerade so sehr ein Geheimniß, das über die Natur
und den Weltzusammenhang hinausgeht, wie seine religiöse Natur,
genau so mysteriös wie diese und ohne das Christenthum eine
Frage ohne Antwort. Dies mindestens hat Kant dargethan, wie
Sokrates es schon erkannt hatte. Zwar die bloße Wahlfreiheit zwischen
Recht und Unrecht wäre kein Räthsel und setzte nichts Uebernatür=
liches im Menschen voraus, wenn es nicht einerseits in seine Hand
gelegt wäre, sogar seinem Gewissen, ja mittelbar dem seiner noch un=
gebornen Nachkommen bis auf einen noch unermessenen Grad Gewalt
anzuthun und ihm vorzuschreiben, was es für Recht und Unrecht,
Wahrheit und Lüge halten solle, — wie dies die Geschichte aller Völker,
Religionen und Systeme beweist (das Aufhalten der Wahrheit in
Ungerechtigkeit nennt es der Apostel Röm. 1.), und wenn nicht an=
dererseits eben das Gewissen ihm seinen, ja mittelbar seines Volkes
und der ganzen Menschheit, factischen Zustand als Schuld und Mit=
schuld anzurechnen vermöchte, fast als hätte er sich selbst geschaffen
(Kant's radicales Böses). Da sind die Merkmale eines Freiheits=

triebes und Freiheitsbewußtseins, welches weit über das erscheinende Verhältniß des Menschen zur gesammten Natur hinausgeht, **eines Bewußtseins der Freiheit über das eigene Sein**, das nur in unmittelbarem Verhältniß zu Gott seinen Grund haben und zur Ruhe kommen kann. — Schleiermacher's große Entdeckung war es, daß er in dem innersten Selbstbewußtsein des Menschen auch die Wurzeln der Religion als die einfachste aller Thatsachen nachwies und den normalen Ausdruck dafür fand. Niemand, der auch nur den strengen Naturzusammenhang, geschweige die Schöpfung durch All= macht festhält, wird einen anderen und präciseren Ausdruck als den der unbedingten Abhängigkeit zu finden vermögen. Von nun an ist dargethan, daß Gott nicht nur als Idee neben anderen Ideen in der menschlichen Seele wohnt, sondern daß wir uns selbst und die Welt gar nicht anders im Bewußtsein besitzen als im Verhältniß zu Gott. Eben diese Entdeckung aber scheint alle Freiheit von Grund aus auf= zuheben, und Schleiermacher hat seinerseits diesen Widerspruch nicht gründlich gehoben, nicht einmal in seiner ganzen Tiefe aufgedeckt. Dennoch ist ein unmittelbares Selbstbewußtsein, dessen Inhalt ein Verhältniß zum Absoluten ausdrückt, an sich selbst nicht denkbar, ohne daß eine persönliche Beziehung zum Unendlichen, die nicht auf ein bloßes Erkennen unseres unendlichen Abstandes von ihm hinauslaufen kann, sondern in irgend welchem Antheile unseres Seins an der gött= lichen Freiheit wurzeln muß, dem Grunde der menschlichen Natur ein= wohnte. Vollends die Sünde und die Erlösung schweben in der Luft, das Sein Gottes in Christus, das doch in der Lebendigkeit seines Gottesbewußtseins sich ausdrücken soll, wäre kein solches, wenn nicht die ganze menschliche Natur darauf angelegt wäre, in dem Sinne sich Gottes oder ihrer absoluten Abhängigkeit bewußt zu sein, daß sie da= durch göttlichen Wesens, nicht metaphysisch, aber ethisch, theilhaft zu werden vermöchte. Das Gewissen, oder die unmittelbare Gewißheit unseres ethischen Seins, indem es uns als Gottesbewußte überführt, Sünder und erlösungsbedürftig zu sein, bezeugt uns eben damit, daß wir nicht bloße, wenn auch noch so eigenthümlich bevorzugte, Welt= wesen sind, die in irgend welchem Verhältniß zu Gott stehen, sondern daß Gott persönlich und real in uns offenbar werden will als in seinen ihm frei zugeschaffenen Organen.

Mit anderen Worten: Aus dem thatsächlichen Zwiespalt unseres Denkens und Seins kommen wir nicht anders heraus als durch den Gott des Evangeliums in seiner ganzen Fülle und Wahrheit. Nicht die Allmacht, als die Endlichkeit ausschließend und verneinend, noch das sich selbst Verlieren an die Endlichkeit ist sein Wesen, sondern die sich der Ausschließlichkeit ihres allmächtigen und allumschließenden Seins frei begebende und ihre eigenste Freiheit und Seligkeit real für ihr Anderes, d. h. die Creatur, vermittelnde und dadurch sich in sich selbst steigernde Liebe.

Diese göttliche Selbstmittheilung, als Grund und Urbild alles ethischen Verhaltens der Creaturen zu sich selbst oder aller Freiheit derselben über das eigene Ich, ist ein ewiger Act und enthält den Grund aller Offenbarung und Schöpfung in sich, kann aber auf keine Weise von uns verstanden oder geglaubt werden ohne Bezug auf die wirkliche Schöpfung, kommt auch nicht anders in den neutestament= lichen Schriften vor als in dem innigsten Bezuge auf die Creatur und deren ethische Beseligung. Die Mehrheit in Gott wäre aller= dings ein Widerspruch mit seinem Wesen, wenn sie nicht das persön= liche Eingehen der göttlichen Liebe in ihr Anderes wäre und die Mittheilung ihrer selber an das, was Nicht=Gott ist, ohne daß sie aufhörte zu sein, was sie ist, nicht sowohl eine Selbstentäußerung oder Selbstbeschränkung, geschweige Selbstaufhebung nach pantheistisch= hegelscher Weise, als eine Selbsterweiterung des göttlichen Wesens. Die ewige Liebe kann aber deßhalb ohne Selbstentäuße= rung in die Gestalt der endlichen Vielheit ewig eingehen, um sich selbst darin nur völliger zu besitzen, weil sie an sich selbst das Sein schlecht= hin ist und die Macht darüber. Gott ist so vollkommen Allmacht und Liebe in Eins, Urbild unserer ethischen Bestimmung, daß Er reell und persönlich als schöpferischer Grund für die Welt aus sich heraustreten und im Innern der menschlichen Natur Wohnung machen kann und will und doch darin sich selbst in seiner göttlichen Selig= keit und Vollkommenheit nur inniger zu genießen vermag. Der Mensch ist so sehr zu ihm geschaffen, daß er nicht aufhört, sondern erst recht anfängt, Mensch im vollsten Sinne zu sein, ja überhaupt zu sein, wenn er Gott ethisch und persönlich in seinem Inneren Wohnung zu machen gestattet.

Die immanente Trinität (unseres Bedünkens einiger= maßen ein ὀξύμωρον) ist nur der Ausdruck für das ewige Aussich= heraustreten und Sichmittheilbarmachen des liebenden Gottes. Von aller Beziehung auf die Welt abgesondert wäre sie ein leeres For= mel=, kein Liebesgeheimniß. Wie die Schöpfung aus Nichts durch den Willen der Allmacht dem Naturzusammenhange als höherer Grund entspricht, so entspricht der Act der ewigen Selbstoffenbarung Gottes als sich mittheilender Liebe dem innersten Wesen der Geschichte, deren Mittelpunkt die Erlösung ist. Ohne diesen ewigen ethischen Grund, ohne diese innergöttliche Geschichte — denn das ist die Trinität — als Causalität der Menschheitsgeschichte bleibt die Fleischwerdung des Logos und die Erlösung als isolirte Thatsache unbegriffen in der Mitte der Geschichte hängen, ohne wahren Anfang und ohne zusammenhängende Entwickelung. In Schleiermacher's System ist dies um so deutlicher wahrzunehmen, als dasselbe übrigens mehr als irgend ein anderes ein lebendiger Organismus ist. Aber ohne durchgängige unmittelbare Beziehung auf unsere ethische Bestimmung und unsere Erlösungsbedürftigkeit ist die Trinität kein Evangelium, vielmehr ein schlechthin unverstandenes und unverständliches, nicht selig, sondern unselig machendes Joch für Verstand und Gemüth, kein sich Aufschließen Gottes für unser Bedürfniß, sondern ein dreifaches sich Zuschließen. Alle noch so geistvollen Erklärungsversuche der dreifachen Persönlichkeit in dem Einen göttlichen Wesen erklären nichts, wenn nicht eingesehen wird, wie dadurch das Wesen des verborgenen Gottes uns ethisch erkennbar und mittheilbar wird. Wir können einsehen, daß, um den im unzugänglichen Lichte wohnenden Gott als Geist innerlichst in unser Ich aufnehmen zu können, wir ihn zuvörderst als unser Du im Sohne erkennen und lieben müssen, und daß Er selbst als die schöpferische Liebe, d. h. als Vater, ewig sich gleich bleiben muß, wie wir, unendlich von ihm verschieden, doch ewig mit ihm Eins zu werden bedürfen. So ist die vollkommene Liebe zusammengenommen mit dem unendlichen Unterschiede Gottes und dessen, was Nicht-Gott ist, der eigentliche Inhalt der Trinität und in ihr die Grundlegung des ganzen Heilsplanes und seiner Oeconomie gegeben.

Als übereinstimmend mit den Grundgedanken dieser Auffassung setzen wir auch einige der betreffenden Aeußerungen Dr. Liebner's in dieser Zeitschrift hierher. In den Anmerkungen zu Hasse's Abhandlung über die Unveränderlichkeit Gottes (Band II.) heißt es unter Anderem: „Der Logos ist — auch das Princip der Welt, nämlich der göttlich frei geschaffenen. In ihm ist eben die Weltidee zuhöchst Menschheitsidee concipirt — deren höchster Träger er darum ist, obwohl nicht mit ihr identisch. Man könnte dies also seine ewige Menschenverwandtschaft nennen, kühnlich, aber in diesem

2*

Zusammenhange völlig unmißverständlich, auch „seine ewige Mensch=
heit". Wird er nun Mensch, so kommt er nicht in ein ihm Frem=
des, sondern in sein Eigenthum, nur daß er dann das Haupt und
der alleinige Mittler der ihm in ihrer wesentlichen Bestimmung von
Anfang an verwandten Menschheit ist." — S. 401: „In der Mensch=
werdung des Sohnes geht nur, was im ewigen Sohne simultan
ist, in Succession auseinander; Christi Zeit ist gleich auseinander=
geworfener Ewigkeit. Der Sohn fällt nicht aus der Trinität heraus,
sondern geht nur in die in, durch und zu ihm geschaffene Menschheit
und deren Entwickelung ein, um sie in sich und durch den ethisch=christo=
logischen Weltproceß ewig mit Gott zusammenzuschließen" (Liebner's
Dogmatik, S. 317.). — S. 402 f.: Wenn wir ohne Weiteres das
fertige abstracte Ende der kirchlichen Trinitätslehre hier voraussetzten,
nähmen den Logos für sich als Gott heraus und sagten: hier ist nun
die zweite Person in der Gottheit, ein vollständiger Gott, der Mensch
werden soll, ohne auf das trinitarische Verhältniß weiter zu achten
und die Menschwerdung selbst daraus abzuleiten, sie darin der Mög=
lichkeit nach begründet zu finden: so stünde es allerdings bedenklich
mit der Kenosis. — Wir haben es nicht bloß mit dem Sohne als
Gott schlechthin oder abstract und seiner Menschheit andererseits zu
thun, sondern mit dem trinitarischen Sohn [wir würden hinzufügen:
d. h. mit dem ins ethische Verhältniß zur Welt eingetretenen Gott]. —
Das trinitarische Verhältniß setzt sich in der Menschwerdung fort, der
Sohn entäußert sich nicht an die Welt oder Menschheit, worin er
sich nur verlieren würde, — auch nicht ins Unbestimmte, an ein Nichts,
so daß man nicht sähe, wo sein Inhalt bliebe, sondern er entäußert
sich an den Vater mit dem Erfolge, daß ihm nun die Fülle als Gabe
und Aufgabe des Vaters für seinen Gehorsam einwohnt. — Von der
steifen Vorstellung des mechanischen Sichgleichbleibens müssen wir uns
befreien, zuhöchst mit der vollen und ganzen Idee der Liebe. Haben
wir doch nicht das bloß physische und logische, sondern das Ethisch=
Absolute, die absolute Liebe. Wer will diesem Gott wehren, sein
eigenes Leben so von dem Heil der Welt, das ja seinem Wesen der
Liebe gemäß sein ewiger Rathschluß ist, afficirt werden zu lassen?
Wer will Gott diese Herablassung zu seinem Geschöpf wehren?"

„Es war in der Welt und die Welt ist durch dasselbige ge=
macht und die Welt erkannte ihn nicht. Er kam in sein Eigenthum
und die Seinen nahmen ihn nicht auf." — In diesen johanneischen
Worten liegt in der That schon Alles, worauf es hier ankommt. Der

Logos ist nicht dadurch allein schon bezeichnet als das, was er ist,
daß er bei Gott und Gott war, sondern es gehört noch zu seiner
volleren Wesensbezeichnung, daß er in der durch ihn geschaffenen Welt, also mit ihrem Sein innerlichst und wesentlich verbunden von Anfang war. Er ist ebensowohl
der innerweltliche Grund göttlichen Lebens in der geschaffenen Welt, wie er der innergöttliche Grund der zu schaffenden ewig war und ist. Die Menschheit ist sein wesentliches Eigenthum; ihr höheres ethisches Sein ist in ihm persönlich gesetzt. Er ist vor Allen und es bestehet Alles in ihm" (Kol.
1, 17.). Der Logos kann folglich auch die ethische Person
schlechthin genannt werden oder das geoffenbarte ethisch-schöpferi-
sche Urbild aller Persönlichkeit. Denn das Wesen des Vaters an
sich, auch als Persönlichkeit, bleibt uns — abgetrennt vom Sohne —
ewig verborgen. Alles geschaffene persönliche Sein ist nur ein Abbild
des seinigen; der Sohn ist für uns der Eine, außer welchem nur
die Einzelheit ist, das höchste ethische Gesetz selbst als liebende Person.
Das Gesetz ist durch seine Erscheinung erfüllt, denn er ist persönlich
das fleischgewordene Gesetz. Daß der Geist in anderm Sinne Persönlichkeit sein muß als der Sohn, nämlich von Innen heraus person-
bildende Macht, läßt sich leicht aus der aufmerksamen Vergleichung
der einschlagenden Stellen über Logos und Pneuma erkennen. Der
Geist ist das ethische Band schlechthin, der schöpferische innerweltliche
Grund aller Gemeinschaft und Entwickelung des höheren ethisch-per-
sönlichen Seins. Mit dem bloßen Prädicat der dreifachen Persönlichkeit in dem Einen Wesen kommt man auch hier nicht aus. Wäre
der Geist ganz in demselben Sinne Person, wie der Sohn es ist, so
wäre kein wahres Eingehen des göttlichen Geistes in unser schon
relativ-persönliches menschliches Wesen denkbar, sondern nur eine
jedesmalige neue Fleischwerdung des göttlichen Wesens in uns, genau
wie in Christus, von der Empfängniß und Geburt an, oder eine
Zerspaltung unseres persönlichen Seins in zwei Wesen. Von dem
Logos sagt die Kirche in gewissem Sinne mit Grund, daß er die
menschliche Natur als eine unpersönliche in sich aufgenommen
habe, oder daß Er selbst die Person in Jesus constituirt. Aber
es ist nöthig hinzuzufügen: 1) daß alle Natur als solche, auch die
menschliche an sich selbst unpersönlich und nur als durch den Logos geschaffene potentiell-persönlich und alle ethische Persönlichkeit gegenüber
der des Logos nur eine abbildliche und werdende ist, benn sonst würde

Die Schrift aber bezeugt beides, daß wir Ihm gleich
s dem Erstgebornen aller Creatur und daß Er Fleisch
thmend uns gleich geworden ist als unſer Bruder und

von Anfang zugehörigen und nun auch historisch zu eigen erworbenen Menschheit durchaus ethisch und geistig unsere Versöhnung
zu Wege gebracht.   Denn der sich ihres ewigen Seins bis ins
Nichtsein unseres Todeslebens hinein vollkommen frei entäußernden
Liebe gegenüber haben auch Sünde und Tod keine bindende und
richtende Gewalt mehr.   Die Allmacht, die dem Nichtsein ruft, daß
es sei, steigt durch diese Tiefe der Selbstverleugnung in den endlich-
sittlichen Willen hinab und wird zur zweiten Weltschöpfungsthat nicht
abermals bloß aus dem Nichts das Dasein, sondern das unvergängliche und selige Sein der Creatur aus ihrem eigenen Blute erzeugend.   Das ist nicht bloß christlich - gläubige, sondern das ist
w a h r h a f t   e t h i s c h e   Weltanschauung schlechtweg, die höchste
Apologetik des Christenthums.   Es ist aber klar, daß an der geltenden Kirchenlehre die m e t a p h y s i s c h e   Zergliederung des Factums
der Menschwerdung ein entschiedenes Hinderniß geworden ist der tiefsten   e t h i s c h e n   Aneignung desselben für Verstand und Gemüth zugleich.   Andererseits ist auch an Schleiermacher's Auffassung — vom
Rationalismus nicht zu reden — ein guter Theil nicht sowohl metaphysischer als   p h y s i s c h e r   Weltbetrachtung hängen geblieben.   Die
Erlösung geht ihm ähnlich vor sich wie ein irdischer Naturproceß.
Daß auch gerade die Ethik ihre überweltlichen und vorweltlichen Geheimnisse hat, daß eben diese   e t h i s c h e n   M y s t e r i e n   — als die
wahre Metaphysik — im Christenthum geschichtlich geoffenbart sind,
das wird erst dann vollends erkannt werden, wenn man anfängt, auch
die Trinität und demgemäß alle Voraussetzungen der Erlösung in dem
höchsten   r e l i g i ö s - e t h i s c h e n   Sinne zu fassen, durch welchen allein
das Christenthum das   E v a n g e l i u m   d e r   h i m m l i s c h e n   F r e i h e i t
und erst als solches auch die Religion schlechthin ist.
    Die anscheinende Veränderlichkeit in Gott, welche durch die Ent-
äußerung des Logos bis zum vollen Eingehen in unser natürlich-
sittliches Werden hervorgerufen zu werden scheint, verschwindet vor
der ethischen Auffassung der Trinität oder verwandelt sich vielmehr
in rein göttliche Selbstbestimmung.   Der als ewige Liebe aus sich
selbst in sein Anderssein tretende und darin nun sein eigenes Sein
zur ethischen Mittheilung erweiternde Gott wird nicht davon getroffen.
Als solcher bleibt er sich selbst gleich oder vollzieht nur sich selbst,
auch in der Fleischwerdung des Worts.   Diese ist nur die vollends
in die Bedingungen der Zeitlichkeit eintretende Erfüllung des Actes
seiner ewigen ethischen Selbstmittheilung.   Als Vater giebt Er den

seine Annahme einer unperſönlichen Menſchennatur überall keine wahre
Menſchwerdung geweſen ſein; 2) daß der Logos ſelbſt, aus dem Sein
ins Werden, aus der Einzigkeit in die Einzelheit ſich hineinbegebend,
durch denſelben Geiſt, der auch uns zu neuen Menſchen macht, nicht nur
empfangen iſt, ſondern auch allmählich Perſon im höheren
Sinne erſt geworden und erſt dadurch uns wahrhaft und wirklich, ethiſch und phyſiſch, gleich geworden iſt an Seele und Leib. Jede
Verringerung dieſes Gleichgewordenſeins durch Leugnung der menſchlichen Seele und dergleichen iſt ebenſo unbedingt abzuweiſen, wie die
Zertrennung des Logos und des Menſchen Jeſus Chriſtus nach ihrem
perſönlichen Selbſtbewußtſein, wovon Dr. Liebner (Bd. II. S. 362.)
ſagt: „Kein größeres, klareres Reſultat der Schriftauslegung [wir ſügen
hinzu: kein nothwendigeres Poſtulat des Glaubens] als der Satz,
daß das Ich Jeſu auf Erden identiſch war mit dem Ich, welches zuvor in der Herrlichkeit bei dem Vater war.“ — Ohne die beiden
obigen Poſitionen aber wäre der fleiſchgewordene Logos entweder ein
perſönlich Anderer als der ewige, oder ewig und weſentlich trotz aller
Entäußerung ein Anderer als wir, wir wären und blieben trotz aller
Erhebung in die Gemeinſchaft mit ihm durch den Geiſt weſentlich
Andere als er. Die Schrift aber bezeugt beides, daß wir Ihm gleich
ſein werden als dem Erſtgebornen aller Creatur und daß Er Fleiſch
und Blut annehmend uns gleich geworden iſt als unſer Bruder und
erſt durch den Geiſt Gottes in der Taufe vollends ausgerüſtet hat
werden wollen zu dem Selbſtbewußtſein deſſen, was Er von Anfang
war. Eben hierin, daß Er wahrhaft ein Werdender ſein
wollte durch freies Sichhineinbegeben aus dem ewigen
Sein in das Geſetz unſeres zeitlich-ſittlichen Menſchenlebens, liegt der abſolute ethiſche Werth der hiſtoriſchen Perſon Jeſu Chriſti und ihres Werkes auf Erden.
Eben hiedurch hat er vermocht, die ethiſche Urſache einer ewigen Erlöſung zu werden. In dieſer unbedingten Freiheit über ſein eigenes
Sein, wodurch er daſſelbe allen Gebundenen mittheilbar machte und
welche in dem Zuſammentreffen höchſter Macht über die Natur mit
eigener tiefſter Selbſtverleugnung ſich an den Tag legte, nicht bloß
in irgendwelcher perſönlichen Verbindung von göttlicher und menſchlicher Natur, als bloß phyſiſchem oder metaphyſiſchem und eben daher
uns unzugänglichem Factum, hat Chriſtus ſich als ewigen Sohn Gottes
und ſchöpferiſches Urbild unſerer Freiheit und Kindſchaft kräftiglich bewieſen. So hat er als das ethiſche Geſammt-Ich der ganzen ihm

von Anfang zugehörigen und nun auch historisch zu eigen erworbenen Menschheit durchaus ethisch und geistig unsere Versöhnung zu Wege gebracht. Denn der sich ihres ewigen Seins bis ins Nichtsein unseres Todeslebens hinein vollkommen frei entäußernden Liebe gegenüber haben auch Sünde und Tod keine bindende und richtende Gewalt mehr. Die Allmacht, die dem Nichtsein ruft, daß es sei, steigt durch diese Tiefe der Selbstverleugnung in den endlich-sittlichen Willen hinab und wird zur zweiten Weltschöpfungsthat nicht abermals bloß aus dem Nichts das Dasein, sondern das unvergängliche und selige Sein der Creatur aus ihrem eigenen Blute erzeugend. Das ist nicht bloß christlich-gläubige, sondern das ist wahrhaft ethische Weltanschauung schlechtweg, die höchste Apologetik des Christenthums. Es ist aber klar, daß an der geltenden Kirchenlehre die metaphysische Zergliederung des Factums der Menschwerdung ein entschiedenes Hinderniß geworden ist der tiefsten ethischen Aneignung desselben für Verstand und Gemüth zugleich. Andererseits ist auch an Schleiermacher's Auffassung — vom Rationalismus nicht zu reden — ein guter Theil nicht sowohl metaphysischer als physischer Weltbetrachtung hängen geblieben. Die Erlösung geht ihm ähnlich vor sich wie ein irdischer Naturproceß. Daß auch gerade die Ethik ihre überweltlichen und vorweltlichen Geheimnisse hat, daß eben diese ethischen Mysterien — als die wahre Metaphysik — im Christenthum geschichtlich geoffenbart sind, das wird erst dann vollends erkannt werden, wenn man anfängt, auch die Trinität und demgemäß alle Voraussetzungen der Erlösung in dem höchsten religiös-ethischen Sinne zu fassen, durch welchen allein das Christenthum das Evangelium der himmlischen Freiheit und erst als solches auch die Religion schlechthin ist.

Die anscheinende Veränderlichkeit in Gott, welche durch die Entäußerung des Logos bis zum vollen Eingehen in unser natürlich-sittliches Werden hervorgerufen zu werden scheint, verschwindet vor der ethischen Auffassung der Trinität oder verwandelt sich vielmehr in rein göttliche Selbstbestimmung. Der als ewige Liebe aus sich selbst in sein Anderssein tretende und darin nun sein eigenes Sein zur ethischen Mittheilung erweiternde Gott wird nicht davon getroffen. Als solcher bleibt er sich selbst gleich oder vollzieht nur sich selbst, auch in der Fleischwerdung des Worts. Diese ist nur die vollends in die Bedingungen der Zeitlichkeit eintretende Erfüllung des Actes seiner ewigen ethischen Selbstmittheilung. Als Vater giebt Er den

Sohn, welchen er ewig aus sich hat ins Anderssein, also in die Endlichkeit, hervorgehen lassen und doch ewig in seinem Schooß behält,
auch vollends in die Zeitlichkeit dahin.   Im Sohne geht das göttliche
Wesen ethisch und persönlich ins relative Nichtsein unseres zeitlichen
Werdens ein, um uns des ewigen Seins theilhaftig zu machen durch
den in die sterbliche Natur nach ethischen Bedingungen ausgegossenen
Geist.   Nimmt aber Gott als Vater mittelbar an der ethischen Selbstentäußerung und Wiedererhöhung des Sohnes Theil, giebt es auch
für ihn eine Entbehrung und eine Erhöhung seiner Seligkeit durch
die vollbrachte Erlösung, so ist dies in keiner Weise eine ihm angethane, irgendwie unfreie, natürliche und leidentliche Erfahrung,
sondern schlechthin Eins mit seiner göttlich-freiesten Selbstbestimmung,
ähnlich wie Christus in der Tiefe seines Leidens zugleich auf der
Höhe seiner göttlichen Selbstgewißheit steht.   Gott als Gott ist sich
ewig seiner Allgenugsamkeit und seiner ungeschmälerten Macht und
Seligkeit bewußt.   Daß es auch für ihn und in ihm eine Geschichte
giebt, das ist eben das kund gewordene Geheimniß seines eigensten
Wesens, wonach Er ebenso sehr wie die Allmacht auch die Liebe
schlechthin ist, das absolute Sein und zugleich die Macht, desselben
sich zu begeben bis zum persönlichen ethischen Eingehen ins Nichtsein
des Werdens, nicht aber um sich zu verlieren, sondern das Nichtseiende ins eigene Sein zu erheben.

Ueber die seufzende Creatur, Röm. 8, 19—23.

Von

Dr. Carl Frommann,

Pastor an der evangelisch=lutherischen St. Petrigemeinde zu St. Petersburg.

Die in der Ueberschrift bezeichnete Stelle ist nicht eine Episode im Römerbriefe, sondern fügt sich als ein organisches Glied in den Zusammenhang der Gedanken ein. Die Stücke Cap. 3. bis 5, 11. und 5, 12. bis 8, 23. bilden eine Parallele. Im 3. und 4. Capitel ist Christus als der Versöhner ($\varkappa\alpha\tau\alpha\lambda\lambda\alpha\gamma\dot{\eta}$ 5, 10. 11.) erwiesen, der durch seinen Opfertod die Rechtfertigung aus dem Glauben erwirkt und uns so Frieden mit Gott und Hoffnung auf göttliche Herrlichkeit (5, 1. 2.) verleiht. Im Folgenden wird das 5, 12—21. ausgesprochene Thema, daß Christus als der zweite Adam auch der Erlöser ($\tau\acute{\iota}\varsigma$ $\mu\varepsilon$ $\dot{\rho}\acute{\upsilon}\sigma\varepsilon\tau\alpha\iota$; 7, 24.) von Sünde und Tod sei, (6, 1—8, 16.) durchgeführt. Das Resultat ist, daß diejenigen, die in Christo Jesu sind und als solche seinen Geist in sich tragen (8, 9., vgl. V. 4.), nun auch durch den $\nu\acute{o}\mu o\varsigma$ des Geistes des Lebens in Christo Jesu von dem $\nu\acute{o}\mu o\varsigma$ der Sünde und des Todes erlöset und daher jeder Verdammniß ent= zogen sind (8, 1. 2.). Ja, insofern der Geist ihnen die Kindschaft Gottes bezeugt und damit ihnen die Erbschaft des ewigen Lebens mit Christo besiegelt (8, 16. 17.), ist das Ziel der Erlösung erreicht, soweit es hienieden möglich ist. Denn der Tod besteht ja noch fort; und ob bei denen, in welchen Christus ist, der Geist bereits des Lebens theilhaftig sei um der (durch Christum erworbenen) Gerechtigkeit willen, so ist doch der Leib dem Tode verfallen (zwar nicht als dem Solde der Sünde, aber doch) um der Sünde willen (welche eben die Ur= sache des Todes in der Welt ist), 8, 10. Erst jenseits wird die völlige Erlösung vom Tode durch die Auferstehung eintreten, B. 11. Hat aber auch der Erlöste hienieden das Loos der Sterblichkeit zu tragen, so muß er natürlich das, was damit zusammenhängt, die Leiden dieser Zeit, mittragen, wie Christus sie ja auch getragen hat (8, 17.). So wenig also der Versöhnte sich durch die Trübsale ($\vartheta\lambda\acute{\iota}\psi\varepsilon\iota\varsigma$, welche durch das Leben in der Welt bedingt sind) in dem Genuß des durch die Rechtfertigung gewonnenen Friedens mit Gott stören lassen darf, sondern derselben sich sogar rühmen ($\varkappa\alpha\upsilon\chi\tilde{\alpha}\sigma\vartheta\alpha\iota$) mag, weil sie

durch das selige Bewußtsein der Versöhnung mit Gott weit über=
wogen werden (5, 3—11.): eben so wenig darf der Erlöste sich
seine Seligkeit der Gotteskindschaft durch die Leiden (παθήματα,
welche durch die Nichtigkeit und Sterblichkeit des Leibes bedingt sind)
verkümmern lassen, da er ja kraft seiner Gemeinschaft mit Christo
auch die Hoffnung seiner Verherrlichung mit ihm besitzt; ja er hat
dieselben gegenüber der zukünftigen Herrlichkeit, die
an ihm offenbart werden soll, als nichts zu achten
(8, 17. 18.). Warum? — das soll eben unsere Stelle V. 19—23.
lehren.

Dieselbe enthält, wie die Partikel γάρ (V. 19.) zeigt, ein Argu=
ment für den eben (V. 18.) ausgesprochenen Gedanken. In Bezug
darauf soll nun nicht die Größe der zukünftigen Herrlichkeit bewiesen
werden; denn die folgenden Worte sagen allerdings nichts aus, wor=
aus jene Größe erhelle. Auch nicht das, daß diese Herrlichkeit keine
gegenwärtige (παρούσα), sondern eben eine zukünftige (μέλλουσα) sei [1]);
denn das bedarf keines Beweises. Vielmehr soll, wie auch bei Wei=
tem die Mehrzahl der Ausleger annimmt, die Gewißheit der zukünf=
tigen Herrlichkeit bewiesen werden. Nur möchten wir den Beweis
nicht auf diesen einen Begriff aus dem vorangehenden Satze be=
schränken, was doch immer willkürlich wäre und durch die nachdrucks=
volle Voranstellung des Wortes μέλλουσα [2]) (vgl. Gal. 3, 23.) wohl
nicht hinreichend gerechtfertigt würde [3]), sondern ihn auf den vollstän=
digen Gedanken des 18. Verses beziehen, daß ungeachtet der Leiden
dieser gegenwärtigen Zeit uns eine zukünftige Herrlichkeit gewiß be=
vorstehe, und daß es mithin keinen Widerspruch in sich schließe, wenn
die Kinder Gottes ihre zukünftige Theilnahme an der Herrlichkeit
Christi als durch die gegenwärtige Theilnahme an seinem Leiden
bedingt ansehen (V. 17.).

Dieses zu beweisen, behauptet der Apostel, indem er ein neues
Subject, welches er den Christen als den Kindern Gottes zur Seite
stellt, das der κτίσις, einführt: Das sehnsüchtige Abwarten, Schmach=
ten (ἀποκαραδοκία) der κτίσις erharret die Offenbarung der Kinder
Gottes, d. i. deren Verherrlichung mit Christo (συνδοξασθῆναι V. 17.),
indem ja die Herrlichkeit des Lebens in Christo hienieden durch die
Leiden der Zeit noch eine verhüllte ist, die erst jenseits nach Auf=

---

[1]) S. Philippi zu der St. — [2]) So Meyer zu der St — [3]) S. Winer,
Grammatik des neutest. Sprachidioms, S. 508. 4. Aufl.

hebung aller irdischen Schranken offenbar werden kann (vgl. Col. 3, 3. 4.). Dieser Satz enthält den Hauptgedanken des ganzen Argumentes, und die folgenden Sätze, V. 20 u. 21., durch γάρ angeknüpft, dienen nur zur Begründung oder Erläuterung desselben. Eine ἀποκαραδοκία, welche sowohl Empfinden eines Leidens als auch Vorhandensein einer Hoffnung auf einen leidensfreien Zustand in sich schließt, findet näm= lich bei der κτίσις allerdings statt, indem dieselbe dem drückenden Loose der Nichtigkeit und Vergänglichkeit unterliegt und durch die Empfin= dung hiervon in ihr die Hoffnung auf Befreiung erweckt ist (V. 20. 21.). Das ist nicht eine bloße Behauptung, sondern Thatsache. Denn die allgemeine Erfahrung bezeugt (οἴδαμεν γάρ), daß die ganze κτίσις in ihrer Gesammtheit seufzt und, einer Gebärenden gleich, mit Aeng= sten nach einem neuen Leben ringt (συστενάζει καὶ συνωδίνει) bis auf den heutigen Tag (V. 22.). Dieses selbige Seufzen findet sich aber auch bei uns, den Christen, die wir nach der Kindschaft, nach der Erlösung des Leibes (ἀπολύτρωσις τοῦ σώματος) schmachten (V. 23.). Mithin ist bei der κτίσις auch der Gegenstand ihres Schmachtens derselbe wie bei den Christen, nämlich die Freiheit der Herrlichkeit der Kinder Gottes (ἐλευθερία δόξης τῶν τέκνων τοῦ θεοῦ V. 21.) oder die Offenbarung der Kinder Gottes, V. 19. (denn bei= des ist identisch mit der Erlösung des Leibes, da ja eben durch das Leben in einem sterblichen Leibe hienieden der Geist gehemmt und gedrückt und die Herrlichkeit der Gläubigen in Christo verhüllt ist).

Da also die Christen — das ist im Allgemeinen der V. 19. an= gedeutete Schluß — mit der κτίσις das Seufzen theilen wie die sehn= süchtige Hoffnung auf Erlösung und Verherrlichung, so ist den ersteren die Hoffnung der letzteren eine Bürgschaft für die Erfüllung ihrer eigenen Hoffnung. Die Bündigkeit dieses Schlusses beruht auf zwei Bedingungen: 1) auf der Voraussetzung, daß das Harren der κτίσις sicher in Erfüllung gehe, und 2) daß die Christenheit zu der κτίσις in einem Verhältniß stehe, vermöge dessen erstere diese sichere Erwar= tung oder Hoffnung der letzteren sich aneignen kann.

Wenn sich nun in Bezug auf das Erste mit Recht der Einwand erhebt [1]), daß ja das Vorhandensein einer Hoffnung an sich noch gar keine Gewähr ihrer einstigen Verwirklichung in sich schließe, so ist die nahe Beziehung zu beachten, in welche Paulus die Hoffnung der Schöpfung zu dem Loose der Vergänglichkeit setzt, welchem letztere

---

[1]) Philippi z. d. St.

unterworfen ist. Dieses Loos empfindet die Schöpfung als einen Widerspruch mit ihrem eigenen Willen und Bewußtsein (οὐχ ἑκοῦσα), und darum ist ihr mit diesem Widerspruch zugleich auch das Bewußt= sein einer Ausgleichung desselben durch die Hoffnung auf die Herr= lichkeit der Kinder Gottes gegeben. Ist nun jenes Loos der Ver= gänglichkeit ein von Gott verhängtes (ὑπετάγη, nämlich von Gott), so muß auch diese eng damit zusammenhängende Hoffnung, welche die κτίσις gegen jene Unterwerfung eintauscht (ἐπ' ἐλπίδι) [1]), eine von Gott verliehene, also sichere sein. Erblüht sonach die Erwartung einer zukünftigen Herrlichkeit dem Druck durch das Loos der Nichtigkeit und Vergänglichkeit, welche die Quelle aller Leiden dieser Zeit ist, so ist einerseits klar, daß das Erdulden der Leiden in der Gegenwart uns nicht stören noch irre machen darf in der Hoffnung jener Ver= herrlichung, gegen welche die gegenwärtigen Leiden als nichts zu achten sind (B. 17. 18.), andererseits aber auch, daß wir hienieden, wo wir dem Loose der Vergänglichkeit unterliegen, nicht anders selig sein können, denn in Hoffnung (B. 24.).

Was aber das Zweite betrifft, so kommt Alles auf den Begriff des Wortes κτίσις an, mit dessen Erklärung wir uns nun zu be= schäftigen haben.

Wir haben hier die Wahl zwischen den beiden hauptsächlichsten Auslegungen, deren eine das Wort κτίσις von der unpersönlichen, vernunft= und willenlosen Schöpfung, der Natur, versteht, während die andere es von der gesammten Menschheit deutet [2]). Die erste beruft sich auf den Sprachgebrauch der Apokryphen [3]), die andere führt Evang. Marc. 16, 16., Col. 1, 23. für sich an. Welche von diesen beiden Deutungen die richtigere sei, ist lexikalisch nicht zu ent= scheiden. Denn κτίσις, was die Gesammtheit der Schöpfung bedeutet, wird auch auf einen Theil der Schöpfung beschränkt, welcher durch den jedesmaligen Zusammenhang zu bestimmen ist. Dieser muß dem Worte seinen Begriffs=Umfang anweisen.

Sieht man nun in unserer Stelle einerseits auf den Gegensatz

---

[1]) S. Meyer z. d. St.

[2]) Von den übrigen Erklärungen sehen wir ab, weil sie zu wenig für sich haben. Dieses gilt auch von derjenigen, welche den Begriff der κτίσις auf die außerchristliche Menschheit, die Juden= und Heidenwelt, beschränkt, weil diese Be= schränkung an sich willkürlich und auch der Zusammenhang ihr nicht günstig ist.

[3]) Zu den gewöhnlich angeführten Stellen Weish. 16, 24. 19, 6. möchte noch 5, 18. hinzuzufügen sein.

zwiſchen der Schöpfung und den Chriſten (οὐ μόνον δέ, ἀλλὰ καὶ αὐτοί B. 23., vgl. B. 19 u. 21.), ſo ſcheint klar, daß die Chriſten von dem Begriff der κτίσις ausgeſchloſſen ſind. Erwägt man andererſeits, daß der Satz im 20. Vers, die Schöpfung ſei nicht freiwillig (οὐχ ἑκοῦσα) der Nichtigkeit und Vergänglichkeit unterworfen worden, nicht von der Menſchheit gelten kann, weil ja in dieſelbe nach des Apoſtels eigener Lehre (Röm. 5, 12 ff. 6, 23.) der Tod durch die Sünde, alſo durch eine freie That des menſchlichen Willens, gekommen iſt, ſo muß auch die vernünftige und mit freiem Willen begabte Schöpfung, d. i. die geſammte Menſchheit, von dem Begriffe der κτίσις ausgeſchloſſen ſein. Es ſcheint mithin nichts Anderes übrig zu bleiben, als dieſes Wort auf die unvernünftige Schöpfung, auf die Natur, zu beſchränken.

Demnach wäre der Gedanke des Apoſtels der: Die Natur iſt nicht durch ihre Schuld, ſondern vielmehr wider ihren Willen nach göttlicher Ordnung in den Zuſtand der Nichtigkeit und Vergänglich= keit gerathen. Daher muß ihre ſehnſüchtige, erwartungsvolle Hoff= nung auf ihre einſtige Verklärung nothwendig auch die künftige Ver= klärung und Verherrlichung der erlöſten Menſchheit, die Offenbarung der Kinder Gottes, zur Vorausſetzung haben.

Damit dieſes verſtändlich werde, muß B. 20. (οὐχ ἑκοῦσα — ὑπετάγη) auf den Sündenfall bezogen und der Gedanke ſupplirt wer= den [1]), daß durch den Sündenfall des Menſchen das Böſe auch in die Natur eingedrungen, oder doch wenigſtens dieſe durch die Unter= werfung unter die ματαιότης in Mitleidenſchaft mit dem Menſchen gezogen ſei. Dann würde Paulus von der bevorſtehenden Befreiung der Natur aus ihrem Zuſtande der Vergänglichkeit und der Verherr= lichung derſelben den Rückſchluß auf die zu erwartende gleiche Ver= herrlichung der Kinder Gottes, als der erlöſten Menſchheit, machen, weil die Aufhebung der Folgen der Sünde in der Natur nicht gedacht werden kann ohne die gleiche Aufhebung in der Menſchenwelt, durch deren Fall ja erſt das Verderben in die Natur gekommen iſt.

---

[1]) Zwar werden von manchen Auslegern die Worte διὰ τὸν ὑποτάξαντα, welche man gewöhnlich auf Gott bezieht und als nähere Erklärung von οὐχ ἑκοῦσα auffaßt: nicht nach eigenem Willen, ſondern kraft (vermöge) göttlicher Ordnung — wobei die Conſtruction der Präpoſition διά mit dem Accuſativ immer in ihrem Rechte bliebe — auf den Menſchen bezogen: um des Menſchen willen, — ſo daß der Menſch als die veranlaſſende Urſache der Unterwerfung der Natur erſchiene und mithin die Mitleidenſchaft der Natur mit dem Menſchen ausdrücklich in unſerer Stelle ausgeſprochen wäre. Allein es ſcheint doch dieſe Auslegung zu künſtlich und der durch ſie gewonnene Sinn zu wenig einleuchtend.

Gott
allm
nöth
mal
weni
Aller
so w
in un
schen
zu G
das
weni
Welt
Gesch
nur
anscha
Creat
Selbs
pelte
nerster
des A
geschw
Mensc
und b
genau
Frage
Sokrat
Recht
liches i
gelegt
gebornes
anzuthu
Wahrhe
Religion
Ungerech
bererseit
und ber
schuld
(Kant's

Schöpfung ur den Christen (οὐ μόνον δέ, ἀλλὰ καὶ
vgl. B. 19 u. 1.), so scheint klar, daß die Christen von
r κτίσις ausgeschlossen sind. Erwägt man andererseits,
im 20. Vers, die Schöpfung sei nicht freiwillig (οὐχ
ichtigkeit und Vergänglichkeit unterworfen worden, nicht
heit gelten kan, weil ja in dieselbe nach des Apostels
Röm. 5, 12 ff 6, 23.) der Tod durch die Sünde, also
That des mschlichen Willens, gekommen ist, so muß
iftige und mi freiem Willen begabte Schöpfung, d. i.
Menschheit, vo dem Begriffe der κτίσις ausgeschlossen
t mithin nich Anderes übrig zu bleiben, als dieses
nvernünftige Schöpfung, auf die Natur, zu beschränken.
wäre der Geinte des Apostels der: Die Natur ist
Schuld, son'rn vielmehr wider ihren Willen nach
ung in den ustand der Nichtigkeit und Vergänglich=
Daher muß re sehnsüchtige, erwartungsvolle Hoff=
inftige Verklärung nothwendig auch die künftige Ver=
rherrlichung d erlösten Mensc. die Offenbar
es, zur Vorassetzung
es verständli werde,
n Sündenfall ezogen u.
d) den Sündfall des
rungen, oder doch wenigstens
die μαιαιότην Mitleidenschaft
nn würde Paulus von der bevorstel.
hrem Zustand der Vergänglichkeit und
den Rückschl auf die zu erwartende g.
Kinder Gottes als der erlösten Menschheit,
ung der Folge der Sü in der Natur nicht g.
te die gleiche ufhe enwelt, du.
t das Verdern in ft.

n von manchen Auslegern die
nlich auf Gott ezieht und als nä.
ht nach eigener Willen, sondern kra.
i die Construction der Präposition διά n.
echte bliebe — a den Menschen bezogen: un
er Mensch als e veranlassende Ursache der i.
und mithin die litleidenschaft der Natur mit dem
rer Stelle ausgerochen wäre. Allein es scheint b.
lich und der dur sie gewonnene Sinn zu wenig einleuc

Jene oben angeführten exegetischen Gründe sind als so zwingend, der bei dieser Auslegung sich ergebende Sinn so passend, das Zusammenstimmen der einzelnen Sätze und Gedanken so schlagend und der daraus abgeleitete Schluß des Apostels so bündig erschienen, daß, insbesondere seit Usteri [1]) seine frühere Erklärung von der noch nicht zum Christenthum bekehrten Menschheit widerrufen und der oben dargestellten von der Natur den Vorzug gegeben hat, letztere mit einer bei streitigen Fragen seltenen Einmüthigkeit fast allgemein als die richtige anerkannt und angenommen worden ist. Ja, es ist dieselbe auch in das dogmatische Bewußtsein mit aufgenommen worden, indem nicht nur der nach ihr sich ergebende Gedanke, daß die verklärende Wirkung der Vollendung des Reichs Gottes sich auf die ganze Schöpfung, auch auf die unpersönliche, mit erstrecke und die Verherrlichung der Christen sich als wesentliches Stück einfüge in das, was der ganzen Schöpfung bevorsteht, als Bestandtheil des paulinischen Lehrbegriffs erscheint [2]), sondern auch die Lehre von dem durch den Sündenfall in die Natur eingedrungenen Bösen selbst in die Dogmatik eingedrungen ist, und die althergebrachte Lehre von einem einstigen Weltende und einer nach demselben erscheinenden neuen Welt sich in die Lehre von einer Verklärung der Natur verwandelt hat [3]). Zu geschweigen der vielfachen praktischen und erbaulichen Anwendungen, welche diese Gedanken, da die betreffende Stelle zu den kirchlichen Perikopen zählt, und Luther selbst sich zu jener Auslegung neigt, überall gefunden haben mögen [4]). So hat denn die Frage über die Bedeutung des Wortes κτίσις an unserer Stelle ein weit über das blos exegetische hinausgreifendes, ein allgemein theologisches Interesse.

Es könnte unter diesen Umständen gewagt scheinen, die bezeichnete Auslegung überhaupt nur noch in Frage zu stellen und deren Berechtigung noch einer Prüfung zu unterwerfen. Wenn wir es dennoch unternehmen und uns veranlaßt sehen, einen früher öfters eingeschlagenen Weg wieder zu betreten, auf welchem wir, unseres Wissens, unter den neueren namhaften Auslegern des Römerbriefs nur die Ausländer van Hengel und Stuart [5]) und unter den

---

[1]) S. dessen paulin. Lehrbegr. 4. Aufl. 1832. u. Stud. u. Krit. 1832. 3. H

[2]) S. u. A. Schmid, bibl. Theol. II. S. 353.

[3]) Wir verweisen, um Einen statt Aller zu nennen, auf Martensen, christl. Dogm. §. 112.

[4]) Vergl. z. B. Löhe, sieben Predigten, Nürnb. 1836.

[5]) Ihre Schriften sind dem Verfasser dieses nicht zur Hand gewesen.

Deutschen Baumgarten=Crusius und Krehl zu Vorgängern
haben, so thun wir es in dem Vertrauen, daß doch auch die Schwie=
rigkeiten, welchen jene Auslegung unterliegt, ziemlich allgemein gefühlt
und erkannt werden. Wenigstens glauben wir uns nicht zu täuschen,
wenn wir die Aeußerungen, welchen man hin und wieder begegnet,
daß freilich diese Stelle von der seufzenden Creatur eine ganz merk=
würdige sei, daß sie tiefe Gedanken des Apostels Paulus ausspreche,
daß nach derselben die Natur ein tiefes Geheimniß hege u. s. w., als
eben so viele Zeugnisse von dem Bewußtsein solcher Schwierigkeiten
betrachten. Die Unbefangenheit aber, welche Lechler ¹) der gang=
baren Auslegung unserer Stelle verdientermaßen nachrühmt, wird man
hoffentlich auch bei der folgenden Auslegung nicht vermissen.

Beginnen wir nun unsere Prüfung mit dem aus der angeführ=
ten Erklärung sich ergebenden Lehrgehalte der Stelle, so wäre
allerdings der in derselben ausgesprochene Gedanke von einer Er=
lösungsbedürftigkeit und einer einstigen Verklärung auch der Natur
schon insofern merkwürdig genug, als er in solcher Bestimmtheit ein
ἅπαξ λεγόμενον nicht nur innerhalb des paulinischen Lehrbegriffs,
sondern selbst der ganzen biblischen Lehre sein würde.

Man beruft sich freilich zur Beseitigung wenigstens des letzteren
Theils dieses Einwandes auf das göttliche Strafurtheil 1 Mos. 3,
17—19., wo der Acker um des Menschen willen verflucht, also die
Natur in Mitleidenschaft mit dem gefallenen Menschen gezogen werde,
und weiter auf die prophetischen Schilderungen der messianischen Zeit
als einer Zeit des Heils, welche nicht mehr durch die verderblichen
und schädlichen Mächte der Natur gestört werden würde (Jes. 11, 6.
65, 25.), sowie auf die Verheißung eines neuen Himmels und einer
neuen Erde, als Schauplatzes des durch den Messias neu zu gebären=
den Gottesreichs (Jes. 65, 17. 66, 22.) ²) — eine Weissagung, welche
im Neuen Testamente wieder aufgenommen und auf den Zustand der
Vollendung nach der Wiederkunft Christi bezogen wird (2 Petr. 3, 13.,
Offenb. Joh. 21, 1., vgl. V. 4. u. 5, 13., sowie Matth. 19, 28. παλιγ-
γενεσία und Apostg. 3, 21. ἀποκατάστασις).

Betrachten wir aber erstens die Stellen, welche eine Beding=

---

¹) S. das apostol. u. nachapostol. Zeitalter, S. 143.
²) Pf. 102, 27. wird mit Unrecht hierher gezogen, da ja das Verwandeln
von Himmel und Erde dort nicht ein Verklärtwerden, sondern ein Veralten ist,
im Gegensatze zur Unveränderlichkeit Gottes.

heit des Naturverderbens durch den Sündenfall beweisen sollen, so ist vor Allem zu fragen, mit welchem Rechte die Verfluchung des Erdreichs (אֲדָמָה) zur Unfruchtbarkeit, um die Plage des Menschen für seine Sünde zu erhöhen, bis zur **Verschlimmerung der Natur überhaupt** erweitert, oder das Blutvergießen in der Thierwelt, welches zur messianischen Zeit aufhören soll, von der Sünde Adam's abgeleitet werde. Nichts in dem gesammten Gebiete der testamentischen Offenbarung führt auf eine solche Ausbeutung. Man kann sich für dieselbe nur auf vorchristliche jüdische Philosopheme berufen[1]). — Sodann reden jene alttestamentlichen Stellen, wenn man auch deren erweiternde Ausbeutung von einem durch den Sündenfall in die Natur eingedrungenen Bösen und dessen Aufhebung durch den Messias gelten lassen wollte, von einer — so zu sagen — ethischen Verschlimmerung, von einem Bösen, einer Disharmonie in der Schöpfung — der Acker wird zu natürlicher Unfruchtbarkeit verdammt, der verderbenbringende Krieg in der Thierwelt soll sich in Frieden auflösen, und bezeichnend genug wird auch 2 Petr. 3, 13. von dem neuen Himmel und der neuen Erde im Jenseits gesagt, daß darinnen Gerechtigkeit wohne, also das ethische Verderben des Diesseits daraus verbannt sei. Paulus dagegen spricht von der Wesensnichtigkeit und Vergänglichkeit ($\mu\alpha\tau\alpha\iota\acute{o}\tau\eta\varsigma$, $\varphi\vartheta o\varrho\acute{\alpha}$, vgl. V. 21. den Gegensatz des letzteren zu $\delta\acute{o}\xi\alpha$ mit 1 Cor. 15, 42. 43.), also von einem physischen[2]) Verderben und Uebel, welchem die $\kappa\tau\acute{\iota}\sigma\iota\varsigma$ unterworfen sei. Es können daher jene alttestamentlichen Stellen gar nicht füglich zur Erläuterung der paulinischen herbeigezogen werden.

Freilich könnte man entgegnen, es sei doch beides, das ethische Verderben und die Nichtigkeit und Vergänglichkeit, eins und dasselbe, indem sich das eine als durch das andere bedingt betrachten lasse; man könne entweder die Vergänglichkeit aller Dinge in der Natur als Folge des in der Zeit in sie eingedrungenen Bösen, wie in der Menschenwelt den Tod als Folge der Sünde, oder umgekehrt die Uebel, Störungen und Mißklänge im Naturleben als Folge der Vergänglichkeit der ganzen Schöpfung betrachten. — Was die erstere Annahme betrifft, so ist gewiß nicht zu leugnen, daß durch die Sünde in der Menschenwelt das Verhältniß des Menschen zur Natur ver-

---

[1]) S. insbesondere Meyer zu d. St. und Tholuck, Comment. zu d. St.

[2]) Daß $\mu\alpha\tau\alpha\iota\acute{o}\tau\eta\varsigma$ eine ethische Bedeutung an unserer Stelle habe, dürfte auch der philologischen Virtuosität eines Fritzsche nicht zuzugestehen sein. Auch Ephes. 4, 17. und 2 Petr. 2, 18. hat das Wort die ethische Bedeutung nur per adjuncta: $\nu o\acute{o}\varsigma$ und $\acute{\upsilon}\pi\acute{\epsilon}\varrho o\gamma\kappa\alpha$.

ändert worden ist und durch den Mißbrauch der menschlichen Herr=
schaft über die Natur mancherlei Störungen in das Naturleben ge=
bracht worden sind, welche wiederum verschlimmernd auf das Ver=
hältniß der Natur zu dem Menschen gewirkt haben. Ja, es ist wohl
auch als Thatsache anzuerkennen, daß kraft der lebendigen Wechsel=
wirkung zwischen dem Menschen, als dem obersten Glied in der
organisch verknüpften Kette der Naturwesen, und den übrigen Natur=
geschöpfen die Natur auch den Fluch der Sünde durch mancherlei
Leiden und Störungen an ihrem Theile mitzutragen hat. Wenn
aber behauptet wird, daß aus der geistigen Welt das Böse in die
physische eingedrungen sei, um auch da Verderben und Tod zu ver=
breiten, so sind wir zwar weit entfernt, einen solchen Gedanken als
verschrobenen Irrthum [1]) von vornherein abzuweisen, aber das meinen
wir behaupten zu dürfen, daß er in der Schrift nicht ausgesprochen
ist, und daß derselbe vor der Hand, so lange er nicht als unabweis=
bare Folgerung aus der Schriftlehre und als nothwendiges Ergebniß
unbefangener empirischer Naturbeobachtung aufgezeigt zu werden vermag,
nur als eine unerwiesene Hypothese gelten kann. In unserm Fall
aber — und das dünkt uns entscheidend — wäre gewiß zu erwarten,
daß, wenn der Apostel an ein Verderben der Natur im Zusammen=
hang mit der Sünde des Menschen gedacht hätte, er diesen Gedanken,
da er zum Verständniß seines ganzen Arguments ganz wesentlich ist,
doch lieber klar ausgesprochen als unter den Ausdruck οὐχ ἑκοῦσα
ὑπετάγη κ. τ. λ. versteckt haben würde. Wie klar und bestimmt spricht
er die auch auf die Geschichte des Sündenfalls gegründete Lehre aus,
daß der Tod der Sünde Sold sei, ohne auch dafür einen andern
alttestamentlichen Vorgang zu haben, als das ziemlich unbestimmte
Wort des 90. Psalms, V. 7 u. 8., und etwa noch 4 Mos. 16, 29. 30.!
Zu einer ganz verschiedenen Anschauung führt die andere Annahme.
Unterscheiden sich nämlich die Naturwesen von dem Menschen dadurch,
daß sie nicht, wie dieser, Individuen oder gar Personen sind, sondern
nur Exemplare, Durchgangspunkte zum Gattungsleben [2]), so sind sie
ja ihrem Begriffe nach endlich und vergänglich und von vornherein
darauf angelegt, daß ihr Dasein dem der Gattung geopfert werde.
Hiermit würde auch die Schrift insofern übereinstimmen, als sie ja
durchgehends die Natur als das seinem Begriffe nach endliche und
nichtige dem ewigen Wesen des Geistes entgegensetzt. Weiset nun die

---

[1]) S. Krehl zu d. St. — [2]) S. Martensen, S. 239.

physische Schöpfung nicht nur in den in ihr waltenden zerstörenden Kräften, wie etwa z. B. dem Blutdurst des wilden Thieres u. a., Vorbilder des moralischen Bösen auf, sondern auch einen Widerspruch mit ihrer eigenen Zweckmäßigkeit, innere Disharmonie, wie etwa in den vielen gehemmten, unterbrochenen, zerstörten Entwickelungen, einem zu frühen Tode u. s. w., so lassen sich ja alle diese Erscheinungen eben als durch die wesentliche Nichtigkeit und Vergänglichkeit (ματαιότης und φϑορά) der Natur überhaupt verursachte begreifen, und es wird dann keine Schwierigkeit haben, zu denken, daß die einzelnen Wesen der Natur, als bloße Exemplare, welche die Gattung repräsentiren, durch die mannigfaltigen Uebel in der Welt hin und wieder in dem lebendigen Organismus des Naturlebens geopfert werden, damit die Gattung oder auch das Ganze dadurch erhalten werde. Es würden somit die Erscheinungen der ματαιότης und φϑορά der Naturwesen in deren ursprünglicher Einrichtung durch die Schöpfung begründet sein. Aus 1 Mos. 1, 30., wo Gott von der gesammten Schöpfung. spricht, daß sie gut sei, wäre kein Gegengrund herzunehmen. Denn das Vergehen des Einzelnen zur Erhaltung des Ganzen wäre eben die weise von Gott getroffene gute Ordnung. Dann würden wir aber auch sagen müssen, daß Paulus bei dem Worte κτίσις an unserer Stelle gar nicht an die Natur gedacht haben könne. Denn dazu würde der Ausdruck οὐχ ἑκοῦσα ὑπετάγη, als sei der Zustand der Vergänglichkeit ein erst in der Zeit einmal gewordener, gar nicht passen, und ferner könnte, wenn dieser Zustand ein ursprünglicher und normaler ist, es gar keine Sehnsucht der Natur nach Erlösung und Befreiung aus demselben geben. — Macht man aber dagegen geltend, daß jene anormalen gewaltsamen Erscheinungen der φϑορά, welche Störung, Schmerz und Verwüstung in der Natur hervorrufen, nicht als nothwendig aus ihrem Begriff und ihrer ursprünglichen Ein= richtung fließend zu denken sind, sondern nur äußeren Einflüssen, wie etwa dem Sündenfall, zugeschrieben werden können [1]), so wäre dann eben zu urtheilen, daß die ματαιότης und φϑορά, bei Paulus, nicht als Ursache der im Alten Testamente angedeuteten Disharmonie an= zusehen und also, wie oben bemerkt, die Vergleichung unserer Stelle mit jenen alttestamentlichen Aussprüchen unzulässig sei.

Nicht günstiger für die in Rede stehende Auslegung dürfte das Ergebniß der Prüfung sich stellen, wenn wir zweitens die Ver=

---

[1]) S. Martensen a. a. O. S. 243.

flärung oder Verherrlichung der Natur ins Auge faffen, welche
Paulus an unferer Stelle lehren foll. Für eine. folche bliebe immer
noch Raum, auch wenn man von einem Fall der Natur mit und durch
den Sündenfall abfieht. Denn die künftige vollendete Herrlichfeit des
Reiches Gottes fordert einen Schauplatz ihres Dafeins und ihrer
Entfaltung, welcher in nichts mehr mit der Mangelhaftigfeit diefer
irdifchen Schöpfung behaftet ift. Die vollendete Offenbarung der Kinder
Gottes fordert zur Ausgestaltung ihrer Persönlichfeit nicht nur eine
Verflärung des Leibes, fondern auch der Natur, damit von diefer aus
der Erscheinung vollendeter Herrlichfeit der Erlösten fein Hinderniß
mehr entgegenftehe und fich der gefammten Gemeinfchaft der Verherr=
lichten. ein. entfprechender verflärter Leib in der verflärten Natur an=
bilde. Hier ift nun zuvörderst nach dem Begriff der Naturverflärung
oder =Verherrlichung zu fragen. Die Vertreter jener Auslegung un=
ferer Stelle laffen denfelben ziemlich unbestimmt. Viele brauchen den
Ausdruck promiscue mit Welterneuerung ohne nähere Erläuterung.
Jul. Müller [1]) fagt, daß die Verflärung der irdifchen Schöpfung
„natürlich auf ihre Weife" zu denfen fei, ohne diefe Weife anzugeben.
· Nur Philippi drückt fich beftimmter aus, indem er die Verflärung
auf die Gattungen der Gefchöpfe beziehen und nicht von einer Auf=
erftehung der Individuen verftehen will. Jedenfalls fetzt der Begriff
der Weltverflärung im Unterfchiede von dem der Welterneuerung (im
abfoluten Sinne) einen Zufammenhang zwifchen dem gegenwärtigen
und zufünftigen Zuftand durch Identität des Subjects voraus. Und
welches ift denn nun diefes Subject, welches den Zufammenhang zwi=
fchen dem Jetzt und Einft im Naturleben vermittelt? Wir begnügen
uns mit einer ganz allgemeinen Auskunft über diefe Frage, aber fie
zu ftellen muß uns doch, ohne daß wir den Vorwurf der Indiscre=
tion uns zuziehen [2]), im Intereffe der Sache erlaubt fein. — Ift es
richtig, daß die Einzelwefen der unperfönlichen Schöpfung bloße Er=
emplare find, welche lediglich als Repräfentanten der Gattung diefe zur
Erfcheinung bringen und alfo nur verfchwindende Punkte im Durchgang
zur Gattung bilden, fo würde es diefem Begriff wenig entfprechen,
wollte man die Naturwefen in ihrer Einzelheit jenfeits verflärt wieder
auferftehend denfen. Vielmehr fönnte man geneigt fein, mit Philippi
zu Gunften der Gattungen, als die da auch jenfeits fortbeftehen, die

---

[1]) Studien und Kritiken 1835. 3. H. S. 784.
[2]) S. Tholuck, Comment. zum Br. an d. Röm. zu d. St.

Einzelwesen dem Untergang anheimfallen zu lassen. Allein da der
Begriff der Gattung nur ein abstracter und idealer ist, so würde
derselbe in der zukünftigen verklärten Welt, nachdem die diesseitigen
Einzelwesen untergegangen sind, nur durch irgendwie neue ihn con=
stituirende Exemplare zu realer und concreter Existenz gelangen kön=
nen; es würde mithin nicht eine Weltverklärung, sondern eine reale
Welterneuerung zu erwarten sein. — Kurz, es fällt sehr schwer, sich
den Begriff einer Naturverklärung im eigentlichen Sinn zu klarer
Anschauung zu bringen.

Am allerwenigsten läßt sich ein solcher aus der heiligen Schrift
gewinnen. Was sie unter dem neuen Himmel und der neuen Erde
versteht, das zeigt am deutlichsten 2 Petr. 3, 13., wo unmittelbar
vorher, V. 10 ff. (vgl. Jes. 34, 4. 9—10.), gelehrt wird, daß die gegen=
wärtige Welt (durch Feuer) werde zerstört werden [1]). Es scheint mit=
hin die Schrift nur den Begriff einer absoluten Welterneuerung nach
vorhergegangenem Weltende zu kennen, so daß der Zusammenhang
zwischen dem Jetzt und Einst bei der unpersönlichen Schöpfung unter=
brochen erscheint. Klingt ja auch sonst durch die ganze heilige Schrift
der Gedanke durch, daß Gott allein, der da Geist ist, auch der ewige
und unveränderliche ist, welchem allein absolutes Sein zukommt (1 Tim.
3, 16: ὁ μόνος ἔχων ἀθανασίαν); läßt sich doch durchweg in den man=
nigfaltigsten Wendungen die Klage vernehmen, daß alles Irdische, alle
Creatur, der Vergänglichkeit und Hinfälligkeit geweihet sei. Vergl. ins=
besondere Ps. 90. 102, 26. und Jes. 40, 6. (1 Petr. 1, 25.); Matth.
24, 25.; 2 Cor. 4, 18.; 1 Cor. 7, 31.; 1 Joh. 2, 15. [2]) Der Begriff
der Naturverklärung würde ja auch in Widerspruch mit der in der
Schrift durchweg herrschenden Grundanschauung von dem wesentlichen
Gegensatz zwischen Geist und Natur stehen [3]). Zwar scheint dieser

---

[1]) Daß hier an ein wirkliches Untergehen, und nicht an eine läuternde
Wirkung des Feuers, zu denken ist, darüber s. v. Hofmann, Schriftbew. II, 2.
S. 608.

[2]) Die Stellen Matth. 19, 28. u. Apostg. 3, 21. haben zu wenig Beziehung
zu der unpersönlichen Schöpfung und sind, wenn sie eine solche hätten, zu wenig
bestimmt, als daß sie als Instanz gegen die sonstige biblische Vorstellung von
einer bevorstehenden Zerstörung dieser Welt gebraucht werden könnten.

[3]) So muß Paulus, wo er von der Auferstehung des menschlichen Leibes
spricht, die Zweifler und Spötter, welche sich ein Auferstehen der Asche nicht denken
können, sehr nachdrücklich darüber belehren, daß freilich nicht das Sichtbare, Ver=
wesende, wieder belebt werde (1 Cor. 15, 36.), weil das bloß Natürliche, Fleisch
und Blut, das Reich Gottes nicht ererben könne (V. 50.). Deshalb sind wir

Begriff das Widerspiel des Materialismus zu sein, indem er die Natur zur Unendlichkeit erhebt und sie insofern vergeistigt, während dieser den Geist zur Natur herabzieht und ihn damit verendlicht. Allein in Wahrheit würden beide Naturanschauungen an einem und demselben principiellen Fehler leiden, indem sie beide Geist und Natur mehr oder weniger untereinander indifferentiiren und damit ein starkes Bollwerk erschüttern, welches die Schrift allen pantheistischen Anschauungen gegenüber aufgerichtet hat.

Gleichwohl unterliegen diese biblischen Vorstellungen, insonderheit diejenige von einem einstigen Weltende, insofern einem Bedenken, als sie, abgesehen von ihrer begrifflichen Schwierigkeit, nicht im völligen Einklang mit dem biblischen Schöpfungsbegriffe stehen. Die in geistvoller Weise von Lange [1]) durchgeführte centrale Stellung der Person Christi auch zum Weltganzen dürfte wenigstens für unsern Gegenstand die Wahrheit haben, daß eine Weltschöpfung, welche in so genauer Beziehung zu dem $\lambda\acute{o}\gamma o\varsigma$ und dem $\pi\nu\epsilon\tilde{\upsilon}\mu\alpha\ \vartheta\epsilon o\tilde{\upsilon}$ steht, daß sie in jenem ihre Ursache, in diesem ihr belebendes Princip hat (vgl. insbesondere Joh. 1, 3.; 1 Mos. 1, 2.; Ps. 33, 6.), ja, daß von ihr gesagt werden kann, sie sei auf Christum hin (Col. 1, 16: $\epsilon\acute{\iota}\varsigma\ \alpha\dot{\upsilon}\tau\acute{o}\nu$) geschehen, nicht ohne Weiteres als absolut vergänglich oder nichtig gedacht werden kann. Wie sehr auch die Schrift Geist und Natur als Gegensätze auseinanderhält, vermöge jenes Schöpfungsbegriffs stellt sich diese doch auch als die von einem göttlichen Geistesleben getragene Erscheinung eines göttlichen Schöpfergedankens dar (Hebr. 1, 3.). Zur Vermittelung des sich hieraus ergebenden Widerspruchs mit dem vorhin aufgezeigten Schriftgedanken bietet sich auch hier der Begriff der Entwickelung dar. Wie bei jedem organischen Entwickelungsproceß die früheren Bildungsformen den späteren und vollkommeneren zur Vorbereitung dienen und, aus dem Organismus ausgestoßen, dem Untergang verfallen, um den folgenden höheren zu weichen: so läßt sich ja die Natur, dieses sichtbare Ganze der irdischen Welt, auch als eine organische niedere Bildungsform denken, welche einst vergehen muß, damit aus ihrem Untergange eine neue himmlische Welt als die vollkommenere Bildungsform, zu welcher die Schöpfung angelegt war,

---

ja auch genöthigt, wenn wir uns streng an die vom Apostel aufgestellte Analogie vom Samenkorn halten wollen, ein dem menschlichen Leibe einwohnendes geistiges Element an zunehmen, welches, gleich dem Keime im Samenkorn, der Verwesung widersteht.

[1]) S. dessen christl. Dogmatik.

entstehe. Diese zukünftige verherrlichte Welt würde auf der einen Seite eine neue sein, indem sie an die Stelle der diesseitigen untergegangenen tritt; sie würde aber auf der andern Seite auch in realem Zusammenhang mit der diesseitigen stehen, indem sie ein und dasselbe Subject mit dieser besitzt, den göttlichen Schöpfergedanken (λόγος), der durch das beseelende Princip des göttlichen Geistes in ihr sich eine neue verherrlichte Erscheinung gebildet hat, und würde mit demselben Rechte eine verklärte heißen, mit welchem die Blume oder Frucht eine Verklärung des Samenkorns genannt werden kann, aus welchem sie entsprossen ist. Dabei ließe sich wohl denken, daß diese verklärende Welterneuerung nicht in einem Momente, sondern durch eine Reihe von Katastrophen als Entwickelungsprocessen der Natur, welche Zerstörung und Neugeburt zugleich sind, sich vollziehe, wie die Schrift dergleichen andeutet. Oder sollte es unangemessen sein, eine solche Katastrophe in dem Aufruhr und der Auflösung der Elemente und Kräfte zu finden, von welchen Christus (Luc. 21, 25. 26.) spricht, und als die letzte die Zerstörung der Welt bei Petrus (2 Petr. 3, 10 ff.) zu bezeichnen? [1])

Können wir sonach die Lehre von einer künftigen Naturverklärung in dem angegebenen Sinne allerdings als biblisch begründet anerkennen, so leuchtet doch ein, daß an eine solche Paulus an unserer Stelle nicht gedacht haben kann. Denn jedenfalls versteht er unter der Verherrlichung der Kinder Gottes, von welcher er spricht, eine Verherrlichung der Individuen, was bei der Verklärung der Natur sicher nicht angenommen werden kann. Wenn nun der Apostel mit der Hoffnung der κτίσις auf ihre Verklärung die Hoffnung der Kinder Gottes parallelisirt und aus der Verwirklichung jener die Verwirklichung dieser folgert, so würde diese Folgerung gänzlich ihre Beweiskraft verlieren, wenn die Verklärung der Kinder Gottes so wesentlich von derjenigen der κτίσις verschieden wäre. Oder wollte man darauf hinweisen, daß es ja dem Apostel gar nicht auf die Art und Weise der Verklärung in den beiden Gebieten der Natur und der Menschenwelt ankäme, sondern daß aller Nachdruck darauf liege, daß die Aufhebung von den Folgen der Sünde in beiden Gebieten dieselbe Wirkung, nämlich die Verklärung, gleichviel in welcher Weise, haben müsse: so müssen wir wiederholen, wie sonderbar es doch wäre, daß der Apostel eben das,

---

[1]) Vergl. zu dem ganzen Gegenstand Zöckler, Theologia naturalis, Entwurf einer systemat. Naturtheologie, 1. Bd., besonders §. 26. und 29.

worauf der Nachdruck in seiner ganzen Beweisführung liegt, nämlich die Solidarität der Natur mit der Menschenwelt durch die von dieser in jene eingedrungenen Folgen der Sünde, gar nicht deutlich ausgesprochen, sondern nur zu errathen gegeben hätte.

Demnach steht es mit den Lehrgedanken, welche sich aus der Erklärung der κτίσις von der Natur an unserer Stelle ergeben, so, daß sie entweder in der anderweitigen Schriftlehre keine Bestätigung finden, oder daß, was die Schrift sonst wirklich lehrt, sich mit dem Ausdruck in der paulinischen Stelle nicht vereinigen läßt.

Fragen wir nun nach der exegetischen Berechtigung jener Erklärung innerhalb der paulinischen Stelle selbst, so drängen sich wohl auch Bedenken dagegen auf.

Wir übergehen vorerst diejenigen Momente, bei denen das Unzutreffende der Deutung von κτίσις durch „Natur" erst recht durch die Vergleichung mit der andern Deutung ins Licht tritt, und heben denjenigen Punkt hervor, welcher uns den größten Anstoß zu bieten scheint. Das ist die durch die ganze Stelle hindurchgehende Personification der Natur. Die κτίσις hat das Gefühl eines sehnsuchtsvollen Schmachtens (B. 19.) und kennt die Angst des Seufzens und der Geburtswehen (B. 22.); sie besitzt Willen und Neigung und hegt Hoffnung (B. 20.); sie empfindet den Druck der Knechtschaft und das Glück der Freiheit (B. 21.); ja, sie hat sogar ein Mitgefühl mit dem Zustande eines andern Subjectes, der Kinder Gottes, nach deren Offenbarwerdung und Verherrlichung sie sich sehnt (B. 19. 21.). Man beruft sich für diese auffallende Ausdrucksweise auf zahlreiche Parallelen aus dem Alten Testamente, als 5 Mos. 32, 1.; Ps. 19, 2. 6. 68, 17. 106, 11.; Jes. 1, 2. 14, 8. 55, 12.; Hesek. 31, 15.; Hosea 2, 21 ff.; Joel 1, 18. 20.; Hiob 12, 7—9.; Bar. 3, 34. „Die lebendige Anschauung des Orients", sagt man [1], „verbindet mit der äußern Erscheinung der Herrlichkeit und · Größe, der Noth, des Uebels ꝛc. ein entsprechendes Bewußtfein und Gefühl, Trachten und Streben, und trägt die subjectiven Vorstellungen auf die Naturgeschöpfe als ihre Gedanken über." Am anziehendsten, wahrhaft schön und erhaben, sinnig und gemüthvoll, spricht hierüber Umbreit [2]. — Solche aus

---

[1] S. Maier, Commentar über den Brief Pauli an die Römer, S. 272.
[2] Der Brief an die Römer, auf dem Grunde des A. T. ausgelegt, S. 91 ff. 291 ff.

„lebendiger Anschauung" hervorgehende Personificationen sind nun
wohl ganz an ihrer Stelle in der Poesie — und alle jene alttesta=
mentlichen Beispiele sind dichterischen Bestandtheilen entnommen —,
allein in einer Schrift wie der Lehrbrief des Apostels Paulus an
die Römer dürfte ihre Berechtigung mehr als zweifelhaft sein. Wir
läugnen ja durchaus nicht den zwar niemals eigentlich dichterischen,
aber gefühlvollen, mitunter erhabenen und schwunghaften Styl in
vielen Stücken unseres Briefs, als etwa 1, 16. 7, 24. 25. 9, 1—5.
11, 33—36., vor allen selbst in dem Schluß des 8. Cap. V. 31 ff.
Aber unsere Stelle gehört nicht zu denselben; sie ist rein didaktischer
Natur, sie ist eine Beweisführung, bei welcher es auf nichts ankommt
als auf nüchterne und klare Gedanken. Der Apostel gründet seine
Beweisführung auf die Thatsache von der mit dem Gefühl des Drucks
durch die Nichtigkeit und Vergänglichkeit gegebenen Hoffnung und sehn=
süchtigen Erwartung der κτίσις. Findet hier eine Personification statt,
so ist ja diese Thatsache keine objective, sondern nur eine subjective,
indem menschliche Vorstellungen, Gedanken und Affecte auf die un=
persönliche, vernunft= und willenlose Natur übertragen sind. Wir
deuten z. B. die Verwüstungen und Verstümmelungen in der leblosen
Natur durch verheerende Kräfte oder das Schmerzensgestöhne und
tausendfältige Todesröcheln in der Thierwelt als Ausdruck der Er=
lösungsbedürftigkeit und der Sehnsucht nach einem vollkommenen Zu=
stand. Sollen wir nun dieser Deutung einen realen Werth zuerken=
nen und etwa von einer in „unbewußtem Harren" der Natur er=
sehnten Befreiung aus ihrem drückenden Loose reden [1]), so will uns
doch ein Harren ohne Bewußtsein als undenkbar, oder doch wenigstens
als ein sehr uneigentlicher Ausdruck, erscheinen. Wir werden vielmehr
sagen müssen: Die mannigfaltigen Erscheinungen in der Natur, welche
ein Widerstreben der Geschöpfe gegen das Loos der Vergänglichkeit
durch den Schrei des Schmerzes oder durch ein Vertheidigen ihres
Lebens und Beschützen ihres Daseins mit allen ihnen verliehenen
Waffen und Mitteln bekunden, sind objectiv und real nichts als die
Wirkungen des Triebs zur Selbsterhaltung, welchen der Schöpfer
ihnen eingepflanzt hat, als Gegengewicht gegen die in dieser Welt
herrschenden zerstörenden Mächte der ματαιότης und φθορά. Und
wenn der Mensch den Naturgeschöpfen eine Empfindung und ein Be=
wußtsein von einem Widerspruch zwischen ihrer Erscheinung und ihrem

---

[1]) S. Lechler a. a. O. S. 143.

Begriff und damit ihrer Erlösungsbedürftigkeit und = Sehnsucht zu = schreibt oder poetisch andichtet, so trägt er nur den Eindruck, welchen er auf seinem Standpunkt der Vernunft und Willensfreiheit von jenen Erscheinungen empfangen hat, auf die vernunft= und willenlose Schö = pfung über. Somit wäre die Thatsache, auf welche Paulus seinen Schluß baut, die, daß das Seufzen der Natur und ihr Harren auf Erlösung und Verherrlichung subjectiv nur in dem Bewußtsein des Menschen existirt: weil in dem Bewußtsein des Menschen eine sichere, sehnsüchtige Verherrlichungs = Hoffnung der Natur liegt, so ist dadurch auch der gleichen Hoffnung der Christen ihre Erfüllung verbürgt. Ein solcher Schluß würde dem Vorwurf einer petitio principii nur dann entgehen können, wenn jenes Bewußtsein der Menschen ein all = gemeines, also wiederum eine objective Thatsache wäre. Und daß der Apostel bei dem Seufzen der Creatur allerdings an eine objective und allgemein anerkannte Thatsache denkt, beweiset sein οἴδαμεν γάρ V. 22. Denn „diese Formel bezeichnet in der Regel ein Sich = Berufen entweder auf das Bewußtsein e i n e s j e d e n Lesers oder auf bekannte und an = erkannte Lehrsätze. Man vergleiche z. B. Röm. 2, 2. 3, 19. 7, 14. 8, 28.; 1 Cor. 8, 4.; 2 Cor. 5, 1.“ [1] Findet nun dieses Anwendung auf unsern Fall? Ganz und gar nicht. Denn das Bewußtsein von dem Seufzen der Natur liegt einmal nicht in dem Bewußtsein eines jeden Lesers, sondern ist rein subjectiv bedingt durch die größere oder geringere Tiefe der Naturbeobachtung und des Eindringens in das Naturleben, sowie durch die größere oder geringere Sinnigkeit, mit welcher das Gemüth die Naturerscheinungen auffaßt. Sodann be = ruht es auch nicht auf allgemein bekannten und anerkannten Lehrsätzen. Usteri selbst weiß sich nur auf die prophetischen Stellen Jes. 11, 6 ff. 65, 17. 25.; Ps. 102, 27. (?) und den Unterricht der Rabbinen zu be = ziehen und beschränkt die Kenntniß der betreffenden Lehre nur auf den Apostel selbst und auf seine jüdisch = christlichen Leser, wodurch also dem Apostel fast der Mißgriff aufgebürdet würde, für den großen heiden = christlichen Theil seiner Leser unverständlich geschrieben zu haben. Ja, und gäbe es wirklich eine Lehre von einer bevorstehenden Ver = klärung der Natur, welche allgemein bekannt und anerkannt wäre, so wäre gar nicht abzusehen, warum denn Paulus dieselbe nicht in ihrer eigentlichen dogmatischen Form, sondern in dem Gewande der Personification der Natur vorgetragen haben sollte, welche keine ob =

---

[1] Worte Usteri's a. a. O.

jective, sondern (und nach dem Obigen auch dies kaum) nur eine sub=
jective Wahrheit enthält. Auch Ewald [1]) findet dieses so auffallend,
da Stellen wie Jes. 11, 6—8. nicht genügen, jenes so bestimmt lautende
οἴδαμεν zu begründen, daß er für wahrscheinlich hält, dem Apostel
habe hier ein damals höher geachtetes Buch vorgelegen, in welchem
eine ähnliche Ausführung wirklich schon gewagt gewesen sei. Da nun
aber eine solche Vermuthung nicht zu erweisen steht, und es nach der
besprochenen Erklärung dem paulinischen Gedanken durchaus an Klar=
heit und dem Schluß des Apostels an Bündigkeit gebricht, so scheint
es gerathen, diese ganze Deutung des Wortes κτίσις aufzugeben und
es mit einer anderen passenderen zu versuchen.

Als solche bietet sich uns, wie Eingangs bemerkt worden ist, die=
jenige dar, welche das Wort κτίσις von der gesammten Mensch=
heit versteht, und welche zunächst schon das für sich hat, daß sie dem
neutestamentlichen, näher selbst dem paulinischen Sprachgebrauch (s. oben)
entspricht. Daß sich diese Auslegung in neuester Zeit so wenig Beifall
erworben hat, rührt unseres Bedünkens daher, daß sie oft mißver=
ständlich aufgefaßt worden ist.

Es liegt uns zunächst ob, die gegen diese Auslegung erhobenen
Einwendungen zu beseitigen, was zugleich theilweise zu ihrer Recht=
fertigung dienen wird.

1) Der Gegensatz zwischen der κτίσις und den Christen, V. 23.
(vgl. 19. u. 21.), soll wenigstens die letzteren aus dem Begriffe der
ersteren ausschließen. — Allein das ist durchaus nicht nothwendig.
Der durch οὐ μόνον — ἀλλὰ καί angezeigte Gegensatz kann auch eine
Steigerung vom Theil zum Ganzen (nicht allein — sondern auch)
sein, oder vom Ganzen zum Theil, welcher vor den übrigen Theilen
hervorgehoben werden soll, (nicht allein überhaupt — sondern auch
insbesondere). Das ist nicht nur logisch zulässig, sondern auch durch
den Sprachgebrauch bestätigt. In Bezug auf das erstere siehe z. B.
Apostg. 19, 26: οὐ μόνον Ἐφέσου, ἀλλὰ σχεδὸν πάσης τῆς Ἀσίας.
26, 29: οὐ μόνον σέ, ἀλλὰ καὶ πάντας τοὺς ἀκούοντάς μου. 1 Joh.
2, 2: οὐ περὶ ἡμετέρων δὲ μόνον, ἀλλὰ καὶ περὶ ὅλου τοῦ κόσμου.
In Bezug auf das andere siehe 2 Cor. 7, 7: οὐ μόνον δὲ ἐν τῇ
παρουσίᾳ αὐτοῦ (Τίτου), ἀλλὰ καὶ ἐν τῇ παρακλήσει ᾗ παρεκλήθη
ἐφ᾽ ὑμῖν, ἀναγγέλλων ἡμῖν κ. τ. λ., wo der Trost, welchen Titus dem
Apostel durch seinen Bericht über die Corinther brachte, in dem con=

---

[1]) S. d. Sendschr. des Ap. Paulus übers. u. erkl. S. 392.

creten Fall nicht anders benn als im Moment seiner Ankunft gedacht
werden kann. Was kann uns also hindern, nach Analogie dieser
letzten Stelle unsern 23. V. so aufzufassen: nicht allein die ganze
Menschheit seufzt, sondern auch insbesondere wir Christen? Es wäre
sonach die κτίσις.— was ja auch der Bedeutung und Etymologie des
Worts ganz entsprechend ist — der natürliche Mensch, d. i. der Mensch
in seinem rein creatürlichen Verhältniß, abgesehen von allen Unterschieden innerhalb der Menschheit, wie z. B. zwischen Juden und
Heiden, und vor und außerhalb aller positiven göttlichen Offenbarung
gedacht, so daß der Christ, obwohl zu der κτίσις mitgehörig, doch als
der göttlichen Offenbarung in Christo theilhaftig sich als einen besonderen Bestandtheil des allgemeinen Begriffs der κτίσις hervorhebt
und mit derselben zwar in einen relativen, aber nicht in einen ausschließlichen Gegensatz treten kann.

2) Die gesammte Menschheit soll vom Begriff der κτίσις ausgeschlossen sein, weil von ihr, die durch ihre freie That der Sünde
den Tod über sich brachte, nicht (B. 20.) gesagt werden könne, daß
sie nicht freiwillig der Vergänglichkeit unterworfen worden sei. —
Hier müssen wir dem oft begangenen Irrthum entgegentreten, nach
welchem ἑκοῦσα auf die moralische Willensfreiheit bezogen und demnach übersetzt wird „unverschuldet", wofür vielmehr οὐκ ἐθέλουσα
der rechte Ausdruck sein würde. Vergl. Röm. 7, 15. 16. 19—21.
Ἑκών heißt dagegen: aus eigenem Willen, aus freiem Antrieb, daher:
gern, mit Lust, mit Neigung, im Gegensatz zu äußerem Zwang oder
Nothwendigkeit. Richtig nimmt daher u. A. Maier οὐχ ἑκοῦσα als
eine Meiosis für: wider Willen, unter Widerstreben. In diesem
Sinn können aber die Worte, welche, auf die unpersönliche Creatur
bezogen, ein ziemlich müßiger Zusatz wären, sehr wohl auf den Menschen bezogen werden. Denn ob er auch sündigte mit freiem Willen,
den Tod wollte er deshalb nicht; er sträubte sich vielmehr gegen denselben, und erst, weil er der Vorspiegelung der Schlange glaubte,
daß er mitnichten des Todes sterben werde, gab er der Verführung
nach (1 Mos. 3, 3. 4.) [1]. Wie passend daher und dem wahren Sach-
verhältniß entsprechend ist es, wenn Paulus sagt, die Menschheit
sei nicht mit eigenem Willen, von sich selbst, sondern vielmehr mit

---

[1] Hierdurch erledigt sich wohl die Bemerkung Philippi's, daß, da der
Tod die nothwendige Folge der Sünde sei, von der Menschheit gesagt werden
könne, sie habe, indem sie die letztere gewollt, mittelbar auch den ersteren gewollt.

Widerstreben, vermöge äußerer Nothwendigkeit, nämlich vermöge einer göttlichen Willensordnung (διὰ τὸν ὑποτάξαντα), dem Loose natürlicher Wesensnichtigkeit (ματαιότης) und der dadurch bedingten Vergänglichkeit (φθορά) unterworfen worden! Wie wird nicht von dem Menschen, als einem persönlichen, geistbegabten Wesen, das Loos der Endlichkeit, welchem er durch den Tod unterliegt, als ein Widerspruch mit seinem Begriff und mit seiner Bestimmung ganz anders empfunden und ganz anders mit Grauen und Sträuben erduldet, als dies bei den unpersönlichen Naturwesen nur irgend möglich ist! [1]   .

Es könnte nur auffallend erscheinen, daß der Apostel, da er in diesen Worten doch offenbar auf den Sündenfall Bezug nimmt [2] und er vorher von der darauf sich gründenden Wahrheit, daß der Tod der Sünde Sold sei (5, 12 ff. 6, 23.) gesprochen, jetzt so ganz anders als eben zuvor davon rede und sich statt des Ausdruckes θάνατος vielmehr der Worte ματαιότης und φθορά bediene, statt von κρίμα (5, 16.) vielmehr von einer τάξις (ὑπετάγη) Gottes spreche und damit seinen früheren Lehraussprüchen gewissermaßen die Spitze abbreche. — Der Grund ist der, daß, wie sich aus dem Eingangs von uns aufgezeigten und bei der Auslegung unserer Stelle in der Regel außer Acht gelassenen Verhältniß derselben zu den früheren Auseinandersetzungen des Apostels ergiebt — Paulus von diesen Dingen hier unter einem ganz anderen Gesichtspunkte redet als zuvor. Der Tod nämlich, welcher ursprünglich durch Adam's Sünde in die Welt gekommen, ist kein vereinzeltes Ereigniß geblieben. Er ist, wie die Sünde alle Menschen ergriffen hat und so in der Menschheit habituell, zur Sündhaftigkeit geworden ist, ebenfalls zu allen Menschen, auch zu denen, die nicht die gleiche Sünde mit Adam begangen haben (5, 14.), hindurchgedrungen (5, 12: εἰς πάντας ἀνθρώπους διῆλθεν) und ist gleicherweise habituell in der Menschheit, zur Hinfälligkeit und Sterblichkeit (ματαιότης und φθορά) geworden. Der Tod, dessen Eintritt in die Welt ursprünglich ein göttliches Strafgericht (κρίμα) war, welches allen Menschen zur Verdammniß (κατάκριμα) ausschlug (5, 16.), ist nun zu einem natürlichen Ereigniß in der Menschheit, zu einem Verhängniß geworden, welches kraft göttlicher Ordnung (τάξις) eingetreten ist, und welches für die Erlösten auf

---

[1] S. Jul. Müller, die christl. Lehre von der Sünde, 2. Bd. S. 389 ff.

[2] Hierauf führt der Aoristus ὑπετάγη, welcher auf ein zeitliches Ereigniß, und nicht auf eine ursprünglich durch die Schöpfung begründete Einrichtung, hinweiset.

gehört hat, ein *κατάκριμα* zu fein (8, 1., vgl. 1 Cor. 15, 55 ff.). Wie
daher der Apostel an unserer Stelle von dem Menschen nach seinem
creatürlichen Wesen (*κτίσις*) redet, so auch von Tod und Sterblichkeit
als von einem natürlichen Verhängniß, welchem die Menschheit unterliegt, unbeschadet seiner Lehre, daß der Tod durch die Sünde in die
Welt gekommen ist. So behandelt ja auch der Arzt oder Physiolog
den Tod als ein natürliches Ereigniß, unbeschadet seines christlichen
Glaubens an die ethische Ursache des Todes in der Menschheit überhaupt. Wir sehen also, daß die in unserer Stelle behandelten Gegenstände zu der sogenannten theologia naturalis gehören, und haben
demnach auch unter der Hoffnung (B. 20. 21.) die der Menschheit
angestammte Ahnung einer Unsterblichkeit, Erwartung eines Jenseits,
zu verstehen, welche die Bruft jedes Einzelnen, der einigermaßen zu
religiösem Bewußtsein erwacht oder erzogen ist, erfüllt, und welche
auch bei den roheften Menschenstämmen sich in irgendwelchen Ceremonien des Cultus oder der Familientradition ausspricht. Denn
diese Hoffnung oder Ahnung entspringt allerdings aus dem Widerspruch, in welchen durch das mit Sträuben und Grauen getragene
Verhängniß der Sterblichkeit das Bewußtsein des Menschen mit sich
selbst verfetzt wird. Je mehr dieser Widerspruch durch die Größe und
Intenfität der Leiden gespannt wird, defto inniger und gewiffer daher
auch die Hoffnung. So ist diefelbe in der Menschheit allgemein zur *ἀποκαραδοκία* (B. 19.) geworden. Je kräftiger der Mensch von dem Widerspruch zwischen seinem Begriff und seiner sterblichen und vergänglichen
Erscheinung ergriffen ist und denselben als eine Knechtschaft (*δουλεία*)
empfindet, zu welcher er der Endlichkeit verhaftet ist, defto tiefer und
angstvoller das Seufzen nach Erlöfung als nach einem Zuftande der
Freiheit und Unvergänglichkeit (*ἐλευθερία τῆς δόξης*), defto mehr
gleichen dann die Anftrengungen des menschlichen Geiftes, mit seinem
endlichen Blick in das Jenseits, das Unendliche, einzudringen, den
Geburtswehen, durch welche ein neues Leben ans Licht treten soll
(vergl. B. 22. *συστενάζει καὶ συνωδίνει* mit B. 21.) Da dieses nun
unläugbar eine Thatfache allgemeinen Bewußtseins ist, welche noch
dazu in der heil. Schrift des Alten Teftaments [1]) einen so häufigen
und tief ergreifenden Ausbruck gefunden, tritt auch das *οἴδαμεν* des

---

[1]) Zu den oben schon namhaft gemachten Stellen Pf. 90., Jef. 40. u. f. w.
vgl. die noch von Umbreit a. a. O. S. 291. angeführten alttestamentlichen
Aussprüche.

Apoſtels (B. 22.), welches ſich der andern Erklärung ſo unfügſam
erweiſet, in ſein ganzes und volles Recht ein.

3) Aber, ſagt man endlich¹), wie iſt bei der geſammten
Menſchheit ein Bewußtſein von einer künftigen Verherrlichung der
Chriſten, als der Kinder Gottes (8, 19. 21.), denkbar, und wie
reimt ſich ein ſehnſüchtiges Harren und Hoffen auf die letztere auf
Seiten der geſammten Menſchheit mit der allgemein bibliſchen und
beſonders auch pauliniſchen Lehre von der Vergeltung und der Verwerfung der Ungläubigen im Gericht? — Dieſer allerdings gewichtige
Einwand erledigt ſich, ſo wir nur nach unſerer obigen Auseinander-
ſetzung unter κτίσις nicht die Juden- und Heidenwelt in ausſchließlichem
Gegenſatze zur Chriſtenheit verſtehen, ſondern das Verhältniß ſo auffaſ-
ſen, daß κτίσις den Menſchen als Subject des allgemeinen religiöſen Bewußtſeins im Unterſchiede von dem Menſchen als Subject der in Chriſto
geoffenbarten religiöſen Erkenntniß, d. h. dem Chriſten, bedeutet. Dann
würde der Satz des Apoſtels B. 19., der Sehnſuchtsdrang der Menſchheit erharre die Offenbarung der Kinder Gottes — den Sinn haben:
die in dem natürlichen Bewußtſein des Menſchen liegende ſehnſüchtige Erwartung eines vollkommenen Jenſeits, welche bis jetzt eben nur
eine ſchmerzliche Sehnſucht, ein Ringen nach einem noch unerkannten
und unerreichten Ziel eines neuen Lebens (στενάζει καὶ συνωδίνει
B. 22.) geweſen, habe in der durch die Gemeinſchaft der Gläubigen
mit Chriſto gegebenen Hoffnung der künftigen Verherrlichung der
Kinder Gottes ihre Befriedigung gefunden. Der 20. u. 21. Vers,
wo durch die Worte καὶ αὐτή die κτίσις ausdrücklich den τέκνοις θεοῦ
gegenübergeſtellt iſt, würde nun jenen allgemeinen Satz näher dahin
erläutern und beſtimmen, daß jener Sehnſuchtsdrang des natürlichen
Bewußtſeins, durch den auf der Menſchheit laſtenden Druck der Vergänglichkeit hervorgerufen und in dem Gefühl des Widerſpruchs mit
dem eigenen Bewußtſein, welches mit jenem Druck unmittelbar gegeben iſt, begründet, ſich nun zu der klaren Hoffnung des chriſtlichen
Bewußtſeins beſtimme, welche ihr Ziel in der Theilnahme an der
Freiheit der Verherrlichung der Kinder Gottes findet. Es zeigt
alſo der Apoſtel Paulus in der künftigen Verherrlichung, welche
das Chriſtenthum den Gläubigen als den Kindern Gottes verheißt,

---

¹) Die etwa noch ſonſt, wie z. B. von Meyer, zu dieſer Stelle vorgebrach-
ten Einwendungen beziehen ſich auf eine Auffaſſung des Begriffs κτίσις, welche
nicht die unſrige iſt.

das Ziel auf, nach welchem der dunkle, sich seines Gegenstandes nicht klar bewußte Sehnsuchtsdrang der gesammten Menschheit sich richtet und in welchem er seine Befriedigung findet [1]). Wer eine solche Erklärung von V. 19. u. 20. hart finden sollte, den erinnern wir daran daß — χτίσις von der Natur verstanden — die Hinwegdeutung des Gedankens, daß die Naturgeschöpfe ein Bewußtsein von der Herrlichkeit der Kinder Gottes haben, eine noch viel größere Härte erfordern würde.

Noch müssen wir auf einige Sätze in unserer Stelle aufmerksam machen, welche erst durch diese unsere Auffassung ihren rechten Sinn empfangen.

1) Die auffallende Personification V. 19., wo Paulus die ἀποκαραδοκία τῆς χτίσεως statt der χτίσις selbst zum Subject erhebt, erklärt sich nun daraus, daß eben das sehnsüchtige Schmachten der Menschheit den Hauptbegriff bildet, aus welchem in dem Folgenden argumentirt wird.

2) Aus dem Zusatz ἄχρι τοῦ νῦν V. 22., daß die ganze χτίσις seufze bis zu dieser Stunde, hat die bisherige Auslegung nichts Rechtes zu machen gewußt. Usteri meint, es sei dieser Zusatz, auf die un= persönliche Schöpfung bezogen, erst recht passend, weil er sich so von selbst verstehe und das seit dem Sündenfall fortwährende Gebunden= sein der Natur ausdrücke. Aber etwas auszusagen, was sich von selbst versteht und also ziemlich bedeutungslos ist, pflegt man doch sonst nicht zu den Vorzügen eines Schriftstellers zu rechnen. Beziehen wir dagegen diesen Zusatz auf die gesammte Menschheit und verstehen wir als terminus ad quem der Worte ἄχρι τοῦ νῦν den Eintritt der Offenbarung in Christo, so haben wir den passenden Gedanken, daß das Seufzen der Menschheit von Anfang an bis jetzt, wo in Christo das wahre Ziel desselben geoffenbart sei, ein ungestilltes und unbefriedigtes gewesen.

3) V. 23. ist bisher fast durchgängig mißverstanden worden. Die meisten Ausleger nehmen den Ausdruck ἀπαρχὴ τοῦ πνεύματος als erstes Antheil am Geiste, im Gegensatz zur ganzen, vollen Geistes= ernbte, welche erst einst nachfolgen soll. Da nun aber daraus der ganz falsche Gedanke sich ergeben würde, daß der Christ des Geistes successiv und nicht mit einem Male theilhaftig werde und dessen

---

[1]) Ganz ähnlich verfährt Paulus Apostg. 24, 23., wenn er den Athenern bemerkt, daß ihre Verehrung eines unbekannten Gottes nichts Anderes als eine Ahnung des wahren Gottes sei, den er nun ihnen verkündigen wolle.

ganze Fülle gar erst jenseits zu erwarten habe, so verwandelt sich ganz unvermerkt der Begriff von Erstlingen in den von Unter= pfand, wie bei Philippi, der (a. a. O.) bemerkt, daß die ἀπαρχή τοῦ πνεύματος uns unsere υἱοθεσία und κληρονομία versiegle — ein gewiß ganz richtiger Gedanke, der nur aber nicht in diesen Worten liegt —, oder man verwechselt geradezu beide Begriffe, wie Usteri, der (a. a. O.) 2 Cor. 1, 22.; Ephes. 1, 13. 14., vgl. 4, 30., wo von ἀῤῥαβών (nicht ἀπαρχή) τοῦ πνεύματος und von einem σφρα= γισθῆναι die Rede ist, als Parallelstellen citirt. Man gewinnt auf diese Weise den Gedanken: Nicht allein die unpersönliche Schöpfung, sondern auch wir Christen, die wir in dem Geiste schon ein Siegel unserer einstigen Verherrlichung besitzen, seufzen u. s. w. Abgesehen nun davon, daß der Gegensatz zwischen den vernunft= und willenlosen Geschöpfen und den Christen, als Inhabern des Geistes Christi, nicht eben ein sehr passender wäre, indem ja die Christen schon als ver= nunftbegabte Menschen hinreichend von der unpersönlichen Schöpfung unterschieden wären, und also jener Schluß a minori ad majus zwischen der unvernünftigen Creatur und den Christen eine allzu große Kluft setzen würde, und daß nach der Voraussetzung jener Erklärung viel passender die Christen, als die durch ihre freie sündige That dem Tode verfallenen, den unpersönlichen Geschöpfen, als den unschuldig der Endlichkeit unterworfenen, entgegenzusetzen wären, so ist der Ausdruck ἀπαρχή falsch aufgefaßt. Das Wort, welches ursprünglich von der Erstlingsgabe gebraucht wird, welche zum Opfer dargebracht werden soll (Röm. 11, 16.), bezeichnet die erste Garbe im Gegensatz zu dem nachfolgenden Ertrag der Erndte und wird bildlich auch von Menschen gebraucht, denen zuerst etwas zu Theil wird, im Gegensatz zu Anderen, welche daran später Theil nehmen. So Röm. 16, 5.; 1 Cor. 16, 15. 15, 20. 23.; Jac. 1, 18.; Offenb. 14, 4. [1]) Demnach ist an unserer Stelle ἀπαρχή τοῦ πνεύματος von der ersten Geistes= mittheilung zu verstehen, welche den ersten Christen im Unterschiede von den späteren zu Theil geworden ist. Durch die Deutung der κτίσις von der Natur irre geführt, haben die Ausleger aber hierin einen müßigen Gedanken gefunden, weil es ja „beim Seufzen nach der Herr= lichkeit der Kinder Gottes kein Moment ausmache, ob sie zuerst oder einige Jahre später das πνεῦμα empfangen hatten"[2]). Verstehen wir

---

[1]) S. Schirlitz, Wörterb. z. N. Test.
[2]) Winer, Grammatik, 4. Aufl. S. 336.

dagegen die *κτίσις* von der Menschheit im Allgemeinen, so erhalten erst die Worte *αὐτοὶ τὴν ἀπαρχὴν τοῦ πνεύματος ἔχοντες* als Apposition zu *ἡμεῖς*, welche nachdrucksvoll vorangestellt ist, weil sie das Merkmal angeben soll, durch welches sich die Christenheit von der Menschheit im Allgemeinen unterscheidet und sich als ein besonderer Theil aus dem Begriff der Menschheit heraushebt, ihr volles Licht und ihren wahren Sinn. Die Christen verhalten sich darnach zu der übrigen Menschheit wie die, welche den Geist Christi bereits haben, zu denen, welche desselben noch theilhaftig werden sollen — was wiederum dem Ausspruche des Apostels in unserm Briefe 11, 25. 26. entsprechen würde. Und wir erhalten so den treffenden Gedanken, daß, gleichwie die Menschheit im Allgemeinen noch nach ihrer Erlösung seufzt, allerdings auch die Christen, obwohl sie schon den Geist Christi besitzen, auch noch seufzen, weil sie den der Sterblichkeit unterworfenen Leib noch an sich tragen [1]).

Ziehen wir nun das Endergebniß unserer bisherigen Erörterungen, so würde Folgendes der Gedankengang des Apostels sein. Er beruft sich auf die erfahrungsmäßig in dem Bewußtsein des Menschen liegende Sehnsucht nach einer Fortdauer in einem vollkommenen, von der Endlichkeit dieser Welt befreiten Zustande, welche er als Thatsache einer natürlichen Offenbarung Gottes an dem Menschen nachweiset (V. 19—21.). Diese Sehnsucht war bisher eine unbefriedigte (V. 22.) und hat ihr Ziel angewiesen erhalten und ihre Befriedigung gefunden in dem christlichen Bewußtsein der Gotteskindschaft, welches die Hoffnung einstiger vollkommener Erlösung und der Verherrlichung mit Christo einschließt (bemerke das *ἀπεκδέχεσθαι* V. 19. u. 23.). Insofern also diese Hoffnung der angestammten, von Gott verliehenen und in der ganzen Menschheit (*πᾶσα ἡ κτίσις* V. 22.) vorhandenen Sehnsucht nach einem künftigen vollkommenen Zustande entspricht, derselben ihr Ziel weiset und sie befriedigt, empfängt sie selbst die Bestätigung ihrer Sicherheit und Gewißheit. — Durch Christum ist nun zwar das Ziel jener Sehnsucht erreicht, aber nur zum Theil. Denn, wie die gesammte Menschheit, so muß auch die Christenheit noch seufzen, da sie, so lange sie in diesem sterblichen Leibe lebt, den Leiden dieser Zeit unterworfen ist und also noch auf die völlige Offenbarung der Kindschaft und Erlösung des Leibes harret (V. 23.), so daß sie nicht anders selig werden kann als in der Hoffnung (V. 24.). Je tiefer

---

[1]) Vergl. 2 Cor. 5, 4—8.

das Gefühl dieser Endlichkeit ist, je schmerzlicher die Leiden, desto mehr wird sich also der Christ der Hoffnung trösten, desto mehr die Leiden dieser Zeit gegenüber jener künftigen Herrlichkeit als nichts achten. — Hiermit aber wäre in der That der Beweis geführt, der nach unserer im Eingang gegebenen Darstellung des Zusammenhangs unserer Stelle gefordert werden muß.

Kommt endlich noch das Verhältniß in Betracht, in welchem der eben entwickelte Sinn zu der sonstigen Lehre des Apostels Paulus steht, so ist ja bekannt, wie geläufig es demselben ist, die christlichen Lehren an die Thatsachen des allgemeinen religiösen Bewußtseins anzuknüpfen. So thut er in seinen Reden zu Lystra (Apostg. 14, 17.) und zu Athen (Apostg. 17, 23 ff.). Selbst in unserem Brief an die Römer beruft sich der Apostel auf das allgemeine natürliche Gottesbewußtsein (1, 19—20.), sowie auf das Gewissen, als eine ursprüngliche göttliche Offenbarung (2, 14. 15.) [1]). Findet sich nun nach der von uns befürworteten Auslegung in der behandelten Stelle eine Hinweisung auf die dritte Thatsache des ursprünglichen natürlichen religiösen Bewußtseins, der Unsterblichkeits = Ahnung in der Menschheit, und der Versuch, dieselbe mit den Aussagen der christlichen Hoffnung in bestätigende Beziehung zu setzen, so dürfte das jener Auslegung um so mehr zur Empfehlung gereichen.

---

[1]) Daß an diesen Stellen nicht der Ausdruck $\varkappa\tau i\sigma\iota\varsigma$ steht, darf uns nicht irren. Denn 1, 19 f. ist die Rede nur von einem Theile der $\varkappa\tau i\sigma\iota\varsigma$, von denjenigen Menschen ($\check{\alpha}\nu\vartheta\varrho\omega\pi o\iota$), welche die Wahrheit i. Ungerechtigkeit aufhalten, und 2, 14 f. werden die Heiden, als die außerhalb der testamentischen Offenbarung stehen ($\check{\epsilon}\vartheta\nu\eta\ \tau\grave{\alpha}\ \mu\grave{\eta}\ \nu\acute{o}\mu o\nu\ \check{\epsilon}\chi o\nu\tau\alpha$), den Juden und Christen als Trägern jener Offenbarung gegenübergestellt, während in unserer Stelle die Christen von den Juden und Heiden als dem außerhalb der christlichen Offenbarung stehenden Theil der Menschheit unterschieden und doch wieder mit ihnen in eins zusammengefaßt werden. Dort wäre der Ausdruck $\varkappa\tau i\sigma\iota\varsigma$ eben so unpassend als an unserer Stelle das Wort $\check{\epsilon}\vartheta\nu\eta$.

Die einheitliche Abstammung des Menschengeschlechts.

Ein Vortrag
mit wissenschaftlichen Erläuterungen und Belegen.
Von Dr. O. Zöckler in Gießen.

Die Frage, ob das Menschengeschlecht von Einem Paare oder von einer Mehrzahl von Stammvätern abstamme, gehört zu denjenigen Problemen moderner Wissenschaft, die in den weitesten Kreisen und um der mannichfaltigsten Ursachen willen Interesse zu wecken im Stande sind. Nicht bloß die wichtigsten Grundfragen der Religion, nicht bloß die vornehmsten sittlichen Interessen der Menschheit, darunter sogar brennende Zeitfragen politisch = socialer Art, wie die Sclaven= frage, sind es, die von der Art ihrer Lösung auf das Tiefste berührt werden: die zu ihrer Beantwortung erforderlichen Untersuchungen spielen auch in die Gebiete mehrerer der umfassendsten und allgemein interessantesten Wissenschaften zugleich hinein. Sie nehmen die gleich= zeitige und gleich angestrengte Thätigkeit des Physiologen und des Philologen, des Paläontologen und des Paläographen, des Mytho= logen und des Theologen, des Culturhistorikers und des Kunst= historikers in so hohem Grade in Anspruch, daß gerade sie ganz be= sonders geeignet sind, den auf einem oder dem andern dieser verschie= denen Felder des Wissens Bewanderten zum Sammelpunkte zu dienen und so die Bearbeiter oder aufmerksamen Beobachter einer ganzen Anzahl von theilweise ziemlich weit auseinander liegenden Disciplinen zu gemeinschaftlicher Bebauung eines für alle gleich anziehenden Ge= bietes zusammenzuführen. Mag man immerhin die sämmtlichen ge= nannten Disciplinen, soweit sie das in Rede stehende Problem angehen, unter dem Namen einer einzigen Wissenschaft zusammenfassen und diese etwa als historische Anthropologie oder auch als physiologische Ethnologie bezeichnen: die Eigenschaft, nach den verschiedensten Seiten hin anziehend zu wirken und Männern der mannichfaltigsten, zum Theil wohl auch der conträrsten Standpunkte des Wissens oder wissen= schaftlichen Glaubens Anlaß zu höchst interessanten Controversen zu bieten, bleibt dann eben jener neuen Wissenschaft unbestrittenermaßen, und sowohl der ernste Forscher als auch der wissenschaftlich gebildete Laie wird jedem ihrer Fortschritte, nach welcher Richtung hin derselbe auch wirksam zu werden verspreche, mit lebhaftester Aufmerksamkeit

4*

zu folgen geneigt sein. Einen Versuch zur Darlegung des ungefähren
Standes der Frage in der Gegenwart, d. h. gemäß den als gesichert
oder doch als vorzugsweise wahrscheinlich zu betrachtenden Resultaten
moderner wissenschaftlicher Forschung, erlaube ich mir in den nach=
folgenden Auseinandersetzungen mitzutheilen. Ich werde dabei allemal
nur die mit besonderem Gewichte in die Wagschale fallenden Ergeb=
nisse der einzelnen in Betracht kommenden Wissenschaften hervorheben,
an weniger erheblichen Gesichtspunkten aber um der größeren Ueber=
sichtlichkeit willen entweder ganz oder doch nur flüchtig andeutend
vorübergehen [1]).

I.

Beleuchten wir unser Problem zunächst von der rein natur=
wissenschaftlichen Seite her, welche offenbar die ersten und noth=
wendigsten Grundlagen für seine Lösung darzureichen hat, so scheint
bei oberflächlicher Betrachtung des Sachverhalts hier so ziemlich alles
zu Ungunsten der Annahme eines einheitlichen Ursprungs der Mensch=
heit zu zeugen. Die vergleichende Anatomie, welche ihre Schlüsse
auf die Verschiedenheiten in der Bildung des Skeletts, namentlich
des Schädels, gründet (daher auch Kraniologie oder kraniologische
Ethnologie genannt), droht das Menschengeschlecht zum mindesten in
zwei oder drei große Typen oder Urracen zu zerspalten, von denen

---

[1]) In der Unterscheidung der einzelnen zu berücksichtigenden Wissensgebiete,
sowie theilweise auch rücksichtlich der Ordnung und Reihenfolge ihrer Besprechung
habe ich mich einerseits an Cardinal Wiseman's Behandlung des vorliegenden
Thema's in seinen Twelve lectures on the connexion between science and re-
vealed religion, einem seiner Zeit (bald nach Abhaltung dieser Vorlesungen in
Rom, 1835) mit Recht hochgeschätzten und auch immer noch sehr lesenswerthen
Werke (5. Ausg. Lond. 1861, II voll.), andererseits an die in jeder Hinsicht aus=
gezeichnete Erörterung angeschlossen, welche derselbe Gegenstand neuerdings durch
den Pariser Academiker A. de Quatrefages in seiner durch eine Reihe von
Nummern der Revue des deux Mondes hindurchgehenden Abhandlung: Unité
de l'espèce humaine, gefunden hat (s. Rev. d. d. M., 15. Déc. 1860 — 1. Avril
1861). Quatrefages behandelt die Frage zwar zunächst nur vom naturwissen=
schaftlichen Standpunkte aus, doch zieht er mehrfach auch die übrigen einschlä=
gigen Forschungsgebiete in Betracht und reiht namentlich in seiner besonders
gegen Agassiz' polygenistische Theorie gerichteten Schlußabhandlung (1. Avril 1861,
p. 660 etc.) den vorhergehenden physiologischen und physisch=geographischen Dar=
legungen entsprechende Hinweisungen auf die Gebiete der Linguistik, der Cultur=
geschichte und der Mythengeschichte an. Auch Th Waitz, Anthropologie der
Naturvölker, I, S. 258—295., beleuchtet die vorliegende Frage der Reihe nach
von den drei Hauptgesichtspunkten der Naturwissenschaft, der Linguistik und der
Geschichte (d. h. der Cultur= und der Religionsgeschichte) aus.

keinerlei Uebergang in einander möglich zu sein scheint, sei es nun,
daß man mit Blumenbach die größere oder geringere Breite des von
oben herab betrachteten Schädels zum vornehmsten Princip der Classification mache und so die drei Hauptracen der Kaukasier, der Mongolen und der Neger sammt den beiden Zwischenformen der Amerikaner und der Malayen herausbekomme[1]); sei es, daß man, wie
Virey, der älteste anthropologische Polygenist von wissenschaftlicher
Bedeutung, unter Anwendung des sogenannten Camper'schen Gesichts-
winkels zwei ursprünglich verschiedene Menschenarten, die eine mit
größerem Gesichtswinkel (von 80° und darüber), also mit höherer
Stirn und weniger vorstehendem Kinne, die andere mit kleinerem
Gesichtswinkel (von 60—70°), unterscheide und jener die Kaukasier,
dieser die Mongolen und die Neger zutheile[2]); sei es endlich, daß
man sich dem ausgezeichneten schwedischen Ethnologen Retzius an-
schließe und demgemäß langköpfige und flachköpfige Menschen (Dolicho-
cephalen und Brachycephalen), und als Unterabtheilungen dieser beiden
Hauptclassen dann wieder Orthognathen und Prognathen (Menschen
ohne oder mit vortretendem Kinne oder geradzähnige und schiefzähnige)
unterscheide[3]).   Die außer der Schädelbildung auch die Färbung der
Haut, die Beschaffenheit des Haarwuchses und die inneren und äußeren
Eigenthümlichkeiten der organischen Entwickelung in Betracht ziehende

---

[1]) Blumenbach, de generis humani varietate nativa. (Ed. 3.) Gott. 1795.

[2]) S. Virey, Histoire naturelle du genre humain, 1801. In weiterer Verfolgung des hier offenbar höchst einseitig in Anwendung gebrachten physiognomi-
schen Princips nahm dann Bory Saint-Vincent in seinem Dictionnaire
classique d'Histoire naturelle (1825) nicht weniger als 15 specifisch verschiedene
Menschenracen an; Desmoulins (Histoire naturelle des Races humaines, 1826)
statuirte ihrer 16; Gerdy (Physiologie médicale, 1832) theilte das Genus homo
in 4 Unterarten, die er wieder in eine unbestimmt große Zahl von Species und
Varietäten zerlegte. Der Nord-Amerikaner Morton in seinem großen ethno-
logischen Werke „Crania Americana" (1839) statuirte 32 Familien, die aus mehreren jetzt nicht mehr deutlich erkennbaren Urspecies des Menschengeschlechts hervorgegangen seien; seine Schüler Nott und Glidden in ihren großartig angelegten „Types of Mankind" (1854) brachten es gar bis auf 150 solcher Familien,
und die neuesten Polygenisten Nord-Amerika's, wie Agassiz (Sketch of the
natural provinces of the animal world; auch: The diversity of origin of the
human species, und Essay on Classification, Ch. I, p. 166.), Knox (Races of
man) u. A. haben dieses atomistische Zersplitterungssystem bis zu der Behauptung fortgetrieben, daß die Menschen überhaupt nicht in Typen, Racen, großen
Gruppen oder Familien, sondern nationenweise geschaffen worden seien. — Vgl.
Quatrefages a. a. O., 1. Avril 1861, p. 644 etc.

[3]) Anbr. Retzius, Blick auf den gegenwärtigen Standpunkt der Ethnologie

Physiologie scheint dem Glauben an die einheitliche Abstammung des Menschengeschlechts hauptsächlich dadurch Gefahr zu drohen, daß sie den fixen, d. h. Jahrtausende hindurch unverändert bleibenden, Charakter der meisten seiner Typen mit vielen angeblich wohlgesicherten Beispielen erhärtet, also aus der durch die ältesten ägyptischen Monumente erhärteten Stabilität der Bewohner des Nilthals, aus der Unveränderlichkeit der Physiognomie und Hautfarbe des Negers während vieler Jahrhunderte u. dergl. m. die ursprüngliche oder specifische Verschiedenheit dieser charakteristischen Typen von allen übrigen folgert [1]. Die Paläontologie endlich, oder die Naturgeschichte der in den geologischen Gebirgsformationen vergrabenen Reste urweltlicher Pflanzen und Thiere, scheint einerseits durch ihre Nachweisung eines ziemlich constanten gemeinschaftlichen Auftretens gewisser Menschenracen und bestimmter charakteristischer Pflanzen= und Thierspecies auf je Einem geologischen Terrain (die sogen. Theorie der Schöpfungscentra) die Annahme einer ursprünglichen Erschaffung des Menschengeschlechts an Einem Orte und in Einem Paare unmöglich zu machen, andererseits durch manche ihrer Entdeckungen bezüglich erheblicher Differenzen zwischen fossilen Menschenschädeln und solchen der jetzt lebenden Racen die Auffassung des Menschengeschlechts als einer geschlossenen und namentlich gegen das Thierreich hin bestimmt abgegrenzten specifischen Einheit von Grund aus zu zerstören und jener materialistischen Doctrin einer allmählichen Entwickelung des menschlichen Typus aus demjenigen des Affen allen nur möglichen Vorschub zu leisten [2].

(Separatabdruck aus J. Müller's Archiv für Anatomie und Physiologie, 1858). Vgl. Rud. Wagner's Kritik dieser Retzius'schen Classification (Zoologisch=anthropologische Untersuchungen, I, S. 4 ff.), die bei im Ganzen anerkennender Beurtheilung immerhin nicht wenige einzelne Annahmen zu modificiren oder zu verbessern findet. Einen Versuch zu einer Vermittelung der Retzius'schen Classification mit der Blumenbach'schen hat Zeune (Ueber Schädelbildung, 1846) durch seine Unterscheidung von drei extremen typischen Hauptformen: Hochschädel, Breitschädel und Langschädel, gemacht. Zu den ersteren rechnet er die Europäer und die kaukasischen Asiaten, zu den Breitschädeln die Mongolen und Malayen, zu den Langschädeln die Neger.

[1] Vgl., was Quatrefages a. a. O., 15. Févr., p. 959 etc., hauptsächlich aus Nott's und Glibdon's Raisonnement in Betreff dieser physiologischen Facta mittheilt, sowie Waitz a. a. O. S. 249 ff.

[2] Vgl. Quatref. a. a. O., 1. Avr., p. 652 etc.; Ausland 1861, S. 371 ff.; 835 ff.; 1862, S. 600 ff. — Die an der zuletzt angef. Stelle enthaltenen Mittheilungen über Delanoue's Beurtheilung der neuesten paläontologischen Funde von St. Acheul

So scheint es, aber freilich auch nur so lange, als man bei ein=
seitiger Betrachtung der Außenseite der betreffenden Thatsachen stehen
bleibt und einer gründlicheren kritischen Prüfung derselben leichtfertig
aus dem Wege geht. Bei wahrhaft exacter, d. h. alle Seiten der
Sache zugleich in Erwägung ziehender und nur das kritisch Gesicherte
festhaltender Durchführung muß diese naturwissenschaftliche Unter=
suchung unseres Gegenstandes zu ganz anders lautenden Resultaten ge=
langen, oder die eben angedeuteten Ergebnisse, die den Nachweis einer
einheitlichen Abstammung unseres Geschlechts zu erschweren scheinen, we=
nigstens in eine weit vorsichtigere und bescheidenere Form bringen. —
Was zunächst die der Paläontologie entnommenen Instanzen zu
Ungunsten der monogenistischen Theorie betrifft, so haben diese bis jetzt
wenigstens die Probe einer schärferen Kritik sämmtlich nicht zu be=
stehen vermocht. Die hie und da ausgegrabenen Reste menschlicher
Skelette oder auch menschlicher Kunstwerke aus angeblich präadamiti=
scher Zeit haben sich fast allemal ziemlich bald nach ihrer Entdeckung
als aus späteren Perioden herrührend und, wenn wirklich von Men=
schen abstammend, dann auch als unserem gegenwärtigen Menschen=
geschlechte zugehörig ausgewiesen. Agassiz hat seine auf die Auffin=
dung eines vorgeblich 185000 Jahre alten fossilen Menschenkiefers
in Florida gegründeten extravaganten Behauptungen in Betreff des
unendlich weit über Adam zurückreichenden Ursprunges der Menschheit
wohl längst wieder aufgegeben [1]). Wie hier, so waltete auch bei den
von Leonhard Horner angestellten Ausgrabungen im Alluvialboden
des Nilthals bei Memphis, aus deren Ergebniß (der Auffindung eines
thönernen Gefäßes 39 Fuß unter der Erdoberfläche, sowie verschiede=
ner gebrannter Backsteinreste in zum Theil noch größeren Tiefen) jener
Forscher die Existenz civilisirter Menschen in Aegypten seit länger als
11000 Jahren v. Chr. hatte erschließen wollen, nichts anderes als eine
grobe Täuschung ob [2]). Aehnlich verhält es sich mit einem jüngst im

konnten natürlich zur Zeit der Abhaltung des obigen Vortrags (Febr. 1862) noch
nicht mit in Betracht gezogen werden.

[1]) Vgl. Nott's und Glibbon's Types of Mankind, p. 352. mit p. 500. 502 der
drei Jahre später erschienenen „Indigenous Races of the Earth" derselben Autoren,
wo dieser Muthmaßung nur noch in ziemlich kleinlauter Weise gedacht wird.

[2]) S. den eingehenden und völlig befriedigenden Nachweis der Nichtigkeit
dieser Horner'schen Schlußfolgerungen in Quarterly Review, 1858, No. 210,
p. 418—421, und in dem gleich nachher anzuführenden Schriftchen J. Pratt's,
p. 86—89. Außer der Unmöglichkeit, die großentheils höchst unregelmäßigen
jährlichen Ablagerungen von Nilschlamm als Grundlage zu irgend welcher chrono=

Somme = Thal bei Amiens und Abbeville stattgehabten geologischen
Funde — zahlreichen Feuersteinwerkzeugen, als Speer = und Pfeil=
spitzen, Hacken, Messern u. s. w., in unmittelbarer Gesellschaft von
Elephantenknochen, und zwar alles dieß in einem angeblich ungestörten
Bette von Kies und Sand, auf Kreideschichten vom jüngsten Datum
der Tertiärformation aufgelagert —, worauf sogar der besonnene Sir
Charles Lyell, bei einem Meeting der British Association zu Aberdeen
1859, den Schluß einer gleichzeitigen Existenz der menschlichen Urheber
dieser rohen Kunstproducte mit den dabei gefundenen Thierknochen,
also eines vielleicht 100000 Jahre übersteigenden Alters dieser primi=
tiven Repräsentanten unseres Geschlechts, zu gründen geneigt war.
Die hier aufgefundenen Feuersteingebilde erwiesen sich bei näherer
Untersuchung zwar als wirkliche menschliche Kunstgeräthschaften (nicht
etwa als gewisse seltsame Formen, dergleichen die Feuersteine bis=
weilen anzunehmen pflegen, ähnlich den Schwalbenschwanzkrystallen
des Gypses); aber ihr Alter mußte wesentlich herabgesetzt werden, da
ihre Lagerstätten die deutlichsten Spuren von bedeutenden während der
Diluvialzeit stattgehabten Störungen verrathen, aus welchen sich ihre
Association mit jenen allerdings der jüngsten (post=pleiocenen) Tertiär=
bildung angehörigen thierischen Resten zur Genüge erklärt¹). Ein
anderer während der letzten Jahre gethaner Fund, der eine besonders
starke Instanz zu Gunsten der Urverwandtschaft des Menschen mit
dem Affen liefern sollte, litt von vornherein an allzu großer Unzu=
verlässigkeit seiner Ergebnisse, als daß ihm irgend welches erheblichere

---

logischen Berechnung zu benutzen, und außer dem Vorhandensein zahlreicher
tiefer Erdspalten und nicht weniger Cisternen (von oft 50—100 Fuß Tiefe) in
allen Gegenden des Nilthals und namentlich auch in der Nähe des Ramses=
Colosses bei Memphis spricht gegen dieselben der Umstand, daß unter den auf=
gefundenen menschlichen Kunsterzeugnissen sich auch gebrannte Ziegelsteine (burnt
brick) befanden. Denn die ältesten Aegypter bauten immer nur mit ungebrann=
ten (aus Lehm und Stroh bereiteten und an der Sonne getrockneten) Ziegeln;
der Gebrauch gebrannter Backsteine in Aegypten scheint kaum älter als die
römische Herrschaft. S. Knobel zu 2 Mos. 5, 7.; Wilkinson, Anc. Egypt. III, 316.

¹) S. das von Reg. Stuart Poole herausgegebene Werk: The Genesis of
the Earth and of Man (2. Edit. Lond. 1860), p. 140., und gegen die von diesem
Autor im Interesse seiner präadamitischen Geschichtsbetrachtung adoptirten Con=
clusionen Lyell's die vortreffliche Kritik Henslow's im Athenaeum (20. Oct. u.
3. Nov. 1860), sowie in Blackwood's Magazine, Oct. 1860. Vgl. auch John
Pratt, Scripture and Science not at Variance (4. Edit., Lond. 1861), Append.
p. 12. 13.

Gewicht für die Entscheidung der in Rede stehenden Frage hätte bei=
gelegt werden dürfen. Professor Schaaffhausen in Bonn entdeckte
1857 in einer Kalkfteinhöhle des Neanderthales bei Düsseldorf ein
menschliches Skelet, dessen, freilich durch die Ungeschicklichkeit der bei
seiner Ausgrabung thätigen Arbeiter sehr stark beschädigter,
Schädel die auffallende Erscheinung eines starken Höckers auf der
Stirn zwischen den Augenbrauen, im Uebrigen aber eine bedeutende
Aehnlichkeit mit der Kopfbildung des Gorilla oder Chimpanse, nament=
lich einen äußerft niedrigen Gesichtswinkel darbot. „Das Skelet muß“,
so urtheilte Schaaffhausen, „den wilden eingebornen Stämmen ange=
hört haben, welche Nord=Europa vor der Einwanderung der Indo=
germanen bewohnten und die vor diesen wahrscheinlich bei der ersten
Berührung mit höherer Civilisation verschwunden sind, wie in Amerika
die Rothhäute, in der Südsee die oceanischen Racen vor den Euro=
päern verschwinden.“   Zugegeben, daß die von diesem Gelehrten hier
angestellten Messungen, welche nicht mehr als 56° Gesichtswinkel
ergeben (während der Engländer Busk den Gesichtswinkel desselben
Kopfs auf 64—67°, also auf das gewöhnliche Maaß einer Neger=
physiognomie, bestimmte) und welche, wie aus Obigem ersichtlich, auf
einigermaßen zerbrechlicher oder vielmehr zerbrochener Grundlage zu
fußen scheinen, — zugegeben, daß sie ein wohlgesichertes Resultat ge=
liefert haben und daß auch alles Uebrige hier richtig bestellt ist: was
würde aus dem allem für den Kern unserer Frage folgen?   Doch wohl
nur dieß, daß wir es hier mit einem Individuum der menschlichen
Urzeit von ungewöhnlich flacher, negerartiger (prognather) Kopfform,
also auch wohl von sehr niedriger Culturstufe zu thun haben, mit
einem ganz besonders niedrig organisirten und geistig tiefstehenden
Exemplare jener ältesten vor=celtischen Race West=Europa's also, von
deren Existenz die seit einigen Jahren gleichzeitig in Irland, Däne=
mark und in der Schweiz (namentlich im Bieler und im Neuenburger
See) erfolgten Ausgrabungen merkwürdiger unterseeischer Pfahlbauten
uns die erste Kunde gegeben haben, eine Kunde aber, die immerhin
nicht weiter als bis etwa ins sechste vorchristliche Jahrhundert, keinen=
falls bis über das Jahr 1000 v. Chr. zurückweist [1]).   Mit den schon
früher in Rußland, in Süd=Amerika und anderwärts aufgefundenen
„fossilen Menschenschädeln“ von äußerst niedriger, unvollkommener
Gesichtsbildung wird es sich im Wesentlichen ebenso verhalten, da auch

---

[1]) Vgl. den Aufsatz „Mensch und Affe“ im Ausland 1861, Nr. 35, S. 835. —
(Doch s. oben, S. 54, Note 2.)

sie, ihren Lagerungsstätten nach zu urtheilen, unmöglich aus prä=
adamitischer Zeit herrühren können, vielmehr sicherlich ebenfalls erst
den posttertiären Bildungsepochen der Erdrinde (den Zeiten des Di=
luviums oder Alluviums) angehören [1].

Einen directeren und eben darum einen bedenklicheren Einfluß
auf die Lösung der uns beschäftigenden Frage scheinen diejenigen Ar=
gumente paläontologischer Art üben zu können, welche nicht von ver=
einzelten Ausgrabungen menschlicher Skelette oder Kunsterzeugnisse,
sondern von einer geologischen und physisch=geographischen Gesammt=
betrachtung der von Menschen bewohnten Erdoberfläche hergenommen
werden. Ich meine damit die von den Anhängern der Milne Ed=
wards'schen und Forbes'schen „Theorie der Schöpfungscentra", nament=
lich von Agassiz, betonte Behauptung, daß das gleichzeitige Vor=
kommen bestimmter Menschenracen und bestimmter Thier= und Pflan=
zenarten in Welttheilen oder continentalen Ländergruppen, die zugleich
durch homogene geologische Erscheinungen charakterisirt seien, auf ein
ursprüngliches Geschaffensein nicht bloß dieser Thier= und Pflanzen=
species, sondern auch jener menschlichen Racen auf dem ihnen gegen=
wärtig zur Heimath dienenden Boden hinweise, daß also z. B. das
Bevölkertsein sowohl Afrika's als auch Australiens von schwarzen
Ureinwohnern einerseits mit so manchen zoologischen und botanischen
Conformitäten beider Erdtheile (z. B. dem Vorkommen uralter Adan=
sonien oder Affenbrotbäume in beiden), andererseits mit ihrer geologi=
schen Gleichaltrigkeit zu combiniren und eben hieraus die uranfäng=
liche Production zweier schwarzen Hauptracen durch diese Continente
zu folgern sei [2]. Gegen diese eigenthümliche Gestaltung des Poly=
genismus, die im Grunde nichts als eine wissenschaftlich verfeinerte
und bereicherte Neugeburt der uralt=heidnischen Autochthonenhypothese
darstellt, sei einstweilen vom rein physiologischen oder physikalischen
Gesichtspunkte aus nur so viel bemerkt, daß der Mensch sich nach allen
Seiten seiner physischen wie geistigen Lebensentwickelung in weit ge=

---

[1] Mehr über derartige Funde von fossilen Menschenschädeln s. bei Waitz,
Anthrop. I, S. 216 ff.

[2] So argumentirt u. a. Karl Müller in „die Natur", 1860, II, S. 166.
Vgl. auch den ziemlich craß materialistischen Referenten über Latham's Polemik
gegen die Racentheorien, im Ausland 1861, S. 367 ff., der sich ausdrücklich
zur Ansicht Agassiz' vom Erschaffensein des Menschen in Nationen bekennt und
die einzelnen Gruppen oder Typen ganz ähnlich wie dieser als Kinder ihrer
jeweiligen Wohnorte denkt.

ringerem Maaße als alle Pflanzen und Thiere von gewissen regionären
Bedingungen, als Bodenbeschaffenheit, klimatischen Eigenthümlichkeiten,
bestimmten Nahrungsmitteln u. dgl. m., abhängig zeigt, daß er viel=
mehr ein wesentlich überzonisches, für alle möglichen Klimen und
Gegenden geschicktes Dasein zu führen im Stande ist, es sei denn,
daß er sich den Einflüssen dieses oder jenes Klima's in einer gleichsam
absichtlichen Indolenz widerstandslos hingebe und so Erscheinungen
jener Art hervorrufe, wie die tiefschwarze Hautfarbe, die sowohl den
Afrikaner als auch den Neuholländer — aber freilich diese weder allein,
noch auf ganz gleiche Weise — charakterisirt. Wie wenig jene den
Menschen gleich seinen thierischen und vegetabilischen Naturgenossen
als ein Product gewisser local modificirter schöpferischen Actionen
der Erde auffassende Theorie sich mit den wirklichen Verhältnissen
sowohl der Thier= und Pflanzengeographie als auch der Ethnographie
verträgt, läßt sich auch schon daraus abnehmen, daß gewisse thierische
oder pflanzliche Typen ausschließlich diesem oder jenem Schöpfungs=
heerde eigen sind, in anderen aber gänzlich fehlen, während der Mensch
in keinem einzigen Welttheile, ja kaum auf irgend welchem nur einiger=
maßen bewohnbaren Fleckchen Lande, die ödesten Felseneilande des
Oceans etwa ausgenommen, vermißt wird. Amerika hat seine eigen=
thümlichen Affenspecies, die der alten Welt gänzlich fehlen, gleichwie
diese wiederum lauter Affenarten darbietet, die in Amerika fehlen,
Australien aber überhaupt aller Affen entbehrt: und doch ist der
Mensch, diese der Familie der Affen so überaus nahe verwandte
Species, in allen diesen Welttheilen gleich sehr verbreitet, und zwar
ohne in seinen Racenunterschieden auch nur von ferneher etwa so
bedeutende Abweichungen zu verrathen, wie z. B. die den süd=amerika=
nischen Brüllaffen im Gegensatze zum Gorilla oder Paviane Afrika's
charakterisirenden sind [1]).

Diese letzten Gegenbemerkungen gegen die paläontologischen und
physisch=geographischen Argumente, deren sich die Gegner der mono=
genistischen Anthropologie zu bedienen pflegen, haben uns bereits in

---

[1]) Vgl. Quatrefages a. a. O., 1. Avril, p. 650—660., wo die Unhaltbarkeit
der auf die menschliche Racenverbreitung angewandten Theorie der Schöpfungs=
centra in der einseitigen Ausbildung, die Agassiz ihr hat angedeihen lassen, in schla=
gender Weise dargethan ist. Ohne specielle Bezugnahme auf die anthropologische
Seite der Sache und zum Theil mit anderen Gründen hat auch schon Darwin
(On the Origin of Species, Ch. 11 and 12.) die übertriebenen Folgerungen Agassiz'
aus der Theorie der Schöpfungsheerde bestritten.

ein zweites Hauptgebiet' der naturwissenschaftlichen Erörterung unserer
Frage, in dasjenige der Physiologie oder der Lehre von den inneren und äußeren Entwickelungsprocessen des menschlichen Organismus,. hinübergeleitet. Von der anatomisch = osteologischen Betrachtung
des Menschengeschlechts im Großen und Einzelnen, oder von der vergleichenden Kraniologie und Physiognomik, ist dieses Gebiet, wie überhaupt, so ganz besonders hinsichtlich der Behandlung des vorliegenden
Problems nur schwer und nicht ohne mancherlei Nachtheile loßzu-
trennen. Wer einseitig nur die verschiedenen Formen des menschlichen
Körperbaues und der Schädelbildung ins Auge faßt; wer die Menschheit lediglich unter dem Gesichtspunkte der gegenwärtig oder auch in
irgend welcher Epoche der Vergangenheit obwaltenden Formverschieden-
heiten ihrer einzelnen Abtheilungen anschaut, der gelangt nothwendig
nur zu jener äußerlichen und starr mechanischen Betrachtungsweise,
für welche die jetzigen Racenunterschiede von jeher die nemlichen gewesen sein müssen, Uebergänge aus einem Typus in den anderen also
kaum oder absolut nicht stattgefunden haben können [1]. Und doch lehrt
die factische naturgeschichtliche Entwickelung der Racen des Menschengeschlechts, lehrt die gesammte physiologische Ethnologie und Entwickelungsgeschichte ganz etwas anderes, ja das gerade Gegentheil von
diesen Behauptungen. Sie zeigt vor allem, wie bald gewisse eigenthümliche Sitten und Gebräuche, dergleichen bei einzelnen Stämmen
erblich zu ·werden pflegen, bald das Fortschreiten zu höheren Stufen
der Civilisation die ·bedeutendsten Umbildungen der physiologischen
Eigenthümlichkeiten ganzer Gruppen oder Massen unseres Geschlechts
herbeizuführen und so entweder eine Degeneration ursprünglich edlerer
Typen, oder eine veredelnde Erhebung roherer Völkerstämme zu höherer
organischer Vollkommenheit und Formenschönheit zu bewirken.im Stande
seien. Selbst ein anscheinend so starres und unveränderliches Element

---

[1] Dieser Anschauungsweise huldigt namentlich Agassiz vermöge seiner Auffassung des Begriffs der Species als einer lediglich durch die übereinstimmende
Form ihrer Angehörigen, keineswegs aber· durch die gleichartige geschlechtliche
Entwickelung derselben charakterisirten Collectiveinheit organischer Wesen (s. Essay
on Classification, ch. II, 6, p. 165 ff., und vgl. Quatrefages a. a. O. p. 651.).
Wir werden weiter unten des Näheren zu zeigen haben, wie jede derartige Behauptung einer abstracten Permanenz oder eines von Uranfang an fixen Charakters der menschlichen Racenunterschiede mit gewissen unleugbaren und höchst
bedeutsamen Thatsachen der Linguistik und der Culturgeschichte in Conflict tritt
und eben damit ihre eigene Voreiligkeit documentirt.

menschlicher Körperbildung, wie der feste Knochenbau des Schädels, unterliegt im Laufe der Jahrhunderte den bedeutendsten Veränderungen im vor- oder rückschreitenden Sinne. Die kraniologische Ethnologie weiß von nicht wenigen Fällen künstlicher Umformung der Schädel zu berichten, vermöge welcher ganze Stämme, z. B. viele Indianer Nord-Amerika's, ein Theil der Ureinwohner Peru's, auch manche ältere und neuere Völkerschaften Europa's, wie die Avaren und andere türkische Stämme, die Rhätier in den Alpenthälern Graubündtens, ja sogar ein großer Theil des heutigen süd-französischen Landvolks, durch Einschnüren oder Plattdrücken der Köpfe ihrer Kinder und ähnliche conventionelle Unsitten ein gewisses physiognomisches Gepräge bei sich erblich zu machen suchen. Sie weist an dem vielfach bedeutenden Erfolge derartiger Bemühungen nicht bloß die Möglichkeit, sondern auch das theilweise wirkliche Vorkommen von allmählichen Uebergängen gewisser kraniologischer Typen in ganz andere, namentlich vom Herabsinken dolichocephaler oder orthognather Stämme auf die niederen Stufen der Brachycephalie oder des prognathen Schädelbaues nach [1]). Sie kennt aber auch Fälle von veredelnder Fortentwickelung der Schädelformen und Gesichtszüge aus roheren und tiefer stehenden Urtypen zu den idealeren, regelmäßigeren und normaleren Formen des zugleich hochstirnigen und geradzähnigen Typus, den namentlich die arische oder kaukasische Menschheit repräsentirt. Wie denn z. B. von dem ostindischen Volksstamme der Sikhs berichtet wird, daß derselbe alsbald nach Begründung seiner Religion und höheren Culturentwickelung durch Babel Nana (um 1500) sich auch durch seine länglicher und regelmäßiger werdende physiognomische Kopfbildung über die vorher ihm formverwandten Nachbarvölker der Afghanen, Thibetaner, Hindus u. s. w. zu erheben begonnen habe [2]). Die constantere Regelmäßigkeit und Proportionalität nicht bloß in

---

[1]) S. Retzius a. a. O. S. 41—44., der trotz der theilweisen Einschränkungen, die R. Wagner (Zoolog.-anthropolog. Untersuchungen, S. 16. 24 ff.) hinsichtlich der Tragweite seiner auf jene Thatsachen gegründeten Folgerungen zu machen für nöthig gefunden hat, doch in der Hauptsache Recht behalten wird. Vgl. auch schon Rathke in Müller's Archiv f. Anat. 2c. 1843, S. 147 ff. und J. Pye Smith, Relations between the Holy Scripture and Geolog. Science, 4 edit., p. 282 ss.

[2]) S. Alex. Burnes, Reise nach Bukhara, bei Widenmann u. Hauff, Reisen III, S. 114. — Mehr Fälle von Veredlung der Schädelformen und Gesichtszüge unter dem Einflusse gesteigerter geistiger Cultur (die Neger in Amerika; die Magyaren und die Osmanli-Türken in Europa) s. bei Waitz, Anthropol. I, S. 78—89., auch S. 71.

der Gesichtsbildung, sondern auch in der Gestaltung der sonstigen
Verhältnisse des menschlichen Gliederbaues, z. B. der Dimensions=
verhältnisse zwischen Armen und Beinen, zwischen Armen und Rück=
grat u. s. w., erscheint überhaupt als ein charakteristisches Merkmal
so ziemlich aller höher cultivirten Völker, also nicht bloß der Europäer,
sondern in gewissem Sinne auch der Chinesen, während sowohl die
Neger, viele finnisch=tatarische Stämme, die wilden Völker des Kau=
kasus u. s. s., als auch die meisten Russen auffallende Irregularitäten
und Abweichungen der Proportionen ihres Körperbaues, verglichen mit
sich selbst und mit jenen anderen Typen, kundgeben [1]). Und gewiß
ebenso sehr wie die Skeletbildung zeigen sich auch sonstige physio=
logische Eigenschaften, als Hautfarbe, Beschaffenheit des Blutes, in
bald bedeutenderem, bald geringerem Maaße bedingt durch den Einfluß
der zunehmenden oder sinkenden Cultur, der gesitteter oder roher wer=
benden Lebensweise. Während in den heißesten Gegenden Afrika's
lebende Portugiesen dem Einflusse des dasigen Klima's zwar in etwas
nachgegeben, im Großen und Ganzen aber wegen Beibehaltung ihres
europäischen Culturstandpunkts ihre europäische Farbe viele Generatio=
nen hindurch bewahrt haben, zeigt sich bei den als Sclaven in Nord=
Amerika lebenden Negern, auch soweit sie mit angelsächsischem Blute
unvermischt geblieben sind, eine von Generation zu Generation be=
merklicher werdende Configuration der Gesichtszüge und der (ins Grau=
liche oder Bräunliche übergehenden) Hautfarbe mit denen ihrer europäi=
schen Herren; ja selbst in dem Dünnflüssiger= und Bläfferwerden
ihres Blutes will man eine Annäherung an den europäischen Typus
erkannt haben [2]). Umgekehrt deuten die bei den nach Nord=Amerika
und nach Ostindien übergesiedelten Engländern nach einiger Zeit her=
vortretenden Hautveränderungen, z. B. der gelbliche Teint und die
lederartig trockene Beschaffenheit der Haut des Anglo=Amerikaners
oder Yankee, oder die dunklere Färbung des Anglo=Indiers, in Ver=

---

[1]) S. Quetelet's hierauf bezügliche Untersuchungen in den Bullet. de l'acad.
des sciences de Belg., P. XV—XVII., und vgl. Waitz a a. O. S. 267., sowie
auch schon S. 75., wo auf die höchst bedeutenden physiognomisch=osteologischen
Unterschiede zwischen den verschiedenen Indianerstämmen Amerika's hingewiesen
ist; S. 77., wo dasselbe an den Negern gezeigt ist, u. s. w.

[2]) Vgl. Quatrefages a. a. O., 15. Févr., p. 962., und die daselbst citirte
Einleitung zu Pickering's „Races of Man" (einem der bedeutendsten monogeni=
stischen Werke neuerer Zeit), sowie die Zeugnisse der vielerfahrenen und intelli=
genten Aerzte Visinié in Louisiana und Pruner=Bey.

bindung mit so manchen sonstigen Annäherungen an den physiologischen Typus der Ureinwohner jener Länder, wohl nicht bloß auf den
unwiderstehlich machtvoll wirkenden Einfluß des Klima's oder ander-
weitiger physischer Medien, sondern wahrscheinlich auch auf eine gewisse schlaffe Nachgiebigkeit jener Colonisten gegen die veränderten
Naturbedingungen ihres Lebens in der neuen Heimath, mithin auf
ein gewisses Herabsinken von der in Europa behaupteten geistigen und
sittlichen Culturstufe hin [1]).

Kritisch zuverlässiger und überhaupt bedeutungsvoller als die bisher aufgeführten anatomisch-physiologischen Instanzen, denen sich meist
wieder zahlreiche andere, d. h. in entgegengesetztem Sinne wirksame,
gegenüberstellen lassen, verdienen offenbar die aus den Gesetzen der
geschlechtlichen Fortpflanzung der menschlichen Racen gezogenen Schlüsse zu Gunsten des einheitlichen Ursprungs derselben
genannt zu werden. Was schon eine consequent durchgeführte vorurtheilsfreie Vergleichung der Menschheit mit sämmtlichen höher organisirten Thierspecies von ähnlicher weiter Verbreitung in hohem Grade
wahrscheinlich macht, daß alle charakteristischen Verschiedenheiten der
menschlichen Bildungstypen eben nur Racenunterschiede, d. h. erblich
gewordene Varietäten einer und derselben Art, nicht specifische Unterschiede sind, wie sie z. B. zwischen Pferd und Esel, zwischen Schaaf
und Schwein, zwischen Gans und Huhn stattfinden [2]), dieß erhebt

---

[1]) Quatrefages p. 965—968. — Daß überhaupt die Hautfarbe der Menschen
(zusammt derjenigen des Haares und der Iris, die in einem constanten Verhältnisse der Correlation zu jener stehen) weit weniger durch klimatische Verhältnisse, als unmittelbar durch die Abstammung, und somit durch die bei der Kinder-
zeugung obwaltenden Einflüsse älterer Generationen bedingt sei, zeigt Waitz
a. a. O. S. 46 ff. durch Verweisung auf zahlreiche Beispiele und bedeutende
Gewährsmänner, wie namentlich Humboldt. Der von Wiseman a. a. O. S. 215.
aufgestellte (und durch das Beispiel der tiefschwarzen, aber hinsichtlich des edleren
Charakters ihrer Züge sich über die benachbarten Negervölker erhebenden Man-
dingos, Joloffs, Abyssinier und anderer innerafrikanischen Stämme belegte) Satz:
„Features would depend upon civilisation, and colour mainly upon climate",
ist also keineswegs allgemein wahr. Doch s. auch Waitz, S. 56. 57. 78. 79 ff.

[2]) Diese Beweisführung zu Gunsten der Arteinheit unseres Geschlechts aus
der Analogie der thierischen Art- und Racencharaktere hat namentlich Blumenbach in seiner bereits angeführten classischen Abhandlung De generis humani
varietate nativa (p. 75 seqq) mit vielem Glücke angebaut. Er zeigt, daß die
Varietäten oder Racen der meisten Thierspecies rücksichtlich ihrer Unterschiede
an Haar, Farbe, Wuchs, Schädelbildung, ja selbst an Disposition zu gewissen
Krankheiten, bedeutend weiter auseinandergehen, als sich dieß bei den mensch-

ein Blick auf das constante Grundgesetz der geschlechtlichen Fortpflan=
zung jener Racen zu absoluter Gewißheit. Das Menschengeschlecht
bildet nur Eine Species, denn es bekundet nicht bloß überall und
in allen seinen physiologischen Stammeigenthümlichkeiten immer nur
solche Unterschiede, die den Racenunterschieden der Thiere analog sind,
niemals so große und fundamentale, daß man die Annahme mehrerer
Arten auf dieselben zu gründen genöthigt wäre; es verräth nicht bloß
Gemeinsamkeiten bei allen seinen Racen, auch den am weitesten von
einander abstehenden, die alles, was den differenten Racen unserer
Hausthiere, z. B. des Hundes, Gemeinsames oder Aehnliches in Be=
zug auf Färbung, Körpergröße, Besonderheiten des Wuchses, der
Ausbildung der Sinnesorgane oder der Instincte übrig bleibt, weitaus
überbieten und die ungleich viel engere Zusammengehörigkeit seiner in
Analogie mit solchen Thierracen stehenden großen Haupttypen bocu=
mentiren: es besitzt obendrein das alleruntrüglichste Kriterium specifi=
scher Einheit an dem durch keinerlei Ausnahme eingeschränkten Ver=
mögen seiner sämmtlichen Racen, völlig fruchtbare Verbindungen mit=
einander einzugehen und so einer großen Zahl von Mischlingsracen
ihr Dasein zu geben. So gewiß als auch für das Pflanzen= und
Thierreich das Auftreten derartiger Mischlingsracen mit aller Sicher=
heit auf die Kreuzung zweier Varietäten einer und derselben Art,
nicht auf die Vermischung zweier Arten als den Ursprung derselben
zurückschließen läßt, ebenso gewiß können und müssen jene intermediären
Typen unseres Geschlechts, die man als Mulatten, Mestizen, Zambos,
Creolen u. s. s. bezeichnet, als die Producte nicht von Verbindungen
differenter Menschenarten, sondern von bloßen Racenkreuzungen, die
das entschiedenste Zeugniß zu Gunsten der specifischen Einheit der
Menschheit ablegen, betrachtet werden. Es giebt wohl vereinzelte, aus=
nahmsweise stattfindende, und zwar meist durch künstliche Züchtung
des Menschen erzwungene Fälle fruchtbarer Hybridation bei Pflanzen
und Thieren; aber die Fruchtbarkeit derartiger Bastarde erlischt nament=
lich in der Region des höheren thierischen Lebens, wie bei den von
Wölfen und Hunden erzeugten Bastarden oder auch beim Maulthiere
(bei welchem man wenigstens Einen Fall dieser Art mit Bestimmtheit

---

lichen Racen irgend nachweisen läßt. Seine von Prichard in seiner berühmten
Natural History of Man adoptirte und neuestens von Quatrefages (besonders
in der 3. und 4. Abtheilung der mehrfach citirten Abhandlung) auf das Geist=
vollste und Scharfsinnigste reproducirte Argumentationsweise ist in allem Wesent=
lichen unwiderlegt geblieben, wie Waitz a. a. O. S. 33. mit Recht bemerkt.

beobachtet haben will, bei Biskra in Algier 1858), regelmäßig bereits nach wenigen Generationen. Bis zur Production förmlicher Hybriden= racen vermag es also nicht einmal die züchtende Kunst des Menschen zu bringen, geschweige denn daß fruchtbare Hybridationsfälle, ja daß Bastardzeugungen überhaupt bei wilden Thieren höherer Ordnung vorkommen könnten. Wie sollte nun allein der Mensch, dieses den höheren Säugethieren so durchaus gleichartig organisirte Wesen, eine Ausnahme von dieser im thierischen Leben so allgemein giltigen Regel machen! Wie sollten die Zwischenverbindungen gerade seiner Haupt= typen förmliche Bastardracen ergeben, dergleichen doch kein einsichts= voller und besonnener Zoologe bei irgend welchen Thiergattungen der höheren Classen als überhaupt nur möglich anzunehmen geneigt sein kann! [1])

Wir sehen, dieses von Agassiz und seinen nordamerikanischen Partisanen zwar consequenterweise, aber im Widerspruch mit jeder echt wissenschaftlich verfahrenden physiologischen Forschung verworfene Princip der Bestimmung des Artbegriffs nach den Gesetzen der geschlecht= lichen Zeugung oder der Filiation ergiebt den allerstärksten Beweis für die Arteinheit des Menschengeschlechts; es berechtigt ganz entschie= den dazu, die specifische Einheit unseres Geschlechts mit einem der geistvollsten und gelehrtesten Naturforscher des heutigen Frankreichs „une grande et sérieuse vérité scientifique" zu nennen und mit demselben, im Hinblicke auf die immerhin mit dem höchsten Grade von Wahrscheinlichkeit begabte Annahme eines jedesmaligen Entsprungen= seins der Eine Species bildenden organischen Wesen von nur Einem Stammelternpaare, zu behaupten, daß „auf rein naturwissenschaftlichem

---

[1]) Das entscheidende Gewicht, welches dem Vermögen fruchtbarer Vermischung für die Beurtheilung der Art= oder Racenunterschiede, also für die Constitution des Artbegriffs überhaupt zukommt, hat in älterer Zeit namentlich Buffon (Oeuvres, Vol. IV, p. 386 ss.), neuerdings außer J. Müller, R. u. Andr. Wagner u. A. besonders J. Wilbrand in dem durch bündige Klarheit und schlagende Beweiskraft ausgezeichneten Schriftchen: „Stammt das Menschengeschlecht von Einem Paare ab?" (1841) erkannt und gebührend gewürdigt. Vgl. außerdem Quatrefages in der 6. Section der citirten Abhandlung (Du croisement dans les êtres organisés, 1. Mars 1861), wo auf die wirklich constatirten Fälle frucht= barer Bastardzeugung, welche die ältere und neuere Naturforschung aufweist, näher eingegangen und die mangelnde Beweiskraft solcher abnormen Vorkomm= nisse für die gegnerische Theorie in der befriedigendsten Weise dargethan wird. Zu einem ähnlichen Resultate gelangt auch Waitz, S. 25—30.

Standpunkte es fast unmöglich erscheinen müsse, sich anders als zu
Gunsten der monogenistischen Doctrin zu entscheiden" [1]).

II.

Wenn ich soeben das durchgängige Handinhandgehen der Zuge=
hörigkeit zu Einer Species mit der wirklichen Abstammung von Einem
Urpaare nur als eine mit dem höchsten Grade der Wahrscheinlichkeit
begabte, nicht als unbedingt gewisse Annahme bezeichnete, so geschah
dieß mit hauptsächlicher Rücksicht auf eine moderne naturwissenschaft=
liche Theorie, welche die Species überhaupt nur als ideale oder rein
formale Einheit einer Summe von Individuen ohne directen historisch=
genetischen Zusammenhang aufzufassen bemüht ist und demzufolge die
einzelnen Bienen, Laubfrösche, Distelfinken, Schaafe, Dromedare 2c.
zwar allemal je Einer Species zutheilt, ihren gemeinsamen Ursprung
aber ableugnet. Es ist dieß eben diejenige Doctrin, welche Agassiz
nebst seiner Schule in übertriebenem Gegensatze gegen den Artbegriff
eines Linné, Buffon und anderer älterer Heroen der Naturforschung
festhält, und die er in consequenter Anwendung auf das Menschen=
geschlecht, dessen specifische Einheit auch er zugesteht, bis zu dem aben=
teuerlichen, aber charakteristischen Satze steigert: „daß, gleichwie Fichten
in Wäldern, Gräser in Wiesen, Bienen in Stöcken, Häringe in Bänken
und Büffel in Heerden, so auch die Menschen sofort in ganzen Nationen
geschaffen worden seien" [2]). Das in mehrfacher Rücksicht Plausible,

---

[1]) Quatrefages a. a. O., 15 Déc. 1860, p. 814: „Si l'on se place exclusi-
vement sur le terrain des sciences naturelles, il nous paraît impossible de ne
pas conclure en faveur de la doctrine monogéniste." — Daß mit der specifi=
schen Identität allemal auch einheitliche Abstammung verbunden sei, erklärt er
später (1. Mars 1861, p. 170. 171.) zwar nicht für gewiß — denn die genealogi=
sche Reihe werde sich selten oder nie bis zurück zum Urstammpaare verfolgen
lassen —, aber doch immerhin für sehr wahrscheinlich. „Tout ce que la science
peut affirmer", sagt er mit Bezug hierauf, „c'est que les choses sont comme
si chaque espèce avait commencé par une pair unique, et cette
conclusion rigoureusement déduite des faits n'est, on le voit, qu'un des termes
de notre définition de l'espèce."

[2]) Agassiz, Essay on Classif. ch. I, p. 39. 166. Vgl. desselben „Sketch of
the natural provinces of the animal world etc." in Nott's und Gliddon's
Types of Mankind (1854), sowie die Ausführungen dieser Schriftsteller in ihrem
neueren Werke: Indigenous Races of de Earth (1857), besonders S. 226 ff.,
wo freilich auch die specifische Verschiedenheit der menschlichen Racen be=
hauptet, das Menschengeschlecht also echt naturalistisch für eine bloße Gattung
oder Familie, ähnlich derjenigen der Affen, erklärt wird.

was diese Behauptung vielleicht für manchen dem erſten Eindrucke
nach Urtheilenden zu haben ſcheinen könnte, muß ſich nothwendig alſo=
bald verlieren, wenn es gelingt, den beſtimmten Nachweis einer mehr=
fachen oder gar überwiegenden Unmöglichkeit des diſtincten Urſprungs
der einzelnen Nationen zu liefern, d. h. mit anderen Worten, das
wirkliche Entſprungenſein vieler Nationen oder Gruppen von Nationen,
und zwar theilweiſe auch phyſiologiſch weit von einander abſtehender,
aus gemeinſamen Urſtämmen zu erhärten. Zu ſolchem Nachweiſe
liefert aber vor Allem die hiſtoriſche Linguiſtik oder die ver=
gleichende Sprachforſchung mehrfach höchſt fruchtbare und be=
deutſame Beiträge. Sie möge daher das zweite Hauptgebiet neuerer
wiſſenſchaftlicher Forſchung ſein, dem wir einen Theil unſerer Geſichts=
punkte entnehmen.

. Das ganze Gebiet der Linguiſtik zerfällt in die beiden großen
Abtheilungen der der Erforſchung der inneren Eigenthümlichkeiten des
geſammten ſprachlichen Organismus, alſo gleichſam der Seele der
Sprache, zugekehrten Philoſophie der Sprache oder metaphyſiſchen
Sprachforſchung, und der die äußere Seite, den körperlichen Mechanis=
mus oder die lexikaliſch = grammatiſche Structur des ungeheuren Com=
plexes menſchlicher Sprachen und Dialekte nach exact vergleichender
Methode bearbeitenden comparativen Linguiſtik oder Sprachengeſchichte.
Die Sprachphiloſophie erweiſt in ihren großen Grundzügen und
Hauptreſultaten, wie ſie namentlich Wilhelm v. Humboldt in ſeinen
einleitenden Betrachtungen über die Kawiſprache mit ſchöpferiſchem
Geiſte ans Licht geſtellt hat, die grundgeſetzliche ideale Einheit aller
menſchlichen Idiome als der nothwendigen, durch phyſiſche Verhält=
niſſe gleicherweiſe wie durch freie perſönliche Selbſtbeſtimmung der
Nationen bedingten Differenzirungen des Einen ſinnlich=geiſtigen Grund=
vermögens der Sprache. Sie zeigt, wie die Sprache, als „die ſich
ewig wiederholende Arbeit des Geiſtes, den articulirten Laut zum Aus=
drucke des Gedankens fähig zu machen" [1]), eine nicht minder weſent=
liche und conſtante, nach der Seite der niederen Gebilde der Natur=
welt hin beſtimmt abgegrenzte Einheit bilde, wie der ſie producirende
Menſchengeiſt ſelbſt, wie alſo die Geiſteseigenthümlichkeit und die Sprach=
geſtaltung einer jeden Nation ſich ſtets auf das Innigſte wechſelſeitig
bedingen und durchdringen, demzufolge aber auch keine noch ſo große
Verſchiedenheit des äußeren Charakters der Sprachen zu dem Schluſſe

---

[1]) W. v. Humboldt: Ueber die Verſchiedenheit des menſchlichen Sprachbaus, §. 8.

5*

eines völlig distincten Ursprungs derselben berechtigen könne. — Zu diesem zwar nur idealen oder metaphysischen, aber immerhin schon schwer genug in die Wagschale fallenden Beweisverfahren des philosophischen Linguisten [1] fügt die comparative Forschung des Sprachenhistorikers und Etymologen eine große Mannichfaltigkeit äußerer Gründe zum Theil der directesten und handgreiflichsten Art hinzu. Sie führt vor Allem die verwirrende Menge der Idiome und das erdrückende Gewimmel der zahllosen, auf den ersten Blick oft höchst verschieden klingenden Dialekte, welche das Gesammtgebiet des menschlichen Völkerlebens darbietet, auf gewisse große organische Grundtypen oder Hauptgegensätze zurück, namentlich auf die der einsilbigen (asynthetischen) Sprachen, die wie das Chinesische aller Flexion und Wortbildung entbehren, mithin in Ermangelung der Formenlehre ihre sämmtlichen Aussagen lediglich auf dem Wege der verschiedenen Stellung der Worte bewerkstelligen; der polysynthetischen oder agglutinirenden (einverleibenden), die wie die amerikanischen Indianersprachen und die türkisch=tatarischen und finnischen Idiome zahlreiche selbstständige oder wenigstens relativ selbstständige Wörter zu oftmals unförmlich großen und schwerfälligen Wortcomplexen zusammenfügen; endlich der flectirenden oder innerlich umgestaltenden, d. h. durch Declination, Conjugation u. dergl. m. die verschiedenen Modificationen des Sinnes ausdrückenden Sprachen, zu welchen die fast aller Nationen des kaukasischen oder indo=europäischen Typus, überhaupt die vollkommensten und innerlich wie äußerlich gebildetsten Idiome gehören [2]. Daß diese drei Hauptstufen menschlicher Sprachbildung in keiner Weise mit den drei physiologischen Hauptgegensätzen der Mongolen, Neger und Kaukasier zusammenfallen, vielmehr im entschiedensten Conflicte mit jeder von der Schädelbildung oder sonstigen anatomisch=physio-

---

[1] Vgl. Pott, die Ungleichheit der menschlichen Rassen, S. 243., wo dieser den einheitlichen Ursprung der Sprachen leugnende Forscher von seinem Standpunkte aus richtig bemerkt, die Sprachforschung gebe der Theologie, welcher sie die uranfängliche Einheit der Sprache abstreiten müsse, dafür den Menschen ungeschwächt und unverkürzt in seiner geistigen Einheit zurück.

[2] Begründet wurde diese umfassendste fundamentale Classification der menschlichen Sprachen durch W. v. Humboldt (a. a. O. §. 14—17. 19. 23. 24.), dem sich dann Max Müller, Bunsen und im Wesentlichen auch Pott angeschlossen haben. Doch steigert der Letztere den schon von Humboldt (§. 23.) hervorgehobenen Unterschied zwischen den polysynthetischen Sprachen Amerika's und den agglutinirenden West=Asiens bis zur völligen Trennung, so daß er im Ganzen vier Hauptclassen oder =Typen sprachlicher Bildung herausbekommt.

logischen Merkmalen hergenommenen Gesammteintheilung unseres Geschlechts stehen, ergiebt nicht nur überhaupt einen lediglich relativen
Werth für diese ganze Classificationsweise, sondern zeigt auch speciell
die Unmöglichkeit, die drei Typen als wirklich in der Geschichte auf-
einander gesolgte und auseinander hervorgegangene Sprachbildungs-
stufen zu betrachten, die etwa einen Entwickelungsgang der Sprachen
von ursprünglicher Rohheit zu immer größerer Vollkommenheit ergeben würden[1]). Vielmehr bringt die exacte Sprachvergleichung in
eben dem Maaße, als sie Fortschritte macht in ihrem großen Haupt-
geschäfte der vereinfachenden Reduction des schwer zu überblickenden
Chaos menschlicher Sprachstämme, auch immer gewichtigere Gründe
bei für die Erweisung eines vorzugsweise hohen Alters gerade der
vollkommenst gebauten flectirenden Sprachen und für die Annahme
eines Entstandenseins vielleicht der meisten niedriger organisirten Idiome
auf dem Wege der Degradation oder des Herabsinkens von früher
inne gehabten höheren Stufen der Ausbildung. Sie zeigt, wie gerade
der die vollkommensten und civilisirtesten Sprachen in sich schließende
indo-europäische oder arische (japetische) Sprachstamm die allerweiteste
Verbreitung habe, sofern er außer den meisten europäischen Idiomen
diejenigen der Perser und der Vorderindier in sich begreift, mithin
vom Atlantischen Ocean bis zum Bengalischen Meerbusen reicht. Sie
lehrt aber innerhalb seiner gerade die mit der reichsten grammatischen
Structur bezüglich Wortbildung, Flexion u. s. w. begabten Sprachen,
wie das Sanskrit, das Altpersische oder Zend, das Griechische, Lateinische und Gothische, als die nachweislich ältesten Glieder des Ganzen
kennen und weist in dem Entstehungsprocesse der modernen Cultur-
sprachen aus diesen älteren Stammmüttern, z. B. des Bengalischen und
Hindostanischen aus dem Sanskrit, des Französischen, Italienischen
und der übrigen romanischen Dialecte aus dem Lateinischen, des Englischen und Deutschen aus dem Angelsächsischen und Althochdeutschen,
merkwürdige Proben des Hervorgehens von Idiomen, die in formeller
Beziehung zu dem agglutinirenden oder gar zum einsilbigen Typus

---

[1]) Ein derartiges Hervorgehen der agglutinirenden Sprachen aus den syn-
thetischen, und hinwiederum der flectirenden (oder, wie man sie auch nennt, der
amalgamirenden) aus den agglutinirenden, haben namentlich M. Müller, Bunsen
und in wesentlich getreuem Anschlusse an sie der anonyme Autor von The Genesis
of the Earth etc. p. 200 ff. zu erweisen gesucht. Aber Pott a. a. O. S. 202.
242 ff. bestreitet wohl mit allem Grunde diese Hypothese als mit zahlreichen
bedeutsamen Thatsachen der comparativen Linguistik im Widerspruche befindlich.

hinneigen, aus Muttersprachen von weit üppigerer Formfülle und weit
ausgebildeteren Flexionsgesetzen nach. Sie thut ferner, wenn auch
nicht die grammatische oder bildungsgesetzliche, so doch die lexikalische
oder im Wurzelvorrathe urverwandter Wörter begründete Verwandt=
schaft des großen semitischen Sprachstammes, oder der Idiome der
uralten Culturvölker Südwest=Asiens, wie der Hebräer, der Syrer
und Araber, mit der großen indo=europäischen Sprachfamilie dar.
Ja sie constatirt einen ähnlichen Zusammenhang auch der hamitischen
Idiome, d. h. der Sprachen der Aegypter, Aethiopen und anderer bis
in das graueste Dunkel der Vorzeit zurückreichenden Culturvölker des
nordwestlichen Afrika, mit dem semitisch=arischen Sprachencomplexe
und erkennt obendrein wenigstens die Möglichkeit an, auch die übrigen
großen Hauptäste des gesammten Sprachengebietes der alten Welt,
namentlich die Negersprachen des nördlichen und südlichen Afrika,
die große scythische oder uralisch=drawidische Familie, und den fast
sämmtliche Südseesprachen mit in sich begreifenden hinterindischen oder
malayischen Stamm (schwerlich freilich die asynthetischen Sprachen
China's, Cochinchina's, Japans u. s. w.) in ein näheres oder entfern=
teres Verwandtschaftsverhältniß zu jener ebenso centralen als umfas=
senden Gruppe der kaukasischen oder nach Sem, Ham und Japhet
benannten Sprachen zu setzen. Und sollten auch noch Jahrhunderte ver=
streichen müssen, ehe diese Riesenaufgabe des Nachweises eines auch
äußerlich, d. h. grammatisch und lexikalisch, vermittelten Zusammenhangs
der allermeisten Sprachen der alten Welt wirklich gelöst würde, oder
müßte man überhaupt ganz auf ihre Lösung verzichten und sich mit
der Thatsache des zusammenhangslosen und genetisch unvermittelten
Coexistirens einer nach allen Vereinfachungen immerhin noch ziemlich
bedeutend bleibenden Anzahl radical verschiedener Sprachen als einer
unvermeidlichen Nothwendigkeit aussöhnen: so viel kann nicht bestrit=
ten werden, daß die vergleichende Sprachforschung bereits höchst Be=
deutendes geleistet hat für die Beseitigung nicht weniger von der rein
naturwissenschaftlichen Behandlung unseres Problems stehen gelassener
Schwierigkeiten, ja für die Ueberbrückung mancher der bedenklichsten
Klüfte, welche die anatomisch=physiologische Ethnologie auszufüllen
außer Stande ist, und daß sich in dieser Richtung vielleicht noch weit
erheblichere Resultate von ihren späteren Fortschritten erwarten lassen.
Jene Agassiz'sche Behauptung eines ursprünglichen Erschaffenseins der
Menschen in Nationen, gleichwie der Thiere in Heerden, Rudeln,
Schwärmen u. s. w., erweist sich angesichts der vielfältigen Constati=

rung eines oft ganze Dutzende, ja Hunderte von Nationen umfassenden directen verwandtschaftlichen Zusammenhangs der Völker durch
die Sprachengeschichte als die phantastische Ausgeburt eines ebenso
seichten als dogmatisch befangenen naturalistischen Raisonnements, das
sich vergebens hinter Behauptungen wie die von der Unerheblichkeit
aller sprachlichen Verwandtschaftsverhältnisse, von der Analogie des
gesammten Phänomens der menschlichen Sprache mit dem nothwendigerweise überall gleichlautenden Wiehern der Pferde, Grunzen der
Schweine, Schlagen der Finken, Krächzen der Raben u. s. w., zu ver-
schanzen sucht [1]). Wie verträgt sich doch diese extrem polygenistische
Anschauung, die, wie wir sehen, einer einzelnen Wissenschaft zu Liebe
sich zur stärksten Ungerechtigkeit gegen eine andere fortreißen läßt,
ebendamit aber überhaupt in ein entschieden unwissenschaftliches Verhalten verfällt, — wie verträgt sie sich doch mit linguistischen Thatsachen wie die neuestens ermittelte und durch das Zeugniß der ein-
sichtsvollsten Gewährsmänner bekräftigte, daß jene große Familie der
scythischen Sprachen nicht allein die finnisch-uralischen Idiome Europa's,
z. B. das Magyarische, Finnische, Esth- und Livländische, zusammt den
turkmannisch-tatarischen Sprachen des vorderen Asiens und denen der
sogen. drawidischen Stämme Hindostans (der Tamulen, Telinga's,
Canaresen u. s. w.) umfaßt, sondern daß obendrein auch ein großer
Theil der wilden Eingeborenen Neuhollands eine unverkennbare sprachliche Verwandtschaft mit dieser bis an das Weiße Meer und die Ostsee
verbreiteten Völkergruppe verräth, daß man demnach hier die stärksten
kranioskopischen Gegensätze (entschieden orthognathe und auffallend pro-
gnathe Stämme) durch unleugbare Gemeinsamkeiten auf sprachlichem

---

[1]) S. die von Quatrefages a. a. O., 1. Avril, p. 660. 661., citirte Stelle
aus einem an Nott und Gliddon gerichteten und von diesen in den Types of
Mankind veröffentlichten Briefe Agassiz', in welchem derselbe alles Ernstes Vergleichungen zwischen dem Grunzen der Bären, dem Miauen der Katzen, dem
Gebrüll der Rinder, dem Gackern der Hühner, dem Geschnatter der Enten und
dem Gesange der Drosseln einerseits und zwischen der menschlichen Sprache
andererseits anstellt, um die Uebereinstimmung der einzelnen Sprachen miteinander als eine völlige Naturnothwendigkeit darzustellen. Aber wenn unser Sprechen
in der That nichts als ein potenzirtes oder veredeltes Brummen, Miauen,
Brüllen u. s. w. ist, warum ist dann die Uebereinstimmung zwischen den einzelnen nationalen Formen oder Weisen dieses Sprechens nicht eine viel größere?
Wie erklären sich da doch die so zahlreichen Fälle vollständiger und exclusiver
Verschiedenheit der Sprachstämme? — Vgl. auch Quatrefages' Einwendungen
gegen diese Betrachtungsweise, a. a. O. S. 661. 662.

Gebiete vereinigt findet![1]) Wie läßt sich doch die nationenweise Ent=
stehung der Menschen mit dem von Jahr zu Jahr an Deutlichkeit
und Evidenz gewinnenden Zusammenhange vereinbaren, welchen die
Linguistik zwischen den überaus zahlreichen Dialekten der innerafrika=
nischen Stämme, namentlich der zur Familie der Kongosprachen ge=
hörigen Süd=Afrikaner und der den Berbern und Tuarefs sprach=
verwandten Nord=Afrikaner, nachweist! Wie stimmt sie überhaupt
zu den namhaften Vereinfachungen und Zusammenziehungen, welche
das einst von Balbi in seinem Atlas ethnographique aufgestellte
Verzeichniß von 860 radical verschiedenen Sprachen seit seiner Auf=
stellung (1826) durch die Fortschritte der comparativen Philologie
erfahren hat und fast täglich noch erfährt[2]), da doch die „Nationen"
der Menschheit nicht nach Hunderten, sondern nach Tausenden zählen,
mithin jener polygenistischen Anschauungsweise zufolge eher mehrere
Tausende als nur nahe an tausend grundverschiedener Sprachen zu
postuliren wären!

Mag man es aber auch zugestehen, daß die vergleichende Sprach=
forschung es niemals bis zur Zurückführung aller Sprachen auf einige
wenige Urstämme werde bringen können, daß vielmehr auch sie sich
für incompetent zur Lösung unseres Problems erklären und nicht bloß
einige, sondern zahlreiche trennende Unterschiede zwischen den Sprach=
stämmen der Erde unausgeglichen stehen lassen müsse, so folgt daraus
immer noch nicht, daß sie diese zur Zeit als unversöhnlich erscheinen=
den Gegensätze nun schlechterdings auch nicht zu erklären wisse und
durchaus nichts zur Aufhellung ihrer Entstehung Dienendes beizubrin=
gen im Stande sei, als eben jene triste und die freie Menschenwürde

---

[1]) S. Caldwell's Comparative Grammar of Drawidian Languages, p. 26. 46.,
und vgl. für den Zusammenhang der Neuholländer mit den Drawiden Border=
indiens in sprachlicher und theilweise auch in physiologischer Hinsicht die Zeug=
nisse Alfr. Maury's, Pruner=Bey's und Pickering's, welche Quatrefages 1. Févr.
p. 655. 656. mittheilt.

[2]) Pratt (a. a. O. S. 67.) und Th. Smyth (Unity of the human races,
p. 214.) werden jedenfalls gegen Waitz (I, S. 280.) Recht behalten, wenn sie,
statt einer etwaigen Vermehrung jener 860 verschiedenen Sprachstämme Balbi's,
vielmehr eine namhafte Verminderung derselben, möglicherweise bis zu 11 oder
gar bis zu noch weniger Hauptfamilien, als das sicher zu erwartende Ergebniß
einer wahrhaft reifen und gründlichen Sprachforschung in Aussicht stellen. — Vgl.
namentlich auch Barth's Aeußerungen zu Gunsten einer Verwandtschaft der meisten
nord= und westafrikanischen Sprachen mit den südafrikanischen: Reisen in Central=
afrika, II, 646; IV, 150; desgl. Bleef, in der Ztschr. f. Allg. Erdkde. IV, 345;
E. Casalis, im Ausland 1862, S. 402, u. s. w.

in ungebührlicher Weise herabsetzende Hypothese einer gruppen= oder
haufenweisen Erschaffung unseres Geschlechts. Für die muthmaßliche
Erklärung der theilweise absoluten Verschiedenheit der Sprachstämme
in grammatischer wie in lexikalischer Beziehung reichen die aufmerk=
samen Beobachtungen unbefangener Sprachforscher dem die Ureinheit
der menschlichen Sprache postulirenden Monogenisten nicht wenige
Argumente von zum Theil höchst bedeutsamer Art dar. Es finden
sich nicht bloß mehrfache Beispiele eines förmlichen Sprachenaustausches,
oder einer Adoption fremder Sprachen an der Stelle der aufgegebenen
eigenen seitens einzelner Völkerschaften, wie schon seitens der hamiti=
schen Kanaaniter in Phönicien und Palästina, welche sich alsbald nach
ihrer Niederlassung in diesen von Semiten bewohnten Ländern hin=
sichtlich ihrer Sprache, wie auch hinsichtlich mancher ihrer Sitten und
sonstigen Gebräuche semitisirten; desgleichen seitens mancher der eben=
falls hamitischen Aethiopen oder Nachkommen des Kusch; später seitens
der sich ganz und gar romanisirenden Longobarden; seitens vieler
westindischen Insulaner, deren Sprachen vollständig durch das Spanische,
und seitens der nach Borneo emigrirten Chinesen, deren Sprache ganz
und gar durch das hier herrschende Malayische verdrängt worden
ist u. s. w. [1]) — lauter Beispiele, die auf höchst bedeutsame Weise
Zeugniß für die große, aber betrübende Wahrheit ablegen, daß es mit
mehr als bloß Einem menschlichen Volke bis dahin hat kommen kön=
nen, daß ihm sogar das Erbstück seiner Muttersprache lieb und theuer
zu sein aufhörte, da es dieselbe loszuschlagen vermochte gleich einer
Waare. Es kommen aber zu diesen gewiß schon höchst lehrreichen
Fällen auch noch Beispiele directer und willkürlicher Depravation der
Sprachen durch ihre Besitzer hinzu, Spuren und Anzeichen einer
positiv verderbenden und gewaltsam alterirenden Einwirkung ganzer
Nationen oder wenigstens der sie beherrschenden Despoten auf die
altererbte Sprache, um derselben mittelst conventioneller Willkür ein
durchaus neues, fremdes, den väterlichen Ursprung verleugnendes Ge=
präge zu ertheilen. Wie jener alte chinesische Kaiser aus der Thsin=
Dynastie sämmtliche Bücher aus früherer Zeit, deren er habhaft
zu werden vermochte, durch Verbrennung zu vernichten suchte, um den
Ansprüchen eines jeden Prätendenten aus der Schaar seiner Großen
möglichst sicher jegliche urkundliche Begründung zu entziehen, oder

---

[1]) Vgl. Delitzsch, die Genesis, 3. Aufl. S. 295. 296., und siehe die zahl=
reichen Fälle von Austausch der Sprachen aus der neuern Geschichte und Ethno=
graphie, welche Waitz I, S. 285—290. aufzählt.

wie Herodes der Große in ähnlicher Absicht alle Stammbäume des davidischen Königshauses zu vertilgen bemüht war, so fand sich auf den Gesellschaftsinseln der Südsee während deren früherer vorchristlicher Aera die Sitte, daß der König bei seiner Thronbesteigung eine größere oder geringere Anzahl Worte der Landessprache nach seinem Belieben ändern, gewisse Ausdrücke oder Redensarten also ohne Weiteres mit dem Tabu belegen und den Gebrauch anderer von ihm erfundener an deren Statt unter Androhung der Todesstrafe im Nichtbeachtungsfalle gebieten durfte [1]. Man denke sich derartige Proceduren, die nicht bloß hier, sondern noch an gar manchen anderen Orten bei rohen heidnischen Naturvölkern vorgekommen sein mögen, nur wenige Generationen oder Dynastieen hindurch fortgesetzt: welche Veränderungen mußten sich nicht da für die unglückliche Sprache ergeben haben, die zusammt ihrem Volke unter solcher Geißel zu seufzen hatte! Sollte nicht in Vorkommnissen dieser Art, die ohne Zweifel bei dem völlig rohen, von allen Einflüssen christlicher Cultur gänzlich unberührten Heidenthume früherer Jahrhunderte und Jahrtausende noch weit häufiger waren, als bei dem der Gegenwart und jüngsten Vergangenheit, ein lehrreicher Fingerzeig für die Bildung richtiger Vorstellungen und Erklärungsweisen in Betreff des wahren Ursprungs der oft so unbegreiflich unähnlichen und starr geschiedenen Idiome von übrigens ganz nahe miteinander verwandten Stämmen gelegen sein? [2] Sollte man nicht vielleicht gerade die Bildung mancher einsilbiger Sprachen, wie z. B. des Chinesischen, als wenigstens unter Mitwirkung dieses Princips der äußersten conventionellen Willkür er-

---

[1] S. Bennet's Bericht über diese merkwürdige Sitte (zunächst mit Bezug auf die Insel Eimeo) im Baseler Miss.-Mag. 1833, S. 41.

[2] Die Insel Timor im hinterindischen Archipel soll nicht weniger als 40 verschiedene Sprachen besitzen (Crawfurd, History of the Indian Archipel., II, p. 79.); in dem centralafrikanischen Reiche Bornu fand Barth 30, in Adamaua gar mehr als 30 gegenseitig einander unverständlicher Sprachen (Zeitschrift der deutschen morgenl. Gesellsch. VI, 412.). Aehnliches gilt von dem Gewimmel von Völkerschaften, das den Kaukasus bewohnt, von den Eingeborenen Central-Amerika's, von den Papuas auf Neu-Guinea u. s. w. Zur richtigen Erklärung derartiger Phänomene dürfte gewiß eher dasjenige dienen, was schon Wiseman (a. a. O. S. 120.) von dem „disuniting power" sagt, den nationale Eifersucht und wilder Bruderhaß auf das überlieferte geistige und physische Erbtheil gewaltsam auseinander strebender wilder Naturvölker ausgeübt habe, als die Anschauung Waitz' (a. a. O. S. 280.) von einer radicalen Verschiedenheit und einem ursprünglichen Getheiltsein derartiger haufenweise auf Einen Punkt zusammengedrängter differenter Idiome.

folgt annehmen dürfen? Und sollten nicht diejenigen Recht haben,
welche zur Erklärung der oft so auffallenden und auf so notorisch
willkürliche Weise entstandenen Abweichungen der Tochtersprachen von
ihren Muttersprachen im Gebiete des roheren Völkerlebens an die
analoge Entstehungsweise des Rothwelsch der Zigeuner, so mancher
anderen Jargons und Mischsprachen bei Sclaven, Schiffern u. s. w.,
ja sogar des von sich selbst überlassenen Kindern während ihrer Spiele
producirten und nicht selten mit zäher Vorliebe beibehaltenen Kauder=
welsch erinnern? [1] — Die erste Bildung der menschlichen Sprache
überhaupt beruhte allerdings wohl, soweit die dem göttlichen Leiten
und Lehren folgende menschliche Thätigkeit mit bei ihr betheiligt war,
nicht auf kindischem, sondern auf echt kindlichem Thun und Dichten;
sie war das noch unentwickelte, aber unendlich entwickelungsfähige
Product eines vorab in idealer paradiesischer Normalität vor sich ge=
henden Zusammenwirkens Gottes, der diese ebenso reine als keim=
kräftige Mitgift dem Menschen schenkte, indem er sie ihn kennen und
gebrauchen lehrte (1 Mos. 2, 19. 20.), und der höchst gefügigen, aber
doch völlig freien, weil noch ganz unverdorbenen, Natur = und Ver=
nunftthätigkeit des Menschen. Bei den Bildungen des in Sünde ge=
fallenen und damit aus dem Stande der ursprünglichen Normalität
seines Denkens und Thuns herausgefallenen Menschen wurde noth=
wendigerweise, was vorher kindliches Schaffen von stets zukunftsvollem
und bedeutungsvollem Charakter gewesen war, zu jenem kindischen
Thun und Treiben, das, wo es nicht geradezu zerstört, verkehrt oder
verdirbt, doch immer nur inhaltsleere Machwerke ohne selbstständige
Lebensfähigkeit und aufsteigende Entwickelungsfähigkeit zu Tage fördert.
Solcher Art sind die Sprachbildungen der sich selbst überlassenen
Naturvölker des älteren und neueren Heidenthums, und zwar tragen
sie den Charakter der immer nur dem Roheren, Kindischeren, Unvoll=

---

[1] So thut der geistvolle Autor der Vestiges of a Natural History of Creation
(10. Edit., p. 280—282.), der sich dabei auf eine Bemerkung Moffat's in dessen
Missionary Scenes and Labours in Southern Africa beruft. „The infant pro-
geny", sagt hier Moffat, „some of whom are beginning to lisp, while others
can just master a whole sentence, and these still further advanced, romping
and playing together, the childern of nature, through the livelong day, be-
come habituated to a language of their own. The more voluble condescend
to the less precocious, and thus, from this infant Babel, proceeds a dia-
lect composed of a host of mongrel words and phrases, joined together with-
out rule, and in the course of a generation the entire character of the
language is changed."

kommneren zueilenden Bewegung in um so entschiedenerem Maaße an sich, je weiter sich ·die sie hervorrufenden Nationalitäten auch in allem Uebrigen geflissentlich von jedwedem Bande loszumachen suchten, das sie noch mit einer besseren und urkräftigeren Tradition aus der allen Menschen gemeinsamen ethisch = religiösen Vergangenheit zu= sammengehalten hatte.

III.

Das zuletzt besprochene sprachgeschichtliche Phänomen, das in so bedeutsamer Weise an die früher erwähnte Thatsache einer gewaltsam umbildenden Einwirkung vieler Stämme auf die Schädelformation erinnert, leitet uns unmittelbar zu einem dritten Hauptgesichtspunkte ethnographischer Forschung hinüber, dem sich abermals eine nicht ge= ringe Zahl von gewichtigen Fingerzeigen für die richtige Lösung un= seres Problems entnehmen läßt. Ich meine das Gebiet der mensch= lichen Cultur= und Kunstgeschichte, besonders in denjenigen Resultaten seiner Forschung, die auf die frühesten Anfänge des Völker= lebens und seiner mannichfaltigen socialen, technischen und commerciellen Bildungen und Fortschritte nach verschiedenen Richtungen hin Bezug haben. Auch hier begegnen wir nicht wenigen Spuren geflissentlicher Zerreißung des uralten Zusammenhanges, der die Völker an gewisse gemeinsame Heerde ihres Culturlebens gebunden und in letzter Instanz mit der Wiege des gesammten Menschengeschlechts im südwestasiatischen Hochlande vereinigt gehalten hatte. Es ist bekannt, mit welcher Sprö= digkeit selbst die civilisirtesten Völker des Alterthums, namentlich die vorzugsweise als die „classische Nation" gepriesenen Hellenen, sich gegen die Anerkennung jedwedes engeren Verwandtschaftsverhältnisses zu ihren Nachbarvölkern sträubten; mit welchem Hoch:muthe sie auf alle diese „Barbaren" herabblickten, selbst wenn sie in mancher Hin= sicht von deren Cultur und Gesittung notorisch übertroffen wurden; mit welcher Angelegentlichkeit sie sich als Autochthonen, als Söhne ihres heimathlichen Bodens, als nicht bloß auf, sondern aus der müt= terlichen Erde ihres Vaterlandes Entsprossene geltend zu machen suchten. Geflissentliche Verunähnlichungen in der Kleidertracht und dem gesamm= ten äußeren Körperputz in Krieg und Frieden, gegensätzliche Ausbil= dungen der Baustyle sowohl bei religiösen Gebäuden als bei Privat= wohnungen, Idiosynkrasieen bezüglich aller möglichen Einrichtungen von häuslichen Geräthschaften, Eß=, Trink= und Schlafsitten, Er= ziehungsmethoden und Begräbnißceremonieen u. s. f. gingen natürlich überall Hand in Hand mit solchen auf möglichsten Abbruch aller

Traditionen aus der Vergangenheit gerichteten Bemühungen. Specielle Beispiele für derartige Vorgänge anzuführen, ist kaum nothig: die Geschichte Israels sammt derjenigen mancher seiner Nachbarvölker, deren die heil. Schrift gedenkt, namentlich der obendrein durch ihr Kastenwesen merkwürdigen Aegypter, reicht sie in genügender Anzahl und Bedeutsamkeit dar.

Neben solchen charakteristischen Spuren eines im ganzen Gange der primitiven Culturentwickelung unseres Geschlechtes wirksamen Prin= cips der Trennung, Zersplitterung und willkürlichen Vervielfältigung haben auf der anderen Seite die an zahlreichen Punkten bemerkbaren Hinweisungen auf einen gemeinsamen Ursprung, wenn nicht aller, so doch vieler und oft weit auseinander wohnender Völkermassen, die sich als Reste und Trümmer einer im Großen und Ganzen verschütteten oder weggeschwemmten Urtradition erhalten haben, eine offenbar nur um so höher anzuschlagende Bedeutung. Hierher gehören vor Allem mehrere Hauptthatsachen aus dem Gebiete der die Linguistik überhaupt in mehrfacher Hinsicht concomitirenden und wirksam unterstützenden vergleichenden Paläographie oder Geschichte der Schreib= kunst und der Buchstabensysteme. So unverkennbar auch alte Schrift= systeme von der Art der assyrischen und medopersischen Keilschrift, der aus verzwickten Zeichen bestehenden Silbenschrift der Chinesen, oder der aus schwülstigen und räthselhaften Sinnbildern nach Art unserer Rebus zusammengesetzten Hieroglyphik der Aegypter auf willkürlich conventionelle Erfindungen seitens gewisser Priesterclassen hindeuten, mochten dieselben nun Magier oder Bonzen oder Hierogrammatisten (Chartumim) heißen: ebenso sicher stammen die Lautschriften oder eigentlichen Buchstabenschriften der allermeisten Culturvölker des alten Asiens, Nordafrika's und Europa's, namentlich die Alphabete der Griechen, der Römer und der übrigen altitalischen Völkerschaften, der Hebräer, Syrer, Araber, Perser, ja sogar die Runenschrift der ältesten Germanen und der Skandinavier, von den 22 Charakteren der phö= nicischen Schrift ab. Und zwar ist dieser verwandtschaftliche Zusam= menhang nach dem Urtheile der bedeutendsten Paläographen weit we= niger durch die Handelsreisen der Phönicier vermittelt, als hätten diese den betreffenden Völkern ihre Schriftzeichen gleich einer Waare zugeführt und aufgenöthigt, sondern viel eher durch Entstehung eines allen zur Grundlage dienenden Mutteralphabets in irgend welchem Stammsitze des vorderen Asiens, der einst den Urvätern jener sämmt= lichen Nationen zur gemeinschaftlichen Wiege ihres Daseins gedient

hatte [1]). Selbst die ägyptische Hieroglyphenschrift verräth eine theil=
weise Urverwandtschaft mit der phönicischen Schriftenfamilie, sofern
wenigstens manche ihrer phonetischen Hieroglyphen an die Urformen
gewisser Buchstaben der letzteren erinnern; und sogar zwischen dem
Devanagari oder dem heiligen Schriftsysteme der alten Indier (das
übrigens in seiner gegenwärtigen zierlich ausgebildeten Form sicher erst
ziemlich jungen Ursprungs ist) und zwischen den semitisch=europäischen
Alphabeten hat man neuerdings, vielleicht nicht ohne glücklichen Erfolg,
eine historische Verwandtschaft zu erweisen versucht [2]). — Bedeutsam
ist auch das Zeugniß, welches die ältesten astronomischen Rech=
nungen und chronologischen Ueberlieferungen der aller=
meisten alten Culturvölker zu Gunsten der einheitlichen Abstammung
der Menschheit ablegen. Außer dem zwar nur negativen, aber im=
merhin hochwichtigen Argumente, welches dieser Zweig der Cultur=
geschichte in der wohlgesicherten Thatsache darbietet, daß keinerlei astro=
nomische Beobachtungen und Zeitbestimmungen alter Völker, weder
der Indier, noch der Aegypter, noch der Chinesen, weiter als bis in
den Beginn des dritten vorchristlichen Jahrtausends zurückweisen, daß
also der Glaube so mancher Aegyptomanen oder Indomanen an ein
angeblich zahlreiche Jahrtausende über die Grenze der sonstigen alten
Menschheitsgeschichte hinausreichendes Alter der Cultur und Priester=
weisheit dieser Völker ganz und gar nichtig genannt werden muß [3]),
gehört hierher die merkwürdige Uebereinstimmung von Völkern, wie
die Hindus, Thibetaner, Chinesen, Mongolen, Japanesen und — Mexi=
kaner, hinsichtlich ihrer Art, die Monatstage oder auch die Jahre durch
gewisse stereotype Symbole oder Thierkreiszeichen, als Affe, Hase,
Hund, Schlange, Krokodil (oder statt dessen auch Eidechse oder Drache),
Leopard (auch Ozelotl oder Tiger) u. s. w., auszudrücken [4]), sowie
überhaupt so Vieles in der Tradition der westamerikanischen Völker,

---

[1]) Lepsius, Paläographie als Mittel f. d. Sprachforschung, S. 3 ff.; Gese=
nius, Art. „Paläographie" in Ersch u. Gruber's Encyclopädie, S. 289. 295.

[2]) Weber, Indische Studien, Berl. 1857. — Vgl. Lepsius, Zwei sprachver=
gleichende Abhandlungen, S. 78, und Benfey in den Gött. Gel.=Anz. 1862, S. 1676.

[3]) S. die treffliche Uebersicht über die zum Theil höchst lächerliche Proben
wissenschaftlichen Aberglaubens sammt den jeweilig darauf gefolgten Enttäuschun=
gen darbietende Geschichte dieser Untersuchungen über die Astronomie und Chrono=
logie der alten Völker bei Wiseman a. a. O. II, Lect. 7. u. 8. Vergl. auch
J. Pratt a. a. O. S. 72 ff.

[4]) Wiseman, I, 124.; Waitz, I, 293.

namentlich der Peruaner und Mexikaner, was mittelbar oder unmit=
telbar auf einen uralten Culturverkehr mit dem mittleren Asien hin=
deutet. Auf merkwürdige Aehnlichkeiten der religiösen Bauten
des alten Aztekenvolks, namentlich seiner pyramidalisch aufsteigenden
Tempel mit den Pagoden Thibets und der Tatarei, hat schon Hum=
boldt aufmerksam gemacht. Andere haben die genaue Uebereinstim=
mung der alten Tempel auf Yucatan mit den Heiligthümern des
Buddha in Ostindien hervorgehoben, oder auf die unleugbar mongo=
lische oder tatarische Abkunft Manco Capak's hingewiesen, jenes be=
rühmten reichsgründenden Colonisators im 13. Jahrh., welchen die alt=
peruanische Ueberlieferung als den Stifter der Dynastie und der Re=
ligion der Ynkas bezeichnet [1]). In Bezug auf die Azteken Mexiko's ist
neuestens ein italienischer Gelehrter, Biondelli, sogar so weit gegangen,
einen europäischen und zwar einen indogermanischen Ursprung der=
selben zu behaupten; denn ihr Zahlensystem beruhe gleich dem der
alten Celten, auf der Grundzahl 20; ihre Theokratie, ihr Kastenwesen,
ihr Unsterblichkeitsglaube berühre sich vielfach mit denen der arischen
Völker des Abendlandes; ihre historischen Traditionen wiesen auf Ein=
wanderung von Osten her hin; ja als ihr Kaiser Montezuma II. seine
Krone an Karl V. abtrat, habe er erklärt, er erkenne ihn an als einen
Nachkommen des berühmten Quetzalchouati, der von Osten her ge=
kommen sei und den Staat Anahuac in der Südgegend des mexikani=
schen Reiches gegründet habe [2]). Mag auch Manches in diesen An=
nahmen auf allzu kühne Combinationen hinauslaufen, wie namentlich
die Behauptung eines auch sprachlichen Zusammenhangs zwischen
Azteken und Indogermanen, welche uns einigermaßen als ein Seiten=
stück zu jenem einst bei Vielen beliebten gelehrten Mythus vom jüdi=
schen Ursprunge sämmtlicher nordamerikanischer Indianer erscheinen
will, — so viel bleibt gewiß, daß der urverwandtschaftliche Zusammen=
hang zwischen den altmexikanischen Stämmen und zwischen den Cul=
turvölkern der alten Welt durch eine bedeutende Zahl höchst gewichtiger
Gründe aus der Geschichte menschlicher Cultur und Kunst erhärtet
wird, und daß diese Gründe um so schwerer wiegen, da sie mit den

---

[1]) Humboldt, Ansichten der Cordilleren, II.; Squier, The Serpent Symbol
(1851), p. 205 ff.; vgl. Wiseman, I, S. 122—124.

[2]) S. den Bericht über Biondelli's Werk: Sull' antica lingua Azteka o
Nahuatl (Milano 1860) in Petermann's Geograph. Mittheilungen 1860, XII,
S. 479. 480. Vgl. auch Ausland 1862, S. 823.

meisten anatomisch = physiologischen und linguistischen Verhältnissen, die
hier in Betracht kommen, in entschiedenem Conflicte stehen.

Die auffallendste Instanz zu Gunsten dieses Zusammenhangs,
und doch diejenige, deren Gewicht sich am allerwenigsten bestreiten
läßt, ist die überaus genaue Uebereinstimmung der mexikanischen S a g e
von der Sündfluth mit den meisten der dieses Ereigniß betreffen=
den Ueberlieferungen aus der alten Welt, namentlich auch mit der
biblischen. Tezpi oder Coxcox, der mexikanische Noah, besteigt bei be=
ginnender Fluth ein Schiff, in welches er außer seinem Weibe und
seinen Kindern auch zahlreiche Thiere aufnimmt, nebst Saamen für
alle möglichen Sorten von Getreide. Beim Verlaufen der Fluth
entsendet er zuerst einen Geier, der nicht zu ihm zurückkehrt, dann
einen Kolibri, welcher mit einem grünen Zweige im Schnabel wieder=
kommt. Gewisse hieroglyphenähnliche bildliche Darstellungen auf den
Monumenten alter Aztekentempel veranschaulichen dieß Alles und führen
uns so das ganze merkwürdige Factum einer fast völligen Identität
dieser amerikanischen Fluthsage und des mosaischen Berichtes über die
Sündfluth nur um so nachdrücklicher zu Gemüthe [1]). Aber noch zahl=
reiche andere Völker der alten und der neuen Welt haben ihre Fluth=
sagen, ja es fehlen dieselben fast bei keiner der kleinen Nationen der
Südseeinseln; und wenn auch viele dieser Ueberlieferungen erst ver=
mittelst späterer jüdischer oder christlicher Einflüsse zu ihren gegen=
wärtigen Trägern gelangt sein mögen, so bleibt immerhin die nicht
selten ins Kleine gehende Harmonie, in welcher sich die meisten no=
torisch alten Traditionen des altasiatischen und alteuropäischen Heiden=
thums mit der biblischen Sündfluthgeschichte befinden, etwas höchst
Bedeutsames. Drei Kaiser: Jao, Si und Ki, sind es nach den Chine=
sen, welche sich bei der Fluth auf den Gipfel eines Berges retten
und nachher die Länder der Erde unter sich vertheilen. Acht Personen,
der weise König Manu nebst den sieben Rischis oder Weisen, retten
sich nach der indischen Sage auf den Gipfel des Himavanberges oder
Himalaya's, wo sie nach beendigter Fluth dem Wischnu Dankopfer
darbringen. Xisuthros, der zehnte in der Reihe der vorsündfluthlichen
Erzväter, ist es, der dem altbabylonischen Mythus zufolge von der
großen Fluth betroffen und durch sie hindurch gerettet wird; seine drei
Söhne, die sich dann in die Weltherrschaft theilen, heißen Zerovanus
(Zoroaster?), Titan und Japetosthes. So hat auch die hellenische

[1]) Humboldt a. a. O. S. 65. 66.; Wiseman, I, S. 125.; Waitz, S. 293.

Mythologie nicht bloß ihren Japetos, den sie freilich vor der Zeit der großen Fluth ansetzt und zu einem Wesen von göttlicher Würde und Hoheit erhebt, sie kennt auch eine solche Fluth, welche alle Sterblichen von der Erde weg vertilge, bis auf des Japetos Enkel Deukalion, der sammt seiner Gemahlin Pyrrha zum Stammvater eines neuen Menschengeschlechtes wird. Wie die Griechen, so rücken auch die Aegypter ihre Sündfluth bis hart an die Grenze ihrer eigentlich menschlichen Urgeschichte hinauf. Menes, der gottesfürchtige Patriarch, der sie glücklich überstand und durch Graben des Nilbettes ihr allmähliches Sichverlaufen bewirkte, soll der erste menschliche König Aegyptens gewesen sein; vor ihm hatten nur Götter und Halbgötter über das Land regiert. Vielleicht darf man seinen Namen mit dem des indischen Sündfluthpatriarchen Manu zusammenbringen, dem er ohnehin als religiöser Gesetzgeber und Wohlthäter seines Volkes gleicht [1]).

Derartige Uebereinstimmungen zwischen den auf die frühesten Anfänge menschlicher Culturentwickelung bezüglichen Sagen einer ganzen Anzahl von alten Völkern, und zwar keineswegs bloß von indogermanischen und semitischen Nationen, sondern zugleich von den hamitischen Aegyptern, den zur mongolischen Race gehörigen Chinesen und einer Menge anderer nichtkaukasischer Stämme, geben dem aufmerksamen und vorurtheilsfreien Betrachter der menschlichen Urgeschichte jedenfalls viel zu denken. Sie schlagen, gleich so manchen der bereits angeführten Thatsachen der Cultur- und Kunstgeschichte, in der erfreulichsten Weise Brücken über klaffende Abgründe und dunkele Schluchten, welche weder die vergleichende Kranioskopie und Physiognomik, noch die vergleichende Sprachforschung auszufüllen oder zu ergründen vermocht hatte. Sie verstatten uns, noch tiefere und deutlichere Blicke in das geheimnißvolle Getriebe des urältesten Völkerverkehrs und die oft bis zur Unkenntlichkeit entstellten verwandtschaftlichen Beziehungen der Hauptstämme unseres Geschlechts zu thun, als dieß Thatsachen, wie die bereits hervorgehobenen Uebereinstimmungen altmexikanischer Bauwerke mit indischen und tatarischen oder wie die von Barth u. A. beobachteten Aehnlichkeiten zwischen gewissen rohen Steinmonumenten des Ghuriangebirges in der nördlichen Sahara und

---

[1]) Vergl. überhaupt H. Lüken, die Traditionen des Menschengeschlechts oder die Uroffenbarung Gottes unter den Heiden (1856), wo sich auf S. 142 ff. eine vorzüglich reiche und übersichtliche Zusammenstellung alter Fluthsagen der verschiedensten Völker findet.

den paarweise verbundenen Steinpfeilern der Celten im westlichen Großbritannien und in Irland, irgendwie zu gewähren im Stande sind [1]). Sie legen wegen ihrer unmittelbaren Beziehung zum eigentlichen Anfange der gegenwärtigen Culturentwickelung unseres Geschlechts das allerbedeutsamste Zeugniß für dessen einstiges Vereintgewesensein auf Einem Centralheerde und gemeinsamen Ausgangspunkte seiner Wanderungen ab, ein Zeugniß, das gegenüber den mehrfach widerstreitenden und scheinbar anders lautenden Aussagen der Physiologie und Linguistik selbst dann Recht behalten müßte, wenn es nicht noch obendrein durch eine weitere bedeutsame Uebereinstimmung zahlreicher alter Völker hinsichtlich ihrer Ueberlieferungen von der Sprachentrennung bei Gelegenheit des babylonischen Thurmbaues in der bemerkenswerthesten Weise unterstützt würde [2]).

IV.

Schon diese unsere letzten Betrachtungen haben uns mehrfach an das Gebiet der Religionsgeschichte herangeführt, das überhaupt mit dem culturgeschichtlichen auf das Vielfachste und Innigste verwachsen ist. Als vorzugsweise ihm angehörige Instanz sei hier vor Allem hervorgehoben, daß es keine absolut religionslosen Völker giebt, daß vielmehr überall, wo man genauere und gründlichere Beobachtungen anzustellen vermocht hat, auch bei den allerwildesten Stämmen, mitten in ihrem von fast thierischer Stumpfheit und Versunkenheit zeugenden Treiben gewisse Spuren von Glauben an jenseitige Geistermächte und an eine Fortdauer des Lebens nach dem Tode entdeckt worden sind. Auch von den beispiellos niedrig stehenden schwarzen Eingeborenen Neuhollands gilt dieß, denen man, wie alle Cultur und Culturfähigkeit, so auch jeglichen Schein oder Schatten religiöser Vorstellungen abzustreiten versucht hat; nicht minder von den Ovambos und anderen Negervölkern Afrika's, von den Dajaken Borneo's, von den Feuerländern, den Bewohnern der Arru=, Baschi= und anderer Südseeinseln, — lauter Völkern, die zwar

---

[1]) Barth, Reisen und Entdeckungen, I, S. 63 ff. Man vergl. auch die im Athenaeum 1846, 24. Jan., hervorgehobene Aehnlichkeit gewisser uralter Grabmäler auf der Westküste Hindostans mit den Kromlechs und Kist=Vaens der celtischen Druiden — Mehrere andere frappante Beispiele derartiger Uebereinstimmungen in Bauwerken, Sculpturen und Geräthschaften, oft zwischen den Bewohnern der entlegensten Länder, führt Waitz S. 294. an.

[2]) Vergl. auch über diese Sagen Lülken a. a. O. S. 278 ff.

keinen entwickelten Götterglauben und keine bestimmte Vorstellungen
von moralischer Zurechnung und Vergeltung, aber immerhin doch ein
gewisses Priester= und Zauberwesen oder manche abergläubige Mei=
nungen vom Einflusse böser Geister oder vom Bewußtsein ihrer Fetische
haben [1]). Es dürfte uns übrigens auch kaum Wunder nehmen, wenn
in der That irgendwo ein gänzlich aller moralischen und religiösen
Begriffe entbehrendes Volk nachgewiesen würde, da leider ·innerhalb
der Christenheit selbst die Beispiele keineswegs allzu selten sind, welche
von der fast total und radical vertilgenden Macht Zeugniß geben, die
eine beharrlich fortgesetzte Abstumpfung, Bekämpfung und gewaltsame
Erstickung aller Gewissensregungen letztlich auszuüben im Stande ist. —
Auf der Stufe der irgendwie entwickelten und zu einem eigentlichen
cultischen Leben ausgebildeten religiösen Begriffe und Regungen be=
gegnen wir sofort wieder mannichfaltigen speciellen Uebverein=
stimmungen in den Eigenthümlichkeiten oft der disparatesten und
räumlich getrenntesten Stämme, die zu den ähnlichen Concordanzen,
wie sie die Sprachvergleichung und die profangeschichtliche oder archäo=
logische Forschung nachweist, bald verstärkend, bald ergänzend und er=
hebliche Lücken ausfüllend hinzutreten. Specielle Uebereinstimmungen
dieser Art sind z. B. die Verbreitung eines zum Theil in seinen klein=
sten Einzelheiten gleichgestalteten Schamanismus oder Zauberpriester=
wesens über fast sämmtliche Mongolenstämme Nordasiens wie über
den größten Theil der nordamerikanischen Indianer; die Herrschaft
großentheils gleichartiger Religionsgebräuche nicht bloß auf den meisten
Inseln·des Stillen Oceans (besonders in dessen nördlichem Theile,
wo sich fast durchaus die nemlichen Tabu=Ceremonien, das nemliche
Treiben der Zauberärzte, die gleiche Weise der Todtenbestattung und
des Ahnencultus finden), sondern auch auf den westlich und östlich an
denselben stoßenden Küsten Nordasiens und Nordamerika's, wodurch
die culturgeschichtlich ohnehin feststehende Thatsächlichkeit eines früh=
zeitigen Schifffahrtsverkehrs zwischen den Anwohnern dieses Meeres
in der alten und in der neuen Welt noch zum Ueberflusse erhärtet
wird; die Identität der indisch=thibetanischen Lehre von einem wieder=
holten Untergange der sich immer wieder erneuernden Welt (das erstemal

---

[1]) Waitz, I, 322—324. Ueber die bei den Neuholländern insbesondere beob=
achteten Spuren religiösen Bewußtseins handelt: Quatrefages a. a. O., 1. Févr.,
p. 654. Vergl. auch ebendas. 15. Déc., p. 829 ss., und in Betreff der eine
Zeitlang für religionslos gehaltenen Andamanen=Insulaner: Ausland, 1862.
S. 471 ff.

6*

durch ein Erdbeben, dann durch Feuer, dann durch Sturmwind, end=
lich durch Waffer) mit der mexikanischen; sowie endlich das Vorkom=
men des merkwürdigen religiösen Gebrauchs, daß Väter nach der
Geburt neuer Kinder sich als krank zu Bette legen und längere Zeit
fasten müffen, bei den allerverschiedensten Nationen, wie bei den alten
Tibarenern Kleinasiens, bei mongolischen Völkern Hochasiens, bei den
Caffangern in Südafrika, den Basken in Spanien, den Caraiben
Westindiens und zahlreichen der die Ufer des Orinoco bewohnenden
südamerikanischen Indianerstämme [1]).

Hiezu kommt endlich die Uebereinstimmung der meisten nationalen
Sagen in Betreff der Lage des Paradieses als des Sitzes der
Urreligion und gemeinsamen ältesten Ausgangspunktes aller religiösen
Ueberlieferungen der alten Menschheit überhaupt.   Die chinesische,
thibetanische, mongolische und japanesische, die altperfische und die alt=
indische Paradiesessage kommen sämmtlich darin überein, daß sie irgend
einen Hauptgipfel des innerasiatischen Hochlandes, mag derselbe nun
dem Kouanlu = Gebirge in China, oder dem Himalaya, oder bem irani=
schen Gebirgslande angehören, für den Sitz der ursprünglichen Herr=
lichkeit des der Gottheit entstammenden Menschengeschlechts oder für
den Götterberg und die Schöpfungsstätte der Menschheit erklären,
wobei insbesondere die fast jedesmal wiederkehrende Angabe von den
vier mächtigen Strömen, welche diesem Götterberge entquellen, als
eine bemerkenswerthe specielle Berührung mit der mosaischen Paradieses=
geschichte hervorgehoben zu werden verdient.   Aber auch da, wo der=
gleichen detaillirte Aehnlichkeiten fehlen, bleibt es immerhin höchst be=
deutsam, daß alle diese Sagen, die phönicische wie die hellenische, die
altägyptische wie die germanische und altnordische, ja selbst die der
Mexikaner, der Aleuten und der Fanti=Neger, das Paradies einstim=
mig auf einen hohen Berg verlegen, was offenbar ebenso gut auf
bestimmter urgeschichtlicher Reminiscenz beruht, wie jene zum Theil
schon erwähnten Sagen der verschiedensten Culturvölker, welche in der
Bezeichnung des inneren Asiens, namentlich jener Hochgebirge, die
dem Indus und Ganges, dem Oxus und Jaxartes, dem Euphrat und
Tigris zu Ursprungsorten dienen, als des Ausgangspunktes ihrer
religiösen und bürgerlichen Cultur übereinkommen [2]). — Von allen

---

[1]) S. Waitz, I, 226. 292. 295., und daselbst die Literatur; auch III, 2 56 ff.,
wiewohl W. sich hier zu Ungunsten einer Urverwandtschaft der Amerikaner mit den
Völkern der alten Welt äußert.

[2]) Vergl. Lüken a. a. O. S. 65 ff.; Keerl, der Mensch das Ebenbild Gottes,
I. S. 796—799.

diesen auf die Uranfänge der religiösen Entwickelung bezüglichen Ueber=
lieferungen, zu welchen auch noch die freilich weit weniger des Ueber=
einstimmenden darbietenden Sagen vieler Völker vom Sündenfalle und
vom Verluste des Paradieses kommen, unterscheidet sich der Bericht
der heil. Schrift auf das Vortheilhafteste sowohl durch seinen inneren
Werth, wie durch seine äußere Beglaubigung. Für keine der außer=
biblischen Schöpfungs= und Paradiesessagen läßt sich mit einiger Wahr=
scheinlichkeit ein gleich hohes Alter, d. h. eine ebenso frühzeitige Aus=
bildung zu ihrer jetzigen Gestalt und eine so frühe schriftstellerische
Aufzeichnung, nachweisen. Die mosaische Literatur ist und bleibt das
älteste Denkmal menschlicher Historiographie überhaupt, und wenn
vielleicht manche ägyptische Papyrusrollen ungefähr gleichalterigen Ur=
sprungs mit ihr sein sollten, so haben die dürren Namensverzeichnisse
von rein localer Bedeutung, welche dieselben darbieten, kaum irgend
welche Ansprüche darauf, als eigentliche geschichtliche Darstellungen
gelten zu können [1]). Gerade ihr innerer Werth aber, ihre wunderbare
Schönheit und ungeschminkte Einfalt, ihr Freisein von jedwedem
verunstaltenden Beisatze abenteuerlicher physikalischer Speculationen
kosmogonischen oder theogonischen Inhalts, mit Einem Worte ihr echt
ethischer und wahrhaft menschlicher Charakter ist es, der die mosaische
Urgeschichte des Menschengeschlechts hoch über jede andere urgeschicht=
liche Ueberlieferung erhebt und sie als ein ebenso hell scheinendes als
sicher zum Ziele geleitendes Licht inmitten einer sonst nur von trübem
und trüglichem Schimmer erhellten chaotischen Urnacht erscheinen läßt.

Diese durch das höchste Alter gleicherweise wie durch das wohl=
verdienteste Ansehen geheiligte Urkunde leitet nun aber in unwider=
sprechlich deutlicher Weise das gesammte Menschengeschlecht von einem
einzigen und nur auf Einem Punkte stattgehabten Schöpfungsacte
Gottes her. Ein Paar ist es, ein Männlein und ein Fräulein, Ein
Stammvater und seine Gehülfin, von welchen nach dem Berichte der
Genesis alle Völker der Erde ihr Dasein ableiten; und auf dieses
Eine Urpaar, Adam und Eva (s. Röm. 5, 12.; 1 Cor. 15, 45.; 2 Cor.
11, 3.; 1 Tim. 2, 13.), auf dieses Eine Blut, von welchem aller
Menschen Geschlechter auf dem ganzen Erdboden wohnen (Apg. 17, 26.),
weist die heilige Schrift auch in ihren nachfolgenden Theilen immer
wiederholt und in nachdrücklicher Weise zurück. Durch mannichfaltige
Andeutungen lehrt sie uns das Menschengeschlecht als wesentlich Einen

---

[1]) Delitzsch, die Genesis (3. Aufl.), S. 5.

Leib, Einen großen einheitlichen Organismus bildend auffassen; sie
lehrt es betrachten als den Einen Baum, der, wie Eine Krone, so
auch nur Eine Wurzel hat, als die Eine physisch = ethische Lebens=
gemeinschaft, die, wie sie nur Einen Erlöser hat, so auch nur Einen
Stammvater gehabt haben kann, deren abwärts gehende Entwickelung
ebenso gewiß nur von Einem Urheber des allen gemeinsamen Ver=
derbens ausgehen konnte, wie ihre zum Heil und zum ewigen Leben
aufsteigende Entwickelung von einer einzigen heilenden und errettenden
Persönlichkeit ausgehen mußte.

Durch eben diesen principiell so entschiedenen und in jeder Hinsicht
so tief gewurzelten Monogenismus ihrer Weltanschauung schließt aber
die heilige Schrift, wie jede polygenistische Hypothese überhaupt, so
auch jene subtilste und scheinbar harmloseste Gestalt des Polygenismus
auf das Unbedingteste aus, welche neuerdings bei zahlreichen Forschern
Nord = Amerika's, theilweise aber auch Englands und Frankreichs be=
liebt zu werden begonnen hat.   Diese Doctrin, die sich durch ihr Be=
mühen charakterisirt, ihre Sätze dem scheinbaren oder wirklichen Lehr=
begriffe der Bibel so viel als möglich anzupassen, um nichts wider den
kindlichen Glauben des christlich = frommen Gemüthes Verstoßendes
vorzubringen, ist ihren wesentlichen Grundbegriffen nach bereits im
17. Jahrh. durch den französisch = reformirten Theologen Isaac de la
Peyrère ausgesonnen und mit bedeutendem Aufwande an gelehrtem
Scharfsinn, der damals freilich seine beabsichtigte Wirkung gänzlich
verfehlte, zu begründen versucht worden [1].   Theils um die großen
Hauptgegensätze menschlicher Racenbildung zu erklären, theils um ge=
wisse scheinbare Hinweisungen des Alten Testaments auf ein Bevöl=
kertsein der Erde bereits zur Zeit Kain's (namentlich 1 Mos. 4, 14—17.),
also auf eine frühzeitig stattgefundene Mischung der Nachkommen
Adam's mit gewissen voradamitischen Geschlechtern (s. 1 Mos. 6, 1—7.;
10, 5. 32 ff.) begreiflich zu machen, nahm dieser Gelehrte einen dop=
pelten Ursprung der Menschheit an, einen präadamitischen und einen
adamitischen.   Viele Jahrhunderte oder Jahrtausende vor Adam sollte,
gleichzeitig mit der Thierschöpfung des sechsten Tagewerks und auf
allen bewohnbaren Punkten der Erde zugleich, die Erschaffung der
Heiden, als der thierisch roheren und geistig tiefer stehenden Menschen=
classe, stattgefunden haben.   Adam und Eva seien die erst nach der

---

[1] Is. Peyrerius, systema theologicum ex Praeadamitarum hypothesi,
P. I 1655.

Ruhe des siebenten Schöpfungstages ins Dasein getretenen Stamm-
eltern eines ziemlich beschränkten Theiles der Menschheit, des Juden-
volkes nämlich, als des dem Paradiese entstammenden Trägers der
Gottesoffenbarung, von dem die veredelnde Erhebung und Erlösung
der in rohe Natursünden versunkenen Heidenwelt ausgehen sollte. Zu
diesem Zwecke hätte schon gleich die Familie Adam's, zunächst durch
Kain, später auch durch Seth und Seth's Nachkommen, eheliche Verbindungen mit Angehörigen jener Präadamitenrace zu schließen begonnen. Die dadurch hervorgerufene sittliche Corruption, welche einst
fast das ganze Adamitengeschlecht ergriffen hatte, wäre die Ursache für
jenes göttliche Strafgericht der großen Fluth geworden, die über das
ganze Land, d. h. über das ganze gelobte Land, den Sitz des Gottes-
volks, ergangen und aus der nur Noah, als Stammvater nicht eines
neuen Menschengeschlechts, sondern nur eines neuen Judenvolts, ent-
kommen sei [1]).

Diese fast volle 200 Jahre verschollen gewesene Präadamitenhypothese ist von den neuesten nordamerikanischen Polygenisten aus
der Schule Morton's und Agassiz' in wenig veränderter, nur hie und
da mit dem Scheine strengerer Wissenschaftlichkeit ausstaffirter Gestalt
reproducirt worden, und zwar näher so, daß man für die Annahme
der doppelten Menschenschöpfung die vermeinten Resultate der neueren
Geologie und Paläontologie geltend gemacht, Adam statt bloß für den
Stammvater der Juden, vielmehr für den der gesammten kaukasischen
Race als der geistig höher stehenden Menschheit erklärt, die Präadami-
ten aber als in den verschiedenen gegenwärtigen Typen der sogen.
„passiven Race", namentlich den Negern Afrika's, den Mongolen,
den Australnegern u. s. w., fortexistirend dargestellt hat. Zu den rein
wissenschaftlichen Gründen, von denen sich die europäischen Vertreter
dieser Ansicht wohl ausschließlich leiten lassen, wenn sie ihren Fleiß
und Scharfsinn auf eine für die Gegenwart geeignete Ausbildung derselben verwenden [2]), kommt bei jenen Nord-Amerikanern, die entweder

---

[1]) Vergl. für diese Grundzüge des Peyrère'schen Systems und für die zum
Theil noch seltsameren exeget. Argumente, womit er dieselben biblisch zu begründen
sucht, die von Quatrefages a. a. O., 15. Déc. 1860, p. 809—811. mitgetheilte
Analyse des Werks, und schon G. Arnold Kirchen- u. K.-Gesch. III, 70—73.

[2]) So besonders der öfters citirte Autor von The Genesis of the Earth etc.,
p. 45 ff. Die exegetische Seite seines Raisonnements stimmt ziemlich genau mit
den von Peyrère geltend gemachten Schriftgründen überein. In naturwissen-
schaftlicher Beziehung ist hauptsächlich Lyell, in linguistischer Bunsen sein Gewährs-

Angehörige der Südstaaten oder doch Anhänger von deren Politik in der Sclavereisache sind, noch das gewichtige praktische Interesse hinzu, daß eine möglichst nahe Zusammenstellung der Negerrace mit den Affen und eine möglichst hohe Erhebung der Weißen, als der allein mit den Privilegien höherer Geistescultur und religiös‑sittlicher Freiheit begabten Menschenclasse, offenbar weit nachdrücklicher für die Berechtigung der Sclaverei zu zeugen scheinen muß, als dieß Berufungen auf den wider Ham gerichteten Fluch Noah's, oder ähnliche vom monogenistischen Standpunkte ausgehende Demonstrationen vermögen [1]. .

Das Einleuchtende, welches diese ganze Theorie auch da, wo man ihr Uebereinkommen mit der unchristlich rohen und inhumanen Weltanschauung der amerikanischen Sclavenhalter als ein eher zu ihren Ungunsten zeugendes Moment in Abzug zu bringen geneigt wäre, nichtsdestoweniger noch für Manchen behalten könnte, weil sie gleichzeitig gewisse exegetische Gründe und manche erhebliche Instanzen der Paläontologie und der Physiologie für sich zu haben scheint, — auch es muß sich bei tieferer und ernsterer Betrachtung des Gegenstandes alsbald verlieren, besonders wenn man in gehörige Erwägung zieht: 1) daß die physiologische Möglichkeit einer überaus raschen und starken Vervielfältigung der von einer einzigen Familie abstammenden Menschen im Laufe weniger Jahrzehnte oder Jahrhunderte nicht bloß durch abstracte Rechnung, sondern auch durch wirklich beobachtete Beispiele aus der neueren Naturgeschichte unseres Geschlechts zur Genüge constatirt ist [2]; daß also 2) das Land Nod, in welches Kain fliehen mußte (1 Mos. 4, 14 ff.), sehr wohl schon zahlreiche Bewohner

---

mann. Ganz ähnlich ist die Gestalt, die schon Hamilton Smith, Natural history of the human species (Edinb. 1848), der Präadamitenhypothese ertheilt hatte, sowie was der Franzose Hombron (in d'Urville's Voyage au Pole Sud, Zoolog. I, 184.) zu Gunsten derselben vorbringt. — Hinneigungen zur Präadamitentheorie sind übrigens auch z. B. bei D. Brewster (More Worlds than one, p. 57—61.), bei Thom. Dick (The Christian Philosopher, p. 275.) u. A. m. bemerklich.

[1] Vergl. Quatrefages a. a. O. S. 811—813.; Waitz, I, 105. 198. 430.

[2] Eine von einigen wenigen schiffbrüchigen Engländern im J. 1589 besetzte öde Felseninsel des Oceans, welche 1667 von einem holländischen Schiffe wieder entdeckt ward, fand sich damals, nach Verlauf von nur 80 Jahren, von 12000 Menschen bevölkert, die sämmtlich von nur vier Müttern abstammten. S. Bullet, Réponses critiques (Besançon 1819), III, p. 45., und vergl. Aehnliches bei Wiseman a. a. O. I, 228. 229., sowie bei Thom. Smyth, Unity of the human races, p. 375.

adamitischer Abkunft gehabt haben kann, als Kain seinen Bruder
Abel erschlug, wennschon der Wortlaut der heiligen Schrift keines=
wegs zu dieser Annahme seines Bewohntseins bereits in damaliger
Zeit nöthigt [1]); daß 3) auch alle übrigen Versuche, Spuren einer
präadamitischen Menschheit in der Genesis selbst oder irgend sonstwo
in der Bibel aufzufinden, auf eitel willkürliche und trügerische exege=
tische Kunstgriffe hinauslaufen und mit der Grundanschauung des
gesammten Wortes Gottes in unversöhnlichem Widerspruche stehen;
daß 4) die auf der Analogie gegenwärtiger Naturprocesse fußenden
Muthmaßungen mancher Geologen in Betreff der für die anorgani=
schen und organischen Bildungen der Urwelt erforderlichen ungeheueren
Zeiträume theils überhaupt der ausreichenden Begründung entbehren
und die Möglichkeit eigentlicher empirischer Bewahrheitung unbedingt
und für immer ausschließen, theils die primitive Entwickelung des
Menschengeschlechts gar nicht mitbetreffen, da die überwiegende Mehr=
heit der Thatsachen zu Gunsten eines Auftretens unserer gesammten
Race erst lange nach allen geologischen Bildungsepochen zeugt; daß
endlich 5) eine gründliche Berücksichtigung des in dem Bisherigen
mehrfach von uns hervorgehobenen Einflusses, den wilder Bruderhaß
der Stämme, eigensinnige Launen despotischer Gewalthaber, seltsame
Idiosynkrasieen und verkehrte Geschmacksrichtungen ganzer Nationen,
mit Einem Worte die in allen möglichen Formen herrschend gewordene
Sünde auf die Hervorbildung der menschlichen Racengegensätze,
Sprachunterschiede und verschiedenen Religionsformen geübt haben
muß [2]), die befriedigendste Lösung aller der zur Zeit noch mit der
monogenistischen Weltanschauung im Conflicte stehenden wirklichen oder
scheinbaren Schwierigkeiten anzubahnen und so wenigstens die wissen=
schaftliche Möglichkeit der einheitlichen Abstammung unseres Ge=

---

[1]) Vergl. besonders Delitzsch zu der betr. Stelle, S. 207. 208. seines Com=
mentars.

[2]) Für die überaus weitgreifende und tiefgehende Bedeutung dieses ethischen
Factors in der vorliegenden Frage spricht mit besonderem Nachdrucke der Um=
stand, daß die in physiologischer und sprachlicher Hinsicht am fundamentalsten
von allen übrigen Stämmen geschiedenen Naturvölker, namentlich die vom Neger=
typus und vom polynesischen Negritotypus, jedesmal auch die stärksten Beispiele
von Versunkenheit in unnatürliche Laster, wie Kannibalismus, Prostitution, schauer=
liche Wollustgreuel u. s. w., aufweisen. Es liegt jedenfalls ebenso nahe, die
ethische Depravation hier als Präcedens und Ursache der physischen zu denken,
wie umgekehrt die letztere als Quelle zu betrachten, aus welcher sich jene hätte
entwickeln müssen.

schlechts in ausreichendster Weise darzuthun vermag. Denn beim Erweis
der Möglichkeit wird freilich die wissenschaftliche Untersuchung stets
stehen zu bleiben haben; sie wird sich mit der Nachweisung der vollen
und allseitigen Zulässigkeit des einheitlichen Ursprunges aller Racen
und Nationen, mit der Wegräumung derjenigen Bedenken oder Ein=
würfe zu begnügen haben, welche dieser die sittliche Würde der Mensch=
heit allein nach Gebühr anerkennenden und wahrenden Anschauung
mit größerem oder geringerem Gewichte entgegenzutreten scheinen. Die
Annahme der einheitlichen Menschenschöpfung als eines wirklichen
Factums wird stets Sache des religiösen und sittlichen Glaubens
bleiben müssen, aber freilich eines Glaubens, der um so freier und
freudiger auftreten kann, je gediegener und je exacter gearbeitet die
ihm zur wissenschaftlichen Unterlage dienende Erweisung der durch keine
Gegengründe zu erschütternden Möglichkeit jenes offenbarungsgeschicht=
lich verbürgten Factums ist.   Zum Erweise dieser Möglichkeit haben
auch die eben mitgetheilten Bemerkungen nach verschiedenen Richtungen
hin ihre Beiträge zu liefern versucht.   Sollte es mir mittelst derselben
gelungen sein, wenigstens so viel zur anschaulichen Erkenntniß einer
geehrten Versammlung zu bringen, daß die von den Monogenisten
vertheidigte Möglichkeit immerhin eine solche ist, die sich mit den Mög=
lichkeiten, Hypothesen oder Wahrscheinlichkeiten der polygenistischen
Doctrin als wissenschaftlich ebenbürtige Ansicht zu messen vermag und
wenigstens in vielfacher Hinsicht auf solideren Fundamenten ruht als
diese, so würde ich eben dieß als die erwünschteste Frucht begrüßen,
die mir aus dieser Vorlesung hätte erwachsen können.

Die Bußdisciplin der morgenländischen Kirche in den ersten Jahrhunderten,

zur Entscheidung der Frage: ob in derselben eine seelsorgerliche Privatbeichte bereits bestanden habe?

kritisch untersucht

von

Dr. Georg Eduard Steitz in Frankfurt a. M.

Es sind mehr als neun Jahre verflossen, seitdem ich in meiner
Schrift: „das römische Bußsacrament nach seinem biblischen Grunde
und seiner geschichtlichen Entwickelung dargestellt und kritisch beleuchtet",
nicht bloß die unhistorischen Behauptungen des damaligen Paderborner
Professors Dr. Michelis zu widerlegen, sondern auch zum ersten Male
die Continuität der historischen Entwickelung dieses Instituts und dieser
Lehre von den ältesten Zeiten der christlichen Kirche bis zum Tridentinum nachzuweisen bemüht war. Das Buch hatte sich von protestantischer Seite nur wohlwollender Beurtheilung zu erfreuen; von
katholischer Seite her war es provocirt und wurde nach seinem Erscheinen ignorirt. Selbst Kliefoth hat in der zweiten seiner liturgischen Abhandlungen: „die Beichte und die Absolution", sich die
Resultate meiner Untersuchungen vielfach angeeignet und war so
gütig, einmal (S. 103.) auch meiner Schrift an einem Punkte, den er
für irrelevant hält, zu gedenken. Erst vor wenigen Monaten erfolgte
auch von specifisch lutherischer Seite ein scharfer Widerspruch in einem
Aufsatze, „die Privatbeichte nach ihren ersten Spuren in der morgenländischen Kirche", den ein Herr von Z. (der Leipziger Professor und
Universitätsprediger von Zezschwitz) als Vorläufer eines demnächst
erscheinenden Werkes, „Theorie des Katechumenats u. s. w.", in der
Erlanger „Zeitschrift für Protestantismus und Kirche", Juniheft 1862,
S. 344—373., zum Abdruck gebracht hat. Der Verfasser ist kein
principieller Gegner meiner Schrift, er giebt ihr S. 345. trotz „ihrer
bitteren Polemik" das Zeugniß der „Gründlichkeit und Sorgfalt";
wenn er indessen Kliefoth's Werk noch „vollständiger und mannichfach
gerechter" nennt, so wird das letztere Prädicat in der von der meinigen
ganz abweichenden Stellung eines modernen Lutheraners zu den Institutionen des Mittelalters und des Katholicismus seine genügende
Erklärung finden; rücksichtlich des ersteren aber hätte er beachten

müssen, daß Kliefoth nach seinem Zwecke vorzugsweise die Ordnungen
des Gottesdienstes und des kirchlichen Lebens in das Auge faßte,
während es mir vorwiegend um die Entwickelung der Lehre, nament=
lich um die Geschichte des Absolutionsbegriffs, zu thun war, die ich
seitdem noch in vollständigerer Untersuchung in der Abhandlung
„Schlüsselgewalt" in Herzog's Real=Encyklopädie XIII, 579 ff. er=
örtert habe, und gerade über diese dogmengeschichtliche Seite des
Gegenstandes wird man bei Kliefoth nur das längst Bekannte und
Hergebrachte finden. Für die Entwickelung des Bußwesens im Abend=
land bezeichnet Hr. v. Z. das von mir und Kliefoth Gegebene als
abschließend sicheres Resultat. Er stellt dieß S. 345 ff. in kurzen
Sätzen zusammen; aber schon hier macht er sich eines großen Irr=
thums schuldig, indem er nach Kliefoth (vergl. dessen Schrift S. 71.)
nur die öffentlichen schweren Sünden, nämlich Mord, Ehebruch
und Abgötterei, als „die Capitalsünden" bezeichnet, „welche das Abend=
land nach altem Begriff einer besonderen öffentlichen Buße unter=
worfen habe" — ein Irrthum, den er um so leichter vermeiden
konnte, da ja auch er die Selbstanklage neben der Anzeige durch
andere Gemeindeglieder und der Verurtheilung durch ein weltliches
Gericht als die Unterlage des kirchlichen Zuchtverfahrens ansieht. Denn
wozu hätte es einer Selbstanklage bei Sünden bedurft, die Jeder=
mann kannte? Warum fordern die Kirchenlehrer, insbesondere Cyprian,
auch die, welche sich einer geheimen Tod= oder Capitalsünde bewußt
waren, so ernstlich zum freiwilligen Selbstbekenntniß und zur Ueber=
nahme der öffentlichen Buße auf, wenn die im Geheimen begangene
Sünde, wie Kliefoth (S. 71.) annimmt, von der Kirche nicht vor ihr
Forum gezogen worden wäre, wenn sie als eine solche gegolten
hätte, welche nicht durch öffentliche Buße getilgt werden mußte,
sondern von dem Thäter für sich mit seinem Gotte abgemacht wurde?
Dieser Irrthum ist ein so principieller, daß er die ganze Dar=
stellung meines Gegners verwirrt und beeinträchtigt, denn nichts
liegt näher, als daß nun auch in der alten Kirche das Bedürfniß
eines Instituts für diese geheimen schweren Thatsünden vorausgesetzt
werde, einer Privatbeichte mit einer Buße, die ganz unter dem Ge=
sichtspunkte stand, den wir erst in der Carolingischen Zeit mit Sicher=
heit bezeugt finden: geheim gebeichtete Sünden werden auch geheim
gebüßt. Wenn ferner nur jene schweren öffentlichen Thatsünden
der öffentlichen Buße unterlagen, so ergiebt sich für diese letztere weiter
ein durchaus disciplinarer, zuchtpolizeilicher Charakter, während die an

die Privatbeichte geknüpfte heimliche Buße ausschließlich den seelsorger=
lichen Charakter trug und somit nicht auferlegt, sondern nur angerathen
werden konnte. Da nun das Abendland ein solches Institut nicht
aufzuweisen hat, so muß es im Morgenlande gesucht und dort aus
zwei oder drei an sich schon sehr dunklen und darum zu allen Zeiten
disputablen Berichten abgeleitet werden, um auf dieser schwankenden
Grundlage die wesentlich differente Beschaffenheit des morgenländischen
und abendländischen Bußwesens zu constatiren. Damit haben wir
bereits den ganzen Gang der Zezschwitz'schen Abhandlung geschildert:
sie ist eine Kette von Irrthümern, die alle aus einer falschen Grund=
voraussetzung entspringen.

So behauptet denn Z. S. 347., die Praxis des Morgenlandes
habe nicht unerhebliche Abweichungen gegen die abendländische gezeigt,
die, wie es scheine, auch in den neuesten Untersuchungen nicht
gehörig gewürdigt worden seien; es handle sich nämlich um das Ver=
ständniß einer Stelle bei Origenes und um die Lösung der viel ven=
tilirten Frage nach der Bedeutung des von Nektarius am Ende des
4. Jahrhunderts beseitigten Bußpriesteramtes; Kliefoth sei auf die
erstere nicht eingegangen (und doch sollen seine Untersuchungen voll=
ständiger sein!) und habe für letzteres auf meine Untersuchungen ver=
wiesen; ich hätte zwar beide Fragen eingehend behandelt, aber den
sonst bewährten Scharfblick durch polemisches Interesse mir trüben
lassen, die betreffenden Stellen nicht richtig interpretirt und durch
gewaltsame Identificirung der morgenländischen Praxis den Knoten,
statt ihn zu lösen, zerhauen. Hr. v. Z. nimmt darauf die Unter=
suchung von Neuem auf, bespricht die betreffenden drei Stellen des
Sokrates, Sozomenus und Origenes und kommt auf diesem Wege
zu dem Resultate, daß schon bei Origenes ein Institut indicirt sei,
das in dem Bußpriesteramt zu seiner vollen Ausbildung gekommen
wäre; ein Institut der Privatbeichte mit wesentlich seelsorgerlichem in=
dividuellem Charakter, welches nicht bloß die drei schweren That=
sünden — von der Auffassung derselben als Todsünden scheine
man im Morgenlande frühzeitig abgegangen zu sein (S. 352.) —,
sondern überhaupt die Sünden und wahrscheinlich auch die sieben
Gedankensünden zum Gegenstande einer amtlich seelsorgerlichen Be=
handlung gemacht habe, damit das heimlich Gebeichtete auch
heimlich gebüßt werde (S. 353.), ein Institut, welches über=
dieß den Hauptnachdruck auf das Heilsame des Bekenntnisses an sich
gelegt (S. 361 ff.), mit der Privatbeichte die Privatabsolution als

nothwendiges Correlat verbunden (S. 354 ff.) und endlich seine über=
wachende seelsorgerliche Wirksamkeit nicht auf die eigentlichen Pöni=
tenten beschränkt, sondern über die ganze Abendmahlsgemeinde aus=
gedehnt habe (ebendas.). Es hat mir bei dem gänzlichen Mangel aller
faßlichen Bestimmtheit und bei der unpräcisen Sprache dieser Ab=
handlung wirklich Mühe gemacht, diese Sätze, um die es sich dem
Verfasser vorzugsweise zu handeln scheint, aus dem Complexe der
übrigen Erörterungen herauszufinden und abzulösen; man sieht übrigens,
wie nicht bloß der römische Katholicismus, sondern auch eine moderne
Richtung der lutherischen Theologie bemüht ist, die Wurzeln ihrer
Institutionen in den patristischen Traditionen zu suchen und bis in
die Nähe des apostolischen Zeitalters zu verfolgen, was freilich nur
durch dieselben Fictionen und tendenziösen Interpretationen gelingen
kann, mit denen die ultramontane Geschichtsforschung operirt.

Daß ich überhaupt in meiner Geschichte des römischen Buß=
sacramentes auf einige Erscheinungen der morgenländischen Kirche ein=
gegangen bin, hatte seinen Grund nicht in einer sachlichen Nöthigung,
sondern in dem zufälligen Anlasse, daß mein damaliger römischer
Gegner Michelis, mit dessen Widerlegung ich es zu thun hatte, auf
Origenes, Chrysostomus und die Berichte des Sokrates und Sozo=
menus zurückgegriffen hatte, um das Bestehen der Ohrenbeichte in
der alten Kirche zu erweisen: mein Zweck wies mich zunächst und vor=
zugsweise an die abendländischen Quellen. Ganz anders verhält es
sich mit Hrn. v. Z. Er will mit Hülfe der genannten Zeugen die Eigen=
thümlichkeit der morgenländischen Disciplin im Unterschiede von der
abendländischen feststellen und diesem Zwecke gegenüber muß ich von
vornherein erklären, daß er keinen unzuverlässigeren und unglücklicheren
Weg einschlagen konnte. Diese Schriftsteller reden nur ganz gelegent=
lich und vorübergehend von seinem Gegenstande; er mußte sich daher
vor Allem die Frage vorlegen, ob wir nicht Urkunden des vierten
Jahrhunderts besitzen, — denn in diesem kam erst das morgenländische
Bußwesen zu seiner vollen Ausbildung — welche in principieller und
umfassender Anweisung die Grundsätze der orientalischen Disciplin zu=
sammenstellen und das Institut nicht bloß nach seinem Wesen, sondern
auch nach seiner Ausdehnung überschauen lassen; erst wenn er an der
Hand solcher Urkunden zu einem sicheren und unumstößlichen Resultate
gelangt war, durfte er mit der gewonnenen Einsicht nun auch an jene
unvollständigen und für sich keineswegs vollkommen klaren Zeugnisse
herantreten und ihre Interpretation versuchen. Damit ist der den

Forderungen der historischen Kritik entsprechende methodische Weg an= gedeutet, auf welchem ich in den folgenden Untersuchungen das von Hrn. v. Z. angestrebte, aber verfehlte Ziel zu erreichen versuche.

I. Das morgenländische Bußwesen im 4. Jahrhundert.

Unter den bezeichneten Urkunden ist unstreitig die wichtigste der kanonische Brief des Gregor von Nyssa, in welchem dieser Bischof seinem Zögling, dem Bischof Letoius [1]) von Melitene in Armenien, Anweisung über die Verwaltung der kirchlichen Bußdisciplin ertheilt. Nächst diesem kommen vor Allem die drei kanonischen Briefe Ba= silius' des Großen an den Bischof Amphilochus in Ikonium (sie ent= halten 84 Kanones in fortlaufender Zählung und stehen in der Mau= riner Ausgabe Vol. III., ep. 188. p. 268 seqq., ep. 199. p. 290 seqq., ep. 217. p. 324 seqq.) in Betracht; sie sind an Einzelbestimmungen ungleich reicher als jener, geben aber dieselben in bunter Unordnung und enthalten neben den allgemeinen herkömmlichen Festsetzungen manche, die auf eigenem Urtheil und abweichender Entscheidung be= ruhen. Endlich dürfen noch die Bußbestimmungen der Kirchenver= sammlungen, namentlich der ancyranischen, der neo=cäsareensischen und der nicänischen, als grundlegend betrachtet werden. Durch alle drei Quellen wird die morgenländische Sitte in der Ausübung der Buß= zucht als eine in sich übereinstimmende bestätigt; nur in wenigen prin= cipiellen Punkten erscheint eine Abweichung; die meisten übrigen Dif=

---

[1]) Letoius wird dieses Amt erst nach Otrejus angetreten haben, dem nach dem angeblichen Beschlusse der Kirchenversammlung von Konstantinopel v. J. 381 (Socrat. hist. eccl. V, 8.) und nach einem kaiserlichen Erlaß (Cod. Theod. lib. XVI, Tit. I, de fid. cath. lex 3.) vom 30. Juli desselben Jahres mit dem Gregor von Nyssa und Helladius, Bischof von Cäsarea in Kappadocien, die Aufsicht über die kirchliche Provinz Pontus und die Sorge für die Aufrechthaltung des orthodoxen Glaubens übertragen worden ist. Seine Abfassung muß somit später als das Jahr 381, und da Gregor von Nyssa zum letzten Male 394 erwähnt wird, vor dieses Jahr, also ungefähr in dieselbe Zeit fallen, wo das Bußpriesteramt durch Nektarius aufgehoben wurde. Ist er vor diesem Ereignisse geschrieben, so kann in Kleinasien und Pontus kein derartiges Institut bestanden haben; aber auch wenn er später verfaßt wäre, würden wir uns zu demselben Resultate bestimmt sehen, da der ganze Inhalt des Briefes überall die Ueberlieferung und Gewohn= heit (παράδοσις und συνήϑεια) der Kirche zur Grundlage hat. Auch die in den Jahren 374 und 375 geschriebenen drei kanonischen Briefe Basilius' des Großen stellen durchweg die Ausübung der Bußzucht als ausschließliche Verrichtung des Bischofs dar und es kann demnach weder in Kappadocien noch in Ikonium, wo der Empfänger Amphilochus Bischof war, das erwähnte Amt bestanden haben.

ferenzen bestehen in den Strafansätzen, die im Fortgang der Zeit
meist verschärft, selten gemildert werden und auch gleichzeitig, wie wir
aus den Angaben des Basilius und seines Bruders Gregor ersehen,
in verschiedenen Diöcesen desselben Landes nicht die gleichen waren [1].

Der Brief des Gregor von Nyssa (in dessen Werken, bei Migne
Vol. III. im 45. Bande der griechischen Patrologie, fol. 223—236.) ist
vor dem Osterfeste geschrieben; an die Bedeutung des letzteren knüpft
Gregor an: sie ist Auferstehung vom Falle der Sünde, darum führt an
ihm die Kirche nicht bloß die durch die Taufe Wiedergeborenen Gott zu,
sondern sie leitet auch die durch Sinnesänderung auf den lebendigen
Weg Zurückkehrenden zu der rettenden Hoffnung; darum ist denn
auch die gesetzliche und kanonische Behandlung der Sünder (ἡ ἔννομός
τε καὶ κανονικὴ ἐπὶ τῶν πεπλημμεληκότων οἰκονομία, d. h. die Reconciliation) eine wesentliche Aufgabe dieses Festes, damit jede aus der
Sünde entsprungene Seelenkrankheit (πᾶν ἀρρώστημα ψυχικὸν τὸ διά
τινος ἁμαρτίας ἐπιγενόμενον) geheilt werde. Wie aber die leiblichen
Krankheiten nach ihrer Verschiedenheit auch eine verschiedene Heil-
methode erfordern, so nicht minder die Krankheiten der Seele.

Die Verschiedenheit der psychischen Krankheiten begründet er mit der
platonischen Psychologie. Er unterscheidet drei Theile (μέρη) der Seele,
den vernünftigen (τὸ λογικόν), den begehrenden Theil (τὸ ἐπιθυμη-
τικόν) und τὸ θυμοειδές, den affectvollen Willen [2]. Auf diese drei

---

[1] Von geringerem Werthe für unseren Zweck ist der kanonische Brief des
Gregorius Thaumaturgus, da er nur einige Vergehen behandelt, welche durch
den Einfall der Gothen in Pontus im Jahre 258 oder 262 veranlaßt worden
waren, und er es somit nicht mit der ganzen Bußdisciplin zu thun hat. Er ist
abgedruckt bei Routh. reliquae sacrae, ed. 2. Vol. III, 256. Dennoch hat er insofern eine große Wichtigkeit, als er beweist, daß die allgemeinen Grundsätze der Bußdisciplin im Morgenlande schon ziemlich feststehen mußten, um
eine solche specielle Anwendung in der Mitte des dritten Jahrhunderts zu gestatten. Sodann bezeugt er trotz der unleugbaren Unächtheit des 11. Kanons
schon in den früheren Kanones den damaligen Bestand der sämmtlichen Bußgrade.

[2] Vgl. über diese Eintheilung Schwegler, Gesch. der griech. Philosophie 141.;
Zeller, Philosophie der Griechen, 2. Aufl. II, 1, 538.; Moeller, doctrina Gre-
gorii Nyss. de natura hominis, §. 12, p. 37. Noch der Byzantiner Michael
Glykas, den Labbe um das Jahr 1140, Lamius in der Vorrede zu seinen Briefen,
1. Land (Deliciae eruditorum, fol. 9.), um das Jahr 1450 setzt, folgt dieser Par-
tition und bestimmt in seinen Annalen (Bonner Ausgabe von Imm. Becker,
S. 133, 9 ff. 211, 3.) als Sitz der Vernunft das Gehirn, des begehrenden
Theiles die Leber, des affectvollen Willens das Herz.

Theile führt Gregor die guten Thaten der Tugendhaften (τὰ κατορ-
θώματα, die recte facta der Stoiker) und die Sünden (τὰ πτώματα)
zurück. Aus ihnen hat darum der Seelenarzt die Natur der letzteren
zu erkennen, um das ihnen entsprechende Heilungsverfahren zu be=
stimmen. Aus dem vernünftigen Theil entspringt nach der einen
Seite die Frömmigkeit, nach der anderen die Gottlosigkeit,
also alle Sünden, die direct gegen Gott gerichtet sind; aus dem be=
gehrenden Theil nach der einen Richtung das Trachten nach der
Tugend, nach der anderen die sündliche Hinneigung zum
Irdischen: die Habsucht (φιλοχρηματία), der Ehrgeiz (φιλοδοξία),
die Genußsucht (φιληδονία); die normale Beschaffenheit des affect=
vollen Willens äußert sich in dem Haß und dem furchtlosen opfer=
willigen Kampf gegen das Böse; die abnorme Bewegung desselben
in Haß, Zorn, Schmähungen, Hader, Streit= und Rachsucht bis
zum Mord und Blutvergießen. Die aus den beiden letzten Theilen der
Seele entspringenden Sünden sind demnach vornehmlich gegen die
Mitmenschen gerichtet. So verfolgt Gregor die Sünde bis in die stille
Gedankenwelt, bis in die Tiefen des inneren Lebens; aber ganz anders
wendet sich seine Betrachtung im Folgenden, wo er das Gebiet des
praktischen Gemeindelebens betritt und von der kirchlichen Heilung der
Sünden handelt: hier hat er es nur mit Thaten zu thun, und zwar
mit schweren Thaten, eben mit jenen drei peccata mortalia oder
crimina capitalia der abendländischen Kirche, und jene psychologische
Begründung scheint für ihn keinen anderen Zweck zu haben, als für
die Taxirung der Schuld und die Bestimmung des Strafmaßes eine
sichere Basis zu gewinnen. Die abendländische Kirche führt meist drei
Hauptsünden auf, welche der kirchlichen Bußdisciplin unterlagen: die
Idololatrie, den Ehebruch und den Mord, allein wie schon
die Synode zu Elvira um 305 diese specificirte, so wurden sie auch
von den Morgenländern nur als Gattungsbegriffe be=
handelt, denen sie eine ganze Reihe von Thatsünden
als species subsumirten. Am einfachsten hält sich darin Gregor
von Nyssa: seine Entwickelung bewegt sich nur in allgemeinen Zügen;
das reichste Detail dagegen bietet die vorwiegend casuistische Behand=
lung des Basilius.

    1) Aus der abnormen Richtung der Vernunft ent=
stammen dem Gregor: die Verleugnung des Glaubens, der
Abfall zum Judenthum, zum Götzendienst, zur Häresie,
mit Einem Wort Alles, was auch das Abendland um den Begriff der

Idololatrie gruppirte. Wer sich solcher Sünden aus freiem
Entschluß schuldig gemacht hat, soll bis zum Ende seines Lebens
Buße thun und erst in der Todesnähe zur Communion zugelassen
werden; genest er gegen Erwarten, so tritt er auf's Neue bis zu
seinem Ende in die Reihe der Pönitenten. Abfall dagegen in Folge
der Folterqualen wird als erliegende Schwäche des Fleisches angesehen
und nur mit neunjähriger Bußzeit bestraft. Als Species der Idololatrie gilt das Aufsuchen der Zauberer, der Wahrsager und der
Sühnopfer der Dämonen: der freie Entschluß und die Versuchung durch schwere Mißgeschicke begründen auch hier denselben
Unterschied der Schuld und des Strafmaßes (can. 2. u. 3.), welches
im ersteren Falle auf lebenslängliche, im letzteren auf neunjährige
Excommunication fixirt wird.

Von großem Interesse ist es, in diesem Punkte dem Gange der
kirchlichen Gesetzgebung zu folgen. Eine der ältesten morgenländischen
Bußordnungen, die wir besitzen, sind die 14 Bußkanones des
Bischofs Petrus von Alexandrien (gestorben als Märtyrer
311; sie sind abgedruckt bei Routh. reliq. sacr. ed. II. Vol. IV.
fol. 23—45.); man sieht sie gewöhnlich als Bruchstücke eines Werkes
dieses Bischofs über die Buße an; da jedoch im Eingange ihre Abfassung in das vierte Jahr der Verfolgung, also in das Jahr 306,
gesetzt wird, Hefele aber (Conciliengeschichte I, 121.) aus dem Briefe
des Athanasius ad episcopos nachweist, daß im Jahre 306 zu Alexandrien eine Synode gegen Meletius und seine Anhänger gehalten
worden sei, so scheint auf dieser Synode zugleich das Verfahren gegen
die in der Verfolgung Gefallenen officiell geregelt worden zu sein.
Wie schon Cyprian die Gefallenen nach verschiedenen Kategorieen behandelt wissen will, so werden auch hier verschiedene Klassen aufgestellt, je nachdem sie durch die Qualen der Folter oder durch einfache
Kerkerleiden oder aus bloßer Furcht geopfert oder die heidnischen
Behörden getäuscht, oder durch Geld sich von dem Opfer losgekauft
haben u. s. w. Das niedrigste Strafmaß ist eine vierzigtägige, das
höchste eine vierjährige Bußzeit: nur völlig Unbußfertige bleiben bis
zum Tode ausgeschlossen. Die Synode von Anchra, auf
welcher die morgenländische Kirche im Jahre 314 nach dem Toleranzedict Constantin's ihre Verhältnisse wieder ordnete und die Wunden
der Verfolgung heilte (Bruns, Canones apost. et conciliorum sae-
cul. IV—VII. p. 66 seq.), beschäftigt sich in ähnlicher Weise mit den
verschiedenen Kategorieen der lapsi und schärft bereits das höchste

Strafmaß auf 6 Jahre (can. 1—9. 12.); auch bestimmt sie denen, die sich mit Zauberei, Wahrsagerei und heidnischen Sühnungen beflecken, 5 Jahre (can. 24.). Selbst die Synode von Nicäa hat für die schwersten lapsi nur eine Strafe von 12 Jahren (can. 11.). Erst bei Basilius dem Großen treten ebenso scharfe Bestimmungen gegen den Abfall und die Verleugnung (can. 73. dagegen vgl. 81.) als bei seinem Bruder auf; die Wahrsagung, Zauberei und heidnischen Sühnen beurtheilt er milder (can. 83.), dagegen wird bei ihm zum ersten Male der Meineid mit einer Bußzeit von 6—11 Jahren belegt (can. 64. 82.). Die Verschärfung der Strafe für die verschiedenen Species der Idololatrie erklärt sich daraus, daß mit dem Aufhören der Verfolgung auch der Anlaß zu solchen Fehltritten wegfiel und folglich die Schuld derselben sich erschwerte (vergl. die Anm. der Mauriner zu can. 73.).

2) Die zweite Klasse von Sünden, welche Gregor von Nyssa aus der Verkehrung des μέρος ἐπιθυμητικὸν ableitet, also die Sünden der Sinnlichkeit, welche das Abendland an das adulterium anknüpfte, specificiren sich in Fornication (πορνεία) und Ehebruch (μοιχεία), zu denen als weitere Species die Unzucht mit Thieren (ζωοφθορία) und die Päderastie traten. Obgleich er sich in thesi der strengeren Ansicht derjenigen zuneigt, welche für die beiden ersten Sünden keinen Unterschied der Beurtheilung und der Behandlung zulassen wollten, so stimmt er doch aus praktischen Zweckmäßigkeitsgründen der Ueberlieferung der Väter bei, die aus Condescendenz (συμπεριφορᾷ) gegen die menschliche Schwäche die Fornication als Befriedigung der Geschlechtslust ohne Beeinträchtigung fremder [ehelicher] Rechte mit dem einfachen, das Adulterium aber mit dem doppelten Ansatz bestraft wissen wollten: er erkennt darum der ersteren eine neunjährige, der letzteren aber, wie der Zoophthorie und Päderastie, eine achtzehnjährige Bußzeit zu (can. 4.).

Schon die Synode von Ancyra hatte auf den Ehebruch einer Frau eine siebenjährige Bußzeit gesetzt (can. 20.) und die Synode von Neucäsarea ihren Mann zum Kirchendienst unfähig erklärt; der verheirathete Kleriker hat in diesem Falle nur die Wahl, die Ehebrecherin zu entlassen, oder sein Amt niederzulegen (can. 8.). Die Ehe mit dem Bruder des verstorbenen Mannes bedroht die letztere Synode (can. 2.), die Zoophthorie von Seiten Verheiratheter der 16. ancyranische Kanon mit lebenslänglicher Excommunication; nur bei Unverehelichten tritt die mildere Bußzeit von 15—20 Jahren ein. Basilius nähert sich hier schon den Bestimmungen Gregor's: sein

7 *

Strafmaß für die einfache Fornication ist eine vier= bis siebenjährige, für die drei anderen schwereren Unzuchtsformen eine fünfzehnjährige Bußzeit (can. 21. 22. 58. 59. 62. 63.). Aber gerade die Sinnlichkeits= sünden bilden das Gebiet, auf welchem für die casuistische Behandlung eine große Mannichfaltigkeit von Fällen denkbar ist; Basilius bleibt darum bei diesen einfachen Unterscheidungen nicht stehen, sondern stellt unter den Gesichtspunkt der Fornication noch eine Reihe von Vergehungen, welche zum Theil nur aus dem rigoristischen Ge= sichtspunkte der alten Kirche als solche gefaßt werden konnten und in diesem Falle auch nur mit leichterer Buße gesühnt wurden. Wir geben im Folgenden eine allgemeine Uebersicht dieser Bestimmungen: Digamie, Trigamie, Polygamie, d. h. zweite, dritte oder vierte Ehe (can. 4. 12. 80., ein=, drei= oder mehrjährige Bußzeit und Ausschluß vom Kirchendienst; der 3. Kanon der Synode von Neucäsarea weist dafür auf unbekannte ältere Bestimmungen zurück); Ehe in verbotenen Verwandtschaftsgraden (mit der Schwester oder dem Bruder des verstorbenen Theils, can. 23., als Ehebruch zu beur= theilen und unbedingt zu lösen, c. 68. mit der Stiefmutter, can. 78. 79.); Verheirathung von bürgerlich Unselbständigen ohne Einwilligung derjenigen, unter deren Gewalt sie stehen (can. 42., von Mädchen can. 38. und Sclavinnen can. 40. ohne den Consens der Aeltern, resp. der Herren = Fornication); Wieder= verheirathung von Frauen vor der Rückkehr ihrer auf langen Reisen oder im Kriege abwesenden und todt= geglaubten Männer (can. 36.) oder von böslich verlas= senen Frauen vor dem constatirten Tode ihres Mannes (can. 31. 48.), eingegangene Ehe mit einem böslich Ver= lassenen ohne Kenntniß dieses Verhältnisses (can. 46.); Verheirathung mit einer in die Zahl der kirchlichen Wittwen aufgenommenen Frau (can. 24.); wilde Ehen (can. 26.); Auflösung der Ehe (can. 9.), bösliche Verlas= sung (von Seiten der Frau can. 35., des Mannes can. 48.); For= nication eines Diakonus (can. 3.), heiliger Jungfrauen (can. 6. 18.), von Mönchen und Nonnen (can. 60.), einer Diakonissin mit einem Hellenen (can. 44.); Nothzucht (macht den leidenden Theil straffrei; ebenso Mißbrauch einer Sclavin durch ihren Herrn, can. 49.), Unzucht mit der leiblichen Schwester (can. 67. = homicidium).

3) Obgleich Gregor von Nyssa eine ganze Reihe von Sünden

anführt, deren Grund er in der abnormen Bewegung des **affect-**
vollen Willens ſucht, ſo erklärt er doch can. 5. ausdrücklich, daß
die Väter nur gegen den Gräuel des **Mordes** durch Strafbeſtim-
mungen Vorkehrung getroffen hätten; er unterſcheidet zwiſchen dem
unfreiwilligen Todſchlag ($\varphi \acute{o} \nu o \varsigma$ $\dot{\alpha} \varkappa o \acute{v} \sigma \iota o \varsigma$), der, aus Haſt und Zufall,
ohne Abſicht geſchehen, mit neunjähriger, und dem freiwilligen Mord,
der, mit Abſicht ($\pi \alpha \varrho \alpha \sigma \varkappa \epsilon \upsilon \acute{\eta}$) vollbracht, mit ſiebenundzwanzigjähriger
Bußzeit zu ſühnen iſt. Merkwürdigerweiſe rechnet er zu dem letzteren
auch den Fall, wenn Jemand in dem Ringkampfe oder der Schlacht
ſeinen Gegner mit der Hand lebensgefährlich trifft. Für den Fall der
Todesnähe gelten dieſelben Grundſätze wie bei dem Verleugner. Die
dritte Klaſſe Gregor's fällt alſo durchaus mit dem homicidium der
Abendländer zuſammen.

Die Unterſcheidung zwiſchen $\varphi \acute{o} \nu o \varsigma$ $\dot{\alpha} \varkappa o \acute{v} \sigma \iota o \varsigma$ und $\dot{\epsilon} \varkappa o \acute{v} \sigma \iota o \varsigma$ iſt
bereits alt; ſie kommt ſchon in dem 22. und 23. ancyraniſchen Kanon
vor und als Strafe wird für jenen nur fünfjährige, für dieſen dagegen lebenslängliche Buße geſetzt; Baſilius kennt nicht nur dieſe
Unterſcheidung (can. 54.), ſondern hat ſie überdieß can. 8. mit der
Genauigkeit des Geſetzgebers in allen nur denkbaren Fällen exempli-
ficirt. Die Strafe beträgt nach ihm 10 und 20 Jahre (can. 56. 57.).
Die Erlegung des Feindes im rechtmäßigen Kriege haben nach ſeiner
Angabe die Väter nicht für Mord gehalten (die Mauriner bemerken
zu der Stelle, Athanaſius habe ſie im Briefe an den Anius ſogar
für erlaubt und löblich erklärt), dennoch will er ſie wegen der Befleckung mit Blut durch einfachen dreijährigen Ausſchluß von der
Communion geſühnt wiſſen (can. 13.). Als beſondere Species dieſer
Kategorie behandelt er die Ertödtung der Leibesfrucht (can. 2.) und
die abſichtliche Vernachläſſigung der auf dem Wege geborenen Kinder
(can. 33. u. 52.).

4) Obgleich Gregor von Nyſſa die Habſucht ($\pi \lambda \epsilon o \nu \epsilon \xi \acute{\iota} \alpha$) als eine
der ſchwerſten Sünden charakteriſirt (ſ. unten), ſo erklärt er doch aus-
drücklich: „nur den Diebſtahl und die Gräbereröffnung
und den Tempelraub halten wir für eigentliche Krank-
heiten ($\pi \acute{\alpha} \vartheta \eta$, d. h. ſolche Thaten, welche der kirchlichen Disciplin
unterliegen), weil wir darüber eine übereinſtimmende
Ueberlieferung der Väter haben. Allein auch die erſtgenannte
dieſer Vergehungen fällt nicht unbedingt unter dieſe Kategorie; er
theilt nämlich den Diebſtahl ($\varkappa \lambda o \pi \acute{\eta}$) in Raub ($\lambda \eta \sigma \tau \epsilon \acute{\iota} \alpha$) und Ein-
bruch ($\tau o \iota \chi \omega \varrho \upsilon \chi \acute{\iota} \alpha$); nur für den erſteren, als deſſen Merkmale er

den Gebrauch der Waffen, die Anwendung von Gewalt, Blutver=
gießen u. f. w. hervorhebt, setzt er die Strafe des Mordes fest; für
die heimliche Entwendung aber (ὑφαίρεσις λανθανούσα, die ihm mit
der τοιχωρυχία ganz zusammenzufallen scheint) weiß er für den Fall
der Selbstanklage vor dem Priester nur Almosen zu empfehlen (can. 6.).
Die Grabeseröffnung (τυμβωρυχία) ist ihm mit 9 Jahren strafbar,
wenn sie in der Absicht der Beraubung geschieht und durch sie die
Gebeine untereinander geworfen und die Leichen der Sonne auf=
gedeckt werden; wer dagegen die Gräber öffnet, um die Steine
zu anderweitigen nützlichen Bauten zu verwenden, thut etwas zwar
nicht Lobenswerthes, aber Verzeihliches (συγγνωστόν, can. 7.). Der
Tempelraub (ἱεροσυλία), den das Alte Testament wie den Mord
mit Steinigung bedrohte, wird nach der kirchlichen Gewohnheit, über
deren Condescendenz Gregor seine Verwunderung nicht zu bergen ver=
mag, mit geringerer Strafe als der Ehebruch belegt (can. 8.).

Auch bei Basilius begegnen uns in diesen Punkten Strafbestim=
mungen: den Raub stellt auch er unter das Urtheil und die Strafe
des Mordes (can. 8., dagegen handelt can. 30. von Entführung);
auf den Diebstahl setzt er ein= bis zweijährige (can. 61.), auf die
Thymborychie zehnjährige Buße (can. 66.). Dagegen findet sich eine
sehr strenge Beurtheilung der Eingriffe in fremdes Eigenthum in dem
kanonischen Brief des Gregorius Thaumaturgus.

Dieß sind die Vergehen, welche die morgenländische Kirche ihrer
Bußdisciplin unterwarf; es sind nur die einzelnen Species jener
großen und schweren Thatsünden, welche die abendländische Kirche in
der bekannten Trias: Idololatrie, Ehebruch und Mord, zusammen=
faßte (Aug. de fid. et. operib. c. 19. §. 34.) und zu denen be=
reits Tertullian (de pudicit. c. 19.) und Cyprian (de bono
patientiae c. 14.) den Betrug hinzugefügt hatten. Schon aus
dieser Darstellung ergiebt sich, daß es nur eine un=
begründete Vermuthung ist, wenn Hr. v. Z. S. 352.
behauptet: „allerdings scheint man im Morgenlande
früher als im Abendlande die alte Auffassung der drei
schweren That= als Todsünden verlassen zu haben.“
Denn nur diese Thatsünden, durch welche man die Gaben der Wieder=
geburt verloren und verletzt glaubte, bildeten den Gegenstand der ärzt=
lichen Behandlung in der kirchlichen Bußanstalt; nur sie sah man
nach allgemeiner Anschauung als die πάθη an, welche der Seele einen
solchen Fall bereiten, daß die aus ihnen durch die Bekehrung Auf=

erſtehenden, wie dieſes im Eingang Gregor von Nyſſa bemerkt, in
der Vigilie des Oſterfeſtes mit den durch die Taufe Wiedergeborenen
auf's Neue zu der Hoffnung des Lebens geleitet werden mußten.

Aber wäre es nicht dennoch denkbar, daß leichtere Sünden eine
individuelle ſeelſorgerliche Behandlung durch das Amt erfuhren und daß für ſolche, die nicht für die eigentliche Klaſſe der
Pönitenten qualificirten, dennoch eine eigene, gleichfalls unter Mitwirkung der Prieſter zu leiſtende Buße auferlegt wurde? Auch darüber giebt Gregor von Nyſſa Aufſchluß, aber Alles, was er ſagt, iſt
nur die ſchärfſte Antitheſe zu dieſem Gedanken. Bei der Erörterung
der Sünden, deren Urſprung er in dem μέρος θυμοειδές ſucht, bemerkt
er can. 5. ausdrücklich: „Obgleich viele Sünden im Affecte geſchehen und böſe ſind, gefiel es doch unſeren Vätern, es mit den
übrigen (nämlich außer dem Morde und dem Todſchlag) nicht allzu
genau zu nehmen (ἐν τοῖς ἄλλοις μὴ λίαν ἀκριβολογεῖσθαι), noch die
Heilung aller im Affecte begangenen Vergehungen großer Sorgfalt
werth zu achten (μηδὲ πολλῆς ἄξιον ἡγεῖσθαι σπουδῆς τὸ θεραπεύειν πάντα τὰ ἐκ θυμοῦ παραπτώματα), wiewohl die Schrift
nicht allein den Schlag [1]) verbietet, ſondern auch jede Schmähung oder
Läſterung, oder was ſonſt der Affect vollbringt.“ Dieſe Sünden
zu heilen, blieb alſo jedem Einzelnen für ſich überlaſſen; er hatte dieß durch die tägliche Buße und durch
die Arbeit an ſich ſelbſt, mit Einem Worte durch die
Privatbuße zu erreichen; das Amt wirkte dabei nicht in
individueller Seelſorge mit, ſondern nur durch die
Predigt, die öffentliche Verkündigung des göttlichen
Wortes. Auf dieſen Weg verweiſt er denn auch in dem Kanon 6.
Er kann ſeine Verwunderung nicht unterdrücken [2]), daß eine Species
der Idololatrie — denn ſo nenne der Apoſtel Eph. 5, 5. die

---

[1]) Die Worte: καίτοι γε τῆς γραφῆς οὐ μόνον τὴν ψυχὴν ἀπαγορευούσης
πληγήν ſind verderbt, vielleicht iſt ein das Leben gefährdender Schlag gemeint.

[2]) Τὸ δὲ εἶδος τῆς εἰδωλολατρίας [τὴν πλεονεξίαν] . . . . οὐκ οἶδα ὅπως
ἀθεράπευτον ὑπὸ τῶν Πατέρων ἡμῶν περιώφθη. Mit welcher unverantwort-
lichen Leichtfertigkeit Klee in ſeiner Schrift „die Beichte“ dieſen Gegenſtand behandelt hat, erſieht man daraus, daß er aus dieſer Stelle S. 97. Anm. a.
folgern zu dürfen glaubt, „daß der Brief an den Letoius jene Galtung der
Pönitenz behandele, wodurch die in den Kanones übergangenen Sünden
getilgt werden“. Entweder hat er den Brief nie geleſen oder nicht Griechiſch
verſtanden.

Habsucht (πλεονεξία) — von den Vätern übersehen und nicht der kirch-
lichen Heilung unterzogen worden sei, obgleich alle drei Theile der
Seele dabei concurrirten, denn die Vernunft suche das Schöne in der
Materie statt im Immateriellen, die Begierde irre von dem wahrhaft
Begehrenswerthen auf die Dinge dieser Welt ab und der Willens-
affect empfange davon viele verkehrte Antriebe. Darum nenne sie
der Apostel nicht nur Götzendienst, sondern überdieß Wurzel alles
Bösen (1 Tim. 6, 10.). Gleichwohl sei diese Krankheitsform ohne
Beachtung und Wartung übersehen worden (ὅμως τὸ τοιοῦτον εἶδος
παρώφθη τῆς νόσου ἀνεπίσκεπτόν τε καὶ ἀτημέλητον). Deßhalb
wuchere sie jetzt so in der Kirche auf und Niemand erforsche
(περιεργάζεται) die, welche vor den Klerus geführt würden
(τοὺς ἐπὶ τὸν κλῆρον ἀγομένους), ob sie nicht etwa durch diese
Form der Idololatrie befleckt seien. „Aber", fährt er dann
fort, „da die Väter diese Sünden übergangen haben, so
halten wir es für ausreichend, sie mit dem **öffentlichen**
Worte der Predigt" [also **nicht durch individuelle seelsorgerliche Privatbescheidung und Gewissensberathung,** wie Hr. v. Z. von
der morgenländischen Disciplin annimmt] „soweit als möglich
zu heilen, indem wir die aus Habgier entsprungenen
Krankheiten als gewisse Leiden der Vollsaftigkeit
durch das Wort reinigen" (ἀλλὰ περὶ μὲν τούτων διὰ τὸ
παρεῖσθαι τοῖς Πατράσιν ἡμῶν ἀρκεῖν ἡγούμεθα τῷ δημοσίῳ τῆς
διδασκαλίας λόγῳ, ὅπως ἂν οἷόν τε ᾖ, θεραπεύειν, ὥσπερ τινὰ
πάθη πληθωρικὰ τὰς πλεονεκτικὰς ἀρρωστίας διὰ τοῦ λόγου καθαί-
ροντας). Im Folgenden hebt er hervor, daß in der heiligen Schrift
auch der Wucher und das Zinsnehmen (beides galt der alten
Kirche als identisch) verboten sei und die Bereicherung mit fremdem
Gut durch amtliche Erpressung und Geschäftsübervortheilung unter
dieselbe Kategorie fallen dürfte (καίτοι γε παρὰ τῇ θείᾳ γραφῇ καὶ
ὁ πλεονασμὸς καὶ ὁ τόκος τῶν ἀπειρημένων ἐστὶ καὶ ἐκ δυναστείας
τινὸς τῇ ἰδίᾳ κτήσει προσαγαγεῖν τὰ ἀλλότρια, κἂν ἐν προσχήματι
πραγματείας τὸ τοιοῦτον τυγχῇ γινόμενον).

In der That nahm man es mit allen diesen Sünden nur bei
den Klerikern strenger. Der Diakon und der Presbyter, der seine
Lippen — offenbar durch Zungensünden — verunreinigt hat, soll nach
Basilius von seinen amtlichen Functionen suspendirt und im Wieder-
holungsfalle abgesetzt werden (can. 70.). Nach Basilius kann ferner
der Wucherer und Zinsnehmer nur dann zum Priesterthum zugelassen

werden, wenn er ſich entſchließt, den ungerechten Gewinn den Armen
zu geben und ſich fortan von der Krankheit des Geizes fern zu halten
(can. 14.); ſtrenger noch verfuhr darin zum Theil das Abendland:
nach der Synode von Elvira (can. 20.) ſind ſogar zinsnehmende
Laien nur, wenn ſie zum erſten Male überführt werden und Beſ=
ſerung verſprechen, zu begnadigen, wenn ſie aber darin beharren, aus=
zuſchließen; zinsnehmende Kleriker aber ſind abzuſetzen (vgl. Conc.
Arelat. I. anno 314. c. 12.).

Zur Begründung ſeiner Anſicht, daß man im Morgenlande die
Auffaſſung der drei ſchweren That= als Todſünden frühzeitig ver=
laſſen zu haben ſcheine, beruft ſich Hr. v. Z. S. 352. auf ſeinen
demnächſt erſcheinenden Nachweis, daß „nicht Caſſian, wie es wohl
ausnahmsloſe Tradition ſei, ſondern ſchon der Archidiakonus Evagrius
Ponticus, der vor 385 geſchrieben habe, als erſter Zeuge für die
ſieben Gedankenſünden genannt werden müſſe“. Er ſcheint demnach
vorauszuſetzen, daß nachdem man die verſchiedenen Neigungen, aus
denen die Thatſünden entſpringen, die eigentlichen Wurzelſünden (vitia
principalia), in dieſer Weiſe ſyſtematiſirt habe, auch dieſe ſofort Gegen=
ſtand der kirchlichen Gewiſſensberathung in der Buße geworden ſein
müßten: eben darum betont er auch ſo nachdrücklich, daß Evagrius
Ponticus ſchon vor dem Jahre 385, alſo während er noch Archidiakonus
von Conſtantinopel war, dieſe Auffaſſung bezeugt habe, weil in dieſem
Falle die Annahme, daß ſchon in den letzten Zeiten des Bußprieſter=
thums, alſo vor 390, dieſe Sünden gebeichtet wurden, eine Stütze
empfängt: allein ich muß gegen dieß Alles Widerſpruch einlegen.
Zunächſt ſtellt Evagrius Ponticus in ſeinem ἀντιῤῥητικὸς περὶ τῶν
ὀκτὼ λογισμῶν [1]) nicht ſieben, ſondern acht Wurzel= oder Neigungs=
ſünden auf; ſodann wurden dieſelben ſelbſt im Abendlande und noch
im 12. Jahrhundert, wie das Zeugniß Peter's des Lombarden beweiſt,

---

[1]) Vergl. Sokrates h. e. IV, 23. Das Schriftchen iſt als Anhang zu der
Bigot'ſchen Ausgabe von Palladii vita Chrysostomi p. 349. und in dem 40. Band
von Migne's griechiſcher Patrologie p. 1271—1278. abgedruckt. Die acht Logismen
ſind: 1) γαστριμαργία, 2) πορνεία (libido), 3) φιλαργυρία, 4) λύπη, 5) ὀργή,
6) ἀκηδία (desidia), 7) κενοδοξία, 8) ὑπερηφανία (superbia). Bei Caſſian ſteht
nur die ira in der vierten, die tristitia in der fünften Stelle. Die Siebenzahl
der Scholaſtik iſt dadurch entſtanden, daß der Lombarde die acedia mit der
tristitia confundirt hat (Lib. II. D. 42. H.): Sciendum est septem esse vitia
capitalia vel principalia, scilicet inanem gloriam, iram, invidiam, acidiam
vel tristitiam, avaritiam, gastrimargiam, luxuriam; de iis quasi fontibus
cunctae animarum mortiferae corruptelae emanant.

nicht allgemein als eigentliche Todsünden, sondern nur als die Quellen der Todsünden angesehen; daß endlich dieses Büchlein von Evagrius nicht während seines Archidiakonats in Constantinopel, sondern erst während seines Anachoretenlebens in der sketischen Wüste, also nach dem Jahre 385, geschrieben und lediglich aus mönchischen Anschauungen erwachsen ist, zeigt theils die Schilderung der Gefahren, welche diese Logismen für das **Klosterleben** haben (vgl. cap. 2. u. 8.), theils bürgt dafür die Dedication an den Anatolius, die es mit den capita practica gemein hat, in welchen derselbe Verfasser diesem Mönche auf dem heiligen Berge (Sinai?) seine Frage nach der symbolischen Bedeutung der Kleidung der sketischen Mönche beantwortet (vgl. bei Migne a. a. O. Vol. 40. p. 1220.). Es ist mir keine Thatsache bekannt, die dafür spräche, daß die Lehre von den Logismen außerhalb des Mönchthums auf die Anschauung der morgenländischen Kirche und auf die Ausübung ihrer Bußzucht zunächst einen Einfluß gewonnen hätte. Um so nachhaltiger war die Einwirkung auf das Abendland. Im Jahre 390 nämlich unternahm der bethlehemitische Mönch Cassian mit seinem Abte Germanus eine Wallfahrt in die sketische Wüste, wo er zwar die Vorbilder des Anachoreten- und Mönchthums: Antonius, Pachomius und Makarius (dieser war kurz vorher gestorben) nicht mehr am Leben fand, des Letztgenannten Freund und Schüler aber, Evagrius, noch in voller Wirksamkeit stand (nach Gallandius, Bibl. Patr. VII. Prol. XX., ist er erst um das Jahr 399 gestorben). Hier hat sich ohne Zweifel Cassian dessen Theorie angeeignet und in das Abendland verpflanzt, in welchem er sich 405 dauernd niederließ; in seinen Collationes Patr. lib. XXIV. bildet das fünfte Buch einen selbständigen Tractat: de octo principalibus vitiis. Selbst mehrere darin beibehaltene griechische Benennungen, wie gastrimargia, philargyria, acedia, cenodoxia, welche specifisch dem Evagrius angehören, setzen die unmittelbare Entlehnung von ihm außer Zweifel. Im Klosterleben mögen sie frühe Gegenstand der ascetischen Beichte geworden sein und namentlich als Directorium für die Enthüllung der innersten Herzensgeheimnisse gedient haben, zu welcher schon nach den längeren Regeln Basilius' des Großen (interr. 26. ed. Maur. II, 371.) der Mönch dem Vorsteher gegenüber verpflichtet war. In die Bußpraxis der Kirche wurden sie erst durch die Instruction Columban's († 615; abgedruckt in der Bibl. Patr. max. Lugd. T. XII. p. 23.) eingeführt; sie erscheinen weiter in dem Pönitentiale des Erzbischofs Egbert von York (731—767), aber nicht mehr als octo vitia principalia, sondern

als capitalia crimina, womit man bisher nur die ſchweren Thatſünden
zu bezeichnen pflegte.

Daß aber die Zuſammenſtellung der Logismen auf das morgen=
ländiſche Bußweſen des 4. Jahrhunderts keinen Einfluß geübt haben
könne, ergiebt ſich nicht bloß aus der ſpäten Abfaſſung der Schrift
des Evagrius, die zwiſchen die Jahre 385 u. 390 fällt, ſondern wird
noch durch das Zeugniß des Gregor von Nyſſa feſtgeſtellt, daß die
Väter weder die πλεονεξία an ſich, noch eine ganze Reihe von That=
ſünden, die ihr entſtammen, in ihrer Bußbisciplin berückſichtigt, ſon=
dern nur drei aus jener hervorgehende Vergehen, nämlich die κλοπή,
die τυμβωρυχία und die ἱεροσυλία, und auch die beiden erſtern nur
in den gravirendſten Erſcheinungen, zum Gegenſtande ihrer kirchlichen
Therapie gemacht hätten.   Auch bei Baſilius dem Großen leſen wir
nichts, was dieſem Reſultate entgegenſtände, im Gegentheile geſtattet
ſein gänzliches Schweigen über die verkehrten Neigungen als ſolche
nur den Schluß, daß er in dieſem Punkte mit ſeinem Bruder völlig
übereinſtimmend dachte. Aber beide Männer waren Aſiaten und hatten
in Aſien die Stätte ihrer Wirkſamkeit; dürfen wir auch in Griechen=
land und insbeſondere in Conſtantinopel die gleiche Auffaſſung und
das gleiche Verfahren vorausſetzen? Konnte nicht das Bußprieſter=
amt, das dort bis zum Jahre 390 in anerkannter Wirkſamkeit ſtand,
dieſe Grundſätze und dieſe Praxis modificiren? In der That ſcheint
eine Stelle Gregor's von Nazianz und zwar aus einer Rede, die er
nach dem Monitum der Mauriner (I, 677.) am 6. Januar 381 in
Conſtantinopel als Patriarch gehalten hat (Or. 39. in sancta lumina,
c. 19. fol. 690.), die Annahme dieſer Möglichkeit zu begünſtigen. In=
dem er nämlich darin die Novatianer bekämpft, welche die zweite
Buße für die nach der Taufe begangenen Todſünden verſagten und
eben darum genöthigt waren, den Umkreis dieſer Sünden auf die
ſchwerſten Fälle zu beſchränken, bricht er in die Worte aus: καὶ
τίς μοι νόμος ἡ Ναυάτου μισανθρωπία, ὃς πλεονεξίαν μὲν οὐκ
ἐκόλασε, τὴν δευτέραν εἰδωλολατρίαν, πορνείαν δὲ οὕτω
πικρῶς κατεδίκασεν, ὡς ἄσαρκος καὶ ἀσώματος; allein dieſes Gegen=
zeugniß iſt nur ein ſcheinbares, denn da die Novatianer nicht den
λογισμός, ſondern nur den actus der πορνεία, nur die zur wirklichen
That gewordene Fornication, mit unwiderruflicher Excommunication
beſtraften, ſo kann auch der Vorwurf, daß ſie die πλεονεξία unbeſtraft
ließen, ſich gleichfalls nur auf jene beſtimmten Manifeſtationen in der
That beziehen, welche durch die kirchliche Bußzucht geahndet wurden.

Auch in dem kanonischen Briefe des Gregorius Thaumaturgus wird zwar τὸ πλεονεκτεῖν καὶ ἀλλοτρίου ἐφάπτεσθαι ἐπ᾽ αἰσχροκερδείᾳ mit Excommunication bedroht (can. 2.), aber gewiß nicht, inwiefern es sich auf die bloße Neigung beschränkte, sondern, wie der ganze Inhalt des Briefes zeigt, nur insofern die Neigung in Thaten umschlug. Wie gänzlich es überhaupt außerhalb des Gesichtskreises der damaligen Kirche lag, selbst böse Vorsätze, wenn sie nicht zur Ausführung durch die That gekommen waren — und doch sind solche schon ausgeprägtere Erscheinungen der Sünde, als die bloße Neigung — ihrer heilenden Behandlung zu unterziehen, ersehen wir aus dem 4. Kanon von Neucäsarea: ἐὰν πρόθηταί τις ἐπιθυμῆσαι γυναικὸς συγκαθευδῆσαι μετ᾽ αὐτῆς, μὴ ἔλθῃ δὲ εἰς ἔργον αὐτοῦ ἡ ἐπιθύμησις, φαίνεται, ὅτι ὑπὸ τῆς χάριτος ἐῤῥύσθη.

Es wird demnach dabei sein Bewenden haben müssen, daß die Behauptung des Herrn v. Z., im Morgenlande scheine man schon frühzeitig die Auffassung der drei schweren Thatsünden als Todsünden verlassen zu haben, auf Irrthum und gänzlicher Unkenntniß des griechischen Bußwesens beruht[1]). Nur das Eine läßt sich sagen, daß der Ausdruck „Todsünde" im Ganzen bei den Morgenländern seltener vorkommt als in dem Abendlande; sie gebrauchen zur Bezeichnung auch dieser Sünden die allgemeinen Ausdrücke ἁμαρτήματα, πταίσματα, πάθη, νόσοι, πλημμελήματα u. a. m. und überlassen es dem Leser, aus dem Zusammenhange zu folgern, ob sie eben diese schweren Thatsünden gemeint haben (vgl. Conc. Neocaes. can. 5. Laodic. can. 2: ἐξαμαρτάνοντας ἐν διαφόροις πταίσμασι, Nicaen. I. c. 9. vgl. 14.); denn daß sie von diesen und ihren Species reden, kann man immer mit Sicherheit annehmen, wenn sie die Sünden der Christen entweder im Verhältniß zu der Taufe (man erinnere sich an die Einleitung des kanonischen Briefs des Nysseners) oder zur kirchlichen Buße erörtern; daß man aber deßhalb nicht der Meinung war, die Auffassung dieser schweren Thatsünden als Todsünden aufzugeben, zeigt der zwar seltene, aber doch immerhin vorkommende Gebrauch dieses Namens bei Origenes (s. unten) und selbst noch bei Basilius (can. 32: οἱ τὴν πρὸς θάνατον ἁμαρτίαν ἁμαρτάνοντες κληρικοὶ τοῦ βαθμοῦ

---

[1]) Vergl. das richtige Urtheil von Du Pin (Biblioth. cent. IV, 276.): Ceci peut être confirmé par la lettre canonique de St. Gregoire de Nysse à Letoius, ou il fait un denombrement exacte des pechez soumis à la penitence publique [vielmehr ecclésiastique], qui sont tous pechez énormes et crimes considerables.

κατάγονται), sowie das Prädicat συγγνωστόν ganz wie das lateinische veniale bisweilen auch auf solche Thatsünden bezogen wurde, die keiner kirchlichen Censur unterlagen (Greg. Nyss. c. 7.).

Endlich dürfen wir nicht übersehen, daß man die Excommunication bisweilen auch als Ordnungsstrafe und Zwangsmaßregel gegen solche in Anwendung brachte, welche entweder der Ordnung des kirchlichen Lebens eigenwillig und hartnäckig widerstrebten oder den Anordnungen des Episkopates eine trotzige Renitenz entgegensetzten. So befiehlt der 2. Kanon der antiochenischen Synode im Jahre 341, diejenigen Gemeindeglieder, welche mit den Katechumenen und Pönitenten die Kirche nach der Schriftverlesung (und der Predigt) verließen, ohne an dem Gebete und der Communion der Gemeinde theilzunehmen, von der Kirche auszuschließen; je mehr es im Geiste der damaligen Kirche lag, solche Vergehungen aus der sittlichen Gesinnung, aus der sie hervorgingen, zu beurtheilen, und je entschiedener sie ihre eigenen Ordnungen als den Ausdruck des göttlichen Willens ansah, desto weniger trug man Bedenken, ihre Urheber ganz nach der Analogie jener schweren Thatsünder zu behandeln und sie demgemäß auf demselben Wege und durch dieselbe Buße wie die übrigen Pönitenten wieder für die Aufnahme in die kirchliche Gemeinschaft zu bereiten (ἕως ἂν ἐξομολογησάμενοι καὶ δείξαντες καρποὺς μετανοίας καὶ παρακαλέσαντες τυχεῖν δυνηθῶσι συγγνώμης. Ibid.).

Die Feststellung des begangenen Vergehens geschah, wie wir aus den kanonischen Briefen des Basilius und des Nysseners ersehen, entweder durch das Ergreifen auf frischer That (ὁ φωραθεὶς ἐπὶ τῷ κακῷ) oder durch Selbstanzeige (ὁ ἀφ᾿ ἑαυτοῦ πρὸς τὴν ἐξαγόρευσιν τῆς ἁμαρτίας ὁρμήσας, ὁ δι᾿ ἐξαγορεύσεως τὸ πλημμέλημα αὐτοῦ τῷ ἱερεῖ φανερώσας) oder durch Anklage oder auf einen Verdacht hin durch Inquisition und Zeugenverhör (ὁ διά τινος ὑποψίας ἢ κατηγορίας ἀκουσίως ἀπελεγχθείς, Gregor. Nyss. can. 4. u. 6.). Insbesondere sollte der Delinquent darüber befragt und ausgeforscht werden, ob er aus freiem Antrieb oder durch die Umstände genöthigt gesündigt habe (Greg. Nyss. c. 3.). Diese ganze Procedur fand, soweit wir sehen, nicht vor einem einzelnen Richter statt (wir sehen hier noch von dem Bußpriester völlig ab), sondern vor dem δικαστήριον oder κριτήριον, das zugleich über die Streitigkeiten der Gemeindeglieder zu entscheiden hatte und aus dem Bischof, den Presbytern und Diakonen zusammengesetzt war (Const. apost. lib. II, 47, 1.; das ganze Verfahren vor demselben wird ausführlich

cap. 46—53. erörtert). Daß wir dieselbe Einrichtung auch im 4. Jahrhundert voraussetzen dürfen, beweist der Ausdruck des Gregor von
Nyssa im 6. Kanon: ἐπὶ τὸν κλῆρον ἄγειν, der ganz dem classischen
ἐπὶ τοὺς δικαστὰς ἄγειν entspricht. Wir haben keinen Grund zu bezweifeln, daß auch in solchen Fällen, wo ein Einzelner, von seinem
Gewissen getrieben, sich einem einzelnen Priester freiwillig eröffnete,
nichtsdestoweniger das Vergehen, wenn es überhaupt einer kirchlichen
Strafcensur nach den Kanones unterlag, vor dem zum Gerichtshof
constituirten Gesammtklerus, für dessen Verfahren die weltlichen Gerichte zum Muster dienten (Constit. apost. lib. II. cap. 52, 1.), zur
Verhandlung kommen mußte. Trotzdem wurde principiell der Bischof
als der Träger der Schlüsselgewalt angesehen; ihm hat nach
Gregor von Nyssa (de castigat. bei Migne, gr. Patrol. Vol. 46. Oper.
Greg. Nyss. III, 312.) Christus durch Petrus die Schlüssel zu den
himmlischen Ehren gegeben; wer von ihm gelöst ist, ist schlechthin
gelöst, wer von ihm gebunden ist, mit unsichtbaren Banden umstrickt;
auch die Excommunication (ὁ ἀφορισμός) ist kein Act bischöflicher
Anmaßung, sondern ein väterliches Gesetz, ein alter Kanon, der unter
dem Gesetze seinen Anfang nahm und unter der Gnade in Kraft
bleibt (p. 314.). Auch die apostolischen Constitutionen stellen die Ausübung der Bußzucht und das Verfahren gegen die Pönitenten ausschließlich als Pflicht und Aufgabe des Bischofs dar. Die ganze
Anweisung, die Basilius der Große dem Amphilochus giebt, beruht
auf derselben Anschauung, nicht minder die von morgen- und von
abendländischen Synoden wiederholt eingeschärfte Verordnung, daß die
Excommunication nur durch den Bischof, der sie verhängt habe,
wieder aufgehoben werden könne (Conc. Nicaen. I, 5. Antioch. c. 6.
Can. apost. 31. [33.], cf. conc. Illiber. c. 53. Arelatens. 16.). Aber
da der Presbyter als Mitarbeiter am Evangelium (συνεργὸς τοῦ
Εὐαγγελίου, Bas. epist. 226. ed. Maur. III, 346.) dem Bischof zur
Seite stand und als solcher auch Antheil hatte an der Schlüsselgewalt,
die, vom Bischof ausgehend, als gemeinsames Attribut des
ganzen Sacerdotium galt, so wird wohl der Bischof ebenso
wenig in allen solchen Fällen ohne sein Presbyterium gehandelt haben,
als es denkbar ist, daß ein einzelner Presbyter selbständig und ohne
Bevollmächtigung von Seiten seines Bischofs eine Untersuchung eingeleitet, eine kirchliche Strafe verhängt, excommunicirt und reconciliirt
habe; nur im Falle der Todesgefahr war er zu dem Letzteren berechtigt. Von dem Verfahren vor dem bischöflichen Gerichte giebt uns

Basilius in dem 287. Briefe (III, 426) ein sehr anschauliches Bild; er sagt nämlich von einem nicht weiter auszumittelnden Sünder: „Mit ihm ist schwer fertig werden; wir wissen nicht, was mit einer so verschlagenen und, wie der Augenschein zeigt, verzweifelten Gemüths= art anzufangen: vorgeladen (εἰς κρίσιν καλούμενος) erscheint er nicht; kömmt er, so ergießt er sich in einem solchen Schwall von Worten und Eiden, daß wir gern davon laufen möchten; oft sah ich, wie er die Beschuldigungen wieder auf die Ankläger zurückwendet; unter allen Geschöpfen der Erde findet sich keine so glatte und gleichsam zur Bosheit geschaffene Natur, wie die dieses Menschen. .... Damit i h r indessen nicht durch die Berührung seiner Sünden befleckt werdet, sei er mit seinem ganzen Hause von den Gebeten und der übrigen Gemeinschaft mit den Geheiligten ausgeschlossen! Von Allen gemieden, wird er vielleicht in sich gehen."

Das Urtheil, welches der Bischof nach geschlossener Untersuchung fällte (ἀπόφασις τοῦ ἐπισκόπου, Const. apost. II, 47, 2.), bestimmte nach den Kanones die Dauer der Bußzeit, die der Verurtheilte in den verschiedenen Bußgraden zu verbringen hatte. Gleichwohl gestatten in dieser Beziehung die kanonischen Briefe eine gewisse Latitude: „Es bleibt deiner Einsicht überlassen", schreibt Basilius (can. 54.) an den Amphilochus, „nach der besonderen Beschaffenheit der Umstände (κατὰ τὸ ἰδίωμα τῆς περιστάσεως) die Strafen auszudehnen oder zu beschränken", und wenn sich dieß auch zunächst auf den unfreiwilligen Todschlag bezieht, so wird es doch nicht minder von anderen Vergehen gelten. Insbesondere galt das freiwillige Geständniß allgemein als Grund der Strafmilderung (Gregor Thaumaturg. c. 8. u. 9. Gregor v. Nyssa can. 4. p. 229. Basil. can. 71.). Die Bußgrade oder Stationen, welche schon von den Synoden zu Anchra (bes. c. 9.) und Nicäa (can. 11.) erwähnt werden [1]), sind bekannt; am ausführlichsten wer= den sie von Basilius can. 22. 56. u. 57. geschildert: auf der ersten

---

[1]) Gieseler meint, da, wie Morinus de poenit. lib. 6. c. 1. §. 9. gezeigt habe, der 11. Kanon der epist. canonica des Gregor Thaumat. unecht sei, so sei die erste sichere Erwähnung dieser Stufen erst in Conc. Ancyr. c. 4. (K.=G. I, 1. §. 71. Anm. 12.), allein schon can. 8. des Gregorius Thaumaturgus ist von Solchen die Rede, welche nicht einmal an der ἀκρόασις theilnehmen sollen, eben= daselbst von den ὑποπίπτοντες und can. 9. von solchen Pönitenten, welche auch an den Gebeten theilnehmen dürfen. Wir haben also hier bereits um das Jahr 258 ein sicheres Zeugniß für die Bußgrade in der orientalischen Kirche.

Stuse (πρόςκλαυσις) durfte der Pönitent die Kirche nicht betreten, er stand weinend vor der Thür und bat die eingehenden Gläubigen um ihre Fürbitte, indem er ihnen seine eigene Ungerechtigkeit bekannte (προςκλαίειν ὀφείλει ἔξω τῆς θύρας ἑστὼς τοῦ εὐκτηρίου οἴκου καὶ τῶν εἰςιόντων πιστῶν δεόμενος εὐχὴν ὑπὲρ αὐτοῦ ποιεῖσθαι, ἐξαγορεύων τὴν ἰδίαν παρανομίαν, can. 56.; man beachte besonders den letzten Ausdruck, in welchem keineswegs ein detaillirtes Sündenbekenntniß, sondern nur die allgemeine Anerkennung seiner Verwerflichkeit ausgesprochen liegt, zumal in den meisten Fällen der Gemeinde durch die öffentliche Verkündigung des Excommunications= urtheils, wovon unten mehr, die Sünde, um deren willen der Ausschluß erfolgt war, bekannt sein mußte); auf der zweiten (ἀκρόασις) durfte er wie die ἀκροώμενοι unter den Katechumenen mit dem versammelten Volke der Verlesung der Schrift und der Predigt (διδασκαλία) bei= wohnen, hatte sich aber vor dem Gebete zu entfernen, denn es gehörte zu diesem Grade, daß er allein bete (Greg. Nyss. can. 2., vgl. can. 4.); auf der dritten (ὑπόπτωσις) durfte er während der Gebete, aber knieend, anwesend sein, wie die γονυκλίνοντες unter den Katechumenen, während die Gläubigen standen, mußte aber nach den Gebeten die Kirche verlassen; auf der vierten (σύστασις μετὰ τοῦ λαοῦ) endlich durfte er mit den Gläubigen bei der Eucharistie zugegen bleiben, aber ohne eine Opfergabe (προςφορά) darzubringen und selbst zu communiciren (ἄνευ προςφορᾶς τε καὶ κοινωνίας συνεστώς). Erst nach Vollendung dieses Grades wurde er auch der sacramentlichen Gemeinschaft theil= haftig (εἰς τὰ ἅγια δεχθήσεται, καταξιοῦται τῆς προςφορᾶς oder τῆς τοῦ ἀγαθοῦ κοινωνίας). Während die beiden Synoden von Anchra und Neucäsarea nur die drei letzten Bußgrade erwähnen, führt dagegen Gregor von Nyssa nur die drei ersten an und läßt auf den dritten sofort die Theilnahme am Sacrament (τὸ μετέχειν τῶν ἁγιασμάτων) folgen (can. 4. u. 5.).

Wer alle vier Bußgrade zu durchlaufen hatte, dessen Bußleistung wurde als öffentliche betrachtet; dieser Charakter der Oeffentlichkeit haftete nicht an allen Stationen gleichmäßig, sondern vorzugsweise an der ersten und dritten, an der πρόςκλαυσις und der ὑπόπτωσις, von denen namentlich die letztere die eigentlichen Pönitenten um= faßte und darum schlechthin auch μετάνοια (Bas. can. 22. 24.) genannt wurde. Wenn wir daher Grund haben, anzunehmen, daß in gewissen Fällen von diesen beiden Stationen dispensirt wurde, so wäre damit im Unterschiede von der öffentlichen Buße die **geheime**

Buße (die wir von der Privatbuße zu unterscheiden haben, da diese nicht auferlegt wurde und nicht unter Mitwirkung des Amtes statt= fand, sondern eine Sache war, die Jeder mit Gott und seinem Gewissen abzumachen hatte) für die griechische Kirche vollständig er= wiesen. Die kanonischen Briefe des Basilius' geben uns zur Er= bringung dieses Beweises das ausreichende Material. Can. 34. be= richtet er, die Väter hätten verboten, Frauen, die sich eines Ehebruchs schuldig gemacht und entweder freiwillig bekannt hätten oder auch überführt worden seien, öffentlich bloßzustellen (δημοσιεύειν, d. h. sie der öffentlichen Bußübung zu unterziehen), um ihnen keinen Anlaß zum Selbstmorde zu geben; sie sollten nur bis zur Vollendung ihrer Bußzeit ohne Communion stehen (τὰς μοιχευθείσας γυναῖκας καὶ ἐξαγορευούσας δι᾽ εὐλάβειαν ἢ ὁπωσοῦν ἐλεγχομένας δημοσιεύειν οὐκ ἐκέλευσαν οἱ πατέρες ἡμῶν, ἵνα μὴ θανάτου αἰτίαν παράσχωμεν ἐλεγχθείσαις· ἵστασθαι δὲ αὐτὰς ἄνευ κοινωνίας προσέταξαν μέχρι τοῦ συμπληροῦσθαι τὸν χρόνον τῆς μετανοίας). Allein da derselbe Bestimmungsgrund, der aus dem feineren Schamgefühl und der reiz= bareren Natur des weiblichen Geschlechtes entnommen war, nicht bloß im Falle des Ehebruchs, sondern auch bei allen übrigen Vergehen in Betracht kam, so muß es fast wahrscheinlich erscheinen, daß die Orientalen überhaupt Frauen nicht zur öffentlichen Kirchenbuße ver= urtheilten, sondern sie nur von dem Sacramente ausschlossen und daß sich ihre ganze Buße somit nur auf den vierten Grad, auf die σύστα= σις ἄνευ προςφορᾶς τε καὶ κοινωνίας, beschränkte. Diese Vermuthung findet eine Stütze in der Thatsache, daß Basilius in allen Kanones, in welchen von Frauen die Rede ist, die verschiedenen Bußgrade, be= ziehungsweise die drei ersten, nirgends erwähnt (can. 2. 6. 18. 38. 48. 52. 60.). Auch bei denen, welche im rechtmäßigen Kriege den Feind erlegt haben, empfiehlt Basilius gegen die herrschende Ansicht, die sie für straffrei hielt, dieselbe Bestimmung (τάχα δὲ καλῶς ἔχει συμ= βουλεύειν ὡς τὰς χεῖρας μὴ καθαροῖς τριῶν ἐτῶν τῆς κοινωνίας μόνης ἀπέχεσθαι, can. 13.). Ein Dieb soll, wenn er sich selbst an= zeigt, ein Jahr nur von der Communion ausgeschlossen werden (ἐνιαυτὸν κωλυθήσεται μόνον τῆς κοινωνίας τῶν ἁγιασμάτων), wenn er dagegen überführt wird, eine zweijährige Bußzeit und zwar im 3. und 4. Grad bestehen (μερισθήσεται δὲ αὐτῷ ὁ χρόνος εἰς ὑπόπτωσιν καὶ σύστασιν· καὶ τότε ἀξιούσθω τῆς κοινωνίας, can. 61., vgl. Greg. Thaumat. c. 9., dagegen can. 8.). Es ist dieß der einzige Fall, in welchem die orientalische Kirche das freiwillige Be=

kenntniß mit heimlicher Buße zu belohnen und die Verheimlichung
mit öffentlicher Buße zu bestrafen scheint; allein daß es ihr damit
nicht um die Durchführung dieses Grundsaßes, sondern nur um
Milderung der Strafe für den freiwillig Bekennenden zu thun war,
den man bereits als in der Besserung stehend ansah, beweisen die
zahlreichen übrigen Fälle, in denen sämmtlich das freiwillige
Bekenntniß eine Abkürzung der Bußzeit, aber nicht die
Dispensation von Bußgraden erwirkte. Man darf übrigens
nicht übersehen, daß in der Behandlung der Diebe keine Uebereinstimmung herrschte. Nach Gregor von Nyssa wird heimliche Entwendung
gar nicht bestraft; nach Gregor dem Thaumaturgen wird in graviren-
deren Fällen der freiwillig Bekennende gleich in den dritten Bußgrad, in leichteren dagegen gleich in den vierten verwiesen. Auch
von denen, welche in eine dritte Ehe treten, fordert Basilius, daß sie nicht
öffentlich verurtheilt würden, da eine solche zwar eine Befleckung der
Kirche, aber doch der ungezügelten πορνεία vorzuziehen sei (τὰ μέντοι
τοιαῦτα ὡς ῥυπάσματα τῆς ἐκκλησίας ὁρῶμεν· δημοσίαις δὲ
καταδίκαις οὐχ ὑποβάλλομεν, ὡς τῆς ἀνειμένης πορνείας αἱρετώτερα,
can. 50.), und demgemäß bestimmt er, daß die δίγαμοι ein Jahr,
die τρίγαμοι und πολύγαμοι dagegen fünf Jahre auszuschließen, daß
jedoch auch die letzteren nicht gänzlich aus der Kirche zu verstoßen,
sondern auf zwei oder drei Jahre in den zweiten und die übrige Zeit in
den vierten Grad zu verweisen seien (δεῖ δὲ μὴ πάντη αὐτοὺς ἀπείργειν
τῆς ἐκκλησίας, ἀλλ᾽ ἀκροάσεως αὐτοὺς ἀξιοῦν ἐν δύο που ἔτεσιν ἢ
τρισί, καὶ μετὰ ταῦτα ἐπιτρέπειν συστήκειν μέν, τῆς δὲ κοινωνίας τοῦ ἀγαθοῦ ἀπέχεσθαι, καὶ οὕτως ἐπιδειξαμένους καρ-
πόν τινα μετανοίας ἀποκαθιστᾶν τῷ τόπῳ τῆς κοινωνίας, can. 4. dagegen vgl. can. 80.). Daß aber im zweiten Grad kein δημοσιεύειν, keine
öffentliche Bloßstellung stattfand, beruhte darauf, daß nicht bloß viele
Katechumenen, sondern, wie wir aus dem zweiten antiochenischen Kanon
ersehen, auch andere Gemeindeglieder nach der Predigt die Kirche verließen,
und daß darum das Weggehen auch solcher ἀκροώμενοι, um deren Ausschluß außer dem Klerus Niemand wußte, nicht auffallen konnte; noch weniger konnte bei den ungemein starken Communionen jener Zeit die σύστασις ἄνευ προσφορᾶς τε καὶ κοινωνίας irgend etwas Auffälliges haben.
Somit wäre denn auch für die morgenländische Kirche
die geheime Buße erwiesen; sie bestand in der Dispensation von der ersten und dritten oder auch von den drei
ersten Stationen; sie war wie die öffentliche ein in-

tegrirender Beſtandtheil der kirchlichen Bußdisciplin,
war aber weder für die heimlich gebeichteten noch für
die heimlich begangenen Sünden beſtimmt, ſondern
theils für die Frauen, theils für die leichteren Sün=
der, deren δημοσίευσις man rückſichtsvoll vermeiden
wollte, mochten ſie ihre Vergehungen freiwillig be=
kannt haben oder durch Ankläger und Zeugen überführt
worden ſein (nur bei Dieben begründet darin nach der Anſicht des
Baſilius' das freiwillige Bekenntniß einen Unterſchied). Sie beruhte
demnach auf einem ganz differenten Principe als die geheime Buße,
die wir ſeit dem Ende des vierten Jahrhunderts in der nordafrikani=
ſchen Kirche finden und die zu ihrer Regel den auguſtiniſchen Satz
hatte: ubi contigit malum, ibi moriatur (Aug. sermo 82, 11.), oder
die noch ſpätere geheime Buße des Abendlandes, die auf den Grund=
ſatz baſirt war, daß geheim gebeichtete Sünden insgeheim, öffentlich
erwieſene öffentlich verbüßt wurden (Capitul. Reg. Franc. ed. Baluz.
lib. V, 116.). Es iſt daher eine Vermengung völlig disparater Begriffe,
wenn Zezſchwitz ohne Weiteres S. 353. die letztere Praxis der morgen=
ländiſchen Kirche octroyirt und ſie noch überdieß mit der von Auguſtin
empfohlenen identificirt.

Die öffentliche Buße ſcheint noch eine Verſchärfung in der ἐκκήρυξις empfangen zu haben, indem die Excommunicationsſentenz nicht
bloß öffentlich der Gemeinde verkündigt, ſondern überdieß anderen
Diöceſen mitgetheilt und der Umgang mit dem Excommunicirten auch
außer der Kirche unterſagt wurde. So bedroht Baſilius den Pres=
byter Paregorius, der gegen den nicäniſchen Kanon 3. ſeine Syneiſakte
nicht entlaſſen wollte, mit der Abſetzung und dem Anathema, ſo daß
Alle, welche ihn aufnahmen, ſelbſt ἐκκήρυκτοι ſein ſollten (ep. 55.p. 150.).
So ſchreibt er dem Athanaſius von Alexandrien, daß eine von dieſem
überſandte Excommunicationsſentenz in der Kirche zu Cäſarea verleſen
worden ſei und daß Alle dem Excommunicirten — er war Statthalter
in Lybien und ein geborner Kappadocier — weder Feuer, noch Waſſer,
noch Obdach gewähren würden: eine Schandſäule (στήλη) ſolle ihm die
allenthalben verleſene Sentenz ſein; ſeinen Verwandten, Freunden und
Gaſtfreunden ſolle ſie ſpeciell inſinuirt werden (ep. 60. p. 155 ff.) Daß
wenigſtens die ἐκκήρυξις nicht unbedingt mit jeder Excommunication
und mit der öffentlichen Bußübung verbunden ſein konnte, ſcheint mir der
288. Brief (S. 426 f.) zu beweiſen. Baſilius ſagt: „Wen die gewöhn=
lichen Strafen nicht zur Beſinnung bringen und der Ausſchluß vom

8 *

Gebet (τὸ εἰρχϑῆναι τῶν εὐχῶν, d. i. der erste Bußgrad, die πρός-κλαυσις, vgl. can. 22: χρὴ τῷ πρώτῳ ἐκβάλλεσϑαι τῶν προςευχῶν καὶ προςκλαίειν αὐτὸν τῇ ϑύρᾳ τῆς ἐκκλησίας) nicht zur Buße treibt, muß der vom Herrn aufgestellten Strafordnung Matth. 18, 15—17. unterworfen werden. .... Einmal ist er angeklagt (ἐνεκλήϑη); vor Einem und dem Andern ist er überwiesen (διηλέγχϑη), zum dritten Male vor der Gemeinde. Da wir ihn also beschworen und er es nicht angenommen hat, sei er ἐκκήρυκτος und es werde dem ganzen Stadtviertel (πάσῃ τῇ κώμῃ) angekündigt, daß ihn Niemand zu irgend einem Umgang im bürgerlichen Leben (πρὸς πᾶσαν κοινωνίαν χρή-σεως βιωτικῆς) zulasse, damit er, vom Verkehr mit uns gänzlich aus-gestoßen, durchaus ein Fraß des Teufels (κατάβρωμα τοῦ διαβόλου) werde." Dieser Verbrecher war also bereits vor der Gemeinde excommunicirt; da er aber diese Strafe trotzig aufnahm und sich nicht bewegen ließ, sich der Bußübung zu unterwerfen, so trat die ἐκκήρυξις als Verschärfung accessorisch hinzu. Doch drückt ἐκκηρύσσειν und ἐκκήρυκτος auch einfach den Begriff der Excommunication aus (vgl. Gregor. Thaumat. epist. canonic. c. 2. et 5.).

Auffallend muß es erscheinen, daß weder von Basilius dem Großen, noch von Gregor von Nyssa das Fasten als Auferlegung in der Buße erwähnt wird; in den apostolischen Constitutionen erscheint es in der Reihe der übrigen Strafen: καὶ τοὺς μὲν ὑποβαλεῖς (so lautet die Instruction an den Bischof) μόναις ἀπειλαῖς, τοὺς δὲ πενήτων χορηγίαις, ἄλλους δὲ νηστείαις στιβώσεις καὶ ἑτέρους ἀφο-ρίσεις πρὸς τὸ μέγεθος τοῦ ἐγκλήματος αὐτῶν (II, 48, 1.), dagegen wird es II, 16, 2. geradezu als eine die Excommunication begleitende Strafe erwähnt: ἀνακρίνας, εἰ μετανοεῖ καὶ ἄξιός ἐστιν, εἰς ἐκκλησίαν ὅλως παραδεχϑῆναι, στιβώσας αὐτὸν ἡμέραις νηστειῶν κατὰ τὸ ἁμάρτημα ἑβδομάδας δύο ἢ τρεῖς ἢ πέντε ἢ ἑπτά, οὕτως αὐτὸν ἀπόλυσον. Auch cap. 17, 4.; 18, 5.; 43, 1.; III, cap. 7, 7. kommt das στιβοῦν, ὑποπιέζειν oder ἐπιτιμᾶν νηστείαις wieder vor. Bei Origenes (in Levitic. hom. II. cap. 4.) erscheint carnem macerare et jejuniis ac multa abstinentia aridam facere, wie bei Tertullian (de poenit. 9.) pastum et potum pura nosse, plerumque vero jejuniis preces alere als charakteristisches Merk-mal gerade der öffentlichen Bußübung. Schon diese bestimmten Zeugnisse widerlegen die Behauptung des Herrn v. Z. (S. 352 f.): „Jedenfalls sind Fasten und Gebet nur Formen der Privatbuße, wie sie das ganze Abendland zu jener Zeit als besondere priesterliche Auflegung gar nicht kennt." Wir werden bald Spuren begegnen, die uns überzeugen, daß sie auch im vierten Jahrhundert der orientalischen Kirche fremd geworden sind.

In Betreff der Kleriker finden sich unvereinbare Bestimmungen, die auf Verschiedenartigkeit oder auf ein Schwanken der Praxis hinweisen. Nach dem 1. Kanon der ancyranischen Synode sollen Presbyter, die verleugnet hatten, zwar die Ehre ihrer Kathedra beibehalten, aber weder opfern, noch predigen, noch liturgische Functionen ausüben; nach dem 1. Kanon der neocäsareensischen Synode sind dagegen Presbyter, welche sich durch Fornication oder Ehebruch befleckt hatten, gänzlich auszustoßen (ἐξωθεῖσθαι τέλεον) und der Bußdisciplin zu unterstellen (ἄγεσθαι εἰς μετάνοιαν); sowohl die nicänische (can. 5.) als die antiochenische Synode (can. 4.) spricht von Klerikern, die durch ihren Bischof excommunicirt worden seien. Umgekehrt stellt Basilius (can. 32.) den auch von der abendländischen Kirche adoptirten Grundsatz auf, daß Kleriker, die eine Todsünde begehen, zwar ihren Grad verlieren, aber von der Laiencommunion nicht auszuschließen seien (τοῦ βαθμοῦ κατάγονται, τῆς κοινωνίας δὲ τῶν λαϊκῶν οὐκ ἐξείργονται) unter Berufung auf Nahum 1, 9: Οὐ γὰρ ἐκδικήσεις δὶς ἐπὶ τὸ αὐτό. Gleichwohl haben wir oben gesehen, daß er den Presbyter Paregorius nicht nur mit Amtsentsetzung, sondern auch mit dem Anathema bedroht, wobei indessen die durch Trotz noch gesteigerte, beharrliche Unbußfertigkeit desselben in Betracht zu ziehen ist.

Auch die morgenländische Kirche ging in ihrer Bußdisciplin zunächst von dem strafrechtlichen, vindicativen Gesichtspunkt aus: dafür bürgt schon der Name ἐπιτίμιον, der allenthalben den Auflegungen der Priester beigelegt wird, dafür zeugt ferner das scharfe Abmessen der Bußzeit überhaupt und der Dauer der einzelnen Bußstationen nach der Größe der verschiedenen Vergehungen. Sie ist es sich zwar klar bewußt, daß die Vergebung nur von Gottes Gnade verliehen werden kann, aber diese Gnade muß im Gebete, mit vielfacher Selbstdemüthigung, unter Thränen und Entbehrungen angerufen und gewissermaßen verdient werden: selbst die Schmach, die mit der öffentlichen Buße verbunden war, diese Bloßstellung der Sünder vor der ganzen Gemeinde, wie sie der erste und dritte Grad recht absichtlich bezweckte, fällt wesentlich unter diesen Gesichtspunkt. Daher läßt sich wohl die Buße als Weg zu der göttlichen Sündenvergebung mit der Taufe in eine gewisse Parallele und in Zusammenhang stellen, bildet aber ebenso sehr auch die scharfe Antithese zu dieser. In diesem Sinne sagt Asterius, Bischof von Amasea (Metropole der kirchlichen Provinz Pontus), in seiner adhortatio ad poenitentiam S. 356. [1]): „Gott hat uns eine mühelose Sündenvergebung, eine augenblickliche und rasche Erlösung aus der Trauer gegeben: das Wort heiligte, der Geist besiegelte, der alte Mensch wurde begraben, der neue geboren und reifte zum Jünglingsalter durch die Gnade ..... aber ein zweites Erbarmen (δεύτερος ἔλεος) folgt dem ersten, mit der Amnestie verbindet sich die Nachsicht, die strömende Thräne hat gleiche Wirkung mit der Taufe (ἰσοδύναμεῖ τῷ λουτρῷ) und das schwere Stöhnen führt die auf kurze Zeit entschwundene Gnade zurück." In demselben Sinne bezeichnet auch Gregor von Nazianz (orat. 39, cap. 17.) neben der Taufe Mosis, Johannis, Christi und dem Martyrium die Taufe der Thränen als die fünfte, „aber schwerer noch als das Martyrium, denn wer sie empfängt, badet jede Nacht sein Lager mit Thränen, athmet den Geruch seiner Wunden ein, geht trauernd und betrübt einher, ahmt die Bekehrung des Manasse und die Demuth des Niniviten nach, wiederholt die Worte des Zöllners und wird gerechtfertigt vor dem sich brüstenden Pharisäer, beugt sich wie das kananäische Weib und sucht die Erbarmung und die Krumen, des hungernden Hundes Nahrung."

Allein dieser vindicative und disciplinarische Zweck war nicht der einzige, den die Orientalen im Auge hatten; die Art, wie sie die Bußanstalt verwalteten, trug zugleich einen seelsorgerlichen Charakter und sie sahen es dabei vorzugsweise auf die sittliche Wiederherstellung des Gefallenen ab: sie wollten nicht bloß die Schuld heben, sondern zugleich die Ursache derselben, die Sünde selbst zerstören, in der festen Ueberzeugung, daß in demselben Verhältnisse, in welchem diese aus dem Herzen schwände, auch jene vor Gottes Auge und vor dem Gewissen getilgt werde. Wenn man daher denjenigen, welche sich freiwillig vor dem Bischof und dem Klerus anzeigten, die auf das Verbrechen gesetzte kanonische Bußzeit um mehrere Jahre, ja sogar um die Hälfte verkürzte und ihnen in einzelnen Fällen sogar Bußgrade erließ (Basil. can. 61.), so beruht dieß keineswegs bloß auf

---

[1]) Sie wird bisweilen auch dem Gregor von Nyssa beigelegt und ist in der Morellischen Ausgabe in dessen Werken abgedruckt; aber Photius legt sie cod. 271. dem Asterius bei, sie steht bei Migne Patrol. Graec. Vol. 40, 351—370.; Asterius hat seine dritte Homilie in avaros schon unter Julian 363 gehalten, wurde unter Valens Bischof von Amasea und hat jedenfalls noch 399 gelebt. Vgl. Fabricii Bibl. Gr. ed. Harless IX, 513.

einem juristischen Milderungsgrund, sondern man sah, wie dieß Gregor von Nyssa (can. 4.) ausdrücklich hervorhebt, in dem Entschlusse der Selbstanklage, der ja die Selbsterkenntniß und Reue voraussetzt, schon den Anfang des Heilungsprocesses und das Merkmal der begonnenen Besserung. In dem Verhöre, das mit dem Angeklagten angestellt wurde, sollte er nach Gregor von Nyssa (can. 3. u. can. 4. in fine) darüber sorgfältig befragt werden und Aufschluß geben, ob er durch den Druck schwerer, versuchungsreicher Lagen oder ohne äußere Nöthigung durch freien Entschluß zum Falle gekommen sei, denn von der Entscheidung dieser Frage hing die sittliche Beurtheilung seines Krankheitszustandes wesentlich ab. Wiederholt sprechen es diese Kirchenlehrer aus, daß nicht die Bußzeit, sondern das eigene Verhalten des Pönitenten seine Heilung bewirke. Πανταχοῦ, sagt Gregor (can. 8.), καὶ ἐν πλημμελήματος εἴδει τοῦτο καθορᾶν προσήκει πρὸ πάντων, ὅτι ἐστὶ τοῦ θεραπευομένου διάθεσις, μὴ τὸν χρόνον οἴεσθαι πρὸς θεραπείαν ἀρκεῖν — τίς γὰρ ἂν ἐκ τοῦ χρόνου ἴασις γένοιτο; — ἀλλὰ τὴν προαίρεσιν τοῦ ἑαυτὸν δι' ἐπιστροφῆς ἰατρεύοντος. In gleichem Sinne sagt Basilius (can. 84.): Πάντα δὲ ταῦτα γράφομεν, ὥςτε τοὺς καρποὺς δοκιμάζεσθαι τῆς μετανοίας· οὐ γὰρ πάντως τῷ χρόνῳ κρίνομεν τὰ τοιαῦτα, ἀλλὰ τῷ τρόπῳ τῆς μετανοίας προςέχομεν. Aus diesem leitenden Gesichtspunkt ergiebt sich, daß der Bischof und der Klerus auch während der Bußzeit jeden der Pönitenten sorgfältig zu beobachten und über seinen inneren Zustand sich fortwährend zu unterrichten hatten. Nach diesem Grundsatze stand es ferner (Greg. Nyss. can. 4. in fine) dem, welcher zum allgemeinen Wohle die kirchliche Bußanstalt verwaltete (τῷ οἰκονομοῦντι πρὸς τὸ συμφέρον τὴν ἐκκλησιαστικὴν οἰκονομίαν), dem Bischofe, zu, die Dauer der kirchlichen Bußstationen um ein Bedeutendes (ja fast um die Hälfte, ibid. can. 5.) abzukürzen, je nachdem sich in ihnen der Seelenzustand der Reconvalescenten bewährte, „denn", sagt dieser Lehrer, „wie uns verboten ist, die Perle vor die Schweine zu werfen, so ist es unsinnig, dem, der bereits durch Reinheit und Leidenschaftlosigkeit (ἀπάθεια) Mensch geworden ist, die köstliche Perle vorzuenthalten." Basilius aber bestätigt (can. 74.), daß der Inhaber der Schlüsselgewalt dieß auch bei den schwersten Vergehungen, wie der Glaubensverleugnung, die für immer von der Kirche ausschloß (can. 73.), thun könne, wenn er die Größe der Buße (τὸ ὑπερβάλλον τῆς ἐξομολογήσεως) wahrnehme. Aus diesem Absehen auf wirkliche Besserung, nicht bloß aus ihrer speculativen Geistesrichtung, erklärt es sich denn

auch, daß die orientalischen Väter nicht bei der äußeren Erscheinungs=
form der Sünde stehen bleiben, sondern sie bis in ihre specifische
Wurzel verfolgen und nach dieser die besondere Art des Heilmittels
bestimmen. In diesem Interesse hat Gregor von Nyssa die platoni=
schen Theile der Seele seiner Erörterung zu Grunde gelegt und auf
den λόγος, die ἐπιϑυμία und den ϑυμός die verschiedenen Tugenden
und Laster zurückgeführt. In diesem Interesse fordert er can. 1., daß
der Mannichfaltigkeit der physischen Krankheitsformen auch eine Man=
nichfaltigkeit des Heilungsverfahrens (πολυειδὴς ϑεραπευτικὴ ἐπι=
μέλεια) entspreche. Gleichwohl hat er, obgleich er diesem Interesse
durch seine Darstellung gerecht werden will, zur Befriedigung desselben
fast nichts gethan, da er die verschiedene Genesis der Sünden aus
den verschiedenen Theilen der Seele nur benutzt, um darnach theils
die Schwere der Schuld zu bestimmen, theils die ihr proportionirte
Dauer der Bußzeit abzumessen. Nur einmal nimmt er einen Anlauf,
der, bis zum Ziele fortgesetzt, ihn seinem angekündigten Zwecke hätte
näher bringen können. Da nämlich die in seiner Diöcese geltende
Gewohnheit den eigentlichen Diebstahl der kirchlichen Buße nicht unter=
warf und er ihn doch nicht unbedingt freigeben wollte, so bestimmt
er (can. 6.): „Der, welcher durch heimliche Entwendung sich fremdes
Gut angeeignet und dann durch sein Bekenntniß dieß Vergehen dem
Priester geoffenbart hat, wird durch das seinem Leiden entgegen=
gesetzte Verfahren (τῇ περὶ τὸ ἐναντίον τοῦ πάϑους σπουδῇ)
sein Siechthum heilen; ich meine dadurch, daß er seine Habe den
Armen mittheile, damit er durch die Hingabe dessen, was er besitzt,
als ein Solcher offenbar werde, der sich von der Krankheit der Habsucht
gereinigt hat; wenn er aber nichts außer seinem Leibe besitzt, so ge=
bietet ihm der Apostel, durch seine leibliche Arbeit solches Leiden zu
sühnen" (διὰ τοῦ σωματικοῦ κόπου τὸ τοιοῦτον ἐξιλάσασϑαι πάϑος).
Er beruft sich auf Ephes. 4, 28. Dieses allöopathische Verfahren der
psychischen Therapie, das Gregor nur an einem einzelnen Punkte, den
die kirchliche Gewohnheit seines Landes nicht weiter beachtet hat, er=
wähnt, finden wir bei Asterius in einem größeren Zusammenhange
ausgeführt; er sagt S. 368. (a. a. O.): „Komme zur Besinnung, er=
kenne dich selbst; du hast Gott betrübt; du hast deinen Schöpfer, der
über dein gegenwärtiges Leben Gewalt hat und des zukünftigen Herr
ist, erzürnt. Bist du krank durch Schwelgerei? heile durch Fasten
den Genuß! Hat Zügellosigkeit (ἀκολασία) deine Seele geschädigt?
Selbstbeherrschung (σωφροσύνη) werde das Heilmittel der Krankheit!

Hat die durch Fülle des Besitzes genährte Habgier (πλεονεξία πολύ-υλος) ein geistiges Fieber erzeugt? Almosen befreie dich von dem Ueberflusse (πλησμονή), denn ein Reinigungsmittel (καθάρσιον) ist für die im Ueberflusse Lebenden die Mittheilung. Hat uns der Raub geschädigt? zu seinem Eigenthümer kehre das Geraubte zurück! Hat die Lüge uns nahe an das Verderben geführt? Die Uebung der Wahr-heit hemme die Gefahr! Zückt Eidesbruch die hochgeschwungene Sichel des Sohnes Zachariä und droht uns abzuhauen (Luc. 3, 9.)? Lasset uns die Waffenrüstung der Buße anlegen, damit wir die Schärfe der Sichel ferne halten! Hat Jemand häretischen Dogmen gefröhnt? durch die Erkenntniß (φρονήματι) des rechten Glaubens entgehe er dem Afterglauben" (δεισιδαιμονία)! Scheinen auch solche Rathschläge zum Theil zunächst für die Privatbuße gegeben und nicht noth-wendig die Mitwirkung des Amtes zu fordern, nach dem Zusammen-hange, in welchem sie überhaupt im Ganzen der Rede stehen, und nach der Natur mancher darin angeführten Verbrechen waren sie zugleich für die kirchliche Buße, mochte diese als öffentliche durch alle vier Grade oder als geheime nur im letzten Grade geleistet wer-den, bestimmt; sie deuten die sündhaften Neigungen an, aus welchen die kirchlich bestraften Verbrechen hervorgingen, und geben dem Klerus die Mittel an, durch welche nicht bloß diese gesühnt, sondern zugleich jene in der Wurzel zerstört werden sollten. Es ist daher auch eine ganz richtige Beobachtung des Hrn. v. Z., wenn er in dem morgen-ländischen Bußwesen einen individuellen seelsorgerlichen Zug zu fin-den glaubt, er irrt nur darin, daß er diese individuelle seelsorger-liche Behandlung lediglich in die von ihm vorausgesetzte Privatbeichte und geheime Buße verlegt und dagegen der öffentlichen Buße einen ausschließlich disciplinarischen Charakter vindicirt (S. 355.). Dieses „Princip der Seelsorge, der geistlichen Erziehung und Bruderzucht" eignet der ganzen orientalischen Bußdis-ciplin sowohl nach der öffentlichen, als nach der gehei-men Seite ihrer Ausübung; es ist ihr nicht bloß um die satisfactorische, sondern zugleich wesentlich um die sittlich bessernde Wirkung der auferlegten Bußübung zu thun und durch fortwährende individuelle Beobach-tung, Berathung und Leitung des Pönitenten sollte dieselbe sichergestellt werden. Darin unterscheidet sie sich allerdings von der abendländischen Praxis, die, wie Hr. v. Z. richtig erkennt, wenn auch nicht „ausschließlich", doch vorwiegend „regressiv gerichtet war", denn daß dieser Unterschied nur als ein fließender, nicht aber als exclusiver Gegensatz zu fassen ist, daß auch die abendländischen Kirchenlehrer es für nothwendig hielten, ehe sie die Reconciliation gewährten, das Verhalten der Pönitenten während der Bußzeit zu beaufsichtigen und zu prüfen, zeigen Stellen wie Cypr. epist. 17, 2. (ed. Goldhorn) deutlich. Dieser Unterschied kann aber Niemand auffallen, der aus der Vergleichung beider weiß, daß die Abendländer auch in der Schilderung der Wirkungen der Taufe vorwiegend rückwärts schauend mehr die negative Seite, die Vergebung der Sünde, in das Auge faßten, während die Morgenländer, obgleich auch ihnen diese Betrachtung nicht fremd war, doch mit besonderer Vorliebe bei der positiven Seite verweilten und die Taufe vorwiegend als den Anfang eines neuen Lebens und als das Pfand von Heilswirkungen beschrieben, welche die ganze Zukunft des Täuflings umfaßten und bestimmten (vergl. meinen Art. „Taufe" bei Herzog, Real=Encycl. Bd. XV, 434. 436.)

Diesem vorwiegend sittlichen Charakter ihrer Bußdisciplin entspricht auch die Stellung, welche die morgenländische Kirche den Priestern und insbesondere dem Bischof zuweist. Sie sind nicht bloß Richter, sondern auch die Aerzte, die Seelenärzte der Pönitenten in der vollen Bedeutung des Wortes. Sie haben die Krankheit zu untersuchen, das specifische Gegenmittel zu verordnen und den ganzen Heilungsproceß bis zur völligen Genesung zu leiten und zu unterstützen. Aber die Anwendung des Mittels ist lediglich Sache des Kranken selbst und von der Gewissenhaftigkeit und dem Eifer, womit er dieß thut, hängt lediglich der Fortschritt und die Beschleunigung seiner Reconvalescenz ab. Das ist es, was Basilius mit τὸ ὑπερβάλλον τῆς ἐξομολογήσεως ausdrückt: der in unzweideutigen Symptomen hervortretende Ernst der Bekehrung. Von Solchen sagt Gregor von Nyssa, daß sie sich eifriger der Bekehrung befleißigen (σπουδαιότερον κεχρῆσθαι τῇ ἐπιστροφῇ) und in ihrem Leben die Rückkehr zum Guten beweisen (can. 4.), daß sie sich durch die Bekehrung selbst heilen (διὰ τῆς ἐπιστροφῆς ἑαυτοὺς ἰατρεύειν, can. 8.) und ihre That selbst sühnen (ἐξιλάσασθαι, can. 7. in fine). Wie darum die Abendländer die Vergebung Gottes für die Pönitenten vorwiegend auf die satisfactorische Kraft des Bußschmerzes gründeten, so haben sie die Morgenländer vorwiegend auf die satis=

factorische Kraft der sittlichen Erneuerung und Selbstarbeit gestützt, und beide haben in dieser Beziehung die Buße der Taufe antithetisch gegenübergestellt. Ebenso bestimmt, ja noch weit bestimmter als Asterius spricht dieß der Spanier Pacian (ep. II. ad Symphron. c. 8.) aus: baptismus est sacramentum dominicae passionis, poenitentium venia meritum est confitentis [wie das griechische ἐξομολογουμένου im allgemeineren Sinne]: illud omnes adipisci possunt, quia gratiae Dei donum est, i. e. gratuita donatio, labor vero iste paucorum est, qui post casum resurgunt. Aber man könnte noch weiter gehen, man könnte fragen: wenn denn doch die ganze Heilung auf der eignen That beruht, wenn die Buße an sich nichts Anderes ist, als sittliche Reinigung und Ausgleichung der Schuld durch freie Leistung, wozu bedarf es dann der kirchlichen Bußanstalt, außer bei öffentlichen Verbrechen als Sühne für die verletzte öffentliche Sitte, für das der ganzen Gemeinde gegebene Aergerniß? Jeder, der das Verfahren und das Heilmittel kennt, und zu dieser Kenntniß muß ihm die Predigt verhelfen, kann durch die Wahl der der specifischen Natur seiner Sünde direct entgegengesetzten Lebensweise auch ohne Priester und ohne Mitwirkung des Amtes die schwersten Vergehungen, soweit sie in dem Schooße seines Privatlebens verborgen liegen, selbst heilen und gut machen. In der That dürfen wir uns nicht wundern, wenn die Spitze dieses Gedankens, auf welcher die altkirchliche Grundanschauung von der Nothwendigkeit der kirchlichen Buße sich in ihrer letzten Consequenz selbst aufhebt, uns wenigstens einmal in der patristischen Literatur bei einem Abendländer, dem Presbyter Gennadius von Massilia, unverhüllt entgegentritt. Dieser sagt in dem 23. (al. 53.) Capitel seiner Schrift de eccles. dogmat., daß Jeder, der nicht den Willen zur Sünde habe, wenn er auch von Sünden (also den täglichen Schwachheitssünden) gepeinigt werde, im Vertrauen auf die Gnade des Herrn, die dem frommen Bekenntniß die Sünde vergebe, getrost und unverzagt zu der Eucharistie herantreten dürfe, dann aber fährt er fort: sed hoc de illo dico, quem capitalia et mortalia peccata non gravant, nam quem mortalia crimina post baptismum commissa premunt, hortor prius publica poenitentia satisfacere et ita sacerdotis judicio reconciliatum communioni sociari, si vult non ad judicium et condemnationem sui eucharistiam percipere. Sed et secreta satisfactione solvi peccata mortalia non nego, sed mutato prius saeculari habitu et confesso religionis studio per vitae correctionem et jugi, immo perpetuo luctu miserante Deo, ita duntaxat, ut contraria pro iis, quae poenitet, agat et eucharistiam omnibus dominicis diebus supplex et submissus usque ad mortem accipiat. Da nämlich Gennadius diese satisfactio secreta derjenigen entgegenstellt, bei welcher der Priester mit seinem richterlichen Urtheil und seiner Reconciliation concurrirt, so können wir uns, wie die Worte stehen, darunter nur eine Privatascese denken, in welcher die verkehrten Neigungen, aus denen die töbtlichen Thatsünden entsprungen sind, durch das ihnen direct Entgegengesetzte bekämpft und dadurch sammt der von ihnen erzeugten Schuld gesühnt werden. Einem ähnlichen Gedanken werden wir am Schlusse dieser Abhandlung bei Anastasius dem Sinaiten begegnen. Wie das Mönchthum aus der Privatascese entstanden ist, so lehrt es gleichsam in dieser geheimen Satisfaction wieder in das Privatleben zurück und diese erscheint einerseits. als das freigewählte Sublimat alles dessen, was in der kirchlichen Buße das Sacerdotium dem Pönitenten auferlegt, andererseits als eine dem mönchischen Büßerstande analoge Gestaltung des individuellen Lebens.

Insbesondere müssen wir darauf aufmerksam machen, daß der moderne Begriff der Absolution, wie der altkatholischen Kirche überhaupt, so auch dem Morgenlande völlig fremd war. Nirgends wird dem Priester in den ersten Jahrhunderten als Stellvertreter Gottes ein Recht der Sündenvergebung im Namen Gottes beigelegt, weder im römischen Sinne, daß er die Wirkung der Contrition und der Confession, die Erlassung der ewigen Schuld und die Verwandlung der ewigen Strafe in eine zeitliche, durch sein absolvirendes Wort vollende, noch in dem lutherischen, daß er die vergebende Kraft des Evangeliums dem persönlichen Glauben zur Aneignung darreiche und anbiete; vielmehr behielt man die Vergebung als ausschließliches Recht dem vor, der sie allein zu geben vermag, dem allmächtigen und barmherzigen Gott. In dieser Beziehung behielt das classische Wort des Firmilian von Cäsarea in Kappadocien, des Freundes von Origenes, auch im vierten Jahrhundert seine volle Geltung: non quasi a nobis remissionem peccatorum consequantur, sed ut per nos ad intelligentiam delictorum suorum convertantur et Domino plenius satisfacere cogantur (Cypr. epist. 75, 4.). Auf die Frage des Amtes: glaubst du, daß meine Vergebung Gottes Vergebung sei? welche das römische Dogma und das lutherische Bekenntniß bejahen konnten, würde das alt-

katholische Morgenland nur ein entschiedenes Nein gehabt haben. Nur
durch die Fürbitte, welche der Priester im Namen der
ganzen Gemeinde für den Pönitenten und Reconcilian=
den leistete, konnte er diesem die göttliche Sündenver=
gebung erwirken helfen; diese Fürbitte trat nur acces=
sorisch zu den eigenen Leistungen des Büßenden und
sollte den Mangel, der diesen, den menschlichen Blicken
verborgen, etwa noch anhaftete, bedecken. In diesem
Sinne ruft Asterius (S. 364.) dem Priester zu: σόν ἐστι τὸ πα-
ραιτεῖσθαι, τοῦ κριτοῦ τὸ δικάζειν; er findet darin seinen schönsten
Beruf, die Nachfolge des Herrn, denn auch Christus wird der Paraklet
(Fürbitter) für das menschliche Geschlecht genannt (1 Joh. 2, 1.), der
den Vater versöhnt (ἐξιλεούμενος); um desselben Amtes willen hat
der Geist der Wahrheit den gleichen Namen empfangen; die Ver=
tretung und Fürbitte aber geschieht immer für die Sünder, nicht für
die Schuld= und Tadellosen. „Eifere darin“, ruft er aus, „o Priester,
der Fürsorge des Moses nach, ahme nach sein Verhalten gegen die
ihm Untergebenen, der Gott anrief, er möge dem sündigen Volk nicht
ungnädig sein, und da er bald fühlte, daß die Gnade zögere, flehte,
es möge ihm vergönnt sein, vor dem Volke dahinzuscheiden, um nicht
Zeuge zu werden von dem Verderben seiner Heerde (Exod. 32, 32 ff.).
Aber die jetzt das Priesterthum verwalten“, fügt er strafend hinzu,
„lassen sich gegen die Sünder erbittern, treiben die Nahenden von
sich, gehen an den auf den Knieen Liegenden vorüber und wenden
von den Weinenden ihr Angesicht ab.“

Wohl legte die orientalische Kirche ihrem Episkopate die Schlüssel=
gewalt und mit derselben die Macht zu binden und zu lösen bei, —
aber absolviren und lösen heißt in ihrem Sinne nur die Excommu=
nication aufheben, und wo eine solche nicht vorausgegangen ist, da
kann auch folgerichtig im alten Sinne von einem Lösen oder Absol=
viren nicht die Rede sein. Zwischen beidem aber liegt die Bußübung
in der Mitte, und erst wenn diese vollständig geleistet und der mit
ihrer Auflage verbundene Zweck nach menschlichem Urtheil erreicht
war, konnte der durch sie Gereinigte der kirchlichen Gemeinschaft wieder
zurückgegeben werden. Auf den absoluten Werth der letzteren fällt
darum der ganze Schwerpunkt: wer sie entbehrt, ist eben damit auch
schlechthin jeden Anspruches auf die Gnade und das ewige Leben
beraubt. Welch’ ein düsteres Bild entwirft Gregor von Nyssa in
seiner Rede de castigatione S. 312. von dem trostlosen Zustande

des von dem Bischofe Gebundenen! „Seine Seele ist von schweren Fesseln gebeugt und außer Stande, sich frei zu regen; tritt so der Tod an sie plötzlich, wie ein Dieb in der Nacht, heran, so ist ihm auch das Jenseits verschlossen, denn die Thürhüter sind scharfblickend und lassen sich nicht täuschen; sie nehmen an der Seele die unvertilgbaren Spuren der Absonderung wahr; wie Einen, dessen Einkerkerung noch das struppige Haar und der Schmutz verrathen, weisen sie die Seele von dem Wege ab, der zur Seligkeit führt, und lassen sie die Ordnung der Gerechten und die himmlische Freude nicht schauen. Am traurigen Orte, in einen Winkel verstoßen, stöhnt sie ihren unendlichen und trostlosen Jammer aus.‟

Aber dem finsteren Gemälde entspricht kein heiteres Gegenbild; das läßt die Consequenz dieser Anschauung nicht zu. Die Wiederaufnahme giebt keine ebenso absolut sichere Gewähr für die Seligkeit, wie die Excommunication für die Verdammniß, sie versetzt nur in die Sphäre, in welcher die Bewahrung der Gnade und die fortschreitende sittliche Vollendung in ihr, in welcher also das Heil ermöglicht ist und gehofft werden darf. Nicht daß er wirklich begnadigt sei, sondern nur daß er begnadigt werden könne, verbürgt dem reconciliirten Sünder die vollzogene Lösegewalt der Kirche. Schon daraus ist ersichtlich, warum die altkatholische Kirche auch nicht annähernd ein Institut wie die Privatbeichte der lutherischen Kirche besitzen konnte, denn dieses hatte eben die Bestimmung, dem persönlichen Glauben in der Absolution, als der an sich unbedingt kräftigen Verkündigung des göttlichen Wortes, den Trost der Vergebung mit absoluter Gewißheit zu geben.

Es ist demnach eine zwiefache Function, die dem Priesterthum, beziehungsweise dem Bischof, in dem es gipfelt, oblag: als Richter und Arzt hatte er das Heilmittel zu verordnen und den sittlichen Heilungsproceß zu leiten; als Fürbitter hatte er um Gottes Vergebung zu flehen. So betrachtete man ihn im Abendlande in ähnlicher Fassung einerseits als judex coram foro ecclesiae, andererseits als deprecator coram foro Dei — zwei Vorstellungen, deren jede für sich ausgebildet wurde und die, wie ich im Artikel Schlüsselgewalt bei Herzog nachgewiesen habe, durch die letzte Zeit der Patristik und das halbe Mittelalter hindurch unvermittelt neben einander herliefen, bis endlich Alexander von Hales ihre Ausgleichung versuchte und dadurch den Grund legte, auf dem die römische Fixirung des Absolutionsbegriffs von Thomas von Aquino vollzogen wurde.

Noch bleibt uns die Beantwortung der Frage übrig: ob die orientalische Kirche eine Wiederholung der Kirchenbuße gestattete oder nicht? Daß sie in älterer Zeit nur einmal und nicht wieder den Todsünder zur Bußübung zuließ, haben im Oriente nur Clemens von Alexandrien (Strom. II. c. 13. im Anschluß an Hermae pastor lib. II. mand. 4. cap. 3.) und Origenes (in Levit. hom. 15. c. 2. in fine) entschieden ausgesprochen. Erst bei Sozomenus finden wir, wie der folgende Abschnitt zeigen wird, den entgegengesetzten Grundsatz bezeugt. Dazwischen ist mir kein Zeugniß weder dafür noch dagegen aufgestoßen. Wir werden also versuchen müssen, aus dem bisher mitgetheilten Material die Frage zu beantworten. Was nun die drei großen schweren Thatsünden in der engsten Begrenzung betrifft, die Glaubensverleugnung, den Mord, den Ehebruch, so sind darauf bei Gregor von Nyssa solche Strafen gesetzt, nämlich lebenslängliche, siebenundzwanzig- und achtzehnjährige Bußzeit, daß wohl die Möglichkeit einer Wiederholung der Buße dadurch von selbst ausgeschlossen erscheint. Unfreiwillige Tödtung wird als Sache des Zufalles wohl überhaupt nicht zum zweiten Male vorgekommen sein, als That der bloßen Uebereilung nach neunjähriger Buße ebenso wenig. Es bliebe also nur die einfache πορνεία; wenn wir uns aber erinnern, mit welchem Ernste die orientalische Kirche namentlich die sittliche Heilung der Pönitenten sich zur Aufgabe setzte und wie die kanonischen Briefe darauf dringen, nur Solche, über deren erfolgte Besserung wirklich die unzweifelhafte Gewißheit vorlag, zur Kirchengemeinschaft zuzulassen, so werden auch in diesem Punkte Recidiven nach einer neunjährigen Bußzeit nur in sehr seltenen Ausnahmen eingetreten und es dürfte nach der ganzen Strenge der Bußzucht solchen Rückfälligen schwerlich oder doch nur aus besonderen Rücksichten eine zweite Pönitenz zugestanden worden sein. Allein unter diesen Hauptformen der Todsünde wurden noch eine Anzahl leichterer Vergehen, wie Entführung, zweite, dritte, vierte Ehe, heimliche Entwendung u. a. m., untergebracht und durch die Kanones der Kirchenbuße unterworfen; gewiß wurden dieselben nicht als solche angesehen, die einmal verbüßt eine zweite Kirchenbuße für andere Fehltritte ausschlossen; wenigstens mußte der, welcher in eine vierte Ehe eintrat, bereits zweimalige Buße als Digamus und Trigamus geleistet haben, ehe er als Polygamus zum dritten Male bestraft werden konnte, und wenn er sich später eines der großen Verbrechen schuldig machte, so schnitten ihm sicherlich die kleineren Kirchenstrafen, die er bereits verbüßt hatte,

die Zulassung zur größeren Bußübung nicht ab. Unter diesen Um=
ständen ist es wohl ganz erklärlich, wenn im vierten Jahrhundert in
der orientalischen Kirche der alte Grundsatz, daß die Buße für Tod=
sünden nach der Taufe nur einmal und nicht wieder zu gestatten sei,
überhaupt nicht mehr ausgesprochen wird; wenn aber Sokrates nur
Eine Buße nach der Taufe für möglich zu halten scheint, Sozomenus
dagegen die Möglichkeit der Wiederholung unbedenklich annimmt, so
mag jener eben nur an die schweren, dieser aber zugleich an die
leichteren Sünden gedacht haben, welche der kanonischen Disciplin
unterlagen.

Die Bußdisciplin der orientalischen Kirche, wie sie im vierten
Jahrhundert sich uns darstellt, war übrigens Amtszucht, Priester=
zucht in der strengen Bedeutung des Wortes. Gregor von Nyssa
liebt es daher, den Bischof als den Erzieher seiner Gemeinde darzu=
stellen. Er führt uns in die Schule ein, wo der Knabe in Wort und
Werk ängstlich nachzubilden hat, was ihm der Lehrer vorzeigt; erweist
er sich darin fahrlässig und wird er mit Riemen gezüchtigt, so
widersetzt er sich nicht unmuthig den Schlägen, er wirft nicht das
Schreibbuch zerrissen fort, er verläßt nicht trotzig den Lehrer, sondern
vergießt nur kurze Zeit Thränen und widmet sich dann um so eifriger
und beharrlicher dem Lehrgegenstand. Auch wenn er um seines Leicht=
sinnes willen in der Schule bleiben und fasten muß, während seine
Mitschüler zum Mahle nach Hause gehen, beobachtet er um so ge=
wissenhafter den Befehl des Lehrers. Ganz umgekehrt verhält sich
nach Gregor's Erfahrung der Christ, obgleich ihm gesagt ist: Wenn
ihr nicht umkehret und werdet wie die Kinder, so werdet ihr nicht in
das Himmelreich kommen. Hört er den Priester strenger in Haltung
und Stimme die Sünde strafen, so widerspricht er unumwunden, er
knirscht mit den Zähnen, er schmäht auf dem Markte und in den
Straßen. Wird er von der Kirche ausgeschlossen, so verachtet er, von
der Gemeinde und den Mysterien abgeschnitten, unverholen das Gebet,
oder hält sich, wenn er von dieser Strafe verschont bleibt, aus Zorn
gegen den Bischof und gegen Gott, selbst von der Kirche ferne. Und
doch sei die Excommunication nicht bischöfliche Anmaßung, sondern
göttliche Ordnung. Wen der Herr lieb habe, den züchtige er, er geißle
aber jeden Sohn, den er annehme; nicht süß, sondern bitter seien die
Wurzeln der Zucht, aber ihre Frucht wohlschmeckender als Honig=
waben. Zwar fügt er hinzu, daß die bischöfliche Zucht nicht dem
Sclaven, sondern dem Freien gelte, der nicht entehrt, sondern geachtet,

nicht am Leibe gestraft, sondern nur im Gemüthe betrübt werden dürfe, aber die Stellung, welche den Gemeindegliedern gegenüber von dem Amte zukommt, ist doch eben die der unmündigen, lenksamen Kinder; denn „in die Stellung des Knaben tritt der Jünger, welcher nach weltlicher Kunst oder Wissenschaft verlangt; wer aber die Frömmigkeit übt, muß noch in viel höherem Grade ein Kind (βρέφος) sein, da der Herr dieses Alter als das lenksame mit seinem Lobe erhebt" (de castig. 312. 314.). Diese Anschauung, auf welcher die Idee der Seelsorge in jener Zeit beruht (nur Chrysostomus wußte das Recht der persönlichen Freiheit in höherem Grade zu fassen und zu vertreten), hat zu ihrer Voraussetzung und Erklärung die Thatsache, daß das Wesen und die Berechtigung der Persönlichkeit, wie dem Alterthume überhaupt, so auch der altkatholischen Kirche nicht zum klaren Bewußtsein kam: erst die Reformation hat dieses Bewußtsein erschlossen und die Aufgabe unserer Zeit wird es sein, aus ihm die Ordnungen des Staates und der Kirche neu zu gestalten. An die Stelle der Amtszucht, wie sie dem kirchlichen Alterthume als das Höchste vorschwebte und wie sie noch heute die römische Kirche als Ideal anstrebt, hat darum die sittlich=religiöse Selbstzucht der mündigen Gemeinde zu treten.

Einer Spur der Privatbeichte sind wir bis jetzt in diesen umfassenden orientalischen Zeugnissen des vierten Jahrhunderts über die Ausübung der Bußdisciplin nicht begegnet. Sie hat damals auch nur im Mönchthum existirt, aber als organische Einrichtung der Kirche zum ausschließlichen Zweck der individuellen Seelsorge der Gemeinde war sie dem Morgenlande fremd, denn theils war der seelsorgerliche Gesichtspunkt bereits in der allgemeinen Einrichtung der kirchlichen Bußanstalt zur Genüge gewahrt, theils hielt man eine individuelle Seelsorge außer dem begrenzten Kreise der Pönitenten für ungerechtfertigt, theils fehlte für eine wirkliche Privatbeichte das wesentlich erforderliche Correlat: der Begriff der Absolution als Sündenvergebung im Namen Gottes. Dagegen soll nicht geleugnet werden, daß der Bischof, wo er im Gemeindeleben auf sittliche Schäden stieß, über welche die Kanones nichts bestimmten, die betreffenden Gemeindeglieder nicht unter vier Augen oder vor dem Presbyterium zur Rede gestellt und mit allem Ernste vermahnt hätte. So fordert Basilius (can. 29.) für den Fall, daß obrigkeitliche Personen (ἄρχοντες) schwören, ihren Untergebenen Uebles zuzufügen, allerdings Remedur, beschränkt diese aber auf die zwiefache Belehrung, daß man nicht leichtfertig schwören und auf bösen Entschlüssen nicht beharren dürfe. Die μετάνοια, die er von Solchen wegen ihres leichtfertigen Eides fordert, ist, wie sich aus dem unmittelbar darauf gebrauchten Synonymon μεταφρονεῖν ergiebt, eine bloße Sinnesänderung und hat als solche mit der Buß= disciplin, den Bußzeiten und Bußgraden nichts zu thun. Die Bischöfe mußten sich gewiß um so unzweifelhafter zu solchen Vermahnungen berechtigt und verpflichtet erachten, da sie sich als Erzieher und Väter ihrer Gemeinde betrachteten und diese zu unbedingtem Gehorsam be= stimmt glaubten. Dagegen fehlt jedes Zeugniß, daß sie irgend eine Gewissenserforschung anstellten, um solche Schäden in dem Privat= leben, wenn sie nicht in die Oeffentlichkeit traten, aufzuspüren. Ebenso wird zuzugeben sein, daß Gemeindeglieder, die sich von einer nicht der öffentlichen oder geheimen Buße erliegenden Sünde in ihrem Gewissen gedrückt fühlten, bisweilen vor dem Bischof ihr Herz erleichtert und von ihm das Gegenmittel erbeten haben werden. Aber ein solches Bekenntniß kann nur als individuelles Bedürfniß und als Act des freien Vertrauens, mithin nur als sporadische Erscheinung, nicht als anstaltliche Institution aufgefaßt werden. Ich glaube mit dieser Dar= stellung nicht bloß die falschen Voraussetzungen, die Herr von Zezsch= witz zu dem morgenländischen Bußwesen mitgebracht, zerstört, sondern auch dieses zum ersten Male in zusammenhängender und erschöpfender Weise geschildert und damit die Grundlage gewonnen zu haben, von welcher aus zwei einzelne dunkle Punkte, mit denen das confessionelle Interesse zu allen Zeiten und auch jüngst wieder, wie die Erörterungen des Hrn. v. Z. zeigen, unerfreulichen Mißbrauch getrieben hat, allein ihr richtiges Verständniß empfangen können.

II. Das Bußpriesteramt der griechischen Kirche.

Die erste sichere Spur einer Privat= oder richtiger einer Einzelbeichte findet sich nämlich in den Berichten, welche die beiden griechischen Kirchenhistoriker Sokrates und Sozomenus über das Buß= priesterthum und dessen Abstellung durch Nektarius, Patriarch zu Con= stantinopel, gegeben haben. Da eine solche Anstalt nur aus der orien= talischen Bußdisciplin, wie wir sie bisher kennen gelernt haben, er= wachsen konnte, so wird es unsere Aufgabe sein, aus diesen bekannten allgemeinen Verhältnissen die Einzelnheiten zu begreifen, welche uns die genannten Berichte darbieten — ein Verfahren, das um so mehr geboten erscheint, da diese letzteren für sich allein keineswegs erschöpfen= den Aufschluß geben, und das uns allein gegen die Gefahr schützen

kann, mit Hrn. v. Z. zwischen den Zeilen zu lesen (S. 351.) und so
ein ganzes Luftgebäude von Trugschlüssen aufzubauen.

Sokrates sagt (lib. V. p. 19.): "Seitdem die Novatianer von der
Kirche ausgeschieden worden sind, weil sie nicht mit den in der Decischen Verfolgung Gefallenen die kirchliche Gemeinschaft aufrecht halten
wollten (τοῖς ἐπταικόσιν ἐν τῷ Δεκίου διωγμῷ κοινωνῆσαι μὴ θέ-
λοντες), haben die Bischöfe der kirchlichen Matrikel (τῷ κανόνι ἐκκλη-
σιαστικῷ, vgl. Valesius zu der St.) den Bußpriester (τὸν πρεσβύτερον
τὸν ἐπὶ τῆς μετανοίας) beigefügt, damit die nach der Taufe Gefallenen
(οἱ μετὰ τὸ βάπτισμα πταίσαντες) vor diesem dazu eingesetzten Priester
ihre Sünden bekennen sollten" (ἐξομολογῶνται τὰ ἁμαρτήματα).

Es fragt sich zunächst: welche Sünden wurden vor dem Bußpriester bekannt? für wen war dieses Amt eingesetzt? Ich habe darauf im "römischen Bußsacrament" S. 82. geantwortet: "Nicht Alle,
sondern nur diejenigen, welche nach den Kanones eine kirchliche Censur
verwirkt hatten, mußten vor dem Bußpriester bekennen." Hr. v. Z.
dagegen meint S. 352: der Ausdruck "nach der Taufe begangene
Sünden" könne nur gewaltsam dahin specificirt werden, daß mit ihm
nur Todsünden gemeint seien. Die Entscheidung dieser Differenz ist
nicht schwer. Der Ausdruck οἱ μετὰ τὸ βάπτισμα πταίσαντες deutet
schon unverkennbar auf Solche, welche die Gaben der Wiedergeburt,
die Taufgnade verscherzt hatten, also auf lapsi (wie auch Hr. Dr. Hase
"Protest.-Polemik" S. 407. Anm. 42. richtig erklärt) im eigentlichen
Sinne des Wortes, von denen man annahm, daß sie nur durch die kirchliche Bußübung wieder das verlorene Heilsgut zurückempfangen könnten.
Daß aber Sokrates nur an solche gedacht hat, zeigt der Zusammenhang unwiderleglich. Durch die Erwähnung der Novatianer nämlich
will er nicht bloß den Zeitpunkt, sondern zugleich die Veranlassung der Entstehung des Bußpriesteramtes angeben. Die Novatianer versagten den in der Verfolgung gefallenen getauften Christen
die Wiederaufnahme in die kirchliche Gemeinschaft selbst am Ende
ihres Lebens und überließen es ihnen, sich selbst durch ihre Buße
die Vergebung von Gottes freier Gnade unmittelbar zu erwirken
(vergl. meinen Art. "Novatian" bei Herzog X, 482.); sie dehnten
diesen Grundsatz überhaupt auf Alle aus, die sich nach der Taufe
einer Todsünde, einer der drei schweren Thatsünden, schuldig gemacht
hatten (vgl. die Worte des Novatianers Akesius auf der Kirchenversammlung zu Nicäa bei Sokrates I, 10: ὡς ἄρα οὐ χρὴ τοὺς μετὰ
τὸ βάπτισμα ἡμαρτηκότας ἁμαρτίαν, ἣν πρὸς θάνατον καλοῦσιν

αἱ θεῖαι γραφαί, τῆς κοινωνίας τῶν θείων μυστηρίων ἀξιοῦσθαι, ἀλλ᾽ ἐπὶ μετάνοιαν μὲν αὐτοὺς προτρέπειν, ἐλπίδα δὲ τῆς ἀφέσεως μὴ παρὰ τῶν ἱερέων, ἀλλὰ παρὰ τοῦ θεοῦ ἐκδέχεσθαι τοῦ δυναμένου καὶ ἐξουσίαν ἔχοντος συγχωρεῖν ἁμαρτήματα); sie hielten also die Buße für solche Sünden nicht für überflüssig, noch erfolglos, aber sie sprachen der Kirche das Recht ab, auf dieselbe hin die kirchliche Gemeinschaft wiederum zu öffnen; sie behandelten die Buße solcher Sünder lediglich als deren eigene Privatsache, nicht als Aufgabe der Schlüsselgewalt. Wenn nun Sokrates offenbar sagen will, daß die Kirche und, wie er später hinzufügt, auch alle anderen Secten (die Montanisten hat er dabei ganz übersehen) im directen Gegensatze zu dieser Praxis die nach der Taufe Gefallenen unter die priesterliche Schlüsselgewalt gestellt und zu diesem Zwecke das Bußpriesteramt gegründet haben, so ergiebt sich aus diesem Zusammenhange mit zwingender Nothwendigkeit, daß bei den μετὰ τὸ βάπτισμα πταίσαντες nur an solche Sünden zu denken ist, für deren Heilung die Novatianer dem Priesterthum jedes Mandat in Abrede stellten, also eben an die Todsünden, d. h. an die drei schweren Thatsünden und ihre Species. Mein scharfsinniger Recensent hatte übrigens um so weniger Anlaß, meine Auffassung der Gewaltsamkeit zu bezüchtigen, da er S. 356. „in diesem Ausdruck des Sokrates noch die allgemeine Zeitanschauung wiedergespiegelt" sieht, daß nach der Taufe nur eine einmalige Buße gewährt war; nun wird er aber doch gewiß wissen, daß diese eine und letzte Buße sich nur auf die drei schweren Thatsünden, die eigentlichen Todsünden, bezieht und daß folglich auch Sokrates, wenn er die Möglichkeit nur einer einmaligen Buße nach der Taufe anzudeuten scheint, auch nur diese Art von Vergehen im Auge gehabt haben kann.

Dieses Resultat wird denn auch durch die Darstellung des Sozomenus (lib. VII, 16.) augenscheinlich bestätigt; denn wenn dieser daselbst sagt: „Die Novatianer bedürfen dessen in keiner Weise, aber bei den übrigen Secten dauert dieß noch heute fort, mit großer Sorgfalt aber wird es auch in den abendländischen Kirchen beobachtet und zumeist in der römischen"[1]), und dann ausführlich beschreibt,

---

[1]) Allerdings ist der Context der Stelle nicht ganz klar. Nachdem Sozomenus die Einsetzung des Bußpriesters und seine Functionen beschrieben hat, fährt er fort: Ἀλλὰ Ναυατιανοῖς μέν, οἷς οὐ λόγος μετανοίας, οὐδὲν τούτου

wie in Rom der Bischof mit den Pönitenten in der engeren Bedeu=
tung des Wortes (nämlich im Unterschiede von den fideles und ca=
techumeni) während der Bußzeit und bei der Reconciliation ver=
fährt, so kann er die von ihm behauptete Uebereinstim=
mung zwischen Morgen= und Abendland nicht in der
Einrichtung des Bußpriesterthums (denn daß er dieß in
Rom nicht voraussetzt, zeigt eben diese umständliche Beschreibung der
römischen Sitte), sondern nur in der gleichartigen Behand=
lung der Pönitenten gesucht haben, und auch die Fälle,
in welchen er das Bußpriesterthum in Constantinopel

ἐδέησεν, wo τούτου nicht als Masculinum (auf den Bußpriester hindeutend),
sondern als Neutrum zu fassen und auf das Verfahren gegen die Pönitenten zu
beziehen ist. Wenn er dann weiter sagt: ἐν δὲ ταῖς ἄλλαις αἱρέσεσιν εἰς ἔτι
νῦν τοῦτο κρατεῖ, ἐπιμελῶς δὲ καὶ ἐν ταῖς κατὰ δύσιν ἐκκλησίαις φυλάττεται
καὶ μάλιστα ἐν τῇ Ῥωμαίων, ἐνθάδε γὰρ ἔκδηλός ἐστιν ὁ τόπος τῶν ἐν μετανοίᾳ ὄντων κτλ., so hat er bei τοῦτο wiederum den geschilderten Brauch im
Auge, den Gefallenen eine Buße aufzuerlegen und sie nach Vollendung derselben
zu lösen, und von dieser Sitte sagt er, daß sie allenthalben auch bei den Secten
bestehe und insbesondere im Abendlande und auch in Rom mit großer Strenge
gehandhabt werde. Bei ἐπιμελῶς δὲ καὶ — ἐν τῇ Ῥ. mit Hrn. v. Z. eine Cor-
rumpirung des Textes anzunehmen (S. 356.), ist daher ganz überflüssig. Richtig
übersetzt Valesius: Verum Novatianis quidem, qui nullam rationem habent
poenitentiae, nihil in hac re opus fuit. Apud reliquas autem sectas hic
mos etiamnunc perseverat. Et in occidentalibus ecclesiis ac praecipue in
ecclesia Romana studiose observatur. Es folgt dann eine eingehende umständ=
liche Schilderung des römischen Brauches, die, wie Valesius dargethan hat,
durchaus durch die römischen Quellenzeugnisse bestätigt wird. Daß dieß wirklich
der Sinn der Stelle ist und daß Sozomenus weit entfernt war, den
Bußpriester auch in Rom vorauszusetzen, ersehen wir deutlich aus
dem Fortgang der Erzählung. Nachdem er nämlich das Bild des römischen
Verfahrens vollständig entworfen hat, geht die Relation in folgender Wendung
zu den constantinopolitanischen Ereignissen zurück: τάδε μὲν ἀρχῆθεν οἱ Ῥωμαίων ἱερεῖς ἄχρι καὶ εἰς ἡμᾶς φυλάττουσιν, ἐν δὲ τῇ Κωνσταντινουπόλει ἐκκλησίᾳ ὁ ἐπὶ τῶν μετανοούντων τεταγμένος πρεσβύτερος ἐπολιτεύετο. Was
demnach in Rom die Priester überhaupt versahen, das war in Constantinopel
dem Bußpriester nach Sozomenus übertragen. Es beruht darum auf falscher Interpretation und Nichtbeachtung des Zusammenhanges,
wenn Hr. v. Z. S. 348. aus dieser Stelle folgert, Sozomenus
verrathe eine auffallende Unkenntniß des abendländischen Buß=
wesens oder widerspreche sich doch in der Darstellung desselben
in Einem Athem!" Wenigstens fällt „die auffallende Unkenntniß" in diesem
Punkte nicht dem Schriftsteller zur Last, sondern dem Interpreten, für den jener
nicht einzustehen hat.

wirksam denkt, werden im Ganzen dieselben sein, in
welchen nach seiner Darstellung der römische Bischof
die Bußzucht über die Pönitenten ausübte, dieselben, in
welchen die Novatianer die Buße innerhalb der Kirche
versagten: die drei großen Thatsünden und — so dürfen
wir wohl hinzufügen — auch die kleineren Vergehungen,
welche man als Species unter diese drei Gattungsbe=
griffe noch unterbrachte, also die Sünden, welche nach
den Kanones der kirchlichen Censur unterlagen.

Wenn somit dem Bußpriester nur die Ausübung der Schlüssel=
gewalt oblag und zwar, wie sich von selbst versteht, nur gegen die,
auf welche sie sich nach der Anschauung der alten Kirche bezog, gegen
die nach der Taufe in schwere Thatsünden Gefallenen, so fragt sich
weiter, wie er diese Gewalt ausübte. Beide Kirchenhistoriker
stimmen in einem Punkte völlig überein, nämlich daß die Schuldigen
ihm ihre Sünden bekannten; Sozomenus aber fügt noch weiter
hinzu, daß er Jedem die Strafe, die er als Aequivalent für seine
Sünden an sich vollziehen mußte, auferlegte und die, welche sie ver=
büßt hatten, löste (ἀπέλυε παρὰ σφῶν αὐτῶν τὴν δίκην εἰςπραξα-
μένους). Wir sehen uns durch diese Schilderung ganz in die Sphäre
der kanonischen Bußdisciplin versetzt, nur erscheint die richter=
liche Gewalt, die sonst der Bischof mit seinem ganzen Klerus aus=
übte, hier in einer Hand concentrirt, dem Collegium ist ein einziger
Richter substituirt, der, mit denselben Befugnissen ausgestattet, sie nach
denselben Grundsätzen verwaltete. Ist diese Anschauung richtig, so
ergeben sich folgende Consequenzen von selbst: vor dem Bußpriester
wird das Bekenntniß abgelegt, das sonst vor dem Presbyterium statt=
hatte; ohne Zweifel wurden auch vor ihm die Anklagen durch Andere
erhoben und die Untersuchung geführt; er sprach das Urtheil nach
den Kanones, und da diese wirkliche Gesetze und keine kirchenrechtliche
Exercitien waren, so kann ihm auch nicht, wie Hr. v. Z. S. 354.
anzunehmen geneigt ist, für dieses Urtheil ein freierer Spielraum ge=
blieben sein, als ihn die Kanones überhaupt gestatten; er kann also
auch nur diejenigen Confitenten, deren Sünden nach diesen Bestim=
mungen durch alle vier Bußgrade geheilt werden mußten, zur öffent=
lichen Buße (denn diese lag in der πρόςκλαυσις und ὑπόπτωσις),
diejenigen dagegen, welchen die kirchliche Gewohnheit aus besonderen
Rücksichten nur den vierten Grad (Ausschluß von der Communion
allein) oder zugleich den zweiten Grad (die ἀκρόασις) zumuthete, zur

geheimen Buße verurtheilt haben; er wird ferner als Substitut
des Bischofs die Aufgabe gehabt haben, die Pönitenten während der
Buße zu überwachen und sich von dem Fortschritte ihrer sittlichen
Reconvalescenz zu überzeugen; nach vollendeter Buße endlich löste er
sie (ἀπέλυε), d. h. nicht, wie Hr. v. Z. S. 354. meint: „er ab-
solvirte die Beichtenden" — denn Sozomenus deutet ausdrücklich durch die Wahl des Participiums Aoristi εἰσπραξαμένους an,
daß sie nicht, wie es vielleicht im specifisch lutherischen Interesse zu
wünschen wäre, unmittelbar nach der Beichte, sondern erst nach vollendeter Bußzeit und Bußleistung gelöst wurden, und es fällt mithin
„das interessante Zeugniß, daß dieser Gedanke jener verhältnißmäßig
nahen (?) Zeit nicht fremd erschien" (S. 354.), als ein bloßes Mißverständniß des griechischen Ausdrucks in sich zusammen — sondern
er löste sie von der Kirchenstrafe und nahm sie wieder in die Kirchengemeinschaft auf. Wir dürfen also ohne Weiteres annehmen, daß
Jeder, dem der Bußpriester eine Buße auferlegte, bis zur Vollendung
derselben mindestens von der Abendmahlsgemeinschaft ausgeschlossen blieb
und erst später wieder aufgenommen wurde, was den disciplinaren und correctionellen Charakter des ganzen Instituts in das hellste Licht setzt (ohne daß deßhalb der zugleich seelsorgerliche geleugnet werden soll).

Fragt man, was die Kirche veranlassen konnte, diese Veränderung
zu treffen und ihre richterliche Gewalt aus der Hand eines Col-
legiums auf einen Einzelnen zu übertragen, so suchen wir bei Sokrates vergeblich einen Aufschluß; nur Sozomenus erklärt sich darüber
sehr eingehend. Er sagt: „Da gar nicht Sündigen eine göttliche,
nicht eine menschliche Natur voraussetzen würde, Gott aber geboten
hat, denen, die bereuen, auch wenn sie öfter sündigen (μεταμελουμένοις
δὲ καὶ πολλάκις ἁμαρτάνουσι), zu verzeihen, und da es ferner nothwendig ist, bei der Bitte um Vergebung die Sünden zu gestehen, so
hielten es die Priester mit Recht von Anfang an für lästig, daß man
wie auf einer Schaubühne vor der versammelten Gemeinde die Sünden heraussage; sie bestimmten deßhalb dazu einen Presbyter von
unbescholtenem Wandel, verschwiegen und klug; zu diesem gingen die,
welche gesündigt hatten und bekannten ihm" u. s. w. Diese Darstellung ist so verständig und durchaus den Verhältnissen des vierten
Jahrhunderts angemessen, daß sie uns von vornherein Vertrauen zu
ihrer Glaubwürdigkeit einflößt. Es ist, wie wir sahen, ein Irrthum,
daß die alte Kirche nur öffentliche Vergehen ihrer Bußdisciplin

unterworfen habe, sie hielt auch das Bekenntniß der geheimen Tod=
sünden für unbedingt nothwendig; um dieses freiwillige Bekenntniß,
in welchem man schon den Anfang der Belehrung sah, zu erleichtern,
haben sogar sämmtliche kanonische Briefe von Gregorius Thaumaturgus
an auf dasselbe eine kürzere Bußzeit gesetzt, als wenn der Thäter
auf frischer That ergriffen oder durch Ankläger und Zeugen überführt
worden war; allein auch so mochte es noch Manchem und insbeson=
dere Frauen hart ankommen, vor Bischof und Klerus die dunkelsten
Geheimnisse ihres Privatlebens zu offenbaren; wie nahe mußte es
daher liegen, auch dieser gerechtfertigten oder wenigstens begreiflichen
Scham entgegenzukommen und in einem einzigen verschwiegenen, er=
fahrenen und Vertrauen erweckenden Mann das Forum noch enger
zu begrenzen! Zwar meint Hr. v. Z. S. 367., es klinge völlig nach
subjectiver Construction, was er schreibe: „da gar nicht Sündigen
eine göttliche Natur voraussetzen würde, Gott aber befohlen habe,
den Bußethuenden, auch wenn sie öfter sündigen, Vergebung zu er=
theilen“, ja, er ist geneigt, diesen vermeintlichen Charakterzug des Buß=
priesterthums, den auch ich approbirt hätte, als mindestens höchst
problematisch aufzugeben. Ich bin anderer Meinung. Die angeblich
subjective Motivirung, daß gar nicht Sündigen eine göttliche Natur
voraussetzen würde und über die menschliche Kraft gehe, ist nicht
Privatansicht des Sozomenus, sondern allgemeine Anschauung des
vierten Jahrhunderts. So sagt, um nur ein Beispiel statt vieler an=
zuführen, Gregor von Nazianz in seiner am 7. Januar 381 zu Con=
stantinopel gehaltenen 40. Rede (in sanct. baptisma, cap. 7. ed.
Maurin. Tom. I, 695.): τὸ μὲν μηδὲν ἁμαρτάνειν ἐστὶ Θεοῦ καὶ
τῆς πρώτης καὶ ἀσυνθέτου φύσεως . . . . τὸ δὲ ἁμαρτάνειν ἀνθρώ=
πινον καὶ τῆς κάτω συνθέσεως. Die Scheu, einen Sünder wie auf
der Schaubühne aufzustellen, die sich übrigens bei Sozomenus aus=
drücklich nur auf das Sündenbekenntniß vor der Gemeinde, keines=
wegs aber, wie Hr. v. Z. S. 363. „in subjectiver Färbung“ ein=
trägt, auf „die öffentliche Buße“ bezieht, ist gleichfalls ein allgemeiner
Zug der Zeit und tritt besonders stark bei Chrysostomus und zwar
wiederum in Beziehung auf das Sündenbekenntniß vor Menschen
hervor. Auch darin kann also nichts Auffallendes liegen. Den größten
Anstoß scheint freilich Hr. v. Z. an der von Sozomenus behaupteten
Möglichkeit einer mehrmaligen Buße zu nehmen, während er bei So=
krates nicht mit Unrecht noch die alte Anschauung durchschimmern
sieht; aber auch dieser scheinbare Widerspruch gleicht sich leicht in der

von uns oben aufgestellten Annahme aus, daß Sokrates wohl vor=
zugsweise die schwersten Thatsünden im Auge hatte, dagegen Sozo=
menus auch an die anderen leichteren Sünden denken mochte, welche
man künstlich unter die Kategorien jener unterbrachte. Insofern
freilich in der Darstellung des Letzteren zugleich die Ansicht ausge=
sprochen scheint, daß das Bußpriesterthum in der Absicht eingesetzt
sei, um für wiederholt begangene Sünden die Möglichkeit einer Ver=
gebung zu eröffnen, müßte man ihn des Irrthums anklagen; ich be=
zweifle aber, daß diese Behauptung wirklich in seiner Absicht gelegen
habe; die Worte καὶ πολλάκις ἁμαρτάνουσι sind offenbar nur lose
als Parenthese eingefügt und drücken zwar eine Meinung des Schrift=
stellers aus, aber eine solche, für welche die damalige Praxis manche
Anhaltspunkte darbieten konnte und die überdieß in bedeutenden Kirchen=
lehrern wie Chrysostomus ihre offenen Vertreter hatte (vergl. z. B.
dessen dritte Homilie über die Buße, Tom. II. p. 300. ed. Mont=
faucon: „So oft du auf dem Markte fällst, so stehst du wieder auf;
ebenso thue Buße, so oft du gesündigt hast, für die Sünde, gieb dich
nicht selbst auf; und sündigst du zum zweiten Male, so thue zum zweiten
Male Buße" [μετανόησον]; freilich ist der Ausdruck hier zu allgemein,
da er nicht von den Todsünden speciell, sondern von den Sünden
überhaupt, auch nicht von der kirchlichen Bußübung, sondern von der
μετάνοια, der Sinnesänderung überhaupt, handelt). Bei diesem Anlasse
kann ich übrigens nicht umhin, die Insinuation abzulehnen, daß ich
die wiederholte Zulassung zur kirchlichen Buße „als einen Charakter=
zug des Bußpriesteramtes" bezeichnet hätte; solche Vorwürfe verrathen
eine auffallende Unfähigkeit, eine fremde Ansicht zu verstehen; ich habe
nur (röm. Bußsacrament, S. 109.) gesagt, was auch der „sorgfältigere
und mannichfach gerechtere" Kliefoth ohne Bedenken S. 112. wiederholt
hat, daß „bei Sozomenus schon die Möglichkeit einer mehrmaligen
Kirchenbuße und Reconciliation ausgesprochen sei", und die Richtigkeit
dieser Thatsache wird jeder Unbefangene ohne Weiteres einräumen.

Diese Auffassung von dem Wesen und den Functionen des Buß=
priesteramtes wird sich an dem Factum zu bewähren haben, das den
Patriarchen Nektarius von Constantinopel zur Aufhebung desselben
veranlaßt hat. Nach Sokrates „kam ein vornehmes Weib zu dem
Bußpriester und bekannte ihm zum Theil (κατὰ μέρος, ich acceptire
vollkommen diese Interpretation des Hrn. v. Z., statt der früheren
von mir gegebenen: im Einzelnen) die Sünden, die sie nach der Taufe
begangen hatte. Der Priester befahl (παρήγγειλε) dem Weibe zu

fasten und anhaltend zu beten, damit sie neben dem Bekenntniß auch ein der Sinnesänderung würdiges Werk aufzuweisen habe (ἵνα σὺν τῇ ὁμολογίᾳ καὶ ἔργον τι δεικνύειν ἔχῃ τῆς μετανοίας ἄξιον), sie aber fortfahrend (ἡ δὲ προβαίνουσα, ich trete auch in diesem Punkte Hrn. v. Z. bei statt meiner früheren Auffassung: im Verlaufe aber) klagte sich auch eines anderen Verbrechens an (καὶ ἄλλο πταῖσμα), denn sie sagte, daß sie ein Diakon in der Kirche beschlafen habe; diese Aussage veranlaßte die Excommunication des Diakonus (τοῦτο λεχθὲν τὸν μὲν διάκονον τῆς ἐκκλησίας ἐκπεσεῖν παρεσκεύασε), Schrecken aber und Unwille ergriff die Gemeinde nicht bloß über den Vorfall, sondern auch über die aus der That der Kirche erwachsene Lästerung und Schmach." Sozomenus bemerkt gleich im Eingang, daß der Anlaß zur Aufhebung des Amtes ebensowohl wie der zu seiner Entstehung von Verschiedenen verschieden erzählt werde; er wolle berichten, wie er es ansehe (ἐγὼ δὲ ὡς οἶμαι ἀφηγήσομαι). Dieser Eingang verräth den sorgfältigen Berichterstatter, der die verschiedenen Relationen prüft und sich für die, welche nach seinem Urtheil die größere Wahrscheinlichkeit für sich hat, entscheidet; ich kann daher in dieser Vorbemerkung nicht mehr, wie ich früher gethan habe (röm. Bußsacr. S. 83.) und wie es Hr. v. Z. mir nachgesprochen hat, eine subjective Färbung, sondern nur die Thatsache erkennen, daß man nach etwa 40 bis 50 Jahren ein und dasselbe Factum nicht mehr auf übereinstimmende Weise erzählte. Die Abweichung des Sozomenus von Sokrates besteht nun darin, daß das Weib bekennt, dann zum Fasten und Gebet verurtheilt, und als sie deßhalb in der Kirche verweilt, von dem Diakon stuprirt wird. Diesen Vorgang bekennt sie dann in einer zweiten Beichte. Daß diese abweichende Relation des Sozomenus lediglich aus dem Mißverständniß des Ausdrucks προβαίνουσα bei Sokrates entstanden, daß jener auf diesem Wege zu der Annahme zweier zeitlich auseinanderliegenden Beichten gekommen sei und die Stupration willkürlich in diesen Zwischenraum und in die Kirche verlegt habe, ja daß er nur aus dieser auf lauter Irrungen beruhenden Construction des Factums die Möglichkeit einer wiederholten Vergebung argumentirt habe, ist eine Hypothese des Hrn. v. Z., die zwar seinem Scharfsinn alle Ehre macht, aber, wie ich glaube, die Wahrscheinlichkeit mehr gegen als für sich hat. Denn da Sozomenus gleich an der Spitze seines Berichtes das Vorhandensein abweichender Relationen constatirt (κατὰ ποίαν αἰτίαν ἐπαύσατο, ἄλλοι μὲν ἴσως ἄλλως λέγουσιν), so ist wohl anzunehmen, daß er die von ihm ein

gehaltene Form der Erzählung wirklich von Anderen überkommen habe.
Jedenfalls erscheint durch seine Darstellung der allgemeine Unwille
der Gemeinde, von dem beide Historiker erzählen, noch motivirter, da
der Diakon sich nicht bloß mit einer Verheiratheten, sondern zugleich
einer Büßenden und obendrein an geweihter Stätte verging. Dennoch vindicire ich der Erzählung des Sokrates, so weit sie dieses
Factum betrifft, die Ursprünglichkeit, und zwar deßhalb, weil er später
mit dem Alexandriner Eudämon, demselben, welcher dem Nektarius
die Abstellung des Bußpriesterthums angerathen hatte, über den Vorgang sich unterredet und demnach von einem unmittelbaren Augenzeugen darüber Nachricht erhalten hat. Uebrigens bestätigt auch die
Versicherung des Sokrates, daß er bemüht gewesen sei, über die Thatsache die glaubwürdigsten Erkundigungen einzuziehen, daß dieselbe auf
verschiedene Weise berichtet wurde.

Wichtiger sind die Folgerungen, welche wir aus der Erzählung
abzuleiten haben. Worin die ersten Vergehungen bestanden haben
mögen, welche die Frau bekannt hat, wissen wir nicht; aber da Sokrates denselben das zweite mit der Bezeichnung καὶ ἄλλο πταῖσμα
gegenüberstellt, so müssen es ebenfalls πταίσματα gewesen sein;
da ferner derselbe Schriftsteller das ganze Institut nur darum gegründet weiß, damit im Gegensatze zu den Novatianern, welche als
οἱ τοῖς ἐπταικόσι . . . κοινωνῆσαι μὴ θελήσαντες bezeichnet
werden, οἱ μετὰ τὸ βάπτισμα πταίσαντες ihre Sünden bekennen
sollten, so werden wir uns auch unter diesen zuerst gebeichteten
πταίσματα der Frau nur schwere Thatsünden oder wenigstens solche
Sünden benken können, welche durch die Kanones verpönt waren.
Was Hr. v. Z. gegen diese Auffassung S. 352. geltend zu machen
versucht hat, haben wir bereits in dem ersten Abschnitt der gegenwärtigen Abhandlung widerlegt und wollen darauf nicht noch einmal
zurückkommen. Daß die Frau nicht der öffentlichen, sondern der
geheimen Bußübung unterworfen worden ist, versteht sich von selbst,
aber dieß geschah nicht deßhalb, weil sie heimlich gebeichtet hatte,
sondern deßhalb, weil man Frauen und selbst Ehebrecherinnen, wie
Basilius sagt, mochten sie freiwillig bekannt haben oder überführt
worden sein, überhaupt nicht öffentlicher Schmach preisgab, sondern
sie nur in den vierten Bußgrad, die σύστασις μετὰ τῶν πιστῶν,
verwies und folglich nur mit einfachem Ausschluß von der Communion bestrafte (vergl. auch Bona rer. liturg. lib. I. cap. XVII.
§. 5.). Wenn daher Hr. v. Z. von diesem Vorgange mittelst der

Induction zu dem Schlusse kommt: „es erscheine im Morgenland schon lange vor Augustin als Ordnungsform: heimlich gebeichtete Sünden werden heimlich gebüßt", so ist dieses ein Fehlschuß, der am Ziele weit vorbeifliegt. Wenn er ferner S. 353. meint, durch Augustin [1]) sei dieses Verfahren in die abendländische Sitte eingeführt worden, so ist auch dieß ein Irrthum: bei Augustin gilt vielmehr der Grundsatz, daß der Grad der Oeffentlichkeit, in welchem das Verbrechen begangen wurde, auch den Grad der Oeffentlichkeit der Bußübung bestimme, und daß somit die im Geheimen begangenen (also nicht die heimlich gebeichteten) Sünden heimlich gebüßt werden (vergl. meinen Art. „Nordafrikanische Kirche" bei Herzog X, 420. u. oben). Wenn er weiter S. 352. sagt: „Jedenfalls sind Fasten und Gebete, die jener Frau nach der ersten Beichte aufgelegt werden [nach S. 355. wird sie „„ähnlich wie im Mittelalter mit einem consilium entlassen"" und doch sagt Sokrates παρήγγειλε, bei Sozomenus heißt sie προσταχθεῖσα, Ausdrücke, die nicht eben nach einem bloßen consilium schmecken], nur Formen der Privat= buße, wie sie das ganze Abendland zu jener Zeit als besondere priesterliche Auflegung gar nicht kennt", so ist gegen das Erstere zu erinnern, daß das Fasten von Tertullian und Origenes gerade als Begleiter der öffentlichen Buße erwähnt, nach den Zeugnissen des vierten Jahrhunderts dagegen als specifisches φάρμακον oder καθάρσιον τῆς ἀπολαύσεως im weitesten Sinne auferlegt wurde, also bei dieser edlen Eupatridin ganz an seiner Stelle sein mochte und mit der Frage nach der Oeffentlichkeit oder Heimlichkeit ihrer Bußübung außer allem Zusammenhange steht. Daß aber auch im Abendlande und selbst in der Metropole desselben, in Rom, Fasten als priesterliche Auflegung bei Pönitenten gar nichts Seltenes war, konnte er bereits aus Sozomenus lernen, der von den römischen Pönitenten ausdrücklich sagt: καθ᾽ ἑαυτὸν δὲ ἑκοντὶ ταλαιπωρούμενος ἕκαστος ἢ νηστείαις ἢ ἀλουσίαις ἢ ἐδεσμάτων ἀποχῇ ἢ ἑτέροις οἷς προστέτακται περιμένει τὸν χρόνον. Denn wenn allerdings das ἑκοντὶ und das προστέτακται auf den ersten Blick im Widerspruch zu stehen scheint, so besagt doch bei näherer Erwägung der ganze Satz nichts

---

[1]) Auch das ist unrichtig, daß die heimliche Buße der nordafrikanischen Kirche S. 353. nur als ein „schüchtern hervortretendes Verfahren persönlicher Ueberzeugung von Seiten Augustin's" dargestellt wird; im Gegentheile läßt sie sich bereits als Grundsatz der Kirche aus dem can. 30. des hipponensischen Breviars und aus can. 31. u. 32. der 3. karthagischen Synode (vom Jahre 393 u. 397) folgern.

Anderes, als daß die Pönitenten zu Hause, wo kein Priester sie be=
obachtete, freiwillig alles ihnen Auferlegte erfüllt haben, und unter
diesen priesterlichen Auflagen ($\pi\varrho o\varsigma\tau\acute{\alpha}\gamma\mu\alpha\tau\alpha$) werden ausdrücklich
die $\nu\eta\sigma\tau\epsilon\tilde{\imath}\alpha\iota$ und $\dot{\epsilon}\delta\epsilon\sigma\mu\acute{\alpha}\tau\omega\nu$ $\dot{\alpha}\pi o\chi\acute{\eta}$ genannt. Was soll endlich die
Bemerkung S. 355., „daß nach Sokrates' Darstellung die $\dot{o}\mu o\lambda o\gamma\acute{\iota}\alpha$,
d. i. hier das private Bekenntniß, als eine Leistung betrachtet werde,
zu der die Bußleistung selbst nur als zweites $\ddot{\epsilon}\varrho\gamma o\nu$ mit fast päda=
gogischer Tendenz trete"? Es ist in dieser Darstellung ja nichts ge=
sagt, was nicht in der allgemeinen Bußdisciplin der Kirche seine Stelle
hätte. Das freiwillige Bekenntniß wurde ja, wie wir sahen, als An=
fang der Besserung angenommen und die weiteren Bußleistungen,
mochten sich dieselben auf einen oder zwei Grade beschränken oder
durch alle vier Stationen durchgehen, mochte somit die Buße eine
geheime oder öffentliche sein, hatten in allen Fällen nur den päda=
gogischen Zweck, nicht bloß den Fortschritt des begonnenen Heilungs=
processes zu unterstützen, sondern überdieß auch die fortschreitende
Sinnesänderung in unzweideutigen Anzeichen zu constatiren (vergl.
Conc. Antiochen. c. 2: $\dot{\epsilon}\xi o\mu o\lambda o\gamma\eta\sigma\acute{\alpha}\mu\epsilon\nu o\iota$ $\kappa\alpha\grave{\iota}$ $\delta\epsilon\acute{\iota}\xi\alpha\nu\tau\epsilon\varsigma$ $\kappa\alpha\varrho\pi o\grave{\upsilon}\varsigma$
$\mu\epsilon\tau\alpha\nu o\acute{\iota}\alpha\varsigma$. Basil. can. 82: $\dot{\alpha}\xi\iota\acute{o}\lambda o\gamma o\nu$ $\tau\grave{\eta}\nu$ $\mu\epsilon\tau\acute{\alpha}\nu o\iota\alpha\nu$ $\dot{\epsilon}\pi\iota\delta\epsilon\iota\xi\acute{\alpha}\mu\epsilon\nu o\iota$.
can. 84: $\pi\acute{\alpha}\nu\tau\alpha$ $\delta\grave{\epsilon}$ $\tau\alpha\tilde{\upsilon}\tau\alpha$ $\gamma\varrho\acute{\alpha}\varphi o\mu\epsilon\nu$, $\ddot{\omega}\sigma\tau\epsilon$ $\tau o\grave{\upsilon}\varsigma$ $\kappa\alpha\varrho\pi o\grave{\upsilon}\varsigma$ $\delta o\kappa\iota\mu\acute{\alpha}\zeta\epsilon$=
$\sigma\vartheta\alpha\iota$ $\tau\tilde{\eta}\varsigma$ $\mu\epsilon\tau\alpha\nu o\acute{\iota}\alpha\varsigma$ $\kappa\tau\lambda$.). Wir haben somit keinen Anlaß, neben der
allgemeinen Bußanstalt für die Pönitenten uns noch eine zweite mit
ausschließlich privatem oder vielmehr geheimem Charakter und päda=
gogischer Tendenz zu denken, und auch Hr. v. Z. würde nicht auf
diesen wunderlichen Einfall gekommen sein, wenn er nicht jene nach
dem Umfang ihrer Bestimmung willkürlich beschränkt und namentlich
die pädagogisch=seelsorgerliche Tendenz, die sie unbeschadet ihres dis=
ciplinaren Charakters hatte, gänzlich verkannt und mißverstanden hätte.
So konnte es denn nicht fehlen, daß auch die beiden Seiten der amt=
lichen Wirksamkeit des Bußpriesters ihm auseinanderfielen, ohne daß
er eine Vermittelung auch nur versucht hätte; während er S. 357.
mit Valesius seinen Wirkungskreis dahin bestimmt, daß er „quasi
censor quidam ac praefectus morum in crimina multi-
tudinis zu inquiriren gehabt habe", soll er nach S. 359. dazu
bestellt gewesen sein, heimliche Beichten entgegenzunehmen. Beide
Functionen sind aber wesentlich verschieden, und wie sie in einem
Amte vereinigt sein konnten, wird nur durch die Voraussetzung klar,
welche den Berichten beider Historiker zu Grunde liegt, daß der Ver=
walter desselben die Schlüsselgewalt, resp. die kanonische Bußdisciplin

des Bischofs als dessen Delegirter in ihrem ganzen Umfange auszuüben gehabt habe.

Wir haben nun die Folgen dieses Vorganges näher zu erwägen. Daß die Frau selbst nach dem Bekenntniß des Ehebruchs und der Stupration durch einen Diakonus der öffentlichen Buße nicht unterworfen wird, erklärt sich wiederum aus dem 34. Kanon des Basilius; daß der Diakonus nicht bloß, wie es Sozomenus darstellt und Hr. v. Z. S. 353. behauptet, seines Amtes entsetzt, sondern überdieß excommunicirt wird (dieß besagen die Worte des Sokrates: τῆς ἐκκλησίας ἐκπεσεῖν), kann nicht befremden, da nach der Synodalgesetzgebung Kleriker ebensowohl wie Laien aus der Kirchengemeinschaft gestoßen werden konnten — doch konnte dieß nur durch den Bischof geschehen, dem der Bußpriester wohl um so mehr verpflichtet war, von dem Vergehen die Anzeige zu machen, da er nur dessen Mandatträger war und das Prädicat ἐχέμυϑος bei Sozomenus sich wohl nur auf das Verhalten des Pönitentiars gegen die Gemeinde, nicht aber gegen den Bischof bezieht, der durch ihn das unveräußerliche Recht der disciplinaren Schlüsselgewalt übte. Das Eindringen der Kunde der Stupration in die Gemeinde ist ohne Zweifel auf Rechnung der indignirten Verwandten der Frau zu setzen. Dieser Unwille theilt sich aber der ganzen Gemeinde mit, und da scharfe Urtheile über das Leben der Priester selbst allenthalben unverholen laut werden, so räth ein gewisser Eudämon, den Sokrates noch persönlich kannte, ein Alexandriner von Geburt, dem Nektarius, das Bußpriesteramt ganz aufzuheben und es einem Jeden frei anheimzustellen, auf sein eigenes Gewissen hin, an den Mysterien Theil zu nehmen (συγχωρεῖν δὲ ἕκαστον τῷ ἰδίῳ συνειδότι τῶν μυστηρίων μετέχειν, cf. Sozom. συγχωρεῖν ἕκαστον, ὡς ἂν αὐτῷ συνειδείη καὶ ϑαῤῥεῖν δύναιτο, κοινωνεῖν τῶν μυστηρίων); so allein werde die Kirche von Lästerung verschont bleiben. Sokrates sagte dem Eudämon: „Ob dein Rath, o Presbyter, der Kirche genützt hat oder nicht, mag Gott wissen! ich aber sehe, daß er der Vorwand wurde, daß man nicht mehr gegenseitig sich der Sünden überführt (τοῦ μὴ ἐλέγχειν ἀλλήλων τὰ ἁμαρτήματα) und nicht mehr das apostolische Gebot beobachtet: Habt keine Gemeinschaft mit den unfruchtbaren Werken der Finsterniß!" Sozomenus aber meint, daß von da an die alte Sittenstrenge in Erschlaffung gerathen sei, denn früher seien der Sünden weniger gewesen, theils weil man die, welche ihre Fehltritte freiwillig bekannten, mit Scheu betrachtete, theils weil die verordneten Richter ihr Amt mit

großer Sorgfalt geübt hätten. Wenn Sozomenus einen Zuſammen=
hang zwiſchen dieſem Vorfall und dem Theodoſianiſchen Geſetz ver=
muthet, nach welchem kinderloſe Weiber unter ſechzig Jahren von dem
Diakoniſſenamt auszuſchließen, die, welche ihre Haare abſchnitten, aus
der Kirche zu vertreiben und Biſchöfe, die ſie zuließen, abzuſetzen ſeien
(vgl. Cod. Theod. Lib. XVI. Tit. II. de episcopis et clericis lex 27.),
ſo hat er damit disparate Dinge zuſammengemengt, denn die Verord=
nung dieſes Kaiſers iſt nur eine Beſtätigung und Erweiterung des von
der Synode zu Gangra aufgeſtellten 17. Kanon und wie alle Beſchlüſſe
derſelben gegen die unnatürliche Aſceſe des Euſthatius von Sebaſte
und ſeiner Anhänger gerichtet.

Die wichtigſte Frage wird wohl immer die bleiben: was eigent=
lich Nektarius mit dem Bußprieſteramt aufgehoben habe, ob, wie man
von katholiſcher Seite formulirt, die öffentliche Buße oder nur die
Privatbeichte, d. h. das freiwillige Bekenntniß. Dieſe Alternative iſt
ſchon an ſich eine unrichtige, da beide Glieder derſelben keinen Gegen=
ſatz bilden. Wenn aber die Errichtung des Bußprieſterthums nur als
eine Uebertragung der richterlichen Gewalt aus der Hand des Col=
legiums an einen einzelnen Presbyter zu denken iſt und das frei=
willige Bekenntniß erleichtern ſollte, ſo kann die Abſtellung deſſelben
keine andere Bedeutung gehabt haben, als daß der Biſchof ſeine Dis=
ciplinargewalt wieder an ſich nahm und ſie fortan wieder mit ſeinem
ganzen Klerus übte. Dieß iſt die formelle Seite der Veränderung;
wichtiger iſt die Abſicht, die ſich damit verband. Aus dem freiwilligen
Bekenntniß war dem Klerus Schmach und üble Nachrede erwachſen:
wie daſſelbe durch das Bußprieſteramt befördert werden ſollte, ſo
knüpfte ſich an die Aufhebung des letzteren und an die Wiederaufrich=
tung der alten Ordnung die unverkennbare Tendenz, das freiwillige
Bekenntniß der geheimen Sünden (denn die andern bedurften nicht
erſt eines Bekenntniſſes, um an den Tag zu kommen) zu erſchweren
und damit ähnlichen Urtheilen über den Klerus vorzubeugen. Da freies
Eingeſtändniß gewiß auch früher die Ausnahme und die Ueberführung
durch Andere die Regel bildete, ſo mußte der Schritt des Nektarius
thatſächlich die Folge haben, daß die kirchliche Bußdisciplin nur nach
der einen Seite ihrer Verwaltung hin geübt, daß alſo nur die öffent=
lichen Vergehen beſtraft, dagegen nach verborgenen Sünden nicht
weiter inquirirt, ſondern dieſelben abſichtlich ignorirt
wurden. Dadurch verlor die Bußdisciplin in Griechenland ſelbſt jene
ſeelſorgerliche Richtung, die ſie nach den kanoniſchen Briefen des

Basilius' und Gregor von Nyssa in Asien trug und die ihr das Buß=
priesterthum noch mehr gewährleisten sollte, und nahm einen aus=
schließlich criminalistischen und zuchtpolizeilichen Charakter und zwar
in der oberflächlichsten Weise an.

Eine genauere Erörterung verdient noch die übereinstimmende
Bemerkung der beiden Historiker, daß es fortan Nektarius Jedem an=
heimgestellt habe (συγχωρῆσαι), nach seinem Gewissen an dem Sacra=
mente Theil zu nehmen. Nach Hrn. v. J. setzt συγχωρῆσαι ein vor=
her bestandenes Verbot voraus, ohne vorherige Anzeige und Prüfung
zum Abendmahl zu gehen, entweder für Alle oder nur für diejenigen,
welche es wußten, daß ihnen kein Antheil an der Communion zustand.
Das Letztere ist offenbar das Richtigere und Hr. v. J. selbst neigt sich
S. 354. zu dieser Entscheidung; nur möchte ich den Ausdruck „Verbot"
— denn ein solches läßt sich nirgends nachweisen — durch den andern
ersetzen: früher galt es als allgemeine, sich von selbst verstehende An=
sicht. Denn wer sich einer geheimen Uebertretung bewußt war, welche
durch die Kanones mit Ausschluß von der Communion oder gar von
der Kirchengemeinschaft bedroht war, dem schärften es die Homileten, wie
zahlreiche Stellen zeigen, ein, nicht die Schuld dadurch zu vergrößern,
daß er dem Tische des Herrn nahte, ohne zuvor sich pflichtmäßig der
Bußübung unterworfen und durch sie sein Gewissen gereinigt zu haben.
Solche hatten sich deßhalb, wo das Bußpriesteramt bestand, an dieses
zu wenden. Für die Anderen, deren Verbrechen in unbedingter Oef=
fentlichkeit vollbracht war oder gegen die eine Anklage vorlag, be=
durfte es dieser Aufforderung nicht: der Bußpriester wußte sie zu
finden. Solche endlich, die nichts gegen die Kanones gesündigt hatten,
hatten auch nichts mit diesem Amte zu thun. Nun aber, nach der
Aufhebung desselben, blieb es auch denen, welche sich einer geheimen,
die Theilnahme an der Communion verwirkenden Sünde bewußt waren,
frei überlassen, ob sie gegen ihr Gewissen das Sacrament empfangen
oder sich selbst vom Genusse ausschließen und die Reinigung ihres
Gewissens auf eigene Hand und Verantwortung, durch selbstauf=
erlegte Buße, versuchen und vollziehen wollten. Dieß und nicht mehr
besagt die übereinstimmende Bemerkung beider Historiker. Wenn aber
Hr. v. J. weiter meint, „durch dieselbe sähen wir die Beichte bereits
in ein Näheverhältniß zum Abendmahl gesetzt, das im Abendland erst
mit dem angehenden Mittelalter allgemein herrschende Anschauung
werde" (vgl. dagegen Cyprian de lapsis c. 15. u. 16.); wenn er in
dem Bußpriesterthum ein Institut erkennen will, „das weit über das

Princip der Kirchenzucht im engeren Sinne hinausgreife und durch und
durch auf das Princip der Seelsorge und geistlichen Erziehung" [was
doch die kirchliche Bußdisciplin nicht minder beabsichtigte] „und Bruder=
zucht gegründet erscheine"; wenn er meint, „daß durch die Beseitigung
desselben nicht nur die öffentlichen Sünder" [der alte immer wieder=
kehrende Irrthum, aus dem alle die schiefen Auffassungen fließen],
„sondern auch die ganze Abendmahlsgemeinde (!) einer überwachenden
und erziehenden Macht beraubt erscheinen konnte": so heißt das, abge=
sehen von den vielen Mißverständnissen im Einzelnen, nichts Anderes,
als seine eigenen Lieblingsgedanken und Vorurtheile in die alten Berichte
eintragen und sich eigensinnig den klaren Blick des Verständnisses
trüben. Die disciplinare Schlüsselgewalt wurde, wie wir sahen, durch
die beiden Acte der Excommunication und Reconciliation geübt, und
sofern beide, wie Hr. v. Z. S. 354. sehr wohl einsieht, eine directe
Beziehung zum Abendmahl hatten, mußte diese auch der ganzen Buß=
leistung vor dem Bußpriester, das Bekenntniß als erstes Symptom
der μετάνοια mit eingeschlossen, zukommen: das Abendmahl wurde ja
in der alten Kirche als der Act angesehen, in welchem die Gemeinde
sich als der Leib Christi in ihrer organischen Verbindung mit dem
Haupte darstellte, und wie diese Idee an sich, so setzte noch insbeson=
dere der Gedanke des geistlichen Opfers, der sich damit verband, vor=
aus, daß auch alle Participirenden wirkliche Glieder dieses Leibes
und durch keine Todsünde der Taufgnade und der Gemeinschaft des
beseelenden Geistes beraubt waren.   Darauf beruhte die Bußdisciplin,
die keinen anderen Zweck hatte, als daß die, welche nach eigenem Geständ=
nisse oder nach stattgefundener Ueberführung als solche nicht gelten
konnten, auch aus dem Organismus der Kirche, wie er im Sacra=
mente sich ideell darstellte, abgelöst und durch die heilende und er=
ziehende Seelsorge der Priester wieder aufs Neue für ihn bereitet
würden. Nie aber ist es der alten Kirche eingefallen, in dem Bekennt=
niß ein ascetisches Vorbereitungsmittel zum Abendmahl zu sehen;
dieser Gedanke gehört erst dem Mittelalter an.   Nahm man auch das
freiwillige Bekenntniß gern als Beweis der schon begonnenen Heilung
an, so lag doch der Schwerpunkt nicht in ihm, sondern wesentlich in
der ihm nachfolgenden Bußübung, durch welche man erst die Heilung
gefördert und vollendet dachte; eine eigentliche Absolution kannte die
morgenländische Kirche nicht; ihre Reconciliation war nur die Pforte
zum Abendmahl, dessen berechtigter Genuß zugleich das Siegel der
Kirche war, daß sie nach ihrem menschlichen Urtheil den Reconciliir=

ten ebenso wie den Getauften als Glied ihrer Gemeinschaft und folglich als Glied am Leibe Christi anerkenne. Auch hier fällt wiederum das Heilskräftige so völlig in die Communion selbst, daß in einzelnen Fällen die Reconciliation neben dieser geradezu weg= oder mit der Communion selbst zusammenfallen konnte. So erzählt Dionysius von Alexandrien bei Eusebius (VI, 44.) von einem Greise Namens Serapion, der in der Verfolgung geopfert und lange vergebens um Wiederaufnahme nachgesucht hatte; dieser erkrankte plötzlich schwer, und nachdem er drei Tage sprachlos und ohne Bewußtsein gelegen hatte, kam er am dritten wieder zu sich und verlangte nach dem Presbyter, worauf er wieder die Sprache verlor. Ein Knabe lief zum Presbyter (Alexan= dria war nämlich in Parochien getheilt, deren jede unter einem Presbyter stand, vgl. Valesius zu dieser Stelle), allein dieser war selbst krank und konnte in der Nacht nicht kommen; um aber dem vom Bischofe ihm ertheilten Auftrage, die in der Todesnähe befind= lichen Sünder zu lösen, auch in diesem Falle nachzukommen, damit sie nicht ohne Hoffnung dahinführen (ἵν' εὐέλπιδες ἀπαλ= λάττωνται, ein Ausdruck, der jeden Gedanken an Vergebung durch den Priester als Stellvertreter Gottes ausschließt), gab er dem Knaben ein Stückchen des eucharistischen Brodes, befahl ihm, es zu befeuchten und dem Sterbenden in den Mund zu stecken, worauf dieser sofort ver= schied. Darauf beruhte überhaupt die allgemein verbreitete Sitte, die Excommunicirten bei schwerer Lebensgefahr vor ihrem Abscheiden mit dem viaticum oder ἐφόδιον zu versehen: es war für sie nicht bloß eine Stärkung zu ihrer letzten und weiten Wanderung (Greg. Nyss. can. 5.), sondern zugleich eine Legitimationsurkunde für ihre Zugehörigkeit zu der kirchlichen Gemeinschaft, außerhalb deren es kein Heil giebt, und insofern verläßiger als die priesterliche Handauflegung und Fürbitte in der Reconciliation. Daher unterblieb diese auch in manchen Landes= kirchen, wenn man sterbenden Pönitenten das viaticum reichte, und wurde nur in dem Falle nachträglich ertheilt, wenn dieselben gegen Erwar= tung wieder genasen. In diesem Sinne verordneten die can. 77. u. 78. der statuta ecclesiae antiquae: Poenitentes, qui in infirmitate sunt, viaticum accipiant. Poenitentes, qui in infirmitate viati= cum eucharisticum acceperint, non se credant absolutos sine manus impositione, si supervixerint. Bei diesem gänzlichen Man= gel eines jeden durchgeführten Absolutionsbegriffes und bei der un= mittelbaren teleologischen Beziehung, welche das Bekenntniß zu der Bußübung hatte, die ihr nachfolgen mußte, wird man daher sagen müssen, daß dieses auch vor dem Bußpriester nicht im Entferntesten die Bedeutung einer **Privatbeichte** im neueren Sinne hatte, sondern nur ein Einzelbekenntniß vor einem einzelnen Priester war.

Noch ist die Frage nach der Verbreitung und den Anfängen des Bußpriesterthums zu beantworten. Sokrates sagt, daß es bis auf Nektarius bei den Homousianern, der rechtgläubigen Kirche, und auch später bei allen Secten mit Ausnahme der Novatianer, die es von Anfang an verwarfen, bestanden habe. Ich kann in diesem Punkte dem, was Hr. v. Z. S. 358. erörtert, vollkommen beistimmen: seine polemischen Bemerkungen gegen mich beruhen auf bloßem Mißverständnisse, welches daraus erwachsen ist, daß ich im „römischen Bußsacrament" S. 82. die Stelle nicht vollständig übersetzt hatte: ich hatte auch so nicht befürchtet mißverstanden zu werden. Dagegen bestreite ich, daß Sokrates, wie er S. 356. zuversichtlich behauptet, das Institut offenbar nur in der morgenländischen Kirche heimisch gedacht habe; dieß kann man nur von Sozomenus sagen; ich bezweifle aber auch ferner, daß es außer den Städten Griechenlands im übrigen Morgenlande bekannt war, obgleich sein ehemaliger Bestand von den beiden Historikern etwa fünfzig Jahre nach seiner Aufhebung auch hier vorausgesetzt wird. Die kanonischen Briefe des Basilius, der schon 379 starb, wie der des Gregor von Nyssa, beruhen auf der Voraussetzung, daß in Kappadocien, in Pontus und in Ikonium die Bußzucht von dem Bischof und seinem Klerus selbst geübt wurde. Daß es in Antiochien bis auf Nektarius bestanden habe, hat freilich Neander behauptet, ist aber den Beweis dafür schuldig geblieben.

Nicht anders verhält es sich mit dem, was Sokrates über den Anfang bemerkt. Da er nämlich in der Praxis des Bußpriesteramtes die directe Antithese zu den Bußgrundsätzen der Novatianer zu erkennen glaubte, so setzte er die Anfänge desselben in die Zeit des novatianischen Schisma's, also unmittelbar nach der decischen Verfolgung. Allein da sich weder bei Origenes, noch in den apostolischen Constitutionen eine Spur davon findet, vielmehr nur Aeußerungen und Anweisungen, welche eine derartige Einrichtung geradezu ausschließen, so scheint seine Angabe eine bloße Combination, die jedes Anhaltes in den älteren Quellendenkmälern entbehrt, und es ist ein neuer Beleg für die Besonnenheit des Sozomenus, dessen Ehrenrettung ich in diesem Theile seiner Geschichtserzählung übernommen habe, daß er sich nicht ebenfalls auf diese falsche Fährte verlocken ließ. Auch in Griechenland wird es nicht vor dem vierten Jahrhundert Eingang

10 *

gefunden haben: ohne Zweifel wird der Anlaß zu seiner Gründung in den veränderten Zeitverhältnissen zu suchen sein, denn da fast alle Vergehen, welche durch die Kirchenbuße gesühnt wurden, auch der bürgerlichen Strafgesetzgebung verfielen, so mußte die Kirche bei der engen Verbindung, in welche sie seit der Erhebung des Christenthums zur Staatsreligion mit dem Staate trat, zu verhindern suchen, daß nicht das ihr abgelegte Bekenntniß auch bürgerliche Rechtsnachtheile nach sich zog. Dieß ließ sich im Allgemeinen schon dadurch erreichen, daß die früher öffentlichen Sitzungen des δικαστήριον ἐκκλησιαστικὸν in geheime verwandelt, und noch sicherer dadurch, daß, wie es in Griechenland geschah, das Bekenntniß selbst vor einem einzelnen Prie-ster abgelegt und diesem die ganze Leitung des Bußprocesses anver-traut wurde.

III. Die Stellung des Chrysostomus zum Buß- und Beichtwesen.

Nach dieser Darstellung der morgenländischen Bußdisciplin über-haupt und ihrer eigenthümlichen Modificirung in der griechischen Kirche wenden wir uns zunächst dem Chrysostomus zu, weil er nicht bloß unmittelbarer Zeitgenosse des Bußpriesterthums, sondern auch der Nachfolger des Nektarius auf dem Bischofstuhle zu Constantinopel ge-wesen ist. Soweit wir bei ihm die Kirchenbuße erwähnt finden, er-scheint sie uns als die Strafe für die schwersten Thatsünden, auf welche die Excommunication und die Durchlaufung der Bußgrade ge-setzt ist. „Wenn ich sehe", ruft er in der 17. Homilie zum Matthäus (cap. 7.) der Gemeinde zu, „daß ihr in diesen Dingen beharrt" (er hat vorher vom Meineid und Aehnlichem geredet), „so werde ich euch untersagen, die heiligen Vorthüren zu betreten und an den himmlischen Mysterien Theil zu nehmen, wie den Hurern, Ehebrechern und denen, die des Mordes angeklagt werden." In einer andern Stelle erinnert er sie an die liturgischen Worte, die der Diakon bei der Feier des Abendmahles den Gläubigen zuruft: „erkennet einander" (ἐπιγινώ-σκετε ἀλλήλους), und findet darin die Berechtigung der Gemeinde-glieder ausgedrückt, über einander zu wachen und sich gegenseitig zu prüfen, damit kein Unwürdiger sich an der Eucharistie betheilige. In den unmittelbar vorhergehenden Worten fordert er dieß als rettende That der Bruderliebe, von der auch nicht die Rücksicht auf die mäch-tige und einflußreiche Stellung des Sünders abhalten dürfe. „Zeige mir ihn", ruft er in heiligem Eifer aus, „ich will lieber das Leben verlieren, als ihn die heilige Schwelle betreten lassen, wenn er eigen-

sinnig in seinem Verhalten beharrt" (Hom. adv. Jud. I, 4.). Aus diesen
und ähnlichen Reden, die sämmtlich in Antiochien gehalten worden
sind (die zuletzt angeführte im September 386), ersehen wir, daß damals in Antiochien das Bußpriesteramt nicht bestanden haben kann,
da Chrysostomus in diesem Falle als Presbyter (natürlich in Gemeinschaft mit seinen andern Collegen und dem Bischof) das Recht der
Excommunication nicht hätte ausüben können.

Neben diesen Stellen, welche offenbar nur die Ausübung der
kirchlichen Bußzucht berühren, findet sich noch eine Reihe anderer,
und zwar nicht bloß aus der späteren, sondern auch aus der ersten
Zeit der Wirksamkeit des Chrysostomus in Antiochien, welche sämmtlich zum Bekenntniß vor Gott allein im Gegensatz zu dem Bekenntniß
vor Menschen auffordern, meist mit der weitern Ausführung, daß Gott
der rechte heilende Arzt sei, daß er nicht einmal, sondern wiederholt
vergebe, daß er nicht den Verbrecher auf die Schaubühne stelle ꝛc. Ich
glaube, daß solche Aussprüche sämmtlich von der Privatbuße handeln, d. h. von der Buße, die nicht durch die Kirche auferlegt wird,
sondern die der Sünder ohne Mitwirkung des Amtes sich selbst auferlegte, um würdig und gereinigt an dem Tische des Herrn zu erscheinen (denn gerade dieser Zweck wird häufig genug von Chrysostomus hervorgehoben), und sich lediglich auf Sünden bezieht, welche
der kirchlichen Bußdisciplin nicht unterlagen, obgleich der Redner auch
diese Sünden oft mit grellen Farben schildert und als Wunden oder
Geschwüre bezeichnet, Namen, mit denen man sonst nur die schweren
verbrecherischen Thatsünden auszuzeichnen pflegte. Solche Stellen beweisen zur Genüge, daß es damals eine allgemeine, d. h. auf alle
Glieder sich erstreckende, seelsorgerliche Abendmahlszucht des Amtes für
die Gemeinde nicht gab und daß diese Vorstellung zu den Fictionen
gehört, in die sich Hr. v. Zezschwitz durch seine Lieblingsgedanken verirrt hat. Auffallend aber bleibt dabei, daß die bei anderen Kirchenvätern
so häufig vorkommende Ermahnung, dem Priester die Sünden freiwillig zu bekennen, bei ihm nirgends zu lesen ist, sondern immer nur die
Aufforderung zum Bekenntniß vor Gott allein. Irre ich nicht, so
treten gerade bei ihm in diesen Punkten Anschauungen zu Tage, die,
weil sie die individuelle Freiheit und das Recht der Persönlichkeit in
dem frommen Subjecte zur Basis haben, ohne doch die nothwendigen
Bande der Gemeinschaft auflösen zu wollen, sich rasch verbreiteten
und in ihrer Consequenz dahin führen mußten, daß die kirchliche Bußzucht wieder auf ihren ursprünglichen rein richterlichen Standpunkt zurück-

geführt, dagegen die Sorge für das perſönliche Seelenheil zur Privat-
ſache jedes Einzelnen, zur Gewiſſenspflicht des individuellen Lebens
gemacht wurde, deren Erfüllung keine prieſterliche Mitwirkung erfordert. Iſt dieſe Anſicht richtig, ſo würde Chryſoſtomus nicht als Be-
förderer derjenigen Principien anzuſehen ſein, welche dem Bußprieſter-
thum zur Stüße dienten, ſondern umgekehrt derjenigen, welche ſeine
Auflöſung zur Folge hatten. In dieſem Falle würde der Vorgang
mit der vornehmen Frau und dem Diakonus nur der äußere Anſtoß zu
einer Veränderung in der griechiſchen Bußdisciplin geweſen ſein, die
durch eine veränderte Zeitanſchauung ſich raſch vorbereitet hatte.

Auch Hr. v. Z. hat durch ſeine Studien über Chryſoſtomus die
von mir ſeiner Zeit in dem „römiſchen Bußſacrament" ausgeſprochenen Anſichten über ſeine Stellung zum Buß- und Beichtweſen vollkommen beſtätigt gefunden. Um ſo auffallender iſt es mir, wie er
in ihm S. 373. den „Vertreter einer mit den Forderungen und Segnungen der Privatbeichte verwandteren oder doch im Allgemeinen
individueller gearteten Praxis des Buß- und Beichtweſens" erkennen
kann, da auch nicht e i n e der von ihm ſelbſt angeführten Stellen ſich
auf die Privatbeichte bezieht und auch er mit mir (S. 367.) darin
einverſtanden iſt, daß Chryſoſtomus „in directem Gegenſaß zu jeder
Beichte v o r M e n ſ ch e n die B e i ch t e v o r G o t t ſo gut wie aus-
ſ ch l i e ß l i ch als Forderung aufſtelle." Noch auffallender aber und un-
begreiflicher iſt es mir, daß er S. 370. die Schlußworte der Schrift
de compunctione lib. II. ad Stelechium c. 7. auf die ö f f e n t l i ch e
Buße interpretirt und „in ihr einen Hinweis auf den zum allgemeinen Sündenrath und Cenſor beſtellten Bußprieſter" entdeckt zu haben
meint. Prüfen wir dieſe Stelle näher. Schon im Eingange zu dieſer Schrift kann Chryſoſtomus ſeine Verwunderung nicht bergen, daß
ein ſo heiliger Gottesmann wie Stelechius von einer ſo ſchwachen
und kalten Seele, wie er ſich deren bewußt iſt, eine Ausführung dieſes
Gegenſtandes fordert. Dieſem Eingang (cap. 1.) entſpricht der Schluß
(cap. 7.). Er jagt: „Euch großen Charakteren (τοῖς μὲν μεγάλοις
ὑμῖν) genügt es zur Zerknirſchung, wenn ihr an Gottes Wohlthaten
euch erinnert, der eigenen guten Thaten nicht gedenkt, mit Gewiſſenhaftigkeit den etwaigen kleinen Fehltritt erforſchet, auf große und Gott
wohlgefällige Männer blicket, die Ungewißheit der Zukunft und die
Geneigtheit unſerer Natur zum Falle und zur Sünde erwäget
.... uns aber [den gewöhnlichen Menſchen] thut es neben dieſen
allgemeinen Gegenmitteln dringend Noth, jeden Hochmuth und jede

Eitelkeit zu beseitigen. Was aber nöthigt uns dazu? Die Menge der Sünden, das böse Gewissen, das uns, wenn es sich unser bemächtigt, nicht erlaubt, uns, auch wenn wir es wollen, zu dieser Höhe aufzuschwingen [1]. Deßhalb bitte und erflehe ich von dir, du wollest mit dem Rechte, das du dir durch deine guten Thaten vor Gott erworben hast, uns den Bedürftigen stets die Hand reichen, die Menge dieser unserer Uebel, wie sie es verdienen, betrauern und uns den Trauernden zur willkommenen Lebensweise, die zum Himmel führt, behülflich sein, damit wir nicht, abscheidend zum Hades, wo Niemand mehr Buße thun kann (ἐξομολογεῖσϑαι δύναται) und Niemand uns zu retten vermag, die Strafe der Entehrten erdulden. Denn so lange wir hier sind, können wir uns eurer erfolgreichen Förderung und Wohlthaten erfreuen; sind wir aber dorthin gefahren, wo kein Freund, kein Bruder, kein Vater uns mehr Beistand leisten und den Gestraften zur Seite stehen kann, dann müssen wir im Elend, in tiefer Finsterniß und Entbehrung aller Tröster die ewige Strafe verbüßen, eine stete Nahrung der Alles verzehrenden Flammen." Jeder Sachkundige liest sogleich in diesen Worten den Gedanken, daß auf Erden der geförderte Christ dem auf niederen Stufen der Heiligung stehenden die Hand bieten und ihn in seiner Buße und seiner Besserung unterstützen kann, während es in der hoffnungslosen Verdammniß keine Buße, keine brüderliche Gemeinschaft, keinen Trost, sondern nur unendliches, unabwendbares Elend giebt. Die öffentliche Buße wird mit keinem Worte erwähnt, von dem Priester ist nicht im Entferntesten die Rede und noch weniger „von dem zum allgemeinen Sündenrath und Censor bestellten Bußpriester." Oder glaubt etwa Hr. v. Z., daß Stelechius dieses Amt bekleidete und Chrysostomus sich bei ihm zur öffentlichen Bußübung melden wollte? Was hat aber meinen Kritiker zu dieser sonderbaren Interpretation veranlaßt? Einfach das unschuldige Wort ἐξομολόγησις, „nach dessen allgemeinem Gebrauche an nichts Anderes als die öffentliche Buße zu denken sei" [2]. Ich sollte denken, eine

---

[1] Zum Verständniß dieser Stelle beachte man die Bemerkung Gregor's des Großen (Mor. VIII, 90 Tom. I. ed. Maur. p. 258.): Quidam, dum peccata confitentur, ea nimirum quibusdam vocibus minuunt, dum se non ex toto animo commisisse ostendunt. E contra autem electi viri, quando se de minimis accusant, ea utique non quasi parva, sed quasi magna pronuntiant.

[2] Das häufige Mißverständniß dieses Wortes nicht nur bei Katholiken, sondern auch bei Protestanten veranlaßt mich, hier noch einmal kurz die ver-

ganz andere Erwägung müßte sich bei dieser Stelle aufbrängen: wie schon Gregor von Nyssa sich in die Thatsache nicht zu finden wußte, daß die Kirche nur einige bestimmte schwere Thaten in den Kreis ihrer heilenden Thätigkeit zog, dagegen andere, welche er doch gleichfalls als schwer und tobbringend bezeichnet, wie die Lästerungen und Schmähungen, davon ausschloß, so ist dem Chrysostomus offenbar die Sünde selbst, die Sünde an sich das Tobbringende, nicht ihre zufällige Erscheinungsform: für diesen Standpunkt mußte die alte mechanische Unterscheidung zwischen Tod= und läßlichen Sünden jede Be=

---

schiebenen Bedeutungen zusammenzufassen, die es in der kirchlichen Literatur annimmt. 1) In der abendländischen Kirche gebraucht Tertullian das Wort exomologesis zur Bezeichnung der äußeren Haltung der Pönitenten in der öffentlichen Bußübung, insofern sie durch dieselbe nicht bloß das Bewußtsein ihrer Schuld, sondern auch die Reue an den Tag legten (de poenit. c. 9.); bei Cyprian dagegen, der meist poenitentia et exomologesis zusammenfaßt und ausdrücklich die letztere der ersteren zeitlich nachfolgend denkt (agat poenitentiam plenam et postea exomologesi facta ad ecclesiam redeat. Epist. 4. cap. 4.) ist die Exomologese specieller die Haltung, welche die Pönitenten nach ihrer Wiedereinführung in das Gotteshaus vor der Reconciliation beobachteten und durch welche sie thatsächlich ihre Sünde und Reue der versammelten Gemeinde bekannten, insbesondere die Bitte um Vergebung der Kirche. De orat. c. 7. nennt Tertullian die Bitte im Vaterunser: Vergib uns unsere Schulden, de lapsis aber (cap. 31.) Cyprian die Bußgebete Daniel's und der drei Männer im feurigen Ofen (Dan. Cap. 3. u. 9.) eine Exomologese. 2) Bei den griechischen Vätern bezeichnet ἐξομολόγησις und ἐξομολογεῖσθαι (τι) keineswegs bloß ein Bekenntniß in Worten, sondern auch in Geberden. So vollzieht nach Asterius (Adhort. ad poenit. p. 363.) die große Sünderin (Luc. 7, 36 ff.) eine Exomologese, indem sie vor dem Pharisäer und seinen Gästen mit allen Empfindungen und allen Gliedern, womit sie gesündigt hat (Augen, Lippen, Haaren), ihre Reue an den Tag legt. 3) Allein nicht bloß dieses δημοσιεύειν ἑαυτόν, sondern auch den inneren Bußschmerz nennen die griechischen Väter häufig so und verbinden damit gern μετάνοια: Sinnesänderung. So sagt Chrysostomus, David habe ein zerknirschtes und gedemüthigtes Herz gehabt, wodurch am meisten seine Sünden getilgt worden seien, und spricht dann: καὶ γὰρ τοῦτο ἐξομολόγησις, τοῦτο μετάνοια (Hom. 4. in II. epist. ad Corinth. c. 6.). In diesem Sinne fordert er in der 3. Homilie über Saul und David (c. 2. Tom. IV. fol. 770.), daß diejenigen, welche sich durch Schauspielbesuch befleckt hatten, vor dem Hören der Predigt ἐξομολογήσει καὶ μετανοίᾳ, d. h. durch innere Buße und Sinnesänderung, reinigen sollen. Insbesondere heißt ἐξομολογεῖσθαι mit der Construction περί τινος stets und demgemäß auch oft ἐξομολόγησις schlechthin „Buße thun“, „Buße“, und der Zusammenhang muß entscheiden, ob an innere oder äußere, an Privat= oder kirchliche, und im letzteren Falle, ob an heimliche oder öffentliche Buße zu denken ist.

deutung und jeden Werth verlieren: von diesem Punkte aus standen
der Entwickelung zwei Wege offen: entweder mußte man überhaupt
alle Sünden zum Gegenstand der heilenden, seelsorgerlichen Thätigkeit
des priesterlichen Amtes machen, oder man überließ die Therapie derselben dem Gewissen des Einzelnen und beschränkte die Thätigkeit des
Amtes nur auf die disciplinare Zucht für die Fälle, in denen ein
öffentliches Aergerniß vorlag; den ersteren Weg schlug das Abendland insbesondere seit der Zeit der Pönitentialbücher ein; in die letztere
Richtung scheint seit dem Ende des vierten Jahrhunderts vorerst
die Entwickelung der morgenländischen Kirche eingetreten zu sein; ein
wesentlicher Factor in dieser Entwickelung war, wie es scheint, Chrysostomus. Ueber die spätere Gestaltung des morgenländischen Bußwesens behalten wir uns am Schlusse dieser Abhandlung noch eine
Andeutung vor.

IV. Die Stellung des Origenes zum Buß- und Beicht- wesen.

Für jetzt liegt uns noch ob, von der Bußdisciplin des vierten
Jahrhunderts aus einen Rückblick in das dritte Jahrhundert zu werfen
und namentlich die Ansichten des Origenes schärfer ins Auge zu fassen,
da dieser in den Entwickelungsgang so entscheidend eingegriffen hat,
daß noch im Mittelalter einzelne seiner Aussprüche in den abendländischen Bußanweisungen traditionell fortlaufen. Bevor wir aber dem
Gegenstande selbst unsere Aufmerksamkeit widmen, müssen wir uns
die Anschauungen des großen Alexandriners vom Priesterthum und vom
kirchlichen Amte vergegenwärtigen und in diesen die allgemeinen Gesichtspunkte suchen, deren Feststellung uns erst das richtige Verständniß seiner einzelnen Aussprüche über die Beichte und Buße sichert.
Wir dürfen dabei auf die gründlichen Bemerkungen verweisen, welche
der selige Höfling in seiner Schrift: „die Lehre der ältesten Kirche
vom Opfer im Leben und Cultus der Kirche", S. 131—163. an die
von ihm zum Abdruck gebrachten Stellen des Origenes angeknüpft hat.
Kein Vater des dritten Jahrhunderts hat die Idee des allgemeinen
Priesterthums so nachdrücklich betont, wie dieser. Auf dem Gebiete
der Heilsordnung kennt er keinen Unterschied zwischen Priestern und
Laien, sondern Priester ist hier jeder wirkliche Christ und nur solche
haben die Berechtigung zu opfern, näher die hostias laudis, oratio-
num, misericordiae, pudicitiae, justitiae, sanctitatis darzubringen
(in Levit. hom. IX, 1.). Der Unterschied zwischen Priestern und Laien

hat ihm nur eine Bedeutung für die Kirchenordnung (Höfling S.157.).
Allerdings legt er (in libr. Judic. hom. II. c. 5.) den Vorstehern
der Kirche, den Bischöfen, die Macht zu binden und zu lösen bei
(qui ecclesiae praesident et potestatem habent non solum sol-
vendi, sed et ligandi); allein unter welchen Cautelen er dieß thut,
ersieht man aus andern Stellen sehr deutlich — denn wirkliche
Priester, Priester für die Heilsordnung, sind ihm nur die geistlichen,
in denen das allgemeine Priesterthum realisirt ist, weil sie Tempel
des heiligen Geistes geworden sind.   Solchen ist in Petrus die
Schlüsselgewalt anvertraut.   Denn „Fels ist jeder Jünger Christi
und auf jeden solchen Felsen ist das ganze kirchliche Wort (ὁ ἐκκλη-
σιαστικὸς πᾶς λόγος) und der ihm entsprechende Wandel gegründet"
(Comm. in Matth. Tom. XII. c. 11. p. 524. ed. de la Rue, cf. 525.
in fine).   Gegen ihn vermögen nichts die Pforten der Hölle, d. h.
die Sünden, durch welche man zur Hölle niedersteigt.   Daher kann
eine befleckte Seele weder der Fels sein, auf welchen Christus seine
Kirche erbaut, noch die Kirche selbst oder auch nur ein Theil der
Kirche, die Christus auf diesen Fels baut (c. 12. p. 526.).   Nur wer
wie Petrus selbst ein Petrus, ein Felsenmann geworden ist, dem sind
die Schlüssel des Himmelreichs gegeben (c. 14. p. 529.), damit er selbst
sich die Pforten aufschließe, welche denen verschlossen bleiben, die von
den Pforten der Hölle besiegt sind, denn die Schlüssel des Himmelreichs sind die christlichen Tugenden, und soviele Tugenden es giebt,
soviele Schlüssel und soviele Thore giebt es zum Himmelreich (τοσαύτας κλεῖδας, ὅσαι εἰσὶν αἱ ἀρεταί, ἀνοιγούσας ἰσαρίθμους πύλας,
p. 530.).   Er erschließt aber auch die Pforten des Himmelreichs
denen, welche auf Erden gelöset sind, damit sie im Himmel gelöset
und frei seien, und verschließet sie denen, welche durch gerechten Spruch
auf Erden gebunden sind, damit sie im Himmel gebunden und gerichtet seien.   „Da aber die Bischöfe sich diesen Spruch wie Petrus
aneignen und als Solche, die von dem Erlöser die Schlüssel des Himmelreichs empfangen haben, lehren, daß das von ihnen Gebundene,
d. h. Verurtheilte, im Himmel gebunden, und was von ihnen Vergebung erhalten hat, im Himmel gelöst sei, so muß man sagen, daß
sie richtig sprechen, wenn das bei ihnen thatsächlich vorhanden ist,
um deßwillen dem Petrus gesagt wurde: du bist Petrus! wenn sie
Solche sind, auf die Christus seine Kirche erbaut, und wenn man
mit Recht auf sie das Wort beziehen kann: die Pforten der Hölle
sollen den nicht bewältigen, der da binden und lösen will.   Wenn

er aber von den Stricken seiner Sünden umstrickt ist, bindet und löst er vergebens" (p. 531.). Origenes faßt mithin den Bischof und den Klerus an sich nur als Glieder der äußeren Kirchenordnung auf und legt ihnen als solchen auch nur eine amtliche Berechtigung für diese bei. Die innere Berechtigung, das Heil zu vermitteln, kommt ihnen nicht kraft ihrer amtlichen Stellung zu, sondern nur insofern, als in ihnen das geistliche Priesterthum volle Wahrheit hat, und sie üben sie mit nicht größerem Erfolge als Alle, welche dieses Priesterthum mit ihnen theilen. Ja, in dem Falle, daß der Laie wirklicher πνευματικός, der Bischof es aber nicht ist, bindet und löst jener allein rechtskräftig für das Himmelreich, der Bischof aber nicht. Warum ist Hr. v. Zezschwitz an dieser Stelle vorübergegangen? Warum verweist er uns S. 367. nur auf die spätere Stelle dieses Commentars Tom. XIII. cap. 31. und will, auf sie gestützt, uns einreden, daß Origenes die Schlüsselgewalt dem Petrus allein und ausschließlich zuschreibe?

Diese wichtige Erörterung enthält einen Commentar zu einer anderen in der Schrift de oratione cap. 28. (p. 255.). Origenes sagt: „Wer von Jesus wie die Apostel angeblasen worden ist (Joh. 20, 22.) und durch seine Früchte den Empfang des heiligen Geistes ausweist und ein geistlicher Mensch geworden ist, weil er sich in Allem, was er mit Vernunft thut, wie der Sohn Gottes vom Geiste treiben läßt, der vergiebt, was Gott vergeben hat (ὃ ἐὰν ἀφῇ ὁ Θεός), und behält die unvergebbaren Sünden vor, denn wie die Propheten Gott gedient haben, indem sie nicht ihre eigenen Gedanken, sondern den göttlichen Willen aussprachen, so dient auch er dem Gott, der allein die Macht hat zu vergeben" (Berufung auf Joh. 20, 23.). Später fügt er hinzu: „Die Apostel und die, welche den Aposteln ähnlich gewordene Priester in der Weise des großen Hohenpriesters sind (οἱ τοῖς ἀποστόλοις ὡμοιωμένοι ἱερεῖς ὄντες κατὰ τὸν μέγαν ἀρχιερέα) und die Wissenschaft der Heilkunst Gottes besitzen (ἐπιστήμην λαβόντες τῆς τοῦ Θεοῦ θεραπείας), wissen, vom Geiste belehrt, für welche Sünden und wann und auf welche Weise man Opfer bringen darf, und erkennen, für welche man es nicht darf" (p. 256.). Er tadelt es hierauf, daß Einige, welche sich Dinge anmaßen, die über die priesterliche Würde hinausgehen, und doch die priesterliche Wissenschaft nicht verstehen, sich rühmen, sie könnten auch für die Idololatrie, den Ehebruch und die Fornication Vergebung ertheilen, als ob durch ihr Gebet für solche Frevler auch die Todsünde gelöst werde, uneingedenk der apostolischen

Anweisung: 1 Joh. 5, 16. Origenes ist dabei freilich weit von dem Gedanken entfernt, als ob solche Sünden schlechthin unvergebbar seien, er will nur, daß für sie die Vergebung nicht eher verkündigt werde und die Fürbitte der Kirche nicht eher eintrete, als bis sie durch die Buße vor Gottes Augen wirklich getilgt sind. Nach Hrn. v. Z. S. 366. soll Origenes in dieser ganzen Stelle das Recht der Sündenvergebung, das er Allen zugestehe, sogleich wieder auf den, der aus seinen Früchten sich als ein γενόμενος πνευματικός erweise, beschränken und diesem weiter noch die amtliche Berechtigung substituiren. Ich kann mich von der Richtigkeit dieser Interpretation nicht überzeugen. Das Recht, wie die Propheten und Apostel die Vergebung Gottes zu verkündigen, gesteht Origenes nur den πνευματικοῖς zu; diese allein sind ihm als geistliche Priester die den Aposteln ähnlich gewordenen Priester nach dem Vorbild des großen Hohenpriesters, sie besitzen die ἐπιστήμη τῆς τοῦ Θεοῦ θεραπείας (mögen sie in der Kirchenordnung als Priester oder als Laien stehen) unbedingt und schlechthin; die kirchlichen Priester aber maßen sich oft Dinge an, welche über die priesterliche Würde und Berechtigung hinausliegen, weil sie nicht unbedingt diese Wissenschaft haben, welche nicht durch die amtliche, sondern durch die Geistesweihe ertheilt wird. Origenes ist darum weit entfernt, der geistlichen Berechtigung, welche jeder Geistesträger hat und übt, „die amtliche zu substituiren". So hat bereits Höfling S. 161. den Sinn der Stelle gefaßt: auch er sieht darin nichts, was die Annahme begünstigen könnte, daß die fragliche Gabe und das fragliche Recht auf die Inhaber eines bestimmten kirchlichen Amtes ceremonialgesetzlich beschränkt sei. Für uns aber hat die Stelle noch in anderer Beziehung Wichtigkeit: wir sehen nämlich, daß Origenes das vergebende oder vorbehaltende Urtheil des πνευματικός nur als eine nachträgliche Verkündigung des bereits von Gott gefällten Spruches betrachtet, so daß derselbe den von Gott Gebundenen für gebunden, den von Gott Gelösten für gelöst nur erklärt, wobei Binden und Lösen, Vorbehalten und Vergeben selbst ausschließlich Gott als unveräußerliches Recht anheimgestellt bleibt. Wir finden also hier zum ersten Male den Grundsatz ausgesprochen, der von Hieronymus bis zu Peter dem Lombarden in ununterbrochener Continuität fortläuft und nach dem die Ausübung der Schlüsselgewalt sich nur auf die Interpretation und Constatirung des vorgängigen Urtheils Gottes beschränkt (vergl. meine Abhandlung „Schlüsselgewalt" bei Herzog XIII, 384—387.), nur freilich mit dem Unterschiede, daß, während diese Interpretation bei Origenes principiell dem πνευματικὸς zukommt und in seinem Munde u n f e h l - b a r ist, sie die Späteren dem Amte beilegen, ohne sich doch dessen Irrthumsfähigkeit und Fehlbarkeit irgendwie verbergen zu können. Daneben findet sich aber bei Origenes zugleich die andere An- schauung bezeugt, der der πνευματικὸς der schlechthin wohlgefällige und unfehlbare Intercessor vor Gott, der Darbringer des Opfers der unbedingt wirksamen Fürbitte für den Gefallenen ist, weil er, vom Geiste erleuchtet, weiß, für wen, w a n n und auf welche Weise er opfern darf, d. h. ob der Sünder eine Sünde begangen hat, für die jetzt schon die Fürbitte erfolgreich ist, oder ob erst ein Moment in seiner Buße abgewartet werden muß, in welchem sie wirksam wird. Auch diese Anschauung hat sich die Kirche angeeignet und bis in die Zeit der Scholastik bewahrt, aber auch hier das Recht des πνευμα- τικὸς ohne Weiteres auf das kirchliche Priesterthum übertragen, indem man dieses als sacerdotale Repräsentation der ganzen Kirche und seine Fürbitte als die der Kirche selbst ansah, in deren Namen es wirke. Damit konnte sich denn leicht die Vorstellung verbinden, daß die wirklichen sancti, welche den Kern der kirchlichen Gemeinschaft bilden, durch ihre Heiligkeit den Mangel persönlicher Qualification decken, der dem Priester etwa anhaften mochte. Ganz anders verhält es sich damit bei Origenes: ihm ist die persönliche Qualification des πνευματικὸς das Alles allein Entscheidende: was das Amt thut, hat seine Berechtigung und seine Wirksamkeit nicht in ihm selbst, sondern in dem zufälligen Zusammentreffen der pneumatischen und der amt- lichen Dignität in e i n e r Person. Diese Anschauung erinnert ganz an die Grundsätze, die der Montanist Tertullian in seiner Schrift de pudicitia über die Vollmacht zur Sündenvergebung entwickelt, denn auch er legt diese principiell nur dem homo spiritualis bei, nicht dem Bischof, nicht dem klerikalen Priester; doch sind die Fol- gerungen, die der Montanismus aus diesen Grundsätzen zieht, andere, da nach ihm der homo spiritualis die Todsünden überhaupt nicht ver- giebt, nach Origenes aber erst nach vollendeter Buße den göttlichen Spruch verkündigt und die Fürbitte leistet.

Schon in der zuletzt besprochenen Stelle erwähnt Origenes die Opfer, welche der πνευματικὸς für die Sünden Anderer darbringt, denn der Zweck des Opfers ist überall die Reinigung der Sünde und ohne Opfer giebt es keine Vergebung (in Num. hom. XXIV, 1.). Unter diesen Opfern nimmt die Fürbitte die erste Stelle ein, aber sie wird noch wesentlich unterstützt durch das Martyrium, in welchem das Blut der Gerechten für die Versöhnung des Volks vergossen wird (in Num. hom. XXIV, 1.); in dem Märtyrer kommt darum das geistliche Priester= thum zu seiner reinsten Entfaltung, zu seiner höchsten Potenzirung, er ist Priester in der vollen Bedeutung des Wortes und darum befähigt, die wirksamste Fürbitte darzubringen. Die Apostel und Märtyrer nennt darum Origenes Christi Söhne. Paulus, predigt er (in Num. hom. X, 2.), spricht (2 Cor. 12, 15.): „Ich werde bereits geopfert"; Jo= hannes aber sagt in der Apokalypse, die Seelen der Märtyrer um= ständen den Altar (Cap. 6.), „wer aber den Altar umstehet, fungirt als Priester (qui adsistit altari, ostenditur fungi sacerdotis of= ficio), des Priesters Function aber ist es, für die Sünden des Volkes zu bitten, daher fürchte ich, wir möchten keine Vergebung unserer Sünden verdienen, seit Keine mehr Märtyrer werden und keine Opfer für unsere Sünden mehr fallen" [1]. So ist Selbstaufopferung und

---

[1] Ich kann diese Homilie (in Num. hom. X.) nicht verlassen, ohne auch noch einige exegetische Bemerkungen über das 1. Capitel derselben anzuknüpfen. Der erste Satz lautet: Qui meliores sunt inferiorum, semper culpas et peccata suscipiunt; sic enim Apostolus dicit: vos, qui firmiores estis, imbecillitates infirmorum sustinetę (Rom. 15, 1.). Nach Allem, was wir bisher vernommen haben, können die meliores und firmiores unmöglich der christliche Klerus, die inferiores und infirmi ebenso wenig die christlichen Laien sein. Nur die sittliche Qualität kann er unter jener Bezeichnung, nur ihre Mangelhaftigkeit unter dieser gedacht haben. Nur vom alten Bunde und dessen vorbildlichen Verhältnissen gilt, was er dann weiter sagt: Israelita si peccet i. e. laicus, ipse suum non potest auferre peccatum, sed requirit levitam, indiget sacerdote, imo potius et adhuc horum aliquid eminentius quaerit, pontifice opus est, ut peccatorum remissionem possit accipere.... Damit geht er zur Erklärung des Textes über (Num. 18, 1.): et dixit Dominus ad Aaron dicens: Tu et filii tui — sumetis peccata sanctorum. Da drängt sich ihm zuerst die Frage auf: wie können Heilige Sünder sein? Aus einer Reihe von Schriftstellen des Alten und Neuen Testaments erweist er diese Möglichkeit als Thatsache. Zur Erklärung derselben dienen dann die folgenden Worte: Sancti dicuntur iidemque et peccatores illi, qui se voverunt quidem Deo et sequestraverunt a vulgi conversatione vitam suam ad hoc, ut Domino serviant. . . . Potest autem fieri, ut in hoc ipso, quod [hujusmodi homo] Domino deservit, non ita omnia gerat, ut geri competit, sed delinquat in nonnullis et peccet. . . . Donec usu et disciplina ac diligentia abscindatur ab eo consuetudo peccandi, etiam peccator, ut supra diximus, appellabitur. Nun folgt die Bedingung, unter der allein er als Sünder das Prädicat sanctus verdient. Ego autem et amplius addo aliquid, quod, nisi sanctum propositum aliquis habeat et sanctitatis studium gerat, cum peccaverit, nescit peccati poenitudinem gerere, nescit delicti remedium quaerere.

Fürbitte in dem Märtyrer vereinigt und dadurch die prieſterliche Vertretung, die nicht auf dem Amte, ſondern auf der ſittlichen Qualität
ruht, in ihm culminirt. Auch das Martyrium hat zu ſeiner Baſis

---

Qui non sunt sancti, in peccatis suis moriuntur; qui sancti sunt, pro peccatis poenitudinem gerunt, vulnera sua sentiunt, intelligunt
lapsus, requirunt sacerdotem, sanitatem deposcunt, purificationem per pontificem quaerunt. Wie haben wir dieſe Worte zu verſtehen?
Spricht Origenes in ihnen von der amtlichen Berechtigung des klerikalen Prieſterthums der chriſtlichen Kirche? So faßt Hr. v. J. S. 366. die Stelle mit einer
Naivetät, die einem römiſchen Theologen beſſer anſtände, als einem proteſtan-
tiſchen. Ich bin anderer Anſicht. Mit einem Bilde, das lediglich nur weitere
Ausführung des im Anfang von dem Jſraeliten Geſagten iſt (requirit levitam,
indiget sacerdote, pontifice opus est), ſchildert er in einer Reihenfolge von
Acten, die ſich ihm lediglich in der typiſchen Sphäre des Alten Teſtaments bewegen, was überhaupt dem Sünder, der zugleich sanctus iſt, obliegt, um zur
Sündenvergebung zu gelangen. Ganz in derſelben Allgemeinheit des Gedankens ſchließt er dann das Capitel: Idcirco ergo caute et significanter sermo
legis designat, quia pontifices et sacerdotes non quorumcumque,
sed sanctorum tantummodo sumant peccata; sanctus enim est qui
peccatum suum per pontificem curat. So weit reicht der allgemeine, lediglich in den typiſchen Bildern des alten levitiſchen Prieſterthumes
ausgeſprochene Gedanke. Nun mit dem Beginne des 2. Capitels folgt erſt die
Anwendung auf das Neue Teſtament, auf die chriſtliche Buße, und es wird gezeigt, wer für dieſe der pontifex, wer die sacerdotes ſind: Sed redeamus (ich
vermuthe, daß im griechiſchen Originale ἀλλ ἐπανίωμεν ſtand, was an ſich mit
redeamus wiedergegeben werden konnte, aber nach dem ganzen Zuſammenhange
hier sed ascendamus zu überſetzen war) ad pontificem nostrum (alſo den
der Chriſten), ad pontificem magnum, qui penetravit coelos, Jesum Dominum nostrum, et videamus, quomodo ipse cum filiis suis, apostolis scilicet et martyribus, sumit peccata sanctorum. Alſo der pontifex der
Chriſten iſt nicht der levitiſche Hoheprieſter, nicht der kirchliche Biſchof, ſondern
Chriſtus ſelbſt, der, in den Himmel eingegangen, sua potestate die Sünden der
sancti vergiebt; die sacerdotes, die ſie für nöthig halten, ſind nicht die levitiſchen
Prieſter, nicht die klerikalen, ſondern die Märtyrer und die Apoſtel (die in dieſem Zuſammenhange ſelbſt nur als Märtyrer in Betracht kommen), welche den
Altar Gottes umſtehen, prieſterliche Functionen üben, durch ihre Fürbitte die
Vergebung wirken, weil ihr Blut für ihre Gemeinde zur Sühne gefloſſen iſt.
Daß in der That die Worte: requirunt sacerdotem . . . purificationem per
pontificem quaerunt nicht von dem kirchlichen Klerus und dem Biſchof verſtanden werden können, beweiſen noch andere Gründe, denn in dieſem Falle könnte
nur an die kirchliche Bußdisciplin gedacht werden, weil bei dieſer allein ein Zuſammenwirken von Klerus und Biſchof ſtattfand, es müßte alſo eine Todſünde
zu büßen ſein; würde aber wohl Origenes dem Todſünder das Prädicat sanctus
beigelegt haben? würde dieſer als ein ſolcher anzuſehen ſein, der ſich Gott geweiht und der Welt entſagt hat und nur vermöge der noch nicht völlig über-

das Opfer Christi, das als das neutestamentliche wesenhafte an die
Stelle der alttestamentlichen schattenhaften Opfer getreten ist und allein
eine universale Bedeutung hat; allein das Opfer Christi bezieht sich,
wie Höfling S. 142. überzeugend nachgewiesen hat, nur auf die vor
der Taufe begangenen Sünden; die, welche nach der Taufe geschehen,
bedürfen anderer Opfer, welche die Gläubigen selbst darbringen müssen,
zu welchen vor allen die der Märtyrer gehören; diese Opfer verdanken
zwar dem Blute Christi ihre Wirksamkeit, sind aber doch von diesem
verschieden, denn Christus allein vergiebt kraft eigener Vollmacht, die
Anderen wirken die Sündenvergebung durch Gebete (caeteri preci-
bus peccata, hic solus potestate dimisit); während ferner das
Opfer Christi als des Lammes Gottes der ganzen Welt die Sündenvergebung stiftete (peccatorum remissionem praestitit), ist das
Blut der Gerechten nur für einen Theil des Volkes zur Sühne
geflossen (fusus est ad expiandum pro aliqua parte populum; in
Num. hom. XXIV, 1.). Aber woher sollte die Vergebung in der
Zeit der Ruhe kommen, in welcher Origenes die Homilien über
das Buch Numeri hielt und in der es keine Märtyrer mehr gab? Er
weiß auch dafür Rath. Er zweifelt nicht, daß auch in dieser Ver-

---

wundenen Schwäche delinquit in nonnullis? Wenn Klee in seinem unkritischen
und oberflächlichen Buche „die Beichte" die Stelle auf den katholischen Priester
und Bischof bezog und dazu S. 83. bemerkte: „Es ist so die Weise des Origenes,
das alttestamentliche Wesen" [nämlich das levitische Priesterthum] „in dem neuen
Bunde" [nämlich in dem kirchlichen Priesterthum] „wieder zu erkennen und diesem
die Sprache jenes zu leihen", so ist dieß bei einem katholischen Theologen ganz
begreiflich, aber ein protestantischer Theologe, wie Hr. v. Zezschwitz, durfte sich
hier nicht im Interesse seiner Lieblingsvorstellungen der Kritik begeben, er mußte
wissen, daß Origenes die Anordnungen über das levitische Priesterthum nie in
dem Klerus der Kirche, sondern stets in den πνευματικοῖς, in den geistlichen
Priestern, realisirt sieht, er mußte den Kanon beachten, den Origenes selbst für
seine allegorische Interpretation dieser Verhältnisse in Levitic. hom. XIII, 5. ihm
giebt: Aaron et filii ejus genus est electum, genus sacerdotale, quibus haec
portio sanctorum donatur a Deo, quod sumus omnes, qui credimus
in Christo; er durfte nicht (S. 366) mit Klee den durchaus falschen Satz
aufstellen, „daß in den Stellen, an denen die amtliche Berechtigung hervortrete (?!), Origenes überall von der alttestamentlichen Parallele ausgehe"; er
durfte überhaupt nicht nach katholischer Methode bloß mit einzelnen aus dem
Zusammenhang abgelösten Stellen operiren, sondern mußte zuerst sich der Gesammtanschauung seines Schriftstellers versichern, um von diesem δός μοι ποῦ
στῶ aus in das Verständniß der oft sehr verschieden aufgefaßten Einzelnheiten
einzudringen.

ſammlung Einige ſich befinden, die Gott ſchon als Märtyrer kennt nach dem Zeugniſſe ihres Gewiſſens, weil ſie bereit ſind, wenn es von ihnen gefordert wird, ihr Blut für den Namen Jeſu Chriſti zu vergießen, die ſchon ihr Kreuz [im Geiſte] getragen haben und ihm nachfolgen. Das fühlt er ſich gedrungen auszuſprechen, damit man einſehe, wie durch den Hohenprieſter (per pontificem, nämlich Chriſtus) und ſeine Söhne (nämlich die Apoſtel und Märtyrer) die Sünden unter den Heiligen vergeben werden (in Num. hom X. cap. 2. in fine).

Aber neben dieſen Opfern zählt er noch andere auf, welche die Gläubigen ſelbſt für ſich darbringen und durch welche ſie ſelbſt ihre Sünden reinigen. Das erſte iſt die Taufe, das zweite die Erduldung des Martyriums, das dritte die Almoſen, das vierte die Vergebung der von Anderen gegen ſie begangenen Sünden, das fünfte die Bekehrung des Sünders von dem Irrthum ſeines Weges, das ſechſte die Fülle der Liebe (Luc. 7, 47.), das ſiebente endlich beſchreibt er in den Worten: est adhuc septima licet dura et laboriosa per poenitentiam remissio peccatorum, cum lavat peccator in lacrimis stratum suum et fiunt ei lacrimae suae panes die ac nocte et cum non erubescit sacerdoti Domini indicare peccatum suum et quaerere medicinam . . . . in quo impletur illud, quod Jacobus Apostolus dicit: si quis autem infirmatur, vocet presbyteros Ecclesiae et imponant ei manus ungentes eum oleo in nomine Domini, et oratio fidei salvabit infirmum, et si in peccatis fuerit, remittentur ei. Dieſen Weg der Sündenvergebung bezeichnet er am Schluſſe des Capitels noch näher: si autem in amaritudine fletus tui fueris luctu, lacrimis et lamentatione confectus, si carnem tuam maceraveris et jejuniis ac multa abstinentia aridam feceris etc. (in Levit. hom. II. cap. 4.). Ueberblicken wir dieſe verſchiedenen Wege der Sündenvergebung, in benen Origenes am Schluſſe ebenſo biele typiſche Opferobjecte des alten Bundes realiſirt ſieht, ſo dürfen wir aus der übereinſtimmenden Anſicht der alten Kirche wohl annehmen, daß er, wie er als Wirkung der Taufe, die zugleich als Weiheopfer des ganzen Lebens an Gott angeſehen wurde, die bollgültige Vergebung aller vor ihr begangenen Sünden ohne Unterſchied betrachtete, auch das Martyrium als das Blutbad auffaßte, das in gleicher Weiſe alle nach der Taufe begangenen Sünden ohne Unterſchied ihrer Schuld tilgt. Aber nicht Alle können Märtyrer werden. Für die Uebrigen mußte es barum andere Sühnmittel geben. Als ſolche ſtellt Origenes

die folgenden fünf auf, und zwar werden wir wiederum nach überein=
stimmender Ansicht der altkatholischen Kirche die Almosen, die Ver=
gebung der von Anderen gegen uns begangenen Sünden, die Bekeh=
rung eines Sünders und die Fülle der Liebe als Opfer auffassen
dürfen, welche nach Origenes der Einzelne kraft seines geistlichen
Priesterthums für sich darbringt und durch welche er die täglichen
kleinen Sünden bedeckt, für die nach Origenes stets Buße und Ver=
gebung offen steht (ista vero communia, quae frequenter incurri-
mus, semper poenitentiam recipiunt et sine intermissione redi-
muntur; in Levit. hom. XV. cap. 2. ¹)). Dagegen ist in dem
siebenten Wege der Vergebung für Jeden, der die Sprache der Kirchen=
väter kennt, ganz unzweifelhaft die kirchliche Bußübung verstanden,
die für die großen, schweren Thatsünden, wie Idololatrie, Fornication,
Adulterium u. s. w., zu leisten war. Denn diese Vergehen nennt auch
Origenes (de or. 28. fol. 258.) πρὸς θάνατον ἁμαρτίας und sagt
von ihren Urhebern (contra Cels. III, 50.), daß sie als Todte von
der kirchlichen Gemeinschaft ausgeschlossen und erst, wenn sie würdige
Buße gezeigt haben, als vom Tode Erstandene wieder in sie auf=
genommen werden, aber als Gefallene niemals ein Kirchenamt be=
kleiden dürfen; es sind dieß die graviora crimina, in quibus semel
tantum vel raro ²) poenitentiae datur locus (in Levit. hom. XV.
cap. 2.). Diese Buße fällt demnach nicht mehr ausschließlich in das
Gebiet der Heilsordnung, sondern zugleich der Kirchenord=
nung; demgemäß besteht denn auch dieser harte und mühevolle
Weg nicht bloß in der Kasteiung des Fleisches und dem steten Aus=

---

¹) Daß auch solche Sünden mit einer Todschuld belasten, könnte man aus
den vorhergehenden Worten schließen: si nos aliqua culpa mortali in-
venerit, quae non in crimine mortali, non in blasphemia fidei, quae muro
ecclesiastici et apostolici dogmatis cincta est, sed vel in sermonis vel in morum vitio consistat etc. Allein diese widerspruchsvolle Meinung, daß es eine Tod=
schuld ohne Todsünde gäbe, von der das ganze Alterthum nichts wußte, dür=
fen wir auch bei Origenes nicht voraussetzen; in dem Worte mortalis liegt jeden=
falls eine Corruptele; mehrere Handschriften lassen es aus, wofür sich auch Rede=
penning in seiner Monographie über Origenes II, 52. Anm. entscheidet; Antoine
Arnauld (la fréquente communion, chap. 4.) schlägt vor, moralis zu lesen; ich
halte dieß für das Richtige, denn auch in Num. hom. X, 1. p. 302. stellt Ori=
genes die delicta moralia und das crimen fidei einander gegenüber.

²) Sämmtliche Handschriften lassen vel raro aus (vgl. die Note de la Rue's
zu dieser Stelle). Erst im Mittelalter scheint dieß Glossem eingeschoben, um
die Strenge der alten Kirche in diesem Punkte zu mildern.

weinen des Seelenschmerzes, sondern er fordert zugleich Selbstanzeige
bei dem Priester, und daß wir hierbei nicht bloß an den einzelnen
Priester, sondern an den ganzen Klerus zu denken haben, dürfen wir
nicht erst vermuthen, es ergiebt sich auch sofort aus der Anwendung,
die Origenes aus Jac. 5, 15. macht (eine Stelle, die überhaupt im
Morgenlande gern auf die Kirchenbuße angewandt wurde, vgl. Chry=
sost. de sacerdotio lib. III, c. 5. §. 196., indem man die infirmi-
tas als geistliche Krankheit faßte), insbesondere aus den Worten:
vocet presbyteros ecclesiae, aus der willkürlichen Aenderung der
folgenden: et orent super eum, in die anderen: et imponant ei
manus, um den Act der kirchlichen Reconciliation deutlicher hervor=
zuheben, und endlich aus den Schlußworten: oratio fidei salvabit
infirmum, et si in peccatis fuerit, remittentur ei, welche gerade
auf das Wesentlichste der priesterlichen Function bei der Reconciliation
so leicht bezogen werden konnten [1]). Wahrscheinlich war damals mit
der Handauflegung bei der Reconciliation in einzelnen Gegenden eine
Salbung verbunden, die in dem Morgenlande überhaupt auch bei
anderen verwandten Acten jene entweder begleitete oder sie ersetzte
(vergl. meine Abhandlung „Ketzertaufe" in Herzog's Real=Encykl.
VII, 532.).

Alle diese Opfer aber, mittelst deren nach Origenes durch die
Gläubigen, durch das geistliche Priesterthum, die Vergebung für die
nach der Taufe begangenen Sünden erwirkt wird, verdanken ihre
Kraft nicht allein dem Blute Christi, dessen Verdienst, wie wir sahen,
ihre Basis ist, sondern überdieß seiner fortdauernden Wirksamkeit,
kraft deren er sich zu ihnen vor seinem Vater bekennt und sie in den
Complex der von ihm ausgehenden erlösenden Wirkungen aufnimmt;
sie sind die Kohlen, die er von unserem Altare, und der Weihrauch,

---

[1]) Hierher gehört auch die Stelle in Luc. hom. XVII. fol. 953: Si . . .
revelaverimus peccata nostra non solum Deo, sed et his, qui possunt mederi
vulneribus nostris atque peccatis, delebuntur peccata nostra ab eo, qui ait: Ecce
delebo ut nubem iniquitates tuas etc. (Jes. 42, 22.). Sie handelt allein von
der kirchlichen Bußdisciplin und hat es nur mit der Tilgung der Todsünden
durch diese zu thun. Wenn daher Hr. v. Z. in ihr einen „directen Commentar" zu dem Bekenntniß vor dem medicus eruditus et misericors in der
hom. II. in Ps. 37. finden will (S. 364.), so können wir ihm nicht beistimmen; insbesondere wird Origenes bei denen, qui possunt mederi vulneribus
nostris, nicht an den Klerus, sondern an die ganze Gemeinde und bei dem re-
velare nicht an Privatbeichte, sondern an die Bußübung gedacht haben. Siehe
unten.

ben er aus unseren Händen nimmt, um sie im Himmel zu opfern
(in Levit. hom. IX. cap. 9.).

Daß das Recht des πνευματικός und das des Amtsträgers, die
Heilsordnung und Kirchenordnung, im Sinne des Origenes keines=
wegs congruente Größen sind, haben wir bereits gesehen, daß sie
aber auch in der Wirklichkeit oft in Conflict gerathen und in scharfen
Widerspruch zu einander treten, hat Origenes selbst nachgewiesen.
Er sagt in der 14. Homilie über den Leviticus Cap. 2: „Einer der
Gläubigen hat gesündigt; obgleich er noch nicht durch den Spruch
des Bischofs verworfen wird, ist er doch schon durch die begangene
Sünde selbst ausgestoßen, und wenn er gleich in die Kirche tritt, ist
er dennoch ausgestoßen und abgelöst von dem Verkehr und der Ein=
müthigkeit der Gläubigen." „Umgekehrt", sagt er Cap. 3., „geschieht
es, daß Einer durch ungerechtes Urtheil derer, welche der Kirche vor=
stehen, verstoßen und der Gemeinschaft beraubt wird, aber wenn er
selbst nicht vorher aus ihr geschieden ist, d. h. wenn er nicht so ge=
handelt hat, daß er verdient hat, aus ihr zu scheiden, so wird er da=
durch nicht geschädigt, daß er durch ungerechtes menschliches Urtheil
ausgestoßen scheint. Und so kommt es, daß bisweilen der
Verstoßene drinnen weilt und draußen der zu finden
ist, welcher drinnen festgehalten zu werden scheint."
.(Et ita fit, ut interdum ille, qui foras mittitur, intus sit et ille
foris, qui intus retineri videtur.)   So ist denn das Heil des Ein=
zelnen allein durch die innere sittliche Stellung bedingt, die er zu
Christus und seinem Reiche einnimmt; das Amt kann es durch sein
Binden nicht hindern, durch sein Lösen nicht fördern, sondern durch
sein Urtheil diese innere Stellung nur interpretiren und das, was
in der Heilsordnung bereits vollendete Thatsache ist, auch in der
Kirchenordnung zur Darstellung und Geltung bringen, vorausgesetzt,
daß die Träger des Amtes selbst geistliche Menschen, reine Organe
des göttlichen Willens und Urtheils sind, durch welche Gott spricht,
wie er einst durch die Propheten gesprochen hat.   Nur unter dieser
Voraussetzung kann Origenes dem Amte die Fähigkeit einräumen, auch
eine versöhnende Thätigkeit auf den Gefallenen zu üben, aber nicht
in directer, sondern nur in indirecter Weise, wenn es auf seine Bes=
serung einwirkt; aber auch dieß vermag es nur in dem Grade, als
sein Träger ein πνευματικός ist, und es übt darin nur ein Recht,
das auch jedem geistlichen Laien offen steht, wie es ja Origenes (in
Levit. hom. II. cap. 4.) ausdrücklich als ein allgemeines Opfer und

somit als eine allgemeine Pflicht aller wahren Chriften bezeichnet, den
Sünder vom Jrrthum feines Weges zu bekehren. Jn biefem Sinne
fagt er (in Levit. hom. V, 4.): Discant sacerdotes Domini,
qui Ecclesiis praesunt! .... Quid est repropitiare delictum?
Si assumpseris peccatorem et monendo, hortando, docendo, in-
struendo adduxeris eum ad poenitentiam, ab errore correxeris,
a vitiis emendaveris et effeceris eum talem, ut ei con-
verso propitius fiat Deus pro delicto, repropitiasse
diceris. Si ergo talis fueris sacerdos et talis fuerit doctrina
tua et sermo tuus, pars tibi datur eorum, quos correxeris, ut
illorum meritum tua merces sit et illorum salus tua gloria. ....
Sciant [sacerdotes] se in nullo alio partem habituros apud
Deum, nisi in eo, quod offerunt pro peccatis i. e. quod a via
peccati converterint peccatores. Es ergiebt fich fchon auf biefem
Punkte, baß es eine geringe Vertrautheit mit der Lehre und der Ge=
fammtanfchauung des Origenes verräth, wenn man, wie es Hr. v. Z.
S. 365. gethan hat, behaupten kann, baß bei Origenes bas Recht
der Amtsträger fo auffallend hervortrete. Jhr Recht ruhet in die=
fem wie in allen Stücken nur auf der Kirchenordnung, welche nur
bie getrübte Erfcheinung der allein realen Jbee, der ewigen Heils=
ordnung Gottes, ift; biefer gehört allein bas geiftliche Priefterthum
an, an bem alle wahren Chriften participiren und als beffen Träger
fie in fchlechthin abäquater und wirffamer Weife Gottes Urtheil ver=
fündigen, Gottes Willen vollziehen. Nur wo beibe Sphären in einer
Perfon zufammentreffen, participirt auch ber Klerifer an der Gabe
und bem Recht bes ἄνϑρωπος πνευματιχός, übt er die Schlüffel=
gewalt nicht bloß in ber Kirche, fondern auch im Reiche Gottes als
Organ bes heiligen Geiftes.

Nach biefer allgemeinen Erörterung bleibt nur noch übrig nach=
zuweifen, wie Origenes bas Amt in bem Verlaufe bes Bußproceffes
wirffam benkt. Er hat fich barüber vorzugsweife in ben beiden Ho=
milien über ben 37. (nach unferer Zählung 38.) Pfalm ausgefprochen.
Beide behandeln ben Gegenftand nach zwei fehr verfchiedenen Seiten:
in ber erften zeigt er, baß die, welche fich einer fchweren Sünde be=
wußt find, fich durch bas ftrafende Wort der öffentlichen Verkün=
bigung follen bemüthigen und zur inneren Buße leiten laffen; in ber
zweiten bewegt fich Alles um die firchliche Buße, die ausfchließlich als

eine öffentliche dargestellt wird. Die Medicamente gegen die Sünde
sind darum der wesentliche Gedanke, unter welchen sich beider Inhalt
zusammenfassen läßt.

Gleich in dem ersten Capitel der ersten Homilie werden wir mit
den Aerzten bekannt gemacht. Er sagt: et ille quidem (der Erlöser
selbst) erat archiatros, qui posset curare omnem languorem et
omnem infirmitatem; discipuli vero ejus Petrus vel Paulus, sed
et prophetae medici sunt et hi omnes, qui post apostolos in
Ecclesia positi sunt quibusque curandorum vulnerum disciplina commissa est, quos voluit Deus in Ecclesia sua esse
medicos animarum, quia non vult Deus noster mortem pecca-
toris, sed poenitentiam et orationem ejus exspectat. Ich habe
selbst vor neun Jahren im „römischen Bußsacrament" (S. 79.) auf
diese Stelle aufmerksam gemacht und damals die Meinung ausgesprochen, daß Origenes unter denen, welche nach den Aposteln in
der Kirche gesetzt seien, „wenn auch vorzugsweise, doch nicht
ausschließlich die Priester, sondern auch schriftkundige
Laien" verstanden habe, weil auch solchen damals das Recht des Lehrens in den Kirchen noch zugestanden worden sei. Ist es Gedanken-
losigkeit oder „Antipathie", was den Herrn von Zezschwitz veranlaßt
hat, mich zu beschuldigen, ich hätte die Worte des Origenes durch
„schriftkundige Laien" interpretirt, und gänzlich zu verschweigen,
daß ich ausdrücklich und vorzugsweise sie auf die Priester
bezogen habe? Dennoch gebe ich ihm in der Sache Recht; diese Interpretation ist mir selbst im Fortgange meiner Studien über Origenes
fremd geworden; da dieser von Solchen redet, qui post apostolos
in Ecclesia positi sunt — quos voluit Deus in Ecclesia
sua esse medicos animarum, so kann er nur die Kirchenordnung
und folglich nur Kleriker im Auge gehabt haben. Auch der Zweck,
der ihm bei dieser ersten Homilie vorschwebt, der Nachweis, wie der
Christ in schwerer Schuld die correptiones aufnehmen soll, die an
ihn in versammelter Gemeinde ergehen, läßt keine andere Erklärung zu; noch bestimmter nöthigen dazu die Worte: Omnes epi-
scopi atque omnes presbyteri vel diaconi erudiunt nos et eru-
dientes adhibent correptiones et verbis austerioribus increpant.
Die Aussprüche des göttlichen Wortes aber vergleicht er Cap. 2. mit
Pfeilen, die das schuldbewußte Herz durchbohren und verwunden.
Wer sind nun die, welche diese verwundende Macht des durch das
Amt gepredigten Wortes erfahren und sich ihr demüthig zu beugen

haben? Er antwortet darauf: Et nunc si ex ista multitudine
auditorum sint **aliqui** conscii sibi in aliquo peccato — atque
utinam quidem nullus sit! verumtamen necesse est ali-
quos conscios sibi [esse] — et hi si his auditis quae loquimur
recte et fideliter audiant, compungatur cor eorum ex jaculis
verborum nostrorum et transfixi talibus jaculis doleant et con-
versi ad poenitentiam dicant: Domine, ne in furore arguas me
neque in ira tua corripias me, quoniam sagittae tuae infixae
sunt mihi. Si vero audiens haec non compungatur — iste quippe
dignus est, ut stimulis furoris Domini corripiatur. Also nicht
von der ganzen Versammlung fordert Origenes, daß sie dieser stra=
fenden Macht des Wortes sich beuge, sondern nur von Einzelnen,
die sich einer Sünde bewußt sind; nicht unter jene leichtere Vergehen
kann sie mithin gehören, denen die menschliche Schwäche, die nach
Origenes nur im allmähligen Fortschritt vom Unvollkommnen zur
Vollkommenheit überwunden wird, täglich erliegt, sondern unter jene
graviora crimina, in quibus semel tantum poenitentiae datur
locus, es muß eine Todsünde vorliegen. Das zeigt sofort die Exempli=
fication Cap. 6: virtus diaboli praecipue circa lumbos hominis
est, unde fornicatio adulteriaque procedunt, unde
puerorum corruptio, unde omnis spurcitia genera-
tur. Wer sich also eines solchen Vergehens schuldig weiß — das
ist das Ziel, auf das Origenes hinarbeitet — soll sein Herz nicht
den Pfeilen des göttlichen Wortes verschließen, soll sich von ihnen
verwunden lassen, soll durch Buße und durch das Bekenntniß seiner
Sünde im Gebete vor Gott dem göttlichen Zorn zuvorkommen und
ihn abwenden.

Die zweite Homilie handelt von der Bußübung selbst, die
wesentlich als öffentliche beschrieben wird. Sie beginnt Cap. 1. mit
der Auslegung des 12. Verses: Si ergo aliquis ita fidelis, ut, si
quid conscius sit sibi, procedat in medium et ipse sui accusator exsistat, hi autem, qui futurum Dei judicium non
metuunt, haec audientes cum infirmis quidem non infirmentur,
cum scandalizantibus non urantur, cum lapsis non jaceant, sed
dicant: Longe te fac a me neque accedas ad me, quoniam
mundus sum, et detestari incipiant eum .... et ab amicitiis
recedant ejus, qui delictum suum nolit occultare, super his ergo
consequenter dicit qui exomologesin i. e. confessionem
facit: „Amici mei et proximi mei ... de longe steterunt" (v. 12.)

Sed haec non oportet formidare eum, qui post delictum salvari
cupit etc. Was ist unter diesem procedere in medium, diesem
accusator sui exsistere, dieser exomologesis sive confessio zu den=
ken? Kein Bekenntniß in Worten, kein Geständniß der speciellen
Sünde, sondern die öffentliche Bußübung des Pönitenten vor der
ganzen Gemeinde, durch die er sich als Sünder, als Gefallener vor
ihr bekennt und sie auffordert, mit ihm zu trauern, sie zur Theil=
nehmerin an seinem Schmerze und zu seiner Vertreterin und Für=
bitterin vor Gott machen will. So erzählt Hieronymus im Briefe
an den Oceanus (epist. 77. ed. Vallarsii Vol. I, 460 seq. c. 4.
et 5.) von der Fabiola, die sich von ihrem ersten Manne aus Abscheu
vor seinen Lastern geschieden, einen zweiten geheirathet und deßhalb
zur öffentlichen Buße sich freiwillig gemeldet hatte: Quis hoc crede-
ret, ut post mortem secundi viri, in semet ipsam reversa, ...
saccum indueret, ut errorem publice fateretur et tota
urbe spectante Romana ante diem Paschae in Basilica quon-
dam Laterani . . . . staret in ordine poenitentium, Episcopo,
Presbyteris et omni populo collacrimantibus sparsum crinem,
ora lurida, squalidas manus, sordida colla submitteret? Quae
peccata fletus iste non purget? quas inveteratas
maculas haec lamenta non abluant? . . . Non est
confusa Dominum in terris et ille eam non confundetur in coelo
(Luc. 9.). Aperuit cunctis vulnus suum et decolorem
in corpore cicatricem flens Roma conspexit. Dis-
suta habuit latera, nudum caput, clausum os. Non est ingressa
Ecclesiam Domini, sed extra . . . . consedit, ut quam Sacerdos
ejecerat, ipse revocaret. . . . . Faciem, per quam secundo viro
placuerat, verberabat, oderat gemmas, linteamenta videre non
poterat, ornamenta fugiebat. Sic dolebat, quasi adulterium
commisisset, et multis impendiis medicaminum unum vulnus sa-
nare cupiebat. Diese classische Beschreibung möge zugleich ein Bild
von der poenitentia publica gewähren und erläutern, inwiefern sie
wesentlich als factische confessio publica gefaßt und als satisfacto=
risch angesehen wurde. Ganz in diesem Sinne sagt Origenes in libr.
judic. hom. III, 2: quanto tempore deliquisti, tanto nihilomi-
nus tempore humilia te ipsum Deo et satisfacito ei in con-
fessione poenitentiae. Allein die Wirkung dieser confessio poenitentiae unter den Menschen ist nicht immer dieselbe, wie
sie Hieronymus schildert; sie fürchten nicht Gottes Gericht, sie ver=

stehen es nicht, sich mit dem Schwachen schwach zu fühlen und mit
dem Gefallenen sich zu beugen; sie verachten ihn als einen Unreinen
und selbst seine Freunde und Verwandten ziehen sich von ihm zurück.
Aber gerade in dem sanftmüthigen und demüthigen Ertragen dieses
Benehmens liegt ein wesentliches Correctiv für den Gefallenen; durch
dieses Hinaustreten in die Oeffentlichkeit kommt der Pönitent der Anklage des Teufels zuvor, der einst alle Sünden vor Gott an das
Licht ziehen wird (Cap. 2.); durch die Beschämung vor den Menschen
erspart er sich dereinst die Scham vor den Engeln Gottes beim Welt-
gericht (Cap. 1.). Von dieser demüthigen und sanftmüthigen Haltung
des Confitenten, d. h. Pönitenten, und seiner freiwilligen Unterwerfung unter die flagella, die er mit seinen Sünden verdient hat, handeln die folgenden Capitel bis zum Schlusse des fünften.

Das sechste Capitel enthält die Stelle, bei welcher mich Hr. v. Z.
der unrichtigen Interpretation anklagt. Sie beginnt mit den Worten:
Fortassis enim sicut ii, qui habent intus inclusam escam in-
digestam aut humoris vel phlegmatis stomacho graviter et moleste immanentis abundantiam, si evomuerint, relevantur, ita
etiam hi, qui peccaverunt, si quidem occultant et retinent intra
se peccatum, intrinsecus urgentur et propemodum suffocantur
a phlegmate vel humore peccati. Si autem ipse sui accusator fiat, dum accusat semet ipsum et confitetur, simul evomit et delictum atque omnem morbi digerit causam.
Wie haben wir dieses accusare semet ipsum et confiteri, durch welches der im geistigen Organismus verborgene
Krankheitsstoff der Sünde ausgestoßen wird, zu fassen? Vor neun
Jahren habe ich darunter die Selbstanklage und zwar vor dem δικαστήριον ἐκκλησιαστικόν verstehen zu dürfen geglaubt; Hr. v. Z. sucht
darin S. 361. das „Heraussagen der Sünde für sich", noch nicht aber
die Form des Bekenntnisses und noch nicht die mit demselben verbundene, respective nachfolgende Buße; der Hauptgedanke der ganzen
Stelle ist ihm „die subjective Erleichterung" durch dieses sich selbst
Aussprechen; der Zweck des Redners: „eine rein seelsorgerliche, nicht
disciplinare Betrachtung der Wirkung des Bekenntnisses". Wäre hier
zum ersten Male dieses confiteri erwähnt, so würde ich ihm unbedingt zustimmen. Aber da die ganze Homilie von der öffentlichen
Buße handelt und diese unter dem Gesichtspunkt der sui accusatio
et confessio erörtert, so ist diese Fassung offenbar zu eng und zu
begrenzt. Vielmehr faßt Origenes Alles, wodurch die im Herzen ver-

borgene Krankheit der Sünde an das Licht gezogen und nach außen
vor den Menschen offenbar wird, also nicht bloß das Bekenntniß in
Worten, wie Hr. v. Z. es versteht, nicht bloß, wie ich früher an=
nahm, die erste Selbstanklage, welche gleichsam die Einleitung zu und
den ersten Act in der nachfolgenden Buße bildet, sondern den
ganzen Verlauf der Bußübung, diesen ersten Act mit=
inbegriffen, mit allen Demüthigungen vor den Men=
schen, mit allen Thränen, allen Kniebeugungen, allen
stummen und doch so beredten Selbstanklagen und
Selbstverdammungen in diesem accusare semet ipsum
et confiteri zusammen. Alles, was die alte Kirche mit diesen
Worten bezeichnen konnte, der weiteste Umfang ihres Begrif=
fes ist in unserer Stelle gemeint. Mit Recht zieht darum
Dalläus (de conf. auric. lib. III. c. 7. in fine) hierher vor Allem
ea professio, quae factis ipsis ac poenitentium officiis editur,
generalisque scelerum cognitio et improbitatis suae professio ac
detestatio. Denn erst durch das Alles, namentlich durch die Oeffent=
lichkeit, worin es geschieht, nicht aber schon durch das der Buße vor=
aufgehende Bekenntniß, wird nach Origenes' Ansicht das auf dem
Gewissen lastende Verbrechen völlig evomirt und die causa morbi
digerirt (digeritur), d. h. aufgelöst und zertheilt; durch diese die
ganze Bußübung von ihrem ersten Anfang, dem freiwilligen Geständ=
niß, bis zum Schluß umfassende confessio poenitentiae tritt das
Verborgene an das Licht, sie ist die Satisfaction, sie bessert mit ihren
flagellis, sie ist die Medicin, welche die Genesung herbeiführt und
verbunden mit der Fürbitte der Kirche und des Klerus die Vergebung
Gottes bewirkt. Die Stelle enthält barum weder eine seel=
sorgerliche, noch eine disciplinare Betrachtung (beides war ohnehin
dem kirchlichen Alterthum eins und dasselbe) der Wirkung des der
Buße vorangehenden Bekenntnisses, sondern eine psychologische
Motivirung der Wirkungen der ganzen Bußleistung und
Bußübung, das mündliche Bekenntniß selbst nicht aus=
geschlossen.

Aber Origenes hat noch ein Anderes auf dem Herzen. Dieser
schweren Leistung muß ein Geständniß der Sünde voraufgehen, das
schon wesentlich zu ihr gehört; die Bußübung muß erbeten werden;
beides hat vor den Presbytern und dem Bischof zu geschehen. Soll
sich der Pönitent unmittelbar an sie wenden? Sie sind nur allzu oft
geneigt, auch Solche auszustoßen, die es nicht verdienen, sie sind nicht

immer im Beſitz der ἐπιστήμη τῆς τοῦ Θεοῦ θεραπείας, weil ſie nicht immer ἄνθρωποι πνευματικοὶ ſind, obgleich ihnen in der Kirche die vulnerum curandorum disciplina commissa est; der Bußfertige ſelbſt kann ſich über die Natur ſeiner Sünde täuſchen und in der Meinung ſtehen, es müſſe öffentlich und unter Mitwirkung des Amtes gebüßt werden, was er privatim mit Gott und ſeinem Gewiſſen abthun kann. Dieſe Gedanken, die ſämmtlich in dem Ideenkreiſe des Origenes lie‑ gen, ſind die Vorausſetzungen des nun folgenden Satzes. Er fährt fort: Tantummodo circumspice diligentius; cui debeas confiteri peccatum tuum. Proba prius medicum, cui debeas causam languoris exponere, qui sciat infirmari cum infirmante, flere cum flente, qui condolendi et compatiendi noverit disciplinam, ut ita demum, si quid ille dixerit, qui se prius et eruditum medi‑ cum ostenderit et misericordem, si quid consilii dederit, facias et sequaris; si intellexerit et prae‑ viderit talem esse languorem tuum, qui in con‑ ventu totius Ecclesiae exponi debeat et curari, ex quo fortassis et caeteri aedificari poterunt et tu facile sanari, multa hac deliberatione et satis perito medici il‑ lius consilio procurandum erit. Ich kann noch heute wie vor neun Jahren in dieſer ganzen Stelle nicht eine geheime Beichte vor dem amtlichen Seelſorger erkennen, ſondern nur mit dem un‑ befangenen Recenſenten des Klee'ſchen Buches (Tübinger Quartalſchrift 1829, I, 93.) „eine geheime Berathung hinſichtlich der öffentlichen Bußübung". Trotzdem, daß Hr. v. Z. S. 363. behauptet, daß für das frühere dum accusat semet ipsum et con‑ fitetur — omnem morbi digerit causam nach allen Grundſätzen der Auslegung die Inſtanz dieſelbe ſein müſſe, welche in dem proba prius medicum, cui debeas causam languoris exponere, voraus‑ geſetzt wird, wage ich es, entgegengeſetzter Anſicht zu ſein. Jenes accusare semet ipsum et confiteri geſchieht nicht bloß vor Einzelnen im mündlichen Bekenntniß, ſondern auch vor der geſammten Gemeinde in der öffentlichen Bußübung, die ihm folgte und weſentlich als con‑ fessio publica lapsus angeſehen wurde, und hat alſo den weiteſten Umfang; dieſes exponere causam languoris (das nichts mit dem digerere causam morbi zu thun hat) findet dagegen in der vertrauensvollen Eröffnung und Berathung mit dem freigewählten Arzte ſtatt, von deſſen Rathe es abhängt, ob durch die Natur der

Krankheit ein so starkes Heilmittel wie die confessio publica gefordert ist. Es hat also engeren Umfang. Hr. v. Z. findet es ferner
S. 363. bedenklich, daß nach meiner Ansicht der medicus, von dem
Origenes redet, nur zu einer Zwischeninstanz gemacht werde. Das
wird er aber auch nach der Ansicht des Hrn. v. Z. Denn wenn nun
dieser Arzt, selbst zugestanden, daß er ein Priester wäre, zur öffentlichen Bußübung räth und der Bekennende seinem Rathe folgt, darf
dieser Vertrauensmann sie selbst ihm auferlegen? Nein, der Gefallene
muß sich an den Bischof, an den ganzen Klerus wenden, vor diesen
in ordentlicher Sitzung seine Sünde anzeigen, sich von ihnen über
die Motive examiniren, sich von ihnen das Urtheil fällen, sich die
Dauer und die Grade der Bußzeit bestimmen, also sich von ihnen
das Recept verschreiben lassen; seine Besprechung mit dem medicus
eruditus et misericors war also eine bloße Vorberathung, eine bloße
Consultation, es wurde in ihr nur das Mittel confidentiell angerathen, also nur ein consilium gegeben, aber nichts verordnet,
und gewiß wird Hr. v. Z. mir keine Stelle angeben können, in
welcher das Urtheil, welches der Bischof als Inhaber der disciplinaren und seelsorgerlichen Schlüsselgewalt nach Vernehmung seines
Presbyteriums fällte, obgleich auch er Arzt war, ein consilium
genannt wäre. Ueber den Zug der Instanzen, deren eine nur be-
rathende, die andere entscheidende Stimme hatte, werden wir also
nicht hinauskommen; wir könnten dieß nur, wenn jener Vertrauensmann nicht bloß Priester, sondern auch der von Sokrates und Sozomenus beschriebene Bußpriester wäre; aber dieß anzunehmen, gestattet schon, wie Hr. v. Z. S. 365. selbst einsieht, die unbedingte
Freiheit nicht, welche Origenes dem Sünder einräumt, diesen Seelen-
rath sich nach freiem Vertrauen zu wählen; auch war der Bußpriester nicht dazu bestellt, Rath zu ertheilen, sondern Strafe aufzu-
erlegen ($\pi\varrho o\varsigma\tau\acute{a}\sigma\sigma\varepsilon\iota\nu$, $\pi a\varrho a\gamma\gamma\acute{e}\lambda\lambda\varepsilon\iota\nu$ wird seine Function genannt);
eine Vorberathung mit ihm ist also so wenig denkbar, als sich jetzt
der Verbrecher mit dem Richter vorberathen kann, ob er sich
der Strafe unterwerfen soll oder nicht; der Vertrauensmann des
Origenes und der Bußpriester sind darum zwei ganz verschiedene
Dinge, und in jenem kann nicht „die geistige Basis" für das Amt
dieses gesucht werden, wie Hr. v. Z. S. 365. meint. Doch dieser
erhebt gegen meine Auffassung noch weitere Einwürfe. Er sagt
S. 364.: „Dabei muß vor Allem doch auch die andere Eventualität
in das Auge gefaßt werden, daß die Berathung mit jenem erfahrenen

Ärzte nicht für öffentliche Buße entscheidet. Wird dann nach Origenes' Meinung der Sünder auch mit jenem Bekenntniß den Arzt
und die Heilung, der er bedarf, gefunden haben oder nicht? Wir
meinen, die Antwort auf diese Frage sei die einfachste Entscheidung
über das Recht der Steiß'schen Annahme." Hr. v. 3. schickt sich sogleich an, diese Antwort selbst zu geben, indem er die von mir schon
oben in einer Anmerkung mitgetheilte Stelle aus in Luc. hom. XVII.
sofort als directen Commentar zu unserer Stelle verwendet. Daß er
dazu nicht berechtigt ist, haben wir bereits nachgewiesen. Jene Stelle
handelt nicht von einer Vorberathung zur kirchlichen Buße, sondern
von dieser selbst. Allein auch dieses scharfe Betonen und Hervor-
kehren der anderen Eventualität, daß der Vertrauensmann nicht zur
öffentlichen Buße räth, ist nicht in dem Sinne des Origenes, sondern
beruht auf der Lieblingstendenz des Hrn. v. 3.; dieser meint nämlich,
für diesen Fall sei durch unsere Stelle eine amtliche Privatbeichte mit
einer durch das Amt überwachten rein seelsorgerlichen und nicht disciplinaren heimlichen Buße erwiesen. Dieß ist ein Fehlschluß, der in der
ganzen Fassung der Stelle seine Widerlegung findet; wollte nämlich
Origenes darauf abzwecken, dann mußte er die Alternative scharf hervorheben, etwa mit den disjunctiven Partikeln aut — aut, und genau
die Folge angeben, welche in jedem der beiden als möglich angenommenen Fälle einzutreten hat; er hat dieß nicht gethan; erst fordert
er von dem Confitenten, er solle den Rath des erprobten Vertrauensmannes überhaupt befolgen, dieß ist der allgemeine Gedanke;
dann führt er diesen Gedanken nur nach der einen Eventualität durch: findet der Arzt die öffentliche Buße durch die Natur der
Krankheit indicirt, dann ist dieser Rath mit der gehörigen Ueberlegung
zu befolgen; auf die öffentliche Buße, von der die ganze Homilie
handelt, von der auch in der ersten Hälfte unserer Stelle vorzugsweise die Rede ist, hat er es also abgesehen, sie ist das Ziel, das er,
wie das vorausgestellte ut ita demum zeigt, von vornherein im Auge
hat; aber er will, sie soll nicht ohne Vorsicht, nicht voreilig, wie sie
das Amt oft auferlegte, gefordert und übernommen werden. Das ist
der Sinn der Stelle. Aber wenn auch Origenes die andere Eventualität nicht weiter verfolgt, so können doch wir sie uns vielleicht
vergegenwärtigen und uns fragen: wie wird in seinem Sinne dann
die Entscheidung des Vertrauensmannes ausgefallen sein? Ich könnte
Hrn. v. 3. darauf antworten, daß es ein ungerechtfertigtes Verfahren
des Historikers ist, wenn er mit seiner Interpretation einem Schrift-

steller Auffchlüffe abzupreffen verfucht, die jener felbft nicht gegeben hat. Dennoch glaube ich aus allgemeinen Verhältniffen wenigftens fchließen zu können, nach welcher Seite in diefem Falle die fragliche Entfcheidung, und namentlich daß fie nicht nach der Meinung des Hrn. v. 3. ausgefallen fein bürfte. Die morgenländifche Kirche hatte allerdings, wie wir wiffen, neben der öffentlichen eine geheime Buße; diefe wurde vornehmlich Frauen, bei leichteren Vergehen, fofern fie nichtsbeftoweniger der Bußzucht unterlagen, auch Männern zuer= kannt; fie beftand darin, daß man von den drei erften Bußgraden dispenfirte und die Betreffenden nur von der Communion ausfchloß, alfo zur σύστασις μετὰ τοῦ λαοῦ ἄνευ προσφορᾶς τε καὶ κοινωνίας verurtheilte, wie fie bereits der Freund und Zeitgenoffe des Origenes, Gregor der Thaumaturg, kannte. Diefe Buße konnte aber nur der Bifchof, beziehungsweife der Gefammtklerus durch richterliche Ver= fügung auferlegen, folglich konnte es nicht der Vertrauensmann. Wozu war alfo diefer in dem angenommenen Falle allein competent? ich glaube nur, dem Confitenten vertraulich zu fagen, daß er des Arztes nicht bedürfe, daß Gott fein Arzt fei, daß es ausreiche, diefem die Sünde zu bekennen, fie vor ihm in ftiller Buße zu tilgen, vor ihm in diefer fein Gewiffen zu reinigen und bei ihm die Vergebung zu fuchen, die er allein zu geben vermag. Blicken wir alfo noch ein= mal auf das 6. Capitel unferer Homilie zurück, fo enthält daffelbe a) eine pfychologifche Motivirung der Wirkungen der kirchlichen Buße als confessio poenitentiae; b) die Warnung, fie nicht ohne den Rath eines erfahrenen Seelenarztes zu fordern, und c) die Ermah= nung, fie willig zu übernehmen, fobald diefer durch die Natur der Sünde diefes Heilmittel für indicirt erachtet.

Was hat den Origenes aber zu diefem Rathe veranlaßt? Offen= bar die Befürchtung eines Conflictes zwifchen der Heilsordnung und der Kirchenordnung, wie er namentlich bei der Ausübung der dis= ciplinaren Schlüffelgewalt möglich und durch die Erfahrung vielfach als Thatfache conftatirt war. Wen kann er fich alfo bei dem Ver= trauensmann, dem medicus eruditus et misericors, allein gedacht haben? Offenbar einen geiftlichen Priefter, einen ἄνθρωπος πνευματικὸς γενόμενος, welcher die Schlüffelgewalt vom Herrn durch die Weihe feines Geiftes empfangen hat, fie in unfehlbarer Weife übt und darum auch allein bem möglichen Fehlgriff derer vorbeugen kann, welche in der Kirche als Aerzte gefetzt find. Solche gab es wohl unter den Prieftern, aber nicht minder unter den Laien, und da Origenes in unserer Stelle nirgends sagt, daß dieser medicus eruditus et misericors nothwendig ein Priester sein, sondern nur, daß er mit den Schwachen sich schwach fühlen, mit den Weinenden weinen und die condolendi et compatiendi disciplina zu seiner Entscheidung und seinem Rathe besitzen müsse, so haben wir und auch Hr. v. Z. kein Recht, im Interesse einer vorgefaßten Meinung und eines vielleicht wünschenswerthen Instituts zu behaupten, daß im Sinne des Origenes ein Laie diese Stellung des Vertrauensmannes nicht habe einnehmen, den von Origenes geforderten Rath nicht habe ertheilen können. Es lassen sich für diese Auffassung wohl noch andere Belege geben. Unter den sieben Wegen, auf welchen die Sündenvergebung zu erlangen ist, nennt Origenes (in Levit. hom. II. c. 4.) als den fünften die Bekehrung des Sünders von dem Irrthum seines Weges und führt diesen Gedanken näher in den Worten aus: Si divinis lectionibus instructus, meditando .... et in lege Domini vigilando die ac nocte ab errore suo converteris peccatorem et abjecta nequitia ad simplicitatem eum columbae revocaveris atque adhaerendo sanctis feceris eum societatem turturis imitari, par turturum aut duos pullos columbarum Domino obtulisti. So predigt er nicht bloß an die Herzen der Priester, sondern auch der „schriftkundigen Laien“, denn er redet von den Opfern des geistlichen Priesterthums, dessen Träger sich unter beiden finden; und wenn er somit auch „dem schriftkundigen Laien“ die Fähigkeit zutraut, einer Seele vom Tode zu helfen und sie der communio sanctorum zu restituiren, wird er denn nicht einen solchen auch für fähig gehalten haben, ihn als Seelenarzt zu berathen? er, der gerade den hierher gehörigen, von Hrn. v. Z. in seiner Amtspäpstelei so stark perhorrescirten Gedanken, daß das Wort Gottes der eigentliche Seelenarzt sei, unumwunden (ex commentariis in Exodum fol. 114.) ausspricht: ἰατρός ἐστι ψυχῆς ὁ λόγος τοῦ Θεοῦ, ὁδοῖς θεραπείας χρώμενος ποικιλοτάταις καὶ ἁρμοδίαις πρὸς τοὺς κακῶς ἔχοντας καὶ ἐπικαιριωτάταις· τῶν δὲ τῆς θεραπείας ὁδῶν αἱ μέν εἰσιν ἐπὶ πλεῖον, αἱ δὲ ἐπ᾽ ἔλαττον πόνους καὶ βασάνους ἐμποιοῦσαι τοῖς εἰς ἴασιν ἀγομένοις. Daß aber noch im 4. Jahrhundert im Privatleben nicht bloß die Priester, sondern auch die Laien als Seelenärzte und zur Ausübung einer durchaus seelsorgerlichen Behandlung befähigt erachtet wurden, zeigt eine Stelle in der dritten Rede des Chrysostomus an das antiochenische Volk (cap. 5.) aus dem Jahre 387: „Willst du deinen Bruder bessern, so weine, bete zu Gott, nimm ihn allein, ermahne, berathe ihn, rede ihm zu ...... zeige deine Liebe zu dem Sünder, überrede ihn, daß du um ihn bekümmert und besorgt, nicht aber in der Absicht, ihn öffent= lich bloßzustellen (ἐκπομπεῦσαι), ihn an seine Sünde erinnerst; um= fasse seine Füße, küsse ihn, schäme dich dessen nicht, wenn du ihn in Wahrheit heilen (ἰατρεῦσαι) willst. Dieß thun auch die Aerzte (οἱ ἰατροί) häufig, indem sie die widerstrebenden Kranken küssen, ihnen zusprechen, sie überreden, das heilsame Gegenmittel (σωτήριον φάρ= μακον) zu nehmen. So thue auch du! [Zeige dem Priester das Ge= schwür [1])], das heißt sich um ihn bekümmern, vorsehen, sorgen!" Ich -denke, daß diese Stelle trotz ihres verschiedenen Zwecks einen directen Commentar zu dem 6. Capitel der zweiten Homilie des Origenes geben kann. Wenn Hr. v. Z. noch die Frage aufwirft: „welches Ge= meindeglied wäre wohl im Stande gewesen, eine Ueberlegung wie die, welche Origenes auf des Vertrauensmannes Schultern legt, für sich und auf eigene Verantwortung zu übernehmen?" so würde dieser Kirchenlehrer gegen solche neulutherische Ueberspannungen des Amts= begriffes von seinem Standpunkte aus einfach geantwortet haben: οἱ τοῖς ἀποστόλοις ὡμοιωμένοι ἱερεῖς ὄντες κατὰ τὸν μέγαν ἀρχιερέα, ἐπιστήμην λαβόντες τῆς τοῦ Θεοῦ θεραπείας. Es wird daher dabei verbleiben müssen, daß dieser Seelenarzt ein Priester sein kann, aber nicht nothwendig sein muß, wie dieß Dalläus (l. c.), Gieseler (I, 1. §. 71. S. 385.), Redepenning (II, 417.) gefaßt haben.

Aber Hr. v. Z. geht noch weiter. In den Worten gegen das Ende des Capitels: Communicare non times corpus Christi, ac= cedens ad Eucharistiam, quasi mundus et purus, findet er S. 367.

---

[1]) Jeder Unbefangene sieht auf den ersten Blick, daß die Worte: τῷ ἱερεῖ δεῖξον τὸ ἕλκος dem Contexte fremd sind und ihn stören; sie sind das Glossem eines späteren Interpolators, der sich nicht darein zu finden wußte, daß die Glieder der Gemeinde ohne Mitwirkung des Priesters ein solches Recht als Seelenärzte üben sollten, und wahrscheinlich aus hom. XX. in Genes. fol. 175. genommen. Nach dem Zusammenhang soll der Seelenarzt thun, was der leib= liche Arzt, nämlich dem Kranken zusprechen und ihn freundlich überreden, das heilsame Gegenmittel zu nehmen; daß er aber selbst dem Priester die Anzeige machen und als Ankläger gegen den Sünder auftreten soll, ist ein durchaus fremder Gedanke und widerspricht den parallelen Functionen des leiblichen Arztes auf das Härteste; es ist auch nur aus dem Interesse, welches noch heute Hr. v. Z. vertritt, eingeflickt, als Seelenarzt allein den Amtsträger gelten zu lassen. Ich wundere mich daher, daß Dübner in der neuesten pariser Ausgabe der opera selecta des Chrysostomus diese Worte nicht wenigstens eingeklammert hat.

die Forderung einer voraufgehenden Reinigung der Seele für den Sacramentsgenuß; diese Stelle soll „die Unterlage der ganzen Ermahnung zum Bekenntniß und zur Beichte sein und eine auffallende Parallele zu dem Bericht über die Wirksamkeit des Bußpriesterthums." Verstehen wir ihn richtig, so wäre die Berathung mit dem Vertrauensmann eine zum Abendmahlsgenuß unmittelbar vorbereitende Privatbeichte, bei der das eigentlich Reinigende in dem Bekenntnisse selbst läge. Dieß ist ein gründliches Mißverständniß. Wie alle Väter der altkatholischen Kirche, wie Cyprian in der parallelen Stelle (de lapsis c. 15. 16.), so hält auch Origenes die Theilnahme am Sacrament für Alle, die mit einer Todsünde behaftet sind, nicht für heilbringend, sondern für verderblich. Darum will er, daß diese vorher getilgt werde, und dazu ist auch ihm nicht das mündliche Bekenntniß allein, sondern die Buße das Mittel; eine Absolution, d. h. Reconciliation, Wiederzulassung zum Sacrament, ohne vollendete Buße kennt auch er nicht, überhaupt auch keine Privatbeichte als ein rein seelsorgerliches, nicht zugleich disciplinares Institut, kein Bekenntniß, das seinen Zweck in sich selbst hätte und nicht in der nachfolgenden Buße, die durch dasselbe eingeleitet wurde.

Die wunderlichste Leistung des Hrn. v. Z. ist endlich sein Versuch, die freiere Stellung des Origenes und Chrysostomus zum Buß- und Beichtwesen historisch, d. h. aus allgemeinen Zeitverhältnissen, zu erklären. Wasserschleben hat zuerst nachgewiesen, daß das Buß- und Beichtwesen der Pönitentialbücher aus einer Uebertragung der ascetischen Klosterdisciplin auf das kirchliche Leben entstanden sei. Einen ähnlichen Einfluß sucht auch v. Z. in der orientalischen Kirche. In den Klöstern will er die Privatbeichte frühzeitig als Ordnungsform neben der öffentlichen [1]) Beichte und Bußzucht gefunden haben. Darin soll denn die Erklärung liegen, warum „Männer wie Origenes und Chrysostomus, Asceten und Freunde, wie Genossen des **Mönchthums**, als Vertreter einer mit den Forderungen und Segnungen der Privatbeichte verwandten oder doch im Allgemeinen individueller gearteten Praxis des Buß- und Beichtwesens auftreten." Allein bei Chrysostomus findet sich nirgends eine Spur, daß er zur Beichte vor einem Menschen gerathen hätte; sein

---

[1]) Was soll diese öffentliche Beichte sein? S. 350. sagt Hr. v. Z.: „Eine öffentliche Beichte ist nun freilich aus dem ganzen Alterthum überhaupt nicht zu beweisen."

Rath geht, wie Hr. v. Z. selbst zugiebt, stets auf die Beichte vor
Gott allein. Origenes aber war bereits 16 Jahre todt (er starb 254),
als Antonius 270 in die Wüste ging, und erst lange nachher fand
seine Lebensweise dort Nachfolge und Jüngerschaft. Das Mönchthum
aber beginnt erst mit Pachomius 340, also 86 Jahre nach dem Tode
des Origenes: wie sollen, wie können denn diese Erscheinungen auf
Origenes gewirkt haben? Auch mit der „Ordnungsform", in
welcher die Privatbeichte in den Klöstern seit der Mitte des vierten
Jahrhunderts gepflegt wurde, ist nichts gesagt. Hr. v. Z. übersieht
nämlich dabei, daß in den Klöstern eine doppelte Art von Beichte bestand; die eine war rein ascetischer Natur und hatte mit dem
Bekenntniß der Sünden nichts zu thun, sondern zweckte auf den Fortschritt in der Vollendung des christlichen Lebens ab (auf die προκοπή
ἀξιόλογος ἐν τῇ ἕξει τῆς κατὰ τὰ προςτάγματα τοῦ κυρίου ἡμῶν
Ἰησοῦ Χριστοῦ ζωῆς), sie bestand in der „Enthüllung der innersten
Herzensgeheimnisse und aller Bewegungen der Seele" vor den Brüdern und insbesondere vor dem Vorsteher, „damit das, was daran
löblich war, bestärkt werde, dagegen das Tadelnswerthe seelsorgerliche
Heilung erhalte." Von ihr handelt Basilius in den ausführlichen
Regeln in der 26. Frage (ed. Maurin. Vol. II, 371.). Die andere,
seelsorgerlich-disciplinarer Art, wird Interr. 46. (ibid. fol. 393.) besprochen; sie bestand darin, daß der Schuldige selbst oder die, welche
darum wußten, jede Sünde, die sie nach der Vorschrift des Herrn
nicht selbst heilen konnten (πᾶν ἁμάρτημα — ἐὰν αὐτοὶ θεραπεῦσαι
μὴ δυνηθῶσι κατὰ τὸ ὑπὸ τοῦ κυρίου προςτεταγμένον), dem Vorsteher anzeigten, der demnach über seine Untergebenen gerade so, wie
der Bischof über die Glieder seiner Diöcese, die Schlüsselgewalt übte.
Aus der angeführten näheren Bestimmung ergiebt sich sofort, daß
das Object dieser Beichte nur schwere Sünden waren, die weder
durch die Privatbuße des Einzelnen, noch durch die gegenseitige
Bruderzucht, sondern allein durch die klerikale Schlüsselgewalt geheilt
werden konnten.

——————

Hr. v. Z. kann es sich S. 365. selbst nicht verhehlen, daß die
Stelle des Origenes bis in das fünfte Jahrhundert einzig dasteht.
Um so mehr hätte er sich doch die Frage vorlegen müssen, ob wir in
ihr, die wahrlich keine leichte und durchsichtige genannt werden darf,
ein sicheres, vollgültiges Zeugniß für die Anschauung und Sitte der
orientalischen Kirche überhaupt oder nur eine Privatansicht des durch

und durch individuellen und subjectiven Alexandriners suchen dürfen; er hätte sich fragen müssen, ob denn die Uebersetzung des Rufinus, die nicht immer eine ganz zuverlässige ist, nicht manche Unklarheit und Dunkelheit erst hineingebracht hat. Dennoch klingt der Rath des Origenes noch Jahrhunderte lang in der morgenländischen Kirche an und es läßt sich aus Parallelen nachweisen, wie man ihn auch den veränderten Verhältnissen und schärfer ausgeprägten Vorstellungen an= zupassen wußte, obgleich die Basis des Origenes, die Differenz der Heils= und der Kirchenordnung, längst aufgegeben war und man sich gewöhnt hatte, den klerikalen Priester auch als den ausschließlichen Heilsvermittler anzusehen. Hr. v. Z. macht S. 372. selbst darauf auf= merksam, daß Basilius in den kürzeren Regeln Interr. 229. (II. fol. 492.) ausdrücklich, wie Origenes, einschärfe, nur erfahrenen Aerzten die Seelenwunden zu entdecken; allein er ist weit entfernt, wie Origenes die Wahl eines erfahrenen Seelenarztes darum freizugeben; die ἔμ= πειροι τῆς τῶν ἁμαρτημάτων θεραπείας im Unterschiede von den τυχοῦσι sind eben die Priester im Gegensatze zu den Laien, und daß auch unter jenen keine Auslese stattfinden sollte, zeigt deutlich die er= wähnte Vorschrift der ausführlicheren Regeln, welche die Confitenten ausschließlich an den Vorsteher, also den Abt, verweist. Dagegen ist es interessant, wie er in eben dieser Vorschrift (Interr. 46.) den Segen des Bekenntnisses ähnlich wie Origenes motivirt. Er sagt: „Die ver= schwiegene Bosheit ist eine versteckte (ὕπουλος) Krankheit in der Seele" [gleichsam eine unter der Narbe forteiternde und schwärende Wunde]. „Wie nun der nicht wohl thut, der in dem Leibe das Verderbliche zurückhält, sondern der, welcher es unter Schmerz und Ausspeien an den Tag bringt, so daß er entweder den schädlichen Stoff mit Er= brechen auswirft oder daß durch Aufdeckung seiner Krankheit die Hei= lungsart erkennbar wird, so heißt auch die Sünde verbergen nur dem Kranken den Tod bereiten helfen." Auch hier wird allerdings das Erleichternde, was in dem Bekenntniß liegt, mit dem gleichen Bilde motivirt, aber man sieht zugleich aus diesem Bilde, daß das Bekennt= niß doch nur Mittel zum Zweck ist, Mittel, die durch die Natur der Krankheit geforderte Art des Verfahrens zu bestimmen, durch welches erst die Heilung bewirkt wird.

Eine der interessantesten Parallelen zu der Stelle des Origenes bieten die Schlußworte der oft erwähnten Rede des Asterius (adhortat. ad poenit.), weil sie ein Zusammenwirken des Klerus und der Laien in der Buße bezeugen und doch den Priester, eigentlich den Bischof,

als den eigentlichen Seelenarzt darstellen (fol. 369 sqq.): „Fühle
die dich behaftende Krankheit, zerknirsche dich, so sehr du kannst, suche
die Trauer gleichgesinnter Brüder, damit sie dich zur
Befreiung unterstützen, zeige mir" [nämlich dem Bischof] „deine
bittern und reichlich fließenden Thränen, daß sich die meinigen darein
mischen, nimm den Priester" [wiederum in diesem Zusammenhang den
Bischof] „zum Genossen deines Grames als Vater, denn welcher
Vater verdient so wenig diesen Namen oder hat eine so diamantharte
Seele, daß er nicht mit seinen Kindern, wenn sie betrübt sind, trauere
und nicht mit den fröhlichen sich freue? Mehr als den leiblichen
Vätern vertraue dem, der dich für Gott geboren hat, zeige ihm ohne
Erröthen das Verborgene auf, entblöße vor ihm die Geheimnisse deiner
Seele, indem du ihm, dem Arzte, das Verhüllte aufdeckest: er wird
Sorge tragen für deine Ehre (τῆς εὐσχημοσύνης) und deine Heilung.
Größere Scham haben die Eltern als die, welche dulden" [nämlich
die Kinder]; „der Ruhm und die Schmach dieser werden auf gleiche
Weise von den Erzeugern getheilt." An wen aber Asterius diesen
Rath richtete, zeigen die folgenden Worte: „Du besaßest einst die
evangelische Drachme" [nämlich die Taufgnade, die Gabe der Wieder=
geburt, die durch schwere Sünden verloren geht und durch die kirch=
liche Bußdisciplin wieder erworben wird] „und warst reich in ihrem
Besitz; später hast du sie durch Leichtsinn verloren: zünde an die
Leuchte der Buße, suche das unter irdischen Leidenschaften verborgene
Kleinod, hebe auf und bewahre das wiedergefundene, damit sich mit
dir die Nachbarn freuen in Christo, welchem sei Ehre jetzt und zu aller
Zeit und in Ewigkeit."

Während die Rede des Asterius die Buße für schwere Thatsünden,
mochten dieselben öffentlich oder insgeheim begangen worden sein, noch
ganz und gar an das Amt gebunden, von dem Amte auferlegt und
überwacht und als den allein berechtigten Arzt für den Einzelnen eben
den Bischof als den proprius sacerdos, wie das Mittelalter so häufig
sich ausdrückt, der über seine Untergebenen das Recht der Jurisdiction
übt, denkt, während sie, wie wir schon früher gesehen haben, den
Priestern, eben weil hier kein Recht der freien Auswahl gegeben sein
konnte, um so mehr das Erbarmen und die Vorsicht zur Pflicht macht
und wiederum, wie obige Worte zeigen, den mit einer geheimen
schweren Sünde Belasteten die Versicherung giebt, daß der ordentliche
Arzt ebensowohl auf ihre Heilung als auf ihre Ehre bedacht sein und
sie nicht ohne Noth bloß stellen werde, scheint theils der Rath des

Chryſoſtomus, die Sünde (was doch nur die geheime ſein kann) Gott allein zu beichten und ſie in der Privatbuße ohne Mitwirkung des Amtes zu heilen — ein Rath, der vielleicht über die von Chryſoſtomus hinaus beabſichtigten Grenzen ausgelegt wurde —, theils die Rückwirkung, die durch die Abſtellung des Bußprieſteramtes in Conſtantinopel nicht bloß auf ganz Griechenland, ſondern ohne Zweifel auch auf ſolche Gegenden des Morgenlandes, wo kein Bußprieſter beſtand, geübt wurde, weſentliche Veränderungen in der Disciplin verurſacht zu haben. Wenn ſchweres öffentliches Aergerniß noch immer von dem biſchöflichen Gericht in den gewohnten Formen geahndet wurde (vgl. den Excommunicationsbrief des Syneſius, Biſchofs von Ptolemais, gegen den kaiſerl. Präfecten Andronikus, epist. Synesii 58., um das Jahr 410), ſo ſcheinen dagegen geheime ſchwere Sünden, wie die Berichte der beiden griechiſchen Kirchenhiſtoriker andeuten, nicht mehr zum Gegenſtande der amtlichen Unterſuchung, Beſtrafung und ſeelſorgerlichen Behandlung gemacht worden zu ſein. Aber denen, welche ſich mit ihnen beſchwert fühlten und doch mit der bloßen Privatbuße ſich nicht begnügen wollten, that ſich nun eine neue Inſtanz in den ſeit der Mitte des vierten Jahrhunderts entſtandenen und ſich fortwährend vermehrenden Klöſtern auf, eine Inſtanz, die überdieß noch die Möglichkeit einer freien Wahl des Gewiſſensrathes in der ausgedehnteſten Weiſe ermöglichte: die freie Beichte an Mönche wurde nun immer häufiger; die von dieſen den **Pönitenten** auferlegte Bußübung haben wir wohl als eine **geheime** zu denken; leichtere Vergehungen blieben der Privatbuße überlaſſen und als Sühnmittel für dieſelben galten überdieß die Sündenbekenntniſſe und allgemeinen Gebete, die in der ſonntäglichen Liturgie der Abendmahlsfeier vorausgingen; eine Privatbeichte für alle Gläubigen als Vorbereitung für die Communion fand auch jetzt noch nicht ſtatt. Dieſe Lage der Verhältniſſe ſetzen die umfaſſenden Berichte voraus, welche uns über unſern Gegenſtand der Patriarch von Antiochien, Anaſtaſius der Sinaite, am Ende des ſechſten Jahrhunderts (er ſtarb 599) in ſeinen (von dem Jeſuiten Jakob Gretſer herausgegebenen und als Anhang zum 14. Bande von deſſen Werken im Jahre 1740 zu Regensburg neu abgedruckten) Schriften giebt.

Wer fühlt ſich nicht ſofort an Origenes erinnert und erkennt nicht zugleich die ganz verſchiedene Anſchauung, die hier zu Grunde liegt, wenn Anaſtaſius (in ſeinen quaestiones et responsiones de variis argumentis p. 169 sqq.) auf die 6. Frage: „Ob es recht ſei, unſere Sünden geiſtlichen Männern zu beichten?“ die Antwort giebt: „Das iſt durchaus recht und ſehr nützlich, allein nicht dem Unerfahrenen und Unwiſſenden, damit er dich nicht durch unvernünftiges Mitleid und Reconciliiren (οἰκονομία) oder durch unzeitiges und unverſtändiges Auflegen von Strafen zum fühlloſen, ſorgloſen und leichtfertigen Verächter der Reconciliation mache. Wenn du nun einen erfahrenen geiſtlichen Mann (ἄνδρα πνευματικόν) gefunden haſt, der dich heilen kann, ſo bekenne ihm ohne Scheu und im Glauben, als dem Herrn und nicht einem Menſchen! ... Die, welche unverſtändiger- oder vielmehr gottloſerweiſe ſagen, man habe keinen Nutzen von der vor Menſchen abgelegten Beichte, weil ſie derſelben Krankheit unterworfen ſeien (διὰ τὸ ὁμοιοπαθές), denn Gott allein könne die Sünden tilgen, mögen wiſſen, daß ſie dieß nur zum Vorwande ihrer Thorheit und Unvernunft machen, denn ſie meiſtern (παραγράφονται) den Herrn ſelbſt, der zu ſeinen Jüngern ſpricht“ [folgen die Worte Matth. 18, 18. Joh. 20, 23]. ... „Ueberdieß entkräften ſie auch durchaus die Taufe und jede kirchliche Handlung (πᾶσαν ἱερουργίαν), die zwar von Menſchen verrichtet, aber von Gott geheiligt wird, denn Gott pflegt das Heil der Menſchen nicht allein durch Engel, ſondern auch durch Menſchen zu bewirken.“ An die Stelle des ἄνθρωπος πνευματικός des Origenes treten nun heilige, geiſtliche Menſchen, in denen wir ohne Zweifel die Mönche (natürlich die ordinirten) zu erkennen haben; ſie halten die richtige Mitte zwiſchen der allzu großen Strenge und Milde, welche die Anderen — offenbar die Weltgeiſtlichen und die aus ihnen ſtammenden Biſchöfe — nicht immer zu finden wiſſen; die Wahl des Gewiſſensrathes ſteht unbedingt frei; ihm wird nicht als einem Menſchen, ſondern als dem Herrn ſelbſt gebeichtet; er legt nicht bloß ſelbſtändig und nach freiem Ermeſſen die Buße auf, ſondern er abſolvirt auch und ſeine Abſolution iſt eine zwar von einem Menſchen vollzogene, aber von Gott geheiligte prieſterliche Function, eine Sündenvergebung an Gottes Statt und als ſolche von ganz gleicher Bedeutung und Wirkung wie die Sündenvergebung in der Taufe. Wir ſehen damit ſchon den ganzen Weg gebahnt, auf welchem die Buße zum Sacramente wird. Hier haben wir allerdings eine Privatbeichte, ein Bekenntniß vor einem Gott ſelbſt vertretenden Menſchen, mit einer Abſolution, die Gottes Vergebung ſelbſt iſt und abgelöſt von der biſchöflichen Jurisdiction, — aber dennoch iſt es

noch nicht das Institut, dessen Anfänge Hr. v. Z. in der morgenlän=
dischen Kirche gesucht hat, denn noch liegt zwischen der Beichte und
der Absolution die als Strafe aufgefaßte Bußübung, noch fehlt das
unmittelbare Näheverhältniß zum Abendmahl, noch ist es ein Institut
für die Pönitenten im engeren Sinne, keine Ordnungsform für die
ganze Gemeinde. Ja, selbst gegen die Nothwendigkeit dieser Beichte
werden noch zahlreiche Stimmen laut; sie verwerfen das Bekenntniß
vor Menschen als unnütz: Gott allein solle man bekennen, so tönt
es aus Chrysostomus' Zeit noch nach, denn er allein tilgt die Sünde!

In der That muß diese geheime Beichte selbst für geheime schwere
Sünden im 6. Jahrhundert noch weit mehr als früher ein Act des
freien Vertrauens gewesen sein; denn eine Stelle des Anastasius aus
seiner Rede über das heilige Abendmahl (de sancta synaxi p. 459.)
belehrt uns darüber, daß Viele sich auch bei schwereren Sünden mit
der Privatbuße begnügten, ohne daß der Klerus etwas dagegen ein=
gewandt hätte. Er warnt vor lieblosen Urtheilen über die Mitbrüder,
auch wenn sie unleugbar Sünder sind; denn das äußere Leben der
Menschen ist kein untrügliches Merkmal für das, was in ihm vor=
geht: der Räuber am Kreuze war ein Mörder und Todtschläger, Ju=
das dagegen ein Apostel. „Viele, die öfter vor den Augen der Men=
schen (φανερῶς) gesündigt hatten, änderten im Geheimen wesentlich
ihren Sinn (μεγάλως μετενόησαν); Viele sahen auch wir sündigen,
aber ihre Sinnesänderung und Bekehrung kennen wir nicht, und bei
uns werden sie als Sünder beurtheilt (κρίνονται), bei Gott aber sind
sie gerechtfertigt." Dieser Gegensatz: παρ᾽ ἡμῖν und παρὰ τῷ Θεῷ,
zeigt klar, daß sie überhaupt nicht vor Menschen, sondern in ihrem
Gewissen und vor Gott, also auch nicht unter Mitwirkung des Amtes
Buße gethan haben; es ist daher irrthümlich, wenn Hr. v. Z. diese
Stelle, die er nur aus Morinus VI. cap. 22. §. 4. kennt, auf die
heimliche Bußpraxis des Amtes im Gegensatze zur öffentlichen (S. 353.)
bezieht.

Diejenigen aber, welche nur in täglichen Schwachheitssünden sich
verstrickt fühlten, fanden schon in dem liturgischen Gottesdienst der
Messe hinlängliche Aufforderung und ausreichende Mittel zur Reini=
gung ihres Gewissens für das Abendmahl. „Steht", so ruft in der=
selben Rede ihnen Anastasius (p. 453.) zu, „mit Furcht in der Stunde
der Darbringung des Opfers (τῆς ἀναφορᾶς) — denn in wel=
cher Verfassung und in welchen Gedanken Jeder von euch in jener
Stunde gegenwärtig ist, so wird er dem Herrn dargebracht (ἀναφέ=

ρεται), denn Darbringung (ἀναφορά) wird es genannt, weil es Gott
dargebracht wird. Stehe also vor Gott mit Ruhe und Zerknirschung;
bekenne Gott durch die Priester deine Sünden" [im allgemeinen
Sündenbekenntniß der Gemeinde], „richte deine Thaten ohne Scham...
beurtheile dich vor den Menschen, damit vor den Engeln und aller
Welt der Richter dich rechtfertige, flehe um Erbarmen, flehe um Nach=
sicht, flehe um Vergebung des Vergangenen und um Erlösung von
dem Zukünftigen, damit du, wie es sich gebührt, den Mysterien nahest,
damit du mit reinem Gewissen den Leib und das Blut des Herrn
empfangest, damit es dir zur Reinigung und nicht zum Gerichte ge=
reiche. Ein Jeder prüfe sich selbst u. s. w. (1 Cor. 11, 28.)." Als
Ordnungsinstitut für die Gemeinde zum Zwecke der Gewissenreinigung
für den Abendmahlsgenuß hat also auch jetzt noch keine Privat=
beichte bestanden, vielmehr galt in dieser Beziehung noch immer das
apostolische Wort 1 Cor. 11, 28. als einfache Norm [1]).

---

[1]) Der Verfasser hält es für nothwendig, zu bemerken, daß dieser Aufsatz
vollendet wurde, noch ehe ihm das Zezschwitz'sche größere Buch zukam; es konnte
daher auch auf dieses keine Rücksicht genommen werden. Auch nach dem Er=
scheinen desselben hat er keine Veranlassung, etwas zu ändern, da v. Zezschwitz
die hier besprochene Specialuntersuchung nicht wieder aufnimmt, sondern nur
I, 472. auf sie verweist. Auch die „protestantische Polemik" des Herrn Dr. Hase
kam dem Verf. erst nach Absendung dieser Abhandlung zu und konnte nur bei
der Revision des Druckes benutzt werden. Es gereicht ihm zur besonderen
Freude und Genugthuung, daß auch dieser gelehrte Theologe in dem Vertrauens=
mann des Origenes keineswegs mit Nothwendigkeit einen Priester angedeutet
sieht und sich überhaupt die in dem „römischen Bußsacramente" ausgesprochene
Auffassung der Stelle unbefangen angeeignet hat. Er sagt S. 406. Anm. 40.
von Hom. II. in Ps. 37. cap. 6: „Dieß ist die Hauptstelle, aus der nicht die
alten gelehrten, aber die neuen eifrigen katholischen Theologen erweisen wollen,
daß neben der strengen öffentlichen Kirchenzucht der ersten Jahrhunderte schon
insgeheim das Bußsacrament mit der Ohrenbeichte hergegangen sei. Aber der
Seelenarzt, dem Origenes eine bestimmte Schuld zu vertrauen räth, ist ein
Bruder, nicht nothwendig ein Priester, nicht um zu richten, sondern um zu be=
rathen und mit zu trauern. Die gründliche Widerlegung derer, welche in guter
Absicht die Zeiten ineinander mischen, . . . bei G. E. Steitz: das römische Buß=
sacrament" u. s. w. Dagegen steht die Auffassung des Herrn v. Z. in Ueberein=
stimmung mit der Ansicht des Pater Perrone, der (Praelect. theol. T. VIII.
§. 133.) in des Origenes Worten : cui debeas confiteri peccatum tuum nach cui
unbedenklich presbyterorum in den Text einschiebt.

Anzeige neuer Schriften.

Exegetische Theologie.

Specielle Einleitung in die kanonischen Bücher des Alten Testamentes von J. J. Stähelin, Theologiä Doctor und Professor in Basel. Elberfeld, Verlag von R. L. Friderichs. 1862. 467 S.

Die vorliegende Arbeit eines unserer bewährtesten Veteranen auf dem Gebiete isagogischer Forschungen und liberalsten Förderer orientalischer Studien beschränkt sich, wie schon der Titel angiebt, auf dasjenige Feld der alttestamentlichen Literargeschichte, auf welchem in diesem Jahrhundert der Kampf zwischen Tradition und „freier Untersuchung" am lebhaftesten geführt wird. Wir sind keineswegs reich an Handbüchern kleineren Umfanges, welche diese kritischen Fragen im Sinne unbefangener Wissenschaft zu erledigen suchen. Und schon darum muß diese Erscheinung mit wahrer Freude und Dank begrüßt werden, zumal sie von einem Verfasser herrührt, der längst durch Publicationen der gründlichsten und scharfsinnigsten Art erfolgreich in den Gang der isagogischen Controversen eingegriffen hat. Zwar hat es Manchem bei oberflächlichem Anblick des Buches geschienen, als ob er hier den Abdruck eines Collegienheftes vor sich habe; bei genauerer Einsicht wird er aber entweder diesen Irrthum ablegen oder doch die Studirenden beglückwünschen, welche so tüchtige, gründliche und eindringende Vorträge zu hören bekommen.

Mehrere Vorzüge geben dem Werke eine gewisse Originalität, unangesehen die Erledigung der Einzelfragen, und fördern unsere Disciplin sehr wesentlich. Dahin gehört zuerst das sichtliche Bestreben des Autors, die Ergebnisse in Bezug auf die Composition der Bücher, vorzüglich der historischen Bücher, bedeutend zu vereinfachen. Gerade heute sind wir einem Abwege nahe, der früher in der pentateuchischen Kritik zu der beseitigten sog. Fragmentenhypothese geführt hat. Der eindringende Scharfsinn fleißiger Forscher erblickt leicht Unterschiede, die dem bewaffneten Auge zu groß erscheinen — ein Fehler, der durch das Bestreben Anderer, solche Unterschiede ganz zu leugnen, naturgemäß gesteigert wird. Hier hält unser Verf. eine sehr besonnene Mitte; und wenn man gleich manchen Ergebnissen nicht beizustimmen vermag, so sind sie doch ein gewichtiger Ruf zu kritischer Nüchternheit und berühren eine Seite, welche der forschende Eifer oft übersieht oder unterschätzt. — Noch viel bedeutender ist ein Zweites. Bei allen Eigenthümlichkeiten der hebräischen Geschichtschreibung stellt er den Typus der arabischen Historiographie in eingehende Parallele, in welcher er eine sehr bedeutende Belesenheit bekundet. Hierdurch füllt er eine lange gefühlte, sehr wesentliche Lücke aus. Bisher hatte man aber nur auf diese Aehnlichkeit im Allgemeinen und flüchtig hingewiesen: Stähelin geht in's Einzelne und giebt hierdurch auch dem Fachgelehrten viele höchst dankenswerthe Fingerzeige. Denn

eine gründliche Einsicht in diese Dinge bleibt nur dem möglich, der sich bei den
arabischen Historikern tüchtig umgesehen hat, wenn gleich die Art der dahin gehö=
rigen neueren Editionen die Lectüre derselben etwas erschwert. Die Vergleichung
geschieht übrigens nicht nur in formeller, sondern auch in sachlicher Beziehung.
Dies wäre, beiläufig, ein Gebiet, auf welchem jüngere Kräfte sich ein bedeu=
tendes Verdienst erwerben könnten, wie denn ja auch die Untersuchung des
eigentlich historischen Werthes der arabischen Geschichtschreiber noch kaum begon=
nen hat und die bisherige Ueberschätzung desselben eine nicht geringe Einschrän=
kung verlangt. — Einen dritten Vorzug besitzt das Buch darin, daß es nicht
nur die religiöse und religionsgeschichtliche Auffassung der Quellen zu zeichnen
versucht, sondern auch die Art der theokratischen Pragmatik bei den ein=
zelnen historischen Büchern selbst genauer charakterisirt, als dies bisher zu ge=
schehen pflegte. Das Ergebniß ist trotz aller Mannigfaltigkeit der einzelnen Ge=
sichtspunkte doch das Recht, die vorhandenen kanonischen Bücher von israelitischem
Standpunkte aus dem Kanon einzuverleiben und durch diesen Nachweis ihres
echt religiösen Geistes die Kanonicität in höherem religionsgeschichtlichen Sinne
anzuerkennen. Dies tritt in eigenthümlicher Weise unter Anderem bei der Besprechung
des Hohenliedes, Koheleth und vorzüglich beim Buche Esther hervor. Dabei
berührt er sich vielfach mit den Gedanken der Richtung von Hävernick, Keil,
Delitzsch, wie denn überhaupt die Forschungen auch dieser Seite nicht nur be=
rücksichtigt, sondern ganz unbefangen gebilligt werden, ohne daß der Verf. seinen
gesunden kritischen Principien etwas vergiebt. — Und hiermit hängt ein viertes
Moment eng zusammen. Bleek forderte in seiner Einleitung in's A. Test.
(S. 27 f.) von der kritischen Richtung höhere Achtung vor dem religiösen Werthe
des A. Test. und Berücksichtigung desselben in religiöser Hinsicht. Trat in seinen
eigenen Ausführungen gleich dies Moment nur selten in den Vordergrund, so ge=
schieht es dagegen bei Stähelin in weit ausgesprochenerer Weise. So vertheidigt er
z. B. S. 43. die göttliche Offenbarung der Thora und hält dies mit der anderen
Behauptung für durchaus vereinbar, daß Vieles in den geschichtlichen Theilen
sagenhaft und mythisch sei, da ja der geschichtliche Inhalt auch nirgend, wie der
legislatorische, von Gott abgeleitet werde. Das hindert ihn selbstverständlich
nicht, z. B. der „Grundschrift" des Pentateuchs ein im Ganzen richtiges histo=
risches Bewußtsein zu vindiciren und die Wahrheit der Nachrichten der
Chronik ebenso wie den Kern des Buches Esther (in ziemlich weitem Um=
fange) lebhaft zu vertheidigen. Auch über die Propheten giebt er §. 56. beach=
tenswerthe Winke.

Was das Einzelne betrifft, so giebt der Autor in den Anfangsparagraphen
(ein Vorwort fehlt) den Begriff der Disciplin an, die Eintheilung der Bücher,
die Nachrichten über die Zeit der Sammlung. Sehr richtig ist sein Ergebniß,
daß wir über den Abschluß derselben nichts völlig Sicheres wissen: noch bis in's
2. Jahrhundert nach Chr. haben die Rabbinen über die Kanonicität des Hohen=
liedes und Koheleth gestritten (S. 12.). In Betreff der Thora hält Stähelin
an seinen früheren Resultaten fest, die er 1843 veröffentlicht hatte. Er nimmt
Eine Grundschrift an, die sich noch bis in's Buch Josua hineinzieht; aber andere
Quellen auszuscheiden, scheint ihm unmöglich. Was mithin von andern Forschern
dem zweiten Elohisten, dem Jehovisten, dem Deuteronomiker u. s. w. zu=
gewiesen wird, schreibt St. sämmtlich dem Einen ergänzenden Redactor bei. Ja

noch mehr: Ein Verfasser hat den ganzen Pentateuch, die Bücher Josua und Richter I—XVI. und diejenigen Abschnitte des ersten Buches Samuei geschrieben, welche mit jenen Schriften in Sprache und Denkart harmoniren (S. 93.). Dabei bediente er sich außer jener Grundschrift noch des Buches der Kriege Jehovahs und des Buches des Frommen, das nicht ausschließlich Poesie enthielt. Ueberwiegend hielt er sich (außer der ersten Quelle) an die Tradition; das zeige sein gleichmäßiger Styl. In den Hauptumrissen dieser Hypothese läßt sich eine unabsichtliche Aehnlichkeit mit Knobel's Ansichten erkennen, so stark auch beide Gelehrte in den Einzelheiten von einander abweichen. Das Werk selbst läßt St. in der Zeit Samuel's geschrieben sein — eine Zeitbestimmung, welche von der Meinung aller andern Isagogiker bedeutend abweicht. Die Gründe, aus denen z. B. das Deuteronomium so frühe angesetzt wird, scheinen uns freilich sehr beachtenswerth, beseitigen aber doch nicht die sehr gewichtigen Instanzen, aus denen Riehm u. A. die viel spätere Abfassung behaupten. — Bei seinen weiteren Untersuchungen zieht der Verf. besonders die Stylform und die ganze Anschauungsweise als Kriterien herbei, — gewiß viel richtiger, als wenn man sich auf Dissonanzen sachlicher Art stützen wollte, wie dies Bleek sehr häufig thut. Denn St. weiß zu wohl, daß diese höchstens auf verschiedene Traditionen führen, ohne daß zu unterscheiden wäre, ob mündlicher oder schriftlicher Art. Ueberall bringt er für die Verfahrungsweise des hebräischen Autors Analogieen von Arabern bei, die sehr instructiv sind. — In der Chronik ergiebt sich ihm, daß ihr Verf. theils die Bücher Samuelis und der Könige, theils Eine andere Quelle gebraucht habe, nicht aber viele; die Citate hat er aus dieser abgeschrieben. Die Geschichtlichkeit des Inhalts vertheidigt er, wie erwähnt, sehr entschieden (§. 41.), leugnet also auch nicht mit Graf die Gefangenschaft des Königs Manasse. Esra und Nehemia haben übrigens denselben Verfasser, den Chronisten, der schriftliche Aufzeichnungen beider Männer benutzte. Diese Schriften fallen in's Ende der persischen oder den Anfang der griechischen Zeit. Der Rückblick auf die geschichtlichen Bücher (S. 178 f.) charakterisirt vortrefflich den Geist derselben und zeigt auch die Unterschiede von der arabischen Historik.

Die Propheten behandelt St. chronologisch und theilt sie deshalb, Joel und Amos, die ältesten, voranschickend, in drei Gruppen ab: die Propheten der assyrischen, der chaldäischen, der nachexilischen Periode. Zur ersten gehören Hosea, Jesaja, Micha, Nahum, Zephanja, zur zweiten Habakuk, Jeremias, Ezechiel, Obadja, zur dritten Haggai, Sacharja (ganz), Maleachi. Nur bei Einigen zeigen die Ergebnisse Abweichungen von den gewöhnlichen Ansichten der strengeren Kritiker, überall aber Gründlichkeit, Kürze und Evidenz. Kap. 18. 19. 20. sind durchweg jesajanisch und fallen in die Zeit der Eroberung Samariens; 21, 1—10. gegen Ende des Exils, wie auch Kapp. 24. bis 27.; 22, 1—14. gehört in die frühere Zeit des Hiskias; 23. ist durchaus jesajanisch, trotz V. 13.; 28. fällt vor 722, 29—33. um 714. Der zweite Theil ist exilisch. — Habakuk wirkte in der ersten Zeit nach der Schlacht von Karchemisch (S. 288.). Der zweite Theil des Sacharja wird mit besonderer Ausführlichkeit dem nachexilischen Propheten dieses Namens vindicirt, wie auch de Wette that (S. 322 ff.). — Bei den Psalmen zeigt sich der Verf. der Annahme makkabäischer Lieder nicht abgeneigt. Aus dem Hohenliede und Koheleth ermittelt er Grundgedanken, welche diesen Schriften kanonisches Bürgerrecht geben. — Im Allgemeinen ist demnach dies

Werk eine dankenswerthe Bereicherung unserer isagogischen Literatur und bringt die Disciplin ihrer Idee insofern näher, als der Verf. stets das richtige Ziel im Auge behält, daß die „Einleitung in's A. Test." die Brücke bilden solle zu Darstellungen theils der politischen, theils der religiösen Geschichte des Volkes Israel.

Greifswald. Dr. L. Diestel.

Die Einheit der beiden Schöpfungsberichte Gen. I. und II. Apologetische Bibelstudie mit einem Sendschreiben an Herrn Dr. Kahnis von H. G. Hölemann. Leipzig, Burfürst. 1862. XXII u. 59 S.

Der erste Band der lutherischen Dogmatik von Kahnis hat, wie bekannt, im Heerlager der „lutherischen" Theologen große Bewegung hervorgerufen. Die theologische Welt war überrascht durch die Stellung, welche Kahnis so manchen Fragen der Kritik Alten und Neuen Testaments gegenüber einnahm; man hatte solche Ansichten, wie sie das genannte Buch vorträgt, von dem „Lutheraner" Kahnis nicht erwartet; nun zeigte sich auch bei ihm eine „skeptische Infection". Was Wunder, wenn daher seine früheren Parteigenossen Alles daran setzen, den Fahnenflüchtigen wieder zurückzubringen? Hengstenberg vor Allen glaubte nicht schweigen zu dürfen, wo es galt, den abgefallenen Bruder Kahnis seines Irrthums zu überführen. Auch Hölemann, der College von Kahnis, verfolgt diesen Zweck, indem er an einem einzelnen Punkt Kahnis von der Unrichtigkeit seines kritischen Standpunktes zu überzeugen versucht. Neuestens hat auch Delitzsch („Für und wider Kahnis", Leipzig 1863) seine Stimme erhoben.

Der Schrift von Hölemann geht ein Sendschreiben voran, in welchem der Verf. in warmen Worten Kahnis auf die Gefährlichkeit seines Standpunktes aufmerksam macht und zugleich seine eigene Stellung zu den kritischen Fragen entwickelt. Nicht außer oder über der zu prüfenden Sache will H. seinen Standpunkt nehmen. „Der wahrhaft heillose Stand moderner Bibelkritik" (S. XIII.) läßt die Versöhnung zwischen kritischer und gläubiger Richtung als eine eitle Hoffnung erscheinen. Hölemann flüchtet daher zum starren lutherischen Inspirationsbegriff, er bekennt sich (S. XX.) offen zu den Bestimmungen Baier's. Von diesem sichern Port aus negirt er kühn den entgegengesetzten Standpunkt; ja selbst über die Bleek'sche Kritik spricht er sein Anathema aus mit den Worten des Herrn in Matth. 7, 1. (vgl. S. XII.).

Ist dies die Grundanschauung des Verf., so läßt sich leicht denken, wie für ihn die Frage nach dem Verhältniß der beiden Schöpfungsberichte sich stellt. Von hier aus ist freilich die Harmonie eine harmonia praestabilita (S. 56.)! Bei dieser Frage liegt für ihn das πρωτον ψευδος der jetzt herrschenden Schriftkritik (S. XV.); hier muß es sich entscheiden, „ob die allerersten Unterlagen des göttlichen Wortes, des Trägers unserer Kirche und unseres Halts im Leben und Sterben, zwiespältig und zerfallen sind" (S. V.); hier schon liegt die Entscheidung der kritischen Frage über den Pentateuch (S. 1.). Der Verf. stellt sich nun die Aufgabe, zu zeigen, daß nicht nur kein Widerspruch zwischen den beiden Relationen stattfindet, daß sie vielmehr innig zusammengehören, ja daß beide von einer und derselben Hand, nämlich von Moses, herrühren (S. 42.). Es findet „durchaus Wechselwirkung und solidarische Gegenseitigkeit" (S. 56.), eine „ergänzende Vermählung" (S. 40.) beider Berichte statt, „ein innerliches Zusammentreten" (S. 49.), das sich nach S. 47. Anm. auch zeige in dem Zusammentreffen des ersten und zweiten Berichtes in 2, 4. Der zweite Bericht ist eine „planmäßige Durchsetzung des ersten, eine organische Verwebung dieses Aufzuges mit Einschlag, eine tief durchdachte einheitliche Ausführung und zugleich Weiterleitung des ersten" (S. 37.). Der zweite hat den Typus und Charakter des Abhängigen und Relativen, Nachträglichen und Auxiliären (S. 40.). Ja, Hölemann geht sogar fort zu der Behauptung, der erste Bericht habe die Nachfolge des zweiten zur Voraussetzung und Folie (S. 54.).

Der Beweis nun, den Hölemann beibringt, ist einmal indirecter Natur. Wollte man den zweiten Bericht als einen selbstständigen und stricten anderweitigen Schöpfungsbericht auffassen, so ergeben sich Widersprüche und zwar Widersprüche nicht bloß des zweiten gegen den ersten, sondern auch des zweiten in sich selbst (S. 6. ff). Ganz anders stelle sich die Sache, wenn man den zweiten in Abhängigkeit vom ersten betrachte. Es wird nun auch positiv nachzuweisen versucht, wie der zweite durchaus auf den ersten Rücksicht nehme. „Auf dem höchsten Grate von 2, 4. steht die Wasserscheide von Bericht I. und II." (S. 14.). 2, 4ᵃ. ist der Epilog zu I., „der Haupt- und Generalabschluß" (S. 13.) des ersten, eigentlichen Schöpfungsberichtes (S. 10 ff.). Zu 2, 4ᵇ. gehört 2, 5 als Nachsatz (S. 14. f.). Daß wir mit 2, 4ᵇ. an's Ende des zweiten Schöpfungstages versetzt sind, sagt uns nur die Chronologie des ersten Berichtes. Hierfür wird auch die Ordnung אֶרֶץ וְשָׁמַיִם (2, 4.) geltend gemacht, womit die am zweiten Schöpfungstag vollbrachte Scheidung von Erde und Himmel vorausgesetzt sei, während הַשָּׁמַיִם וְהָאָרֶץ (in dieser Ordnung und mit dem Artikel) Himmel und Erde zusammennehme zur Bezeichnung des Universums (S. 18. 43.).

Die Harmonie beider Berichte zeigt sich in ihrem teleologischen Zug (S. 38.), im Ausdruck (S. 40. 42 f.), in der ganzen Methode, die, wenn sie auch in beiden verschieden ist, doch eine höhere Einheit umschließt (S. 41.), im Wechsel der Gottesnamen (S. 49 ff.).

Die Schwierigkeiten, welche durch streng chronologische Fassung von II. sich ergeben im Verhältniß zu I. werden durch die bekannte Auffassung der Imperfecta im Sinn des Plusquamperf. am Anfang von 2, 8. und 2, 19. (S. 23. u. 32.) zu lösen versucht. „Nicht die That ist das Nachträgliche, sondern die Form der Erzählung" (S. 23.). Es ist in II. überhaupt nicht Zeitfolge, sondern Gedankenfolge, Ideenassociation (S. 24.) und das ו consec. ist im Sinn dieser Gedankenfolge zu verstehen. — Es spricht uns auch aus dieser Arbeit des Verf., wie aus den zwei Heften seiner Bibelstudien die hohe Achtung, die er vor dem Worte Gottes hat, wohlthuend an. Auch an Scharfsinn hat er es nicht fehlen lassen, ja er hat uns eigentlich nur zu viele Proben davon gegeben, so daß sich oft unwillkührlich der Gedanke aufdrängt: mehr schön als wahr! — Ich erlaube mir, um ab ovo anzufangen, einige Worte über die Voraussetzungen des Verf. Er wirft Kahnis vor, daß dieser seinen Standpunkt außer und über der Sache nehme. Aber ist es nicht eine Selbsttäuschung, wenn der Verfasser meint, sein Standpunkt sei ein anderer? Er bekennt sich offen zu den Ausführungen Baier's, also zum lutherischen Inspirationsbegriff. Heißt das nicht auch sich

über die Sache stellen? Von diesen Voraussetzungen aus läßt man die Schrift
nur das sagen, was in Uebereinstimmung steht mit dem angenommenen Inspirationsbegriff; was diesem widerstreitet, darf die Schrift nicht sagen. Kurz die
Schrift steht unter dem Inspirationsbegriff und muß sich nach ihm modeln lassen,
statt daß der Inspirationsbegriff genetisch aus der Schrift und deren factischem
Bestand entwickelt würde. Das Bild, welches dieser Inspirationsbegriff von der
Schrift entwirft, deckt sich nie mit ihrer wirklichen Beschaffenheit, daher dann
die harmonistischen Gewaltthaten. Wir könnten diesen Standpunkt gegenüber
von Kahnis nur dann als berechtigt anerkennen, wenn Hölemann mit seinem
Inspirationsbegriff auf dem Boden der Schrift selbst stände; daß aber der stricte
lutherische Inspirationsbegriff der der Schrift sei, dies zu behaupten, war sogar
einem Philippi zu viel. Wer sich über kritische Resultate, die in ihren Grundzügen nachgerade von allen vernünftigen Theologen anerkannt sind, so aussprechen mag, wie der Verf. S. 52., der hat sich, wie dies auch Delitzsch im
Anhange des oben genannten Schriftchens S. 31. sagt, schlimm discreditirt. Die
einfache Anerkennung verschiedener Quellen im Pentateuch anstatt der gesuchten
Erklärungen und Künsteleien zu Gunsten der Einheit ist das einzig Mögliche
und Vernünftige. Da gilt's: simplex sigillum veri! Warum sollte es beim
Pentateuch nicht auch so sein können wie z. B. bei den Büchern Samuelis?
Soll deshalb schon „der heilige Geist, welcher Ungenähtes webt, factisch gebannt"
sein? Was nun die specielle Frage betrifft, um die es sich hier handelt, so
macht H. mit Recht geltend, daß II. nicht als selbstständiger Schöpfungsbericht
betrachtet werden kann, schon darum nicht, weil ihm sonst wesentliche Punkte
fehlen würden. Allein wenn H. sogar nachweisen will, daß er für sich genommen sogar Widersprüche in sich selbst enthalte, so geht er damit zu weit. Wenn
er — um nur ein Beispiel davon zu geben, wie er zu Begründung dieser Ansicht
die Worte preßt — wenn er z. B. sagt, der Mensch werde nach 2, 8. in's Paradies versetzt und dann folge V. 15. eine abermalige Versetzung (S. 6. s. auch
S. 25.), so heißt dies da Widersprüche eintragen, wo keine sind. Will denn
der Berichterstatter in V. 15. von einer „nochmaligen" Versetzung in's Paradies
reden? Sieht denn H. nicht, daß, nachdem der Wohnort des ersten Menschen
in V. 8—14. geschildert worden, nun die Geschichte des Menschen weiter verfolgt wird? Es ist also 2, 15., wie er selbst S. 27. zugeben muß, nur Wiederaufnahme von V. 8. Warum soll denn aber für den Fall, daß der Bericht für
sich genommen wird, dem Verf. die Absurdität aufgebürdet werden, er rede
V. 15. von einer abermaligen Versetzung? Noch weniger verdient der Satz Zustimmung, der erste Bericht setze den zweiten voraus und habe diesen zur Folie.
Es fragt sich ja eben, ob der erste Berichterstatter da, wo wir eine Ergänzung
für nothwendig erachten und wo (der richtigen Anschauung zufolge) der Jeho-
vist sie für nothwendig gehalten und eingeschaltet hat, auch eine Lücke fand.
Dies scheint aber nicht der Fall zu sein; I. bildet eine in sich völlig abgeschlossene Einheit und stimmt ganz mit dem Charakter der übrigen elohistischen
Stücke überein, auch in der Sprache, die trotz Hölemann's Behauptungen von
der des zweiten Berichtes wesentlich verschieden ist. Daß das אֶרֶץ וְשָׁמַיִם
2, 4. die in I. berichtete Scheidung von Himmel und Erde voraussetze, ist rein
willkührliche Annahme. Ps. 148, 13. beweiset nichts; man könnte mit dem gleichen Recht sagen, gerade am Schluß des Psalms werde mit אֶרֶץ וְשָׁמַיִם das

ganze Univerſum zuſammengefaßt. — Was nun aber die Hauptinſtanz betrifft, den Wechſel der Gottesnamen, ſo läßt ſich das Gewicht, das dieſes Moment für oder gegen die Einheit des Verf. von I. und II. hat, nur löſen aus der Vergleichung des ganzen Organismus, dem dieſe Abſchnitte angehören, wie dies auch Delitzſch (a. a. O. S: 31.) geltend macht. Merkwürdig iſt jedenfalls, daß gerade II. den Uebergang zu dem jehoviſtiſchen Cap. 3. macht. Gerade das Letztere hätte der Verf. mehr betonen ſollen, daß der zweite Bericht den doppelten Zweck hat, Ergänzung von Cap. 1. und Vorbereitung von Cap. 3. zu ſein. Nur ſo erklären ſich die Differenzen mit I. und die Anordnung von II. vollſtändig. — Die Einheit des Verfaſſers von I. und II. hat Hölemann mit allem Scharfſinn nicht bewieſen.

Tübingen.   Rep. Dr. Dietzſch.

Vaticinium Jesaiae cap. 24 — 27. Commentario illustravit Ed. Boehl, Lic. theol., Dr. phil. Lipsiae, J. C. Hinrichs. 1861.

Nach der Anſicht des Verf. hat Jeſaia nach dem Untergange des Heeres des Sanherib und nach dem unvorſichtigen Benehmen des Königs Hiskia in ſeinem Verkehre mit den Geſandten des babyloniſchen Königs Merodak-Baladan ſich von jeder öffentlichen Thätigkeit zurückgezogen, nur noch als Schriftſteller gewirkt und ſowohl dieſe Weiſſagung als auch Jeſ. 40—66. geſchrieben. Der Inhalt des wohlgegliederten Ganzen ſoll dieſer ſein: Cap. 24, 1—16ᵃ. wird die Ver-wüſtung des Landes Juda durch die Chaldäer unter Nebukadnezar, B. 16ᵇ.—22. das göttliche Strafgericht über Babel beſchrieben, B. 23 auf die Herrlichkeit Je-hova's und ſeine Herrſchaft in Zion hingewieſen. Mit dieſer Herrſchaft iſt ſchon Alles vollendet, daher Cap. 25, 1—5. der Lobgeſang des Propheten, woran ſich eine ausführliche Schilderung der herrlichen Zukunft B. 6—8., und ein kleiner Lobgeſang der Gläubigen über Moab's Vernichtung ſchließt, B. 9—12. .Dem Lobgeſang der in die Heimath zurückkehrenden Erlöſten Cap. 26, 1—2 folgt ein Epilog des Propheten B. 3—7, der uns darauf in die Zeit der Noth (nach p. 35. in ſeine eigene Gegenwart) zurückführt, in welcher die Frevler in Pa-läſtina in ihrem Stolze und Glücke dahinleben B. 8—12., und die geiſtig Todten und die angeſehenen Gegner des Propheten (die Rephaim, „nostro loco Rephaim proprie sic dicti significantur, ex quorum numero Og, ni fallor, multorum animis adhuc etiam obversabatur; poterat igitur propheta salse tales adver-sarios ut aemulos priscae hujus gentis repraesentare") nicht leben und auf-erſtehen wollen, wiewohl du, o Gott, ihnen Wohlthaten erwieſen haſt, B. 13—15.; wir aber haben auch nicht die Kraft, für uns das Heil hervorzubringen; daher bleibt nichts übrig, als daß Jehova ſelbſt ſeine geiſtig Todten auferwecke, was aber die Rephaim betrifft, ſo wird die Erde dieſe durch eine Fehlgeburt hervor-ſtoßen (B. 19. reviviscant mortui tui — — at terra Rephaim abortu excutiet), B. 16—19. Ehe das geſchehen kann, muß Gott das Gericht an ſeinem Volke vollziehen; während deſſelben mögen die Gläubigen ſich verbergen, B. 20—21. Zur Zeit der Rettung — das kann die Zeit der Erlöſung aus dem Exile, oder die Zeit des Meſſias, oder auch der jüngſte Tag ſein — wird Gott Babel be-ſtrafen, Cap. 27, 1., das wiederhergeſtellte Volk Iſrael hingegen wird von ihm beschützt V. 2—6; die Strafe, die Absicht dabei und wie Jehova seines Weinberges geschont habe, wird auseinandergesetzt V. 7—11.; endlich wird noch einmal ganz kurz die Bestrafung der Feinde, die Wiederherstellung und die Anbetung auf dem Berg Zion verheißen V. 12—13. — Wir sehen uns nach einer genaueren Begründung dieser jedenfalls hie und da höchst eigenthümlichen Auffassung des Inhalts der Weissagung vergeblich um. In den zersplitterten Bemerkungen zu den einzelnen Versen und Wörtern kommt gar mancherlei und vielerlei vor, es fehlt aber die feste Grundlage für die Erklärung des Einzelnen, die nur durch strengste Beachtung des Zusammenhanges und des Fortschrittes der Gedanken gewonnen werden kann. Vieles bleibt schlechthin unverständlich; so die Erklärung der letzten Worte in 26, 19.: „was die Rephaiten betrifft, so wird die Erde sie durch eine Fehlgeburt hervorstoßen"; so die Uebersetzung der Worte in 26, 18.: nec cadunt incolae orbis u. s. w. Anderes ist schlechthin unbegreiflich; so z. B. wenn Sonne und Mond in 24, 23. babylonische Götter sein sollen, oder wenn 27, 12. eine Verheißung der Bestrafung der Feinde gefunden wird. — Trotz der scheinbaren Genauigkeit in sprachlicher Beziehung werden die letzten Worte in 26, 11. so aufgefaßt: ignis adversarios tuos consumet; 26, 15. wird ganz plötzlich das eine Perfect. als precativus genommen: utinam gloriam accepisses, und dabei finden wir nur die Bemerkung, daß die Araber den precativus häufig gebrauchen, und unpassende Verweisungen auf Gesenius, Delitzsch und Ewald; מֵישָׁרִים 26, 7. soll nach Ewald die Stelle des Accusativs einnehmen u. s. w. — Wie unglaublich leicht es der Verf. nimmt mit der Frage, ob Jesaia unsere Weissagung geschrieben habe, erhellt aus dem kurzen Satze p. 7. und aus der Aufzählung einiger für die Abfassung durch Jesaia sprechender Gründe p. 4. Aber freilich, diese Frage kann auch für ihn keine große Bedeutung haben, da Jesaia nach p. 21. eigentlich nur ihm und seinen Zeitgenossen bekannte Unglücksfälle beschreibt und mit ganz anderen Farben und in lauten Klagen über die Verwüstung des Landes Juda durch die Chaldäer gesprochen haben würde, wenn er sie erlebt hätte; auch sind mit den verwüstenden Feinden nur zunächst die Chaldäer, dann aber alle Feinde der israelitischen und christlichen Gemeinde in Aussicht genommen, und mit der Wiederherstellung Israels aus der babylonischen Gefangenschaft schaut der Prophet zugleich das Kommen Christi im Fleische und seine Wiederkunft in Herrlichkeit am jüngsten Tage: „jenes Tages" 27, 1. kann die Zeit der Rettung aus dem Exile, die Zeit des Messias und der jüngste Tag sein; nur auf das tausendjährige Reich werde nirgends Rücksicht genommen, wie uns der Verf. wiederholt versichert. Man sieht, der Verf. nimmt wohl einen Anlauf zu einer geschichtlichen Auslegung (er weiß sogar, jene Stadt 25, 3. sei Egbatana s. Susa, Cyri caput, si ad historiam spectas), aber von ihrer Bedeutung und Tragweite hat er keinen Begriff. Seine Beziehungen der Prophetie auf ganz andere Zeiten und Verhältnisse, als die zunächst gemeinten, würden nur dann mehr als augenblickliche Einfälle sein, wenn er sich die Mühe gegeben hätte, eine geschichtliche Anschauung von dem Verhältnisse der Weissagung zu dem Verlaufe der Geschichte zu gewinnen. Die zwei etwas über drei Seiten füllenden Excurse p. 20—24. beweisen, daß er diese Mühe gescheut hat. Auch erstrebt er offenbar noch Anderes als die Auslegung des prophetischen Wortes. Gern theilt er seine Meinung mit über gar hohe Dinge, zu deren Herbeiziehung der Text eben keine Veranlassung giebt,

und über welche kurze, außerhalb jedes festeren Zusammenhanges stehende Vermuthungen oder Behauptungen aufzustellen, man füglich Bedenken tragen sollte;
z. B. 24, 5. ist von einem ewigen Bunde die Rede; dazu wird bemerkt, auch
mit Abraham habe Gott einen Bund geschlossen und nach Genes. 15. sei Gott
bei der Bundschließung zwischen den zertheilten Thieren hindurchgeschritten, „qua
re, ni fallor, mysterium passionis Christi adumbratur seu, ut verbis oecono-
miae veteri adaptatis utar, ipsum Deum (violato a parte hominum foedere)
subiturum esse poenam perjurii, quam dissecti vituli symbolo proposuerat
Deus Abramo, affirmatur"; oder, um noch ein Beispiel anzuführen, 25, 8. verschlingt Gott den Tod auf ewig; Jes. 53. soll Aehnliches als Folge der Leiden
des Knechtes angegeben werden; „si igitur tum Jehovae, tum servo Dei idem
adscribitur munus et effectus, ad conclusionem adducimur Jehovam et ser-
vum non disparari ex sententia prophetae eumque, qui Israelem morte sua
redimeret (seu mortem resorberet), futurum esse et Deum et hominem."

 Göttingen.   Bertheau.

Zwölf messianische Psalmen erklärt von Eduard Böhl, Dr., Lic.,
Privatdocent der Theologie in Basel. Nebst einer grundlegenden
christologischen Einleitung. Basel, Bahnmaier's Verlag. 1862.

 Bei der Auswahl der Psalmen hat sich der Verf. theils durch innere, theils
durch äußere Gründe bestimmen lassen. Die inneren Gründe entnahm er hauptsächlich solchen Zügen, welche über David's und Salomo's „nackte Individualität"
hinausgreifen und nur dann verständlich werden, wenn in David und Salomo
zugleich der Messias (welcher aber zu der Zeit nur in David und Salomo er-
funden sein will) angeredet wird; die äußeren Gründe bot zunächst das Neue
Testament, dann die bewährteste jüdische Tradition dar. In diesen zwölf Psalmen (und vielleicht auch in anderen, aber der Verf. will sich nur auf diese zwölf
beschränken, um bedächtig zu verfahren) redet David in unmittelbarer Weise von
seinen Geschicken; sie lassen sich daher um verschiedene Hauptmomente des Lebens
David's gruppiren; z. B. die erste Gruppe, Ps. 16. 22. 69. 40., soll sich auf
David's Leiden zur Zeit der saulischen Verfolgung beziehen; in die vierte Gruppe
kommt die Verheißung eines königlichen Baumeisters, Salomo's nämlich, hinein,
als nothwendiges Bindeglied zwischen den David betreffenden Psalmen und den
Salomo besingenden Psalmliedern, die in der fünften Gruppe ihren Platz erhalten, Ps. 8. 45. 72. 110.; die sechste Gruppe, die letzte, wird durch Ps. 41.
ausgefüllt, der sich auf die allerletzte Leidensperiode David's bezieht, welche
Adonia auf des Vaters greises Haupt herabbeschwor. Der Verf. hält es zwar fast
für eine Unmöglichkeit, die messianischen Psalmen des David geschichtlich unterzu-
bringen, da nur selten geschichtliche Haltpunkte sich darbieten, doch will es ihm
bedünken, daß Ps. 16. als erster Psalm in die erste Gruppe gestellt werden
müsse, weil er Introduction und Vorbereitung zu allen nachfolgenden Leidens-
psalmen zu enthalten scheint. Ebenso fühlt er auch bei den meisten der übrigen
Psalmen, daß er nur von seinem Wünschen und Mögen geleitet sie in die
Gruppen hineinstellt, die er auseinanderhalten zu können meint. Gewiß, wir
machen es ihm nicht zum Vorwurf, daß er der Unsicherheit des Bodens sich bewußt bleibt, auf welchem er bei der geschichtlichen Unterbringung der Psalmen

sieht, aber wozu denn überhaupt eine solche Gruppirung, die gar nicht fester begründet wird? Auch für die Zwecke des Verf. wäre sie nicht nothwendig gewesen, denn in der That treffen wir entweder gar keine oder nur loseste Beziehungen an zwischen der jedesmal vorausgesetzten Lage des David und der messianischen Erklärung.

In der grundlegenden christologischen Einleitung beginnt der Verf. mit dem Protevangelium. Der Same des Weibes ist ein Einzelwesen, welches der Schlange den Kopf zertreten, d. i. den mit dem bösen Geistwesen unternommenen Kampf zum Siege, ja zur siegreichen Vernichtung dieses Geistwesens hinaus- führen soll. Wenn gesagt wird, die Schlange werde zwar dem Samen des Weibes die Ferse durchstechen und vergiften, aber dennoch vermöge dieser Same die Schlange zu vernichten, so ist das bildlich zu verstehen und heißt in eigent- liche Worte übersetzt nichts Anderes als: des Weibes Same vernichtet durch seine Leiden und seinen Tod alle Macht, Pläne und Liste des bösen Geistwesens oder des Widersachers (Satans). Der Weibessame tritt uns als ein wahrer Mensch von wundersamer Geburt und mit wundersamer Machtbeweisung ausge- rüstet entgegen. Göttlichen Wesens, vom Himmel muß der Weibessame sein; das bestätigt auch Eva in jenem merkwürdigen Ausrufe bei der Geburt des Cain: ich habe erlangt einen Mann, den Jehova! Nach der Erkenntniß der Ersteltern ist der Ueberwinder der Schlange wahrer Mensch und wahrer Gott gewesen. So sind in dem Protevangelium die Grundlineamente des Evangeliums Jesu Christi allesammt vorhanden. „Und warum auch nicht? Läßt sich doch kein Grund absehen, warum Gott den aus ihrem vollkommenen Stande herausgetre- tenen Erstmenschen auch nur den kleinsten fundamentalen oder substanziellen Be- standtheil des Evangelii hätte vorenthalten sollen." — Ewiges Leben, Bild Gottes, Heiligkeit war schon seit dem Paradiese unser Eigenthum. — Jedes spä- tere Wort evangelischen Inhalts ist nur ein Nachklang des ersten grundlegenden Evangeliums, und neben der Reproduction des Protevangeliums in und mittelst des Wortes geht noch eine andere her, nämlich eine Reproduction des protevan- gelischen Erlösers durch Personen, durch persönliche Nachbildungen. Diese Per- sonen sind Set und seine Linie, Noah, Sem, Abraham, Isaac, Juda; auch Mose und vor allen Anderen David möchte der Verf. zu den persönlichen Nachbildern oder Anbildungen des Protevangeliums im Bereich der Geschichte rechnen; so- dann Salomo, Serubabel, endlich Christus, welcher die vollkommenste Nachbil- dung und Anbildung des Protevangeliums darbietet. Die Reproductionen bloß innerhalb des Wortes treten anfangs seltener auf: nach dem Protevangelium die Sprüche Bileam's, dann die messianischen Psalmen, wie z. B. Ps. 68., „in denen die messianischen Hoffnungen nicht durch eine dem Heilsinhalt conform gemachte Person mitgetheilt werden", endlich die meisten prophetisch-messianischen Hoffnungen. — Der Verf. geht dann auf die thatsächlichen Nachbildungen und Reproductionen des Protevangeliums genauer ein; Abraham und seine Stellung in der damaligen Welt sind ganz darnach angethan, um die Wahrheiten des Protevangeliums für jene Zeit mit Fleisch und Blut zu bekleiden; aber doch muß zu seiner Ergänzung Isaac herbeigezogen werden, der neue Repräsentant des Weibessamens, denn seine Opferung reproducirt den giftigen Fersenstich des Verheißenen an dem verheißenen Sohn des Abraham, und die glückliche Wen- dung der Opferung reproducirt den Sieg des Weibessamens. Durch Jacob, eben- falls einen Repräsentanten des verheißenen Erretters, wird die soteriologische

Idee auf Juda vererbt, den nach Genes. 29, 35. „gläubig von der Mutter Leah
erwarteten und unter dem Lobpreise Jehova's geborenen", welcher seine Brüder
fort und fort schützt, auf den sie dankend hinweisen; in ihm dem Löwen reproducirt sich der — — löwenhafte Charakter und der siegreiche Ausgang des prote-
vangelischen Erretters, welcher Ausgang Genes. 49, 11 f. unter dem Bilde des
„siegestrunkenen friedlichen Genusses" dargestellt wird. Von Juda kommt der
Verf. ohne alle Vermittelung auf die zweite außerordentliche Reproduction des
Protevangeliums zur Zeit der Könige David und Salomo. Wir sollen im
Psalmbuche die Idee, die Quintessenz der Geschichte, welche mit David sich be-
gab, niedergelegt finden. Der Messias, der Erlöser, wolle in der Zeit des David
in keiner anderen Gestalt sich finden und ergreifen lassen als in der in und mit David
gegebenen, durch ihn hindurch wolle er sich zu seinem Volke neigen mit freund-
lichen und tröstlichen Worten. In der Lebensgeschichte des David biete sich von
selbst eine Anzahl von Anklängen und Reproductionen des paradiesischen Evangeliums dar: seine Herkunft aus der Dunkelheit und einer winzigen Stadt,
aus dem abgehauenen Stamme des Isai (war denn damals dieser Stamm schon
abgehauen?); sein Gegensatz gegen Saul, dem gegenüber er das Erbe der Väter
antrat; in ihm bekennt sich Jehova zu Sem als Gott des Sem; mittelst seiner
wird der Beweis geliefert, daß das Haupt der Schlange trotz alles scheinbaren
Sieges dennoch werde zertreten werden; wie der Weibessame den Fersenstich erleiden mußte, so wird David von Leiden überströmt; darnach wird ihm die
Herrlichkeit zu Theil, als er als König anerkannt ward; neue Leiden kommen, „er mußte noch viele Male untergehen im Leben, um alsdann wiederum
eine herrliche Auferstehung und Erlösung zu feiern". So reproducirt und repräsentirt David den paradiesischen Erlöser: „Allem, was den Menschen seit jenem
ersten Sündenfall wünschenswerth sein muß, allen Bedürfnissen, allen Hoffnungen
der Reichsgenossen ward durch das Vorhandensein und die einzelnen Manifestationen David's Befriedigung zu Theil." Die messianischen Psalmen sind nicht
allein der Ausdruck eines in der Nation liegenden Bedürfnisses, z. B. nach einem
Könige auf Zion, sondern sie gewähren vor Allem Befriedigung eines solchen
Bedürfnisses, indem sie in David's Person denjenigen uns vor Augen stellen,
der nach Gottes Rath Alles erfüllen sollte. Was David ganz natürlicher Weise
und in der subjectivsten Erregtheit erlebte — ist Alles Verkörperung der von
Gott beliebten Urbilder in den Himmeln.

Wir haben fast immer mit den Worten des Verf. Bericht darüber zu geben
versucht, was er unter Reproduction des Protevangeliums versteht. Seine
Ansicht steht in einem gleich erkennbaren Zusammenhange mit der in unserer
Zeit von anderen Seiten her nachdrücklich betonten Auffassung der heiligen Geschichte des A. Test. als einer Geschichte der Vorausdarstellungen Christi. Aber
was Andere mit speculativer Umsicht nachzuweisen und im Zusammenhange
ihres theologischen Systems auszuführen versucht haben, eignet der Verf. mit
kühnem Griffe sich an und gebraucht es als eine titanische Gewalt, vor welcher
das Schriftwort biegen oder brechen muß. Wie muß er doch von einer will-
kührlichen Behauptung zu der andern springen, um zu dem Satze zu gelangen,
daß im Protevangelium die Grundlineamente des Evangelii Jesu Christi allesammt
vorhanden sind! Wie eng ist das Fachwerk, welches die Reproductionen des
Protevangeliums ihm darbieten, und wie so gar nicht gelingt es ihm, den

13*

lebensvollen Inhalt der Schrift in dieses Fachwerk hineinzuzwängen! Und in
welcher gefährlichen, dem Thatbestande der Schrift widersprechenden, den bedenklichsten Folgerungen Raum gebenden Weise verwischt er die Unterschiede zwischen
dem Alten und dem Neuen Testamente, zwischen den alttestamentlichen Personen,
den Repräsentanten Christi jedesmal in ihrer Zeit, und Christo!

Was hat nun der Verf. für die Auslegung der messianischen Psalmen gewonnen? David soll als David und zugleich als gottverordneter Repräsentant
Christi sprechen; er soll sich mit dem Messias identificiren nicht mittelst eines
übernatürlichen Sprunges, mittelst einer Hineinversetzung in ein ihm fremdes Leben,
vielmehr soll dieses Sichidentificiren nur der Ausfluß seiner schon äußerlich
exceptionellen Stellung sein. Die Worte der messianischen Psalmen entquellen
ihm ebenso natürlich, wie seine Erlebnisse sich natürlich für ihn abwickelten;
„er war kein Schauspieler." Und dennoch, die inneren Gründe für die Messianität der Psalmen bieten dem Verf. jedesmal die Aussprüche und Ausdrucks-
weisen dar, welche im Munde des David an und für sich unverständlich sein
oder für seine nackte Persönlichkeit schlecht passen würden. Aber es hat damit
keine Noth; freudig ruft er aus: wir sind zum Glück nicht an David gebunden,
sondern recurriren hier auf den Messias, der vollkommen das Räthsel löst,
welches in solchen Ausdrücken auf den ersten Blick liegt. Immer und immer
wieder wird uns versichert: Christus mußte im A. Test. Repräsentanten haben;
die Strahlen seiner Wirksamkeit sind rückwärts geworfen; wie könnten da diese
Strahlen wohl besser aufgefangen und in die Herzen reflectirt worden sein als
durch die Christo analog gebildete Person des David? Ist er doch dem Messias
ähnlich und gleichförmig gemacht worden im Leiden und Thun, so kann er auch
reden wie der Messias. Aber da der Verf. doch wieder zwischen David an
und für sich und dem David, durch welchen der Messias redet was unpassend
ist im Munde des geschichtlichen David, unterscheiden muß, so kommt es in der
That nur auf einen Parallelismus zwischen dem theokratischen König David
und Christo hinaus. Durch die Behauptungen, der Erlöser wolle in der Zeit
des David sich nur in der Gestalt des David finden oder ergreifen lassen, oder
in David werde das Protevangelium reproducirt, wird nichts erreicht, was Andere nicht erreicht hätten dadurch, daß sie David einmal als geschichtliche Person,
sodann als Typus Christi aufgefaßt haben. Das ist gewiß: die massive Auffassung
des Typischen in diesem Buche muß zu geschärfter Vorsicht mahnen, ihm zu
Liebe nicht das Schriftwort umzudeuten und die Geschichte nach eigener Willkühr
umzugestalten.

Wollten wir eine Recension des Buches liefern, so würden wir oft Gelegen-
heit haben, die sprachliche Erklärung des Einzelnen als eine verfehlte nachzuweisen.
Wahrhaft betrübend ist das absprechende Urtheil über Männer wie Ewald, Hitzig,
Hupfeld. Wer sich einer tieferen Erkenntniß der Schrift und der Wege Gottes
rühmt, der hat auch die Verpflichtung, sie für sich zu verwerthen auf sittlichem
Gebiete in ernster Arbeit, in Selbstprüfung und Demuth.

Göttingen.   Bertheau.

Systematische Theologie.

Dr. J. W. Hanne, die Idee der absoluten Persönlichkeit, oder Gott und sein Verhältniß zur Welt, insonderheit zur menschlichen Persönlichkeit. 2 Bände. Hannover, bei Carl Rümpler. 1861—62. Band I. VIII u. 553 S. Bd. II. IV u. 321 S.

Das Werk, dessen erste Abtheilung unter obigem Titel uns vorliegt, ist nach einem umfassenden Plane angelegt. Die Idee der Persönlichkeit nach allen ihren wesentlichen Momenten, sowohl nach ihrer Absolutheit und Urbildlichkeit im Wesen Gottes, als nach ihrer Gewordenheit und Beschränktheit im Wesen des Menschen, will begründet und entwickelt werden. Doch findet sich der Verfasser durch mancherlei Gründe bestimmt, die anthropologische Seite der Untersuchung vorerst zurückzustellen und die Entwickelung der Idee der Persönlichkeit Gottes für sich als abgeschlossenes Ganzes ausgehen zu lassen; hiervon liegt in diesen beiden Bänden zunächst die historische Abtheilung vor, eine Darstellung und Kritik der Geschichte der Gottesidee von den ältesten Zeiten bis auf die Gegenwart.

Nachdem in der Einleitung die Bedeutung der Idee der Persönlichkeit für alle Hauptwissenschaften, insbesondere die Theologie, hervorgehoben, und für die letztere, sofern sie diese Idee als constitutives Princip in sich aufnimmt, der Name des „wissenschaftlichen Theismus" festgestellt ist, werden die Hauptmomente aus der Entwickelungsgeschichte des Theismus im Kampfe mit dem Pantheismus und Deismus in vier Abschnitten dargelegt. Der erste Abschnitt enthält die Geschichte der Gottesidee in der vorchristlichen Zeit, wobei Plato und Aristoteles besonders ausführlich behandelt werden. Bei beiden findet der Verf. Ansätze des wahren Theismus, aber beide, weil den Begriff der Persönlichkeit nicht in seiner ganzen Tiefe würdigend, unterliegen wieder der die antike Welt beherrschenden Substantialitätsanschauung. Diese zu durchbrechen und zu überwinden, den wahren Theismus im Glauben zu erfassen und zum begrifflichen Wissen zu entwickeln, war nur der christlichen Theologie auf Grund der Offenbarung Gottes in Christo möglich. Als Uebergang von der heidnischen zur christlichen Gotteslehre wird im zweiten Abschnitt zunächst das Jahvehthum, dessen specifischen Offenbarungscharakter der Verfasser religionsphilosophisch zu deduciren sucht, in seinen Hauptmomenten im Ganzen treffend dargestellt, wenn gleich gegen Einzelnes, namentlich gegen das über „die Substantialitätsanschauung des Buchs Job" und „den Pantheismus des Koheleth" Gesagte von Seiten der alttestamentlichen Theologie gegründete Bedenken zu erheben wären. — Die Entwickelung der Gottesidee in der alten Kirche wird mit besonderer Beziehung auf die Trinitätslehre und mit eingehender Kritik der Gottesbegriffe des Origenes und Augustin verfolgt. „Während Origenes in schwankender Mitte steht zwischen der platonischen Substantialitätsanschauung und dem polytheistischen Ethnicismus, der sich bei ihm als tritheistischer Subordinatianismus geltend macht, wogen im System des Augustin pantheistische und dualistische Elemente trüb durcheinander neben vereinzelten tieferen Andeutungen des christlichen Glaubensbewußtseins." Das sonach zweifelhafte Erbe dieser Systeme überkam das Mittelalter, dem der dritte Abschnitt gewidmet ist. Als „Propyläen der mittelalterlichen Scholastik und Mystik" werden Dionysius Areopagita, Maximus Confessor und Scotus Erigena aufgeführt. Eine hervorragend bedeutsame Erscheinung sieht der Verfasser in

dem sonst weniger bekannten Mönch Maximus: „er steht da als ein Stern in
dunkler Nacht, als eine Weissagung über die zukünftige Vollendung des Theis=
mus, wenn gleich seine tiefen Conceptionen von seiner Zeit noch wenig beachtet
wurden." Die Erörterung des Verhältnisses der Scholastik zum Theismus wird
an eine kurze Charakteristik der Theologie des Anselm, Thomas von Aquino
nub Duns Scotus angeknüpft. Ein Ueberblick über die speculativen Bestrebungen
der mittelalterlichen Mystik beschließt diesen Abschnitt.

Der vierte Abschnitt, den ganzen zweiten Band umfassend, beschäftigt sich
mit der Geschichte der Gottesidee in den philosophischeu Systemen der neueren
Zeit. In der vorkantischen Philosophie wird eine pantheistische und eine deisti=
sche Strömung unterschieden. Unter den ersteren Gesichtspunkt fallen die Sy=
steme des Cartesius und Spinoza; beiden stellt sich Leibnitz gegenüber als „An=
fang und Durchbruch des allseitig vermittelten wissenschaftlichen Theismus". Zur
deistischen Strömung wird eine Reihe von Erscheinungen gerechnet, welche sonst
ziemlich heterogen zu einander sich verhalten, namentlich Herbart und seine Schule,
ferner Wolf, Locke und Hume. Eine genaue und gründliche Darstellung findet
die kritische Philosophie und ihr Verhältniß zum Theismus. Fichte's subjectiver
Idealismus vermittelt den Uebergang zum „modernen panlogistischen Pantheis=
mus", dessen Hauptvertreter Hegel ebenso ausführlich behandelt als scharf und
wohl hin und wieder etwas zu ungünstig beurtheilt wird. Ein Suchen nach
tieferer Versöhnung des theistischen Glaubens mit den bisherigen Leistungen des
philosophischen Wissens findet schließlich der Verfasser in der Glaubensphilosophie
Jacobi's, den späteren Schriften Fichte's, dem Panentheismus Krause's und der
Freiheitslehre Schelling's, während er in den jüngsten Producten des letzteren
Philosophen, namentlich in der Offenbarungsphilosophie, einen wesentlichen Fort=
schritt nicht finden kann.

Diese Uebersicht zeigt, welch' reiches Material der Verfasser verarbeitet hat,
indem er neben der Geschichte der Philosophie auch einzelne Partien der Dog=
mengeschichte und der biblischen Theologie in den Bereich seiner Untersuchung
und Prüfung zog. Indeß macht er nicht den Anspruch, durch gelehrte Quellen=
forschung neuen Stoff zu Tage gefördert zu haben; er will nur das schon hin=
reichend Bekannte von dem ihm eigenthümlichen Gesichtspunkt aus „möglichst in
einiges neues Licht setzen". Dieser eigenthümliche Gesichtspunkt ist die Idee der
Persönlichkeit als „die rechte speculative Centralidee, worin sich die verschiedenen
Grundideen der besonderen Wissenschaften gegenseitig durchbringen und von der
sie erst ihr tiefstes Licht empfangen". Der Mensch, auf den innersten Grund seines
Wesens reflectirend, erfaßt sich als selbstbewußte, individuell abgeschlossene Per=
sönlichkeit, als ein Object, das an sich selbst Subject und als dieß für sich
seiende, von sich wissende Subject sein eigenes Object ist. Der menschlichen be=
schränkten Persönlichkeit bezeugt sich aber als letzter Grund und höchste Voraus=
setzung eine absolute Urpersönlichkeit, ein persönliches Urbewußtsein, dessen Ob=
jectivität zu erreichen und dessen Wesen zu entwickeln die Aufgabe der theistischen
Speculation ist. Ist nun dieß der Standpunkt des Verfassers, so stellt er sich
der Geschichte gegenüber die Aufgabe, das Verhältniß der historisch vorliegenden
Versuche, die Idee Gottes zu begründen, zu der Anforderung, Gott als absolute
Persönlichkeit zu begreifen, objectiv richtig zu würdigen. Hier ist nun zwar an=
zuerkennen, daß einzelne Systeme von dem bezeichneten Gesichtspunkt aus tref=
fend charakterisirt und beurtheilt sind; aber man kann sich doch dem Bedenken

nicht ganz entziehen, daß der Verfasser in seiner Kritik nicht überall mit gleichem
Maaß gemessen habe. Dieß drängt sich namentlich bei einer Vergleichung seiner
Darstellung der Gotteslehre des Aristoteles mit der des Leibnitz auf.
Wenn die Kritik des Aristoteles bei dem Resultate ankommt, daß die theistische
Tendenz seiner Theologie im Widerspruch stehe mit seinen metaphysischen und
kosmologischen Prämissen, welche ihm nicht erlaubten, ohne Inconsequenz auch
nur ein Analogon des wahren Theismus aufzustellen, so mag dieß als richtig
zugegeben werden. Warum aber wird dann in keiner Weise darauf aufmerksam
gemacht, daß bei Leibnitz derselbe Widerspruch stattfindet? Ist es für Aristoteles
eine Inconsequenz, wenn er, der dem Formprincip überall nur in seiner Vereinigung mit der Materie eine reale Wirklichkeit, ein Fürsichsein zugesteht, doch
am Ende in seinem Gottesbegriff die reine Form als solche substantiirt wissen
will, so kann es gleichfalls nur als eine Inconsequenz bezeichnet werden, wenn
Leibnitz Gott als die höchste Monade und zugleich als actus purus bestimmt,
während doch die Monade ihrem Begriff nach eine Seite an sich hat, wonach
sie wesentlich beschränkt und leidend ist. Ist ferner Aristoteles nicht berechtigt,
neben dem anfangslosen Kreislauf der endlichen Bewegung einen Urbeweger anzunehmen, so kann man auch Leibnitz das Recht nicht zugestehen, über die Harmonie des Weltzusammenhanges in der prästabilirten Ordnung der Monaden
hinausgehend, einen außerweltlichen Gott zu setzen, ihn mit den Prädicaten des
christlichen Gottesbegriffes zu schmücken und ihm eine freie Weltschöpfung zuzuschreiben. Auf die Frage: woher die prästabilirte Harmonie der Monaden? kann
Leibnitz nur antworten: sie folgt aus dem Wesen der Monaden, welche ihrer
Natur nach darauf angelegt sind, ein solch' harmonisches Ganzes zu bilden, die
Monaden selbst aber sind weder entstanden, noch werden sie je vergehen. Somit ist die von Ewigkeit seiende Harmonie der Monaden der höchste Begriff des
Systems und für die Idee eines außerweltlichen Gottes ist überall kein Raum,
wenn nicht durch einen Widerspruch mit den metaphysischen Prämissen. Auch
das Lob, das der Schelling'schen Philosophie hinsichtlich ihrer Bedeutung für
den Theismus gespendet wird, dürfte etwas zu ermäßigen sein. Der Verfasser
nennt die Schelling'sche Philosophie „den fruchtbarsten Zweig am Stamme der
neuern Philosophie und Theologie". „Wie Mose vom Berge Nebo die Gefilde
der Verheißung erschaute, so erklomm Schelling jene Höhe der Intuition, welche
den Blick der Vernunft bis in die letzten Voraussetzungen des religiös=sittlichen
Bewußtseins und insbesondere des christlichen Glaubens vordringen läßt"
(Band II. S. 305.). Wie stimmt es hiezu, wenn der Verf. später (S. 318.)
ausführt, daß Schelling auch in den Untersuchungen über die menschliche Freiheit, auf welche doch jenes Urtheil in erster Linie sich gründet, über den Begriff
eines werdenden Gottes nicht hinausgekommen sei? So gewiß der Gott
Schelling's erst im Proceß der Weltbildung und Weltgeschichte sich mit sich selbst
vermittelt, so wenig kann er dem religiösen Bewußtsein genügen und steht dem
Hegel'schen Absoluten um so viel näher, als er von der Gottesidee des christlichen Glaubens sich entfernt. Was ist auch mit der Annahme einer Natur in
Gott, worin der Verfasser einen so wesentlichen Forschritt sieht, gewonnen, wenn
sie um diesen Preis erkauft wird? — Dagegen möchte die Philosophie Herbart's und seiner Schule auf eine billigere Beurtheilung Anspruch machen
können, als diejenige ist, welche sie bei Hanne gefunden hat. Nur kurz und
gelegentlich wird Herbart erwähnt (Bd. II. S. 80.), wobei er mit der Bemer-

tung abgefertigt wird, daß er und seine Schule in theologischer Beziehung über die speculative Dürftigkeit des Deismus nicht hinausgekommen sei. Es mag mit Recht gesagt werden, daß die Herbart'sche Philosophie auf dem Gebiete der speculativen Theologie wenig geleistet hat und daß Werke wie Taute's Religionsphilosophie die Grundlage Herbart's wesentlich modificirt haben (S. 81.); aber es darf dabei nicht verschwiegen werden, daß diese Richtung die speculative Theologie principiell von sich ausschließt, indem sie der Philosophie keine andere Aufgabe steckt, als die, das Gegebene nach den Normalbedingungen des Denkens so weit zu verfolgen, als eine streng logische Begründung desselben möglich ist: was darüber hinausgeht, wird in das Gebiet des subjectiven Glaubens verwiesen. Ueberdieß bestimmt die Herbart'sche Schule den Gottesbegriff, soweit sie ihn in den Bereich der philosophischen Untersuchung zieht, nicht sowohl durch metaphysische als durch ethische Kategorien (vergl. Drobisch, Religionsphilosophie, und Allihn, die Grundlehren der Ethik. 1861). Da nun eine scharfe Trennung von Metaphysik und Ethik bekanntlich zu den Grundeigenthümlichkeiten Herbart's gehört, so wäre jedenfalls die Herbart'sche Ethik zu berücksichtigen gewesen, wenn ein begründetes Urtheil über die Herbart'sche Theologie gefällt werden wollte.

Wenn aber auch an einzelnen Punkten gegen die historisch=kritischen Ausführungen des Verfassers Widerspruch erhoben werden kann, wenn ferner im Ganzen mehr Gleichmäßigkeit der Behandlung zu wünschen wäre, indem Einiges ausführlicher, als für den vorgesetzten Zweck erforderlich war, besprochen wird, Anderes unverhältnißmäßig verkürzt erscheint, wenn endlich das stark hervortretende rednerische Pathos die Präcision des Gedankens und Ausdrucks nicht selten beeinträchtigt, so wird dadurch der günstige Gesammteindruck des Werkes nicht aufgehoben. Besonders instructiv sind die Erörterungen des Verfassers über den Zusammenhang des Gottesbegriffs mit den metaphysischen Principien, wie mit den kosmologischen, psychologischen und ethischen Resultaten der einzelnen Systeme. Die centrale Beziehung des Gottesbegriffes zu der gesammten Weltanschauung ist meist klar und gründlich nachgewiesen. Durch das ganze Buch weht ein Geist speculativer Frische und Energie. Nirgends verleugnet sich die Ueberzeugung des Verfassers, daß der menschliche Geist das Recht und die Pflicht hat, an die Lösung auch der höchsten Probleme mit Hoffnung auf Erfolg sich zu wagen, wofern nur nicht einseitig bloß das Interesse des Denkens, sondern ebenso sehr auch „der höhere Zug der Ahnung im Herzen und Gewissen" gewahrt und berücksichtigt wird. Zugleich aber hält der Verfasser den theologischen Standpunkt entschieden fest: nur auf dem Boden der Offenbarung Gottes in Christo kann der wahre Gottesbegriff gefunden werden. Von der speculativen Forschung aber verlangt er, daß sie der beständigen Irrthumsfähigkeit und vielfachen Unsicherheit alles menschlichen Wissens in nüchterner Weise sich bewußt bleibe und eine höhere Offenbarung, wo sie sich, wie in den Grundthatsachen des Evangeliums, unzweideutig zu erkennen gibt, anerkenne und ihre Wahrheiten als Moment der Speculation in sich aufnehme. Ansprechend ist die Weitherzigkeit, mit welcher der Verfasser überall der Wahrheit sich freut, auch da, wo sie aus einem andern Boden stammt, als der ist, auf welchen er selbst sich stellt, und die Milde des Urtheils, welche er auch solchen Gottes= und Weltanschauungen gegenüber bewahrt, die er nach ihrem Ausgangspunkt wie nach ihrem Resultat als entschieden verfehlt bezeichnen muß (vergl. das Urtheil über Spinoza Bd. II. S. 40—42.).

Die specielle Darlegung und Begründung seiner eigenen speculativen Auffassung der Gottesidee behält sich der Verf. für eine besondere Schrift vor. Erst wenn diese vorliegt, wird sich beurtheilen lassen, wie sich seine Gotteslehre zu den Ansichten derjenigen verhält, welche in neuester Zeit als Hauptvertreter des speculativen Theismus sich geltend gemacht haben. Andeutungen finden sich in einer Abhandlung Hanne's in dieser Zeitschrift: Von den Grundelementen der christlichen Gottesidee, Jahrbb. für deutsche Theologie, 1857. S. 753 ff.

Tübingen. Rep. Wittich.

Professor Dr. Friedrich Harms, die Philosophie Fichte's nach ihrer geschichtlichen Stellung und nach ihrer Bedeutung. Kiel, 1862. 36 S.

Die zur Feier von Fichte's hundertjährigem Geburtstag an der Friedrich-Albrechts-Universität zu Kiel gehaltene Festrede beabsichtigt, ein Bild der Philosophie Fichte's und ihrer Stellung in der Geschichte zu entwerfen. Ausgehend vom Begriff der absoluten Philosophie, wie ihn zuerst Fichte aufgestellt hat, charakterisirt der Verfasser in übersichtlicher, gedrängter Kürze die Erkenntnißtheorie, Ethik, Rechtsphilosophie und Geschichtsanschauung Fichte's. Die beigefügten Anmerkungen geben theils Quellenbelege, theils Kritik abweichender Auffassungen. Mit Recht wird entschieden hervorgehoben, daß Fichte's Weltansicht eine vorherrschend ethische ist und daß in dieser Einsicht auch der Schlüssel für seine idealistische Erkenntnißtheorie gefunden werden muß. Die Freiheit des Geistes ist für ihn das Ziel, welches wir im Erkennen wie im Handeln erreichen sollen; die Natur ist nur Bedingung für die Entstehung der sittlichen Welt, Substrat für die Verwirklichung der sittlichen Aufgabe. Weniger allgemeine Zustimmung wird die Behauptung finden, daß die Philosophie Fichte's in den früheren wie in den späteren Schriften ein durchaus in sich consequentes, zusammenstimmendes Ganzes sei. Die bis jetzt gemachten Versuche, diese Einstimmigkeit nachzuweisen, führen mehr oder weniger zu gezwungenen Combinationen und berechtigen nicht, diejenigen des Mißverständnisses zu beschuldigen, welche nach dem Vorgang Schelling's und Hegel's in Fichte's Philosophie eine frühere und eine spätere Periode unterscheiden.

Tübingen. Rep. Wittich.

Das Verhältniß des Geistes zum Sohne Gottes aus dem Johannesevangelium dargestellt von Ernst Wörner. Stuttgart 1862, bei J. F. Steinkopf. 110 S.

Wenn die heutige Theologie immer dringender sich veranlaßt sieht, das theologische und christologische Dogma, vor Allem auf Grund der heiligen Schrift, einer neuen Bearbeitung zu unterwerfen, so hat der Verf. der oben bezeichneten Schrift unstreitig einen höchst fruchtbaren und seither noch viel zu wenig erörterten Punkt dieser Aufgabe in Angriff genommen. Den eigenthümlichen Standpunkt, von welchem aus er dies unternimmt, bezeichnet er in der Einleitung zu seiner Schrift so, daß wir in ihr keine biblisch-theologische Arbeit im gewöhnlichen Sinne sehen dürfen. Er betont es nachdrücklich, daß die h. Schrift ihm das Wort der Wahrheit, d. h. die unverfälschte und für alle Zeiten giltige Darlegung derselben sei, und setzt nun seine Thätigkeit entgegen nicht nur jedem bloß geschichtlichen Interesse an dem Inhalte der heiligen Schrift, sondern auch jener Art der gewöhnlichen Schriftgläubigen, welche an der Schrift nur umherkosten und mit einzelnen Aussprüchen derselben ihre selbsterwählten Formen der Frömmigkeit und Wissenschaft schmücken. Im Unterschiede von der gangbaren Schrifterklärung, welche die biblischen Grundbegriffe nur sehr unvollkommen zu Tage fördert, ist er bemüht, den vollen Inhalt derselben aus der Urbedeutung der Wörter, dem ganzen biblischen Sprachgebrauch und dem vorliegenden Zusammenhang zu entwickeln. Dabei schöpft er zur Darstellung der im Ev. Joh. gegebenen Lehre auch stellenweise aus anderen biblischen Büchern, da er überzeugt ist, daß alle göttlichen Offenbarungszeugnisse von einer gemeinsamen Grundanschauung ausgehen, welche die späteren als durch die früheren hinlänglich bekannt voraussetzen und hinwiederum genauer ausführen, daher in keiner derselben ein vollständiger „Lehrbegriff" zu finden und zu suchen sei. In diesen Grundsätzen weiß er sich einig mit Dr. Beck in Tübingen, welchen er als Meister ächter und selbstständiger Schriftforschung verehrt. — Ref. kann aber in dem von dem Verf. eingenommenen Standpunkte keinen Fortschritt, sondern, gegenüber dem neuesten Stande wissenschaftlicher Schriftforschung, nur einen bedenklichen Rückschritt erkennen. Besteht doch eben die wesentliche Errungenschaft der neueren Schriftforschung in der Anerkennung, daß in der heil. Schrift der ewige Wahrheitsgehalt der Offenbarung in geschichtlicher Gestalt, in der Form allmäliger Entwickelung, in einer bis zu relativen Gegensätzen ausgebildeten Mannigfaltigkeit, ja auch in einer, bei seiner Vermittlung durch menschliche Organe unvermeidlichen, Beschränktheit im Einzelnen uns vorliege, und sie sieht es als ihre Aufgabe an, gerade beide Seiten der h. Schrift und ihrer Lehre, nämlich die geschichtlich-menschliche Form und den ewigen göttlichen Inhalt, als solche zu erkennen und (in der biblischen Theologie) zur Darstellung zu bringen. Die wissenschaftliche Darstellung des Offenbarungsinhaltes für sich, im Zusammenhange mit der nothwendigen Auffassungsform für das gläubige Gesammtbewußtsein der Gegenwart, ist die besondere Aufgabe der Dogmatik. Jede Vermischung dieser beiden wohl zu unterscheidenden Aufgaben ist heutzutage verwirrend und hemmend, so viel Gutes auch im Einzelnen dabei geleistet werden mag. — Eine zum Theil tief eindringende und feine Entwickelung der biblischen Lehre findet sich nun auch in der vorliegenden Schrift. Aber zugleich wird an ihr nur um so deutlicher, daß das dogmatische Denken keineswegs in dem sein Ziel finden kann, was uns als Schriftlehre hier mit dem Anspruche geboten wird, für alle Zeiten giltige wissenschaftliche Darstellung von dem wirklichen Verhältnisse des h. Geistes zum Sohne Gottes zu sein. Es werden nach einander abgehandelt: 1) der Begriff des Geistes; 2) die Person Jesu Christi; 3) der Geist als persönliche Lebens- und Heiligungskraft des Menschensohnes; 4) der Geist als die Salbung des Menschensohnes; 5) der Geist als die im Menschensohne der Menschheit vermittelte Lebensgabe; 6) der Geist als die den Menschensohn mit der Menschheit vermittelnde Lebenskraft; 7) das Grundverhältniß des Sohnes und des Geistes unter einander und zum Vater.

Bei der Lehre von der Person Christi offenbart sich am deutlichsten die Unmöglichkeit, die Schriftlehre in ihrer unmittelbaren Gestalt (welche bei solchen Versuchen freilich auch niemals rein zu Tage gefördert wird) als eine für das wissenschaftliche Denken genügende darzustellen. Der Verf. stellt hier entweder die härtesten Widersprüche neben einander, oder, wo er eine Lösung versucht, geschieht sie so, daß bald die vorausgesetzte Gottheit, bald die wahre Menschheit

Christi aufgegeben zu sein scheint. Christus ist das Wort Gottes, auch die
Selbstheit in ihm ist göttlich; er ist Mensch, auch der Mittelpunkt seines Wesens
ist menschlich (S. 25.). Er ist als vollständiger Mensch bestimmt durch die Naturgesetze, welche für alle Erdenwesen giltig sind (S. 25.); aber da er auch im
Fleische gotthafte Person ist und die Fülle des Lebens in sich hat, so lebt er
wesentlich von der Welt unabhängig als Herr auf Erden in Gottes Art, nicht
in geschöpflicher Art (S. 29—31.). Vermöge der ihm eigenen Heiligkeit war er
jeder Form des Bösen gegenüber unversuchlich und konnte schlechterdings nicht
sündigen (S. 34.); dennoch gab es für ihn eine Möglichkeit des Gegensatzes
gegen den Willen seines Vaters und eine Versuchung den unrechtmäßigen Weg
einzuschlagen (S. 37.) u. s. w. Die Vermittelung zwischen diesen Widersprüchen
wird darin gesucht, daß der Sohn, obwohl auch nach seiner Menschwerdung im
überweltlichen Vollbesitz der Gotteskraft, dieselbe, wie sein Beruf es erforderte,
bald entfaltet, bald zurückgehalten habe, daß Selbstbeschränkung und Selbstoffenbarung in ihm durchgängig verknüpft gewesen seien (S. 34 f.), also nach
der längst für unhaltbar erkannten Weise der alten Kenotik. Aber auch die moderne Kenotik soll sich bei Joh. finden, und zwar in ihrer extremsten Form.
Nach Joh. 1, 14. ist das Wort Fleisch, d. h. irdisch-leibhafte Person, d. i. Seele,
geworden; die Seele Christi ist das Wort selber. Doch meint der Verf. dies
auch wieder nicht so ernstlich, indem er es durch den Beisatz erklärt, das Wort
habe sich selbst zum leidentlichen empfindungsmäßigen Verhalten gegen seine angenommene Staubhülle bestimmt (S. 27.). Letzteres lautet nun freilich beinahe
ebenso boketisch, wie die Verwandlung des Logos in eine menschliche Seele
eigentlich auf einen ebionitischen Christus führen würde. Auf einen ganz anderen
Standpunkt tritt der Verf. hinüber, wenn er S. 39. bemerkt: „Jesus Christus
ist der menschgewordene Sohn Gottes, wahrhaftig Gott, sofern er der urbildliche Mensch, der die Fülle des Geistes in sich selbst tragende Menschensohn ist." Dagegen lesen wir S. 108: „Der vom Geiste Gottes befruchtete
Keim irdisch-menschlicher Leiblichkeit (Jesu) ist für sich keine menschliche Natur;
die gotthafte Person ist vielmehr selbst menschliche Person geworden, der Menschensohn ist einfach der in bestimmter Offenbarungsform, in seelischer Lebens-
form hervorgetretene Gottessohn." Diese zum Eutychianismus hinneigende
Anschauung ist auch offenbar die vorwiegende des Verf. Aber soll nun unser
Denken in solchen Widersprüchen die wissenschaftliche Darstellung der absoluten
Wahrheit erkennen? Man leistet der h. Schrift einen schlechten Dienst, alterirt
dabei nothwendig ihre Aussagen und giebt Veranlassung zum Zweifel an ihrer
Wahrheit, wenn man in ihr finden will, was einmal nicht in ihr zu finden ist,
nämlich eine auch den wissenschaftlichen Anforderungen unmittelbar entsprechende
Lehrdarstellung. — Entschieden lehrreich und werthvoll sind nun aber die folgenden vier Abschnitte unserer Schrift, welche ihren eigentlichen Kern bilden. Zwar
möchten wir immerhin beanstanden, was über den Geist als die natürliche
Lebenskraft Jesu mit Beziehung auf Joh. 19, 30. ausgesagt wird, da hierdurch
das Sterben Jesu seine natürliche Wahrheit zu verlieren scheint. Auch können
wir dem, was über die Verklärung der Leiblichkeit Christi und über deren Mittheilung an die Gläubigen auf Grund von Joh. Cap. 6. ausgeführt wird, trotz
der Gunst, welcher diese somatische Auffassung jenes Abschnittes heutzutage sich
erfreut, keineswegs beistimmen. Aber im Ganzen genommen scheinen uns die
Ausführungen des Verf. in den genannten Abschnitten einen sehr schätzenswerthen

Beitrag zu der Lösung der in Rede stehenden Frage zu enthalten. Sowohl die persönliche, besonders ethische Vollkommenheit Christi als sein eigenthümliches Wirken (Worte und Wunder in der Kraft ewigen Lebens) werden aus dem specifischen Geistesbesitze (er besitzt den Geist selbstständig und in seiner Fülle) und der bei der Taufe für sein amtliches Wirken noch besonders empfangenen Geistesausrüstung Christi abgeleitet. Dabei wird im Zusammenhange mit dem im 1. Abschnitte entwickelten specifischen Begriff des heiligen Geistes (überweltlich reiner, das Wesen Gottes in sich fassender, das ewige Leben mittheilender Geist) und in voller Anerkennung der Stelle 7, 39. nachgewiesen, daß der h. Geist eine specifische, der gefallenen fleischlichen Menschheit zuvor schlechthin transcendente, nur durch die beiden Thatsachen der Menschwerdung und Verklärung Christi vermittelte Gottesgabe, resp. Selbstmittheilung Gottes sei. Es hat sich dabei um die Herstellung eines neuen Gattungsbildes der Menschheit innerhalb des alten Gattungszusammenhanges gehandelt, das seinem Inhalte nach nicht Fleisch, sondern Geist wäre, d. h. um ihre Neuzeugung oder um einen neuen Urmenschen, in dessen Bild und Kraft die Umwandlung der durch den Sündenfall fleischlich gewordenen Menschheit erfolgte. Wie dies nun durch die Menschwerdung, die sittliche Vollendung, das Sterben und die Erhöhung des Gottessohnes hindurch geschehen konnte, wird von dem Verf. auf Grund der johanneischen Darstellung in treffender, zum Theil (man vergl. besonders das über den Begriff der Verklärung S. 51 ff. Entwickelte) in origineller und geistvoller Weise dargelegt. Als Resultat ergiebt sich der Satz, daß Christus als der himmlische (verklärte) Mensch Quelle und Träger der Wirksamkeit des h. Geistes in der Menschheit sei. Im 6 Abschnitte wird die Bedeutung besonders tief aufgefaßt, welche das Hinweggehen Christi zum Vater und seine Bitte beim Vater um Sendung des h. Geistes als Bedingung für das Kommen desselben haben. Das Neue, was den Jüngern durch die Sendung des h. Geistes zu Theil wird, ist der vollkommene Durchbruch des von Christo bereits auf Erden ihnen mitgetheilten neuen Lebens und vornehmlich ihre Ausrüstung zu geistlicher Selbstthätigkeit, entsprechend der Bedeutung der Taufe für Jesum. Der h. Geist wird ihnen so zum παράκλητος, d. h. Sachwalter, indem er sie befähigt, der Welt gegenüber die Sache Jesu zu führen. Für uns ist der Empfang des h. Geistes wesentlich vermittelt durch das Zeugniß der Apostel, welche allein, auf der Grundlage ihrer irdischen Gemeinschaft mit Jesu, die ganze Wahrheit (16, 13.) durch den h. Geist aus seiner Fülle empfangen haben. Aber auch die beiden irdischen Stiftungen des Herrn, Taufe und Abendmahl, deren übersinnlicher Gehalt wenigstens bei Joh. dargelegt ist, haben durch den von dem verklärten Christus gesendeten h. Geist ihre himmlische Füllung erhalten und sind so bleibende Mittel seiner specifischen Mittheilung und Wirkung, besonders auch noch nach der Naturseite des menschlichen Wesens. So ist der h. Geist nun auf Erden vorhanden als die in menschlichem Natureigenthum frei waltende Heilskraft. Daraus ergiebt sich aber die Consequenz, daß die Gottesmänner des alten Bundes noch keine Geistesmenschen im vollen Sinne können gewesen sein. Denn die Erscheinung, speciell noch der Tod, Christi hat nicht bloß eine rechtliche, sondern eine naturgesetzliche Nothwendigkeit für die volle Heilsvermittlung. — Bei der Bestimmung des Grundverhältnisses des Sohnes und des Geistes unter einander und zum Vater wird der h. Geist nach Joh. Cap. 14—16., auch schon 3, 8., als gotthafte „Person" (Verf. will ausdrücklich diesen Ausdruck

beibehalten wissen) dem Sohne gleichgestellt, beide aber werden dem Vater insofern untergeordnet, als sie ihre Gottheit nur in derjenigen des Vaters haben,
während der Vater für sich schon die gotthafte Person schlechthin ist, zu welcher
sich die beiden anderen als Kraft und Mittel ihrer Selbstoffenbarung verhalten.
Anderwärts (S. 21.) war der Geist als das, freilich für sich persönliche, Wesen
Gottes, als Gottes eigene Kraft und Lebensfülle bezeichnet worden nach Joh. 4, 24.
und 3, 34. Die Weltbeziehung des Sohnes und des Geistes wird von dem Vater
begründet, die des Vaters von dem Sohne vermittelt. Der Geist erscheint in
seiner Selbstbethätigung dem Worte untergeordnet, aber auch der Sohn wiederum abhängig vom Geiste. Näher verhalten sich Sohn und Geist zu einander
wie Gestalt und Kraft göttlicher Offenbarung: der Sohn ist das Ebenbild,
der Geist das wirksame offenbare Wesen Gottes; Gott hat im Sohne seine
vollkommene überschöpfliche Selbstdarstellung, im Geiste seine vollkommene
überschöpfliche Selbstbethätigung. Was uns aber über das Verhältniß des
Sohnes und des Geistes zu einander und zum Vater mitgetheilt ist, bezieht
sich immer nur auf die göttliche Offenbarung. Die h. Schrift verurtheilt
durch ihr Stillschweigen das Unterfangen, das ewige innergöttliche Verhältniß
der drei Personen zu einander begründen und begreifen zu wollen. Ref. muß
allerdings dem noch beigefügten kurzen Nachweise beistimmen, daß die Dreiper-
sönlichkeit Gottes weder vom Begriffe des göttlichen Selbstbewußtseins noch von
demjenigen der göttlichen Liebe aus sich construiren lasse. Am wenigsten will
sich bei solchen Versuchen die besondere Persönlichkeit des h. Geistes ergeben.
Aber er zieht aus diesem Umstande nicht die Folgerung, daß wir die Drei-
persönlichkeit darum einfach als etwas Wirkliches, wenn auch unserem Denken
eigentlich Widerstreitendes, hinzunehmen haben, sondern er möchte fragen, ob
nicht gerade besonders die biblisch, soteriologisch und dogmengeschichtlich so schwach
begründete Lehre von einer besonderen Persönlichkeit des h. Geistes aufzugeben
und der h. Geist einfach als die vollkommene Wesensoffenbarung Gottes durch
Christum in den Gläubigen zu begreifen sei. Darauf scheinen ja gerade auch
diejenigen Ausführungen unserer Schrift hinzuweisen, welche Ref. oben als
ihren eigentlichen Kern glaubte bezeichnen zu müssen. Für eine solche Auffassung
wird das Verhältniß des Geistes zum Vater und zum Sohne ein vollkommen
klares, und weder die heilige Schrift noch der Glaube werden dabei etwas verlieren. — Indessen möchte Ref. trotz aller Entgegnungen, zu welchen er sich
von seinem ziemlich abweichenden wissenschaftlichen Standpunkte veranlaßt gesehen hat, die besprochene Schrift als eine jedenfalls gediegene, sorgfältige und
anregende theologische Leistung schließlich nur zu allgemeiner Beachtung empfehlen. Die Schreibart ist so gehalten, daß auch schriftkundige und denkende Nichttheologen dieselbe zu lesen vermögen.   Rep. Weiß in Tübingen.

Praktische Theologie.

Die Kirchenverfassung nach Lehre und Recht der Protestanten. Von
Stahl. Zweite Ausgabe; neue erweiterte Ausarbeitung. Erlangen,
Bläsing. 1862. X und 484 S.

Durch diese Revision — die letzte Arbeit Stahl's, die er wenige Tage vor
seinem Tode noch vollendete — hat das Buch namhaft gewonnen; die Anord-

nung und Eintheilung ist eine genauere und durchsichtigere geworden, Verschie=
denes ist erweitert, in den Anhängen setzt sich der Verf. mit Höfling, Richter,
Puchta, der Erlanger Zeitschrift und dem nordamerikanischen Lutherthum aus=
einander. Im Kern und Wesen aber ist selbstverständlich das Buch sich gleich
geblieben; es ist eine advocatisch=beredte Darstellung und Vertheidigung eines
lutherischen Episcopalismus, die aber so wenig als eine andere auch denjenigen
überzeugt, der nicht zum Voraus schon episcopalistisch gesinnt und darum über
die Schwächen der Beweisführung sich hinwegzusetzen bereit ist.

Vielleicht das Beste am ganzen Buche ist die geschichtliche Einleitung, in welcher
das Episcopal=, Territorial= und Collegialsystem in ihrer Entstehung, ihren Formen
und Beziehungen klar und bündig dargestellt sind. Der Verf. thut richtig dar, daß
diese drei Ansichten nicht bloß, was sie zunächst zu sein scheinen, verschiedene
Arten sind, den factisch bestehenden fürstlichen Summepiscopat zu erklären und
zu rechtfertigen, sondern daß in ihnen der Ausdruck für drei ganz verschiedene
Grundanschauungen vom Wesen der Kirche gegeben und darum auch der Geist
der Kirchenregierung von jedem dieser Standpunkte aus ein anderer ist. Aber
zu der Anerkennung gelangt Stahl nicht, daß in jedem dieser Systeme eine
Seite der Wahrheit zum Vorschein kommt, die von den anderen vernachläffigt
wird, daß namentlich auch im Territorialsystem ein Moment zu seinem Rechte
kommt, das die beiden anderen gar nicht oder nicht gehörig betonen, nämlich die
Einheit des Kirchlichen mit dem Nationalen, ein Punkt, in welchem sich der
Gegensatz der beiden Hauptkirchen scharf herauskehrt, sofern der Protestantismus
das Natürliche, das Menschliche als etwas auch von Gott Geordnetes nicht in
absoluten Gegensatz zum Göttlichen stellt, der eben darum auch die nationale,
wie die persönliche Individualität zu ihrem Rechte kommen läßt, — der Katho=
licismus aber keines von beiden anerkennt, weil er der wirklichen Welt eine
ideale als die allein gültige gegenüberstellt, diese ideale Welt selbst aber in die
gröbste, handgreiflichste Realität umsetzt, was nothwendig einen nie ruhenden
Conflict mit der factischen und urberechtigten Wirklichkeit hervorruft. Diesen
falschen Dualismus hat die Reformation gebrochen, aber er wirkt in den man=
nichfachsten Formen immer noch nach; so lange man aber in diesem Dualismus
steckt, ist es rein unmöglich, die rechtliche Stellung der Kirche sowohl nach innen
als nach außen, insbesondere dem Staate gegenüber, auf's Klare zu bringen;
man gelangt consequenter Weise nur zum Katholicismus, das will man nicht,
und doch hält man zäh am Princip fest, daher kein anderes Resultat heraus=
kommen kann, als Halbheit und Unklarheit. — Gerühmt muß zwar werden,
daß Stahl den Fehler des alten Episcopalismus unverhohlen darin anerkennt,
daß derselbe (S. 15.) dem dritten Stande zwar ein Recht der Zustimmung, aber
nicht auch ein Recht der Ablehnung zugestehe — was allerdings seltsam genug, aber
auch bezeichnend genug ist; für die Rechtlosigkeit der Gemeinde soll die gloria obediendi
der Trost sein —; ebenso daß der alte Episcopalismus die Erhaltung der reinen
Lehre und die Entscheidung theologischer Streitfragen zu sehr nach äußerlich gesetz=
licher Weise, wie die Entscheidung eines Rechtsstreites, sich vorstelle. Aber ge=
rade dieser gesetzlichen Auffassung der fraglichen Verhältnisse ist Stahl selbst am
wenigsten ferne geblieben; es bestätigt sich an ihm ganz besonders, daß Juristen,
wenn sie theologisiren, gar zu leicht auch das Theologische nach juristisch=gesetz=
licher Weise behandeln. Es ist bezeichnend, wie z. B. S. 59. die alttestament=
liche Religionsanstalt ohne Weiteres als maßgebendes Muster für die neutesta=

mentliche angesehen wird, während gerade hier Gesetz und Evangelium zweierlei Dinge sind. Andererseits verräth sich die ganze Anschauungsweise Stahl's S. 50. in dem Satze: „Fragen wir, welches die seligmachende Kirche ist, so ist es die Gemeinde der Heiligen. Wir werden dereinst darnach gerichtet, ob wir dieser angehören, nicht ob wir der Kirche der legitimen Gewalt oder der Kirche der rechten Lehre angehören." Dieses Negative läßt in Stahl noch den guten Protestanten erkennen, wie er auch nachher bezweifelt, ob irgend eine der drei jetzigen Hauptkirchen sich als die dem vollständigen Wesen der Kirche entsprechende, wahrhaft katholische bezeichnen dürfe. Aber desto mehr Katholisirendes liegt darin, daß er nur überhaupt den Begriff „seligmachende Kirche" statuirt. Keine Kirche, sondern nur der Erlöser macht selig; welcher Gemeinschaft wir angehören, kommt beim Gerichte überhaupt nicht in Betracht, sondern ob wir Christo angehören.

Im Einzelnen begnügen wir uns, Folgendes herauszuheben. Stahl theilt mit allen Episcopalisten den Irrthum, den man auf dieser Seite als Irrthum zu erkennen sich eigensinnig weigert, — als habe Christus eine Kirche fix und fertig hinterlassen, die sich daher für ihre Existenz und ihre Einrichtung einfach auf seine testamentarische Verordnung zu berufen das Recht und die Pflicht habe. Wenn man freilich, wie S. 60. geschieht, von Christus sagen kann, er habe „sein geschriebenes Wort hinterlassen", als ob das N. Test. eine eigenhändig von ihm verfaßte Urkunde wäre, dann ist's nicht mehr zu verwundern, wenn man sich auch die Anfänge der Gemeindebildung aller Geschichte zum Trotz schon als etwas nach späterer Weise Fertiges und gesetzlich Geordnetes vorstellt. Dazu kommt man eben, weil man schon von vornherein die Auffassung der Kirche als Anstalt, nicht als Verein, zur herrschenden macht, und lieber, wie es Stahl thut, die Augustana mit ihrer bescheidenen Definition von Kirche einer Unrichtigkeit bezüchtigt oder wenigstens behauptet, der betreffende Artikel solle gar keine Definition sein, als daß man den Fehler in der eigenen Brust oder im eigenen Kopfe suchte. Welch eine Verdrehung ist es, wenn S. 60. gesagt wird: „Wo Menschen gläubig werden, da finden sie eine äußere Kirche schon vor. So war es im Anfange"! Nein, so war es im Anfange nicht; wo Menschen gläubig wurden, da hat sie entweder das Wort des Herrn selbst, so lange er im Fleische wandelte, erreicht und getroffen, oder das Wort eines Apostels oder eines andern Christen sie für die Wahrheit gewonnen; ob diese Apostel und Christen zusammen schon eine Kirche bildeten oder nicht, das war für's Gläubigwerden völlig gleichgültig; da Paulus die Lydia, den Gefängnißwärter u. s. w. bekehrte, da fanden diese nicht eine Kirche, sondern vorerst nur einen Apostel vor, der nicht Namens der Kirche, sondern Namens des Herrn zu ihnen gekommen war. Für die Folgezeit war immerhin die Kirche die Bewahrerin der christlichen Heilsgüter und ist es noch; aber das ist eine ganz natürliche, einfach menschliche Sache, daß man, um einer geistigen Thätigkeit und den daran geknüpften Gütern einen dauernden Bestand zu sichern, sie nicht dem zufälligen Interesse Einzelner überläßt, sondern Vereine und Institutionen zu ihrer Pflege gründet. Also, um diesen Zweck zu erreichen, bedurfte es keiner speciellen göttlichen Anordnung und Constituirung; wie der Gemeinschaftstrieb in den Christen, also in Wahrheit der heilige Geist, die Einzelnen zum Vereine, d. h. zur Kirche, verband, so wurde ganz von selbst dieser Verein zum Träger des Wortes und der Wahrheit, überhaupt zum Pfleger des christlichen Lebens. Sol-

cher durch die Geschichte unleugbar geforderten Ansicht tritt man alsbald mit dem Einwurf entgegen: Also sind die Menschen die Schöpfer der Kirche? (S. 59.) Und wenn sie das sind, so können sie ja nach Belieben, was sie geschaffen, auch wieder aufheben! Das eben nennen wir jenen falschen, um nicht zu sagen, bornirten Dualismus, der eine höhere Geschichtsbetrachtung überhaupt unmöglich macht, daß man das Göttliche nur im Widerspruche mit dem Menschlichen, nicht aber im Menschlichen, das Uebernatürliche nicht im Natürlichen, und eben in diesem Ineinandersein beider das höchste, herrlichste Wunder der providentiellen Macht und Weisheit Gottes erkennen will.

Dem Collegialsystem wirft Stahl (S. 31.) vor, daß es die Unabhängigkeit der Kirche beeinträchtige, indem es sie „als eine bloße Privatgesellschaft in die Kategorie anderer Corporationen, Zünfte 2c. stelle, statt den Charakter einer öffentlich nothwendigen, auf göttlicher Autorität beruhenden und daher dem Staate selbst gleichen Anstalt für sie anzusprechen." Allerdings besteht ein großer Unterschied zwischen allen anderen Corporationen und zwischen der Kirche; denn diese umfaßt nicht, wie eine Zunft, nur einen Theil des Volks und repräsentirt nicht ein specielles oder Privatinteresse, sondern von dieser Corporation ist — abgesehen von Paritäts- und Dissidenten-Verhältnissen — jeder Volksgenosse auch Mitglied, und das von ihr vertretene Interesse, nämlich das religiöse, ist ein allgemeines, wenigstens bei allen vorauszusetzendes. Aber trotz alledem: ist denn nicht das religiöse Interesse doch, so hoch es steht, ein einzelnes neben den anderen, z. B. dem wissenschaftlichen, dem ökonomischen u. s. w.? Und umgekehrt, repräsentiren nicht auch andere Corporationen, z. B. die Medicinalcollegien, die Universitäten, selbst das Militär, je ein allgemeines Interesse, das in der Corporation nur seine organisirte Vertretung hat? Es kann eine Corporation das ganze Volk umfassen und ein allgemeines Interesse vertreten, sie ist also nichts Privates, sondern etwas Oeffentliches und Nothwendiges, und doch ist sie dem Staat, als der alle Beziehungen des gesammten Nationallebens umfassenden Peripherie, gegenüber nur ein Verein; — das leuchtet um so mehr ein, wenn mehrere Confessionen innerhalb des Staatsverbandes neben einander bestehen. Wenn sofort hinzugesetzt wird, die Kirche müsse, als auf göttlicher Autorität ruhend, dem Staate gleichgestellt sein, so liegt in diesem Satze ein ganzes Nest unklarer Vorstellungen; einmal entsteht dann die große Frage, wenn beide gleichstehen sollen, wie ist dann die gesunde Einheit des Staatslebens zu erlangen? Wie wenig Stahl darauf befriedigend zu antworten weiß, zeigt sich, wenn wir S. 258. und 259. vergleichen; dort verwirft er (wofür sich die Concordatsfreunde bei ihm zu bedanken haben) das staatliche Placet, hier aber gibt er nothgedrungen (in einer Note) zu, daß die letzte äußerste Entscheidung doch von Niemand anderem, als dem Staate gegeben werden könne. Sodann ist in obiger Stelle, wenn wir sie recht verstehen, die göttliche Autorität auch dem Staate zugesprochen. Ganz gut; aber wenn die der Kirche auf einer positiven Stiftung des Herrn beruhen soll, wenn also zum Beweise göttlicher Autorität, göttlichen Rechtes, eine thatsächliche göttliche Einsetzung nöthig ist, wo findet sich diese für den Staat? Röm. 13. ist zwar diese Autorität der Obrigkeit zugesprochen, aber wo und wann und wie ist sie ihr ausdrücklich von Gott verliehen worden? Es kann also göttliche Autorität auch ohne ein thatsächlich von Gott gesprochenes Wort bestehen. Wie sich diese beiden Autoritäten verhalten sollen, das ist freilich damit nicht gesagt; die Erklärung, daß das Kirchenregiment ein annexum der fürstlichen Gewalt sei (S. 278.), ist völlig nichtssagend; was es mit dem Annectiren auf sich hat, haben wir neuerlich in Italien gesehen.

Mit dem alten Episcopalismus ist Stahl vornehmlich auch darin einverstanden, daß die Leitung der Kirche Sache des Lehrstandes sei, und darum, wenn auch der Fürst den Summepiscopat inne habe, er an den Beirath der Geistlichen gebunden sein solle. Wir Theologen haben keinen Grund, hiergegen Einsprache zu thun; was dabei herauskommt, wenn Laien das maßgebende Element sind, wenn Kirchenverfassungen sogar von Leuten gemacht werden, die bei Predigt und Abendmahl stets durch ihre Abwesenheit glänzen, davon hat man Beispiele. Aber die Motivirung jenes Satzes ist das Charakteristische. Wir meinen, so gut sich's von selbst versteht, daß das Staatsoberhaupt sich in militärischen Dingen nicht von Juristen oder Theologen, sondern von Generalen, in ökonomischen Dingen von Finanz- und Gewerbsmännern, in Universitätssachen vom akademischen Senate berathen läßt, ebenso verstehe es sich von selbst, daß es in Regierung der Kirche sich nicht von einem Gerichtshof oder Medicinalcollegium, sondern von Männern, die sich ihr Leben lang dem Dienst der Kirche gewidmet und praktisch wie theoretisch in demselben bewährt haben, berathen läßt. Das Recht der Theologen auf den Hauptantheil am Kirchenregiment sei, meinen wir, ein völlig natürliches und vernünftiges. Aber das eben genügt diesen Theoretikern nicht. Stahl verwahrt sich S. 293. ausdrücklich dagegen, daß der Lehrstand etwa nur als Techniker „nach seinen Kunstregeln klugen Rath ertheile", sondern „seine Aussprüche haben den Charakter ethischer Gebote, sie fordern Gehorsam, wenn sie auch nicht durch äußere Macht erzwungen werden können". Das ist ein Satz, in welchem der hierarchische Pferdefuß denn doch allzu plump hervortritt. Für's erste: wenn irgend eine Behörde, z. B. ein Gerichtshof, dem Könige ein Urtheil, z. B. ein Todesurtheil, oder ein Gesetz zur Bestätigung vorlegt, ist das etwa nur ein „kluger Rath", den die Herren „nach ihren Kunstregeln" abgeben? Sollte Stahl als Jurist das im Ernste nicht besser gewußt haben? Auch die weltlichen Berather der Krone rathen nach ihrem Gewissen; sie rathen, was sie nach ihrer besten Erkenntniß für recht halten, was sie ihrem Eide gemäß vor Gott dem Allmächtigen verantworten können; etwas Anderes aber, etwas Besseres kann auch der Lehrstand nicht thun. Ferner: was der Lehrstand dem summus episcopus räth, das sind, wie Stahl meint, „ethische Gebote"! also infallibel? also gleicher Geltung etwa mit dem Dekalog? Eine Menge von Fragen aus der Geschichte des protestantischen Lehrstandes drängen sich heran, — ob derselbe wirklich in Allem, was er gelehrt hat, infallibel gewesen, ob alles das, was er den Fürsten gerathen hat, den Werth ethischer Gebote gehabt, — wir unterdrücken sie aber, denn wer solch einen Satz niederschreiben und in die Welt hinausgeben kann, mit dem wäre nicht mehr zu streiten, auch wenn er noch lebte. Was ist's doch, das diese Kirchenthümler gegen jene natürliche Begründung des Rechts der Theologen auf den gebührenden Einfluß in allen Kirchenangelegenheiten so abgeneigt macht? Es ist, wie wir gern glauben, bei ihrer Vielen nicht Herrschsucht — sie bezeugen uns in ihren Amtstheorien oft und viel, wie tief man als Mensch sich beschämt und gebeugt fühle unter der Wucht der geistlichen Würde; aber es ist etwas kaum weniger Schlimmes. Sie wähnen, nicht wahrhaft religiös sein zu können ohne ein Stück Aberglauben; darum soll auch dem geistlichen Stande als Stand eine ganz aparte, geheime Kraft und Vollmacht innewohnen, und so schlecht auch sowohl der Schrift-

beweis als der Beweis aus der Erfahrung für solche Behauptung immer aus-
fällt, man hält sie dennoch fest, weil man fürchtet, sobald solch ein Vorgang
oder Verhältniß in einfach menschlicher, naturgemäßer Weise aufgefaßt werde,
so habe der Glaube nichts mehr dabei zu thun. Als ob jemals der Lehrstand
als Stand·der Gemeinde zu einem Objecte des Glaubens gegeben wäre, und
als ob der Gehorsam, der dem geistlichen Amte von Rechtswegen gebührt, nicht
vielmehr der Wahrheit gälte, die sich als solche erst am Gewissen der Gehorchen-
den bezeugen muß! — Besonders schwierig bleibt, wie schon angedeutet worden,
bei solchen Voraussetzungen die Rechtfertigung des factisch bestehenden fürstlichen
Summepiscopats; man will durchaus nicht zugestehen, daß der Fürst als Centralpunkt des ganzen Volkslebens auch derjenige sein muß, in welchem das religiöse Lebensgebiet seinen Einheitspunkt findet; für das von den evangelischen
Fürsten der Reformationszeit so klar ausgesprochene Bewußtsein, daß nicht nur
überhaupt eine ihrer amtlichen Sorgen, und noch weniger ein nur zufällig,
nur aus augenblicklicher Noth ihnen angefallenes Recht, sondern die allererste der
Regentenpflichten die Fürsorge für das geistliche Wohl der Unterthanen sei, will
man kein Verständniß haben, weil man diese Fürsorge, die Verpflichtung und
Tauglichkeit dazu immer wieder von einer ganz speciellen Bevollmächtigung und
Begabung abhängig macht, die an die Ordination geknüpft sei. Was soll denn
damit Klares und Bestimmtes gesagt sein, wenn Stahl S. 281. behauptet: „Der
Fürst ist zwar Oberhaupt der protestantischen Kirche, aber er ist es nicht in derselben Weise, wie er Oberhaupt des Staates ist"? — Damit wissen wir immer
noch nicht, worin denn diese andere Weise bestehen soll, und können uns nur
dasselbe darunter denken, was auch von anderen Gebieten des gemeinsamen nationalen Lebens gilt, daß der Fürst auch z. B. die wissenschaftlichen Interessen
nicht in derselben Weise zu behandeln, z. B. eine Universität anders zu regieren
hat, als er seine Armee oder die Handelsangelegenheiten dirigirt. Stahl meint
den richtigen Ausdruck für diese Differenz darin gefunden zu haben, daß er dem
Fürsten die Kirchenpflege, dem Lehrstand aber die Kirchenregierung zuscheidet;
aber es ist doch allzu klar, daß die Kirchenpflege, wenn sie nicht im bloßen Her-
beischaffen der Temporalien und im Schutze nach außen bestehen, wenn sie eine
wirkliche Fürsorge sein soll, von der Kirchenregierung gar nicht getrennt werden kann.

Ueber die Entgegnungen, die den Theorien von Höfling, Richter u. s. w.
gelten, haben wir nichts beizufügen, da auch daraus nur das absolute Ver-
schlossensein gegen jede nicht in den episcopalistischen Vorstellungskreis passende
Demonstration hervorgeht. Nur das sei noch bemerkt, daß die Ausführungen
über die einzelnen Glieder und Stufen des Kirchenregiments, wie über die Consistorien, die Superintendenten 2c., sehr viel Tüchtiges und Wahres enthalten,
woraus auch bei ganz verschiedener Grundanschauung von Kirche, Kirchenregiment und Kirchendienst Namhaftes zu lernen ist.   Palmer.

Theologisches Handbuch zur Auslegung des Heidelberger Katechismus.
  Ein Commentar für Geistliche und geförderte Nichttheologen. Von
  Karl Sudhoff, Lic. theol. und Pfarrer zu Frankfurt a. M.
  Frankfurt und Erlangen, Heyder und Zimmer, 1862.
  Die Illustration des Heidelberger Katechismus, welche der Verf., gestützt
auf umfassende dogmatische und dogmenhistorische Studien, seinen Lesern hier

bietet, besteht theils in positiver Heraussetzung der in den Katechismussätzen enthaltenen Begriffe und in biblischer Begründung derselben, theils in ausführlicher Darstellung und Widerlegung der namentlich von confessioneller Seite
vorhandenen Antithesen. Unter diesen nimmt natürlich die Prädestinations- und
Sacramentslehre eine Hauptstelle ein; in letzterer trifft er öfters, gegenüber dem
Hyperlutherthum, den Nagel auf den Kopf (z. B. S. 121., wo die Behauptung,
der Herr rede in den Einsetzungsworten von seinem verklärten Leib und Blut,
während er ausdrücklich von seinem getödteten Leib, seinem vergossenen Blut
spricht, als eine viel größere exegetische Gewaltthat bezeichnet wird, als die
symbolische Deutung des „ist“; S. 377.: daß Löhe und die Männer seiner Art
das Abendmahl nur als Ding, nicht aber, wie der Herr es eingesetzt und wie
auch Luther doch immer wieder es erkannt hat, als Handlung auffassen; und
S. 324., gegenüber der Behauptung, daß die Taufe selber schon und auch in
kleinen Kindern den Glauben bewirke, der Satz: wer nicht sagen könne, ich
weiß, an wen ich glaube, bei dem könne auch vom Glauben nicht die Rede sein;
es werde überhaupt von der hohen Dogmatik unserer Tage ein merkwürdiges
Spiel mit Worten getrieben). Daß der Verf. jedem Angriffe gegenüber, der in
alter und neuer Zeit auf die reformirte Lehre gemacht ist, das Recht derselben
mit aller Treue vertheidigt, gereicht ihm zum Lobe; daß ihm bei allem Ernste
der Forschung doch auch hie und da unbegründete, von ihm selbst nicht biblisch
bewiesene Sätze mit unterlaufen (z. B. S. 114., wo ohne Weiteres als ausgemacht angenommen wird: „nur der Hirte darf taufen“, S 167., wo dem Adam
und der Eva sogar das zu einer besonderen Sünde angerechnet wird, daß sie, nachdem sie ihre Nacktheit gewahr geworden, sich selbst haben bedecken wollen) — dieß
ist menschlich und begegnet auch anderen Theologen hie und da. Selbst die
Herabsetzung des kleinen lutherischen Katechismus gegenüber dem Heidelberger,
S. 497, wissen wir zurecht zu legen, weil der Verf. von einer ganz anderen
Grundanschauung ausgeht. Ihm ist, wie das ganze Buch zeigt, der Katechismus wesentlich ein dogmatisches Compendium, das daher nach theologischer Systematik angelegt sein, Definitionen und Beweise geben muß u. s. f. Das thut
Luther allerdings nicht; aber gerade dieß ist in unseren Augen ein katechetischer
Vorzug, der den lutherischen Katechismus auszeichnet; hier ist nicht ein dogma-
tisches Schema, sondern ein Herzensbekenntniß gegeben, das gleichwohl dem
Katecheten nicht nur Raum läßt, sondern den Impuls gibt, auch das Nichtaus-
gesprochene in der mündlichen Katechese zu entwickeln.

Das müssen wir überhaupt von dem ganzen, mit so großem Fleiß und
so vielem Lehrmaterial bearbeiteten Buche sagen: nirgends wird man daran
erinnert, daß es sich hier um einen Bekenntnißtext zum Zweck der Katechese
handelt. Der Verf. sagt in der Vorrede wie auf dem Titel bloß, sein Werk
sei für Geistliche und geförderte Nichttheologen bestimmt. Für die ersteren wäre
schon der ganze erste Theil, dieser vom Heidelberger Katechismus ganz unabhängige Leitfaden, der mit dem abstracten Religionsbegriffe anfängt, ganz überflüssig und wir meinen, auch die „geförderten Nichttheologen“ werden aus diesem Schema viel weniger Gewinn ziehen, als aus dem Katechismus selbst. Was
aber diesen betrifft, so dünkt uns die Methode des Hrn. Verf., um es mit
einem Worte zu sagen, allzu scholastisch. Es werden die biblischen Beweisstellen,
es werden die dogmatischen Beweise, mitunter auch die verschiedenen theologischen
Autoritäten für einen Satz neben einander gestellt, und zwar in großer Aus-

führlichkeit, die uns z. B. in der Lehre von der Höllenfahrt Christi mit der wirklichen Bedeutung der Sache nicht in Proportion zu stehen scheint; aber ob diese
Behandlung dermalen dem Theologen, namentlich für den praetisch-katechetischen
Zweck, der ja doch bei einer Katechismus-Erklärung der Hauptzweck ist, genügen
wird, und noch mehr, ob sich „geförderte Nichttheologen" durch diese einer vergangenen Zeit angehörige Methode in die evangelische Wahrheit tiefer eingeführt sehen, das ist uns zweifelhaft. Was wir vermissen, ist die Vermittelung der objectiv gegebenen Lehrsätze mit dem menschlichen, dem populären, dem
kindlichen Bewußtsein, das Durchsichtigmachen der göttlichen Wahrheit für das
menschliche Auge. So ist z. B. S. 170. wohl plausibel gemacht, daß die Sündhaftigkeit Adams sich auf seine Nachkommen vererbt habe; aber wie es doch geschehen sei, daß eine einzige sündige That den ganzen Menschen sündhaft gemacht,
daß dadurch die böse Lust in ihm habituell geworden, ist nicht erklärt. So ist
S. 206. wohl eine Reihe von Naturforschern genannt, die der mosaischen Schö-
pfungsurkunde, wie überhaupt der Bibel, die größte Ehrfurcht erwiesen haben;
aber welche Resultate der astronomischen Wissenschaft es seien, in denen die Einstimmigkeit mit der Genesis vor Augen liegt, das hätte dargelegt werden sollen.
So mangelt uns auch in der so sorgfältig behandelten Prädestinationslehre das
Zurückgehen auf die Thatsachen des Bewußtseins, durch welche dieselbe erst klar
wird, wodurch dann freilich auch die lutherische Fassung der Prädestination gerade
in ihrer scheinbaren Inconsequenz in einem anderen, wahren Lichte erschienen
wäre. Die große Vorliebe, mit welcher der Hr. Verf. Auszüge aus Ursinus
und Olevianus gibt, wissen auch wir zu würdigen (wie denn besonders die historische Erörterung über ihre gemeinsame Arbeit am Heidelberger Katechismus,
S. 475 ff., eine dankenswerthe Zugabe ist); aber die Erklärung eines Katechismus fordert doch ein näheres Anknüpfen an die Gegenwart, und zwar nicht an
die theologischen Streitigkeiten, die ja selbst zum Theil nur das Aufwärmen
alten Kohles sind, sondern an das Bewußtsein und Denkbedürfniß, wie es im
wahrheitsuchenden Laien und im unmündigen Katechumenen vorhanden ist. Der
Hr. Verf. ist in diesem Katechismuswerke, wie uns scheint, zu sehr Dogmatiker
und zu wenig Katechet gewesen.

Für eine zweite Auflage möchten wir nur noch auf Eins aufmerksam machen,
was uns störend war, nämlich die unnöthigen Ehrenprädicate, die er der Nen-
nung jedes bedeutenden Namens beizugeben liebt. „Der berühmte Augustin",
„der große Theologe Petrus Martyr", „der große Coccejus", „der berühmte
Oetinger", „der fromme und gelehrte Schriftausleger Stier", „der hochverdiente
und allgemein mit Recht hochverehrte Nitzsch" — solche Epitheta begegnen uns
jeden Augenblick; hier hat sich im Dogmatiker etwas zu viel vom Prediger geltend gemacht. — In den lateinischen Citaten bemerkten wir auffallende Druckfehler; bei einer zweiten Auflage wird auch dieser Defect leicht zu meiden sein.

Palmer.

Die Aussagen über den Heilswerth des Todes Jesu im Neuen Testament,

untersucht

von Dr. Albrecht Ritschl,

Professor der Theologie in Bonn.

Indem ich es unternehme, die Aussprüche über den Heilswerth des Todes Jesu, welche von dem Herrn selbst und von den Schrift-stellern im Neuen Testamente herrühren, einer zusammenhängenden Untersuchung ihres Sinnes zu unterwerfen, beabsichtige ich, die Vor-bereitung zur theologischen Lehre vom Werke Christi weiterzuführen, welche ich in diesen Jahrbüchern (V. Band, 4. Heft) durch die Ana-lyse der Begriffe von der Genugthuung und dem Verdienste Christi begonnen habe. Aus der Geschichte dieser nichtbiblischen Begriffe in der Theologie habe ich nachgewiesen, daß sie im Verhältniß zu Be-griffen von Gott gebildet sind und gelten, welche hinter dem Gedan-ken des absoluten Gottes zurückbleiben. Für die Bildung anderer und zwar zureichender Begriffe über das Heilswerk Christi ist es aber nöthig, daß man sich derjenigen Anschauungen bemächtige, in welchen die Apostel und Jesus selbst den Werth seines Todes für die Menschen aufgefaßt haben. Die maßgebende Bedeutung derselben für die Frömmigkeit wie für die evangelische Dogmatik setzen wir hier nach Recht und Pflicht des evangelischen Theologen voraus, um so mehr, als wir die Ueberzeugung hegen, daß die Bestimmung des ursprünglichen Sinnes der im Neuen Testamente ausgesprochenen Vorstellungen die unvergleichliche Eigenthümlichkeit derselben für jeden der Dogmengeschichte Kundigen zur Evidenz bringen wird. Dieß ist nun aber die Probe dafür, daß wir zum Zweck der theologischen Er-kenntniß der Offenbarung Gottes in Christus die Aussagen des Sohnes Gottes und seiner Apostel aller theologischen Tradition ent-gegensetzen und vorziehen.

Ich beabsichtige also, ein Capitel der biblischen Theologie in dem wesentlich historischen Sinne dieser Disciplin zu bearbeiten, aber

unter dem Geſichtspunkte, daß auf dieſem Wege derjenige Stoff reli=
giöſer Vorſtellungen gewonnen werde, welchen die Dogmatik zur ſy=
ſtematiſchen Begriffsbildung übernehmen muß, um den Grundſätzen
der evangeliſchen Theologie zu entſprechen. Nach dieſer Methode habe
ich vor einigen Jahren verſucht, die Vorſtellung vom Zorne Gottes,
welche durch die bibliſchen Bücher ſich hindurchzieht, für ihren Ge=
brauch in der Dogmatik zu beſtimmen und von Mißdeutungen zu
befreien [1]. Ich erlaube mir, mich auf dieſe Unterſuchung zunächſt
inſofern zu beziehen, als ich durch ſie derjenigen habe vorarbeiten
wollen, die ich gegenwärtig beabſichtige. Indem ich glaube erwieſen
zu haben, daß im Neuen Teſtamente weder direct noch indirect die
in der kirchlichen Tradition herrſchende Vorſtellung vorkommt, daß der
Tod Chriſti das Mittel zur Beſchwichtigung des göttlichen Zornes
gegen die mit der Erbſünde behaftete Menſchheit ſei, habe ich eine
durch einen ſtarken Schein ausgezeichnete Meinung von dem urſprüng=
lichen Sinn gewiſſer Ausſprüche über den Tod Chriſti bei Seite ge=
ſetzt, und brauche nur beiläufig auf die Widerlegung jener Meinung
zurückzukommen. Außerdem aber giebt mir eine neuerdings erſchienene
Bearbeitung deſſelben Thema's [2] die erwünſchte Veranlaſſung, meinen
Grundſätzen über die Methode bibliſch=theologiſcher Unterſuchung, na=
mentlich ſofern ſie zum Anbau der dogmatiſchen Begriffe hinleitet,
eine genauere Erläuterung zu verleihen.

Der von mir ſehr geehrte Vorredner der unten angeführten
Schrift erwartet für den Verfaſſer derſelben die Anerkennung, daß
er die Unterſuchung ſeines Gegenſtandes methodiſch und ſachlich ge=
fördert habe, wenn auch „drei Schritte in einer ſo wichtigen und
ſchwierigen Sache noch nicht zum Ziele führen". Mit dieſem Bilde
deutet er darauf hin, daß ich den erſten, Bartholomäi [3] den zweiten,
Weber den dritten Schritt auf der Bahn zur Erforſchung des gött=
lichen Zornes gethan habe. Nun hat aber Bartholomäi meine Ab=
handlung gar nicht gekannt. Weber ferner hat es zu meinem Be=
dauern unterlaſſen, ſich mit meinen Grundſätzen der Unterſuchung
und mit meinem Gedankengange auseinanderzuſetzen, ſondern thut mir
nur die Ehre an, einigen meiner Reſultate zu widerſprechen, und auch

---

[1] De ira Dei. Bonnae 1859.

[2] Vom Zorne Gottes. Ein bibliſch=theologiſcher Verſuch von Dr. Ferdi=
nand Weber. Mit Prolegomenen über den bisherigen Entwickelungsgang der
Grundbegriffe der Verſöhnungslehre von Prof. F. Delitzſch. Erlangen 1862.

[3] In dieſen Jahrbüchern 1861. Heft 2.

dieß nur, indem er von meinen Gründen für dieſelben keine Notiz
nimmt. Die drei Schritte der drei Perſonen ſtehen alſo zwar in einer
zeitlichen, nicht aber in einer ſachlichen Aufeinanderfolge; ich bezweifle
daher von vorn herein, daß der von einer ganz anderen Linie aus,
in einer ganz abweichenden Haltung, neben mir her erfolgte Schritt
Weber's ihn dem Ziele näher gebracht hat, als ich demſelben gekom=
men bin. Bei näherer Betrachtung aber kann ich auch die von We=
ber eingeſchlagene Methode nichts weniger als gerechtfertigt finden.

Innerhalb der rein hiſtoriſchen Aufgabe der bibliſchen Theologie
handelt es ſich um die Erprobung des Zuſammenhanges der göttlichen
Offenbarungen, deren Urkunden in der Bibel geſammelt ſind. Der
Zuſammenhang der objectiven Offenbarungen und der abgeſtufte In=
halt derſelben ſoll nämlich an dem Zuſammenhange der religiöſen
Vorſtellungen der aufeinanderfolgenden Träger der Bundesoffenbarung
und der Repräſentanten der Bundesgemeinde je in ſich und unter
einander erkannt werden. Es kommt bei dieſer Aufgabe ausdrücklich
auf die Geſchichte der Vorſtellungen von der Offenbarung, von
ihren Gründen, Zwecken, Mitteln an, nicht zunächſt auf eine Ge=
ſchichte der Offenbarung ſelbſt. Denn alle unſere wiſſenſchaftliche
Erkenntniß der Wirklichkeit iſt Erkenntniß der Nothwendigkeit unſerer
richtigen Vorſtellungen. Unſere theologiſche Erkenntniß der Offen=
barung Gottes iſt alſo an die Vorausſetzung gebunden, daß wir die
richtigen Vorſtellungen von derſelben gewinnen und verſtehen; dieſe
aber trauen wir aus guten Gründen nur den Trägern und Vermitt=
lern der Offenbarung zu, welche aus den bibliſchen Urkunden zu uns
ſprechen. Indem alſo die bibliſche Theologie ſich darauf beſchränkt,
die von den Trägern und Vermittlern der Offenbarung und von den
urſprünglichen Repräſentanten der Bundesgemeinde gehegten religiöſen
Vorſtellungen in geſchichtlicher Richtigkeit und in richtigem Zuſammen=
hange darzuſtellen, ſo beginnt mit der Frage nach der Nothwendigkeit
dieſer Vorſtellungen oder nach der Wirklichkeit der Offenbarungen ein
ganz anderes Gebiet der Theologie, nämlich das des theologiſchen
Syſtems, zunächſt der Apologetik, dann der Dogmatik. Aber die
bibliſche Theologie hat es nicht mit der Wirklichkeit der göttlichen Offen=
barung, alſo auch nicht mit der wirklichen Geſchichte derſelben zu thun.
Man kann demnach zwar aus der bibliſchen Theologie z. B. eine
Geſchichte der Vorſtellung vom Zorne Gottes hinausſtellen; wenn
aber Weber in ſeiner Schrift eine Geſchichte des göttlichen Zornes
ſelbſt zu geben unternimmt, ſo hat er von bibliſcher Theologie eine

15*

andere Vorſtellung als ich; ob dieſelbe jedoch methodiſch geförderter
iſt als die meinige, wird ſich noch weiter zeigen.

Indem man die aufeinanderfolgenden Kreiſe der religiöſen Vor=
ſtellungen in der Bibel geſchichtlich entwickelt, oder indem man eine
einzelne Vorſtellung durch die Stufen hindurch verfolgt, die man für
dieſelbe unterſcheiden muß, fragt es ſich gar nicht, ob unſere gegen=
wärtige religiöſe oder theologiſche Ueberzeugung mit irgend einer der
aufzuweiſenden Geſtaltungen übereinſtimmt oder nicht. Dieſe Ueber=
einſtimmung wird für jede innerhalb des Alten Teſtaments fallende
Stufe der Vorſtellung ohnehin gar nicht gefordert werden können.
Denn wir unterſcheiden die Religion des Alten Teſtaments von un=
ſerer chriſtlichen Ueberzeugung nach der Vorausſetzung eines ſpecifi=
ſchen Stufenunterſchiedes zwiſchen der unvollkommenen und der voll=
kommenen Offenbarung. Und obgleich wir die Religion des Alten
Teſtaments auf den univerſellen Gedanken von Gott gegründet und
auf den univerſellen Zweck des Heils der Menſchen gerichtet finden,
ſo finden wir dennoch dieſe Merkmale eingeſchränkt und getrübt durch
ihre Verknüpfung mit dem particularen Zweck des Bundes Gottes
mit dem einzelnen Volke. Aber auch die geſchichtliche Zuſammenfaſ=
ſung der Vorſtellungskreiſe im Neuen Teſtamente innerhalb der bibli=
ſchen Theologie, indem ſie unſere religiöſe Ueberzeugung direct und
ungehindert anſpricht, giebt uns keine theologiſchen Begriffe im tech=
niſchen Sinne an die Hand, geſchweige denn, daß ſie uns die Dog=
matik erſetzte oder uns der beſonderen Ausgeſtaltung dieſer Disciplin
überhöbe. Sondern die bibliſche Theologie des Neuen Teſtaments
bietet dem Dogmatiker nur den geſchichtlich geordneten Stoff, für
welchen er die wiſſenſchaftliche, zum Syſtem geeignete Form im Ge=
biete des wiſſenſchaftlichen Erkennens überhaupt erſt zu ſuchen hat.

Sofern die bibliſche Theologie den Zuſammenhang und die
Wechſelbeziehung der Offenbarungsſtufen erproben ſoll, ergiebt die
Durchführung ihrer Aufgabe die Regel, daß man die Vorſtellungen
im Neuen Teſtamente nach der Bedeutung der zu ihnen gebrauchten
Wortausdrücke im Alten Teſtament erklärt. Jeſus wie die Apoſtel
bedienen ſich der altteſtamentlichen Gedanken wie eines Organon zur
Auffaſſung und Darſtellung der neuen Offenbarung[1]. Deßhalb iſt
die Auslegung des Neuen Teſtaments ſowohl aus der Abhängigkeit

---

[1] Vergl. Hofmann, Schriftbeweis. Zweite Hälfte, erſte Abth. Zweite
Auflage. S. 216. 217.

von traditionellen theologifchen Begriffen zu löfen, als auch von der
noch fo vielfach üblichen Appellation an einen vorgeblichen „einfachen",
„natürlichen", „fich von felbft verftehenden" Eindruck der Worte der
Urkunden zu befreien. Denn es bedarf für uns entfchieden einer
künftlichen Vermittelung der dem Alten Teftamente angehörigen
Anfchauungen, in denen Jefus und die Apoftel ihre Gedanken concipirt haben. Diefer Grundfatz nun, nach welchem ich den Umfang
der neuteftamentlichen Vorftellung vom Zorne Gottes ermittelt habe,
und nach welchem ich im Folgenden die Ausfprüche über den Heilswerth des Todes Jefu zu beftimmen verfuchen will, ift zwar im Allgemeinen zwifchen dem neueften Erforfcher des göttlichen Zornes und
mir nicht ftreitig; allein in der Verwerthung der altteftamentlichen
Grundlage neuteftamentlicher Gedankenreihen waltet zwifchen dem
Jünger der Erlanger Schule und mir eine charatteriftifche Abweichung
ob, in der ich Jenem jedoch einen Vorzug der Methode nicht zu-
geftehen kann.

Indem nämlich Weber von der Unterfuchung einer Reihe alt-
teftamentlicher Ausfagen ausgeht, in welchen der Zorn Gottes mit
den Merkmalen leidenfchaftlicher Erregtheit vorgeftellt und bezeichnet
ift, geftattet er fich, freilich mit voller Zuftimmung von Delitzfch,
diefe Darftellung als den Ausdruck einer tiefen theofophifchen Wahrheit und als Richtfchnur'für unfere chriftlich=theologifche Erkenntniß
des Verhältniffes Gottes zur fündhaften Menfchheit auszugeben. Was
ich als einen Schatten anfehe, den die Unvollkommenheit der früheren
Offenbarung und die Particularität des alten Bundes auf den Gedanken des nicht gewordenen Gottes wirft, gilt dem Erlanger Theologen als das maßgebende Schriftzeugniß von dem Zornfeuer in Gott,
welches, von feinem fich felbft beftimmenden Zornwillen unterfchieden,
eine leidentliche Erregtheit gegen die widerftrebende Creatur fein foll,
in welcher Gott dennoch frei ift, weil er fich fein Verhältniß zur
Creatur frei gegeben hat! Und zwar foll diefes vorgebliche Refultat
der Unterfuchung einer altteftamentlichen Ausdrucksweife unfere theo-
logifche Ueberzeugung binden, weil „die Schrift es ausfagt". Aus
diefer Vorausfetzung ergiebt fich dann die oben bezeichnete Prätenfion,
die Gefchichte des göttlichen Zornes zu befchreiben, während innerhalb der biblifchen Theologie nur eine Gefchichte der Vorftellung davon
befchrieben werden kann. Ich überhebe mich der Nachweifung des
mythifchen, gnoftifchen, kabbaliftifchen Charakters diefes Theologumenon
um fo mehr, als Hupfeld's warnende Rede bei der Erlanger Schule

noch keinen Anklang gefunden zu haben ſcheint. Es iſt aber doch
wahrlich nicht die Aufgabe des chriſtlichen Theologen, ſondern höch=
ſtens die eines jüdiſchen Rabbinen, ſolchen Merkmalen eine ſelbſtän=
dige Bedeutung für die Bildung des Gottesbegriffes einzuräumen,
in welchen, wie in der Vorſtellung von der Leidenſchaft des Zornes,
unzweifelhaft die Schranke der alttteſtamentlichen Gottesidee ausgeprägt
iſt. Wenn es darauf ankommt, im Zuſammenhange der bibliſchen
Theologie ſolche Vorſtellungen zu deuten und darzuſtellen, welche die
materielle Grundlage für die ſyſtematiſche Theologie und die Richt=
ſchnur für die theologiſche Ueberzeugung abgeben ſollen, ſo darf man
nicht beliebig etwas herausgreifen, „was die Schrift ausſagt“, als
ob dieſelbe unmittelbar Ein Subject theoretiſcher Erkenntniß
und Belehrung und nicht zunächſt die freilich kanoniſche Sammlung
der verſchiedenen Urkunden der Offenbarungsgeſchichte wäre, — oder
man ergeht ſich in dem willkürlichen, der alten Theologie üblichen
Schriftgebrauch, über welchen man ja auch in Erlangen ſo weit hinaus
iſt! Vielmehr können alle die im Zuſammenhang der bibliſchen Theo=
logie richtig ermittelten religiöſen Vorſtellungen, welche als nothwen=
dige Begriffe im dogmatiſchen Syſtem verwerthet werden ſollen, nur
in derjenigen Geſtalt in daſſelbe herübergenommen werden, welche ſie
in ihrem Verhältniß zu der geſchichtlich vollſtändigen und richtigen
Geſammtanſchauung von Chriſtus finden. Denn dieſe iſt der Er=
kenntnißgrund für alle bindenden religiöſen Vorſtellungen, welche im
Syſtem zu nothwendigen Begriffen ausgeprägt werden ſollen. Das
Weſen und der Wille und die Eigenſchaften, alſo auch die Action des
Zornes Gottes kann dogmatiſch nur beſtimmt werden, indem die An=
ſchauung vom Sohne Gottes den Umfang und die Art der Merk=
male abgrenzt, in denen Gott als der Vater Chriſti und der in
Chriſtus geheiligten Gemeinde erkennbar iſt. Und nach dieſem Maß=
ſtabe ergiebt ſich nichts weniger als die Nothwendigkeit der Vorſtellung
eines Unterſchiedes von göttlicher Natur und göttlichem Willen, welche
nur der Mißbrauch des Alten Teſtamentes an die Hand giebt.

Nur aus dem Erkenntnißgrunde der geſchichtlichen Anſchauung
von Chriſtus ergiebt ſich aber auch die für die Dogmatik erforderliche
Beſtimmung über das Weſen des Menſchen und über die Sünde.
Man meint, daß, weil die Lehren von dem Weſen und der Beſtim=
mung des Menſchen und von der Sünde im Syſteme der Lehre von
Chriſtus vorangehen, ihr Stoff auch aus den Documenten des Alten
Teſtaments richtig und vollſtändig erhoben werden dürfte. Was man

aber für die das theologische Syſtem eröffnende Lehre von Gott nicht thun wird, wird man billig auch für die anderen Lehren unterlaſſen müſſen, da es klar genug iſt, daß erſt im Neuen Teſtament, alſo durch Vermittelung Chriſti, die religiöſe Anſchauung von der Beſtimmung der Menſchen und von dem Umfang der Sünde die Geſtalt gewinnt, welche die gleichnamigen dogmatiſchen Lehren möglich macht. Wenn alſo im Syſteme eine Relation zwiſchen Sünde und Zorn Gottes aufrecht erhalten werden ſoll, ſo kann man den „Schriftbeweis" dafür doch nur aus dem Neuen Teſtamente führen; man kann alſo ſpeciell die Frage, ob der Zorn Gottes bloß der actuellen Sünde des beharrlichen Widerſtrebens gegen Gottes Offenbarung in Chriſtus oder auch ſchon der angeerbten Sünde des Geſchlechtes correlat iſt, nur danach entſcheiden, was darüber direct im Neuen Teſtamente ausgeſprochen iſt, und was nach den formalen Bedingungen der Vorſtellung vom Zorne Gottes allein ausgeſprochen ſein kann. Nach dieſen von mir ausdrücklich formulirten Grundſätzen, deren Widerlegung ich abwarten will, habe ich a. a. O. die Meinung der Männer des Neuen Teſtaments als bejahend für die erſte, als verneinend für die zweite Möglichkeit nachgewieſen. Wenn Weber es vorzieht, die Erzählung vom Sündenfall in der Geneſis als zureichenden Erkenntnißgrund für den chriſtlich-theologiſchen Gedanken vom Verhältniß des Zornes Gottes zur Sünde zu gebrauchen, und daraus ermittelt, daß der Zorn Gottes ſchon der adamitiſchen Sünde correlat iſt, alſo gewiß der nach Paulus mit derſelben identiſchen Sünde des menſchlichen Geſchlechts, ſo weiß ich nicht, wie ich der Erwartung von Delitzſch entſprechen ſoll, in dieſem veralteten und verbrauchten Verfahren eine Förderung der Methode theologiſcher Erkenntniß zu finden. Ob Paulus wirklich wegen der Erbſünde Israeliten und Heiden für Kinder des Zornes erklärt, iſt die Frage gegenüber einem manche Erwägung fordernden, ſchwierigen Ausſpruche des Apoſtels, welche nicht ich zuerſt angeregt und nicht ich zuerſt gegen jene Möglichkeit beantwortet habe. Ich habe keinen Grund, auf die oberflächlichen Bemerkungen Weber's zu der Stelle im Briefe an die Epheſer 2, 3. und zu ſeinen untriftigen Einwendungen gegen mich etwas zu erwidern. Allein wenn derſelbe bei der landläufigen Erklärung jenes Ausſpruches von der Erbſünde deßhalb verharrt, weil er ſchon in der Urkunde vom Sündenfall die Verhängung des göttlichen Zornes über die erſten Menſchen entdeckt hat, ſo begeht er dabei nur eine neue Willkür, deren Ertrag ich auf's entſchiedenſte ablehnen muß. Be=

kanntlich enthält die Urkunde kein Wort darüber, daß Gott ſeinen
vernichtenden Zorn auf die erſten Menſchen gerichtet habe; man müßte
aber eine directe Ausſage erwarten, wenn jener Gedanke im Sinne
des Erzählers gelegen hätte. Weber belehrt mich nun mit Berufung
auf Delitzſch, daß das feurige Schwert des Cherub, der den Eingang
in Eden verwehrt, das Zeugniß des göttlichen Zornes wider Adam's
Uebertretung ſei. Denn da der göttliche Zorn ſtetig als ein Feuer
bezeichnet werde, ſo ſei die tief-ernſte Hinweiſung der Flamme des
zuckenden Schwertes auf Gottes Zorn nicht zu verkennen. Dieß Re=
ſultat beruht auf einer Combination und nicht auf einer einfachen
Erhebung des Wortſinnes. Nun iſt aber die directe Vorſtellung vom
göttlichen Zorne im Alten Teſtamente immer gebunden an die An=
ſchauung des Beſtandes des Bundes zwiſchen Gott und dem erwähl=
ten Volke und iſt ſtets bezogen auf eine beſtimmte Wirkſamkeit
Gottes gegen die Uebertreter und die Beſchädiger dieſes Bundes.
Dieſe beiden Merkmale jener Vorſtellung treffen aber auf das Bild
des Cherub nicht zu; denn von einem Bunde Gottes mit den erſten
Menſchen iſt keine Rede und ebenſo wenig von einer vernichtenden
Wirkung des Flammenſchwertes gegen die demſelben fern bleibenden
Menſchen. Alſo halte ich jene Combination für falſch. Ich ſehe in
jenem Bilde den Ausdruck der Vorſtellung, welche als Merkmal all=
gemeiner menſchlicher Scheu vor dem Göttlichen tief in die Entfaltung
der Idee und der Geſchichte des Bundes verflochten iſt, daß der Menſch,
auch wenn ihn die Erwählung durch Gott und ein Maß von Heili=
gung ſchützt, geſchweige denn der gewöhnliche Menſch, Gott nicht un=
mittelbar, perſönlich (ſondern nur durch das Mittel der
nahegebrachten Gabe) nahen und ihn nicht ſchauen darf, ohne
befürchten zu müſſen, daß er vernichtet werde. Der Ausgang der
Erzählung vom Sündenfall deutet alſo darauf hin, daß dieſes ge=
wöhnliche Verhältniß der Menſchen zu Gott nicht das urſprüngliche,
ſondern daß es durch Uebertretung göttlicher Anordnung herbeigeführt
ſei; aber mehr iſt in dem Symbol nicht zu ſuchen. Ferner iſt es
ſehr unlogiſch, zu ſchließen, daß, weil der Zorn Gottes immer als ein
Feuer vorgeſtellt wird, jede Feuererſcheinung Gottes Symbol ſeines
Zornes ſei. Lev. 9, 24. iſt dieß bekanntlich nicht der Fall. Und
wenn nun Hofmann und Delitzſch darin übereinſtimmen, daß der
Blick Gottes auf Abel's Opfer (1 Moſ. 4, 4.) ein daſſelbe verzehren=
der Feuerblick war, ſo nehme ich im Verfolg der obigen Deutung
des Cherub an, daß deſſen Geſtalt auch das Symbol dieſer Gnaden=

bethätigung Gottes gegen den Menſchen iſt, der durch Vermittelung
einer Gott gefälligen Gabe ihm zu nahen ſucht. Ich bezeichne dieſe
mir wahrſcheinliche Erklärung nur, um anſchaulich zu machen, wie
mißlich es iſt, Unterſuchungen wichtiger bibliſcher Vorſtellungen vor=
zugsweiſe auf die Deutung ſolcher Bilder zu begründen, die, an ſich
undeutlich, verſchiedene Combinationen erlauben, anſtatt auf deutliche
und directe Ausſagen. Dieſe Ueberzeugung halte ich gegen die von
Delitzſch ſo ſtark empfohlene Methode aufrecht; und indem ich dem=
gemäß meinen Widerſpruch gegen die Ausgangspunkte der neueſten
Unterſuchung über den Zorn Gottes motivirt habe, kann ich die dar=
aus gezogenen Folgerungen ihrer Unrichtigkeit überlaſſen.

Die Unterſuchung der neuteſtamentlichen Ausſagen über den
Heilswerth des Todes Jeſu iſt an ſich der Störung nicht ausgeſetzt,
welche ich eben in Hinſicht der maßgebenden chriſtlichen Vorſtellung
vom Zorne Gottes beurtheilt habe. Niemand wird darauf verfallen,
ſchon aus dem Alten Teſtamente den zureichenden Sinn der Vorſtellun=
gen vom Tode Jeſu ermitteln zu wollen; vielmehr läßt die geſchicht=
liche Begrenzung dieſes Factums nur eine vorbildliche Beziehung altteſta=
mentlicher Data und Vorſtellungen auf die Bedeutung jenes Ereigniſſes
zu. Darin liegt nun aber zweierlei begründet. Wenn die Dimenſionen
und das Gebiet der Vorſtellung vom Tode Chriſti ſich mit denen
einer analogen Vorſtellung des Alten Teſtamentes decken, ſo iſt zu
erwarten, daß dann noch nicht der tiefſte Sinn deſſelben ausgeſpro=
chen iſt. Andererſeits wird man den höchſten möglichen Ausdruck
des Heilswerthes des Todes Jeſu da vorausſetzen, wo die Dimenſio=
nen des Vorbildes und des Abbildes nur im Verhältniß ſtehen, wo
aber das Gebiet des Abbildes ein anderes iſt als das des Vorbildes,
und wo deßhalb Elemente im Nachbilde combinirt werden, welche im
Vorbilde nothwendig getrennt ſind. Der letztere Fall iſt einfach
daran anſchaulich, daß im Alten Teſtamente das Thierleben Opfer=
gegenſtand iſt, Jeſus aber in Hinſicht ſeines ſittlichen Menſchenlebens
dem Opfer verglichen wird, ferner darin, daß Jeſus zugleich als
Prieſter und als Opfer dargeſtellt wird, während dieſe Größen für
die altteſtamentliche Vorſtellung nie zuſammenfallen können. In dieſen
Rückſichten ragt die Vorſtellung im Neuen Teſtamente über den dem
Alten Teſtament eigenthümlichen Geſichtskreis, ungeachtet gewiſſer
Momente des Ueberganges, weit hinaus. Allein deſſen Anſchauungen
vom Opfer dienen doch nur darum als richtige organiſche Darſtellungs=
mittel der chriſtlichen Vorſtellung vom Opfer Chriſti, weil die Di=

menſionen und Bedingungen der letzteren in directem Verhältniß zu
denen der erſteren ſtehen. Es iſt alſo nicht eine derartige Incongruenz zu erwarten, daß die Vorſtellung vom Opfer Chriſti die Anſchauung eines ſtellvertretenden Strafleidens in ſich ſchließt, wenn zugegeben werden muß, daß dieſelbe dem Ritus des iſraelitiſchen Sündopfers fern liegt. Der erſte Fall hingegen, daß die Dimenſionen
und das Gebiet der Vorſtellung vom Tode Chriſti und der leitenden
altteſtamentlichen Vorſtellung ſich decken, betrifft einen Ausſpruch, mit
deſſen Erklärung wir unſere Unterſuchungen eröffnen.

I.

Der Ausſpruch Jeſu: ὁ υἱὸς τοῦ ἀνϑρώπου ἦλϑε — διακονῆσαι
καὶ δοῦναι τὴν ψυχὴν αὐτοῦ λύτρον ἀντὶ πολλῶν (Marc. 10, 45.;
Matth. 20, 28.) — erheiſcht eine Sorgfalt in der Erklärung, welche
er nach meiner Anſicht in den mir vorliegenden Erklärungsverſuchen
noch nicht gefunden hat. Keinem Zweifel kann es unterliegen, daß die
Worte auf das bereitwillige Sterben bezogen und daß ſie auf die
Gewißheit des ſpecifiſchen Unterſchiedes der Perſon Jeſu von den
Vielen begründet ſind; durchaus unentſchieden iſt aber auf den erſten
Anblick die logiſche Beziehung des ἀντὶ πολλῶν auf den Satz. Am
meiſten beliebt iſt die Annahme, daß dieſe Worte nur von λύτρον
abhangen, alſo daß τὴν ψυχὴν αὐτοῦ nur in eine ſachliche Vergleichung mit οἱ πολλοί geſetzt werde. Nach dieſer Annahme ſoll nicht
das Weggeben des Lebens Jeſu an die Stelle irgend einer Thätigkeit
der Vielen treten; ſondern das weggegebene Leben Jeſu ſoll in ein
Verhältniß eintreten, das ein beſtehendes Verhältniß der Vielen be-
endet und erſetzt. Indem man ſich bei dieſer Erwartung von dem
Sinne des Ausſpruchs bei der directen Bedeutung des griechiſchen
Wortes λύτρον, Löſegeld, beruhigt, ſo bieten ſich doch zwei Möglichkeiten für die wirkliche Erklärung des Satzes dar. Denn dieſe geht
ſo vor ſich, daß man mit anderen Mitteln, als welche der Wortlaut
des Satzes einſchließt, das beſtehende Verhältniß der πολλοί beſtimmt,
welches Jeſus in ſeiner Rede vorausgeſetzt haben wird. In dieſer
Hinſicht nimmt noch Huther (zu 1 Tim. 2, 6.) mit Berufung auf
Kol. 1, 13. den von den älteſten Kirchenlehrern ausgeſponnenen Gedanken an, daß die Menſchen unter der Gewalt der Finſterniß ſind,
und erklärt demgemäß, daß Jeſus ſein Leben der Macht der Sünde
unterwerfen wolle, um für dieſen Preis die Herrſchaft der Sünde

über die Menſchen abzulöſen. Hofmann [1]) dagegen nimmt als Vor=
ausſetzung Jeſu den Gedanken an, daß die Menſchen. als Sünder
der göttlichen Strafe verhaftet ſeien, und erklärt in Folge deſſen, daß
Jeſus durch die Hingebung ſeines Lebens an Gott die Sünder von
der göttlichen Strafe befreien wolle. Beide Erklärungen erwecken
jedoch Bedenken. Die erſtere genügt freilich inſofern der leitenden
Anſchauung vom Löſegeld, als ihr zufolge das Leben Chriſti in das=
ſelbe Verhältniß der Unterwerfung unter die Macht der Sünde ver=
ſetzt gedacht wird, welches für die Menſchen angenommen war; die
zweite Erklärung hingegen knüpft an die Anſchauung vom Löſegeld.
den Wechſel zwiſchen dem disharmoniſchen Verhältniß der ſtrafbaren
Sünder zu Gott und dem harmoniſchen Verhältniß Jeſu, der in
hülfreicher Geſinnung ſein Leben durch den Tod dem Vater weiht.
Aber auch die erſtere Erklärung erlaubt keine vollſtändige Durchfüh=
rung der Anſchauung vom Löſegeld, da die Vorausſicht der Auf=
erweckung Jeſu den von der Sündenmacht eingetauſchten Beſitz ſeines
Lebens werthlos macht. Deßwegen iſt von vorn herein die Möglich=
keit gar nicht abzuweiſen, daß Jeſus den Gedanken ausdrücken will,
daß ſein beabſichtigter Act eine **Thätigkeit** der πολλοί erſetzen ſoll,
welche denſelben von irgend · einer Seite zugemuthet würde oder zu=
zumuthen wäre. Auf dieſer Grundlage ergeben ſich nun aber wie=
derum zwei Möglichkeiten. Einmal kann ἀντὶ πολλῶν abhängig ge=
macht werden von ἦλθε δοῦναι τὴν ψυχὴν αὑτοῦ, ſo daß das ent=
ferntere Object λύτρον nur eine ſchärfere Anſchauung des gemeinten
Wechſelverhältniſſes zwiſchen dem Act Chriſti und der Thätigkeit der
πολλοί hervorbrächte. Nach dieſer Verbindung ergäbe ſich der Ge=
danke, daß Jeſu freiwilliges Sterben an die Stelle des Sterbens der
Vielen treten ſolle, dem aber nur das Merkmal der Freiwilligkeit zu
ſehr mangelt, als daß die verſuchte Verbindung die Probe beſtände.
Aber zweitens kann ἀντὶ πολλῶν von dem ganzen Satze ἦλθε δοῦναι
τὴν ψυχὴν αὑτοῦ λύτρον abhängig gedacht werden, ſo daß das ent=
ferntere Object den Hauptbegriff bildet, in Beziehung auf deſſen
Realiſirung der Act Chriſti die Thätigkeit der πολλοί erſetzt, und ſo,
daß das nähere Object τὴν ψυχὴν αὑτοῦ den Inhalt bezeichnet, durch
den Jeſus das λύτρον realiſirt, welches die πολλοί nicht mehr zu
realiſiren brauchen. Dieſe Erklärung bedarf jedoch einer gründ=
lichen Unterſuchung.

Zu dieſem Zwecke muß man auf das hebräiſche Wort zurückgehen,

---

[1]) A. a. O. S. 299.

welches Jesus gebraucht haben wird. Dieses ist כֹּפֶר, welches die LXX. mit λύτρον überſetzen (Prov. 6, 35. 13, 8.; Exod. 21, 30. 30, 12.; Num. 35, 31. 32.). Aber der Sinn des hebräiſchen Wortes „Deckung" iſt jedenfalls umfangreicher als der jenes griechiſchen, und dieß iſt auch daran zu erkennen, daß die LXX. es an anderen Stellen mit ἐξίλασμα (1 Sam. 12, 3.; Pſ. 49, 8.), ἄλλαγμα (Amos 5, 12; Jeſ. 43, 3.), δῶρον (Job 36, 18.) wiedergeben. Schon dieß weiſt darauf hin, daß der allgemeine Sinn des Wortes mannichfachen Mo= dificationen durch den Zuſammenhang, in welchem es je vorkommt, unterworfen ſein wird. Um ſo mehr aber erhebt ſich die Aufgabe, die Bedeutung des Wortes durch alle Fälle ſeines Gebrauches hindurch zu verfolgen, als die neueren Forſcher, welche ſich über das Wort כֹּפֶר erklärt haben, theils bei einem unbeſtimmten Taſten nach ſeinem Sinne es haben bewenden laſſen, theils den Sinn deſſelben verfehlt haben. Das letztere Urtheil kann ich nicht umhin, gegen Hofmann zu richten, welcher erſt dem allgemeinen Begriff „Deckung" den beſon= deren „Zahlung" ſubſtituirt hat, und in der zweiten Bearbeitung des „Schriftbeweiſes" wenigſtens dabei beharrt, daß כֹּפֶר der Aus= druck ſachlicher Aequivalenz zwiſchen zwei Gegenſtänden ſei, „was ſich deckt mit einem Andern"[1]). Der Hauptgrund für dieſe Specification des Wortſinnes beſteht darin, daß, da in einigen Stellen des Alten Teſtamentes כֹּפֶר mit תַּחַת alternirt, der Eintritt eines Dinges in die Stelle eines anderen auf die gegenſeitige Deckung ihrer Werthe hinweiſe. Allerdings für Jeſ. 43, 3. ſcheint die Hofmann'ſche Er= klärung des Wortes vollkommen zu paſſen: „ich gebe als Deine Deckung Aegypten, Aethiopien, Saba, anſtatt Deiner," — näm= lich um Iſrael durch dieſen Erſatz aus der Herrſchaft Babels zu be= freien. Was einem Beſitzer die Stelle eines ihm entgehenden Gutes erſetzen ſoll, muß ſich mit dem Werthe deſſelben decken. Allein dieſer Sinn von כֹּפֶר iſt dem Zuſammenhange gemäß nur möglich, nicht aber nothwendig; vielmehr iſt auch eine entferntere Analogie zwiſchen den parallel geſtellten Begriffen von Deckung und Stellvertretung in dem gerade vorliegenden Falle denkbar. Eine andere Möglichkeit der Auslegung iſt alſo vorzubehalten, und zwar um ſo mehr, als in anderen Stellen, welche Hofmann ebenfalls für ſeine Erklärung gel= tend macht, durch כֹּפֶר nichts weniger deutlich ausgedrückt iſt als die Anſchauung der Aequivalenz des Werthes zweier Dinge. Dieß iſt

---

[1]) Schriftbeweis II, 1.; erſte Ausg. S. 145., zweite Ausg. S. 234.

ſchon nicht durchzuführen an der anderen Stelle, in welcher כֹּפֶר mit תְמוּרָה alternirt, Prov. 21, 18: „Deckung für den Gerechten der Frevler, und anſtatt der Rechtſchaffenen der Treuloſe." Der Spruch weiſt auf die häufige Thatſache hin, daß das Uebel, welches der Böſe dem Guten bereitet, nicht dieſen, ſondern jenen trifft. In dieſem Falle findet alſo eine Subſtitution des Treuloſen für den Recht=ſchaffenen Statt; allein wie der Gedanke der Subſtitution nicht noth=wendig und allgemein auf den Gedanken der Aequivalenz begründet iſt, ſo iſt kein Anlaß und keine Möglichkeit vorhanden, im Ver=hältniß zu dem Uebel, mit dem der Frevler den Gerechten bedroht, das aber über jenen ſelbſt hereinbricht, eine Deckung des Werthes dieſer Beiden anſchaulich zu machen. Vielmehr kann die Deckung, die der Gerechte an dem Frevler findet, indem deſſen Gewaltthat ihm ſelbſt anſtatt dem bedrohten Gerechten zum Schaden gereicht, nur im Sinne des S c h u t z m i t t e l s verſtanden werden. Dieſer Sinn des Wortes findet Anwendung auch auf Prov. 13´, 8: „Deckung des Lebens eines Mannes iſt ſein Reichthum, der Arme aber hört keine Drohung." Der Arme iſt vor Drohungen oder vor deren Ausfüh=rung dadurch geſchützt, daß ihm das Eigenthum fehlt, wegen deſſen allein ſich Einer bemühen würde, ſeinem Leben nachzuſtellen. Den Reichen beſähigt ſein Eigenthum zum Schutze ſeines Lebens, ſei es, indem es ihm die Mittel gewährt, Gewaltthat abzuwehren, ſei es, indem es dem Gegner mehr werth iſt, jenes zu gewinnen, als dieſes zu beſchädigen. Der Reiche und der Arme werden alſo nur in d e r Hinſicht mit einander verglichen, durch was ihr Leben vor drohender Gewaltthat geſchützt iſt; כֹּפֶר muß alſo hier S c h u t z m i t t e l bedeuten. Sofern aber daran gedacht werden ſoll, daß der Reichthum das Leben auch in dem Falle ſchützt, daß der Gegner lieber das Eigenthum als das Leben des Reichen nimmt, ſo iſt hiermit der Gedanke der Aequivalenz dieſer beiden Größen gerade ausgeſchloſſen. S c h u t z =mittel iſt alſo eine unumgängliche Bedeutung des Wortes. Dieß wird dadurch beſtätigt, daß auch das Verbum כָּפֶר an Einer Stelle (Deut. 32, 43.) die entſprechende Bedeutung ſ c h ü t z e n in An=ſpruch nimmt. Am Schluſſe des Liedes des Moſes, in der Schilde=rung des glücklichen Ausganges der Bedrängniſſe des Volkes, heißt es: „Preiſet, ihr Nationen, ſein Volk, denn das Blut ſeiner Knechte wird er rächen und Rache bezahlen ſeinen Drängern und wird be=decken ſein Land, ſein Volk." Allerdings überſetzt man das Ver=bum hier mit „entſündigen", „ſühnen". Aber ſofern dieſe Bedeu=

tung dem rituellen Gebrauche des Verbums in der Opfergesetzgebung
und sonst entsprechen mag, so findet doch dieselbe ihre Anwendung
auf Personen nur mittels der Präpositionen עַל oder בְּעַד, mit dem
Accusativ aber nur auf Geräthe des Heiligthums (Lev. 16, 20. 33.;
Ezech. 43, 20. 26. 45, 20.). Sonst regiert das Verbum den Accu=
sativ in der Formel כִּפֶּר עָוֹן, Schuld bedecken oder vergeben. Keiner
dieser Fälle trifft in der vorliegenden Stelle zu. Auch fordert der
Zusammenhang derselben nichts weniger als einen Gedanken an die
Entsündigung des von seinen Drängern befreiten Volkes. Hingegen
findet die Weissagung der Rache gegen die Feinde des Volkes ihren
ergänzenden Abschluß nur in dem Gedanken, daß die bezeichneten
Nöthe das erwählte Volk nie wieder treffen sollen, indem Jehova
sein Land und Volk mit seinem Schutz ebedecke werde. — Steht
also für das Wort כֹּפֶר die Bedeutung „Schutzmittel" fest, so ergiebt
sich ferner, daß, wenn dasselbe solche Gaben bezeichnet, durch die
man sich, den Umständen gemäß, vor den übelen Folgen eigener schuld=
voller Handlungen schützt, die conventionelle Bedeutung „Lösepreis",
„Lösegeld" nur von der Hauptbedeutung „Schutzmittel" abgeleitet
werden kann. Die Bedeutung „Lösegeld" wird jedenfalls im he=
bräischen Sprachgefühl begründet sein, da die LXX. כֹּפֶר mit λύτρον
wiedergeben; aber weder ist mit diesem Sinne die einzige noch auch
die hauptsächliche Bedeutung jenes Wortes ausgedrückt, noch endlich
ist die Aequivalenz des Werthes der Gesichtspunkt für die Ableitung
jener Bedeutung, sondern die Bestimmung einer werthvollen Gabe
zum Schutze vor Uebeln. Im Einzelnen erprobt sich dieß an
folgenden Stellen. Prov. 6, 34. 35: „Eifersucht ist Zorn des Man=
nes, und nicht wird er schonen am Tage der Rache Nicht wird er
Rücksicht nehmen auf alle Deckung, und nicht wird er geneigt sein,
weil du Geschenk mehrest." Hier bezeichnet כֹּפֶר dieselbe werthvolle
Gabe, welche nachher שֹׁחַד heißt, durch welche der Ehebrecher die
Rache des beleidigten Ehemannes abzuwehren suchen wird. Freilich
scheint nun hier der Gedanke nahe zu liegen, daß das Geschenk
Deckung heißt, insofern es dem durch die Rache bedrohten Leben
des Schuldigen äquivalent ist. Aber wenn der Beleidigte das Ge=
schenk nehmen und deßhalb von der Rache an dem Ehebrecher abstehen
würde, so geschähe es doch, weil ihm das Geschenk mehr werth
wäre, als das Leben seines Gegners zu verletzen. Also erprobt sich
die Hofmann'sche Erklärung der „Deckung" an dieser Stelle nicht;
vielmehr heißt das hypothetische Geschenk in diesem Falle „Deckung",

weil es ein Schutzgeld, eine Gabe zur Schützung des Lebens des Schuldigen ſein würde. Einen ſehr ſtarken Schein des Aequivalentes hat freilich wieder das Wort כֹּפֶר in dem Geſetz Num. 35, 30—32., das für den Todtſchlag Todesſtrafe feſtſetzt, und das keine „Deckung" zum Zweck der Schonung des Lebens des Todtſchlägers oder zum Zweck ſeiner Flucht in die Zufluchtsſtadt zuläßt. Damit trifft das Geſetz Exod. 21, 29. 30. zuſammen, welches den fahrläſſigen Beſitzer eines ſtößigen Ochſen, wenn der letztere einen Menſchen getödtet hat, mit dem Tode bedroht, daneben aber auch eine Geldſtrafe für den= ſelben geſtattet, welche bei der Tödtung eines Knechtes oder einer Magd auf dreißig Sekel berechnet und welche כֹּפֶר genannt wird. Für die Tödtung eines freien Menſchen wird eine höhere Geldſtrafe in Ausſicht geſtellt, aber nicht beſtimmt berechnet. Demgemäß ſcheint die Bedeutung des Aequivalentes der Strafſumme und des Werthes der getödteten Perſon recht deutlich in dem Worte ausgedrückt zu ſein. Allein der Text dieſes Geſetzes ſetzt die Strafſumme durch das Wort כֹּפֶר nicht in Vergleich mit dem Leben der getödteten Perſonen, ſon= dern, indem der Ausdruck פִּדְיֹון נַפְשׁו mit jenem Worte abwechſelt, in Beziehung zu dem Leben des Schuldigen. Gemeint iſt das Löſe= geld oder Schutzgeld für dieſen, nicht ein Werth, der ſich mit den Werthen der Getödteten deckt, wenn auch die Geldgabe, durch welche das Leben des Schuldigen gedeckt werden ſoll, nach dem Werthe des durch ſeine Fahrläſſigkeit angerichteten Schadens berechnet wird. Ebenſo ſchließt der Text des Geſetzes Num. 35, 31. 32. den Gedanken aus, als ob die im Falle des Todtſchlages ausgeſchloſſene Geldſtrafe כֹּפֶר heißt, weil ſie dem durch das Vergehen verfallenen Leben des Todt= ſchlägers äquivalent ſein könnte. In dem Satze: לֹא־תִקְחוּ כֹפֶר לְנֶפֶשׁ רֹצֵחַ bezeichnet die Präpoſition לְ nicht das Maß, ſondern den hypothe= tiſchen Zweck des כֹּפֶר, ebenſo wie in dem parallelen Satze: לֹא־תִקְחוּ כֹפֶר לָנוּס אֶל־עִיר מִקְלָטֹו. Alſo iſt der Sinn, daß man keine Geld= leiſtung des Todtſchlägers geſtatten ſolle, durch die er ſein Leben ſchützen oder durch die er ſeinen Zweck der Erreichung der Zufluchts= ſtadt verwirklichen könnte. Wir werden deßhalb nicht fehlgreifen, wenn wir auch die Stelle Jeſ. 43, 3. ſo erklären, daß die Völker, welche für Babel an die Stelle des israelitiſchen Volkes treten ſollen, nicht deßhalb כֹּפֶר genannt werden, weil die Werthe der beiden Be= ſitzthümer ſich decken, ſondern weil der Austauſch des Beſitzes in der angegebenen Weiſe dazu dient, Israel vor den Uebeln der Herrſchaft Babels zu ſchützen.

Während alſo dieſe Gruppe von Stellen ſich der Hofmann'ſchen Erklärung nicht fügt, und auch derjenige Satz, welcher derſelben am leichteſten zu entſprechen ſcheint, anders verſtanden werden darf, ſo ſcheint jene Erklärung einen Vorſchub durch ſolche Stellen zu gewinnen, in denen das Wort den Sinn „Beſtechung" ausdrückt. Amos 5, 12: „Ich kenne eure vielen Vergehungen und eure zahlreichen Sünden, die ihr den Gerechten bedränget, Deckung nehmet und die Armen im Thore beuget." Job 36, 18: „Der Zorn möge dich nicht reizen in der Züchtigung und viel Deckung möge dich nicht beugen." 1 Sam. 12, 3: „Aus weſſen Hand habe ich Deckung genommen und meine Augen zugethan ſeinethalben?" In dieſen Stellen iſt die Rede von der Haltung eines Richters gegenüber Geſchenken, die ihn zu einem ungerechten, aber der einen Partei vortheilhaften Urtheile verleiten ſollen. Wenn nun erwogen wird, daß der Werth, durch den man eine Beſtechung verſucht, ſich nach dem Vortheile richtet, den man von einer ungerechten Begünſtigung erwartet, ſo könnte es ſcheinen, daß bei dieſer Gruppe von Stellen die Hofmann'ſche Erklärung die Probe beſtände. Aber der Zuſammenhang in den angeführten Sätzen weiſt durchaus nicht, weder direct noch ausſchließlich, auf dieſe Beziehung des gewählten Ausdruckes hin, ebenſo wenig als hier die Bedeutungen „Schutzmittel" oder „Schutzgeld" angezeigt ſind. Vielmehr läßt der Parallelismus der Sätze 1 Sam. 12, 3. ſchließen, daß der Wahl des Ausdruckes eine andere Beziehung zu Grunde liegt. Bekanntlich wird die Beſtechung des Richters als Verhüllung oder Blendung ſeiner Augen vorgeſtellt (Exod. 23, 8.; Job 9, 24.). Wenn alſo eine zur Beſtechung des Richters verwendete Gabe „Deckung" heißt, und wenn Samuel in Parallele mit dieſem Gedanken vom Schließen der Augen ſpricht, ſo iſt wahrſcheinlich, daß die „Deckung" als das Mittel gedacht iſt, die Sehkraft und die Urtheilsfähigkeit des Richters unwirkſam zu machen. Dieſe Deutung nun wird durch mehrere hervorragende Fälle des Gebrauches des Verbums כפר beſtätigt, in welchen die Anſchauung ausgedrückt iſt, daß das Bedecken dazu dient, die eigenthümliche Bewegung oder Thätigkeit einer Perſon oder eines mit Kraft begabten Gegenſtandes zu verhindern oder unwirkſam zu machen. Prov. 16, 14: „Ein weiſer Mann bedecket den Grimm eines Königs" — bedeutet, daß ein Weiſer durch ſein geſchicktes Benehmen im Stande iſt, dem Ausbruche des Zornes auch unter dem erſchwerenden Umſtande, den die Rückſicht auf die königliche Würde mit ſich

bringt, vorzubeugen oder denselben unwirksam zu machen. Jes. 47, 11:
„Du kannst das Unheil, das über dich stürzt, nicht bedecken";
Jes. 28, 18: Bedecket wird Euer Bund mit dem Tode und Euer
Vertrag mit der Unterwelt besteht nicht", — erfordern die gleiche Er=
klärung. Endlich auch Gen. 32, 21., wo Jakob vor der Begegnung
mit dem auf ihn erzürnten Esau spricht: „Ich will sein Angesicht mit
dem Geschenke bedecken, das vor mir hergeht, und nachher will ich
sein Angesicht sehen; vielleicht wird er mich ertragen", — ist die Be=
deckung des Angesichtes nur verständlich als Mittel, um die auf dem
Gesichte des Erzürnten ausgedrückte Leidenschaft an ihrer weiter=
gehenden Bethätigung zu verhindern. Hofmann freilich will dem
Verbum in diesen Stellen den Werth eines denominativum von
כֹּפֶר vindiciren und daraus die Bedeutung ableiten „durch Entrich=
tung eines Aequivalentes beseitigen" [1]). Dieser Sinn paßt aber
ebenso wenig zu den Stellen, als die grammatische Behauptung be=
wiesen ist.

Eine neue Wendung in dem Gebrauch des Wortes כֹּפֶר bietet
das Gesetz Exod. 30, 12—16. dar. Die heilige Kopfsteuer von einem
halben Sekel für jeden Israeliten heißt כֹּפֶר נַפְשׁוֹ, daneben wird in
verwandtem Ausdrucke jene Summe als כֶּסֶף הַכִּפֻּרִים bezeichnet und
ihr Zweck לְכַפֵּר עַל־נַפְשֹׁתֵיכֶם. Es ist freilich hergebracht, den Ge=
brauch des Wortes in diesem Gesetze auf den Sinn von „Schutz=
mittel, Schutzgeld, Lösegeld" zurückzuführen, weil die LXX. es mit
λύτρον wiedergeben und weil die Steuer mit Rücksicht darauf ge=
boten wird, „daß nicht über die Söhne Israels eine Plage komme
bei ihrer Musterung" (B. 12.). Indessen schon an einem andern
Orte [2]) habe ich nachgewiesen, daß dieser im Eingange des Gesetzes
ausgesprochene Zweck der Steuer nur als der entferntere Zweck
zu betrachten ist, nach welchem die Wahl des Ausdruckes כֹּפֶר nicht
bestimmt werden darf. Denn das regelmäßige Verhalten Gottes zu
seinem Bundesvolk ist nicht der Zorn, sondern die Gnade. Der nächste
Zweck der Steuer hingegen wird in B. 16. angegeben, zunächst in dem
identischen Ausdrucke לְכַפֵּר עַל־נַפְשֹׁתֵיכֶם, dann aber mit genauer Be=
zeichnung der Beziehung לְזִכָּרוֹן לִפְנֵי יְהוָה. Die Steuer soll den Israe=
liten dienen zur Erinnerung vor den Augen Gottes, das heißt, sie ist die
Bedingung dafür, daß Gott den Einzelnen als Genossen des Bundes
anerkennt und behütet, und sie ist nur insofern auch ein Mittel des

---

[1]) A. a. O. S. 232. 233. — [2]) De ira dei p. 10.

Schutzes vor dem göttlichen Zorne, als die Entrichtung der Steuer als obligatoriſcher Beweis der Bundestreue, ihre Unterlaſſung als ſpecifiſcher Bruch des Bundes geachtet werden ſoll. Wenn alſo das hebräiſche Wort in dieſem Geſetze nicht direct „Schutzmittel“ oder „Schutzgeld“ bezeichnet, ſo bietet der Zuſammenhang auch keinen Anlaß zu der Annahme, daß es eine Aequivalenz zwiſchen dem Geldſtück und dem Perſonleben ausdrücken ſoll. Vielmehr ergiebt die Vergleichung der beiden Bezeichnungen des nächſten Zweckes der Steuer folgende Modification des Sinnes von כֹּפֶר. Derſelbe Gegenſtand, deſſen regelmäßige Entrichtung, als Merkmal der Bundestreue, dazu dient, den einzelnen Iſraeliten als Bundesgenoſſen bei Gott in Erinnerung zu bringen, dient zur Bedeckung ſeiner Seele, indem Gott an und von der Perſon nichts ſieht, was ihrer bundesmäßigen Beſtimmung nicht entſpräche, hingegen ſie in der Qualität betrachtet, welche durch die correcte bundesmäßige Leiſtung bezeichnet iſt. So dient die ſpecifiſch bundesmäßige Leiſtung dazu, den Iſraeliten in der ſeiner Heilsbeſtimmung gemäßen Weiſe vor Gott zu vertreten. In dieſem techniſchen, rituellen Gebrauch des Wortes finden wir alſo eine dritte Wendung des Begriffs der „Deckung“, welche ebenfalls in dem Gebrauch des verwandten Verbums wiederkehrt; auf die Beobachtung deſſelben werden wir in einem ſpätern Theile unſerer Unterſuchungen zurückkommen.

Es ſind noch zwei Stellen des Alten Teſtaments übrig, in denen das uns beſchäftigende Wort vorkommt. In ihnen wird, wie in dem eben beſprochenen Geſetze, כֹּפֶר in ein Verhältniß des Menſchen zu Gott hineingeſtellt, aber freilich nicht mit dem eben gefundenen rituellen Sinne des Wortes. In Pſ. 49. tröſtet ſich der Fromme in dem durch die frevelhaften Reichen ihm zugefügten Unglücke damit, daß dieſelben unrettbar dem Tode verfallen ſeien, daß aber ſeine eigene Seele durch Gott aus der Hand des Todes befreit und von Gott zu ſich werde genommen werden. Daß der Frevler unbedingt dem Tode verfalle, wird nun V. 8—10. in folgender Weiſe begründet: „Den Bruder vermag nicht zu befreien der Menſch, er wird nicht an Gott die Deckung deſſelben geben (theuer iſt das Befreiungsmittel für ihre Seelen und er giebt es auf für immer), daß er noch lebe für die Dauer und nicht ſehe die Grube“ Job 33, 23. 24. ſagt Elihu in der Schilderung der verzehrenden Krankheit, mit welcher Gott einen Menſchen heimſucht: „Wenn für ihn ein Engel=Mittler iſt, einer von den Tauſend, und er verkündigt dem Menſchen ſein Recht [wonach] er ſein Leben einrichten ſoll], ſo erbarmt ſich Gott ſeiner und ſpricht: befreie ihn vom Sinken ins Grab, ich habe D e ck u n g gefunden." Als Folge dieſer Erklärung Gottes wird dann die Herſtellung der Geſundheit ausgemält. — Beidemale bezeichnet כִּפֶּר eine Leiſtung oder eine Gabe an Gott, durch welche der Menſch vor dem über ihm ſchwebenden Verhängniß zu ſterben geſchützt, oder daſſelbe von ihm abgewendet werden ſoll. Im erſten Falle wird die Möglichkeit einer ſolchen Leiſtung eines Menſchen für den Andern überhaupt verneint; im zweiten Falle wird ein Engel, als übermenſchliches Weſen, zu dieſer Leiſtung für befähigt erklärt, ſofern dieſelbe in der zur Beſſerung des Lebens wirkſamen Belehrung des Menſchen beſteht, und ſofern die wider Erwarten hergeſtellte Geſundheit des Menſchen, alſo ſeine momentane Verſchonung mit dem Tode, als das erreichte Ziel gilt. In der Rede des Elihu alternirt כִּפֶּר mit dem Verbum פָּדָה befreien, im Pſalm mit פִּדְיוֹן נַפְשָׁם, wie Exod. 21, 30. Das Mittel des Schutzes vor dem Sterben iſt gleichgeltend als Mittel der Befreiung aus der den Menſchen bedrohenden Macht des Todes bezeichnet. Da nun als dieſes Mittel eine Gabe oder eine Leiſtung an Gott vorgeſtellt iſt; da ferner ein gewiſſer Werth der Leiſtung für Gott eingeſchloſſen iſt, indem dieſelbe als Motiv gelten ſoll, wegen deſſen Gott das Todesverhängniß nicht walten läßt, ſo drängt ſich die oben conſtatirte Modification der erſten Bedeutung von כִּפֶּר für beide Stellen als ſtatthaft und als nothwendig auf. Freilich iſt in keinem der beiden Fälle eine Entrichtung von Geld bei dem Worte gedacht, wie an den oben vorgeführten Stellen. Aber wenn es im Pſalm heißt, daß die Deckung für den Bruder nicht möglich iſt, weil ſie t h e u e r (zu theuer) für den Menſchen ſein würde, ſo iſt wenigſtens eine Vergleichung des bei der Deckung unumgänglichen W e r t h e s derſelben für Gott mit dem allgemeinen Werthzeichen, dem Gelde, angedeutet. Und auch in der Rede des Elihu, wo ſogar die beſſernde Einwirkung des Engels auf den Menſchen als die für Gott genügende Leiſtung zum Schutze deſſelben vor dem Tode dargeſtellt wird, iſt deutlich genug der am Erfolge anſchauliche Werth dieſer Leiſtung als das für Gott bedeutſame Motiv hervorgehoben. Alſo wenn auch nicht „Schutzgeld", „Löſegeld", ſo würde doch „Löſepreis" die dem Sinne des Wortes und dem Zuſammenhange der Sätze entſprechende Ueberſetzung ſein. — Damit iſt aber wiederum nichts weniger ausgedrückt, als der Gedanke einer Aequivalenz zwiſchen der hypothetiſchen Leiſtung des Menſchen oder der wirklichen Leiſtung des

Engels einerſeits und dem Werthe, welchen der Beſtand des Todes=
verhängniſſes über die Menſchen für Gott hätte. Die Hofmann'ſche
Erklärung würde ſich in den vorliegenden Fällen etwa zu dem Ge=
danken geſtalten, daß Gott durch eine Leiſtung zu Gunſten des Men=
ſchen dafür entſchädigt werden müſſe, wenn er eine Ausnahme von
der allgemeinen Ordnung des Sterbens zuließe. Dieß würde voraus=
ſetzen, daß das von Gott gehandhabte Verhängniß des Todes über
alle Menſchen ein Gut für Gott, ein beſonderes Mittel ſeiner
Ehre ſei. Nur in Folge deſſen wäre verſtändlich, daß, wenn Gott
in einem einzelnen Falle darauf verzichten ſoll, ihm eine Leiſtung
von Menſch oder Engel erwieſen werden müßte, die von gleichem
Werthe für ſeine Ehre wäre. Allein es iſt ein dem Alten wie dem
Neuen Teſtament ganz fremder Gedanke, daß der allgemeine Tod
der Menſchen, auch als Strafe betrachtet, ein Gut für Gott, ein
Mittel ſeiner Ehre ſei; vielmehr verbindet ſich in der bibliſchen Vor=
ſtellung vom Tode mit der Anſchauung der Wirkungsloſigkeit der
Menſchen die von ihrer Zweckloſigkeit für Gott; ihr Sterben kann
alſo auch nicht dem Zwecke der Ehre Gottes dienen, wie dazu das
Leben der Menſchen beſtimmt iſt. Die das Todesverhängniß abweh=
rende Leiſtung an Gott kann aber ferner auch nicht auf eine Aequi=
valenz mit dem zum Dienſte Gottes beſtimmten und deßhalb werth=
vollen Leben des Menſchen angeſehen ſein. Denn das menſchliche
Leben, welches durch eine beſondere Gabe an Gott vor dem Tode
geſchützt werden ſoll, kommt in den vorliegenden Stellen eben als
ſolches in Betracht, das dem Tode verfallen, alſo für Gott werth=
los, aber freilich für den Menſchen ſo werthvoll iſt, daß er es feſt=
halten möchte. Nach dem Werthe des Lebens für den Men=
ſchen ſelbſt richtet ſich alſo überhaupt der Gedanke an einen Löſe=
preis für daſſelbe; indem aber dieſer auch einen beſtimmten Werth
für Gott haben muß, ſo wird in den vorliegenden Stellen die
Möglichkeit oder Unmöglichkeit ſolcher Werthgabe nur nach einer durch=
aus zufällig gehaltenen Werthgebung durch das Urtheil Gottes be=
ſtimmt, ohne daß nach irgend einer Seite hin eine Aequivalenz der
Gabe mit der Gegenleiſtung Gottes zur Anſchauung zu bringen wäre.
Während ein Menſch für den Andern nichts zu jenem Zwecke leiſten
kann, weil der von Gott geforderte Werth der Gabe die menſchliche
Leiſtungsfähigkeit überſteigen würde, ſo gilt die zur ſittlichen Beſſe=
rung führende Belehrung eines Engels als ein Löſepreis genügenden
Werthes für Gott; eine Aequivalenz dieſer Leiſtung mit dem vom

Tode befreiten Leben des Menschen herauszurechnen, wird uns aber der Ausspruch des Elihu nicht auferlegen.

Der Unterschied unserer Erklärung des Wortes כֹּפֶר als Schutz= geld oder Lösepreis von der Hofmann'schen stellt sich so: Nach Hof= mann soll das Wort ursprünglich bedeuten „das, was sich in Hin= ficht gleichen Werthes mit etwas Anderem deckt", was also in abgelei= teter Weise auch als Mittel des Schutzes, der Befreiung und Erlösung eines gleich werthen Gegenstandes gebraucht werden könnte. Hingegen bedeutet das Wort wirklich ursprünglich „Schutzmittel"; in dieser Be= deutung bezeichnet es aber in abgeleiteter Weise auch solche Gaben, welche wegen ihres Werthes den Empfänger zu Schutz von Personen vor drohenden Uebeln oder zu ihrer Befreiung aus drohender Gefahr bewegen können. Die Anwendung des Wortes כֹּפֶר in diesem Sinne steht auch in allen hierher gehörigen Stellen des Alten Testamentes nur in Relation zu dem Gedanken der Billigkeit, nicht zu dem Ge= danken des Rechtes; hierdurch aber wird bestätigt, daß eine eigentliche Aequivalenz des Werthes eines כֹּפֶר mit dem verglichenen Gegen= stande gar nicht im Gesichtskreise des Gebrauchs des Wortes liegt. Wenn Prov. 6, 34. 35. es heißt, daß der beleidigte Ehemann keine Rücksicht auf die Geschenke und das Schutzgeld des Ehebrechers neh= men wird, so hat das den Sinn, daß derselbe auf seinem Rechte be= stehen wird. Wenn das Gesetz Num. 35, 30—32. kein Schutzgeld für den Todtschläger zugesteht, so heißt das, daß dem Rechte sein Lauf gelassen werden soll. Dagegen wenn Exod. 21, 29. 30. dem Besitzer eines stößigen Ochsen in Folge fahrlässiger Tödtung von Menschen zwar von vornherein die Todesstrafe angedroht, aber da= neben auch die Entrichtung eines Lösegeldes zugestanden wird, so heißt das, daß neben dem Rechte auch die Billigkeit walten soll. So ist es auch nur als Billigkeitsverfahren gedacht, wenn das babylonische Reich für die Befreiung Israels durch die Unterwerfung anderer Völker entschädigt werden soll (Jes. 43, 3.). Endlich ist bei Gott keine andere Rücksicht als die Billigkeit vorausgesetzt, die freilich an der Würde Gottes ein menschliche Vorstellungen übersteigendes Maß findet, indem sich der Gedanke erhebt, daß Gott, für eine ihm beson= ders werthvolle Gegenleistung, einem Menschen das Sterben ersparen würde. Und wenn auch die Billigkeit Gottes nicht so weit reicht, daß er einen Menschen zu solcher Werthgabe für einen Andern als be= fähigt achtete, so wird doch die Billigkeit Gottes durch die von Elihu dargestellte Probe in der eigenthümlichen Zufälligkeit und Unmeßbar= keit ihres Urtheils anschaulich gemacht.

Indem wir also von der gewonnenen Einsicht in den altteftament=
lichen Gebrauch von פדה Anwendung auf den Ausspruch Jesu bei
Marc. 10, 45. zu machen versuchen, so ist zunächst zu bemerken,
daß derselbe seine nächste Voraussetzung in Pf. 49. und seine nächste
Analogie an dem Worte des Elihu besitzt. Dieß Verhältniß wird
jedoch um so deutlicher, wenn wir auch noch die Rede Jesu bei
Marc. 8, 35—37. (Matth. 16, 25. 26.), namentlich die verneinende
Frage: τί δώσει ἄνϑρωπος ἀντάλλαγμα τῆς ψυχῆς αὐτοῦ; in Be=
tracht ziehen. Denn auch in diesem Satze wird Jesus das Wort
פדה gebraucht haben, welches die LXX. Amos 5, 12., Jes. 43, 3.
mit ἄλλαγμα überfetzen. Die Gedankenreihe Jesu bewegt sich nun
auch in denselben Grenzen, welche die von uns erörterte Stelle von
Pf. 49. innehält. Jesus behauptet, daß der Anschluß an ihn und an
das Evangelium, möge er auch den Verluft des Lebens zur Folge
haben, das Mittel sei, sich das Leben zu sichern. Um nun die Zweck=
mäßigkeit und die Ausschließlichkeit dieses Mittels erkennen zu lassen,
vergleicht Jesus mit seiner Aussage den Fall, daß die ganze Welt
erworben und dabei das Leben verloren wird, und verneint durch
die Stellung des Gedankens in die Form der Frage jeden Vortheil
dieses Verhältnisses zum Zweck der Erhaltung des Lebens. Ins=
besondere aber verneint er durch die in V. 37. folgende Frage, daß
ein Mensch, also auch der hypothetische Besitzer der ganzen Welt, ein
ἀντάλλαγμα τῆς ψυχῆς αὐτοῦ geben könne. Während nun Pf. 49.
behauptet, daß kein Mensch eine so werthvolle Gabe an Gott zu richten
vermöge, durch die er einen Anderen vor dem Tode schützte, so er=
gänzt Jesus diesen Gedanken durch die Aussage, daß kein Mensch, auch
wenn er über alle Mittel verfügte, die im Umkreise der Welt liegen, im
Stande sei, eine solche Gabe, natürlich an Gott, zu entrichten, welche
ihm selbst das Sterben erspare oder den eingetretenen Verluft des
Lebens rückgängig machte. In der griechischen Uebersetzung des Aus=
spruches Jesu ist nun durch das Wort ἀντάλλαγμα der Begriff der
Gabe an Gott deutlich nach einem Werthverhältnisse bestimmt. Es
wird sich aber fragen, im Verhältniß zu welcher Größe der Werth
gedacht ist, und nach welchem Maßstabe der Werth bestimmt werden
soll. In der ersten Hinsicht ergeben sich zwei Möglichkeiten: ob der
Werth des menschlichen Lebens für Gott in Betracht kommt, oder für
den Menschen selbst; in der zweiten Hinsicht fragt es sich, ob die als
möglich gesetzte, aber in Wirklichkeit verneinte Gabe, indem sie ἀντάλ=
λαγμα genannt wird, nach objectiver Aequivalenz zu dem menschlichen

Leben oder nach irgend einem Belieben Gottes bemeſſen wird. Nach
dem Werthe des menſchlichen Lebens f ü r G o t t richtet ſich der Sinn
der Ueberſetzung Luther's: „Was hälfe es dem Menſchen, wenn er
die ganze Welt gewänne und an ſeiner Seele Schaden litte?" —
nämlich B e ſ c h ä d i g u n g ſ e i n e r ſ i t t l i c h e n K r a f t und ſeines
m o r a l i ſ c h e n W e r t h e s ; — „oder was kann der Menſch geben,
damit er ſeine Seele löſe?" — nämlich v o n d e r i h m o b l i e g e n -
d e n P f l i c h t, im D i e n ſ t e u n d z u r E h r e G o t t e s z u w i r -
k e n. Allein dieſe Deutung beruht auf einer falſchen Ueberſetzung von
ζημιωϑῆναι τὴν ψυχήν (B. 36.); dieß bedeutet nicht: „moraliſchen
Schaden nehmen", ſondern: „das Leben einbüßen". Alſo kommt der
Werth des Lebens nur in Beziehung auf den Menſchen ſelbſt in Betracht. Das menſchliche Leben nun, welches im Allgemeinen dem Tode
verfallen iſt und dadurch ſowohl für Gott als für den Menſchen
werthlos würde, hat für den Menſchen ſelbſt den höchſten denkbaren
Werth; um es zu erhalten und vor dem Tode zu ſchützen, würde er
den höchſten denkbaren Beſitz, die ganze Welt, an Gott hingeben, der
die Macht über das Sterben hat. Sofern alſo jede Gabe der Art
ἀντάλλαγμα genannt wird, ergiebt der Zuſammenhang die Nothwendigkeit, dieſe Werthgröße nach dem Urtheile des Menſchen über den
Werth zu berechnen, welchen für i h n ſein Leben hat. Schon hieraus
ergiebt ſich aber, daß ἀντάλλαγμα nicht nach dem Maßſtabe der objectiven Aequivalenz mit dem Werthe des Lebens verſtanden werden
kann. Die Frage: τί δώσει ἀντάλλαγμα τῆς ψυχῆς αὐτοῦ; — umfaßt mit ihrer Verneinung außer der von dem Menſchen möglicher-
weiſe beſeſſenen ganzen Welt alle nur denkbaren anderen Gaben an
Gott, die dem Menſchen überhaupt Werth haben und deßhalb für ihn
mit dem Werthe ſeiner Perſönlichkeit vergleichbar ſein können. Allein
auch die ganze Welt, welche hypothetiſch als ἀντάλλαγμα dienen würde,
kann der Menſch nicht ſeinem eigenen Leben äquivalent finden, weil
jeder Beſitz dem Werthe des Beſitzers ſelbſt inadäquat iſt. Aber das
hypothetiſche ἀντάλλαγμα kann auch, ſofern es einen Werth für Gott
haben muß, doch nicht in Aequivalenz mit dem menſchlichen Leben gedacht ſein. Denn geſetzt, daß der Menſch eine Gabe dieſes Werthes
an Gott zu entrichten vermöchte, welche alſo auch dem Werthe der
Perſon nach dem Urtheile Gottes gleich wäre, ſo würde die Entrichtung einer ſolchen Gabe an Gott dem Zwecke der Sicherung des
Lebens vielmehr widerſprechen, als entſprechen. Denn wenn Gott
einerſeits das Todesverhängniß in ſeiner Macht hat, andererſeits aber

dem Intereſſe des Menſchen an ſeinem eigenen Leben darum entgegen=
kommen würde, weil es in Gottes Dienſt geſtellt ſein ſoll, ſo würde
dieſes Intereſſe zur Beſeitigung des Todesverhängniſſes gerade dann
nicht wirkſam ſein, wenn Gott einen objectiv äquivalenten Erſatz für
das Leben des Menſchen empfangen hätte. Ein Erſatz dieſer Art iſt
alſo im Zuſammenhang der vorliegenden Rede Jeſu gar nicht denk=
bar. Dieſelbe bewegt ſich vielmehr nur in den aus dem Alten Teſta=
mente uns bekannten Vorausſetzungen, daß zur Beſeitigung des Todes=
verhängniſſes eine Gabe an Gott gereichen würde, die in einem Werth=
verhältniſſe zu der Schätzung Gottes ſtehen müßte; aber daſſelbe
bleibt objectiv unbeſtimmt und unbeſtimmbar, und nicht bloß deßwegen,
weil der Menſch zu einer ſolchen Leiſtung für ſich wie für einen
Anderen als unfähig gelten muß.

Mit dieſen Ergebniſſen ausgerüſtet, treten wir an die Erklärung
des Ausſpruches Jeſu Marc. 10, 45. Aus der Vergleichung deſſel=
ben mit den beiden Stellen aus Pſ. 49. und Job 33. folgt zunächſt,
daß das λύτρον oder כֹּפֶר, welches Jeſus bezeichnet, als Gabe an
Gott und nicht an den Teufel gedacht iſt. Jeſus ſpricht, indem er
unzweifelhaft den Gedankengang von Pſ. 49. in ſeiner Erinnerung
vorausſetzt, davon, daß er ſein Leben in ſeinem berufsmäßigen Die=
nen Gott widmet, aber nicht davon, daß er ſich der Macht der
Sünde oder des Teufels unterwirft. Zweitens ſetzt Jeſus nicht
nur indirect voraus, daß kein Menſch für den Anderen und Keiner
für ſich ſelbſt eine ſolche den Tod abwehrende, werthvolle Gabe an
Gott entrichten könne, alſo was Pſ. 49, 8. und Marc. 8, 37. geſagt
war, ſondern er ſpricht, wenn wir die Worte recht deuten, aus, daß
er in dieſer Hinſicht an der Stelle Vieler leiſte, was Niemand
für ſich ſelbſt oder für einen Anderen leiſten könne, wenn es auch
Jeder möchte. Drittens ſetzt das Bewußtſein ſeiner Befähigung
zu der Gabe an Gott in der Analogie des Ausſpruchs mit der Rede
des Elihu voraus, daß Jeſus ſich von den dem Sterben ver=
fallenen Menſchen ſpecifiſch unterſcheidet, zunächſt inſo=
fern, als er ſich ſelbſt von dem Todesverhängniß ausgenommen weiß
und ſein Sterben nur als freiwilligen Act der Hingebung des Lebens
an Gott denkt (vgl. Joh. 10, 17. 18.). Eine beſondere Erklärung
erheiſcht der Ausſpruch nur, ſofern gefragt wird, wie die Worte
ἀντὶ πολλῶν zu conſtruiren ſind.

Daß nämlich die Worte λύτρον ἀντὶ πολλῶν zu einem Begriffe
zuſammengefaßt werden, wie auch Hofmann will, entſpricht ebenſowohl

dem erſten Eindrucke der Wortſtellung als auch den hergebrachten Er=
wartungen von der Bedeutung des Hauptwortes. Und die Zuſammen=
ſtellung von כֹּפֶר und תַחַת ſcheint wiederum die Hofmann'ſche Erklä=
rung jenes Wortes zu begünſtigen. Allein es beſteht keine Aequiva=
lenz zwiſchen dem an ſich vom Sterben ausgenommenen Leben Jeſu
und den dem Tode verfallenen Vielen. Wenn Jeſus vorausſieht, daß
er ſein Leben auch im Tode nur ſeinem Vater hingiebt, daß er die
ſpecifiſche Zweckmäßigkeit ſeines Lebens für Gott im freiwilligen
Sterben nicht nur beibehält, ſondern ſogar ſteigert, ſo ſteht das in
keiner Gleichung mit dem Leben der anderen Menſchen, deren Be=
ſtimmung zum Dienſte für Gott durch das auf ihnen laſtende Todes=
verhängniß durchkreuzt iſt. Man kann alſo aus der Wortſtellung auf
die Bedeutung von λύτρον als Aequivalent nur unter der Bedingung
rathen, daß man die oben bezeichnete dritte Vorausſetzung des Aus=
ſpruches Jeſu ſich nicht klar macht. Hofmann bringt auch durchaus
keine Aequivalenz zur Anſchauung, indem er das von Jeſus hin=
gegebene Leben inſofern als Löſegeld deutet, als wegen deſſen die
Menſchen freikommen, während ſie ſonſt der Strafe ihrer Sün=
den verfallen bleiben. Denn wie ſchon bemerkt iſt (S. 223.), tritt
das Leben Jeſu durch den Tod in ein durchaus harmoniſches Ver=
hältniß zu Gott, während eine Strafverhaftung der Menſchen gegen
Gott die äußerſte Disharmonie bezeichnet. Nur der Hintergedanke
kann über dieſe Schwierigkeit hinaushelfen, daß die Beſtrafung der
Sünder durch das Todesverhängniß ebenſo zur Ehre Gottes gereiche
wie das dienſtfertige Leben und das freiwillige Sterben Jeſu in
ſeinem Berufe. Aber dieſer von Anſelm ausgeſprochene Gedanke iſt
weder direct noch indirect im Alten oder Neuen Teſtamente nieder=
gelegt. Ueberhaupt iſt in den nachgewieſenen Stellen des Alten Te=
ſtaments, welche die Vorausſetzungen des Ausſpruches Jeſu enthalten,
weder das allgemeine Todesverhängniß mit dem Gedanken der all=
gemeinen Sünde, noch die Erwartung einer Abwehr des Todes mit
dem Gedanken der Vergebung der Sünde in Verbindung geſetzt, was
freilich im einzelnen Falle z. B. Jeſ. 38, 17. der Fall iſt. Wenn
man aber von der Dogmatik her den Anſpruch mitbringt, daß we=
nigſtens im Neuen Teſtament eine Befreiung vom Tode nicht ohne
die Aufhebung der Sündenſchuld in Ausſicht geſtellt werde, ſo kann
man ſich aus Ausſprüchen Jeſu wie Joh. 8, 51.; 5, 24.; 6, 50.
überzeugen, daß Jeſus dieſem dogmatiſchen Zwange ſich nicht gefügt
hat. Für den Gedanken eines ſtellvertretenden Strafleidens Jeſu

zum Zweck der Vergebung der Sünden ist also der Ausspruch, der uns beschäftigt, auch nicht in entfernter Beziehung eine Beweisstelle.

Die Worte ἀντὶ πολλῶν müssen also von dem ganzen Satze ἦλθον δοῦναι ψυχήν μου λύτρον abhängig gedacht werden. Wenn es nun nach oberflächlicher Beurtheilung des Begriffs λύτρον als möglich erscheint, dieses Wort nur als schärfere Bezeichnung des durch ἀντί ausgedrückten Wechselverhältnisses zwischen dem Sterben Jesu und dem Sterben der Vielen zu verstehen, so wird dieß, abgesehen von dem schon oben (S. 223.) angeführten Grunde, durch die nachgewiesene Bedeutung des Wortes כֹּפֶר als Lösepreis verboten.

Also bleibt nur übrig, so zu construiren, daß das entferntere Object λύτρον dasjenige Object bedeutet, in dessen Realisirung durch die Hingabe seines Lebens an Gott Jesus dasjenige leistet, was die Vielen, Jeder für sich und Einer für den Anderen, zum Zweck der Abwehr des Sterbens leisten möchten, aber nicht leisten können, was also Jesus an der Stelle der Vielen leistet. Innerhalb dieser Deutung bezeichnet λύτρον oder כֹּפֶר eine Gabe specifischen Werthes für Gott, welche deßhalb Schutzmittel gegen das Sterben ist, wie in den Stellen, nach denen Jesus seinen Gedankengang gebildet hat. An der Stelle Vieler und nicht Aller ist aber Jesus sich bewußt das werthvolle Schutzmittel zu verwirklichen; weil dabei an die bei Marc. 8, 35. bezeichnete Bedingung und demnach daran gedacht ist, daß nicht alle Menschen sich in die Gemeinschaft mit Jesus setzen werden, die es möglich macht, daß derselbe an ihrer Stelle realisirt, was sie ihrerseits vergeblich erstreben würden. Der Sinn des Ausspruches Jesu ist also: „Ich bin gekommen, anstatt derer, welche eine Werthgabe als Schutzmittel gegen das Sterben für sich oder für Andere an Gott zu leisten vergeblich erstreben würden, dasselbe durch die Hingebung meines Lebens im Tode an Gott zu verwirklichen, aber eben nur anstatt derer, welche durch Glauben und selbstverleugnende Nachfolge meiner Person die Bedingung erfüllen, unter der allein meine Leistung den erwarteten Schutz für sie vermitteln kann."

Dieß Resultat der Auslegung wird, wie ich mir bewußt bin, denjenigen schwerlich genügen, welche in dem Wortsinne jeder charakteristischen Stelle des Neuen Testaments ein ganzes Dogma eingewickelt zu finden erwarten. Da nun das Dogma vom Werke Christi zu der Gestalt ausgearbeitet ist, daß die Nothwendigkeit des Todes Christi im Verhältniß zur Gerechtigkeit Gottes und zum Be-

dürfniß der Menſchen nach Sündenvergebung dargeſtellt wird, ſo iſt
die Erwartung hergebracht, daß der Inhalt auch dieſer dogmatiſchen
Beweisſtelle auf jene Beziehungen des Dogma zurückgeführt werden
müſſe. Wenn alſo weder die Rückſicht auf die Vergebung der Sünden noch die auf die Strafgerechtigkeit Gottes in dem Ausſpruche
nachgewieſen iſt, ſo wird der verſuchten Auslegung von wer weiß wie
Wenigen zu Gute gehalten werden, daß ſie dem Grundſatze der Auslegung der Schrift aus ihr ſelbſt gefolgt iſt. Dabei ergiebt ſich nun
aber freilich aus der Beziehung des Ausſpruches Jeſu auf die beiden
Parallelen im Alten Teſtamente, daß Jeſus die Deutung ſeines freiwilligen Sterbens in demſelben Maße in den Geſichtskreis des Alten
Teſtamentes eingeſchloſſen hat, als dieſelbe hinter anderen Ausſprüchen
Jeſu und der Apoſtel zurückbleibt. Im Alten Teſtamente iſt das
Verhängniß des allgemeinen Sterbens noch nicht deutlich in die Wechſel-
wirkung mit der menſchlichen Geſchlechtsſchuld geſtellt; die Beurtheilung jener Thatſache außer Zuſammenhang mit dieſer verräth alſo
eine auf der Linie des Alten Teſtamentes ſtehende Anſchauung. Und
daſſelbe iſt der Fall, indem babei, daß die freiwillige Hingabe des
Lebens Jeſu als Schutzmittel gegen das Sterben ſeiner Anhänger von
Gott angenommen wird, nur göttliche Willkür oder Billigkeit vorausgeſetzt wird. Iſt es nun aber wahrſcheinlicher, daß Jeſus die Bedeutung ſeines Todes in den Formen der Anſelmiſchen oder Luthe-
riſchen Satisfactionslehre, oder daß er ſie in der Form eines altteſtamentlichen immerhin ſchwebenden und der Vervollſtändigung fähi-
gen Gedankens aufgefaßt hat? Es iſt hier die einfache Wahl zwiſchen
dem hiſtoriſchen Sinne und Geſchmack im Verſtändniß der heiligen
Schrift und zwiſchen dem Mißbrauche derſelben im ſelbſtgenügſamen
Dienſte eines theologiſchen Syſtems! Die Entſcheidung im erſteren
Sinne ſetzt uns aber auch gar nicht in Widerſpruch mit dem berechtigten Intereſſe am Dogma. Denn wenn auch bei dem Gedanken
einer vor dem Todesverhängniſſe ſchützenden Werthgabe an Gott
göttliche Willkür vorausgeſetzt iſt, ſo hat dieſelbe an der wirklichen
Behauptung Jeſu von ſeiner Leiſtung ihre beſtimmte Schranke. In
dieſer Hinſicht eröffnet gerade die Vergleichung der beiden Ausſprüche Jeſu die Ausſicht auf eine Gedankenreihe, die ſich über den
Geſichtskreis des Alten Teſtamentes erhebt. Die freiwillige Auf-
opferung des Lebens Jeſu in ſeinem Beruf wird als das ſpecifiſch
werthvolle Schutzmittel gegen das Sterben der Menſchen bezeichnet,
welches Jeſus an der Stelle der Vielen leiſtet, die einen ſolchen Löſe-

preis nicht zu leiſten vermögen. Aber dieſe Vielen, für die Jeſu
Leiſtung den bezeichneten Erfolg haben ſoll, ſind diejenigen, die an
ihn und an ſeine Sendung durch Gott glauben; er ſelbſt iſt der
Sohn des lebendigen Gottes, dem alle Macht im Himmel und
auf Erden anvertraut iſt, oder (was damit ſynonym iſt) dem der
Vater gegeben hat, das Leben in ſich ſelbſt zu haben. Erſcheint es
demgemäß noch als eine Erwartung von etwas Zufälligem, als Folge
einer bloßen Billigkeitsrückſicht Gottes, daß Jeſus durch die Hingabe
ſeines Lebens an Gott eine Veränderung des Verhältniſſes der Seinigen zum Tode zu erwirken hofft? Vielmehr eröffnet das Bewußtſein Jeſu von der Bedeutung ſeiner Perſon nach Gott und nach den
Menſchen hin die Ausſicht auf die Nothwendigkeit des durch ihn zwiſchen beiden vermittelten Verhältniſſes. Inſofern enthält auch dieſer
Ausſpruch Jeſu den Keim zu dem dogmatiſchen Gedanken, der jedenfalls irgendwie den Ausdruck der Nothwendigkeit der religiöſen Vorſtellung in ſich ſchließen muß. Mehr aber als derartige Keime zu
theologiſchen Gedanken wird man im Neuen Teſtament überhaupt
nicht ſuchen dürfen, wenn man die Eigenthümlichkeit deſſelben nicht
verkennen will.

II.

Die Subſumtion des Todes Jeſu unter die altteſtamentliche Anſchauung vom prieſterlichen Darbringen des blutigen Opfers iſt in
beſtimmten Ausſprüchen auch ſchon vom Herrn ſelbſt vollzogen worden. Die zur Abendmahlshandlung gehörenden Worte: τοῦτό ἐστιν
τὸ αἷμά μου, τὸ τῆς διαϑήκης, τὸ ἐκχυνόμενον ὑπὲρ πολλῶν (Marc.
14, 24.) vergleichen den bevorſtehenden, mit Blutvergießung beglei-
teten Tod Jeſu mit der Opferhandlung, die Moſes zur Inaugura-
tion des am Sinai geſchloſſenen Bundes veranſtaltete. Da dieſe Anſchauung Jeſu auch durch die abweichende Wendung ſicher geſtellt iſt,
in welcher Paulus (1 Kor. 11, 25: τοῦτο τὸ ποτήριον ἡ καινὴ
διαϑήκη ἐστὶν ἐν τῷ ἐμῷ αἵματι) dieſe Worte wiedergiebt, ſo wird
auch eine noch ſo ſkeptiſche Kritik nicht erweiſen können, daß der Ausſpruch Jeſu bei Joh. 17, 19: ὑπὲρ αὐτῶν ἐγὼ ἁγιάζω ἐμαυτόν,
ἵνα ὦσιν καὶ αὐτοὶ ἡγιασμένοι ἐν ἀληϑείᾳ — Jeſu Geſichtskreis
durchaus überſteige. In dieſen Worten ſind nur die allgemeinen Beziehungen des im freiwilligen Sterben zu vollziehenden Opferactes
bezeichnet, welche durch die Specialität der Abendmahlsworte eingeſchloſſen ſind. Auf dem Boden der Geſetzgebung des Alten Teſta-

mentes bedeutet ἁγιάζειν jede Art von Handlung, durch welche eine
Sache oder eine Perſon Gott als Eigenthum zugeeignet wird, alſo
ſowohl die geordnete Darbringung einer Gabe an Gott (2 Moſ. 13, 2.),
als auch die Einweihung eines Prieſters zum ſpeciellen Dienſte Got=
tes (2 Moſ. 28, 41.). Wo es nun, wie im Falle Jeſu, auf die frei=
willige Zueignung des eigenen Lebens an Gott ankommt, da trägt
das Object der Handlung nothwendig die Merkmale jener beiden
Fälle zugleich und ohne Möglichkeit der Unterſcheidung an ſich. Es
iſt alſo dem Sinne nach gleichgültig, ob man den Ausſpruch Jeſu
nach dem zweiten Vorbilde auf die Vorbereitung zum Prieſterdienſt
deutet, deſſen Opferobject ſein eigenes Leben iſt, oder, nach dem erſten
Vorbild, auf die Darbringung ſeines eigenen Lebens als Gabe an
Gott, in welcher Jeſus ſelbſt Prieſterdienſt verrichtet. Auch die An=
gabe des Zweckes der Selbſtheiligung Jeſu entſpricht der unumgäng=
lichen Analogie mit dem Zwecke der geſetzlichen Opfer. Ausdrücklich
iſt allerdings im Geſetze der allgemeine Zweck der Opfer nicht als
der der Heiligung der betheiligten Iſraeliten bezeichnet. Aber wenn
dieß die ausgeſprochene Beſtimmung der Luſtrationen iſt (2 Moſ. 19,
10. 14.; Joſ. 7, 13.), und wenn doch das ganze Leben des von
Gott erwählten Volkes unter die Forderung geſtellt wird, heilig zu
ſein, ſo müſſen die den Luſtrationen im Allgemeinen gleichartigen
Opferhandlungen, die in der Ordnung des Lebens der Iſraeliten ſo
bedeutſam hervortreten, auf denſelben Zweck der Heiligung direct be=
zogen ſein. Jeſus hat alſo, um die Wirkung ſeines Lebensopfers
zum Heile der Jünger zu bezeichnen, nur den Ausdruck gewählt,
welcher ſich aus dem Zuſammenhange der moſaiſchen Opferordnung
mit dem Werthe der Bundesreligion überhaupt ergab. Dagegen
dürfte die deutliche Entgegenſetzung des allein zur wirklichen Heiligung
dienenden Opfers Jeſu gegen die nur ſcheinbar wirkſamen Opfer im
alten Bunde als ein den Gedanken ſchärfender Zuſatz des Be=
richterſtatters angeſehen werden, da dieſes Maß der Beurtheilung
altteſtamentlicher Inſtitute, ſo ſehr es dem Standpunkte der Apoſtel
entſpricht, doch in dem Geſichtskreiſe Jeſu ſonſt nicht hervortritt.

Daß der Tod Chriſti zum Beſten, zum Heile der Gläubigen
erfolgt iſt, iſt der äußerlichſte Punkt, in welchem ſich die Ausſagen
des Paulus mit dem eben beſprochenen Worte Jeſu berühren (1 Theſſ.
5, 10.; 2 Kor. 5, 14. 15.; Röm. 5, 8.; 8, 32.; 14, 15.; 1 Petr.
2, 21.). Denn daß die Präpoſition ὑπέρ an dieſen Stellen nur
jenen Sinn hat und nicht anſtatt bedeutet, wie die alte theologiſche

Schule zu Gunſten des Begriffs der Stellvertretung annahm, folgt einfach aus 2 Kor. 5, 15: τῷ ὑπὲρ αὐτῶν ἀποθανόντι καὶ ἐγερ-θέντι. Denn wenn es von vornherein ein erträglicher Gedanke iſt, daß Jeſus anſtatt der gläubig gewordenen Sünder geſtorben ſei, ſo würde die Behauptung, daß Jeſus auch anſtatt der Gläubigen auferweckt worden ſei, dem Sinne des Paulus inſofern völlig zu-wider ſein, als die dem Satze direct entſprechende Folgerung, daß demgemäß die Gläubigen ſelbſt nicht auferweckt zu werden brauchten, den Heilsglauben des Paulus und gerade auch die Wahrheit der Auferweckung Jeſu aufheben würde (1 Kor. 15, 16. 17.). Einen weiteren Grund gegen die früher beliebte Deutung des ὑπέρ bietet der Umſtand, daß nicht bloß Petrus ſagt, daß Chriſtus auf Anlaß (περί) der Sünden geſtorben ſei, ſondern Paulus, in eigenthümlicher Schärfung dieſes Gedankens, Chriſti Tod zum Beſten (ὑπέρ) der Sünden (1 Kor. 15, 3., vgl. Röm. 6, 10.), zum Zweck (διά) der Sünden (Röm. 4, 25.) erfolgt ſein läßt. Der Parallelismus der Sätze in der letzten Stelle erlaubt nicht, die Präpoſition διά mit Acc. anders als beidemale als Bezeichnung des Zweckes zu deuten; und da in der erſtern Stelle Niemand wagen wird, durch Vertauſchung der Sünder mit den Sünden die Möglichkeit zu erweiſen, daß ὑπέρ anſtatt bedeute, ſo ſind auch dort die Sünden als Zweck des Sterbens Jeſu bezeichnet. Dieſer auffallende Gedanke findet aber ſeine Erklärung darin, daß es ſich um den Zweck der Aufhebung der Sünden handelt, und daß dieſe den Sünden ſelbſt nur zum Vor-theile gereicht. Tiefer als dieſe bloß das Factum des Sterbens Jeſu bezeichnenden Ausſagen gehen nun diejenigen, in welchen das Todes-leiden der freien thätigen Hingebung Jeſu untergeordnet wird. Er hat zum Beſten des einzelnen Gläubigen und der Gemeinde ſich ſelbſt in den Tod übergeben (Gal. 2, 20.; Eph. 5, 25.), auf Anlaß unſerer Sünden (Gal. 1, 4.). Specificirt wird dieſe Behauptung durch die Bezeichnung des Opfers, ſofern Chriſtus im Sterben das Ob-ject ſeiner eigenen Darbringung an Gott iſt. Er iſt deßhalb im Allgemeinen προςφορά (Eph. 5, 2.; Hebr. 9, 14. 28.; 10, 10. 12. 14.), im Beſonderen aber blutiges Opfer, θυσία (Eph. 5, 2.; Hebr. 9, 26.; 10, 12., vgl. 1 Kor. 5, 7.), weil die Umſtände der Kreuzigung Blut-ergießung über den eigenen Leib Jeſu herbeiführten. Wie nun die Merkmale des Sterbens im Allgemeinen an den Bewegungen des Leibes hervortreten und deßhalb der Tod Jeſu ſpeciell auf den Leib bezogen wird (1 Petr. 2, 24.; Röm. 7, 4.; Kol. 1, 22.; 2, 11.;

Eph. 2, 16.), so wird auch einmal direct von der προςφορά τοῦ σώματος gesprochen (Hebr. 10, 10.); vorherrschend aber knüpft sich das Prädicat des Opfers für Christus an die den Tod am Kreuze begleitende Blutvergießung, weil das gleiche Merkmal die Thieropfer des Alten Testamentes von den übrigen unterschied. Deßhalb ist überall, wo an das Blut Christi irgend ein Heilserfolg angeknüpft wird, der Gedanke des in seinem Tode vollzogenen Opfers voraus= gesetzt (1 Petr. 1, 2. 19.; Offenb. Joh. 1, 5.; 5, 9.; 7, 14.; 1 Joh. 1, 7.; 5, 6.; 1 Kor. 10, 16.; Röm. 3, 25.; 5, 9.; Kol. 1, 20.; Eph. 1, 7.; 2, 13.; Hebr. 9, 12. 14.; 10, 19. 29.; 12, 24.; 13, 12. 20.). Endlich da das Kreuz der Ort des Opfertodes Christi war, wird dasselbe gewiß nur darum als Organ des Heilserfolges, als Gegenstand christlicher Verkündigung und heilsamen Glaubens wie verderblicher Widersetzlichkeit genannt, weil die volle Vorstellung vom Opfertode Christi damit verbunden ist (1 Kor. 1, 17. 18.; Gal. 6, 14.; Kol. 1, 20.; Eph. 2, 16.; Phil. 3, 18.). Sofern Jesus als Subject seiner Selbstdarbringung näher betrachtet wird, ergiebt sich seine Qualität als Priester, neben der als Opfer. Indessen nur der Verfasser des Hebräerbriefes ist in der Deutung der Heilswir= kung des Todes Jesu dieser Anschauung nachgegangen, obgleich sie dem Paulus bei seiner ausdrücklichen Anerkennung der Selbstthätig= keit Jesu in dein Acte des Todesopfers ebenso nahe gelegen hätte. Indessen ist Paulus auf eine nicht minder kühne Combination bedacht gewesen, indem er in der Anschauung des am Kreuze hangenden, mit Blut bedeckten Sterbenden mit den Merkmalen des Opfers die der Kapporeth vereinigt findet (Röm. 3, 25.). Denn nicht nur bedeutet das Wort ἱλαστήριον, welches Paulus an jener Stelle von Christus prä= dicirt, überall im Alten wie im Neuen Testament (Hebr. 9, 5.) jenes ausgezeichnete Geräth über der Lade des Zeugnisses in dem Aller= heiligsten, sondern der Zusammenhang der Aussage des Paulus for= dert, wie bewiesen werden wird, gerade jenen und nur jenen Sinn des Wortes.

Als die Wirkung des Opfers Christi wird von Paulus und dem Verfasser des Hebräerbriefes das ἁγιάζειν der Gläubigen bezeichnet (Hebr. 10, 10. 14. 29.; 13, 12.; 2, 11.; 1 Kor. 1, 30.; Eph. 5, 26.), wie in der schon erörterten Aussage des Herrn bei Johannes. Diesem Gedanken zunächst kommen Aussprüche der Art, daß Jesus wegen Sünden gelitten habe, damit er uns zu Gott führe (1 Petr. 3, 18.); daß wir in Christus, und zwar so, wie er als der

Sterbende angeschaut wird, die Hinzuführung zum Vater haben (Eph. 2, 18.; 3, 12.); endlich daß Christi priesterliches Thun die Hoffnung begründet, in welcher wir Gott nahen (Hebr. 7, 19.; 10, 19.; 4, 16.). Diese Aussagen liegen nämlich in der einfachen Consequenz des allgemeinen Sinnes von Opfer und von priesterlichem Thun, der aus dem Alten Testamente hervorspringt. Denn die geordnete Gabe der Menschen an Gott heißt קָרְבָּן, das Nahegebrachte, προσφορά; die Priester sind diejenigen, welche in der regelrechten Darbringung der Gabe Gotte nahen (קָרַב, 3 Mos. 10, 3.; 21, 17.; Ezech. 42, 13.; נָגַשׁ, 2 Mos. 19, 22.; Ezech. 44, 13.). Allerdings ist nun im Alten Testamente nicht gesagt, daß auch diejenigen, denen das bestimmte Opfer gilt, durch dessen Vollziehung Gott nahe gebracht werden; allein dieser Gedanke ist so direct in dem Verhältniß des Opfercultus zur Bestimmung der Israeliten begründet, daß sein Auftreten im Neuen Testamente kein Befremden erregen kann. Denn wenn das israelitische Volk durch seine Erwählung und unter der Bedingung der Beobachtung des Bundes heiliges Volk, Eigenthum Gottes, Königreich von Priestern sein sollte (2 Mos. 19, 5. 6.), und wenn Priesterthum und Heiligkeit mit Nahegebrachtwerden synonym ist (4 Mos. 16, 5.), so leuchtet ein, daß die Functionen, in welchen die ausgesonderten Aharonitischen Priester Gott nahten, als Mittel dazu gelten müssen, daß die Israeliten im Ganzen, oder wen unter ihnen das bestimmte Opfer betraf, Gotte geheiligt, angeeignet oder nahe gebracht würden. Die Aussagen des Hebräerbriefes überschreiten den zu Grunde liegenden Gesichtskreis des Alten Testamentes auch formell nur insofern, als in Folge des hohenpriesterlichen Opfers Christi den Gläubigen ein actives Priesterthum beigemessen wird, in dessen Ausübung jeder einzelne Christ, nur unter der Vermittelung Christi, diejenigen Opfer des Gebetes und der Wohlthätigkeit selbständig darbringt (13, 15. 16.), welche für die Ordnung des neuen Bundes passen. Die Ordnung des alten Bundes ist aber nur die, daß die zu Priestern bestimmten Israeliten im Ganzen und im Einzelnen durch die Functionen der Aharonitischen Priester zu einem passiven Genusse ihres Priesterrechtes geführt werden. Da also das Opfer Christi im Hebräerbriefe für die Gläubigen als das Mittel der Einweihung derselben zum activen Priesterthume dargestellt wird, so konnte es scheinen, als ob ein im Hebräerbriefe noch vorkommender Ausdruck der Wirkung des Opfers Christi, nämlich τελειοῦν (10, 14.), speciell jenen Gedanken bezeichnete. Die LXX.

nämlich überſetzen mit τελειοῦν τὰς χεῖρας den Ausdruck מִלֵּא אֶת־יַד, der im Ceremoniel der Weihe der Aharonitiſchen Prieſter die Füllung der Hände mit den darzubringenden Gaben bedeutet (2 Moſ. 29, 9. 33. u. a.). Calvin und andere Ausleger nach ihm führen nun die von dem Opfer Chriſti ausgeſagte Wirkung des τελειοῦν auf jenen Sprachgebrauch zurück; es leuchtet aber ein, daß bei dieſer Combination das charatteriſtiſche Object des τελειοῦν nicht berückſichtigt, alſo die Congruenz des Ausdruckes im Hebräerbriefe mit jenem altteſtamentlichen nicht nachgewieſen iſt. Wenn nun eine mit ἁγιάζειν ſynonyme Wirkung des τελειοῦν dem Opfer Chriſti beigelegt wird, ſo wird dabei nur daran zu denken ſein, daß jedes Opfer die Congruenz des Bundesgenoſſen mit dem Gott erſtrebt, der ſelbſt vollkommen iſt (Matth. 5, 48.), und daß das Opfer Chriſti ſpeciell durch ſeine geiſtige Bedingtheit die Vollkommenheit der Gläubigen vermittelt, welche die Thieropfer nicht erreichten (Hebr. 7, 11. 19.; 9, 9.).

Die Deutung des Todes Chriſti als Opfer wird ferner ſpecialiſirt, indem jener Act als das Gegenbild verſchiedener Arten altteſtamentlicher Opfer angeſehen wird. Indirect durch Jeſus ſelbſt in den Abendmahlsworten (Marc. 14, 24.), direct im Hebräerbrief (9, 15—21.) wird ſein Sterben als Bundesopfer dem von Moſe am Sinai dargebrachten (2 Moſ. 24, 3—11.) gleich- und gegenübergeſtellt. In dieſer Eigenſchaft vermittelt das Todesopfer Jeſu die Bereitſchaft der von Gott durch ihn berufenen, freilich erſt ideell geſetzten Gemeinde zu dem Bunde mit Gott oder zu deſſen Eigenthume. Weil erſt unter der Vorausſetzung des Bundesopfers und der darin ausgedrückten Abſicht des Bundesgehorſams das erwählte Volk wirklich als das Eigenthum Jehova's erſcheint, deßhalb gilt nun auch von dem Mittler des neuen Bundes in Hinſicht ſeines blutigen Opfers, daß er τὴν ἐκκλησίαν τοῦ θεοῦ περιεποιήσατο διὰ τοῦ αἵματος τοῦ ἰδίου (Apgſch. 20, 28.). Das Nomen περιποίησις nämlich bedeutet Maleachi 3, 17., 1 Petr. 2, 9. als Ueberſetzung von סְגֻלָּה die beſondere Beſtimmung der zum Bunde Erwählten als Gottes Eigenthum. Da nun dieſer neue Bund nach Jerem. 31, 31—34. auf die göttliche Verheißung der Sündenvergebung gegründet iſt, ſo wird dieſe auch durch das im Tode Jeſu geleiſtete Bundesopfer gewährleiſtet (Hebr. 9, 15.), obgleich daſſelbe ſeiner altteſtamentlichen Art nach nicht Sündopfer iſt, ſondern als Brand- und Heilsopfer zu verſtehen iſt (2 Moſ. 24, 5.). Deßhalb iſt auch der Zuſatz zu den Abendmahlsworten bei Matthäus (26, 28.) εἰς ἄφεσιν ἁμαρτιῶν nur dann als eine richtige Ergänzung zu verſtehen, wenn man ihn auf den Charakter des von Jeſus gemeinten neuen Bundes zurück= führt. Das Bundesopfer des Moſe zeichnet ſich vor den geſetzlich geordneten Opfern dadurch aus, daß das Thierblut nicht bloß um den Altar, ſondern auch über das umherſtehende Volk geſprengt wird (2 Moſ. 24, 8.). Wenn deßhalb im Hebräerbrief (10, 22.; 12, 24.) und 1 Petr. 1, 2. das Bild einer Beſprengung der Gläubigen mit dem Blute Chriſti aufgeſtellt wird (ῥαντισμός), um die Wirkung ſeines Opfers zur Reinigung oder Herſtellung des Gewiſſens zu eigenthümlicher Anſchauung zu bringen, ſo iſt auch hierfür die Ver= gleichung deſſelben mit dem Bundesopfer des Moſe der leitende Ge= danke (vgl. Hebr. 9, 19. 20.).

Während alſo die eigenthümliche Art des neuen Bundes den Gedanken begründet, daß Chriſti Tod ſchon als Bundesopfer die Sündenvergebung wirkt, ſo erſcheint eine ſtraffere formelle Zurück= führung dieſer Wirkung auf den Typus altteſtamentlicher Ordnung in der Anſchauung vom Tode Chriſti als Sündopfer, insbeſondere in der Gleich= und Gegenüberſtellung deſſelben mit dem jährlichen Sündopfer für das iſraelitiſche Volk am Jom Hattippurim. Es be= darf keiner näheren Erörterung darüber, daß nur das moſaiſche Sündopfer für das ganze iſraelitiſche Volk als Typus eines Opfers zu Gunſten der Geſammtheit der Gläubigen dienen konnte. Deßhalb kam es nun aber darauf an, auch an dem Todesopfer Jeſu etwas aufzuzeigen, was dem für jenes jährliche Sündopfer vorgeſchriebenen eigenthümlichen Ritus entſpräche. Dieſer Aufgabe hat ſich der Ver= faſſer des Hebräerbriefes (9, 1—14. 24. 28.; 10, 1—18.) mit mög= lichſter Genauigkeit unterzogen. Zum jährlichen allgemeinen Sünd= opfer (3 Moſ. 16.) gehört, daß der Hohepriester das Opferblut auch an die im verſchloſſenen Allerheiligſten enthaltene Kapporeth ſprenge, an das höchſte Symbol göttlicher Gegenwart im Volke der Erwählung. Wie nun aber Chriſtus Hoherpriester Melchiſedekiſcher Ordnung iſt, beſtimmt zur Aneignung der höchſten geiſtigen und ewi= gen Güter für die Gläubigen, ſo bezieht ſich auch der an ſeine Selbſt= darbringung geknüpfte Dienſt auf das himmliſche Vorbild der Hütte der Zuſammenkunft, wo Gottes Gegenwart eigentlich gedacht werden muß, und deßhalb iſt ſein Opfer nicht mit der Darbringung ſeines Leibes am Kreuze (9, 28.; 10, 10.) erſchöpft, ſondern die von ſeinem Sterben untrennbare Auferſtehung führt ihn direct durch die Reihe der Himmel dahin, wo er als Träger ſeines vergoſſenen Blutes vor

Gott erſcheint, um durch dieſen Act ſein Opfer zu vollenden. Dieſe
Ausführung der typiſchen Analogie, welche, wie ſpäter gezeigt werden
ſoll, in einem Punkte von der Ordnung des Vorbildes abweicht, iſt
von dem Gedanken beherrſcht, daß nicht die Blutvergießung überhaupt
das Merkmal eines legitimen Opferactes iſt, ſondern nur die Vergießung oder Darbringung des Blutes an der richtigen Stätte, welche
als ſolche nur die Stätte der legitimirten Gegenwart Gottes iſt.
Wenn alſo Chriſti Opfer als das Gegenbild des jährlichen allgemeinen
Sündopfers nach moſaiſcher Geſetzgebung erwieſen werden ſoll, ſo
gehört dazu nothwendig die Gewähr, daß und wie das Blut des
Geopferten vor das Angeſicht Gottes gekommen iſt.

Nach dieſem Maßſtabe läßt ſich auch entſcheiden, wie die An-
ſpielung des Paulus auf den Opferact Chriſti zur Begründung der
$\delta\iota\varkappa\alpha\acute{\iota}\omega\sigma\iota\varsigma$ und der $\dot{\alpha}\pi o\lambda\acute{\upsilon}\tau\varrho\omega\sigma\iota\varsigma$ (Röm. 3, 24—26.) zu verſtehen iſt.
Denn, abgeſehen von anderen Schwierigkeiten dieſes Ausſpruches,
ſträubt ſich z. B. Hofmann noch immer dagegen, das Jeſu verliehene
Prädicat $\dot{\iota}\lambda\alpha\sigma\tau\acute{\eta}\varrho\iota o\nu$ dem ſtehenden bibliſchen Sprachgebrauch gemäß
als Ausdruck für die Kapporeth anzuerkennen. Seinen Einwendungen
dagegen[1]) kann ich jedoch viel Gewicht nicht einräumen. Der Mangel
des Artikels bei jenem Prädicate läßt daſſelbe nicht als Einzelding
einer Gattung erſcheinen, ſondern als den Gattungsbegriff, unter
welchen die genannte Perſon geſtellt wird. Wenn ferner $\delta\iota\grave{\alpha}\ \tau\tilde{\eta}\varsigma$
$\pi\acute{\iota}\sigma\tau\varepsilon\omega\varsigma$, wie Hofmann richtig behauptet, zu $\dot{\iota}\lambda\alpha\sigma\tau\acute{\eta}\varrho\iota o\nu$ gehört, ſo
kommt es nur darauf an, den Sinn dieſes Jeſu verliehenen Prädi-
cates richtig zu erkennen, um der Bemerkung auszuweichen, daß ſich
jene Bedingung wohl mit dem allgemeinen Begriffe eines Sühne-
mittels, nicht aber mit dem Eigennamen oder dem Sonderbegriffe
dieſes Dinges verbinden laſſe. Das tertium comparationis zwiſchen
der Perſon Jeſus und jenem Geräthe iſt ja natürlich nicht in der
materiellen Beſtimmtheit deſſelben, ſondern in ſeiner religiöſen Beſtimmung und ſeinem Heilswerthe zu ſuchen, wie dieſelben den Iſraeliten gegenwärtig ſein mußten. Dieſe Eigenthümlichkeit der Kapporeth
beſteht nun aber bekanntlich in der Gewißheit, daß zum Zeichen der
gnädigen und hülfreichen Gegenwart Gottes in ſeinem Volke die als
dunkle Rauchſäule angeſchaute כָּבוֹד, $\delta\acute{o}\xi\alpha$ Gottes, diejenige Erſcheinung, welche ſich Gott frei nimmt und giebt, auf der Kapporeth
zwiſchen den getriebenen Cherubimbildern ruht (2 Moſ 25, 22.;

---

[1]) Schriftbeweis II, 1. S. 336 f.

4 Moſ. 7, 89.; Pſ. 99, 1.). Deßhalb heißen dieſe Χερουβὶμ δόξης (Hebr. 9, 5.), die zur göttlichen, freilich ſinnlichem Auge unſichtbaren, Gnadenerſcheinung gehörenden Attribute der Kapporeth. Nun aber iſt für den Glauben des Paulus die heilsmäßige Erſcheinung Gottes nicht mehr an jenes Geräth im Allerheiligſten gebunden, vielmehr „hat Gott in unſeren Herzen geleuchtet zum Erfolge derjenigen Er= leuchtung, welche beſteht in der Erkenntniß τῆς δόξης τοῦ θεοῦ ἐν προςώπῳ Ἰησοῦ Χριστοῦ" (2 Kor. 4, 6.), welcher deßwegen εἰκὼν τοῦ θεοῦ iſt (V. 4.). Und ebenſo ſucht Paulus alle Befriedigung gemäß dem (Gnaden=) Reichthum Gottes, welchen er findet in der Er= ſcheinung (Gottes) in Chriſto Jeſu (Phil. 4, 19.). Es ergiebt ſich hieraus, nach welchem Vergleichspunkte Paulus Jeſum ἱλαστήριον nennen konnte; ebenſo ergiebt ſich, daß Jeſus als Träger der gött= lichen Gnadenerſcheinung nur mittels unſeres Glaubens anzuerkennen und aufzuweiſen iſt; ferner daß das ſächliche Gepräge jenes Prädi= cates ſchon durch die Anſchauung der Perſon Jeſu neutraliſirt iſt, indem Paulus daſſelbe dieſer hinzufügt. Endlich aber verbürgt das leitende Verbum προέθετο auch eine abſichtliche Entgegenſetzung des neuen Trägers der δόξα τοῦ θεοῦ gegen den alten. Denn dieſes Geräth war in dem Dunkel des Allerheiligſten eingeſchloſſen; den neuen Träger ſeiner Gnadenerſcheinung aber hat Gott von ſich aus öffentlich ausgeſtellt.

Direct bezieht ſich alſo der Satz ὃν προέθετο ὁ θεὸς ἱλαστή= ριον nicht auf die Opferqualität Chriſti. Dieſelbe wird jedoch durch die von προέθετο abhängigen Worte ἐν τῷ αὐτοῦ αἵματι vor Augen gerückt. Sie drücken aus, daß die an dem Leibe des Gekreuzigten ſtattgefundene Blutvergießung dazu gehört, damit die in dem Träger der göttlichen Erſcheinung wirkſame Gnadengerechtigkeit die nach Röm. 4, 6—8. ſynonymen Zwecke der Gerechtſprechung der Gläubigen und der Vergebung ihrer Sünden erreiche. Dieſe Bedingung richtet ſich nämlich nach der Ordnung des Vorbildes, welche in bem Ritus des Jom Hakkippurim enthalten iſt. Die Gnadengegenwart Gottes über der Kapporeth iſt an jenem Tage zur allgemeinen Sündenvergebung für das Volk nur unter der Bedingung wirkſam, daß die Kapporeth mit dem Opferblut beſprengt werde. Indem alſo auch Paulus die Qualität Chriſti als des Opfers zur allgemeinen Sündenvergebung in Analogie mit jenem altteſtamentlichen Ritus anſchaut, ſo folgt er dabei ebenſo wie der Verfaſſer des Hebräerbriefes der geſetzmäßigen Rückſicht, daß eine Vergießung des Blutes Jeſu nicht bloß überhaupt,

ſondern ſpeciell an die Stätte der göttlichen Gegenwart aufgezeigt
werde. Aber indem er das Gegenbild der Kapporeth des Alten Teſtamentes nicht im himmliſchen Throne Gottes, ſondern in Chriſtus als
dem Ebenbilde des Vaters ſucht, ſo findet er die zum Zwecke der
allgemeinen Sündenvergebung gereichende Vergießung des Blutes
Jeſu ſchon in dem Momente der öffentlichen Ausſtellung deſſelben
am Kreuze, und verlegt ſie nicht erſt in den Kreis der Thätigkeit des
Auferſtandenen. Obgleich wir alſo hierin eine bedeutſame Abweichung
zwiſchen beiden Schriftſtellern in der Art ſehen, wie ſie den Typus
des jährlichen allgemeinen Sündopfers in Jeſus erfüllt finden, ſo
bürgt unſere Deutung dafür, daß der charakteriſtiſche Sinn der An-
ſpielung des Paulus nur dann ſich ergiebt, wenn man dem herrſchenden Sprachgebrauch von ἱλαστήριον auch an dieſer Stelle folgt·

Streitig iſt, ob Paulus auch 2 Kor. 5, 21. durch das Prädicat
ἁμαρτία Chriſtus als Gegenbild der Sündopfer des Alten Teſtamentes bezeichnet. Dafür ſpricht die Bedeutung des angegebenen
Zweckes, ἵνα ἡμεῖς γενώμεθα δικαιοσύνη θεοῦ ἐν αὐτῷ, ſowohl an
ſich, als auch wegen der Beziehung des V. 21. auf V. 19. Denn
überhaupt iſt bekannt, daß Gottes Rechtfertigen und Sündenver-
geben für Paulus ein Gedanke iſt. Wenn aber die Aufforderung
in V. 20: „werdet verſöhnt mit Gott, werdet Gottes Freunde“, ihr
Motiv darin findet, daß Gott Chriſtus zu etwas gemacht hat, was dem
Zwecke unſerer Rechtfertigung dient; wenn es vorher V. 19. hieß,
Gott habe in Chriſtus die Welt ſich wieder verſöhnt, d. h. in befreun-
dete Stellung zu ſich gebracht, indem er ihnen die Uebertretungen nicht
anrechnete; wenn endlich die Opferqualität Jeſu überall bei den
Apoſteln der regelmäßige Mittelbegriff iſt, durch welchen die Gewißheit der Sündenvergebung an die Perſon Chriſti geknüpft wird: ſo
iſt doch alle Wahrſcheinlichkeit dafür, daß das Prädicat ἁμαρτία
Jeſum als Sündopfer bezeichnen ſoll. Freilich regelmäßig heißt das
Sündopfer bei den LXX. περὶ ἁμαρτίας, aber nicht ausſchließlich,
denn in einzelnen Stellen (3 Moſ. 5, 9.; 6, 25.) heißt es auch
ἁμαρτία (vgl. ὁ μόσχος ὁ τῆς ἁμαρτίας 2 Moſ. 29, 36.; 3 Moſ.
4, 20. 33.). Allerdings erhebt ſich gegen dieſe Auslegung der ſtarke
Schein, daß, wie in dieſem Verſe das abstractum δικαιοσύνη θεοῦ
ſtatt δίκαιοι ἐκ θεοῦ ſteht, ſo auch ἁμαρτία als Prädicat Chriſti für
ἁμαρτωλός geſetzt ſei. Dieſer Auffaſſung kommt ferner der unwill-
kürliche äſthetiſche Eindruck zu Gute, als beabſichtige Paulus
einen Contraſt zwiſchen τὸν μὴ γνόντα ἁμαρτίαν und ἁμαρτίαν

ἐποίησεν, sowie zwischen diesem und dem Finalsatze ἵνα ἡμεῖς γενώμεθα δικαιοσύνη θεοῦ ἐν αὐτῷ. Dieß Verständniß der Stelle kommt
dann darauf hinaus, daß Jesus nach Gottes Anordnung trotz seiner
Sündlosigkeit durch die Erfahrung des Todes, welcher Folge oder
Strafe der Sünde ist, als Sünder erschienen sei. Diese unumgängliche Bedingung der vorgetragenen Erklärung[1] unterscheidet deren
Sinn höchst bedeutsam von dem Inhalte der sehr nahekommenden
und meist immer verglichenen Stelle Gal. 3, 13. 14. In dieser ist
der Contrast zwischen Mittel und Zweck als Ausdruck eines wirklichen Verhältnisses gemeint und auch verständlich. Jesus hat in
seinem Kreuzestode wirklich den Gesetzesfluch erfahren, damit die
Heiden den Abrahamssegen erführen. Hingegen wenn 2 Kor.
5, 21. es heißen soll, Jesus sei nur als Sünder erschienen,
damit wir die Gottesgerechtigkeit gewännen, so ergiebt sich
eine Incongruenz zwischen Zweck und Mittel, die dem Paulus lieber
nicht zugetraut wird. Zu der Sündererscheinung Christi im Tode
würde nur eine Erscheinung, d. h. in diesem Falle ein Schein, von
Gottesgerechtigkeit in directem Verhältniß stehen. Da jedoch Paulus
dieses Prädicat der Gläubigen im Sinne voller Wirklichkeit meint, so
kann er nicht ein so incongruentes Mittel dazu gedacht haben, wie die
vorliegende Auslegung ihm zutraut. Oder aber Paulus denkt unter
dem ἁμαρτίαν ἐποίησεν, abgesehen von dem pikanten Ausdrucke, nur
den unverdienten Tod Jesu; dann aber forderte das Gesetz des Con-
trastes zwischen Mittel und Zweck, wie es die Aussage Gal. 3,
13. 14. beherrscht, daß es hieße: damit wir würden Leben in ihm.
Da aber dieser Ausdruck, mit welchem der der Gottesgerechtigkeit für
Paulus nicht synonym ist, nicht gesetzt ist, so überzeugt man sich
wohl, daß die Voraussetzungen nicht statthaft sind, denen gemäß die
Auslegung des Satzes solche Incongruenzen zwischen Ausdruck und
Gedanke ergiebt. Verzichtet man nur auf den Eindruck, als ob Paulus
die oben bezeichneten Contraste beabsichtige, so erscheint es auch nicht
so dringend, daß man das zweite ἁμαρτία ebenso wie das δικαιο-
σύνη als abstractum pro concreto verstehe. Vielmehr ist an der
Bedeutung dieses Wortes als Sündopfer festzuhalten, da dessen
Begriffe die Aussage des Zweckes im Sinne des Paulus voll-
kommen entspricht; und das vorausgeschickte charakteristische Prädicat
Christi ist als diejenige Bedingung der Zweckgemäßheit seines Sünd-

---

[1] Auch bei Hofmann a. a. O. S. 329.

opfers gemeint, welche der rituellen Fehllosigkeit der Opferthiere
analog ist.

Auf die bei Paulus und im Hebräerbriefe nachgewiesene An=
schauung von Christus als dem allgemeinen Sündopfer stützen sich
also folgende Ausdrücke für die Heilswirkung des Todes Christi. In
den beiden erörterten Aussprüchen des Paulus wird die mit der
Nichtanrechnung der Sünden (2 Kor. 5, 19.; Röm. 4, 6—8.)
synonyme Rechtfertigung direct von jener Vorstellung abhängig
gemacht. Gleichen Werth hat das χαρισάμενος ἡμῖν πάντα τὰ
παραπτώματα (Kol. 2, 13.), welches im Verhältniß zu dem leitenden
Verbum συνεζωοποίησεν ὑμᾶς σὺν αὐτῷ, das ein Attribut der Auf=
erweckung Jesu bezeichnet, und zusammen mit dem folgenden coordi=
nirten Participium ἐξαλείψας ein Attribut des der Auferweckung vor=
hergehenden Todesmomentes Jesu bildet. Denselben Grund setzt die
übereinstimmende Aussage Kol. 1, 14.; Eph. 1, 7. voraus, ἐν ᾧ
ἔχομεν — τὴν ἄφεσιν τῶν ἁμαρτιῶν (παραπτωμάτων), wobei wir
zunächst von dem vorhergehenden τὴν ἀπολύτρωσιν absehen. Und
vielleicht fordert die rhetorische Art des Briefes an die Epheser eine
solche Abtheilung der Worte des bezeichneten Verses, daß διὰ τοῦ
αἵματος αὐτοῦ τὴν ἄφεσιν τῶν παραπτωμάτων zusammengehört.
Im Hebräerbriefe erscheint dieser Ausdruck der Opferwirkung in der
von den Opfern des Alten Testamentes abstrahirten Regel: χωρὶς
αἱματεκχυσίας οὐ γίνεται ἄφεσις (9, 22.), und da in dem Opfertod
Christi die Begründung des neuen Bundes nachgewiesen ist, in wel=
chem nach den Worten des Jeremia Gott der Sünden grundsätzlich
nicht mehr gedenkt, so wird daraus gefolgert: ὅπου ἄφεσις τούτων,
οὐκέτι προσφορὰ περὶ ἁμαρτίας (10, 15—18.). Sonst bedient sich
der Verfasser des Hebräerbriefes anderer directer Aussagen über die
Wirkung des Sündopfers Christi. Von ihnen ist wesentlich gleich=
artig mit jener Formel der Satz: εἰς ἀθέτησιν ἁμαρτίας διὰ τῆς
θυσίας αὐτοῦ πεφανέρωται (9, 26.), ferner die wiederholte Aussage,
daß Christus den καθαρισμὸς τῶν ἁμαρτιῶν, die Reinigung von
den Sünden, vollzogen habe (1, 3.), speciell, daß das Gewissen durch
das Blut Christi von den νεκρὰ ἔργα gereinigt sei (9, 14., vergl.
10, 2.). Denn damit sind auch 6, 1. nothwendig und ausschließlich
die Sünden als solche Werke bezeichnet, welche dem Charakter des
lebendigen Gottes (3, 12.) widersprechen. Die Reinigung von den
Sünden wird im Gesetz über den Jom Hakkippurim (3 Mos. 16, 30.)
so ausdrücklich als der Erfolg des jährlichen allgemeinen Sündopfers

hervorgehoben, daß die Uebertragung dieſes Attributes auf das mit jenem verglichene Sündopfer Chriſti nicht auffallen kann. Endlich ſtützt ſich auf dieſelbe Anſchauung die zweimalige Bezeichnung Jeſu in dem erſten Briefe des Johannes als ἱλασμὸς περὶ τῶν ἁμαρτιῶν ἡμῶν (2, 2.; 4, 10.), welcher Formel ſich noch im Hebräerbrief (2, 17.) die Zweckbeſtimmung der Hohenprieſterwürde Chriſti, εἰς τὸ ἱλάσκε-σθαι τὰς ἁμαρτίας τοῦ λαοῦ, anſchließt. Hiermit haben wir den Ueberblick aller im Neuen Teſtament ausgeſprochenen Beziehungen des Attributes des Sündopfers für Chriſtus vorgelegt.

Ferner ſind aber noch die Anſpielungen auf eine dritte Art des Opfers vorzuführen, unter deren Anſchauung der Tod Chriſti eben-falls geſtellt wird. Dieſe iſt das Paſſahopfer. Bekanntlich giebt die Jahreszeit des Todes Chriſti den Anlaß zu dieſer Anſchauung. In verſchiedener Weiſe wird nun auch dieß Attribut mit der Wirkung der Erlöſung von Sünden verbunden; dieſe Gedankenfolge iſt aber in dem Maße ſchwierig zu verſtehen, als ſie von den Verhältniſſen des Vorbildes ſich entfernt, welches ja doch nicht den Charakter des Sündopfers, ſondern den des Heilsopfers an ſich trägt. Sehr einfach iſt freilich die Darſtellung des Paulus 1 Kor. 5, 6—8. Unſer Paſſah iſt geopfert, nämlich Chriſtus; ſeitdem ſind wir in der Feier der ungeſäuerten Brote begriffen, wegen deren der alte Sauerteig aus dem Gebrauche und aus den Häuſern geſchafft werden mußte (2 Moſ. 12, 15.). Nun aber iſt für die Chriſten die Schlechtigkeit und Bos-heit der alte Sauerteig, alſo folgt aus dem durch das Paſſahopfer in Chriſtus bezeichneten Charakter der gegenwärtig die Chriſten be-ſchäftigenden Feier, daß die Enthaltung von jenen Untugenden und die Uebung von Aufrichtigkeit und Wahrheit eintreten muß. Dieſe Darſtellung knüpft an den Paſſahcharakter des Todes Chriſti nur die Aufforderung an die Gemeinde, ſich vor Sünden zu hüten und gewiſſe Sünder auszuſcheiden, und erreicht dieſen Zweck auch nur durch die Deutung des zeitlichen Zuſammenhanges der beiden Feſte des erſten iſraelitiſchen Monats.

Anders beſchaffen iſt die Ausſage des Petrus im erſten Briefe 1, 18. 19. Daß dieſelbe aus der Vorſtellung vom Opfer Chriſti hervorgegangen iſt, iſt an der Hervorhebung des Blutes zu erkennen, ἐλυτρώθητε ἐκ τῆς ματαίας ὑμῶν ἀναστροφῆς πατροπαραδότου τι-μίῳ αἵματι ὡς ἀμνοῦ ἀμώμου καὶ ἀσπίλου Χριστοῦ. Schon hierdurch iſt es verboten, bei der Bezeichnung Chriſti als des fehl-loſen Lammes, durch welche das Prädicat des Blutes, τίμιον, be-

gründet werden foll, an den Knecht Gottes zu denken, der wegen
feiner Geduld mit einem Schlachtschafe nur verglichen wird (Jef.
53, 7.), wobei die LXX. das Wort πρόβατον gebrauchen. Außerdem
aber erlaubt der technifche Ausdruck ἀμνός an fich, fowie die daffelbe
begleitenden, dem Opferritual angehörenden, Beiwörter nur diefe Deu=
tung. Die Gründe, mit denen z. B. Schott[1] die Anfpielung auf
die Weiffagung des zweiten Jefaia dem Texte vindiciren will, find
mir eigentlich unverftändlich; nur fo viel ift mir klar, daß er den
Zufammenhang der Sätze V. 17—21. nicht richtig beftimmt hat.
Der Satz εἰδότες (V. 18.) motivirt allerdings nicht, wie die Meiften
annehmen, die vorhergehende Aufforderung: ἐν φόβῳ ἀναστράφητε;
denn diefelbe hat fchon ihr Motiv an dem vorhergehenden εἰ ἐπικα=
λεῖσθε πατέρα κτλ. Jener Participialfatz motivirt aber auch nicht,
wie Schott ebenfalls in unverftändlicher Weife vorfchlägt, den Caufal=
zufammenhang zwifchen den Theilen von V. 17., fondern er motivirt
die von Petrus bei den Lefern vorausgefetzte Thatfache, daß fie den
unbeftechlichen Richter als Vater anrufen. Wenn die Stellung der
Sätze dieß als fernliegend erfcheinen läßt, fo entfpricht fie doch der
Diction des Petrus auch in V. 22. 23., wo das Participium ἀνα=
γεγεννημένοι (V. 23.) nur das Motiv für die im Vorderfatz von
V. 22. gemachte Vorausfetzung τὰς ψυχὰς ὑμῶν ἡγνικότες ausdrückt.
Ju jenem Falle wird nun die Vaterfchaft Gottes, welche die Lefer
durch die Art ihrer Anrufung deffelben in Anfpruch nehmen, auf ihr
Bewußtfein davon begründet, daß Gott fie von ihrem angeftammten
nichtigen Wandel durch das Opferblut Chrifti befreit habe. Sowie
nun indirect hierin liegt, daß die Vaterfchaft Gottes zu den Lefern
keine natürliche ift, daß fie fich vielmehr auch nur durch Beendigung
eines von den Vätern überkommenen (πατροπαράδοτος) Zuftandes der
Lefer bekundet, fo wird man durch den Satz ἐλυτρώθητε κτλ. auf ein
beftimmtes Vorbild hingewiefen, welches Schott nicht erkannt hat,
obgleich es fchon von Hofmann[2] ganz richtig bezeichnet war. Sowie
die Befreiung aus dem nichtigen Wandel in Aegypten (4 Mof. 11, 18.)
die Vaterfchaft Gottes gegen das israelitifche Volk bewährte (2 Mof.
4, 22.), fo wiffen fich auch die Chriften von Gott aus ihrer Art
von nichtigem Wandel befreit. Und zwar diente dazu das Opferblut
Chrifti, welches nicht, wie Gold und Silber, vergänglich ift, weil

---

[1] Der erfte Brief Petri erklärt, S. 66.
[2] A. a. O. S. 462.

Chriſtus zum Heile der Menſchen ewig vorherbeſtimmt und zur Be=
gründung der chriſtlichen Hoffnung von Gott aus dem Kreiſe der
Todten erweckt und mit Gotteserſcheinung, d. h. mit ewigem Leben,
beſchenkt iſt (V. 20. 21.), und welches insbeſondere ſeinen Werth zu
jenem Zweck darin hat, daß Chriſtus an Fehlloſigkeit einem Opfer=
lamm gleich iſt. Dieſer Zuſammenhang der Rede des Petrus macht
es nun aber unumgänglich, das Lamm, dem Chriſtus verglichen wird,
als das zum Paſſahopfer gehörige zu verſtehen. Die Opferthiere
beim Bundesopfer am Sinai waren Rinder, beim jährlichen all=
gemeinen Sündopfer Widder; wenn nun zwar auch bei anderen
Opfern Lämmer vorkommen, ſo wird doch hier die Anſchauung auf
den Typus des Paſſahlammes beſchränkt, gerade weil dieſes Opfer
zu den Mitteln der Befreiung der Iſraeliten aus Aegypten gehörte,
und weil es dazu beſtimmt war, die Erinnerung an dieſe dem Volke
ſo hervorragend wichtige Erfahrung dauernd zu vermitteln und zu
erhalten. Indem alſo hiermit erwieſen iſt, daß Petrus den Opfertod
Chriſti in dieſem Satze unter die Kategorie des Paſſahopfers ſtellt,
ſo behalten wir uns freilich vor, auf die ſpecielle Deutung der daran ge=
knüpften Wirkung, nämlich des Begriffes λυτροῦν, ſpäter zurückzukommen.

Mit demſelben Vorbehalt berühre ich neben der eben beſprochenen
Stelle die aus dem Briefe an den Titus 2, 14. Die Formel Χριστὸς ἔδωκεν ἑαυτὸν ὑπὲρ ἡμῶν (vgl. Gal. 1, 4.) meint wegen der
folgenden Zweckangaben die ſpecifiſche Hingebung ſeiner ſelbſt im
Tode an Gott, welche auf die Vorſtellung vom Opfer hinauskommt.
Nun ſind aber die folgenden Zweckbeſtimmungen, ἵνα λυτρώσηται
ἡμᾶς ἀπὸ πάσης ἀνομίας καὶ καθαρίσῃ ἑαυτῷ λαὸν περιούσιον, in
der Art verſchieden, daß ihre typiſchen Beziehungen im Alten Teſta=
mente nur an zweierlei Opfer vertheilt ſind. Wenn es erlaubt ſein
wird, nach der für 1 Petr. 1, 18. 19. gefundenen Erklärung an=
zunehmen, daß der erſtere Zweck Chriſti Opfer in Vergleich mit dem
urſprünglichen Paſſahopfer ſtelle, ſo iſt der andere Zweck nur an
den Vergleich des Opfers Chriſti mit dem moſaiſchen Bundesopfer
anzuknüpfen. Denn λαὸς περιούσιος bezeichnet bei den LXX. das
Volk des Eigenthums Gottes (2 Moſ. 19, 5. u. a.), das Bundes=
opfer aber dient zur Einweihung des Volkes in dieſen Charakter,
insbeſondere durch die Beſprengung deſſelben mit dem Opferblute,
unter der Bedingung, daß der dabei gelobte Gehorſam gegen den
Bundesgott gehalten werde (19, 5.; 24, 7. 8.). Deßhalb iſt auch
im Brief an Titus als Bedingung die Zweckbeſtimmung hinzugefügt

ζηλωτὴν καλῶν ἔργων. Deßhalb iſt endlich bei der reinigenden Wirkung der Selbſthingebung Chriſti ohne Zweifel an ein Analogon zu
der Sprengung des Bundesblutes über das iſraelitiſche Volk gedacht,
welche in der Vorſtellung vom ῥαντισμὸς αἵματος uns ſchon begegnet
iſt (1 Petr. 1, 2.; Hebr. 10, 22.; 12, 24.; ſ. ob. S. 246.). Die
Ausſage im Titusbriefe würde alſo in der Anſchauung der doppelten
Wirkung des Opfers Chriſti die beiden Typen des Paſſahopfers und
des Bundesopfers zuſammenfaſſen, welche ſonſt getrennt von einander
die apoſtoliſchen Vorſtellungen leiten. Sowie aber der Verfaſſer des
Hebräerbriefes den Charakter des Opfers Chriſti nach dem Vorbilde
ſowohl des Bundesopfers als des jährlichen Sündopfers beſtimmt,
ſo darf man ſich über die Zuſammenfaſſung auseinanderliegender,
altteſtamentlicher Typen in dem vorliegenden Ausſpruche nicht wundern.

Mit dem Ergebniß dieſes pauliniſchen Ausſpruches wird es auch
wohl gelingen, die verſchiedenen Andeutungen über den Charakter und
die Wirkungen des Opfers Chriſti in der Apokalypſe zu ordnen.
Dieſelben ſtimmen 1, 5. 6. und 5, 9. 10. darin überein, daß in
Folge verſchieden bezeichneter Wirkungen des Blutes Chriſti die
Gläubigen zu Königen und Prieſtern oder zu einem Königreich als
Prieſter gemacht, alſo in den Beruf des alten Bundesvolkes (2 Moſ.
19, 6.) eingeführt ſind. Sie ſind im Gegenſatze zu dieſem aus
jedem Volke erwählt (5, 9.; 14, 3. 4.); ihr in der letzten Stelle bezeichneter Charakter als ἀπαρχὴ τῷ ϑεῷ läßt ſie aber auch im Beſitz
des Vorzuges des iſraelitiſchen Volkes als erſtgeborenen (d. h. Gott
geweihtes) Sohnes (2 Moſ. 4, 22.) erſcheinen. Nun wird die nächſte,
unmittelbare Wirkung des Opfers Chriſti theils ſo bezeichnet, daß er
uns von unſeren Sünden befreit hat (τῷ λύσαντι ἡμᾶς ἐκ τῶν
ἁμαρτιῶν ἡμῶν, 1, 5.), theils ſo, daß er uns für Gott erworben
hat (ἠγόρασας τῷ ϑεῷ ἡμᾶς ἐν τῷ αἵματί σου, 5, 9., vgl. 14, 3. 4.).
Jenes berührt ſich nun ſo nahe mit den Formeln 1 Petr. 1, 18. 19.;
Tit. 2, 14., daß man nur an den Typus des Paſſahopfers denken
kann, zumal da das ſtehende Bild des Lammes (ἀρνίον, 5, 6.; 7, 14.;
13, 8. u. oft) für den mit den Merkmalen des erlittenen Todes ver-
gegenwärtigten Chriſtus wieder nicht auf den deuterojeſaianiſchen Typus
des Knechtes Gottes, ſondern nur auf das Ritual der Paſſahfeier
(ἀπὸ τῶν ἄρνων λήψεσϑε, 2 Moſ. 12, 15.) zurückweiſt [1]). Aber der
Gedanke des ἀγοράζειν τῷ ϑεῷ läßt ſich ſchwerlich aus dem Typus des

---

[1]) Vgl. Entſtehung der altkathol. Kirche, 2. Ausg. S. 121.; übereinſtimmend
Hofmann a. a. O. S. 296.

Paſſahopfers erklären. Bei dem Begriff ἀγοράζειν, der auch bei Paulus
(1 Kor. 6, 20.; 7, 23.) in einer nicht näher beſtimmten Weiſe, auf deren
Sinn wir zurückkommen, die Heilswirkung Chriſti bezeichnet, denkt man
gewöhnlich v o r h e r r ſ c h e n d an die Merkmale einer Exemtion aus frü=
herem Beſitze und einer Aequivalenz des Lebens Chriſti mit dem Werthe
der Gläubigen für deren frühern Beſitzer. Man folgt in dieſer Be=
ziehung dem Eindrucke, welchen der Gebrauch von ἐξαγοράζειν (Gal.
3, 13.; 4, 5.) erweckt. Indeß iſt in dem Gebrauche des einfachen
Wortes in der Apokalypſe einerſeits die Rückſicht auf den gegenwär=
tigen Beſitzer, auf Gott, ſo beſtimmt hervorgehoben, und indem der
Ausgangspunkt des Kaufens mit ἐκ πάσης φυλῆς καὶ γλώσσης καὶ
λαοῦ καὶ ἔϑνους bezeichnet wird, wird dadurch der Gedanke an einen
früheren Beſitzer ſo wenig nahegelegt, daß die Analogie des Ge=
dankens in der Apokalypſe mit dem im Briefe an die Galater ſehr
gering wird. Andererſeits erlaubt aber auch der Zuſammenhang jenes
Satzes gar nicht, daran zu denken, daß Chriſtus als Mittel des Kaufes
in den Beſitz einer Gott entgegengeſetzten Macht übergegangen ſei,
welche dafür die Gläubigen an Gott entlaſſen habe. Denn als Opfer,
wie er durch die Erwähnung ſeines Blutes gekennzeichnet iſt, giebt er
ſich in eigenthümlicher Weiſe an Gott hin; wenn er nun dadurch
auch die Gläubigen aus allen Völkern für Gott erwirbt, ſo findet
das Merkmal der Aequivalenz mit dieſen, ferner der Uebergang des
Lebens Jeſu als Kaufpreiſes in den Beſitz einer Gott entgegengeſetzten
Macht gar keinen Boden in der Anſchauung des Schriftſtellers. Viel=
mehr ergiebt ſich, daß der ſtricte Sinn, der ſonſt dem Worte ἀγορά=
ζειν beiwohnt, in dieſem Falle nicht angewendet ſein kann. Es paßt
auf das Wort nur der Sinn: zum Eigenthum erwerben, ſo=
wie dieß auch Cap. 3, 18. der Fall iſt und wie das hebräiſche קָנָה,
welches regelmäßig kaufen bedeutet, auch für erwerben im All=
gemeinen gebraucht wird, in Fällen, welche die ſpecifiſchen Merkmale
des Kaufes für den Gedanken gar nicht zulaſſen (Spr. 4, 7.; 15, 32.;
16, 16.; 19, 8.). Wenn alſo das Opfer Chriſti im Sinne des
Apokalyptikers die Wirkung hat, Gotte aus allen Völkern Menſchen
als Eigenthum zu erwerben[1]), ſo liegt hierfür der Typus des Bundes=
opfers näher, durch welches, im Zuſammenhang der Geſchichte des
alten Bundes, die Beſtimmung Iſraels zum Eigenthume Gottes ihren
Abſchluß als Grundlage der verwirklichten Bundesgemeinſchaft findet.

---

[1]) Hiernach wird auch 2 Petr. 2, 1. erklärt werden dürfen.

Dafür, daß jener Typus in die Anſchauung des Apokalyptikers vom
Opfer Chriſti hineinſpielt, iſt auch auf das Geſicht hinzuweiſen, in
welchem die unzählbaren Genoſſen der Völker innerhalb der chriſt=
lichen Gemeinde auftreten, angethan mit weißen Gewändern (14, 9.),
welche ſie gewaſchen und weiß gemacht haben in dem Blute des
Lammes (ἔπλυναν τὰς στολὰς αὐτῶν καὶ ἐλεύκαναν ἐν τῷ αἵματι
τοῦ ἀρνίου, V. 14.).   Denn dieß iſt nur ſo mit der altteſtamentlichen
Anſchauung vom Opfer zu reimen, daß das Blut Chriſti nicht bloß
Gott dargebracht, ſondern auch auf die Genoſſen des Bundes ge=
ſprengt iſt, daß alſo der ῥαντισμὸς αἵματος vorausgeſetzt iſt, wie er
beim Bundesopfer ſtattfindet.   Alſo auch der Apokalyptiker ſcheint in
dem Opfer Chriſti die Beziehungen des Paſſah= und des Bundes=
opfers zuſammengefaßt zu haben.

Um dieſe Ueberſicht der äußeren Verhältniſſe der neuteſtament=
lichen Vorſtellungen vom Opfer Chriſti zum Abſchluß zu bringen,
kommt noch in Betracht, wie die einzelnen Schriftſteller die zu den
moſaiſchen Opfern ordnungsmäßig gehörenden Acte
in ihrer Anſchauung des ſich darbringenden Chriſtus
zur Anwendung bringen.   Von jenen fünf Acten, Darſtellung
des Thieres vor dem Altar, Auflegung der Hände auf das Haupt
des Thieres, Schlachtung deſſelben, Sprengung des Blutes an den
Altar, reſp. an die anderen Heiligthümer, Verbrennung des Thier=
leibes, reſp. der Eingeweide auf dem Altar, — kommen für das
Opfer Chriſti nur die drei letzten zur Erwähnung im Neuen Teſta=
ment.   Bei den altteſtamentlichen Opfern iſt nun die Schlachtung des
Thieres nur ein vorbereitender Act, beſtimmt, um das aus der Hals=
wunde ſpringende Blut zu gewinnen[1]); das im Opfer beabſichtigte
ſpecifiſche Verhalten des Menſchen zu Gott vollzieht ſich nur in den
beiden letzten Handlungen, der Blutſprengung und der Verbrennung
des Thieres zum wohlgefälligen Geruch für Gott (אִשֵּׁה רֵיחַ נִיחֹחַ
לַיהוָה).   In Hinſicht des Opfers Chriſti iſt nun ſchon hervorgehoben
worden, welcher Werth zur Bezeichnung ſeiner Opferqualität auf
die Vergießung ſeines Blutes an ſeinem am Kreuze hangenden Leibe,
reſp. auf die Darbringung deſſelben vor den himmliſchen Thron
Gottes, gelegt wird (ſ. ob. S. 247.).   Ebenſo beſtimmt wird aber
auch die Darbringung ſeines Leibes als weſentliches Moment des

---

[1]) Vgl. Oehler, Opfercultus des Alten Teſtaments, in Herzog's Real=Ency=
klopädie, Bd. 10. S. 628.

Opfers bezeichnet (f. ob. S. 243.). Es fragt sich nur, ob noch spe=
ciellere Anknüpfungen der Anschauung vom Opfer Christi vorliegen,
welche Erwähnung erheischen. In dieser Hinsicht ist nun bedeutsam,
wie Paulus das charakteristische Merkmal der Verbrennung des Opfer=
thieres auf Christus überträgt, daß ἐχ παρέδωϰεν ἑαυτὸν ὑπὲρ ἡμῶν
προςφορὰν ϰαὶ ϑυσίαν τῷ ϑεῷ εἰς ὀσμὴν εὐωδίας (Eph. 5, 2.).
Dieß weist darauf hin, daß der auf die Bedeckung des Gekreuzigten
mit seinem eigenen Blute folgende Todesmoment der Verbrennung
des Thieres im heiligen Feuer entspricht, daß also mit dem Sterben
Christi seine Selbstdarbringung als Act abgeschlossen ist. Paulus
bewahrt also in der Anschauung des Opfers Christi die Reihenfolge
der für das alttestamentliche Opfer angeordneten Handlungen. Eine
Bestätigung, zugleich aber eine eigenthümliche Bereicherung erfährt
diese Auffassung der Anschauung des Paulus durch die Stelle 2 Kor.
2, 14—16. Wenn die Apostel als Verkündiger des Heilswerthes
des Todes Christi Χριστοῦ εὐωδία τῷ ϑεῷ sind, wenn die Erkenntniß
von Christus, die sie zu ihrem Beruf befähigt, ὀσμή heißt, wenn
endlich die Apostel wegen dieser Erkenntniß und Mittheilung selbst
ὀσμή genannt werden, die freilich für die entgegengesetzt disponirten
Menschen entgegengesetzten Erfolg hat, so ist damit Folgendes aus=
gedrückt. Als Handlung Christi ist seine Selbstdarbringung mit dem
Tode vollendet, in welchem er das Gegenbild zu der Erhebung des
Thierleibes in das Altarfeuer vollzog; aber was dem Verbrennungs=
proceß entspricht, der den Gott wohlgefälligen Geruch entwickelt, dieß
dauert noch nach dem Tode Christi fort in der Verkündigung von
dessen Heilsbedeutung durch die Apostel. Aber auch die Auferweckung
Christi bleibt für die Anschauung des Paulus von dem Opfer desselben
nicht außer Betracht. Der Satz Röm. 4, 25. ἠγέρϑη διὰ τὴν δι=
ϰαίωσιν ἡμῶν schließt die Auferweckung als Mittel in die von Paulus
anerkannte Wirkung des Sündopfers Christi ein; gewiß demgemäß,
daß die Anschauung vom Sterben Christi nicht ohne die ergänzende
Thatsache der Auferweckung vollzogen werden kann, vielleicht aber
auch, weil der Gedanke des ἐγείρειν, wie er, auf Christus angewandt,
die Erhebung zu Gott einschließt, an den technischen Sprachgebrauch des
הֶעֱלָה anklingt. — Im Hebräerbriefe findet sich neben der Darstellung,
wie der Hohepriester Christus als der Auferweckte sein eigenes Opferblut
vor den himmlischen Thron Gottes bringt, keine absichtliche Hinweisung
auf die Erfüllung der zweiten abschließenden Opferhandlung an Jesus.
Allein mit einer gewissen Unwillkürlichkeit spricht doch der Verfasser

einmal von Christus in der umfassenden Formel: $\dot{\varepsilon}\alpha\nu\tau\dot{o}\nu$ $\dot{\alpha}\nu\varepsilon\nu\dot{\varepsilon}\gamma\varkappa\alpha\varsigma$ (7, 27.), ferner insbesondere davon, daß wir geheiligt sind $\delta\iota\dot{\alpha}$ $\tau\tilde{\eta}\varsigma$ $\pi\varrho\varsigma\varphi\varrho\tilde{\alpha}\varsigma$ $\tau o\tilde{v}$ $\sigma\dot{\omega}\mu\alpha\tau o\varsigma$ $'I\eta\sigma o\tilde{v}$ $X\varrho\iota\sigma\tau o\tilde{v}$ $\dot{\varepsilon}\varphi\dot{\alpha}\pi\alpha\xi$ (10, 10.); endlich spricht er in Hinsicht des Opfers Christi von einem Altare (dem Kreuze), von welchem die Diener der Hütte, d. h. die Christen, keinen Unter=halt durch Opfermahlzeiten ziehen (13, 10.). Denn das Gesetz schließt bei den allgemeinen Sündopfern, denen Christi Darbringung ent=spricht, auch die Mahlzeiten der Priester aus, indem das, was vom Opferthiere nicht auf dem Altare verbrannt wurde, außerhalb des Lagers dem Feuer übergeben werden mußte. Es wird also hiermit auf etwas hingedeutet, was am Opfer Christi der Verbrennung der Eingeweide des Thieres auf dem Altare entspricht. Wenn nun ge=fragt wird, auf welches specielle Ereigniß jene Aeußerungen anspielen, so entscheidet die Gleichung 9, 27. 28. ganz deutlich, daß der Todes=moment die Darbringung des Leibes Christi an Gott in sich schließt. „Sofern den Menschen bevorsteht, einmal zu sterben, darnach aber Gericht, so wird auch Christus, nachdem er einmal dargebracht ist, um die Sünden Vieler zu tragen, zum zweiten Male außer Bezie=hung zur Sünde erscheinen für die ihn Erwartenden zum Heile." Wenn man meinen könnte, das $\ddot{\alpha}\pi\alpha\xi$ $\pi\varrho\varsigma\varepsilon\nu\varepsilon\chi\vartheta\varepsilon\iota\varsigma$ umfasse das Sterben Christi und seine Blutspendung im Himmel, und in diesem Umfang werde der Begriff dem Todesverhängniß eines Jeden ent=gegengestellt, so will schon das Particium des Passivum nicht recht zu dieser Annahme passen; überdieß aber lehrt der Rückblick auf den V. 26., daß die Vorstellung vom Opfer Christi in diesem Zusammen=hang durch die Anschauung von seinem Leiden ausgefüllt ist; diese aber bewirkt auch für V. 28. die Ausschließung der Blutspendung von dem Gedanken des $\pi\varrho\varsigma\varepsilon\nu\varepsilon\chi\vartheta\varepsilon\iota\varsigma$. Also ergiebt sich, daß der Ver=fasser des Hebräerbriefes, indem er im Tode Christi die Darbringung seines Leibes an Gott, also das Gegenbild der Verbrennung der Thierleiber auf dem Altare anschaut und die Blutspendung des Auf=erweckten im Himmel darauf folgen läßt, die Reihenfolge der im Vorbilde eingeschlossenen Handlungen im Entwurfe des Gegenbildes umkehrt. Hierin erscheint eine Freiheit der symbolisirenden Phantasie, welche freilich in diesem Falle sich nicht mehr erlaubt, als indem in Christus die Merkmale des Opfers und des Priesters, des Opfers und der Kapporeth zusammengeschaut werden. Allein in diesem Ele=mente der Gedankenbildung der Apostel darf man überhaupt keine formale Uebereinstimmung zwischen ihnen suchen.

Dieß iſt auch für das Verhältniß der in der Apokalypſe dar=
geſtellten Anſchauungen zu denen des Paulus und im Hebräerbriefe
geltend zu machen. Das Merkmal altteſtamentlicher Opferhandlung,
welches in den bisher beſprochenen Darſtellungen des Opfers Chriſti
gar nicht in Betracht kommt, die Schlachtung, wird an der Lammes=
geſtalt Chriſti in der Apokalypſe beſonders hervorgehoben (5, 6.
9. 12.; 13, 8.). Das Lamm erſcheint freilich in der Viſion ὡς
ἐσφαγμένον (vgl. 13, 3.), weil durch das gegenwärtige himmliſche
Leben ſein Tod wieder aufgehoben iſt. Allein da jener Zug im Bilde
nur von dem Sterben Chriſti hergenommen ſein kann, ſo muß gemäß
der Anſchauung des Apokalyptikers das Opfer Chriſti vollſtändig
in den Umkreis ſeines hergeſtellten und himmliſchen Lebens fallen.
Die Aufeinanderfolge der Ausſagen (5, 9.) ἐσφάγης καὶ ἠγόρασας
τῷ θεῷ ἡμᾶς ἐν τῷ αἵματί σου beweiſt, daß auch Johannes, ebenſo
wie der Verfaſſer des Hebräerbriefes, den hauptſächlichen Opferact
als Darbringung des eigenen Blutes Chriſti vor den himmliſchen
Thron Gottes vorausſetzt, demgemäß dann das Opferlamm vor dem
Throne und dem Angeſichte Gottes ſtehend verharrt. Und dieſer
Zug des Bildes darf wohl mit gewiſſem Rechte als Analogon der
Verbrennung des Thierleibes im Altarfeuer gelten. Denn die Ver=
brennung auf dem Altare, auf welchem Gott zu den Menſchen kommt
(2 Moſ. 20, 21.), mit dem Feuer, welches von dem Angeſichte Gottes
ausgegangen war (3 Moſ. 9, 24.), iſt diejenige Handlung, durch
welche im ſymboliſchen Sinne die verbrennenden Gaben vor das An=
geſicht Gottes gebracht werden. Das Verharren des Opferlammes
vor dem himmliſchen Throne Gottes würde alſo dem Sinne jenes
Ritus entſprechen.

Demgemäß verhalten ſich die Anſchauungen vom Opfer Chriſti
bei den drei Schriftſtellern in folgender Weiſe. Daſſelbe fällt für
Paulus in das dieſſeitige Leiden am Kreuz und in den Tod und die
Auferweckung, für Verfaſſer des Hebräerbriefes in das dies=
ſeitige Leiden und den Tod und in den Umfang des jenſeitigen,
himmliſchen Lebens Chriſti, für den Apokalyptiker vollſtändig und aus=
ſchließlich in dieſe Sphäre.

(Fortſetzung folgt im nächſten Heft.)

Origenes und Augustin als Apologeten.

Ein Beitrag zur Geschichte der Apologetik.

Von

H. Schmidt,

Repetent — Diakonatsverweser in Stuttgart.

Zweiter Artikel.*)

Wir haben im ersten Artikel den Inhalt der apologetischen Werke des Origenes und Augustin und ihre Voraussetzungen in's Auge gefaßt. Wir versuchen es jetzt noch, die hauptsächlichsten Fragen der Apologetik für sich in's Auge zu fassen und zu sehen, welche Antwort auf sie sich aus diesen Werken ergiebt. Die zwei Hauptfragen aber sind die: was ist das Wesen des Heidenthums? und zweitens: was ist das Christenthum im Verhältniß zu den einzelnen sittlichen Lebensgebieten? Dazu kommen dann noch die besonderen Fragen nach den einzelnen apologetischen Begriffen, dem Wunder, der Weissagung. Also wie faßten unsere beiden Apologeten das Heidenthum auf? Sehen wir zuerst auf Origenes, so muß sogleich gesagt werden, daß in Beziehung auf ihn die Frage weniger leicht zu beantworten ist, da er sich zu sehr in der Defensive hielt und kaum mit genügender Vollständigkeit seine Ansichten über das Wesen des Heidenthums entwickelt. — Im Allgemeinen sind wir zunächst an die Ansicht gewiesen, die mit dem Origenes auch Augustin theilt, daß die heidnischen Götter Dämonen im christlichen Sinne seien, d. h. böse, dem Reiche Gottes entgegengesetzte Geister. Sofern nun beide das Charakteristische am Heidenthum nur in dem Polytheismus sehen konnten, die vielen Götter aber nichts Anderes waren als Dämonen, so ergab sich, daß das Heidenthum seinem eigenthümlichen Charakter nach nur ein dämonisches Product, das Reich des Bösen, sein konnte. Dieß war ja die allgemeine Ansicht der christlichen Kirche überhaupt. Wollen wir nun aber die jedem von beiden eigenthümliche Ansicht vom Heidenthum kennen lernen, so kann diese nur gefunden werden aus ihren verschiedenen Ansichten über das Wesen der Dämonen. Bezeichnend

---

*) S. Jahrb. VII. S. 237 ff.

dürfte nun schon das sein, daß bei Origenes von der euhemeristischen
Auffassung, welche Augustin mehrfach vertritt, sich nur schwache Spuren
finden[1]). Ihm sind die Dämonen, metaphysisch betrachtet, ganz die=
selben Wesen, wie seinem Gegner — Mittelwesen zwischen Gott und
Menschen —, sie entsprechen — metaphysisch betrachtet — durchaus
den Engeln. Was sie von diesen unterscheidet, ist nur ihr sittliches
Wesen. Der Begriff des Dämons ist nicht ein mittlerer u. s. s., son=
dern es gehört dazu eine bestimmte sittliche Beschaffenheit. 5, 5. τὸ
τῶν δαιμονίων ὄνομα οὐδὲ μέσον ἐστὶν ὡς τὸ τῶν ἀνθρώπων — —.
Ἀεὶ δ᾽ ἐπὶ τῶν φαύλων ἔξω τοῦ παχυτέρου σώματος δυνάμεων
τάσσεται τὸ τῶν δαιμόνων ὄνομα. — In dem Letzteren erhalten wir
zugleich eine weitere Bestimmung, wodurch die Dämonen von den
Menschen unterschieden werden, — der Unterschied fällt wesentlich in
die leibliche Seite, — die Dämonen haben keinen so dichten Leib wie
die Menschen. Darauf beruht freilich am Ende auch ihr geistiger
Vorzug, daß sie an Wissen, namentlich an Vorauswissen, den Menschen
überlegen sind. Nach 7, 5. scheint freilich diese Leiblichkeit auch wieder
Strafe zu sein, sofern eben an jener Stelle die Dämonen als Menschen=
geister gefaßt sind und ihnen die Begierde nach einem dichteren Leib
zugeschrieben wird. Aber, wie schon gesagt, ist die gewöhnlichere Auf=
fassung doch die, daß sie ein eigenes Genus in der Stufenleiter der
Wesen bilden (7, 69. καὶ εἶδος τῶν ἐκπεσόντων θεοῦ ἐστι τὸ τῶν
δαιμόνων). Die Bosheit, wodurch sie erst Dämonen wurden, ist
dann freilich nur durch einen Fall entstanden. Es ist hier nicht der
Ort, diese Dämonentheorie für sich weiter zu verfolgen und sie na=
mentlich an die origenistischen Prämissen von dem Zusammenhang der
Materie mit der sittlichen Beschaffenheit zu halten. Es fragt sich nur:
wie wurden die Dämonen zu Göttern? Origenes scheint voraus=
zusetzen, daß die Götter der Heiden unter den übrigen Dämonen eine
hervorragendere Stellung einnehmen und gewissermaßen gewählt werden
von den Dämonen ihres Kreises (7, 70. οὕτως οἱ δαίμονες, οἱονεὶ
κατὰ τόπους τῆς γῆς συστήματα γενόμενοι, ἄρχοντά τινα ἑαυτοῖς
πεποιήκασι, τὸν ἡγησόμενον αὐτῶν). Origenes vergleicht sie darum
mit einer Räuberbande, welche auf die Seelen lauert, und bezieht das
Wort Joh. 10, 8: Alle, die vor mir kamen, sind Diebe und Räuber,

---

[1]) Eine solche findet sich z. B. 7, 5. ποδαπὰ χρὴ νομίζειν εἶναι πνεύματα
τὰ ὅλους, ἵν᾽ οὕτως ὀνομάσω, αἰῶνας προσδεθέντα — οἰκοδομαῖς καὶ τόποις.
Aber Origenes spricht selbst hier nicht ganz dogmatisch sicher.

auf die Dämonen. — Die Absicht bei diesen ihren Raubzügen geht nun dahin, möglichst viele Menschen sich unterthan zu machen. Den Zweck dabei kann man sich verschieden denken. Wenn 6, 44. der Fall des Satans so beschrieben wird: κορεσθεὶς τῶν ἀγαθῶν ἐν ἀπωλείᾳ ἐγένετο, so könnte man dabei daran denken, daß Neid oder Hochmuth der Grund des Falles gewesen sei. Dazu würde auch stimmen, daß sie 7, 3. πνεύματα ἐχθρὰ τῷ γένει τῶν ἀνθρώπων heißen. Allein wenn wir bedenken, daß de pr. 1, 5, 5. der Fall auf negligentia und desidia zurückgeführt wird, vgl. auch c. Cels. 6, 45. δι' ἀμέλειαν τοῦ καλοῦ ἐπὶ τὰ ἐναντία ἡττόντων, eine An= schauung, die zu dem κορεσθεὶς τῶν ἀγαθῶν ganz tauglich ist, so muß jene erstere Auffassung wieder problematisch erscheinen. Das Häufigere ist jedenfalls, daß in der Sinnenlust die eigentliche Sünde der Dämonen gesehen wird. Wie schlechte Menschen, heißt es 7, 5., die nichts von dem reineren Leben außerhalb des Leibes wollen, son= dern die um leiblicher Lust willen das Leben in dem irdischen Körper suchen, so sind auch die Dämonen, die an dem Blute und am Opfer= dampfe sich vergnügen und ihre Leiber dadurch mästen, vergl. auch Cap. 7. und 64. Ebenso wird an ersterer Stelle das Verhältniß des Gottes zur Pythia unter den rein sinnlichen Gesichtspunkt ge= stellt. Zu gleicher Zeit suchen sie dann freilich auch die Ehre dabei, aber je mehr doch Origenes den Mittelpunkt des Bösen in der Nei= gung zur Sinnlichkeit fand, desto mehr mußte er auch immer geneigt sein, das Dämonische wesentlich in diesen materiellen Zug zu setzen. So besteht denn auch ihre Thätigkeit auf Erden wesentlich darin, daß sie die Menschen zur Sinnlichkeit herabziehen (5, 5. πλανώντων καὶ περισπώντων τοὺς ἀνθρώπους καὶ καθελκόντων ἀπὸ τοῦ θεοῦ καὶ τῶν ὑπερουρανίων ἐπὶ τὰ τῇδε πράγματα). Sie heißen 7, 3. πνεύματα ἐχθρὰ — καὶ κωλύοντα τὴν τῆς ψυχῆς ἄνοδον καὶ δι' ἀρετῆς πορείαν καὶ τῆς ἀληθινῆς εὐσεβείας ἀποκατάστασιν πρὸς τὸν θεόν. Dieses Ziel, den Menschen von Gott abzuziehen, erreichen sie nun vor Allem durch Verdunkelung des Verstandes, vergl. z. B. 6, 44: Satan zieht ab von Gott καὶ τῆς περὶ αὐτοῦ ὀρθῆς ἐννοίας καὶ ἀπὸ τοῦ λόγου αὐτοῦ. Zugleich haben sie aber auch eine un= mittelbarere Macht der Reizung auf den Menschen und ferner steht ihnen unter Gottes Zulassung auch die Versuchung durch Leiden zu, vgl. 6, 43 f. Sie sind es, die die Verfolgungen über die Christen herbeiführen, 8, 42 ff. Sie haben Macht, Hungersnoth u. s. w. her= vorzubringen, 8, 31. Freilich haben nun gerade diese Leiden, die von

18*

den Dämonen hervorgebracht werden, nach Gottes Willen kein an=
deres Ziel als die Bekehrung der Bösen und Bewährung der Guten,
deßwegen sind die Dämonen aber doch keineswegs unmittelbare
Werkzeuge Gottes. Daß sie vielmehr überhaupt in den Kreis der
Zulassung, nicht der eigentlichen Vorsehung gehören, behauptet Ori=
genes ausdrücklich 7, 68. Gott benutzt nur die dämonische Bosheit.
Wie aber in diesem Begriff der Zulassung die Freiheit der Dämonen
gewahrt ist, so wahrt er dann umgekehrt auch wieder die Freiheit der
Menschen gegenüber von den Dämonen, vgl. 8, 33. καὶ κατὰ νόμους
μὲν θεοῦ οὐδεὶς εἴληχε δαίμων τὰ ἐπὶ γῆς· διὰ δὲ τὴν σφῶν παρανομίαν τάχα μὲν αὐτοῖς διείλοντο τοὺς τόπους, ἔνθα ἐρημία ἐστὶ
γνώσεως θεοῦ καὶ τοῦ κατ᾽ αὐτὸν βίου ἢ ἔνθα πολύς ἐστιν ὁ τῆς
θειότητος ἀλλότριος· τάχα δὲ ὡς ἄξιοι τῶν πονηρῶν ἐπιστάται καὶ
κολασταὶ αὐτῶν ὑπὸ τοῦ διοικοῦντος τὰ ὅλα λόγου ἐτάχθησαν
ἄρχειν τῶν ἑαυτοὺς ὑποταξάντων τῇ κακίᾳ καὶ οὐ τῷ θεῷ. Die
nähere Modification der Auffassung von dem Verhältniß der Dä=
monen zu der menschlichen Freiheit, wie sie in der gegebenen Stelle
ausgesprochen ist, hängt nun genau mit der Ansicht des Origenes
von der Entstehung des Heidenthums zusammen. Er findet dieselbe
angegeben in der Erzählung vom Thurmbau zu Babel. — Origenes
geht 5, 29. von den bekannten, in der alten Kirche viel gedeuteten
Worten 5 Mos. 32, 8. 9. aus: ὅτε διεμέριζεν ὁ ὕψιστος ἔθνη, ὡς
διέσπειρεν υἱοὺς Ἀδάμ, ἔστησεν ὅρια ἐθνῶν κατὰ ἀριθμὸν ἀγγέλων
θεοῦ, καὶ ἐγενήθη μερὶς κυρίου λαὸς αὐτοῦ Ἰακώβ, σχοίνισμα κλη-
ρονομίας αὐτοῦ Ἰσραήλ. Dieses Thema findet er nun historisch aus=
geführt in der genannten Erzählung. Freilich eigentlich die Historie ist
nur Einkleidung eines mystischen Inhaltes, des Theologumenon vom
Fall der Seelen. Dennoch aber giebt er Cap. 30 f. auch noch eine
historische Auslegung. Der Thurmbau ist der Versuch der Menschen,
durch die körperlichen und irdischen Dinge die geistlichen und unkörper=
lichen zu überwältigen. In diesem Beginnen wurden sie dadurch gestört,
daß Gott sie verschiedenen Engeln übergab, deren einer schärfer und
strenger war als der andere, nachdem sie sich mehr oder weniger von der
aufgehenden Sonne entfernt u. s. w. Diese Engel gaben einem jeden
Volk ihre Sprache ein und führten sie in verschiedene Theile der
Welt, die einen in ein heißes, die anderen in ein kaltes u. s. f.
Nur Israel blieb in der ἀνατολή und der ἀνατολικὴ διάλεκτος —
nur Israel wurde nicht einem Strafarchonten übergeben, obgleich die
Sünden, die nun doch auch hier sich geltend machten, am Ende die

Uebergabe an die Archonten anderer Völker, der Affyrer u. f. w.,
wenigſtens zeitweiſe herbeiführten. — Suchen wir uns hieraus eine
Anſchauung zu bilden, ſo würde demnach die Entſtehung des Polytheismus mit dem Verluſt der einheitlichen Sprache zuſammenfallen.
Dieſe einheitliche Sprache ſelbſt aber kann doch wohl nur der Ausdruck ſein für den Glanz reiner, ungebrochener Gotteserkenntniß.
Dieſe Trübung des Gottesbewußtſeins erſcheint hier alſo als das der
eigentlichen Herrſchaft der Dämonen Vorangehende und ſcheint ihrer-
ſeits aus dem Uebergewicht des Sinnlichen entſtanden zu ſein. Dieß
führt aber auf die andere myſtiſche Deutung hinüber: die Sinnlich-
keit ſelbſt in der nach des Origenes Auffaſſung dem Geiſt hinderlichen
Form iſt ſchon das Product einer jenſeitigen That. Stellen wir die
Sache unter dieſen Geſichtspunkt, ſo kann gefragt werden, ob das
Heidenthum überhaupt noch einen hiſtoriſchen Urſprung im engeren
Sinne hat — ob nicht das Heidenthum Naturreligion iſt in dem
Sinne, daß überhaupt das Gottesbewußtſein urſprünglich ſchon ein
polytheiſtiſches war und hingegeben an die natürlichen Mächte. Der
Fortgang unſerer Unterſuchung wird auf dieſe Frage zurückführen
und zu ihrer weiteren Beleuchtung noch Veranlaſſung geben. Jedenfalls liegt aber ſchon in dem Bisherigen, daß das Heidenthum, wie
immer entſtanden, auch irgendwie göttlichen Zwecken dienen und
darum auch ein poſitives Verhältniß zur Religion der Offenbarung
haben muß. Dieſen letzteren Ausdruck können wir ſchon vorläufig
anwenden im Gegenſatz zu dem Heidenthum, das ſein charakteriſtiſches
Merkmal eben darin hat, daß das Verhältniß des Menſchen zu Gott
in ſeiner ſubjectiven Ausprägung eigentlich untergegangen iſt unter
der falſchen Vermittelung. Das bloß Untergeordnete und Dienende
iſt für das heidniſche Bewußtſein an die Stelle des Abſoluten getreten. Iſt aber die weſentlichſte Beſtimmung des Abſoluten die Einheit, ſo kann ſich dieſe factiſche Trennung von dem Abſoluten auch
nur in der Störung der Einheit in allen Lebensgebieten beweiſen.
Vergl., wie namentlich 5, 44. die Ausprägung des Monotheismus
bei den Juden in der Einheit des Tempels, Altars u. ſ. w. als charakteriſtiſches Unterſcheidungsmerkmal von dem Heidenthum hervorgehoben wird. Dieſer Mangel an Einheit ſpricht ſich ſchon in den
nationalen Beſonderheiten, in den verſchiedenartigen, an ſich nur relative Gültigkeit und Wahrheit in Anſpruch nehmenden Volksgeſetzen
und Volksſitten aus. Iſt aber nicht dieſe Zerſplitterung ſelbſt eben der
beſte Beweis für den durchaus ſinnlichen Charakter des Heidenthums? —

Wenn aber also gesagt wurde, daß doch auch ein positives Verhältniß des Heidenthums zum Christenthum gesetzt sei, so weist ja
schon die Art, wie Celsus selbst das Heidenthum auffaßt, auf einen
positiven Punkt der Verständigung hin. Auch Celsus, so sehr er
das Subject an das Volksgesetz binden will, steht doch mit seinem
Bewußtsein schon in einem allgemeinen Sittengesetz und der absolut
Eine hat auch für ihn seine Herrschaft jenseits der Menge dämonischer
Vermittler. In der That scheint einen Augenblick die ganze Differenz zwischen Celsus und Origenes zu einer Logomachie zu werden.
Auf Grund eines im Wesentlichen gleichen Gottesbegriffes wird von
beiden Seiten die Nothwendigkeit einer Vermittelung durch niedere
Geister zugegeben. Mit Celsus sieht auch Origenes in der Natur
und Welt die Vorsehung Gottes durch lebendige Kräfte repräsentirt
und der ganze Unterschied scheint darauf hinauszukommen, daß Celsus diese persönlichen Energien Dämonen nennen will, während Origenes dagegen protestirt, daß Dämon eine vox media sein soll, und
als eigentliche Diener göttlicher Vorsehung nur die Engel anerkennen
will. "Auf einer so schmalen Grenzlinie", sagt Baur a. a. O. S. 404.,
"bewegt sich hier die Polemik zwischen dem Christenthum und Heidenthum. Würden also nur die Christen sich dazu verstehen können, ihre
Engel Dämonen zu nennen und dafür zu halten, so wäre schon dadurch ein sehr großer Anstoß beseitigt, welchen die Heiden am Christenthum nehmen." — Aber in der That klafft hier die allergrößte Kluft.
Was konnte denn den Origenes zumeist von dieser Concession abhalten? Das Aergerniß lag eben für die Heiden noch auf einem andern
Punkte, der auf den eben besprochenen erst das volle Licht wirft.
Alles Aergerniß, das Nichtchristen am Christenthume nehmen, muß
sich doch immer auf die Person des Erlösers beziehen. Wenn nun
Celsus 5, 52. Jesum als Engel anerkennen will, aber nur mit der
Einschränkung, daß er nicht allein und zuerst gekommen sei, so dürfte
gerade in diesem Satze, den Baur mit Recht nicht ganz klar findet,
der Nerv der Debatte liegen. Der Vorwurf kann doch nur besagen
wollen, daß die Verkehrtheit des Christenthums jedenfalls in der exclusiven und absoluten Bedeutung bestehe, welche dasselbe seinem Stifter
zuschreibe. Und das ist nun auch für das christliche Bewußtsein das
Anstößige an dem Namen Dämon, daß derselbe in ganz anderer
Weise als etwa ein Engel auf eine Art von Verehrung Anspruch
macht, die mit dem Monotheismus in unversöhnlichem Conflict steht.
Die Dämonen zu Engeln oder umgekehrt die Engel zu Dämonen zu

machen, hieß also, abgesehen von dem schlechten Charakter, den man letzteren zuschrieb, das Heidenthum auf gleiche Stufe mit dem Christenthum setzen oder umgekehrt das letztere auf die Stufe des ersteren herabrücken. In der damit gesetzten Zersplitterung des Gottesbewußtseins liegt eben unmittelbar gegeben, daß das Heidenthum sich nicht über die Natur wahrhaft erheben will, daß es auch in ethischer Beziehung nicht zu einem absoluten Sittengesetz fortzugehen gesonnen ist, sondern bei dem bloßen πρός τι stehen bleibt, 5, 28. Weil der eine Gott im Heidenthum für das Bewußtsein immer polytheistisch zersplittert bleibt, bringt er es nie zu einer vollen Offenbarung; darum eben ist dem Celsus der Begriff der Offenbarung überhaupt so anstößig, weil auch das sittlich-religiöse Leben gleich dem natürlichen nur in einer sich ewig gleichbleibenden Vielheit von Gestaltungen sich darstellen kann; die Natur ist die vollkommene Darstellung des Göttlichen. Das also ist der große Unterschied zwischen Engeln und Dämonen, daß, während die ersteren auch in ihrem Walten in der Natur Diener des einen Λόγος, des sich offenbarenden Gottes, sind, die Dämonen Geister sind, welche Gott verhüllen, sich an die Stelle des Einen setzen. Nun kann freilich auch die Philosophie diese Zersplitterung überwinden, sie kann in ihrem Bewußtsein nicht nur zu dem einen Gott, sondern auch zu einem allgemeinen Gültigen in ethischer Beziehung zu gelangen suchen, aber es bleibt dieses Bewußtsein seinem Wesen nach das Eigenthum Weniger. Das Heidenthum laborirt also noch an einem Mangel an Universalismus in anderem Sinne. Wie in intellectueller, so in ethischer Beziehung steht, wie wir sahen, Celsus ganz auf dem aristokratischen Standpunkt der classischen Welt. Das Christenthum scheint ihm ja hinlänglich gerichtet durch den Charakter seiner Anhänger in diesen beiden Beziehungen. Origenes aber kann in der Verachtung des Glaubens als des der Offenbarung entsprechenden Mittels der Erhebung zu Gott nur die Unfähigkeit des Heidenthums sehen zu wahrhaft universeller Wirkung; vgl. z. B., wie er 3, 39. den Vorzug der apostolischen Schreibweise eben in der weiteren Wirksamkeit sieht, namentlich aber 1, 9., wo der Glaube als Ersatz für die im Großen unanwendbare Philosophie angesehen wird. An die Stelle der Zersplitterung in die vielfachsten Volksindividualitäten im gemeinen Polytheismus tritt in der Philosophie nur der große Dualismus zwischen den Wissenden und Nichtwissenden. Ist aber so der Unterschied zwischen der Philosophie und dem Christenthume der nun freilich sehr principielle, aber doch immer noch nur formelle, daß die Offenbarung

im Λόγος die beſſere philoſophiſche Erkenntniß zu einer allgemeine=
ren macht, ſo kommt nun auch noch ein materieller hinzu. —

Der Verachtung des chriſtlichen Pöbels - in ſittlicher Beziehung
ſtellt ja Origenes triumphirend das entgegen, daß das Chriſtenthum,
was Celſus für unmöglich erklärt, gerade die Verdorbenſten zur Buße
leite, 3, 63 ff. Ja, hat die Philoſophie ſich der Umänderung früher
ſchlechter Menſchen in gute gerühmt, eines Polemo u. ſ. w., ſo kann
ja das Chriſtenthum noch viel mehr ſich einer ſittlich umſchaffenden
Wirkung rühmen, 3, 67 f. Wenn er aber Cap. 68. eben deßwegen
die ἀπόδειξις der Apoſtel als ſpecifiſch verſchieden von der helleniſchen
Art des Beweiſes darſtellt, ſo führt ja gerade dieß darauf, daß Ori=
genes überhaupt dem Heidenthum die ſittliche Wirkſamkeit abſpricht.
Iſt die erſte Wirkung der Dämonen die Verfinſterung des Bewußt=
ſeins geweſen, hat reſp. der Eintritt der Seele in die materielle Welt
in erſter Linie eine theoretiſche Verdunkelung zur Folge gehabt, ſo
kann zwar dieſe Verdunkelung ſchon durch die Philoſophie theilweiſe
aufgehoben werden, nicht aber die ſittliche Depravation, welche die Folge
jener Verdunkelung war, ohne hiſtoriſche Offenbarung. Daß ſie die
Heiden — γνόντες τὸν θεὸν οὐχ ὡς θεὸν ἐδόξασαν ἢ ηὐχαρίστησαν, iſt
— vgl. ſchon 3, 47. — der immer wiederkehrende Vorwurf. Nament=
lich führt er dieß 6, 2 ff. aus. Ein Plato und ähnliche Philoſophen,
ſagt er hier Cap. 4., τοιαῦτα περὶ τοῦ πρώτου ἀγαθοῦ γράψαντες
καταβαίνουσιν εἰς Πειραέα προσευξόμενοι ὡς θεῷ τῇ Ἀρτέμιδι
κτλ. καὶ τηλικαῦτά γε φιλοσοφήσαντες περὶ τῆς ψυχῆς καὶ τὴν
διαγωγὴν τῆς καλῶς βεβιωκυίας διεξελθόντες, καταλιπόντες τὸ μέγεθος ὧν αὐτοῖς ὁ θεὸς ἐφανέρωσεν, εὐτελῆ φρονοῦσι καὶ μικρά,
ἀλεκτρυόνα τῷ Ἀσκληπιῷ ἀποδιδόντες κτλ. Darum kann auch
Origenes den heidniſchen Staat, und da er vorderhand keinen andern
kennt als den heidniſchen, den Staat überhaupt, nicht als würdigen
Gegenſtand eigentlich chriſtlicher Thätigkeit anſehen. Origenes ſieht
zwar im römiſchen Staat eine analoge Vorbereitung des Chriſten=
thums, wie in der Philoſophie. Sehr beſtimmt führt er 2, 30. aus,
wie die Weltherrſchaft Auguſts in doppelter Weiſe das Reich Chriſti
gefördert habe, einmal, indem die Völkermiſchung den Apoſteln die
Predigt in der οἰκουμένη erleichtert habe, und zweitens, indem ſie
durch Herbeiführung eines allgemeinen Friedens den Völkern Zeit ge=
laſſen habe, den Sinn auf die Predigt des Friedens zu richten.
Aber dennoch hängt ſeines Erachtens auch dem Staate die Richtung
auf das Irdiſche, Sinnliche an, weßwegen er die Kirche unmittelbar

dem Staate entgegengeſtellt als die wahre πατρίς, in welcher Alle
vereinigt werden mit dem ἐπὶ πᾶσι ϑεός; vgl. 8, 73—75. So zeigt
ſich das Heidenthum nach allen Seiten hin als das bloß Natürliche,
unfähig, die natürlichen Schranken des Nationalen, Volksmäßigen,
der intellectuellen und ſittlichen Eigenheiten und Abnormitäten zu über=
winden und nach allen dieſen Seiten hin iſt der Polytheismus der
ganz charakteriſtiſche Ausdruck, in ihm ſpricht ſich ja auch ganz con=
centrirt 'der dämoniſche Urſprung dieſer Bindung an das Natür=
liche aus.

Was iſt alſo der höchſte Gegenſatz unter dem ſich am Ende alle
Unterſchiede zwiſchen Chriſtenthum und Heidenthum nach Origenes
zuſammenfaſſen laſſen? Es iſt ſchon auf die Bedeutung des Be=
griffs der Freiheit hingewieſen worden, des Begriffs, mit dem Ori=
genes die principiellen Erörterungen des vierten Buchs weſentlich
durchzuführen ſucht. Die Bedeutung der Freiheit iſt, daß ſie die con=
ditio sine qua non einer wahrhaft ſittlichen Weltentwickelung iſt
gegenüber der bloß äſthetiſchen Weltanſchauung, wie ſie das Heiden=
thum hatte. Die Eintheilung in teleologiſche und äſthetiſche Religio=
nen dürfte ihrem Sinn nach um ein Gutes über Schleiermacher hin=
aufreichen. Mit dem Begriff der Teleologie iſt auch der Begriff der
Geſchichte gegeben. Die Idee der Weltgeſchichte hat ſchon Nitzſch
(theologiſche Beantwortung der philoſophiſchen Dogmatik des Dr. Strauß,
theol. Stud. u. Krit. Jahrgang 1843, S. 50 f.) der Prophetie vin=
dicirt und in ſeinem Syſtem chriſtlicher Lehre §. 25. die Geſchicht=
lichkeit als eigenthümliches Prädicat der Offenbarung gegenüber von
dem Heidenthum geltend gemacht. In der That muß man ſagen,
daß auch der Platonismus trotz aller ſeiner ethiſchen Momente ferne
davon war, den Begriff der Freiheit näher zu fixiren und in ihr
den Ausgangspunkt einer geſchichtlichen Bewegung zu ſehen. Inner=
halb der altkirchlichen Literatur aber gebührt dem Origenes das Ver=
dienſt, zuerſt mit klarem Bewußtſein die chriſtliche Offenbarung unter
dieſen Geſichtspunkt geſtellt zu haben [1]. Wie aus der früher gegebenen
Inhaltsüberſicht erhellt, war es der Vorwurf des Celſus, daß Gott
μετὰ τοσοῦτον αἰῶνα ἀνεμνήσϑη δικαιῶσαι τὸν ἀνϑρώπων βίον,
πρότερον δὲ ἠμέλει, 4, 7., der bem Origenes die Veranlaſſung

---

[1] Vor Origenes hat Irenäus ſchon dieſe Auffaſſung am beſtimmteſten an=
gebahnt, aber mehr noch in Bezug auf die Kirche als auf die Offenbarung
durchgeführt; vgl. aber namentlich adv. haer. lib. IV., beſonders z. B. Cap. 9.

gab, ſich auszuſprechen. In jedem Geſchlecht, erwidert er, macht die Weisheit Gottes, herabſteigend in die heiligen Seelen, die ſie findet, Freunde Gottes und Propheten. — Nun, fährt er Cap. 8. fort, iſt es nichts Verwunderliches, daß in etlichen Geſchlechtern Propheten auftraten, die hervorragten über frühere und ſpätere. So iſt es denn aber auch nicht verwunderlich, wenn es eine Zeit gab, ὅτ' ἐξαίρετόν τι χρῆμα ἐπιδεδήμηκε τῷ γένει τῶν ἀνθρώπων καὶ διαφέρον παρὰ τοὺς προγενεστέρους αὐτοῦ ἢ καὶ μεταγενεστέρους. Die Offenbarung des Λόγος iſt alſo die Spitze der Offenbarungen dem allgemeinen Geſetz gemäß, daß, wo Unterſchiede ſind, auch ein abſolutes Maß ſich finden muß (vgl wie er ähnlich 6, 45. den Begriff des Antichriſts deducirt). Daß dieſes abſolute Maß nicht mit einem Male auftritt, findet ſeine Erklärung in der Freiheit, die ihrem Begriffe nach der Vermittelung bedarf. Die Spitze der Offenbarung findet zugleich in der vorangehenden ihre Vorbereitung. Wie ſo zeitlich die Offenbarung eines geſchichtlichen Anknüpfungspunktes bedarf, ſo auch räumlich. So univerſell die Wirkung der Erlöſung iſt, ſo mußte ſie doch von einem Volksthum ausgehen, das eben das beſondere Erbe des Λόγος ſchon immer war. 6, 68. Ἀλλὰ καὶ ἡ δοκοῦσα εἰς μίαν γωνίαν ἐπιδημία τοῦ Ἰησοῦ εὐλόγως γεγένηται, ἐπείπερ ἐχρῆν τοῖς ἕνα θεὸν μεμαθηκόσι καὶ τοὺς προφήτας αὐτοῦ ἀναγιγνώσκουσι καὶ κηρυσσόμενον Χριστὸν μανθάνουσιν ἐπιδημῆσαι τὸν προφητευόμενον καὶ ἐπιδημῆσαι ἐν καιρῷ ὅτ' ἔμελλεν ἐκχεῖσθαι ἀπὸ μιᾶς γωνίας ὁ λόγος ἐπι πᾶσαν τὴν οἰκουμένην. Wie er den Doketismus in Bezug auf die Perſon Chriſti mit dem nothwendigen geſchichtlichen Charakter der Offenbarung bekämpft (vgl. 1, 61. 66. und ſonſt), ſo auch den Doketismus in Bezug auf die Offenbarung überhaupt.

Warum aber hatte der Platonismus keinen Sinn für dieſe Geſchichtlichkeit? Warum fand er gerade in dem geſchichtlichen Charakter einen Hauptgrund gegen den Begriff der Offenbarung überhaupt? Antwort auf dieſe Frage giebt Celſus zunächſt durch die Behauptung: οὔτε τῷ θεῷ καινοτέρας δεῖ διορθώσεως, 4, 69. Es iſt das die bekannte von deiſtiſchem Standpunkt ausgehende Einwendung. Sie erhält aber bei Celſus eine eigenthümliche Beſtimmung noch durch die weitere Ausführung, daß οὔτε τὰ ἀγαθὰ οὔτε τὰ κακὰ ἐν τοῖς θνητοῖς ἐλάττω ἢ πλείω γένοιτ' ἄν (a. a. O.). Damit iſt das Böſe bereits deterministiſch und pantheiſtiſch zu etwas bloß Natürlichem gemacht. Darum erklärt denn auch Celſus Cap. 67. ὁμοία ἀπ' ἀρχῆς εἰς τέλος ἐστὶν ἡ τῶν θνητῶν περίοδος καὶ κατὰ τὰς τεταγμένας ἀνακυκλήσεις ἀνάγκη τὰ αὐτὰ ἀεὶ καὶ γεγονέναι καὶ ἔσεσθαι. Die scheinbare geschichtliche Bewegung ist also in der That das fortgehende Abspielen eines und desselben langweiligen Thema's ohne alle Variation. Wenn nun Origenes dagegen das Bedürf=niß eines ἰατρός geltend macht, 4, 69., wenn er Cap. 79. die beiläufige Aeußerung des Celsus: „ehe es Städte, Künste u. s. w. gab", be=nutzt, um ihm zu zeigen, daß er selbst ja auch eine Entwickelung an=nehme, wenn er gegen die ewig gleichen Weltperioden die menschliche Freiheit in's Feld führt, gegen den bloß natürlichen Begriff des Bösen hervorhebt, daß das Böse nicht in der ὕλη, sondern im ἡγεμονικόν liege, das αἴτιον sei τῆς ὑποστάσης ἐν αὐτῷ κακίας, ἥτις ἐστὶ τὸ κα=κόν· κακαὶ δὲ καὶ αἱ ἀπ᾽ αὐτῆς πράξεις· καὶ ἄλλο οὐδέν, ὡς πρὸς ἀκριβῆ λόγον, καθ᾽ ἡμᾶς ἐστι κακόν — wenn das Alles von Origenes hervorgehoben wird, so spricht sich in allen diesen Einwendungen nur aus, daß der eigentliche Gegensatz noch auf einem tieferen Punkte liegen muß. Die menschliche Freiheit — deren Darstellung und Lei=tung ja der Inhalt der weltgeschichtlichen Entwickelung sein soll — kann nur auf einem theistischen Standpunkte zum Rechte kommen. Die Vermischung zwischen Gott und Welt macht die Freiheit meta=physisch unmöglich, die deistische Auseinanderhaltung kann eine Frei=heit nicht mit der Anerkennung der Weltordnung zusammenreimen. Darum sind es auch die Lehren von der Schöpfung und der Vor=sehung, in denen das letzte apologetische Argument des Origenes liegt. Wenn Celsus zwar die Schöpfung der Seelen auf Gott zu=rückführen, die Bildung des Leibes dagegen für seiner unwürdig er=klären will, 4, 52., so liegt diesem Satz offenbar die pantheistische An=schauung zu Grunde, daß die Seele, ein Ausfluß Gottes, in die außer Gott von Ewigkeit her vorhandene Materie herabgesunken sei. Den entgegengesetzten theistischen Gedanken, daß die Welt freie That Gottes sei, beweist Origenes in Bezug auf die Materie ex concessis. Ist nämlich die Seele göttliche Schöpfung, so folgt, daß auch der Leib von Gott abhängig sein muß, da das Verhältniß von Seele und Leib kein zufälliges äußerliches ist, sondern das Sinnliche als das rein Passive durchgängig bestimmt ist von dem Geistigen. Dieß Letztere selbst aber zeigt sich wieder an dem durchaus Harmonischen und Zweck=vollen der Welteinrichtung, die auf einen einheitlichen vernünftigen Weltschöpfer hinweist (vgl. 4, 54.). — Celsus hätte zeigen müssen, ὅτι μὴ τέλειός τις νοῦς τὰς τοσαύτας ἐνεποίησε ποιότητας τῇ ὕλῃ τῶν φυτῶν. Hat er so die Immanenz abgewiesen und die in Gott subjectiv vorhandene Unterscheidung von Mittel und Zweck bei der

macht gewissermaßen sieht, aber ibdererseits, wenn doch der ganze Inhalt dessen, was Christus bring, schon im Alten Testamente niebergelegt ist und das Wesentliche an dem erscheinenden Λόγος eben auch nur sein Wahrheitsgehalt ist, so kommt der Unterschied zwischen dem Alten und Neuen Testament immer noch nicht zu seiner ganzen Wahrheit. Das Hervorragende a Christus ist dann doch nur das, daß er aus den Banden des Volkthums die Wahrheit herausgewickelt und zu einer allgemeinen gemacht hat. Ist nach jener Erzählung über die Entstehung des Heidenthums der Λόγος zugleich der Inbegriff der jüdischen Volksindividualität gwesen, so ist nun im Christenthum der Λόγος zum allgemeinen religiösen Princip geworden. Das Christenthum ist nur das universalisch gewendete Judenthum (5, 33.). Dieser Universalismus ist aber nicht sowohl eine neue geoffenbarte Wahrheit, sondern nur die Enthüllung des schon im Alten Testamente Niedergelegten. Die Juden verstanden fleischlich, was doch nur durch die μυστικὴ θεωρία recht kann erkannt werden. In der That hat ja auch die Menschwerdung keinen anderen Zweck, als in einem sinnlichen Substrat die Wahrheit so darzustellen, daß auch die Geringeren zu ihr aufsteigen können. 6,38. ἐγένετο σάρξ, ἵνα χωρηθῇ ὑπὸ τῶν μὴ δυναμένων αὐτὸν βλέπειν καθὸ Λόγος ἦν καὶ πρὸς θεὸν ἦν καὶ θεὸς ἦν. . . . . σκηνώσας ? καὶ γενόμενος ἐν ἡμῖν οὐκ ἔμεινεν ἐπὶ τῆς πρώτης μορφῆς, ἀλλ᾽ ἀναβιβάσας ἡμᾶς ἐπὶ τὸ λογικὸν ὑψηλὸν ὄρος ἔδειξεν ἡμῖν τὴν ἔνδοξον μορφὴν ἑαυτοῦ κτλ., καὶ οὐχ ἑαυτοῦ γε μόνον, ἀλλὰ καὶ τοῦ πνευματικοῦ νόμου, ὅς ἐστιν ἐν δόξῃ ὀφθεὶς μετὰ Ἰησοῦ Μωϋσῆς. —Ist denn nun aber wirklich dem so, daß Christus für Alle jenen tieferen Sinn geoffenbart hat? Wenn uns ... dieses diese Frage genau beantworten könnte, würde eine der we... Lücken ... luffassung fortfallen. In der That aber ... in ... derselbe, 2, 64. Ὁ Ἰησοῦς εἷς ὢν πλεί... ...τουσιν οὐχ ὁμοίο... ὁρώμενος.

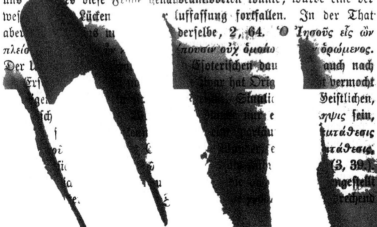

Der ... Ssoterischen bau ... auch nach Er... ...bar hat Orig... ...t vermocht ...gen ... Similic ... Geistlichen, ...sch ... ψις sein, ...οι ... ...ὰ θεσις ...ι ...τάθεσις, ...a (3, 39.) ...e. ...gestellt ...rechend

der anthropologiſchen Trichotomie nd dem breifachen Schriftſinn, ſo
iſt dennoch ein innerer Fortſchritt icht nachgewieſen, im Gegentheil,
die σοφία erſcheint als χάρισμα uo 7, 41. wird die ſinnliche Darſtellung des Λόγος nicht ſowohl uter den Geſichtspunkt eines Mittels der Erhebung als vielmehr unr den der Herablaſſung und Verhüllung geſtellt. Den συνετωτέροι giebt er ϑεολογίαν ἐπᾶραι τὴν
ψυχὴν ἀπὸ τῶν τῇδε πραγμάτωνδυναμένην. Die Idioten unter-
ſtützt er wenigſtens durch δύγματαoon Gott, wie ſie dieſelben faſſen
können, zum möglichſt guten Leben. Alſo die Erkenntniß, welche der
weſentliche Vorzug des Chriſtenthus vor dem Judenthum iſt, wird
nicht Allen in vollem Maße aufgeſchloſſen und der Unterſchied zwiſchen Judenthum und Chriſtenthumäßt ſich auf keinem Punkte mehr
ſcharf fixiren. Der Λόγος iſt nunin der Schrift verfaßt, hat im
Buchſtaben der neuteſtamentiſchen Srift ſeine ſinnliche Hülle gewonnen, aber dieſe Hülle iſt ebenſo Vühüllung als Offenbarung. Mit
Anerkennung der Inſpiration auch tß Neuen Teſtamentes iſt daſſelbe
für die alte Kirche auch gewiſſermœn wieder auf das Niveau des
Alten Teſtamentes herabgeſunken, ah das Neue Teſtament iſt jetzt
Gegenſtand allegoriſcher Auslegung Die Unterſcheidung zwiſchen
erſter und zweiter Paruſie, die Iuſn dem Trypho gegenüber zum
Ausgangspunkte ſeiner Apologetik mɧte, iſt auch von Origenes in
einer Weiſe betont worden, daß da Neue Teſtament ſelbſt wieder
zur σκιά wird einem ewigen Evangelm gegenüber, de princ. 4, 25.
Es ſoll zwar die neuteſtamentliche Oonomie ein Abbild der ὑπερου-
ϱάνια ſein, aber in dieſe höheren Rɟionen iſt doch nur dem Gnoſtiker ein ſchwacher Blick vergönnt, vährend die Menge auch der
Chriſten doch noch weſentlich im Sɪnlichen hängen bleibt. So ergiebt ſich uns denn die merkwürdige tſcheinung, daß, während Origenes den richtigen Begriff der geſɖɡtlichen Entwickelung für die
Offenbarung vindicirt und das Verhäniß von Judenthum und Chri-
ſthum unter den Geſichtspunkt einer zeitlichen Fortſchritts zu ſtellen
ɧt, am Ende e   anz anderer nterſchied ſich als viel weſent-
nſſtellt, der   chen dem Iſtifer und Gnoſtiker, zwiſchen
ſr und Eɼ   Wir önnen dieſen letzteren vielleicht
n Unterſu   ennen, oſern er ein ruhender, gleich-
ſeibt den   dem Griſtenthum immer der Ruhm,
Gemein   nach zu haben, aber Altes und
doɧ   gɪchmäßig Gegenſtand allegori-
Gɑo   ſiɼet die Wahrheit dort wie hier

Schöpfung hervorgehoben, so führt dieß von selbst auf den Begriff der Vorsehung. In der Vorsehung faßt Origenes das eigentlich Specifische des christlichen Gottesbegriffes auf. In der Vorsehung ist einmal gesetzt ein bestimmter Weltzweck und die Unterscheidung der Naturstufen. So führt er 4, 74. aus, daß es eine ἀσέβεια gegen den für die λογικά sorgenden Gott sei (εἰς τὸν προνοοῦντα τῶν λογικῶν θεόν) anzunehmen μὴ μᾶλλον ἀνθρώποις γίνεσθαι ταῦτα πρὸς τροφὴν ἢ τοῖς φυτοῖς, δένδροις τε καὶ πόαις καὶ ἀκάνθαις. Die ἄλογα ζῶα nehmen vielmehr nur mittelbar an den Welt- gütern Theil. Was der Weltzweck sei, das knüpft sich ihm an die Lehre von der Gottebenbildlichkeit an. Kann er das Specifische des Menschen nur in seiner auf der logischen Natur beruhenden Frei- heit, durch die er eben gottebenbildlich ist, sehen, so unterscheidet er 4, 30. von der εἰκών die ὁμοίωσις als die ethische Verähnlichung, wel- cher der Mensch nachzustreben hat. Diese ethische Verähnlichung kann aber nicht geschehen ohne göttliche Mittheilung und Einwirkung auf die Freiheit. Die Vorsehung stellt sich also der Freiheit gegenüber als Erziehung dar, und es liegt so zweitens in dem Begriff der Vor- sehung für Origenes auch das, daß Gott sich offenbart. Die Be- hauptung des Celsus, daß Gottes Sohn nicht auf Erden herabkom- men könne, nennt er 5, 3. geradezu eine Aufhebung der Vorsehung. Diese letztere ist eben nicht denkbar ohne thatsächliches Eingreifen Got- tes in die Weltangelegenheiten, und dieses Eingreifen muß nach dem Obigen auch irgendwie zu einem absoluten werden. Blicken wir von hier aus zurück, so zeigt sich uns allerdings, wie der scheinbar wenig durchgreifende, mehr nur äußerliche Gegensatz des Polytheismus und Monotheismus in der That von der allerprincipiellsten Bedeutung ist, wie in dem letzteren ebenso der teleologische und Offenbarungs- charakter des Christenthums gegeben ist, wie umgekehrt in dem Po- lytheismus der ästhetische stabile Pantheismus des Heidenthums. — Damit ist nun freilich das specifische Wesen des Christenthums noch nicht erschöpft: der Offenbarungsbegriff ist ja ein dem Judenthum und Christenthum gemeinsamer. Erst die Betrachtung des Verhältnisses dieser beiden letzteren Religionen kann auch über das eigentliche Wesen des Christenthums vollen Aufschluß geben, und indem wir die Erör- terung über des Origenes Ansichten von der metaphysischen Möglich- keit der Offenbarung und des Wunders einem etwas späteren Orte vorbehalten, wenden wir uns zu der zuletzt angeregten Frage.

Schon aus dem Obigen geht hervor, daß Origenes das Christen-

thum im Allgemeinen für die Vollendung des Judenthums hält, für die
abſolute Offenbarung gegenüber von der nur unvollkommenen vor=
chriſtlichen. Wie ſchon Juſtin im Chriſtenthum das λογικὸν τὸ ὅλον
ſah gegenüber von dem Partiellen, von dem in verſchiedenen Strah=
len Gebrochenen früherer Offenbarung, ſo im Ganzen auch Origenes.
Der Λόγος ſtieg in die Seelen der Propheten herab auch in der
vorchriſtlichen Zeit, aber rein und voll erſcheint der Λόγος erſt in
Jeſu. Aber dieß ſind im Ganzen immer noch bloß formelle Beſtim=
mungen. Was iſt denn der materielle Unterſchied beider Teſtamente?
2, 4. ſagt Origenes gegen die Behauptung des Abfalls der Chriſten
von ihrem väterlichen Geſetz: in Wahrheit iſt den Chriſten ἡ εἰςαγωγὴ
ἀπὸ τῶν ἱερῶν Μούσεως καὶ τῶν προφητικῶν γραμμάτων. Nach
dieſer εἰςαγωγὴ liegt der Fortſchritt für die Eingeführten in der διή-
γησις und σαφήνεια dieſer γράμματα beim Suchen des geoffenbarten
Geheimniſſes (τὸ κατὰ ἀποκάλυψιν μυστήριον χρόνοις αἰωνίοις σε-
σιγημένον, φανερωθὲν δὲ νῦν ταῖς προφητικαῖς φωναῖς καὶ τῇ τοῦ
κυρίου ἡμῶν Ἰησοῦ Χριστοῦ ἐπιφανείᾳ). Hier ſcheint das Neue
des Chriſtenthums weſentlich in der Auslegung zu beſtehen, die im
Chriſtenthum gegeben iſt. So wird freilich in einem Zuſammenhang,
wo es ſich eben um Anerkennung der altteſtamentlichen Schriften handelt,
geradezu geſagt, daß zwiſchen Juden und Chriſten nur um die Aus=
legung der Schrift Streit ſei (5, 60.). Der Nerv dieſes Unterſchie=
des iſt ja nun aber freilich, daß, während die Juden noch auf den
Verheißenen warten, in der Zukunft erſt den Inhalt der Weiſſagung
ſuchen, die Chriſten ſchon den Gekommenen haben (3, 4.). Worin
beſteht nun aber dieſer letztere Vorzug? Im Ganzen doch nur darin,
daß die Wahrheit in umfaſſenderer Weiſe offenbar wurde. Der gött=
liche Λόγος, wird 3, 62. geſagt, wurde geſandt, καθὸ μὲν ἰατρὸς τοῖς
ἁμαρτωλοῖς, καθὸ διδάσκαλος θείων μυστηριων τοῖς ἤδη καθαροῖς
καὶ μηκέτι ἁμαρτάνουσιν. Giebt es nun überhaupt die letztere Men=
ſchenklaſſe vor Chriſtus auch nur im relativen Sinn, ſo kann das Weſent=
liche der Erlöſungsthätigkeit eigentlich nicht mehr in der Heilung von
Sünden beſtehen, ſondern die ärztliche Thätigkeit des Herrn wird
nur zu einem Moment der Lehrthätigkeit, welche letztere den eigent=
lichen Mittelpunkt ausmacht. Wird ja doch auch 2, 5. die γνῶσις
als das Reich Gottes angeſehen, das den Juden genommen wird.
Wir müſſen uns nun freilich erinnern, welche Bedeutung das Wiſſen
auf dem intellectualiſtiſchen Standpunkt des Origenes hat, wie er in
der erſcheinenden abſoluten Wahrheit eine unmittelbar wirkende Natur=

macht gewissermaßen sieht, aber andererseits, wenn doch der ganze Inhalt dessen, was Christus bringt, schon im Alten Testamente nie= dergelegt ist und das Wesentliche an dem erscheinenden *Λόγος* eben auch nur sein Wahrheitsgehalt ist, so kommt der Unterschied zwischen dem Alten und Neuen Testamente immer noch nicht zu seiner ganzen Wahrheit. Das Hervorragende an Christus ist dann doch nur das, daß er aus den Banden des Volksthums die Wahrheit herausgewickelt und zu einer allgemeinen gemacht hat. Ist nach jener Erzählung über die Entstehung des Heidenthums der *Λόγος* zugleich der Inbegriff der jüdischen Volksindividualität gewesen, so ist nun im Christenthum der *Λόγος* zum allgemeinen religiösen Princip geworden. Das Chri= stenthum ist nur das universalistisch gewendete Judenthum (5, 33.). Dieser Universalismus ist aber nicht sowohl eine neue geoffenbarte Wahrheit, sondern nur die Enthüllung des schon im Alten Testamente Niedergelegten. Die Juden verstanden fleischlich, was doch nur durch die *μυστικὴ θεωρία* recht kann erkannt werden. In der That hat ja auch die Menschwerdung keinen anderen Zweck, als in einem sinn= lichen Substrat die Wahrheit so darzustellen, daß auch die Geringe= ren zu ihr aufsteigen können. 6, 68. *ἐγένετο σάρξ, ἵνα χωρηθῇ ὑπὸ τῶν μὴ δυναμένων αὐτὸν βλέπειν, καθὸ Λόγος ἦν καὶ πρὸς θεὸν ἦν καὶ θεὸς ἦν. . . . . σκηνώσας δὲ καὶ γενόμενος ἐν ἡμῖν οὐκ ἔμεινεν ἐπὶ τῆς πρώτης μορφῆς, ἀλλ' ἀναβιβάσας ἡμᾶς ἐπὶ τὸ λογικὸν ὑψη= λὸν ὄρος ἔδειξεν ἡμῖν τὴν ἔνδοξον μορφὴν ἑαυτοῦ κτλ., καὶ οὐχ ἑαυτοῦγε μόνον, ἀλλὰ καὶ τοῦ πνευματικοῦ νόμου, ὅς ἐστιν ἐν δόξῃ ὀφθεὶς μετὰ Ἰησοῦ Μωϋσῆς.* — Ist denn nun aber wirklich dem so, daß Christus für Alle jenen tieferen Sinn geoffenbart hat? Wenn uns Origenes diese Frage genau beantworten könnte, würde eine der wesentlichsten Lücken in seiner Auffassung fortfallen. In der That aber ist ja Jesus nicht für Alle derselbe, 2, 64. *Ὁ Ἰησοῦς εἷς ὢν πλείονα τῇ ἐπινοίᾳ ἦν καὶ τοῖς βλέπουσιν οὐχ ὁμοίως πᾶσιν ὁρώμενος.* Der Unterschied des Exoterischen und Esoterischen dauert also auch nach der Erscheinung Christi noch fort, und zwar hat Origenes nicht vermocht zu zeigen, wie denn in sich das Exoterische, Sinnliche zum Geistlichen, Esoterischen, hinführe. Wohl soll der Glaube nur eine *πρόληψις* sein, die von selbst zur Erkenntniß führe, eine vorläufige *συγκατάθεσις περὶ Ἰησοῦ* in Folge des Eindrucks der Wunder, eine *συγκατάθεσις,* durch die sich der Mensch *τῷ ἐπὶ πᾶσι θεῷ* als Führer ergiebt (3, 39.). Aber obgleich mit dem Glauben (3, 13.) die *σοφία* zusammengestellt wird und unter die letztere als Zwischenstufe die *γνῶσις,* ganz entsprechend der anthropologischen Trichotomie und dem dreifachen Schriftsinn, so ist dennoch ein innerer Fortschritt nicht nachgewiesen, im Gegentheil, die σοφία erscheint als χάρισμα und 7, 41. wird die sinnliche Darstellung des Λόγος nicht sowohl unter den Gesichtspunkt eines Mittels der Erhebung als vielmehr unter den der Herablassung und Verhüllung gestellt. Den συνετωτέροις giebt er θεολογίαν ἐπᾶραι τὴν ψυχὴν ἀπὸ τῶν τῇδε πραγμάτων δυναμένην. Die Idioten unterstützt er wenigstens durch δόγματα von Gott, wie sie dieselben fassen können, zum möglichst guten Leben. Also die Erkenntniß, welche der wesentliche Vorzug des Christenthums vor dem Judenthum ist, wird nicht Allen in vollem Maße aufgeschlossen und der Unterschied zwischen Judenthum und Christenthum läßt sich auf keinem Punkte mehr scharf fixiren. Der Λόγος ist nun in der Schrift verfaßt, hat im Buchstaben der neutestamentischen Schrift seine sinnliche Hülle gewonnen, aber diese Hülle ist ebenso Verhüllung als Offenbarung. Mit Anerkennung der Inspiration auch des Neuen Testamentes ist dasselbe für die alte Kirche auch gewissermaßen wieder auf das Niveau des Alten Testamentes herabgesunken, auch das Neue Testament ist jetzt Gegenstand allegorischer Auslegung. Die Unterscheidung zwischen erster und zweiter Parusie, die Justin dem Trypho gegenüber zum Ausgangspunkte seiner Apologetik machte, ist auch von Origenes in einer Weise betont worden, daß das Neue Testament selbst wieder zur σκιά wird einem ewigen Evangelium gegenüber, de princ. 4, 25. Es soll zwar die neutestamentliche Oekonomie ein Abbild der ὑπερουράνια sein, aber in diese höheren Regionen ist doch nur dem Gnostiker ein schwacher Blick vergönnt, während die Menge auch der Christen doch noch wesentlich im Sinnlichen hängen bleibt. So ergiebt sich uns denn die merkwürdige Erscheinung, daß, während Origenes den richtigen Begriff der geschichtlichen Entwickelung für die Offenbarung vindicirt und das Verhältniß von Judenthum und Christenthum unter den Gesichtspunkt eines zeitlichen Fortschritts zu stellen versucht, am Ende ein ganz anderer Unterschied sich als viel wesentlicher herausstellt, der zwischen dem Pistiker und Gnostiker, zwischen dem Esoteriker und Exoteriker. Wir können diesen letzteren vielleicht einen räumlichen Unterschied nennen, sofern er ein ruhender, gleichzeitiger ist. So bleibt denn wohl dem Christenthum immer der Ruhm, die Wahrheit zum Gemeingut gemacht zu haben, aber Altes und Neues Testament sind doch wieder gleichmäßig Gegenstand allegorischer Auslegung und der Gnostiker findet die Wahrheit dort wie hier

in gleichmäßiger Fülle. — Woher kommt es, müssen wir fragen, daß
Origenes den Gegensatz zwischen den beiden Oekonomien nicht schärfer
zu fixiren wußte, daß sich ihm die historische Betrachtungsweise wieder
aufhob? Im Allgemeinen kann wohl nur gesagt werden, daß die ein=
seitig intellectualistische Fassung der Erlösung die Schuld daran trägt.
Wie den Apologeten im engeren Sinne, so ist auch dem Origenes
das Höchste am Christenthum Erkenntniß, — das Christenthum selbst
nur die höchste und beste Philosophie. Die im Christenthum gegebene
sittliche Erneuerung wurde eben doch nur als mittelbare Wirkung
durch die Trefflichkeit der Lehre angesehen, wie umgekehrt dann wieder
allerdings die sittliche Reinheit Voraussetzung der vollen Erkenntniß
bei ihm ist: nur mit reinem Herzen schaut man Gott. Aber ethisches
und intellectualistisches Element hatten sich in dem eigentlich religiösen
noch nicht genügend verbunden. Darum blieben auch beide Elemente
in ihrem bloßen Nebeneinander noch ziemlich oberflächlich; das Spe=
cifische des Christenthums tritt nicht einmal dem Heidenthum gegen=
über rund und nett hervor. Auch die Offenbarung will Orige=
nes ja keineswegs schlechthin beschränken auf das israelitische Volk.
Der Λόγος, obgleich in besonderem Verhältniß zu Israel stehend,
ist ja doch allgemeines Vernunftprincip nach der bekannten zu de
princ. 1, 3, 5. gehörigen Stelle, wie sie in dem Schreiben Justi=
nians an Mennas erhalten ist bei Mansi 9. S. 524. — einer Stelle,
die ihre Analogien nicht nur in dem von uns betrachteten Werk gegen
den Celsus, sondern noch mehr bei den älteren Apologeten hat. Es
ist doch im Grunde dasselbe Geschäft, wenn die Philosophie, an die
κοιναὶ ἔννοιαι anknüpfend (über deren Verwandtschaft mit dem Glau=
ben vgl. 3, 40.), die Heiden hinausführt über das einzelne Volksgesetz,
5, 35., und wenn der Λόγος gewissermaßen zur Rache für die seinem
Volke von den anderen Volksarchonten angethanen Beleidigungen,
nun, da er Macht erhalten hat, von den übrigen Völkern an sich
zu ziehen, welche er kann, dieß thut, ihnen Gesetze giebt und ein
Leben zeigt, nach dem zu leben ist, damit er sie hinführe zu dem
Ziele, zu dem er hinführte, die nicht sündigten aus dem früheren
Volke, 5, 31. Die Ueberwindung der Dämonen, auf die Origenes so
großen Werth legt, scheint so mit der Ueberwindung der sündigen
Volkseigenthümlichkeiten zusammenzufallen. Und mit Recht kann die
Philosophie, die namentlich seit der macedonischen Zeit einen so aus=
gesprochenen kosmopolitischen Zug angenommen hatte, nur als positiver
Factor bei dieser Ueberwindung angesehen werden, wie er denn auch

die Vollendung des römischen Weltreichs durch August für ein positives Förderungsmittel ansieht für das Reich Gottes, 2, 30. Dieses letztere politische Moment ist freilich nur äußerliches Mittel, dagegen nennt Origenes die Philosophie, die ἀνθρωπίνη σοφία 6, 13. ein γυμνάσιον für die göttliche, und wenn er 3, 52. ausführt, daß die Christen, um ihre Gemeinschaft zu einem Kreise von φρόνιμοι ἄνδρες zu machen, lehren wenn er fortfährt: καὶ τὰ ἐν ἡμῖν μάλιστα καλὰ καὶ θεῖα τότε τολμῶμεν ἐν τοῖς πρὸς τὸ κοινὸν διαλόγοις φέρειν εἰς μέσον, ὅτ᾽ εὐποροῦμεν συνετῶν ἀκροατῶν — so hat man unter diesen φρόνιμοι ἄνδρες offenbar nicht Leute zu verstehen, die das Maß ihrer Bildung erst innerhalb der christlichen Kirche gewonnen haben, sondern solche, die schon anderweitig zu dieser Höhe der Bildung gelangt sind. Da aber ihnen die θεῖα anvertraut werden sollen, so ist also diese fremde philosophische Bildung keineswegs etwas religiös Indifferentes, sondern hat einen positiven Werth für die allerhöchste religiöse Function. — Und wenn nun ausdrücklich gesagt wird, daß die Gestalt des Λόγος sich nach der subjectiven Beschaffenheit der Sehenden und Hörenden gerichtet habe, so dürfte die Gefahr, die damit der Objectivität der Offenbarung droht, kaum zu leugnen sein. — In der That, wenn der Unterschied zwischen der Offenbarung im engeren Sinne und der philosophischen, beziehungsweise religiösen Erkenntniß der außerhalb des Offenbarungsgebietes Stehenden nur darin bestehen kann, daß der Weg jener herab, der dieser von Unten nach Oben geht, so ist auch dieser principielle Punkt von Origenes keineswegs zu genügender Klarheit gebracht. Es ergiebt sich dieß aus der Art, wie Origenes die metaphysische Möglichkeit der Offenbarung rechtfertigt. Der Haupteinwurf des Celsus gegen die Möglichkeit der Offenbarung ist immer der, daß Gott damit in das Gebiet des Werdens herabgezogen werde. So schließt er 4, 5. aus dem Herabkommen Gottes, daß dieser τὴν ἑαυτοῦ ἕδραν καταλιπεῖν. Darauf erwidert Origenes: „Wenn der Gott des Alls τῇ ἑαυτοῦ δυνάμει συγκαταβαίνῃ τῷ Ἰησοῦ εἰς τὸν τῶν ἀνθρώπων βίον, so wird er nicht ἔξεδρος, sondern die δύναμις und θεότης Gottes ἐπιδημεῖ δι᾽ οὗ βούλεται καὶ ἐν ᾧ εὑρίσκει χώραν, ohne den Raum zu wechseln, u. s. f. Erfüllt wird die Seele, indem sie μετέχει τοῦ θείου πνεύματος." Dieser Ausdruck „μετέχειν" ist für Origenes bezeichnend. Noch deutlicher wird die Sache 4, 14., wo Celsus von dem Begriffe der Unveränderlichkeit Gottes überhaupt ausgeht. Μένων γὰρ τῇ

οὐσίᾳ ἄτρεπτος, sagt barauf Origenes, συγκαταβαίνει τῇ προνοίᾳ
καὶ τῇ οἰκονομίᾳ τοῖς ἀνθρωπίνοις πράγμασιν. Hier ist also das
Herabsteigen Gottes durchaus ein dynamisches. Vom Λόγος selbst
aber sagt er Cap. 15: „Der Λόγος, seinem Wesen nach Λόγος bleibend,
leidet nichts von dem, was Leib oder Seele leiden; zuweilen steigt er
zu dem herab, der die Strahlen und den Glanz seiner Gottheit nicht
zu sehen vermag, wird gewissermaßen (οἰονεί) Fleisch, σωματικῶς λα-
λούμενος, bis der, der ihn als einen solchen aufgenommen hat, einigermaßen von dem Λόγος erhoben, auch seine vorzügliche Gestalt zu
sehen vermag.‟ — Ist hier noch immer von einem Herabsteigen die
Rede, wenn dasselbe auch durch die Verbindung, in die es mit der
subjectiven Beschaffenheit derer tritt, an welche die Offenbarung ergeht, schon zweifelhaft wird, so stellt sich ja in der Christologie des
Origenes die Sache in der That so heraus, daß die Seele es ist,
welche den Λόγος in sich aufnimmt, nicht umgekehrt nimmt der Λόγος
die Seele an. Alle Bewegung geht in der That bei Origenes von
Unten aus, weil der Gott der ἐπέκεινα τῆς οὐσίας ist in seiner unveränderlichen Ruhe, in seinem abstracten Fürsichsein der Weltgemein-
schaft trotzt. Darum wird die ganze Weltbildung nicht sowohl als
Product der Thätigkeit Gottes als vielmehr als Ergebniß der creatürlichen Freiheit angesehen. Die Weltideen, obgleich im Λόγος aus
ihrer abstractesten Einheit herausgenommen, sind doch in ihm immer
noch in einer Einheit, in welcher der Unterschied noch nicht zur Realität zu kommen vermag. Die Freiheit ist der Νεῖκος, der erst in
diesem ursprünglichen Σφαῖρος die Bewegung veranlaßt. Aber eben
weil die Freiheit nicht das wahrhaft Positive, göttlich Gesetzte, sondern
nur das Princip des Nichtgöttlichen, die Möglichkeit des Nichtseins ist,
darum ist auch diese Freiheit am Ende ein selbständiges Princip neben
Gott, das aus ihm nicht mehr völlig erklärt werden kann. In der
Freiheit ist von Anfang an der Weltkeim außer Gott gesetzt — sie
ist die ἄποιος ὕλη, die auch, wenn Alles in Gott zurückkehrt, als
Weltschlacke zurückbleibt, um Anlaß zu neuen Bildungen zu werden.
Damit ist aber die Freiheit selbst aus dem wahrhaft sittlichen Gebiet
herabgezogen in das natürliche. Man mag Dorner Recht geben,
wenn er sagt, daß des Origenes Freiheitsbegriff keineswegs so formell sei, als er gewöhnlich gefaßt werde (Christologie I. S. 684.),
sofern das Bedürfniß einer tieferen Fassung sich ihm an manchen
Stellen aufdrängt, aber zum mindesten wird sich doch nicht leugnen
lassen, daß Origenes keineswegs mit klarem Bewußtsein die wahr-

haft ethische Bedeutung der Freiheit erkannt hat[1]). Sofern denn nun
eben damit auch das Sein an sich als das Gute gesetzt ist (ἐπεὶ ὁ
θεὸς ἀγαπᾷ τὰ ὄντα πάντα καὶ οὐδὲν βδελύσσεται ὧν ἐποίησεν,
1, 71.), ist auch das Endliche, Weltliche, das mit der Negativität Be=
haftete und nur Bestimmte zugleich mit dem Bösen behaftet und das
Böse selbst nur ein Defect. Daher neben dem pelagianischen Zuge
auch wieder der doketische. Diese ἄποιος ὕλη, aus welcher der Leib
Christi besteht, in ihrer unbegrenzten Fähigkeit, alle möglichen Formen
anzunehmen, ist doch am Ende kaum noch etwas Anderes als ein
subjectives Vorstellungsmedium. Wie sollte auch die Menschwerdung
eine reale Bedeutung noch haben können, wenn der Λόγος nichts
wird und die Menschheit nur Hülle ist, die wieder abgestreift werden
kann? Ist doch der Λόγος ἀρχιερεὺς und Mittler in seiner vorzeit=
lichen Existenz, sollen doch Alle, die ihn wahrhaft erkennen wollen,
über seine irdische menschliche Existenz sich erheben. Wird aber der
Mittelpunkt aller Geschichte im christlichen Sinne schwankend, droht
er, seiner wahrhaften Bedeutung beraubt zu werden, so droht eben
damit auch das ganze Gebäude einer historischen Entwickelung einzu=
stürzen — denn Geschichte im eigentlichen Sinne giebt es nur, wo
Gott als das persönliche lebendige Ziel von der Welt unterschieden
und als die in der Welt waltende Macht doch nicht von ihr geschieden
ist. Wenn nun im Vorhergehenden zu zeigen versucht wurde, wie
Origenes seinen Gegner gerade von dem Gesichtspunkte einer histori=
schen, auf die Gemeinschaft des Menschen mit Gott als das Ziel
angelegten, von dem Wesen des Menschen als eines sittlich freien
ausgehenden Entwickelung aus zu überwinden suchte, so hat sich uns
nun ergeben, daß auch Origenes selbst von seinen Prämissen nicht
gehörig auszuscheiden vermochte, was ihn den Consequenzen seines
Gegners entgegenführen konnte. Die Schwächen in der origenistischen
Apologetik stammen von nichts Anderem her als davon, daß auch
Origenes in seinem platonischen Gottesbegriff ein Hinderniß für einen
vollen Offenbarungsbegriff, in seinem platonischen Intellectualismus
ein Hinderniß für die Erfassung des persönlich sittlichen Wesens des
Menschen fand. Es mag in Bezug auf das Letztere nur noch an=

---

[1]) Die einzig ganz entscheidende Stelle, die Dorner anführt, ad Rom.
5, 10., ist doch aus einer Schrift, deren Urkundlichkeit starken Zweifeln ausgesetzt
ist. Und selbst diese vorausgesetzt, würden seine metaphysischen Principien dem
Origenes es unmöglich machen, den an jener Stelle ausgesprochenen Gedanken
überall festzuhalten.

gemerkt werden, wie Origenes das Böse noch wesentlich außerhalb des Menschen in dämonischen Kräften sieht und auch hierin eine schon angedeutete Unterscheidung von Augustin eine Bestätigung erhält, daß ihm nämlich die Engel und damit auch die abgefallenen Engel, die Dämonen, in viel höherem Sinne Zwischenwesen sind als dem Letzt= genannten (vergl. namentlich das interessante Cap. 2. des 3. Buches de princ., das Cap. de contrariis potestatibus). Es konnten diese obersten, principiellsten Mängel hier freilich nur assertorisch angegeben werden, da alles Beweisverfahren auf eine Entwickelung des ganzen origenistischen Systems geführt haben würde; aber wenn bewiesen werden konnte, daß Origenes weder dem Heidenthum noch dem Juden= thum gegenüber das Christenthum in seinem eigenthümlichen Wesen scharf abzugrenzen, gegen jenes den Begriff der Offenbarung, gegen dieses den Begriff der Menschwerdung nicht in wahrhaft principieller Bedeutung geltend zu machen wußte, so ist damit wenigstens so viel bewiesen, daß in den obersten Prämissen noch Fehler sich finden müssen.

Eine noch weitere Bestätigung mag den Behauptungen in Bezug auf die in den Grundlehren des Origenes liegenden Consequenzen vielleicht erwachsen, wenn wir auch bei Augustin die Schwäche seines apologetischen Standpunktes deutlich in solchen Punkten liegen sehen, die mit den Grundvoraussetzungen des Platonismus zusammenhängen.

Es ist schon oben versucht worden nachzuweisen, inwiefern die Auffassung des Neuplatonismus vom Heidenthum und von dessen Ver= hältniß zum Christenthum eine Fortbildung des Standpunktes des Celsus ist. Sehen wir nun, inwiefern auch Augustin seinerseits in apologetischer Beziehung fortgeschritten ist.

Auch Augustin konnte nur im Polytheismus das unterscheidende Merkmal des Heidenthums sehen. Seine ganze Bestreitung namentlich von lib. VI.—VII., ist ja darauf gerichtet, die Volksgötter in ihrer Thor= heit und Nichtigkeit zu zeigen. Aber auch für ihn war der Polytheismus nicht allein eine Thorheit, sondern eine wirkliche positive böse Macht. Nicht nur waren ihm die heidnischen Götter Dämonen, sondern er hatte auch eine gewisse Neigung zu euhemeristischer Auffassung (de civ. Dei 8, 26, 1: tanta enim homines impii caecitate in montes quodammodo offendunt resque oculos suos ferientes nolunt vi- dere, ut non attendant in omnibus literis Paganorum aut non inveniri aut vix inveniri deos, qui non homines fuerint, vgl. auch 6, 7, 1. und 9, 11.). Beides schließt sich nach Augustin's Ansicht wohl nicht aus, da er aus der Ansicht des Hermes Trismegistus die Consequenz (ebendas. Nr. 3.), daß die Dämonen ex hominum mortuorum animis exstitisse, herauszuziehen sich bemüht. In seine eigentliche Beschreibung des Wesens der Dämonen hat er freilich diesen Zug nicht aufgenommen. Diese giebt er 8, 22. dahin, sie seien spiritus nocendi cupidissimi, a justitia penitus alieni, superbia tumidi, invidentia lividi, fallacia callidi, qui in hoc quidem aëre habitant, quia de coeli superioris sublimitate dejecti, merito irregressibilis transgressionis in hoc sibi congruo velut carcere praedamnati sunt. — — Sed multis plane participatione verae religionis indignis tanquam captis subditisque dominantur. — Hier hat es nun allerdings den Anschein, als ob nur gefallene Engel unter dem Begriffe der Dämonen befaßt würden, obgleich die, über welche sie herrschen, dann allerdings Menschenseelen sein müssen. Erwähnenswerth dürfte das Ganze nur darum sein, weil Augustin, wie er auch Menschen in die Zahl der Engel aufgenommen werden läßt, so von Anfang an auch bei den Dämonen den Gedanken bestimmter ausschließt als Origenes, daß es eigentliche Zwischenwesen gebe, die auch in sittlicher Beziehung eine Vermittelung zwischen Gott und den Menschen übernehmen könnten, 9, 23. Hatte Origenes durch seine Voraussetzung, daß die Naturgestaltung jedes vernünftigen Wesens Product seiner sittlichen Beschaffenheit sei, doch wieder in concreto das Sittliche an das Natürliche gebunden, resp. das erstere unter das letztere erniedrigt, so macht nun Augustin mit aller Energie geltend, daß im Verhältniß zu Gott nur die sittlichen, nicht die natürlichen Eigenschaften von Bedeutung seien, 8, 15. 20 f. Daß nun aber in sittlicher Beziehung die Dämonen nur als unwürdig angesehen werden können, dieß ist ihm nicht allein Voraussetzung, sondern er sucht dieß auch an den Definitionen namentlich des Apulejus zu erweisen, 8, 4. 9, 3 ff., namentlich aber 9, 13: est itaque secundum Platonicos sublimium deorum vel beata aeternitas vel aeterna beatitudo, hominum vero infimorum vel miseria mortalis vel mortalitas misera, daemonum autem mediorum vel misera aeternitas vel aeterna miseria. — Ja gerade, führt er 9, 18. aus, indem die Dämonen selbst aus dem sittlichen Verhältniß des Menschen zu Gott ein wesentlich natürliches zu machen versuchen, beweisen sie sich als Verfälscher der Wahrheit, die ne via teneatur ad Deum impediunt. Auch der Vorzug, den Augustin in ihrem Namen schon angedeutet findet, — der Vorzug des Wissens —

ist darum 9, 20. nur ein sittlicher Mangel. Denn Wissen ohne Liebe
blähet auf. Est ergo in daemonibus scientia sine charitate et
ideo tam inflati id est tam superbi sunt, ut honores divinos et
religionis servitutem, quam vero Deo deberi sciunt, sibi satege-
rint exhiberi. Haben sie sich im Volksglauben so an die Stelle
Gottes gesetzt, so haben sie für Solche, welche aliquanto attentius
et diligentius ihre vitia betrachten konnten und die darum sich nicht
überreden ließen, daß sie Götter seien, sich wenigstens für internuntii
und impetratores beneficiorum ausgegeben und die Connivenz
gegen den Volksglauben hat denn auch die Philosophen zu ihrer Ver=
ehrung gebracht, 8, 22. Die Dämonen sind aber vielmehr separa-
tores als mediatores zwischen den Göttern und Menschen, 9, 15, 2.
— Je bewußter nun Augustin den eigenthümlich sittlichen Gesichts=
punkt der bloß natürlichen Betrachtungsweise gegenüber hervorhob,
desto mehr war er veranlaßt, auf die Entstehung des Polytheismus
zu reflectiren. Und es ist schon bezeichnend, daß er sich verhältniß=
mäßig eingehender als Origenes darüber äußert. Beruht der Poly=
theismus auf einer objectiven, realen Macht, so kann auch sein Ur=
sprung in erster Linie nur in eine transscendente Region fallen. —
Im Abfall der Engel liegt die erste Begründung desselben. Dieß
geht schon aus der oben nach 8, 22. gegebenen Definition hervor.
Auch nach Augustin sind die Engel anfangs gleich geschaffen worden
(vgl. die Erörterungen 11, 11 ff.) und erst durch einen Fall ist eine
Scheidung entstanden, ganz wie in der Menschenwelt auch, 12, 1.
indem die einen Engel sich selbst zum Gute machten. Hochmuth
und Herrschsucht veranlaßte diese erste Sünde oder war vielmehr die
erste Sünde (vgl. auch 14, 11, 2: superbus ille angelus ac per
hoc invidus, per eandem superbiam a Deo ad semet ipsum con-
versus, quodam quasi tyrannico fastu gaudere subditis quam
esse subditus eligens de spirituali paradiso cecidit). — Wenn
sie Opfer verlangen, so ist es nicht sowohl das sinnliche Bedürfniß,
nach dessen Befriedigung sie dabei trachten, sondern vielmehr dem
Hochmuth suchen sie auch darin zu fröhnen, 10, 19: nec ob aliud
fallaces illi superbe sibi hoc (sc. sacrificium) exigunt, nisi quia
vero Deo deberi sciunt. Non enim revera cadaverinis nidoribus,
sed divinis honoribus gaudent — und ihre Verfolgung gegen die
civitas Dei hat ihren Zweck in der Erpressung der Ehre der Opfer,
10, 21. — Dieser Nachweis des Falles der Engel und ihrer hoch=
müthigen, gottfeindlichen Anmaßung genügt aber für Augustin nicht.

Er kennt ja einen hiftorifchen Urzuftand, kann nicht wie Origenes den
Fall der Dämonen mit dem der Seelen überhaupt combiniren. Wenn
auch nicht ohne teuflifche Anregung hat doch die Sünde und damit
auch der Polytheismus einen eigenthümlichen Urfprung im Menfchen
felbft. Das ift der große Fortfchritt von Origenes zu Auguftin, daß
die Sünde nicht mehr als eine über den Menfchen ftehende Macht
angefehen wird, die ihn von Außen bindet, fondern als eine in dem
Mittelpunkt feines Wefens ihren Sitz habende. — Darum ift nun
hier die Sünde auch nicht mehr mit der Sinnlichkeit unmittelbar zufammengenommen, fondern eine Stufe höher hinaufgerückt. Auch die
Sünde in der Menfchenwelt hat ihren Anfang im Hochmuth, 14,
13, 1 f., in dem secundum se statt secundum Deum vivere. Das
secundum se vivere wird aber unmittelbar zum secundum carnem
vivere, 14, 3, 2. und oft. Diefer Hochmuth erft war der Grund,
warum die Menfchen dem Teufel unterworfen wurden, 14, 13, 1.,
ebendaf. 27. Diefe Hingabe involvirt nun keineswegs fchon eine
Herrfchaft in dem Sinne, wie fie fich Origenes denkt, fo daß unmittelbar damit das Heidenthum gefetzt wäre, fondern diefes felbft
kann von ihm nur als mittelbar aus der Teufelsherrfchaft fließend
dargeftellt werden. Sofern der Menfch eben nun an die finnlichen
Mächte hingegeben ift, von dem wahren Gotte fich getrennt hat,
wird auch fein Auge für das Göttliche trüber, die Dämonen wiffen
nun durch ihre Lügenkünfte, durch ihre fcheinbare Macht über die
Natur den Menfchen zu betrügen (über ihr Vorauswiffen vgl. 9, 22.,
über ihre Wunder 10, 16, 2.). Näher fixirt Auguftin die Entftehung
des Heidenthums nicht. Aus 16, 12. könnte man fchließen, Auguftin
habe fie auch mit dem babylonifchen Thurmbau zufammengenommen,
wenn er hier ausführt, in der Fluth der vielen abergläubifchen Meinungen (in diluvio multarum superstitionum per universum mundum) fei ebenfo das Haus Thara's allein als plantatio civitatis
Dei geblieben, auch mit der einen Urfprache, wie in der Wafferfluth
das Haus Noah's ad reparandum genus humanum. Aber genauer
ift diefe Anficht nicht entwickelt und ebenfo wenig dürfte die Stelle
4, 32., in welcher er auf die fallacia der Staatenlenker die Einführung des Polytheismus zurückführt, dafür beweifen, daß dieß
wirklich feine eigentliche Anficht gewefen ift. Sah er auch im Polytheismus einen fprechenden Beweis für den dämonifchen Charakter
des Heidenthums, fo lag ihm das Princip des letzteren doch tiefer
— das Heidenthum war da mit der civitas terrena, alfo mit Kain,

noch ehe der Polytheismus da war — auch dieß ein Beweis, wie von Augustin das Princip des Paganismus subjectiv verinnerlicht war.

Je mehr dem also ist, desto mehr muß gefragt werden, worin denn nun Augustin das eigentliche Princip des Heidenthums gefunden habe. — Wir greifen hier zunächst nach einer Stelle, die freilich nicht dem Zusammenhang der civitas Dei angehört, aber zu bezeichnend ist, als daß sie nicht hier hervorgehoben werden sollte. Auf den Vorwurf des Manichäers Faustus, daß das katholische Christenthum mit seinem Monotheismus auf durchaus heidnischem Boden stehe, c. Faust. 20, 3., erwidert er Cap. 19., daß das wesentlich Unterscheidende des Heidenthums die Creaturvergötterung sei. Darin eben zeigt sich die superbia, daß sie nicht unter den unsichtbaren Gott sich beugen, sondern das Göttliche aus sich selbst produciren will. De civit. Dei 18, 54, 2: illa quae terrena est (sc. civitas) fecit sibi, quos vo-

bus sacrificando serviret; illa autem quae coelestis peregrinatur in terra, falsos deos non facit, sed a vero Deo ipsa fit, cujus verum sacrificium ipsa est. Während Origenes die Heidengötter theils als selbstständige Räubermächte auffaßt, die den Menschen in ihre Gewalt bringen, theils als Mächte, welche die göttliche Vorsehung als Strafengel gebraucht, hat Augustin mehr und mehr diesen Gesichtspunkt vom Dämonenbetrug aufgegeben; das Heidenthum ist, auch soweit es wirkliche Dämonen ehrt, reines willkürliches Menschenproduct. — Der primärste und tiefste Gegensatz ist nicht der theoretische zwischen mangelhafter Gotteserkenntniß und vollkommener, sondern der tiefste Gegensatz ist eben der ethische. Dieß liegt schon darin, daß Augustin den Begriff der civitas hat. Es stehen sich nicht Lehre und Lehre, nicht Philosophie und Philosophie, selbst nicht nur natürliches Licht und Offenbarung entgegen, sondern die Gemeinschaft, die ihre Basis in Gott hat, und die auf sich selbst beruhende, sich selbst zum Ziele machende. Der kirchliche Geist, der im Abendlande schon seit dem römischen Clemens eine so eigenthümliche und bestimmte Entwickelung nahm, zeigt sich auch bei Augustin. Der politische Geist des alten Roms, der selbst den auf griechischem Boden mit solch' individuellem Selbstbewußtsein auftretenden Stoicismus politisch fruchtbar zu machen wußte, hat auch dem Christenthum die Form der civitas gegeben in realistischerem Sinne, als in dem auch Origenes die ἐκκλησία dem Staate entgegensetzt. Am vollständigsten wird das heidnische Wesen der civitas terrena 14, 28. geschil-

dert: fecerunt itaque civitates duas amores duo, terrenam scilicet amor sui usque ad contemptum Dei, coelestem vero amor
Dei usque ad contemptum sui. Denique illa in se ipsa, haec
in Domino gloriatur. Die Weisen der civitas terrena, indem sie
secundum hominem lebten, suchten ihres eigenen Leibes oder ihrer
eigenen Seele oder beider Güter oder die, welche Gott erkennen konn=
ten, haben sich, dominante sibi superbia, in ihrer Weisheit er=
hoben und sind zu Thoren geworden — zur Anbetung von Götzen=
bildern waren sie vel duces populorum vel sectatores. Das
Heidenthum ist also principielle Verkehrung, nicht nur Schwäche, nicht
nur, wie es bei Origenes scheinen kann, sofern er bei der Sprach=
verwirrung auch an den Fall der Seelen denkt, die mit der Sinn=
lichkeit gegebene natürliche Religion. Das Wesen des Heidenthums
ist darum auch so unnatürlich als möglich. — Hat die terrena civitas
ihr Gut hier, so ist sie dafür auch, da dieß Gut kein solches ist, ut
nullas angustias faciat amatoribus suis, in sich selbst immer ge=
theilt durch Streiten, Kriegen, Kämpfen u. s. w., 15, 4. Babel,
d. h. confusio, ist ihr Name, 16, 4. Der Gründer dieser civitas
terrena ist der Brudermörder Kain, wie die Stadt, in der sich das
Heidenthum zu seiner höchsten Macht erhob, — wie Rom von einem
Brudermörder gegründet wurde. Bei Abel und Kain zeigt sich der
Haß der civitas terrena gegen das Göttliche, bei Romulus und
Remus der Haß der Bösen unter einander, 15, 5. — Nun ist freilich
auch innerhalb dieser principiellen Verkehrung doch noch etwas Gutes
geblieben, giebt es doch nach Augustin überhaupt nichts schlechthin
Böses, das nicht irgendwie auch noch etwas Gutes an sich hätte,
vgl. 19, 13, 2: quapropter natura est, in qua nullum malum
est, vel etiam in qua nullum potest esse malum; esse autem
natura, in qua nullum bonum sit, non potest. Es giebt also
auch eine pax terrena. Die civitas terrena in eo defigit impe-
randi obediendique concordiam civium, ut sit eis de rebus ad
mortalem vitam pertinentibus humanarum quaedam compositio
voluntatum, 19, 17. Es muß auch hier wieder hervorgehoben werden,
wie als das, was der Christ aus dem Heidenthum heraus sich an=
zueignen hat, nicht sowohl wie von Origenes in erster Linie Bildung
und Philosophie für sich, sondern das staatliche Leben nach allen seinen
Seiten bezeichnet wird. So wiederholt Augustin es hervorhebt, daß
der römische Staat auf einem verkehrten Principe beruhe, daß ihm
gerade das fehle, was den Staat ausmache, so sehr er die Leiden

der vita socialis geltend macht, so sagt er doch wieder, daß auch die civitas coelestis so viel als möglich diesen irdischen Frieden suche und gebrauche, 19, 13. u.-17. [1] — Ist aber überhaupt in der heidnischen Welt noch etwas Gutes, so muß es auch Abstufungen des Bösen geben. Damit, daß das Heidenthum seinem ganzen Wesen nach Verkehrtheit ist, ist nicht ausgeschlossen, daß die einzelnen Erscheinungen mehr oder weniger verkehrt sind, sagt er doch Ep. 167, 2, 4., daß die Ansicht des Jovinian von der parilitas peccatorum stoisch sei und contra omnem sensum generis humani. So sieht er denn auch im Heidenthum nicht erloschenen Zug zur Einheit Gottes für eine gute Mitgabe an, welche das äußerste Versinken des Heidenthums gehindert habe, — und darnach muß doch unterschieden werden, ob dasselbe dieser Einheit näher oder ferner steht. Ebenso haben wir schon aus der Inhaltsübersicht unseres Werkes gehört, wie Augustin noch näher sittliche Unterschiede kennt, einen Catilina und Scipio unterscheidet, den Platonismus und Epikureismus voneinander trennt. Im Allgemeinen haben wir auch gesehen, wie er die zwei großen Verkehrungen innerhalb des Heidenthums scheidet, die Verkehrung des Zweckes und die Verkehrung des Mittels. Sucht das Heidenthum in letzterer Beziehung immer sich selbst, so kann dieß doch auf feinere oder gröbere Weise geschehen, so kann diese Selbstsucht entweder schon in der Aufstellung der Zwecke unmittelbar oder erst in der Art, die Mittel zu wählen, hervortreten. Das Erstere zu erweisen ist, wie wir sahen, die Absicht des ersten Theiles seines Werkes. Der höchste irdische Zweck — die gloria — ist doch so wenig etwas Gutes, daß die Begierde darnach der Wahrheit und Gerechtigkeit geradezu hinderlich ist, 5, 14. Ist diese Ruhmbegierde verhältnißmäßig etwas Edles, sofern die niedrigeren sinnlichen Triebe dadurch eingeschränkt werden, 5, 12, 1 ff., so bekommt sie allerdings auch einen Lohn, aber eben den Lohn, den sie selbst sucht, die ventositas und inanitas. Die Römer sind geehrt in fast allen Völkern ihrer Herrschaft, Gesetze haben sie vielen Völkern auferlegt, durch Literatur und Geschichte sind sie heutzutage unter allen Völkern ruhmvoll, — aber damit haben sie auch ihren Lohn dahin, 5, 15. — In der That bleibt ja für die

---

[1] An das bekannte platonische Wort erinnert, wenn er 5, 19. nur die cives der civitas Dei für eigentlich Heil bringende Regierer der civitas terrena erklärt. Es liegt darin doch der Gedanke, daß nicht, wie Origenes will, die Kirche an und für sich schon vollen Ersatz bieten kann für den Staat, sondern daß das Christenthum auch eine staatliche Aufgabe hat.

Tugend ohne die Grundlage der pietas nur der formale Begriff der Geistesenergie übrig. In Wahrheit aber sind Tugenden, welche der Geist zu haben glaubt, wofern er sie nicht auf Gott bezieht, viel= mehr Laster als Tugenden. Denn wenn auch Etliche die Tugenden dann für wahre und ehrenwerthe halten — cum ad se ipsas refe- runtur nec propter aliud expetuntur — etiam tunc inflatae ac superbae sunt, 19, 25., ja die Tugend ist nur tanto mendacior, quanto superbior, 19, 4, 5. Wenn diese berühmte Auffassung auch neuerdings wieder von Baur für inconsequent erklärt worden ist, wenn er (das Christenthum und die christl. Kirche vom 3.—6. Jahrh. S. 57.) fragt: „Ist es nicht ein Widerspruch, die Römer zwar für die gegenwärtige Welt einer ihren edlen Bestrebungen entsprechenden Belohnung würdig zu erachten, für die künftige aber gleich den übrigen Werkzeugen des Teufels und der Dämonen in das ewige Feuer ver- stoßen werden zu lassen?" — so dürfte doch dagegen immer geltend zu machen sein, daß der Unterschied zwischen dem Absoluten und Re- lativen, der seiner Natur nach ein absoluter ist, den Unterschied inner= halb des Relativen nicht ausschließt. Von Gott aus angesehen, sind eben die Bestrebungen der Römer keineswegs edel, sie sind es nur im Verhältniß zu anderen Bestrebungen einer niederen Art von Selbstsucht. Im Verhältniß dazu werden sie auch höher belohnt, aber dieser Lohn bleibt doch innerhalb der Sphäre des Relativen. Die Tugend ist freilich nach Augustin nicht etwas nur Formelles, darum auch nur Subjectives, sondern sie hat die beiden Elemente in sich, das formelle und das materielle: sie ist das energische Erstreben des Absoluten. Vgl. 19, 10: Sed tunc est vera virtus, quando et omnia bona, quibus bene utitur, et quidquid in bono usu bonorum et malorum facit, et se ipsam ad eum finem refert, ubi nobis talis et tanta pax erit, etc. Dieses erstere formelle Moment, die Energie des Willens, ist wohl unter der vera via 5, 15. zu verstehen. Augustin will dort sagen: die Römer sind zwar auf dem rechten Wege gewesen, aber es war doch nur tanquam vera via, da sie nicht das letzte höchste Ziel im Auge hatten. Keineswegs aber ist das tanquam mit Baur zu übersetzen: „was sie nach ihrer Ansicht für recht und gut hielten" gleich als wollte Augustin bei der Frage, was Tugend sei, sich nur an das subjective Moment halten. Im Gegentheil, diese Frage kann nur vom objectiven Standpunkte aus entschieden werden nach Augustin. Demnach ist nicht abzusehen, wie auf diesem Punkte „der abstracte Dualismus jener beschränkten Weltansicht, welcher zu=

folge Chriſtenthum und Heidenthum ſchlechthin wie Göttliches und Dämoniſches einander gegenüberſtehen, ſich in ſich ſelbſt verwickelt" — um ſo weniger, als dieſer abſtracte Dualismus, wie wir ſahen, gar nicht vorhanden iſt. Etwas ſchlechthin Böſes giebt es für Auguſtin nicht — auch das Heidenthum hat etwas Gutes an ſich, ſo gewiß die Dämonen ja ſelbſt noch etwas Gutes an ſich haben —, aber es iſt eben die Verkehrung des Guten.

Wie nun aber die formale Energie zwar dem Heidenthum eignen kann, aber ohne daß das rechte Ziel in's Auge gefaßt würde, ſo iſt umgekehrt es auch im Heidenthum möglich geweſen, von ferne das Land der Heimath zu erblicken, aber ohne den Weg dazu finden zu können. Der Platonismus hat das incommutabile bonum in's Auge gefaßt, aber zu ergreifen vermochte er es nicht, 9, 29, 1: Itaque videtis utcunque, etsi de longinquo, etsi acie caligante, patriam, in qua manendum est, sed viam, qua eundum est, non tenetis. Auguſtin macht im Verfolg namentlich den Begriff der Gnade als den dem Heidenthum fehlenden geltend. Wohl ſucht er auch in Porphyr's Worten noch dieſen Begriff auf, aber die Gnade, wie ſie ſich voll in der Menſchwerdung geoffenbart hat, können ſie darum doch nicht anerkennen. Sed huic veritati, ſagt er a. a. O. Nr. 2., ut possetis acquiescere, humilitate opus erat, quae cervici vestrae difficillime persuaderi potest. — Quid causae est, fragt er weiter unten, cur propter opiniones vestras, quas vos ipsi oppugnatis, christiani esse nolitis, nisi quia Christus humiliter venit et vos superbi estis? — Dieſer Hochmuth liegt vornehmlich in der Abneigung gegen die Fleiſchwerdung. A. a. O.: sed ideo viluit superbis Deus ille magister, quia Verbum caro factum est. Auguſtik hat die ganze Dialektik des Paganismus durchſchaut, wie aus der Verſenkung in die Sinnenwelt die völlige Welt- und Fleiſchesflucht wird[1]). Es iſt eben in der That keine ſittliche, ſondern nur eine natürliche Trennung zwiſchen Gott und Menſchen. Der Begriff der Sünde fehlt, darum auch das Bedürfniß des Erlöſers im ſittlich-religiöſen Sinne. Die Sünde iſt das Einzige, was uns von Gott trennt, 10, 22., und ſie kann nur durch Gnade wieder auf-

---

[1]) Das Naturartige der platoniſchen Ethik durchſchaut Auguſtin klar, wenn er 14, 5. ſagt: nam qui velut summum bonum laudat animae naturam et tanquam malum naturam carnis accusat, profecto et animam carnaliter appetit et carnem carnaliter fugit.

gehoben werden. Haben die bösen Dämonen sich darüber erhoben, daß sie Geister seien, so zeigt umgekehrt der wahre Mittler, daß nur die Sünde das Böse ist, nicht des Fleisches Substanz oder Natur, a. a. O. 24. Von hier aus müssen wir auch in dem Satze Baur's (a. a. O.): „Kommt das Heidenthum in seiner Philosophie dem Christenthum so nahe, daß „nur" der letzte Schritt noch fehlt, um den Platoniker, wenn er „nur" die Thatsache der Fleischwerdung Gottes anerkennen und seine Antipathie gegen das Fleisch ablegen wollte, zum Christen zu machen", — wir müssen in diesem Satze das „nur" in Anspruch nehmen. Was hier mit „nur" eingeführt wird, ist in der That der größte salto mortale, den allein der Glaube machen kann. Diesen einen Schritt kann eben das Heidenthum nicht machen, ohne sich selbst aufzugeben; bei diesem Schritt handelt es sich nicht etwa um eine theoretische Controverse, sondern um die allertiefste sittliche Umkehr. Der Naturweg will aus dem Fleische heraus mit seiner Kraft sich emporheben zu der unveränderlichen Gottheit, der wahrhaft sittliche Weg weist den Menschen zum demüthigen Glauben und Nehmen, zur Anerkenntniß an, daß die Sünde nicht bloß im Fleisch, sondern im Selbst liegt und daß die Reinigung durch Vergebung hindurchgehen muß [1]). Wir denken, diese Auffassung Augustin's kann sich auch vor der heutigen Wissenschaft noch sehen lassen, ohne fürchten zu müssen, durch viel tiefere Speculationen beschämt oder in sich selbst des Widerspruches überwiesen zu werden. Was Origenes nur dunkel ahnte, Augustin hat es bestimmt ausgesprochen: im Heidenthum geht der Weg von Unten nach Oben — oder richtiger, das Heidenthum will, wenn nicht in der Welt selig werden oder in sich selbst, so doch durch die Welt und durch sich selbst —, im Christenthum geht der Weg von Oben nach Unten. Schön sagt er 19, 4, 5: Die Philosophen wollen sich, weil sie die wahre Seligkeit, die sie nicht sehen können, auch nicht glauben mögen, hic sibi falsissimam fabricare, quanto superiore, tanto mendaciore virtute. Am prägnantesten ist wohl

---

[1]) Fast wie eine Uebersetzung aus Augustin klingen Zeller's Worte a. a. O. S. 690: „Beide Theile [Neu-Platonismus und Christenthum] haben das gleiche Ziel, die Einigung des gottentfremdeten Menschen mit der Gottheit, und sie befehden sich gerade deßhalb so unversöhnlich, weil sie dieses Ziel durch wesentlich verschiedene Mittel, von einem entgegengesetzten Standpunkt aus zu erreichen suchen — — jene durch die Erhebung des Menschen zu einer übermenschlichen Göttlichkeit, diese durch das Herabsteigen Gottes in alle Tiefen der menschlichen Schwachheit." Vgl. auch 14, 13, 1.

der Gegensatz 22, 6. 1: Roma conditorem suum jam constructa et dedicata tanquam Deum coluit in templo, haec autem Jerusalem conditorem suum Deum Christum, ut construi posset et dedicari, posuit in fidei fundamento. Illa illum amando esse Deum credidit, ista istum Deum esse credendo amavit. Die Selbstvergötterung des Endlichen ist das Princip des Heidenthums — diesen Satz hat Augustin auf allen Punkten siegreich erwiesen; setzt er nun, wie wir sehen, das Dämonische in nichts Anderes als in die superbia — mit welchem Recht kann man es einen mit der Wirklichkeit in Widerspruch stehenden schroffen Dualismus nennen, daß er das Heidenthum für etwas Dämonisches hält? Das Endliche ist ihm ja nicht an sich das Böse, er faßt ja doch den Teufel nicht manichäisch, sondern nur, daß dieses Endliche aus seiner Beziehung zu dem Absoluten losgerissen ist, das ist das Böse. Darum ist ihm auch das Heidenthum Irreligiosität, weil religio nur da ist, wo die Menschen den Gott, quem neglexerunt, religunt (9, 3. 2.). Wie weit geht doch das hinaus über des Origenes Anschauung! Bei diesem ist ja freilich der Unterschied zwischen dem Platonismus und Christenthum nur ein formeller; die Menschwerdung hat nur den formellen Werth, den Λόγος aller Welt zu zeigen; was sonst der Philosoph nur für sich mit Mühe zu erkennen vermochte, wird nun allgemein. Bei Augustin ist es der ethische Unterschied, der in die Mitte tritt, aber dennoch hat er auch jenen Gesichtspunkt nicht ganz außer Acht gelassen, daß in Christo Schranken gefallen sind, die bis dahin in der Welt vorhanden gewesen waren. Wenn auch nicht so klar wie Origenes findet doch auch er einen Zusammenhang zwischen der Sünde und der Trennung der Völker. Wir haben gesehen, wie sich ihm das Princip der civitas terrena — der Haß — in der confusio der Sprachen darstellt. So stellt er auch wieder 19, 7. unter den Uebeln, durch welche das Leben der Völker im Ganzen und Großen bedrückt ist, die Sprachverschiedenheit voran, die hominem alienat ab homine; so sicht er 10, 32, 1 ff. in dem Anerkenntniß des Porphyrius, daß ihm noch keine universalis via liberandae animae bekannt geworden sei, zugleich ein Zeugniß dafür, daß das Heidenthum noch keine volle Wahrheit gehabt habe. Er sicht 19, 7. in dem Streben Roms nach der Weltherrschaft allerdings insofern etwas Gutes, als die Scheidewände dadurch fallen, aber er bezeugt zugleich auch die großen Uebel, die aus dem Wege, auf dem diese Einigung erreicht wurde, hervorgingen. So wichtig ihm diese Einheit aber auch ist,

dennoch unterſcheidet er viel beſtimmter als Origenes das religiöſe
Moment von dem volksthümlichen und behauptet 19, 17. das Fort=
beſtehen der nationalen Sonderungen neben der Einheit des Glaubens.
Andererſeits aber greift Auguſtin auch wieder höher hinauf als Ori=
genes. Dem ſpröden Freiheitsbegriff des Letzteren, der, wie wir
ſahen, am Ende gerade die geſchichtliche Bewegung wieder ſcheitern
macht, ſofern der Einzelne in jedem Augenblick doch wieder innerlich
unbeſtimmt daſteht, — dieſem Freiheitsbegriff iſt es ganz entſprechend;
die Entſtehung des Menſchen ſich auf eine Weiſe zu denken, daß das
berechtigte Moment des Traducianismus völlig darüber verloren geht.
Dagegen macht nun Auguſtin, wie er von Anfang an das religiöſe
Leben zugleich als Gemeinſchaftsleben anſieht, auch auf die Bedeu=
tung der Geſchlechtseinheit aufmerkſam. Nichts, ſagt er 12, 27., iſt
tam discordiosum vitio, tam sociale natura als dieſes Geſchlecht,
d. h. das menſchliche. Neque commodius contra vitium discordiae
vel cavendum, ne existeret, vel sanandum, cum exstitisset, natura
loqueretur humana, quam recordationem illius parentis, quem
propterea Deus creare voluit unum, de quo multitudo propaga-
retur, ut hac admonitione etiam in multis concors unitas ser-
varetur (vgl. 12, 21.). In dieſer Einheit des Geſchlechtes erſt iſt
auch beſtimmt die geſchichtliche Bewegung garantirt.

Jene naturaliſtiſche Auffaſſung, die von keinem Fortſchritt weiß,
welche die Welt nicht von Gott losmachen, darum ſie auch nicht zu
Gott zurückkehren laſſen kann, bekämpft auch Auguſtin wie Origenes [1]),
aber gerade hier zeigt ſich nun die ſchon mehrfach hervorgehobene
Differenz zwiſchen beiden Apologeten wieder auf's Neue. Origenes
macht den Freiheitsbegriff für ſich geltend, in der Freiheit liegt auch
die Möglichkeit immer neuer Entwickelungen und Combinationen,
Auguſtin geht von einem materiellen Ziele aus, durch welches der Frei=
heitsbegriff gattungsmäßig beſchränkt iſt. Das Ziel eines jeden Dinges
iſt die pax (vgl. z. B. 19, 12, 3. und 19, 13, 1.). Subjectiv reflec=
tirt iſt dieſe pax die beatitudo. Aus dieſem Begriff heraus ſucht
er nun namentlich im zwölften Buche jene ſtoiſche und neuplatoniſche
Lehre von der Wiederkehr aller Dinge zu bekämpfen. Zur beatitudo
gehört nämlich auch die Sicherheit derſelben, ihre Unverlierbarkeit.
Eine beatitudo, die dem Wechſel ausgeſetzt iſt, ein Schauen Gottes,

---

[1]) Die fortgehenden circumitus werden namentlich 12, 17. mit der Zeit=
loſigkeit Gottes bekämpft.

das ein Aufhören fürchten muß, ist also ein in sich widersprechender Begriff, oder es ließe sich die beatitudo nur durch eine Selbsttäuschung herstellen, die wiederum mit dem Begriff der beatitudo streiten würde (12, 20, 2: quid enim illa beatitudine falsius atque fallacius, ubi nos futuros miseros, aut in tanta veritatis luce nesciamus, aut in summa felicitatis arce timeamus?). Der Begriff des τέλος ist also entschieden energischer hervorgehoben als bei Origenes und damit eben der nur formale Begriff der Freiheit principiell negirt. Von hier aus bekämpft er gerade des Origenes Sätze über die Ewigkeit der Creatur und die endlose Reihe der Welten lib. 12, 15, 1 ff. und 12, 18. (an der letzteren Stelle sucht Augustin die Schwierigkeit, welche den Origenes zur Aufstellung seiner Lehre von der unendlichen Folge begrenzter Welten veranlaßte, nämlich das Problem, wie die schlechte Unendlichkeit, das ἄπειρον im hellenischen Sinne, mit der Wahrheit des Unendlichen zu vereinigen sei, durch Oxymora zu lösen, wie z. B.: cujus sapientia simpliciter multiplex et uniformiter multiformis, tam incomprehensibili comprehensione omnia incomprehensibilia comprehendit, u. f. f.).

Von dem Begriff des Endes aus gewinnt dann Augustin wieder den Begriff des Anfangs — der Schöpfung in der Zeit oder genauer mit der Zeit — und damit auch den Punkt, welcher die conditio sine qua non der Unterscheidung zwischen Gott und Welt und damit des sittlichen Verhältnisses der Menschen zu Gott ist. Damit sind wir auch auf den Punkt gekommen, wo wir unsere Blicke bestimmter auch auf die Auffassung richten müssen, die er vom Christenthum hat. Das Heidenthum hat sich also, wie ethisch und erkenntnißtheoretisch, so auch metaphysisch als Verkehrtheit herausgestellt — in letzterer Beziehung eben, sofern es den Unterschied des Natürlichen und Ethischen nicht beachtet, sondern auch den Geist in den Mechanismus der Natur verstricken will. Dagegen ist das Christenthum nun die vera religio; an dieser letzteren Bezeichnung participirt das Judenthum als Offenbarungsreligion. Dieser Begriff der Offenbarung aber kommt bei Augustin in erster Linie nicht sowohl nach seiner formellen Seite in Betracht, als göttliche Mittheilung an den Menschen, sondern viel häufiger bezeichnet er das, was wir unter Offenbarung verstehen, als Gottesgemeinschaft. Der ethische Factor ist der entscheidende fides, spes und amor der civitas Dei sind anders bestimmt als bei der civitas terrena. Darnach ist nun auch der geschichtliche Charakter der Offenbarung bei Augustin anders be=

stimmt als bei Origenes. Es handelt sich nicht, wenigstens nicht
nur um einen Fortschritt der Erkenntniß, sondern um die Entwickelung der Gottesgemeinschaft — um die Offenbarung einer Gemeinde
von Solchen, die schon mit Gott verbunden sind. Der Anfang des
Christenthums als einer civitas liegt jenseits der irdischen Sphäre.
Dieselbe Gemeinschaft, welche die Menschen hier zu einer christlichen
Kirche sammelt, verbindet sie auch mit den Engeln. In ihrer Gemeinde liegen die Anfänge dieser irdischen. Wie das Heidenthum
wesentlich Gottlosigkeit ist, so ist umgekehrt das die civitas Dei Kenn-
zeichnende die Gemeinschaft mit Gott — als Liebe zu ihm und Erkenntniß seiner. So wird sie 11, 33. geschildert als fruens Deo,
als flagrans Dei sancto amore, als habitans in coelis coelorum,
als luminosa pietate tranquilla u. s. f. Obgleich nun diese Verbindung mit Gott als eine unmittelbar gesetzte vorhanden war (11, 11.),
so sollte dieselbe doch auch von den zu ihr Berufenen ausdrücklich
gesetzt und bejaht werden; es ist also hier schon eine Entwickelung
gefordert, aber freilich diese Entwickelung ist auch sehr kurz abgemacht
— ja Augustin kann 11, 12 ff. die Frage aufwerfen, ob denn nicht,
wenn auch durch den Willen vermittelt, diese Entwickelung schon von
Anfang an abgeschlossen sei. Neigt er sich auch dahin, erst in einem
bestimmten Act die Seligkeit der Engel durch das Bewußtsein ihrer
Unverlierbarkeit für abgeschlossen zu halten, und setzt er 12, 1. 2.,
daß die contrarii appetitus beider Staaten voluntatibus und cupiditatibus exstiterunt; dum alii constanter in communi omnibus bono, quod ipse illis Deus est, atque in ejus aeternitate,
veritate, charitate persistunt, so ist doch auf alle Fälle mit einem
einzigen Acte das Ganze abgemacht. Für immer sind die Einen selig,
für immer die Anderen unselig. So eng also die eigentliche civitas superna mit der peregrinans verbunden ist, so scheint doch
der sehr wesentliche Unterschied vorhanden zu sein, daß nur die letztere an eigentlich geschichtlicher Bewegung Theil nimmt. Erst innerhalb der Menschenwelt treten die Principien in jene Verkettung unter
einander, welche den Inhalt der geschichtlichen Entwickelung bildet,
indem nun auf Grund der eingetretenen Sünde und der durch sie entstandenen Verkehrung der Menschheit in eine massa perdita eine
Neuschöpfung eintritt, die zwar a parte Dei ewig vollendet, in concreto jedoch eine zeitlich sich vollziehende ist. Die Geschichte der civitas
Dei ist die Geschichte der subjectiven Realisirung der Prädestination.

Diese Realisirung ist aber wiederum nur durch geschichtliche Mit-

theilung Gottes möglich. —*Den Begriff der Offenbarung im All=
gemeinen findet Augustin im Wesen des Geistes begründet. In der
Ebenbildlichkeit des Menschen liegt auch die Forderung und Möglich=
keit eines unmittelbaren Verkehrs. 11, 2: loquitur Deus ipsa veritate, si quis sit idoneus ad audiendum mente, non corpore. Ad
illud enim hominis ita loquitur, quod in homine caeteris, quibus
homo constat, est melius et quo ipse Deus solus est melior.
Cum enim homo rectissime intelligatur, vel si hoc non potest,
saltem credatur factus ad imaginem Dei; profecto ea sui parte
est propinquior superiori Deo, qua superat inferiores suas,
quas etiam cum pecoribus communes habet. Der specifische Be=
griff der Offenbarung tritt nun aber erst ein in Folge der Sünde.
Ist nämlich das Verhältniß des Geistes zu Gott von Anfang an
ethisch bestimmt, so tritt mit der Sünde auch eine Verfinsterung und eine
Störung der Gottesgemeinschaft ein, welche eine andere Art der Mit=
theilung nöthig macht. Diese Offenbarung im besonderen Sinn ist
nun die Darstellung des Göttlichen im Sinnlichen. Wie Origenes
will auch Augustin durch das sinnliche Medium das auf die sinnliche
Welt gerichtete Auge des Geistes erhoben werden lassen zum Gött=
lichen, aber der Unterschied ist nun, daß er die Materie nicht nur
als die ἄποιος ὕλη faßt, sondern daß auch sie ihm von Anfang an
in die göttliche Ordnung aufgenommen ist, daß sie von Anfang an
ebenfalls Offenbarung göttlicher Vorsehung ist (vgl. 10, 14., wo er
sich auf das Zeugniß Plotin's selbst beruft). Sie ist nicht nur das
immer nur Zerfließende, sich Verändernde, sondern in der Stufenreihe
des Ganzen hat auch das sinnliche Dasein seine bestimmte Stelle.
Darum ist denn auch die vollständige Offenbarung in dem Sohne
zugleich ethische Herablassung, nicht nur Annahme einer bloßen vor=
übergehenden Hülle, sondern Annahme einer anderen Daseinsform,
wie umgekehrt der Glaube, der an den Menschgewordenen sich hält,
auch ethisch bestimmt ist. Es ist eine Reinigung nöthig für den Men=
schen, die durch den Glauben bewerkstelligt wird — (mens) fide primum fuerat imbuenda et purganda, 12, 2. Es realisirt sich in
der Menschwerdung der Begriff der gratia. Darum ist ihm Christus
auch Mittler und Hohepriester nur als der Gottmensch, nicht als der
reine Λόγος, 9, 15, 1: mediatorem inter nos et Deum et mortali-
tatem habere oportuit transeuntem et beatitudinem permanen-
tem. — ibid. 2: Nec tamen ob hoc mediator est, quia Verbum
— — sed mediator per quod homo. So ist denn für Augustin

die Menschwerdung von viel tieferer, principieller Bedeutung, als sie
es bei Origenes sein konnte. Aber nur um so mehr kann auch an
Augustin die Frage gerichtet werden: warum kam der Erlöser so spät?
— Im Allgemeinen liegt ja die Antwort auf diese Frage, wie es
scheint, für die augustinischen Prämissen sehr nahe. Dennoch ant=
wortet er, wo er sie ausdrücklich stellt, 10, 32, 2., einfach: nec de-
buit nec debebit ei dici: quare modo, quare sero? quoniam
mittentis consilium non est humano ingenio penetrabile. Näher
beantwortet er nun aber die auf die Unveränderlichkeit Gottes ge=
gründete Einwendung schon bei Gelegenheit der Frage nach der zeit=
lichen Schöpfung 12, 14. damit, daß er es eben als zur altitudo
göttlicher Weisheit gehörig betrachtet, daß der ewige Gott ab aliquo
tamen initio exorsus est, tempora et hominem, quem nunquam
ante fecerat, fecit in tempore, non tamen novo et repentino, sed
immutabili aeternoque consilio. Also in der Idealität des gött=
lichen Rathschlusses wird schließlich die Ausgleichung gefunden. Es
ist die zeitliche Geschichte nur die Heraussetzung des Ansichseienden.
Aber innerhalb dieser zeitlichen Entwickelung — warum fällt hier die
Menschwerdung so spät? — Augustin hat darauf nicht wie Origenes
eine allgemeine Antwort gegeben, wenn wir nicht eben das Zurück=
gehen auf die Geheimnisse Gottes darunter verstehen wollen. Desto
mehr aber hat er versucht, im Einzelnen wirklich eine historische Be=
wegung nachzuweisen. Die allgemeine Idee des Origenes hat hier
Fleisch und Blut gewonnen: Augustin giebt uns ja eine universal=
historische Uebersicht, die von der Schöpfung bis zum äußersten τέλος
der beatitudo reicht und Christum zum Mittelpunkte hat. Auf ihn
hin gehen alle Strahlen der Weltgeschichte und von ihm aus geht
hinwiederum alle geschichtliche Bewegung, so sehr, daß auch die
Weltreiche, die ganze terrena civitas in ihrem Leben von Christo ab=
hängig ist und ihren Werth nur in der Beziehung auf die civitas
Dei hat: dem ewigen Wesen dieser gegenüber ist sie nur das Acci=
dentielle, obwohl auch in ihr wieder — selbst sofern sie nicht zu Christo
kommt — Gesetzmäßigkeit und göttliche Gerechtigkeit herrscht. — Was
sind denn aber die Entwickelungsgesetze dieser civitas Dei selbst? —
Augustin unterscheidet verschiedene Epochen (articuli temporis). Er
vergleicht diese 16, 43. mit den verschiedenen Lebensaltern des Men=
schen. Die infantia sieht er in der vorsündfluthlichen Patriarchenzeit,
die pueritia geht von Noah bis Abraham et ideo prima lingua
inventa est, id est hebraea; pueritia namque homo incipit loqui·

Von Abraham bis David erstreckt sich die adolescentia. Ab adolescentia quippe incipit homo posse generare, propterea generationum ex Abraham sumpsit exordium. Mit David beginnt alsdann die juventus — das eigentlich prophetische Zeitalter (17, 1.). Wollte nun Jemand behaupten, diese Auffassung Augustin's sei eine mehr beiläufige, keineswegs durchgehend festgehaltene, so möchte dem kaum mit Grund widersprochen werden können, nur ist das festzuhalten, daß sich auch in dieser mehr zufälligen Darstellung das Bedürfniß geltend macht, ein systematisches Princip für die Entwickelung zu erhalten. Diese Vergleichung mit den Lebensaltern ist nun freilich von nur formellem Werth, ein materielles Entwickelungsprincip liegt darin noch nicht.

Ein solches könnten wir eher darin finden, daß Augustin wiederholt die Bedeutung hervorhebt, welche einzelne Zeitabschnitte für das Verhältniß der beiden civitates zu einander haben. So wird 15, 22 f. bemerkt, daß durch die Vermischung der Söhne Gottes 1. Mos. 6. eine Vermischung der beiden civitates eingetreten sei. So ist wieder 16, 10, 1 ff. davon die Rede, daß die civitas Dei eigentlich noch unter den Weltvölkern verborgen gewesen sei, und daß erst mit dem Thurmbau zu Babel die civitas impia als Ganzes für sich aufzutreten begann. So wird die Bedeutung Abraham's 16, 12 ff. wesentlich darin gefunden, daß ihm eine doppelte Verheißung wurde, eine geistliche und eine äußerliche, daß in ihm die civitas Dei einen eigenthümlichen Organismus zu gewinnen begann (vgl. 16, 43, 2. und 18, 1.). Der leibliche, natürliche Theil der Verheißung, die dem Abraham zu Theil wurde, fand seine Erfüllung in David, 17, 2. Darum beginnt nun die eigentlich prophetische Zeit, die die andere Seite der abrahamitischen Verheißung, daß er der Vater aller Gläubigen sein werde, besonders hervorhebt. Von hier aus betrachtet, hat dann Christus selbst wesentlich eben wieder die Bedeutung, aus allen Völkern die Gläubigen berufen (vgl. 18, 49., wo die Sprachengabe, das Gegenbild der babylonischen Sprachverwirrung, besonders bei der Geistesausgießung hervorgehoben wird) und damit die wahre innere Scheidung begonnen zu haben, 17, 24. — In diesem Sinne wird auch die Entstehung der beiden großen Weltreiche, welche Augustin annimmt, des assyrischen und römischen, besprochen. Es wird das Zusammentreffen des Höhepunktes der assyrischen Macht mit den Verheißungen, die Abraham wegen des Segens über alle Völker wurden, hervorgehoben, 16, 17. 18, 2, 3. 3, 27.; es wird die Gründung

Rom's mit dem Aufschwunge der eigentlichen Prophetie zusammen=
genommen, 18, 27: quando autem ea scriptura manifestius
prophetica condebatur, quae gentibus quandoque prodesset,
tunc oportebat inciperet, quando condebatur haec civitas, quae
gentibus imperaret. In diesem Sinne wird dann auch die
Bedeutung der römischen Weltmacht für Völkereinigung hervor=
gehoben.

Aber alle diese Ausführungen bedürften doch immer noch einer
tieferen Begründung, wenn sie uns zu einer eigentlichen ratio ver=
helfen sollten von der Folge der Geschichtsepochen. Denn auch die
verschiedenen Verkettungen der beiden civitates, das gegenseitige
Anschließen und Aufschließen gewinnt doch nur Bedeutung, sofern da=
durch auch eine innerliche Zubereitung, ein inneres Fortschreiten der
centralen Offenbarung zugegeben ist. — Nun sieht ja freilich auch
Augustin die Zeit vor Christus als eine Vorbereitungszeit auf ihn
hin an. So wird denn nun 18, 45, 1 ff. der Zustand der Juden
unmittelbar vor Christus, namentlich unter der Fremdherrschaft des
Herodes, als geeignet geschildert, auf Christum und die plenitudo
temporum hinzuweisen. Es wird a. a. O. 46. die Zerstreuung des
Volkes unter die Heiden als Vorbereitung auch der letzteren, es
wird die Bedeutung geltend gemacht, welche die LXX, die auch dem
Augustin für inspirirt gelten, für die Vorbereitung des Glaubens der
Völker haben, 18, 42., und wiederum muß an die Bedeutung Rom's
für Völkereinheit auch in diesem Zusammenhang erinnert werden. —
Aber organisirt erscheint auch diese Vorbereitungszeit nicht — wohl
wird bei Abraham und wieder bei der davidischen Zeit hervorgehoben,
daß die oracula nun clariora und apertiora geworden seien, z. B.
16, 12. 17, 1., aber auch diese Bestimmung bleibt immer noch vag.
Die Prophetie ist ja freilich einer der wichtigsten Factoren in der
Vorbereitungszeit auf Christus, ja wenn man das Wort Augustin's,
das er dem manichäischen Angriff auf das Alte Testament entgegen=
hält, c. Faust. 3, 4. — ut non solum ille aut ille homo, sed uni=
versa ipsa gens totumque regnum (nämlich der Juden) propheta
fieret Christi christianiquo regni, vgl. auch de civ. Dei 7, 22. —
wenn man dieses Wort recht beutet, so mag mit Recht die Prophetie
als die Summe aller Vorbereitungen angesehen werden. Allein —
die Geschichte wird eben bei Augustin am Ende zur bloßen Allegorie und
selbst die heidnische Welt muß am Ende ihre Bedeutung wesentlich
nur durch die prophetischen Beziehungen, zum Theil durch das, was

sie selbst an Orakeln geleistet hat, gewinnen: die Philosophie, die in anderem Zusammenhang doch so wohl gewürdigt wird; tritt bei der eigentlich historischen Betrachtung zurück [1]). Mit Einem Worte, die ganze Geschichte droht zu einem bloßen Schatten zu werden: das Christenthum ist eben schon vorhanden im Alten Testamente. Mag auch immerhin die Geschichte in ihrem wörtlichen Verstande als wirkliche aufrecht erhalten werden, ja mag Augustin sogar Einzelnes als nur historisch, ohne tieferen Sinn damit zu verbinden, ansehen, 17, 3, 2., dennoch hat eben das Historische nicht für sich Bedeutung, nicht dadurch, daß es thatsächlich vorbereitet und hinführt auf Christum, sondern nur als Hülle von Ideen erfüllt es seine vorbereitende Aufgabe. — Was ist der Unterschied zwischen beiden Testamenten? — Hier weiß Augustin nichts von lex und gratia, sondern das im Alten Testament Verborgene ist im Neuen geoffenbart. Quid est enim quod dicitur testamentum vetus nisi occultatio novi? heißt es 16, 26, 2., et quid est aliud quod dicitur novum nisi veteris revelatio? Die Art, wie die Frommen des alten Bundes gerecht wurden, ist ganz dieselbe wie bei den neutestamentlichen. (Christus Jesus) venturus in carne sic antiquis sanctis praenuntiabatur, quemadmodum nobis venisse nuntiatus est, ut una eademque per ipsum fides omnes in Dei civitatem, Dei domum, Dei templum, praedestinatos perducat ad Deum, 18, 47., vgl. auch 10, 25. — Wir hören hier das Hauptwort, auf das es ankommt; es ist die Prädestination, welche die Menschwerdung, den Mittelpunkt der Geschichte, aus ihrer principiell begründenden Stellung verrückt und sie zum bloßen andeutenden Mittel herabsetzt; auch Augustin sieht am Ende in der Menschwerdung mit Origenes doch wieder nur das Mittel der Erhebung zu dem Λόγος; darum wird die Geschichte überhaupt zu einer bloß subjectiven Entwickelung. Nimmt doch Augustin a. a. O. keinen Anstand, die Glieder der civitas Dei auch außerhalb Israels zu suchen; ja 18, 23, 2. sagt er von der erythräischen oder kumäischen Sibylle, sie gehe so gegen den Cultus falscher Götter an, ut in eorum numero deputanda videatur, qui pertinent ad civitatem Dei. Wird so nicht wirklich der Zusammenhang mit der historischen Offenbarung vergleichgültigt und der Λόγος ἄσαρκος mit derselben Bedeutung ausgerüstet, die doch nur der Menschwerdung zukommen kann? Verliert nicht die so wohlbegründete Po-

---

[1]) Vgl. nur 18, 41, 1., wo ihre Uneinigkeit der concordia der h. Schrift entgegengestellt wird.

lemik Augustin's gegen die Verachtung des Fleisches seitens der Platoniker eben damit auch ihre letzte schärffte Spitze selbst wieder, indem auch hier der wirkliche geschichtliche Leib der Dinge verflüchtigt wird?

Wenn am Ende alle Apologetik in letzter Beziehung eine Frage nach dem Gottesbegriff ist und wenn demnach Alles, was die beiden Apologeten beibringen, hindrängt auf den Gottesbegriff, wenn beide diesen Begriff so zu fassen suchen, daß die Lehren von der Schöpfung und Vorsehung ihre volle Bedeutung erhalten, daß aus der letzteren Lehre sich die Offenbarung als Resultat ergeben muß: so kann auch der Mangel, der beiden anhaftet und der sich namentlich darin zeigt, daß keiner von beiden mit genügender Klarheit den Unterschied der alttestamentlichen und neutestamentlichen Oekonomie zu entwickeln und damit die Geschichtlichkeit der Offenbarung concret nachzuweisen vermag, — so kann auch dieser Mangel nur in einer mangelhaften Ueberwindung des akosmistischen und pantheistischen Gottesbegriffes des Heidenthums seinen Grund haben. In der That haben wir gesehen, wie jener pantheistischen Auffassung gegenüber, die Celsus vorzugsweise geltend machte, Origenes die Transcendenz Gottes auf eine Weise hervorhob, die am Ende den Schöpfungsbegriff beinahe unmöglich machte; die göttliche μονάς kann schließlich die Welt nur a priori außer sich und neben sich haben. Der Weltkeim, welcher in der Freiheit liegt, ist das Unüberwindliche für Gott, der, wo er am Ende auch in Gott zurückgenommen scheint in der ἀποκατάστασις πάντων, doch als Weltmöglichkeit immer wieder aus Gott hervorzugehen bereit ist. Die dualistische Gefahr, die hierin liegt, wird nur dadurch zu beseitigen gesucht, daß die Welt selbst als ἄποιος ὕλη auch wieder das rein Bestimmbare, Wechselnde, eigentlich Nichtseiende ist. Es wurde auch darauf hinzuweisen versucht, wie gerade das, was Origenes am hauptsächlichsten geltend macht — die ethische Betrachtungsweise — einer naturalistischen das Feld zu räumen droht. Während einerseits das Heidenthum wesentlich böse ist durch die Mächte, die Gewalt über dasselbe haben, während darum einerseits ein schroffer Gegensatz zwischen dem Heidenthum und der Offenbarungsreligion sich ergiebt, stehen innerlich beide sich doch nahe genug, weil das Böse nur das Natürliche ist und darum, weil der heidnische Pelagianismus keineswegs überwunden ist. Der Werth der origenistischen Apologetik besteht darum auch wesentlich nur in der Entwickelung der formellen Begriffe der Offenbarung u. s. w.

Wenn dagegen Augustin den Neu-Platonismus bekämpft, so be=
kämpft er die origenistischen Resultate hinsichtlich der Gotteslehre mit;
jenem verschlossenen Gottesbegriff, wie ihn der eigentliche Neu-Plato=
nismus ausbildete und wie wir ihn bei Origenes als Antithese gegen
den Pantheismus fanden, stellt Augustin einen viel tiefer dynamisch
gefaßten entgegen. Auch ihm ist ja freilich Gott das absolute Sein,
das summe esse, der ὄντως ὤν, aber dieses Sein ist doch als ein
lebendiges, sich mittheilendes gedacht, daher die energischere Hervor=
hebung des Schöpfungsbegriffes. Das irdische Sein ist von Anfang
an gesetzt und bestimmt von dem göttlichen, darum kann es ebenso
wenig eine selbständige Macht Gott gegenüber sein, ein Unüberwind=
liches, als andererseits wieder nur das Unbestimmte. Vielmehr herrscht
bis in die Enden und Spitzen alles irdischen Seins hinaus göttliche
Ordnung und ein göttliches Gesetz, das auch das Geringste noch zu
einem Mittel der Schönheit des Ganzen macht. Aber in Einem
bleibt doch auch Augustin wieder hängen an derselben Klippe, die dem
Origenes verhängnißvoll wurde: auch ihm ist der Begriff der Frei=
heit nur ein negativer, fällt nur zusammen mit der creatürlichen mu-
tabilitas überhaupt (vgl. namentlich die Erörterungen 12, 2—8. und
14, 11.), darum ist er eben auch noch ein naturalistischer, einer
wahrhaft sittlichen Entwickelung widerstrebender: er ist nur die
Form für die Darstellung göttlicher Macht. Darum erscheint auch
von Anfang an der Dualismus des Endes als ein nothwendiger.
Dieser Dualismus gehört zur Weltvollkommenheit, zur vollen Dar=
stellung der göttlichen Eigenschaften in der Welt: die Prädestination
ist nur die höhere Form eines Naturgesetzes. Ohne Zweifel hat
mit seiner dynamischen Auffassung Augustin den Begriff der Gnade
gewonnen und damit eine materiell viel tiefere Ansicht vom
Wesen des Christenthums, aber der dynamische Pantheismus ne=
girt doch in letzter Beziehung das auch von Augustin als solches
erkannte Grundproblem der Christologie. Indem die Prädestina=
tion die Entwickelung vor ihrem wahren Beginn abschließt, wer=
den von vorneherein die beiden civitates und damit Heidenthum
und Christenthum so scharf geschieden, daß die positiven Beziehungen
des letzteren auch in ihrem berechtigten Maße geleugnet werden. Wird
auch der civitas Dei das Recht eingeräumt, die Güter der civitas
terrena und deren pax zu gebrauchen, löst das Christenthum nicht
die Volksindividualitäten auf, 19, 17., ist darum das Verhältniß des
Christenthums zum Staatsleben ein viel positiveres, als es bei Ori=

genes sein konnte, sieht er geradezu die christliche justitia als die alleinige Garantie des Staatslebens an, so ist dennoch auch ihm das ganze irdische Leben nur eine peregrinatio in dem Sinne, daß die irdischen Gestaltungen keinen realen Werth haben, sondern am Ende nicht minder als bei Origenes doch nur als Ausschmückungen eines Straf = und Verbannungsplatzes erscheinen. Augustin hat wohl gezeigt, welchen Werth das Christenthum für den Staat hat, aber nicht umgekehrt auch nachzuweisen vermocht die innerliche Aufgabe des Staates für das Christenthum. Andererseits ist dann aber auch bei Augustin das Verhältniß zwischen Heidenthum und Christenthum ein zu nahes. Werden nämlich beide Religionen unter den Begriff der zwei contradictorisch entgegengesetzten civitates subsumirt, so ergiebt sich leicht, daß das geschichtliche Christenthum sich nicht mit der civitas Dei deckt. Umgekehrt deckt sich aber auch das außerhalb der Offenbarung stehende Gebiet nicht mehr schlechthin mit der civitas terrena. Die Grenzen der historischen Gegensätze werden gerade verwischt durch das schroffe Verhältniß der idealen. — Wie dem Origenes durch die Betonung der formellen Eigenschaft des Christenthums als der Offenbarung der Unterschied zwischen Judenthum und Christenthum zu verschwinden droht, sofern beide ja in dem Charakter einer Offenbarungsreligion zusammenfallen, so macht dem Augustin sein absoluter Gnadenbegriff, der über alle historischen Entwickelungen über, reist und unabhängig von ihnen ist, nicht minder diesen Gegensatz zu einem problematischen. Bei beiden fällt das Gewicht des Christenthums dem Judenthum gegenüber vorzüglich nur auf die Seite, daß das Verborgene allgemeiner durch das erstere zugänglich gemacht worden ist. Obgleich wir so schließlich bei einem den beiden Apologeten anhaftenden Grundmangel glauben angekommen zu sein, so sind doch die Differenzen, die wir auf den wesentlichsten Punkten aufzuzeigen suchten, so bedeutend, daß keineswegs nur die zwischen Origenes und Augustin in der Mitte liegende Zeit der Entwickelung zur Erklärung hinreichen dürfte, vielmehr glauben wir schon im Bisherigen an einzelnen Punkten das Hervortreten eines bestimmten nationalen Typus nachgewiesen zu haben. Es ist hier nur noch zu constatiren, daß dieser Gegensatz in der That ein durchgreifender ist. Der Begriff der civitas ist gewiß bei Augustin ein höchst einflußreiches Moment, dadurch ist der tiefe ethische Grundzug seiner Apologetik, dadurch ist die tiefere geschichtliche Auffassung des Christenthums, die ihm beiwohnt, bedingt. Erkennen wir darin nicht den

Römer wieder und die Säule einer Kirche, die sich am Ende zu
einem so gewaltigen hierarchischen Bau entwickelte? — Umgekehrt in
der Hervorhebung des formalen Offenbarungsbegriffes, in welcher
am Ende die origenistische Apologetik ihre Stärke und ihre Schwäche
hat, klingt uns deutlich das Interesse entgegen, welches den Helle-
nismus vorzüglich bewegte, und durch den pelagianischen Freiheitsbegriff, der eine so bedeutende Rolle bei Origenes spielt und selbst
wieder zur Stütze des Offenbarungsbegriffes dient, werden wir erinnert, daß wir auf dem Boden der Kirche stehen, die trotz der Verurtheilung, die sie über Origenes und den Pelagianismus ergehen
ließ, es nie zu einer vollen innerlichen Ueberwindung des Heidenthums
brachte und darum auch nie wahrhaft zu einer innerlichen Fortentwickelung des Christlichen gedieh, sondern schließlich innerlich er-
starrte unter der äußerlichen christlichen Hülle. Es möge an diesen
Andeutungen genügen, die dazu hinreichen dürften, alle die seitherigen
Erörterungen in das Licht eines allgemeinen Gegensatzes zu stellen, des
Gegensatzes zwischen den beiden großen Abtheilungen der alten Kirche.

Um den Zusammenhang und die Uebersichtlichkeit des Ganzen
der origenistischen und augustinischen Apologetik nicht zustören, konnten
im Vorangehenden die einzelnen besonderen apologetischen Begriffe:
Wunder, Weissagung, Inspiration, Schrift, Glauben und Wissen, nur
beiläufig berührt werden. Wir suchen sie nachträglich noch kurz für
sich zu fixiren. Unter den einzelnen Beweisen für die Wahrheit des
Christenthums hat bekanntlich in der ältesten Kirche keiner eine größere
Bedeutung gehabt, als der Weissagungsbeweis, der uns von Justin
an bei allen Apologeten in der breitesten Ausführlichkeit begegnet.
Auch die beiden von uns betrachteten Apologien machen einen sehr
reichlichen Gebrauch davon, doch ist schon zum Voraus anzumerken,
daß derselbe dem Wunder gegenüber bei Augustin keineswegs mehr
so einseitig überwiegt, wie bei Origenes und noch mehr bei den
älteren Apologeten. Abgesehen von den individuellen Momenten, die
dazu mitwirkten und die wir unten kurz werden berühren müssen, ist
diese Erscheinung wohl am meisten daraus zu erklären, daß in der
ältesten Kirche das Wunder nicht in dem Maße als Prärogative
Gottes galt, wie in späterer Zeit. Nicht nur rühmte sich die älteste
Kirche bis zu den Zeiten eines Irenäus, Tertullian und Origenes
fortgehend des Besitzes der Wundergaben, und der Montanismus
war ja mit ein Versuch, gewaltsam als ἁρπαγμός das Charisma festzuhalten, sondern auch die heidnische Welt war mit Wundern sehr

freigebig, ohne daß das Christenthum den deßfallsigen Prätensionen
bestimmt zu widersprechen gewagt hätte. Um so mehr aber mußte
es die Wunder erst kritisch sondern, ehe es apologetischen Gebrauch
davon machen konnte. Diese Sonderung aber mußte nothwendig die
eigentliche Beweiskraft schwächen. Origenes ist darum auch mehr
Apologet der Wunder, als daß er durch sie einen Eindruck zu machen
versucht hätte. Anders war es in einer späteren Zeit; je mehr einerseits das Christenthum im Ganzen in den historischen Gang eintrat,
gleichsam den Naturgesetzen der geistigen Welt überhaupt sich con-
formirte, desto mehr mußte auch die außerordentliche Erregung in
Bezug auf die äußere Natur zurücktreten. Augustin giebt zwar im
22. Buche der civitas Dei eine Sammlung von Wundern aus seiner
Zeit, aber wir sehen bei ihm auch schon, wie das Wunder nicht
mehr das Charisma der lebenden, sondern der todten Heiligen wird.
Je mehr sodann andererseits auch das Heidenthum, nur noch die
Religion von Philosophenschulen, seiner Wunder sich selbst entledigte,
desto bedeutsamer mußte für die Christen der Wunderbegriff werden[1]).

Schon Origenes stellt die Wunder zusammen mit den Weissagungen als die zwei Hauptbeweise für die christliche Wahrheit. Es giebt,
sagt er 1, 2., für den *Λόγος* eine *οἰκεία ἀπόδειξις θειοτέρα παρὰ τὴν ἀπὸ
διαλεκτικῆς Ἑλληνικῆς*, nämlich die *ἀπόδειξις πνεύματος καὶ δυνάμεως
— πνεύματος μὲν διὰ τὰς προφητείας, δυνάμεως δὲ διὰ τὰς τερα-
στίους δυνάμεις —*, deren Spuren auch jetzt noch sich finden. — Das
Wunder erscheint also hier noch nicht als an sich mit der Offenbarung
verknüpft, als eine Form der Offenbarung, sondern als begleitender Umstand. Auch 8, 47. wird die Nothwendigkeit der Wunder nur damit
bewiesen, daß die Apostel als *ἀγράμματοι* und *ἰδιῶται* nur durch die
ihnen gegebene *δύναμις* haben das Vertrauen gewinnen können, das
zur Verkündigung des Evangeliums nöthig war, und ebenso hätten,
die sie hörten, nicht zum Verlassen ihrer *πάτρια πολυχρόνια ἔθη* bewogen werden können *μὴ ἀξιολόγου τινὸς δυνάμεως αὐτοὺς καὶ
τεραστίων πραγμάτων μετακινησάντων*, vgl. 2, 52. Einigermaßen wird
dieser Mangel wieder durch das ausgeglichen, was zur Unterscheidung
der heidnischen, dämonischen Wunder und der Wunder des Offenbarungsgebietes gesagt wird. Als Kriterium wird gewöhnlich angeführt, daß, während die heidnischen Wunder ganz zwecklos gewesen
seien, höchstens als Schaustücke gedient haben, die Wunder Christi

---

[1]) Vgl. Tzschirner, Geschichte der Apologetik I. S. 148 ff.

und der Apostel die Empfehlung einer durchaus sittlichen Lehre zum Zweck gehabt haben. *Τί γάρ*, fragt er 3, 31., *βουλομένη ἡ χαρισαμένη θειότης τῷ Ὑπερβορείῳ Ἀβάριδι ὀϊστῷ συμφέρεσθαι τὸ τηλικοῦτον αὐτῷ ἐδωρεῖτο, ἵνα τί ὠφεληθῇ τὸ τῶν ἀνθρώπων γένος; ἢ αὐτὸς ἐκεῖνος τί ὤνατο ὀϊστῷ συμφέρεσθαι;* Umgekehrt richteten sich 2, 48. die Todtenerweckungen Jesu ebenso nach der sittlichen Beschaffenheit derer, an denen sie geschahen — *μόνοι ἀνέστησαν οὓς ἔγνω ὁ Λόγος ἐπιτηδείους πρὸς τὴν ἀνάστασιν* — wie die *θαυμασία διδασκαλία* des Evangeliums dadurch ausgebreitet werden sollte. Darum führt er die angefangene Stelle fort: *ἵνα μὴ μόνον σύμβολά τινων ᾖ τὰ γενόμενα ὑπὸ τοῦ κυρίου, ἀλλὰ καὶ αὐτόθεν προςαγάγῃ πολλοὺς τῇ θαυμασίᾳ τοῦ εὐαγγελίου διδασκαλίᾳ.* Damit wurden denn die Wunder auch zugleich zu Darstellungen eines inneren Geschehens. Sie sind nur die Kehrseite dessen, was innerlich Neues geschah. *Ἀεὶ γὰρ ἀνοίγονται ὀφθαλμοὶ τυφλῶν τὴν ψυχὴν κτλ.* heißt es a. a. O. Auf das Gebiet des Geistes lenkt sich des Origenes Blick überhaupt sehr häufig, wenn von Wundern die Rede ist. Wie er in den Wundern Beweismittel sieht für die Apostel und für die Leser der Schrift, so bedarf er doch andererseits auch wieder des Beweises für die Wunder selbst und auf nichts Anderes beruft er sich nun deßfalls häufiger, als auf die großen sittlichen Wirkungen, die aus dem Wunder des Christenthums hervorgehen, vergl. z. B. 1, 43. den Beweis für die Wahrheit der Erscheinung bei der Taufe: die *δύναμις Ἰησοῦ* ist *μέχρι τοῦ δεῦρο ἐνεργοῦσα τὴν ἐπιστροφὴν καὶ τὴν βελτίωσιν ἐν τοῖς πιστεύουσι δι' αὐτοῦ τῷ θεῷ.* Der deutlichste Beweis, fährt er fort, davon, daß in seiner Kraft Solches geschah, ist, daß, während es keine Arbeiter gab, welche die Ernte der Seelen betrieben, nun eine so große Ernte von Solchen stattfindet, welche *εἰς τὰς πανταχοῦ ἅλωνας τοῦ θεοῦ καὶ ἐκκλησίας* zusammengebracht werden. — Wenn so das Wunder für uns am Ende nur noch historischen Werth hat Angesichts des Wunders der christlichen Kirche, so ist überhaupt das Wunder nur Anknüpfungspunkt. Es soll ja der Standpunkt überschritten werden, der sich an Wunder hält; diese sind für die Menge. Die historische Realität der Wunder sucht er nun aber auch auf einem Wege zu erweisen, der uns an den Beweisgang des neueren Supranaturalismus erinnert. Er provocirt 1, 38. auf die persönlichen Gefahren, unter denen die Apostel ihre vom Herrn gegebenen Wunderkräfte gebraucht und die Wunder des Herrn verkündigt haben.

Ist so im Allgemeinen die Stellung der Wunder in der Apolo=
getik und damit zugleich deren geschichtliche Bezeugung bewiesen, so
fragt es sich ja freilich noch nach der metaphysischen Möglichkeit der=
selben. Celsus bringt dieß Thema in Anregung, indem er zunächst
mit Bezug auf die Auferstehung es für eine abgeschmackte Ausflucht
erklärt, sich auf die Allmacht Gottes zurückzuziehen, 5, 23. Darauf
erwidert Origenes, allerdings könne Gott nicht Schimpfliches thun,
und wolle man das Böse als παρὰ φύσιν seiend bezeichnen, so sei
es auch richtig, daß Gott nichts παρὰ φύσιν wolle, οὔτε τὰ ἀπὸ
κακίας οὔτε τὰ ἀλόγως γενόμενα. Aber dann ist eben auch nichts,
was nach dem Willen Gottes geschieht, κᾶν παράδοξα ᾖ ἢ δοκοῦντά
τισι παράδοξα, παρὰ φύσιν. Das Wunder ist der alltäglichen (κοι-
νοτέραν νοουμένην) Natur gegenüber ὑπὲρ φύσιν, indem Gott den
Menschen über die menschliche Natur hinaufführt und ihn sich ver=
ändern läßt in eine bessere und göttlichere Natur. Bei dieser Theorie
haben wir uns einmal daran zu erinnern, daß Origenes von einer
Weltordnung weiß, welche jenseits dieser irdischen empirischen liegt,
von welcher diese irdische nur das Abbild ist. Es könnte uns dieß
an Gedanken erinnern, wie sie die neueste dogmatische Speculation
hervorgebracht hat, wenn im Wunder das Hervorbrechen einer höheren
Naturordnung gesehen wird. Nun tritt sofort aber auch die eigen=
thümliche origenistische Farbe hervor, wenn von einem ἀναβιβάζειν
τὸν ἄνθρωπον die Rede ist. Nicht sowohl das Göttliche kommt
herab, als vielmehr der Mensch wird zum Schauen einer höheren
Ordnung berufen. Das Schwanken zwischen subjectiver und objectiver
Auffassung der Offenbarung macht sich auch hier geltend. Damit
hängt denn das Andere zusammen, woran wir uns zu erinnern haben,
nämlich daß diese irdische Natur ja überhaupt nur Hülle ist, das
Sinnliche immer nur die Schranke, die dem Endlichen anhaftet; die
Sinnenwelt ist ja nur dieß an und für sich Bestimmungslose, das
überall erst von der geistigen Qualität seine bestimmte Gestalt erhält.
Das Sinnliche ist, so zu sagen, noch ganz im Fluß befindlich, hat sich
noch nicht verfestigt zu einer abgegrenzten Ordnung. Darum denkt
Origenes auch bei der φύσις — gegen welche nicht angegangen wer=
den kann — sofort an die geistige, sittliche und vernünftige Ordnung.
Noch auf einem anderen Punkte tritt ein gewisser Idealismus bei
Origenes zu Tage: er unterscheidet die wahren Wunder von dämo=
nischen auch durch die Art ihrer Vermittelung; 7, 4. stellt er der Art,
wie auch auf heidnischem Gebiete Dämonenaustreibungen stattfinden

können — περιέργῳ καὶ μαγικῷ ἢ φαρμακευτικῷ πράγματι — die christliche Art — μόνῃ εὐχῇ καὶ ὁρκώσεσιν ἁπλουστέραις — gegenüber. Das christliche Wunder ist also Ueberwindung der Natur durch den Geist, das dämonische mehr oder weniger nur Ueberwindung einer Naturmacht durch die andere.

Es ist nun bereits beiläufig bemerkt, wie gerade hinsichtlich der Feststellung der Naturordnung Augustin weiter fortgeschritten ist.

Knüpfen wir eben an diesen Punkt an, so ist zu sagen, daß Augustin eine ähnliche Erklärung der metaphysischen Möglichkeit des Wunders aufstellt, wenn er 21, 8, 2. sagt: portentum ergo fit non contra naturam, sed contra quam est nota natura. Aber es ist nun klar, daß hier schon eine fest bestimmte Naturordnung vorausgesetzt wird; unmittelbar darauf fragt er: quid ita dispositum est ab auctore naturae, coeli et terrae, quemadmodum cursus ordinatissimus siderum? quid tam ratis legibus fixisque firmatum? Darum erinnert denn auch die Lösung, die er giebt, mehr an die Schleiermacher'sche Ansicht vom Wunder: es sind nicht transscendente Ordnungen, die hereinragen in diese Naturordnung oder zu denen das Subject erhoben wird, sondern es sind die verborgenen Gründe dieser irdischen Natur, aus denen die Wunder hervorbrechen. In anderer Weise als bei Origenes ist ihm das Wunder etwas Subjectives: das Wunder ist ein Wunder nur durch die raritas, quamvis, sagt er a. a. O. Nr. 3., et ipsa, quae in rerum natura omnibus nota sunt, non minus mira sint, essentque stupenda considerantibus cunctis, si solerent homines mirari mira, nisi rara; cf. 12, 27, 1.: neque enim et ipsa (sc. prodigia), si usitato naturae curriculo gignerentur, prodigia dicerentur. So wird auch 5, 9, 4. von den zufälligen Ursachen gesagt, daß sie nur causae latentes in Deo seien. Näher werden aber nun die Wunder aus der bloß subjectiven Sphäre wieder hinausgerückt durch die Bestimmung des Begriffs der Natur. — Was sind Naturgesetze? Nach Augustin doch eigentlich nichts Anderes als die species, welche die aeterna intelligentia in sich enthält, 12, 26. Ja was ist die Natur jeden Dinges, als eben der Wille des Schöpfers? 21, 8, 2. Also göttliche Allmacht und Naturgesetz decken sich — wie bei Schleiermacher — nur daß Augustin dieß nicht auf zwei verschiedene Betrachtungsweisen zurückführt, sondern daß er von seiner dynamischen Betrachtungsweise aus in den Naturgesetzen den wirklich gegenwärtigen Willen Gottes sieht. Obgleich auch er keineswegs den Unterschied zwischen Schöpfung und Vor-

ſehung klarer präciſirt hat, wie ihm das von ſeiner ziemlich abſtracten
Auffaſſung der Unzeitlichkeit Gottes, bei der ein rechtes Verhältniß
Gottes zur Zeit nicht mehr übrig bleibt, auch nicht wohl möglich
war, ſo hat er eben doch den Schöpfungsbegriff ſelbſt theiſtiſcher ge=
faßt. Mit der Schöpfung ſtellt er denn auch 10, 12. die Wunder
zuſammen. Hat Gott den Menſchen gemacht, ſo iſt es auch nichts
Auffallendes mehr, wenn er Wunder thut, die alle geringer ſind als
der Menſch. Die Zeitloſigkeit Gottes ſcheint er dabei durch die Ein=
ſchiebung von Engeln ſicher ſtellen zu wollen. Das in Gott Zeitloſe
wird in der subjecta creatori creatura zeitlich dargeſtellt. Darum
wird denn auch 22, 9. geſagt: sive Deus ipse per se ipsum miro
modo, quo res temporales operatur aeternus, sive per ministros
suos ista faciat . . . sive quaedam faciat etiam per Martyrum
spiritus, sicut per homines adhuc in corpore constitutos, sive
omnia ista per angelos, quibus invisibiliter, immutabiliter et
incorporaliter imperet, operetur. Tiefer in einen eigenthümlichen
chriſtlichen Gedanken führt es hinein, wenn Auguſtin das Wunder
als Wiederherſtellung faſſen will. In jener Stelle, von der wir
ausgegangen ſind, ſagt er, der einfachſte Beweis für die Qualität
der Auferſtehungsleiber — denn auch ihm hatte ſich die Frage nach
den Wundern vorzugsweiſe an die nach der Auferſtehung angeſchloſ=
ſen — wäre, wenn man von der Schrift ausgehen könnte, es würde
ſich da ergeben hanc ipsam humanam carnem aliter institutam
fuisse ante peccatum, id est ut posset nunquam perpeti mortem,
aliter autem post peccatum, qualis in aerumna hujus morta-
litatis innotuit, ut perpetuam vitam tenere non possit. Sic ergo
aliter, quam nobis nota est, instituetur in resurrectione mortuorum[1]). Darum wird auch 22, 8. die Auferſtehung Chriſti als das
Centralwunder, dem die anderen dienen, angeſehen. Während alſo
alle anderen Wunder, namentlich auch ſofern ſie noch fortdauern, nur
ihre Abzweckung in der Bezeugung für etwas Anderes haben, ſcheint
die Auferſtehung als Thatſache für ſich ſelbſt in voller Bedeutung
dazuſtehen. Es iſt eben die tiefere geſchichtliche Betrachtungsweiſe
Auguſtin's, die ihn hier auch über die bloß ſignificative Bedeutung
des Centralwunders hinaustreibt. Freilich, wie wir oben ſahen, daß

---

[1]) Es iſt zu erinnern, daß mit dem von Auguſtin beſtimmten firirten Be=
griffe der Wiedergeburt von ſelbſt auch der Gedanke des Wunders als einer
Neuſchöpfung gegeben ſcheint.

in letzter Beziehung doch auch ihm wieder die Menschwerdung in
ihrer vollen geschichtlichen Bedeutung verschwand, so ist es auch
mit dem Wunder: zu einer klaren Scheidung kommt es nicht; am
Ende bleibt es doch dabei, daß die Wunder, prodigia, ostenta,
portenta, nur begleitende Zeichen der Offenbarung sind, die irdische
sinnliche Welt ist nur Symbol für die geistige. Was die Diener
Gottes, d. h. die Engel, faciendum modis ineffabilibus audiunt
et usque in ista visibilia atque sensibilia perducendum, incunc-
tanter atque indifficulter efficiunt, 10, 15. Der Zweck der Wunder
ist, über das Sinnliche hinaus zu Gott hinzuführen. Dadurch unterscheiden sich auch wesentlich die wahren engelischen Wunder von den
dämonischen. Hebt Origenes mehr die sittliche Wirkung im Allgemeinen hervor, so macht Augustin 10, 12. besonders darauf aufmerksam, daß die Wunder, die nicht ad unius Dei cultum referun-
tur, malignorum daemonum ludibria et seductoria impedimenta
seien. Wahre Wunder sind solche, die dahin gehen, ut Dei unius,
in quo solo beata vita est, cultum religionemque commendent,
vgl. 10, 16, 1. u. 2. und 22, 10. (vgl. 10, 18: die Heidengötter wollten
sich durch die Wunder mirabiles potius quam utiles ostendere).
Daneben wird nun aber auch das wahre göttliche Wunder noch unterschieden von dem dämonischen durch die Art, wie es geschieht. Fiebant,
sagt er 10, 9, 1. von den mosaischen Wundern, simplici fide nefaria atque fiducia pietatis, non incantationibus et carminibus, curiositatis
arte compositis, d. h. eben: sie geschahen nicht auf magische Weise.
So hoch Augustin so die wahren Wunder über die dämonischen stellt, so
will er doch die letzteren nicht ganz leugnen. Freilich scheint er mehrfach anzudeuten, daß diese Wunder nur durch kluge Benutzung gewisser geheimer Naturvorgänge geschehen, vgl. 21, 6, 1 ff., und wenn
er von den heidnischen Wundererzählungen sehr viel dahingestellt sein
läßt, a. a. O. 7, 1. u. 2., so macht er dagegen 22, 7. auf das „gelehrte Publicum" aufmerksam, das die Wunder Christi mitbezeuge.
Sofern nun aber die Wunder selbst nur die Bedeutung der Hinweisung haben, müssen sie auch nach Augustin am Ende eigentlich
überflüssig werden. Quisquis adhuc, sagt er a. a. O. 8, 1., prodigia
ut credat inquirit, magnum est ipse prodigium, qui mundo
credente non credit. Das höchste Wunder ist ja eben der Glaube
der Welt. Freilich gerade hier zeigt sich dann auch wieder Augustin's
Bestreben, in dem Auferstehungswunder selbst das zu sehen, worauf
der Glaube der Welt uns hinweist. Auferstehung und Glaube der

Welt bedingen und stützen sich. Tria sunt incredibilia, sagt er
22, 5., quae tamen facta sunt. Incredibile est Christum resur-
rexisse in carne et in coelum ascendisse cum carne; incredibile
est mundum rem tam incredibilem credidisse; incredibile est
homines ignobiles, infimos, paucissimos, imperitos rem tam incredibilem tam efficaciter mundo et in illo etiam doctis per-
suadere potuisse. Hier ist also das Wunder gerade in seiner Zwei-
seitigkeit angesehen: einestheils ist die Auferstehung Grund und Ausgangspunkt des Glaubens und andererseits soll auch der Glaube sich
auf dieses Wunder richten.

Wenn in diesem Gedanken beide Apologeten — freilich mit einem,
wie das Obige nachzuweisen versuchte, nicht unwesentlichen Unterschiede — zusammentrafen, so ist ihnen auch das wieder gemeinschaftlich, daß sie nicht nur den Glauben der Welt nach Christus,
sondern auch die Hinweisung auf ihn — die Weissagung — zur Begründung des Glaubens an Jesum gebrauchen.

Μετὰ ταῦτ', οὐκ οἶδ' ὅπως, sagt Origenes 1, 49., τὸ μέγιστον
περὶ τῆς συστάσεως τοῦ Ἰησοῦ κεφάλαιον, ὡς ὅτι προεφητεύθη
ὑπὸ τῶν παρὰ Ἰουδαίοις προφητῶν, παραπέμπων κτλ. Dieses
μέγιστον κεφάλαιον wurde in der That auch von dem Gegner insofern anerkannt, als die Angriffe sich zum nicht geringen Theile eben
auch auf die Beweiskraft der Vorherverkündigung bezogen. Es handelte sich einmal darum, ob überhaupt die jüdische Prophetie anzuerkennen sei. Die Nothwendigkeit dieser Anerkennung sucht Origenes
auf ganz ähnlichem Wege zu beweisen, wie die Wahrheit der biblischen
Wundererzählungen. Wie auf die Leiden der Apostel, so beruft er
sich 7, 7. auf die Reinheit der Propheten, auf das τοῦ βίου δυς-
μίμητον καὶ σφόδρα εὔτονον καὶ ἐλευθέριον καὶ πάντη πρὸς θάνατον καὶ κινδύνους ἀκατάπληκτον. Weil sie die Sünder freimüthig
straften und um der Wahrheit willen wurden sie gesteinigt u. s. w.
„Die Weissagungen der jüdischen Propheten", sagt er, „bewundern
wir, da wir sehen, daß ihr starkes, standhaftes, ehrwürdiges (σεμνός)
Leben des Geistes Gottes würdig war, der auf eine neue Weise weis-
sagte." Und wie für die christlichen Wunder auf den Glauben der
Welt, so beruft er sich 3, 3. für die Wahrheit der Prophetie auf den
unerschütterlichen Glauben der Juden. „Wenn diese", führt er hier
aus, „nicht allein von Gott nicht abfielen, sondern auch alles Mögliche erduldeten, nur um dem Judaismus nicht untreu zu werden,
so ist es doch höchst wahrscheinlich, daß die wunderbaren Geschichten

und Weissagungen keine Dichtungen waren, sondern daß der göttliche Geist die reinen Seelen der Propheten, die aus Liebe zur Tugend keine Mühe gescheut haben, zur Weissagung getrieben habe." Ja, im vorhergehenden Capitel und ausführlicher noch 1, 36. macht er den Versuch, a priori das Vorhandensein wahrer Prophetie bei den Juden zu erweisen. Wenn die Heiden, sagt er an der letzt angeführten Stelle, alle möglichen Arten von Weissagungen hatten, Ἰουδαῖοι aber μηδεμίαν εἶχον παραμυθίαν γνώσεως τῶν μελλόντων, ὑπ᾽ αὐτῆς ἂν τῆς ἀνθρωπίνης περὶ τὴν γνῶσιν λιχνείας τῶν ἐσομένων ἀγόμενοι κατεφρόνησαν μὲν ἂν τῶν ἰδίων ὡς οὐδὲν ἐχόντων θεῶν ἐν ἑαυ- τοῖς. Die Volksexistenz Israels beweist demnach ebenso für die Weis- sagungen als die Existenz der christlichen Kirche für den Λόγος in Jesu. — Nun aber wurde die alttestamentliche Weissagung auch als mit der Erfüllung in Christo nicht harmonireud angegriffen, 1, 50. Darauf kann Origenes natürlich nur antworten durch Anführung specieller Beispiele. So führt er Cap. 51. denn namentlich die Weis- sagung über Bethlehem aus Micha an. Αὕτη δ᾽ ἡ προφητεία οὐ- δενὶ ἁρμόσαι ἂν τῶν, ὥς φησιν ὁ παρὰ τῷ Κέλσῳ Ἰουδαῖος, ἐνθου- σιώντων καὶ ἀγειρόντων καὶ λεγόντων ἄνωθεν ἥκειν κτλ. Der Werth der Weissagung besteht also wesentlich in ihrer Specialität, vgl. auch 2, 28. Nichtsdestoweniger unterscheidet er Weissagung und Prädiction. Nur die erstere ist das Eigenthum des jüdischen Volkes, an der letz- teren haben auch die Heiden Theil, ja vielmehr ist gerade die letztere so sehr das Eigenthum der heidnischen Welt, daß eigentlich umgekehrt gesagt werden muß: auch das Judenthum nahm an den Prädictionen Theil. Der Unterschied zwischen heidnischer und jüdischer Weissagung wird nämlich darin gefunden, daß, während jene sich auf τὰ τυχόντα bezieht, diese τὰ καθολικὰ im Auge hat, 1, 36. 37. τὰ καθολικὰ er- klärt er näher als ὡς τὰ περὶ Χριστοῦ καὶ τὰ περὶ βασιλειῶν κο- σμικῶν καὶ περὶ τῶν συμβησομένων τῷ Ἰσραὴλ καὶ περὶ τῶν πι- στευόντων τῷ σωτῆρι ἐθνῶν, unter die τυχόντα rechnet er z. B. die Wahrsagung über Saul's Eselinnen u. s. f. Der Gegenstand der Prophetie im Allgemeinen ist also wohl das Reich Gottes und dessen Gang im Unterschied von bloßen Privatangelegenheiten, welche nur deßwegen auch von den Propheten behandelt werden, damit die Israe- liten keinen Grund haben, sich an heidnische Mantik zu wenden, aber ihre Bewährung findet die Prophetie doch nur in den individuellen Zügen, die sie bei Verkündigung des Reiches Gottes und des Mes- sias im Besonderen hervorhebt. Freilich eine solche Uebereinstimmung des alttestamentlichen Bildes und der neutestamentlichen Erfüllung, wie er sie unter diesen Voraussetzungen bedurfte, war nur herzustellen durch Provocation auf eine zweite Parusie, wie sie schon von Justin ausgesprochen war, vgl. 1, 56. Mit Rücksicht darauf wird denn auch dem Neuen Testament selbst wieder Weissagung zugeschrieben, vergl. 2, 13.

Andererseits vermehrte das Capital an solchen besonderen und treffenden Zügen die Allegorie, deren Anwendung durch Origenes bekannt ist. — Neben der Allegorie zählt er 1, 80. noch andere Formen der Weissagung auf: die einen Propheten nämlich verkündigten δι' αἰνιγμάτων, οἱ δὲ δι' ἀλληγορίας ἢ ἄλλῳ τρόπῳ, τινὲς δὲ καὶ αὐτολεξεί. Der Unterschied zwischen den αἰνίγματα und der ἀλληγορία dürfte nun freilich schwer zu bestimmen sein. Soweit von dem αὐτολεξεί keine Rede sein kann, ist es doch wesentlich die Eigenthümlichkeit der Allegorie, die da herrscht. Die Voraussetzung aller Prophetie ist nämlich bei Origenes immer, daß der Weissagende das Bild oder Räthsel ausdrücklich und mit Bewußtsein setzt, und auch die geschichtlichen Vorbilder werden am Ende nicht in sich als bedeutungsvoll gefaßt, sondern sie sind von dem Schriftsteller eben als Hüllen für tiefere Bedeutung aufgezeichnet, vgl. z. B. 4, 44. πολλαχοῦ δὲ ἱστορίαις γενομέναις συγχρησάμενος ὁ Λόγος ἀνέγραψεν αὐτὰς εἰς παράστασιν μειζόνων καὶ ἐν ὑπονοίᾳ δηλουμένων. — Und wie die Prophetie überhaupt auch noch auf neutestamentlichem Boden ihre Bedeutung hat, so ist selbst die neutestamentliche Geschichte, sofern sie niedergeschrieben ist, eigentlich nur Symbol eines tieferen Sinnes, vgl. z. B. de princ. 4, 19.

Gerade in der Klarheit des Bewußtseins bei der Weissagung sieht Origenes den Vorzug der alttestamentlichen Weissagung vor der heidnischen Prädiction; für die Form der Allegorie kann er nur in der griechischen Philosophie die Vorbilder sehen. Also, wie schon gezeigt, nicht die Weissagung überhaupt nimmt er als Prärogative der Offenbarung in Anspruch; die gemeinsame Voraussetzung von ihm und seinem Gegner ist, daß es Weissagung gebe — es handelt sich nur um Form, Art und Bedeutung derselben. Darum kam auch die metaphysische Möglichkeit weniger zur Sprache; soweit nicht die Lehre von der Inspiration dabei in Betracht kommt, erhält Origenes nur über Einen dahin gehörigen Punkt sich auszusprechen von seinem Gegner die Gelegenheit. Es handelt sich um das Verhältniß der menschlichen Freiheit zur Weissagung. Origenes löst die Frage in demselben Sinne wie schon Justin. „Wußte Jesus", sagt er 2, 18., „als Gott voraus und konnte seine Voraussicht sich nicht täuschen, so war es auch nicht möglich, daß der als künftiger Verräther Erkannte nicht verrieth oder daß der der Verleugnung Bezüchtigte nicht verleugnete. Denn wenn er seinen Verräther voraus erkannte, so wußte er eben die Schlechtigkeit voraus, von welcher der Verrath ausgehen werde." Noch allgemeiner sagt er dann Cap. 20: Celsus meint διὰ τοῦτο γίνεσθαι τὸ ὑπό τινος προγνώσεως θεσπισθέν, ἐπεὶ ἐθεσπίσθη· ἡμεῖς δὲ τοῦτο οὐ διδόντες φαμὲν οὐχὶ τὸν θεσπίσαντα αἴτιον εἶναι τοῦ ἐσομένου, ἐπεὶ προεῖπεν αὐτὸ γενησόμενον, ἀλλὰ τὸ ἐσόμενον, ἐσόμενον ἂν καὶ μὴ θεσπισθέν, τὴν αἰτίαν τῷ προγιγνώσκοντι παρεσχηκέναι τοῦ αὐτὸ προειπεῖν. — Es ist dieß eben nur eine Ausführung des Satzes, daß die Freiheit als Moment in die göttliche Allwissenheit aufgenommen sei — ein Satz, der dem Origenes um so leichter auszusprechen werden mußte, je weniger ihm die Bedeutung der Realität der Zeit für die Freiheit bei seinem idealistischen Standpunkte zum Bewußtsein kommen konnte.

Wenn nun das Ungenügende der origenistischen Lehre von der Weissagung ohne Zweifel in der doketischen Auffassung der Geschichte liegen dürfte, auf welcher sie beruht, so kann die Ansicht Augustin's im Allgemeinen nur als ein wesentlicher Fortschritt angesehen werden. Wie ihm von der tieferen ethischen Fassung des christlichen Grundprincips aus der Gedanke geschichtlicher Entwickelung überhaupt tiefere Bedeutung gewann, so stellt er auch die Prophetie bestimmter unter den historischen Gesichtspunkt. Wir haben schon oben, wo von dem Verhältniß die Rede war, in das Augustin das Christenthum zum Judenthum setzt, auch gehört, wie er einen Versuch macht, in der israelitischen Geschichte die thatsächliche Vorbereitung auf Christum zu sehen, wie er darum auch in der Prophetie einen Fortschritt sah zu immer größerer Bestimmtheit der Verkündigung. Augustin ist so der Erfinder auch des Typus im modernen Sinne. Zwischen der antiochenischen Nüchternheit und der alexandrinischen Ueberspannung suchte er zu vermitteln, indem er eine mehrfache Beziehung der Weissagung annahm. Die oracula divina, sagt er 17, 3, 1., partim pertinent ad gentem carnis Abrahae, partim vero ad illud semen ejus, in quo benedicuntur omnes gentes cohaeredes Christi per testamentum novum ad possidendam vitam aeternam regnumque coelorum — partim ergo ad ancillam, partim vero ad liberam civitatem Dei; sed sunt in eis quaedam, quae ad utramque pertinere intelliguntur, ad ancillam proprie, ad liberam figurate. Dabei verwahrt er sich nun a. a. O. Nr. 2. ausdrücklich gegen diejenigen, welche nur das tertium genus anerkennen wollen, qui prorsus ibi omnia significationibus allegoricis involuta esse contendunt. Freilich factisch wird, wie ja ebenfalls schon gezeigt, auch ihm Alles am Ende zur Allegorie und nicht mehr die Dinge selbst nach ihrer realen Bedeutung stellen göttliche Reichsgesetze dar und führen auf Christum hin, sondern nur ihr Aeußeres ist auch hier das Bild eines ganz anderen Inneren. Dagegen tritt bei Augustin der Gedanke in den Hintergrund, daß unter den Händen des Schrei= benden — erst oder schon — die geschichtliche Thatsache zum Bild geworden sei. Vielmehr ist, wenn man so will, die alte Geschichte der objective Schatten dessen, was in Christo ist — ein Schatten, in dem auch das Bewußtsein der Alten noch steht. Das letztere freilich wird wiederum unsicher durch die bestimmte Behauptung, daß- es auch seinem Gegenstande nach derselbe Glaube sei, durch den die alt= testamentlichen Frommen gerecht wurden, wie der, durch den wir ge= recht werden. Es ist dieß eben der Punkt, auf dem, wie gezeigt, überhaupt der Doketismus auch des Augustin noch zu Tage kommt, vgl. das interessante cap. 32. lib. VII. — Die mehr auf das große Ganze gerichtete Anschauung Augustin's bringt es nun mit sich, daß auch die Weissagung mehr in allgemeinen Zügen als in individuellen Punkten ihre Bedeutung hat. Schon das ist bedeutsam, daß die Weissagung nicht sowohl auf die individuelle Person Christi bezogen wird, sondern vielmehr auf die civitas Dei als Ganzes. Es wird eben darauf Werth gelegt, daß die nöthigsten Heilsmittel, wie sie in der mittelpunktlichen Offenbarung in Christo gegeben sind, auch den alttestamentlichen Frommen nicht fehlten. Ist auch jetzt die Zusammen= stimmung der Weissagung und Erfüllung ein Grund zum Glauben auch an die übrigen göttlichen Weissagungen, 18, 40, so geht doch die Weissagung in erster Linie eben die an, an welche sie gerichtet ist, hat ihre Bedeutung nicht lediglich nur darin, für die eintretende Er= füllung ein Zeugniß abzulegen, vgl. 16, 2, 3. Auch nach Augustin ist nun freilich die Erfüllung der Weissagung in Christo noch nicht abgeschlossen, aber einmal ist die Erfüllung bestimmter als fortgehende betrachtet, weil eben nicht Christus allein, sondern die sich entwickelnde Kirche Gegenstand der Weissagung ist, und sodann ist das N. T. nicht selbst wieder zum prophetischen Buche herabgesetzt, sondern die Weis= sagungen, deren Erfüllung noch restirt, sind ebenfalls alttestamentliche.

Wie Origenes unterscheidet nun auch Augustin die Weissagung von der Prädiction und Divination vorzüglich durch ihren Gegenstand. Mit Recht, sagt er 10, 32, 3., schlagen die Platoniker den Werth der Prädiction gering an. Nam vel inferiorum fiunt praesensione causarum, sicut arte medicinae quibusdam antecedentibus signis plurima eventura valetudini praedicantur; vel immundi daemones sua disposita facta praenuntiant, quorum jus et in mentibus atque cupiditatibus iniquorum ad quaeque congruentia facta ducendis quodam modo sibi vindicant et in materia infima fragilitatis humanae. Auch solche Dinge wurden theilweise vorhergesagt von den wahren Propheten, sed alia erant vere magna atque divina, quae, quantum dabatur, cognita Dei voluntate futura nuntiabant, nämlich Christus in carne venturus u. s. w. Augustin hat aber auch hier den Unterschied nicht nur in Beziehung auf den Gegenstand, sondern auch in Beziehung auf die Art der Vermittelung verfolgt. Die dämonische Vorausverkündigung beruht auf einem dem menschlichen qualitativ ganz gleichen Wissen. Dieß Wissen ist (9, 22.) nicht etwa ein intuitives, sed quorundam signorum nobis occultorum majore experientia multo plura quam homines futura prospiciunt. Dispositiones quoque suas aliquando praenuntiant. Denique saepe isti — — falluntur, cf. de div. daemonum, cap. 6, 10. Dieses ihr höheres Wissen gebrauchen ferner die Dämonen eben auch noch zur Berückung der Menschen und zur Verflechtung derselben in das Böse und das Verderben, vgl. 2, 23, 2., wo dieß an dem Beispiel Sulla's nachgewiesen wird. — Wie aber Augustin letztlich wieder eine Offenbarung auch auf dem Gebiete der natürlichen Religion zugab, so setzt er ja auch eine Prophetie mitten in dem Gebiete dämonischer Prädiction als möglich, wenn er die erythräische Sibylle zur civitas Dei rechnen will. Eigentlich metaphysisch beantwortet aber auch Augustin nicht die Frage nach der Weissagung; in dem Maße, als Porphyr und die Neu-Platoniker sich in den alten Glauben tiefer hineinschwindelten, als dieß noch bei Celsus der Fall war, hatte Augustin auch weniger Veranlassung, derlei Angriffe von ihrer Seite abzuwehren. Nicht sowohl in Beziehung auf die Prophetie speciell als vielmehr in Beziehung auf das Verhältniß göttlicher Vorsehung zur menschlichen Freiheit im Allgemeinen spricht sich Augustin in ähnlicher Weise wie Origenes aus. Et ipsae quippe, sagt er 5, 9, 3., nostrae voluntates in causarum ordine sunt, qui certus est Deo ejusque praescientia continetur, quoniam et humanae voluntates humanorum

operum causae sunt. Atque ita, qui omnes rerum causas praescivit, in eis causis etiam nostras voluntates ignorare non potuit,
quas nostrorum operum causas esse praescivit. — In dieſer Beziehung vermochte auch Auguſtin noch nicht tiefer zu gehen, wenngleich er die Zeitloſigkeit Gottes im Verhältniß zu der zeitlich menſchlichen Entwickelung noch viel energiſcher hervorhob und ſo auch mehr
Veranlaſſung gehabt hätte, die Frage nach dem Verhältniß der Zeit
und der Freiheit in's Auge zu faſſen.

Ihre Vollendung erhält aber nun die Lehre von der Weiſſagung
durch die von der Inſpiration. In Beziehung auf dieſe Lehre iſt
Origenes Epoche machend. Den Unterſchied der heidniſchen Mantik
und der prophetiſchen Inſpiration beſtimmt er auf eine Weiſe, welche
die Anſchauung der älteren Apologeten auf die Stufe der erſteren
herabſetzt. Wir ſehen darin den Einfluß, welchen der Montanismus
auf die Bildung dieſes Dogma's mittelbar übte. Die Hauptſtelle iſt
7, 3. u. 4. Ἀλλὰ καὶ τὸ εἰς ἔκστασιν καὶ μανικὴν ἄγειν κατάστα-
σιν τὴν δῆθεν προφητεύουσαν, ὡς μηδαμῶς αὐτὴν ἑαυτῇ παρακο-
λουθεῖν, οὐ θείου πνεύματος ἔργον ἐστίν. Dieß iſt die eine Seite.
Umgekehrt gilt von den jüdiſchen Propheten, daß ſie ἐλλαμπόμενοι
ὑπὸ τοῦ θείου πνεύματος τοσοῦτον, ὅσον ἦν καὶ αὐτοῖς τοῖς προ-
φητεύουσι χρήσιμον· προαπέλαυον τῆς τοῦ κρείττονος εἰς αὐτοὺς
ἐπιδημίας, καὶ διὰ τῆς πρὸς τὴν ψυχὴν αὐτῶν — ἵν' οὕτως ὀνομάσω — ἀφῆς τοῦ καλουμένου ἁγίου πνεύματος διορατικώτεροι τὸν
νοῦν ἐγίνοντο καὶ τὴν ψυχὴν λαμπρότεροι. Das Auszeichnende
dieſer Theorie iſt einmal die Analogie, in welche die Inſpiration mit
dem geſunden Seelenleben überhaupt geſetzt wird, ſodann die Beziehung, in welche die Inſpiration zu dem ſittlichen Leben tritt: die
Inſpiration iſt die höchſte Erhebung des Geiſtes, die, wenn auch zunächſt auf theoretiſchem Gebiete ſtattfindend, eben darum ſich auch
uhmittelbar ſittlich wirkſam erweiſen muß. — Umgekehrt wird dann
auch wieder die ſittliche Beſchaffenheit als Vorbedingung der Erleuchtung geſetzt. Die Wahl der Propheten geſchah eben in Folge göttlicher Vorherſehung und traf Solche, auf deren ſittliche Bewährung
ſich vertrauen ließ, 7, 7. Ebenſo heißt es 4, 95: Das wahrhaft
Göttliche in Bezug auf die Erkenntniß der Zukunft gebraucht weder
die ἄλογα ζῶα noch beliebige Menſchen, ἀλλὰ ψυχαῖς ἀνθρώπων
ἱερωτάταις καὶ καθαρωτάταις, ἅστινας θεοφορεῖ τε καὶ προφήτας
ποιεῖ. Wird ſo die Prophetie auf die allgemeine Verbindung des
Λόγος mit der Seele zurückgeführt, — eine Verbindung, die nur
etwa in demſelben Maße eine innigere und vollere iſt, als die Pro-

pheten sittlich über Anderen stehen (vgl. 4, 3.) —, so kann auch die Prophetie nicht etwas rein Unmittelbares, sie muß durch Reflexion vermittelt sein. Die Intuition (διορατικώτεροι) fordert die verständige Auffassung doch wieder. Allein die rechte Frucht dieser dogmatischen Anschauung geht dem Origenes durch seine Lehre von der Allegorie wieder verloren. Je mehr einerseits die Allegorie darauf gebaut ist, daß auch das einzelne Wort von Werth und Bedeutung ist, desto mehr fordert sie wieder eine magische Inspirationslehre, und andererseits, je mehr, bei Licht besehen, die Auslegung der Allegorie, der geheime mystische Sinn das Privilegium der Esoteriker wird, in der That doch nur hineingetragen erscheint von dem durch weltliche Wissenschaft gebildeten Verstande, desto mehr verliert die Inspiration wieder ihren religiösen Charakter: sie ist das Product nicht nur des heiligen Geistes, sondern vielmehr des Λόγος, welcher eben nicht specifisch religiöses, sondern allgemeines Vernunftprincip ist. Der rationalistisch-pelagianische Zug in Origenes bricht auch bei diesem Dogma wieder hervor. Er erleichtert sich dadurch die Apologetik, aber nicht ohne Gefahr für den eigenthümlichen Gehalt dessen, was sie zu vertheidigen hat.

Ganz ähnlich wie bei Origenes lautet die Bestimmung bei Augustin 10, 4, 1., daß bei der Schöpfung die Sapientia Dei zugegen gewesen sei, per quam facta sunt omnia, quae in animas etiam sanctas se transfert, amicos Dei et prophetas constituit eisque opera sua sine strepitu intus enarrat. Ist hier die Inspiration ebenso auf den Λόγος zurückgeführt und in Parallele gesetzt mit der sittlichen Erneuerung,· so erscheint dagegen an den anderen Stellen der Geist als ausschließliches Princip der Inspiration, die dann auch anderer Thätigkeit des Geistes im Menschen gegenüber in größerer Eigenthümlichkeit erscheint. So wird 18, 38. ausdrücklich bei den Propheten selbst das unterschieden, was sie sicut homines historica diligentia, von dem, was sie sicut prophetae inspiratione divina scribere potuerunt. Der Zustand der Inspiration ist also ein besonderer, nicht dauernder. Darum erscheint er aber eben auch als ein passiver. So behauptet Augustin 17, 14., daß sämmtliche Psalmen von David seien und die Ueberschriften, welche andere Verfasser angeben, auf eine von Gott inspirirte dispositio quamvis latebrosa non tamen inanis hinweisen. Der prophetische Geist habe dem weissagenden König auch die Namen künftiger Propheten offenbaren können. Nicht minder tritt die menschliche Persönlichkeit zurück nach ihrer selbstthätigen Seite, wenn 18, 43. die Inspiration der LXX in der Weise behauptet wird, daß es ganz gleichgültig erscheint, durch wen der h. Geist reden wollte: es kommt allein auf diesen als den auctor primarius an. Zusätze der LXX sind ebenso kanonisch als Sätze des hebräischen Textes, welche jene nicht haben: der Geist wollte nun eben die einen durch jene, die anderen durch diese Sätze kund machen. Es würde nun zu weit führen, sollte auch das, was Augustin sonst noch in anderen Zusammenhängen, namentlich in seinem Buche de doctrina christiana, über die Inspiration lehrt, beigezogen werden. Allein wir finden doch selbst in der civitas Dei wieder Erörterungen, welche diese Ansicht von der Art der Inspiration, wie sie den eben beigebrachten Sätzen zu Grunde liegt, wieder modificiren zu wollen scheinen. In jener oben angeführten Stelle 10, 4, 1. ist neben der Sapientia auch noch eine andere Vermittelung genannt. Loquuntur eis (sc. prophetis) quoque angeli Dei, qui semper vident faciem patris. Die Engel sind ja überhaupt die Vermittler des unzeitlichen unsichtbaren Gottes für die zeitliche räumliche Welt. In dieser Beziehung wurde eben schon bei der Lehre von den Wundern die Stelle 10, 15. angeführt, die sich noch mehr auf die Inspiration als auf die Wunder bezieht. Darnach setzen die Engel das, was sie, in seliger Unsterblichkeit der Gottesgemeinschaft genießend, mit dem Ohre des Geistes vernehmen, in sinnliche Wahrnehmbarkeit um. Die Inspiration würde darnach auf einer objectiv vermittelten Anschauung oder auf einem objectiven Hören beruhen — ein Gedanke, der uns an neuere Theorien erinnert. Sofern die Inspiration so durch ein Verhältniß des creatürlichen Geistes zum creatürlichen Geiste vermittelt ist, würde sich daran auch die Unterscheidung zwischen dämonischer und göttlicher Inspiration anknüpfen. 9, 21. 22. bestimmt er den Unterschied zwischen dem Wissen der Engel und Dämonen dahin, daß jenes durchaus intuitiv, dieses dagegen bloß discursiv, durch Reflexion gewonnen sei. Die Engel sehen die Dinge in Gott, nach ihren causae principales, während die Dämonen nur mit Einzelnem rechnen; das Wissen jener ist darum unfehlbar, das dieser voll Täuschung. Zu einer eigentlichen Theorie sind diese Gedanken aber nicht entwickelt. Im Allgemeinen wollte Augustin wohl die Verbalinspiration ausgleichen mit einer antimontanistischen Ansicht von deren Vermittelung. Aber das erstere Interesse war zu überwiegend, als daß das letztere zu seinem vollen Rechte hätte gelangen können.

Durch den Begriff der Inspiration erst kommt nun auch der Begriff der kanonischen Schrift zu Stande.

Die Schrift ist eigentlich der Λόγος, nur in anderer menschlicher Gestalt, als er ursprünglich erschienen war, nach des Origenes Anficht, oder richtiger: die Schrift ist die sinnliche Hülle für den *Λόγος*, die, wie seine menschliche Gestalt, zur Vermittelung bestimmt ist für die Erkenntniß des reinen *Λόγος*. Origenes faßt darum auch zunächst neben den altteſtamentlichen prophetiſchen Schriften die Evangelien in's Auge. Ueber ihre Entstehung giebt er 2, 13. eine Andeutung, wenn er sagt, man werde doch nicht behaupten wollen, daß die Bekannten und Zuhörer Jesu ohne Schrift die Lehre der Evangelien überliefert und ihre Schüler ohne schriftliche Nachrichten über Jesum (*χωρὶς τῶν περὶ Ἰησοῦ ἐν γράμμασιν ὑπομνημάτων*) zurückgelaſſen hätten. — Iſt dieß eine Art von Beweis für die Authentie der Schrift des Neuen Testamentes — die des Alten Testamentes beweiſt ſich ihm, abgeſehen von der Erfüllung ihrer Weiſſagung, ſchon aus der unwiderſprochenen Tradition — ſo führt er auch für deren Glaubwürdigkeit einen Beweis, wenn er 2, 10. von den neuteſtamentlichen Schriftstellern sagt: *τοσαύτην γὰρ ὑπομονὴν καὶ ἔνστασιν μέχρι θανάτου ἀνειληφέναι τοὺς Ἰησοῦ μαθητὰς μετὰ διαθέσεως οὐκ ἀναπλασσούσης περὶ τοῦ διδασκάλου τὰ μὴ ὄντα· καὶ πολὺ τοῖς εὐγνωμονοῦσι τὸ ἐναργές ἐστι περὶ τοῦ πεπεῖσθαι αὐτοὺς περὶ ὧν ἀνέγραψαν, ἐκ τοῦ τηλικαῦτα καὶ τοιαῦτα διὰ τὸν πεπιστευμένον αὐτοῖς εἶναι υἱὸν θεοῦ ὑπομεμενηκέναι* (vgl. auch 2, 15., wo die Offenheit der Apostel über ihre eigenen Fehler als Grund der Glaubwürdigkeit der Evangelien angegeben wird). Dieß begründet nun nur eine fides humana, sehr vielfach aber beruft sich Origenes auch noch auf etwas Höheres — so in der bereits benutzten Stelle 1, 2., wenn hier vom Beweis des Geistes und der Kraft die Rede ist. Was in Bezug auf das Christenthum im Allgemeinen gilt, hat seine besondere Bedeutung noch für die Schrift. Eine Fortführung dieses Gedankens, daß die Wunder für die Schrift beweisen, ist es alsdann, wenn er das größte Wunder, nämlich die Besiegung der Welt durch die Schrift, besonders aufführt, 2, 13. Ihre volle Bedeutung aber hat diese Herrschaft der Schrift erst darin, daß sie durch eine innere Macht, die dem Worte beiwohnt, vermittelt ist. So sagt Origenes denn 1, 18: *καὶ γὰρ ἔπρεπε τὸν ὅλου τοῦ κόσμου δημιουργὸν νόμους τεθειμένον ὅλῳ τῷ κόσμῳ δύναμιν παρασχεῖν τοῖς λόγοις κρατῆσαι τῶν πανταχοῦ δυναμένην.* Gilt dieß ſchon von den mosaiſchen Schriften, wie viel mehr muß es von den neuteſtamentlichen gelten! Zunächſt hinsichtlich der mündlichen Lehre der Apostel führt er 1, 62. aus, daß ſie bei vernünftiger und billiger Prüfung ganz unleugbar *δυνάμει θείᾳ ἐδίδασκον τὸν χριστιανισμὸν καὶ ἐπετύγχανον ὑπάγοντες ἀνθρώπους τῷ λόγῳ τοῦ θεοῦ.* Hätte Jesus Weise zu seinen Dienern er-

wählt, so wäre das, was sie vortrugen, am Ende eben auch ἐν πειθοῖ τῆς ἐν φράσει καὶ συνθέσει τῶν λέξεων σοφίας gewesen. Nun
aber hat ihr Wort auch ohne das die Herzen ergriffen. Διὰ τοῦτο
δυνάμεως μὲν πληροῦνται οἱ λόγου τοῦ μετὰ δυνάμεως ἀπαγγελλο-
μένου ἀκούοντες. Die Gewalt des Logos, sagt er weiter unten,
ergreift ohne Lehrer die Gläubigen τῇ μετὰ δυνάμεως θείας πειθοῖ.
— Dann aber redet er 6, 2. ausdrücklich auch von einer besonderen
Kraft der Schrift: οὐκ αὔταρκες εἶναι τὸ λεγόμενον (κἂν καθ᾿ αὑτὸ
ἀληθὲς καὶ πιστικώτατον ᾖ) πρὸς τὸ καθικέσθαι ἀνθρωπίνης ψυχῆς,
ἐὰν μὴ καὶ δύναμίς τις θεόθεν δοθῇ τῷ λέγοντι καὶ χάρις ἐπανθήσῃ
τοῖς λεγομένοις καὶ αὕτη οὐκ ἀθεεὶ ἐγγινομένη τοῖς ἀνυσίμως λέγουσι.
Die in der Schrift waltende, von ihr ausgehende Gnadenmacht —
was kann sie Anderes sein als die Macht des Λόγος selbst, der eben
auf geheimnißvolle Weise an sich zieht alle logischen Keime in der
Welt? Aber wie bei der persönlichen Erscheinung des Λόγος das
Menschliche nur Hülle ist des Göttlichen, so ist eben auch die Schrift
in ihrem unscheinbaren Stile die Hülle für das eigentlich Wahre,
Göttliche, — die Hülle, welche erst durchbrochen werden muß. Das
große Capitel von der allegorischen Schriftauslegung eingehender zu
betrachten, würde hier zu weit führen — um so mehr, da die eigent=
lich dogmatische Betrachtung der Sache nicht dem Werke gegen den
Celsus, sondern dem vierten Buch der Grundlehren angehört —, nur
an das mag erinnert werden, wie der bekannte dreifache Schriftsinn
in seiner Analogie mit der anthropologischen Trichotomie eben auch
darauf hinweist, daß die Schrift dem Origenes gewissermaßen die
Fortsetzung der persönlichen Erscheinung des Λόγος ist. Wenn nun,
wie wir sahen, die Erkenntniß des tieferen Schriftsinns oder des
eigentlichen Λόγος ἄσαρκος von einer unsichtbaren Gnadenwirkung
abhängig gemacht wird, als eigentliche Erleuchtung erscheint, so fehlt
doch auch hier die andere Seite nicht: wie der persönlich erscheinende
Λόγος seine verschiedenen Gestalten hatte, so ist's im Grunde auch
mit der Schrift. Ὁ δὲ Ἰησοῦς, wird 6, 6. gesagt, ὅτι μὲν ἐλάλει
τὸν τοῦ θεοῦ λόγον τοῖς μαθηταῖς κατ᾿ ἰδίαν καὶ μάλιστα ἐν ταῖς
ἀναχωρήσεσιν, εἴρηται· τίνα δ᾿ ἦν ἃ ἔλεγεν, οὐκ ἀναγέγραπται. Οὐ
γὰρ ἐφαίνετο αὐτοῖς γραπτέα ἱκανῶς εἶναι ταῦτα πρὸς τοὺς πολλούς,
οὐδὲ ῥητά. — Darum haben denn die Apostel auch gesehen, ἀφ᾿ ὧν
ἐλάμβανον χάριτι θεοῦ νοημάτων, τινὰ μὲν τὰ γραπτέα καὶ πῶς
γραπτέα, τινὰ δὲ οὐδαμῶς γραπτέα εἰς τοὺς πολλούς, καί τινα μὲν
ῥητά, τινὰ δὲ οὐ τοιαῦτα. Damit ist also eigentlich die Sufficienz
der Schrift aufgegeben; wie die menschliche Existenzform eine für den

Λόγος inadäquate war, so ist auch die Schrift in ihrer εὐτέλεια doch eine so inadäquate Form, daß auf anderem Wege wieder die Erkenntniß vermittelt werden muß. Es kann das am Ende nichts Anderes sein, als die bekannte Tradition eines Clemens — die Tradition, in der das eigene philosophische Selbstbewußtsein sich objectivirt: dieß leitet schon hinüber auf den letzten zu besprechenden Punkt, die Lehre vom Glauben und von der Erkenntniß. Ehe wir aber diese in's Auge fassen, ist zuvor auch Augustin's Lehre von der Schrift kurz zu betrachten.

In dem Maße, als dem Augustin die historische Erlösung eigenthümliche, selbständige Bedeutung gewann, mußte auch in einem Betracht die Schrift zurücktreten: sie ist nicht mehr die unmittelbare Fortsetzung der gottmenschlichen Erscheinung, sondern nur das Zeugniß von ihr. In dieser ihrer nur vermittelnden Bedeutung tritt nun auch das testimonium spiritus sancti, wenn wir mit diesem Namen die innerliche δύναμις, welche Origenes der Schrift zuschreibt, bezeichnen wollen, zurück und die Fragen nach der Kanonicität und der fides humana kommen ausschließlicher zum Recht. Ausdrücklich unterscheidet Augustin das Augenzeugniß und Schriftzeugniß 11, 3. Hier heißt es von Christus, er habe zuerst durch die Propheten, dann durch sich selbst, hernach durch die Apostel geredet und auch die Schrift gegründet, quae canonica nominatur, eminentissimae auctoritatis, cui fidem habemus de his rebus, quas ignorare non expedit nec per nosmet ipsos nosse idonei sumus. Die Schrift ist nun nothwendig, weil, wie wir von sinnlichen Gegenständen, die entfernt von uns sind, eines vermittelnden Zeugnisses bedürfen, also auch in Beziehung auf die unsichtbaren Dinge, quae a nostro sensu interiore remota sunt, iis nos oportet credere, qui haec in illo incorporeo lumine disposita didicerunt vel manentia contuentur. — Was nun aber die Glaubwürdigkeit der kanonischen Schriften betrifft, so stellt er dieselben zunächst mit der historischen Literatur überhaupt zusammen. Wer die biblischen Wunder leugne, sagt er, der leugnet überhaupt ullis literis esse credendum, potest etiam dicere nec Deos ullos curare mortalia, 10, 18. Augustin will also die allgemeinen kritischen Principien auf die h. Schriften angewendet wissen, nur soll der Wunderbegriff keine Präscription bilden. Etwas voraus aber soll die heilige Schrift doch dadurch haben, daß in ihr sich Alles auf die Verehrung des Einen Gottes bezieht. Mit der Beweisführung des Origenes stimmt es überein, wenn 12, 10, 2. die Autorität der Schrift damit begründet wird, daß entsprechend der in ihr

ſelbſt ausgeſprochenen Verheißung die Welt ihr geglaubt habe. Ebenſo
wird 18, 40. auf die Erfüllung der Verheißungen in der Schrift
der Glaube an das, was ſie ſonſt verkündigt, gegründet. Eigen=
thümlich dagegen iſt es, wie im folgenden Capitel Nr. 3. die gött=
liche Autorität der Schrift mit dem unbedingten Anſehen bewieſen
wird, in dem dieſelbe in Iſrael ſtand. Während die Weiſen der
Heidenwelt nur das Babylon, die confusio, darſtellen, wurden in
Iſrael nicht wahre und falſche Propheten verwechſelt, sed concordes
inter se atque in nullo dissentientes, sacrarum literarum vera-
ces ab eis agnoscebantur et tenebantur auctores. Wenn ſo eigent=
lich nicht ſowohl die objective Einheit und Harmonie des Kanons
behauptet, ſondern mehr auf die ſubjective Einheit des iſraelitiſchen
Glaubens recurrirt wird, ſo ſcheint das hinüberführen zu müſſen,
auf eine Erörterung der ſubjectiven Wirkung des Wortes. Allein
Auguſtin bleibt doch vielmehr bei der objectiven Einheit ſtehen, wenn er
aus dem Dogma der Inſpiration auf die Einheit des Inhalts ſchließt,
18, 41, 1: denique auctores nostri, in quibus non frustra sacrarum literarum figitur et terminatur canon, absit ut inter se
aliqua ratione dissentiant. Auf dieſer Einheit, wie ſie eben durch
den auctor primarius bedingt iſt, beruht die Kanonicität. Auguſtin
kommt auf dieſe Frage bei Gelegenheit des Buches Enoch in einer
bereits oben benutzten Stelle, 18, 38., zu reden. Obgleich es keinem
Zweifel unterliegen könne, daß Enoch geweiſſagt habe, ſei es doch
wegen des großen Alters unmöglich geweſen, die Authentie des Buches
Enoch ſo feſtzuſtellen, als die castitas des Kanons verlangt hätte.
Die Beziehung auf die Weiſſagung Enoch's im Briefe Judä ſei alſo
ſo anzuſehen, wie die mancherlei Berufungen im Alten Teſtamente auf
außerkanoniſche Schriften, die doch auch von Propheten herſtammen.
„Das eine Mal haben die Propheten nur als Hiſtoriker, das andere
Mal als wirkliche Propheten geſchrieben.“ Aus dieſer intereſſanten
Stelle erfahren wir denn auch zugleich, daß Auguſtin die Aufnahme
eines Buches in den Kanon auf ſehr reflectirte Thätigkeit zurückführt.
Geradezu ſagt er auch 15, 23, 4., die Apokryphen ſeien ausgeſchieden
worden ab auctoritate canonica diligente examinatione. Unter
dieſen Apokryphen ſind nun freilich nicht die altteſtamentlichen, ſondern
häretiſche Fabricate und eben Bücher wie das Henochbuch zu ver=
ſtehen; die erſteren werden vielmehr mit den LXX für kanoniſch er=
klärt 17, 20, 1. 15, 13. 14. Bei der erſteren Stelle iſt zu bemer=
ken, daß die Kanonicität der Weisheit und des Jeſus Sirach be=
hauptet wird, obgleich ſie nicht als ſalomoniſch anerkannt werden,

während doch umgekehrt nach den obigen Stellen die diligens exami-
natio sich am Ende nur auf die Authentie beziehen kann und demnach die Kanonicität von dem Erweis der Verfasserschaft abhängig
gemacht wäre. Hier ist auf alle Fälle eine große Lücke bei Augustin:
die subjective Vermittelung des testimonium fehlt. Wir sehen, wie
hier allerdings der Punkt ist, wo dem Augustin die Tradition eintreten muß oder die Autorität der Kirche. Diese scheint noch auf
einem anderen Punkte eingreifen zu müssen, ausdrücklich nämlich behauptet Augustin 11, 19. die Dunkelheit der Schrift. Doch kommt
diese letztere der Kirchenautorität so wenig zu Gute als die Insuffienz
der Schrift, die Origenes behauptet. Er sieht in der Dunkelheit eine
weise göttliche Anordnung, um eben durch das Suchen plures sen-
tentias veritatis hervorzulocken, und er verlangt eine Auslegung des
Dunkeln aus der attestatio rerum manifestarum oder aus anderen
zweifellosen Stellen. Wollen wir genau reden, so kann auch die
Autorität der Kirche für die Kanonicität einzelner Bücher eigentlich
nur eine vorläufige sein, denn was Origenes unter der χάρις und
δύναμις der Schrift versteht, kommt auch bei Augustin wieder zur
Anerkennung — in der Lehre vom Glauben. Dieser ist ja absolute
göttliche That im Menschen, und von hier aus finden sich denn allerdings Stellen, welche der Lehre vom testimonium spiritus sancti
nahe genug kommen. So wird 15, 6. gesagt: spiritus sanctus operatur intrinsecus, ut valeat aliquid medicina, quae adhibetur ex-
trinsecus. Ohne die göttliche Gnade nützt die praedicatio veritatis
dem Menschen nichts. Aber es ist hier auch deutlich, wie ein Dualismus zwischen der Schrift und der Geisteswirkung gesetzt ist, welcher eben das Specifische der evangelischen Lehre vom testimonium
aufhebt. Das ist das Eine, und das Andere ist, daß auch dem
Augustin ja der Glaube sich wieder aufheben muß zum Erkennen.
Die Schrift ist ja auch ihm noch eine allegorische Hülle, wenn auch
freilich von festerer Realität als bei Origenes. Augustin kennt keine
geheime Tradition mehr, keine religiöse Wahrheit außer der Schrift,
wohl aber kennt er in der Schrift noch ein Tieferes als den Wort-
sinn. Der Glaube hat, wie das äußere Wort, auch ihm erst vermittelnde Bedeutung, aber mit dieser Vermittelung ist es hier höherer
Ernst, und darum kommt denn die Schrift, namentlich die neutestamentliche, nicht nur als Allegorie in Betracht, sondern namentlich die
apostolischen Briefe bleiben in ihrem unmittelbaren Sinne unangetastet,
um in dieser Gestalt schon ein tieferes Wissen darzustellen.

Wie weit ist aber gerade in Bezug auf das Verhältniß von

Glauben und Wiſſen Auguſtin ſchon entfernt von der alexandriniſchen Gnoſis!¹) In der That zeigt ſich ja nirgends ſo deutlich als in der Lehre vom Glauben bei Origenes das Hereingreifen heidniſcher Elemente in ſein Bewußtſein. Im Begriff des Glaubens als der ſubjectiv tiefſten Aneignung der Offenbarung, als dem Product aus dem göttlich geſeßten testimonium spiritus sancti und der menſchlich ihm entgegenkommenden That des Herzens ſchließt ſich die Apologetik ab. So lange dieſer Begriff noch nicht erreicht iſt, wird immer eine Lüfe bleiben. — Die Einſeitigkeit, die dem origeniſtiſchen Begriff des Glaubens anhaftet, iſt ſchon oben bezeichnet worden: es iſt der Intellectualismus, der eben nur eine Vorſtufe für die Erkenntniß in ihm ſieht, es iſt der Intellectualismus, der im Glauben nur die κοιναὶ ἔννοιαι, nur eine πρόληψις ſehen kann. Es iſt nun freilich auch ſchon geſagt, daß ein ſittliches Element dabei nicht ausgeſchloſſen iſt. Einmal iſt der Glaube ihm auch Vertrauen — man vertraut ſich τῷ ἐπὶ πᾶσι θεῷ an, ſieht in dem, was Chriſtus that als ὁδηγός, den Finger der Vorſehung. Man traut ferner ταῖς προαιρέσεσι τῶν γραψάντων τὰ εὐαγγέλια, weil ſie in ihren Schriften οὐδὲν νόθον καὶ κυβευτικὸν u. ſ. w. haben, und um der Kraft ihrer Rede willen. Sodann liegt ein zweites ſittliches Element inſofern darin, als ja eben auf eine θεία δύναμις geſchloſſen wird, welche im Glauben ihre Wirkſamkeit beginne, 3, 39. 40. Dennoch iſt damit der Begriff noch nicht aus dem intellectualiſtiſchen Boden herausgenommen — ſo lange der Glaube ſeine Fortſeßung nicht nur, ſondern auch ſeine Aufhebung in der Erkenntniß findet; vgl. namentlich 6, 13., wo die πίστις eben für die ἁπλούστεροι beſtimmt iſt. Sofern der Glaube nothwendig iſt, iſt er es doch am Ende in keinem anderen Sinne, als in welchem alle Philoſophie, 1, 10., ja alles menſchliche Handeln, 1, 11., den Glauben vorausſeßt. Es wird nun auch 3, 28. ausgeführt, daß man dem Λόγος nicht allein zu glauben habe, ſondern daß ebenſo die menſchliche Seite der Perſon des Herrn Gegenſtand des Glaubens ſei; ja es wird gerade die Vereinigung der göttlichen und menſchlichen Seite in Chriſto als der eigentliche Gegenſtand des Glaubens aufgeſtellt und es wird daran ſogar der Gedanke geknüpft, daß im Glauben ſich das gott-

---

¹) Das Folgende macht durchaus nicht den Anſpruch, weder die ſchon ſo vielfach beſprochene Frage über die alexandriniſche Gnoſis, noch die ſehr weitläufige Erkenntnißtheorie Auguſtin's, die ſich namentlich auch mit ſeinen früheſten platoniſirenden Schriften, c. Acad. u. ſ. w., auseinanderſeßen müßte, in die Tiefe zu verfolgen. Es handelt ſich nur darum, kurze Reſultate zu geben, wie ſie zum Abſchluß des Vorangehenden nöthig erſcheinen.

menschliche Leben in uns fortsetze (ἵν' ἡ ἀνθρωπίνη τῇ πρὸς τὸ θει-
ότερον κοινωνίᾳ γένηται θεία οὐκ ἐν μόνῳ τῷ Ἰησοῦ, ἀλλὰ καὶ
πᾶσι τοῖς μετὰ τοῦ πιστεύειν ἀναλαμβάνουσι βίον, ὃν Ἰησοῦς ἐδί-
δαξεν). — Wenn aber schon in dem Zusatz des ἀναλαμβάνειν βίον
eine Abschwächung des Glaubens liegt, so sind ja die Stellen zahlreich
genug, in welchen die menschliche Seite Christi nur das Vorläufige,
Vermittelnde ist. Es könnte nun freilich insofern wenigstens das
eigenthümlich Christliche dabei gewahrt erscheinen, als auch die Erkenntniß als göttliche That erscheint, 7, 44. heißt es, θείᾳ τινὶ χάριτι werde Gott erkannt. Aber einmal wird die Nothwendigkeit einer
solchen Hülfe zur Erkenntniß nur in dem natürlichen Verhältniß gefunden, daß die γνῶσις Gottes μείζονα ἢ κατὰ τὴν ἀνθρωπίνην φύσιν εἶναι, und sodann wird zwar als Bedingung eine καθαρὰ καρ-
δία erfordert, diese selbst aber erscheint doch natürlich bedingt — wenigstens handelt es sich nur um eine Erhebung über das Sinnliche:
μύσας τοὺς τῆς αἰσθήσεως ὀφθαλμοὺς καὶ ἐγείρας τοὺς τῆς ψυχῆς
ὑπεραναβαίνει τὸν ὅλον κόσμον, wird vom Christen a. a. O. gesagt.
Die Erkenntniß Gottes kann also allerdings nicht durch eigene Reflexion entstehen, sondern es ist eine Intuition Gottes nöthig. Allein
diese erscheint durchaus nicht schlechthin an eine historische Offenbarung gebunden, 7, 46. Diese Offenbarungsbedürftigkeit ist doch
qualitativ eigentlich keine andere als die neuplatonische, die zu Gott
eben auch nur durch Erhebung über das eigene Bewußtsein gelangen kann.

An einem früheren Orte ist nun auch bereits darauf hingewiesen,
wie bei Augustin der Glaube eine tiefere ethische Bedeutung gewonnen
hat, indem er namentlich das Moment der Demuth in sich aufnahm.
Zwar hat auch Augustin, wie er den einseitigen Offenbarungsbegriff,
als einer Darstellung des Unsinnlichen im Sinnlichen nicht ganz zu
überwinden vermochte, auch dem Glauben nicht überall seine volle
Bedeutung zu vindiciren gewußt — so wenn 11, 2. Christus Mittler
heißt per hoc, per quod homo — ein stankaristischer Satz —, so
ist damit angedeutet, daß der Glaube sich zu erheben habe über die
sinnliche Erscheinung Christi. Allein der Gegensatz zum Glauben
wird nicht ausschließlich in dem intelligere gefunden, das ja freilich
auch zu dem Glauben hinzukommen soll, sondern in dem Schauen.
So wird das Glauben allerdings auch 19, 18. mit der philosophischen
πρόληψις zusammengestellt und der neuakademischen Skepsis entgegengesetzt; aber nun auch sogleich nicht nur in der Schrift ein concre-
teres Object des Glaubens, als wir es bei Origenes fanden, auf-

gestellt, sondern auch der Glaube fortgehend als Wesen unseres irbi-
schen Lebens bezeichnet — fides, ex qua justus vivit, per quam
sine dubitatione ambulamus, quamdiu peregrinamur a Domino.
Inwiefern der Glaube diese Grundbestimmtheit ist, wird uns 19, 4.
gesagt, wenn es hier heißt: das höchste Gut sei das ewige Leben; zu
seiner Erlangung müssen wir recht leben: propter quod scriptum
est: justus ex fide vivit, quoniam neque bonum nostrum jam
videmus, unde oportet, ut credendo quaeramus, neque ipsum
recte vivere nobis ex nobis est, nisi credentes adjuvet et oran-
tes qui et ipsam fidem dedit etc. Der Glaube findet seine Fortsetzung also nicht allein in einem Erkennen, sondern in dem praktischen
Heilsleben. Diese Fortsetzung ist aber nicht eine naturgemäß aus dem
Glauben hervorgehende, sondern die weitere Gnade wird dem Glauben
als Belohnung zu Theil — wie 22, 29, 1. auch die visio des ewigen
Lebens ausdrücklich als praemium bezeichnet wird. Der Glaube ist
so nicht die innerliche, bleibende Wurzel für beides, für das Erkennen
und für das Leben, sondern in erster Linie auch als Annahme im
theoretischen Sinne gefaßt, wird der Glaube einseitig unter den Gesichtspunkt des Verdienstes gestellt, also als sittliche That angesehen.
Darum ist denn auch der heidnische Pelagianismus boch nur zu vermeiden durch die Annahme, daß der Glaube absolute That Gottes
im Menschen sei. Aus seiner specifisch religiösen Bedeutung entrückt,
verliert der Glaube auch seinen gottmenschlichen Charakter und damit
seine tiefste apologetische Bedeutung. Ist der Glaube durch schlechthinige göttliche That gesetzt, so ist er eben das absolute Wunder, das
sich nicht mehr verständigen kann mit Anderen. Damit wird auch
hier das Christenthum selbst wieder zum absoluten Wunder, das trotz
aller scheinbaren Vorbereitung nicht recht geschichtlich zu werden vermag. Wie des Origenes Glaubensbegriff einen Zug zur ἀποκατάστασις verräth in der bloß natürlichen Fassung, so zeigt sich bei
Augustin der Zug zum Dualismus und es steht dieß in directem Zusammenhange mit der entgegengesetzten Consequenz beider Systeme
hinsichtlich des Gottesbegriffs (vgl. oben). Es ist von hier aus einem
oben bekämpften Vorwurf, der wider Augustin erhoben wurde, in gewissem Sinne Recht zu geben, aber nur mit der Restriction, daß
dieser Vorwurf keineswegs der Anerkennung Eintrag thun darf,
welche dem Augustin auf apologetischem Gebiete nicht allein im Vergleich mit dem Origenes, sondern auch im Vergleich mit den Producten viel späterer Zeiten gebührt.

Ueber die ökumenischen Concilien

mit Rücksicht auf Dr. Hefele's Conciliengeschichte [1].

Von

Dr. Philipp Schaff,

Prof. der Theol. zu Mercersburg in Pennsylvanien.

Die ökumenischen Concilien stellen die höchste Blüthe der griechisch-lateinischen Kirche des Alterthums dar und leben noch immer in den Glaubensbekenntnissen der orthodoxen Christenheit fort.

Am höchsten stehen sie im Andenken der griechischen Kirche, welche sie in's Dasein rief und mit ihrem Geiste beherrschte. Sie hatten ja einen überwiegend orientalischen Charakter, wurden auf griechischem Boden in der Hauptstadt des griechischen Kaiserreichs oder doch ganz in der Nähe gehalten und verhandelten griechische Streitfragen in griechischer Sprache. Sie genießen dort eine Verehrung wie kein abendländisches Concil im Abendlande, mit Ausnahme etwa des Tridentinum in der römischen Kirche. In den Klöstern von Athos, in der Basilika von Bethlehem und in den Kathedralen von Rußland begegnet man auf den Gemälden an der südlichen Mauer den sieben, durch die verschiedenen präsidirenden Kaiser und Kaiserinnen leicht unterscheidbaren, Concilien vom ersten Nicänischen i. J. 325, welches das berühmte Glaubenssymbol über die Gottheit Christi aufstellte, bis zum zweiten Nicänischen i. J. 787, welches die Bilderfeinde verdammte und die kirchliche Bilderverehrung sanctionirte. Am ersten Sonntag in der Fastenzeit, dem sogenannten orthodoxen Sonntag (ἡ κυριακὴ τῆς ὀρθοδοξίας), wird seit 842 das Andenken dieser sieben Concilien alljährlich gefeiert, wobei dieselben im Gottesdienste dramatisch reproducirt werden. Es lebt unter griechischen Christen die Hoffnung, daß ein achtes ökumenisches Concil die Spaltungen der Kirche und Krankheiten der Zeit heilen werde.

---

[1] Conciliengeschichte. Nach den Quellen bearbeitet von Dr. Carl Joseph Hefele, Prof. der (kathol.) Theologie an der Universität Tübingen. Freiburg, 1855 ff. Bis dahin 4 Bände.

In der römischen Kirche werden die dogmatischen Beschlüsse dieser Concilien ebenfalls für unfehlbar angenommen und der heil. Schrift als Glaubensregel gleich geordnet, doch stellt sie sich unabhängiger zu den disciplinarischen Beschlüssen oder Kanones.

Die evangelische Kirche endlich nimmt zwar auch die Glaubens=symbole der vier ersten Concilien, betreffend die Lehre von der Tri=nität und der Person Christi, an, aber nur in gehöriger Unterordnung unter die heilige Schrift als die höchste und zulängliche Autorität in allen Sachen des christlichen Glaubens und Lebens. Die drei spä=teren haben für den Protestantismus mehr bloß eine historische Be=deutung. Dasselbe gilt von den disciplinarischen Kanones aller dieser Concilien, da sie auf ganz verschiedenen, wesentlich katholisch = hierar=chischen Anschauungen über Verfassung und Cultus beruhen.

Wir wollen hier das Wichtigste, was sich zur allgemeinen Charakteristik dieser Generalsynoden sagen läßt, zusammenstellen und dabei gelegentlich auf das gründlichste und ausführlichste Werk der neueren Zeit über die Geschichte der Concilien, die wir dem rö=misch=katholischen Theologen Dr. Hefele in Tübingen verdanken, be=sonders auf seine allgemeine Einleitung, Band I. S. 1—28., theils beistimmend, theils abweichend Rücksicht nehmen.

1. Die Zahl der Concilien, welche in der orthodoxen griechi=schen und lateinischen Kirche einstimmig als ökumenische gelten und denen auch vom protestantischen Standpunkte dieser Charakter zuge=schrieben werden kann, beschränkt sich auf sieben. Diese sind folgende:

a) Das erste Nicänische, gehalten zu Nicäa in Bithynien i. J. 325, bestehend aus 318 Bischöfen[1]), berufen von Constantin dem Großen zur Schlichtung der arianischen Streitigkeit. Das Resultat war die Feststellung der Lehre von der wahren Gottheit Christi oder von der Wesensgleichheit (Homousie) des Sohnes mit dem Vater im Gegensatz gegen die arianische Wesensverschiedenheit (Heterousie) und gegen die semiarianische Wesensähnlichkeit (Homoiusie). Es heißt im emphatischen Sinne „die große und heilige Synode“, steht unter allen Synoden, besonders bei den Griechen, am höchsten und lebt fort in

---

[1]) Dieß ist die gewöhnliche Annahme, welche sich auf die Autorität des Athanasius, Sokrates, Sozomenus und Theodoret stützt, weßhalb das Concil auch bisweilen die Versammlung der 318 heißt. Andere Angaben reduciren die Zahl auf 300, oder 270, oder 250, oder 218, während die spätere Tradition sie zu 2000 und darüber anschwellt.

dem Nicänischen Symbol, welches für die griechische Kirche dieselbe Bedeutung hat, wie das apostolische für die abendländische. Dieses Symbol wurde jedoch bekanntlich erst auf der zweiten ökumenischen Synode abgeschlossen und in die jetzige Gestalt verfaßt mit Ausnahme des späteren lateinischen Zusatzes filioque, welchen die griechische Kirche nie angenommen hat. Außer diesem Symbol erließ es mehrere, nach der gewöhnlichen Annahme zwanzig Kanones über verschiedene Disciplinärfragen, unter welchen die über die Vorrechte der Metropoliten, die Zeit der Osterfeier und die Gültigkeit der Ketzertaufe die wichtigsten sind.

b) Das erste Constantinopolitanische Concil v. J. 381 wurde vom Kaiser Theodosius I. berufen und in der Residenz gehalten, die bei Abhaltung des Nicänischen Concils noch nicht gebaut war. Es bestand bloß aus 150 Bischöfen, da der Kaiser nur die Anhänger der Nicänischen Partei eingeladen hatte, welche unter der vorigen arianischen Herrschaft herabgeschmolzen war. Der Kaiser wohnte nicht bei und war auch durch keinen Commissär vertreten. Den Vorsitz führten nach einander Meletius von Antiochien bis zu seinem Tode, Gregor von Nazianz und nach dessen Resignation der neuerwählte Patriarch Nektarius von Constantinopel. Die Synode erweiterte das Nicänische Symbol durch einen Zusatz über die Gottheit und Persönlichkeit des heiligen Geistes im Gegensatz gegen die Macedonianer oder Pneumatomachen (daher der vollständige Name Symbolum Nicaeno-Constantinopolitanum) und erließ außerdem sieben Kanones, wovon jedoch die lateinischen Uebersetzungen bloß die vier ersten haben, weßhalb die Aechtheit der drei anderen von Manchen bezweifelt wird.

c) Das Ephesinische Concil v. J. 431, berufen von Theodosius II. und gehalten unter der Leitung des herrschsüchtigen und gewaltthätigen Cyrill von Alexandrien. Diese Synode bestand anfangs aus 160, später aus 198 Bischöfen, während die unter dem Vorsitz des später eingetroffenen Patriarchen Johann von Antiochien gehaltene Ephesinische Gegensynode im Interesse des Nestorius und unter dem Schutze des kaiserlichen Commissärs Candidian 43 Mitglieder zählte. Sie verdammte die Irrlehre des Nestorius über das Verhältniß der beiden Naturen in Christo, hatte also bloß ein negatives Resultat und ist überhaupt die unbedeutendste unter den vier ersten Concilien. Sie steht auch in sittlicher Hinsicht den anderen weit nach. Sie wird von den nestorianischen oder chaldäischen Christen verworfen. Die sechs Kanones derselben beziehen sich ausschließlich auf die nestorianische und pelagianische Angelegenheit und wurden von Dionysius Exiguus in seiner Sammlung ganz übergangen.

d) Das Chalcedonensische Concil v. J. 451, berufen vom Kaiser Marcian auf Anregung des römischen Bischofs Leo I., gehalten zu Chalcedon in Bithynien gegenüber von Byzanz und zusammengesetzt aus 520 (nach anderen Angaben aus 630) Bischöfen. Es fixirte die orthodoxe Lehre von der Person Christi im Gegensatz gegen den Eutychianismus und Nestorianismus. Außerdem erließ es 30 (nach einigen Handschriften bloß 27 oder 28) Kanones, von denen der 28. bei den römischen Legaten und später bei Leo I. energischen, aber erfolglosen Widerstand fand. Dieß war die zahlreichste und ist nächst der Nicänischen die wichtigste unter den Generalsynoden, wird aber von allen monophysitischen Secten der orientalischen Kirche verworfen.

e) Das zweite Constantinopolitanische Concil wurde vom Kaiser Justinian i. J. 553 ohne Zustimmung des Papstes zur Beilegung des Dreicapitelstreites berufen, vom Patriarchen Eutyches von Constantinopel geleitet, bestand bloß aus 164 Bischöfen und erließ vierzehn Anathematismen gegen christologische Irrlehren. Diese Synode wurde jedoch, auch nachdem der Papst Vigilius seine Zustimmung gegeben hatte, von vielen Occidentalen nicht anerkannt und führte sogar ein temporäres Schisma zwischen Oberitalien und dem römischen Stuhle herbei. Sie steht an Bedeutung und Autorität den vier älteren Generalconcilien weit nach. Die griechischen Acten derselben sind verloren gegangen mit Ausnahme der 14 Anathematismen.

f) Das dritte Constantinopolitanische Concil v. J. 680, berufen vom Kaiser Constantin Pogonatus, verdammte den Monotheletismus (sowie den häretischen Papst Honorius) und brachte die altkatholische Christologie zum Abschluß.

g) Das zweite Nicänische Concil unter der Kaiserin Irene i. J. 787, welches den kirchlichen Bilderdienst sanctionirte.

Nicäa — jetzt ein elendes türkisches Dorf, Is-nik (εἰς Νίκαιαν) — hat also die Ehre, die Reihe der anerkannten ökumenischen Synoden zu eröffnen und abzuschließen.

Von da an gehen die Griechen und Lateiner auseinander, und es kann daher von keinen weiteren ökumenischen Synoden die Rede sein. Die Griechen betrachten die zweite Trullanische Synode, die sogenannte Quinisexta, von 692, welche aber kein Glaubenssymbol, sondern bloß Kanones erließ, als einen Anhang zur sechsten ökumenischen Synode, wogegen die Lateiner von Anfang an protestirten. Umgekehrt erheben die Lateiner das vierte Constantinopolitanische Concil von 869, welches den Patriarchen Photius absetzte, zum Range der achten ökumenischen Synode; allein dieselbe wurde durch die spätere Restitution dieses Vorkämpfers der griechischen Kirche im Kampfe mit der lateinischen annullirt. Sodann fügt die römische Kirche unter Voraussetzung ihrer Ansprüche auf ausschließliche Katholicität noch mehrere Generalconcilien bis zum Tridentinum herab hinzu, welchen aber von der griechischen und evangelisch‐protestantischen Christenheit bloß ein sectioneller, mittelalterlich‐römischer Charakter zugeschrieben werden kann. In Bezug auf die Zahl dieser pseudo‐ökumenischen Concilien sind übrigens die römischen Theologen und Historiker selbst nicht einig. Die Gallicaner zählen deren 13, Bellarmin 10, Hefele bloß 8. Unbestritten unter ihnen sind folgende 8: das erste Lateranensische Concil vom Jahr 1123, das zweite Lateranensische von 1139, das dritte Lateranensische von 1179, das vierte Lateranensische von 1215, das erste zu Lyon von 1245, das zweite zu Lyon von 1274, das Florentinische von 1439 und das zu Trient von 1545—1563. Die Frage über den ökumenischen Charakter der drei berühmten reformatorischen Concilien von Pisa, Constanz und Basel im Anfang des fünfzehnten Jahrhunderts wird je nach dem gallicanischen oder ultramontanen Standpunkte verschieden beantwortet. Hefele hält sie für theilweise ökumenisch, nämlich sofern sie vom Papste bestätigt wurden.

2. Daran knüpft sich zunächst die Frage, was zum ökumenischen Charakter eines Concils erforderlich sei. Streng genommen, war eigentlich kein einziges Concil in dem Sinne allgemein gewesen, daß auf ihm auch nur die Gesammtheit der Bischöfe als der ecclesia docens vertreten gewesen wäre. Nach der Natur der menschlichen Verhältnisse konnte dieß auch nicht der Fall sein, nachdem einmal die Kirche eine solche Ausdehnung gewonnen hatte, wie das zur Zeit Constantin's des Großen der Fall war, also zu einer Zeit, wo die Reihe der ökumenischen Synoden beginnt. Selbst in Nicäa und Chalcedon war die Zahl der versammelten Bischöfe kaum der fünfte Theil der sämmtlichen Bischöfe der griechisch‐römischen Reichskirche. Mehrere nordafrikanische Synoden waren zahlreicher. Die schismatischen Donatisten allein hielten i. J. 308 zu Carthago ein Concil von 270 Bischöfen[1]). Das Abendland war auf allen diesen

---

[1]) Vgl. Wiltsch, Handbuch der kirchl. Geographie und Statistik I. S. 53. u. 54.

Concilien fast nur durch ein Paar Delegaten des römischen Bischofs vertreten, die dann aber freilich mehr oder weniger im Namen der ganzen lateinischen Kirche handelten. Sie waren eigentlich ganz griechische Synoden, die letzte und höchste Kraftäußerung der griechischen Kirche, welche überhaupt in den ersten sechs Jahrhunderten in den Vordergrund tritt als die Trägerin aller bedeutenden kirchengeschichtlichen und besonders aller dogmengeschichtlichen Bewegungen. Sie verhandelten sämmtlich, wie schon bemerkt, griechische Streitfragen in griechischer Sprache, wurden in Constantinopel oder ganz in der Nähe gehalten und bestanden fast ganz aus orientalischen Mitgliedern. Selbst unter den 520 oder 630 Bischöfen der Chalcedonensischen Synode, wo der Einfluß des römischen Bischofs am stärksten hervortrat, war das Abendland bloß durch zwei Legaten Leo's und durch zwei Africaner vertreten, die zufällig als Flüchtlinge beiwohnten. Augustin, der bedeutendste Theologe der lateinischen Kirche, war zwar zum Ephesinischen Concil eingeladen, starb aber, ehe er das Einladungsschreiben erhielt. Die erste Constantinopolitanische Synode war von keinem lateinischen und auch bloß von 150 griechischen Bischöfen besucht, wurde aber später durch die Zustimmung der lateinischen Kirche zum Range einer allgemeinen erhoben, obwohl noch Leo I. geringschätzig von ihr sprach. Andererseits sollte die Synode von Ephesus b. J. 449 nach der Absicht des Kaisers und des Papstes eine allgemeine werden, wurde aber statt dessen in der Geschichte mit dem Namen der Räubersynode gebrandmarkt, weil sie durch Gewalt die eutychianische Irrlehre sanctionirte. Die Synode von Sardica i. J. 343[1]) war ebenfalls als eine allgemeine intendirt, erhielt aber gleich nach dem Zusammentritt durch die Secession der orientalischen Bischöfe, die zu einem Gegenconcil zusammentraten, einen sectionellen Charakter.

Es ist also nicht die Zahl der anwesenden Bischöfe, noch auch die Rechtmäßigkeit der Berufung, sondern vor Allem der Erfolg und die Zustimmung der gesammten orthodoxen griechischen und lateinischen Christenheit, welche über den ökumenischen Charakter einer Synode entschieden. Diese Zustimmung ist den sieben ersten ökumenischen Concilien factisch zu Theil geworden und gehört nicht zu den „leeren Einbildungen“, wie Schröckh[2]) behauptet.

---

[1]) Daß dieß und nicht 347, das richtige Datum ist, haben neuerdings die syrischen Festbriefe des Athanasius constatirt, vgl. Hefele I. S. 513 ff.

[2]) Kirchengeschichte, Th. 8. S. 201.

3. Die Veranlaffung dieser Synoden waren jene großen dogmatischen Streitigkeiten, welche die gesammte Christenheit berührten, vor Allem die Lehre von der Trinität und von der Person Christi. Die Wichtigkeit dieser Dogmen, ihre centrale Stellung in dem System des objectiven Christenthums und der orthodoxe Instinct, mit welchem dieselben im Gegensatz gegen die entsprechenden Irrlehren, besonders den Arianismus, Nestorianismus und Monophysitismus, festgestellt wurden, geben diesen Synoden einen epochemachenden Charakter in der Dogmengeschichte. Allein um solche die ganze Kirche des römischen Reiches repräsentirende Kirchenversammlungen möglich zu machen, war die Bekehrung des römischen Kaisers und die Erhebung des Christenthums zur Staatsreligion erforderlich. Dieß führt uns

4. zu dem reichskirchlichen Charakter dieser Synoden und dem hervorragenden Antheil der Kaiser an denselben. Schon der Name weist auf die οἰκουμένη, den Orbis Romanus, das Kaiserreich hin. Die Kaiser übten eine Schirmherrschaft und äußere Oberaufsicht über dieselben aus.

Die consequent hierarchische Theorie, welche sich im Mittelalter ausbildete und von den römischen Theologen noch heute vertheidigt wird, verlangt, daß bloß der Papst, als das allgemeine Oberhaupt der Kirche, eine allgemeine Synode berufen, leiten und bestätigen kann.

Allein die Geschichte der acht allgemeinen Synoden von 325 bis 869 giebt dieses dreifache Recht unleugbar den byzantinischen Kaisern, von denen sich dann später ein ähnlicher Cäsaropapat auf die russischen Czaren — aber freilich in weit größerer Ausdehnung — verpflanzt hat. Dafür zeugen die noch vorhandenen Edicte, die Concilienacten und die Berichte aller griechischen Historifer, sowie die gleichzeitigen lateinischen Quellen.

Zunächst also ging von den Kaisern die Berufung der ökumenischen Concilien aus. Sie bestimmten Zeit und Ort der Versammlung, luden die Metropoliten und angesehenen Bischöfe durch Edicte ein, sorgten für die Transportationsmittel und bestritten die nicht unbedeutenden Reisekosten und anderen Ausgaben aus der Staatskasse. Das Factum dieser kaiserlichen Berufung giebt auch Dr. Hefele (I. S. 7.) im Gegensatz gegen Bellarmin (Disput. lib. I. c. 12.) zu. „Die acht ersten allgemeinen Synoden", sagt er, „sind von den Kaisern, alle späteren dagegen [d. h. alle römisch-katholischen Generalsynoden] von den Päpsten angesagt und ausgeschrieben worden; aber auch bei jenen ersten zeigt sich eine gewisse Betheiligung der Päpste an ihrer Convocation, die in den einzelnen Fällen bald mehr, bald minder deutlich hervortritt." Die letztere Behauptung ist indeß zu allgemein und kann durch zuverlässige kritische Autoritäten nicht begründet werden. Bei den zwei ersten ökumenischen Synoden, der Nicänischen von 325 und der Constantinopolitanischen von 381, geschah jene Berufung ohne alle vorangegangene Berathung oder Zustimmung des römischen Bischofs. Denn die Behauptung, daß der Papst Damasus gemeinschaftlich mit Theodosius I. die Constantinopolitanische Synode von 381 berufen habe, ruht auf einer Verwechselung dieser Synode mit der unbedeutenden Constantinopolitanischen Synode von 382. Dr. Hefele, der früher [1]) ebenfalls diese Behauptung aufstellte, hat sie selbst später als einen Irrthum zurückgenommen und widerlegt [2]). In Bezug auf die Nicänische Synode sprechen Eusebius und die übrigen ältesten Quellen bloß von der berufenden Thätigkeit des Kaisers, und erst mehr als dreihundert Jahre später wurde auf der sechsten allgemeinen Synode von 680 der Name des Papstes Silvester mit dem des Constantin in der Berufung verknüpft. Erst auf dem Chalcedonischen Concil trat der päpstliche Einfluß entschieden hervor, aber auch da noch in factischer Unterordnung unter die höhere Autorität der Synode, welche sich um den Protest der Legaten Leo's gegen den 28. Kanon in Betreff des Ranges des constantinopolitanischen Patriarchen nicht kümmerte. Merkwürdig ist, daß noch im Anfang des sechsten Jahrhunderts auch mehrere orthodoxe Provinzialsynoden zu Rom, welche über die streitige Papstwahl des Symmachus entscheiden sollten, von einem weltlichen Fürsten und zwar von dem arianischen Theodorich, berufen wurden. Die Synode von Arles i. J. 314 wurde von Constantin, die Synode von Orleans i. J. 549 von Childebert, die Synode von Frankfurt i. J. 794 von Carl dem Großen berufen [3]).

Was sodann den Antheil der Kaiser an den Versammlungen selbst und besonders die wichtige Frage über das Präsidium betrifft, so steht hierüber Folgendes fest. Sie wohnten allen ökumeni-

---

[1]) Im Aschbach'schen Kirchenlexicon, Bd. II. S. 161.

[2]) Concilien-Geschichte, Bd. I. S. 8. und Bd. II. S. 36. Vgl. Valesius, Noten zu Theodor. Hist. eccl. V, 9.

[3]) Beispiele anderer Provinzialsynoden, die von weltlichen Fürsten berufen wurden, siehe bei Harduin, tom. XI. p. 1078 seq.

schen Synoden, die sie beriefen, mit Ausnahme der zweiten und fünften, bei, entweder persönlich, wie Constantin der Große, Marcian und seine Gemahlin Pulcheria, Constantin Pogonatus, Irene und Basilius Macedo, oder gewöhnlich durch Stellvertreter oder Commissäre, die dann, wie die Legaten des Papstes (der selbst nie persönlich beiwohnte) mit der vollen Autorität ihres Herrn bekleidet waren. Sie eröffneten die Versammlung durch Verlesung des kaiserlichen Edicts (in lateinischer und griechischer Sprache) und anderer Documente, präsidirten in Gemeinschaft mit den Patriarchen, leiteten den ganzen Geschäftsgang, wachten über Ordnung und Sicherheit, beeinflußten nicht selten den Gang der Verhandlungen, stimmten aber nicht, wie denn ja überhaupt die Präsidenten von berathenden und gesetzgebenden Versammlungen gewöhnlich nur dann ein Votum abgeben, wann die Entscheidung der Frage davon abhängt. Ebenso schlossen sie die Sitzungen und unterzeichneten die Acten entweder an der Spitze oder am Schlusse der Reihe der Bischöfe. Die griechischen Historiker und die Concilienacten reden häufig von dem Präsidium des Kaisers und ihrer Commissäre. Selbst Papst Stephan V. (i. J. 817) schreibt, daß Constantin der Große auf dem Nicänischen Concil präsidirt habe. Nach Eusebius eröffnete er die Hauptversammlungen mit einer feierlichen Rede, wohnte fortwährend den Sitzungen bei und nahm dabei den Ehrenplatz ein. Am Schlusse gab er den Bischöfen ein Gastmahl und seine Gegenwart unter ihnen schien dem panegyristischen Biographen ein Bild Christi unter seinen Heiligen zu sein[1] (!). Diese hervorragende Stellung Constantin's zu dem berühmtesten und angesehensten aller Concilien ist um so auffallender, da er damals noch nicht einmal getauft war; denn erst auf seinem Todtenbette, zwölf Jahre später, empfing er bekanntlich dieses heilige Sacrament, und zwar aus den Händen des arianischen Bischofs Eusebius von Nikomedien. Als Marcian und seine Gemahlin Pulcheria mit ihrem Hofe auf dem Concil zu Chalcedon erschienen, um die Beschlüsse zu bestätigen, wurden sie von den versammelten Bischöfen im bombastischen Style des Orients als Vertheidiger des Glaubens, als Säulen der Orthodoxie, als Feinde und Verfolger der Häretiker, der Kaiser als ein zweiter Constantin, ja als ein neuer David und neuer Paulus, die Kaiserin als eine zweite Helena und mit anderen hoch-

---

[1] Eusebius, Vita Const. III, 15: Χριστοῦ βασιλείας ἔδοξεν ἄν τις φαντασιοῦσθαι εἰκόνα, ὄναρ τ᾽ εἶναι, ἀλλ᾽ οὐχ ὕπαρ τὸ γινόμενον.

tönenden Ehrenprädicaten begrüßt [1]). Nur auf dem zweiten und auf dem fünften allgemeinen Concil war der Kaiser nicht repräsentirt und das Präsidium in den Händen der Patriarchen von Constantinopel.

Neben den kaiserlichen Commissären oder in Abwesenheit derselben nahmen aber allerdings — das muß man Hefele und den römischen Historikern zugeben — die verschiedenen Patriarchen oder ihre Vertreter, vor Allem die Legaten des römischen Patriarchen, auf dem dritten, vierten, sechsten, siebenten und achten Concil Antheil am Präsidium.

Denn das Präsidium des Kaisers bezog sich mehr auf die Geschäftsführung und die äußeren Angelegenheiten der Synode, nicht aber auf die theologisch-religiösen Fragen. Auf diesen Unterschied weist schon das bekannte Wort Constantin's von einem doppelten, einem außerkirchlichen und einem innerkirchlichen, Episkopat oder einem Episkopat über die äußeren und einem Episkopat über die innerlichen Angelegenheiten der Kirche (jus circa sacra und jus in sacra) hin [2]). Demgemäß handelte er auch auf dem Nicänum. Er erwies den Bischöfen größere Achtung, als seine heid-

---

[1]) Mansi, Concil. VII, 170.

[2]) Seine Worte, die gewiß nicht als Scherz, auch nicht als bloßes Compliment gegen die Bischöfe, sondern als ernstliche, obwohl mehr instinctartige Ueberzeugung zu fassen sind, lauten bei Eusebius, Vit. Const. IV, 24: ’Αλλ’ ὑμεῖς (die angeredeten ἐπίσκοποι) μὲν τῶν εἴσω τῆς ἐκκλησίας, ἐγὼ δὲ τῶν ἐκτὸς ὑπὸ θεοῦ καθεσταμένος ἐπίσκοπος ἂν εἴην. Der Genitiv τῶν εἴσω und τῶν ἐκτός darf nicht als masculinum gefaßt werden in dem Sinne, daß das erstere die Christen, das zweite die Heiden bezeichne; denn Eusebius sagt gleich darauf, daß Constantin über alle seine Unterthanen eine gewisse religiöse Aufsicht führte (τοὺς ἀρχομένους ἅπαντας ἐπεσκόπει κτλ.), und nennt ihn auch anderswo einen von Gott eingesetzten allgemeinen Bischof (οἷά τις κοινὸς ἐπίσκοπος ἐκ θεοῦ καθεσταμένος, Vit. Const. I, 44.). Sodann ist auch die Erklärung Gieseler's (§. 92. in der letzten Note) zu verwerfen, wonach οἱ ἐκτός zwar sämmtliche Unterthanen, Christen sowohl als Nichtchristen, aber bloß nach ihren staatlichen Verhältnissen, sofern sie außer der Kirche seien, bezeichnen soll; denn dadurch wird der Gegensatz zu οἱ εἴσω ganz abgestumpft und dem Kaiser statt einer neuen, durch die Zeitverhältnisse ihm aufgedrängten Anschauung ein bloßer Gemeinplatz in den Mund gelegt. Vielmehr ist der Genitiv in beiden Fällen neutral zu fassen und πραγμάτων dazu zu ergänzen, was mit dem Sprachgebrauche (z. B. bei Polybius) übereinstimmt und durch die ganze Praxis Constantin's nach der Darstellung des Eusebius bestätigt wird. Aber freilich ist die eigentliche Grenzlinie zwischen interna und externa der Kirche schwer zu bestimmen.

nischen Vorgänger den römischen Senatoren. Er wollte ein Diener und nicht ein Richter der Nachfolger der Apostel sein, welche zu Prie= stern und Göttern auf Erden gesetzt seien. Nach seiner Eröffnungs= rede überließ er das Wort den (geistlichen) Vorsitzern der Synode [1]), unter benen wahrscheinlich — benn die Sache ist nicht klar con= statirt — der Bischof Alexander von Alexandrien, Eustathius von Antiochien, vielleicht auch Hosius von Corduba — der Letztere als be= sonderer Freund und Rathgeber des Kaisers und als Repräsentant der westlichen Kirchen und speciell des Bischofs von Rom — zu ver= stehen sind. Dieselbe Unterscheidung zwischen einem weltlichen und geistlichen Präsidium begegnet uns bei Theodosius II. Er schickte den Comes Candidian als seinen Stellvertreter auf die dritte allgemeine Synode mit Vollmacht über die ganze Geschäftsordnung, aber nicht über die theologischen Untersuchungen selbst; „benn" — so schrieb er an die Synode — „es ist nicht erlaubt, daß, wer nicht dem Kataloge der heiligsten Bischöfe angehört, in die kirchlichen Erörterungen sich einmische." Indeß präsidirte Cyrill von Alexandrien (zugleich im Namen des römischen Bischofs) auf dieser Synode und führte die Geschäftsordnung zuerst allein, später in Gemeinschaft mit den päpst= lichen Legaten, während Candidian die nestorianische Gegenpartei unterstützte, welche unter dem Patriarchen Johann von Antiochien ein eigenes Concil hielt.

Endlich ging auch die Bestätigung der Concilien von den Kaisern aus. Sie gaben den Beschlüssen theils durch ihre Unter= schrift, theils durch besondere Edicte Rechtsgültigkeit, erhoben sie zu Reichsgesetzen, sorgten für ihre Beobachtung und bestraften die be= harrlichen Dissidenten mit Absetzung und Verbannung. Dieß that schon Constantin mit den nicänischen, Theodosius der Große mit den constantinopolitanischen, Marcian mit den chalcedonensischen Beschlüssen. Die zweite ökumenische Synode erbat sich vom Kaiser ausdrücklich diese Bestätigung, da er selbst nicht anwesend gewesen war und auch keinen Stellvertreter gesandt hatte. Die päpstliche Bestätigung da= gegen wurde erst seit der vierten allgemeinen Synode v. J. 451 für

---

[1]) τῆς συνόδου προέδροις, sagt Eusebius unbestimmt, Vita Const. III, 13. Doch ist der ganze Bericht des Eusebius summarisch und unklar, denn gleich barauf sagt er, daß der Kaiser an den Verhandlungen selbst hörend, redend und zur Eintracht ermahnend lebhaften Antheil genommen habe, also keineswegs bloß ein passiver Zuschauer war.

nothwendig anerkannt [1]). Deffen ungeachtet setzte Justinian die Be=
schlüsse der fünften ökumenischen Synode von 553 ohne die Ge=
nehmigung, ja trotz der anfänglichen Weigerung des Papstes Bigi=
lius durch. Im Mittelalter dagegen lehrte sich das Verhältniß um,
indem der Einfluß des Papstes auf dem Concilium zunahm, der des
Kaisers dagegen abnahm, oder vielmehr der deutsche Kaiser nie eine
so hervorragende Stellung in der abendländischen Kirche behauptete,
wie der byzantinische in der morgenländischen. Doch ist das Ver=
hältniß des Papstes zu einem Generalconcil oder die Frage, ob jener
über oder unter diesem stehe — eine Frage, die Hefele eine ganz un=
gehörige und schiefe nennt, weil nur beide zusammen ein Concil aus=
machen — bekanntlich noch immer ein Streitpunkt zwischen der curia=
listischen oder ultramontanen und zwischen der episkopalistischen oder
gallicanischen Schule.

5. Mit Ausnahme dieser hervorragenden Stellung der byzan=
tinischen Kaiser und ihrer Commissäre, die ebenfalls Laien waren,
hatten die ökumenischen Concilien einen durchaus hierarchischen
Charakter. Auf dem Apostelconcil von Jerusalem nahmen die Apostel,
die Aeltesten und die Brüder (also nach späterem Sprach=
gebrauche auch die Laien) Theil, und der Beschluß desselben erging
im Namen der ganzen Gemeinde [2]). Allein dieses, so zu sagen,
republicanische oder demokratische Element, wie es auch von Dr. Rothe
in seinen Anfängen der christlichen Kirche genannt worden ist, hatte
längst dem aristokratischen oder bischöflich=hierarchischen Platz gemacht.
Bloß die Bischöfe als Nachfolger der Apostel und Erben ihrer Auto=
rität, als die ecclesia docens, hatten Sitz und Stimme auf den
Synoden (außer auf den Diöcesan= oder Districtsynoden, welche der
Bischof einer einzelnen Diöcese mit seinem Klerus hielt). Daher
wird im fünften Kanon von Nicäa selbst eine Provinzialsynode „die
allgemeine Versammlung der Bischöfe der Provinz" genannt. Die
Presbyter und Diakonen nahmen zwar an der Berathung Theil und
Athanasius, obwohl damals bloß Diakonus des alexandrinischen Bi=

---

[1]) Nämlich in einem Schreiben der Synode an Leo (Epist. 89. in den
Briefen Leo's, ed. Ballerini, tom. I. p. 1099.) und in einem Briefe Marcian's an
Leo (Ep. 110. tom. I. p. 1182 seq.).

[2]) Apgesch. 15, 22: τότε ἔδοξε τοῖς ἀποστόλοις καὶ τοῖς πρεσβυτέροις
σὺν ὅλῃ τῇ ἐκκλησίᾳ, und B. 23: οἱ ἀπόστολοι καὶ οἱ πρεσβύτεροι
καὶ οἱ ἀδελφοὶ τοῖς . . . . ἀδελφοῖς. Vgl. meine Geschichte der apostol.
Kirche, §. 69. und §. 128.

schofs, übte auf dem Nicänum durch seine Talente und seinen Eifer
wahrscheinlich mehr Einfluß aus, als die meisten Bischöfe; aber sie
hatten kein votum decisivum, außer wenn sie, wie die römischen Le=
gaten, die Stelle ihres Bischofs vertraten. Die Laien waren gänzlich
ausgeschlossen.

Indeß muß man bedenken, daß die Bischöfe jener Zeit durch die
Art ihrer Wahl tiefer im christlichen Volksleben wurzelten als später
und ihren Gemeinden für ihr Verhalten gewissermaßen verantwortlich
waren, obwohl sie allerdings in ihrem eigenen Namen, als Nachfolger
der Apostel, ihr Votum gaben. Eusebius fühlte sich verbunden, sich
vor seiner Diöcese in Cäsarea wegen seines Votums in Nicäa zu
rechtfertigen, und die ägyptischen Bischöfe zu Chalcedon fürchteten sich
vor einem Aufruhr in ihren Gemeinden, so daß sie das Concil auf
den Knieen flehten: „Schonet uns, tödtet uns hier, wenn ihr wollt, —
aber sendet uns nicht nach Hause zu gewissem Tode: die ganze Pro=
vinz Aegypten wird sich gegen uns erheben" [1]).

Sodann sanctionirten die Concilien überhaupt und die ökume=
nischen insbesondere in einem Zeitalter des absoluten Despotismus
das Princip gemeinsamer öffentlicher Berathung, als des besten
Weges, um zur Erkenntniß der Wahrheit zu gelangen und eine
Streitigkeit beizulegen. Sie waren insofern ein Damm gegen die
Willkür des Einzelwillens und die absolute Monarchie in der Kirche.
Sie erneuerten das Schauspiel des römischen Senates in kirchlicher
Umbildung und waren die Vorläufer repräsentativer Verfassung und
parlamentarischer Gesetzgebung.

In Disciplinarangelegenheiten entschied die Majorität, in Glaubens=
sachen aber war Einstimmigkeit erforderlich, welche nöthigenfalls durch
Ausschließung der dissentirenden Minorität erzwungen wurde. In
der Mitte der Versammlung lag auf einem Pulte oder Throne ein
aufgeschlagenes Evangelienbuch als Symbol der Gegenwart Christi,
dessen untrügliches Wort die Richtschnur aller Kirchenlehre ist oder
sein soll.

6. Die Jurisdiction der ökumenischen Synoden bezog sich auf
die gesammte Gesetzgebung der Kirche, auf Sachen des christlichen
Glaubens und Lebens (fidei et morum) und auf Sachen der Ver=
fassung und des Cultus. Die dogmatischen Beschlüsse hießen dogmata
ober symbola, die disciplinarischen hießen canones. Zugleich übten

---

[1]) Mansi, Concil. VII, 57.

sie, wo es Gelegenheit gab, die höchste richterliche Gewalt aus durch Excommunication von häretischen Bischöfen und Patriarchen, wie des Nestorius.

7. Was die Autorität dieser Synoden betrifft, so entschieden sie die Streitfragen in höchster und letzter Instanz. Es gab von ihnen keine Appellation an ein höheres Tribunal. Sie standen über den Kaisern, Patriarchen und Päpsten, die zu ihnen das Verhältniß der vornehmsten Mitglieder einnahmen.

Den dogmatischen Beschlüssen derselben wurde schon im vierten Jahrhundert, noch deutlicher im fünften Infallibilität zugeschrieben, indem man die Verheißung des Herrn von der Unzerstörbarkeit seiner Kirche (Matth. 16, 18.), von seiner ununterbrochenen Gegenwart bei dem Lehrstande (28, 20.) und von der Leitung des Geistes der Wahrheit (Joh. 14, 26.; 16, 13.) im vollsten Sinne auf die allgemeinen Synoden übertrug, weil sie die gesammte Kirche repräsentirten. Nach dem Vorgang des Apostelconcils wurde die Formel gebräuchlich: visum est Spiritui Sancto et nobis [1]). Schon früher hatten Provinzial-concilien diese oder ähnliche Phrasen auf sich angewandt, z. B. das Concil von Carthago i. J. 252 [2]). Constantin der Große nannte die Beschlüsse des Nicänischen Concils ein göttliches Gebot [3]), wobei jedoch der Mißbrauch dieses Prädicates in der Sprache der byzantinischen Despoten nicht zu vergessen ist. Athanasius sagt mit Rücksicht auf die Lehre von der Homousie des Sohnes mit dem Vater: „Was Gott durch das Concil von Nicäa gesprochen, währet in Ewigkeit.“ Auch Isidor von Pelusium nennt in einem seiner Briefe dasselbe Concil „göttlich inspirirt“ (θεόθεν ἐμπνευσθεῖσα). Das Concil von Chalcedon erklärte die Beschlüsse der Nicänischen Väter für unabänderliche Satzungen, weil Gott selbst durch sie geredet habe [4]). Das Concil von Ephesus bedient sich in dem Decrete der Absetzung und Verdammung des Nestorius der Formel: „Der von ihm [Nesto-

---

[1]) Apgesch. 15, 28: ἔδοξε τῷ πνεύματι ἁγίῳ καὶ ἡμῖν.

[2]) In den Werken Cyprian's: Placuit nobis, Sancto Spiritu sugge-rente et Domino per visiones multas et manifestas admonente. Aehnlich das Concil von Arles i. J. 314: Placuit ergo, praesente Spiritu Sancto et angelis ejus.

[3]) θείαν ἐντολήν und θείαν βούλησιν bei Eusebius, Vit. Const. III, 20. Vgl. auch den Brief des Kaisers an die Kirche von Alexandrien bei Sokrates, Hist. eccl. I, 9.

[4]) Act. 1. bei Mansi VI. S. 672.

rius] geläſterte Herr Jeſus Chriſtus beſtimmt durch die heiligſte
Synode"[1]). Papſt Leo ſpricht von einem „irretractabilis consensus" des Chalcedonenſiſchen Concils in Bezug auf die Lehre von
der Perſon Chriſti. Juſtinian ſtellte die Dogmata der vier erſten
Concilien der heiligen Schrift und ihre Kanones den Reichsgeſetzen
gleich[2]). Gregor der Große verglich dieſelben mit den vier Evangelien[3]).

Auguſtin, der genialſte und frömmſte unter den Kirchenvätern,
bildete ſich im beſten Geiſte ſeiner Zeit eine wohldurchdachte, von
Dr. Hefele nicht berührte, aber von Dr. Neander und Gieſeler be-
rückſichtigte Anſicht, welche zwiſchen abgöttiſcher Verehrung und ungebührlicher Herabſetzung dieſer Concilien eine weiſe und geſunde
Mitte hält und ſich der freieren evangeliſch-proteſtantiſchen Anſchauung
nähert. Er ordnet nämlich ihre Autorität mit Recht der heil. Schrift,
als der höchſten und unverbeſſerlichen Norm des Glaubens, unter und
nimmt an, daß die Beſchlüſſe derſelben durch die tiefere Erkenntniß
einer ſpäteren Zeit zwar nicht beſeitigt und aufgehoben, aber doch erweitert und vervollkommnet werden können. Sie ſprechen das durch
vorangegangene theologiſche Streitigkeiten bereits gehörig vorbereitete
Reſultat für das allgemeine Bedürfniß aus und geben dem Bewußtſein der Kirche über den betreffenden Artikel des Glaubens den klarſten
und angemeſſenſten Ausdruck, der in dem gegebenen Zeitpunkte möglich
iſt. Allein dieſes Bewußtſein der Kirche iſt ſelbſt einer Entwickelung
fähig. Während die heilige Schrift allein die Wahrheit auf eine
zweifelloſe und untrügliche Weiſe darſtellt, kann das Urtheil der
Biſchöfe durch das weiſere Urtheil anderer Biſchöfe, das Urtheil der
Provinzialconcilien durch das Urtheil der Generalconcilien und dieſes
ſelbſt durch ſpätere Generalconcilien verbeſſert und durch neue Wahrheiten aus dem Worte Gottes bereichert werden. Er ſetzt dabei
freilich voraus, daß Alles im Geiſte der Demuth, Eintracht und chriſtlichen Liebe verhandelt werde[4]). Hätte er aber dem Generalconcil

---

[1]) ὁ βλασφημηθεὶς παρ'αὐτοῦ Κύριος Ἰησοῦς Χριστὸς ὥρισε διὰ τῆς
παρούσης ἁγιωτάτης συνόδου.

[2]) Sanctarum synodorum dogmata, sicut sanctas scripturas, accipimus et
regulas, sicut leges, observamus. Just. Novell. CXXXI.

[3]) Ep. I, 25. ed. Bened.

[4]) De baptismo contra Donatistas l. II. c. 3: Quis autem nesciat San-
ctam Scripturam canonicam omnibus posterioribus episcoporum literis ita
praeponi, ut de illa omnino dubitari et disceptari non possit, utrum verum

von Ephesus i. J. 431, zu welchem er um die Zeit seines Todes eingeladen wurde, beigewohnt, so würde er mit betrübtem Herzen dort einen ganz anderen Geist gefunden haben. Augustin giebt also offenbar eine allmähliche Fortentwickelung der Kirchenlehre zu, welche durch die Generalconcilien von Zeit zu Zeit sich einen entsprechenden Ausdruck giebt, aber freilich nicht eine durch entgegengesetzte Extreme hindurchgehende Entwickelung im Sinne des dialektischen Processes nach der Hegel'schen Philosophie, sondern einen stetigen, homogenen und conservativen Fortschritt innerhalb der Wahrheit, ohne einen positiven Irrthum. Denn andererseits machte ja Augustin, den Häretikern gegenüber, die Autorität der heil. Schrift von der Autorität der katholischen Kirche abhängig, wenn er gegen den Manichäer Faustus erklärt: Ego vero evangelio non crederem, nisi me ecclesiae catholicae commoveret auctoritas. Aehnlich lehrt auch Vincentius Lerinensis, daß die Kirchenlehre zwar durch verschiedene Altersstufen hindurchgehe und im Gegensatz gegen neue Irrthümer immer klarer und schärfer bestimmt werden müsse, aber niemals verändert und verstümmelt werden dürfe [1]).

Anders verhält es sich mit den disciplinarischen Verordnungen, welche in den Kanones niedergelegt sind. Diese galten von Anfang an nicht für so allgemein verbindlich, wie die Glaubenssymbole,

---

vel utrum rectum sit, quidquid in ea scriptum esse constiterit, episcoporum autem literas per sermonem forte sapientiorem et per aliorum episcoporum graviorem auctoritatem et per concilia licere reprehendi, si quid in eis forte a veritate deviatum est, et ipsa concilia, quae per singulas regiones vel provincias fiunt, plenariorum conciliorum auctoritati, quae fiunt ex universo orbe christiano, sine ullis ambagibus cedere ipsaque pleniora saepe priora posterioribus emendari, quum aliquo experimento rerum aperitur quod clausum erat et cognoscitur quod latebat, sine ullo typho sacrilegae superbiae, sine ulla inflata cervice arrogantiae, sine ulla contentione lividae invidiae, cum sancta humilitate, cum pace catholica, cum caritate christiana? Vgl. die Stelle Contra Maximinum Arian. II, 14, 3: Sed nunc nec ego Nicaenum nec tu debes Ariminense tamquam praejudicaturus proferre concilium. Nec ego hujus auctoritate nec tu illius detineris: Scripturarum auctoritatibus, non quorumque propriis, sed utrisque communibus testibus, res cum re, causa cum causa, ratio cum ratione concertet.

[1]) Commonitorium cap. 28: Nullusque ergo in ecclesia Christi profectus habebitur religionis? Habeatur plane et maximus. Nam quis ille est tam invidus hominibus, tam exosus Deo, qui istud prohibere conetur? Cap. 30: Accipiant licet evidentiam, lucem, distinctionem, sed retineant necesse est plenitudinem, integritatem, proprietatem.

indem Verfassung und Cultus dem Wechsel der Zeit unterworfen sind und mehr zur Außenseite der Kirche gehören. Gregor von Nazianz zählt den fünfzehnten Kanon des Nicänischen Concils, welcher die Versetzung des Klerus von einer Stelle zur anderen verbot[1], — ein Verbot, welches auf der dogmatischen Auffassung des Verhältnisses zwischen dem Geistlichen und seiner Gemeinde als einer mystischen Ehe ruhte und dem hierarchischen Ehrgeize Zügel anlegen wollte — unter „die längst erstorbenen Gesetze"[2]. Gregor selbst wechselte mehrmals seine Stelle, und Chrysostomus wurde von Antiochien nach Constantinopel berufen. Leo I. sprach sogar mit auffallender Gering= schätzung vom dritten Kanon des zweiten ökumenischen Concils, weil es dem Bischof von Constantinopel dieselben Rechte mit dem römischen und den ersten Rang nächst diesem einräumte, und protestirte aus demselben Grunde gegen den 28. Kanon des vierten ökumenischen Concils[3]. Ueberhaupt hat die römische Kirche nicht alle Disciplinar= verordnungen dieser Synoden angenommen. Noch Gregor I. schreibt i. J. 600 in Bezug auf die Kanones der Synode von 381: Ro= mana autem ecclesia eosdem canones vel gesta synodi illius hactenus non habet nec accepit; in hoc autem eam accepit, quod est per eam contra Macedonium definitum[4].

Noch viel weniger haben die Kanones für den Protestantismus ein maßgebendes Ansehen, da sie auf ganz verschiedenen, wesentlich katholischen, nämlich hierarchischen und priesterlich = sacrificialen An= schauungen über Verfassung und Cultus beruhen.

Aber auch in dogmatischer Bedeutung und Autorität stehen die Concilien selbst nach katholischer Anschauung nicht auf gleicher Stufe. Die vier ersten gelten allgemein für die wichtigsten, und unter diesen stehen wieder das erste und vierte obenan, weil sie die Grundlehren der ökumenischen Orthodoxie, nämlich das Dogma von der Trinität und von der gottmenschlichen Person des Erlösers, mit großer Klar=

---

[1] Conc. Nic. can. 15: ὥστε ἀπὸ πόλεως εἰς πόλιν μὴ μεταβαίνειν μήτε ἐπίσκοπον μήτε πρεσβύτερον μήτε διάκονον. Das gleiche Gebot findet sich schon in den Canones Apost. c. 13 und 14., wurde aber oft übertreten. Selbst auf der Nicänischen Synode waren mehrere angesehene Mitglieder, wie Eusebius von Nikomedien und Eustathius von Antiochien, die ihr erstes Bis= thum mit einem anderen und besseren vertauscht hatten.

[2] νόμους πάλαι τεθνηκότας, Carm. de vita sua, v. 1810.

[3] Epist. 106. (al. 80.) ad Anatolium und Epist. 105. ad Pulcher.

[4] Lib. VII. Epist. 34. p. 882. ed. Bened.

heit und Schärfe entwickelten und festsetzten. Deßhalb stellt Gregor I.
diese vier Concilien, ohne des fünften von 553 zu erwähnen, den
vier Evangelien gleich [1]).

Eine solche Gleichstellung ist nun allerdings dem formalen Er=
kenntnißprincip des Protestantismus völlig zuwider, der es nie und
nimmer dulden kann, daß irgend eine menschliche Autorität der gött=
lichen coordinirt werde. Dessenungeachtet hält auch er die bogma=
tischen Beschlüsse der vier ersten Concilien in großer Achtung, weil
er sie für schriftgemäß hält. Die lutherische und anglicanische Kirche
haben das Nicänische und das spätere und noch viel entwickeltere
Athanasianische Symbol förmlich unter ihre symbolischen Bücher auf=
genommen. Es ist nicht zu leugnen, daß jene Concilien unter höherer
Leitung standen, mit sicherem Wahrheitsinstincte zwischen den Klippen
der verschiedenen Irrlehren hindurchsegelten und der christlichen Lehre
von der Dreieinigkeit und von dem Verhältniß der beiden Naturen in
Christo für jene Zeit den angemessensten Ausdruck gaben, über welchen
auch die evangelische Theologie bis auf den heutigen Tag noch keinen
wesentlichen Fortschritt gemacht hat. Denn theologische Speculation
und kirchliche Erkenntniß sind zwei verschiedene Dinge. Die von lu=
therischen Theologen angeregte Lehre von den beiden Zuständen Christi
und die zuerst von den reformirten Theologen entwickelte Lehre von
den drei Aemtern Christi ist allerdings ein Fortschritt in der Christo=
logie, aber nicht in Bezug auf den Punkt, um den allein es sich auf
dem Ephesinischen und Chalcedonensischen Concil handelte.

8. Der sittliche Charakter der Generalconcilien, den Hefele
in der allgemeinen Einleitung ganz übergeht, steht im Wesentlichen
auf gleicher Stufe mit dem älterer und neuerer Synoden und darf
nicht zum Maßstabe ihrer Autorität gemacht werden. Sie sind ein
treuer Spiegel der Licht= und Schattenseite der alten Kirche. Sie
trugen den himmlischen Schatz in irdischen Gefäßen. Gab es sogar
unter den inspirirten Aposteln auf und kurz nach dem Jerusalemischen
Concil eine temporäre Collision zwischen Paulus und Petrus, sowie
zwischen Paulus und Barnabas, so muß man natürlich noch viel

---

[1]) Ep. I, 25: Sicut sancti evangelii quatuor libros, sic quatuor concilia
suscipere et venerari me fateor: Nicaenum scilicet, in quo perversum Arii
dogma destruitur; Constantinopolitanum quoque, in quo Eunomii et Mace-
donii error convincitur; Ephesinum etiam primum, in quo Nestorii impietas
judicatur; Chalcedonense vero, in quo Eutychetii Dioscorique impietas re-
probatur.

Schlimmeres von den Bischöfen des Nicänischen und nachnicänischen
Zeitalters erwarten, die bereits allen Verfuchungen einer verwelt=
lichten Staatskirche und eines sittlich verfallenen Zeitalters ausgesetzt
waren. Die würdigen Bischöfe brachten ihre Kenntnisse, Gaben und
Tugenden, die unwürdigen — und deren Zahl war nicht gering —
ihre Ignoranz, Leidenschaften und Schwächen mit. Diese Leiden=
schaften wurden durch die öffentlichen Debatten und gegenseitiges Auf=
einanderplatzen der Geister nur noch mehr aufgeregt. Die berüchtigte
rabies theologorum wüthete damals so stark als je, ja stärker, weil
die religiösen Streitfragen das Intereffe des Zeitalters fast ganz ab=
forbirten und alle Stände vom kaiserlichen Hofe bis zu den Hand=
werkern herab in den Strudel der Parteien mit hineinriffen. Gerade
weil die Religion die tieffte und heiligste Angelegenheit des Menschen
ist, so sind auch die religiösen Leidenschaften die heftigsten und bit=
terften. Die großen Concilien, von denen hier die Rede ist, ver=
dankten ihre Entstehung, wie schon bemerkt, den Streitigkeiten über
die schwierigsten Probleme der Theologie und sind daher in der
Dogmengeschichte daffelbe, was offene Feldschlachten in der Kriegs=
geschichte sind.

Gregor von Nazianz verlor sogar, obwohl mit Unrecht, alles
Vertrauen auf Synoden. Er nennt sie einmal in seinen Gedichten
„Versammlungen von Kranichen und Gänfen". „Ich bin so ge=
ftimmt" — so antwortete er i. J. 382 (also ein Jahr nach dem
zweiten ökumenischen Concil) dem Procopius, als dieser ihn im Namen
des Kaisers vergeblich zu einer neuen Synode einlud — „wenn ich
die Wahrheit sagen soll, daß ich jede Versammlung von Bischöfen
fliehe, weil ich noch nie gesehen habe, daß eine Synode ein gutes
Ende genommen oder die Uebelstände aufgehoben statt vermehrt hätte.
Denn es regieren daselbst (und ich glaube nicht, daß ich mich hier zu
hart ausdrücke) unbeschreibliche Streit= und Herrschfucht, und leichter
wird sich Einer den Vorwurf zuziehen, daß er sich zum Richter über
die Schlechtigkeit Anderer aufwerfen wolle, als daß es ihm gelingen
könnte, die Schlechtigkeit zu tilgen. Deßwegen habe ich mich selbst
zurückgezogen und die Ruhe meiner Seele allein in der Einsamkeit
gefunden" [1]). Allerdings hatte Gregor überhaupt eine Abneigung

---

[1]) Epist. ad Procop. 55. (al. 42.). Aehnliche Schilderungen über die Bi=
schöfe und Synoden seiner Zeit giebt er Ep. 76. 84.; Carm. de vita sua,
v. 1680—1688 ; Carm. X. v. 92.; Carm. adv. Episcop. v. 154. Vgl. Ullmann,

gegen das öffentliche Leben und Treiben und ließ sich in solchen Ur=
theilen zu sehr von subjectiven Stimmungen leiten. Auch ist er jeden=
falls inconsequent, da er sonst von dem Nicänischen Concil mit großer
Achtung spricht und nächst Athanasius der Hauptvertheidiger des Ni=
cänischen Symbols war. Aber dessenungeachtet bleibt genug von seinen
vielen ungünstigen Schilderungen der Bischöfe und Synoden seiner Zeit
übrig, um alle Illusionen über eine makellose Reinheit derselben zu
zerstören. So groß jene Periode war, so menschelt sie doch überall.
Beausobre sagt irgendwo, entweder müsse Gregor der größte Ver=
leumder oder die Bischöfe seiner Zeit sehr tadelnswerth gewesen sein.
Das Erstere wird man am wenigsten auf dem katholischen Standpunkte
annehmen dürfen, da er ein kanonisirter Heiliger, eine Zeit lang selbst
Präsident der zweiten ökumenischen Synode war und nach dem Ur=
theil des Sokrates[1]) alle seine Zeitgenossen an Frömmigkeit und Be=
redtsamkeit übertraf.

War dieß der Charakter der Synoden im vierten Jahrhundert,
so steht der Charakter der Synoden im fünften in sittlicher Hinsicht
noch tiefer. Auf dem dritten ökumenischen Concil zu Ephesus i. J.
431 herrschten nach allen Berichten unwürdige Intriguen, lieblose
Verdammungssucht und rohe Gewaltthätigkeit fast in ebenso hohem
Grade als auf der berüchtigten Räubersynode zu Ephesus v. J. 449;
aber freilich mit dem wichtigen Unterschiede, daß jenes für die Wahr=
heit, diese für den Irrthum sich entschied. Auch in Chalcedon war
die Confusion der Bischöfe bei der Zulassung des berühmten Exe=
geten und Historikers Theodoret, der im Verdachte des Nestoria=
nismus stand, so arg und betäubend, daß die kaiserlichen Commissäre
eingreifen und die Ordnung und Würde der Versammlung herstellen
mußten. Man wird dabei fast unwillkürlich an die modernen ent=
ehrenden Schlägereien der griechischen und lateinischen Mönche auf
dem Grabe des Erlösers unter der Aufsicht der türkischen Polizei er=

Gregor von Nazianz, S. 246 ff. und S. 270. Daß Hefele solche Schilderungen
übergeht, läßt sich von seinem kirchlichen Standpunkte leicht begreifen. Auf=
fallend ist aber, daß sie der ungläubige Gibbon nicht benutzt, um das weg=
werfende Urtheil zu bestätigen, das er über die allgemeinen Synoden am Ende
des 20. Capitels seines berühmten Geschichtswerkes fällt: „The progress of
time and superstition erased the memory of the weakness, the passion, the
ignorance, which disgraced these ecclesiastical synods; and the Catholic world
has unanimously submitted to the infallible decrees of the general councils."

[1]) Hist. eccl. lib. V. cap. 7.

innert. Als Theodoret eintrat, schrieen seine ägyptischen Gegner aus vollem Halse: „Der Glaube geht zu Grunde, werft ihn hinaus, diesen Lehrer des Nestorius!" Seine Freunde entgegneten mit derselben Heftigkeit: „Man hat uns [auf der Räubersynode von 449] durch Schläge zur Unterschrift gezwungen; werfet die Manichäer, die Feinde des Flavian, die Feinde des Glaubens, werfet den Mörder Dioskur hinaus! Wer kennt nicht seine Frevelthaten?" Die ägyptischen Bischöfe schrieen abermals: „Werft den Juden hinaus, den Widersacher Gottes, und nennt ihn nicht Bischof!" Darauf die orientalischen Bischöfe: „Werfet die Unruhestifter hinaus, werfet die Mörder hinaus; der orthodoxe Mann gehört zur Synode!" So ging es fort, bis die kaiserlichen Commissäre solchem unwürdigen und unnützen Pöbelgeschrei (ἐκβοήσεις δημοτικαί), wie sie es nicht mit Unrecht nannten, ein Ende machten [1].

Bei all diesen Ausbrüchen der menschlichen Leidenschaft dürfen wir aber nicht übersehen, daß der Herr die Ruder des Schiffes der Kirche führte und durch alle wilden Wogen und Stürme hindurch rettete. Der Geist der Wahrheit, der nie von ihr weichen soll, siegte immer zuletzt über den Irrthum und verherrlichte sich auch durch schwache Werkzeuge.

Auf diese unverkennbare höhere Leitung, die im Contraste mit den menschlichen Unvollkommenheiten nur um so stärker an's Licht tritt, müssen wir unsere Achtung vor den Generalconcilien der alten Kirche gründen. Auch hier gilt das Wort: Soli Deo gloria! oder in der Sprache des Chrysostomus: δόξα τῷ θεῷ πάντων ἕνεκεν.

---

[1] Vergl. die nähere Schilderung aus den Acten bei Harduin II. S. 71 ff., bei Mansi VI. S. 590 f. und auch bei Hefele II. S. 406 f.

Anzeige neuer Schriften.

Exegetische Theologie.

Die typologischen Citate der vier Evangelien erklärt von Friedrich Kleinschmidt. Halle 1861. 55 S.

Indem der Verfasser der vorliegenden Arbeit sich die Erklärung der typologischen Citate der vier Evangelien zur Aufgabe stellt, betritt er zwar nur einen kleinen Theil des weiten Feldes der biblischen Exegese, aber einen Theil, der doch von weitgreifender Bedeutung ist. Es braucht ja kaum bemerkt zu werden, daß bei einer Untersuchung über die Art und Weise, wie das alttestamentliche Bibelwort im Neuen Testament sich darstellt, die Lehre von der Offenbarung und der Inspiration unmittelbar betheiligt sind. Daß nun gerade solche Untersuchungen, welche die Voraussetzungen der Inspirationslehre zum Gegenstand haben und sie näher beleuchten, eben in unserer Zeit von Werth sind, läßt sich nicht bestreiten, sofern die Lehre von der Inspiration sich gegenwärtig in den Vordergrund drängt. Und gerade bei den in der obigen Schrift behandelten Stellen, deren Erklärung, durch dogmatische Prämissen nach der einen oder anderen Seite hin beherrscht und irregeleitet, so vielfach falsche Resultate erzielt und eine irrige dogmatische Ueberzeugung nur noch bestärkt, statt sie wankend zu machen, gerade hier wäre eine unbefangene, eingehende Exegese auch nach den einschlägigen Arbeiten von Tholuck und Lechler noch immer sehr erwünscht. Daß nun diesem Bedürfniß durch die obige Schrift abgeholfen ist, müssen wir sehr stark bezweifeln, ja es stellt sich sogar die Sache so, daß der Verfasser wegen der entschiedenen Mißgriffe, die er sich zu Schulden kommen läßt, den exegetischen Thatbestand nicht nur nicht aufgeklärt, sondern geradezu verwirrt hat. Vor Allem fällt auf, daß die Untersuchung ziemlich aphoristisch und principlos geführt ist. Der Verfasser redet zwar im letzten Satze seiner Arbeit von den Principien seiner Auslegung typologischer Citate. Ich gestehe redlich, von Principien in der Arbeit selbst nichts bemerkt zu haben. Zwar scheidet der Verfasser das Verhältniß von Weissagung und Erfüllung einerseits, von Typus und Antitypus andererseits, aber was hilft diese Unterscheidung, wenn man willkürlich die einzelne Stelle in die eine oder andere Klasse einreiht. Es wäre doch offenbar die erste Aufgabe gewesen, die einzelnen Stellen scharf darauf anzusehen, ob der Evangelist in ihnen eigentliche Prophetie, ob nur eine vorbildliche Parallele gefunden oder ob er sie nicht etwa bloß als Substrat für seine eigenen Gedanken verwendet. Für die Entscheidung dieser Frage ist schon die Form des Citirens wichtig, was aber der Verfasser ganz übersehen hat. Man vergleiche z. B. nur die Matth. 2, 17. sich findende Formel mit der gewöhnlichen Citationsweise des ἵνα oder ὅπως πληρωθῇ. So ist es denn dem Verfasser begegnet, daß er da directe Weissagung fand, wo der Evangelist nur ein typisches Citat giebt, und

umgekehrt. Es sei mir erlaubt, hier einige Beispiele aus dem ersten Evangelium herauszugreifen, das seinem bekannten Charakter gemäß das Hauptcontin-
gent für die vorliegende Arbeit gestellt hat.

Nach den langen Erörterungen (S. 21—27.), die Bekanntes in ziemlich
breiter Form vorbringen, kommt der Verfasser zu dem Resultate, daß in den
neutestamentlichen Stellen, in welchen Citate aus den jesaianischen Abschnitten
über den Knecht Jehovah's sich finden, nicht ein Verhältniß von Typus und
Antitypus, sondern das von Weissagung und Erfüllung zu statuiren sei. Allein
nun steht unter den hierbei angezogenen Stellen, die etwas bunt gemischt sind
(S. 27.), auch Matth. 8, 17. Es möchte dem Verfasser schwer werden, zu beweisen, daß zwischen Jes. 53, 4. und Matth. 8, 17. das Verhältniß von Weissagung und Erfüllung stattfindet. Bezieht ja doch der Evangelist die jesaianische
Stelle auf die von ihm B. 16. berichteten Krankenheilungen; was also bei Jesaias ethisch gemeint ist, daß der Messias die Sünde seines Volkes auf sich
nehmen werde, deutet der Evangelist physisch; es ist daher eine typische Parallele, höchstens kann man mit Tholuck sagen, der Evangelist habe es vielleicht
als intendirt betrachtet, daß das jesaianische Wort auch in diesem Sinne
wahr werden soll.

In Matth. 15, 8. (vgl. Marc. 7, 6.) will der Verfasser eine directe Prophetie der dort angezogenen Stelle aus Jesaias (29, 13.) angezeigt finden. Dieß
wird damit gestützt, daß es im Charakter des Wortes Gottes liege, auf alle
Zeiten zu deuten und in irgend einer Weise darin seine Anwendung zu finden.
Das ist schon richtig; allein es fragt sich nur, in welcher Weise es seine Anwendung findet. Daß die Worte von Jesaias zunächst an das halsstarrige Geschlecht seiner Tage gerichtet sind, muß der Verfasser selbst zugeben; und Matthäus will — wie dieses wiederum die vom Verfasser nicht beachtete Form des
Citates beweist — Jesus nur sagen lassen, was Jesaias dort von seinen Zeitgenossen sage, passe trefflich auf die Pharisäer. Eine „Warnung und Strafe für
die Zukunft" (S. 43.) sind Jesaias' Worte auch so noch. Joh. 12, 38. 40. hätte,
wie in dem Schriftchen überhaupt, so besonders bei dieser Stelle berücksichtigt
werden sollen.

Was sollen wir ferner von einer Exegese halten, die aus Matth. 13, 35.
(vgl. Psf. 78, 2) das staunenswerthe Resultat eruirt, daß Christus das durch
sein Wort vollendet habe, was er selbst in seiner asarkischen Seinsweise
durch Assaph begonnen?! Der Verfasser hätte sich schon von Calvin eines Besseren belehren lassen können. Mit dieser Verkündigung Assaph's soll das Kommen
des Herrn zu den Menschen begonnen haben! Ist denn Psalm 78. ein messianischer Psalm? Und wenn er es auch wäre, sind denn nicht andere messianische Weissagungen vorausgegangen, in denen der Herr, wenn man einmal so
will, auch kommt? Es heißt dann dieser bedauerlichen Exegese die Krone auf-
setzen, wenn der Verfasser die Behauptung aufstellt, das Kommen Jesu sei eine
nothwendige Folge jener Gleichnißrede Assaph's gewesen (!) In Matth.
21, 42. (vergl. Psf. 118, 22. 23.) findet er nur eine typische Ausdeutung des
Evangelisten, während doch jetzt so ziemlich allgemein zugegeben ist, daß der
betreffende Psalm eine echt messianische Weissagung ist. Worin er diesen Typus
findet, muß Referent dem Leser selbst nachzuschlagen überlassen (S. 33.); man
müßte eigentlich jeden Satz bekämpfen, ausgenommen etwa die unumstößliche

Kleinſchmidt, die typolog. Citate der vier Evangelien.

Wahrheit, daß der Eck- und Grundſtein nicht oben, ſondern unten am Bau ſich befindet, eine Wahrheit, die wir dem Verfaſſer auf's Wort auch ohne Berufung auf Eph. 2, 20. geglaubt hätten.

Ebenſo irrig iſt, was der Verfaſſer über Matth. 2, 18. ſagt. Er ſcheint die von Matth. (2, 16.) berichtete Thatſache als unmittelbare Erfüllung von Jer. 31, 15. zu betrachten. „Nicht darin“, ſagt er S. 12., „beſteht die Erfüllung eines prophetiſchen Wortes, daß eine Handlung geſchieht, welche der ähnlich iſt, in Bezug auf welche es geſprochen wurde, vielmehr muß dieſe mit jener im Verhältniß des Cauſalnexus ſtehen.“ Aber gerade dieſe Stelle hätte den Verfaſſer auf eine richtigere Anſicht bringen können. Zeigt doch ſchon der Wechſel der Formel (nicht ἵνα πληρωθῇ, ſondern τότε ἐπληρώθη, Matth. 2, 17.), daß der Evangeliſt hier nicht eine directe Weiſſagung, nicht eine göttliche Intention der Erfüllung (daher nicht ἵνα), ſondern ein bloßes simile findet und doch redet er von πληροῦσθαι. Die Definition, die der Verfaſſer S. 11. von πληροῦσθαι giebt, bleibt auch ſo noch ſtehen. Wie unhaltbar iſt aber die Erklärung der in Rede ſtehenden Stelle! Hören wir einmal, was der Verfaſſer darüber ſagt: „In der meſſianiſchen Zeit liegt ein ſolcher Abſchnitt der Geſchichte vor, über welchen hinaus eine Thätigkeit von Perſonen altteſtamentlicher Entwickelung nicht gedacht wird.“ Dieſer Satz bildet den Grundgedanken für ſeine Erklärung unſerer Stelle. Ich begreife den Sinn dieſer Worte nicht und noch weniger begreife ich, wie der Verfaſſer daraus den Schluß ziehen kann: „Daher iſt das letzte, was Rahel zu beweinen hat, der bethlehemitiſche Kindermord, denn mit ihm ſchließen ſich die außerordentlichen Strafgerichte Gottes vor [sic!] der Ankunft des Meſſias ab.“ Iſt denn der Horizont des Alten Teſtaments ein ſo beſchränkter? Und wenn nicht, warum ſollte dieſes das letzte Strafgericht ſein, das die Stammmutter zu beweinen hat? Doch ganz abgeſehen hiervon, wird denn in der betreffenden Stelle des Matthäus der bethlehemitiſche Kindermord als ein Strafgericht in Cauſalnexus geſetzt mit dem Strafgericht des babyloniſchen Exils? Giebt ferner der Text irgend ein Recht an die Hand zu der Behauptung, daß es „Folge einer und derſelben Sünde ſei, wenn Gott das Volk vernichtet und nach Babel führt, und wenn Iſrael in ſeinem aus derſelben Sünde geborenen König den Geſalbten des Herrn zu tödten ſtrebt“? Mit welchem Worte deutet denn Matthäus an, daß Iſrael in Herodes den Geſalbten tödten will? Es bedarf wahrlich all dieſer Deuteleien nicht, um das wahrhaft Schöne dieſes prophetiſchen Citates zu begreifen. Die Stammmutter, will der Evangeliſt ſagen, hat jetzt erſt ein Recht zur Klage, weil nicht das ſündige Volk es iſt, das von einem fremden König mit Fug und Recht in's Exil geführt wird, ſondern weil unſchuldige Kinder von einem Tyrannen hingeſchlachtet werden, der nur ſeinen Thron ſichern und darum Iſraels wahren König tödten will. — Dieſe Beiſpiele mögen genügen, um das ſchon oben über das Schriftchen ausgeſprochene Urtheil zu bewahrheiten. Ich bemerke nur noch, daß auch Matth. 1, 23. und 3, 3. der Sinn, in welchem der Evangeliſt altteſtamentliche Stellen citirt, vom Verfaſſer nicht richtig aufgefaßt worden iſt. Auf manche altteſtamentlichen Stellen hat er ſich zu weitläufig eingelaſſen (z. B. S. 15 ff.) und dafür neuteſtamentliche Stellen wie Matth. 24, 15. nicht berückſichtigt. Als einen Beweis, mit wie wenig Glück er die Anſichten Anderer bekämpft, führe ich nur das eine Beiſpiel von S. 9. an. Hier will er die Behauptung Hofmann's, daß Israel als Volk zu Gott in demselben Verhältniß stehe wie Jesus als Mensch zu Gott, widerlegen mit den Worten: „Dann müßte ja das Volk mit Gott zu Einer Person verbunden sein, wie in Jesu Christo Gott und Mensch Eine Person ist, er müßte mit Israel in Sünde, Laster und Götzendienst fallen" (!).

Tübingen.   Rep. Dr. Dietzsch.

Biblischer Commentar über sämmtliche Schriften des Neuen Testaments, zunächst für Prediger und Studirende, von Dr. H. Olshausen. II. Bd. 2. Abth. Die Leidensgeschichte des Herrn, revidirt von Dr. Aug. Ebrard. 4. Auflage. Königsberg 1862. 247 S.

Der Herausgeber dieses nun in vierter Auflage erscheinenden Commentars hat, wie er in der Vorrede bemerkt, eine völlige Umarbeitung gerade dieses Theils nicht für geboten erachtet; er hielt eine Revision für genügend. Dagegen erforderten zwei Fragen, welche seit Olshausen's Tod die neutestamentliche Exegese, ja die Theologie überhaupt bewegt haben, eine eingehendere Behandlung. Es sind dieß einmal die Frage nach der Zeit des letzten Mahles Jesu, respective nach dem Verhältniß des synoptischen und johanneischen Berichtes über den Todestag Jesu, und sodann die Frage nach dem Sinn der Einsetzungsworte des heil. Abendmahls. Ebrard hat der Erörterung dieser Fragen zwei längere Excurse gewidmet (S. 18—56. u. 76—110.). Was den ersten Punkt betrifft, so ist seine Anschauung von der Harmonistik der vier Evangelien und seine Methode schon von seiner Kritik der evangelischen Geschichte her bekannt; dieselben sind auch in der vorliegenden Arbeit sich gleich geblieben, wenn er auch in einzelnen Punkten seine früheren Ansichten zurückgenommen oder berichtigt hat. — Der erste Theil des Commentars behandelt Jesu Leiden und Tod (S. 7—191.), der zweite die Auferstehung Jesu. — §. 1. behandelt die Vorgänge beim letzten Mahl; dieselben erscheinen hier in einer wohl richtigen Anordnung. Ebrard stellt sich auf die Seite derer, welche eine Anwesenheit des Verräthers bei der Stiftung des Abendmahls nicht annehmen. Der Bericht des Lucas, der dagegen zu sprechen scheint, ist nicht genau, was sich Ebrard nicht sowohl aus dem Umstande erklärt, daß Lucas nicht selbst zugegen war, als vielmehr aus dem Zwecke seiner Darstellung. Das Resultat seiner Untersuchungen über den Todestag Jesu spricht er (S. 56.) dahin aus: es steht als gesichertes Ergebniß fest, daß Jesus am Donnerstag Abend (den 14. Nisan) das Passah mit seinen Jüngern gehalten hat und Freitag den 15. Nisan, also am Passahtag, gestorben ist. Darin seien Synoptiker und Johannes eins. — Man sieht, wie Ebrard auf die Seite derer sich stellt, welche die johanneische Darstellung auf die synoptische reduciren. Die Schwierigkeiten, welche das Verhältniß des synoptischen und johanneischen Berichtes der Exegese bereitet, lösen sich mit einem Male, sobald man annehme, Johannes wolle von seinen Lesern nur im Sinne der synoptischen Chronologie verstanden werden. Von einer absichtlichen Berichtigung des synoptischen Berichtes durch Johannes sei keine Spur zu finden. — Ebrard ist so unbefangen, zuzugeben, daß, wer den Johannes allein lesen würde, ohne die Synoptiker zu kennen, kaum auf eine andere Anschauung geführt wer-

den würde, als die, daß Johannes im Gegensatz zu den Synoptikern den Todestag Jesu auf den 14. Nisan setze. Es ist dann nur die nothwendige Consequenz
seines harmonistischen Standpunktes, wenn Ebrard aus dem eben Gesagten den
Schluß zieht: also will Johannes nach den Synoptikern ausgelegt sein. —
Mühsam weist er eine Uebereinstimmung nach, ohne zu den betreffenden johanneischen Stellen irgend etwas wesentlich Neues beizubringen. —

Die eingehende Entwickelung über den Sinn der Einsetzungsworte des
Abendmahls (S. 81 ff.) giebt manches Richtige zur Widerlegung der synek-
dochischen Fassung des τοῦτο. Was Ebrard positiv statuirt über das Verhältniß
von Zeichen und Sache, enthält zu wenig. In richtiger Weise betont er, daß
es sich im Abendmahl wesentlich um den gekreuzigten Leib handelt, nicht um
den verklärten.

Was die Berichte über den Tod des Verräthers (Matth. 27, 3—10.
und Apgsch. 1, 18.) betrifft, so gleicht sie Ebrard in der bekannten Weise dahin
aus, der Erhängte habe sich beim Herabfallen beschädigt. Allein die Auslegung
des ἐκτήσατο (Apgsch. 1, 18.) ist philologisch nicht zulässig. Es ist nicht begreiflich, wie Ebrard sagen mag, Apgsch. 1, 18. wolle der Apostel nicht den
äußerlichen Vorfall erzählen. — Bei den Berichten über die verschiedenen Erscheinungen des Auferstandenen hat Ebrard die völlige Uebereinstimmung in den
Hauptsachen nachgewiesen und zu zeigen versucht, welchen Standpunkt Johannes
gerade hier den Synoptikern gegenüber eingenommen. Streiten könnte man
über einzelne Erklärungen, z. B. über die Fassung des μή μου ἅπτου (S. 208 f.).
Ferner ist es unrichtig, wenn Ebrard behauptet (S. 230.), in Marc. 16, 16.
sei die Seligkeit von der Taufe abhängig gemacht. Daß dieß irrig ist, zeigt das
ὁ δὲ ἀπιστήσας κατακριθήσεται deutlich.

In praktischer Beziehung giebt der Commentar manches Brauchbare, es
zeigt aber auch die Erklärung mancher einzelnen Stellen mehr Anwendung als
eigentlich wissenschaftliche Auslegung. An philologischer Präcision und Schärfe
steht die Arbeit den Meyer'schen Commentaren entschieden nach. Unangenehm
fallen die vielen Druckfehler in den griechischen Citaten auf; wir wollen zur
Ehre des Herausgebers annehmen, daß unter diese auch das ὅς ἄν (S. 108.)
gehöre.

Tübingen.   Rep. Dr. Dietzsch.

Biblischer Commentar über sämmtliche Schriften des Neuen Testaments, zunächst für Prediger und Studirende, von Dr. H. Olshausen. II. Bd. 3. Abth. Die Apostelgeschichte, umgear-
beitet von Dr. Aug. Ebrard. 4. Aufl. Königsberg 1862, bei
August Wilhelm Unzer. 325 S.

In fortlaufender Reproduction des Textes, wobei sprachliche und sachliche
Bemerkungen meist in Parenthese angefügt werden, orientirt der vorliegende
Commentar in einer namentlich für den praktischen Gebrauch zweckdienlichen
Weise über die exegetischen Fragen, wenn auch naturgemäß unter den verschiedenen Hauptansichten nur das Wesentlichste ausgehoben wird. Mit Vorliebe
geht der Verfasser auf dogmatische und dogmatisirende Erörterungen ein, welche
aber, da dem Ausdruck concise Schärfe abgeht, bei der Kürze wenig tief ein-

bringen (vgl. zu 9, 3 f. S. 148. über die Resistibilität der Gnade; zu 9, 19. S. 153. über die Objectivität der Sacramente). Namentlich werden auch gern praktische Andeutungen gegeben, so zu 8, 18 ff. S. 133. über die Simonie, die auch heutzutage stattfinde; vgl. zu 14, 23. S. 204. den animosen Ausfall gegen die „Massenrepräsentanten" des Prof. Schenkel in Heidelberg, wo Meyer sorgfältiger eingehend erklärt: „Paulus und Barnabas stimmwählten ihnen Pres= byter, d. h. leiteten deren Stimmwahl bei den Gemeinden". Aehnliche Berück= sichtigung finden S. 282. die kirchlichen Wirren in Baden und in der Pfalz. Im Vergleich damit, daß das Buch in 4. Auflage erscheint, ist in sprachlichen und sachlichen Bemerkungen Akribie und Zuverlässigkeit sehr zu vermissen. So wird 2, 6. S. 50. διάλεκτος ohne Noth mit „Sprache" statt „Mundart" über= setzt, 2, 33. S. 66. τῇ δεξιᾷ ὑψωθείς mit „zur Rechten Gottes" statt: durch die Rechte d. i. die Macht Gottes; 4, 2. S. 84., vgl. 16, 17. S. 230., wird die allerdings üblich gewordene, im classischen Sprachgebrauch nicht erweisliche, für die neutestamentliche Gräcität nicht nothwendige Bedeutung von διαπονεῖ= σθαι = moleste ferre statt: sich anstrengen, Anstrengungen machen, seine Kräfte aufbieten — festgehalten. Ganz falsch und nach dem Zusammenhang als Ver= sehen zu fassen ist eine Bemerkung über φοβεῖσθαι mit μή oder μήπως zu 5, 26. S. 99., wo gesagt wird: „φοβεῖσθαι wird nie mit μή oder μήπως, stets mit ἵνα construirt." Aber auch die beabsichtigte umgekehrte Bemerkung wäre nicht ganz richtig. Mit der Bemerkung zu 10, 25: „Dieser Genitiv des Infini= tivs im ekbatischen Sinne ist dem Lucas geläufig, 3, 12. 7, 19.". ist die Eigen= thümlichkeit dieses Falles gar nicht erkannt. Winer bezeichnet denselben „als eine über die Grenzen hinausgetriebene Anwendung des Infinitivs mit τοῦ, die allerdings gerade bei Lucas sehr befremden muß." Fälschlich wird zu 18, 24. S. 251. gesagt: „λόγιος heißt: gelehrt, nicht: beredt", während es beides bedeuten kann; ohne Grund wird in 18, 27. S. 252. χάρις = χάρισμα genommen und 19, 22. εἰς τὴν Ἀσίαν = „zum Besten Asiens" gefaßt. Ganz verwirrend ist das Citat aus Grotius zu 13, 1. S. 187. unten: „Der hier genannte Herodes ist übrigens nach den chronologischen Verhältnissen eher Herodes Antipas (Grotius), damals 17 Jahre alt, als Herodes Agrippa (de Wette), welcher nicht als Tetrarch bezeichnet würde." Grotius bemerkt aber dieß: „Ἡρώδου τοῦ τετράρχου — Agrippae minoris, qui, filius illius Agrippae, cujus mors jam narrata, non Judaeae, ut puto, sed Chalcidi primum, deinde et aliis quibusdam regionibus praefuit, tetrarchae nomine." Grotius meint also Agrippa II., und dieser — nicht, wie Ebrard abermals ganz falsch angiebt, Herodes Antipas — war da= mals erst 17 Jahre alt, wußwegen allerdings an unserer Stelle Herodes An= tipas, der Tetrarch von Galiläa (Matth. 14, 4 ff.; Luc. 23, 7.) zu verstehen ist. Wenn ferner — um noch einige sachliche Bemerkungen zu prüfen — S. 44. das alttestamentliche Pfingstfest ohne Weiteres als Feier des „Andenkens an die mosaische Gesetzgebung auf dem Berge Sinai und als Erntefest" bezeichnet ist, so ist dieß mindestens sehr unpräcis, sofern die hier in den Vordergrund gestellte Bedeutung jedenfalls die abgeleitete ist, von der (s. Winer, bibl. Realwörterb. II. S. 242. Note 7.) Philo noch nichts weiß. Sehr unwahrscheinlich ist die S. 134 f. ausgesprochene Vermuthung, daß der Magier Simon bekehrt worden sei. Daß die Bestimmungen des Apostelconvents in Apgsch. 15. den noachischen Geboten entnommen seien, ist bei genauerer Vergleichung beider miteinander und bei Beachtung der zwischen beiden stattfindenden Differenzen kaum haltbar. Die Art des von Paulus in Kenchreä übernommenen (richtiger: beendigten und gelösten) Gelübdes dürfte sorgfältiger bestimmt sein. Denn das Nasiräatsgelübde war an Tempel und Priestervermittelung gebunden. Richtig daher Bengel votum hoc, cujuscunque rei fuit, proprie non fuit Nazaraeatus, sed Nazaraeatui affine. Es war also eine Art Privatgelübde. Allerdings kann es dann nicht mehr zur Erklärung der beschleunigten Reise nach Jerusalem verwendet werden, wie Bengel und Ebrard wollen. Gekünstelt ist die Art, wie S. 281 f. die Maßregel, welche Paulus zur Theilung und Trennung der anklagenden Parteien anwendet, gerechtfertigt wird. Die Frage wird so gestellt: „Hatte Paulus eine innere sittliche Berechtigung, von den tiefgreifenden Umständen, die ihn von den Pharisäern trennten, hier abzusehen?" Die Antwort ist „ein bestimmtes festes Ja". „Denn der Sadducäismus war der decidirte Unglaube; der Pharisäismus war Glaube, wenn auch kranker Glaube, doch Glaube." Daher war es dem Apostel möglich und erlaubt, sich mit den Pharisäern zu identificiren — weil hier ein Fall vorlag, „wo es sich um jenen radikalen Gegensatz (von Unglauben und Glauben) handelte." Die Stellung, welche hier den beiden Parteien angewiesen wird, ist nicht historisch und nach der neueren israelitischen Geschichtsforschung nicht mehr gerechtfertigt. Dem Zusammenhang aber nicht entsprechend ist es, wenn Ebrard, an das Obige anschließend, behauptet, Paulus habe der Versammlung ihre innere Nichtberechtigung über die Frage: ob Christenthum? ob Judenthum? zu entscheiden, zur Erkenntniß bringen wollen, indem er ihr zeigte, daß sie über die primitive Frage: ob Unglaube? ob Glaube? selbst noch nicht im Reinen sei.

Die harmonistischen Bestrebungen und die Behandlung der kritischen Frage können wir übergehen, da die letztere in der Einleitung nur mit Wenigem berührt wird und in Beziehung auf die ersteren Ebrard meist auf seine Kritik der evangelischen Geschichte verweist, von woher sein Standpunkt in diesen Fragen zur Genüge bekannt ist.

Tübingen. Repetent Sandberger.

Der Brief an die Hebräer in sechs und dreißig Betrachtungen ausgelegt von Rudolph Stier, Dr. der Theologie, Superintendent und Oberpfarrer in Eisleben. Zweite neu bearbeitete Auflage. Theil I., vom Anfang bis Cap. 10, 18., Theil II., von 10, 19. bis Ende enthaltend. Braunschweig, Schwetschke u. S. 1862. 8.

Es liegt uns in dieser zweiten Auflage der Auslegung des Hebräerbriefes die letzte Arbeit des Verfassers vor, dessen Name bei Allen, die Freude an dem Gedeihen frommer und lebensvoller Theologie haben, von gutem Klange gewesen ist und bleiben wird, wenn auch seine Anschauungsweise, sowie die Bahn, in welche er die Schriftauslegung zu bringen bemüht war, sehr verschiedenartig beurtheilt werden mag.

Die neue Auflage ist nach der Bemerkung des Vorwortes der ersten gegenüber, deren Vergleichung uns zum Zwecke dieser Anzeige nicht zugänglich war,

durchgängig vermehrt und erweitert in genauerem Bezug auf das früher zur
Bewahrung des Redeflusses mehr bei Seite gelassene Nebensächliche, damit das
Ganze jetzt möglichst einem vollständigen Commentare entspreche. Dessenungeachtet trägt sie, obwohl überall auch das Einzelne genau in's Auge fassend, noch
vollständig den Charakter der praktischen Auseinanderlegung und Reproduction
des Schriftwortes mit beständiger Rücksicht auf das gegenwärtige Bedürfniß der
Gemeinde an sich, wie ihn des Verfassers Auslegungen durchweg zeigen. Die
Gefahren solcher Schriftauslegung, wo sie sich der eigentlich gelehrten gegenüber
spröde und abweisend verhält, liegen auf der Hand, und ein Ueberhandnehmen
derselben dürfte weder dem Schriftverständniß förderlich sein, noch selbst das
praktische Bedürfniß wesentlich unterstützen, da sie leicht die Selbstthätigkeit der
Schriftanwendung hindern und dieselbe in vorher ausgebahnte Gleise führen könnte.
Aber Bücher wie das vorliegende, obwohl auch in ihm nicht selten eine geflissentliche Opposition gegen die rein wissenschaftliche Auslegung unangenehm
berührt, zeigen desto deutlicher, daß in geschickter Hand und aus dem Schatze
umfassender Schriftkenntniß und geistvoller, gedankenreicher Schriftbetrachtung
solche Werke außerordentlich fördernd und anregend sein können.

Was nun des Verfassers eigenthümliche Stellung zu der Auslegung des
Hebräerbriefes betrifft, so müssen wir uns von vorn herein in einem Punkte
und zwar einem grundlegenden und von dem Verfasser besonders betonten gegen
die Anschauung desselben erklären. Es ist seine Stellung zu der geschichtlichen
Form der Schrift und zu der menschlichen Thätigkeit bei Entstehung derselben.
Wenn er hier mit den härtesten Ausdrücken (wie I, 11.; II, 322. oder zu 9, 4.;
1, 6.) diejenigen als ungläubig oder doch von dem Unglauben angesteckt bezeichnet, welche die Anschauung der heiligen Schriftsteller von alttestamentlichen
Stellen aus der allgemeinen Auslegung derselben in der gläubigen Gemeinde
Israel herleiten, ohne darin einen Beweis für grammatisch-historischen Sinn
derselben zu sehen, — wenn er die Zahlen der Genesis, wie die Geschichtserzäh-
lungen desselben Buches zur Grundlage für historische Untersuchungen macht
und jedes kritische Verständniß derselben ausschließt (vgl. zu Cap. 11., auch II,
277.), — wenn er die ganze Schrift nicht bloß nach dem Geiste, aus dem sie
stammt, sondern auch nach den Einzelheiten ihrer Erzählungen und Aussagen
als ein überall ineinander verschlungenes Ganze betrachtet, — den Aposteln kritische Auswahl und absichtsvolle Unterscheidungen zwischen der Uebersetzung der
LXX und dem masoretischen Texte unterlegt (zu 12, 6. u. ö.), — so ist das
ein Verfahren, nicht bloß an sich unberechtigt und ungerecht gegen das Gewissen wahrheitsliebender Bibelerklärer, sondern auch auf's Aeußerste gefährlich
für den Glauben, der sich auf Voraussetzungen bauen und mit ihnen verflechten
soll, welche ein gesunder Blick in die Geschichte und Sprache zerstören muß.
Es wäre beklagenswerth, wenn der göttliche Werth der heil. Schriften davon
abhinge, ob ihre Verfasser in chronologischen, grammatischen, archäologischen
Fragen den Anforderungen einer Wissenschaft entsprachen, welche ihre Zeit nicht
gekannt hat. Man sollte denken, gerade der Hebräerbrief müßte das Jedem
sagen, der hören will.

Damit hängt auch die anderweitig von dem Verfasser ausführlicher dar-
gelegte Lehre vom doppelten Schriftsinn zusammen. Auch uns erscheint es im
höchsten Grade wichtig, einen geschichtlich entwickelten Sinn mancher alttestament-

lichen Stellen von ihrem ursprünglichen grammatisch-historischen zu trennen und einsehen zu lernen, wie derselbe kraft des Inhaltes dieser Stellen mit Nothwendigkeit, also nach der Kraft des Geistes und nach göttlichem Willen, sich in der gläubigen Gemeinde Israels gebildet hat. Aber ein zweifacher Schriftsinn ohne Annahme geschichtlicher Entstehung desselben führt die Exegese in alle jene Unklarheiten zurück, aus denen sie die reformatorische Bibelauslegung zuerst mit Erfolg befreit hat.

Die Frage nach dem Verfasser des Briefes und seinen Lesern ist mit Recht nicht so in den Vordergrund gestellt, wie es sonst wohl geschieht. Der Ansicht des Verfassers aber, daß Paulus der Urheber der Gedanken sei, Jerusalem der Ort, an welchen der Brief adressirt ist, müssen wir entschieden entgegentreten. Der Brief ist nicht bloß in Schreibweise und Form, sondern auch an Lehrgehalt so selbstständig Paulus gegenüber, daß, auch von allen anderen Gründen abgesehen, die, wenn auch nur mittelbare, Autorschaft des Paulus psychologisch unmöglich ist. Ebenso kann Jerusalem nicht der Bestimmungsort des Briefes sein. Schon Sprache und Anwendungsart der LXX entscheiden dagegen, 2,3. kann nicht an eine Gemeinde von Augenzeugen gerichtet sein, ebenso wenig 12,4. an eine Gemeinde, die Märtyrer gehabt; denn es ist von dieser Gemeinde als einer fortlaufenden, nicht von einer einzelnen Generation die Rede (10, 32 f.). Ferner läßt sich bis zur Zerstörung des Tempels ein moralischer Zustand der Gemeinde zu Jerusalem, wie er hier vorliegt, nicht denken, sowie auch die ganze Stellung Jerusalems in der apostolischen Kirche einen Lehrbrief außer etwa von einem der drei Säulenapostel ausschließt. Auch die Erwähnung von Geldverlust (10, 32.) und Geldunterstützung anderer Gemeinden (6, 10) paßt nicht auf Jerusalem, wie überhaupt in Jerusalem wohl am wenigsten eine Trennung von der jüdischen Gemeinde vollzogen und in Gefahr, rückgängig gemacht zu werden, war.

Die so vorwiegend noch immer festgehaltene Ansicht, daß Jerusalem Bestimmungsort des Briefes sei, stammt wohl hauptsächlich aus der falschen Meinung, ein Tempeldienst und Opfercultus als gegenwärtige reale lägen vor den Lesern, während sich der Brief nur auf das Schriftbild der Stiftshütte und des Cultus einläßt, also einfach den alten Bund seinen Monumenten gemäß dem neuen gegenüberstellt. Im Gegentheil setzt der Brief Leser voraus, die gewohnt waren, das Schriftbild solcher Verhältnisse in pneumatischer Weise zu behandeln und damit zu beweisen, wie sich solche vor Allem wohl zu Alexandria fanden. Das erwähnte Vorurtheil bewegt auch Wieseler in seinen trefflichen Abhandlungen über unseren Gegenstand, den Oniastempel auf's Neue in Betracht zu ziehen, — eine Meinung, die so wenig irgend Anklang gefunden hat, als sie nöthig ist, um alexandrinische Leser anzunehmen. Die genannten Abhandlungen haben uns sonst nur noch sicherer darin bestärkt, daß, soweit die Kritik ohne positive Ueberlieferung schließen darf, der Brief ein Schreiben des Barnabas nach Alexandrien ist.

So haben wir in Beziehung auf allgemeinere Fragen unserm Verfasser entgegenzutreten. Außerdem möchten wir seine Anschauung von dem Blute Jesu, als gesondert im Himmel bewahrten (I, 304 ff), von der Darstellung der Dreieinigkeit in der Bundeslade (I, 278.), seine Erklärung von ϑυμιατήριον (9, 4.) als Rauchfaß, von ἔχωμεν χάριν = Dankbringen (12,28.) rügen, sowie uns auch 3, 1. das ἐπουράνιος, 3, 2. das ποιήσας, 3, 4. die Beziehung des ϑεὸς auf

Christus, 5, 7. εὐλάβεια, 11, 11. πίστις, 11, 23. πατέρες und ἀστεῖον, 12, 18. ψη-
λαφώμενος, 12, 29. καὶ γὰρ ὁ θεὸς ἡμῶν, 13, 22. καὶ γὰρ διὰ βραχέων u. a. falſch
erklärt ſcheinen. Mit ſeiner ſonſtigen Auffaſſung der heiligen Schrift hängt
es zuſammen, wenn der Verfaſſer z. B. 9, 14 ff. den Doppelſinn von διαθήκη
nicht anerkennen will, den Patriarchen den Glauben an Unſterblichkeit wirklich
beilegt (auch das Opfer Iſaaks faßt er in dieſem Sinne), wenn er die Realität
des neuen Jeruſalem im eigentlichen Sinne feſthält (II, 295 ff.).

Trotz ſo mancher Anſchauungen aber, die uns ſtörend beim Leſen des Buches entgegentraten, müſſen wir, wenn wir den Geſammtinhalt überblicken, dem
Buche das Zeugniß geben, daß es meiſtens die geſunde und richtige Auslegung
giebt, überall eine Fülle von Gedanken und Inhalt aus dem Schriftworte entwickelt und dieſelbe erbaulich und anſprechend zugleich dem Leſer darbietet, daß
der Geiſt, der aus ihm weht, faſt überall ungemein wohlthuend und edel iſt.
Eine fleißige Benutzung des Buches wird auch denjenigen, welche die hermeneu-
tiſchen Grundſätze des Verfaſſers nicht theilen, neben wahrhafter Erbauung gewiß auch einen reichen Ertrag von Belehrung bieten.

Göttingen.   H. Schultz.

1) Volkmar, Dr. G., Commentar zur Offenbarung Johannis.
Zürich, Orell, Füßli & Comp. 1862. 8. XI und 350 S.
2) Bleek, Dr. Fr., Vorlefungen über die Apokalypfe. Herausgeg.
von theol. lic. Th. Hoßbach. Berlin, Reimer, 1862. 8. VII
und 367 S.
3) de Wette, kurzgefaßtes exegetiſches Handb. z. Neuen Teſtament.
3. Bd. 2. Th. Kurze Erklärung der Offenbarung Johannis. 3. Aufl.,
bearb. von Lic. W. Möller. Leipzig, Hirzel. 8. XII u. 235 S.

Wenn ich es unternehme, über einige bedeutendere Erklärungsſchriften zur
Johanneiſchen Apokalypfe, welche neuerlich erſchienen ſind, kritiſchen Bericht zu
erſtatten, ſo habe ich dem Leſer gegenüber den Vortheil, daß ich mich nicht erſt
darüber auszuweiſen brauche, wie ich meinerſeits das neuteſtamentliche Räthſelbuch
verſtehe und beurtheile. Freilich handelt es ſich bei dieſem wie bei jedem anderen bibliſchen, zumal neuteſtamentlichen, Buche keineswegs allein um ein ge-
lehrtes Urtheil oder um eine kritiſche und exegetiſche Leiſtung, welche rein als ſolche
beſtehen, welche innerhalb der durch den Text gegebenen Grenzen befriedigend
vollzogen werden und aller weitern Intereſſen ſich entſchlagen könnte. Vielmehr
hat das wiſſenſchaftliche Urtheil hier nothwendigerweiſe eine ſolche Tragweite,
daß es die zarteſten Saiten des chriſtlichen, kirchlichen Lebens berührt; deßhalb
erfordert und erprobt die Auslegung der heiligen Schrift nicht allein den gelehrten Kritiker und Exegeten, ſondern den ganzen theologiſchen Mann. Muß
aber der theologiſche Mann nicht vor allen Dingen ein Mann in Chriſto ſein?
Alsdann wird die wiſſenſchaftliche Bearbeitung der heiligen Urkunden, durch
welche wir den Heiland gefunden haben und auf deren Wahrheit die Kirche
beruht, mit einer Pietät und Gewiſſenhaftigkeit geſchehen müſſen, wodurch das
wiſſenſchaftliche Streben mit ſeinem Forſchen, Fragen und Zweifeln nicht gehemmt oder gelähmt, ſondern maßvoll und umſichtig gemacht wird. Je höher

Je höher wir die Autorität einer biblischen Urkunde anschlagen, desto sorgfältiger werden wir erforschen müssen, was dieselbe wirklich aussagt; und wenn wir als die Grundsteine des Hauses Gottes in der Welt einzig und allein die „kanonischen" Schriften Alten und Neuen Testaments ansehen können, so haben wir das höchste Interesse sowohl daran, einen gesunden und festliegenden Grundstein nicht ausbrechen zu lassen, als auch daran, den Grundbau sauber zu halten und mit kritischer Hand aus dem „Kanon" jedes Buch zu entfernen, welches, wenn auch durch einen tausendjährigen Irrthum scheinbar geschützt, mit unwidersprechlichen Gründen als nicht „kanonisch" erwiesen wird.

Von allem bisher Gesagten werden wohl nur die letzten Worte bei demjenigen unter den neuesten Auslegern der Johanneischen Apokalypse, über dessen Arbeit ich zunächst berichten möchte, einigermaßen Beifall finden. Dr. G. Volkmar, Professor der Theologie und Kantonaldiakon zu Zürich, hat bei seinem Commentar zur Offenbarung Johannis (Zürich 1862) eine Hauptaufgabe darin gefunden, gegen mich zu streiten, d. h. einfach jede Unterdrückung des von mir selbst erkannten Textes zu verwehren (S. VI.). Völlig einverstanden ist Volkmar mit meiner fortwährenden Polemik gegen die Allegoristen; einverstanden ist er — abgesehen von der einen Stelle Apok. 13, 14. — mit meiner Textkritik; einverstanden mit sehr vielen Resultaten der Einzelauslegung; dennoch stehen wir in einem Gegensatze zu einander, welchen auch ich nur als einen unversöhnlichen bezeichnen kann. Die Anklage, welche Volkmar gegen mich, wie gegen den von mir beständig bekämpften Hengstenberg, ja sogar gegen Ewald (S. VIII.) erhebt, lautet auf „Kanonik". Wir allesammt stehen unter dem „Banne" der Kanonik; keiner von uns ist zur „freien Wissenschaft" durchgedrungen; wir sind die Leute, welche den von uns selbst erkannten Text beugen, vernichten, um der „Kanonik" willen; denn wir, die wir „orthodox" sein wollen, die wir eine Inspiration der biblischen Bücher annehmen, wir „machen den katholischen Kanon zum Anhalt, sollte darüber auch der Text in die Brüche gehen." Deßhalb ist es höchst nöthig, daß diesem kanonischen Treiben gesteuert werde, und zwar von Seiten derjenigen, welche „die wirklich Orthodoxen" sind, weil sie „der Reformationskirche und somit der freien Wissenschaft entsprechen, indem sie allein vom Texte ausgehen, mag auch dabei der katholische Kanon in die Brüche gehen" (S. VII f.).

Die Anklage auf „Kanonik" beruht, sofern sie gegen mich erhoben wird, wesentlich auf meiner Auslegung von Cap. 13. und 17., welche nicht nur gegen Hengstenberg und alle anderen Allegoristen, sondern auch gegen Bleek, Lücke, de Wette, Ewald u. A., denen Volkmar sich anschließt, gerichtet ist. Die in Beziehung auf die „Kanonik" entscheidende Frage ist hier diese: ob der Apokalyptiker wirklich aussage, daß der Nero redivivus als persönlicher Antichrist wiederkommen werde. Hieran schließt sich nothwendigerweise die andere Frage: ob ein Buch, das einen solchen Aberglauben enthalte, im neutestamentlichen Kanon stehen dürfe. Hätte ich diese beiden Fragen in umgekehrter Reihenfolge aufgestellt, hätte ich geurtheilt: weil ein kanonischer Schriftsteller einen solchen, selbst von den Heiden verlachten Wahn nicht vorbringen darf, deßhalb darf die Exegese keinesfalls finden, daß dergleichen in unserer Apokalypse geschrieben stehe, dann hätte ich den wesentlichsten Grundsatz der protestantischen Schriftauslegung verletzt, dann hätte Volkmar mit seiner Anklage wegen ka-

tholischer Kanonik, welche um des traditionellen Kanons willen den Text in die
Brüche gehen lasse, vollkommen Recht. Dieß aber ist mir niemals in den Sinn
gekommen. Die Sache liegt vielmehr so. Ich habe die von Bleek, Ewald
u. A. vorgetragene Erklärung von Cap. 13. und 17. verworfen, erstlich weil der
Text, wie er lautet, sich gegen die Vorstellung von dem Nero redivivus zu sträuben schien, zweitens weil ich meinte, den urkundlichen Beweis dafür liefern zu
können, daß jener Aberglaube in seiner christlichen Gestaltung gerade aus dem
Mißverständniß der apokalyptischen Stellen entstanden sei. Hierbei habe ich
drittens mein hohes „kanonisches" Interesse nicht verhehlt, indem ich meine
Ueberzeugung aussprach, daß jener Aberglaube eines kanonischen Schriftstellers
unwürdig sei. Meine Meinung ist also nach wie vor: wenn wirklich, was die
Exegese ausmachen muß, jener Aberglaube in der Apokalypse steht, so muß sie
aus dem Kanon entfernt werden. Ich habe aber allerdings so viel Pietät gegen
den bestehenden Kanon oder finde mich so sehr unter dem „Banne der Kanonik",
daß ich erst hundertmal die den Nero redivivus mir darbietende Exegese prüfen
werde, ehe ich dieselbe annehme. Volkmar ist aber nicht der Mann, der mich
zu ihr bekehren wird.

Die Wichtigkeit der Volkmar'schen Arbeit liegt darin, daß hier ein nam-
hafter Anhänger der sogenannten Tübingischen Schule endlich den Versuch gemacht hat, dasjenige neutestamentliche Buch, welches in den kritischen Operationen jener Schule eine so bedeutende Rolle spielt, in vollständigem Zusammenhange zu erklären. Erst durch eine solche Auslegung des ganzen Buches konnte
uns doch genügend veranschaulicht werden, wie die Apokalypse durch ihre ju-
daistische Beschränktheit als das einzig echte Werk des Apostels Johannes, ganz
in Uebereinstimmung mit den schlagenden Zeugnissen der historischen Tradition,
sich erprobte; erst ein wirklicher Commentar konnte uns vor die Augen stellen,
mit welchem Eifer der Judenapostel Johannes gegen die demselben ärgerliche
Freiheit des Heidenapostels Paulus ankämpfte; und wenn wir erst die apostolisch-
johanneische Apokalypse recht verstehen gelernt hatten, so wurde auch um so
klarer, wie Marcus, der Antiapokalyptiker, wie die übrigen Pseudoevangelisten
und wie die Verfasser der mancherlei Briefe, welche wir aus dem zweiten christlichen Jahrhundert überkommen haben, thetisch oder antithetisch zur Apokalypse,
als der wahrhaft apostolischen Grund= und Hauptschrift, sich verhalten haben.

Das kühne System der Tübingischen Hypothesen hat sich bisher auf zwei
unseren Kanon betreffende Annahmen gestützt: daß wir vier echte Briefe des
Paulus haben (Gal., 1 und 2 Kor., Fragment von Röm.) und daß die Apokalypse von dem Zwölfapostel Johannes geschrieben sei. Sind doch dieß die
unentbehrlichsten Urkunden über den harten Widerstreit zwischen Judaismus und
Paulinismus in der wirklich apostolischen Zeit. Die apostolisch=johanneische
Authentie der Apokalypse hat man namentlich auch aus den historischen Zeugnissen
bewiesen, welche gerade für dieß Buch in einer außerordentlichen Fülle und
Klarheit vorhanden sein sollten. Aber wie nun? Volkmar sagt (S. 41.),
es scheine mißlich, zuviel auf Ueberlieferung zu bauen, wenn solche erst im
zweiten Jahrhundert hervortritt, aber auch bei noch weit höherem Alter sich so
leicht als einen Schluß aus der Schrift selbst giebt. Dazu komme, daß das
apokalyptische Buch selbst ein doppeltes Vorwort habe, indem es (1, 1—3. und
V. 4—9.) den Seher der Offenbarung von dem Schreiber derselben unterscheide.

„Es liegt darin ein Sich=Verstecken, eine nahezu täuschende Einkleidung, die un=
seren Gefühlen widerstrebt, welche aber der ganzen alten Christenheit eigen, ja
geradezu die Regel in ihr ist. Denn außer vier Briefen Pauli sind bis 150 nur
Justin's Schriften prosaisch echten Namens." Es ist ferner zu bedenken, daß die
Darstellung 21, 14. einen Schriftsteller verräth, der nicht selbst zu den Zwölf=
aposteln gehörte; also — auch die Apokalypse ist nicht von dem Apostel Johannes
verfaßt, sondern von einem Judenchristen, welcher „vom Geiste eines Höhern
aus, unter dem Schilde des letzten Hauptes der zwölf Apostel schrieb". Jetzt
fehlt nur noch, daß Einer kommt, der uns sagt, daß auch die vier Paulinischen
Briefe nur im Namen und Geist des Heidenapostels geschrieben seien; dann
haben wir reine Bahn.

Daß Volkmar's Collegen von der Tübingischen Schule ihm für das
Fallenlassen der Apokalypse, als einer wirklich apostolischen Schrift, dankbar sein
werden, glaube ich nicht; denn das „geschichtliche, lebenswarme Verständniß"
(S. 40.) des Buches, als der entscheidenden Urkunde der urchristlichen, d. h.
antipaulinischen, Richtung, hängt, den nachdrücklichsten Versicherungen jener Kri=
tiker zufolge, gerade daran, daß dieß Buch mit einer so gut wie zweifellosen
Sicherheit dem Zwölfapostel Johannes vindicirt werden kann. Wenn jetzt aber
Volkmar erklärt, daß der Apokalyptiker den Namen des Apostels nur an=
genommen habe, so giebt er dem Bedenken Raum, es möge der beschränkte
Antipauliner im Namen des Johannes Manches vorgebracht haben, was der
Judenapostel selbst niemals gebilligt haben würde. Ist es doch ein gewaltiger
Unterschied für die geschichtliche Auffassung der urchristlichen Zeit, ob der Apostel
Johannes oder ob ein vielleicht selbst der Ketzerei verfallener Judenchrist gegen
die „Paulinische Ketzerei" (vgl. Volkmar zu 2, 21. u. a. St.) streitet. Das
Mißliche dieses Verhältnisses wird dadurch nicht beseitigt, daß Volkmar die
Ansicht von der Abfassung der Apokalypse unter Galba (zwischen Aug. 68 und
Jan. 69) festhält; wohl aber wird hierdurch seine Meinung über den Verfasser
des Buches im höchsten Grade bedenklich; denn die Sache liegt nun so, daß die
Apokalypse dem Apostel Johannes bei seinen Lebzeiten untergeschoben sein soll.

Diese Art der Kritik hat in der That nicht viel Verlockendes. Ihr gegen=
über können wir leicht zwei Hauptpunkte festhalten: erstlich daß der Apokalyptiker
selbst sich durchaus nicht für den Apostel Johannes ausgiebt, daß vielmehr das
Selbstzeugniß des Buches auf einen anderen Verfasser, der unter dem Namen
Johannes seinen kleinasiatischen Lesern bekannt war, mit Sicherheit schließen
läßt; zweitens daß die Zeugnisse der Tradition mit dem entscheidenden Selbst=
zeugnisse des Buches insofern übereinstimmen, als sich deutlich nachweisen läßt,
wie die Kirchenväter, welche den Apostel Johannes als Verfasser nennen, vor
allen Irenäus, zu diesem Irrthum gekommen sind.

Die wesentlichste Bedingung für die richtige Auslegung der Apokalypse ist
die klare Einsicht in die kunstreiche Anlage des Buches, in die eigenthümliche
Art und Weise, wie die einzelnen Visionengruppen unter einander verknüpft sind,
wie aus den vorangehenden die nachfolgenden gleichsam herauswachsen. Das
in dieser Hinsicht wahrhaft Entscheidende haben Lücke, Bleek, Ewald und
de Wette einstimmig und völlig überzeugend dargelegt; auch die neueste Schrift
Ewald's über die Apokalypse (die Johanneischen Schriften übersetzt und er=
klärt. Bd. II. Göttingen 1862) verleugnet das richtige Verständniß von dem

24*

Grundrisse des apokalyptischen Kunstwerkes nicht, obgleich dasselbe hier durch die nicht hinreichend begründete und nicht fehlerfrei durchgeführte Combination gewisser Zahlenverhältnisse getrübt erscheint oder nach Volkmar's ungerechtem Urtheil (S. VIII) „bis zum Kopfverdrehen künstelnd geworden ist“. Für die Wichtigkeit dessen, was Lücke, Bleek und Ewald zuerst über die planvolle Anlage der Apokalypse gelehrt haben, liefert jede abweichende Erklärung einen neuen Beweis dadurch, daß sie selbst, je weiter sie abweicht, desto tiefer in einen zwiefachen Irrthum verfällt: in die Recapitulationstheorie und in das Allegorisiren. Dieser unfreiwillige Beweis fehlt auch bei Volkmar nicht. Allerdings ist dieser Exeget grundsätzlich ein Feind der Allegoristik; auch ist er keineswegs der Meinung, die echte und consequente Recapitulation, etwa im Sinne von Hofmann, wiederum vorzubringen; aber um so bedeutsamer ist es, wenn gerade ein Interpret wie Volkmar sein Abirren von der richtigen Bahn unfehlbar dadurch büßt, daß auch er sofort der Recapitulationstheorie und ihrer Zwillingsschwester, der Allegoristik, seinen Tribut bezahlen muß.

Der entscheidende Irrthum Volkmar's hinsichtlich des Plans der Apokalypse liegt darin, daß er, im Anschluß an Baur, die Grenze der beiden angenommenen Haupttheile des Buches zwischen Cap. 9. und Cap. 10. findet und dabei erklärt, daß die Gesichte des ersten Theiles (von 1, 9. an) im Himmel vorgehen und die Ankündigung des Gerichts enthalten, während die Gesichte des zweiten Theiles ihren Schauplatz auf Erden haben und den Vollzug des Gerichts darstellen. Wenn Bleek einmal die von ihm selbst widerrufene Meinung äußerte, daß die Apokalypse aus zwei Theilen, die zwischen Cap. 11. und Cap. 12. der festen Verbindung ermangelten, zusammengesetzt erscheine, so hatte dieß Mißverständniß einen gewissen Anhalt in dem Abschlusse von Cap. 11. und in dem anscheinend ganz neuen Beginn mit Cap. 12. Der Zusammenhang zwischen diesen beiden Capiteln leuchtet in der That nicht sofort ein. Aber wie man eine Grenzscheide zweier Haupttheile zwischen Cap. 9. und Cap. 10. setzen kann, ist schwer begreiflich. Am Schlusse von Cap. 9. haben wir von den sieben 8, 2 f. angekündigten Posaunen, welche nach Volkmar's eigener Angabe (S. 22.) sämmtlich „nur im Himmel erschallen, weil das Gericht noch ferner ist“, erst sechs vernommen. Und wenn irgend eine Posaune wirklich eine himmlische Scene herbeiführt, so ist es gerade die siebente (11, 15 ff.); dennoch muß diese zum zweiten Theile, zur irdischen Vollziehung des vorher im Himmel angekündigten Gerichtes, gehören, denn wenn wir Volkmar glauben, so wird hier die Siegeszuversicht der Treuen, der Christenheit, bei dem jetzt auf Erden beginnenden Gerichte geschildert.

Volkmar unterscheidet nämlich sieben Visionen, von denen drei den ersten, vier den zweiten Haupttheil des Buches bilden. Die erste Vision (1, 9–3, 22.) enthält die Briefe oder den ankündigenden Bußruf an die siebenfältige Gemeinde. Die zweite Vision (Cap. 4—6.) schildert in den Siegeln die beginnende Eröffnung des Gerichts; die dritte Vision (Cap. 7—9.) bringt die Posaunen oder die Annäherung des Gerichts. Dieß Alles ist „Ankündigung des Gerichts“. Insbesondere zeigt uns „das Ganze der zweiten Vision das Ganze des Gerichts in der Ferne des Himmels“ (S. 143.). Näher sehen wir das Gericht mit den Posaunen kommen; aber auch diese bringen noch nicht den irdischen Vollzug, sondern eine himmlische Ankündigung. Auf die Erde herab, als ein wirklich in

Vollzug gesetztes, kommt das Gericht erst im zweiten Haupttheile (S. 169 ff.). Hier zeigt die vierte Vision zunächst „den Feind Israels oder den Beginn des Vollzugs" (Cap. 10—13.). Die fünfte Vision (Cap. 14—16.) bringt alsbann „die Zornesschalen oder das Rachegericht". Die sechste Vision (Cap. 17—19.) schildert den Fall Babylons; die siebente Vision (Cap. 20—22, 5.) schließt dann ab mit dem Sturz der letzten Feinde, also der Vollendung des Gerichts, und mit der Herrlichkeit des ewigen Gottesfriedens.

Wenn auch in dieser Uebersicht dasjenige, welches die entscheidende Hauptsache im Plane der apokalyptischen Darstellung ist, kaum angedeutet erscheint, — nämlich die Gliederung in Siegel, Posaunen und Schalengesichte, welche berart untereinander verbunden sind, daß aus dem letzten Siegel die Posaunen und aus der letzten Posaune die Schalen hervorgehen — so tritt uns doch im Verlauf der Auslegung des Einzelnen wiederholt die richtige Erkenntniß entgegen. Aber diese gelegentlich durch den Context dargebotenen Erinnerungen an den wahren Plan der Apokalypse verschwinden vor dem Irrthum, nach welchem Volkmar das Buch disponirt. In der That gehen schon aus den Siegeln die ersten, vorläufigen Plagen, welche beim Herannahen des Herrn zum letzten Gerichte die Erde treffen sollen, in visionären Abbildungen hervor; neue Plagen, mit denen die Erdbewohner in der schmerzlichsten Weise, aber ohne zur Buße sich bringen zu lassen, heimgesucht werden, bringen auch, da das Endgericht noch sich verzögert, die Posaunen, bis endlich, nachdem noch die Schalenin deutlicher Analogie mit den Siegeln und Posaunen, gesteigerte und immer stärker auf das eigentliche Ende hinweisende Qualen über die Erde gebracht haben, das Gericht selbst in seinen verschiedenen Epochen hereinbricht. Nach der apokalyptischen Darstellung gelangen also die in den Siegel und Posaunengesichten abgebildeten Plagen ebenso gewiß an die Erde und ihre gottlosen Bewohner, wie diejenigen Heimsuchungen, welche aus den Schalen hervorgehen. Man darf also als Ankündigung oder richtiger als Vorbereitung des eigentlichen Endgerichtes alles das ansehen, was aus den Siegeln, den Posaunen und Schalen (bis 16, 21.) hervorgeht; keinesfalls aber darf man verkennen, daß die in allen drei Gruppen von himmlischen Gesichten abgebildeten Plagen wirklich über die Erde kommen sollen, ehe das Endgericht selbst eintritt. Von dieser Grunderkenntniß weicht Volkmar dadurch ab, daß er versucht, die Siegel und Posaunengesichte auf „die Ferne des Himmels" zu beschränken und als Ankündigung des Gerichts, und zwar des ganzen Gerichts, zu fassen, während erst mit den Schalen das 10, 1. aus der visionären, idealen Sphäre des Himmels herabkommende Gericht zur Verwirklichung auf Erden gelangen soll. So leitet uns Volkmar zur Recapitulationstheorie und zur Allegoristik zurück, nur daß bei ihm, der mit der Allegoristik nichts zu schaffen haben will, die klare Consequenz fehlt. Die Recapitulation liegt bei Volkmar darin, daß die Ankündigung des Gerichts im Himmel, welche durch die Siegel und durch die Posaunengesichte zweimal gegeben wird, zweimal das Ganze des bevorstehenden Gerichts uns vor die Augen stellt, das Ganze des Gerichts, dessen irdische Verwirklichung sodann von Cap. 10. an abgebildet wird (S. 174. zu Cap. 10: „Es ist nicht zu übersehen, daß im Grunde schon aus den Siegeln der ganze Inhalt des Buches Cap. 5. bildlich hervorgegangen ist, in Form der Posaunenschreckbilder wiederholt, und daß die letzte Posaune oder das, worin diese sich auflöst, nichts ist

als der Vollzug des schon vorher angekündigten Inhaltes"). Die Allegoristik,
durch welche allein auch die Volkmar'sche Anwendung der Recapitulations=
theorie ermöglicht wird, liegt zuoberst darin, daß das „im Himmel" der Apo=
kalypse umgesetzt wird in „ideell, geistig, visionär" (S. 121. zu 4, 1: „Da das
Gericht vom Himmel Gottes aus oder ideell begründet ist, so erhebt sich der
Geist zum Himmel. — Die wie mit Glockenton sprechende Stimme ist die
Stimme Gottes oder des Gottesgeistes selbst. Sie ruft den Seher in den
Himmel oder in die Welt des Geistes, aus der Christi Sieg kommt. Zu=
nächst soll ja der Seher nur so himmlisch oder ideell das sich vollziehende
Siegen Christi schauen." — S. 169. zu 10, 1: „Die Ankündigung war ein
Schauen und Hören im Himmel, in der 2. und 3. Vision, gewesen, das Ge=
richt nur ein visionäres oder ideales; jetzt kommt das Gericht zur Ver=
wirklichung und damit auf Erden herab"). Die Unklarheit und Inconsequenz
endlich liegt darin, daß Volkmar dem Texte gegenüber nicht vermag, die
Siegel= und Posaunengesichte als bloße Ankündigungen in der „Ferne des Him=
mels" festzuhalten; er muß anerkennen, daß die hier angeschauten Plagen in
derselben Weise wie die Schalenplagen an der gottlosen Erde zum Vollzug
kommen sollen. Die Verflüchtigung der apokalyptischen Vorstellung von dem
„Himmel" in die der „geistigen, ideellen Begründung" des kommenden Gerichts
reicht keineswegs aus, um die Volkmar'sche Unterscheidung zwischen der
himmlischen Ankündigung und der irdischen Verwirklichung des Gerichts dem
Texte gegenüber aufrecht zu halten. Angekündigt, und zwar durch himmlische
Visionen (vgl. 4, 1 f.; 22, 6 f.), wird ja der ganze Verlauf sowohl der vor=
bereitenden Plagen als auch des Endgerichts selbst mit seinen verschiedenen
Acten; aber die Meinung des Apokalyptikers ist die, daß die ganze Reihe der
Heimsuchungen, welche in den Siegel=, Posaunen= und Schalengesichten dem
Seher bei der Verzückung seines Geistes in den Himmel vorgebildet werden,
ebenso gewiß die gottlose Erde treffen soll, wie die verschiedenen Acte des eigent=
lichen Endgerichtes, welche von dem Propheten gleicherweise in seiner himm=
lischen Begeisterung vorgeschaut werden, bei der nahe bevorstehenden wirklichen
Parusie des Herrn vollzogen werden sollen.

Die philologische Seite des Volkmar'schen Commentars und die ein=
zelnen Ergebnisse der Auslegung genauer in's Auge zu fassen, namentlich die
vorzugsweise gegen mich gerichtete Erklärung von Cap. 13. und Cap. 17. ein=
gehend zu prüfen, ist meine Aufgabe an diesem Orte nicht. Zu dem bisher
Gesagten habe ich, um das Volkmar'sche Werk in seiner eigenthümlichen Be=
deutung zu charakterisiren, nur noch einige Bemerkungen über die Stellung des=
selben zu dem Grunde allgemein neutestamentlicher Lehre, welcher auch das apo=
kalyptische Gebäude trägt, hinzuzufügen. Hat der Verfasser mit seinem Werke
nicht sowohl an die Theologen, als vielmehr an die Gebildeten überhaupt
(S. V. VII.) sich gewandt, — weßhalb er auch die griechischen Wörter meistens
mit lateinischer Schrift ausdrückt — so werden wir mit besonderem Interesse
fragen, was er, der wissenschaftliche Schriftforscher, dem christlich=gebildeten Volke
aus einer so eigenthümlichen biblischen Urkunde, wie die Offenbarung Johannis
ist, darzubieten hat. Es wird aber genug sein, wenn wir des Verfassers Mei=
nung über das, was den eigentlichen Zielpunkt der Apokalypse bildet, ver=
nehmen. Mag man über die prophetische Bedeutung der einzelnen apokalypti=

schen Visionen denken, wie man will, mag man, mit Volkmar zu reden, der
„bewußten" oder „unbewußten" Bilder noch so viele annehmen und mag man
immerhin versuchen, etwa eine Vorstellung wie die der Engel für ein bloßes
Bild auszugeben, keinenfalls kann der Exeget darüber zweifelhaft sein, ob die
Vorstellung von der Parusie Christi in der Apokalypse wie im ganzen Neuen
Testamente ernstlich gemeint sei, oder nicht. Je deutlicher der Irrthum des Apokalyptikers in Betreff der Zeitnähe der Parusie vorliegt, desto gewisser ist es,
daß derselbe in völlig realer Weise die Wiederkunft des Herrn zum Gerichte
erwartet. Diese Hoffnung ist aber für den Apokalyptiker darum nothwendig,
weil sie sich auf die Gewißheit der Auferstehung des Herrn von den Todten
gründet. In beiderlei Beziehung kann weder von bewußten noch von unbewußten Bildern die Rede sein; wenn irgendwo, so tritt uns hier der völlige
Ernst des buchstäblichsten Sinnes entgegen. Dem gegenüber kann man nur
sagen: Ich glaube es nicht! aber man darf nicht versuchen, die im Texte hand-
greiflich vorliegenden Gedanken in die eigenen Meinungen umzudeuten. Volkmar unternimmt den Versuch, und zwar ausdrücklich in Beziehung auf die
Vorstellung von der Parusie; wenn er aber über die Auferstehung Christi nur
mit einer gewissen Zurückhaltung redet, so hat er doch kein Bedenken, die Thatsache der Himmelfahrt des wahrhaftig Auferstandenen, welche für die neutestamentliche Anschauung das nothwendige Bindeglied zwischen der Auferstehung
und der Parusie des Herrn ist, in ein Bild aufzulösen. Schon in der Einleitung heißt es (S. 20.): Der Apokalyptiker „lebt mit der ganzen ältesten Christenheit nicht bloß des zuversichtlichen Glaubens, daß der reine, gotteinige Mensch,
obwohl am Kreuz gestorben, doch die Macht hat über die Menschheit aller Zeit,
sondern er hat das mit ihr geschaut, sinnlich vorgestellt: das Lamm zur Rechten
der Hand Gottes u. s. w. Hierzu gehört die gleiche Zuversicht, daß dieser zu
Gott erhöhte Menschensohn kommt, um alles Gottwidrige zu richten. — Aber
dieß ist ebenfalls sinnlich gefaßt: er kommt, also persönlich, also in Einer Zeit
und mit Einem Schlage. — Ebenso ist die Zuversicht, daß der schuldlos Leidende
seine göttliche Erquickung findet, hier sinnlich gefaßt: eine bestimmte Zeit nach
Gottes Rechnung, 1000 Jahre, sind die Jahre der zeitlichen Erquickung. Diese
sinnliche Parusie, wie schon die sinnliche Erhebung zum Himmel, ist thatsächliches
Bild, aber, wie für das erste Christenthum, so für unseren Seher kein klar bewußtes. Dessenungeachtet haben wir das volle Recht, das dem Seher bewußte
wie unbewußte als ein thatsächliches uns bewußtes Bild aufzufassen." Was
aber nach dem Bewußtsein des Verfassers in diesen thatsächlichen Bildern steckt,
ist dieses: daß „der Christusgeist der Auferstandene ist" (S. 286.); denn der
Apokalyptiker kommt, so schroff auch übrigens der Gegensatz zwischen ihm und
Paulus ist, doch darin mit dem Heidenapostel (2 Kor. 3, 17.) überein, daß
„Christus der Christusgeist ist oder geistig Christus auferstanden ist, geistig erhoben zu Gottes Thron, geistig der Herr der Gemeinde, geistig kommt in Ewigkeit zum Gericht wie zum Erretten" (S. 86 f.). Demgemäß urtheilt denn auch
Volkmar am Schlusse seines Commentars, daß Christus „schon gekommen sei,
die ganze Römerwelt zu unterwerfen (19, 19 f.), wie alle Barbarengewalt zu
stürzen (20, 7.) und die ihm trotz aller Weltmacht Treuen zu immer neuem
Triumph zu führen (20, 5.), in brennendster Qual jedes Bösthun zu vernichten
(20, 11 f.), immer herrlicher, — immer umfassender den Gottesstaat der Freiheit

und des Friedens aufzurichten (Cap. 21. 22.)." — Dieß ist die Summa Summarum der „bewußten" Allegoristik.

Mehrmals sind im Vorhergehenden die beiden Männer genannt, welchen neben Lücke und Ewald der Ruhm gebührt, in klarer, fester Weise die richtige Auslegung der Apokalypse begründet zu haben: Bleek und de Wette. Nur dem Letzteren ist es vergönnt gewesen, seine Ansichten über die Apokalypse in einer vollständigen Erklärung zusammenzufassen und mit eigener Hand dem theologischen Leserkreise darzubieten (1848) und damit sein großes exegetisches Werk über das Neue Testament abzuschließen. Dagegen hat Bleek selbst nur eine Anzahl von Abhandlungen zur Apokalypse, welche überwiegend isagogischen Inhalts sind, veröffentlicht; am vollständigsten hat er seine Ansichten in seiner Recension des bekannten Lücke'schen Werkes (Theol. Stub. u. Krit. 1854, 1855) niedergelegt. In akademischen Vorlesungen aber hat Bleek wiederholt die Apokalypse erklärt; und aus diesen ist neuerlich eine Mittheilung gemacht worden, deren sich die Freunde der neutestamentlichen Kritik und Exegese nicht minder freuen werden, als der etwa gleichzeitigen Erscheinung einer neuen Bearbeitung des de Wette'schen Handbuches zur Offenbarung Johannis. Dr. Friedr. Bleek's Vorlesungen über die Apokalypse, herausgegeben von Lic. Th. Hoßbach, sind zu Berlin 1862 bei demselben Verleger, welchem wir auch die Veröffentlichung der Bleek'schen Einleitung in die heilige Schrift verdanken, erschienen. Von dem Handbuche de Wette's ist die dritte Auflage (Leipzig 1862) von Lic. W. Möller bearbeitet worden.

Bleek hat, nach Hoßbach's Angabe, siebenmal über die Apokalypse gelesen, zuletzt im Winter von 1856/57. Der exegetische Theil des Heftes stammt aus den Vorlesungen im Winter 1841/42, ist aber fortwährend von Bleek's eigener Hand um so sorgfältiger erweitert und verbessert, weil Bleek bei seinen Vorträgen sich streng an sein Heft hielt. Dieser Umstand hat des Herausgebers Arbeit erleichtert und zugleich beschränkt. Er konnte uns wirklich Bleek's eigene Schrift vorlegen, ohne die nachgeschriebenen Hefte der Zuhörer zu Hülfe zu nehmen; es kam für ihn nur auf die Redaction an. Hierauf hat der Herausgeber mit Recht sich beschränkt; er hat also namentlich nicht versucht, die Bleek'sche Arbeit durch das zu ergänzen, was seit der letzten Ausarbeitung des Verfassers über die Apokalypse veröffentlicht worden ist; nur eine kurze Anmerkung hat der Herausgeber dem Capitel der Einleitung hinzugefügt, in welchem Bleek die Geschichte der Auslegung behandelt (S. 71 f.).

Neue Ansichten enthalten die Bleek'schen Vorlesungen nicht; aber wichtig sind dieselben, weil sie in vollständigem Zusammenhange, nicht nur nach der kritischen, sondern auch nach der exegetischen Seite hin, die Ansichten eines theologischen Meisters darlegen, welchem man es überall anmerkt, daß er aus dem Vollen schöpft.

Einzelne Mittheilungen aus dem Bleek'schen Hefte hatte bekanntlich schon de Wette, welchem Bleek dasselbe zur Verfügung gestellt hatte, in der ersten Auflage seines Handbuches gemacht. Auch in dieser Hinsicht ist es von hohem Interesse, daß wir jetzt die Bleek'sche Arbeit vollständig in Händen haben.

Von de Wette's Handbuch zur Offenbarung Johannis hatte Lücke im Jahr 1854 einen neuen unveränderten Abdruck besorgt; nur in seiner Vorrede hatte er einige mittlerweile erschienene Erklärungsschriften charakterisirt und im

Gegensatze zu denselben die fromme Freiheit der echt evangelischen Schriftfor=
schung, welcher auch de Wette's ernste Arbeit geweiht war, mit warmen
Worten vertheidigt. Der Herausgeber der gegenwärtig vorliegenden dritten
Auflage bietet uns aber eine neue Bearbeitung des de Wette'schen Werkes,
in der Art, wie schon andere Abtheilungen des de Wette'schen Handbuches in
neuen Bearbeitungen erschienen sind. Die Hauptaufgabe Möller's ist ge=
wesen, die der Anlage des de Wette'schen Werkes entsprechenden Ergänzungen
aus der seit 1848 erschienenen apokalyptischen Literatur einzufügen. Viele Zu=
sätze von Seiten des Herausgebers durften ohne Weiteres gemacht werden; sehr
häufig begegnen wir aber den Zeichen, mit welchen der Bearbeiter seine Zu=
gaben andeutet, insbesondere da, wo sein eigenes Urtheil sich irgendwie ein=
mischt. Er hat seine verdienstvolle Arbeit mit dem sorgfältigsten Fleiße, mit
großem Geschick und mit einem Sinne, welcher des de Wette'schen Meister=
werkes würdig ist, vollzogen.

Loccum.   Dr. Fr. Düsterdieck.

Die Offenbarung Jesu Christi an Johannes. Aus Schrift, Geschichte
und Gegenwart für die Gemeinde dargestellt von G. Kemmler,
Diakonus in Nagold. Tübingen, Verlag der Osiander'schen Buch=
handlung, 1863. VI und 487 S.

Da das Buch, wie sein Titel besagt, für die Gemeinde bestimmt, auch aus
Bibelstunden für ein gemischtes Auditorium ursprünglich hervorgegangen ist, so
würden, streng genommen, unsere Blätter darüber schweigen müssen, da sie au
Erbauliches sich einzulassen grundsätzlich vermeiden. Aber nach der Vorrede
S. IV. hat der Verfasser doch auch den Theologen im Auge, und selbst wenn
er das nicht ausdrücklich sagen würde, so spräche doch das Buch selbst eine Be=
achtung auch von dieser Seite an. Denn wer die Apokalypse nur für den Er=
bauungszweck verwenden will, der wird nach unserer Erfahrung und Ueber=
zeugung das räthselhafte Document urchristlicher Eschatologie nur fragmentarisch
behandeln können; die drei ersten und die drei letzten Capitel und aus der
Mitte noch einzelne Partien, wie aus Cap. 5., 7. und 14. — das ist's, was sich
für jenen Zweck vorzugsweise eignet, d. h. solche Stellen, welche in ihrer eigen=
thümlichen prophetischen Sprache und Anschauung doch wesentlich nichts Anderes
enthalten, als was die Evangelien und Briefe in einfacher, nüchtern=lehrhafter
Form, in wenigen großen Zügen Eschatologisches schon aufstellen oder was sie
als ethische Grundforderungen des Christenthums in allgemeiner Weise schon
geltend machen. Diese Grenze hat schon Harms in seinen Predigten über die
Offenbarung (Kiel 1844) nicht eingehalten, wie er freilich andererseits auch
Manches, was ohne alle apokalyptische Deutung rein erbaulich verwendbar ist,
unberücksichtigt gelassen hat. Unser Verfasser dagegen giebt einen vollständigen
Commentar, und da er eine bestimmte Auslegung der Weissagung unternimmt,
so stellt er sich damit in die Reihe der Interpreten, von denen auch die Wissen=
schaft Notiz zu nehmen hat. Ist diese Deutung die richtige, so muß auch die
Wissenschaft sie anerkennen, d. h. sie muß sich auch vor dem wissenschaftlichen
Denken und für dieses rechtfertigen; dann muß auch die Dogmatik ihren locus
de novissimis darnach neu gestalten. Zu jener Rechtfertigung wäre aber, so viel

wir zu sehen vermögen, noch Manches nöthig. Was der Verfasser S. IV. in der Vorrede über die „Herrlichkeit des Buches sowohl im Einzelnen als in seinem ganzen Bau", über „die Fülle und Tiefe der darin niedergelegten Begriffe und Anschauungen", über seinen „wunderbaren Zusammenklang mit der Totalität der Schrift" sagt, das ist, so im Allgemeinen gesagt, Alles leicht zuzugeben, aber es müßten diese Prädicate erst genauer analysirt und präcisirt werden, ehe man wissenschaftlich-gültige Folgerungen in Bezug auf die Nothwendigkeit der geschichtlichen Erfüllung des Ganzen und Einzelnen daraus ziehen kann. Für die Auffassung „der Hauptgesichte des Buches als prophetischer Geschichtsbilder von ganz bestimmter Umgrenzung, welche in zeitlicher Aufeinanderfolge die ganze Zukunft des Reiches Gottes bis zum Ende erfüllen", beruft sich der Verfasser auf „den unmittelbaren Eindruck, welchen die Apokalypse auf den einfachen Leser mache"; ganz wohl, aber wir meinen erstlich, es komme bei Fragen über die Authentie eines literarischen Documentes und über den prophetischen und historischen Werth desselben denn doch viel weniger darauf an, was der „einfache" Leser für einen unmittelbaren Eindruck empfängt, als vielmehr darauf, was der gebildete, geschichts- und sprachkundige, urtheilsfähige Mann daran wahrnimmt, — der als solcher keineswegs den reinen Geschmack, das unmittelbare Gehör für die Stimme der Wahrheit eingebüßt, wohl aber dieses reine Gefühl vor den ihm drohenden Täuschungen schützen gelernt hat. Und zweitens hat es denn doch auch schon Leute von sehr starkem Wahrheitsgefühl gegeben, die — wie bekanntlich ein gewisser Martin Luther — von der Apokalypse einen ganz anderen Eindruck bekommen, sie auch mit der „Totalität der Schrift" nicht eben im rechten Einklang gefunden haben. Wir bemerken ausdrücklich, daß wir Luther's Ansicht von der Apokalypse, oder genauer seine Motivirung dieser Ansicht, nicht theilen, daß wir auch das „Judenzen", das Späteren zu so großem Anstoß geworden, mehr nur in der Form als in den das Ganze tragenden Gedanken finden, — dort freilich stark genug, so daß es schwer ist, sich die Apokalypse und das Evangelium Johannis aus einer Feder geflossen zu denken, wenn nicht etwa von dem Verfasser beider angenommen werden soll, daß er einen früheren judaistischen Standpunkt verlassen und, etwa in Folge äußerer Ereignisse und höheren Alters, eine geistigere Auffassung gewonnen haben soll. Die Größe und Hoheit der apokalyptischen Anschauung vom Reiche Gottes und seinem Kampfe mit den Weltmächten hat auch auf uns ihres mächtigen Eindruckes nie verfehlt und wir geben uns demselben mit Liebe hin; aber wenn nun bestimmt werden soll, was hiernach zu lehren, was als prophetisches Lehrstück in die christliche Dogmatik aufzunehmen sei, da können wir uns niemals des anderen Eindruckes erwehren, daß der Verfasser der Apokalypse das, was er im Geiste schaut, schon in nächster Zeit erfüllt zu sehen erwartet, daß auch seine Bilder selbst auf Umgebungen und Zustände deuten, wie sie in dieser Art eben nur auf seine Zeit passen. Nichtsdestoweniger ist auch uns das Buch ein prophetisches, aber nur in der Art, daß, weil Welt und Reich Gottes immer und überall wesentlich in demselben Gegensatze stehen, sich immer wieder Thatsachen auffinden lassen und Ereignisse eintreten, von denen wir in den Bildern der Apokalypse ein sprechendes Urbild finden. Der Unterschied ist aber der, daß wir nicht sagen: in dem oder dem geschichtlichen Moment, wie es zu bestimmter Zeit in Vergangenheit oder Gegenwart eintritt, ist das von der Apokalypse Geweissagte erfüllt worden, die Apokalypse hat also eben von diesem Ereigniß und von nichts Anderem gesprochen, dieses hat sie gemeint; sondern nur: was dort in prophetischem Bilde angeführt wird, das ist etwas Allgemeineres, das unter verschiedenen Formen immer wieder zum Vorschein kommt. Daher haben die verschiedensten Deutungen ihr relatives Recht, aber unrichtig — und darum auch oft genug durch den thatsächlichen Gang der Geschichte widerlegt — ist die principielle Meinung, es sei durch das biblische Buch ein Programm für die ganze Welt- und Kirchengeschichte ausgegeben, so daß wir in jeder Zeit genau wüßten, die wievielte Stunde auf der Weltenuhr es geschlagen hat. (Durch die Voraussetzung solcher programmatarischer Bestimmung und Bedeutung der Apokalypse ist denn bei unserem Verfasser alle Deutung des Einzelnen bedingt; deß-halb soll z. B. Cap. 7, 15—17. nur erst eine Vorstufe der Seligkeit schildern, was, da die Schilderung denn doch einen viel absoluteren, superlativen Cha-rakter trägt, bloß dadurch gestützt werden kann, daß nach B. 17. die Seligen nur zu Wasserbrunnen, zu Quellen geleitet werden, wogegen Cap. 22, 1. von einem Strome die Rede sei. Wer solche Exegese einleuchtend findet, der wäre doch daran zu erinnern, daß es sich Cap. 7. um's Trinken handelt, Cap. 22. aber nicht, und daß, wenn man trinken will, man sich nicht zu einem Strome, sondern zu einem Brunnen begiebt; überdies aber ist auch Cap. 21, 6. nur die Quelle, nicht der Strom genannt. Wir unsererseits können gar nicht zweifeln, daß der in beiden Stellen beschriebene Seligkeitszustand ganz derselbe ist, worin uns auch die in Cap. 7. fehlende Bemerkung, daß der Tod nicht mehr sein werde, nicht irre macht, weil dieser jedenfalls für die Cap. 7. beschriebenen Erlösten nicht mehr existirt.) Wir wissen sehr wohl, daß ehrenwerthe Männer und tief-sinnige Theologen gerade auf den Besitz eines solchen Weltprogrammes und auf die Kenntniß des Stadiums, bis zu welchem die Ausführung desselben vor-geschritten sei, einen Hauptwerth für Glauben und Christenthum gelegt haben; wir haben z. B. wohl im Gedächtniß, wie Oetinger in einer Predigt einmal sagt: „ihr müßt gute Politiker werden; ihr müßt wissen, daß wir in der Zeit des dritten Weh leben" u. s. w.; aber gerade dieses auf die Schrift sich beru-fende Politisiren, das oft sehr große Aehnlichkeit mit demjenigen gewinnt, was man vulgo Kannegießern heißt, erscheint uns als etwas höchst Bedenkliches — von wegen der unnützen Worte, ohne die es bei solcher Unterhaltung nicht ab-zugehen pflegt. Wir wissen die Zuversichtlichkeit, mit der man auf diesem Wege vorzugehen und Behauptungen oder auch nur Vermuthungen aufzustellen und auszumalen liebt, und die Seelenruhe, mit welcher man, so oft eine Voraus-sagung fehlgeschlagen hat, die Termine getrost um ein Stück weiter hinausrückt, vollkommen zu würdigen und erkennen ihren Zusammenhang mit einem unbe-dingten Schriftglauben; aber dieser Nexus ist doch nur ein subjectiver, wogegen wir der Forderung absoluter Wahrhaftigkeit nur dadurch Genüge zu thun glauben, daß wir über Dinge, über die wir ein Gewisses nicht wissen, nicht wissen können und nicht wissen sollen, auch lieber schweigen, dessen uns freuend, daß die Er-füllung eine herrliche, aber eben darum auch eine ganz andere sein wird, als alle unsere Deutungen zu sagen vermögen. Manche seiner Deutungen führt auch unser Verfasser mit der Formel ein: „diese Hülfe möchte wohl darin bestehen" (S. 229.); „möglich, daß jenes Reich" u. s. w. (S. 227.); „das Jahr 606 möchte vielleicht der Anfang der 1260 Jahre sein" (S. 241.). Es ist nun zwar löblich, eine Hypothese auch nur als solche hinzustellen; aber was ist auf diesem Gebiete damit gewonnen? und wie nahe liegt die Versuchung, solche Hypothesen dennoch zu Lieblingsgedanken zu machen und sie unvermerkt in's credo einzuschieben! Gerade ein Phantasiren dieser Art ist's, was uns nicht nur wider das Gefühl, sondern wider das Gewissen geht. Ueber den Punkt, daß wir die Einzelheiten der großen Zukunft nicht wissen sollen, geht auch unser Verfasser, wie alle Apokalyptiker (vgl. S. 167.), etwas zu leicht weg; auch finden wir den Unterschied zwischen derjenigen Rechnungsart, die er als den Fehler Bengel's ansieht, und zwischen seiner eigenen, die nicht Zeittermine, wie jene, sondern nur Zeitdauern bestimmen, also nur sagen will, wie lange die Perioden währen, nicht aber, wann sie anfangen, — nicht sehr bedeutend; läßt man sich einmal auf diesem Gebiet auf's Rechnen ein, so ist es wenigstens consequenter, nach Bengel's Weise zu verfahren. — Um von den Resultaten unseres Verfassers nur Einiges anzuführen, heben wir den S. 395. gegebenen Ueberblick über die bis zum 18. Capitel inclus. gehende „Entwickelung der Endzeit" heraus. Zuvor sei bemerkt, daß auch dem Verfasser Rom und das Papstthum die apokalyptische Bestie ist, so zwar, daß dem gegenüber das zweite Thier die Revolution, die Demagogie, die Volkssouverainetät vorstellt. „In Folge der schwärenden Revolutionskrankheit (erste Zornschale) lockert und löst sich die bisherige staatliche Ordnung; die Erde wird zu einem Meer von Blut (zweite Zornschale), aus welchem sich allmählich das scharlachrothe Thier erhebt, und die ganze Zeit in allen ihren Richtungen tritt mehr und mehr in den Dienst des Blutvergießens (dritte Zornschale). Dem wachsenden Widerchristenthum gegenüber bezeugt sich noch einmal die Feuerkraft des Wortes Gottes, aber vergeblich (vierte Schale). Inzwischen ist die Revolution bis zum Sturz des ältesten Thrones in Europa, der weltlichen Macht des Papstthums, vorgeschritten (fünfte Schale). Das Papstthum geht als politische Größe (als Thier) unter, um von nun an nur noch kirchliche Macht (Weib) zu sein. Das Reich der Könige in seiner ersten Gestalt, unter dem Vortritt des Papstthums, das fünfte Weltreich, ist vorüber, es tritt als sechstes Weltreich in seine zweite Gestalt, in welcher das scharlachrothe Thier an der Spitze der zehn Könige steht. Dies ist denn auch die Zeit, in welcher — neben dem Unglauben des im Thier des 17. Capitels vollendeten Widerchristenthums, zugleich zahlreicher als sonst, auch auf dem Boden des Christenthums falsche Richtungen, nicht bloß die große Hure, sondern auch allerlei Töchter derselben, falsche Messiasse und falsche Propheten auftreten und Viele, beinahe selbst die Auserwählten, verführen" u. s. w.

Stellt man sich jedoch einmal auf den vom Verfasser eingenommenen, dermalen wieder von Vielen getheilten Standpunkt, dann muß die Ausführung, die in diesem Buche vorliegt, allerdings in vieler Hinsicht gelungen genannt werden. Der Verfasser besitzt gerade die zu einer solchen Arbeit besonders nützlichen Eigenschaften, namentlich eine Combinationsgabe und einen Scharfsinn, der für jedes apokalyptische Bild selbst nach den Einzelheiten seiner Ausmalung ein Gegenbild, somit nach seiner Ansicht eine Erfüllung der Weissagung in Geschichte und Gegenwart auffindet. Sind auch viele seiner Deutungen nicht eben neu, so fehlt es dagegen nicht an bisher unbekannten, zum Theil überraschenden Erklärungen, die er in lebendiger Rede denen, die ihm folgen, plausibel macht. Die zwei Mächte, die die Hauptrolle spielen, Papstthum und

Revolution, haben wir schon genannt; die Heuschrecken bedeuten den Islam; aber selbst Eisenbahn, Dampfschiff und Telegraph sind (S. 323.) in den apokalyptischen Visionen schon angedeutet; ja (S. 353.) der Verfasser kann sich nicht enthalten, bei den centnerschweren Hagelsteinen in Cap. 16. an die neuesten Kanonenkugeln zu denken. Das Thier aus dem Meere (S. 358.) ist das Weltreich unter der Form der Legitimität; das Thier aus dem Abgrund ist das Weltreich unter der Form der Volkssouverainetät; die Frösche (S. 334.) bedeuten den Materialismus. Am überraschendsten wird wohl Vielen sein, daß der Verfasser S. 224. (unter Anderem durch den Adler dahin geleitet) als die Wüste, in welcher das Weib, d. h. die gläubige evangelische Gemeinde, seiner Zeit ihre Zuflucht finde, — Rußland erkennt. Ueber solche Ansichten ist natürlich gar nicht zu streiten; wir in unserem bescheidenen Theil gestehen, daß wir in Folge dieses Aufschlusses nur um so inniger Gott danken wollen, wenn er uns die Zeit nicht erleben läßt, in welcher wir bei einer Kirche Schutz suchen müssen, die denn doch nicht ganz so freundlich dem evangelischen Glauben gegenüber steht, wie der Verfasser im Gegensatze zur römischen Kirche annehmen will. — Schließlich sei nur noch bemerkt, daß diejenigen Partien, welche nicht specifisch prophetische Deutung, sondern einfach erbauliche Auslegung enthalten, wie namentlich die Sendschreiben in den ersten Capiteln und die übrigen dahin zu rechnenden Stellen, fruchtbar und gedankenreich behandelt sind, so daß auch wer die Deutung des Apokalyptischen in der vom Verfasser festgehaltenen Weise sich nicht anzueignen vermag, dennoch nicht leer ausgeht. — Druck und Papier sind lobenswerth. Palmer.

Historische Theologie.

1) Carl Friedrich von Nägelsbach's Homerische Theologie. Zweite Auflage, nach Auftrag des verewigten Verfassers bearbeitet von G. Autenrieth. Nürnberg, Geiger, 1861. XXXIV und 424 S. gr. 8.

2) Das Dämonium des Sokrates und seine Interpreten, von Dr. C. R. Volquardsen. Kiel, Schröder, 1862.

3) Platon's Idee des persönlichen Geistes und seine Lehre über Erziehung, Schulunterricht und wissenschaftliche Bildung. Von Dr. C. R. Volquardsen. Berlin, W. Hertz, 1860. VII und 192 Seiten. 8.

4) Das philosophische System Platon's in seiner Beziehung zum christlichen Dogma. Von Dr. Dietrich Becker. Freiburg im Breisgau, Herder, 1862. XII und 348 S. gr. 8.

5) Die Gotteslehre des Aristoteles und das Christenthum. Eine principielle Untersuchung von A. L. Kym. Zürich, Orell, Füßli & C., 1862. 46 S. 8.

Einer Rechtfertigung für die Anzeige der genannten Schriften in dieser Zeitschrift wird es ebenso wenig bedürfen als für ihre Verbindung unter einander. Sie gehören insgesammt dem gemeinsamen Grenzgebiete der theologischen und philologischen Wissenschaft an, und es ist daher von Werth, sich das Ergebniß dieser neuen Leistungen zu vergegenwärtigen, um die Fortschritte dieser erst seit ein paar Jahrzehnten eifriger gepflegten Bestrebungen darnach ermessen zu können. Wir haben in jenen fünf Schriften das bahnbrechende Werk eines auch für diesen Zweig der Wissenschaft zu früh vermißten Meisters neben den beiden Erstlingsarbeiten (wenn wir nicht irren) eines jüngeren Philologen und dem eigenthümlichen Erzeugnisse, das aus der Feder eines katholischen Theologen geflossen ist, sowie endlich einer kleinen, aber gehaltreichen Monographie. Woher auch immer eine jede Bereicherung auf diesem, des pflegenden Anbaues noch immer sehr bedürftigen, Gebiete komme, sie wird mit dem freudigsten Danke begrüßt werden.

Nägelsbach hat das große Verdienst, nach den bald wüsten und planlosen Sammlungen, bald zerstreuten und vereinzelten Bemerkungen über religiöse und sittliche Erscheinungen und Aeußerungen des classischen Alterthums aus früherer Zeit zuerst an einem bestimmten Beispiele das ganze Verfahren methodisch geregelt und klar aufgewiesen zu haben. Hatte dem bisherigen Sammeln der Ideen über dieselben oder nahverwandte Gegenstände die unerläßliche gründliche Unterscheidung der Zeitalter und selbst der einzelnen Schriftsteller gefehlt, so war hier in glänzender Weise das Eigenthümliche desjenigen Dichters, der für das ganze Alterthum in Poesie und Prosa als Quelle gelten kann, in klarem und übersichtlichem Zusammenhange vorgeführt worden. Dieser treffliche Vorgang hat mehrfache Nachfolge gefunden. So wird die Unterscheidung der verschiedenen Perioden, nicht minder die mancher selbst gleichzeitiger Schriftsteller in immer stärkerem Umfange und immer schärferer Weise vollzogen werden können; auf diesem Wege wird es möglich werden, das Gemeinsame von dem Individuellen, das Volksthümliche von dem bloß Literarischen zu scheiden. Nur durch solche Vorarbeiten wird es möglich sein, dem letzten Ziele aller dieser Bestrebungen nachzukommen und die religiöse Gesammtanschauung des griechischrömischen Alterthums, sowohl in dem, was sie erreicht hat, als auch in dem, was ihr mangelt, dem Christenthum gegenüber vollständig und überzeugend darzulegen. Es liegt nun hierbei die Besorgniß und sogar der Vorwurf nahe (und auch Nägelsbach ist davon nicht verschont geblieben), daß man christliche Ideen und Anschauungen auf die heidnische Vorzeit übertrage und sie den scheinbar oder wirklich verwandten Namen und Begriffen unterlege; ja, es gehen Manche so weit, daß sie für die Beurtheilung auch dieser Seite des Alterthums einen durchaus geschichtlichen Standpunkt verlangen und jede Würdigung seines religiösen Gehaltes nach einem anderen, auch dem vollkommensten, christlichen Maßstabe für völlig unzulässig erklären. In dieser Beziehung ist es aber als eine hohe der Wissenschaft widerfahrene Gunst zu betrachten, daß ein Mann von so seltener Lauterkeit und Gewissenhaftigkeit der Gesinnung wie Nägelsbach sich gerade einer so bahnbrechenden und maßgebenden Arbeit unterzogen hat. Und man muß es in der That, wenn man nicht geradezu der Wahrheit in's Angesicht schlagen will, als ein besonderes Verdienst der Nägelsbach'schen Arbeiten hervorheben, daß sie mit gleicher Sorgfalt und Treue beflissen sind, den

wirklichen Schatz des in eigener Erkenntniß und Denkkraft errungenen Gutes
religiös-sittlicher Wahrheit dem Alterthume zu sichern, als jede Einmischung oder
Herbeiziehung eines ihm fremdartigen Elements und eine Unterschiebung des
höheren christlichen Gehaltes ferne zu halten.

Die Frage, wie sich die Erkenntniß der Göttermehrheit namentlich des
griechischen Polytheismus zu dem überall erwachenden natürlichen Bedürfnisse
göttlicher Einheit verhalte, nimmt beim Homer eine besondere Gestalt an.
Dessenungeachtet wird auch sie von der neuerdings verhandelten Streitfrage
berührt, ob man vielmehr einen monotheistischen Trieb im Polytheismus oder
einen polytheistischen im Monotheismus erkennen solle. Diese zuletzt von F. G.
Welcker in der Vorrede zu seiner griechischen Götterlehre III, 1. (Göttingen
1862.) besprochene Frage läuft entschieden letzlich auf die andere hinaus, ob der
polytheistische Grundzug früher und ursprünglicher in der menschlichen Seele
vorhanden gewesen sei oder der monotheistische. Und diese hängt wieder mit
der allgemeinsten Geschichts- und Weltauffassung zusammen, wornach entweder
Alles aus den rohesten und mangelhaftesten Anfängen sich zu immer größerer
Vollkommenheit entwickelt, oder andererseits aus den gottgegebenen Anfängen
der Gemeinschaft nach der durch die menschliche Schuld herbeigeführten Kluft
und Störung unter stets erneuerten Gegenbewegungen allmählich die verlorene
Einheit wieder gesucht wird. Von diesem Dilemma aus muß auch Preller's
Ansicht, daß der reine, strenge Monotheismus, für welchen er einzig den jüdischen gelten lassen könne, überhaupt nicht der Anfang der Religionsgeschichte
zu sein scheine, sondern erst das Resultat einer gewissen Epoche derselben, denn
er beruhe wesentlich auf Abstraction und Negation, verstanden und beurtheilt
werden. Denn während man den letzten Zusatz wenigstens für manche Völker
bestreiten muß, kann man den Hauptsatz unter erläuternden Bestimmungen zugeben. Im Grunde muß man doch unbedingt das Bedürfniß des Menschen
nach einheitlicher Auffassung des göttlichen Wesens behaupten, so schnell auch bei
eingetretener Verfinsterung des hochmüthigen Menschensinnes der Verlust des
ursprünglichen Bewußtseins von dem einen und wahrhaftigen Gott eintritt.

Der Homerische Mensch theilt nach Nägelsbach das unabweisliche Verlangen,
dem gegliederten Organismus des Götterhimmels seinen Halt in einer allen
Widerstand ausschließenden Einheit zu geben, und er sieht das Ergebniß dieses
Verlangens auch und besonders in der Ueberordnung des Schicksals, der Moira,
über die Götterwelt, worin ein weiterer Versuch gemacht ist, das Bedürfniß des
Menschengeistes nach monotheistischer Weltanschauung zu befriedigen. Hatte sich
Nägelsbach schon bei seiner ersten Bearbeitung der Homerischen Theologie ein
entschiedenes Verdienst erworben, daß er den beiden vielfach vertretenen Ansichten, die Moira stehe über Zeus und Zeus stehe über der Moira, gegenüber
eine vermittelnde ausführte, die uns in treffender psychologischer Naturgemäß-
heit das Ringen des Menschen nach der verlangten Einheit und die Unfähigkeit
desselben, sie durch eigene Kraft zu begründen und dauernd festzuhalten, vergegenwärtigt: so hat er hiefür zwar vielfache Beistimmung, aber doch auch
wiederum noch manchen Widerspruch gefunden, und Welcker hat in dem ersten
Theile seiner griechischen Götterlehre geradezu den Satz aufgestellt: Moira und
Gottes Wille oder Wirken sind Eins.

Im Wesentlichen ist die Auffassung der älteren Ausgabe auch in dieser neuen

... für ... ... der ... Schriften in dieser
... ... als für ihre Verbindung unter ein-
... in gemeinsamen Grenzgebiete der theologi-
... und es ist daher von Werth, sich das
... zu vergegenwärtigen, um die Fortschritte dieser
... ... Bestrebungen darnach ermessen
... ... bahnbrechende Werk eines
... ... vertrauten Meisters neben den
... ... eines jüngeren Philologen und
... ... die Feder eines katholischen Theologen
... ... reichen Monographie. Wo-
... ... des pflegenden Anbaues noch
... ... mit dem freudigsten Danke be-

... ... bald wüsten und planlosen
... ... Bemerkungen über religiöse und
... ... Alterthums aus früherer
... ... Verfahren methodisch ge-
... ... bisherigen Sammeln der
... ... die unerläßliche gründ-
... ... einzelnen Schriftsteller gefehlt,
... ... desjenigen Dichters, der
... ... Quelle gelten kann, in klarem
... ... werden. Dieser treffliche Vor-
... die Unterscheidung der ver-
... ... gleichzeitiger Schriftsteller
... ... Weise vollzogen werden
... ... Das Gemeinsame von dem
... ... literarischen zu scheiden. Nur
... ... dem letzten Ziele aller dieser Be-
... ... des griechisch-
... ... erreicht hat, als auch in dem,
... ... kräftig und überzeugend dar-
... ... 'egen der Vorwurf nahe (und
... ... daß man christliche Ideen
... ... hervortrage und sie den scheinbar
... ... unterlege; ja, es gehen Manche
... ... Seite des Alterthums einen
... ... und jede Würdigung seines re-
... ... dem vollkommensten christlichen
... ... ist es aber als
... ... ein Mann
... ...

... ...
... ...

... ...
... ...

Auflage festgehalten worden, und gewiß mit vollem Rechte. Je weiter auch die vergleichende Mythologie und Religionslehre vordringt, desto mehr wird sich eine so natürlich aus dem Menschengeiste hervorgehende Anschauungsweise als richtig und angemessen darstellen. Haben wir doch namentlich, wie in einer besonderen Bemerkung richtig erwähnt wird, in der deutschen Götterlehre ein völlig entsprechendes Analogon an einem personificirten Geschick und einem persönlichen Schicksal, an Ueber- und Unterordnung der Schicksalsmächte unter die Götter, also dasselbe ohnmächtige Schwanken des Menschengeistes zwischen persönlicher, aber beschränkter, und unbeschränkter, aber absoluter Auffassung. Ein gleiches Schwanken tritt daher naturgemäß auch in Bezug auf den menschlichen Willen ein, dem keine völlige Freiheit, aber auch andererseits keine unbedingte Gebundenheit zugeschrieben werden kann.

Ein anderer besonders schwieriger Punkt, der daher vielleicht auch noch nicht zur völligen Entscheidung gebracht worden ist, befindet sich in der Eschatologie, die in der letzteren Zeit auch noch anderweitige Darstellungen erfahren hat. Durch die Unsicherheit der Ausdrucks- und Vorstellungsweise, die die Alten selbst schon davon hatten und bei der Dunkelheit der Sache haben mußten, ist hier manche irrige Auffassung herbeigeführt worden. Nägelsbach war zu dem Ergebnisse gekommen, daß dem Homerischen Menschen der Tod und der Zustand nach dem Tode als ein Unglück erschien, weil das Ich, das menschliche Selbstbewußtsein, die Existenz der sich selbst wissenden Persönlichkeit aufhört. Der Tod ist Scheidung der Seele vom Leib, die Seele, das Princip des animalischen, nicht des geistigen Lebens, verläßt den Leib, um in den Hades zu gehen. Der Geist vergeht durch ihr Entschwinden nur mittelbar, insofern der Leib, der eigentliche Träger des Geistes, vom animalischen Leben verlassen, alle Fähigkeit verloren hat, die ihm zugehörigen Organe des geistigen Lebens in Bewegung zu setzen; die Seele wird zum Schatten, zum wesen- und bewußtlosen Scheinbilde des ehemaligen wirklichen Menschen. Dem verewigten Nägelsbach war es nicht mehr vergönnt, dieses zur völligen Klarheit hinauszuführen. Er sah (auch in der nachhomerischen Theologie) den Leib für den eigentlichen Menschen an, was von Anderen bestritten worden ist, die vielmehr den in die Unterwelt gehenden Schatten dafür ansehen wollen. Nicht minder ist jene Scheidung des Lebensprincipes in ein geistiges und körperliches in Zweifel gezogen worden. Aber die Schwierigkeit der Entscheidung liegt eben in der bisweilen schwankenden oder unsicheren oder wechselnden oder noch nicht zur Klarheit gereisten Vorstellung selbst. Ob der Geist oder der Leib in der Bestimmung des menschlichen Wesens prävalire, war sich der Homerische Mensch offenbar nicht genügend bewußt. Daß das in der Unterwelt schwebende Ebenbild des vormaligen Menschen die eigentliche Person desselben sei, wird man doch auf keinen Fall sagen können. Und daß man an dem Leibe, dem Leichname des Menschen mit einer gewissen Werthschätzung festhielt, mochte auf einer dunklen Ahnung von der Nothwendigkeit eines Leibes für die Fortdauer der individuellen Existenz beruhen, wurde überdieß durch den noch lange und in nicht geringem Umfange verbreiteten Gräbercultus der Heroen bestätigt. Auch schließt sich daran die ganze übrige Entwickelung der psychologischen und eschatologischen Vorstellungen bis an das Ende des hellenischen Lebens in folgerichtiger Weise an, so daß, wenn auch Einzelnes noch zu modificiren sein wird, doch im Wesentlichen die ursprüngliche

Nägelsbach'ſche Faſſung als bewährt beſtehen bleiben wird. Auch hier, wie in
dem ganzen, ſehr ſinnig vom Herausgeber behandelten Werke, hat derſelbe durch
Ergänzungen, weitere Ausführungen und beſchränkende Andeutungen ſich an-
erkennenswerthe Verdienſte erworben, und es ſteht zu hoffen, daß das vortreffliche Buch in ſeiner neuen Geſtalt ſich der eifrigſten Benutzung von Seiten der
Theologen wie der Philologen zu erfreuen haben wird. —

Die zweite Schrift behandelt einen einzelnen, aber allerdings nicht un-
wichtigen Punkt, der in der letzten Zeit Gegenſtand einer mehrfachen Erörterung
geweſen iſt. Der Verfaſſer erreicht ein doppeltes Reſultat, nämlich ein negatives
und ein poſitives. Er weiſt nach, daß alle von den verſchiedenſten früheren Gelehrten und Philoſophen aufgeſtellten anthropologiſchen und pſychologiſchen Erklärungen des Dämoniums unhaltbar ſind und daß die Erſcheinung deſſelben
ſich auf kein Geſetz der Anthropologie und Pſychologie zurückführen läßt, ſondern
letzteres ein ſinguläres iſt. Wir können ihm in ſeiner Widerlegung aller der verſchiedenen Beurtheiler aus älter und neuer Zeit nicht folgen, wollen uns vielmehr auf einen derſelben beſchränken, der vor anderen beachtenswerth erſcheint
und dem auch der Verfaſſer eine beſondere Sorgfalt zugewendet hat, C. A.
Brandis in Bonn, deſſen neueſte Behandlung in ſeiner Geſchichte der Philoſophie, 1. Abth., Berlin 1862, jedoch natürlich nicht von ihm berückſichtigt worden
iſt. Dieſer bezieht das Dämonium direct auf Aeußerungen des Gewiſſens, in denen
Sokrates unmittelbare Erweiſungen der Gottheit ſah. Wir können es nicht
verhehlen, daß dieſe Auffaſſung mehr als alle anderen das Richtige und Wahre
zu treffen ſcheint; aber freilich wird man darin wohl dem Verfaſſer Recht geben
müſſen, daß das Gewiſſen in dieſem Falle entſchieden in einem viel weiteren
Sinne als gewöhnlich gebraucht iſt, indem es ſich auch auf Andere und auch
auf Dinge bezieht, die gar nicht einmal unmittelbarer Gegenſtand einer ſittlichen
Selbſtbeſtimmung ſein können. Auch fühlt der Verfaſſer richtig, daß dann ſofort näher auf den Begriff des Gewiſſens eingegangen werden muß, wie er dieß
auch nach Anleitung einer Aeußerung Stahl's in der Rechtsphiloſophie thut.
Eine andere Frage iſt es freilich, ob ſeine Kritik des von dieſem Staats- und
Rechtslehrer Dargelegten richtig und begründet, ob daſſelbe überhaupt von ihm
in der zutreffenden und genügenden Weiſe verſtanden worden iſt. Was der
chriſtlichen Erkenntniß das Gewiſſen iſt, das iſt das, was uns hier allein zum
tieferen Verſtändniſſe verhelfen kann. So lange man daſſelbe nicht überhaupt
als die gegen das mit der Sünde umgewandelte Weſen des Menſchen reagi-
rende urſprüngliche und gottesebenbildliche Macht im Menſchen betrachtet, kann
auch von einem richtigen Verſtändniſſe des Sokratiſchen Dämoniums ſchwerlich
die Rede ſein. Immerhin hat Kant, „Deutſchlands tiefſinnigſter und zugleich
deutlichſter Denker", das Gewiſſen beſſer definirt als Hegel, er iſt dabei aber
wohl unfehlbar durch die chriſtliche Anſchauung geführt worden. Indeſſen hat
er den eigentlichen Grund davon, der uns allein „das Bewußtſein eines inneren
Gerichtshofes, eines zweiten Selbſt, einer anderen Perſon, vor der ſich die Gedanken anklagen und entſchuldigen", verſtändlich macht und vor naheliegender
Mißdeutung bewahrt, nicht nachweiſen können. Wenn Sokrates dieſe Stimme
erkannte, ſo war ſein durch und durch gewiſſenhaftes Handeln daraus wohl zu
erklären. Ohne beſtimmte Beziehung zu dem Gottesbewußtſein kann dieſes gar
nicht gedacht werden. Es kann aber unmöglich die Präſenz Gottes richtig ge-

dacht sein, wenn sie nur das die Gottheit gegenwärtig Fühlen von Seiten des Menschen, nicht auch das wirkliche Gegenwärtigsein von Seiten Gottes ist. Dieß letztere ist in der That nicht pantheistisch, sondern vollkommen theistisch. Obwohl der Mensch die reale Macht und Einwirkung Gottes fühlt, ist er sich des Unterschiedes von Gott doch nur zu wohl bewußt; eben in dieser Unterscheidung besteht das Gewissen, ohne sie gäbe es gar keines. Wäre das Gewissen als Präsenz Gottes bloß Wesensanlage des Menschen, angeborenes ursprüngliches Vermögen, aber keine besondere Stimme Gottes, so würde es allerdings nicht das sein können, was Sokrates darunter erfaßte. Dieß ist ja unverkennbar gerade das, was der Apostel Paulus den Heiden vindicirte; sie hatten es, meistens aber, ohne sich überall dessen bewußt zu werden; Sokrates dagegen wurde sich dessen, und im eminenten Sinne, bewußt. Hierfür sind die von ihm angeführten Stellen bei Xenophon (Memorab. 1, 4, 13.; 4, 3, 12.; 4, 4, 18 ff.) von ausreichender Wichtigkeit. Einer anderen Offenbarung bedurfte Sokrates auf seinem Standpunkte nicht, er sah darin unmittelbar die Stimme Gottes, und es war sein besonderer göttlicher Beruf, dieselbe zu verkünden. In dieser Beziehung können wir mit Recht dem Sokrates eine, so zu sagen, protestantische Stellung innerhalb des hellenischen Alterthums vindiciren: er bringt im Kreise der antiken Weltanschauung die Macht des bewußten sittlichen Handelns zu ihrem Rechte, gleichwie Luther das Erlösungswerk für den Glauben des Menschen wieder zu einer That freiester Selbstentscheidung gemacht hat. Darum ist auch nicht abzusehen, warum Augustin und Luther nach der Auffassung des Verfassers nur eine hervorragende, nicht auch wie Sokrates eine singuläre Stellung eingenommen haben. So manches Richtige hier auch dem Verfasser vorgeschwebt haben mag, so ist doch jedenfalls die Anwendung weder folgerichtig noch klar, und darum sind auch manche Urtheile in Wirklichkeit schon fehlgegriffen oder schief gefaßt. Man kann zwar allgemeine Parallelen zulassen wie die in dem Satze: „Die Apologie des Sokrates ist eine Macht, deren Einflusse der Leser sich so wenig entziehen kann, als der Wirkung der christlichen Passionsgeschichte.“ Aber man muß entschieden sich dagegen erklären, wenn der unbekannte Gott, den der Apostel Paulus in Athen fand, von der „namenlosen Gottheit“ des Sokrates nicht wesentlich und vollständig geschieden werden soll. Die Anschauung der späteren Zeit ist eine verflachtere, die Richtung des Sokrates geht in vielen Stücken tiefer. So kommt denn auch der Verfasser auf die Annahme hinsichtlich des Dämonium zurück, daß eine wirkliche göttliche Stimme ihn gewarnt habe, und er glaubt dazu ein Analogon im Leben Jesu zu finden, „und eine durchgängige (phänomenologische, aber nicht theosophische) Vergleichung des Sokrates mit Christus bestätigt diesen gewonnenen Satz von historischer Bedeutung“. Wie leicht aber eine solche Parallele zwischen Sokrates und Christus auf schlimme Abwege führen kann, davon haben wir ein warnendes Exempel in der Darstellung von v. Lasaulx empfangen.

Wir wenden uns hiernächst zuerst zu Nr. 4., ehe wir dem inneren Zusammenhange nach zu der zweiten Schrift des Hrn. Dr. Volquardsen zurückgeführt werden. Dieses mit Wärme und Lebendigkeit geschriebene Buch verleugnet seinen specifisch-römischen Charakter und Ursprung nicht, ja es entwickelt theilweise eine eigenthümliche, in sich nicht unbefangene und darum für die Sache nicht vortheilhafte Polemik gegen den Protestantismus. Die Stellung des Verfaſſers wird ſchon im Allgemeinen durch die Bemerkung gekennzeichnet, daß der ganze Gedankencomplex des Platon aus einer Geiſtes- und Lebensrichtung hervorgewachſen ſei, die von der chriſtlichen in den tiefſten Principien abweiche. Während das ganze Heidenthum von vorn herein als ein Abfall, als eine Trübung und Störung angeſehen wird, als ein Reich der Finſterniß, worin böſe Kräfte walten, erſcheint gerade Platon dem Verfaſſer als eine gewiſſe Reaction dagegen: er habe jene ſtörenden Elemente, welche das Heidenthum in die Natur des Denkens gebracht hatte, bis auf einen gewiſſen Grad wieder beſeitigt. Deſſenungeachtet ſtellt er den Geiſt und Ertrag der Platoniſchen Philoſophie ſehr hoch, vielleicht höher, als ſich nach ſtrengem Maßſtabe rechtfertigen läßt. Namentlich rühmt er Platon's klaren Blick in das wirkliche Leben der Geſchichte ſeines Volkes und ſeiner Zeit. „Er hatte eine Ahnung davon, daß die Menſchheit vermöge eines göttlichen Geſetzes einem höheren Ziele entgegengeführt werde.“ Wir würden, wenn überall die geſchichtliche Auffaſſung dem Alterthume beigelegt werden darf, ſie eher dem Ariſtoteles mit ſeinen Forſchungen auf der Grundlage gegebener Zuſtände als dem idealen Platon zuſchreiben. Hiermit hängt auch Anderes zuſammen, was ſchwerlich dem Verfaſſer zugeſtanden werden kann. Allerdings iſt Platon auch mit ſeinem Kampfe wider die vielen im eigenen Volke in Schwange gehenden heidniſchen Verunſtaltungen nicht über das Heidenthum hinausgekommen, noch weniger in den Wahrheitskreis des Chriſtenthums eingetreten. Aber die Stellung der Religion zur antiken Kunſt iſt nicht richtig von ihm gefaßt worden, denn dieſe iſt keineswegs von Anbeginn her als ein falſches und zerſtörendes Element zu faſſen. Vielmehr ruhte in dieſer Verbindung das Große und zugleich Unerläßliche der eigenthümlich helleniſchen Religionsauffaſſung, und die urſprüngliche Bedeutung und Wahrheit derſelben wird durch den ſpäteren entarteten Mißbrauch nicht aufgehoben. Darum darf man auch nicht mit dem Verfaſſer vom Platon ſagen, daß er in ſeiner Kosmologie den heidniſchen Wahn des Götzenglaubens, welcher ſich die Götter in Bildwerken verkörpert dachte, philoſophiſch überwunden und ſo den Begriff des über Alles waltenden Lebens der Gottheit wieder geweckt und die Menſchheit auf eine höhere Offenbarung derſelben indirect vorbereitet habe.

Zu einer richtigen Würdigung des Alterthums wird immer das Zwiefache gehören, daß es weder überſchätzt noch unterſchätzt werde, daß man alſo vor allen Dingen es nicht dergeſtalt mit dem Chriſtenthume parallel ſtelle, daß es irgendwie geleiſtet haben ſolle, was keine menſchliche Macht zu leiſten im Stande iſt. Es kann und darf der desfallſigen wiſſenſchaftlichen Erörterung ja niemals für etwas Anderes als für eine Vorſtufe zum Chriſtenthume gelten, und es wird immer nur das richtige Verhältniß zu ermitteln ſein, in welchem dieſe, die man oft, aber nicht ganz zutreffend eine negative genannt hat, ſich zu der poſitiven im Volke Iſrael verhalte. Geſetzt auch, daß es ſich im Chriſtenthume ausſchließlich oder weſentlich um die Herſtellung eines Urſprünglichen handele, ſo kann doch gar keine Rede davon ſein, eben weil es ganz ſelbſtverſtändlich iſt, daß es unmöglich geweſen ſei, das ganze Gebäude in ſeiner urſprünglichen Vollkommenheit nur hergeſtellt zu denken, noch viel weniger aber, es wieder wirklich herzuſtellen. Die Frage kann immer nur die ſein, inwiefern der Menſch auf eigenem Wege im Stande ſei, etwas von der ewigen Wahrheit zu ahnen, die Nothwendigkeit solcher Offenbarungen, sei es überhaupt oder in besonderen Beziehungen, zu erkennen; auf keinen Fall aber kann daran gedacht oder es auch nur einer Erörterung und Widerlegung unterzogen werden, daß ein Mensch, und wäre es auch der tiefsinnigste Philosoph, irgendwie ein Erlösungswerk habe auf sich nehmen können.

Wenn wir etwas diesem Aehnliches bei dem Verfasser von Nr. 4. finden, so ist das hauptsächlich wohl nur durch die große Verehrung herbeigeführt worden, welche die Kirchenväter dem Platon zollen. Sie halten seine herrlichen Gedanken und Aussprüche ihrer Zeit zur Beschämung und als ein Naturzeugniß der Vernunft für die Wahrheit des Christenthums vor. Dieses kann aber noch wiederum in einem zwiefachen Verhältnisse aufgefaßt werden: die antiken Ideen können als die schwachen Anfänge einer graduell gesteigerten, göttlich erleuchteten Wahrheitserkenntniß erscheinen, oder die Gebiete der menschlichen Erkenntniß und der ewigen Wahrheit laufen parallel, wie die Gebiete der Natur und des Geistes, bieten daher vielfache und großartige Analogien und Beziehungen dar, bleiben aber wie das sichtbare und unsichtbare Reich immerwährend in einer bestimmten Getrenntheit und völligen Abgeschlossenheit gegen einander. Wenn daher in den bekannten Aeußerungen eines Justinus, eines Augustinus und A. ein so hoher Vorzug hervorgehoben werden soll, daß die Platonische Lehre gewissermaßen für die höhere Wahrheitstaufe des Christenthums vorbereitet war und nur dieser bedurfte, um das natürlich Wahre und Richtige im Lichtstrahle der Offenbarung zu heiligen, so fürchten wir darin eine Tendenz der ersten Art vertreten zu sehen, die wir nicht als ohne bedenkliche Einwirkung auf den wahren Abstand zwischen der griechischen Philosophie und der christlichen Offenbarung betrachten können.

Aus diesem Gesichtspunkte kann eine Darstellung dieser Art zwar richtig und sachlich angemessen sein, aber sie paßt dennoch nicht, weil sie den eigentlichen Kernpunkt verfehlt. Wenn Platon's Ansicht von dem Wesen Gottes getrübt war, so steht damit allerdings richtig im Zusammenhange, daß er Gott nicht als frei-persönliches Wesen und nicht in seinem dreieinigen Leben erkannte; aber es kann nicht als der eigentliche Grund davon angesehen werden, weil der vollkommene Begriff der Persönlichkeit über das gesammte Alterthum hinausging und weil der heilige Geist nicht vor seiner Ausgießung erkannt werden konnte. Es handelt sich also wesentlich darum, wie viel erreicht werden konnte unter den ihm gegebenen Bedingungen, wie tiefe Einsicht er zu gewinnen vermochte ohne diejenigen Mittel und Hülfen, die er überall nicht haben konnte. Wir haben es jetzt, wo das Christenthum nicht nur in seiner evangelischen Begründung, sondern auch in seiner kirchengeschichtlichen Entwickelung vor uns liegt, allerdings gar leicht, die Grenzlinie zu ziehen zwischen dem, was für die Weisen des Alterthums erreichbar und nicht erreichbar war: nur nach dem Erreichbaren darf jede Leistung derselben bemessen werden und nur die unter solchem Maßstabe vorgenommene Prüfung ist lehrreich für uns.

Wenn daher Hr. Becker zu dem Endergebnisse gelangt, die Meinung sei unrichtig, als ob Christliches und Platonisches sich congenial zu einander verhalten und als ob die Platonische Lehre Christliches und die christliche Platonisches in sich schließe, so können wir diesem Resultate vollständig beitreten, brauchen aber darum nicht dem Verfasser in seiner Verurtheilung derjenigen

Recht zu geben, welche vom Chriftlichen im Platon und in anderen Schrift=
ftellern des Alterthums geredet haben. Diefe Bezeichnung war zunächft nur die
eigenthümliche Ausdrucksweife einer Zeit und Beftrebung, die wir noch immer=
fort nicht dankbar genug anerkennen können, durch welche man überhaupt erft
aufmerkfam geworden ift auf die religiöfen Auffaffungen des Alterthums und
feine Beziehungen zum Chriftenthume. Nimmt man den Ausdruck ftreng, fo ift
er nicht bloß unrichtig, fondern auch widerfinnig; man nahm es aber nur zur
Bezeichnung des tieferen religiöfen Gehaltes und hat fich fpäter deffen enthalten,
fo daß die neuere Zeit, die Sache weiter fortführend, einen richtigeren und an=
gemeffeneren Ausdruck dafür wählte. Wie fehr er daher in diefer Hinficht dem
trefflichen Verfaffer des „Chriftlichen im Platon“, Dr. Ackermann, der fich große
Verdienfte auf diefem Felde erworben hat, an mehr als Einer Stelle Unrecht
thut, ließe fich mit fchlagenden Beweifen darthun. Gerade diefer Gelehrte be=
zeugt fehr richtig (und paffender, als es es von Herrn Becker gefaßt ift), daß Pla=
ton den dreieinigen Gott nicht haben könne, weil er den perfönlichen Gott über=
haupt nicht einmal habe. Und wenn derfelbe den Platonismus heilbezweckend,
das Wefen des Chriftenthums aber heilskräftig nennt, fo ift die Richtigkeit
diefer Unterfcheidung von Hrn. Becker wenigftens damit nicht widerlegt, daß er
fagt, der Platonismus fei nicht heilbezweckend im chriftlichen Sinne, er wolle aller=
dings eine Reftauration, eine fittliche Erhebung und Veredlung der Menfchheit,
nur fchlage er dabei Mittel und Wege ein, auf denen diefe Reftauration nicht
möglich, nicht erreichbar fei. Wenn Ackermann ferner fagt, daß es fich um das
fittliche Heil und deffen Herftellung handele, fo ift ja damit im Allgemeinen der
große Zweck bezeichnet, auf welchen alles höhere Denken des Menfchen fo gut
wie die Gottesthat der Erlöfung gerichtet ift. Die Mittel und Wege gehören
ja nicht zu dem Zweck, fondern gerade zu der Kraft der Ausführung, die
Ackermann nicht dem Platonismus, fondern gerade dem Chriftenthume vindicirt.
Man kann daher auch fchwerlich Hrn. Becker in der von ihm angegebenen Limita=
tion beiftimmen: die Platonifche Philofophie fei in ihrer Art nicht bloß heil=
bezweckend, fondern auch heilskräftig; aber im Sinne und Geifte des Chriftenthums
fei fie weder das Eine noch das Andere. Man wird vom Platonismus fagen
müffen, daß er, wenn nicht heilbezweckend, — denn er ift ja nicht Religion, fon=
dern Philofophie — fo doch nach dem Heile ftrebend fei; man wird dann
aber eine zwiefache große Befchränkung hinzufügen müffen, einmal, daß er, wie
alle menfchliche Kraft und Weisheit, kein Mittel zur Erreichung des Heils be=
fitze, dann aber auch, daß das Heil in einem allerdings anderen und befchränk=
teren Sinne genommen fei, als in welchem das Chriftenthum daffelbe faßt. Das
aber ift aus keinem anderen Grunde der Fall, als weil die Vorftellung von der
menfchlichen Sünde bei Platon wie in der ganzen alten Welt nicht in dem
Maße vorhanden ift, wie fie fein foll und wie das Chriftenthum fie darbietet.
Gerade auf diefen Punkt hat aber Hr. Becker, wie es uns fcheint, außer=
ordentlich wenig Rückficht genommen, obwohl doch gerade dieß entfchieden
eine Hauptfache ift; wir können nicht umhin, einen femipelagianifchen Zug feiner
Kirche darin zu erkennen, und halten uns berechtigt, auf diefen Mangel in
folcher Art hinzuweifen, da auch er gerade die ihm entgegenftehenden oder von
ihm verworfenen Auffaffungsweifen auf Rechnung des proteftantifchen Bekennt=
niffes zu fetzen fich bemüht.

An manchen Stellen identificirt Hr. Becker förmlich die Auffassung der Platonischen Philosophie mit dem gesammten Protestantismus, dem er es einmal sogar Schuld giebt, daß er, indem er die Lehre von der Erbsünde nur als
eine Verwüstung der menschlichen Natur auffasse, mit Platon's Ansicht vom
Sturze der Seelen in gewisser Beziehung übereinstimme. Daraus folge nun
auch die Verwandtschaft, die zwischen beiden Geistesrichtungen in Bezug auf die
Lehre von der Restauration des Menschen bestehe. Wie Platon, so lasse der
Protestantismus diese Restauration aus dem Gefühle des Mangels und aus
dem auf dieses gegründeten Verlangen nach Besserem hervorgehen. Platon sehe
das Verlangen, wie er es aus dem inneren Bedürfnisse der Natur der Seele
ableite, auch als ein objectives Naturgesetz der höheren Seele an. Der gläubige
Protestantismus dagegen halte es für ein durch höheren göttlichen Einfluß ge-
wecktes und nicht Allen von der Natur her angehöriges Bedürfniß; .der rationalistische dagegen fasse es als die für das Göttliche aufgeschlossene Subjectivität des Menschen auf.

Wir treten dem von uns schon wahrgenommenen Semipelagianismus des
Verfassers an einer anderen Stelle noch entschieden näher: bei der Betrachtung
des Sittlichen spricht er sich selbst einmal (S. 232 f.) rückhaltlos über diesen
seinen Standpunkt aus. „Wir müssen das kräftige Bewußtsein von der höheren
Lebensaufgabe bewundern, das in der menschlichen Seele auch nach dem Sündenfalle in dem Heidenthume noch so lebendig war. Denn wenn irgend etwas, so
ist der richtige Blick, den Platon in die Bedürfnisse der Menschenseele gethan
hat, ein lebendiges Zeugniß, daß die menschliche Natur nicht so verborben war,
wie die protestantische Anschauung uns glauben machen will. Freilich könnte
man entgegenhalten, daß Platon die Wahrheit nicht zu erreichen vermocht habe.
Aber auch wir im Besitze der Erlösung vermögen ja die Wahrheit nicht aus
uns zu finden; das geht überhaupt über das Vermögen des Menschen, nicht
bloß des gefallenen, hinaus. Zum Beweise, daß aber in der Natur des gefallenen Menschen noch etwas Gutes war, genügt es, daß Platon in der
menschlichen Seele noch höhere Kräfte erkennt, auf welche er sogar Pläne zur
sittlichen Restauration der Menschheit zu gründen unternimmt. Das hätte er
durchaus nicht vermocht, wenn in derselben alles Gute vollständig zerstört gewesen wäre und sie kein besseres Bewußtsein und kein besseres Gefühl mehr in
sich getragen hätte. Hat sich Platon in seinen glänzenden Hoffnungen auch getäuscht, so ist das nur ein Beweis, daß die menschliche Natur sich nicht selbst zu
retten vermochte, aber auch ein Beweis, daß sie noch Kraft in sich fühlte und
daß diese Kraft auch das Verlangen und die Hoffnung und das Streben nach
Rettung in ihr zu bewirken im Stande war."

In ähnlicher polemischer Weise verbreitet sich der Verfasser an einer anderen
Stelle (S. 248.): „Wenn Protagoras behauptet, jeder Mensch sei seiner Individualität gemäß zu einem besonderen Urtheil in der Wissenschaft und zu einer
besonderen Ausübung der Tugend berechtigt, und es gebe weder für die Erkenntniß noch für die Tugend unumstößliche, allgemein gültige, von Allen an-
zuerkennende Normen, so steht er damit zu der von Platon vertretenen objectiven Vernunft- und Naturwahrheit ganz in demselben Verhältniß,
wie der Protestantismus zu den von der katholischen Kirche festgehaltenen und vertheidigten ewigen Offenbarungswahrheiten. Indem nämlich der Protestantismus

dieſen die Privatmeinung und Privaterleuchtung und den von der Kirche
gehandhabten, auf die Offenbarung gegründeten Sittengeſetzen das ſubjective
Gefühl und die Rechtfertigung durch das ſubjective Vertrauen gegenüberſetzt,
ſieht er zu der übernatürlichen Wahrheit in demſelben Verhältniſſe wie
Protagoras zu der natürlichen Vernunftwahrheit." Seine an die proteſtantiſche
Sittenlehre gerichtete Frage, ob ſie in den verſchiedenen Tugendlehren ein gemeinſames, unumſtößliches chriſtliches Princip anerkenne, und wie ſich damit
die Lehre vertrage, daß jedes einzelne Subject nach dem Maßſtabe ſeines ſittlichen Vertrauens der gleichen Rechtfertigung und Seligkeit theilhaftig werde,
kann dieſelbe, ſo weit ſie richtig und nicht ſchief gefaßt iſt, mit Leichtigkeit ihm
beantworten. Auch hier zeigt Hr. Becker offen ſein katholiſches Bekenntniß, indem er die allgemeinen Principien der Wahrheit und Sittlichkeit durch eine
höhere Leitung, wie die der Kirche, vor ſubjectiver Willkür ſicher geſtellt ſehen
will. Seine hier nicht näher zu berückſichtigenden Vorwürfe entbehren der tieferen Begründung.

Ebenſo ſtark ſind ſeine Angriffe auf den Proteſtantismus in Bezug auf das
Verhältniß von Kirche und Staat; derſelbe Widerſpruch wie in der Platoniſchen
Philoſophie ſoll natürlich auch im Proteſtantismus ſein. Jene „hatte ein ge-
wiſſes Recht, im Staate Alles zu ſuchen, was für den höheren und was für den
niederen Menſchen Bedürfniß war, weil ihm das übernatürliche Reich noch nicht
erſchloſſen und das übernatürliche Heil noch nicht geboten war. Platon gerieth nur
in den Widerſpruch, daß er einen Staat, der Fortdauer haben ſollte, an vergängliche Verhältniſſe zu knüpfen ſuchte, aber er blieb doch von dem horrenden
Irrthum frei, übernatürliche und einzig dem freien perſönlichen Willen angehörige Beziehungen mit einer abſoluten Staatsmaſchine regieren und bevor-
munden zu wollen." Derſelbe Widerſpruch, meint er, durchziehe den ganzen
Proteſtantismus. „Denn die Irrlehre von der Einheit der Kirche und des
Staates iſt principiell im Proteſtantismus begründet und von demſelben ausgegangen. Wenn auch vor dem Proteſtantismus und außerhalb deſſelben dergleichen Erſcheinungen vorkommen, ſo ſind es nur unklare und undurchgebildete
Anſätze einer Anſchauung, welche der Proteſtantismus vollſtändig zu der ſeinigen
gemacht und in ihrer ganzen Conſequenz ausgebildet hat." Die Nichtigkeit dieſer
Darlegung zeigt ſich auch ſchon in der Angabe des Grundes; denn dieſe Anſicht
vom „Staatskirchenthum" habe ihre Entſtehung darin, daß man proteſtantiſcher-
ſeits den poſitiven Begriff des Glaubens leugnete und an die Stelle deſſelben
die ſubjective Thätigkeit des gläubigen Vertrauens ſetzte und ſich ſo gewöhnte,
das Göttliche ganz nach dem Maßſtabe des Individuellen aufzufaſſen. Daher
hätten denn auch die einzelnen Staaten an die Stelle der poſitiven Glaubenslehre einen für alle Unterthanen gültigen Staatsbegriff des Glaubens zu ſtellen
geſucht.

Es iſt zu beklagen, daß Hr. Becker bei ſeiner ſonſt ſo lebendigen und mit
Begeiſterung dem Gegenſtande hingegebenen Darſtellungsweiſe nicht bloß ſeinem
eigenen confeſſionellen Standpunkte zu ſehr vertraut, ſondern auch in dieſe
ebenſo unberechtigte als für die Sache nutzloſe Polemik ſich verloren und dadurch
dem eigentlichen Ertrage ſeiner Arbeit weſentlich geſchadet hat, indem dieſelbe
nun wenig fördernd oder Neues beibringend den ſonſt ſo wichtigen und lehrreichen Gegenſtand behandelt hat. Die Aufgabe iſt eine ſchöne und reiche; auch

nach den vorhandenen Vorarbeiten ist insbesondere für das Verhältniß des Platonismus zum Christenthum noch mancher wichtige Punkt zu erledigen.

Was diese Schrift nach einer Seite hin besonders hat mangeln lassen, das finden wir von der Schrift Nr. 3. einer eingehenden Berücksichtigung gewürdigt. Offenbar ist freilich die zweite Hälfte des Buches von dem Verfasser als die wichtigere angesehen, die uns indessen hier an dieser Stelle weniger beschäftigen kann. Aber für sehr wichtig halten wir namentlich auch einige Abschnitte in der ersten Hälfte, besonders die beiden über die Persönlichkeit des Schöpfers und über das Wesen des Bösen. Von dem ersteren müssen wir jedoch gestehen, daß, so viel Wichtiges und Lehrreiches auch in ihm ist, er doch in mancher Beziehung nicht durchgearbeitet genug ist. Die Zusammenstellung einer ganzen Reihe Stahl'scher Sätze hätte von entscheidender Wichtigkeit werden können, wenn er sich bemüht hätte, die etwa gemeinsame Grundlage von den wesentlichen Verschiedenheiten der Systeme zu sondern. Einer bloßen Blüthenlese ohne positives Resultat fehlt die fruchtbare Anwendung. Vielleicht ist aber des Verfassers Stellung dazu noch nicht klar und fest genug geworden; denn die Frage über das Verhältniß Platon's zum Christenthum kann, wenn er es sich auch nicht zum eigentlichen Gegenstande genommen hat, doch unmöglich bei Seite gesetzt werden. Betritt er nun, wie wir einräumen müssen, einen neuen und anerkennenswerthen Weg, so dürfen wir uns auch nicht wundern, wenn er mit den neuen Auslegern und Darstellern der Platonischen Philosophie sich nicht in Uebereinstimmung befindet. Denn wenn diese die „Idee des Guten" bei Platon als die Gottheit fassen, ohne darin die Idee der absoluten Persönlichkeit zu erkennen, so geht Hr. Volquardsen mit dieser letzten Auffassung allerdings um einen erheblichen Schritt weiter, nur daß man nicht erwarten darf, die Sache im Ganzen wie im Einzelnen sofort ausreichend begründet und gegen allen Zweifel sicher gestellt zu sehen. Wenn Stahl dem Platon den Glauben an ein jenseitiges Reich und das Bewußtsein der irdischen Mangelhaftigkeit und der Sündhaftigkeit oder wenn Andere ihm den „scharfen Begriff" der Person, des persönlichen Berufes, der persönlichen Unsterblichkeit, der völligen Freiheit und Selbstbestimmung, der völligen sittlichen Zurechnung oder die Ahnung jener „gewollten teuflischen" Bosheit, als einer der antiken Welt nicht bekannten Willensdepravation, absprechen: so glaubt Hr. Volquardsen dieß widerlegen zu können, ohne daß er damit schon in Platon's Lehre Christenthum finde, „so wenig heute ein Philosoph, den sein Denken und Bewußtsein zu ähnlichen Resultaten führt, der aber Christus für eine mythische Person hält, ein Christ ist." Der Verfasser glaubt zwischen dem ersten und zweiten Theile jener Behauptung unterscheiden zu müssen; in der Güter- und Weibergemeinschaft findet er unwahre, naturwidrige Entwürfe, die gegen das in den Verhältnissen und Dingen einwohnende τέλος, die göttliche Institution der Ehe und des Vermögens, streiten und die ἀρχή der freien Person vernichten. Aber man dürfe nicht vergessen, daß sie nur als irdische Maßregeln der Zweckmäßigkeit behandelt würden, die leicht aufgegeben werden könnten, wenn Einer bessere zu nennen wisse. Aber wenn der Verfasser auch mit Recht in manchen Stücken weiter gegangen ist als seine Vorgänger, auch Neues richtig erkannt haben mag, so geht er doch entschieden zu weit und wir dürfen ihm nur behutsam folgen, da er offenbar für die unerläßliche Limitation des antiken Begriffes dem Christenthume gegenüber nicht ausreichend gesorgt hat. Hier handelt es sich um eine scharfe und bestimmte Abgrenzung, damit sowohl da, wo das Verhältniß Gottes zur Welt bezeichnet wird, die Gefahr des Pantheismus, als da, wo die Natur des Bösen und die Macht des freien Willens über dasselbe besprochen wird, die pelagianische Selbstgerechtigkeit und Selbsthülfe fern gehalten werde. Es scheint auch, daß der Verfasser in seinem Bestreben, den Platon gegen den Vorwurf der Inconsequenzen und Widersprüche in Schutz zu nehmen, zu weit geht; wo das gewöhnliche Gebiet des Denkens verlassen wird und die metaphysischen Räthsel beginnen, die ohne den Schlüssel der Offenbarung nicht zu lösen sind, da kommen von selbst Mißverhältnisse und Lücken, die sich auch durch alle Arbeit des menschlichen Geistes nicht ebnen und ausfüllen lassen. Wir finden bei Platon ebenso viele Anklänge des Wahren als Abirrungen davon, und wir müssen daher das Eine so sorgfältig wie das Andere berücksichtigen und ausscheiden. Es ist ein richtiger, noch weiter zu verfolgender Gedanke, daß die Ursache des Bösen in der Welt in dem bösen, von Gott, der Vernunft und ihrer Wahrheit abgefallenen Willen des freien Menschen zu suchen ist, aber wir finden daneben auch wieder genug Züge von einer dem Wesen der reinen Seele zugeschriebenen Kraft, die als völlig selbstgenugsam erscheint. Das πρῶτον ψεῦδος der Platonischen Auffassung darf darin nicht übersehen werden, daß er mehr die Gerechten und die Guten unter den Menschen als das Gerechte und Gute im Menschen unterscheidet. So kann Platon denn auch sagen, das Böse im Menschen sei keine Krankheit der Seele im natürlichen Sinne, denn Krankheit schwäche das Natürliche, löse es auf und vernichte es; das aber muß man doch in der That von der Sünde sagen, daß sie die Sinne abstumpft, den Geist verödet und das ganze Wesen in den Tod, der Sünde Sold, hinabzieht. Wenn das vollendete Böse die reine unendliche Disharmonie der Seele mit sich und mit Allen ist, wie das wahrhafte Gute die vollkommene geistige Harmonie, so ist hier eine Kraft der Seele angenommen, die jede andere Hülfe ausschließt und unnöthig macht.

Die letzte kleine Schrift Nr. 5. ist eine ebenso besonnene als gehaltvolle Darstellung des Verhältnisses, worin das Christenthum zur antiken, insonderheit Aristotelischen Philosophie sich befindet. Sehr verständig werden die Grundgedanken des Aristoteles entwickelt und auf die höheren Beziehungen, in welche sie zur allgemeinen Wahrheit treten, angewandt. Seine theistische Auffassung wird nach den verschiedenen Seiten richtig und klar dargelegt, aber zugleich der Abstand, in welchem er, wenn er auch in theoretischer Hinsicht, in der begrifflichen Betrachtung Gottes, sich wohl hervorwagen darf, um seine mannichfachen Berührungspunkte mit dem Christenthume darzulegen, dennoch diesem gegenüber sich befindet, nicht verleugnet, vielmehr die Scheidelinien scharf hervorgehoben, die den Vorsprung desselben bezeichnen. Der Gottesbegriff des Aristoteles ist ein vorgeschrittener gegen die ältere Vorstellung, wie sie bei Herodot vom Neide der Götter besteht, aber er ist noch weit von dem Wesen der Liebe, der Sohn- und Kindschaft entfernt, durch welche die Stellung des Menschen zu Gott eine neue, noch nie dagewesene wird. Die Aristotelische Güte Gottes ist eine kalte, welche sich nicht in die Liebe kleiden darf, denn die Liebe ist ein πάθος (mithin das tiefe Wesen der Liebe nicht erkannt!), welches sich mit dem Wesen des unbewegten Gottes nicht verträgt. Der Mensch darf von Gott, den er lieben soll, nie Gegenliebe verlangen, denn dazu ist er zu erhaben und vollkommen. Auf diesem innigen Verhältnisse des Menschen zu Gott ruht aber erst der unendliche Werth der freien Persönlichkeit, die daher auch im Aristotelischen Begriffskreise noch nicht vollständig vorhanden ist. Ohne diese kann auch eine richtige Auffassung der Macht des Bösen nicht vorhanden sein, und der Verfasser scheint diesen Punkt selbst noch nicht streng genug gefaßt zu haben, da er die Continuität der menschlichen Sünde und ihre aus einer Quelle fließende reale Ausbreitung über das menschliche Geschlecht nicht hinreichend gewürdigt hat. Darum genügt allerdings auch das über das Gewissen Gesagte nicht. Dagegen kann nur als wahr und zutreffend anerkannt werden, was der Verfasser von dem bloßen Denkacte der Versöhnung und Erlösung beim Aristoteles und über seine Stellung zur Volksreligion bemerkt.

Wenn Hr. Kym meint, Aristoteles weiche in der Auffassung des Verhältnisses von Materie und Geist kaum hinter dem Christenthum zurück, — denn auch nach ihm sei Gott Geist und nur durch den Geist zu erfassen, auch nach ihm stehe der Geist über der Materie und nur von jenem habe diese ihren Werth und ihre innere Bedeutung — so scheint damit der Sache doch nicht genügt oder ganz das Richtige getroffen zu sein. Er sagt, das Christenthum wolle, daß das Natürliche Werkzeug werde im Dienste des Geistes, daß dieser es verklärend zu sich emporziehe und so der Herr werde im eigentlichsten und strengsten Sinne des Wortes. Es handelt sich hier nicht um eine abstracte Fassung, sondern vielmehr um die concrete Persönlichkeit des Gottmenschen, der schon darum dem Aristoteles fernstehen mußte, weil ihm die ganze geschichtliche Entwickelung der Vorstufe im Reiche Gottes fehlte. Gerade das ist hervorzuheben, daß es ein doppeltes Gebiet giebt, das Reich dieser Welt und das Reich Gottes mitten in ihr. Dem Aristoteles ist der Mensch ein ζῶον πολιτικόν und nichts Anderes, darum gehören ihm auch zur vollendeten menschlichen Glückseligkeit: Gesundheit, Schönheit, Ehre, mächtige Freunde und irdisches Gut, ja sogar vornehme Geburt und wohlgerathene Kinder. Ohne diese ist es oft nicht möglich, die Tugend durchzuführen und das Gute zu verwirklichen. Darum kann er sich auch nicht frei machen von den Schranken, in welchen sich das politisch-nationale Leben des Alterthums bewegt. Bei aller sonstigen Universalität und vielfachem Hinübergreifen über den engeren Kreis der Volksvorstellungen vindicirt er doch seiner Nation als der an Geist und Muth vollkommensten auch das Recht, den weniger begabten Barbaren zum Sclaven zu machen. Ebenso nimmt er auch Menschen an, die nach ihren geringen Anlagen nur berufen sind zu dienen, für die es besser ist, beherrscht zu werden. Dennoch aber will er, daß der Herr mit seinem Sclaven Freundschaft pflege, zwar nicht sofern er Sclave ist, sondern sofern er Mensch ist, d. h. sofern er mit ihm auf einer Linie steht und gleichen Wesens ist, — und damit geht er wiederum über den engeren Kreis der antiken Vorstellung hinaus.

Wichtig sind des Aristoteles Bemerkungen über die Fortdauer des Menschengeistes (metaph. 12, 3.; de anima 3, 5.; eth. 10, 7.). Das höchste theoretische Vermögen (νοῦς ποιητικός) steht nach ihm über der Materie, ist rein und unvermischt mit dem Leiblichen, daher leidenlos selbst bei geschwächtem und greisem Leibe. Dieser Geist des Einzelnen als thätiger, das eigentliche Ich und wahre Selbst des Menschen, in dem die geistige Individualität pulsirt, ist unsterblich und einer fortdauernden Selbstentwickelung fähig. Aber indem er von diesem thätigen den leidenden Geist unterscheidet, in dessen Gebiet wesentlich die Wahrnehmung, Vorstellung, das Gedächtniß, das Begehren und die Phantasie fallen, während der thätige Geist alles Sinnliche, mithin folgerichtig auch das Gedächtniß, von sich ausstößt, geht das Bewußtsein der irdischen Erlebnisse und damit der Zusammenhang zwischen diesem und jenem Leben verloren. Doch liegt hier ein Theil des Irrigen vielleicht nur in dem Ausdruck, und es mag die Scheidung zwischen dem thätigen und leidenden Geiste nicht so schroff, beide mehr nur Seiten eines und desselben Geistes als verschiedene Wesen sein. Ein Philosoph, der den Begriff des Organischen zuerst in seiner vollen Tiefe geschaffen, kann einen wesentlichen Theil seines Ideengehaltes unmöglich an einer solchen schroffen Scheidung scheitern sehen.

Das Endresultat seiner Untersuchung bestimmt Hr. Kym dahin, daß die griechische Philosophie sich in ihrem Vollender auf dem Wege des Begriffes emporarbeitet bis zur Grenze des christlichen Inhaltes; denn nur so konnte das weltumgestaltende Christenthum an das Heidenthum organisch anknüpfen und dessen reiche Schätze sich aneignen. Ich glaube jedoch, daß neben dieser „theilweisen Verwandtschaft" geradezu auch der Gegensatz und Abstand hervorgehoben werden muß, der sich zwischen beiden befindet; gerade da, wo sich zeigt, daß der selbständige Menschengeist ohne das Licht der Offenbarung die Wahrheit nicht hat erreichen können oder gerade mit den Mitteln, womit er es erreichen wollte, zerstört hat, wird das Christenthum und seine Beziehung auch zu der heidnischen Vorstufe am richtigsten erkannt. Dieß ist beim Aristoteles gerade um so wichtiger, als er unleugbar der größte heidnische Denker ist, der die Bildung seiner Nation am intensivsten in sich concentrirte, zugleich aber nachmals in der historischen Entwickelung der Wissenschaften wiederum mit dem Christenthum in eine bedeutsame Verbindung trat.

Braunschweig.   Dr. Friedr. Lübker.

Das Leben und die Lehre des Mohammad nach bisher größtentheils unbenutzten Quellen bearbeitet von A. Sprenger. Zweiter Band. Berlin, 1862. 548 S.

Der zweite Band des Werkes (über Bd. I. s. Bd. VII. dieser Jahrbücher, S. 385 ff.) setzt in Capitel 8. bis 16. die Geschichte des Mohammad fort vom Jahr 616 bis zur Flucht nach Madyna (622), behandelt also insbesondere die Schwierigkeiten und Verfolgungen, mit welchen der Verkündiger des Islam und seine ersten Anhänger in der Heimath zu kämpfen hatten, aber auch die mancherlei Schwankungen und Umbildungen der Lehre, welche in diese Zeit fallen. Aus diesem Grunde ist derselbe auch besonders reich an Aushebungen aus dem Koran und Erläuterung derselben. Im 8. Capitel ist der Rückfall des Propheten zum Heidenthume besprochen, von welchem die Sura 53. Zeugniß giebt, wo er von drei arabischen Göttinnen, Lât, Ozza und Manâh, lehrt, daß dieselben Fürsprache bei Allah einlegen. Der Erfolg dieser Untreue an seiner Ueberzeugung war für den Augenblick eine günstige Wendung seiner Lage in Mekka, die Strafe folgte aber auf dem Fuße und Mohammad war genöthigt, wieder zurückzunehmen, was er aus Schwachheit zugestanden hatte. Die von ihm

(Sura 28.) gegebene freimüthige Erklärung führt der Verfasser auf christlichen Einfluß zurück.

Im 13. Capitel, „Lehrer des Mohammad“, wird darnach geforscht, woher der Prophet die biblischen Legenden, die er als Wiederoffenbarungen vortrug, und andere jüdische Theorien empfangen habe. Der Verfasser glaubt in einem Asceten Bahyrâ, einem Çâbier oder Judenchristen von der syrisch-arabischen Grenze, den „Mentor“ zu erkennen, welcher sich an den Schwärmer gemacht und im Complot mit ihm die Mekkaner berückt habe. Von langer Dauer war aber diese Verbindung nicht, Bahyrâ scheint weggezogen zu sein, der Prophet kam von seinen jüdischen Neigungen zurück und verfolgte, was er früher angepriesen hatte. Ueber die alte Streitfrage, ob Mohammad lesen und schreiben konnte, spricht sich der Verfasser in einem Anhang zu diesem Capitel entschieden bejahend aus. Die Zeugnisse dafür sind vollkommen zureichend. Ueberdieß ist es kaum glaublich, daß ein Mann, der sich zeitlebens mit den Büchern und Rollen — den Offenbarungsurkunden — anderer Völker zu thun gemacht hat, es versäumt haben sollte, sich wenigstens eine nothdürftige Kenntniß der Schrift zu verschaffen. Es scheint aber allerdings, daß er dafür angesehen sein wollte, die ihm mitgetheilten Inspirationen aus der Erinnerung wiederzugeben. Dieß ist auch die dogmatische Anschauung des Islam geblieben; deßhalb konnte ein arabischer Dichter erklären, er wolle nichts mit einem Menschen zu thun haben, welcher das ewige Leben um diese Welt verkaufe und behaupte, daß der Prophet geschrieben habe (S. 398.).

In einem Buche, welches wie dieses voll ist von scharfsinniger Untersuchung und solider Gelehrsamkeit, würde man die Auslassungen gegen Theologie, Religion und Glauben, wie S. 18., 387., 490. und sonst, gern vermissen, ebenso den Ausfall gegen die Bourbonisten und Hofbedienten, welche in Deutschland Grafen und Barone geschimpft werden (S. 73.), und insbesondere die unüberlegte Behauptung, daß es in Deutschland wohl große Gelehrte und emsige Handwerker, geniale Künstler und geschickte Techniker u. dergl. gebe, daß aber Männer selten seien (S. 72.).

· Die Uebersetzungen aus dem Koran sind in einer kräftigen Sprache gehalten und bilden die Reime nach, welche oft große Schwierigkeit machen. Wenn man aber S. 500. liest: 1. Wenn der Himmel gekloben worden, 2. wenn die Sterne zerstreut worden, 3. wenn die Meere ausgegossen worden u. s. w., so werden wohl die meisten Leser zum Wörterbuch greifen und finden, daß es ein Zeitwort „klieben“ giebt oder gegeben hat, von welchem „Kluft“ sich ableitet, daß es aber richtiger gewesen wäre, zu sagen: wenn der Himmel gekloben hat, d. h. Risse bekommen oder sich gespalten hat. Dieß ist auch wohl der genauere Sinn des im Text stehenden Wortes; es hätte also allgemein verständlich und zum Reim passend gesetzt werden können: wenn der Himmel rissig geworden.

　　Tübingen.　　　　　　　　　　　　　　　　　　　　　R. Roth.

Döllinger’s Auffassung des Urchristenthums, beleuchtet durch H. W. F. Thiersch. Frankfurt a. M. 1861. 42 S. gr. 8.

　　Durch den Titel dieses kleinen Schriftchens darf man sich nicht zu der Meinung verleiten lassen, als ob es sich in demselben für den Verfasser um eine

Auseinandersetzung über die rein historische Frage in Betreff der Verhältnisse des Urchristenthums handele. Thiersch hat vielmehr aus dem Werke Döllinger's über „Christenthum und Kirche in der Zeit der Grundlegung" nur einzelne allerdings wesentliche Punkte herausgegriffen und diese nicht rein historisch, sondern dogmatisch erörtert. In der Form von Briefen bespricht er zuerst die Lehre von der Rechtfertigung, sodann im zweiten und dritten die Lehre von der Kirche, ihrer Stellung in Gegenwart und Zukunft. Die Ausführung enthält zwar keine neuen Gedanken und Gesichtspunkte, aber doch vieles Wahre und Treffende in anziehender und anregender Form. Als seine Tendenz bei der Besprechung des Döllinger'schen Werkes überhaupt bezeichnet er selbst die irenische; er findet in jenem Werke einen Beweis dafür, daß trotz alles confessionellen Haders die Einheit der Kirche doch bestehe, und möchte eben deßhalb darauf hinwirken, daß man evangelischerseits die Erscheinungen wahrhaft christlichen Geistes auf katholischer Seite besser würdigen lerne. Die darin zu Tage tretende Gesinnung ist nun durchaus anzuerkennen und es wäre gewiß zu wünschen, daß in Beziehung auf die gegenseitige Stellung der einzelnen Glieder der beiden Kirchen das Bewußtsein der Einheit in Christus stärker sich geltend machen würde; aber um so mehr wird man darüber Zweifel erheben müssen, ob die jetzige Zeit, in der die katholische Kirche trotz der augenblicklichen Bedrängniß des Papstthums und trotz einzelner erlittener Niederlagen in Deutschland fortfährt, diejenigen Principien, welche einst die Reformatoren aus ihrem Schooße getrieben haben, immer wieder aggressiv gegen unsere Kirche zu kehren, ob insbesondere ein Werk von Döllinger, der erst neuerdings wieder deutlich genug gezeigt hat, was er vom Protestantismus hält, besonders geeignet sein kann, irenische Tendenzen zu wecken; ja man wird vielmehr sagen müssen, daß, so lange die katholische Kirche bleibt, was sie ist, von Versuchen zur Aufhebung der bestehenden Trennung evangelischerseits überhaupt gar nicht die Rede sein kann, da diese Einigung nach den Ansprüchen der katholischen Kirche doch nichts als eine reuige Rückkehr der abgefallenen Kinder in ihren mütterlichen Schooß sein könnte. Der Anerkennung dieser Lage der Sache konnte sich Thiersch selbst thatsächlich auch nicht entziehen, denn die Punkte, gegen welche er trotz aller sonstigen Anerkennung der Trefflichkeit des Döllinger'schen Werkes, trotz alles Strebens, das Uebereinstimmende herauszukehren, seinen Widerspruch erheben muß, sind gerade die principiellen, welche evangelische und katholische Kirche geschieden haben und für alle Zeiten scheiden werden. In dem ersten Briefe über die Rechtfertigung stimmt er zwar Döllinger darin bei, daß der Christus für uns nicht losgerissen werden dürfe vom Christus in uns, ist aber dann doch genöthigt, gegen die falsche Untereinandermengung von Rechtfertigung und Heiligung, die sich bei Döllinger fast unmerklich dadurch vollzieht, daß auf einmal das Rechtfertigende im Glauben nicht mehr in dem Ergreifen Christi, sondern in der frommen Gesinnung gefunden wird, Einsprache zu erheben und insbesondere das fortwährende Festhalten an der, wenn auch noch so sehr gereinigten, Lehre vom Verdienst der Werke, die ihren Grund doch nur in einem gesetzlichen Standpunkte hat, zu rügen. Ebenso steht's mit den Punkten, welche im zweiten und dritten Briefe aus der Lehre von der Kirche herausgehoben sind. So sehr Thiersch sich eins weiß mit Döllinger in der Hochhaltung der Kirche als einer Heilsanstalt, so muß er doch gegen die Hauptsache, die Behauptung einer ab-

foluten Infallibilität, ankämpfen und hat nun auch den in jenem An=
spruch auf Infallibilität liegenden Mangel an Erkenntniß der menschlichen
Seite an der Kirche und ihrer Entwickelung, die mithin auch die Mög=
lichkeit der Sünde und des Irrthums trotz aller göttlichen Geistes=
verheißung in sich schließe, in wirklich treffender Weise dargelegt. Aus den=
selben Gründen erhebt er auch mit Recht Widerspruch gegen die von Döl=
linger aufgenommene katholische Auffassung der Lehre von der Vollendung der
Kirche, nach der das tausendjährige Reich in der mittelalterlichen Gestaltung der
Kirche bereits dagewesen wäre, eine Auffassung, die ja freilich etwas mobificirt
auch von katholifirenden Theologen unserer Kirche vorgetragen wird. Die An=
ficht von Thiersch selbst über die neutestamentlichen Weissagungen von der Zu=
kunft der Kirche ist die, welche man im Unterschied von der kirchengeschichtlichen
die reichsgeschichtliche genannt hat; er sucht diese aber mit der zeit=
geschichtlichen Auffassung durch den Gedanken einer sich wiederholenden fort=
schreitenden Erfüllung der Weissagung zu verbinden. Dieser Wendung der Sache
ist eine Berechtigung nicht abzusprechen, nur muß bemerkt werden, daß man
mit der Einführung jenes Gedankens nicht mehr auf dem Boden der eigent=
lichen wissenschaftlichen Auslegung, sondern der praktischen Anwendung steht.
Tübingen.   Rep. Beck.

Pfeiffer, Dr. Franz, Berthold von Regensburg. Vollständige
Ausgabe seiner Predigten mit Anmerkungen und Wörterbuch. Erster
Band. Wien, W. Braumüller, 1862. 8. XXXII u. 575 S.

Es ist eine neue werthvolle Gabe, womit Hr. Prof. Pfeiffer die deutsche
Theologie wie die deutsche Literatur= und Geistesgeschichte beschenkt in dieser
ersten vollständigen und würdigen Ausgabe der Predigten Berthold's von Regens=
burg. Es bildet diese Ausgabe des größten mittelalterlichen Volkspredigers, des
Franziskaner=Bruders aus der Donaustadt, das würdige Gegenstück zu dem Do=
minikaner der Rheinstadt, Meister Eckart, dem größten Denker des deutschen
Mittelalters, dessen Schriften gleichfalls erst unlängst durch Pfeiffer's Ausgabe
uns zugänglich gemacht sind. Nur daß der „mindere Bruder" des 13. Jahr=
hunderts mit seiner volksthümlich=praktischen Predigt unstreitig ein noch all=
gemeineres theologisches und culturhistorisches Interesse in Anspruch nimmt, als
der Dominikaner des 14. Jahrhunderts mit seiner tiefen Mystik und seinen
kühnen Speculationen.

Unter evangelischen wie katholischen Theologen so gut als unter Sprach=
und Literaturkundigen giebt es wohl nicht Wenige, die von sich sagen können,
wie der Herausgeber in seiner an Jakob Grimm gerichteten Dedication, daß
ihnen der Bruder Berthold so zu sagen an's Herz gewachsen sei. Derjenige
evangelische Theolog freilich, dem das Verdienst gebührt, zuerst wieder vor be=
reits 38 Jahren das Andenken des großen Predigers erweckt zu haben durch
seine erste, im Jahr 1824 auf Neander's Anregung veranstaltete, wenn auch
nicht vollständige, Ausgabe, und der auch später wiederholt mit demselben sich
beschäftigte (vgl. Piper's evang. Kalender 1853 und Herzog's Real=Encykl. Bd. II.
S. 101 ff.), der selige Dr. Chr. Fr. Kling, sollte diese längst gewünschte und
längst verheißene erste Gesammtausgabe nicht mehr erleben, deren erster Band

nun gerade in seinem Todesjahre an's Licht getreten ist. Schon damals, bei ihrem ersten Erscheinen, haben diese Predigten, die hoch über Allem stehen, was im Gebiete der deutschen Homiletik des Mittelalters bekannt geworden ist, nicht verfehlt, die Aufmerksamkeit derer, die für das Geistesleben der Vorzeit Sinn und Verständniß haben, auf sich zu ziehen, wie denn besonders Jakob Grimm in seiner in den Wiener Jahrbb. 1825 erschienenen Recension der Kling'schen Ausgabe die hohe Bedeutung derselben für deutsche Sprache, Cultur und Sitte in's Licht stellte.

Seitdem sind Philologen wie Theologen, Katholiken und Protestanten darin einig, daß die Predigten des Bruder Berthold zum Vorzüglichsten gehören, was die deutsche Beredtsamkeit alter und neuer Zeit aufzuweisen hat. Dennoch ist seit jener Kling'schen editio princeps und der J. Grimm'schen Anzeige für Berthold nichts Wesentliches mehr geschehen außer der 1850—1851 erstmals, 1857 in zweiter Auflage erschienenen Uebersetzung des größten Theiles dieser Predigten durch Franz Göbel, mit Vorwort von Alban Stolz — einer Uebersetzung, die, ohne gerade mißlungen zu sein, doch Manches zu wünschen übrig läßt und jedenfalls das Colorit der Urschrift allzu sehr verwischt. Desto dankenswerther ist es, daß nunmehr, nachdem die evangelische zuerst und dann die katholische Theologie an dem mittelalterlichen Wahrheitszeugen und mönchischen Missionsprediger das Ihrige gethan, auch die deutsche Philologie ihrer Pflicht sich erinnert, den größten Redner und einen der besten Prosaisten des deutschen Mittelalters in der ursprünglichen Fülle und Kraft und dem wunderbaren Wohlklang seiner Rede wieder erstehen zu lassen. Daß hierzu Franz Pfeiffer vorzugsweise berufen und vorbereitet war, wird Jeder zugeben, der weiß, wie er schon im ersten Band seiner „deutschen Mystiker" aus Anlaß der Schriften des Franziskaners David von Augsburg auch mit dessen Schüler und Freund Berthold sich beschäftigt, oder der hier aus der Zuschrift an J. Grimm vernimmt, daß er schon seit seiner Studienzeit 1838—1839 begonnen hat, das Material zu einer vollständigen Ausgabe zusammenzutragen.

Von dieser liegt uns nun der erste Band vor, enthaltend die 36 sicher echten Predigten Berthold's, welche in der großen, auf Kosten der Pfalzgräfin Elisabeth 1370 geschriebenen Sammlung (cod. Palat. Nr. 24. auf der Heidelberger Bibliothek) sich befinden; die in derselben Sammlung enthaltenen nicht von Berthold herrührenden Predigten und kleineren Stücke, auch inhaltlich minder bedeutend, sollen später folgen. Der zweite Band wird die in der jüngeren Heidelberger Handschrift vom Jahr 1439 enthaltenen 19 Predigten bringen, die mit den hier vorliegenden sich vielfach berühren, meist verschiedene Ausführungen derselben Themata sind, dann die in einer Reihe von Münchener Handschriften, in einer Klosterneuburger und Wiener befindlichen, — die letzteren sämmtlich übrigens von geringerem Belang, mehr nur Umrisse, denen die volle Ausführung und Färbung fehlt.

Ueber die handschriftlichen Quellen, deren Benutzung und Bearbeitung, wird Bd. II. ausführlich Rechenschaft geben, außerdem einen Commentar und ein Wörterbuch, sowie eine erschöpfende Charakteristik Berthold's und seiner Beredtsamkeit bringen, die das in den Predigten Zerstreute zu einem Gesammtbild zusammenfassen soll. Dagegen ist dem ersten Bande ein Lebensabriß Berthold's und eine übersichtliche Zusammenstellung der ihn betreffenden älteren Zeugnisse und Urkunden veranschaulicht. Freilich ist der Ertrag dieser Zeugnisse ein dürftiger, sie begnügen sich meist, die Zeit seines ersten Auftretens in den verschiedenen Gegenden Deutschlands zu bezeichnen und von der Kraft und dem ungeheuren Erfolg seiner Beredsamkeit kurz zu berichten; über seine Persönlichkeit, Herkunft, Lebensgeschichte gewähren sie nur geringen Aufschluß.

Dennoch erhalten wir für unsere bisherige Kenntniß hier manche werthvolle Bereicherungen und Berichtigungen. Weder Geburtsort noch Geburtsjahr Berthold's ist mit völliger Sicherheit anzumitteln; daß jener nicht Winterthur ist, wie eine in manchen Büchern noch spukende irrthümliche Angabe behauptet, steht fest, daß er Regensburg, Stadt oder Umgegend, ist mindestens wahrscheinlich, wenn gleich erst spätere Zeugnisse es ausdrücklich behaupten. Sein Geschlechts- und Familienname liegt im Dunkeln, da die vielverbreitete Angabe, daß er einem bis in's 16. Jahrhundert blühenden Rathsgeschlechte des oder Lech angehört, sich als irrthümlich erweist. Seine Geburt berechnet Pfeiffer annähernd auf 1220; jedenfalls fällt sie gerade in die Gründungsjahre des Ordens, zu dessen ersten und berühmtesten Mitgliedern auf deutschem Boden Berthold bald gehören sollte. Nach manchen vergeblichen Versuchen, die neue Stiftung des heil. Franz von Assisi nach Deutschland zu verpflanzen, gelang es 1221 dem Thomas von Speier, der mit 12 Brüdern über die Alpen gekommen war, in einigen der größten Städte Deutschlands festen Fuß zu fassen; eine der ersten Gründungen des Ordens war das Minoritenkloster in Regensburg. Unter jenen in Italien gebildeten, von Thomas mitgebrachten vier Brüdern befand sich wahrscheinlich der Bruder David von Augsburg, bald Novizenmeister und Lehrer der Theologie in dem rasch aufblühenden Regensburger Kloster, — derselbe, den wir aus Pfeiffer's deutschen Mystikern, Bd. I., näher kennen.

Unter den ersten seiner Zucht und Pflege anvertrauten Zöglingen war Berthold, der, wie es scheint, in jungen Jahren in das Regensburger Minoriten- kloster eintrat. Lehrer und Schüler blieben von da an in steter freundschaftlicher Verbindung, auch nachdem David im Jahr 1243 von Regensburg nach Augs- burg übergesiedelt war. Frühestens 1246 erscheint Berthold bereits als Bruder, um's Jahr 1250 aber trat er, den engen Raum seines Klosters verlassend, in die Welt und begann seinen Siegeslauf als Volksprediger und Apostel der ober- deutschen Lande. Die Quellenangaben schwanken zwischen 1250—1252 als Jahr des ersten Auftretens; erstere Angabe ist die glaubwürdigste.

Auch über den Schauplatz seiner Wirksamkeit waren die früheren Angaben theils schwankend, theils ungenau; der erste und nächste jedenfalls war nicht Ale- mannien, sondern Niederbayern; 1254 finden wir ihn zum ersten Mal am Rhein, namentlich in Speier; von da zieht er rheinaufwärts durch's Elsaß in die Schweiz, wo er an verschiedenen Orten des Aar- und Thurgau's, namentlich aber in Zürich wiederholt auftritt; in demselben Jahr und später predigt er in Con- stanz, wahrscheinlich 1256 im Toggenburgischen und Sarganland, wo er durch die Macht seiner Rede einen Herrn Albrecht von Sax zur Rückgabe eines dem Kloster Pfävers unrechtmäßig vorenthaltenen Besitzthums zu bewegen weiß, — ein Factum, dessen urkundliche Bezeugung für die Feststellung der Chronologie des Lebens Berthold's von Wichtigkeit ist. Die folgenden Jahre bringt er wahr- scheinlich in Augsburg zu. 1259 finden wir ihn wieder in den Rheingegenden, zu Pforzheim, — mit diesem Jahr hat dann aber auch seine Lehrthätigkeit im südwestlichen Deutschland ein Ende. Von jetzt an wandte er sich mehr nach den östlichen Ländern, Oesterreich, Mähren, Böhmen, Schlesien, wahrscheinlich auch Ungarn. Vielleicht auf dem Rückwege besuchte er Thüringen und Franken; in seinen letzten Lebensjahren scheint er sich auf Bayern beschränkt zu haben. Er starb, nur ein Jahr nach seinem väterlichen Freund David von Augsburg († 16. Nov. 1271), wahrscheinlich im kräftigsten Mannesalter, als angehender Funfziger, den 13. Dec. 1272. Zur Heiligsprechung hat es Bruder Berthold wenigstens bis jetzt nicht gebracht, wenngleich seine Ordensgenossen in späteren Jahrhunderten unam atque alteram rem prodigiosam von ihm zu erzählen wissen, quae sanctitatem ejus maxime confirmant. Nichtsdestoweniger wurde seinen Ueberresten vom Volk theilweise eine Verehrung erwiesen, wie sie sonst nur „Heiligen" zukommt. In der Minoritenkirche zu Regensburg bestattet, ruhte sein Leib dort bis zum Anfang des 17. Jahrhunderts; beim Beginn des 30jährigen Krieges dahin und dorthin geflüchtet, später in's Kloster zurückgebracht und hier in einem kostbaren Reliquienschrein der Verehrung der Gläubigen ausgesetzt, zuletzt 1838 wieder aufgefunden, werden seine Ueberreste angeblich noch jetzt in der Schatzkammer des Regensburger Doms verwahrt. Ein echteres und werthvolleres Denkmal hat er jedenfalls sich selbst gesetzt in seinen Reden, aus denen sein Geist uns entgegenweht, sein Wort an unser Ohr schlägt mit all der Gedankenfülle und Gemüthstiefe, mit all der frischen, belebenden und ergreifenden Kraft, die vor 600 Jahren Deutschland mit Bewunderung und Entzücken erfüllten.

Wir fügen zur allgemeinen Charakteristik des Inhaltes nur die Ueberschriften der hier mitgetheilten Predigten bei: 1) daß Etliche sagen: thue das Gute und laß das Uebel; 2) von den fünf Pfunden; 3) von drei Lagen; 4) von den sieben Planeten; 5) von zweien Wegen, der Buße und der Unschuld; 6) von rufenden Sünden; 7) von den Engeln; 8) von der Aussätzigkeit; 9) von sechs Mördern; 10) von zehn Chören der Engel und der Christenheit; 11) von dem Wagen; 12) von zweien Wegen, der Marter und Erbarmung; 13) von zwölf Schaaren Herrn Josuä; 14) von sieben übergroßen Sünden; 15) von den fremden Sünden; 16) von achterlei Speise in dem Himmelreich; 17) von dem Frieden; 18) von dem Niederlande und von dem Oberlande; 19) von den zehn Geboten unseres Herrn; 20) von den sieben Heiligkeiten; 21) von der Ehe; 22) von der Beichte; 23) von drei Mauern; 24) von den vier Dienern Gottes; 25) Selig sind, die reines Herzens sind; 26) von den vier Stücken; 27) von fünf schädlichen Sünden; 28) von zweiundvierzig Tugenden; 29) wie man die Welt in zwölfe theilt; 30) von vier Stücken; 31) von der Messe; 32) von des Leibes Siechthum und der Seele Tod; 33) von zwölf Junkherren des Teufels; 34) von dem heyren Kreuze; 35) von vier Dingen; 36) von sieben Insiegeln der Beichte.

Eine neue Berühmtheit hat Bruder Berthold in jüngster Zeit bekanntlich auch dadurch erhalten, daß man in ihm den Verfasser des Schwabenspiegels hat finden wollen — unter Berufung auf die zahlreichen mit dem Schwabenspiegel stimmenden Stellen in seinen Predigten. Dieses Factum war früher schon bekannt, vgl. bes. Ficker, Entstehungszeit des Sachsenspiegels S. 61, jene Hypothese aber ist neuestens von Paul Laband aufgestellt worden in seinen Beiträgen zur Kunde des Schwabenspiegels, Berlin 1861. Eine ausführlichere Besprechung dieser ziemlich bodenlosen Hypothese verspricht Pfeiffer für den zweiten Band;

und Urkunden vorausgeschickt. Freilich ist der Ertrag dieser Zeugnisse ein dürftiger, sie begnügen sich meist, die Zeit seines ersten Auftretens in den verschiedenen Gegenden Deutschlands zu bezeichnen und von der Kraft und dem ungeheuren Erfolg seiner Beredtsamkeit kurz zu berichten; über seine Persönlichkeit,
Herkunft, Lebensschicksale gewähren sie nur geringen Aufschluß.

Dennoch erhalten wir für unsere bisherige Kenntniß hier manche werthvolle
Bereicherungen und Berichtigungen. Weder Geburtsort noch Geburtsjahr Berthold's ist mit völliger Sicherheit auszumitteln; daß jener nicht Winterthur
ist, wie eine in manchen Büchern noch spukende irrthümliche Angabe behauptet,
steht fest, daß er Regensburg, Stadt oder Umgegend, ist mindestens wahrscheinlich,
wenn gleich erst spätere Zeugnisse es ausdrücklich behaupten. Sein Geschlechts-
und Familienname liegt im Dunkeln, da die vielverbreitete Angabe, daß er
einem bis in's 16. Jahrhundert blühenden Rathsgeschlechte Lech oder Lechs angehört, sich als irrthümlich erweist. Seine Geburt berechnet Pfeiffer annähernd
auf 1220; jedenfalls fällt sie gerade in die Gründungsjahre des Ordens, zu
dessen ersten und berühmtesten Mitgliedern auf deutschem Boden Berthold bald
gehören sollte. Nach manchen vergeblichen Versuchen, die neue Stiftung des
heil. Franz von Assisi nach Deutschland zu verpflanzen, gelang es 1221 dem
Cäsarius von Speier, der mit 12 Brüdern über die Alpen gekommen war, in
einigen der größten Städte Deutschlands festen Fuß zu fassen; eine der ersten
Gründungen des Ordens war das Minoritenkloster in Regensburg. Unter jenen
in Italien gebildeten, von Cäsarius mitgebrachten vier Brüdern befand sich wahrscheinlich der Bruder David von Augsburg, bald Novizenmeister und Lehrer
der Theologie in dem rasch aufblühenden Regensburger Kloster, — derselbe,
den wir aus Pfeiffer's deutschen Mystikern, Bd. I., näher kennen.

Unter den ersten seiner Zucht und Pflege anvertrauten Zöglingen war Berthold, der, wie es scheint, in jungen Jahren in das Regensburger Minoritenkloster eintrat. Lehrer und Schüler blieben von da an in steter freundschaftlicher
Verbindung, auch nachdem David im Jahr 1243 von Regensburg nach Augsburg übergesiedelt war. Frühestens 1246 erscheint Berthold bereits als Bruder,
um's Jahr 1250 aber trat er, den engen Raum seines Klosters verlassend, in
die Welt und begann seinen Siegeslauf als Volksprediger und Apostel der ober-
deutschen Lande. Die Quellenangaben schwanken zwischen 1250—1252 als Jahr
des ersten Auftretens; erstere Angabe ist die glaubwürdigste.

Auch über den Schauplatz seiner Wirksamkeit waren die früheren Angaben
theils schwankend, theils ungenau; der erste und nächste jedenfalls war nicht Ale-
mannien, sondern Niederbayern; 1254 finden wir ihn zum ersten Mal am Rhein,
namentlich in Speier; von da zieht er rheinaufwärts durch's Elsaß in die Schweiz,
wo er an verschiedenen Orten des Aar- und Thurgau's, namentlich aber in
Zürich wiederholt auftritt; in demselben Jahr und später predigt er in Constanz, wahrscheinlich 1256 im Toggenburgischen und Graubünden, wo er durch
die Macht seiner Rede einen Herrn Albrecht von Sax zur Rückgabe eines dem
Kloster Pfäfers unrechtmäßig vorenthaltenen Besitzthums zu bewegen weiß, —
ein Factum, dessen urkundliche Bezeugung für die Feststellung der Chronologie
des Lebens Berthold's von Wichtigkeit ist. Die folgenden Jahre bringt er wahrscheinlich in Augsburg zu, 1259 finden wir ihn wieder in den Rheingegenden,
zu Pforzheim, — mit diesem Jahr hat dann aber auch seine Lehrthätigkeit im

südwestlichen Deutschland ein Ende. Von jetzt an wandte er sich mehr nach den östlichen Ländern, Oesterreich, Mähren, Böhmen, Schlesien, wahrscheinlich auch Ungarn. Vielleicht auf dem Rückwege besuchte er Thüringen und Franken; in seinen letzten Lebensjahren scheint er sich auf Bayern beschränkt zu haben. Er starb, nur ein Jahr nach seinem väterlichen Freund David von Augsburg († 16. Nov. 1271), wahrscheinlich im kräftigsten Mannesalter, als angehender Funfziger, den 13. Dec. 1272. Zur Heiligsprechung hat es Bruder Berthold wenigstens bis jetzt nicht gebracht, wenngleich seine Ordensgenossen in späteren Jahrhunderten unam atque alteram rem prodigiosam von ihm zu erzählen wissen, quae sanctitatem ejus maxime confirmant. Nichtsdestoweniger wurde seinen Ueberresten vom Volk theilweise eine Verehrung erwiesen, wie sie sonst nur „Heiligen" zukommt. In der Minoritenkirche zu Regensburg bestattet, ruhte sein Leib dort bis zum Anfang des 17. Jahrhunderts; beim Beginn des 30jährigen Krieges dahin und dorthin geflüchtet, später in's Kloster zurückgebracht und hier in einem kostbaren Reliquienschrein der Verehrung der Gläubigen ausgesetzt, zuletzt 1838 wieder aufgefunden, werden seine Ueberreste angeblich noch jetzt in der Schatzkammer des Regensburger Doms verwahrt. Ein echteres und werthvolleres Denkmal hat er jedenfalls sich selbst gesetzt in seinen Reden, aus denen sein Geist uns entgegenweht, sein Wort an unser Ohr schlägt mit all der Gedankenfülle und Gemüthstiefe, mit all der frischen, belebenden und ergreifenden Kraft, die vor 600 Jahren Deutschland mit Bewunderung und Entzücken erfüllten.

Wir fügen zur allgemeinen Charakteristik des Inhaltes nur die Ueberschriften der hier mitgetheilten Predigten bei: 1) daß Etliche sagen: thue das Gute und laß das Uebel; 2) von den fünf Pfunden; 3) von drei Lagen; 4) von den sieben Planeten; 5) von zweien Wegen, der Buße und der Unschuld; 6) von rufenden Sünden; 7) von den Engeln; 8) von der Aussätzigkeit; 9) von sechs Mördern; 10) von zehn Chören der Engel und der Christenheit; 11) von dem Wagen; 12) von zweien Wegen, der Marter und Erbarmung; 13) von zwölf Schaaren Herrn Josuä; 14) von sieben übergroßen Sünden; 15) von den fremden Sünden; 16) von achterlei Speise in dem Himmelreich; 17) von dem Frieden; 18) von dem Niederlande und von dem Oberlande; 19) von den zehn Geboten unseres Herrn; 20) von den sieben Heiligkeiten; 21) von der Ehe; 22) von der Beichte; 23) von drei Mauern; 24) von den vier Dienern Gottes; 25) Selig sind, die reines Herzens sind; 26) von den vier Stücken; 27) von fünf schädlichen Sünden; 28) von zweiundvierzig Tugenden; 29) wie man die Welt in zwölfe theilt; 30) von vier Stücken; 31) von der Messe; 32) von des Leibes Siechthum und der Seele Tod; 33) von zwölf Junkherren des Teufels; 34) von dem hehren Kreuze; 35) von vier Dingen; 36) von sieben Insiegeln der Beichte.

Eine neue Berühmtheit hat Bruder Berthold in jüngster Zeit bekanntlich auch dadurch erhalten, daß man in ihm den Verfasser des Schwabenspiegels hat finden wollen — unter Berufung auf die zahlreichen mit dem Schwabenspiegel stimmenden Stellen in seinen Predigten. Dieses Factum war früher schon bekannt, vgl. bes. Ficker, Entstehungszeit des Sachsenspiegels S. 61, jene Hypothese aber ist neuestens von Paul Laband aufgestellt worden in seinen Beiträgen zur Kunde des Schwabenspiegels, Berlin 1861. Eine ausführlichere Besprechung dieser ziemlich bodenlosen Hypothese verspricht Pfeiffer für den zweiten Band;

ob es ihm aber gelingen wird, seine eigene Vermuthung, daß David von Augsburg Verfasser jenes deutschen Rechtsbuches sei, besser zu begründen, ist abzuwarten. Jedenfalls sehen wir aber auch hier nur einen neuen Beweis für die
große culturhistorische Bedeutung der Berthold'schen Predigten. Nicht bloß das
religiöse, sondern das gesammte sittliche Leben jener Zeit mit dem Reichthum
seiner öffentlichen und privaten Beziehungen und Verhältnisse liegt uns darin
vor Augen, und zwar nicht bloß in der trockenen und abgezogenen Form schriftstellerischer Zeichnung, sondern in der ganzen farbigen Frische und lebendigen
Unmittelbarkeit des gesprochenen Wortes, das, von Mund zu Ohr, von Herz zu
Herzen geredet, auch heute noch mit seiner Kraft, Lieblichkeit und volksthümlichen
Naivetät anzieht, ergreift und fesselt. Es sind nicht bloß Sprachdenkmäler und
Literaturproben, die uns hier geboten werden, sondern redende Denkmäler und
lebensvolle Illustrationen zur mittelalterlichen Kirchen- und Volksgeschichte, werthvolle Documente für die noch zu schreibende ethische Dogmengeschichte, die Ge-
schichte des christlich-sittlichen Lebens.

Wir können uns daher dem Wunsche des Hrn. Herausgebers nur anschließen,
daß das Buch auch über den Kreis der Fachgenossen hinaus diejenige Aufnahme
und Beachtung finde, deren es als eines der werthvollsten Denkmäler unserer
Literatur gewiß in hohem Grade würdig ist.

Wagenmann.

**Die kirchliche Legende über die heiligen Apostel für Geistliche und
Nichtgeistliche aller Confessionen vollständig aus den Quellen über-
setzt und dargestellt von Franz Otto Stichart, Pfarrer.
Leipzig, Druck und Verlag von B. G. Teubner, 1861. 319 S.**

Der Verfasser wollte Alles, was die Literatur über die Apostel darbietet,
auf erschöpfende Weise in ungeschmälertem urkundlichen Bestande, ohne jedwedes
beurtheilendes oder schmückendes Beiwerk, unter gewissen sachlichen Gesichtspunkten zusammenstellen und Geistlichen und Laien ein Handbuch bieten, worin
alles Sinnvolle und Sinnlose, was die Jahrhunderte über Leben, Leiden und
Sterben der Apostel erzählt und erdichtet haben, mühelos gefunden werden
kann. Die Uebersetzungen aus den griechischen und lateinischen Quellen sind
fließend und treu unter Angabe der Belege; die allzu ausführliche Geschwätzigkeit
der Legende ist hin und wieder mit Fug abgekürzt. Für die Reihenfolge der
„Biographien" ist die alphabetische Ordnung von St. Andreas bis St. Thomas
eingehalten. Die künstlerischen „Attribute" sind nach dem bei Hahn in Hannover 1843 erschienenen Buche angegeben, auch ist der jedem Apostel zugetheilte
Artikel des symbolum apostolicum nach Durandus' Rationale angeführt. Den
Schluß jeder „Biographie" bildet die Angabe der hauptsächlichsten Cultus- und
Reliquienstätten des betreffenden Apostels. Zur Geschichte des christlichen Cultus
und zur christlichen Bildnißkunde ist ein solches Legendenwerk ebenso nützlich als
zu immer neuer Erweckung evangelischen Grausens vor diesem frommen Ge-
fabel und Gefasel, in dem so viele Jahrhunderte und so viele Millionen ihre
christliche Erbauung gesucht haben und noch immer finden sollen. Einzelnes
davon mag bei gehöriger Besonnenheit und Vorsicht auch zu homiletischer und

katechetischer Verwendung dienen, obschon für die evangelische Erbauung nur das Wort der Wahrheit und die wahre Geschichte von wirklichem Werthe ist.

Schwäb. Hall.   H. Merz.

Weihnachten, Ursprünge, Bräuche und Aberglauben. Ein Beitrag zur Geschichte der christlichen Kirche und des deutschen Volkes von Paulus Caffel, Prof. und Lic. der Theol. Berlin, Verlag von L. Rauh, 1862. = CXXVI und 307 S.

Ein Werk von großer Belesenheit, Gelehrsamkeit und leichter Combinations-gabe; aber wie der Titel, so ist auch der Inhalt etwas absonderlich, die Dar-stellung halb wissenschaftlich, halb rhetorisch und durchaus rhapsodisch, voll von Seitensprüngen, abrupten Gedanken und Sätzen. Ein rechtes Gegenstück gegen die klare, nüchterne, oft trockene Untersuchungs- und Darstellungsweise Dr. Pi-per's, dessen Verdienste um die christlichen Alterthümer Herr Caffel ebenso an-erkennt, als er sich dessen specieller Abhandlung über den Ursprung des Weih-nachtsfestes und das Datum der Geburt Christi im evangelischen Kalender 1856 entgegensetzt. Er erkennt übrigens die Ausführung seines — für uns immerhin inhaltsreichen und anregenden — Buches selber als eine mangelhafte und frag-mentarische an. Wenn er damit auf willige Verzeihung für verschiedene einzelne Irrthümer und Lücken rechnet, so wird bei aller Willigkeit und Billigkeit doch erwidert werden dürfen, daß eine nochmalige Ueberarbeitung und klarere Durch-arbeitung dem Buche im Ganzen zu wünschen gewesen und dazu die nöthige Zeit schon gegönnt worden wäre.

Der Hr. Verfasser hat sich die Aufgabe gestellt, der modernen Anschauung entgegenzutreten, wonach man die Institutionen und Sitten des christlichen Alterthums als umgewandeltes heidnisches Wesen auslegt; z. B. eben das Weihnachtsfest als die heidnische, in's Christenthum umgesetzte Wintersonnen-wende. Hiergegen will Hr. Caffel nachweisen, daß das christlich-kirchliche Leben durchweg, mithin auch das Christfest aus der Erfüllung des alten Bundes sich gestaltet habe. Nicht das Heidenthum, sondern das Judenthum gebe die Analogien für die heiligen Zeiten der Kirche. Die christliche Ausdeutung und Anwendung prophetischer Stellen habe zu der Feier der Christnacht am 24.—25. December geführt schon im 2. Jahrhundert. Auch die frühere orientalische Feier des 6. Januar als Christfestes sei nicht sowohl Tauffest als Geburtsfest gewesen und ebenfalls Anlehnung an alttestamentliches Wort und jüdische Sitte. Ein-führung wie Verbreitung des Christfestes beruhen tief in den innersten christ-lichen Kämpfen und Arbeiten, so daß sie ein Stück und Zeugniß der inner-lichen Kirchengeschichte und der Dogmengeschichte seien. So müssen auch die Bräuche und Sitten nicht so sehr aus dem heidnischen als aus dem christlichen Volksleben nachgewiesen werden, entgegengesetzt der Schule Jakob Grimm's, welche nach dessen deutscher Mythologie überall nur Spuren alt-germanischen Heidenthums sucht. Es sei eine Pflicht und ein Recht der Kirchen-geschichte, den Sagen und Gebräuchen des christlichen Volkes nachzugehen und den Reichthum eigenthümlich christlicher Gedanken, die Fülle von Allegorie und Symbolik in Schrift und Predigt an's Licht zu stellen. Endlich wäre auch der Weihnachtsaberglaube, namentlich bei den nördlichen Völkern und Slaven,

als christlicher, der nur in der Entwickelung des Christenthums seine Quelle
haben kann, nachzuweisen. Im südlichen Deutschland und in Frankreich sei
allerdings der Einfluß romanisirten Aberglaubens und Brauches aus den Zeiten
der Römerherrschaft wohl zu beachten. Aber sonst sei festzustellen, daß der Aber=
glaube als falscher Glaube (nicht bloß, wie J. Grimm es deutet, Ueber=
glaube) gleich dem rechten Glauben immer jung, immer activ sei und sich nicht
mit den Ueberresten älterer Zeit begnüge.

Gewiß läßt sich das hören und ist es der Mühe werth, das ganze reiche
Gebiet des christlichen Volksbrauches und Glaubens von solcher Seite aus an=
zusehen und zu durchforschen. Es ist freilich ein schlüpfriger Boden und fast
lauter Moorgrund und Marschland, worauf man dabei zu gehen hat, und es
bedarf vorweg noch allenthalben der Einzelforschung, um den Faden in diese
Labyrinthe zu finden. Nur dankenswerth kann es sein, wenn von Seiten po=
sitiver evangelischer Theologie mit rechtem Ernst und Eifer das Feld bebaut
wird, welches bisher fast ausschließliche Domäne abstract=philologischer oder
antiquarischer Forschung und unkirchlicher, negativer Kritik war. Es ist ja auch
doch eigentlich ein Fehler und heute noch mehr, als Chrysostomus es schon
nannte, eine Schande, daß wir unseren Gemeinden und Kindern das nicht er=
klären können, was in Jedermanns Mund und Haus und Umgebung jedes Jahr im
Anschluß an die heiligen Zeiten und Verkündigungen der Kirche sich wiederholt.
Sehr reiches Material hat nun Hr. Cassel in den zwei letzten Büchern seiner
Schrift aus der älteren und der neueren, den Volkssagen nachgehenden Literatur
zusammengelesen und in seiner Weise beleuchtet — vom Weihnachtsnamen und
Weihnachtsbaum bis zu dem Knecht Ruprecht und den schwäbischen "Springerlen"
herab. Aber so interessante Lichtblitze der Verfasser auf diese Dinge alle fallen
läßt, welche einen guten, ja auch manchen schlimmen Theil des christlichen Volks=
lebens bilden, wir können nicht sagen, daß sie uns auf überzeugende Weise in's
volle Licht gestellt sind. Es gäbe noch gar viel zu sondern und zu sichten, zu
bemerken und zu berichtigen. Wir können hier nicht auf kleine Einzelnheiten
eingehen, z. B. daß zwar der heil. Nicolaus das Attribut der drei Brode hat,
aber nicht auch der heil. Stephanus, dessen Zeichen der Stein ist (S. 220.).
Nur den Hauptpunkt heben wir hervor, daß es uns nicht bewiesen noch be=
weisbar erscheint, die Kirche begehe in der Geburt Christi "ihre Tempelweihe
und ihr Hüttenfest" und feiere deßwegen Weihnachten unter Zweigen und
Bäumen und Lichtern am 24.—25. December, dem von Haggai verkündigten
Tag des neuen Tempels (d. h. Christi) gegenüber der Serubabel'schen und
makkabäischen Tempelweihe am 24. des neunten Monats als dem Tage des
Laubhüttenfestes. Und wenn wir auch der Ansicht und Ausführung des Herrn
Verfassers beistimmen, daß der christliche 25. December keine Copie des
Mithrasfesttages, des dies natalis invicti Solis, daß der 25. December über=
haupt kein heidnisches Sonnenfest wäre (wie nach Neander noch Alt meint), son=
dern mit Kollar, Spanheim und neuerdings Mommsen die Notiz in dem rö=
mischen Kalender des Jahres 354 zum VIII. Cal. Jan. auf den Geburtstag des
"unbesiegten" Kaisers Constantius (d. h. auf den Tag, wo sein imperium natum
est) beziehen, so ziehen wir doch am Ende lieber die Piper'sche, obschon nicht
ganz genügende, Erklärung des 25. December als Weihnachtstages vor, wonach
er vom 25. März aus, als dem "Geburtstag der Welt" und dem Empfängniß=

tag des Welterlösers berechnet worden ist. Ebenso glauben wir zwar auch, daß der Hr. Verfasser die alte Hypothese Jablonski's, der 6. Januar sei ein Fest des Osiris und daher in Aegypten das Epiphanienfest als Christfest auf diesen Tag verlegt gewesen, gebührend zurückgewiesen habe. Aber nicht minder grundlos scheint uns die Hypothese unseres Herrn Verfassers zu sein, daß die orientalischen Christen Epiphanien wesentlich als Geburts, nicht als Tauftag Jesu am 6. Januar gefeiert hätten, weil nach jüdischer Anschauung der 6 Januar der 6. Tag der Welt, der Tag der ersten Menschenschöpfung oder Adam's Geburtstag gewesen und nun von den Christen analogerweise als der Tag der Neuschöpfung der Menschheit, als der Geburtstag des Gottmenschen angesehen worden sei. Hierfür fehlt jede Spur eines historischen Beweises, so dogmatisch annehmbar auch der Gedankengang wäre: „Der sechste Welttag, Adam's Geburtstag am 6. Januar, hat seine Erfüllung in Christi Geburtstag am 6. Januar gefunden. Der Mensch Christus ist geboren, aber nicht geschaffen, sondern das Wort im Fleisch erschienen — daher das Fest der Epiphanie". In den ersten Jahrhunderten hatte man genug am Oster und Pfingstfeste. Wodurch und wo zuerst man im dritten Jahrhundert speciell veranlaßt wurde, ein weiteres Fest zu feiern, ist unerklärbar. Daß man aber dann zuerst den Tauftag Jesu hervorhob und nicht sogleich den Geburtstag, das erklärt sich denn doch daraus, daß man, mehr das Werk als die Person Jesu in's Auge fassend, den Moment herausgriff, da er in seiner Tauf anhub, für uns alle Gerechtigkeit zu erfüllen. Da erschien die heilsame Gnade Gottes, da wurde er erstmals als der Sohn Gottes und das Lamm Gottes kundgethan an und durch Johannes. Warum aber der 6. Januar das Epiphanienfest wurde, das wird nach dem Hinfall der Jablonski'schen Hypothese, auf die sich noch Alt in seinem „christlichen Cultus" beruft, und nachdem auch die Hypothese des Hrn. Cassel sich nicht historisch begründen läßt, bis auf Weiteres ein kirchengeschichtliches Räthsel bleiben.

Schwäb. Hall.   H. Merz.

Die Kalendarien und Martyrologien der Angelsachsen sowie das Martyrologium und der Computus der Herrad von Landsperg. Nebst Annalen der Jahre 1859 u. 1860. Von Ferd. Piper, Dr. und Prof. der Theologie in Berlin. Berlin, 1862. Verlag der kgl. Oberhofbuchdruckerei, R. Decker. 180 S.

Die zwei ersten Stücke dieses Buches reihen sich an frühere chronologische und liturgische Arbeiten des gelehrten und emsigen Forschers auf dem Gebiete der kirchlichen Archäologie und der Kirchengeschichte. Seit Jahren mit Abfassung des „vergleichenden Kalenders" betraut, welcher einen Theil des kgl. preußischen Staatskalenders bildet, hat Hr. Dr. Piper fast jeden Jahrgang mit einer gelehrten Abhandlung über kalendarische Fragen und Alterthümer bereichert. So steht im ersten Jahrgang (1851) eine Abhandlung über die deutschen Kalender seit dem Ursprunge der Buchdruckerkunst, im fünften Jahrgang (1855) über den Ursprung der christlichen Kalendarien überhaupt. Im Jahrgang 1857 begann Hr. Dr. Piper, die einzelnen Kalendarien der einzelnen Landeskirchen an's Licht zu stellen und zuerst den altangelsächsischen Festkalender einer geschichtlichen Betrachtung zu unterwerfen. Demnächst (1858) veröffentlichte er (auch in einer besonderen Ausgabe) Karl's des Großen Kalendarium und Ostertafel aus der Pariser Urschrift des berühmten von Gotschalk 781 angefertigten Evangeliars, wobei die Kalendarien und die Festordnung der fränkischen Kirche überhaupt behandelt wurden. Der Jahrgang 1861 brachte das Martyrologium und den Computus der Herrad von Landsperg, der gelehrten Aebtissin des Klosters Hohenburg im Elsaß († 1195). Diesen Weg durch die liturgischen Denkmäler der einzelnen Landeskirchen gedenkt der Hr. Verfasser weiter zu verfolgen, um damit den Grund zu einer allgemeinen Geschichte des christlichen Gottesdienstes zu legen. Für die Kirchengeschichte, ja auch für die allgemeine Geschichte haben denn jene Urkunden und ihre Veröffentlichung eine nicht unwichtige Bedeutung und so ist es Dankes werth, daß Hr. Dr. Piper die Abhandlungen von 1857 und 1861 hiermit in umgearbeiteter, erweiterter und berichtigter Gestalt aus dem vergleichenden Kalender besonders abdrucken ließ. Auch die angehängten „Annalen der Jahre 1859 und 1860" bringen eine kirchengeschichtliche Gabe, indem sie namentlich die Actenstücke mittheilen, welche die Principien der Kirchenregierung unter dem jetzigen preußischen Monarchen aussprechen, dann den Fortschritt des Evangeliums und der Gewissensfreiheit bei den Waldensern und Protestanten in Italien chronologisch verzeichnen.

Was den angelsächsischen Festkalender betrifft, so besteht sein Interesse vor Allem darin, daß er der älteste Kalender eines germanischen Volkes ist, der eine Geschichte hat. Die Entwickelung der Festordnung ist mit der Geschichte des Volks und seiner Dynastieen verflochten und bietet zugleich ein Stück angelsächsischer Kirchengeschichte dar. Es sind aber auch Elemente darin, welche über den Untergang des angelsächsischen Reiches hinaus bis in die englisch-normännische Zeit, ja in der reformirten Kirche Englands bis zur Gegenwart sich geltend machen und auch in Deutschland Eingang gefunden haben. So hat der Kalender des Common-Prayer-Book aus der altbritischen Kirche die Namen St. Alban (Märtyrer) und David, Erzbischof von Menevia, aus der angelsächsischen aber die Heiligen Chad (672), Bischof von Lichfield, König Edward von Wessex (978), Alphege, Dunstan und Augustin († 605), Erzbischöfe von Canterbury, Priester Beda Venerabilis, Etheldred, Aebtissin von Ely (679), und König und Märtyrer Edmund (870). In die Kalender, also in den Cultus deutscher Kirchen hat die angelsächsische Kirche geliefert den Erzbischof Augustin (605), Märtyrer Ewald (695), Wilfried, Bischof von York (709), Priester Beda (735), Königin und Aebtissin Edeltrud (679), Oswald König von Northumberland, Märtyrer († 642), König Edmund (870), Eduard den Märtyrer (978) und Eduard den Bekenner (1066).

Außer dem specifisch kalendarischen Werthe hat das Werk der Herrad noch einige interessante chronologische Angaben in Beziehung auf die Urgeschichte der Welt und Menschheit, sowie auf das Leben Jesu, in welchen über die Angaben der biblischen Geschichte hinaus bestimmt werden will. So wird die Erschaffung der Welt im Frühling seit Philo und Origenes auf den 18. März, die Erschaffung der Sonne und des Mondes am 21. März als am Tage des Frühlingsäquinoctiums gesetzt. Die kirchliche Symbolik und Typik gefiel sich im Spiel der Allegorie und Analogie und ließ die Erschaffung Adam's und den Sündenfall, Verkündigung Mariä und Christi Tod allesammt am 25. März, an einem Freitage, geschehen. Nach Origenes ist Adam in der 6. Stunde erschaffen und gefallen, in welcher auch Christus gekreuzigt wurde. Um die 9. Stunde wurde Adam aus dem Paradies getrieben und ist Christus mit dem Schächer in's Paradies eingegangen. Am 7. Januar, dem Tag nach der Erscheinung der Weisen, floh Joseph mit Jesus nach Aegypten; wieder am 7. Januar kehrte er zurück. 40 Tage nach der Taufe am 6. Januar, also am 15. Februar, endete die Versuchung Jesu, am 17. Februar war die Hochzeit zu Kana; die erste Predigt Jesu in der Synagoge geschah am 1. Mai, die Verklärung am 6. August, — in solcher Bestimmtheit wollte das Mittelalter die Heilsgeschichte mit in ihr tägliches Leben hineinrechnen.   H. Merz in Schwäb. Hall.

Hallisches Trutz-Rom von 1521. Halle, Buchhandlung des Waisenhauses, 1862. IV und 16 Seiten. 8.

Ein nicht uninteressanter Beitrag zu der zahllosen Pasquill- und Flugschriftenliteratur des Reformationszeitalters, den uns Hr. Lic. theol. Ed. Böhmer aus einem auf der v. Ponikau'schen Bibliothek zu Halle vorgefundenen alten Drucke mittheilt. Der ursprüngliche Titel lautet: „Glosse des hochgelahrten erleuchtten andächtigen und barmherzigen Ablaß der zu Hall in Sachsen mit Wunn und Freuden ausgerufen". Der wahre oder pseudonyme Verfasser nennt sich Ignatius oder Lignatius Sturll oder Strull. Die Form der Einkleidung ist die eines Sendschreibens oder offenen Briefes, gerichtet an „Probst Dechant Cantores Scholasticos und Capitel der Stiftkirchen zu Hall in Sachsen". Die Zeit der Abfassung und des Druckes ist ohne Zweifel das Jahr 1521 und zwar näher der Spätsommer oder Herbst d. J.

Es sind im Wesentlichen auch sonther bekannte Ereignisse, in welche die kleine Schrift uns hineinblicken läßt. Während Luther auf der Wartburg saß, von Freund und Feind eine Zeit lang für todt gehalten, drohte dem Reformationswerk eine doppelte Gefahr, auf der einen Seite die nach dem Wormser Edict keck und unverschämt, als ob nichts geschehen, bereits wieder ihr Haupt erhebende Reaction, die sich namentlich in neuen Ablaßverkündigungen und in der Verfolgung ehelich gewordener Priester gefiel, — auf der anderen Seite der bereits unverkennbar in manchen Spuren hervortretende, sich überstürzende, die Reform in Revolution verkehrende Radicalismus. Die Spuren von beidem treten uns in dieser Flugschrift entgegen.

Es ist bekannt, wie Luther selbst unter dem 1. December 1521 ein ernstes Mahn- und Warnungsschreiben von der Wartburg aus an Kurfürst Albrecht richtet, worin er diesem wegen des in Halle wieder beginnenden Ablaßunfuges und wegen der Verfolgung der verheiratheten Priester Vorstellungen macht und mit der Publication seiner bereits druckfertigen Schrift „wider den Abgott zu Halle" ihm droht, worauf dann Albrecht unter dem 21. December erwidert, die Ursache dieses Schreibens sei, wie er sich versehe, längst abgestellt. In dieselbe Zeit nun gehört und auf dieselben zwei Angelegenheiten bezieht sich das vorliegende Sendschreiben, nur daß es wohl um etliche Monate früher als Luther's Brief anzusetzen ist. Ein „armer Laie" begleitet den von den „muthwilligen Pfaffen", d. h. von der Stiftsgeistlichkeit zu Halle, unter Autorität des Erzbischofs und Cardinals Albrecht publicirten Ablaßbrief, worin zum Besten der neu errichteten Stiftskirche auf Sonntag und Montag nach Mariä Geburt (8. Sep-

tember) ein überschwenglich reicher Ablaß ausgeschrieben wird, von Satz zu
Satz, von Wort zu Wort mit den beißendsten Gloßen, worin sich die ganze
gerechte Entrüstung eines auf dem Schriftgrund stehenden Gewissens wider den
„heillosen Ablaß“, der ganze Zorn eines ehrlichen deutschen Gemüthes wider
pfäffischen Trug, Geiz, Aberglauben und Unsittlichkeit, theilweise in den derbsten
Ausdrücken, Luft macht. Es ist ein unmuthiges quousque tandem! das er bei
römischen Geistlichkeit zuruft, wenn er sie, die seit Luther's Auftreten nichts gelernt und nichts vergessen haben, im Anfang seines offenen Briefes anredet:
„Wann wollt ihr muthwillige Pfaffen aufhören, uns arme Laien zu blenden und
verführen? Wann habt ihr eure Bäuch vollgemacht von unserer Einfältigkeit
und Geld? Wann wollt ihr Pharisäer euer hart Kopf und Nacken gegen göttlichem Wort biegen?“ 2c. 2c.

Neben dem Ablaß, der den Hauptgegenstand des Angriffes bildet, kommen
aber noch manche andere Bräuche und Mißbräuche der katholischen Kirche zur
Sprache: die Titel der Bischöfe, der Heiligen- und Reliquiendienst, die päpst-
lichen Reservationen, Bruderschaften, Fasten, Kreuze, das Begräbniß in geweihter Erde, Glockenweihe u. s. w., insbesondere aber die Keuschheit der Priester
und die Verfolgung der ehelich gewordenen Priester. Zum Schluß wird an die
Stiftsgeistlichkeit zu Halle die doppelte Forderung gestellt, für's Erste den Ablaß
bald und klüglich zu entschuldigen, zu beklagen und zu widerrufen, für's Andere
(S. 16.) den von wegen des ehelichen Standes zu Hall gefänglich gehaltenen
Pfaffen wieder zu Lichte zu stellen, oder deßhalb eine genugsame Entschuldigung
„auf den Tag Martini“ gen Naumburg zu schicken, widrigenfalls man annehmen
müßt, der fromme Herr sei unredlich wider göttlich und menschlich Recht er-
mordet worden. Daß sich dieß nicht, wie eine Note des Herausgebers will, auf
den weit später im Jahr 1527 ermordeten Prediger Georg Winkler von Halle
beziehen kann, ist klar; ebenso, daß die aus letzterem Anlaß von Luther an die
Christen zu Halle gerichtete „Tröstung“ mit dem hier vorliegenden Falle nichts
zu thun hat. Vielmehr bezieht sich die angeführte Stelle unseres Sendschreibens
ebenso wie der Brief Luther's an Cardinal Albrecht vom 1. December 1521
auf einen jener drei evangelischen Geistlichen, die im Laufe des Jahres 1521
zuerst in die Ehe getreten waren und deßhalb Verfolgungen zu erleiden hatten.
Es waren dieß Jakob Seidler, Pfarrer zu Glashütte bei Meißen, der von Herzog
Georg von Sachsen auf der Burg Stolpen gefangen gehalten und trotz der
Verwendung Melanchthon's, Carlstadt's und Agricola's im Juli 1521 hingerichtet wurde, sodann der Propst zu Kemberg Bartholomäus Bernhardi von
Feldkirch, der von Cardinal Albrecht zur Verantwortung gezogen, aber von Melanchthon vertheidigt wurde, endlich ein Pfarrer aus dem Mansfeldischen, der
auf Befehl Albrecht's zu Halle in's Gefängniß gelegt wurde. Ohne Zweifel
der letztere muß es sein, auf den sich die betreffenden Worte unserer Flugschrift
beziehen; er wurde dann, wie es scheint, im December 1521 seiner Haft entlassen, nachdem er sein Eheweib verschworen.

Dieß zur theilweisen Ergänzung der von dem Herausgeber in der Vorrede
und den Noten beigebrachten Notizen.

Was nun aber weiter noch für die Flugschrift charakteristisch ist, das ist der
Ton der Drohung, in welchen sie schließlich übergeht und aus dem wir schon
die Vorzeichen des in den nächsten Jahren beginnenden gewaltsamen Refor-

mirens der Stürmer und Schwärmer heraushören. Es erinnert schon ganz an die Proclamationen des Bauernkrieges, wenn der Verfasser seinen offenen Brief unterzeichnet: „Datum auf unsrem Schloß Geselleuberg. Der vierhundert Ge= schlecht Ganerben." Und es sind bereits wohlverständliche Drohungen, wenn er seinen Adressaten zu verstehen giebt: „Wo ihr meine Warnung dürfet verachten, so darf ich euch einen andern Zettel und Gloß zufertigen"; oder: „Werdet ihr mein Ansinnen verachten, so will ich ein Spiel ansahen, daß euch Halle zu enge wird", und wenn er zu seiner peremtorischen Fristbestimmung noch hinzufügt: „Ich will auch nach obgemeldtem Tag nach den Pfaffen trachten, die sich mit Weibern verwirren und treten doch nicht in ehlichen Stand. Nach Martini werdet ihr besser Spiel hören."

Der ursprüngliche Druck ist, wie es scheint, nicht durchaus correct. Der Hr. Herausgeber hat sich darauf beschränkt, Interpunction und Orthographie mehr zu regeln und einige erläuternde Noten beizufügen. An einigen Stellen sind offenbare Unrichtigkeiten oder Undeutlichkeiten (z. B. S. 9. 12.) in der sonst dankenswerthen Publication stehen geblieben.

Wagenmann.

1) Dr. Martin Luther's sämmtliche Werke. Erster Band. Erste Ab= theilung: Homiletische und katechetische Schriften. Erster Band. Erste Lieferung. Zweite Auflage. Frankfurt und Erlangen, Heyder und Zimmer, 1862. 8.

2) Dr. M. Lutheri opera latina. Curavit Elsperger, Irmischer, H. Schmid et H. Schmidt. Vollständig in circa 38 Bänden; bis jetzt erschienen 26 Bände. Ebendaselbst. (Herabgesetzter Preis für tom. I—XX. 5 Thlr.)

In dem Augenblicke, wo zwei ausführliche Werke über Luther's Theologie von Harnack und Köstlin und zwei theils erscheinende, theils zu erwartende Biographien Luther's, die Meurer'sche und Schneider'sche, sowie endlich mehrere populäre Auszüge aus seinen Schriften (von Klaiber und Ahlfeld) von der dem Reformator zugewandten wissenschaftlichen Thätigkeit der deutschen Theologie neues Zeugniß und der Beschäftigung mit ihm auch in weiteren Kreisen neuen Stoff und Anregung geben, halten wir es für Pflicht, das theologische Publicum auch auf's Neue hinzuweisen auf die oben genannte, freilich längst bekannte und von den gewichtigsten Autoritäten in ihrem Werth anerkannte, aber leider, wie es scheint, von dem kaufenden und lesenden Publicum immer noch nicht genugsam benutzte und unterstützte Ausgabe der deutschen und lateinischen Werke Luther's. Es ist die vollständigste und correcteste Ausgabe, der keine der fünf älteren gleichkommt, ja es ist geradezu die einzige vollständige, kritisch und chronologisch zuverlässige, welche wir besitzen, — der wahre und ganze Luther, unverkürzt und unverstümmelt, im ursprünglichen reinen Text, nach den unter Luther's Augen gedruckten Originalausgaben, unter sorgfältiger Beibehaltung aller Spracheigen= thümlichkeiten und alleiniger Anbequemung der Orthographie und Interpunction an die jetzige, so daß — insbesondere in den deutschen Schriften — die Sprache Luther's, als das eigenthümliche Gepräge seines Geistes, unangetastet geblieben

ist. Gerade die Ausgabe der deutschen Schriften hat eben dadurch neben dem
theologisch-kirchlichen zugleich noch ein allgemeineres sprach- und literaturgeschicht-
liches Interesse, als ein Werk, welches nicht bloß den Geist des größten Reformators in seiner ganzen vielseitigen schriftstellerischen Thätigkeit dem Leser darstellt, sondern auch einen Blick thun läßt in die lebendigen Reichthümer der
deutschen Muttersprache, in eine der wichtigsten Bildungsepochen der deutschen
Sprachgeschichte.

Bis jetzt sind die deutschen Schriften vollständig in 67 Bänden (Dr. Martin
Luther's sämmtliche deutsche Schriften, nach den ältesten Ausgaben kritisch und
historisch bearbeitet mit literarhistorischen Einleitungen und einem alphabetischen
Sachregister von Dr. J. K. Irmischer und E. L. Enders), von den lateinischen
aber 26 Bände erschienen; 12 Bände der letzteren sind noch im Rückstand. Von
den deutschen Schriften erscheint soeben eine zweite Auflage, die sich jedoch vorläufig nur auf die Hauspostille in 6 Bänden erstrecken soll, während alle übrigen
deutschen Schriften noch in der ersten Auflage zu haben sind. Von den lateinischen Schriften werden eben jetzt, um neuen Abonnenten die Anschaffung zu
erleichtern, die ersten zwanzig Bände zu dem außerordentlich billigen Preise von
5 Thalern von der Verlagshandlung angeboten, und wir glauben nicht bloß
dem dringenden Wunsche der letzteren, sondern auch einer Ehrenpflicht der evangelischen Kirche nachzukommen, wenn wir Theologen und Geistliche auf diese
Gelegenheit aufmerksam machen, sich die lateinischen Werke des Reformators zu
so billigem Preise zu verschaffen und dadurch zugleich die rasche Vollendung des
Druckes der noch fehlenden Bände, der wegen geringer Theilnahme sistirt werden
mußte, möglich zu machen. Wie manche Kirchen-, Schul-, Pfarr- oder Diöcesan-
bibliothek könnte sich hier durch eine verhältnißmäßig kleine und auf mehrere
Jahre sich vertheilende Ausgabe statt so mancher theologisch-kirchlicher Ephe-
meride, wie sie in unserer Literatur umherflattern, ein κτῆμα ἐς ἀεί von un-
vergänglichem Werthe erwerben! Und wie Manchem unter unseren verschiedenen
Species von Alt-, Neu-, Gnesio-, Stock- und anderen Lutheranern wäre zu
rathen, daß er, statt den Namen des theuren Gottesmannes zum Schibo-
leth des kirchlichen Bruderkrieges zu machen, lieber erst in dem Spiegel der
Schriften Luther's sein eigen Angesicht betrachten und aus seinen Kampfes- und
Friedensworten den freien, frischen, frommen Wahrheitssinn und Glaubensgeist
schöpfen möge, der von aller Menschenknechtschaft frei ist und frei macht! Denn
das ist ja doch unter all' dem Schönen und Großen und Unvergänglichen, was
des Reformators deutsche und lateinische Schriften enthalten, das Größte und
Beste, daß sie allerwärts über sich selbst hinausweisen und hineinweisen in die
Schrift und deren immer tieferes, aber auch immer einfältigeres Verständniß.

                                                        Wagenmann.

Crato von Crafftheim und seine Freunde. Ein Beitrag zur Kirchen-
    geschichte. Nach handschriftlichen Quellen von Dr. J. F. A. Gillet,
    Prediger in der Hofkirche zu Breslau. Erster Theil XIV und
    502 Seiten. Zweiter Theil 555 Seiten. Frankfurt a. M. Druck
    und Verlag von H. L. Brönner, 1860.

Ein nicht erquickliches Buch von Anfang bis zu Ende, mit nur wenigen Lichtblicken dazwischen. Daran ist der Hr. Verfasser freilich zunächst nicht Schuld, daß sein Buch die traurigsten Zeiten und Züge der deutschen evangelischen Kirche enthält, obschon er nicht nöthig hatte, noch auf dem letzten Blatte (II, 449.) ein altes Beispiel rohester confessioneller Polemik mit Haaren heranzuziehen und also mit einer herben Dissonanz sein Buch ausklingen zu lassen. An sich muß es immerhin ein Verdienst heißen, wenn Einer das Kreuz auf sich nimmt und die lange Reihe theologischer Hetzereien, Zänkereien und Schimpfereien, sowie die vielverschlungene Kette fürstlicher Gewaltthätigkeiten, Treulosigkeiten und Reichsverräthereien während des halben Jahrhunderts nach Uebergabe der Augsburger Confession zum Besten der Kirchengeschichte und zum Warnungszeichen für Gegenwart und Zukunft darstellt. Alles kommt auf die Art und Weise der Behandlung solchen Stoffes an. Was den Ton und die Gesinnung betrifft, so verdient der sehr fleißige und gewandte Hr. Verfasser das Zeugniß schöner Mäßigung und würdiger, friedsamer Haltung. Sein Standpunkt ist in den Sätzen ausgesprochen, daß die Scheidung der deutsch-evangelischen Kirche in eine lutherische und reformirte nur „beklagenswerth (S. 21.), daß Luther's Fassung des Evangeliums zu eng (S. 45.), daß in der Abendmahlsfrage Luther's Exegese falsch (S. 25.) und seine Lehre ebenso willkürlich als katholisirend (S. 37.), Melanchthon's Aenderung der Augustana zugleich eine Bereicherung (S. 38.) sei, der Calvinismus aber mit der heil. Schrift in ihrer einfachen Strenge und nach demüthiger Unterwerfung unter ihre Macht zusammenfalle (S. 217.). Brenz erst habe unglückseligerweise das schriftwidrige Lutherthum „zur Kirche gemacht" (S. 221.). P. Eber's und Major's Abfall von der Sache einer allgemeinen Kirche zu Gunsten einer lutherischen Secte (S. 314.) habe von Wittenberg aus vollends Alles verderbt. — Durch solchen Parteistand, welcher das Licht nur auf reformirter, alle Schatten auf lutherischer Seite sieht, wird schwerlich „ein Beitrag" zur unparteiischen Kirchengeschichte gewonnen. Um das herbeigetragene Material für diese zu verwenden, müßte man den ganzen Proceß erst auch von der anderen Seite frisch instruiren. Da bietet aber doch das zweibändige Buch zu wenig Neues von Bedeutung, nachdem namentlich Heppe alles Wesentliche bereits gethan hat. Für Herrn Sudhoff, dem das Buch gewidmet ist, mag Einiges zur Berichtigung und Ergänzung seines Werkes über Ursinus abfallen. Einiges zur Lebensgeschichte des früheren Bischofs, nachherigen kais. Gesandten Dubith, der auf dem Tridentiner Concil sich für den Laienkelch ausgesprochen, dann abgedankt und geheirathet, eine Zeit lang zu den Socinianern sich geneigt und bis zu seinem Tode in Breslau 1589 nie eine entschiedene Stellung zur evangelischen Kirche angenommen hat, kann u. A. als Ergänzung des Artikels in Herzog's Real-Encyclopädie dienen. Die Mittheilungen über den kursächsischen Agenten Hubert Languet aus Burgund, ferner die Ehrenrettung des sächsischen Leibarztes Peucer, Melanchthon's Schwiegersohnes, (I, 428.) lassen wir uns gefallen, wie auch eine Berichtigung Pland's in Bezug auf das von ihm als gerecht anerkannte, in Wahrheit willkürliche gerichtliche Verfahren gegen die Wittenberger Kryptocalvinisten (I, 447.). Wir wollen nicht minder dankbar hinnehmen, was Hr. Gillet II, 113 ff. urkundlich über die Authentie der letzten Aeußerung Luther's an Melanchthon beibringt: „Lieber Philipp, ich bekenne es, daß der Sach vom Sacrament zu viel gethan ist. — Ich habe [die Sache zu

lindern, wozu Melanchthon aufforderte] das oft und vielfältig gedacht; aber so
würde die ganze Lehre verdacht. Ich will's dem allmächtigen Gott befohlen
haben. Thut ihr auch etwas nach meinem Tode." Daß dieß Wort nicht, wie
es von lutherischer Seite noch in neuerer Zeit genannt wurde, eine „Legende",
sondern wirkliches dictum, wenn auch nicht scriptum, Melanchthon's aus Luther's
Munde sei, sollte man nicht in Abrede stellen. Die Tragweite des dictum ist
aber sicherlich nicht, wie die Calvinisten es gedeutet: daß Luther vor seinem
Tode noch selbst seine Schriften über das Abendmahl „verdammt", die Abendmahlslehre Melanchthon's dagegen „an ihre Stelle gesetzt habe". Ebenso wenig
liegt in den Worten, was die mildere Deutung Hrn. Gillet's darin findet,
nämlich das Zugeständniß Luther's, daß die Abendmahlsfrage eine noch offene
sei. Hat doch Luther in den Predigten auf derselben letzten Reise noch völlig
sich zu seiner Lehre bekannt, die ihm sachlich eine ausgemachte Sache war. Daß
dagegen Luther nur eine Retractation seiner polemischen Schärfe und Extra-
vaganz im Sinne hatte, daß er zugab, er habe in der Form zu viel gethan,
das stimmt ebenso zu seinem Wesen, als er, was die Sache betrifft, sich nie den
Aposteln und Propheten gleich geachtet und oft und stark genug gegen ein
Schwören auf seine Worte anstatt auf die der Schrift sich ausgesprochen hat.

Müssen nun solche Dinge auch besprochen und erläutert werden, so sind sie
doch eine sehr geringe Ausbeute für die Mühe, welche die Durcharbeitung von
zwei ansehnlichen Bänden macht, wobei so gar viel Bekanntes mit eingeflochten
ist und noch mehr Dinge und Namen von bloß localer und temporärer Bedeutung, welche höchstens theilweise für den Breslauer Leser ein historisches oder Fa-
milieninteresse haben können, mit in den Kauf genommen werden müssen ohne
jede kirchengeschichtliche Frucht. Hr. Gillet fand in den Breslauer Archiven und
Bibliotheken eine Masse alter, noch unbenutzter Briefe gesammelt, welche ihm
einen klaren Einblick in die über ganz Deutschland verzweigte Verbindung der
angesehensten Kryptocalvinisten gewährten und bewiesen, „daß dieser Name nicht
bloß eine theologische Verdächtigung, sondern eine Macht bedeute". Zugleich
schien ihm jenes Material für die schlesische, insonderheit für die Breslauische
Kirchengeschichte die interessantesten Aufschlüsse zu gewähren, indem sich hier ein
Kleinbild des Entwickelungsganges darbot, welchen die confessionelle Ausgestaltung der deutschen evangelischen Kirche überhaupt genommen hat. „In jeder
Weise erschien es ihm daher des Versuches werth, den vorgefundenen Stoff zu
einem Ganzen zu verbinden."

Wenn nun der Hr. Verfasser speciell die kryptocalvinistischen Händel oder
ein Stück speciell Breslauer Kirchengeschichte oder eine Biographie rund und
sauber herausgearbeitet hätte, so möchte das eine ebenso lesens- als dankenswerthe Gabe geworden sein. So aber hat er zu viel und zu wenig gegeben und
das Ganze dadurch verfehlt, daß er Alles an den nur dünnen Lebensfaden eines
Mannes hängte, welcher gar keine theologische oder kirchliche oder kirchenpolitische
Bedeutung hat. Johannes Kraft oder, wie er sich latinisirte, Crato war als Breslauer Bürgerssohn 1519 geboren, bezog 1534 die Universität Wittenberg, wurde
dort Luther's Haus- und Tischgenosse und schrieb die Tischreden nach, welche
dann Aurifaber herausgab. Wegen seiner Gesundheit nicht zum Prediger tauglich
ergriff er das Studium der Medicin, wozu er auf Luther's Verwendung vom
Rathe seiner Vaterstadt unterstützt wurde. Nachdem er in Leipzig und in Italien

seine Studien vollendet, wurde er 1550 Physicus und Stadtarzt in Breslau, wo er sich zur Pestzeit 1553 auszeichnete und der erste deutsche Arzt war, welcher die Idee der Contagiosität der Pest mit Klarheit festhielt und demgemäß die Maßregeln durchsetzte. Seinem Wesen nach Humanist und von Melanchthon, Camerar und anderen classisch gebildeten Theologen mehr als von Luther ergriffen, bildete er sich in dieser Richtung lebenslang fort und unterstützte mit Geld und Empfehlung tüchtige junge Männer, welche sich der Wissenschaft widmeten. So hat ihm der Breslauer Zach. Ursinus seine wissenschaftliche Laufbahn zu verdanken. Dieser wirkte dann, als er in Zürich ganz von der schweizerischen Theologie gewonnen worden war, auf seinen Gönner derartig zurück, daß auch dieser entschieden calvinistisch wurde. Im reformirten Interesse suchte Crato nun, obschon nur anfangs mit Erfolg, in seiner Vaterstadt, dann (seit 1560) als Leibarzt der Kaiser Ferdinand I., Maximilian II. und Rudolf II. am Wiener Hofe seinen Einfluß geltend zu machen, namentlich zu Gunsten der Böhmischen Brüder, denen er die Uebersetzung ihrer Confession besorgte, um gegen die Flacianer ein Gegengewicht zu bewirken, ferner zu Gunsten der Evangelischen in den österreichischen Erblanden. Aber hier wie für die Evangelischen in Besançon war sein Eifer größer als sein Einfluß. Auch in Breslau wurde letzterer immer geringer. Der reiche, angesehene, 1567 zum kaiserlichen Rath mit dem Namen Crato von Crafftheim (so schreibt auch der Hr. Verfasser mit dem Wiener Canzleizopf), 1568 auch zum Pfalzgrafen mit unzähligen Privilegien erhobene Patriot verwickelte sich lieber in Händel mit dem Rathe seiner Vaterstadt, als daß er auf das vom Kaiser neu verliehene excessive Recht der Steuerfreiheit verzichtete. (Ein nicht humaner Zug an diesem Humanisten, kaum schöner als der, womit sich sein in unserem Buche besprochener Humanitäts- und Zunftgenosse, der berühmte Arzt und Gründer des ersten botanischen Gartens in Nürnberg, der Sohn Joachim Camerar's, des bekannten Leipziger Professors und Nürnberger Rectors, Melanchthon's Busenfreundes, nicht geehrt hat, indem er die langjährigen, mühsamen Arbeiten des großen Züricher Botanicus Konrad Geßner nach dessen frühem Tode sich ankaufte und dann veröffentlichte, als ob sie sein eigenes Werk wären.) Für Crato blieb nur übrig, außerdem daß er in Breslau für jungen calvinistischen Nachwuchs sorgte und in sein erkauftes Dorf Rückers ohne Weiteres (1581) reformirte Predigt, Schule und Kirche setzte (die erste solche in Schlesien), durch ausgedehnten persönlichen und brieflichen Verkehr mit bedeutenden und unbedeutenden Männern in und außer Deutschland den Calvinismus und Kryptocalvinismus gegen das Lutherthum anzupreisen, zu fördern und zu stützen. Besonders schlecht gelang ihm jenes bei seinem Freund und Gevatter, dem Bürgermeister Haintzel in Augsburg, welcher ebenso freundlich als fest, wie Hr. Gillet anerkennt, sich als „rechter und treuer Jünger Luther's" bewies und, auf's vortrefflichste die Lutherische Lehre vertheidigend, einen Beweis giebt, wie diese Lehre denn doch nicht bloß willkürlich theologisches Gemächte und Gezänke, sondern eine Sache des tiefsten Gemüthes und der ernstesten Forschung — wahrlich nicht für die schlechtesten Männer auch in der Gemeinde — war. Was Hr. Gillet aus dem Briefwechsel zwischen Crato und Haintzel II, 240—248. mittheilt, ist leicht die Perle des ganzen Buches. — Insbesondere war Crato auch mit Th. Beza verbunden. In der engsten Verbindung aber blieb er mit Ursinus, dessen hinterlassene Werke er herausgeben half. Zwei Jahre nach Urſinus, am 19. October 1585, ſtarb Crato an der Peſt zu Breslau in chriſtlicher Faſſung; ſein letztes Wort war: „Ego vivo et vos vivetis."

Dieſer Crato war nun gewiß eine intereſſante Perſönlichkeit, ein Seitenſtück zu dem von Keim uns ſo anziehend geſchilderten Ulmer Arzt und Melanchthon's Freund, Wolfgang Richard. Zur Charakteriſtik des Reformationszeitalters iſt die Kunde von dieſen theologiſirenden Humaniſten unentbehrlich, aber um ein kirchengeſchichtliches Buch von zwei Bänden zu tragen, haben die Schultern Meiſter Kraft's von Kraftheim nicht Kraft genug. Er war der Mittelpunkt eines großen Freundeskreiſes und eines reichen Briefwechſels, aber weder Ausgangs- noch Sammelpunkt einer geſchichtlichen Bewegung. Sollte er nun doch ſeinen Namen zu einem weitläufigen Buche hergeben, ſo bildet er nun nicht die Sonne, um die ſich Alles dreht und die Alles beleuchtet, ſondern vielmehr den nur hin und wieder ſichtbar werdenden Planeten oder Trabanten, den bloßen Brief- empfänger oder Briefträger der kirchlichen Zeitgeſchichte. Damit wird das Buch zuſammenhang- und kernlos, die vielen in daſſelbe eingeſchachtelten Namen und Dinge, für welche der Hr. Verfaſſer kein alphabetiſches Regiſter beſorgt hat, kommen zu keiner Ueberſichtlichkeit, und man geht von dem Buch auch in for- meller Beziehung mit dem unerquicklichen Eindruck: eine zu ſchwere Rüſtung für den ſchmalen Körper.   H. Merz in Schwäb. Hall.

Geſchichte der proteſtantiſchen Dogmatik in ihrem Zuſammenhang mit der Theologie überhaupt von Dr. Wilhelm Gaß, ord. Profeſſor der Theologie an der Ludwigsuniverſität zu Gießen. 3. Band. Die Zeit des Ueberganges. Berlin, Druck und Verlag von Georg Reimer, 1862.

Der nach fünfjährigem Stillſtand erſchienene dritte Band des dankenswerthen und inhaltsreichen Werkes beſchäftigt ſich mit den erſten zwei Drittheilen des 18. Jahrhunderts und ſchildert diejenige Periode in der Geſchichte der proteſtan- tiſchen Dogmatik, wo verſchiedene mit einander unverträgliche Elemente in die Theologie eingedrungen und in ihr zuſammengebaut waren, bis der Zeitpunkt kam, wo ſie das ſie einigende Band ſprengten und aus dem gährenden Proceß eine beſtimmte, dem früheren Charakter der Theologie principiell entgegenſtehende Richtung ſich zur Herrſchaft herausarbeitete. Nachdem der 2. Band mit dem Spener'ſchen Pietismus geſchloſſen, beginnt der dritte mit dem jüngeren Pietis- mus, deſſen Hauptvorkämpfer J. Lange war, gegenüber von V. Löſcher, dem Repräſentanten der Orthodoxie. An die Darſtellung der von dieſen Männern geführten Streitigkeiten ſchließt ſich eine gedrängte Schilderung des damaligen Standes der Unionsverhandlungen und des Herrnhutianismus. Dem Pietismus als dem einen, namentlich im Intereſſe der ſubjectiven Frömmigkeit wirkſamen, die Orthodoxie innerlich umgeſtaltenden Faktor wird ein zweiter, mehr im In- tereſſe der Wiſſenſchaft einflußreicher Factor zur Seite geſtellt, die Leibniz-Wol- fiſche Philoſophie, welche, obwohl anfangs verfolgt und angefeindet, ſpäterhin mit der orthodoxen Theologie einen Bund von nachhaltiger Bedeutung einging. Unter dem Einfluſſe dieſer in ſich verſchiedenen Elemente erfuhr die theologiſche Wiſſenſchaft eine bedeutſame Milderung und Erweiterung. Das ſtarr gewordene

Dogma wurde unter der Hand eines Buddeus, Carpzov, Baumgarten erweicht,
ſeine Spitzen und Schroffheiten durch Einſchiebung einer immer mehr ſich ausdehnenden Reihe von Vermittelungen abgeſtumpft und den ſupranaturalen Dogmen wurde eine breite Grundlage gegeben in weitläufiger Erörterung der dem
natürlichen Gebiet angehörigen Sätze der Dogmatik. Ferner verlor die Dogmatik ihre prädominirende Stellung. Die Ethik wurde ſelbſtändige Wiſſenſchaft;
die Kirchengeſchichte beſonders von Mosheim in neue Bahnen geleitet; die Exegeſe,
mit der ſich die ernſtlichſten Beſtrebungen um Kritik des Textes verbanden,
emancipirte ſich von der Herrſchaft der Dogmatik und rang nach einem unbefangenen hiſtoriſchen Standpunkte. Der freigeiſtig angelegte, des Socinianismus
angeklagte J. Wetſtein, der gewiſſenhaft ängſtliche Bengel und der Reformirte
J. A. Turretin trafen auf exegetiſchem Gebiet zuſammen. Dieß ſind die Grundzüge der Entwickelung der deutſchen Theologie. Der letzte Abſchnitt des Buches
zeigt, wie dieſelben Symptome einer Veränderung des Princips und der Methode der Theologie auch in der Schweiz, trotz des mit neuer Macht ſich erhebenden Symbolzwanges, und in den Niederlanden ſich verfolgen laſſen; und
wenn S. 296—373. noch die engliſche Theologie ſeit der Reformation und die
Kämpfe des Deismus und Antideismus vorgeführt werden, ſo füllt Gaß damit
eine ihm von Dorner bemerklich gemachte Lücke des 2. Bandes aus. Mit welchem
Recht freilich der Deismus einfach nur unter „die reformirte Theologie“, wie
der 5. Abſchnitt überſchrieben iſt, ſubſumirt werden darf, iſt dem Referenten
zweifelhaft, da ja der Deismus aus allen kirchlichen Denominationen Englands
ſeine Vertreter hernahm. In ähnlicher Weiſe iſt Oetinger's Theoſophie nur wie
gelegentlich im Anſchluß an Bengel behandelt und von der übrigen theoſophiſchen
Richtung ſeiner Zeit iſolirt, wie Dippel nur im Zuſammenhang mit Zinzendorf
behandelt wird, wogegen es der Durchſichtigkeit der ganzen Anlage des Buches
zweckdienlicher geweſen wäre, dieſe ganze Richtung in eigener Gruppirung auftreten zu laſſen.

Die gegebene Ueberſicht zeigt den reichen Inhalt des Buches, wobei übrigens
das Maßhalten in der Auswahl des Stoffes, der einer überaus reichen und in
die Breite gezogenen Literatur zu entnehmen war, alle Anerkennung verdient.
Die Auffaſſung der einzelnen Perſönlichkeiten und Erſcheinungen iſt eine durchaus leidenſchaftsloſe und unparteiiſche, mit ſichtlichem Intereſſe und unermüd-
licher Hingebung in den Gegenſtand eindringend, frei von jener marmornen
Kälte, die ſich für Objectivität giebt, das Einzelne in ſeiner beſonderen charakteriſtiſchen Beſtimmtheit erfaſſend. Das Urtheil iſt billig und mißt den Werth
nicht nach fremdartigen modernen Geſichtspunkten, ſondern nach dem Dienſte,
den eine Richtung in der gegebenen Entwickelungsgeſchichte und unter den ſie
beſtimmenden Verhältniſſen der den Proteſtantismus beherrſchenden Wahrheits-
idee leiſtete und leiſten konnte. — Löſcher findet neben Lange (S. 13 f.), Zinzendorf neben Dippel (S. 85 ff.), Wetſtein neben Bengel (S. 239 ff., 249 ff), die
Wertheimer Bibelüberſetzung (S. 227.) neben der Berlenburger Bibel (S. 231.)
die billige Würdigung, die ihnen als charakteriſtiſchen und wirkſamen Erſcheinungen
in der Entwickelung des Lebens und der Lehre innerhalb des Proteſtantismus
gebührt. Die mannichfachen — wie es für ein Uebergangsſtadium natürlich iſt
— einander oft ſo nahe berührenden Richtungen werden klar und beſtimmt gegen
einander abgegrenzt; ſo wird z. B. der jüngere Pietismus, der, „obwohl er

wenig neue Momente in den Streit einführt, doch seine selbständige Bedeutung hat" (S. 12.), von dem älteren (S. 37 f.) unterschieden: „Der Pietismus zweiter Periode erscheint mit dem älteren verglichen theils mehr concentrirt und von der altgläubigen Lehrform bestimmter abgelöst, theils factisch gesichert und als eigenthümliches Element in den kirchlichen und literarischen Verkehr aufgenommen. Damit hängt denn auch die veränderte Form der gegenseitigen Bekämpfung zusammen" u. s. w. Das Verhältniß von Pietismus zum Herrnhutianismus wird richtig angedeutet in den Worten Seite 90: „Die Anschauung des Christenthums zieht sich von ihrem allgemeinsten Umfang auf einen immer engeren zusammen, bis sie an das Concreteste, Schärfste, Ergreifendste, an den Schlußpunkt des Drama's der Erscheinung Christi sich angeheftet hat, welcher unmittelbar und vor jeder Erklärung auf den Betrachter wirkt." Den Gegensatz streitender Parteien zeichnet Gaß um so schärfer und plastischer, je genauer er die Aehnlichkeit derselben in's Auge faßt. So bestimmt er das Verhältniß von Lange und Löscher in folgender Antithese: „Der Streit beider gleicht einer Wage, die mit Lasten verschiedener Art beschwert wird. Der Eine verlangt das alte dogmatische Vollgewicht des materiellen Glaubens als einziges Erwerbsmittel der Seligkeit; der Andere fordert ein geringeres Quantum, das aber mit Zuthaten religiöser Gesinnung und sittlicher Strenge ergänzt wird. Beide klagen sich also der Indifferenz an, sei es in dogmatischer oder sittlich-ascetischer Hinsicht, und beide der Ueberschätzung dessen, was der Andere für untergeordnet hält" (S. 64.). Die Stellung beider Parteien in der Lehre von der Heilsaneignung wird dahin formulirt: „Von pietistischer Seite werden die Kategorien der Heilsordnung zwar einzeln unverändert angenommen, aber sie werden in das Licht einer freieren psychologischen Anschauung gestellt. — Hatte die ältere Theorie das menschliche Subject dem Dogma und der aus ihm entwickelten Construction der Heilsordnung unterworfen, so soll nun vielmehr die letztere dem Menschen angepaßt werden, zumal dem seelischen Menschen, wie die Religion ihn fordert. — Wird diese Tendenz allgemeiner gefaßt, so kündigt sich in ihr die Erkenntniß an, daß die Religion für den Menschen sei" (S. 66.). Nur beutet Gaß, was dieser Schlußsatz enthält, nicht gehörig aus, wenn er ihn nur dieß besagen läßt, „daß die Religion, um den neuen Menschen zu erzeugen, selbst dem Leben angehören und als eine heiligende und wiederherstellende Kraft in ihm walten müsse", während doch im Pietismus überhaupt eine veränderte Stellung des Subjectes gegenüber der transcendenten Objectivität der Kirche und ihres Dogma's sich angebahnt hat; und gerade dadurch hat der Pietismus nicht bloß eine praktische Bedeutung erhalten, die man ihm (S. 62.) gewöhnlich als die einzige zuschreibt, sondern auch eine wissenschaftliche, die aber nicht sowohl „in den sprachlichen und exegetischen Studien" desselben beruht (S. 63.), als vielmehr darin, daß er zugleich mit der Verengerung und Concentration der Dogmatik auf die Heilslehre den Endzweck des Christenthums, die Beziehung des Subjects auf sein Heil, als belebenden und befruchtenden Gesichtspunkt aufgestellt hat, nach welchem das System eine naturgemäße Gliederung erhält.

Die gemachte Bemerkung weist uns auf einen Mangel unseres Werkes hin. Es findet sich in demselben ein Reichthum tüchtiger Gedanken, die das Verständniß der geschichtlichen Erscheinungen fördern, um so mehr, da sie sehr objectiv gehalten sind. Aber das letztere ist erkauft mit dem Mangel an innerlich vermittelter und beweglicher Entwickelung des Gegenstandes. Sie sind nicht zu beherrschenden Gesichtspunkten erhoben, von denen die Geschichtsdarstellung getragen wäre, sondern wie unter der Hand gewonnene Beobachtungen fast anmerkungsweise nachgetragen und oft nicht einmal untereinander in einen tieferen Zusammenhang gebracht, sondern aphoristisch aneinander gereiht. Ja selbst wo zum voraus Gesichtspunkte zur Gestaltung und Ordnung des Stoffes gegeben sind, wie z. B. S. 338. die englischen Deisten eingetheilt werden in „die Bekenner der abstracten Religionswahrheit" und die „kritischen Freidenker", in solche, bei denen „die philosophirende oder moralisirende", und solche, bei denen „die historisch-kritische Thätigkeit" vorherrscht, und in solche, welche „eine Verbindung beider Tendenzen darstellen", werden dieselben für die weitere Benutzung nicht deutlich festgehalten und durchgeführt. Doch der Mangel der formalen Durchbildung des Stoffes und das Fehlen einer auch mehr künstlerisch vollendeten Darstellung thun dem Werke insofern keinen zu bedeutenden Eintrag, als der Eindruck der wissenschaftlichen Gediegenheit und Zuverlässigkeit, den man empfängt, den gerügten Mangel vergessen läßt. Ueberrascht war Referent von einem starken Verstoße, der sich S. 79. findet: „Pfaff, dessen Alloquium in deutscher Sprache dem Kaiser Maximilian II. und Christoph von Württemberg überreicht worden, correspondirte mit dem englischen und preußischen Hof." Nach S. 78. Anm. 2. erschien aber Pfaffii alloquium irenicum ad protestantes Tub. 1720, die beiden genannten Fürsten dagegen gehören in die Mitte, resp. zweite Hälfte, des 16. Jahrhunderts, während zu Pfaff's Zeit Eberhard Ludwig Herzog von Württemberg und Karl VI. deutscher Kaiser war. Auch ist die verschiedene Schreibung eines und desselben Namens, z. B. Wetstein und Wettstein, störend.

Möge dem Verfasser die baldige Vollendung des ganzen Werkes, welche er selbst so bringend wünscht, vergönnt sein.

Tübingen.   Rep. Sandberger.

Lessing und Göze. Ein Beitrag zur Literatur und Kirchengeschichte des 18. Jahrhunderts. Zugleich als Widerlegung der Röpe'schen Schrift: „Johann Melchior Göze, eine Rettung." Von August Boden. Leipzig und Heidelberg, C. F. Winter. 1862. IX und 402 S. 8.

Boden bezeichnet selbst seine Schrift mit Recht nicht bloß als einen Beitrag zur Literatur, sondern auch zur Kirchengeschichte; denn der bekannte Streit zwischen Lessing und Göze, auf den sie sich bezieht, hat von jeher eine nicht unbedeutende Stelle in der Geschichte der Kirche und des Dogma's im vorigen Jahrhundert eingenommen, und Lessing's Persönlichkeit selbst ist dadurch zu sehr in jene verflochten, als daß die Theologie der Gegenwart an Schriften, die zur Aufklärung des Streites Beiträge liefern, vorbeigehen könnte. Obige Schrift Boden's hat darum, obwohl sie ihrem nächsten Zweck nach weniger auf den eigentlich theologischen Inhalt jenes Streites eingeht, sondern nur die Stellung der beiden streitenden Personen zu einander in's rechte Licht zu setzen sucht, doch auch für den Theologen bedeutendes Interesse. Da sie aber selber erst auf Veranlassung der von Röpe neuerdings versuchten Rettung Göze's entstanden ist, so muß die Besprechung der Boden'schen Schrift nothwendig auf jene „Rettung"

Rücksicht nehmen. Röpe hat es versucht, das bisherige landläufige Urtheil über das Verhältniß der beiden Streiter, das sich durchaus auf die Seite des sieg- reichen Lessing gegen Göze gestellt hatte, als ein auf böswilliger Verläumbung oder Unkenntniß der Göze'schen Schriften beruhendes geradezu umzukehren. Galt Göze bisher als der Typus eines beschränkten, unverständigen geistlichen Zelo- tismus, so suchte ihn Röpe vielmehr als einen verehrungswürdigen männlichen Kämpfer für das alte gute Recht der Orthodoxie, einen aller Theilnahme werthen Märtyrer für die Sache des Glaubens darzustellen. Da es gewiß ist, daß der heutige Liberalismus, der sich hauptsächlich der Literaturgeschichte bemächtigt hat, aus instinctiver Abneigung gegen einen Vertreter des alten Glaubens leicht zu einem voreiligen falschen Urtheile über Göze kommen konnte, und zumal da allerdings, wie es scheint, fast Niemand sich die Mühe genommen hat, die Schriften Göze's selbst durchzusehen, so war es nur erfreulich und verdienstlich, wenn Röpe es unternahm, auf Grund authentischer Quellenforschung die Ansichten über jenen Streit zu revidiren. Die Frage ist nur, ob er dabei die Absicht einer „Rettung Göze's" wirklich erreicht hat. Dieß aber ist durchaus zu bestreiten. Einmal hat er, wie Boden mit Recht rügt, der ersten Forderung, die an ihn zu stellen war, reichliche Auszüge aus Göze's Schriften zur Ermöglichung eines objectiven Urtheiles zu geben, gar nicht Genüge gethan; sodann hat er die Ret- tung Göze's nur dadurch erreicht, daß er seinerseits gegen Lessing's sittlichen Charakter die allerstärksten Anklagen erhebt, Anklagen, neben denen sich der immer wieder erneuerte Ausdruck der Verehrung Lessing's höchst wunderlich ausnimmt. Wer aber Lessing's Persönlichkeit und die strenge, fast pedantische Ehrenhaftigkeit seines Charakters nur einigermaßen kennt, wer überhaupt die Verehrung für die Heroen unserer Literatur nicht durch den Eifer der sie verkleinernden positivistischen Richtung der Gegenwart sich ohne Weiteres nehmen lassen will, der wird solche Insinuationen nicht so leicht auf die Versicherungen Röpe's hinnehmen. Eben darum muß die Arbeit Boden's als eine höchst dankenswerthe bezeich- net werden, indem er erst eine wirklich authentische, auf genauer Erforschung des thatsächlichen Verhältnisses beruhende Darstellung der Sachlage und durch seine Mittheilungen aus Göze's selten gewordenen Schriften Gelegenheit zu selbstän- diger Beurtheilung des Göze'schen Auftretens gegeben hat; um so dankenswerther ist diese Arbeit, da Röpe's Darstellung bereits anfing, als die wahrhaft geschicht- liche ausgerufen zu werden. Mit gründlichem Fleiß und urkundlicher Genauig- keit hat Boden die auf den Streit bezüglichen Momente aus Lessing's „Göze's Leben und Schriften" durchgearbeitet und dabei fast Schritt für Schritt die Auf- stellungen Röpe's einer Kritik unterzogen, welche materiell und im Wesentlichen gewiß durchaus begründet ist, wenn auch der Ton, in dem er mit Röpe verhan- delt, durch eine allzu stark hervortretende Herbheit und Gereiztheit zuweilen den Leser verletzt und in einzelnen Punkten dem Verfasser selbst die volle Unbefan- genheit geraubt hat. — Die Schrift zerfällt in 5 Abschnitte, welche Lessing's Ver- hältniß zu Göze vor dem Fragmentenstreit (1), Göze's Persönlichkeit überhaupt (2), Göze's und Lessing's Stellung zur Orthodoxie und Aufklärung (3), die Mo- tive Lessing's bei Herausgabe der Fragmente und endlich (4) im letzten bedeu- tendsten und größten Hauptabschnitt Göze's und Lessing's Verhalten im Frag- mentenstreit selbst behandeln. Dasjenige, was sich in der Schrift auf die vielen früheren Streitigkeiten Göze's (2. und 3. Abschnitt) bezieht, übergehend, bemerken

wir nur, daß man aus unbefangener Vergleichung dessen, was Röpe und Boden
hierüber beibringen, den Eindruck erhält, daß Göze freilich bei all' seinen Hän=
deln immer ein gewisses Recht hatte, weßhalb es auch leicht erklärlich ist, warum
Lessing, der im Uebrigen durchaus mit Göze's Feinden befreundet war, da und
dort seine Partie ergreifen konnte; aber das viele Böse, all' die Ergießungen
des Hasses und Hohnes, mit denen Göze überschüttet wurde, hatten ihren Grund
doch wahrhaftig nicht bloß in dem Standpunkt, den er vertrat, sondern zum
großen Theil auch in seinem anmaßlichen, händelsüchtigen Wesen, mit dem er
in Alles sich mischte, und in der heftigen, leidenschaftlichen, Alles gleich auf's
Gebiet des Persönlichen und Sittlichen ziehenden Art, mit der er den Streit zu
führen pflegte. Was aber speciell Göze's Stellung zu Lessing betrifft, so wird
wohl aus dem ersten Abschnitt Boden's, der sich dabei hauptsächlich auf schrift=
liche Aufzeichnungen Lessing's selbst stützt, so viel jetzt für immer sicher nach=
gewiesen sein, daß jene oft wiederholten Erzählungen von einem näheren Ver=
kehr Lessing's mit Göze während seines Aufenthaltes in Hamburg überhaupt in's
Reich der Fabel gehören; man wird also auch nicht mehr nöthig haben, wie bis=
her geschehen, mehr oder weniger unpassende Gründe dafür zu suchen; ebenso
aber wird man sich überzeugen, daß Lessing gegen Göze in keiner Weise Ver=
bindlichkeiten hatte, die er dann später in seinem Auftreten gegen ihn verleugnet
hätte. Diese gegen Lessing erhobene Anklage fällt in sich selbst zusammen.

Wir kommen nun weiter zur Beurtheilung des Auftretens Göze's im Fragmenten=
streit selbst. Hierfür hat uns, wie gesagt, Röpe nur Weniges dargeboten; um so
interessanter und ergötzlicher sind aber die Aufschlüsse, die uns Boden über
Göze's Art aus seinen Schriften giebt (s. besonders S. 220—285. u. 336—379.).
Wenn wir demgemäß unser Endurtheil dahin abgeben, daß es auch künftighin
bei der bisherigen Auffassung dieses Mannes wird bleiben müssen, daß er nicht
ein Mann von wirklicher Kraft und Energie des Auftretens, sondern von klein=
licher, händelsüchtiger und anmaßlicher Leidenschaftlichkeit, überhaupt mehr eine
weibische als männliche Natur war: so glauben wir damit nur den Eindruck
wiedergegeben zu haben, welchen die Sache auf jeden Unbefangenen machen muß.
Gewiß war er kein scheinheiliger Heuchler, er stand vielmehr offenbar mit voller
Ueberzeugung in dem Glauben, den er vertheidigte, gewiß war er auch durchaus
davon überzeugt, daß er in jenen Zeiten des Abfalles ganz besonders zu einem
Wächter Zions berufen sei, aber offenbar befand er sich auch über sich selbst in
einer nicht geringen Selbsttäuschung; er verwechselte seine Lust am Scandal mit
einem inneren Beruf zum Streiter für das Recht der Orthodoxie, zu dem er doch
das Zeug gar nicht hatte; insbesondere hatte er sich in der Taxirung Lessing's,
dem er anfangs als einem Laien mit dem vollen Hochmuth des Fachmannes ent=
gegentrat, ganz und gar verrechnet, und er schadete deßhalb der Sache, die er
vertheidigte und die wahrhaftig der neumodischen seichten Aufklärung jener Tage
gegenüber noch ihr gutes Recht hatte, viel mehr, als er ihr nützte. Gewiß hätten
die alten rüstigen lutherischen Streittheologen des 16. und 17. Jahrhunderts, ein
Flacius, Heßhus, Calov ꝛc., sich sehr besonnen, diesen letzten Ritter ihres Ordens
in seiner schwächlichen Gestalt wirklich als Einen der Ihrigen anzuerkennen. Ist
dem aber so, ist Göze nicht so ganz der verehrungswürdige Mann, der im Con=
flict zweier Weltanschauungen das tragische Geschick hatte, im Kampfe für das
Recht der alten untergehenden Zeit selber unterzugehen, wie ihn Röpe schildert,

27*

ist er vielmehr, kurz gesagt, der Don Quixote des Ritterthumes der alten Streittheologie, so wird, was nun andererseits das Benehmen Lessing's gegen ihn betrifft, auch dieß gewiß sein, daß Lessing ihn, wenn auch etwas grausam und un-
barmherzig, doch nicht ungerecht behandelt hat. Gegen Lessing hat Röpe aber
nun die allergewichtigsten Anklagen erhoben. Einmal wirft er ihm vor, daß die
Herausgabe der Fragmente eine Unbesonnenheit gewesen sei, zu der ihn nur die
schlechte Laune und die Geldverlegenheit seiner ersten Wolfenbüttler Jahre getrieben
habe. Boden ist hierauf in seinem 4. Abschnitt eingegangen; er hat dabei freilich
wohl nicht Recht, wenn er Lessing's trübe Stimmung durchaus bloß aus seinen
Gesundheitsumständen ableiten will und die Geldnoth Lessing's bestreitet, aber im
Wesentlichen ist ihm durchaus Recht zu geben, daß der erste und eigentliche Antrieb zur Herausgabe nicht in jenen Umständen lag (Lessing hatte sie ja schon
früher im Sinne gehabt) und daß Lessing ganz wohl wußte, was er that. Auch
auf den weiteren Vorwurf Röpe's, daß Lessing mit der Herausgabe der Fragmente sich einer Inconsequenz, eines Abfalles von seinem bisher behaupteten
Standpunkt schuldig gemacht habe, hat Boden gebührend geantwortet; doch hätte
allerdings eine tiefere und eingehendere Erörterung dieses Punktes weiter in den
eigentlich theologischen Inhalt des Streites hineingeführt, als dieß in seiner Absicht lag. Hier möge darüber nur dieß bemerkt sein, daß Lessing freilich bisher
als Vertheidiger des alten Systems aufgetreten war, daß er aber in Wahrheit
mit den Intentionen seines Geistes und den letzten Consequenzen seiner Weltanschauung sowohl über die damalige Orthodoxie als die aufklärerische Neologie
weit hinaus war; darum verstanden ihn freilich so oft weder die Vertreter der
alten noch die der neuen Richtung; auch Göze hat seine Intentionen bei Herausgabe der Fragmente gründlich mißverstanden und dadurch von vornherein den
ganzen Streit in eine schiefe Richtung gebracht, und es ist nur zu verwundern,
daß auch Röpe auf dieses Göze'sche Mißverständniß so kritiklos eingegangen ist.
Göze und Röpe sind beide der Meinung, daß Lessing unter dem Vorgeben einer
Vertheidigung der Religion gegen die Angriffe der Naturalisten vielmehr selber
die natürliche Religion an die Stelle der positiven christlichen habe einschmuggeln
wollen; darum können sie natürlich auch in der nachherigen Kampfesart Lessing's
nur eine bewußte fortgesetzte Unredlichkeit, eine absichtliche Verwirrung des
Publicums erblicken, hervorgegangen aus dem Streben, unter allen Umständen,
wie es auch gehen möge, den Gegner todt zu machen. Was diesen Vorwurf bewußter Unredlichkeit im Kampf betrifft, so hat auch hier Boden durch richtige
Auslegung der darauf bezüglichen Notizen, insbesondere der eigenen Aeußerungen
Lessing's (zumal seiner Unterscheidung dessen, was er bloß $\gamma\upsilon\mu\nu\alpha\sigma\tau\iota\varkappa\tilde{\omega}\varsigma$, und was
er $\delta o\gamma\mu\alpha\tau\iota\varkappa\tilde{\omega}\varsigma$ behaupte, was zuletzt noch hauptsächlich bei der Einführung der
katholischen Traditionslehre als einer Instanz gegen Göze in Betracht kommt),
die Sache in's rechte Licht gesetzt, doch würden wohl auch in diesem Punkt seine
Bemerkungen noch einer weiteren Ergänzung bedürfen, die nur im Zusammenhang einer Entwickelung der theologischen Ansichten Lessing's überhaupt gegeben
werden könnte. Lessing wollte allerdings seinen letzten Gedanken noch durch
Herausgabe der Fragmente der Theologie einen Stoß geben, der sie am Ende
wohl über das positive Christenthum hinausgetrieben hätte, aber dieß stand nur
als letztes im Hintergrund; zunächst war Lessing's Absicht vielmehr die, einestheils der Aufklärung zu zeigen, was ihre Consequenzen seien, ebenso aber an-

berntheils der Orthodoxie, daß sie und wie sie gegen diesen aufklärerischen Natu=
ralismus Stand halten könne. Seine Gegensätze, mit denen er die Fragmente
begleitete, waren in diesem Sinne ernstlich gemeint; eben deßwegen ist auch in=
soweit Boden vollständig Recht zu geben, daß Göze gegenüber sich der
Streit in der That nicht, wie Röpe meint, um die Geltung des Positiven und
Historischen im Christenthum, sondern vielmehr um die Lehre von der
Schrift bewegt hat. Zuzugeben aber ist auch, daß man, wenn man sich bei der
Beurtheilung des Thuns Lessing's in der Herausgabe der Fragmente nur an
seine Streitschriften hält, nicht zu vollständiger Klarheit kommt; erst ein genaueres
Studium der Gedanken, welche Lessing in seiner „Erziehung des Menschen=
geschlechts" niedergelegt hat, kann uns darüber vollen Aufschluß geben und die
gegen seinen Charakter erhobenen Vorwürfe vollständig entkräften. Dieser Seite
der Sache weiter nachzugehen, lag nicht in dem Plane Boden's; was er aber
gegeben hat, ist um der Gründlichkeit und Sorgfalt seiner Forschungen willen
gewiß von solchem Werth, daß nicht bloß der Literarhistoriker, sondern auch
der Theolog fernerhin darauf Rücksicht zu nehmen genöthigt sein wird.

Tübingen. Rep. Beck.

Systematische Theologie.

Das Wesen des Protestantismus aus den Quellen des Reformations=
zeitalters dargestellt von Dr. Daniel Schenkel. Zweite gänzlich
umgearbeitete Auflage in Einem Band. gr. 8. IV u. 787 S. 1862.

Das vorliegende Werk betritt in seiner zweiten Auflage den Schauplatz der
Oeffentlichkeit unter veränderten Verhältnissen und in veränderter Gestalt. Auch
der Leserkreis, an welchen es sich wendet, ist entsprechend den seither gemachten
Fortschritten ein anderer geworden. Es bietet sich namentlich auch „den Laien"
als „nützlicher Wegweiser" auf dem Gebiete protestantischen Glaubens und Lebens
an. Es will der Gemeinde dienen. Die frühere Anlage, welche zu mehr=
fachen Ausstellungen Veranlassung gab (vgl. Stud. u. Kritik. 1848, 1. 1854, 1.),
ist verlassen. Der Verfasser sucht jetzt vor Allem das Princip des Prote=
stantismus zu eruiren und gliedert dann seinen Stoff nach den Gesichtspunkten
der Wahrheit, der Freiheit und der Einheit des Protestantismus.
Das Wesen des Protestantismus besteht ihm — allgemein ausgedrückt —
in der „freien Gestaltung christlicher Gemeinschaft vermittelst gewissenhafter per=
sönlicher, möglichst umfassender und vollkommener Wahrheitsaneignung". Diese
Begriffsbestimmung ist allerdings sehr allgemein, so allgemein, daß aufrichtige
Katholiken sie mit gleichem subjectiven Rechte auf ihre Confession anwenden wer=
den und andererseits der Protestantismus genöthigt ist, in den gehaltlosesten
Secten, wofern sie nur irgendwie noch für eine christliche Gemeinschaft gelten
können, sein Wesen wiederzuerkennen. Zunächst jedoch soll uns diese Definition
wohl nur auf den Genuß vorbereiten, die confessionelle Differenz innerhalb des
Protestantismus als etwas völlig Accidentielles verschwinden zu sehen. Sie
beginnt nach dem Verfasser erst da, wo das praktische Gebiet verlassen wird und
die theologische Auffassung und Erörterung der praktischen Probleme ihren Anfang

nimmt. Wir könnten uns dieses Ergebnisses aufrichtig freuen, würde nur nicht
die scheinbar unschuldige Differenz, die eigentlich nur dem „philosophischen Gebiete", der Frage über „das Verhältniß des Realismus zum Idealismus" angehört, mit Einem Male das friedliche Gewand abstreifen und einen wahrhaft
bösartigen Charakter enthüllen. Die specifische Eigenthümlichkeit des lutherischen
Protestantismus soll nämlich darin bestehen, daß dem Lutheraner ein Abendmahlsgenuß, worin der Gegenstand des Heils nicht mit dem Munde genossen
werde, keine Realität habe. In demselben Grade aber, in welchem das Heil als
substantielle Realität vorgestellt werde, trete das Bedürfniß geistiger und sittlicher
Energie bei der Aneignung desselben zurück. Komme es doch zuletzt lediglich
nur noch darauf an, der göttlichen Substanz den Weg in das menschliche Geist-
leben nicht zu verschließen, in stillem, ruhigem Verharren dieselbe in sich aufzunehmen. Dagegen gehe der Reformirte von der Ueberzeugung aus, daß Gott
lediglich Geist und daß auch alle Offenbarungen Gottes Manifestationen seines
Geistlebens seien u. s. w. Verhält sich aber die Sache so, tritt auf lutherischer
Seite das Bedürfniß geistiger und sittlicher Energie bei der Aneignung des
Heils zurück und herrscht dasselbe reformirterseits vor, wie kann dann noch behauptet werden, daß die Differenz erst da beginne, wo das praktische Gebiet verlassen werde? Sie hat nach dieser Ausführung ihre Heimath gerade auf dem
praktischen und ethischen Gebiete, und der ganze weitere Inhalt des Buches dient
nur zur Bestätigung dieser Behauptung; die lutherische Vorstellungsweise erscheint hiernach als eine Quelle sittlicher Erschlaffung, die reformirte als eine
Quelle sittlicher Energie. Beiderseits sind noch mittelalterliche Reste hängen geblieben, am wenigsten bei Zwingli, der sich dadurch sehr zu seinem Vortheil von
den anderen Reformatoren unterscheidet. Diese alten Schlacken fordern eine
maßlose Opposition von Seiten des gleichzeitigen Spiritualismus heraus. Wo
hat sich nun aber endlich der Protestantismus selbst verstehen lernen, ein klares
Bewußtsein von seiner Aufgabe, eine sichere Erkenntniß der Zielpunkte erlangt,
die er zu erstreben hat? Wir sehen uns hier auf die neueste Zeit hingewiesen,
und der Leser müßte blind sein, wenn er nicht entdecken wollte, welches Buch in
theoretischer und welches Werk in praktischer Beziehung den ausschließlichen Maßstab der Beurtheilung bilde. Wir verkennen den Werth der vorliegenden Schrift
nicht. Die kräftige Sprache, die Frische der Gedanken hat etwas sehr Anziehen-
des und Belebendes. Aber viele Unrichtigkeiten wären vermieden worden, wenn
die Subjectivität des Verfassers dem Objecte seiner Darstellung entschiedener den
Vortritt gelassen hätte. Er führt uns zwar als ein beredter Wegweiser in den
Hallen der Reformationsgeschichte herum, aber weniger gelingt es ihm, den
alten Gestalten, die uns hier entgegentreten, Leben einzuhauchen und sie zum
Sprechen zu vermögen; er beschäftigt uns zu viel mit seinen allerneuesten An-
liegen und fertigt die verblichenen Helden gar zu schnell ab, wo sie vielleicht noch
ein entscheidendes Wort auf der Zunge gehabt hätten. Zu seinem großen Bedauern muß es sich Referent bei der Kürze des zugemessenen Raumes versagen,
den Nachweis für diese Behauptung im Einzelnen zu liefern. Nur einige besonders auffallende Beispiele mögen im Verlaufe der weiteren Besprechung zur
Erwähnung kommen.

    Das erste Buch von der Wahrheit des Protestantismus handelt
in seinem ersten Abschnitte von den Quellen, im zweiten von der Substanz

der Wahrheit. Dort wird der Ausgangspunkt nicht mehr wie in der ersten Auflage von dem Worte Gottes, sondern von dem Gewissen genommen. Der Protestantismus ist eine That des Gewissens. Vom Gewissensgrundsatz ist Luther ausgegangen, freilich auch nur ausgegangen; denn er ist nicht im Stande, ihn consequent festzuhalten; die Wagschale des Gewissens sinkt immer tiefer, die des Kirchenthums steigt. Und im Kampfe mit den Schweizern kommt das Gewissen vollends zum Schweigen; nur der Buchstabe darf reden. Luther's Verfahren wird nun geradezu unter die Kategorie der „Zurückstellung des Gewissensgrundsatzes" subsumirt. Es hängt das mit der Eigenthümlichkeit des vorliegenden Werkes zusammen, den Einfluß der genannten Streitigkeiten auf den theologischen Entwickelungsgang Luther's in's Ungeheure zu übertreiben und sein Leben vom Jahre 1517 an in zwei zusammenhangslose Reihen zu zerreißen. In Wirklichkeit stand Luther weder vor dem Sacramentsstreit auf dem subjectivistischen, dem objectiven Inhalt der Wahrheit, der Lehre abgekehrten Standpunkt, den ihn der Verfasser einnehmen läßt, noch ist ihm nach dem Sacramentsstreit der Glaube in der „gehorsamen Unterwerfung unter den unverstandenen und darum mit dem Gewissen auch nicht angeeigneten Buchstaben" aufgegangen. Vom Gewissen macht der Verfasser den Uebergang auf die Sünde. Er beschreibt zuerst die römisch-katholische Lehre, durch welche die Selbstverantwortlichkeit des Subjects in Betreff der Sünde factisch aufgehoben werde, dann in warmen Worten die Gewissensreaction Luther's. Aber auf das Lob folgt um so schwärzerer Tadel. Luther schildert das natürliche Verderben des Menschen mit grellen Farben. Wozu noch übertreiben? Der Mensch soll nach Luther sein eigenes Wesen verloren haben, an die Stelle des göttlichen Ebenbildes das Bild des Teufels getreten, Ham nicht schlimmer gewesen sein als Sem, kein Funke natürlicher Gotteserkenntniß soll im Menschen wohnen, auch im Gewissen nichts Gutes übrig geblieben sein, — lauter Behauptungen, die durch die angeführten Citate entfernt nicht belegt und durch andere Aussprüche Luther's (z. B. zu 1 Mos. 8, 21., die Auslegung der Epistel Röm. 11, 33—36., Auslegung der 10 Gebote) von vornherein widerlegt sind. Luther ist es bei allen seinen starken Ausdrücken nur darum zu thun, daß die Erlösungsbedürftigkeit des ganzen Menschen anerkannt, also von keiner Kraft desselben ausgesagt werde, sie sei von den Folgen des Sündenfalles unberührt geblieben, mit anderen Worten, daß das Werk der Rechtfertigung in seinem vollen Werthe erscheine. Wie unhaltbar ist ferner die Aufstellung, der Fortschritt Calvin's bestehe darin, daß er die Erbsünde als des Menschen eigene und persönliche, nicht wie Luther als eine „fremde" Sünde betrachtet habe (der Mensch thut das Böse „non nolens, sed sponte et libenti voluntate", de s. a.)! Wie unrichtig die weitere Behauptung, daß nach der reformatorischen Voraussetzung die psychologisch so bedeutungsvolle Verschiedenheit der Naturanlagen keine Berücksichtigung finde, vielmehr die ganze Menschheit in einen und denselben Abgrund sittlicher Verkommenheit versunken sei! (Man vgl. für Luther die Stellen zu Ps. 119. 101., Hosea Cap. 13. 14., 1 Mos. 23, 5. 6., für Calvin instit. II, 2, 10 ff., insbes. 15. 3, 3. 4.) Wie unbegründet endlich das Lob, welches Zwingli wegen seiner Erbsündenlehre, namentlich wegen seines Begriffes der Concupiscenz als einer nur sinnlichen Lust gespendet wird! Welche Rationalisirung muß sich die Darstellung des schweizerischen Reformators gefallen lassen! Aus dem 3. Cap. vom Worte Gottes heben wir

nur das Eine hervor, daß Melanchthon wegen der Abfassung der Augsburgischen Confession auf's Ungünstigste beurtheilt wird, als hätte er das Schriftprincip aus Rücksicht auf die Katholiken verleugnet. Das Augsburgische Bekenntniß freut sich der vorhandenen Uebereinstimmung mit der altkatholischen
Kirche, legt ihr aber damit noch keine normative.Bedeutung bei. Die Unterscheidung von äußerem und innerem Worte Gottes ist keine ausschließliche Eigenthümlichkeit Zwingli's; er hat sie mit Luther gemein, nur ist das Verhältniß
beider zu einander bei ersterem ein loseres.

Der 2. Abschnitt von der Substanz der Wahrheit behandelt im
1. Cap. die Lehre von Gesetz und Evangelium. „Nach Luther und
Melanchthon gehört das Gesetz der Sphäre des natürlichen Menschen an“
(wir würden eher sagen: der natürlichen Sphäre des Menschen). „Zwischen der
positiven Gesetzgebung des Alten Testamentes und dem heidnischen Gewissensgesetz
besteht kein wesentlicher Unterschied; in diesem Punkt steht das Alte Testament
mit dem Heidenthum auf gleicher Linie.“ Sollte damit wirklich Luther's Meinung getroffen sein? Allerdings ist nach ihm das Gewissensgesetz allen Menschen gemeinsam, aber es ist auch bei allen verdunkelt und mußte daher durch
Offenbarung wieder an's Licht gezogen werden. Das Alte Testament verhält sich
hier also zum Heidenthum wie der erweckte und erkannte zum schlummernden
und unerkannten Wahrheitsbesitz (vgl. Auslegung der 10 Gebote). Wir müssen
Luther gegen den Tadel in Schutz nehmen, als hätte er das „Gesetz der Freiheit“ mit dem „Gesetz der Knechtschaft“ verwechselt, als sei nach ihm das Gesetz
„des Menschen Feind“, wie nach Zwingli „des Menschen Freund“. Soweit der
Mensch seine Idee noch nicht erreicht hat oder positiv von ihr abgewichen ist,
schwebt sie als vorwurfsvolle Forderung über ihm; in diesem Sinne ist nach
Zwingli wie nach Luther das Gesetz des Menschen Feind. Soweit dem Menschen die Kraft zur Realisirung seiner Idee innerlich geworden ist, fühlt er sich
eins mit derselben; in diesem Sinne ist nach Luther wie nach Zwingli das
Gesetz des Menschen Freund (vgl. die concio de dupl. justit., Auslegung von
1 Tim. 1.). Je nachdem Luther unter dem Gesetz den Gesetzesinhalt, die Gerechtigkeit, oder die Gesetzesform, die heischende Forderung, versteht, können seine
Aussprüche über die fortdauernde Bedeutung des Gesetzes für die Gläubigen
wechseln. Im zweiten Capitel von der Person Christi wird der Satz
aufgestellt, daß die Christuslehre Luther's gewissenswidrig sei, weil sie die unüberwindliche Schranke zwischen Gott und dem Menschen aufhebe. Das Gleiche gilt
von seiner Trinitätslehre. „Das Gewissen [!] ließ seiner Vernunft in diesem
Punkt auch keine Ruhe; daher die Leidenschaft, mit welcher er die Einsprache
der Vernunft zur Ruhe weist.“ Und alle Reformatoren miteinander trifft der
Vorwurf, „eine Revision der Trinitätslehre vom Standpunkt des Gewissens aus
verhindert zu haben“. Wahres und Irriges finden wir in dieser Darstellung
bunt durcheinander gemischt, aber in ein tieferes Verständniß des Interesses,
von welchem namentlich Luther bei seiner Christologie geleitet wurde, werden
wir nicht eingeführt. Dagegen wird im dritten Capitel vom Werke
Christi der lutherischen Versöhnungslehre eine eingehende, sorgfältige Behandlung zu Theil. Gedrängter ist die Darstellung bei Melanchthon,
Zwingli, „der die Versöhnung echt protestantisch [?] in das subjective Bewußtsein verlegt“, Calvin und der Opposition. — Auch das zweite Buch

von der Freiheit des Protestantismus theilt sich in zwei Abschnitte:
Von der Idee der Freiheit und von ihrer Erscheinung. Die katholische Freiheitslehre nimmt „gerade so viel persönliches Selbstbestim-
mungsvermögen in dem Subjecte an, als es bedarf, um sich der Kirche zu unterwerfen." Es ist ein nicht geringes Verdienst des Verfassers, daß er ein richtiges
Verständniß des Erasmischen Streites angebahnt hat. „Der Mensch lediglich
an Gott gebunden und in dieser Gottgebundenheit wahrhaft frei" — dieß der
Grundgedanke der Schrift von dem gefangenen Willen. Hier wird nun auch
als eine Art Hülfsvorstellung die Lehre von den übermenschlichen Geistern eingereiht, über deren Darstellung sich Vieles sagen ließe. Bei Calvin
bemüht sich der Verfasser, mit mehr als zweifelhaftem Erfolg, die Momente auf-
zusuchen, in welchen eine mittelbare Anerkennung der menschlichen Freiheit gefunden werden könnte. Mit demjenigen Reformator, dem die Schwierigkeit
dieses Problems vielleicht am tiefsten in's Herz und Gewissen griff, mit Melanchthon, wird er am schnellsten fertig. Hätte der letztere freilich gewußt,
daß die Erwählung „nur der theologische Ausdruck ist für das, was anthropologisch ausgedrückt Freiheit heißt", nur „die ewige Bestimmung des Menschen
zur sittlichen Selbstverantwortlichkeit" u. s. w., — wie viele Kämpfe, wie manche
kummervolle Stunden hätte er sich ersparen können! Das 2. Capitel dieses
Abschnittes, welches vom Glauben handelt, versetzt uns in den eigentlichen
Mittelpunkt der ganzen Frage nach dem Wesen des Protestantismus. Besteht
nach römisch-katholischer Vorstellung der Glaube in einem lediglich
legalen Vorgange, wonach die Glieder der kirchlichen Gemeinschaft sich den kirchlichen Festsetzungen zweifellos und willenlos unterwerfen, nach protestantischen
Principien dagegen in der innersten Richtung des Personlebens auf Gott in der
Gemeinschaft mit Christo, so finden sich nach dem Verfasser bei Luther ursprünglich beide Vorstellungen unvermittelt neben einander, bis sich im Kampf
mit dem Papstthum die specifisch protestantische klarer aus ihrer katholischen Um-
hüllung erhebt, jedoch nur, um (seit dem Abendmahlstreit) immer tiefer in dieselbe zurückzusinken. Wir hören jetzt wieder „den Curialstil der römischen Kirche",
die „Sprache ihrer Verfolgungssucht", „der Glaube ist zur vollen geistigen und
sittlichen Bewußtlosigkeit depotenzirt" — und wie die Kraftausdrücke alle lauten,
die bei etwas unbefangenerem Studium der Lutherischen Schriften sämmtlich ge-
spart worden wären. Welchen Anspruch auf Wissenschaftlichkeit darf die Behauptung machen, der Lutherische Glaubensbegriff unterscheide sich dadurch von dem
Zwingli'schen und Calvinischen, daß er eigentlich in einem „Stillstand der
Vernunftthätigkeit" bestehe? Im zweiten Abschnitt über die Erscheinung der Freiheit wird zwar zugegeben, daß Luther die Liebe ursprünglich als die Selbstverwirklichung des Glaubens innerhalb des menschlichen Ge-
sammtlebens erkannt habe. Aber welchen Schatten von Berechtigung bieten die
angeführten Citate zu der Behauptung, Luther sehe die guten Werke als ein
„nothwendiges Uebel" an, oder er stelle sie „in das freie Ermessen" des Christen,
oder er bezeichne sie als eine „menschliche" Tugend in dem Sinne, daß sie eine
andere Quelle hätte als den gotterfüllten Glauben und ebenso gut den Heiden
wie den Christen eigenthümlich sein könnte? Und was soll man davon halten,
wenn der Verfasser wörtlich behauptet, nach Luther sei die Liebe das „freie und
unnöthige, das man halten mag oder nicht ohn' Gefahr des Glaubens und der

Seele Seligkeit"? Warum hat der Verfasser das von ihm bis auf den letzten
Tropfen ausgepreßte und ausgenützte Citat nicht, wie er wohl sonst that, in
extenso beigefügt? Der Leser hätte dann doch die Entdeckung gemacht, daß
Luther unter die freigelassenen Stücke nicht die Liebe, sondern das „Ehelich werden, Bilder abthun, Mönche und Nonnen werden, Fleischessen und Nichtessen
am Freitage" gerechnet und keineswegs, wie uns der Verfasser demonstrirt, die
Vorstellung gehabt hat, daß auch „ein liebloser Mensch unzweifelhaft selig werde,
wenn er nur in Uebereinstimmung mit der reinen Lehre sei". (Man vgl. E. A.
28. S. 216. mit S. 222.) Wir müssen hier abbrechen, so reich und mannich-
faltig auch der Stoff ist, der namentlich in dem 3. Buch von der Einheit
des Protestantismus noch zur Verarbeitung kommt und uns die brennen-
den Fragen der Gegenwart im Spiegel der Vergangenheit vor Augen führt.
Referent hat an die vorliegende Schrift, so viel er sich bewußt ist, keinen anderen als den streng historischen Maßstab angelegt und lebt dabei der festen
Ueberzeugung, daß das reformatorische Gold nicht erst künstlich mit fremdartigen
Stoffen versetzt zu werden braucht, um auch in unserer Zeit als brauchbare
Münze noch seine Dienste zu leisten. Das „Johanneische Zeitalter", dessen Anbruch der Verfasser verkündigt, wird dadurch nicht aufgehalten werden. Fordert
er doch ja selbst, daß energischer als je zurückgegangen werden müsse auf die
Grundkräfte, aus welchen die Reformation entsprungen ist. „Denn", so fährt
er in seiner Weise fort, „noch ist sie nur angefangen, aber lange nicht vollendet.
Gegenwärtig wird ihr weiterer weltgeschichtlicher Entwickelungsgang gewaltsam
und künstlich gehemmt; — eine ernste Krise ist im Anzug; sie könnte eine Katastrophe auf Tod und Leben werden. Aber in Wirklichkeit kann sie doch nur zum
Leben führen; denn sie wird und muß führen zur, wenn auch allmählichen, doch
sicheren religiösen und sittlichen Befreiung der seit 300 Jahren staatlich
und kirchlich bevormundeten, aber zu selbständigem Leben aus
Gott vom Herrn der Kirche berufenen Gemeinde." In diesen Schlußworten ist zugleich auch die ganze Tendenz der Schrift angegeben.

Balingen, Württemb.   Diac. Gundert.

Die Verleugnung Gottes des Vaters. Ein theologisches Bedenken
    von Dr. C. Lüdemann, Kirchenrath, ord. Professor der Theo-
    logie, Prediger an der Heil. Geistkirche in Kiel, R. v. D. Kiel,
    Akademische Buchhandlung, 1861. VI und 62 Seiten.

    Im Interesse „des schlichten Wahrheitssinnes und des christlichen Bewußt-
seins" erhebt sich der Verfasser vorliegenden Schriftchens gegen „eine immer
weiter um sich greifende Erscheinung des kirchlichen Lebens unserer Zeit", nämlich
die, „daß Gott der Vater an heiliger Stätte verleugnet, d. i. dem Bewußtsein
und der Verehrung der christlichen Gemeinde entzogen wird". Den Grund
findet er in „gewissen christologischen Vorstellungen", sofern nämlich vielfach
„Christus statt für den Sohn Gottes vielmehr für den allein wahren Gott selbst
gehalten und mit Jehovah, dem Herrn der Heerschaaren, dem Schöpfer Himmels
und der Erde, identificirt" werde, wodurch „ein von Christo noch unterschiedener
Gott" zu einem „leeren, aller Wahrheit entbehrenden Phantom" werde. Um

diesem Irrthum zu begegnen, beweist der Verfasser 1) S. 7—43., daß nach der einstimmigen Lehre des ganzen Neuen Testaments Gott und Christus von einander unterschieden werden als der Vater und der Sohn. Der Name „Sohn Gottes", im metaphysischen Sinne genommen, ist dem Verfasser die adäquate Bezeichnung des Wesens Christi in seinem Verhältniß zu Gott. 2) S. 44—50., daß eine „zur theoretischen und praktischen Verleugnung Gottes des Vaters führende Auffassung der Gottheit Christi" im Nicänum und Athanasianum wie auch in dem auf ihnen basirenden 1. und 3. Artikel der Augustana einen Anhaltepunkt zu haben scheine, daß aber auch in diesen Bekenntnissen doch „der durchstehende Terminus für Christum der Sohn oder Gott der Sohn bleibe, welcher immer auf Gott den Vater zurückweise" und daß das Athanasianum „das Ungezeugtsein allein dem Vater vindicire und so in Wahrheit nicht über die Vorstellung eines gezeugten Gottes hinauskomme". Im Anschluß daran wird gezeigt, wie auch die nur irgendwie richtig verstandene kirchliche Versöhnungslehre es keineswegs rechtfertige oder begünstige, Gott den Vater in den Hintergrund zu stellen (S. 50—57.).

Referent ist darin mit dem Verfasser einverstanden, daß, wenn die „gesunde Lehre" gewahrt werden soll, der bezeichneten Erscheinung mit Nachdruck entgegenzutreten ist, und will darüber nicht mit ihm streiten, ob dieselbe wirklich so allgemein und verbreitet ist, wie der Verfasser sie sich vorstellt oder ob sie nicht vielmehr ein Kennzeichen einer bestimmten particularen Richtung in der Kirche ist. Dagegen glaubt Referent, daß der Angriff, wenn er zu führen war, in der vom Verfasser gewählten Weise nicht richtig geführt wurde. Der allgemeinen Tendenz des Buches nach mußte man nämlich, wenn der Verfasser einmal in der Trinitätslehre die Basis seines Angriffes nehmen wollte, vermuthen, daß er einen strengen Subordinatianismus durchführen und das Recht der Anbetung Christi selbst bestreiten oder wenigstens sehr beschränken würde; statt dessen steht er ganz auf dem Standpunkte des Athanasianums und beweist nur, daß in Schrift und Symbol neben der Betonung der Einheit des Wesens doch auch der Unterschied der Personen festgehalten werde, weßwegen auch die gedehnte exegetische Beweisführung nichts Eigenthümliches und Neues darbietet. Kaum wird aber Einer von denen, die von des Verfassers Anschuldigung getroffen werden, das Trinitätsdogma bestreiten. Denn die „Verleugnung des Vaters" stammt nicht von einem Irrthum in der Trinitätslehre, als ob sie Vater und Sohn in modalistischer Weise für identisch hielten, sondern von einer einseitigen und exclusiven Concentration des christlichen Bewußtseins auf den Gegensatz von Sünde und Gnade oder, was dasselbe ist, auf die Erlösung und den Erlöser, auf den „Heiland" und seine sündenvergebende Gnade. Diese Einseitigkeit zu bekämpfen und den Blick des Glaubens auf den ganzen weiten, in jeder Beziehung universalen Umfang aller Offenbarung Gottes zu lenken, erschiene dem Referenten als fruchtbarer zur Erreichung des Zweckes, den der Verfasser sich stellte. Damit wäre dem Baume die Axt an die Wurzel gelegt gewesen.

Tübingen.

Rep. Sandberger.

Die Einheitslehre der göttlichen Trinität. Nach der kirchlichen Tradition bewiesen und gegen die Irrlehren festgestellt von Dr. J. Nepom. Paul Dischinger. München, 1862. LII und 330 Seiten. gr. 8.

Referent muß bei der Anzeige dieses Werkes gleich von vornherein bemerken, daß er demselben eine positive Bedeutung für die Weiterbildung der Trinitätslehre, wie sie die Aufgabe der Theologie der Gegenwart ist, nicht eigentlich zuerkennen kann; denn es bewegt sich in Gegensätzen, aus welchen die Wissenschaft heraustreten muß, wenn sie in jener Lehre sichere Tritte vorwärts thun soll. Zudem ist das Streitroß der Dialektik, auf dem der Verfasser einherkommt, ein so schwerfälliges und er bewegt sich in so endlosen Wiederholungen eines und desselben Gedankens, daß immerhin ein ziemliches Maß christlicher Geduld nöthig ist, um das Buch zu Ende zu lesen. Nichtsdestoweniger ist es in mehr als einer Beziehung eine interessante Erscheinung. Vor Allem bietet es der Betrachtung eine praktisch=kirchliche Seite dar, in die uns der Verfasser durch sein Vorwort einführt. Dischinger hat es nämlich schon von länger her in verschiedenen Schriften (die speculative Theologie des Heil. Thomas von Aquino, commentarii theologici etc.) sich zur Aufgabe gemacht, die mittelalterliche damit zugleich aber auch die von jener abhängige moderne katholische Scholastik zu bekämpfen, ihr Befangensein in falschen aus der heidnischen Philosophie stammenden erkenntnißtheoretischen und metaphysischen Voraussetzungen und ihren Widerspruch mit der einheitlichen Tradition der alten Kirche und Kirchenväter nachzuweisen und eine Verdammung dieser in maßgebenden Kreisen gegenwärtig herrschenden Lehrform zu fordern. Natürlich ist er nun aber dadurch in Conflict mit der heiligen Congregation des Index in Rom gekommen und hat sich eine, wie es scheint, mittelbar vom Papst selbst ausgehende Zurechtweisung zugezogen; denn er hat damit nicht bloß gegen die in Rom herrschende Richtung angestoßen, sondern in der That auch durch die Behauptung eines Widerspruchs zwischen der dogmatischen Tradition der alten Kirche und der Lehrform der von der Kirche längst als Autoritäten anerkannten Scholastiker, insbesondere eines Thomas, gegen die Principien der katholischen Traditionslehre in so gefahrdrohender Weise das Schwert erhoben, daß diese nothwendig gegen ihn reagiren mußte. Herr Dischinger gewinnt aber nun dadurch die Theilnahme auch der Protestanten, daß er nicht gemeint ist, sich ohne Weiteres vor der Congregation zu beugen, vielmehr in dem Vorwort zu diesem seinem neuesten Werk eine Art appellatio a papa male informato ad papam melius informandum niedergelegt hat. Man kann nur wünschen, daß er den begonnenen Kampf mit Ausdauer und Consequenz durchführe und daß er dadurch den Vertretern der deutschen katholischen Theologie überhaupt in der Behauptung der Freiheit und Selbständigkeit der wissenschaftlichen Bewegung zum leuchtenden und beschämenden Vorbild werde. Denn es ist in der That ein kläglicher Anblick, wenn man sehen muß, mit welcher Aengstlichkeit diese gelehrten Männer der deutschen Kirche über die Berge blicken und welch' schmähliche Behandlung sie sich von den Wälschen gefallen lassen, denen sie doch an Kraft und Tiefe des Geistes weit überlegen sind. Indeß, so gewaltig der Anlauf ist, den Dischinger nimmt, um die katholische Traditionslehre zu durch=

brechen und ſich gegen ungehörige Maßregelungen von Seiten der Kirche zu
wehren, will es doch faſt ſcheinen, als ob er nicht im Stande wäre, wirklich die
Conſequenzen ſeines Beginnens zu ziehen; denn er ſteckt ſelber andererſeits zu
tief in der katholiſchen Anſchauungsweiſe, als daß er mit Erfolg gegen ihren
Stachel löcken könnte. Will er doch nicht bloß ſeiner Auffaſſung freien Raum
in der Kirche ſchaffen, ſondern die von ihm bekämpfte ausdrücklich durch den
Papſt als „Irrlehre" verdammt wiſſen; er befindet ſich alſo in einem Widerſpruch mit ſich ſelbſt, der ihn bald zum Rückzug treiben wird, und überdieß iſt
der Ton, in dem ſeine Oppoſition ſich bewegt, ein ſo gereizter und leiden-
ſchaftlicher, daß faſt zu fürchten ſteht, es möchte eines Tages bei dem Verfaſſer
die leidenſchaftliche Erregung in reuige Bußſtimmung umſchlagen.

Was nun den Inhalt des Werkes ſelbſt, ſeine dogmengeſchichtliche und dogmatiſche Seite betrifft, ſo geht das Beſtreben des Verfaſſers, wie ſchon bemerkt,
dahin, die mittelalterlich-ſcholaſtiſche Geſtaltung der Trinitätslehre, beſonders die
des Thomas, als eine verwirrende und zur Ketzerei führende Abweichung von
der Lehrform der alten patriſtiſchen Kirche nachzuweiſen und zu zeigen, wie nur
dieſe letztere nicht bloß die wirklich kirchlich-orthodoxe, dem unmittelbaren chriſtlichen Bewußtſein entſprechende, ſondern auch die einer wahren philoſophiſchen Erkenntnißtheorie adäquate und deßhalb ſpeculativ zu begründende
Anſchauung in ſich enthalte. Die Theologie ſoll alſo nicht bloß poſitiv, ſondern
auch ſpeculativ ſein. Demgemäß unterſcheiden ſich zwei Hauptgruppen in der
Schrift, eine hiſtoriſch-kritiſch-polemiſche gegen die Scholaſtik und eine con-
ſtructive. Doch hat Diſchinger dieſen Geſichtspunkt nicht zum Eintheilungsgrund
ſeines Werkes gemacht, ſondern die Polemik in die Conſtruction hereingenommen,
und er unterſcheidet nun zwei Haupttheile: von den Principien der Einheitslehre und von den einzelnen Gründen für die Einheit der göttlichen Trinität, eine Unterſcheidung, welche nothwendig zu vielen Wiederholungen führen
mußte. Im erſten Theile herrſcht die Polemik vor, der zweite verfährt mehr
rein thetiſch. Der erſte Theil ſondert ſich wieder in drei Hauptabſchnitte, von
denen der erſte die poſitiven Principien der Einheitslehre darlegt (d. h.
die Hauptſätze der kirchlichen Lehre von derſelben), indeß der zweite die ſpecu-
lativen Principien derſelben ausführt (Lehre vom Erkennen und von den
Begriffen, um deren Verhältniß es ſich bei der Trinität handelt, — Vater,
Perſon u. ſ. w.), und der dritte eine hiſtoriſche Entwickelung derſelben
giebt. Wir richten unſere Aufmerkſamkeit zunächſt auf die polemiſche Seite des
Werkes. Der Hauptvorwurf, den der Verfaſſer gegen die Scholaſtik erhebt, iſt
der, daß ſie gegen die altkirchliche Tradition die Lehre von der hypoſtatiſchen
Verſchiedenheit der Perſonen in die Lehre von verſchiedenen Rela-
tionen an der Einen göttlichen Subſtanz umwandele und, indem ſie
den darin liegenden Modalismus doch nicht zugeſtehen wolle, ſich in endloſe
Schwierigkeiten und Widerſprüche verwickele. Darin iſt dem Verfaſſer durchaus
Recht zu geben. Begründet ſind auch die Einwendungen, die er gegen dieſen
ſcholaſtiſchen Modalismus, der doch keiner ſein will, erhebt. Begründet iſt der
Einwand vom unmittelbaren chriſtlichen Bewußtſein aus, denn dieſes will in
Chriſtus eine menſchgewordene göttliche Perſon haben und kann deßwegen die
Unterſcheidung von Perſonen in dem göttlichen Weſen nicht anders als nach
dem gewöhnlichen Sinne des Wortes „Perſon" verſtehen. Begründet, wenig-

stens im Allgemeinen (vgl. unten), ist auch die Instanz von der Tradition der
alten Kirche aus; denn es ist sicher, daß die Tendenz der Symbole der alten
Kirche und wenigstens der Mehrzahl ihrer Lehrer eine der Scholastik geradezu
entgegengesetzte ist; ihnen kommt es gerade darauf an, die reale Unterschiedenheit dreier selbständiger Personen zu betonen, während der
Scholastik und insbesondere einem Thomas dieß die Hauptsorge war, doch ja
über einer irgendwie behaupteten Unterschiedenheit die Einheit und Einfachheit
Gottes nicht zu verlieren. Begründet endlich ist auch die von der Erkenntnißtheorie aus geltend gemachte Instanz. Der Verfasser macht nämlich der Tho-
mistischen Scholastik den immer und immer wiederholten Vorwurf einer falschen
Compositionslehre, worunter er die schiefe Ansicht des Thomas über das Verhältniß des Allgemeinen und Einzelnen versteht. Nach der Auffassung Dischinger's würde sich für Thomas die Sache so stellen, daß er in dem Bestreben,
einen vermittelnden Realismus gegenüber den Extremen eines einseitigen Realismus und Nominalismus aufzustellen, nicht die rechte Mitte gefunden, sondern vielmehr in einer ganz mechanischen Anschauung geblieben sei, welche,
statt die Mängel jener Extreme zu überwinden, sie vielmehr in sich vereinige.
Statt nämlich die einzelnen realen Dinge als lebendige Einheiten in sich, getragen von einem einheitlichen Princip, das als Princip der Organisation zugleich das Princip der Unterschiedenheit in der Einheit sei, zu fassen, als lebendige
Einheiten, an denen eben deßwegen das Allgemeine und Besondere nur idea-
liter sich unterscheiden lasse, mache Thomas jenes Allgemeine, das seine
Existenz nur in den Begriffen des abstrahirenden Verstandes
habe, in falscher Weise zu etwas real Existirendem und ebenso auch das
Besondere und lasse dann in mechanischer Weise die für sich existirenden Einzelwesen durch Zusammensetzung aus dem Allgemeinen und Besonderen, dem
genus und der differentia specifica, entstehen. Ob dieser falsche Realismus sich
auch schon bei Aristoteles, dem Lehrer der Scholastik, finde, wie der Verfasser
meint, möchte sehr zu bezweifeln sein, besonders wenn man die Bedeutung des
Begriffes der immanenten Entelechie als des Princips der Einheit
der Einzelwesen bei Aristoteles gehörig erwägt. Dagegen ist nicht zu leugnen,
daß Thomas allerdings in der Construction seiner Trinität jenen falschen Realismus handhabt; er kommt dazu, eben weil er genöthigt ist, an sich Wider-
sprechendes in derselben zu vereinigen. Er geht aus von dem für ihn durchaus
vorherrschenden Gedanken der reinen Einheit und Einfachheit Gottes. Von hier
aus muß nun überhaupt schon jede Unterscheidung in Gott als nur subjectiv
erscheinen; dieß behauptet Thomas auch, hebt aber auf der anderen Seite die
Behauptung wieder auf, indem er den Unterschied vom göttlichen Verstand
und Willen behufs der Gewinnung einer Dreiheit in der Einheit doch wieder als objectiven setzt. Der Begriff der Zeugung des Sohnes geht ihm
über in den Begriff des sich selbst Denkens Gottes, der der Hauchung des
Geistes, in den des sich selbst Wollens oder Liebens Gottes. Daß man aber
mit solchen psychologischen Operationen nicht die drei Hypostasen der kirchlichen
Lehre gewinnt, sollte allerdings nach so vielen vergeblichen Versuchen die Theologie endlich einsehen; man bekommt dadurch nur verschiedene Relationen
des Einen persönlichen göttlichen Wesens zu sich selbst, nicht aber verschiedene Personen, welche in Relation zu einander stehen. Nun be-

hauptete aber Thomas doch wieder, daß wegen der Einheit des Abstracten und Concreten in Gott diese Relationen (Vaterschaft, Sohnschaft u. s. w.) unmittelbar selbst die subsistirenden Personen seien, und so hat man denn allerdings als Resultat dieß, daß das göttliche Wesen als zusammengesetzt erscheint aus der Einen gemeinsamen Substanz und den drei Besonderheiten, welche als Vater, Sohn und Geist an der Substanz sind, und daraus erwachsen nun hauptsächlich zwei Schwierigkeiten: einmal kommt die Persönlichkeit Gottes selbst in Gefahr, da nicht die allgemeine Substanz, sondern die Besonderheiten Personen sind und in diesen letzteren doch der Begriff der Persönlichkeit immer wieder sich in den des bloßen Modus aufzulösen droht; für's Andere kann diese Theorie den kirchlichen Satz, daß die drei Personen unmittelbar unter sich in einer lebendigen Beziehung und Gemeinschaft stehen, nicht festhalten, sie muß deßhalb, um doch eine solche zu haben, zu der sophistischen Ausflucht einer indirecten Beziehung durch die Vermittelung der gemeinsamen Substanz (in obliquo) greifen, und diese scholastische Spitzfindigkeit ist es vor Allem, was den Zorn des Verfassers erregt. — So weit stimmen wir dem Verfasser vollkommen bei. Wenden wir uns nun aber dem zu, was er selbst positiv für Begründung einer richtigeren Lehrweise beigebracht hat, und halten wir als Ausgangspunkt dieß fest, daß er vor allen Dingen als Grundlage der ganzen Lehre die reale Existenz dreier selbständiger, von einander verschiedener Hypostasen hinstellt, welche das allgemeine göttliche Wesen, jede in bestimmter Besonderung, in sich haben und nicht etwa an dem für sich subsistirenden allgemeinen Wesen Gottes sind, so ist hier sogleich die Hauptfrage an den Verfasser zu stellen, wie er denn nun der ebenso bestimmt sich geltend machenden Forderung der Begründung einer wirklichen Einheit Gottes genügen wolle. Denn bei dem Realismus, von dem als philosophischem Princip der Verfasser ausgeht, nach dem das eigentlich Reale eben nur die als lebendige Einheit in sich zu denkende Einzelsubstanz oder Einzelpersönlichkeit ist, kann als das Princip der Einheit in der Trinität nicht die allen gemeinsame göttliche οὐσία betrachtet werden, denn diese hat dann nur die Bedeutung des allgemeinen Gattungsmerkmales, und deßhalb steht diese Lehrweise fortwährend in Gefahr, in den Tritheismus hineinzurathen; dieß fühlten auch die alten Väter der Kirche, zumal ein Basilius, Gregor von Nyssa und von Nazianz u. s. w, wohl und sie bewegten sich daher in diesen Fragen durchaus nicht mit der Sicherheit und Behaglichkeit, wie sie Dischinger bei ihnen zu finden meint; ebenso waren ihre Versuche, eine Lösung zu finden, durchaus nicht so einstimmig in sich, wie es nach Dischinger scheinen könnte, dem es in diesem Punkte doch an der rechten historischen Unbefangenheit fehlt. Im Allgemeinen aber ist zu sagen, daß für das Bewußtsein der alten Kirche die Einheit Gottes in dem auch über die großen Synoden hinaus latent noch fortwirkenden Subordinatianismus lag, denn immer wieder fiel unwillkürlich der Schwerpunkt des göttlichen Wesens in den Vater. Von dem Augenblick an aber, wo die letzten Spuren dieses Subordinatianismus verdrängt wurden, begann auch die Wendung vom Nicänum hinüber zum Modalismus, und unverkennbar ist der Anfänger dieser Wendung Augustin, der wieder durchaus das Interesse der Hervorhebung der Einheit vertritt und deßhalb bereits an dem Ausdruck „Per-

fonen" Anstoß nimmt. Gerade den Augustin hat doch Dischinger gar zu kritiklos für sich in Anspruch genommen, da er doch vielmehr an der Spitze der
Scholastik steht. — Von hier aus wird nun aber auch deutlich, daß diese Wendung der Lehre seit Augustin doch eben nicht bloß auf verkehrten philosophischen
Voraussetzungen ruht, wie Dischinger will, sondern ebenso sehr einen Grund
im christlichen Bewußtsein hat, wie die patristische Lehrform; denn daß Gott
Einer ist, das ist doch dem unmittelbaren christlichen Bewußtsein ebenso gewiß,
wie daß er in drei Personen subsistirt; ja, wir werden vielmehr sagen, daß jenes
das Erste und Grundwesentliche ist. Dischinger hat nun aber seinerseits ganz
darauf verzichtet, in jener Homousie der drei Personen an sich schon die Einheit gewahrt zu sehen; er hat ebenso auch darauf verzichtet, in dem Subordinatianismus eine Rettung vor dem Tritheismus zu suchen, sondern im
Gegentheil sich eifrigst bemüht, dem Subordinatianismus, der in den Bestimmungen der Ungezeugtheit des Vaters und des Gezeugtseins und Ge-
hauchtseins des Sohnes und Geistes in die orthodoxe Lehre unwillkürlich immer
wieder hereinkommt, auszurotten. Er glaubt dieß nämlich dadurch zu erreichen,
daß er die reine Gegenseitigkeit der Beziehung der Personen in jenen inner-
göttlichen Acten der Zeugung, Geburt und Hauchung behauptet, und demgemäß
dem Sohn und Geist in den Momenten des Gezeugt- und Gehauchtwerdens
selber unmittelbar ein actives Verhalten zuschreibt. Dagegen ist nur zu
fragen, ob er uns damit nicht einen Gedanken zumuthet, der in sich selbst unvoll-
ziehbar ist. — Also auch im Subordinatianismus findet der Verfasser die Einheit nicht, sondern vielmehr in der nothwendigen immanenten Lebensbeziehung und Lebensgemeinschaft, die zwischen den Personen der
Trinität stattfindet, in dem, was die alte Kirche die περιχώρησις der
Personen, ihre gegenseitige Durchdringung, genannt hat. Darin sieht er das
lösende Wort des Räthsels. Allein wenn dabei doch zugleich das selbständige In-
sichsein der Hypostasen durchaus erhalten bleiben soll, so kann durch diese Idee
jene metaphysische Einheit Gottes, welche doch Forderung des christlichen Gottesbewußtseins ist, in keiner Weise gewonnen werden.

Die Bezeichnung jener Lebensbeziehung als einer moralischen Einheit
ist zwar auch nicht adäquat, kommt aber dem Sachverhalt doch näher; die Einheit Gottes muß aber eine metaphysische sein, diese Forderung ist durchaus festzuhalten. Wer nicht eine solche festhält, kann dem Tritheismus nicht entrinnen.
Will man nun die in jener περιχώρησις gesetzte ununterbrochene innere Lebensgemeinschaft der drei Personen in diesem Sinne als eine reelle Einheit des
göttlichen Lebens fassen, so geht sogleich wieder die Selbständigkeit der Hypostasen verloren. Die Tendenz Dischinger's scheint nun in der That trotz seiner
heftigen Polemik gegen den Modalismus der Scholastik doch nach dieser Seite
zu gehen. Dafür spricht das Verhältniß, in das er die opera Dei ad intra
zu den opera ad extra setzt, denn in diesen und der durch Gott gesetzten Welt
und Weltordnung will er zwar überall Zeichen und Abbilder der trinitarischen
Unterschiedenheit Gottes finden, aber dieß doch so, daß nach außen immer nicht
eine Person für sich, sondern die ganze Trinität wirksam sein soll, nur
nach der einen Seite unter dem Vorherrschen des Gesichtspunktes, unter den
die Eigenthümlichkeit des Vaters fällt, nach einer anderen Seite unter dem des
Sohnes u. s. f., und zwar sind diese drei Gesichtspunkte der des einen Lebens-

principes, des einen Formprincipes, des einen Einheitsprincipes. Man sieht aber leicht, daß sich hier für den Verfasser das wunderliche Resultat ergiebt, daß er in der Bestimmung der Trinität ad intra hypostatisch und ad extra modalistisch denkt. — Aus dem Bemerkten dürfte nun wohl das obige, am Anfang aufgestellte Urtheil gerechtfertigt sein; der Verfasser bewegt sich eben immer noch in der unlösbaren Aufgabe, metaphysische Einheit und metaphysische Dreiheit in Gott zu vereinigen; eine ersprießliche Behandlung der Lehre ist aber nur denkbar, wenn man jene unfruchtbaren Versuche aufgiebt und sich bestimmt auf eine Seite stellt. Da ist es aber an sich klar, daß die Wissenschaft ihren Ausgangspunkt auf der Seite der Einheit Gottes nehme, und sie wird dieß mit Freimüthigkeit und Sicherheit thun können, sobald sie nicht vergißt, daß die Trinitätslehre ihren Ursprung nicht in der Speculation über Gottes Wesen, sondern in der Christologie gehabt hat. Hat sich die Theologie nun davon überzeugt, — was jedenfalls wird geschehen müssen — daß sie zu einer den Forderungen des christlichen Bewußtseins entsprechenden Christologie jener Verdoppelung der göttlichen Persönlichkeit nicht bedarf, so fallen die Voraussetzungen der alten Trinitätslehre von selbst und man wird sich dann leicht dazu verstehen, in der Construction jener Lehre von der Aufstellung verschiedener Hypostasen in Gott Umgang zu nehmen, ja vielmehr auf eine reine immanente Trinität überhaupt zu verzichten, und dagegen sich damit begnügen, im trinitarischen Sohn die von Ewigkeit in Gottes Verstand gesetzte Weltidee in ihrer Vollkommenheit, im Geiste aber das Princip der Immanenz Gottes in der Welt zu sehen. Darauf möchte wohl die Entwickelung der Wissenschaft trotz des augenblicklichen Widerstrebens der Mehrzahl der Theologen hinzielen und hierfür hat allerdings die Schrift Oischinger's nur mittelbare und negative Bedeutung, da sie nur die Fruchtlosigkeit des bisherigen Verfahrens zeigt; jedenfalls aber ist die Schrift nicht bloß als merkwürdige Erscheinung innerhalb der katholischen Kirche, sondern auch um der energischen und eifrigen Anfassung der betreffenden theologischen Probleme willen der Aufmerksamkeit des theologischen Publicums sehr zu empfehlen.   Tübingen.   Rep. Beck.

Praktische Theologie.

System der christlich-kirchlichen Katechetik von C. A. Gerhard v. Zezschwiz. Erster Band. Auch unter dem besonderen Titel: Der Katechumenat und die kirchliche Erziehung, nach Theorie und Geschichte. Ein Handbuch namentlich für Seelsorger und Pädagogen. Leipzig, Dörffling und Francke, 1863. XXVIII u. 736 S.

Es liegt uns in diesem Werke — dem umfassendsten, das die Literatur der Katechetik bis jetzt aufzuweisen hat — eine Frucht der ausgedehntesten Studien vor, zu deren Vornahme oder vielmehr Vollendung und Verarbeitung sich der Hr. Verfasser, so viel wir wissen, von Leipzig weg- und nach Neudettelsau in die Nähe Wilhelm Löhe's begeben hat. Wenn er, laut Titel und Vorrede, dabei

„namentlich Seelsorger und Pädagogen" im Auge gehabt hat, so müssen wir
nur beifügen, daß es sehr erfreulich ist, wenn die Mehrzahl der Seelsorger und
Pädagogen so viel wissenschaftliches Interesse haben, um das Werk, dessen erster
Band schon 731 größtentheils compreß gedruckte Seiten enthält, zu studiren;
denn wenn auch praktische Anweisungen ihres Ortes gegeben werden und praktische Zwecke dem Verfasser vorschweben, so ist doch des gelehrten Materials
überaus viel mitaufgenommen, und zwar nicht bloß solches, das den Katecheten
betrifft, sondern Pädagogisches, Liturgisches, Kirchenrechtliches und allgemein
Kirchenhistorisches. Der Verfasser will — was den äußersten Gegensatz zu der
Dürftigkeit der rationalistischen Auffassung der Katechese als Katechisirkunst bezeichnet — den Katechumenat als kirchliche Gesammterziehung auf Grund der
Taufe in seiner vollen Bedeutung darstellen, so daß er die Erziehung in Haus
und Schule in sich schließt und sich in der Confirmation oder vielmehr in der
ersten Communion abschließt; dabei geht der Verfasser auf den Katechumenat
der alten Kirche zurück, in dem er, trotz der veränderten Stellung der Taufe
als Kindertaufe, das eigentliche Musterbild kirchlicher Erziehung erkennt und
verehrt. Diesem geschichtlichen Bestandtheil des Buches glauben wir den Hauptwerth zuerkennen zu sollen. Ist auch Vieles, was hier als Resultat mühsamer
Forschungen gegeben wird, im Wesentlichen nicht gerade neu, manches Einzelne
auch historisch zu beanstanden (z. B. daß S. 521. die Beichte im Mittelalter als
Katechumenatsziel bezeichnet wird, während sie vielmehr als eigentliches Sur-
rogat für die mangelnde wirkliche Katechese erscheint); hätte vielleicht auch dieß
und jenes sogar noch vollständiger historisch beleuchtet werden können (wie es
uns z. B. Wunder genommen hat, daß der Verfasser für die liturgische Gestaltung der alten Katechese das sacramentarium Gelasianum mit seiner Vaterunser-
erklärung, das der Verfasser natürlich sehr wohl kennt, wie wir es auch S. 632.
für einen untergeordneten Zweck citirt finden, nicht beigezogen hat, — ebenso,
daß er des Valentin Andreä, der insbesondere auch für die Katechese so bedeutsam zwischen Luther und Spener in der Mitte steht, gar nicht gedenkt —): es
ist doch weitaus das Meiste mit erschöpfender Gründlichkeit behandelt; Vieles
finden wir mit solcher Genauigkeit hier überhaupt zum ersten Male dargestellt.
Dahin zählen wir die Darstellung der Pädagogik der alten Kirche (S. 148 ff.),
die Nachweisung der vielen Beziehungen, in welchen die Kirche für ihren Katechumenat die heidnischen Mysterien zum Muster nahm und sich die Formen,
die Terminologie derselben aneignete (S. 161 ff.), ferner (S. 313.) die Zusammenstellung der Erweise für ein sehr frühes Bestehen der Kindertaufe als Sitte;
dahin gehört auch besonders die Darstellung der bei den Pietisten gepflogenen
Verhandlungen über die Confirmation (S. 589 ff.). Daß die historischen Partien, namentlich wo die Kirche in irgend einem ihrer Glanzpunkte steht, manchmal etwas ideal gehalten sind, wissen wir an einem so gemüthvollen Theologen
vollkommen zurechtzulegen; nur an wenigen Punkten hat ihn der dogmatische
Standpunkt verleitet, etwas als historisches Resultat anzusehen, was wenigstens
uns als positiv unrichtig erscheint. So, wenn der Verfasser S. 566. aus einer
Briefstelle Luther's vom (29. März 1527) den Schluß macht, daß Luther sich anfangs die evangelische Kirche als Sammlung evangelischer Christen aus verschiedenen Territorien gedacht habe und erst in Folge des Laufes der Dinge die
Kirchen der Reformation Territorialkirchen geworden seien. Für die Feinde

alles Territorialiſtiſchen wäre dieß ein wichtiger Fund; aber wie jene Briefſtelle zwar von einer „Sammlung" ſpricht, aber nicht nur nichts davon andeutet, daß ſie eine allgemeinere werden ſoll, ſondern der Beiſatz: „er hoffe, ſie werde durch die Viſitation zu Stande kommen", offenbar und ausdrücklich das Ganze auf den Bereich dieſer Viſitation einſchränkt, welcher ein territorialer war: ſo muß auch principiell darauf gehalten werden, daß die evangeliſche Kirche, hiſtoriſch wie ihrem bewußten Gegenſatze gegen die katholiſche Behauptung der Univerſalität entſprechend, Territorialkirche, d. h. Volkskirche, iſt; dadurch nimmt ſie ihre richtige Stellung zwiſchen der Papſtkirche einerſeits und der Secte andererſeits; dadurch hebt ſie die falſche Verweltlichung wie die falſche Vergeiſtigung, die falſche Vereinbarung von Reich Gottes und Welt wie den falſchen Dualismus in ſich auf. Für einen Irrthum, der dem kirchlichen Theologen begegnet iſt, müſſen wir es ebenſo halten, wenn er S. 552. zu ſehen glaubt, daß die orthodox-lutheriſche Kirchenerziehung größere Charaktere gebildet habe, als die Erziehung des Pietismus. Wir meinen denn doch, Charaktere wie Francke, Bengel, Lavater, Oberlin könnten ſich neben dem, was die orthodox-lutheriſche Kirche in dieſem Fache erzeugt hat (denn Luther und ſeine Mithelfer ſind hieher gar nicht zu rechnen), ſehr wohl ſehen laſſen.

Dieß führt uns überhaupt auf den Punkt, in welchem wohl die ſtärkſte Differenz zwiſchen dem Hrn. Verfaſſer und einem großen Theile ſeiner Leſer beſtehen wird. Er bekennt ſich, wie auch dieſes Werk darthut, zum genuinen Lutherthum. Tritt das in der Höherſtellung der Communion über die Confirmation und Aehnlichem in einer durchaus gerechtfertigten Weiſe hervor, ſo kommt doch auch Anderes vor, wo die Unvereinbarkeit der orthodox-lutheriſchen Aufſtellung mit klarem Denken kaum zu beſtreiten ſein wird. Das eclatanteſte Beiſpiel hiervon bietet die Ausführung über den Kinderglauben im Zuſammenhang mit der Kindertaufe (S. 236 ff.). Daß Luther's eigene Ausſprüche über jenen Begriff völlig ungenügend ſind, — daß ſie nur eben die Oppoſition gegen das katholiſche opus operatum und zugleich gegen den Anabaptismus ausdrücken, poſitiven Gehalt aber eigentlich nicht haben, das fühlt der Verfaſſer ſelbſt; aber wenn er S. 236. eine „ſelbſtändige Entgegenbewegung" des Geiſtes im Kinde ſtatuirt, der dadurch zwar unbewußt, aber doch activ dem heiligen Geiſt entgegenkomme; wenn (S. 253.) auch im Neugebornen eine „durch Erregung des Bedürfniſſes erweckte Bewegung des Menſchengeiſtes zu Gott hin" geſetzt und dieſe als jenes „Ergreifen" des Heils gefaßt wird, das ja das Weſen des Glaubens ausmache; wenn ebendaſelbſt geradezu von einem „Gefühl der Heilsbedürftigkeit" im Geiſte des Säuglings geſprochen wird: ſo muß man denn doch fragen: wo iſt auch nur die geringſte Spur, auf die ſolch' eine dogmatiſche Hypotheſe ſich ſtützt? Die alte Dogmatik hat ſich um Pſychologie und pſychologiſche Möglichkeit nichts gekümmert; die heutige Wiſſenſchaft kann ſich dieſer Prüfung nicht entſchlagen; wie ſoll aber, wo der Wille noch abſolut gebunden und das Begehren nur erſt durch den Naturtrieb, durch das phyſiſche Bedürfniß bedingt iſt, — wie ſoll da ein „ſelbſtändiges Entgegenkommen" denkbar ſein, das „Ergreifen" einer Macht, von der noch jede Idee, jede Vorſtellung fehlt? Und wie kann das Wort „Heilsbedürftigkeit" als Inhalt eines ſubjectiven Gefühls hier Platz finden, wo alle die Prämiſſen total fehlen, die daſſelbe pſychologiſch ermöglichen? Der Verf. redet S. 261. von einer „Tauferfahrung"; wenn eine ſolche beim Kinde

28*

... einer ...

Allgemeinen ...

... zu Staate ...

dieser Behörde ...

... worauf gebaute ...

... Gegensatz ...

... Territorialstaat ...

... zwischen der ...

... die falsche Behörde ...

... von Reich Gottes ...

... nen Irrthum, der ...

... walten, wenn ... S. ...

... erziehung größere ...

Wir meinen denn ...

... sich neben dem, ...

... hat (denn Luther ...

... wohl sehen lassen.

... ieß führt uns über ...

... euz zwischen dem Herrn ...

... en wird. Er bekennt ...

... rthum. Tritt das in der ...

... und Aehnlichem in einem ...

... auch Anderes vor, wo der ...

... ng mit klarem Denken kaum ...

... hiervon bietet die Ausführung ...

... der Kindertaufe (S. 236 ...

... riff völlig ungenügend sind. —

... olische opus operatum und ...

... ktiven Gehalt aber eigentlich ...

... enn er S. 236. eine „selbständige ...

... tuirt, der dadurch zwar unbewußt ...

... mme; wenn (S. 253.) auch im ...

... rfnisses erweckte Bewegung des ...

... jenes „Ergreifen" des Heils gel ...

... smache; wenn ebendaselbst geradezu ...

... Geiste des Säuglings gesprochen ...

... auch nur die geringste Spur, an ...

... itzt? Die alte Dogmatik hat sich ...

... nichts gekümmert; die heutige ...

... aber, wo der ...

... Naturtrieb, ...

... Endzw ...

... he ...

... ir, an dem der ...

... heint die Sache ...

... denn kein Chri ...

... sind denn die ...

... k. ist es das ...

... ach die speci ...

... möchten ...

... er Deutschen ...

... theilen ...

... m Sinne der ...

... er Christen ...

... Prediger ent ...

... bervorheben zu ...

... und Thun nach ...

... uthor's eigenes ...

... das Evangelium ...

... utschieden gegen ...

... S. 259. über ...

... mit hülschem ...

... nur als Repan ...

... angelischen sagt ...

... das an Röm. 7 ...

... isse. Darin viel ...

... ist die Forderung ...

... estärkt werden zu ...

... zu sagen — nicht ...

... der da glaubt. —

... rmation als eines ...

... S. 661. u. f. Je ...

... vertriebigen. Einmal ...

... Weibe zum Christ ...

... e Vorstellung her ...

... Klares und Seines ...

... e einzelne Seele ...

... einem Bilde, ...

... ran sein, wenn ...

... vor der ersten ...

... er darstellen ...

... se als ... nen ...

... en und ... ye und ...

... tisten ge ...

... höchst interes ...

... um weder ...

... reinen ...

... Pietisten ...

... n Schurken ...

ftatuirt werden könnte, so müßte doch wahrlich mit dem Erwachen des Bewußt=
seins auf irgend einer Stufe der Entwickelung auch irgend eine Erinnerung dar=
an sich in der Kindesseele regen; es müßte wenigstens in diesem Sinne nach
platonischer Idee alles Lernen der Heilswahrheit, alle durch Mittheilung gewon=
nene Erkenntniß des Heilsbedürfnisses beim heranreifenden Kinde ein Sich=
Erinnern sein; unseres Wissens hat aber die pädagogische Erfahrung noch nie
etwas dergleichen zu berichten gehabt. Wo nun einerseits alle Möglichkeit, solch'
einen Vorgang denkbar zu machen, fehlt, wo andererseits das Wort der Schrift
nicht nur keine Nöthigung, das Undenkbare anzunehmen, sondern überhaupt gar
nichts hierher Bezügliches enthält, wo also bloß anderweitigen dogmatischen Be=
stimmungen zu Liebe solche Thesen aufgestellt werden: da ist die Antithese gewiß in
ihrem Recht. Unser Verfasser gebraucht S. 255. die bezeichnende Wendung: „Wir
wagen es, jenes instinctive Ergreifen der Wirkung des Geistes, Glauben, —
seinem Wesen nach rechtfertigenden Glauben zu nennen"; ja wohl, ein Wage=
stück ist das, weil solch' ein instinctives Ergreifen der Gnadenwirkung im Säug=
ling etwas Undenkbares ist; dazu aber ein ganz unnöthiges Wagestück, denn daß
der Geist Gottes auf den Kindesgeist auch in seiner Unbewußtheit zu wirken ver=
mag, daß ihm also überhaupt kein Termin gesetzt werden kann, steht fest; die=
jenigen Momente des Glaubensbegriffs aber, die gerade für den Protestanten
die wesentlichsten sind, nämlich daß der Glaube eine sittlich=freie That ist, hier völlig
aufzugeben, dieses Wagestück thun wir um so weniger nach, als dem Anabaptis=
mus gegenüber erst nichts damit geholfen ist. Der Hr. Verfasser sagt S. 262.,
„er ponire im Getauften nicht irgend ein mystisches, undefinirbares, geistig=phy=
sisches Lebensproduct", — aber die Definirbarkeit dessen, was er ponirt, ist darum
noch nicht auch Denkbarkeit; eben darin haftet unserer Dogmatik leider noch heute
viel Scholastik an, daß sie das Definiren und das Denken für eins und dasselbe
nimmt. — Auf diese Seite, nach welcher wir dem Hrn. Verfasser nicht zu folgen
vermögen, wird wohl auch seine fast minutiöse, nach unserem Gefühl jedenfalls zu
weit gehende Werthlegung auf die liturgische Seite des Taufactes zu setzen sein,
welcher von S. 327. an eine lange Erörterung gewidmet ist. S. 337. sagt er:
„Je kahler die Handlung wird, um so mehr wird der auch dem Glauben an das
Sacrament selbst bedrohliche reflectirende und rationalisirende Geist genährt."
Das wird zunächst im Gegensatze zu den vielen Ansprachen, überhaupt den rhe=
torischen Bestandtheilen der liturgischen Formulare aus der Aufklärungszeit ge=
sagt, und darin muß Jeder beistimmen. Aber wenn wir mit dem vom Ver=
fasser beantragten Taufceremoniel z. B. unsere höchst einfache Art, nach altwürt=
tembergischer Sitte zu taufen, in Vergleich bringen, so ist's gerade diese Einfach=
heit, die uns dieses Actes viel würdiger scheint. Die Wichtigkeit, mit welcher
unser Verfasser die kleinsten Einzelheiten in der liturgischen Anordnung ausführ=
lich bespricht, will unseres Erachtens mit demjenigen nicht ganz zusammenstim=
men, was die Reformatoren, was unsere Symbole über die kirchlichen Ceremo=
nien sagen. Auch seine Werthschätzung des Kreuzeszeichens finden wir mehr mit
der altkirchlichen als mit der protestantischen Anschauung conform. Wo der=
gleichen als liturgischer Brauch von katholischen Zeiten her stehen geblieben ist,
da mag es stehen bleiben, aber viel Worte darüber zu machen, wäre uns be=
denklich. — Zu stark ist uns die Kirchlichkeit auch in der Behauptung S. 303.
und 359., „die Kirche cedire ihre Gewalt über den Getauften durch einen Ver=

trag an die Eltern". Wir ſind ſchon gegen das Wort „Gewalt", an dem der
volle päpſtliche Geruch haftet, äußerſt empfindlich, hier aber erſcheint die Sache
um ſo bedenklicher, als eine Ceſſion weder wirklich ſtattfindet — denn kein Ceſ-
ſionsact wird wirklich vollzogen — noch auch ſtattfinden kann; ſind denn die
Eltern nicht ſelbſt Glieder der Kirche? Wenn ſie chriſtlich erziehen, ſo iſt es die
Kirche, die durch ſie als ihre legitimen Organe erzieht. Den mehrfach für ſpiri-
tualiſtiſche Anſichten gebrauchten Ausdruck „ſchwächlich" (z. B. S. 599.) möchten
wir lieber ausgemerzt ſehen; wenn eine vierſchrötige, maſſive Theologie dermalen
gern Alles, was in Wiſſenſchaft und Leben nicht derb realiſtiſch iſt, ſchwächlich
nennt, ſo iſt das weniger zu verwundern, aber dem feinen und edlen Sinne des
Verfaſſers ſteht dieſe Sprache nicht ganz gut an. Nicht alles „Kräftige" iſt darum
auch wahr und reell; die Schrift warnt uns ſelber ſchon vor „kräftigen" Irrthümern.

Dieſen Zügen gegenüber iſt es aber um ſo erfreulicher, hervorheben zu
dürfen, daß der Hr. Verfaſſer keineswegs demjenigen durch Dick und Dünn nach-
tritt, was dermalen ſich für genuin-lutheriſch ausgiebt oder in Luther's eigenen
Vorſtellungen noch als ein Reſt aus anderen Urſprüngen als das Evangelium
hängen geblieben iſt. So ſpricht er ſich S. 287. und 327. ſehr entſchieden gegen
allen Exorcismus bei der Taufe aus; ſehr gut iſt auch, was er S. 288. über
die pädagogiſche Verwendung der Lehre vom Teufel ſagt: „anſtatt mit ſittlichem
Ernſt zu erfüllen, würde dieſelbe, in dieſer Art angewendet, nur als Popanz
wirken." Auch was er vorher S. 283. über das Ethiſche im Evangeliſchen ſagt,
iſt vortrefflich; es ſei, heißt es dort, ein einſeitiges Lutherthum, das an Röm. 7.
haften bleibe und die Kräfte von Röm. 8. nicht zu erwecken wiſſe. Darin vielmehr beſtätige die von Gott der Welt geſchenkte Erziehungskunſt die Forderung
aller natürlichen Pädagogik: der Wille müſſe erweckt und geſtärkt werden zu
einem Glauben, daß ihm Alles möglich iſt. Es ſei evangeliſch, zu ſagen — nicht:
du ſollſt, ſondern: du kannſt. Alle Dinge ſind möglich dem, der da glaubt. —
So weiſt der Verfaſſer auch die Vilmar'ſche Theorie der Confirmation als eines
ſacramentalen Actes, deſſen Sacramentskraft im Amte ruhe, S. 661. ab. Jedoch will uns ſeine eigene Ausführung doch auch nicht recht befriedigen. Einmal
iſt die Confirmation, wenn ſie ſonſt nichts ſein ſoll, als die Weihe zum chriſtlichen Zeugenberuf, zur militia Christi, — welche altkirchliche Vorſtellung hier
wieder aufgenommen wird — denn doch etwas ziemlich Unklares und Secun-
däres; dieſer Zeugen- oder Kämpferberuf iſt ja doch nur eine einzelne Seite am
Chriſtenberufe, die in dieſer Weiſe ſogar mehr nur in einem Bilde, einem
Gleichniß, ihren Ausdruck findet. Was ſoll doch Unrechtes daran ſein, wenn die
Confirmation, wie ſie einerſeits weſentlich die erſte Beichte vor der erſten Communion iſt, ſo andererſeits dasjenige in einer äußeren Feier darſtellen und dadurch auch gemüthlich fixiren ſoll, was auf Grund der Taufe als eigener ent-
ſcheidender Willensentſchluß bei Jedem irgend einmal eintreten muß? Der Hr.
Verfaſſer ſelbſt ſagt S. 634., das Ziel des Katechumenats ſei eine perſönlich-
ſittliche That, ebenſo wie es eine göttliche That ſei; ſollte er, wie man nach
S. 639. und 657. allerdings vermuthen könnte, doch wieder der Vilmar'ſchen
Theorie über eigenthümliche Segenskräfte der Confirmation zu nahe gekommen ſein?

Nur Ein Deſiderium iſt uns noch übrig, mehr formeller als materieller
Art. Wir möchten, ſo ſchön, ſo edel gehalten die Sprache des Verfaſſers auch

in diesem Buche ist, doch die ganze Darstellungsweise des Buches etwas einfacher, etwas schlichter wünschen. Das ist vielleicht Geschmackssache, aber gewiß würde die Klarheit des Ganzen dabei gewinnen. Uns ist schon die Construction des Schema's für die gesammte praktische Theologie, die der Hr. Verfasser voran= schickt, um für die Katechetik den wissenschaftlichen Ort zu ermitteln, allzu künst= lich; wir meinen, es gebe nähere Wege, um vom principiellen Ausgangspunkte zu den einzelnen praktisch=theologischen Disciplinen zu gelangen. Auch die Dic= tion, deren ja der Verfasser Meister ist, würde gewiß noch anziehender, noch fesselnder sein und weder an Bestimmtheit noch an Wissenschaftlichkeit etwas ein= büßen, wenn sie sich einer gewissen Manierirtheit entschlagen wollte, die uns neben Anderem besonders auch in einer merklichen Vorliebe für neue, selbst= erfundene Composita (wie Einstiftung, Wesenskern, Pflichtstellung, Klarstellung, Verhältnißstellung, Taufcharakter, Tauferziehung, Keimcharakter 2c.) fühlbar ge= worden ist.

Freilich entschädigt den Leser für derlei Dinge nicht nur die überaus reiche Belehrung, sondern auch die Lebenswärme, die das Ganze durchdringt; auch da, wo man vielleicht etwas rascher vorwärts kommen möchte, fühlt man doch, es ist die Liebe zur Sache, die den Verfasser auch beim Einzelnen und Kleinen ver= weilen heißt, und dieselbe Liebe ist es, der man gern das Recht zugesteht, Alles, was Kirche und Sacrament, was christliche Erziehung in Haus und Schule be= trifft, in idealem Lichte anzuschauen.

Der zweite Theil soll die „Lehre vom kirchlichen Unterricht nach Stoff und Methode" enthalten; wir freuen uns darauf, dem Manne, den wir als Prediger schon hochschätzen lernten, der im vorliegenden Bande als gelehrter Katechetiker sich ausgezeichnet und unbestreitbar ein bedeutendes Werk geschaffen hat, nun auch auf dem unmittelbar praktischen Unterrichtsgebiete zu begegnen.

Palmer.

Das Leben des christlichen Dichters und Ministers Christoph Carl Ludwig von Pfeil. Nach dessen hinterlassenen Werten und Papie= ren bearbeitet von Dr. Heinrich Merz. Stuttgart, J. Fr. Steinkopf, 1863. 475 Seiten.

Zunächst als eine Bereicherung unserer hymnologischen Literatur begrüßen wir obiges Werk. Der Dichter der Lieder: „Wohl einem Haus, da Jesus Christ" 2c., „Betgemeine, heil'ge dich" 2c., „So wahr ich lebe, spricht der Mann" 2c., namentlich auch des Liedes zum Jahresschluß: „Segnet uns zu guter Letzt" 2c., hat um so mehr verdient, daß sein Lebensbild uns in so frischen Farben vor= geführt werde, je mehr sein Leben — man kann wohl sagen: zur einen Hälfte selbst nur ein beständiges Dichten war. Freilich hat gerade diese ungemeine Leichtigkeit der Production bei ihm — wie in anderer Weise auch bei Wol= tersdorf, gewissermaßen auch bei J. J. Moser und unserem guten Ph. Fr. Hiller — die Folge gehabt, daß das Gewicht der einzelnen Lieder ein sehr ungleiches ist; sehr viele derselben, wie sie wirklich Gelegenheitsgedichte sind, weil für Pfeil eigentlich jedes Vorkommniß seines Lebens ein Impuls zum Dichten war, so haben sie auch den Charakter jener carmina, wie sie nament= lich auch von frommen Männern in jener Zeit häufig verfertigt worden sind;

ihre Bibelkenntniß und ihre fromme Lebensanſchauung hat ſich bei einiger Sprach-
und Formgewandtheit bei dieſen eigentlich immer von ſelbſt in Verſe umgeſetzt.
Deßhalb iſt es auch wohl geſchehen, daß ſelbſt in den württembergiſchen Geſang-
büchern nur wenige Lieder von Pfeil Einlaß gefunden haben. Aber gerade dieſe
vielmal nicht eben vollwichtige Poeſie erhält durch die biographiſche Unterlage
einen Reiz und Werth, weil ſie ſich in dieſem Lebenszuſammenhange als ein
Stück Leben und zwar als das Leben eines Mannes ausweiſt, in welchem
Chriſtus eine Geſtalt gewonnen hat. (Eine genaue Charakteriſtik der Pfeil'ſchen
Lieberdichtung, namentlich in Vergleich mit Hiller, giebt vorliegendes Werk
S. 343 f., wo namentlich hervorgehoben wird, daß Hiller als Theolog unmittelbar aus der Schrift ſchöpft und an ihr ſich als Dichter erwärmt und entzündet,
während Pfeil, obgleich wohl zu Hauſe in der Bibel, doch ſeine treibenden
Ideen aus zweiter Hand, aus Predigten und Schriften, wie insbeſondere aus
Bengel's apokalyptiſchen Arbeiten, empfängt, die er förmlich in Verſe zu verwandeln ſucht.) Noch höher aber ſchlagen wir den Werth des Buches von einer
anderen Seite an, die der Verf. auch durch die doppelte Betitelung ſeines Helden
auf dem Titel der Biographie ſelbſt ſchon andeutet. Dieſer Ludwig v. Pfeil war
ein Mann in ſehr hohen Stellungen, zuerſt und zwar noch in ſehr jungen
Jahren württembergiſcher Regierungsrath, dann zugleich Vorſtand des Ober-
bergamts und Forſtdepartements, hernach württembergiſcher Geſandter bei verſchiedenen Höfen, bei der Reichsverſammlung in Regensburg, beim ſchwäbiſchen
Kreistag, ſofort geheimer Legationsrath und endlich Geheimrath. Aus dieſem
Amte ſcheidet er freiwillig (im Jahr 1763), um zuerſt nur auf ſeinem Rittergute
als kleiner Fürſt zu leben, tritt aber ſofort in Dienſte bei Friedrich dem Großen,
der ihn alsbald zu Geſandtſchaften verwendet, was die Folge hat, daß er als
preußiſcher Geſandter wieder ruhig auf ſeinem Gute in Württemberg leben kann
bis zu ſeinem 1784 erfolgten Tode. Eine ſehr erwünſchte Zugabe ſind die in
unſerem Buche enthaltenen Mittheilungen über den Freiherrn, nachmaligen
Grafen Seckendorf (S. 387 ff.). Durch alle dieſe biographiſchen Darſtellungen
erhalten wir nicht nur einerſeits ein gutes Stück württembergiſcher Geſchichte
aus einer ſehr ſchlimmen Periode und andererſeits eine lebensvolle Schilderung
des Verkehrs zwiſchen den Männern, die in jener Zeit deſto treuer zum Evangelium und zu chriſtlicher Gemeinſchaft hielten und ein frommes Leben zu führen
und zu pflanzen beſtrebt waren: ſondern, was eben das Eigenthümliche jener
Zeit namentlich in Württemberg war, es treten hier zwei ſehr heterogene
Elemente — ein ſittenloſer Hof und ein eifriger Pietismus, der Dienſt eines
Herzogs Carl und der Dienſt Gottes nach Art Halliſcher Frömmigkeit, der gold-
geſtickte Frack ſammt den höfiſchen Manieren des Miniſters und die gefalteten
Hände des mit Brüdern aus allen Ständen betenden Bruders — zuſammen. Geſchichtlich darf dieſer merkwürdige Umſtand wohl mit in Betracht genommen
werden, wenn man zu erklären hat, warum in Württemberg das ſtaatliche und
kirchliche Regiment im Ganzen immer gerecht und mild gegen die Pietiſten geweſen iſt; aber zugleich auch iſt es für chriſtliche Menſchenkenntniß höchſt intereſ-
ſant, zu beobachten, wie ſich dieſe Männer innerlich geſtellt haben, um weder
ihren Würden am Hofe, überhaupt ihrer weltlichen Geltung, noch ihrem reinen
und zarten Gewiſſen, man darf geradezu ſagen: ihrer Signatur als Pietiſten
etwas zu vergeben. Daß dieß unſerem Pfeil beſonders unter einem Schurken-

regiment, wie es der Minister Montmartin zum Unheil des Landes ausübte, nicht leicht wurde, daß er sich sogar deßhalb Böses zu seinem schweren Kummer mußte nachsagen lassen, sehen wir S. 203 ff.; aber wie sehr eine aristokratische Stellung und Erziehung auch der christlichsten Gesinnung Eintrag thun kann, davon ist nicht Pfeil, nicht Seckendorf, wohl aber leider — Graf Zinzendorf, der Stifter der Brüdergemeinde, der Vater der Blut= und Wundentheologie, ein Beweis, da er (S. 77.) „über die Heirath des Freiherrn v. Pfeil mit einer Bürger= lichen sich brieflich in schneidendem Hochmuth ausließ“, ungeachtet Pfeil in dieser Heirath einer speciellen göttlichen Führung hatte Folge leisten wollen. Pfeil selbst kam übrigens dadurch von Zinzendorf ab, was für ihn wie für die übrigen Häupter der württembergischen Frommen und für die württembergische Kirche ein Glück war.

Dem Hrn. Biographen haben handschriftliche Quellen zu Gebote gestanden, die er denn vortrefflich zu einem Gesammtbilde verarbeitet hat. Nur Eines vermissen wir, was vielleicht von einer zweiten Auflage gehofft werden dürfte. Nach S. 291. existirt „ein treffliches Familiengemälde“ von Pfeil, das ihn im „blausammtenen Festkleide mit weißen, reichgestickten Manschetten, den rothen, inwendig hermelingefütterten, außen sterngeschmückten Mantel um die linke Brust und Schulter geschlagen“ darstellt. Die Beschreibung, die weiter von dem Bilde gegeben wird, erregt gar sehr den Wunsch, es möchte eine Copie davon dem Buche selbst beigegeben sein; einen Mann, den man so liebgewinnen muß, möchte man auch von Angesicht kennen. — Im Uebrigen ist die Ausstattung sowohl des Helden als seines Biographen und der Verlagshandlung würdig.

Palmer.

Handbuch der musikalischen Liturgik in der deutschen evangelischen Kirche, von Dr. Hermann Oesterley. Göttingen, Vandenhoeck und Ruprecht, 1863. VIII und 272 S.

Der Verfasser will den Theologen, für deren musikalische Bildung die Univer= sitäten noch nicht die nöthige Fürsorge getroffen haben, ein Hülfsmittel darbieten, um durch Selbstunterricht sich auch für diesen Theil ihrer Amtsfunctionen, dessen Werth erst die neuere Zeit wieder anerkannt hat, gehörig vorzubereiten. Die Absicht ist eine löbliche, und wenn auch für denselben Zweck schon mehrfache anderweitige Arbeiten (wie namentlich die von Kraußold) vorliegen, so ist damit eine weitere Bebauung dieses Feldes um so weniger überflüssig, als es der fac= tische Stand der Dinge mit sich bringt, daß solch' ein Lehrbuch eigentlich immer nur für einen Theil der deutsch=evangelischen Kirche, ganz genau nur für ein bestimmtes Territorium paßt, während andere Landeskirchen, weil sie ihren Ritus so oder so gestaltet haben, wieder andere Anforderungen im Einzelnen machen. Gerade dieser Umstand ist es, der die mündliche Belehrung und Uebung immer als das Einzige erscheinen läßt, was dem Zweck völlig entspricht. Selbst die Beifügung der Musik in Noten reicht nicht ganz aus; unser Verfasser hat zu unserem Bedauern sich dieser Illustrirung ganz enthalten, die auch schon für die geschichtlichen Theile je und je kaum entbehrlich war. Uebrigens schließt er sich an die liturgischen Werke von Schoeberlein an, deren musikalische Seite er mit Sachkenntniß und Umsicht weiter entwickelt.

Wir wissen nicht, ob der Verfasser Theolog ist oder nicht; wäre er es, so
würden wir uns zu dem ersten allgemeinen Abschnitt, der eine Theorie des
Cultus nebst geschichtlicher Ausführung enthält, das Eine und Andere zu bemerken
erlauben. Wir dürfen dieß aber um so eher unterlassen, da er, laut Titel, nur
die musikalische Liturgik bearbeiten will, mithin der erste Abschnitt, der freilich
etwa ein Drittel des ganzen Buches einnimmt, streng genommen, ein opus su-
pererogativum ist.

Bei aller Anerkennung, daß der Verfasser seinen Gegenstand durchdacht hat
und in Theorie und Geschichte zu Hause ist, können wir doch verschiedene Desi-
derien nicht unterdrücken. Die Auseinandersetzung, daß es sich um das Verhältniß von Wort und Ton, um das Vorwiegen des einen oder des anderen, somit
umgekehrt um die dienende Unterordnung des einen unter das andere handelt,
ist richtig; aber eine bekanntlich auch in viel weiterem Kreise noch viel verhan-
delte Frage, inwieweit überhaupt der Ton dasselbe ausdrücken könne oder
solle, was das Wort sagt, ist vom Verfasser übergangen, und nur gelegentlich
kommt zum Vorschein, daß er eigentlich doch auch noch der Meinung ist, die
Musik müsse Stimmungen „malen"; denn unter S. 247. stellt er die Forderung an den Organisten, er müsse in seinem Präludium die dem Tag angemessene
Stimmung malen, — eine Forderung, nach welcher Seb. Bach's Orgelprälu-
dien schlechte Arbeit wären, denn an das Malen von Stimmungen hat dieser
größte aller Orgelmeister am wenigsten gedacht. Wir behaupten vielmehr, die
Orgel muß der eintretenden, sich allmählich sammelnden Gemeinde jedesmal
durch die Hoheit und Fülle ihres Tones den Eindruck geben, daß sie hier der
gemeinen Welt enthoben ist; es ist die Idealität der Musik, die Jeden vergessen
läßt, was dahinten ist, die ihn in eine ganz andere, ideale Welt hineinhebt; das
ist das Einzige, was sie zu thun hat, was aber auch vollständig ausreicht, um
ihre Verbindung mit Religion und Cultus als eine durchaus naturgemäße zu
rechtfertigen. Die Hoheit eines Domes, eines Münsters macht wohl auf den
Eintretenden ganz den gleichen Eindruck, aber gewaltiger, weil in lebensvoller,
mächtiger Bewegung, tritt derselbe in der Tonfluth heran, in den musikalischen
Wogen, die in solcher Macht und Fülle nur die Orgel frei heranströmen läßt.
— Wie in diesem Punkte der Verfasser noch mehr auf den Grund hätte dringen
sollen, so mangelt uns auch das Genauere über den Unterschied des kirchlichen
Styles der Musik von dem weltlichen; was über Gemeinverständlichkeit, über
Objectivität 2c. gesagt wird, läßt sich wohl hören, aber, wie mit den Kategorien:
objectiv und subjectiv in musikalischen Dingen überhaupt nicht viel Kluges anzufangen ist, so waren hier noch verschiedene Punkte in's Auge zu fassen, z. B.
daß und warum die kirchliche Tonkunst nichts von dem dulde, was man sonst
Effectmachen heißt; warum die Fuge sich für die kirchliche Kunst als eine Haupt-
form festgesetzt habe; daß nicht Weniges, woran wir jetzt den Kirchenstyl zu erkennen meinen, lediglich conventionell oder traditionell zu solchem geworden ist,
während noch bei Händel eine Menge solcher Formen in seinen Opern und
mythologischen Oratorien ebenso vorkommen, wie in seinen geistlichen Musiken.
Derlei Fragen sind für die gründliche Kenntniß und praktisch richtige Behandlung der Sache durchaus nicht zu umgehen.

Wenn der Verfasser S. 109. sagt, die kirchliche Tonkunst habe (für den
Tondichter, dem überhaupt die musikalische Begabung innewohne) keine größeren

Schwierigkeiten, als jede andere musikalische Charakteristik, — so glauben wir vielmehr, sie hat gerade in diesem Punkte weniger Schwierigkeit, weil sie nicht dramatisch und ebenso wenig subjectiv-lyrisch verfahren darf; kirchliche Musik im engeren Sinne, d. h. gottesdienstliche Musik, kennt nur den Gegensatz zwischen Kyrie eleïson und Gloria in excelsis, zwischen Sanctus und Osanna, b. h. zwischen dem Hochfeierlichen und Hochfreudigen, Adagio und Allegro; alles Uebrige fällt für sie weg oder ist wenigstens zufällig und Nebensache. (Hebt sich doch innerhalb des Chorals selbst jener Gegensatz vielfach auf; Valerius Herberger's Sterbelied: „Valet will ich dir geben", hat uns die prachtvolle, schwung-hafte Festmelodie verschafft zu dem Adventsgesang: „Wie soll ich dich empfangen"!)

Der geschichtliche Theil ist fleißig ausgeführt; für die Leser, die der Ver-fasser im Auge hat, dürfte aber Manches genauer erklärt sein, z. B. (S. 131.) was Solmisation und Mutation ist. Bei der Charakterisirung Gregor's des Großen scheint uns nicht klar genug herausgehoben, was das eigentliche Princip seiner hymnologischen Thätigkeit war, nämlich — im Gegensatze zu Ambrosius und dem, was sich aus dessen Gesängen entwickelt hatte — die Vernichtung alles Volksthümlichen, d. h. alles sinnlichen Reizes in der Musik, um dafür eine ab-stract heilige, d. h. mönchische, Singweise herzustellen. Ganz gut ist aber, was der Verf. S. 136. über die alten Kirchentonarten sagt. Man darf es freilich kaum wagen, mit einem strengeren Urtheil hervorzurücken, und doch ist's richtig, daß diese Tonarten nicht eine höhere Stufe bezeichnen, von der wir mit dem modernen Dur und Moll herabgesunken wären, sondern daß sie eine noch un-vollkommenere musikalische Bildung verrathen; ihre Unbrauchbarkeit zu harmo-nischem Aufbau ist außer Zweifel, und wenn uns die Melodiegänge, z. B. die dorische Modulation durch h in c, eigenthümlich ansprechen, so ist das nur die Wirkung des Fremdartigen, während das wirklich Schöne daran, z. B. der phry-gische, der mixolydische Schluß, in unsere moderne Musik längst übergegangen und darin heimisch geworden ist. Nur will uns nicht einleuchten, daß der Ver-fasser später (S. 175 f.) doch wieder auf diese Tonarten zurückgreifen will. Was darin ursprünglich gesetzt ist, das lassen wir selbstverständlich darin und genießen es in seiner Eigenthümlichkeit; aber selbst wieder auf diesen Standpunkt uns zu stellen, ist nicht möglich, so wenig als wir ein Concert mit altgriechischer Musik veranstalten können. — In der Geschichte des Mittelalters fiel uns auf, daß der Verfasser die deutschen Volksgesänge, die Leise u. s. w., die doch für den evan-gelischen Choral die eigentlichste Basis bilden, nicht erwähnt, sondern sie erst in der folgenden Periode nennt (S. 156.). Etwas zu kurz und im Allgemeinen bleibend ist der Abschnitt über Luther. Daß der sogenannte rhythmische Choral-gesang sich nicht habe erhalten können, sieht der Verf. richtig ein, aber seine Er-klärung des Abkommens desselben (S. 162 f.) ist viel zu gesucht, während die wahre Ursache so nahe liegt; eine Volksmasse kann schlechterdings nicht dieser raschen und präcis auszuführenden rhythmischen Bewegung folgen, was nur einem geschulten Chor unter dem Stab eines Dirigenten möglich ist. Praktisch will der Verfasser einen Mittelweg einschlagen; darüber ist zwar Gutes bei ihm zu lesen, aber was er über verschiedene tempi und verschiedene Tonarten (Seite 217. 218.) sagt, halten wir für ebenso wenig ausführbar als, wenn es das auch wäre, für eine wirkliche Verbesserung. Mit der Ausweisung der Orgelzwischen-spiele hat der Verf alsdann Recht, wenn er auch die Fermaten aus dem Gemeinbegesang auszumerzen vermag; bleiben aber diese — in Folge desselben Umstandes, wie die gleichen Notenwerthe, nämlich der unvermeidlichen Schwerfälligkeit einer ungeschulten Masse, was die Volksgemeinde immer sein wird — im Choral stehen, dann sind die Zwischenspiele eine musikalische Nothwendigkeit und die Orgel thut in ihnen, was ihres Amtes ist, denn sie ist das alle Pausen ausfüllende Bindeglied. Eine Pause zwischen den Zeilen und Strophen ist geradezu unerträglich.

Man sieht, die obschwebenden Fragen sind auch von unserem Verfasser noch nicht völlig erledigt; aber wer in sie eingeführt werden und die fraglichen Punkte von verschiedenen Seiten beleuchtet sehen will, dem kann das Buch, wenn er sich die Veranschaulichung durch Beispiele selbst dazu beschaffen kann oder schon Vorkenntnisse hat, gute Dienste leisten. — Druck und Papier sind sehr schön.

Palmer.

Zur Verantwortung des christlichen Glaubens. Zehn Vorträge, gehalten vor Männern aus allen Ständen (durch Prof. Auberlen, Pfarrer Geß, Pfarrer Preiswerk, Prof. Riggenbach, Pfarrer Stähelin, Pfarrer Stockmeyer). Zweite Auflage. Basel, Bahnmaier's Verlag. 1862. XI u. 324 S.

Die im Vorwort zur ersten Auflage von den Verfassern ausgesprochene Hoffnung auf gesegnete Verbreitung dieser apologetischen Vorträge hat sich schon insofern glänzend bewährt, als binnen Jahresfrist eine zweite, wegen der drängenden Nachfrage nur mit einigen Zusätzen vermehrte Ausgabe erforderlich wurde. Und jene Hoffnung wie diese Theilnahme ist in der That eine wohlberechtigte. Waren doch jene naturalistischen Angriffe auf die christliche Wahrheit, welche das Unternehmen hervorgerufen haben, derart, daß, wo irgend noch Theilnahme für den evangelischen Glauben ist, den herausgeforderten und abgenöthigten Zeugnissen der durch ihre Stellung und Gesinnung dazu vor anderen berufenen Männern der Wissenschaft und des Dienstes am Wort, mit gespannter Erwartung entgegengesehen werden mußte. Sie haben mit ihrer Verantwortung nicht nur eine locale, sondern eine universelle Pflicht erfüllt. Es ist indeß in diesen Vorträgen nicht nur die direct polemische Seite der Aufgabe mit allem Ernst und aller Offenheit aufgefaßt und fast ohne Ausnahme zweckentsprechend ausgeführt. Es ist hier vielmehr auch ein überaus reicher biblisch-theologischer Stoff nicht bloß angesammelt, sondern wirklich verarbeitet in durchsichtiger, bald mehr praktisch erbaulicher, bald mehr dialectisch gewandter, aber immer auf den Horizont denkender Hörer und Leser berechneter Durchdringung; und wer es weiß, daß alle wahre Befestigung des christlichen Glaubens und der christlichen Erkenntniß nur durch ebenso schriftmäßige wie rationale Vertiefung und Läuterung zu Stande kommt, der kann auch in dieser Beziehung für die Veröffentlichung dieser nachahmungswürdigen Zeugnisse nur dankbar sein. Dazu kommt, daß die Form des lebendigen Vortrags trotz aller Schmucklosigkeit und Einfachheit der Rede, daß ferner die Mannichfaltigkeit der von den verschiedenen Verfassern gewählten Behandlungsweise auch ganz abgesehen von dem Stoffe selbst nicht wenig zur immer neuen Anfrischung des Interesses beiträgt, während unser Publicum der Abhandlungsform gegenüber meist sehr bald ermüdet ist. Das aber eben ist der Vorzug

dieser Vorträge, daß sie so die Perception erleichtern ohne Einbuße an Gehalt
und daß es ihnen umgekehrt selbst da, wo sie die strengere Zucht eigentlich wissenschaftlichen Denkens beanspruchen, nicht an den rechten Mitteln der Verständigung
gebricht. Was das Beweisverfahren betrifft, so ist es bedingt durch den ganz
richtigen Satz, daß diese Vorträge nicht den Glauben bewirken, wohl aber von
der Vernünftigkeit des Glaubens überzeugen wollen und sollen. Es wird daher
nicht nur der biblische und kirchlich traditionelle Lehrstoff reproducirt, sondern es
wird auch die einem richtigen Denken einleuchtende innere Folgerichtigkeit, Continuität und Congruenz der Glaubenswahrheit angerufen als Instanz gegen einen
Naturalismus, der nicht nur das Göttliche und Unerreichbare am Evangelium
von sich weist, sondern auch das menschlich Faßbare und Nahe darin und daran
für unvernünftig ausgeben möchte in seiner ephemeren Weisheit. Wohl hat man
damit die göttliche Wahrheit nicht bewiesen, ihren Gehalt nicht festgestellt, ihre
Macht nicht an die Gewissen gebracht; aber wo dieß mit jenem rationalen Verfahren Hand in Hand geht, wo man mit dem letzteren das klare Bewußtsein
über die Grenze seiner Wirksamkeit und Berechtigung verbindet, wie in diesen
Vorträgen der Fall ist, da wird man den Verfassern nur zustimmen können, daß
sie das Eine gethan und das Andere nicht unterlassen haben. Eine weitere
Schwierigkeit liegt in der bei aller Einheit im Wesentlichen doch auch bestimmt
sich geltend machenden Eigenthümlichkeit des dogmatischen Standpunktes in den
einzelnen Vorträgen. Es ließe sich auch leicht eine kleine Liste solcher Sätze zusammenstellen, welche zu dogmatischen Requisitionen Anlaß geben könnten: allein
wer wollte so kleinlich und peinlich an's einzelne sich hängen, wo das Ganze
eine so werthvolle Gabe ist und wo für einzelne Ungenauigkeiten oder weniger
ansprechende Partieen so viele andere nach Inhalt und Form gelungene Abschnitte
reichlich entschädigen.

    Tübingen.   Dr. Heller, Rep.

Die Rationalität des Begriffes der himmlischen Leiblichkeit.

Von

Dr. Julius Hamberger in München.

I. Die Irrationalität in den Gebilden der irdischen Welt.

Im tiefsten Grund unserer Seele regt sich die Ahnung des lauter=
sten, vollkommensten Lebens und der Wunsch, das Sehnen, daß selbes
allenthalben zur Herrschaft gelange. Die eben hierin uns vorschwe=
bende Idee trägt unstreitig den Charakter der reinsten Rationalität an
sich, und so müssen wir denn Alles, wodurch jene Herrschaft des
vollkommenen Lebens gefördert wird, für rational, dasjenige aber für
irrational erklären, wodurch ebendieselbe gehemmt und eingeschränkt
wird. Solche Hemmungen aber begegnen uns in der irdischen Welt
allenthalben, in den zahllosen Gebilden, von denen wir uns rings
umgeben finden, wie auch bei und in uns selber, und so macht sich
denn hienieden überall Irrationalität, nur nicht in jener unbedingten
Weise geltend, wie dieß von der infernalen Welt zu behaupten sein
wird. Während nämlich in dieser nur die Macht des Todes gebietet,
in ihr gar nichts als innerer Widerspruch, also nur Irrationalität
obwaltet: so findet in jener doch auch noch das Leben Raum, nur
freilich nicht in seiner vollen freien Entfaltung.

Häufig will man es gar nicht zugeben, daß die irdische Welt an
vielfacher Unvollkommenheit leide, und insofern hat man hierin auch
Recht, als dieselbe dem Endziel, welchem wir in ihr entgegengeführt
werden sollen, vollkommen gemäß ist [1]). Die Unvollkommenheit aber,

---

[1]) Relative Vollkommenheit wird der irdischen Welt, da ihre Einrich=
tung von der ewigen Weisheit und Liebe herrührt, und alle Veränderungen in
ihr unter der göttlichen Leitung stehen, immerhin zugeschrieben werden müssen.
Absolute Vollkommenheit aber kann ihr insofern nicht eigen sein, als der
allerdings nur auf ebendiese abzielende Wille Gottes an der Verkehrtheit des
Willens der Geschöpfe sich bricht, an derselben (vgl. Jes. 59, 1 ff.) seine Schranke

29*

welche sie gerade darum in sich fasset, wird hiermit doch nicht an sich
selbst zur Vollkommenheit, und so ist es denn auch ganz vergeblich,
vor dieser Unvollkommenheit absichtlich die Augen verschließen, über
dieselbe sich selbst täuschen zu wollen [1]. Je lebhafter die Ahnung des
schlechthin vollkommenen, des himmlischen Daseins bei uns hervortritt, um so schärfer wird vielmehr unser Blick für die Irrationalität
der irdischen Welt werden, um so klarer werden wir auch erkennen,
daß letzterer nicht bloß in derjenigen Form, in welcher sie sich uns
gerade jetzt darstellt, sondern auch in jeder anderen Gestalt, zu der sie
irgend noch gelangen könnte, wesentliche Unvollkommenheit anhaften
müsse, falls sie nicht geradezu über sich selbst, d. h. zur himmlischen
Herrlichkeit, erhöht wird.

Eine unzählbare Menge einzelner körperlicher Gebilde erfüllt den
vor uns in's Ungemessene hin sich ausdehnenden Raum; dabei überbietet die Größe der Weltkörper, die mit einander den Sternhimmel
ausmachen, weit unsere Vorstellungskraft. Wie nun diese Weltkörper
das wunderbare Licht, in welchem sie strahlen, aus der weitesten Ferne
einander zuwerfen und überdieß in ganz undenkbarer Schnelligkeit um
einander herumrollen, so sollte man meinen, daß sie sich gegenseitig
nur zu der herrlichsten Lebensentfaltung verhelfen. Die unserer Beobachtung etwas näher liegenden Schöpfungsgebiete belehren uns jedoch
eines Anderen. So schweifen in den Räumen unseres Planetensystems

---

findet. Demzufolge muß zwar die irdische Welt mit Unvollkommenheit behaftet
sein, diese wird jedoch nicht eine absolute, sondern nur eine relative sein können,
und gerade diese ihre relative Unvollkommenheit dient Gott als Mittel, sie der
absoluten Vollkommenheit entgegenzuführen.

[1] Weil der Rationalismus eine andere Daseinsform der Welt, als die
irdische, nicht für möglich hielt, gleichwohl aber am Gedanken der Vollkommenheit des Schöpfers schlechthin festhalten wollte, so mußte man wohl, so lange
man dieser Denkart huldigte, darauf ausgehen, in dieser irdischen Welt nur
Vollkommenheit zu finden. Einen mächtigen Anstoß dazu, daß man auch auf
die in ihr obwaltende Unvollkommenheit den Blick wieder zu richten begann, ja
daß dieses noch in tieferer, umfassenderer Weise, als es früher der Fall war, erfolgte,
gab Goethe. Das eigentliche Thema seines Werther bildet die Irrationalität
dieser Welt, und allbekannt ist insonderheit die hier vorkommende Bezeichnung
der Natur als eines „ewig sich gebärenden und ewig sich wieder verschlingenden
Ungeheuers". Gleichwohl hat in neuerer Zeit Professor Rosenkranz, nur
freilich ganz ohne Erfolg, den Versuch gemacht, die wirkliche Irrationalität der
Welt als eine lediglich nur scheinbare darzustellen. Siehe dessen Abhandlung
„Die Verklärung der Natur" im ersten Theile seiner „Studien", Berlin 1839.

ganze Schwärme größerer und kleinerer mineralischer Massen herum [1]), die theilweise von ihrer eigentlichen Bahn abweichend auf unsere Erde hERNiederstürzen, und an denen keine Spur irgend einer Lebensent= wickelung wahrzunehmen ist. Ebenso scheint auf unserem Monde bei der völligen Starrheit seiner Formation organisches Leben schlechthin nicht bestehen zu können. Um die ganze Scheibe des Jupiter gehen, parallel mit der Richtung des Aequators, streifenartige Wolkenlagen herum, und einige von diesen sind von so anhaltend hartnäckiger Natur, daß sie den unter ihnen liegenden Flächenstrich über hundert Jahre lang, ohne dazwischen nur eine einzigmalige eigentliche Aufheiterung zuzulassen, umschatten. Zudem scheinen heftige Orkane unaufhörlich auf diesem Weltkörper zu wüthen. Für höchst räthselhaft in teleolo= gischer Hinsicht muß auch der doppelte Ring des Saturnus erklärt werden, der, während er einerseits die Lichtwirkung auf diesem Plane= ten verstärkt, ihn andererseits wieder in um so tiefere, vierzehn unserer Erdenjahre andauernde Finsterniß einhüllt. Ein großer Theil des Uranus muß, da die Ebene des Aequators dieses Weltkörpers mit der Bahn desselben fast einen rechten Winkel bildet, über vierzig Jahre lang des belebenden Einflusses der Sonne gänzlich entbehren. Weit günstiger ist die Stellung der Erde auf der ihr angewiesenen Bahn; demunerachtet schmachten auch hier weit ausgedehnte Landstriche, die der ungemäßigten Einwirkung des Sonnenlichtes ausgesetzt sind, in versengender Hitze, während andere Gegenden von ewigem Eise starren und alles Leben dort völlig erstorben scheint. Wer möchte sich's ferner wohl zutrauen, den Sinn und die Bedeutung der großen weiten Wüsteneien des Erdbodens, zu denen man eben auch die unabsehbaren, um die Pole herum sich lagernden Eisfelder zu rechnen hat, ausfindig zu machen? Eine wahrhaft befriedigende Antwort wird man nicht einmal auf die Frage zu geben wissen, wozu jene gewaltigen, zum Theil völlig unzugänglichen und, wie durch ihre Gestaltung, so durch ihre Einsamkeit schauerlichen Berge und Felsen bestimmt sind, die sich hoch bis in die Wolken erheben und auf beren eisigen Gipfeln nichts Lebendiges gedeihet.

Sonst zeigt sich die Natur auf unserem Erdball unerschöpflich in Hervorbringung von lebenden und empfindenden Wesen. Was sie aber wie in verschwenderischer Fülle aus ihrem Schooße hervorgehen läßt, das wird von ihr auch wieder schonungslos verschlungen, ver=

---

[1]) Die sogenannten Meteorsteine, deren Zahl — Legion ist.

schlungen dem größeren Theile nach, noch ehe es den nächsten Zweck seines Daseins erreicht hat, verschlungen in einer Weise, die man beinahe für grausam erklären möchte. Nicht bloß die unteren Schichten der Luft, in welchen die verdichteten Dünste schweben, auch die oberen ätherisch-reinen sind mit unzählig vielen, größeren und kleineren, dem unbewaffneten Auge zuletzt völlig sich entziehenden Thieren erfüllt. Das Nämliche gilt von dem Festlande, wo wir selbst in den einzelnen Theilen der größeren hier einheimischen Thiere noch eine Unzahl von kleineren lebenden Geschöpfen entdecken. Das Meer beherbergt vielleicht eine noch weit größere Lebensfülle. Wie viele jener phosphorescirenden Thierchen werden doch dazu erfordert, die weite Fläche des unermeßlichen Oceans wie in ein Feuermeer umzuwandeln! Doch, je mehr lebender Wesen in's Dasein treten, um so weniger scheint auch ihr Leben zu gelten, um so gleichgültiger werden sie auch wieder dem Untergang preisgegeben. Schon in Betreff der Lebenskeime, der Eier, läßt sich eine ganz auffallende Verschwendung gewahr werden, indem nur die allerwenigsten derselben zur Ausbildung gelangen. Zudem steht den Jungen, wenn sie auch wirklich ausschlüpfen, noch eine ganze Reihe der gefährlichsten Entwickelungen bis zur völligen Ausbildung bevor. Ueberhaupt aber stirbt nur der allerkleinste Theil der Thiere den natürlichen Alterstod, und ungetrübtes Wohlgefühl, in dessen Genuß wir doch ihre Bestimmung setzen, wird wohl keinem wirklich zu Theil.

Ein höchst verderbliches Spiel treiben mit ihnen schon die Elemente. So wirft z. B. ein einziger Wogenschwall Myriaden von lebenden Wesen an die Küsten, wo sie hülflos verschmachten; so vertrocknen in einem einzigen verdampfenden Wassertropfen unzählbare Infusorien; so bleiben an einer klebrigen Pflanze Tausende von Mücken haften, um hier elend zu verhungern. Selbst, was dem Thiere zum Schutz dienen soll, der Instinct, führet es oft in's Verderben. Zu Myriaden ziehen die Wanderheuschrecken in sicheren Tod, ebenso kosten die Reisen der Zugvögel einen fast unglaublichen Aufwand an Leben. Alle Insecten fliegen blind in die Flamme und ruhen nicht, bis sie mit versengten Flügeln niedersinken; ja selbst die großen Hausthiere, das Pferd nicht ausgenommen, stürzen sich in die Gluth einer Feuersbrunst. Daß immer eine Klasse der Geschöpfe zerstört werden muß, damit die andere fortbestehe, daß alles Leben hienieden nur auf Mord und Untergang sich gründet, ist schon an sich selbst grauenvoll. Soll aber gleichwohl eines das Opfer des anderen werden, so möchte man

doch wenigstens wünschen, daß dieß überall auf dem schnellsten, kürze=
sten, schmerzlosesten Weg geschehe. Auch diese Erwartung erfüllet sich
indeß keineswegs; die Art der Tödtung der kleineren durch die größeren
Thiere ist vielfach eine wahrhaft gräßliche. So zerstückeln die insecten=
fressenden Vögel häufig ihre Beute lebendig; Katzen und andere Raub=
thiere treiben mit ihrem Raube ein grausames Spiel, indem sie an
der Todesangst des ihrer Gewalt Verfallenen sich zu weiden scheinen.
Die Schlangen können ihre Opfer nur unzerstückelt verzehren, weil
sie keine Gliedmaßen haben. Eine Riesenschlange wirft sich also z. B.
auf ein großes Thier, zerbricht ihm lebendig durch ihre Umschnürung
die Knochen im Leibe und würgt den noch lebenden, mit Geifer über=
zogenen und nun mundgerecht geworbenen Körper langsam den engen
Schlund hinunter. Bei kleineren Schlangen und bei Raubfischen
kommt die Beute lebendig in den Magen und wird erst durch die
Verdauung getödtet. Nicht weniger grausam verfahren aber auch oft
kleinere gegen größere Thiere. Die Fadenwürmer z. B. verzehren das
ganze Innere der Raupen, bis nach gänzlicher Zerstörung der Organe
der Tod erfolgt. Die Wanderameisen überfallen in heißen Gegenden
so plötzlich und in solcher Menge die größten Thiere, daß keine Flucht
hier mehr retten kann, und verzehren in kürzester Zeit ihre Beute bis
auf das nackte Gerippe, wobei sie in die Wunden auch noch einen
ätzenden Saft triefen lassen. Die Bremsen aber legen ihre Eier auf
zahme und wilde Thiere, und die Larven leben dann unter der Haut
als Engerlinge, genährt von dem Eiter des Geschwüres, das sie ver=
anlassen, oder auch in dem Magen, im Darmkanal u. s. w., ja sogar
in den Nasen= und Stirnhöhlen der Schafe.

Auch in der Menschenwelt macht sich die Irrationalität der gegen=
wärtigen Naturordnung gar vielfach in der betrübendsten, ja wohl in
der gräßlichsten Weise geltend. Auf den Umstand, daß so viele Men=
schen ihre Tage nicht erfüllen, daß oft ganze Schaaren der Wuth der
gegen sie anstürmenden Elemente erliegen, daß die Menschen ein noch
weit größeres Heer von Krankheiten und Gebrechen, als denen die
Thierwelt ausgesetzt ist, bedränget und sie auch sonst von noch viel
schrecklicheren Leiden gepeinigt werden, ist hier darum kein Gewicht
zu legen, weil ihnen ja doch eine weit höhere Bestimmung angewiesen
ist, als der bloße Genuß des Erdenlebens. Wenn, unter noch so
schweren äußeren Qualen, nur unser Inneres zu immer vollerer Ent=
wickelung gedeihet, wenn nur das Licht des Geistes in immer reineren
Strahlen bei uns aufleuchtet und unser Gemüth und Wille einen

immer freieren Aufschwung zur Welt des Ewigen und Himmlischen nimmt, da werden wir uns über die Leiden dieser Zeit wohl noch zu beruhigen, zuletzt uns ihrer sogar zu freuen wissen. Wie aber, wenn das geistige vom körperlichen Leben gänzlich darniedergehalten wird, wenn es schon von Geburt an den Fesseln der Materie sich nicht zu entringen vermochte, wenn es fort und fort vom trüben Schleier des Blödsinns umzogen bleibt und sich nicht einmal ein Funke des höheren, eigentlich menschlichen Bewußtseins in ihm entzünden will? Wie, wenn der Geist, nachdem er bereits zu schöner Entfaltung gelangt war und noch weiter eine herrliche Ausbreitung seiner Kräfte in Aussicht stand, nun in Folge körperlicher Gebrechen oder Mißbildungen wieder in sich selbst zusammensinkt und die dunkeln Schatten der Bewußtlosigkeit sich jetzt über ihn herlagern? Aus eben solchen Ursachen kann er ja auch, vorübergehend oder dauernd, in eine derartige innere Zerrüttung gerathen, daß er nun Wahngebilde aus sich erzeuget, durch die er zur verkehrtesten Handlungsweise, bisweilen zu den schrecklichsten Unthaten hingerissen wird. Nicht minder jammervoll als die Knechtschaft, in welche unser Geist hiernach versinken kann, ist diejenige, unter welche unser Gemüth und Wille gebeugt wird vermöge der mancherlei verkehrten Triebe und Neigungen, die in unserem Körper wurzelnd mit unserem innersten Selbst im geraden Widerspruch stehen. Man weiß es ja, welche Gewalt das Temperament, dessen Eigenthümlichkeit zunächst in der besonderen Beschaffenheit unseres Leibes seinen Grund findet, auf uns ausübt und wie wenig es uns gelingen will, dasselbe dem uns einwohnenden Gesetz des Geistes schlechthin zu unterwerfen. So heftig ist nur allzu häufig die Macht jener niederen Triebe, daß sie unser ganzes Wesen gleichsam völlig gefangen nehmen, daß höhere Regungen gegen sie gar nicht aufkommen, das Bewußtsein unserer sittlichen Aufgabe wie geradezu vertilgt ist und wir desselben vielleicht erst dann wieder theilhaftig werden, nachdem wir blindlings in schwere Unthaten uns verwickelt haben.

Von einer Welt nun, in welcher ein solcher feindlicher Gegensatz, eine solche Verwirrung der in ihr zusammengestellten Kräfte, eine so vielfache schwere Hemmung des wahren eigentlichen Lebens, eine so schreckliche Macht des Todes und der Zerstörung obwaltet, wird man gewiß nicht leugnen können, daß sie den Charakter der Irrationalität an sich trage. Aus ihr als solcher leuchtet uns denn auch die göttliche Herrlichkeit nicht geradezu entgegen; weit mehr verhüllet sie uns

dieselbe, als daß sie uns selbe offenbarte [1]).   Doch wäre es sehr wohl
denkbar, daß die irdische Welt zu einer reineren, vollkommneren Gestalt,
als ihr gegenwärtig eigen ist, noch erhoben würde, daß alle die be=
sonderen Mißstände, die wir mit Schmerz in ihr wahrnehmen, die
großen Leiden, von denen wir uns in ihr bedrängt fühlen, beseitigt
würden, daß fortan alle die einzelnen Wesen, welche sie in sich be=
greift, in einem milderen, freundlicheren Verhältniß zu einander stünden,
daß die leiblichen Gebilde nun in einem schöneren Einklang mit dem
Geist und Gemüth sich befänden, somit auch der Entfaltung des in=
neren Lebens keine so belästigenden Schranken sich mehr entgegenstell=
ten.   In der That hegt man nicht selten die Hoffnung auf eine solche
Läuterung oder Verklärung der irdischen Welt, vermöge deren diese
zwar nicht ihres irdischen Wesens selber, wohl aber ihrer Irrationali=
tät entledigt werden sollte.   Diese Hoffnung muß jedoch insofern für
eine eitle erklärt werden, als die irdische Wesenheit, die Materie,
welche besondere Gestalt sie auch annehmen möge, schon an und für
sich selbst irrationaler Art ist, und da, wo sie sich geltend macht, von
einer vollen Herrschaft des Lebens im Gebiete der Natur wie im Reich
des Geistes unmöglich die Rede sein kann.

Die Materie begründet überall eine Trennung. Sofern wir zum
materiellen Dasein herabgesunken sind, finden wir uns von Gott ge=
trennt, wie wir denn nur insoweit mit Gott wieder in Verbindung
kommen, als wir uns über die Gewalt des Materiellen zu erheben
bemüht sind.   Auch von unseren Mitmenschen sind wir durch die Ma=
terie in größerer oder geringerer Ferne gehalten, nicht bloß im äußer=
lich räumlichen, sondern auch im geistigen Sinne, indem es uns nämlich
nie völlig gestattet sein kann, in ihr innerstes Wesen einzudringen.
Eben dieses gilt ja sogar von unserem eigenen Selbst, das uns gleich=
falls guten Theils verschlossen bleibt, indem die irdische Leiblichkeit in
ihren einzelnen Organen die Fülle unseres Geisteslebens nicht nur in
viele besondere Kräfte zersetzt [2]), sondern uns dasselbe auch gar viel=

---

[1]) „Die Natur offenbart Gott, aber sie verbirgt ihn auch." Mit diesem
Worte hat Friedrich Heinrich Jacobi zu seiner Zeit großen Anstoß erregt, doch
ist der in demselben liegende Gedanke — reine, lautere Wahrheit.

[2]) In dem Umstande, daß die einzelnen Kräfte unseres Geistes, wie nament=
lich Verstand, Vernunft, Gemüth, Phantasie, in Trennung, Geschiedenheit von
einander sich befinden, jede dieser Kräfte allzu sehr für sich allein wirken will,
liegt ein Hauptgrund unserer geistigen Schwäche, wie auch der Unsicherheit über
die höchsten, theuersten Wahrheiten, von welcher man sich so vielfach beunruhigt

fach umschleiert und umdüstert. Doch die Materie sondert nicht nur den Geist vom Geiste, es sind die materiellen Gebilde auch getrennt oder wie gebrochen in sich selber und eben hiermit der Zeitlichkeit und Räumlichkeit und der hiervon unabtrennlichen Unvollkommenheit preisgegeben. Es bestehen ja diese Gebilde, soweit wir sie einer näheren Untersuchung zu unterziehen im Stande sind, aus — von einander abgeschlossenen und gegenseitig für einander undurchdringlichen Theilen, so daß der Raum, der von einer Materie einmal erfüllt ist, nicht zugleich noch von einer anderen erfüllt werden kann. Der Grund aber der Undurchdringlichkeit jener Materietheilchen liegt offenbar in einer dem Leben gegenüberstehenden Macht, in einer Macht des Todes, die in der Natur den Zugang gefunden [1]), und eben hieraus ist denn auch wieder die Starrheit der aus jenen Materietheilchen sich ergebenden Gebilde abzuleiten, hieraus auch die Schwere, die sich in ihnen geltend macht, der Druck, den sie auf einander ausüben. Da ferner eben diese Gebilde in Folge der Geschiedenheit jener Materietheilchen mehr oder weniger schon in sich selbst getrennt sind, und da nun demgemäß jene äußere Ausbreitung bei ihnen stattfindet, die wir schlechthin als die Räumlichkeit zu bezeichnen pflegen, so werden sie einerseits durch gegenseitige Nähe einander beengen und bedrängen, andererseits wird ihre Ferne von einander wohl auch mancherlei Leid nach sich ziehen. Was aber doch nur äußerlich verbunden oder zusammengesellt ist, was nur neben, nicht in einander besteht, was bereits schon an einer inneren Getrenntheit leidet, das kann freilich auch nur zu leicht einer äußeren Trennung anheimfallen. Das in die Räumlichkeit Gebannte unterliegt auch dem Gesetze der Zeit. Es be-

---

fühlt. Bei den durch besondere geistige Größe hervorragenden Männern findet sich durchgängig eine glückliche Harmonie und ein freies, freudiges Ineinanderspielen aller einzelnen Kräfte ihres Innern. Ein sehr wesentliches Moment der geistigen Cultur und die unerläßliche Vorbedingung der vollen inneren Sicherheit wird aus diesem Grunde das Bestreben bei uns bilden müssen, eben jene Harmonie, wenigstens annähernd gleichfalls zu gewinnen.

[1]) Diese Macht des Todes in der Natur und die aus ihr sich ergebende Starrheit und Undurchdringlichkeit der Materie ist an sich selbst wohl für ein großes Räthsel anzusehen, das nur in der biblischen Lehre seine Auflösung findet. Die Atomistik dagegen ist so schlechthin blind, daß sie dieses Räthsel als solches gänzlich verkennet und sich darum freilich auch um dessen Auflösung auf keine Weise bekümmert. Sie will von gar keinem Grunde für jene Undurchdringlichkeit der Materie oder Materietheilchen wissen. Sie erklärt dieselbe für absolut, also für grund- und anfangslos, ebendarum aber freilich auch für schlechthin endlos.

sitzt nie die volle Kraft des Daseins und wüßte sich in dieser auch auf keinen Fall zu behaupten. Wie es nur allmälig zur Entwickelung gelangt, so geht es auch wieder seinem Untergang entgegen. Alles, was mit Materie behaftet ist, bedarf auch wieder der Materie; die neu-hervorbringenden materiellen Gebilde bemächtigen sich, ja müssen sich der schon vorhandenen bemächtigen; sie zerstören sie, lösen sie auf und verwenden sie für sich selber, um mit der Zeit wieder eine Beute anderer zu werden; die Selbstsucht ist vom materiellen Dasein unabtrennbar [1]).

Von dieser durchgreifenden Irrationalität, die sich aus dem Wesen der irdischen Welt selbst ergiebt und die derselben in jeder besonderen Form, in welche immer sie eingeführt werden möchte, jederzeit eigen bleiben müßte, wird man nun unmöglich annehmen können, daß sie in Gott selbst oder in der Natur der Dinge, die ja doch wieder nur von Gott herrühren könnte, ihren Grund habe. So läßt sich denn diese Irrationalität offenbar nur aus dem Willen intelligenter Geschöpfe, nur aus dem verkehrten Verhältniß erklären, in welches diese zur Quelle alles Lichtes und Lebens sich selbst gesetzt haben. Indem sie vor Gott, statt in freier freudiger Liebe sich ihm hinzugeben, ihr Inneres verschlossen und nur in sich selbst sich behaupten [2]) oder nur anderem Geschöpflichen ihre Neigung zuwenden wollten, mußte an der Stelle des Lichtes und Lebens, von welchem sie ursprünglich erfüllt waren, Tod und Finsterniß jetzt herrschend werden. Dieß gilt zunächst von ihrem geistigen Wesen, welches sich in Folge ihres gottwidrigen Strebens einerseits streng und starr in sich selbst zusammenzog, andererseits aber in mehrere besondere Kräfte sich zersetzte, woraus sich ihnen nun freilich innere Beengung, Unruhe, Angst ergeben mußte. Doch, die Irrationalität, welche ihre Wurzel in der Sünde, als der Irrationalität schlechthin, findet, bleibt nicht auf das Gebiet des geistigen Lebens beschränkt, ihre Folgen erstrecken sich auch auf das leibliche

---

[1]) Ganz anders verhält es sich freilich auf dem Gebiete des geistigen Lebens. Indem der Geist dem Geiste Nahrung giebt, verliert er nicht, gewinnt er nur; je mehr er giebt, je mehr er hat. Nicht von Beeinträchtigung also des einen durch den andern, nur von gegenseitiger Förderung beider kann hier die Rede sein. Was aber vom Geiste als solchem gilt, das muß ebenso auch von der vergeistigten oder verklärten Leiblichkeit gelten.

[2]) In dieser Art, in der Richtung hinaufwärts, in Hoffahrt also versündigten sich die geistigen Wesen, die Engel; der Mensch aber, der einen Leib an sich trägt, kann sich auch in der Richtung hinunterwärts vergehen, d. h. auch der Sinnenlust fröhnen.

Dasein. Jene Intelligenzen, welche nicht selbst einen Leib an sich tragen und nur vermöge der ihnen verliehenen geistigen Macht einen segnenden Einfluß auf die ihnen zur Beherrschung angewiesenen Schöpfungsgebiete auszuüben bestimmt waren, mußten, bei ihrer inneren Verkehrung, in diesen nun übelthätige Wirkungen hervorrufen, Tod und Zerstörung bringende Kräfte in ihnen erwecken. Wenn aber das Gleiche von jenen anderen Intelligenzen gelten muß, die mit einem Leibe bekleidet sind, so wird um so gewisser auch dieser ihr eigener Leib einer ganz ähnlichen Irrationalität unterworfen sein müssen, als die sich ihres geistigen Wesens bemächtigt hat.

Das Aeußere ist seiner Natur nach ein Spiegel des Innern, und so erlagen denn diese, in Folge ihrer Abkehr von Gott in sich selbst zusammengezogenen und in sich selbst zerklüfteten, Intelligenzen auch in Bezug auf ihren Leib eben jener Starrheit und inneren Trennung, die wir mit allen sonst hieraus entspringenden Unvollkommenheiten und Gebrechen als Eigenthümlichkeit des materiellen Daseins kennen gelernt haben[1]). Das wird man nicht unnatürlich finden können, darüber vielmehr hat man Grund sich zu wundern, daß sich aus dem Abfall von Gott nicht eine völlige Lösung aller jener Kräfte ergeben hat[2]), aus welchen jene leiblichen Gebilde zusammengefügt

---

[1]) In der That giebt es nicht nur eine körperliche, sondern auch eine geistige Starrheit, Schwere, Undurchdringlichkeit, also auch einen geistigen Druck und eine geistige Beengung. Die besonderen Kräfte, in welche, unserer Abwendung von Gott zufolge, unser geistiger Organismus zerfallen ist, stehen bei uns in augenscheinlicher Spannung gegen einander, und eben diese Spannung macht sich uns nicht selten in der allerschmerzlichsten Weise fühlbar. Unser Gemüth ist wie zerrissen in sich selber, wenn wir den höheren Anforderungen, die wir in uns vernehmen, nicht gerecht werden; diese Anforderungen lasten dann wie ein wahrer Druck auf unserer Seele. Ebenso findet sich unser Geist geschieden oder wie gespalten in sich selber, sofern er seines eigenen Inhaltes sich zu bemächtigen sucht, dieser aber sich nicht erschließen will und seinem finstern Schooße nur etwa einzelne lichte Gedanken sich abringen läßt. Daß nun aber alle diese geistigen Unvollkommenheiten auch in unserem Leibe sich spiegeln, daß dieser ebenfalls in sich selbst wie zerklüftet ist, darüber werden wir uns wohl nicht zu wundern haben. Unsere äußere leibliche Gestalt ist ja, theilweise wenigstens, immer durch den Zustand unseres inneren geistigen Wesens und durch die eigenthümliche Form bedingt, welche dieses an oder in sich trägt.

[2]) Deutlich genug giebt uns die Bibel zu verstehen, daß, wer sich, statt Gott, vielmehr dem Bösen ergiebt, dem eigentlichen Lauf der Natur zufolge und insofern ganz von Rechtswegen der Macht der Finsterniß, der infernalen Welt, verfallen sei. „Wisset ihr nicht", sagt der Apostel Paulus im Brief an die Römer 6, 16., „welchem ihr euch begebet zu Knechten in Gehorsam, deß Knechte

find, daß eben diese doch noch in irgend einer, der irdisch materiellen Form, sich erhalten haben und nicht zur absoluten Unform des infer= nalen Daseins heruntergesunken sind [1]).

Die materielle Leiblichkeit vereinigt in sich neben der in ihr her= vorgetretenen Macht des Todes und der Finsterniß noch eine reiche Fülle von Leben und Schönheit; hie und da lassen sich in ihr sogar noch Andeutungen der himmlischen Herrlichkeit erkennen. So dürfen wir denn nicht zweifeln, daß auch dem ganzen Inbegriff der irdischen Gebilde eine Welt von göttlichen Ideen zu Grunde liege. Diese gött= liche Ideenwelt leidet aber noch an einer gewissen Unvollkommenheit, indem sie nicht unmittelbar und geradezu, sondern nur mittelbar, nur insofern dem Willen des Ewigen entspricht, als in ihr eine Ordnung der Dinge vorgezeichnet ist, durch welche den von ihm abgefallenen Geschöpfen die Rückkehr zu ihm ermöglicht wird. Nicht den eigent= lichen oder Endzweck also des Waltens und Wirkens Gottes begreift sie in sich; doch zieht sich unstreitig der göttliche Wille durch sie noch hin durch, da sie immerhin den Mittelzweck zum Gegenstande hat, ohne welchen jener Endzweck nicht zu erreichen wäre. Nur in trüberem, matterem Glanze leuchtet diese Ideenwelt, indem in ihr durch die Schuld der Geschöpfe die Absichten ihres Schöpfers zunächst eine Ein= schränkung erleiden; groß und herrlich aber ist dieselbe doch jedenfalls, da sie ja ihre Wurzel in der Welt der ersten und letzten, der ewigen göttlichen Ideen hat, und von diesen dürfen wir wohl versichert sein, daß sie dereinst zu ihrer völligen Ausgestaltung gelangen werden.

---

seid ihr?" Ebenso lesen wir 2 Petr. 2, 19: „Von welchem Jemand überwunden ist, deß Knecht ist er." Im ersten Briefe Joh. 5, 19. heißt es geradezu, daß „die ganze Welt im Argen", in dem Bösen selbst, ἐν τῷ πονηρῷ, „liege" und wir es nur dem Sohn Gottes zu verdanken haben, daß wir uns nicht schlechthin in der Gewalt desselben befinden. Siehe auch Kol. 1, 13.

[1]) Daß die irdische Welt besteht, wird gemeiniglich, und zwar doch nur darum, weil sie eben besteht, als etwas gleichsam von sich selbst Verstehendes angesehen. Die irdische Welt trägt jedoch keineswegs den Stempel eigentlicher Vollkommenheit an sich; Gott trägt und duldet sonach in ihr nur, was er an sich selbst und geradezu doch nicht will. Aus Gnaden hat er sie für uns gestaltet und uns in sie eingeführt, um uns dem äußersten Verderben zu entziehen und uns die Rückkehr zu ihm noch möglich zu machen. Die Materialität dieser irdischen Welt bewahrt uns vor dem Anblick der ewigen Herrlichkeit, der uns bei der inneren Unreinheit, an welcher wir noch leiden, nur verderblich werden könnte, andererseits sind wir durch ebendieselbe auch geschützt gegen die unmittel= bare Berührung mit dem Geiste der Finsterniß.

...

... Zuruf des Innern, und
... Kraft von Gott in sich
... ... Innsliserzen
... ... und innerer Trau-
... ... Unvollkommen-
... ... materiellen Daseins
... ... finden
... ...
... ... Kräf...
... zusammengefügt...

... ... eine geistige...
... ... geistigen Druck und...
... ... unserer Thrant...
... ... Leben bei uns...
... ... Spannung macht...
... ... Unser Gemüth ist...
... ... wie im...
... ...
... ...
... ...
... ...
... ...
... ... auf unser...
... ... nicht...
... ... möglichst...
... ... durch die eigentli...

...

... Leben zu verfehlen, daß...
... eigentlichen Lauf...
... Natur... Fortsetzung...
... ...

finb, daß eben diese doch noch
Form, sich erhalten haben e
nalen Daseins heruntergefund

Die materielle Leiblichten
vorgetretenen Macht des Todes
Fülle von Leben und Schönhe
noch Andeutungen der himmli
wir denn nicht zweifeln, daß u
Gebilde eine Welt von göttli
liche Ideenwelt leidet aber us
indem sie nicht unmittelbar und
insofern dem Willen des Ewige-
der Dinge vorgezeichnet ist, du
Geschöpfen die Rückkehr zu th-
lichen oder Endzweck alfo des
sie in sich; doch zieht sich unftr
hin durch, da sie immerhin den W.t:
welchen jener Endzweck nicht zu
matterem Glanze leuchtet diese
Schuld der Geschöpfe die Absichten
schränkung erleiden; groß und l rt u
da sie ja ihre Wurzel in der Welt der
göttlichen Ideen hat, und von die
daß sie dereinft zu ihrer völligen Ausgabe.

---

seid ihr?" Ebenso lefen wir 2 Petr. 2, 1 :
ift, deß Knecht ift er." Im erften Briefe J
„die ganze Welt im Argen", in dem Lefen fo.
wir es nur dem Sohn Gottes zu verdanken hat, daß
in der Gewalt deffelben befinden. Siehe endlich

1) Daß die irdifche Welt befteht, weil
darum, weil fie eben befteht, als etwas
angefehen. Die irdifche Welt trägt jedoch
Vollkommenheit an fich; trägt und
ch felbft und geradezu doch nicht will. Das Gut
uns in fie eingeführt, um uns dem
die Rückkehr zu ihm noch möglich
Welt bewahret uns vor dem
nneren Unreinheit,

II. Die Eigenthümlichkeit der himmlischen Leiblichkeit und ihr Unterschied von den irdischen Gebilden.

Völlig verkehrt wäre es, wenn man für den Gedanken der himmlischen Leiblichkeit, um nicht das Wesen der Leiblichkeit selbst einzubüßen, die irdische Materialität in irgend einer Weise noch festhalten würde. Sei es nun, daß man sich jene höhere Leiblichkeit als gediegene irdische Masse, zur höchsten, edelsten Form emporgeführt, oder daß man sich ebendieselbe in einer noch so weit gehenden Verdünnerung vorstellte [1]), — weder in dem einen noch im anderen Fall hätte man ihren Begriff in Wahrheit erreicht. Das Himmlische steht schlechthin über dem Irdischen, und alle jene Unvollkommenheit, die dem Irdischen auch bei dessen höchster Sublimation noch immer eigen sein würde, muß von dem Himmlischen durchweg ausgeschlossen bleiben. Jeder irdische Beisatz, selbst der leiseste Hauch, der von dieser niederen Welt stammt, müßte den Gedanken der himmlischen Wesenheit verunreinigen, ja ihn geradezu aufheben.

Nicht solche göttliche Ideen, welche durch die innere Verkehrtheit der Geschöpfe noch irgendwie bedingt sind und in denen der Macht des Todes und der Finsterniß, wenn auch nur zum Behuf ihrer Ueberwindung, noch ein gewisser Spielraum angewiesen ist, liegen den himmlischen Gebilden zu Grunde. Die Ideen, welche in diesen sich verwirklichen, fassen vielmehr den Willen des Schöpfers geradezu in sich; sie schließen also jedwede Hemmung des Lebens von sich aus und leuchten sonach in durchgängiger Herrlichkeit. So wird denn schon bei den Elementen, aus denen die Gebilde bestehen, welche eben diesen Ideen in der That entsprechen sollen., von jener inneren Gebundenheit nicht die Rede sein können, wie selbe bei den Materietheilchen stattfindet, aus welchen die irdischen Dinge zusammengefügt sind. Jene Elemente werden vielmehr durchaus lebensvoll sein müssen; sie sind also nicht außer einander gehalten, sondern durchdringen sich gegenseitig. Die himmlischen Gebilde selbst leiden eben darum auch nicht an innerer Geschiedenheit oder Gebrochenheit, sondern es herrscht in ihnen die reinste Continuität, und dieser zufolge sind sie zugleich der Möglichkeit der Zersetzung und Zerstörung, welcher die irdischen Gestaltungen unterliegen, schlechthin enthoben. Ebenso kann bei ihnen

---

[1]) Daß das Eine wie das Andere häufig genug vorgekommen, ergiebt sich aus unseren „Andeutungen zur Geschichte und Kritik des Begriffes der himmlischen Leiblichkeit." Siehe diese Jahrbücher, Band VII, 1. S. 108 ff. 123 ff. 128 ff und 138 ff.

keine Starrheit obwalten; sie bestehen vielmehr in der vollesten Ent=
faltung und in der freiesten Regsamkeit ihres Lebens und Daseins.
Auch sind sie nicht dem Gesetz der Schwere unterworfen, die, wie sich
uns im Zustand der Krankheit erweiset, doch nur auf einem Mangel
des Lebens, auf Schwäche, auf innerer Haltlosigkeit beruhet. Gleicher=
weise kann diesen Gebilden die höchste Zartheit nicht mangeln: ihr
gegenüber könnte alles dasjenige, welchem man hienieden dieses Prädi=
cat möchte beilegen wollen, doch nur als roh und plump erscheinen.
Dem Allem zufolge können aber die himmlischen Gebilde offenbar auch
nicht in das Gebiet des irdischen Raumes fallen.

Wie in ihren einzelnen Theilen oder Gliedern keine solche Ge=
schiedenheit obwaltet, daß sie sich nur neben einander ausbreiteten, so
befinden sich eben diese Gebilde selbst auch nicht in einer starren,
gleichsam selbstsüchtigen Absonderung. Liebevoll gehen sie vielmehr in
einander ein, so daß keines in der Ferne von dem anderen gehalten,
keines der innigsten Nähe des anderen beraubt wäre; wiederum schmiegen
sie sich auch so mild und freundlich in einander, daß keines durch das
andere beengt oder belästigt sein kann. Um wie viel weniger wird
sonach eines der Zerstörung des anderen bedürfen, um sich selbst im
Dasein zu behaupten! Ja sie bestehen nicht einfach nur in und mit
einander, sondern sie strahlen sich auch gegenseitig ihr Licht zu, so daß
ein jedes einzelne, in seiner Art, der Herrlichkeit aller anderen theil=
haftig wird. Ihre Herrlichkeit selbst aber stammt aus ihrem inneren
Wesen, welches, während es in den irdischen Gestaltungen noch gar
vielfach verhüllt ist, in ihnen schlechthin zur Erscheinung kommt. So
liegt denn in ihnen auch kein Hemmniß des Geistes: da sie mit dem=
selben im reinsten Einklang stehen, so entfaltet er auch in ihnen seine
ganze Kraft. Sie sind also für das Wesen des Geistes durchsichtig,
und weil dieser lauter Leben und Herrlichkeit in sich begreift, so müssen
sie wohl im vollesten Schönheitsglanz strahlen. Die himmlische Leib=
lichkeit kann aber auch keine Scheidewand zwischen den einzelnen Gei=
stern unter einander oder gegen Gott bilden, da sie ganz vom Geiste
durchdrungen, in ihn selbst aufgenommen sind.

So unterscheidet sich denn das Himmlische so ganz wesentlich vom
Irdischen; in gewisser Beziehung aber kommt es doch auch wieder
mit demselben überein. Alle Vollkommenheit, die letzterem eigen ist,
wird sich auch in ersterem vorfinden; nur wird dieselbe hier freilich
der Schranken entledigt sein, von welchen sie dort noch eingeengt ist.
So sind denn also beide selbst in demjenigen, worin sie einander

ähnlich sind, auch wieder wesentlich von einander verschieden. Eben
darum wird man aber selbst die höchste Vollkommenheit, die dem Irdischen eigen sein mag, doch nicht geradezu in den Gedanken des
Himmlischen aufnehmen dürfen.

Nicht selten scheuet man sich, den himmlischen Gebilden eine Ausdehnung zuzugestehen, in der Besorgniß, sie hiermit zur Materialität
herabzuziehen. Eine solche Ausdehnung, wie sie bei den irdischen
Dingen stattfindet, kann ihnen auch nicht eigen sein; was aber in gar
keinem Sinn ausgedehnt wäre, dem könnte auch gar keine Wesenhaftigkeit, Wirklichkeit zukommen. Der Geist sogar muß eine gewisse
Ausdehnung haben: man darf ihn nicht in die Enge oder vielmehr
in das Nichts des mathematischen Punktes zusammensinken lassen, wenn
er überhaupt existiren soll. Wenn aber die irdischen Gebilde wegen
der bei ihnen obwaltenden Hemmung des Lebens in die Breite des
irdischen Raumes auseinander gehen, so kann dieß nicht von den durch
und durch lebensvollen himmlischen Wesenheiten gelten. Da diese
keiner inneren Getrenntheit unterliegen, so muß wohl ihre Extension
intensiver Natur sein, d. h. sie dehnen sich nicht nach außen, sondern
nach innen, nicht in die Breite, sondern in die Tiefe aus; diese Tiefe
steht aber ebenso sehr über jener Breite, als die Ewigkeit die Zeit
überraget. Die Zeit nämlich, in welcher das Sein niemals in seiner
ganzen Fülle zur Erscheinung gelangt, die sich sonach als ein beständiger Wechsel auf einander folgender, immerdar sich ablösender
Momente darstellt, trägt einerseits wohl den Charakter der Länge,
Gedehntheit, andererseits aber auch wieder wegen ihrer inneren Gebrochenheit den der Kürze an sich. Der Ewigkeit dagegen, in welcher
jene in Vergangenheit und Zukunft auseinanderfallenden Momente
zur Einheit der reinen Gegenwart zusammengefaßt sind, kommt eine
Länge, wie die der Zeit ist, eine Gedehntheit keineswegs zu. Deßwegen kann man sie aber doch nicht als bloße Kürze bezeichnen: sie
ist nicht lediglich nur ein Moment, der sich ja am Ende gar nicht
mehr festhalten lassen, in das reine Nichts sich auflösen würde. Dauer,
Währung wird ihr immerhin beigelegt werden müssen, und dieser zufolge ist sie, wie bei ihr als der lauteren Gegenwart nicht von Länge
im Sinne der Gedehntheit die Rede sein kann, ebenso auch über die
Kürze als solche schlechthin erhaben. Völlig analog ist nun dieser
Dauer oder Währung der Ewigkeit jene Tiefe, in welche sich die
himmlischen Gebilde ausdehnen und die ebenso sehr jene Weite oder
vielmehr Breite, wie sie den irdischen Gestaltungen eigen ist, als auch

jene Enge, in welche ebendieselben selbst bei ihrer äußersten Weite und Breite doch wieder eingeschlossen sind, schlechthin überbietet.

Für nicht minder bedenklich, als der himmlischen Leiblichkeit eine gewisse Ausdehnung zuzuschreiben, erachtet man es, ihr die Eigenschaft der Dichtigkeit, Massivität, beizulegen. Der Gedanke der Schwere, Rohheit, Plumpheit, wie uns solche mehr oder weniger bei den irdischen Gebilden begegnet, muß hier freilich durchaus ferne gehalten bleiben; doch darf man sich auch die Gestaltungen der himmlischen Welt nicht zu einer solchen Dünnheit verflüchtigt denken, daß ihnen die Palpabilität nicht mehr zukommen sollte. Der irdische Tastsinn vermag sie allerdings nicht zu erreichen, da sie so weit über dessen Gebiet hinausliegen; dem ihnen entsprechenden himmlischen Tastsinn dagegen müssen sie zugänglich sein, so gewiß sie überhaupt Realität besitzen, und diese besitzen sie gerade im höchsten Maße. Während der irdische Sinn geneigt ist, nur den irdischen Gebilden Wesenhaftigkeit zuzugestehen und den himmlischen ebendieselbe abzusprechen, so muß man vielmehr behaupten, daß jenen in Vergleich zu diesen beinahe nur ein gespensterhaftes Dasein zukommt [1]). So hat man denn die Massivität der himmlischen Leiblichkeit als reine Gediegenheit aufzufassen; diese aber findet ihren Grund in ebendem, worauf auch ihre, von der irdischen so völlig verschiedene, Ausdehnung beruhet. Wo ungehemmte Kraftfülle sich vorfindet, da muß wohl Ausdehnung, nur nicht nach der Breite hin, stattfinden, da kann auch Massivität, doch freilich nur in der edelsten Form, nicht mangeln. Beides zumal wird aber nicht bei allen himmlischen Substanzen in gleichem Maße anzunehmen sein. Je höher die Kraft, die ihnen überhaupt zu Grunde liegt, und je größer der Reichthum der besonderen Kräfte ist, die in ihnen zur Einheit verbunden sind, um so größer wird ihre Gediegenheit, um so größer zugleich die ihnen eigenthümliche Ausdehnung sein müssen. Eben hierauf gründen sich auch die räumlichen Verhältnisse, in welchen sich die einzelnen himmlischen Wesenheiten unter einander

---

[1]) In diesem Sinne erklärt es Franz Baader in seiner speculativen Dogmatik (s. Band IX. S. 81. der Werke) für einen „schweren Irrthum, das über dem immer offenen Grabesschlund gleichsam nur gespenstisch und phantasmagorisch schwebende Zeitleben für das wahrhafte Leben auszugeben." Nächstdem weisen wir hier zurück auf die in den Jahrbüchern für deutsche Theologie, Band VII. S. 164. bereits mitgetheilte merkwürdige Aeußerung des nämlichen Denkers über die Nichtigkeit oder Gespensterhaftigkeit der irdischen in Vergleich mit der Wesentlichkeit oder Realität der himmlischen Leiblichkeit.

befinden. Die niederen, d. h. diejenigen unter ihnen, denen nur eine geringere Kraftfülle einwohnt, werden von den höheren umschlossen, d. h. in deren Lebens- und Wirkungskreis aufgenommen sein; eben dieser Lebens- und Wirkungskreis ist aber gerade der Raum, in welchem sie bestehen. Von einer anderen Räumlichkeit kann bei Substanzen, in welchen gar keine Macht des Todes, also auch gar keine Ohnmacht, sondern nur Leben und Kraft obwaltet, unmöglich die Rede sein.

Auch Entschiedenheit in der Form und Gestalt wird den himmlischen Gebilden nicht abgesprochen werden dürfen. So gewiß Unsicherheit oder Zerflossenheit schon bei den irdischen Gestaltungen mit Recht als ein Mangel angesehen wird, so wird jenen Gebilden gerade die größte Schärfe und Bestimmtheit in der Form zukommen müssen. Man wagt es aber gar häufig nicht, diese Eigenschaften auf die himmlische Welt überzutragen, weil man fürchtet, daß hiermit Schranken in dieselbe eingeführt würden, durch welche ihre Hoheit beeinträchtigt werden müßte. Am allerwenigsten meint man dem unendlichen Geiste eine Leiblichkeit beilegen zu dürfen, als wodurch er nothwendig der Endlichkeit anheimfiele [1]). Diese Besorgniß ist indessen ungegründet, indem ja die Form doch nur das Wesen selbst zur Offenbarung oder Erscheinung gelangen läßt und ihre Bestimmtheit nichts· weiter ist, als ihre Vollendung. Wie also das Wesen an und in sich beschaffen ist, so und nicht anders stellt es sich in dem ihm wirklich entsprechenden Gebilde dar. Wohnt jenem eine Alles schlechthin überbietende und insofern unendliche Kraft ein [2]), so wird es eben auch den Charakter der Unendlichkeit in diesem· Sinne an sich tragen; ist dagegen die Kraft eines Wesens nur eine endliche, so wird dieß auch von ihrer leiblichen Abbildung gelten müssen. Aber auch an eine trennende Abscheidung, wie selbige allerdings in der irdischen Welt, der Schärfe und Bestimmtheit ihrer Gestaltungen zufolge, stattfindet, kann bei den himmlischen Gebilden, so gewiß das Leben vom Leben doch nicht gehemmt wird, niemals zu denken sein. Aus dem nämlichen Grunde werden diese Gebilde, obwohl sie durchaus in einander eingehen und

---

[1]) Spinoza's Satz: Omnis determinatio est negatio, ist nichts weniger als richtig.

[2]) Der Begriff des Unendlichen hat Bedeutung nur im Gegensatz zum Endlichen, nicht aber an und in sich selbst. Das schlechthin Unendliche wäre als das schlechthin Unbestimmte — das bloße Nichts, das freilich aller Bestimmtheit ermangelt, weil ihm eben gar keine Prädicate zukommen können.

sich völlig durchdringen, dennoch keines dem anderen seine in vollester
Entschiedenheit ausgeprägte Form irgendwie beeinträchtigen.

Noch einen anderen Fehler läßt man sich nicht selten bei Bezeich=
nung der Natur der himmlischen Leiblichkeit zu Schulden kommen.
Um den Gedanken derselben gewiß rein zu erhalten von aller mate=
riellen Trübheit, meint man der Vorstellung jeder sinnlichen Mannig=
faltigkeit bei ihr nicht weit genug aus dem Weg gehen zu können.
Ein gewisser Glanz, ja die höchste Klarheit soll ihr allerdings zu=
kommen; in Licht, in lauter Licht soll sie strahlen, Farbe dagegen, in
welcher doch das Licht erst als Schönheit sich offenbart, will man ihr
nicht zugestehen, und ebenso spricht man ihr alles Andere ab, wodurch
sie sonst noch dem Sinne faßbar sein kann [1]). In der That aber
kann ihr hiervon nichts fehlen; es waltet in ihr nicht etwa Eintönig=
keit, die ja doch nur einen Mangel des Lebens verrathen würde [2]).
Was in der irdischen Welt nach einer oder der anderen Seite hin
wohlthuend ansprechen mag, damit ist auch die himmlische Welt und
zwar im reichsten Maß ausgestattet; doch ist seine Art hier nicht die
nämliche wie dort, sondern nur ihr analog, wie denn z. B. die Farbe
im Himmel zwar auch Farbe, aber doch ganz anderer Art sein muß, als
die Farbe auf Erden. Auf der anderen Seite hat man die Mannigfaltig=
keit, wie sie uns hienieden, selbst in der geistvollsten Zusammengesellung,
begegnen mag, doch nur als Buntheit anzusehen im Vergleich mit
jener reinen Harmonie, die sich im Jenseits auf Grund der höchsten
Mannigfaltigkeit allenthalben mit der vollesten Kraft fühlbar macht.
Auch verliert sich hier die Darstellung oder Erscheinung des geistigen
Lebens nicht in verschiedene, mehr oder weniger von einander sich ab=
schließende Richtungen [3]). Wie in den himmlischen Substanzen die
reichste Vielheit, die sie in sich begreifen, in die lauterste Einheit zu=
sammengeht [4]), so sind in dieser höheren Region auch die einzelnen

---

[1]) So sagt Schiller in seinem Epigramme „Licht und Farbe“:
„Wohne, du ewiglich Eins, dort bei dem ewiglich Einen!
Farbe, du wechselnde, komm freundlich zum Menschen herab!“

[2]) Eintönigkeit deutet auf Leerheit, die Einfachheit im wahren vollen Sinne
des Wortes bedarf zu ihrer Grundlage der Vielheit.

[3]) Man denke nur an die verschiedenen Künste und an die Gränzen, in
welche diese eingeschlossen sein müssen und die sie nicht überschreiten dürfen,
wenn sie nicht ihren eigentlichen Halt verlieren sollen. So hat z. B. die Plastik
eine andere Richtung zu verfolgen, als die Malerei; so würde die Epik ihre
Kraft einbüßen, wenn sie in das Gebiet der Lyrik übergehen wollte, u. s. w.

[4]) Die alten Galen und Celten sagen von ihrem Paradiese, das sie Flathinnis

besonderen Sinne, mit welchen wir die irdische Mannigfaltigkeit zu erfassen haben, in einen einzigen allgemeinen Sinn vereinigt.

Endlich übersieht man in der Regel noch eine Eigenthümlichkeit, welche die himmlischen Gebilde mit den höheren Erzeugnissen der Erdenwelt gemein haben, — das wachsthümliche Leben. Es scheint sich dieses mit der ihnen unzweifelhaft zukommenden Unveränderlichkeit nicht zu vertragen; eben diese wird man aber doch nicht als ein einfaches Beharren, als ein regungsloses Sein, das ja mehr dem Tod als dem Leben verwandt wäre, zu denken haben. Die irdischen Gebilde erreichen nur in allmäligem Aufsteigen den Höhepunkt ihrer Entfaltung und gehen von da an wieder ihrem Verfalle entgegen. Von einem solchen Wechsel, von einer solchen Veränderung kann bei den Gebilden der himmlischen Welt freilich nicht die Rede sein; ihnen kann keine Jugend zukommen, auf welche ein Alter und ein Veraltern folgte. Entstehen und Vergehen fällt bei ihnen in eins zusammen; „sie fangen immer an und hören auch ewig auf, d. h. sie hören nie auf anzufangen und hören nie auf zu enden oder aufzuhören" [1]. So ist denn ihr Sein nicht ein bloßes Gewordensein, sondern ein unaufhörliches Werden, sie sind in einem beständigen Flusse, in einer beständigen Wiedergestaltung, in fortwährender Erneuerung begriffen. Dieses ihr Werden bleibt aber niemals hinter dem Ziele zurück, welchem es entgegenstrebt, sondern es erreicht dasselbe immerdar; es erfreuen sich sonach die himmlischen Gebilde, wie der ganzen Frische des jugendlichen, sich erst entfaltenden Lebens, so zugleich auch der Reife des zur vollesten Entwickelung bereits gediehenen Daseins [2].

In so vielen und so bedeutenden Momenten zeigt sich denn eine

---

nennen und als die Insel der Tapferen bezeichnen: „Es herrschet daselbst ein ewiger Frühling und eine unsterbliche Jugend. Die Bäume, von Musik bebend, beugen sich hier mit Blüthen und Früchten zur Erde. Wie ein süßer Traum der Seele ist da Alles anzusehen; die Entfernung verschwindet nicht aus dem Gesichte und die Nähe ermüdet nicht. Alles ist still und prächtig" u. f. w. Auch möchten wir hier an das herrliche Wort St. Martin's über die himmlische Welt erinnern, welches wir bereits Band VII. S. 160. dieser Jahrb. angeführt haben.

[1] Worte Franz Baader's. Siehe Band III. S. 222. seiner Werke.

[2] Die himmlischen Gebilde gehören nicht der Vergangenheit an, d. h. sie sind nicht ein= für allemal geworden, sie sind nicht starr und regungslos; ebenso fallen sie aber auch nicht erst in die Zukunft, d. h. sie müssen nicht erst werden, um endlich — zu sein. Sein und Werden ist in ihnen beisammen oder in einander, ersteres manifest, letzteres latent, d. h. ihrem beständigen Sein liegt ein unaufhörliches Werden zu Grunde. So bestehen sie denn, wie in der ganzen Fülle des Daseins, so auch in der ganzen Fülle des Lebens.

Aehnlichkeit in der Beschaffenheit der himmlischen mit jener der irdi=
schen Leiblichkeit; so tief und eingreifend unterscheiden sich aber auch
wieder beide von einander. Der Grund jener Aehnlichkeit liegt zu=
meist in der realen, der Grund ihrer Unterschiedenheit aber in der
idealen Quelle, aus welcher sie hervorgehen. Diese beiden Quellen,
von denen die erstere geradezu als Natur, die andere als Geist zu
bezeichnen ist, haben zwar in der Einheit des Wesens selbst ihren ge=
meinsamen Ursprung, sie werden sich jedoch von da ausgehend scheiden
und dann wieder irgendwie zu einer Einheit sich zusammenfinden
müssen, wenn anders eine Leiblichkeit sich gestalten soll. So gewiß
aber diese Leiblichkeit, wenn sie auch mit dem tiefsten Wesen des Geistes
in Uebereinstimmung steht, doch etwas von demselben Verschiedenes
ist, so kann sie eben nicht lediglich nur den Geist, so muß sie vielmehr
etwas dem Geiste als solchem völlig Unähnliches, die Natur nämlich,
zu ihrer Unterlage haben. Diese, die Natur als solche, bildet zum
Geiste nicht nur einen Gegensatz, sondern beide stehen sogar in Wider=
spruch und nur darin kommen sie mit einander überein, daß sie mächtige
Gewalten sind, die in der äußersten Schärfe einander gegenübertreten
können.

Nicht schon als bildsamen Stoff, als wirkliche Materie hat man
sich die Natur zu denken, sondern nur als deren Quelle. Alle Ma=
terie trägt ja bereits irgend eine, wenn auch noch so einfache, Form
an sich und kann ohne diese so wenig festgehalten werden, daß, wenn
wir selbe in Gedanken von ihr ablösen wollten, ihr Wesen sich sofort
auflösen, sie selbst uns gleichsam unter der Hand zerrinnen würde.
Alle Form aber ist die Folge einer von der Macht des Geistes aus=
gehenden Wirkung, und vom Geist müssen wir gerade absehen, wenn
wir den Begriff der Natur in seiner Reinheit gewinnen wollen [1].
Kann also die Natur als solche nicht schon etwas irgendwie Geformtes,
wie namentlich nicht ein bildsamer Stoff sein, so ist sie offenbar lauter
Regsamkeit, lauter Energie und zwar eine Energie, die sich in sich
selbst behaupten, mithin der ihr gegenüberstehenden Macht des Geistes
und der von daher zu erwartenden Einwirkung widerstreben, folglich
jeder Form schlechthin sich entziehen will, ja die Form selbst wieder
in Unform verkehren möchte [2]. Wirklich ist sie also noch schlechthin

---

[1] Man vergleiche die von uns Band VII. b. Jahrb. f. D. Th. S. 137. 138.
beigebrachten sehr merkwürdigen Aeußerungen des spanischen Philosophen Avizebron.

[2] Die Natur in diesem Sinne ist nichts weniger als ein bloßes Nichts,
aber sie ist nicht etwas Körperliches, geschweige denn irdisch Körperliches. Mit

formlos, wüſt und leer; die Möglichkeit aber der Form, ſomit die Möglichkeit der Weſenhaftigkeit und Fülle, die Möglichkeit einer Um- wandlung in Licht und Schönheit, mangelt ihr darum doch keineswegs, nur liegt dieſelbe noch in ihrem tiefſten Abgrund verborgen. Aus dieſem jene Möglichkeit emporzuziehen und ſie zur Verwirklichung zu bringen, das ſteht dem Geiſte zu, denn zuletzt die Natur ſich doch zu unterwerfen, ſich gänzlich zu fügen haben wird.

Nur aber ſofern der Geiſt ſeine Gewalt der Natur gegenüber im vollſten Maße geltend macht, wird dieſe in der That das Ge- präge des geiſtigen Lebens annehmen; ſofern er ſich ihr dagegen mit ſeiner Wirkſamkeit nur gleichſam annähert, wird ſie vielmehr eine Ge- genwirkung gegen ihn üben und ſtets in eine der von ihm beabſichtig- ten gerade entgegengeſetzte Form oder vielmehr Unform eingehen. In- dem er die in ihrer Tiefe noch zuſammengehaltene Weſenheit zur Ent- faltung und Ausbreitung bringen will, wird ſie dieſe um ſo ſtrenger und ſtarrer in ſich verſchließen, und nur inſoweit ſie ſich ſelbſt über- laſſen bleibt, aus ihrer Einheit in die Vielheit und Mannigfaltigkeit aus einander ſtreben. Soll aber dieſe Vielheit zur Einheit zurück- geführt werden, ſo wird die Natur dieſer Abſicht nur damit erwidern, daß ſie der Einheit immer weiter ſich entſchlägt und gerade in der alleräußerſten Zerſetzung ſich wohlgefällt. Handelt ſich's endlich darum, daß die Einheit und Vielheit zumal bewahrt bleibe, der Macht der Concentration wie jener der Expanſion ihr Recht werde und beide zur wirklichen Geſtaltung eines Gebildes ſich vereinigen, ſo wird nun die ſich ſelbſt noch überlaſſene Natur jeder ſolchen Vereinigung ſich wider- ſetzen und die eine Kraft von der anderen ſich vielmehr trennen wollen. Weil ihnen dieß aber doch nicht gelingen kann, werden ſie, indem das, was ſich binden will, ſich wieder löſet, was von einander gelöſt iſt, wieder zuſammengehen will, angſtvoll und wie in einem ſinnloſen Wirbel gegen einander wüthen.

Dieſer höchſten Verwirrung und Angſt vermag ſich die Natur durch ihre eigene Kraft nicht zu entledigen, Erlöſung aus derſelben kann ihr nur durch den Geiſt, nur durch die von ebendieſem aus in jenes wilde Chaos einſtrahlende Idee zu Theil werden. Dieſe

---

gutem Grunde könnte man ſie als Ungeiſt, d. h. als einen Geiſt bezeichnen, der als ſolcher nicht ſein ſoll. In ihr haben wir auch das Princip der Ne- gativität zu erkennen, auf welches die Wiſſenſchaft erſt durch Jacob Böhme (ſ. Band VII. b. Jahrb. f. D. Theol. S. 145—148.) geführt worden iſt.

übt zunächst freilich nur eine beruhigende Wirkung. Vor ihr schwindet der Widerstreit der aufgeregten Mächte, sie sinken in Einheit zusammen und wollen jetzt nicht mehr in selbstsüchtiger Weise sich behaupten, sondern fortan nur der Offenbarung des geistigen Lebens dienstbar werden. Es ergiebt sich hiermit das Element der Leiblichkeit, welches sich dann weiter in Einzelheiten scheidet, worauf dann diese endlich in ihrer Zurückführung zur Einheit die Leiblichkeit selbst darstellen [1]).

Ist die Idee, welche in der Leiblichkeit zur Ausgestaltung gelangt, eine unmittelbar und geradezu von Gott gewollte, so ist diese Leiblichkeit eine himmlische, und eine solche kommt nicht nur Gott selbst zu, sondern himmlischer Art waren auch alle leiblichen Gebilde, wie sie ursprünglich aus seiner Schöpferhand hervorgegangen; zur himmlischen Herrlichkeit ist ferner das irdische Wesen, in welchem der Heiland auf Erden erschienen war, erhöht worden; ein Himmlisches ist es, das uns im Sacramente dargeboten wird, und zu himmlischer Klarheit und Schönheit soll dereinst das ganze materielle Weltall erhoben werden. Irdisch aber sind diejenigen Gebilde, denen nur solche Ideen zu Grunde liegen, die nicht die ersten und letzten Absichten Gottes, die vielmehr nur den Uebergang zu diesen in sich fassen. Von einer höllischen Leiblichkeit dagegen wird man kaum reden können, weil es da, wo nur die wilde Macht der Natur gebietet, zu eigentlicher Form und Wesenheit gar nicht kommen kann, weil es hier nothwendig bei Unform und Unwesenheit bleiben muß [2]). Wenn nun aber in dieser Welt des Ab-

---

[1]) Aus dem Verhältniß, in welchem Geist und Natur zu einander aufgefaßt werden müssen, ergiebt sich die Lehre von den sieben Gestalten der Natur, welche die Wissenschaft ebenfalls Jacob Böhme zu verdanken hat. Man hat diese Lehre schon den hier gegebenen Andeutungen zufolge offenbar nicht als eine willkürliche Annahme anzusehen. „Die erste, zweite und dritte, als die drei unteren Naturgestalten, sind durch das Uebergewicht der bloßen Naturmacht, die fünfte, sechste und siebente, als die drei oberen, durch die Oberherrschaft des Geistes bedingt, die vierte aber bezeichnet den Scheidepunkt dieser beiden Ordnungen oder Reihen. Näheres über diesen wichtigen Lehrpunkt findet man im dritten Abschnitt des Buches: „Die Lehre Jacob Böhme's, in einem systematischen Auszuge aus dessen sämmtlichen Schriften dargestellt und mit erläuternden Anmerkungen begleitet von Dr. Julius Hamberger. München, 1844."

[2]) Es kömmt uns natürlich nicht in den Sinn, die wirkliche Auferstehung der Gottlosen, welche von der Bibel so entschieden gelehrt wird, in Abrede stellen zu wollen. Wir behaupten hier nur, daß in der Hölle ein unaufhörliches Zerreißen, Zerbrechen und Zerstören stattfindet. Es ergeben sich in ihr Gebilde nur, damit sie wieder zerstört werden, und es gestaltet sich das Zerstörte abermals, damit es neuerdings zerbrochen und zerrissen werde.

grundes die Idee schlechterdings unterdrückt gehalten ist, deßwegen
aber doch als solche immerdar sich behauptet, so ist wiederum auch in
der himmlischen Welt das Widerstreben der Natur gegen die Idee
nicht geradezu aufgehoben.

Gleichwie die Natur als der Grund oder die Quelle der Leib=
lichkeit fort und fort sich bewahren muß, wenn die Leiblichkeit selbst
sich bewahren soll, so bildet auch gerade die Finsterniß, die wilde Reg=
samkeit, die verzehrende Gewalt ebendieser Natur die nothwendige
Voraussetzung des reichen Schönheitsglanzes, in welchem die himm=
lische Wesenheit strahlet, so ruhet auf ihr auch deren beständige Er=
neuerung und ihre ewige Frische und Jugendlichkeit und nicht minder
die ihr eigenthümliche lebensvolle Ruhe, die ohne jene Unruhe gar
nicht gedacht werden könnte. Auf keinen Fall vermag sich bei der
ewigen Leiblichkeit Gottes die Selbstheit der Natur irgendwie als solche
geltend zu machen; sie ist hier durch den Willen der ewigen Voll=
kommenheit schlechthin in Dienstbarkeit gehalten. Von einem Spring=
quell wird man nicht behaupten können, daß ihn nicht bei seinem Auf=
wärtsstreben selbst — die Tendenz des Herabsinkens ganz und gar
durchdringe. Daß er aber demunerachtet emporsteigt, daß jene Ten=
denz des Herunterfallens hier überwunden erscheint, — die eben hierin
sich kundgebende Energie ist es, welche uns den Anblick eines· solchen
Springquells so besonders erfreulich macht.

III. Die vermeintliche Irrationalität des Begriffes der himmlischen Leiblichkeit.

Deutlich hat sich uns gezeigt, daß die Gebilde der irdischen Welt
nur allzu sehr den Charakter der Irrationalität an sich tragen; ebenso
glauben wir auch einleuchtend genug dargethan zu haben, daß sich
überhaupt vom Wesen der irdischen Materialität die Irrationalität
nicht trennen lasse. Diese haftet nicht bloß in derjenigen Form den
irdischen Dingen an, in welcher wir selbige gegenwärtig finden, sondern
auch in jeder anderen, wenn gleich noch so sehr sublimirten, der Ma=
terialität aber noch nicht gänzlich enthobenen Gestaltung. Die im Ge=
biete des Irdischen demzufolge allenthalben uns begegnende Irratio=
nalität mußte uns aber, da wir ihr doch nicht, in starrer Resignation,
unbedingte Geltung einzuräumen geneigt sein können, darauf hindrän=
gen, mit unseren Gedanken nun, statt der irdischen, vielmehr der himm=
lischen Leiblichkeit uns zuzuwenden. Wenn erstere an so vielfacher

und schwerer Unvollkommenheit leidet und überall eine Hemmung oder
Einschränkung des Lebens mit sich bringt, so durften wir von letzterer,
als ihrem Gegensatze, allerdings hoffen, daß ihr gerade Vollkommen=
heit eigen sein und sie das Leben überall in ganzer Kraft und Fülle
zur Entfaltung gelangen lassen werde. Beim näheren Eingehen auf
die Eigenthümlichkeit der himmlischen Leiblichkeit zeigte sich uns diese
Hoffnung oder Erwartung in der That als eine sehr wohl begründete.
Gerade die Bestimmtheit aber, in welcher wir das Wesen derselben
zu erfassen bemüht waren, wenn sie schon auf der einen Seite dazu
dienen mag, so manchen Anstoß zu beseitigen, den man sonst an diesem
Gedanken nehmen möchte, erweckt auf der anderen Seite auch wieder
große Bedenken, auf die man nicht wohl gerathen konnte, so lange er
Einem nur in nebelhafter Ferne vorschwebte.

Es erhebt sich uns auf dem Punkte, bei welchem wir jetzt ange=
langt sind, die Frage, ob dem Begriffe der himmlischen Leiblichkeit
auch Realität zukomme, ob man ihn nicht vielmehr nur für einen
wesenlosen Gedanken, für ein bloßes Hirngespinnst zu halten, folglich
in die bloße Mährchen= oder Traumwelt zu verweisen habe. Nicht
Wenige werden schon in dem Umstande, daß dieser Begriff transscen=
dentaler Natur ist, daß der Gegenstand desselben nicht in's Gebiet un=
serer Erfahrung, Wahrnehmung fällt, einen Grund finden wollen,
ihm die Realität geradewegs abzusprechen. Es sträubt sich gegen
solche transscendentale Begriffe der sogenannte gesunde Menschenver=
stand, ja er rechnet sich dieses Sträuben sogar zum besonderen Ver=
dienste an und möchte selbiges als Merkzeichen einer Nüchternheit, Be=
sonnenheit geltend machen, die der echte Wahrheitsforscher niemals ver=
läugnen dürfe. So entschieden er, und nicht mit Unrecht, auf der
Realität der irdischen Leiblichkeit besteht, ebenso wenig will er von
einer himmlischen Leiblichkeit wissen, die ja zugestandenermaßen mit der
irdischen so gut als gar nichts gemein habe. Die Anerkennung der
Realität der einen, meint er, schließe die Anerkennung der Realität
der anderen aus; und freilich wird sich demjenigen, der seinen Blick
nur der irdischen Welt und ihren Gebilden zuwendet und hierin sich
verlieren läßt, der Gedanke der so ganz disparaten himmlischen Leib=
lichkeit als unhaltbar darstellen.

Doch nicht bloß darin, daß die Erfahrung, Wahrnehmung hier
mangelt, und in der eben hieran sich anknüpfenden Schlußfolgerung
kann man ein Hinderniß finden, jenem Gedanken Realität zuzugestehen,
ein noch weit größeres begegnet uns in der Unmöglichkeit, eine eigent=

liche Vorstellung von der Natur der höheren, überirdischen Gebilde in unserem Inneren zu gewinnen. Die Materialität herrscht nicht nur in der ganzen äußeren, uns umgebenden Welt, auch unser Vorstellungs= vermögen ist durchaus irdisch afficirt und alle unsere Denkbilder tra= gen einen materiellen Charakter an sich. Wie sollten wir also eine innere Anschauung vom Himmlischen zu erreichen im Stande sein? Der Bilder können wir nicht entbehren, wenn wir eine solche in uns zu gestalten suchen; weil aber diese irdischer Art sind, so müssen wir uns ihrer auch wieder entledigen, wenn nicht die Wahrheit und Rein= heit jenes Gedankens Eintrag erleiden soll. So stellt er sich uns nun bloß unter negativen Merkmalen dar, und diese müssen ihm freilich den Anschein der Unrealität verleihen. Unterlassen wir es dagegen, über jene Bilder hinauszustreben, bleiben wir in ihnen als solchen befangen, dann treten in diesem Gedanken sogar Widersprüche hervor, die uns dazu bringen, ihn als einen augenscheinlich irrationalen preis= zugeben. Eine wirkliche Vorstellung vermögen wir uns also von dem Wesen der himmlischen Leiblichkeit nicht zu machen; es wird uns so= mit hier nichts Geringeres zugemuthet, als etwas für real anzuer= kennen, was nicht bloß den Bereich der äußeren, sondern selbst auch den der inneren Anschauung schlechthin transscendirt. Von allen Seiten her ist sonach dieser Gedanke den schwersten Anfechtungen ausgesetzt; demunerachtet aber brauchen wir nicht zu verzagen, demunerachtet wird es wohl möglich sein, ihn uns sicher zu stellen.

Wirklich entziehen wir uns Schwierigkeiten damit noch nicht, daß wir die Ursachen oder Gründe, auf welchen sie beruhen, zu enthüllen bemüht sind. Soweit uns aber dieß gelingt, werden wir nicht bloß den Druck jener Schwierigkeiten weniger mehr zu empfinden haben, sondern wir kommen auch auf ebendiesem Wege wohl am ehesten in den Besitz der Mittel, durch welche sie sich in der That überwinden lassen. Wenn es zunächst darum so bedenklich erscheinen mag, die Realität des Begriffes der himmlischen Leiblichkeit zu behaupten, weil uns die Wahrnehmung der letzteren versagt ist, so darf man nur nicht unbeachtet lassen, daß wir eben der himmlischen Welt nicht mehr an= gehören und daß wir ihr darum nicht mehr angehören können, weil wir selbst irdisch geworden sind. Wären wir himmlisch, besäßen wir himmlische Sinne und lebten wir in der himmlischen Welt, so würden wir dieselbe auch zu erfassen im Stande sein, indem ja Gleiches wohl von Gleichem erkannt werden kann. Vom Standpunkt der himmli= schen Welt aus läßt sich selbst auch die irdische Welt und zwar viel tiefer und umfassender erkennen, als es bei demjenigen der Fall sein kann, der sich in letztere gebannt findet.

Die Erkenntniß des Irdischen muß demjenigen, der in der himmlischen Welt lebt, darum zukommen können, weil das Himmlische als das Höhere das Irdische als das Niedere zwar nicht an sich selber, doch aber dessen Möglichkeit zur Voraussetzung hat oder sie in sich fasset. Es muß aber eben diese Erkenntniß von jener höheren Region aus eine so viel tiefer gehende und weiter reichende sein, weil die irdischen Zustände an sich selbst beengt sind und auch das eigentliche Wesen der Dinge hier überall zugedeckt und nur ihre Oberfläche ersichtlich ist. So kann denn wohl der Blick vom Himmel aus zu der Erdenwelt sich herniedersenken und diese in vollester Klarheit erschauen, ja sie ganz und gar durchdringen; von der Erde aus wird er aber nicht bis zur Höhe der himmlischen Welt hinanreichen können, sie wird ihm verschlossen bleiben müssen. Wenn uns hiernach die wirkliche Wahrnehmung der himmlischen Leiblichkeit, so lange wir diesem Leben angehören, nicht möglich ist, so kann doch die himmlische Leiblichkeit an sich selbst sehr wohl bestehen, und die Behauptung ihrer Realität wird keineswegs als Zeichen oder Beweis einer irrationalen, schwärmerischen Denkweise anzusehen sein. Höchstens könnte man es für bloße Schwärmerei erklären dürfen, wenn Jemand behaupten wollte, innerhalb des Erdenlebens selbst in die himmlische Welt eingedrungen, des Anschauens himmlischer Wesenheiten gewürdigt worden zu sein; doch selbst dieses wird man keineswegs ohne Einschränkung einzuräumen haben.

Wenn wir, wie sich uns gezeigt hat, der anschauenden Erkenntniß des Himmlischen darum nicht fähig sind, weil unser Wesen selbst nicht mehr himmlischer, sondern irdischer Art ist, so erhebt sich nun aber weiter die Frage, nicht nur, wie es doch gekommen, daß wir zum Irdischen herabgesunken sind, sondern auch, ob ebendieses wohl schlechthin der Fall sei, ingleichen, ob wir dem Irdischen unbedingt unterworfen bleiben sollen. Nun ist bereits oben schon die augenfällige Uebereinstimmung zwischen der Eigenthümlichkeit der irdischen Gebilde, insonderheit unseres eigenen Leibes, und zwischen der Natur unseres Seelenlebens nachgewiesen worden. Die innere Getrenntheit namentlich, welche sich in unserem körperlichen Organismus allenthalben zu erkennen giebt, kommt so entschieden mit der inneren Getrenntheit unseres geistigen Wesens überein, daß die Ableitung der ersteren aus der letzteren für eine sehr wohl berechtigte erklärt werden muß. Wiederum können wir den Grund eben dieser Zersetzung unseres inneren Lebens und die eben hiervon abhängige Zersetzung unseres äußeren Wesens in nichts Anderem als in unserer Lostrennung von dem ewigen Quell alles Seins finden. Daß die tiefe Unvollkommen= heit, mit welcher wir behaftet sind und die sich uns vielfach in der allerschmerzlichsten Weise fühlbar macht, von etwas Anderem als von der Sünde herrühre, daß sie etwa schon von vornherein gegeben sei, daß sie ihre Wurzel geradezu in der Natur der Dinge habe, das könnte doch nur derjenige behaupten wollen, der die Existenz Gottes als des Allvollkommenen nicht zugiebt.

Hiermit sind denn nun schon sehr schwere Bedenken gegen die Realität des Begriffes der himmlischen Leiblichkeit von uns gewichen. Da man sich nämlich nur darum nicht erfahrungsmäßig von ihr über= zeugen kann, weil Einen die Macht der Sünde daran hindert, so wird uns nun die Einrede derjenigen, welche nur das für wirklich halten zu dürfen meinen, was ihnen geradezu in die Sinne fällt, und die Berufung auf ihre besondere Nüchternheit und Besonnenheit hier nicht mehr einschüchtern können. Wie die Sünde, der Schrift zufolge, an und in sich selbst als Narrheit oder Irrationalität [1]) anzusehen ist, so hat man sie zugleich für den Grund aller sonstigen Irrationalität, der Irrationalität wie in den Dingen selbst, so auch in unserem Denken und in unseren Vorstellungen, zu halten. Nur demjenigen aber Wirklichkeit zuzugestehen, nur dasjenige für wahr erachten zu wollen, was aus der Sünde oder um der Sünde willen sich ergeben hat, das kann man doch gewiß nicht für ein Merkzeichen vorzüglicher Weisheit erklären. Jene Nüchternheit, die nur eben darin bestehen soll, daß man sich des Himmlischen entschlägt und ausschließlich vom Irdischen sich erfüllen und von ihm gefangen nehmen läßt, ist zuverlässig nicht die wahre Nüchternheit, und die Denkweise, von welcher man sich eben hiermit beherrscht zeigt, trägt ebenso wenig den Charakter der Freiheit an sich, als sich in ihr auch echte Besonnenheit keineswegs zu erkennen giebt. Doch es erwächst uns aus dieser Einsicht in die Ursachen, warum wir der Anschauung der himmlischen Leiblichkeit nicht fähig sind, noch ein weiterer, wohl noch höher anzuschlagender Gewinn. Die Bande, in welche wir uns geschlagen finden, mahnen uns an

---

[1]) Statt unzählig vieler anderer Stellen der Schrift, besonders in den Sprüchen Salomonis, verweisen wir hier nur auf Psalm 14, 1.

die Mittel, durch die wir ihrer ledig werden können, ja durch die wir
denselben theilweise vielleicht wirklich schon entzogen sind.

Wie die Sünde selbst, als eigentliche Irrationalität und wesent=
liche Knechtschaft, dem Willen Gottes, als des ewigen Lichtes und der
ewigen Liebe und Freiheit, schlechthin zuwiderläuft, und wie ebendasselbe
auch von den peinlichen Folgen gilt, welche sie noch weiter nach sich
zieht, so wollte Gott dem Allem schon von Anbeginn entgegenwirken
und so arbeitet er denn unablässig dahin, daß unser Wille sein ver=
kehrtes Streben aufgebe und die ihm in der That gebührende Rich=
tung gewinne. Zu diesem Ende sollte zunächst jener absoluten Ver=
wirrung der Kräfte unseres Wesens gewehrt werden, die sich in Folge
der Losreißung vom Urquell alles Seins, dem natürlichen Lauf der
Dinge gemäß, bei uns hätte ergeben und vermöge deren wir geradezu
in die Welt des Abgrundes hätten versinken müssen. Daß wir aus dem
paradiesischen Leben nicht in das infernale, sondern in das irdische Da=
sein versetzt worden sind, in welchem doch schon göttliche Ideen, nur nicht
in ihrem ursprünglichen, durchaus reinen und vollen Schönheitsglanze,
zur Ausgestaltung gelangen, hierin haben wir doch schon, wie bereits [1])
von uns bemerkt worden ist, einen entschiedenen Erweis der rettenden
Gnade unseres Gottes zu erkennen. Doch es hat sich die göttliche
Gnade nicht darauf beschränken wollen, uns nur vor jenem äußersten
Verderben zu bewahren; wir sollten auch nicht lediglich irdisch werden,
nicht lediglich nur der Erde anheimfallen, sondern immerhin noch mit
der himmlischen Welt in einem gewissen Zusammenhang erhalten wer=
den, damit uns noch eine Umkehr möglich werde und wir unser ewiges
Ziel doch noch erreichen könnten. Wie die Finsterniß der Erdenwelt
doch von einzelnen Strahlen, die von der himmlischen Region aus in
sich eingehen, gleichsam durchbrochen ist, so ist auch in unserem Inneren
noch ein Punkt frei geblieben von der Gewalt des Irdischen, das
sonst durchgängig die Herrschaft in uns gewonnen hat.

Als diesen offenen Punkt, in welchen die himmlische Welt noch
hineinleuchtet, haben wir allerdings unser geistiges Leben, dieses aber
doch nur in seinem tiefsten, innersten Grunde, zu bezeichnen. Im ein=
fachen Selbstbewußtsein, als dem immer sich selbst Gleichen, stehen
wir dem Irdischen, als dem in unaufhörlichem Wechsel und Wandel
Begriffenen, nur gegenüber, ohne uns dem Wesen nach über selbiges
zu erheben. Das Nämliche gilt auch von der bloß formalen Erkenntniß,

---

[1]) Siehe oben S. 442.

deren wir insofern fähig sind, als sich uns aus der Einheit unseres Selbstbewußtseins, im Gegensatze zur Außenwelt, gewisse allgemeine Begriffe entwickeln, mittelst deren wir unsere so vielartigen Wahrnehmungen und Erfahrungen einerseits zu sondern, andererseits wieder mit einander zu verknüpfen wissen. Wir beherrschen hier das Irdische insofern, als wir es jenen allgemeinen Begriffen unterordnen, doch kommen wir hierdurch mit dem Himmlischen noch keineswegs in Berührung. Wohl aber wird uns dieß möglich durch die ideale Erkenntniß, die ebenso sehr das auf bloßer unmittelbarer Anschauung beruhende, als auch das durch jene allgemeinen Begriffe vermittelte Wissen weit überbietet, indem sich uns in ihr nicht bloß die allgemeinste Form, sondern vielmehr das wirkliche Wesen und die eigentliche Genesis der Dinge, somit auch die lebendige Beziehung enthüllet, in welcher sie unter einander und in der sie zu ihrem ewigen Urgrunde stehen.

Eben diese ideale Erkenntniß, die in nichts Anderem als in der Gottähnlichkeit unseres Innern wurzelt und nur unter Einwirkung der göttlichen Gnade zur Entwickelung gelangt, wird zunächst freilich bloße Ahnung sein müssen und nur stufenweise zu Klarheit und Bestimmtheit gedeihen können. Doch wird dadurch, daß sich uns in ihr die Aussicht auf eine immer weiter schreitende Erleuchtung eröffnet, ihre Zuverlässigkeit nicht beeinträchtigt. Was wir von Spuren des Himmlischen in der irdischen Welt wahrnehmen, das erkennen wir auch als solche unzweifelhaft; das Licht offenbaret sich selbst als Licht und macht zugleich auch die Finsterniß offenbar. Doch mehr als bloße einzelne Spuren, einzelne gleichsam durchfahrende Strahlen oder auch Reflexe des Himmlischen begegnen uns und können uns hienieden nirgends begegnen: ein vom Himmlischen nach allen Richtungen hin durchdrungenes Gebilde könnte in der irdischen Welt nicht bestehen, sondern es müßte dasselbe der höheren himmlischen Welt angehören. In eben dieser himmlischen Welt zu leben, könnte uns bei unserer inneren Verkehrtheit nur schmerzlich, ja es müßte uns dieß geradezu unerträglich sein, und so hat denn Gott, im Nachgeben gegen unsere Schwäche, wie bereits oben bemerkt worden, eine Ideenwelt in sich gebildet, die zwar ihren Ausgangspunkt in seinen ersten und letzten, in seinen ewigen Ideen findet und auch deren Realisirung anzubahnen dienen soll, die aber an sich selbst des reinen Glanzes der himmlischen Herrlichkeit noch ermangelt. Es ist doch nur die irdische Welt, deren Vorzeichnung sich Gott hier vorhält, und so kann denn auch unsere eigene ideale Erkenntniß den irdischen Charakter nicht ganz verläugnen. Bei dieser Art der Erkenntniß werden wir aber auch nicht einfach stehen bleiben müssen: die Wahrnehmung der Andeutungen des Himmlischen im Irdischen wird uns über letzteres selbst wohl noch hinausführen können.

Je mehr wir der Gewalt des Irdischen uns entziehen, je mehr wir das Himmlische auf uns einwirken lassen, um so tiefer wird sich auch der Sinn für eben dieses bei uns erschließen, um so mehr werden wir uns der wirklichen Anschauung desselben annähern. Zunächst ist es freilich ein an und für sich noch dunkles Gefühl der himmlischen Wesenheit, das sich unser hier bemächtigt; in diesem Gefühle bietet sich uns aber ein fester Anhaltspunkt dar, zu höherer Klarheit über ihre nähere Beschaffenheit zu gelangen. So konnten wir es ja unternehmen, die in eben diesem Gefühle, in dieser Ahnung noch wie eingewickelt enthaltene Erkenntniß des Himmlischen durch Vergleichung mit demjenigen, was wir als Eigenthümlichkeit des Irdischen anzusehen haben, einigermaßen zur Entfaltung zu bringen. Unter der Leitung jener Ahnung suchten wir mittelst des Verstandes, der lediglich formalen Erkenntnißkraft, den Begriff der himmlischen Wesenheit zu gestalten, der freilich nur ihre allgemeinste Form in sich fasset, nur einen ganz dürftigen Umriß derselben darstellt, ihre eigentliche Fülle aber nicht erreicht. Diese theilweise zu gewinnen und also die Mängel des bloßen Begriffes möglichst zu decken, mußten wir uns des dem Bereich des Irdischen entlehnten Bildes bedienen, wozu wir uns um so mehr für berechtigt halten durften, als die himmlische Leiblichkeit, obwohl sie sich wesentlich von der irdischen unterscheidet, doch auch in vielfacher Beziehung wieder mit ihr übereinkommt.

Durch diese bildliche Bezeichnung kann man sich allerdings demjenigen einigermaßen annähern, was die wirkliche Anschauung gewähret. Wenn aber das Irdische als solches doch niemals das Himmlische darzustellen vermag, ja die hier zusammenzureihenden Bilder an und für sich selbst einander geradezu widersprechen und sich gegenseitig aufheben, so wird die Reinigung und Berichtigung jener bildlichen Bezeichnung theils aus dem in gebührender Schärfe ausgeprägten Begriffe, theils aus der lebendigen Ahnung der himmlischen Leiblichkeit zu erholen sein. So ist denn freilich unsere dermalige Erkenntniß derselben nicht für eine schlechthin einheitliche, sondern, wie sie denn nur aus dem Zusammenwirken mehrerer vereinzelter oder getrennter Factoren sich ergiebt, für eine gewissermaßen in sich gebrochene zu erklären. Den

Vorwurf der Irrationalität dagegen hat man kein Recht gegen sie zu
erheben, wenn sich uns anders hierbei die innerste Tiefe unseres geistigen Lebens erschließet, was freilich nur insoweit der Fall sein kann,
als wir unser selbstsüchtiges, sündiges Streben aufgeben und von dem
Lichte der göttlichen Gnade uns erleuchten und durchdringen lassen
wollen.

Unter ebendieser Voraussetzung könnte man wohl, in einzelnen
Momenten, noch innerhalb des Erdenlebens bereits zur unmittelbaren
Wahrnehmung des Himmlischen gelangen. Ganz verkehrt freilich wäre
es, wenn man durch besondere Anspannung und Erregung der geistigen
Kräfte eigenwillig diesem Ziel entgegenringen würde; nur etwa eitle
Wahngebilde könnte man sich auf diese Weise wach rufen. Sollte
dagegen Gott demjenigen, der auf dem Wege ernster sittlicher Zucht
und reiner inniger Frömmigkeit wandelt, jenen noch allgemeineren
Sinn für das Himmlische, der sich bei uns als — Gefühl, als Ahnung
desselben geltend macht, nicht auch zu den besonderen, eine noch hellere
Erkenntniß gewährenden Sinnen des himmlischen — Gesichtes oder
Gehöres [1]) steigern können? So ist es ja geschehen, daß Stephanus,
weil er „voll des heiligen Geistes war, den Himmel offen und des
Menschen Sohn zur Rechten Gottes stehen sah"; so ward der Apostel
Paulus „entzückt in das Paradies, ja bis in den dritten Himmel und
vernahm da unaussprechliche Worte" [2]).

Der geistige Zustand, in welchem sich diese heiligen Männer hier
befanden, war unstreitig ein Zustand der höchsten Besonnenheit und
reinsten Klarheit, — einer Besonnenheit und Klarheit, die wir bei
unserem bloßen Gefühl, bei unserer bloßen Ahnung des Himmlischen
nicht wirklich besitzen, der wir uns aber hierbei doch mehr und mehr

---

[1]) Unstreitig besteht eine Analogie zwischen der irdischen und der himmlischen
Welt. So wird man denn, wie für das Irdische, so auch für das Himmlische
gewisse, einander entsprechende Sinne zu unterscheiden haben. Der Gefühlssinn
ist, als der allgemeinste und insofern niedrigste Sinn, zugleich auch als der Grund
der besonderen, höheren Sinne anzusehen. Die niedrigeren Thierclassen, wie
namentlich die Pflanzenthiere, ermangeln noch der letzteren; in wirklicher Ausgestaltung treten dieselben erst bei den höheren Thierclassen hervor. Jenem allgemeinen niedrigeren Sinn entspricht denn nun der himmlische — Gefühlssinn,
dessen wir uns doch hienieden schon zu erfreuen haben und aus welchem sich
uns dereinst die höheren Sinne für die himmlische Welt entwickeln werden.
Bei den Trägern der Offenbarung begegnet uns wenigstens in einzelnen Momenten ihres Erdendaseins eine Anticipation eben dieser höheren Sinne.

[2]) Siehe Apostelgesch. 7, 55.; 2 Kor. 12, 2—4.

anzunähern im Stande sind. Wohl bietet sich uns, sofern wir ernstlich streben, der Selbstsucht und der Anhänglichkeit an die irdischen Dinge uns zu entschlagen, gerade in jener Ahnung das Mittel dar, den Gedanken der himmlischen Leiblichkeit vor allen ihn verunreinigenden Zusätzen zu bewahren; doch kann uns dieß nur unter unaufhörlichen Kämpfen gelingen. Unser irdisch afficirtes Vorstellungsvermögen wird ihn uns immer wieder mit seinen bunten Bildern verdecken, den ihm eigenthümlichen Lichtglanz stets mit seinen trüben Nebeln umziehen wollen. Wir werden zwar diese Umhüllungen wieder von ihm hinwegzureißen wissen; doch nur zu bald werden sie ihn abermals überschatten und uns wiederum zur Abwehr aufrufen. Die Ueberzeugung von seiner wesentlichen Rationalität wird uns indessen nicht verloren gehen, wenn wir uns nur von der entschiedenen Richtung auf den göttlichen Willen nicht abwenden lassen; doch werden wir uns immerhin in die jenem großen Gedanken gegenüberstehende Irrationalität, weil wir sie eben erst zu überwinden suchen müssen, noch verwickelt finden. Ueber diese inneren Gegensätze aber sind jene heiligen Männer, denen die volle Wahrnehmung des Himmlischen zu Theil geworden, hinausgehoben. Wie in ihrem Bewußtsein nur Einheit und Harmonie waltet und alle Irrationalität von demselben gewichen ist, so strahlt ihnen auch der Gegenstand selbst, der ihr ganzes Innere erfüllet, im Lichte der reinsten Rationalität.

IV. Die Realität des Begriffes der himmlischen Leiblichkeit.

Wer des wirklichen Einblickes in die himmlische Welt gewürdiget worden, der erfreuet sich allerdings der unmittelbaren Gewißheit ihrer Realität. Das ist aber eine Gnade, deren doch nur Einzelne theilhaftig werden; und so sehen wir uns denn freilich darauf angewiesen, dasjenige, wovon uns die directe Wahrnehmung versagt ist, indirect oder auf dem Wege der Vermittelung uns sicher zu stellen. Hierzu kann uns aber einerseits die Erfahrung in Natur, Leben, Geschichte dienlich werden, andererseits werden wir zu eben diesem Ende auf die in der Vernunft sich uns darbietenden letzten und höchsten Principien alles Seins zurückzugehen haben.

In der That fasset die Natur Erscheinungen in sich, die uns zwar nicht als eigentliche Beweise für die Realität des Begriffes der himmlischen Leiblichkeit, doch aber als Analoga für eben diese gelten können und durch die uns sonach ihre Anerkennung erleichtert wird. Dahin gehört vor Allem die Durchsichtigkeit gewisser Körper, wie namentlich des Glases, das bei aller seiner Massivität doch die Bilder der Gegenstände so gänzlich hindurchzulassen scheint, als ob es ein reines Nichts wäre. Sofern man die aller irdischen Materie zukommende Eigenschaft der Undurchdringlichkeit hier geradezu für aufgehoben halten möchte, spricht uns die Durchsichtigkeit allerdings wie ein Wunder an. Eine vollkommene aber ist sie, wie die genauere Untersuchung zeigt, keineswegs, sondern sie mindert sich, je mehr die Masse der Körperlichkeit sich anhäuft und zuletzt tritt an ihrer Stelle sogar völlige Undurchsichtigkeit ein [1]. So weit sie jedoch stattfindet, wird man sie auch nicht für ganz unerklärlich anzusehen haben, indem ja das Licht bereits an der Gränze der Materialität steht und ihm darum der Durchgang durch noch so gediegene Massen sehr wohl möglich sein wird. Dabei steht fest, daß die Transparenz zunächst gar nicht von der Dünnheit der Masse abhängig, sondern vielmehr durch deren innere Gleichartigkeit bedingt ist [2]. Diese Gleichartigkeit macht nämlich die Körper dem Lichte, indem sie die Brechung desselben ausschließt, homogen und läßt es eben darum durchscheinen. Immerhin aber stellt sich uns in diesem durchscheinenden Lichte ein herrliches Symbol der Idee, sowie in dem durchsichtigen Körper ein Symbol der himmlischen, d. i. der Idee wirklich entsprechenden, Leiblichkeit dar [3], und so läßt sich denn eine Annäherung an die Verhältnisse der ewigen Welt in dem Phänomen der Transparenz nicht verkennen.

Höchst bemerkenswerth ist aber auch der Umstand, daß die Gase, wie man ja allgemein sagt, sich durchdringen können, ohne sich zu vermischen [4], und nun gar, daß Klangfiguren in einander eingehen,

---

[1] Bei einer Tiefe von ungefähr 700 Fuß verliert das immerhin als durchsichtig zu bezeichnende Seewasser seine Durchsichtigkeit ganz und gar. Ebenso würde die Atmosphäre, wenn ihre Dichtigkeit überall so bedeutend wäre, wie zunächst an der Erde, bei einer Höhe von etwa drei Millionen Fuß gar kein Sonnenlicht mehr durchlassen.

[2] Während Luft und Wasser jedes für sich durchsichtig ist, so verlieren sie beide ihre Durchsichtigkeit, wenn sie, als Rauch oder Nebel, mit einander verbunden sind. Auch ist Fensterglas, in mehreren dünnen Scheiben auf einander gelegt, weit weniger durchsichtig als ein Stück gleichen Glases von dem Durchmesser, den diese miteinander haben.

[3] Die himmlische Leiblichkeit ist eben durchsichtig — durchsichtig für das tiefste Wesen des Geistes.

[4] So ist es z. B. erwiesen, daß das Sauerstoff- und das Stickstoffgas in der atmosphärischen Luft, welche aus ihnen besteht, nicht gleichsam in einander geflossen, nicht eigentlich mit einander vermischt sind. Jede dieser Gasarten be-

ohne sich aufzulösen oder zu zerbrechen. Indem wir auf diese That=
sachen oder Erfahrungen hinweisen, kommt es uns jedoch abermals
nicht in den Sinn, von der irdischen Welt irgend etwas behaupten
zu wollen, was in Wahrheit doch nur von der himmlischen gelten
kann. Eine Durchdringung im eigentlichen Sinn des Wortes läßt sich
hienieden wohl nirgends annehmen, sondern es wird dieselbe überall
doch nur insofern stattzufinden — scheinen, als sich das Gegentheil
nicht geradezu nachweisen läßt. Doch steht die so innige Vermengung
der Gase, bei welcher jedes seine Eigenthümlichkeit noch bewahret, der
gegenseitigen Durchdringung, wie sie wirklich nur in der himmlischen
Welt vorkommt, sehr nahe. Wenn aber die Durchdringung der Gase
gerade so wenig in voller Strenge sich behaupten läßt, als die Trans=
parenz, so wird das Nämliche auch hinsichtlich der Unzerbrechlichkeit
der Klangfiguren anzunehmen sein. Gleichwie jedoch bei der, wenn=
gleich nur unvollkommenen, Transparenz immerhin eine sehr freie,
durch die körperliche Masse beinahe gar nicht gehemmte Fortbewegung
des Lichtes stattfindet, so tritt uns auch in der relativen Unzerbrech=
lichkeit der Klangfiguren jedenfalls eine sehr hohe Energie der den
Ton erzeugenden Mächte zu Tage. Indem sich diese das Element,
mittelst dessen sie sich zu wirklichen Klangfiguren ausgestalten [1]), in
besonderem Maße dienstbar zu machen und eben hiermit unter einander
selbst mit so vorzüglicher Entschiedenheit im Dasein sich zu behaupten
wissen, so begegnet uns in ihnen eine ganz augenfällige Analogie mit
den himmlischen Gebilden und deren ungehindertem Beisammen= oder
vielmehr Ineinandersein [2]).

Wenn uns die Natur deutlichere Hinweisungen auf die verklärte
Leiblichkeit doch nur im Reich der Töne, sowie in dem des Lichtes und
der Farbe als in denjenigen Gebieten darbietet, wo Materialität nur
im allermindesten Maße sich noch vorfindet: so verhält es sich freilich
ganz anders mit den Spuren derselben im Menschenleben, namentlich

---

hauptet sich vielmehr in ihrer eigenthümlichen Wesenheit, und so bilden sie denn
mit einander ein bloßes Gemenge.

[1]) Die sogenannten Chladni'schen Klangfiguren sind offenbar nur
äußerliche, sichtbare Darstellungen oder vielmehr Andeutungen derjenigen Klang=
figuren, welche wir hier im Sinn haben und die an und für sich natürlich nicht
in's Gesicht fallen können. Wenn diese letzteren Klangfiguren einerseits ein
Element, einen Gegenstand erfordern, innerhalb dessen sie sich ergeben, so setzen
sie andererseits auch gewisse in jenem Gegenstand oder Element wirksame, d. h.
sie selbst erzeugende, Kräfte voraus.

[2]) Siehe oben S. 447.

in den künftlerischen und in den sittlichen Bestrebungen. Hier nämlich, wo es sich um die entschiedene Bewältigung des irdischen Stoffes durch den Geist und Willen handelt, wird es gerade an der Fülle desselben nicht fehlen dürfen. Der echte Künstler eignet sich die ganze Kraft und das ganze Gewicht des äußeren Daseins und die volle Frische des sinnlichen Lebens an, nur freilich nicht, um das Alles einfach nur wiederzugeben, sondern vielmehr, um es mit der seinem Geist vorschwebenden Idee ganz und gar zu durchdringen. Das auf solche Weise sich gestaltende Kunstwerk wird denn den Charakter der höchsten Realität, sofern es aber auch den Geist, die Idee allenthalben durchscheinen läßt, zugleich das Gepräge der reinsten Idealität an sich tragen [1]). Vermöge der Superiorität des Geistigen über das Körperliche aber, die sich demzufolge im wahren Kunstwerk zu erkennen giebt, erscheint selbiges als ein wahres Analogon der himmlischen Leiblichkeit; ja es kann in ihm, nur freilich bloß in einzelnen Reflexen, auch das Himmlische selbst ersichtlich werden.

Die Verklärung, welche die Kunst der Natur verleihet, entbehrt indessen immer noch der vollen Realität, indem ihre Gebilde entweder als Töne nur wie geisterhaft in der Zeit auftauchen, um sofort wieder in ihr zu verschwinden [2]), oder indem ebendieselben, sofern sie als feste Gestalten im Raum ein bleibenderes Dasein gewinnen, überall doch nur an der Oberfläche der Körper [3]) sich darstellen, ihr Inneres aber völlig unberührt lassen. Sittliche Veredlung dagegen bewirkt, so gewiß die geistigen Regungen niemals lediglich in sich selbst bleiben, sondern immer auch auf das Leibliche sich übertragen, eine wesenhafte und bis in die Tiefe reichende Umgestaltung im Organismus des Menschen selbst. Nach außen hin wird sich diese wohl nur in einer gewissen Hoheit kund geben, die sie den Zügen aufprägt, die sie vielleicht besonders im Blicke hervorleuchten läßt; was aber hier zum

---

[1]) In den Darstellungen eines Homer, eines Shakespeare, eines Hamann, eines Goethe bieten sich uns nicht bloße Gedanken dar (Linie); es lassen sich diese großen Meister nicht einmal an bloßen Bildern genügen (Fläche); sie bringen es sogar bis zur Plasticität (Körper), und gerade bei dieser körperlichen Vollendung macht sich überall zugleich die höchste Geistigkeit geltend.

[2]) Oken bezeichnete einst geistreich und treffend die Musik als eine Art von Geister- oder Gespenstertanz.

[3]) Dieß gilt, wie vom Gemälde, so auch vom Bildwerke. Der Marmor der äußerlich zu noch so kunstvoller Gestaltung erhobenen Statue ist innenher doch nichts als roher Stein.

Vorschein kommt, kann doch nur als letztes Glied einer ganzen Reihe von Wirkungen angesehen werden, die, vom Gemüth und Willen aus= gehend, durch den gesammten Leib sich hindurchzieht und diesen selbst erhöhet, zum reineren Einklange mit dem innersten Leben des Geistes ihn gelangen läßt [1]).

Die dem Menschen für. das Diesseits zugewiesene sittliche Auf= gabe nimmt in der That sein ganzes Wesen in Anspruch, und so wird denn auch, sofern er dieselbe zu lösen ernstlich bemüht ist, seiner ganzen leiblichen Natur eine Art von Verklärung zu Theil werden müssen.

---

[1]) „Wie die Triebe, so der Sinn: und wie der Sinn, so die Triebe. Nicht weise, nicht tugendhaft, nicht gottselig kann sich der Mensch vernünfteln; er muß da hinauf bewegt werden und sich bewegen, organisirt sein und sich organisiren." Ueber diese Worte Friedrich Heinrich Jacobi's ist, wie er selbst sagt, viel ge= spottet worden. Doch hatte er sie, und zwar in der Schrift „Ueber die Lehre des Spinoza" im Hinblick auf eine Aeußerung Garve's aufgezeichnet, aus welcher wir hier die wichtigsten Momente folgen lassen. „Wir sehen", sagt Garve in den Anmerkungen zum zweiten Buch des Cicero von den Pflichten, „daß unser Temperament, das heißt die aus dem Körper, der Mischung unserer Säfte, dem Zustande unserer Nerven entstehende Fassung der Seele, einigen Tugenden günstig, anderen hinderlich ist. Alle Arbeit an uns selbst, um uns vollkommener zu machen, läuft (da der Körper unser nächstes Object ist, welches immer auf uns wirkt, ohne welches wir nicht wirken können) darauf hinaus, daß wir unser Temperament, wo es fehlerhaft ist, überwinden, endlich ganz zu bändigen und unserer Seele zu unterwerfen suchen. — Es ist ein Krieg, der auf Eroberung und ruhige Beherrschung abzielt. So lange der Geist, so lange seine Einsichten von dem, was gut ist, seine Neigung, Gutes zu thun, zwar stark genug sind, den aus dem Körper und der Sinnlichkeit entspringenden Lei= denschaften zu widerstehen, aber nicht stark genug, dem Körper selbst eine andere Stimmung zu geben und dadurch die Ursachen jener Leidenschaften aufzuheben: so lange wird die Mühseligkeit des Streits sich unaufhörlich erneuern. — Glück= licherweise werden die besten Beobachter der moralischen Welt, und die zugleich in sich den edlen Keim der Tugend haben, gewahr, daß diese Pflanze, wenn sie emporwächst, auch schon hier nicht nur das Unkraut, von dem sie umgeben ist, dämpfen und überwachsen, sondern auch den Boden selbst verbessern könne. Unser Temperament, unsere sinnlichen Neigungen und Triebe, unser Körper selbst kön= nen sich bis auf einen gewissen Grad durch die fortgesetzte Arbeit unseres Geistes umändern. — Wessen Herz schlägt nicht fröhlicher, wenn er den Ausdruck des Sokrates liest, er habe das Glück genossen, gewahr zu werden, daß er täglich besser werde? Menschen von dieser Art (und ich glaube, daß es deren giebt) werden wissen, daß der Körper und seine Beschaffenheiten sich bis auf einen gewissen Grad nach dem Modell der Seele abformen, daß der Lauf, die Abson= derung der Säfte selbst, die allgemeine Uebermacht des denkenden und geistigen Wesens fühle."

Ebendiese Verklärung erfolget aber doch nur gleichsam in einzelnen auseinandergehenden Strahlen, indem der menschliche Wille selbst bei dem reinsten sittlichen Streben noch gar Manchem sich wird zuwenden dürfen, ja müssen, wovon man nicht wird behaupten können, daß es Gott an sich selbst und geradezu wolle, was Er in der That doch nur duldet und zwar nur so lange duldet, bis wir der vollen Ergebung an seinen heiligen Willen fähig geworden sein werden [1]). Weder in der Natur also, noch in der Kunst, noch auch im Gebiete des sittlichen Lebens begegnet uns und kann uns begegnen die himmlische Leiblich= keit selbst; sie darf ja nicht als eine bloß theilweise Verklärung des Irdischen gedacht werden, zu ihrem Wesen gehört es vielmehr, daß sie, wie in ihrer innersten Tiefe, so auch nach allen Seiten hin in überirdischem Glanz strahle. Diese Herrlichkeit leuchtet uns nur aus dem Heiligthum der Religion entgegen; ebenhier stellt sie sich uns aber auch in der allerweitesten, zuletzt das ganze Reich des Seins umfassenden Ausbreitung dar. Nicht nur Gott selbst — so werden wir hier belehrt — kommt ein ewiger Lichtleib zu, auch alle aus seiner Schöpferhand hervorgegangenen Gebilde waren ursprünglich himmli= scher Art, und ebendiese sollen auch, nachdem sie diese ihre vormalige Herrlichkeit eingebüßt haben, zu derselben wieder hergestellt werden.

Der große Gedanke der himmlischen Leiblichkeit war dem Men= schengeschlechte, wie uns die Geschichte [2]) zu erkennen giebt, niemals völlig fremd. Schon die Heiden strebten ihm, natürlich nicht ohne Hülfe des keinem Volke sich schlechthin versagenden göttlichen Geistes, mit lebhafter Sehnsucht entgegen, ohne daß sie ihn jedoch in seiner wahren Reinheit zu erreichen vermochten. In voller Reinheit aber tritt uns derselbe in den heiligen Büchern des alten Testaments entgegen [3]),

---

[1]) Obwohl Gott (s. oben S. 443. Anm. 1.) an sich die Existenz der mit so vielfacher Unvollkommenheit behafteten irdischen Welt nicht will, als der allvoll= kommene Gott geradezu sie gar nicht wollen kann, so hat er sie dennoch zu unserem Heile, zum Behuf unserer Wiederherstellung begründet. In dieser irdischen Welt macht sich uns nun freilich die Sorge für das Körperliche, Materielle, durch welche wir uns von Gott und seinem eigentlichen, letzten Willen immerhin mehr oder weniger abgeschieden finden, nicht bloß als eine physische Nothwen= digkeit geltend, der sich selbst die strengsten Asceten nicht zu entziehen vermochten, sondern es besteht ebenhierfür, was von diesen Asceten nicht in gebührendem Umfang anerkannt worden, selbst auch eine moralische Verpflichtung.

[2]) Siehe unsere „Andeutungen zur Geschichte und Kritik des Begriffes der himmlischen Leiblichkeit", Band VII. S. 107 ff. d. Jahrb.

[3]) Ebend. S. 115 ff.

indem ja das Volk Israel der Erkenntnß Gottes als des schlechthin freien Urhebers der Welt — nach Stoff und Form, als des unbedingten Herrn der von ihm in's Dasein gerufenen Kräfte sich erfreute. Doch aus ebendiesem Volke ging auch nach der einen Seite seines Wesens, als Mensch nämlich, Derjenige hervor, der der Welt die Erlösung bringen, der die Sünde, als den Grund aller in die Schöpfung eingedrungenen Irrationalität, tilgen und so die von Gott von vornherein verordnete Vollkommenheit des Weltalls auch jetzt noch möglich machen sollte.

In ihm, dem Gottmenschen, erfolgte, was man bis dahin nur erwartet und gehofft hatte; in ihm ergab sich als Thatsache [1]), was bisher bloß als Lehre und Weissagung vorgetragen worden war, die Umgestaltung nämlich und Erhöhung der irdischen zur himmlischen Leiblichkeit. Durch seinen Hervorgang aus dem Grabe im Zustand der Verklärung erwies er sich seinen Jüngern als den Heiland der Welt, und die Botschaft hiervon, welche zugleich die Aussicht auf die Verherrlichung aller derjenigen, die sich ihm im Glauben anschließen wollen, in sich faßt, wurde die Grundlage der christlichen Kirche. Von ebendieser wurde denn auch der große Gedanke der himmlischen Leiblichkeit immerdar, nur freilich [2]) nicht überall mit voller Sicherheit und Bestimmtheit, in der Regel auch nicht in seinem wirklichen, so weiten Umfang festgehalten. Das Alles bietet uns nun wohl einen festen Anhaltspunkt für die Behauptung der Realität jenes Gedankens dar; es läßt sich aber derselbe auch für diejenigen sicher stellen, denen dieser geschichtliche Beweis an sich selbst noch nicht volle Befriedigung gewähret. Es giebt ja doch Leute, welche gegen ebendiesen Beweis geltend machen, daß die angeblichen Stützpunkte desselben nur außer uns fallen und uns keineswegs so nahe liegen, daß nicht dem Bedenken, dem Zweifel noch ein weiter Spielraum offen bliebe. Ob man den Urkunden, die hier in Betracht kommen, unbedingten Glauben schenken dürfe, ob dieselben nur Wahres berichten, ob sich nicht von vornherein, selbst gegen den Willen ihrer Verfasser, Unrichtiges in sie eingeschlichen habe, ob sie mit aller Treue von einem Geschlechte dem anderen überliefert worden seien, das Alles scheint ihnen keineswegs ausgemacht. Diesen Leuten nun gegenüber wird es wohl am Platze sein, noch auf einem anderen Wege die Realität jenes Gedankens zu

---

[1]) Ebend. S. 119 ff.
[2]) Ebend. S. 122 ff.

erweisen, seine Nothwendigkeit nämlich damit darzuthun, daß wir auf
die letzten Principien alles Seins zurückgehen, von denen uns die
Vernunft, also unser eigenes Innere, Kunde giebt, und ihn solcher=
gestalt als eigentliche Vernunftwahrheit erscheinen zu lassen.

Auf Vernunftmäßigkeit machen aber freilich auch solche Vor=
stellungsweisen Anspruch, mit welchen sich jener Gedanke entweder gar
nicht oder doch nur in sehr beschränktem Maße vereinigen läßt. Wenn
wir also unserem Ziele mit wahrer Sicherheit entgegenstreben wollen,
so werden wir es nicht umgehen können, zunächst eben diese Vor=
stellungsweisen, einmal den Materialismus, dann den Naturalismus
oder Pantheismus, ferner den Spiritualismus oder Rationalismus,
endlich den sogenannten Semipantheismus, einer sorgfältigen Prüfung
zu unterwerfen.

Wenn der Materialismus Grund hätte, wenn das Weltall in der
That nichts Anderes wäre, als eine blinde Zusammenwürfelung todter
und starrer, jeder Auflösung unbedingt widerstrebender, wesentlich außer=
einandergehaltener unendlich kleiner Körpertheilchen, dann müßte man
freilich die himmlische Leiblichkeit geradezu für unmöglich, ihren Be=
griff für einen Ungedanken erklären. Doch es hat der Materialis=
mus keinen Grund, er läßt sich aus der Vernunft schlechterdings nicht
ableiten, ja er steht mit dem wirklichen Wesen derselben im geraden
Gegensatze. Die Vernunft strebt überall nach Einheit, der Materialis=
mus aber weiß nur von Vielheiten und ist sonach auch völlig außer
Stande, für diese Vielheiten irgend eine Einigung ausfindig zu machen.
So ist er denn auch so durchaus unfähig, die Welt und ihre Erschei=
nungen nur irgendwie zu erklären, daß ebendiese ihm selbst überall
Hohn sprechen. Nicht einmal die Entstehung und den Bestand eines
körperlichen Dinges vermag er begreiflich zu machen; sofern er aber
die Vorgänge des geistigen Lebens zu erläutern unternimmt, verwickelt
er sich in die augenfälligsten Widersprüche, indem er zu ebendiesem
Ende hinterher der Materie Eigenschaften beilegen muß, die er von
vornherein derselben unbedingt abgesprochen hatte. Dem Materialis=
mus gegenüber wird man also den Gedanken der himmlischen Leib=
lichkeit nicht als einen Ungedanken aufzugeben haben, ein wahrer Un=
gedanke aber ist gerade der Materialismus selber.

Wie mit dem Materialismus, so ist der Gedanke der himmlischen
Leiblichkeit auch mit dem Naturalismus oder, wie dieser sonst noch
genannt wird, Pantheismus unvereinbar; doch kann auch diese letztere
Denkweise nicht für wirklich vernunftmäßig erklärt werden und es läßt

sich ihr nur so viel zugestehen, daß sie mit den Anforderungen der
Vernunft nicht in einem ebenso schreienden Gegensatze steht, als jene
erstere. Statt von der völlig begriff- oder gedankenlosen Vielheit von
Materietheilchen, wie sie der Materialismus sich belieben läßt, geht
nämlich der Naturalismus vielmehr von der Natur, als der einheitlichen Quelle der Materie, aus, und statt den blinden Zufall mit
jenen Materietheilchen sein heilloses Spiel treiben zu lassen, faßt er
die Natur selbst als eine zwar ebenfalls blind wirkende, doch aber
nach einem inneren Gesetz bildende Kraft auf. Ein freier selbst-
bewußter Geist steht also hier nicht ü b e r der Natur, diese ist vielmehr
in all' ihrem Produciren lediglich sich selbst überlassen und so können
denn auch die Erzeugnisse, welche sie aus ihrem Schooße hervorgehen
läßt, nicht den Stempel des freien Geisteslebens an sich tragen, sie
können nicht völlig vom Lichte desselben durchdrungen sein; verklärte
himmlische Gebilde sind unter diesen Voraussetzungen nicht denkbar.
Doch es sind auch gerade diese Voraussetzungen selbst für unhaltbar
zu erklären, sie stehen mit Vernunft und Erfahrung in entschiedenem
Widerspruch. Geist nämlich, Bewußtsein, Freiheit findet sich wirklich
in der Welt vor, der Naturalismus selbst kann und will diese Thatsache nicht in Abrede stellen. Nur von Anbeginn soll das Alles nicht
bestanden, sondern erst schließlich noch der Finsterniß der Natur sich
entrungen, der Geist also aus dem Ungeist, das Bewußtsein aus der
Bewußtlosigkeit, die Freiheit aus der Nothwendigkeit sich entwickelt
haben. So müßte denn freilich die Wirkung weit mehr und weit
Höheres in sich begreifen, als die Ursache; das ist aber geradezu unmöglich [1]), und so kann denn auch der Naturalismus oder Pantheismus keine Instanz bilden gegen die Realität des Begriffes der himmlischen Leiblichkeit.

Auch der Spiritualismus, der insofern den geraden Gegensatz
zum Materialismus und Naturalismus darstellt, als er, wie von Anbeginn, so auch schließlich nur das Leben des Geistes gelten lassen
will, weiset jenen Begriff als einen unrealen zurück. Diese Denkweise, die auf theologischem Gebiete besonders in der Form des sogenannten Rationalismus [2]) hervorgetreten ist und als solcher — seltsam
genug   materialistische Bestandtheile in sich aufgenommen hat, kann

---

[1]) „Der das Ohr gepflanzt hat", lesen wir ganz in diesem Sinne Psalm 94, 9.,
„sollte der nicht hören? Der das Auge gemacht hat, sollte der nicht sehen?"
[2]) Siehe Band VII. S. 150 ff. d. Jahrb.

indessen schon aus diesem Grunde nicht als zuläſſig, aber auch ſonſt nicht als wirkliche Befriedigung verleihend bezeichnet werden. Von Gott als dem Allvollkommenen wird nämlich hier behauptet, daß er von Ewigkeit her ſchlechthin nur als reiner Geiſt exiſtire; in Betreff der von ihm erſchaffenen Intelligenzen heißt es dagegen, daß ſie eine aus unauflöslichen Materietheilchen beſtehende, mithin dem Weſen des Geiſtes nothwendig widerſtrebende Leiblichkeit an ſich tragen, gegen die ſie fort und fort zu kämpfen haben, bis ſie ihrer zuletzt gänzlich ent= ledigt werden, worauf ſie dann, wie Gott, lediglich nur als reine Geiſter beſtehen werden.

Daß es lediglich geiſtige Weſen gar nicht geben könne, wird man wohl nicht behaupten dürfen, ganz irrig aber iſt es, wenn man, wie dieß bei der ſpiritualiſtiſchen Denkart der Fall iſt, in der Geiſtigkeit als ſolcher den Grund der eigentlichen Vollkommenheit finden will. Die irdiſche Leiblichkeit, da ſie mit dem wahren Weſen des Geiſtes nicht in Einklang ſteht und ihn alſo hemmen und beſchränken muß, wird freilich als eine Unvollkommenheit anzuſehen ſein; mit der himmli= ſchen Leiblichkeit dagegen, in welcher man eine reine und volle Dar= ſtellung des tiefſten Lebens des Geiſtes und aller der wunderbaren in ihm liegenden Kräfte zu erkennen hat, iſt eine ſolche keineswegs gegeben. Dieſe Leiblichkeit iſt vielmehr ſchon an ſich ſelbſt etwas Vor= treffliches und dient auch dazu, den Geiſt ſelbſt der eigentlichen Voll= kommenheit erſt theilhaftig zu machen. Nicht indem ihm der in der Leiblichkeit jedenfalls liegende Gegenſatz einfach nur entzogen, nein, indem ſelbiger von ihm überwunden und ſo die Leiblichkeit ſelbſt in ihn aufgenommen, zu ihm erhöht wird, kann die ihm eigenthümliche Energie erſt in ihrem vollen Glanze aufleuchten. So gelangen wir ja auch zu dem höchſten Aufſchwung des geiſtigen Lebens, deſſen wir hienieden fähig ſind, nicht durch bloße Losſchälung vom Sinnlichen; Begeiſterung, Entzücken bemächtigt ſich unſer doch nur dann, wenn Sinnliches und Ueberſinnliches wie in einen Brennpunkt zuſammen= fallen, d. h. das Sinnliche von der Macht des Ueberſinnlichen durch= drungen und von ihm durchleuchtet iſt [1]). Der Geiſt lediglich als

---

[1]) Wer wird es läugnen wollen, daß die abſtracte proſaiſche Rede ceteris paribus weit hinter der poetiſchen Darſtellung zurückbleibe, und wiederum, daß die Poeſie gerade dann in um ſo höherer Vollkommenheit erſcheine, je ſtärker die Sinnlichkeit, nur freilich unbeſchadet der reinſten Geiſtigkeit, ſich in ihr geltend macht? Das ganz bildliche Wort z. B. „Jeruſalem, du hochgebaute Stadt" ergreift uns doch weit mächtiger und inniger als der mehr begriffsmäßige Ausdruck: „Jeruſalem, du heil'ge Gottesſtadt".

solcher leidet immer noch an einer gewissen Dürftigkeit, die nur in
der ihm entsprechenden Leiblichkeit ihre Deckung findet. Bei dem
bloßen Spiritualismus können wir also nicht stehen bleiben, die Verknüpfung aber des Spiritualismus mit dem Materialismus, wie sie
uns im sogenannten Rationalismus begegnet, kann man doch nur eine
ganz verkehrte nennen.

Eine weit reichere Lebensfülle und eine viel größere innere Consequenz als dem Rationalismus ist derjenigen Denkweise eigen, die
auf der Vereinigung des Spiritualismus mit dem Naturalismus beruhet und der man in neuerer Zeit den Namen Semipantheismus [1])
beigelegt hat; doch leistet auch dieser Semipantheismus der sich selbst
wohl verstehenden Vernunft noch immer nicht Genüge. Es geht derselbe von dem Gedanken des allgemeinen, das Wesen Gottes und der
Welt zumal in sich befassenden Seins aus und bezeichnet die eine
Seite desselben als das reine, lautere Licht des ewigen Geistes, seine
andere Seite aber als die Finsterniß der ewigen Natur, aus welcher
durch das göttliche Wirken die Welt allmählich entwickelt, stufenweise
immer höherer Vollkommenheit entgegengeführt und schließlich zu völliger Verklärung gebracht werde. So ist denn dem Semipantheismus
der Gedanke der himmlischen Leiblichkeit nicht fremd; es treten in ihm
die Principien zu Tage, aus deren Vereinigung sich letztere ergeben
kann. Das Verhältniß jedoch, in welchem der Semipantheismus diese
Principien zu einander auffaßt, ist nicht das eigentlich richtige und so
kann er denn auch die himmlische Leiblichkeit nicht in ihrem großen
weiten Umfang anerkennen und ihr ein ewiges Dasein von vornherein
nicht zugestehen.

Wohl stellt er es nicht in Abrede, daß dem Geiste die Herrschaft
über die Natur gebühre, ein gewisses Recht aber will er doch auch
wieder der Natur gegen den Geist gesichert wissen. Indem nun diese
von ihrem Rechte nicht soll ablassen können, der Geist aber noch weniger des seinigen sich wird entäußern mögen, so ergiebt sich hieraus

---

[1]) Als den geistvollsten Vertreter dieses Semipantheismus hat man ohne
Zweifel Schelling anzusehen. Schon seit dem Jahre 1809 und zwar zunächst
in der so berühmt gewordenen Abhandlung „Ueber die menschliche Freiheit“,
dann in den „Stuttgarter Privatvorlesungen“, im „Denkmal der Schrift von den
göttlichen Dingen“, in den „Weltaltern“, in dem Gespräch „Ueber den Zusammenhang der Natur mit der Geisterwelt“ u. s. w. hat er sich zu dieser Denkweise bekannt und dieselbe nachmals (f. Band V. S. 551 ff. d. Jahrb.) in seinen
nachgelassenen Schriften in sehr großartiger Weise zur Entwickelung gebracht.

ein in die Zeit fallender Proceß[1]), in deſſen Verlaufe die Natur mit ihrer milden Gewalt[2]) immer neuerdings wieder gegen den Geiſt ſich gleichſam aufbäumet, bis ſie endlich doch von demſelben überwältigt wird und nun die aus jenem Kampfe ſich ergebenden Erzeugniſſe das eigentliche Siegel der göttlichen Herrlichkeit werden annehmen müſſen. Erſt am Schluſſe alſo der Weltentwickelung ſoll die himmliſche Leib= lichkeit hier noch Raum finden, nicht ſchon von Anbeginn den Werken Gottes volle Schönheit und Klarheit eigen geweſen ſein. Auch Gott ſelbſt könnte unter dieſen Vorausſetzungen eine ewige Leiblichkeit nicht zukommen; zunächſt müßte er noch als bloßer Geiſt beſtehen, und erſt nachdem er die urſprünglich finſtere Seite ſeines Weſens mit ſeinem Licht erfüllt hätte, d. h. erſt in der von ihm zu gänzlicher Vollendung erhobenen Welt, ſollte er zu einer leiblichen Ausgeſtaltung ſeines gei= ſtigen Lebens noch gelangen können.

Dieſe ſemipantheiſtiſche Denkweiſe, ſo hoch ſie ſich immerhin nicht bloß über den Materialismus und Naturalismus, ſondern auch über den Spiritualismus und Rationalismus erhebt, kann ſich doch der wahren Vernunftmäßigkeit noch nicht rühmen; denn ſie verkennet die vollkommene, unbedingte Herrlichkeit Gottes. Offenbar erleidet dieſe einen weſentlichen Eintrag, wenn ſich Gott die wirkliche Herrſchaft über die Natur erſt erringen und auch inſofern noch in einer gewiſſen Abhängigkeit von der Welt ſtehen ſoll, als an deren Vollendung ſeine eigene reale Ausgeſtaltung geknüpft wird. Das iſt noch nicht der

---

[1]) So vielfach nimmt man an, daß Zeit von vornherein beſtehe. Zeit iſt aber doch nur da, wo Unvollkommenheit, d. h. wo entweder Verkehrtheit, die erſt abgethan, in die Vergangenheit verſenkt, oder wo noch eine gewiſſe Schwäche obwaltet, die nur allmählich, erſt in der Zukunft, in Kraft umge= wandelt werden kann. In der einen wie in der anderen Beziehung bedürfen wir Menſchen der Zeit und ſind ebendarum von Gott in dieſe irdiſche, zeitlich= räumlich materielle Welt eingeführt worden. Wären wir von der Sünde frei geblieben, wären wir nicht mit ſittlicher Schwäche behaftet, ſo würden wir der Zeitlichkeit nicht anheimgefallen ſein, wie uns denn Gott nach ſeiner Gnade über dieſelbe doch emporführen, ſchließlich in die reine Gegenwart der Ewig= keit uns noch eingehen laſſen will. Gott aber bedarf für ſein eigenes Wirken offenbar nicht der Zeit; nur dann könnte dieß der Fall ſein, wenn ſeine Kraft der Natur nicht geradezu gewachſen wäre. Aus dem Conflicte ſeines Geiſtes mit der Natur müßte ſich ihm allerdings die Zeit ergeben; von einem ſolchen Conflicte kann aber bei ihm als dem ſchlechthin Vollkommenen unmöglich die Rede ſein.

[2]) Siehe oben S. 451 ff.

Gottesbegriff, bei welchem man in der That stehen bleiben kann und der sich durch sich selbst als wahr erweiset, weil er der Vernunft volle Befriedigung gewährt. So gewiß Gott einer ewigen Natur nicht entbehren kann, wenn sich die Macht seines geistigen Lebens in ganzer Fülle geltend machen soll, ebenso gewiß muß auch diese seine Natur der Offenbarung seines geistigen Lebens unbedingt dienstbar sein. So muß er denn dieselbe von Ewigkeit her zu seiner ewigen himmlischen Leiblichkeit ausgestaltet haben, von Ewigkeit her aus dieser seine innere Majestät in ganzer Glorie hervorstrahlen lassen. Wollte man also Gottes ewige Leiblichkeit läugnen, so würde man hiermit zugleich seine unbedingte Herrlichkeit und Vollkommenheit in Abrede stellen.

Aus ebendieser Vollkommenheit Gottes folgt aber ferner, daß er auch das Werk seiner Hände, das er — nicht als die andere Seite seines Wesens, nicht also irgendwie zu seiner eigenen Ergänzung, sondern aus reiner freier Liebe — aus der reichen inneren Fülle seiner Natur noch hervorgehen lassen wollte, schon von vornherein mit aller Herrlichkeit bekleidet habe. Die Ideen, die darin zur Verwirklichung gelangen sollen, sind, wenn auch in noch so großer Mannigfaltigkeit, doch nur Offenbarungen, Ausstrahlungen seines Geistes, sie schließen also nichts als Kraft und Leben in sich und leuchten in reinster Klarheit[1]). Wie sie aber an und in sich selbst beschaffen sind, so ließ sie Gott auch sofort in dem Stoffe sich ausprägen, der zu ihrer Ausgestaltung dienen soll, und so konnten denn alle solchergestalt sich ergebenden Gebilde nur himmlischer Art sein und würden sich auch als solche fort und fort bewahrt haben, wenn nicht durch die eigene Schuld der Geschöpfe in die ursprünglich durchaus reine und lautere Gotteswelt eine Verderbniß eingedrungen wäre. Doch auch den von ihm Abgefallenen wollte Gott vermöge seiner unendlichen Liebe noch zu Hülfe kommen und ist bereit, wenn sie nur die sich ihnen darbietende Rettungshand nicht zurückweisen wollen, sie noch der ganzen Fülle der Seligkeit theilhaftig zu machen. Weil aber ebendiese innerhalb des irdischen Daseins, sollte dasselbe auch zu noch so hoher Vortrefflichkeit gesteigert sein, doch nicht stattfinden kann, so wird Gott zuverlässig diese gegenwärtige trübe und mit so mannigfacher Unvollkommenheit behaftete Welt dereinst noch zur vollen himmlischen Klarheit

---

[1]) Wie Schiller sagt:
   „Keines sei gleich dem Andern, doch gleich sei Jedes dem Höchsten!
      Wie das zu machen? Es sei Jedes vollkommen in sich.“

erheben und sie fortan nur in der Glorie seiner eigenen Herrlichkeit
ihren Raum finden lassen.

Ein sehr einfacher Gedanke, der Gedanke der unendlichen Voll=
kommenheit Gottes, der Gedanke seiner unbedingten Macht und seiner
unergründlichen Liebe, ist es sonach, aus welchem wir die Realität des
Begriffes der himmlischen Leiblichkeit zu erweisen hatten, — ein Gedanke,
der sich uns nur darzustellen braucht, damit wir seiner auch völlig
gewiß seien, der also den Beweis seiner Wahrheit schon in sich selbst
trägt. Gerade aber, damit er sich uns wirklich darstelle, bedürfen wir
auch der Offenbarung, aus welcher uns ja die Herrlichkeit Gottes im
vollesten Glanze entgegenleuchtet und in deren Lehren und Thatsachen
der Begriff der himmlischen Leiblichkeit ein so wichtiges Moment bil=
det. Indem wir der Einwirkung der Offenbarung mit ganzer Treue
uns hingeben, wird die frohe Ueberzeugung von eben jenen hohen
Wahrheiten in unserem eigenen Innern, in unserer Vernunft, mit
voller Kraft hervortreten; eben hiermit werden wir aber zugleich auch
der Zuverlässigkeit der Offenbarung selbst schlechthin gewiß werden.

Die Aussagen über den Heilswerth des Todes Jesu im Neuen Testament,

untersucht

von Dr. Albrecht Ritschl,

Professor der Theologie in Bonn.

III*).

Die Uebersicht der auf das Opfer Christi sich beziehenden Vorstellungen im Neuen Testament beweist, daß eine absichtliche zusammenhängende Belehrung weder darüber irgendwo gegeben ist, wie die nothwendigen Merkmale des alttestamentlichen Opfers in dem Leiden und Sterben Christi sich wiederholen, noch darüber, nach welcher Regel an die Opferqualität Christi die Wirkungen der Sündenvergebung angeknüpft werden. In der ersten Beziehung leistet auch der Verfasser des Hebräerbriefes nicht, was man ihm zuzutrauen geneigt sein möchte. Nur aus vereinzelten, unabsichtlichen Andeutungen desselben konnte ermittelt werden, in welchem Acte des Opfers Christi er das Gegenbild der Verbrennung der Thierleiber auf dem Altare erkenne. Denn da seine Absicht darauf gerichtet ist, Christus als den Hohenpriester zu erweisen, der freilich zugleich auch Opfer ist, so hob sich aus der durchzuführenden Analogie des Handelns Christi mit demjenigen, das dem Aharonitischen Hohenpriester für das jährliche allgemeine Sündopfer vorgeschrieben war, nur das Verfahren mit dem Opferblut im Allerheiligsten hervor. Das in der anderen Beziehung ausgesprochene Urtheil, daß das Neue Testament keine zusammenhängende Belehrung über die Regel der sündenvergebenden Wirkung des Opfers Christi enthält, dürfte auch nicht eine scheinbare Einwendung finden; aber das Urtheil darf auch noch die Schärfung erfahren, daß nicht einmal eine directe Andeutung eines solchen Gedankens irgendwo ausgesprochen wird. Denn wenn man dagegen sich etwa auf Röm. 3, 25. 26. berufen wollte, wo doch klar vorliege, daß das Opfer Christi zur stellvertretenden Befriedigung der göttlichen Strafgerechtigkeit gereicht habe, daß also der Gedanke einer an den Opfer-

---

tod Chriſti geknüpften Sündenvergebung durch Gott hieran ſeine regelmäßige Bedingung finde, ſo geſtatte ich mir, darauf Folgendes zu erwidern. Da ἱλαστήριον, wie erwieſen iſt (S. 247), Chriſtus als den Träger der göttlichen Gegenwart nach Analogie der Bedeutung der Kapporeth für die alte Bundesgemeinde bezeichnet, ſo iſt in dem Satztheile εἰς ἔνδειξιν τῆς δικαιοσύνης αὐτοῦ, dem ſich alle folgenden Satztheile unterordnen, und der in bereichertem Ausdrucke mit den Worten εἰς τὸ εἶναι αὐτὸν δίκαιον καὶ δικαιοῦντα τὸν ἐκ πίστεως Ἰησοῦ wiederholt wird, nicht der Zweck der Opferung Chriſti, ſondern der Zweck ſeiner von Gott bewirkten öffentlichen Darſtellung als Träger der göttlichen Gegenwart angegeben. Die Opferqualität Jeſu, welche freilich daneben durch die zum Hauptſatze ὃν προέθετο θεὸς ἱλαστήριον gehörenden Worte ἐν τῷ αὐτοῦ αἵματι vor Augen gerückt iſt, deutet nur den Moment der ausgeſagten göttlichen Handlung an und bildet zugleich ein Merkmal der Richtigkeit der Jeſu geltenden Ausſage für den, dem das typologiſche Verſtändniß derſelben zuzumuthen iſt. Denn das Symbol der göttlichen Gegenwart, ſofern es zum Beweis der Gerechtigkeit Gottes und zur Vollziehung der Gerechtſprechung (oder Sündenvergebung) dient, muß mit Blut eines beſtimmten Opfers beſprengt ſein. Es iſt ein grober Verſtoß gegen die Logik des Satzes, wenn die von Luther her mit der Autorität der Orthodoxie geſchmückte Erklärung zwar den richtigen Sinn von ἱλαστήριον feſtſtellt, jedoch die folgende Ausſage über Gottes Gerechtigkeit für den Zweck der Opferung Chriſti ausgiebt. Vielmehr enthält der Ausſpruch des Paulus außer der Hinweiſung auf die äußere Correſpondenz der Kreuzigung und der Blutvergießung Chriſti mit dem Ritus des jährlichen allgemeinen Sündopfers nichts, was zur Erklärung der Regel diente, der gemäß Chriſti Opfer als Mittel der Sündenvergebung und Gerechtſprechung gilt. Wenn es alſo überhaupt gelingen wird, einen von den Männern und Schriftſtellern des Neuen Teſtamentes gedachten Zuſammenhang zwiſchen der Art der äußeren Anſchauung vom Opfer Chriſti und der Art der von demſelben ausgeſagten Wirkung zu erkennen, ſo wird man ihre Gedanken nur meſſen können an dem Sinne, dem gemäß den altteſtamentlichen Opfern eine beſtimmte Wirkung beigelegt wird. Die uns erkennbare Bedeutung dieſer werden wir als Vorausſetzungen der Apoſtel und Jeſu ſelbſt für die Auffaſſung ſeines Todes als Opfer anſehen dürfen, wenn keines der an dieſem Ereigniß hervorgehobenen Merkmale mit dem Sinne der Vorbilder in Widerſpruch tritt. Frei-

lich ſchon in Hinſicht auf die geſtellte Aufgabe ſcheint ſogleich unter=
ſchieden werden zu müſſen zwiſchen den nachgewieſenen beſonderen
Formen des Opfers, denen der Tod Chriſti untergeordnet wird.
Wenn auch alle Ausſagen darauf hinausgeführt werden, daß das
Opfer Chriſti die Gläubigen von der Sünde befreit hat, ſo ſcheint
doch die Anknüpfung der Sündenvergebung an den Charakter des
Opfers des neuen Bundes, weil die Verheißung derſelben den ſpeci=
ſiſchen Inhalt des neuen Bundes bildet, leichter verſtändlich zu ſein,
als die Verknüpfung jener Wirkung mit dem Titel des Sündopfers
oder die Erlöſung von den Sünden als Folge des zur Vollendung
geführten Paſſahopfers. Allein auch für das Bundesopfer Chriſti,
ſofern es nach der Analogie des altteſtamentlichen Vorbildes gemeſſen
werden muß, bleibt immer die Frage übrig, warum es denn über=
haupt eine Wirkung hat, und die Antwort hierauf iſt mit der Löſung
der anderen Probleme untrennbar verbunden.

Die Geſetzgebung über die Brandopfer, Sündopfer, Schuld=
opfer iſt begleitet von untereinander ähnlich lautenden Ausſagen der
Wirkung der prieſterlichen Verrichtungen, in denen das theilweiſe
ſchon behandelte Verbum כִּפֶּר hervorſticht, welches die LXX mit
ἱλάσκεσθαι überſetzen. Dies Wort klingt im Neuen Teſtament, wie
ſchon angegeben, in 1 Joh. 2, 2.; 4, 10.; Hebr. 2, 17. wieder an.
Es iſt aber weder im Neuen noch im Alten Teſtament ſeiner Ab=
ſtammung und ſeinem claſſiſchen Gebrauch gemäß angewendet. Denn
es bezeichnet für die Hellenen die Wirkung des Opfers als ἵλαον
ποιεῖν τὸν θεόν; dagegen ſteht es in der Bibel weder jemals direct
in ſolcher Verbindung, noch hat es indirect den Sinn, daß das ge=
ſetzmäßige Opfer Gott umſtimme oder ſein Uebelwollen in Wohl=
wollen verkehre. Hofmann [1] ſagt ganz richtig: „Entweder bezeichnet
es, neutral gebraucht, eine gnädige Selbſtbeſtimmung Gottes, oder,
wenn es tranſitiv ſteht, hat es die Sünde oder den Sünder zum
Object.‟ Das heißt, dem Wortlaute iſt der demſelben ganz fremde
Sinn der entſprechenden hebräiſchen Wörter כַּפֵּר und סָלַח aufgeprägt,
und es dient ſo wenig zum Verſtändniſſe dieſer Begriffe, als der
bibliſche Gebrauch deſſelben ſich nur nach dem Vorkommen dieſer he=
bräiſchen Wörter richtet. In welchem Sinne aber haftet an den
Opfern die Wirkung des „Bedeckens‟? Oehler erklärt [2], daß die

---

[1] Schriftbeweis II, 1. S. 339.
[2] Herzog's Realencyklopädie. 10. Bd. S. 630.

Opferterminologie barauf gegründet ſei, daß die Schuld zugedeckt und zwar für die göttliche Anſchauung weggeſchafft werde; vermöge ſolcher Deckung werde der ſündige Menſch vor dem ſtrafenden Rich= ter geſchützt und könne demnach ohne Gefahr dem heiligen Gotte nahen.

Dieſe Combination eines Sprachgebrauches, der mit geringen Ausnahmen ausſchließlich in den prophetiſchen Büchern und den Hagiographen des Alten Teſtaments herrſcht, mit einer ſchon abweichend lautenden Formel im moſaiſchen Geſetze iſt durchaus verfehlt. Aber nicht blos um Oehler's Meinung, deren weitere Darſtellung noch ſehr viel Unklares in ſich ſchließt, zu widerlegen, gehen wir auf die Unterſuchung jenes prophetiſchen Sprachgebrauches ein, ſondern weil derſelbe, wie es ſcheint, auch ſchon in der Bibel mit der ur= ſprünglichen Bedeutung des Opferrituals in Verbindung geſetzt iſt, und es deshalb auf die Sonderung des ſcheinbar Gleichartigen, aber doch urſprünglich und weſentlich Unterſchiedenen ankommt. Die Formel כִּפֶּר עָוֹן, Sünde bedecken, findet ſich zunächſt ohne einen techniſch= religiöſen Sinn, Spr. Sal. 16, 6: „Durch Liebe und Treue wird Sünde bedeckt, und durch Furcht Gottes weicht man vom Böſen.“ In dieſem Satze iſt ohne Zweifel die Sünde deſſelben Subjects ge= meint, von welchem für einen ſpäteren Zeitmoment Liebe und Treue prädicirt wird; denn auch das Böſe iſt als mögliche That desjenigen gedacht, der durch Furcht vor Gott ſich derſelben enthält. Es fragt ſich demnach nur, ob die nachherige Tugend als das Mittel bezeichnet iſt, durch welches die frühere Sünde vor dem Auge und Urtheil Gottes verborgen würde, oder ob ein anderer Geſichtspunkt für den gewählten Ausdruck vorauszuſetzen iſt. In jener Hinſicht müſſen wir ſchon im Voraus geltend machen, daß auch die ferner anzuführenden Fälle des vorliegenden Sprachgebrauches den Act des Bedeckens der Sünde niemals in Beziehung zu dem Angeſichte Gottes ſetzen. An= dererſeits aber wird die vorliegende Stelle beleuchtet durch den Satz Spr. Sal. 10, 12: „Haß erwecket Hader, aber alle Vergehungen bedecket (תְכַסֶּה) Liebe.“ Denn wenn auch hier die Vergehungen einem Anderen gehören, als die ſie bedeckende Liebe, ſo kommt es hier doch nicht auf eine Bedeckung der Vergehungen vor dem Auge Gottes an, ſondern auf eine ſolche Behandlung derſelben durch einen Menſchen, welche der gehäſſigen und Hader erweckenden Beachtung derſelben entgegengeſetzt iſt. Durch Liebe nämlich wird der den Verkehr ſtö= rende Einfluß der Vergehungen des Anderen unwirkſam gemacht.

Dieſer Fall iſt nun in der anderen Stelle an dem Leben des ein=
zelnen Menſchen in der Weiſe anſchaulich gemacht, daß die Liebe und
Treue, die Einer in ſich erzeugt, ſeine eigenen früheren Sünden für
den Werth ſeiner eigenen Perſon aufheben oder unwirkſam machen, wäh=
rend zugleich die Grundtugend der Furcht Gottes vor fernerer Ver=
ſchuldung bewahrt. Demnach erprobt ſich hieran die Bedeutung von
כֹּפֶר, welche ſich ſchon bei unſerer Unterſuchung der Bedeutung von
כִּפֶּר für eine Reihe von Stellen ergeben hat (ſ. o. S. 228.). Dieſer
Deutung fügen ſich nun auch alle diejenigen Stellen, in denen Gott
als Subject der Bedeckung von Sünden bezeichnet oder angerufen
wird. Bei dieſem Gedanken iſt nämlich bemerkenswerth, daß niemals
eine Beziehung der Bedeckung der Sünde vor dem Angeſichte oder
den Augen Gottes ausgeſprochen iſt[1]), dann aber, daß niemals die
geſetzmäßigen Opfer als Bedingung jener Wirkung Gottes bezeichnet
oder auch nur vorausgeſetzt werden. Mag man alſo den Sinn der
gemeinten Stellen auf den Ausdruck der Vergebung der Sünden
durch Gott zurückführen, ſo iſt dabei die Anſchauung zu beachten,
daß die Sünden durch ihre Bedeckung oder Einhüllung unwirkſam
werden ſollen für das Verhältniß der ſündigen Menſchen zu Gott[2]).
In dieſem Sinne wird das Verbum כִּפֶּר zunächſt mit dem Objects=
accuſativ עָוֹן oder חַטָּאת oder פֶּשַׁע conſtruirt (Pſ. 65, 4; 78, 38.;
Jeſ. 6, 7.; 22, 14.; 27, 9.; Dan. 9, 24.); ferner mit der Präpoſi=
tion עַל (Pſ. 79, 9.; Jer. 18, 23.); mit der Präpoſition בְּעַד
(2 Moſ. 32, 30); mit dem doppelten Dativus commodi der Perſon
und der Sache, nämlich der begangenen Sünde (Ezech. 16, 63.;
4 Moſ. 35, 38.); mit dem Dativus commodi der Perſon, ſo daß
das Object der Sünde aus dem Zuſammenhange zu ergänzen iſt
(5 Moſ. 21, 8.; vgl. 2 Sam. 21, 3., wo freilich nicht Gott, ſondern
David das Subject iſt). Anſtatt daß nun die Gewißheit oder Er=
wartung der Bedeckung der Sünden durch Gott an Opfer geknüpft
würde, wird dieſelbe nur von der Iſrael zugewendeten freien Gnade
Gottes, um ſeines Namens willen, abhängig gemacht (Pſ. 79, 9.,
vgl. 51, 3.; Jeſ. 43, 25.). Als Mittel wird einmal das gerade er=

---

[1]) Denn die Parallele in Jer. 18, 23: „Bedecke nicht ihre Schuld, und
ihre Sünden vor deinem Angeſicht wiſche nicht aus“, fordert keine Ergänzung
des erſten Satzes durch die Beziehung des zweiten.

[2]) Dafür ſpricht auch die Parallele mit הֵסִיר, wegſchaffen, סוּר, wegge=
ſchafft werden (Jeſ. 6, 7.; 27, 9.).

füllte Maaß der Verstoßung des Bundesvolkes bezeichnet (Jef. 27, 8. 9.) als Bedingung wird einmal die Fürbitte des Moses vorgeführt (2 Mof. 32, 30.; vgl. B. 32.).

Dieser Reihe von Fällen gegenüber steht nun der Ausspruch Je-hova's an Samuel über Eli und seine Söhne (1 Sam. 3, 14.): אִם־יְתְכַּפֵּר עֲוֹן בֵּית־עֵלִי בְּזֶבַח וּבְמִנְחָה עַד־עוֹלָם, die Vergehung des Hauses Eli soll nicht bedeckt werden durch Schlachtopfer und Speisopfer in Ewigkeit. Diese verneinende Rede scheint nun voraus-zusetzen, daß die genannten Opferklassen, mit denen gerade der ganze Um-fang der gesetzlichen Arten des Opfers umschrieben ist, ihre allgemeine Bestimmung in der Bedeckung von Vergehen haben, und sie scheint aus-zudrücken, daß diese Wirkung nur an Eli und den Seinigen verloren sein soll. Wenn dies der einzige und der nothwendige Sinn des Ausspruches ist, so wird der weitere Verlauf der Untersuchung er-geben, daß dann ein Mißverständniß der ähnlich lautenden Formeln für die Wirkung der gesetzlichen Opfer oder eine Umdeutung derselben begangen sein müßte. Es liegt jedoch in der Natur des verneinenden Satzes, daß diese Voraussetzung desselben keineswegs entschieden ist; vielmehr kann mit demselben logischen Recht noch eine andere auf-gestellt werden, und es wird von sachlichen Gründen abhängen, wel-chen positiven Grundgedanken man für die ausgesprochene Verneinung gelten läßt. Es ist nämlich nicht zu erweisen, daß die beiden angege-benen Klassen von Opfern gerade das gesetzliche System der Opfer bezeichnen sollen; sie können auch ganz abgesehen von der An-schauung jener Institute gedacht sein, und dann enthält die von Schlachtopfer und Speisopfer für den vorliegenden Fall möglicher-weise erwartete, aber verneinte Wirkung gar keine Auskunft über den Sinn der gesetzlichen Opfer. Zur Erläuterung wie zur Bestätigung dieser Annahme muß auf Folgendes aufmerksam gemacht werden[1]). Es ist bekannt, daß gesetzliche Sündopfer nur gegen solche Vergehen wirksam sind, welche aus Versehen begangen sind, daß dagegen Ver-gehen mit erhobener Hand, die eine Lästerung Gottes und einen Bruch des Bundes in sich schließen, sich der Tragweite der gesetzlichen Opfer entziehen und den Zorn Gottes sowie die Ausrottung aus dem Volke nach sich ziehen (4 Mof. 15, 27—31.). Nun ist das Vergehen der Söhne Eli's deutlich als ein solches der letzteren Art bezeichnet, und demgemäß auch die Ausrottung derselben vorher ver-

---

[1]) Vgl. de ira dei p. 13.

ündigt (1 Sam. 2, 29—31.). Also würde es nicht dem correcten
Zusammenhang der Erzählung in sich und mit jenem charakteristischen
Grundsatze entsprechen, wenn der uns vorliegende Ausspruch so verstanden würde, als wenn er im Allgemeinen die Möglichkeit der Aufhebung auch schwerer Vergehen durch gesetzliche Opfer voraussetzte
und nur die Söhne Eli's von der Regel ausnähme. Also wird von
dieser Deutung abgesehen werden müssen. Nun bietet aber die Geschichte des Alten Testaments eine Reihe von Fällen der Bundes-
brüchigkeit und von Auftreten göttlichen Zornes dar, in denen außerordentliche Mittel und unter diesen auch außerordentliche Opfer,
welche jedoch nie als Sündopfer bezeichnet werden, dazu dienen, den
gebrochenen Bund wieder anzuknüpfen und Gott zur Zurücknahme
seines vernichtenden Zornes zu bewegen. Dahin gehört die Fürbitte
des Moses mit der er nach der Anbetung des goldenen Kalbes versucht, „die Sünde zu bedecken", aber freilich nur einen Aufschub des
vernichtenden Zornes Gottes erreicht (2 Mos. 32, 30—35.). Dahin
gehört ferner die Darbringung von Rauchopfer, als Gott das Murren
des Volkes über die Vernichtung der Korachiten durch eine Pest erwiderte (4 Mos. 17, 6—15.), von Brandopfern und Heilsopfern
durch David, als sich der göttliche Zorn über die Zählung des Volkes
kundthat (2 Sam. 24.), von Rauchopfern nach Anordnung des Hiskia,
um den Zorn Gottes abzuwenden und den Bund zu erneuern
(2 Chron. 29, 8—11.). Nach Analogie mit diesen Fällen darf nun
der Ausspruch über Eli so verstanden werden, daß die qualificirt
bundbrüchigen Vergehungen der Söhne die Verwerfung und Vernichtung durch Gott mit aller Gewißheit zu erwarten haben, namentlich mit Ausschluß der Aussicht, daß durch außerordentliche Opfer die
Bundestreue wieder angeknüpft und so der Zorn Gottes rückgängig
und die Vergehungen unwirksam gemacht werden könnten. Diese
Deutung wird aber sowohl dadurch empfohlen, daß die Annahme einer
Mißdeutung des gesetzlichen Opferinstitutes vermieden wird, als dadurch, daß auch die Fürbitte des Moses (2 Mos. 32, 30.), der die
Opfer in dem vorliegenden Falle ganz gleich stehen, eben nur als
außerordentliches Mittel darauf berechnet ist, „die Sünden des Volkes
zu bedecken". Indem also auch diese Erörterung keine Aufklärung
über die technische Wirkung der gesetzlichen Opfer herbeigeführt hat,
zugleich aber dem Vorurtheil entgegentritt, als ob überhaupt der beurtheilte Sprachgebrauch von כפר eine Beziehung auf das mosaische
Opferinstitut habe, so wird es als berechtigt erscheinen, unsere Auf-

merkſamkeit auf die geſetzlichen Beſtimmungen und auf diejenigen
ſonſt im Alten Teſtament vorkommenden Andeutungen zu beſchränken,
welche im Wortlaute mit jenen übereinſtimmen.

Wo das „Bedecken“ die eigenthümliche Wirkung der Opfer be=
zeichnet, iſt nie Gott, ſondern immer der Prieſter (oder bei der In=
ſtallirung derſelben Moſe) als das Subject, und nie die Sünde von
Perſonen, ſondern immer nur Perſonen oder heilige Geräthe (der
Brandopferaltar, der Rauchopferaltar, die Kapporeth) als Objecte be=
zeichnet. Als Mittel für die Bedeckung der Geräthe wird die
Sprengung von Opferblut auf dieſelben dargeſtellt, als Mittel für
die Bedeckung der Perſonen die Geſammtheit der Handlungen, in
welchen die Gabe Gott nahegebracht wird. Ferner wird die Wirkung
des „Bedeckens“ der Perſonen im Geſetze von den Brandopfern, den
Sündopfern und den Schuldopfern ausgeſagt. Daraus folgt aber
nicht, daß es für die ſogenannten Schelamim (Heilsopfer) und für
die Darbringung des Rauchopfers ausgeſchloſſen wäre. Ezechiel
(45, 15. 17.) tritt hier ergänzend ein, indem er von Sündopfern,
Speisopfern, Brandopfern, Heilsopfern den Zweck לְכַפֵּר עֲלֵיהֶם
und לְכַפֵּר בְּעַד בֵּית־יִשְׂרָאֵל ausſagt. Ferner dient nicht nur das
außerordentliche Rauchopfer, welches Aharon auf Moſe's Geheiß
brachte, um die Peſt abzuwehren, die Gott wegen des Murrens des
Volkes über die Vernichtung der Korachiten geſandt hatte, zur „Be=
deckung der Gemeinde“ (4 Moſ. 17, 11. 12.), ſondern auch das
regelmäßige Rauchopfer (2 Moſ. 30, 7. 8.) findet ſeine Beſtimmung
in demſelben Zweck. Dies geht daraus hervor, wie 1 Chron. 6, 34.
unter den Thätigkeiten Aharon's und ſeiner Söhne, welche der Ord=
nung Moſe's gemäß zum Dienſte des Heiligthums und zur „Be=
deckung von Iſrael“ gehören, gerade das Anzünden auf beiden Al=
tären hervorgehoben wird.

Indem alſo die Correſpondenz der „Bedeckung“ der Perſonen
mit allen Arten von Opfern erwieſen iſt, ſo kann man nicht in der
Eigenthümlichkeit des Thierblutes allein den Grund für die bezeich=
nete Wirkung der Thieropfer ſuchen. Daß das Verbot des Genuſſes
von Blut (3 Moſ. 17, 11.) einen bedeutſamen Grund zur Erklärung
eines hervorragenden Opferactes enthält, iſt außer allem Zweifel;
daß ſie aber den Schlüſſel zur moſaiſchen Opfertheorie enthalte [1]), iſt
nicht richtig; denn der Ausſpruch, daß das Thierblut zur Bedeckung

---

[1]) Bähr, Symbolik des moſ. Cultus, II. S. 199.

der Seelen auf den Altar gegeben ist, weil die Seele des Fleisches im Blute sei, und weil das Blut, sofern es die Seele in sich schließt, zur Bedeckung (der Seelen der Israeliten) diene, — erklärt keines= wegs, warum auch noch andere Gegenstände und Handlungen für den= selben Zweck angeordnet sind. Zunächst ist die Deutung auch der blutigen Opfer nicht allein auf jenen Ausspruch zu begründen, erstens weil derselbe gar keinem Opfergesetz angehört, zweitens weil in allen Opfergesetzen, wie schon bemerkt worden ist, die Wirkung des כִּפֶּר עֲלֵיהֶם immer nur an die Gesammtheit der vorgeschriebenen Opferacte angeknüpft wird. Namentlich ist regelmäßig die Verbrennung der vorgeschriebenen Theile des Thieres mit der Sprengung des Blutes zusammengefaßt, wenn jene charakteristische Wirkung ausgesprochen ist (3 Mos. 4, 15—20. 25. 26. 30. 31., vgl. 3 Mos. 5, 16.; 12, 7. 8.; 14, 19. 31.; 15, 15. 30.; 19, 22.; 4 Mos. 6, 11.). Ferner wo, wie bei den Privatfündopfern, auch die Verzehrung der nicht ver= brannten Theile des Thieres durch die Priester am heiligen Orte an= geordnet ist, wird diese Handlung als Mittel in die bezeichnete Wir= kung des Opfers eingeschlossen (3 Mos. 10, 17.). Diesen regelmä= ßigen Ordnungen reihen sich nun einzelne außerordentliche Fälle an. In der Anordnung der Weihe Aharon's und seiner Söhne (2 Mos. 29.) wird außer einem Sündopfer und einem Brandopfer vorgeschrieben, wie Mose mit dem zweiten Widder und den unblutigen Gaben ver= fahren soll. Nachdem bestimmte Theile des Opferthieres und ein Theil der Brode in die Hände der Einzuweihenden gelegt, dann aber auf dem Altar angezündet sein würden (V. 22—25.), wird vorge= schrieben, daß Aharon und seine Söhne die für sie bestimmten Fleisch= theile des Opferthieres, welche vor dem Altar gehoben und gewoben waren (V. 27.), und die übrigen Brode und Fladen an demselben Tage essen sollen (V. 31—33.). Von diesen Speisen heißt es nun V. 33: וְאָכְלוּ אֹתָם אֲשֶׁר כֻּפַּר בָּהֶם, „sie sollen diese essen, mit denen sie bedeckt worden sind zur Füllung ihrer Hände (ihrer Ein= weihung) und zu ihrer Heiligung". Dies kann nur so verstanden werden: Indem von dem Opferthier nur gewisse Theile und von den Opferkuchen nur Weniges auf dem Altar angezündet ist, indem ferner nur Brust und Keule durch den Ritus des Hebens und We= bens Gott dargebracht sind, so gilt doch das ganze Opferthier und der ganze Brodvorrath, der in dem Korbe liegt, als Mittel der Be= deckung für die Einzuweihenden. Während also der gesammte Vor= rath des Speisopfers, auch so viel davon eßbar ist, die Wirkung des

„Bedeckens“ hat, weil ein Theil davon auf dem Altar angezündet ist, so nimmt das ganze eßbare Fleisch des Opferwidders an derselben Wirkung Theil, weil sowohl die Eingeweide, und was sonst noch bezeichnet ist (V. 22.), angezündet, als auch die Brust und die Keule vor dem Altare gehoben und gewoben sind (V. 27.). Daß nun diese Ceremonien ebenfalls für die Wirkung des „Bedeckens der Seelen“ nicht ohne Bedeutung sind, ergiebt sich aus einem außerordentlichen Opfer, dessen Gegenstände die Ausführung der Blutsprengung und Verbrennung nicht gestatteten. Als nämlich die Israeliten den Sieg über die Midianiter erfochten hatten, ohne einen Mann einzubüßen, bringen sie durch Mose und Eleasar alles erbeutete Goldgeschmeide Gott dar (4 Mos. 31, 48—54.). Die Bezeichnung זְהַב הַתְּרוּמָה (V. 52.) drückt aus, daß die Gegenstände durch den Ritus des Erhebens vor dem Altar als Opfer dargestellt werden; indem sie aber demgemäß קָרְבָּן sind, dienen sie לְכַפֵּר עַל - נַפְשֹׁתֵינוּ לִפְנֵי יְהֹוָה, „zu bedecken unsere Seelen vor Gottes Angesicht“. Es ist nach allen diesen Proben verständlich, wenn, wie es 1 Chron. 6, 34. geschieht, die Gesammtheit der priesterlichen Functionen auf den Zweck bezogen wird, Israel im Ganzen oder den einzelnen Israeliten zu „bedecken“; aber bemerkenswerth ist, daß auch die Dienstleistungen der Leviten, indem diese als der Ersatz der Erstgeborenen und indem ihre Functionen am Zelte der Zusammenkunft als solche bezeichnet werden, welche eigentlich den Söhnen Israels zukämen, darauf gedeutet werden, לְכַפֵּר עַל - בְּנֵי יִשְׂרָאֵל (4 Mos. 8, 18. 19.).

In Folge dieser Nachweisungen wird es wohl als sicher gelten, daß die Formel für die Wirkung der Opfer nicht von der Art des Gott nahegebrachten Stoffes, sondern von der Art und dem Werthe der Handlungen aus ihre Erklärung finden muß, welche mit den Opferstoffen in erster Reihe die Priester, in zweiter die Leviten vornehmen. Indem sich nun freilich die untergeordneten Dienstleistungen der Leviten unserer Anschauung entziehen, und indem sie auch vielleicht im Einzelnen des charakteristischen, dem bezeichneten Zwecke nahe kommenden Gepräges entbehrt haben werden, so ist der Sinn der den Priestern vorbehaltenen Manipulationen bei aller äußeren Verschiedenheit derselben identisch und die Deutung derselben kaum streitig. Vor Allem ist der heilige Ort, an welchen alle Opferverrichtungen gebunden sind, das Zelt der Zusammenkunft (2 Mos. 29, 42—46.), das Symbol der göttlichen Gnadengegenwart unter dem erwählten Volke. Insbesondere ist der Altar für die Brandopfer vor dem Ein-

gange in das Zelt durch daffelbe Prädicat ausgezeichnet, daß Gott zu
Mofe kommen wolle (2 Mof. 20, 21.), ferner aber die Kapporeth
in dem Allerheiligften (2 Mof. 25, 21. 22.; 30, 6.; 4 Mof. 17, 19.).
Indem alfo das Blut, in welchem das Leben des Thieres ift (3 Mof.
17, 11.), an den Brandopferaltar, refpective bei Sündopfern an deffen
Hörner, oder an die Hörner des Rauchopferaltars und den Vorhang
vor dem Allerheiligften, oder an die Kapporeth gefprengt wird, fo
wird dadurch das Thierleben Gott nahegebracht und angeeignet.
Daffelbe ift aber auch· der Sinn der Verbrennung der Speisopfer
und der Thierleiber, refpective ihrer Eingeweide, in dem Altarfeuer.
Denn diefes, welches nicht verlöfchen foll (3 Mof. 6, 5. 6.), ift
feiner Herkunft nach das· Feuerfymbol der Gegenwart Gottes felbft
(3 Mof. 9, 24.; 2 Chron. 7, 1.); die Auflöfung der Gaben durch
das Feuer ift alfo ihre Aneignung an Gott. In entfernterer Weife
aber wird daffelbe ausgedrückt, indem gewiffe zur Mahlzeit refervirte
Theile der Opferthiere vor dem Altare in die Höhe gehoben und vor
demfelben gefchwungen wurden.

An den Acten der Blutfprengung und der Verbrennung haftet
alfo hauptfächlich das Prädicat der durch den Priefter auszu=
übenden Bedeckung des Einzelnen oder der Gefammtheit der Ifrae=
liten [1]. In den allermeiften Fällen wird die Bezeichnung der Perfon
durch die Präpofition על mit dem Verbum verknüpft, feltener durch
die Präpofition בעד (3 Mof. 16, 24.; 9, 7.; 16, 6. 11.). In bei=
den Fällen ift die durch den urfprünglichen Sinn des Bedeckens aus=
gedrückte Anfchauung feftgehalten: „auf Jemand decken“, „Jemand
ringsum bedecken“. So übereinftimmend wird die Wirkung von
Brandopfern (3 Mof. 1, 4.; 16, 24.), von Sündopfern (3 Mof.
16, 33.; 4 Mof. 28, 22. 30.; 29, 5.; Neh. 10, 34.; 2 Chron.
29, 24.) und von Schuldopfern (3 Mof. 14, 21.) bezeichnet [2].
Daneben aber finden fich für die Wirkung der Sündopfer und Schuld=

---

[1] Niemals aber an dem Acte der Schlachtung des Thieres, der nur als
Mittel zur Gewinnung des Blutes dient. Und zwar gilt daffelbe nicht als todt
und das in ihm webende Leben nicht als vernichtet, fondern wie es in der
Kraft des Umlaufes aus der Wunde hervorfpringt, fo gilt es als noch lebendig,
indem es unmittelbar an den Ort feiner Beftimmung gefprengt wird. Vergl.
Oehler a. a. O. S. 628.

[2] An einigen Stellen, 3 Mof. 6, 23.; 7, 7.; 16, 17. 27., fteht das Verbum
abfolut, aber fo, daß die Perfonen als Objecte dem Zufammenhange gemäß er=
gänzt werden müffen.

opfer noch ſpecielle, dem Zwecke derſelben entſprechende Zuſätze. Zu=
erſt wird der Zweck angeknüpft: לְטַהֵר אֶתְכֶם, „um euch zu reinigen"
(3 Moſ. 16, 30.), zweitens die entſprechende fernere Wirkung,
וְטָהֵרָה, „und ſie iſt rein", die Wöchnerin von ihrem Blutfluſſe
(3 Moſ. 12, 7. 8.), oder וְנִסְלַח לָהֶם, „es iſt ihnen (oder ihm) ver=
geben" (3 Moſ. 4, 20. 31.; 4 Moſ. 15, 25. 28.). Dieſelbe Formel
wird ferner hinzugefügt, wo auch noch eine Beziehung der prieſter=
lichen Handlungen auf die begangene Sünde vorhergeſchickt iſt
(3 Moſ. 4, 26. 35.; 5, 10. 13. 18. 27.; 19, 22.). Dieſe wird
entweder durch die Präpoſition מִן angeknüpft, מֵחַטָּאתוֹ, מֵאֲשֶׁר חָטָא,
und dergl. (3 Moſ. 4, 26.; 5, 6. 10.; 14, 19.; 15, 15. 30.; 16, 34.;
4 Moſ. 6, 11.), oder durch die Präpoſition עַל (3 Moſ. 4, 35.;
5, 13. 18. 27.; 19, 22.). Wenn es ſich nun fragt, wie dieſe ſo
ausgedrückte Beziehung der prieſterlichen, die Perſonen bedeckenden
Handlungen gedacht ſein wird, ſo verbietet der Wechſel der beiden
Präpoſitionen in dem Tenor deſſelben Geſetzes über die Schuldopfer,
denſelben ihren untereinander ſo verſchiedenen localen Sinn zu vin=
diciren. Ueberdies würden dadurch ſeltſame Inconſequenzen in dem
Sinne der ganzen Formel entſtehen. Wenn der Prieſter durch das
Schuldopfer „auf Einen deckt, auf ſeine Sünde", ſo würde darin das
Decken, mag es einen ſpeciellen Sinn haben, welchen es wolle, in
dieſelbe Richtung zu den Größen geſtellt, welche durch dieſe prieſter=
liche Handlung jedenfalls von einander getrennt werden ſollen. Wenn
der Prieſter durch Sünd= und Schuldopfer „auf Einen deckt von
ſeinen Sünden weg (ſo daß er von ſeinen Sünden getrennt wird)
und wenn ihm in Folge deſſen vergeben wird", ſo wird der göttliche
Act der Vergebung der Sünde in einer wenigſtens ſehr mißlichen
Weiſe von deren factiſcher Beſeitigung abhängig gemacht. Deshalb
bleibt nichts übrig, als beide Präpoſitionen in übertragener Be=
deutung als Bezeichnungen des äußeren Grundes oder des
Anlaſſes der beabſichtigten Wirkung des Bedeckens anzuſehen,
welche, den Verhältniſſen des ganzen Vorganges gemäß, durch die
prieſterlichen Handlungen außer Wirkſamkeit für die Perſon geſetzt
werden ſollen.

Welches iſt nun aber der Sinn der Formel für die Wirkung der
Opfer auf Perſonen, deren Modificationen eben dargelegt ſind?
In verſchiedenen Wendungen herrſcht die Anſicht, daß als das eigent=
liche Object der Bedeckung durch die Opferhandlungen die Sünde
der Perſon gemeint ſei, daß alſo die directen Formeln, deren In=

differenz gegen das Opferritual oben beleuchtet iſt (S. 481.), der ur=
ſprünglichen Conception der Opfergeſetze zu Grunde lägen. Roſen=
müller [1]) hat in dieſer Hinſicht den kühnen Griff begangen, zu be=
haupten, כִּפֶּר עַל נַפְשׁוֹ ſei eine Abkürzung für כִּפֶּר עַל חַטָּאת נַפְשׁוֹ;
Bähr [2]) hat dieſe Anſicht adoptirt, und Kurtz weiß auch keinen an=
deren Ausweg [3]).   Der Grund, den der letztere für ſeine Behauptung
anführt, iſt, daß „häufig da, wo die Perſon des Opfernden als Ob=
ject genannt iſt, noch appoſitionell erklärend hinzugefügt iſt" die Be=
ziehung der Handlung auf die Sünde mit den Präpoſitionen עַל und
מִן, die wir ſoeben verzeichnet haben.   Daß man ein zweimaliges עַל
auf ein Appoſitionsverhältniß deuten kann, ſoll nicht beſtritten werden;
es iſt aber eine beneidenswerthe Kunſt, in den Stellen des Gebrauches
von מִן den Ausdruck einer Appoſition zu dem mit עַל eingeführten
Worte zu erkennen.   Mag man nun mit Kurtz die Bedeckung der
Sünde im Opfercultus als das Mittel verſtehen, durch welches die
Sünde gebrochen und ohnmächtig gemacht werde (mit Anſchluß an
den oben S. 228. erwieſenen Sinn des Verbums), oder mit Oehler [4])
als das Mittel, durch welches die Sünde aus den Augen Gottes
weggeſchafft (nach Jer. 18, 23.) und der Menſch vor der göttlichen
Strafe geſchützt ſei, ſo fehlt dieſen Annahmen jede zureichende directe
Begründung.   Sie verwickeln ſich aber auch noch in den Widerſpruch,
daß der Sinn, welcher von der Wirkung der Sünd= und Schuldopfer
abſtrahirt iſt, auf die Opfer überhaupt, namentlich auf die Brandopfer
übertragen wird, welche zur „Bedeckung" der Perſonen beſtimmt ſind
(3 Moſ. 1, 4.; 16, 24.), denen aber eine Beziehung auf Sünde zu
vindiciren, alle Kunſt, die man darauf verwendet hat, nicht hinreicht.
Und wie ſoll die Beziehung auf Sünde auch dem Heilsopfer und dem
Rauchopfer vindicirt werden, welche doch auch daſſelbe Prädicat em=
pfangen (ſiehe oben S. 484.)?   Es iſt eine bewundernswerthe Logik
in dem Verfahren, die Merkmale von beſonderen Opferklaſſen zu er=
mitteln, um nach ihnen den allgemeinen Begriff der geſetzlichen Opfer
zu beſtimmen, während die einfache Formel כִּפֶּר עָלָיו, indem ſie auf
alle Arten der Opfer angewendet wird und nur in beſonderen Fällen
der Geſetzgebung über Sünd = und Schuldopfer von den vorgeblichen

---

[1]) Scholia in V. T. II. p. 200.
[2]) Symbolik des moſ. Cultus, II. S. 204.
[3]) Der alttteſtamentl. Opfercultus, S. 48.
[4]) A. a. O. S. 630.

Kurtz'schen Appositionen begleitet ist, ihre Erklärung unabhängig von diesen besonderen Zusätzen fordert.

Aber der eben bezeichnete Weg wird deshalb regelmäßig nicht gefunden, weil für das hebräische Verbum, so wie es Prädicat aller Opfer ist, die Uebersetzung „sühnen" eingenistet ist. Der Begriff dieses Wortes ist dem hebräischen „decken" nicht minder inadäquat als der Begriff von ἱλάσκεσθαι. Sühne bedeutet ursprünglich „Gericht", „Urtheil"; sühnen „Urtheil sprechen". - Weiterhin sühnt der Rechtsbrecher seine Schuld, d. h. er beseitigt sie, indem er die Strafbuße erlegt. Endlich wird eine Sühne, d. h. Frieden, gestiftet, indem durch jenes Mittel die Friedlosigkeit aufgehoben wird, in die der Rechtsbrecher verfallen war. Wenn man sich berechtigt achtet, das Wort כִּפֶּר im Opferritual mit „sühnen" zu übersetzen, so muß man consequenterweise den Opferact in jedem Falle auf den Gedanken einer am Thiere vollzogenen Strafe zurückführen. Aber wie paßt denn das deutsche Wort zu dem Sprachgebrauche: „eine Person bedecken", und zu dem Umstande, daß diese Wirkung vorzugsweise an Blutsprengung und Verbrennung, nirgends aber ausdrücklich an die Tödtung des Thieres angeknüpft wird? Daß durch die Opferacte die Schuld bedeckt, d. h. gesühnt werde, dieser Gedanke fällt nach unserer Deutung der Formeln bei Sünd- und Schuldopfern weg. Soll es also heißen, durch die Opferacte werde über die Söhne Israels im Ganzen oder über einzelne vom Priester ein Urtheil gesprochen? oder soll es heißen, daß diejenigen, denen das Opfer gilt, in Frieden gesetzt werden? Dem ersten Gedanken entspricht nur gar nicht die deutliche Symbolik der Acte, durch die eine Gabe Gott nahegebracht wird; der zweite Gedanke würde voraussetzen, daß die Israeliten, indem sie für sich opfern lassen, außer dem Frieden mit Jehova sich befinden, während gerade die entgegengesetzte Voraussetzung, nämlich der Bestand des Bundes, die gesetzlichen Opfer bedingt, und während bei eingetretener Bundbrüchigkeit regelmäßig gar kein Opfer gilt. Und auch in den Fällen der Bundbrüchigkeit, also der Friedlosigkeit, bei denen es gelang, durch Opfer den Zorn Gottes zu beschwichtigen, haben dieselben notorisch nicht den Charakter einer Strafbuße, sondern den Sinn, daß durch sie der erneuerte Bundeswille der Abgefallenen geltend gemacht wurde (siehe oben S. 483.). Sie unterscheiden sich aber von den gesetzlichen Opfern dadurch, daß jene ohne sichere Aussicht auf den gewünschten Erfolg ausgeführt werden, während derselbe diesen durch ihre Begründung auf die wirksame Bundesgnade Gottes von vornherein gewährleistet ist. Da also die Voraussetzungen, unter denen das כַּפֵּר צָלַיר die Wirkung der gesetzlichen Opfer bezeichnet, von den Voraussetzungen des Begriffs „sühnen" so gründlich abweichen, so kann es nur Verwirrung stiften, wenn man das Wort als regelmäßige Uebersetzung jenes Ausdrucks gebraucht.

Zum Zwecke der Ermittelung des Sinnes der Formel müssen aber noch einige Punkte in Erinnerung gebracht werden. Als das Subject des „Bedeckens" durch die Opferhandlungen wird immer der Priester bezeichnet. Es ist eine charakteristische Ungenauigkeit, wenn Kurtz[1]) sagt: „Als das Subject, von welchem das Bedecken im Opfercultus ausgeht, erscheint immer Gott oder dessen Diener und Stellvertreter, der Priester." Die erstere Behauptung ist nicht richtig, und die gleichgeltende Bezeichnung des Priesters als Dieners und Stellvertreters Gottes ist nur aus einer Verwirrung der verschiedenartigen Functionen der Priester zu erklären. Diener Gottes ist der Aharonitische Priester, aber Stellvertreter — der Menschen Gott gegenüber, wenigstens gerade in den Opferhandlungen[2]). Denn indem das ganze israelitische Volk als Königreich von Priestern prädicirt ist, so hat das besondere Priesterthum der Aharoniten nicht den Sinn, jenes Prädicat des ganzen Volkes aufzuheben oder unwahr zu machen, sondern den Sinn, das Volk oder den einzelnen Laien in der Ausübung des Cultus zu vertreten. Indirect durch die Handlungen der Aharoniten wird also immer das Priesterrecht des ganzen Volkes und der Einzelnen, Gott zu nahen, verwirklicht. Die besondere Erwählung der Aharoniten durch Gott zur Ausübung des Cultus und ihre sogleich zur Erwägung zu bringende amtliche Vollmacht gegenüber den Israeliten und ihren Gaben zieht die Aharonitischen Priester nicht auf die Seite Gottes, sondern begründet blos die Ausschließlichkeit ihres Handelns in Hinsicht der für Gott durch den Einzelnen oder durch die Gesammtheit bestimmten Gaben[3]). An jenem Privi-

---

[1]) A. a. O. S. 50.

[2]) Das Segnen des Volkes im Auftrage Gottes (3 Mos. 9, 22 f.; 4 Mos. 6, 22 f.) und der Unterricht im Gesetz, sowie die richterliche Gewalt, die den Priestern übertragen sind, stehen in Abhängigkeit von ihrem Hauptberufe.

[3]) Ich muß gestehen, daß es mir unverständlich ist, was Hofmann a. a. O. S. 286. schreibt: „Der Priester war von Gott gegeben, nicht daß er die Stelle der Gemeinde oder des einzelnen Gemeindegliedes vertrat, — denn die Gemeinde ist es ja, welche darbringt, oder der Einzelne — sondern damit, was sonst nur Aeußerung und Bethätigung menschlicher Frömmigkeit wäre, insofern

legium nehmen freilich auch die zum Dienſte des Zeltes der Zuſam=
menkunft angeſtellten Leviten Theil. Der Hohepriefter als das Haupt
der Opfernden hat dasjenige Maaß von Heiligkeit, daß er alle Fehler,
welche unabſichtlich an den Gaben haften, wegnimmt und durch das
Privilegium ſeiner Perſon ihre Wohlgefälligkeit für Gott ergänzt
(2 Moſ. 28, 38.). Dieſelbe Beſtimmung, die Fehler des Geheiligten
(מִקְדָּשׁ) wegzunehmen, wird nun 4 Moſ. 18, 1. von Aharon auf
ſeine Söhne, ja ſogar auf das Haus ſeines Vaters, d. h. ſämmtliche
Leviten, ausgedehnt; indem dieſe an der Stelle ſämmtlicher Israeliten
die Dienſte am Zelte der Zuſammenkunft ausſchließlich üben, ſind ſie
befähigt, die Verfehlung jener wegzunehmen (V. 22. 23.), d. h. wohl
diejenige, welche an deren Gaben haften würde. Natürlich iſt dieſe
Wirkung nach den abgeſtuften Würden verſchieden. Die Leviten üben
ſie nur, ſofern ſie unmittelbar im Dienſte am Heiligthum thätig ſind,
der Hohepriefter aber ſchon, ſofern er überhaupt da iſt und das
Goldblech mit der Inſchrift „Heilig Jehova“ an der Kopfbedeckung
trägt. Insbeſondere aber erſtreckt ſich die gleichartige Wirkung der
Prieſter auch auf die perſönlichen Verfehlungen der Israeliten, ſofern
unter den Acten des Laienſündopfers die daran ſich knüpfende Mahl=
zeit der Prieſter an dem heiligen Ort ausdrücklich ihre ·Beſtim=
mung darin findet, daß die Prieſter die Verfehlung der Gemeinde
wegnehmen (3 Moſ. 10, 17.). Es iſt nicht die beſondere Eigenſchaft
des Speiſeobjectes, noch des Actes an ſich der Grund des Prädi=
cates; ſondern die einſetzungsmäßige Befähigung des Prieſters zu
dieſer Wirkung bethätigt ſich in dieſem beſonderen Acte des
Laienſündopfers. Hingegen was nun die etwa vorkommenden Ver=
fehlungen im Prieſterdienſt ſelbſt betrifft, ſo finden die Prieſter ihre
ſpecifiſche Ergänzung nicht etwa am Hohenprieſter oder gar an einem
Vertreter außer und über ihrem Stande, ſondern nach 4 Moſ. 18, 1.
nehmen Aharon und ſeine Söhne mit ihm die Verfehlung ihres
Prieſterthums ſelbſt weg, namentlich wohl durch das Sündopfer,
welches der Prieſter für ſeine eigene Vergehung darzubringen hat
(3 Moſ. 4, 3 f.). Dieſes gewährleiſtet die Abgeſchloſſenheit des
Prieſterſtandes, indem derſelbe ausſchließlich zur Ausübung des öf=
fentlichen Cultus des Volkes erwählt und berufen war.

Gottes eigene Leiſtung ward, als er nun das Opfer durch Anordnung
und den Mittler ſeiner Darbringung durch Erkürung ſelbſt beſtellt hatte. Aber
nur in dem Sinne und Maaße war das gemeinliche Opfer Gottes eigene
Leiſtung, in welchem Israel die Gemeinde Gottes war.“

Jene Ergänzung der etwa vorhandenen Fehler der Opfergaben durch die besondere Heiligkeit des Hohenpriesters hat die Bestimmung, die Geber selbst, in Beziehung auf ihre Absicht zu opfern, Gott wohlgefällig zu machen (2 Mos. 28, 38.), wie andererseits diese Forderung an die Gaben dann nicht erfüllt wird, wenn dieselben aus der Hand eines Volksfremden kommen (3 Mos. 22, 25.). Nun wird im Gesetz über das Brandopfer die bei allen übrigen Opfern sich findende Verordnung, daß der Geber oder die Aeltesten als Vertreter der Gemeinde dem Opferthier die Hände auflegen sollen, eigenthümlich erklärt, 3 Mos. 1, 4: „Er stütze seine Hand auf das Haupt des Brandopfers, und es ist wohlgefällig für ihn (vor Gott) zu dem Zweck, ihn zu bedecken." · Hieraus folgt, daß diese allgemeine Wirkung der Opfer von ihrer Wohlgefälligkeit vor Gott in Beziehung auf den Darbringer abhängt. Der symbolische Act der Handauflegung selbst kann aber den Umständen gemäß keinen anderen Sinn haben, als daß die Bedingungen, unter welchen der Geber, und die, unter denen die Gabe Gott gefallen, für die folgenden Handlungen des Priesters zusammengefaßt werden sollen, damit durch sie die erstrebte Wirkung der „Bedeckung" der Person hervorgebracht werde. Die Gabe ist wohlgefällig, sofern sie den Vorschriften über Art, Geschlecht, Alter, Vollkommenheit des Opferthieres entspricht, und sofern sie Eigenthum des Israeliten ist. Der Geber ist auch bei etwa unbemerkten Fehlern des Opferthiers wohlgefällig durch die Garantie, welche der Hohepriester leistet, unter dessen amtlicher Auctorität jede Opferhandlung vor sich geht. Diese in den Vorbereitungen liegenden Voraussetzungen zum Opfer werden nun für den concreten Fall zusammengefaßt durch die Stützung der Hände auf das Haupt des Opferthieres, und nur unter dieser Bedingung haben die Handlungen des Priesters eine Beziehung und die bezeichnete Wirkung für die bestimmte Person.

Der Sinn dieser Wirkung כִּפֶּר עָלָיו beim Opfer überhaupt schließt also, da nur für die Sünd- und die Schuldopfer die weitere Wirkung der göttlichen Vergebung daran geknüpft ist, eine Beziehung auf Sünde der Person nicht ein. Unsere bisher angestellten Untersuchungen, die den Gebrauch jener Formel in den Gesetzen über die Opfer verfolgt haben, haben jedoch durchaus keine directe Spur ihres Sinnes ermittelt. Es ist aber auch begreiflich, daß gerade die Gesetzgebung den vollständigen Sinn der Formel als bekannt voraussetzt und nicht absichtlich auf dessen Erklärung ausgehen wird. Zeigte

es sich doch), daß für die bei jedem Opfer vorgeschriebene Auflegung
der Hände auf das Opferthier nur aus der unvollständigen An=
spielung im Gesetz über das Brandopfer der Schlüssel gefunden
wurde. Also wird es von vornherein gar keinen Einwand begründen,
wenn uns ein geschichtlicher Abschnitt auf die Beziehung der Formel
aufmerksam macht. Zuvörderst wird die Formel vervollständigt zu
dem Ausdrucke: לְכַפֵּר עֲלֵיהֶם לִפְנֵי יְהוָה „sie bedecken vor dem An=
gesichte Gottes" (3 Mos. 5, 26.; 10, 17.; 15, 15. 30.; 19, 22.;
4 Mos. 15, 28.). Damit ist gewiß nicht blos die örtliche Beziehung
der das Bedecken ausführenden Opferhandlungen auf das Heiligthum,
sondern die nächste innere Zweckbeziehung der auf die Personen
übergehenden Handlungen des Priesters ausgedrückt, von welcher bei
den Sünd= und Schuldopfern erst der Zweck der Vergebung abhängt.
So wenig nun im Allgemeinen durch die Opferhandlungen die Sünde
der Personen vor dem Blicke Gottes bedeckt, d. h. verborgen werden
soll, ebenso wenig kann es darauf ankommen, was dem Wortlaut
wenigstens entsprechen würde, daß die Personen dem Blicke und der
Beachtung Gottes durch die fragliche Bedeckung entzogen werden.
Vielmehr schließt die unverkennbare Tendenz der Opfer etwas Ent=
gegengesetztes in sich, nämlich, daß durch alle die vorgeschriebenen
Mittel der Opfernde gerade das Angesicht Gottes sucht und ihm
entgegengeführt zu werden beabsichtigt. Es wird also nur eine solche
Verbergung der Personen vor Gott durch die Opferhandlungen ge=
meint sein, welche zugleich als Mittel der Vergegenwärtigung der
Personen vor Gott verstanden werden muß. Nun heißt in dem Ab=
schnitt 4 Mos. 31, 48—54. das von den Midianitern erbeutete Ge=
schmeide nicht nur einerseits „Opfer", „um zu bedecken unsere Seelen
vor dem Angesicht Gottes" (V. 50.), sondern andererseits, indem es
zu dem Zelte der Zusammenkunft gebracht und dort vor dem Altäre
gehoben war (V. 52.) זִכָּרוֹן לִבְנֵי־יִשְׂרָאֵל לִפְנֵי יְהוָה (V. 54.). Das
ist nun dieselbe Formel, welche uns in dem Gesetz über die Kopf=
steuer (2 Mos. 30, 16.) begegnet ist und uns die Erklärung dazu bot,
warum der halbe Sekel כֹּפֶר hieß, und bestimmt war לְכַפֵּר עַל־נַפְשֹׁתֵיכֶם
(s. ob. S. 229.). Wenn nun die Abzweckung der durch die
Opfer bewirkten Bedeckung der Israeliten vor dem Angesicht Gottes
eine auf dieselben bezogene Erinnerung für Gott in sich schließt, so
ist dadurch der Maaßstab an die Hand gegeben, nach welchem die
Opfergabe überhaupt dazu dient, die Menschen vor Gott zu ver=
bergen und sie doch für Gott in Erinnerung zu bringen oder zu

vergegenwärtigen. Die Opfergabe nämlich vertritt den Opfernden[1]), oder, genauer geſagt, die Handlungen, durch welche die Opfergabe Gott nahegebracht wird, vertreten den Opfernden vor dem Angeſichte Gottes, indem ſie direct den=ſelben nicht erſcheinen laſſen, ſondern ihn hinter die Opfergabe ſtellen, aber indem ſie ihn zugleich indirect durch die Opfergabe ſo er=ſcheinen laſſen, wie dieſe ſelbſt iſt, nämlich als wohlgefällig vor Gott. Dieſes Maaß der Wohlgefälligkeit des Opfernden verhält ſich zu derjenigen, welche durch die dem Opfer vorhergehende Auflegung der Hände auf das Thier ausgedrückt iſt, wie die volle Verwirklichung zu der abſichtlichen Dispoſition. Gemäß der Wohlgefälligkeit nun, welche durch die vorgeſchriebenen Handlungen des beſonders qualifi=cirten Prieſters und durch die Aneignung der wohlgefälligen Gabe an Gott vermittelt iſt, iſt es bei den Sünd= und Schuldopfern (3 Moſ. 4, 31.) begründet, daß die durch Vergehungen aus Ver=ſehen veranlaßte Repräſentation des Menſchen vor Gott deſſen Ver=gebung im Gefolge hat, während bei allen übrigen allgemeinen oder Privat=Opfern dieſe Rückſicht wegfällt. Wenn alſo ein einfacher Ausdruck für die Formel geſucht werden ſoll, ſo würde ſich „repra=ſentiren" am beſten eignen. Der Prieſter, indem er Leben und Subſtanz der Gabe Gott aneignet, repräſentirt den Geber vor Gott, der nach den Cultusordnungen nicht ſelbſt Gott nahen, nicht ſelbſt ſich Gott präſentiren darf. Wenn aber der beſondere Erfolg der Sün=denvergebung für Vergehungen aus Verſehen an die Repräſentirung durch die prieſterlichen Handlungen geknüpft iſt, ſo iſt nicht der Stoff an ſich, der Gott zugeeignet wird, ſondern die allgemeine Verordnung dieſer Opfer zu dem beſtimmten Zwecke durch den mit ſeiner Heiligkeit und Gnade dem Volke zugewandten Gott der Grund jenes Erfolges.

Eine eigenthümlich werthvolle Beſtätigung dieſer Deutung ge=währt die 4 Moſ. 8, 18. 19· ausgeſprochene Beſtimmung der Le=viten für die Iſraeliten. „Ich nahm die Leviten anſtatt alles Erſt=geborenen unter den Söhnen Iſraels. Und ich gab die Leviten als Geſchenkte dem Aharon und ſeinen Söhnen aus der Mitte der Söhne Iſraels, um den Dienſt der Söhne Iſraels zu leiſten am Zelte der

---

[1]) So weit kommt auch Oehler a. a. O. S. 632. 647., nach dem richtig aufgefaßten allgemeinen Eindruck der geſetzmäßigen Opferhandlungen, der nur durch unſere Erklärung der Formel zur Vollſtändigkeit und Deutlichkeit erhoben wird.

Zuſammenkunft und um die Söhne Iſraels zu bededen, damit
nicht werde unter den Söhnen Iſraels eine Plage in dem Hinzutreten
der Söhne Iſraels zum Heiligthum." Da Opferhandlungen den
Leviten nicht zuſtehen, ſo wäre dieſe Aeußerung vollkommen unver=
ſtändlich, wenn man, wie es durchgängig geſchieht, den fraglichen Aus=
druck von der Bedeutung der Blutſprengung aus und mit Beziehung
auf Verſündigungen der Menſchen erklärt. Auch zu dem letzteren
Gedanken bietet die Stelle keinen Anlaß, da die Iſraeliten nicht wegen
ſpecifiſcher Unreinheit vom Heiligthum fern gehalten werden. Son=
dern, indem die Privilegirung der Leviten ausgeſprochen wird, wird
durch den letzten Zweckſatz angedeutet, daß ſie und die derſelben ent=
ſprechende Ausſchließung der Iſraeliten von directer Ausübung einer
Cultushandlung ein ſolches Grundgeſetz des Bundes iſt, auf deſſen
Uebertretung der göttliche Zorn ſteht (vgl. 4 Moſ. 18, 22.). Wenn
aber nun die untergeordneten Dienſtleiſtungen der Leviten am Heilig=
thum, die immer auch den Charakter von Cultushandlungen tragen
und deswegen zur Ergänzung der Mängel der Gaben der Iſraeliten
gereichen (4 Moſ. 18, 23.; ſ. ob. S. 486.), zur Bededung der Iſrae=
liten wirkſam ſind, ſo folgt auch aus der Vertauſchung der Erſtge=
borenen mit den Leviten deutlich, daß mit dem Ausdrucke nur ge=
meint iſt, daß die, welche die Stelle der Iſraeliten vertreten, in ihrer
eigenthümlichen Thätigkeit dieſelben repräſentiren. Unter dieſer Be=
dingung, aber eben auch nur unter ihr, wird dem iſraelitiſchen Volk
ſein Charakter als Prieſtervolk durch die Privilegirung der Leviten
und der Aharoniten erhalten.

Eine charakteriſtiſche Anwendung findet die Formel auf den
Werth und die Bedeutung der Gewaltthat des Pinchas (4 Moſ. 25, 6 f.).
Die Theilnahme der Iſraeliten an moabitiſchem Götzendienſt und
Unzucht hatte als ſpecifiſcher Bundesbruch den Zorn Gottes erweckt,
und eine Peſt wüthete im Volk. Dieſes Verhängniß wehrt nun
Pinchas ab, indem er den geſteigerten Frevel des Simri durch Mord
rächt. Dafür empfängt er die göttliche Verheißung, daß das Prieſter=
thum in ſeinem Geſchlechte Beſtand behalten werde (V. 13.), weil
er "für ſeinen Gott eiferte und die Söhne Iſraels bededte". In
dem vorliegenden Falle handelt es ſich überhaupt nicht um ein Opfer,
oder man müßte widerſinnigerweiſe an ein Menſchenopfer denken.
Ebenſo wenig liegt in den Worten der Gedanke, daß durch die Strafe
des Hauptfrevlers auch die allgemeine Schuld der Iſraeliten bededt
und unwirkſam gemacht, alſo geſühnt worden wäre. Wenn dieſer

Gedanke beabsichtigt war, warum wurde er nicht in den Worten ausgedrückt, mit welchen Mose in einem gleichen Falle von Bundbrüchigkeit des Volkes den Zweck der von ihm eingelegten Fürbitte bezeichnet: „vielleicht werde ich bedecken eure Sünden" (2 Mos. 32, 30.)? Aber die anders gemeinte Wirkung der That des Pinchas wird ja auch gar nicht an den materiellen Act der Ermordung als an die Vollziehung der Strafe, sondern an die Gesinnung und an die Form seiner Handlung angeknüpft, daß er „für seinen Gott geeifert" hatte. Wenn wir alle ähnlichen Fälle von Intercession zur Abwehr göttlichen Zornes beachten, so ist, wie schon gesagt, immer ein charakteristischer Act der Bundestreue Eines hervorragenden Repräsentanten des Volkes dazu wirksam. Und was in dieser Hinsicht der Eine thut, wird der Gesammtheit angerechnet oder zu Gute gehalten. Wie also Aharon in einem anderen Falle die Plage abwehrte, indem er durch ein außerordentliches Rauchopfer die Bundestreue bewährte und dadurch „das Volk bedeckte", d. h. vertrat (4 Mos. 17, 12.), so liegt der Werth der Gewaltthat des Pinchas darin, daß sein bundesmäßiger Eifer die Söhne Israels als gleichgesinnt repräsentirte und Gott zur Zurückziehung des Zornes und zur Zuwendung der Bundesgnade bewog [1]).

Indem כִּפֶּר sein Object an den Geräthen des heiligen Zeltes, insbesondere an den beiden Altären und an der Kapporeth findet, wird es entweder mit עַל oder mit אֵת construirt. Es wird so ein Ritus bezeichnet, der bei der Einweihung der Priester (2 Mos. 29, 35. 36.; 3 Mos. 8, 15.), in umfassenderer Weise am Jom hakkippurim vorkommt (2 Mos. 30, 10.; 3 Mos. 16, 16. 18. 19. 20. 33.), und den Ezechiel (43, 20. 26.; 45, 19. 20.) für die Herstellung des Heiligthums in Aussicht nimmt. Gleichartig damit ist das Verfahren mit dem aussätzigen Hause (3 Mos. 14, 52. 53.). Die Bedeckung oder Bestreichung jener Gegenstände mit Opferblut ist ein von den specifischen Sündopfern abhängiger Ritus. Der Grund dazu ist die Anschauung, daß die der Sündopfer bedürftigen Vergehungen und Unreinigkeiten der Israeliten jene Symbole der Gegenwart Gottes

---

[1]) Unerklärt bleibt durch diese Nachweisung des Sinnes der Formel die Stelle 3 Mos. 16, 10., daß der dem Asasel bestimmte Bock lebendig vor Gott gestellt werden soll, „um ihn zu bedecken, ihn zu senden zu Asasel in die Wüste". Aber auch andere Erklärungsversuche haben keinen deutlichen und befriedigenden Sinn ergeben, und es wird nichts Anderes übrig bleiben, als die Formel an jener Stelle für ein Glossem zu achten.

befleckt haben (3 Mos. 16, 16. 19.; Ezech. 45, 20.). Deshalb ist
der innere Werth der Handlung, welche jene Geräthe mit Blut bedeckt, die Entsündigung derselben (חטא, 2 Mos. 29, 36.; Ezech.
43, 20., vgl. 3 Mos. 14, 52.) oder die Reinigung und Heiligung
(3 Mos. 16, 19.). Man braucht in denjenigen Stellen, welche dieses
Verfahren ausführlich beschreiben und deuten, von dem ursprünglichen
sachlichen Sinn des hebräischen Wortes nicht abzugehen. Wenn aber
das Verhältniß des inneren Werthes zu der äußeren Handlung verstanden werden soll, so kann man doch nur im engsten Anschluß an
die rituelle Bedeutung des „Bedeckens" für die Personen den Sinn
gewinnen, daß die Bedeckung der verunreinigten Geräthe durch das
wohlgefällige, das reine Leben in sich tragende Blut des Opferthiers
dieselben vor Gott selbst als rein und wohlgefällig darstellt. Es
handelt sich also auch hier um Repräsentation in dem Sinne, daß
das Mittel, welches den Gegenstand bedeckt und versteckt, ihn zugleich
in dem Charakter vor Gott erscheinen läßt, der dem Mittel beiwohnt.

Die gegebene Deutung der Formel entspricht sowohl der übrigens deutlich erkennbaren Tendenz der Opfergesetzgebung, als auch
dem Verhältnisse zwischen der Priesterfamilie und dem dienstleisten-
den Stamm einerseits und der priesterlichen Bestimmung der Israeliten andererseits. Wie nun die letztere überhaupt auf der Erwählung
des Volkes und auf der Erhaltung der göttlichen Gnade für dasselbe
beruht, so ist die Gnadengegenwart Gottes (2 Mos. 34, 6. 7.) der
eigentliche Grund für alle heilsmäßige Wirkung der Priester durch
die ihnen übertragenen Opferhandlungen. Darauf beruht es, daß
Gott durch die Opferhandlungen den einzelnen Israeliten oder das
ganze Volk vor sich vertreten oder sich nahebringen läßt; die göttliche
Gnade ist demnach auch der einzige zureichende Grund, welcher an
die normale Verrichtung der Sündopfer die Vergebung derjenigen
Sünden geknüpft sein läßt, welche überhaupt zu einer Vergebung
fähig sind. Also bei dem jährlichen Sündopfer für das ganze Volk
begründet die Gegenwart Gottes im Heiligthume, insbesondere auf
der Kapporeth, bis an welche durch die Blutsprengung die Gabe
gebracht wird, unter dieser Bedingung die Vergebung aller Vergehungen aus Versehen, die im Volke begangen waren.

IV.

Wenden wir uns nun zu den Aussagen über das Opfer Christi
im Neuen Testament zurück, so sind die wörtlichen Anspielungen auf

die allgemeine alttestamentliche Formel für die Wirkung der Opfer
sehr sparsam. Da das כֶּפֶּר עָלָיו von den LXX mit ἱλάσκεσθαι περὶ
αὐτοῦ wiedergegeben wird, und für die Sündopfer noch περὶ τῆς
ἁμαρτίας und dergl. hinzugesetzt wird, so ist eine formale Congruenz
mit dem Sprachgebrauch im Alten Testament nur in der zweimaligen
Bezeichnung Christi 1 Joh. 2, 2.; 4, 10. als ἱλασμὸς περὶ τῶν
ἁμαρτιῶν ἡμῶν καὶ ὅλου τοῦ κόσμου zu finden. Die active, aber
sachliche Form des Nomen läßt sich nur auf die Anschauung des
Opfers, nicht auf die des Priesters, zurückführen und bezeichnet
dasselbe als Mittel der Wirkung des ἱλάσκεσθαι, dessen Object nicht
angegeben ist, aber aus der Angabe über die Sünden leicht ergänzt
werden kann. Christus ist also hier als Sündopfer für die ganze
Welt bezeichnet, durch dessen Darbringung die ganze Welt auf Anlaß
ihrer Sünden vor·Gott vertreten worden ist, so daß die Vergebung
der Sünden erfolgte. Wenn aber gefragt wird, ob Johannes sich
des·bestimmten Grundes bewußt ist, dem gemäß die Vertretung der
Welt durch das Opfer Christi diesen Erfolg gehabt hat, so ist derselbe sehr leicht und einfach aus 1, 9. zu ergänzen. Denn wenn unter
der Bedingung unseres Sündenbekenntnisses Gott die Sünden vergiebt, weil er πιστός ἐστι καὶ δίκαιος, so wird dieselbe צֶדֶק וֶאֱמֶת
auch als der Grund der durch Christi Opfer bedingten Sündenvergebung für die Welt vorausgesetzt sein. Die Gerechtigkeit Gottes
aber ist im Sinne des Alten Testaments nicht das Gegentheil der
Gnade, sondern diese ist wesentlich die Bethätigung der Gerechtigkeit
Gottes, weil dieselbe ihren Zweck in dem Heile der Menschen hat [1]).
Wenn also nach 2 Mos. 34, 6. 7. Gottes חֶסֶד וֶאֱמֶת als Grund
auch der an die gesetzlichen Opfer geknüpften heilsamen Folgen zu
denken ist, so begründet Johannes in der correctesten Weise seine
Aussage über das Opfer Christi auf die richtig verstandene Oekonomie
des gesetzlichen Sündopfers im Alten Testament [2]).

Außerdem lehnt sich an die Formel für die Wirkung der Opfer
im Alten Testament nur noch Hebr. 2, 17., Christus sei geworden
πιστὸς ἀρχιερεὺς τὰ πρὸς τὸν θεὸν εἰς τὸ ἱλάσκεσθαι τὰς ἁμαρτίας
τοῦ λαοῦ. Auch diese Formel nimmt auf das Vorbild des jährlichen
allgemeinen Sündopfers Rücksicht; sie bezeichnet ferner ganz correct·

---

[1]) Vgl. Diestel, die Idee der Gerechtigkeit im Alten Testament. In diesen
Jahrbüchern V. (1860), H. 2. S. 181. 185.

[2]) Ob das·wohl einem Heidenchristen des zweiten Jahrhunderts zuzutrauen ist?

den Hohenprieſter als den Vertreter des Volkes, Gott gegenüber (5, 1.) und das ἱλάσκεσθαι als Wirkung des Hohenprieſters, deren Mittel freilich nicht angegeben werden. Natürlich ſind dieſelben leicht zu er= gänzen als die Handlungen, die er mit ſich als dem Opfer vornimmt. Hingegen als das Object der Wirkung des Hohenprieſters iſt nicht das mit Sündenvergebung zu begabende Volk bezeichnet, ſondern deſſen Sünden ſelbſt. Dieſe Ungenauigkeit iſt wahrſcheinlich daher zu erklären, daß der Sprachgebrauch in den prophetiſchen Büchern und den Pſalmen mit dem zum Opferritual gehörenden in der Er= innerung des Schriftſtellers zuſammengefloſſen iſt. Die Bürgſchaft für die von Sünden reinigende Wirkung der Opferhandlungen des Hohenprieſters Chriſtus (1, 3.; 9, 14.; 10, 2.) leiſtet für das Ver= ſtändniß des Verfaſſers einmal die göttliche Inſtallation Chriſti zu dieſer Würde (5, 5. 6. 10.), dann aber die Realiſirung des auf Sündenvergebung gegründeten neuen Bundes (7, 22.; 8, 6—12.; 10, 16. 17.) durch den Hohenprieſter nach der Art Melchiſedek's, deſſen Opfer ſowohl dem Vorbilde des geſetzlichen allgemeinen Sünd= opfers als dem des Bundesopfers entſpricht. Und daß nur die Gnade Gottes der Grund des Vortheils iſt, den nach göttlicher Abſicht Alle aus dem Opfertode Chriſti gewinnen ſollen, iſt deutlich genüg geſagt (2, 9., vgl. 4, 16.).

Nach dieſen Beobachtungen wird es unternommen werden können, den Ausſpruch des Paulus Röm. 3, 25. 26. vollſtändig zu erklären. Indem feſtgeſtellt iſt, daß Chriſtus hier direct als der Träger der göttlichen Gnadengegenwart und nur indirect als Opfer bezeichnet iſt, ferner, daß die Erweiſung der göttlichen Gerechtigkeit in der Gerecht= ſprechung der an Jeſus Glaubenden als Zweck jenes Hauptattributes Chriſti, nicht aber als Zweck ſeiner Stellung als Opfer gedacht iſt (ſ. ob. S. 478.), ſo drückt Paulus nichts von dem Gedanken aus, daß die göttliche Strafgerechtigkeit ſich in dem Opfertode Jeſu be= thätigt habe. Denn, wie geſagt, der altteſtamentliche Grundbegriff der Gerechtigkeit Gottes ſteht in vorherrſchender Beziehung auf das Heil der Menſchen, iſt demnach der Gnade nicht entgegengeſetzt, ſon= dern ſchließt dieſelbe weſentlich ein. Sofern Gottes gerechtes Gericht zur Vertilgung der Gottloſen gereicht, ſo iſt dieſe Wirkung doch immer nur als Mittel der Durchführung ſeiner Heilszwecke an den Frommen gedacht [1]). Ein mit Einſicht in den Sprachgebrauch des Alten Teſta=

---

[1]) Vgl. Dieſtel a. a. O. S. 187. Im Neuen Teſtament iſt zu vergleichen Apok. 16, 5.; 2 Theſſ. 1, 5 ff.; Apoſtelgeſch. 17, 31.

ments bewaffnetes Auge wird eben auch im Neuen Teſtament nicht
ſogleich einen juriſtiſchen Begriff von der Gerechtigkeit Gottes, als
der vom Frommen wie vom Gottloſen gleich weit entfernten Eigen=
ſchaft, ſondern vor Allem jenen religiöſen Begriff ſuchen. Und in
dem vorliegenden Satze des Paulus müßten ganz beſondere Umſtände
concurriren, wenn, vor der ausgeſprochenen Beziehung der göttlichen
Gerechtigkeit auf den Heilszweck der Gläubigen, noch eine andere ge=
funden werden ſollte, zumal da jener Sinn in allen anderen Stellen
des Neuen Teſtaments, wo das Wort vorkommt, unverkennbar iſt
(Joh. 17, 25.; 1 Joh. 1, 9.; 2 Theſſ. 1, 5.; 2 Tim. 4, 8.; 2 Petr.
1, 1.). Allerdings wird nun aber die Bedeutung der Strafgerechtig=
keit für die vorliegende Stelle dadurch vertheidigt, daß auf den in
die Augen ſpringenden Gegenſatz zwiſchen der Geduld Gottes und
ſeiner Gerechtigkeit und darauf hingewieſen wird, daß, wenn Gott in
einer verfloſſenen Zeit Geduld mit den Sünden geübt haben ſoll, die
jetzt eintretende Gerechtigkeit nur auf die Beſtrafung der Sünden ge=
deutet werden könne. Dieſe Erklärung des Zwiſchenſatzes $\delta\iota\grave{\alpha}$ — $\varkappa\alpha\iota\varrho\tilde{\omega}$
iſt aber weder die einzig mögliche noch die richtige. Feſt ſteht die
Bedeutung von $\pi\acute{\alpha}\varrho\varepsilon\sigma\iota\varsigma$, das Vorbeilaſſen der Sünden. Aber das
iſt nicht blos das Gegentheil von ihrer Beſtrafung, ſondern ebenſo
auch von ihrer Vergebung, und dieſer Geſichtspunkt beherrſcht die
immer hiermit verglichene Stelle Apoſtelgeſch. 17, 30. Ferner be=
deutet $\dot{\alpha}\nu o\chi\acute{\eta}$ nicht die Eigenſchaft der Geduld, ſondern die Thätigkeit
des Geduldübens oder vielmehr das unthätige Ertragen von Ereig=
niſſen. Alſo kann $\dot{\varepsilon}\nu$ $\tau\tilde{\eta}$ $\dot{\alpha}\nu o\chi\tilde{\eta}$ $\tau o\tilde{\upsilon}$ $\vartheta\varepsilon o\tilde{\upsilon}$ nicht den Grund der
$\pi\acute{\alpha}\varrho\varepsilon\sigma\iota\varsigma$ $\tau\tilde{\omega}\nu$ $\dot{\alpha}\mu\alpha\varrho\tau\eta\mu\acute{\alpha}\tau\omega\nu$ bezeichnen, ſondern nur als Zeitbeſtim=
mung zu $\pi\varrho o\gamma\varepsilon\gamma o\nu\acute{o}\tau\omega\nu$ bezogen werden. Dieſe durch Rückert und
Andere vertheidigte Verbindung iſt trotz der örtlichen Getrenntheit der
bezeichneten Worte ganz unbedenklich (vgl. Röm. 8, 18.; 1 Tim.
1, 2.; 1 Petr. 1, 1. 2.; 2 Petr. 1, 1.). Für dieſe Verbindung
ſpricht auch die fernere Zeitbeſtimmung der $\dot{\alpha}\nu o\chi\acute{\eta}$ ſelbſt, $\pi\varrho\grave{o}\varsigma$ $\tau\grave{\eta}\nu$
$\dot{\varepsilon}\nu\delta\varepsilon\iota\xi\iota\nu$ $\tau\tilde{\eta}\varsigma$ $\delta\iota\varkappa\alpha\iota o\sigma\acute{\upsilon}\nu\eta\varsigma$ $\alpha\dot{\upsilon}\tau o\tilde{\upsilon}$ $\dot{\varepsilon}\nu$ $\tau\tilde{\omega}$ $\nu\tilde{\upsilon}\nu$ $\varkappa\alpha\iota\varrho\tilde{\omega}$, dafür ferner der
Genitiv $\tau o\tilde{\upsilon}$ $\vartheta\varepsilon o\tilde{\upsilon}$, während die andere Erklärung, welche $\delta\iota\grave{\alpha}$ $\tau\grave{\eta}\nu$
$\pi\acute{\alpha}\varrho\varepsilon\sigma\iota\nu$ — $\dot{\varepsilon}\nu$ $\tau\tilde{\eta}$ $\dot{\alpha}\nu o\chi\tilde{\eta}$ zuſammenfaßt, nur ein auf das leitende Sub=
ject $\dot{o}$ $\vartheta\varepsilon\acute{o}\varsigma$ zurückgreifendes Pronomen $\alpha\dot{\upsilon}\tau o\tilde{\upsilon}$ fordern könnte. Aber
indem Paulus $\tau o\tilde{\upsilon}$ $\vartheta\varepsilon o\tilde{\upsilon}$ ſetzt, ſtellt er den ganzen Zwiſchenſatz $\delta\iota\grave{\alpha}$
— $\varkappa\alpha\iota\varrho\tilde{\omega}$ aus ſeinem Gedanken und nicht aus Gottes Abſicht heraus
dar. Hieraus ergiebt ſich, daß der Sinn von $\pi\acute{\alpha}\varrho\varepsilon\sigma\iota\varsigma$ ſeine Beſtim=
mung von $\delta\iota\varkappa\alpha\iota o\sigma\acute{\upsilon}\nu\eta$ $\vartheta\varepsilon o\tilde{\upsilon}$ aus empfängt, und daß nicht umgekehrt ver=

fahren werden darf. Indem nämlich Paulus erkennt, daß Gott Christum öffentlich als Träger seiner Bundesgnade dargestellt hat, zu dem Zwecke, um seine Gerechtigkeit wirksam zu erweisen, so ist es ein von Paulus aus eigener Ueberlegung beiläufig angeführter Grund für das angegebene Verhältniß, daß Gott die in der bis jetzt währenden Frist seiner Ertragung, seines Gewährenlassens, begangenen Sünden vorübergelassen hat, ohne von ihnen Notiz zu nehmen. Gewährenlassen und Sünden Vorüberlassen schließt nun freilich an sich ebenso gut die Strafe wie die Vergebung der Sünden aus, und läßt für die Zukunft das Eine wie das Andere erwarten; aber um hierüber für den vorliegenden Fall keinen Zweifel zu lassen, analysirt Paulus den göttlichen Zweck εἰς ἔνδειξιν τῆς δικαιοσύνης durch die Wiederholung εἰς τὸ εἶναι αὐτὸν δίκαιον καὶ δικαιοῦντα τὸν ἐκ πίστεως Ἰησοῦ. Wenn also die Sündenvergebung für die an Jesus Glaubenden der Inhalt der Gerechtigkeitserweisung Gottes ist, die den Zweck der öffentlichen Darstellung Christi als des Trägers der Gnadengegenwart Gottes bildet, und zwar wie er versehen ist mit dem Opferblut als dem Merkmal der Wirksamkeit der göttlichen Gnade zur Vergebung der Sünden, so ist die Gerechtigkeit Gottes nichts Anderes als die Gnade selbst. Wie nun diese Heilsgerechtigkeit Gottes im alten Bunde zum Zwecke des bestimmten Umfanges von Sündenvergebung unter Vermittelung gewisser symbolischer Institutionen wirksam war, so ist sie auch durch Christus zur Sündenvergebung im allgemeineren und tieferen Sinn wirksam, weil in dem Gekreuzigten dieselben Bedingungen zusammentreffen, welche in dem Symbol der Kapporeth und in ihrer Besprengung mit Opferblut stattfanden. So steht der Ausspruch des Paulus, ohne daß er alle Glieder der im Sündopfer zusammentreffenden Merkmale resumirt, namentlich auch ohne daß er etwas der priesterlichen Thätigkeit des Bedeckens Analoges erwähnt, im vollsten Einklang mit der im mosaischen Gesetze gegründeten Deutung der Opfer, indem er die Gnadengerechtigkeit Gottes als den Grund der an den Opfertod des Gekreuzigten geknüpften Sündenvergebung für die Gläubigen hervorhebt.

So wenig also in dem Ritual der gesetzlichen Opfer des Alten Testaments und in der damit verbundenen Deutung derselben eine Spur von dem Gedanken enthalten ist, daß die Handlungen der Priester einen symbolischen Strafact für die Opfernden in sich schließen, so richten sich die bis jetzt behandelten specielleren Anspielungen der Schriftsteller des Neuen Testaments auf den Sündopfercharakter

Chriſti nur auf die Hervorhebung der Gnadengerechtigkeit Gottes, die
den Grund der Wirkung des Sündopfers Chriſti ebenſo bildet, wie
der geſetzlichen Opfer des Alten Teſtaments.   Unter ausdrücklicher
oder ſtillſchweigender Vorausſetzung dieſes wirkenden Grundes wird
alſo durch die Congruenz der Blutvergießung Chriſti und der Hingebung ſeines Lebens an Gott mit dem Ritual des jährlichen allgemeinen Sündopfers für die iſraelitiſche Gemeinde verbürgt, daß die
gleichartige allgemeine Sündenvergebung der Gemeinde der an Chriſtus Glaubenden zu Theil wird.   Unter den dieſem Zwecke dienenden
Bedingungen, welche das Ritual einſchließt, tritt, wie wir geſehen
haben, die repräſentative Bedeutung der Handlungen des Prieſters
für das Verſtändniß des Opfers Chriſti nur ſehr ſchwach hervor.
Dagegen wird auf das Zutreffen einer anderen durch das Opferritual
vorgeſchriebenen Bedingung auf die Perſon Chriſti wiederum bedeutendes Gewicht gelegt.   Es iſt die Fehlloſigkeit der Opfer-
gegenſtände, insbeſondere der Opferthiere.   Dem entſpricht bei
Chriſtus, daß er an ſich keine Erfahrung von der Sünde gemacht hat
(2 Kor. 5, 21.).   Wie nun Paulus hiermit ein directes Merkmal
der Beſtimmung Chriſti zum Sündopfer angeben will (ſ. ob. S. 250.),
ſo dürfte dieſelbe Beziehung für einen Satz des Johannes ange-
ſprochen werden, der bisher noch nicht von uns erwähnt worden iſt:
ἐκεῖνος ἐφανερώϑη, ἵνα τὰς ἁμαρτίας ἡμῶν ἄρῃ · καὶ ἁμαρτία ἐν
αὐτῷ οὐκ ἔστι (1 Joh. 3, 5.).   Wir können nämlich erſt jetzt feſt-
ſtellen, welchen Sinn die angegebene Wirkung Chriſti für unſere
Sünden haben kann.   חֵטְאִים נָשָׂא kann nämlich an ſich ebenſo gut
heißen: Sünden tragen, d. h. ihre Folgen auf ſich nehmen, — als:
Sünden wegnehmen, d. h. ſie unwirkſam machen.   Keines von beiden
iſt ein regelmäßiges Prädicat des Sündopfergegenſtandes [1]).   Dennoch kann die Hervorhebung der Sündloſigkeit Chriſti, durch welche
jene ihm beigelegte Wirkung offenbar begründet wird, nur auf ſeine
Befähigung zum Opfer bezogen werden.   Nun aber ſteht der Gedanke einer Tragung der Sünden durch das Opferthier gänzlich
außerhalb der Tendenz des Opferrituals; daß jedoch durch den Opfer-
gegenſtand Sünden weggenommen werden, das iſt der allgemeine

---

[1]) Der Ausſpruch Hebr. 9, 28: ὁ Χριστὸς ἅπαξ προσενεχϑεὶς εἰς τὸ
πολλῶν ἀνενεγκεῖν ἁμαρτίας — erklärt ſich nicht von dem Opferritual des Geſetzes aus, ſondern, worauf wir ſpäter zurückkommen, aus einer beſonderen Combination.   Vgl. Delitzſch zu d. St.

Gedanke für den Ausdruck der Vergebung, welcher als specifische Folge der Verrichtung der Sündopfer in den Gesetzen über dieselben aufgestellt ist. Indem also die Wegnehmung der Sünden durch Christus ihn als Sündopfer erscheinen läßt, so entspricht die Betonung seiner Sündlosigkeit dem gleichartigen Gedanken des Paulus.

Allein über der Analogie der Reinheit Jesu von eigenen Sünden mit der technischen Fehllosigkeit der Opferthiere wird nicht unbeachtet gelassen, daß das Opfer Christi die gesetzlichen Thieropfer weit über- bietet oder vielmehr seiner Art nach von denselben verschieden ist. Das Leiden am Kreuz und was sonst mit demselben zusammengefaßt wird, um die Vorstellung vom Opfer Christi auszufüllen, ist kein Menschen- opfer im Sinne irgend einer rituellen Institution. Sowie das mo- saische Ritual den Gedanken der Möglichkeit eines solchen Opfergegen- standes ausschließt, so wird sein Gesichtskreis schon dadurch überschrit- ten, daß Christus als Opfer zugleich Priester oder zugleich der Träger der das Opfer annehmenden Gnade Gottes ist (Röm. 5, 15.). Nach heidnischem Gebrauch von Menschenopfern ist aber sein Leiden und Tod nicht zu beurtheilen, sowohl weil den Menschen, die an ihm die Todesstrafe vollzogen, die Absicht eines Opfers völlig fern lag, als weil gerade der heidnische Vertreter der Gewaltübung gegen Christus Zeuge seiner Unschuld ist, während nur solche Menschen zu Opfern im Sinne des Heidenthums bestimmt werden, die als Verbrecher ohnehin den Tod verdient haben. Die christliche Vorstellung von dem Opfer, das in dem Tode Jesu stattgefunden hat, hängt also an der Fehllosigkeit seines Lebens nur unter den zwei Bedingungen, daß die- selbe sittlicher Art ist, und daß mit ihr die Absicht Jesu zusammen- trifft, dieses Leben, der erkannten Fügung Gottes gemäß, zum Vor- theile der Menschen dem Vater auch im Leiden und Sterben hin- zugeben. Demnach ist der im Hebräerbrief explicirte Gedanke von der priesterlichen Function Christi sowohl im Einklang mit den eigenen Aeußerungen Christi, als auch die unumgängliche Bedingung für die vollständige Auffassung der apostolischen Anerkennung Christi als des Opfers zum Besten der ganzen Welt, beziehungsweise der Gläubigen. Der Verfasser des Hebräerbriefes ist es nun auch, welcher in voller Absichtlichkeit den Gegensatz des objectiven Werthes Christi und der Opferthiere an der entgegengesetzten Art der Wirkung der verglichenen Opfer zur Anschauung bringt; aber es ist charakteristisch, daß ihm dies nur gelingt, indem er die Identität des Opfersubjects mit dem Opferobject in der Person Christi ausspricht. Es ist der Satz Cap. 9,

13. 14: *εἰ γὰρ τὸ αἷμα ταύρων καὶ τράγων καὶ σποδὸς δαμάλεως ῥαντίζουσα τοὺς κεκοινωμένους ἁγιάζει πρὸς τὴν τῆς σαρκὸς καθαρότητα, πόσῳ μᾶλλον τὸ αἷμα τοῦ Χριστοῦ, ὃς διὰ πνεύματος αἰωνίου ἑαυτὸν προσήνεγκεν ἄμωμον τῷ θεῷ, καθαριεῖ τὴν συνείδησιν ὑμῶν ἀπὸ νεκρῶν ἔργων εἰς τὸ λατρεύειν θεῷ ζῶντι.* Chriſtus iſt als Opferobject fehllos; daburch iſt ſeine ▪formelle Gleichartigkeit mit den Opferthieren bezeichnet. Aber die Wirkung des Opfers Chriſti er= ſtreckt ſich auf die Reinigung der Gewiſſen von den dem lebendigen Gott zuwiderlaufenden, todten, ſündhaften Werken, während die Wir= kung der geſetzlichen Opfer nur bis zur Reinheit des Fleiſches reicht. Hierin hat der Verfaſſer des Hebräerbriefes den Unterſchied des Sünden= bewußtſeins, welches die moſaiſche Opferinſtitution und deſſen, welches die Stiftung des neuen Bundes begleitet, mehr als vorhanden an= gedeutet, als deutlich und vollſtändig bezeichnet. Denn nach dem Unterſchied des Sündenbewußtſeins allein läßt ſich die Abſtufung der beiderſeitigen Opfer vollſtändig bemeſſen. Nun darf man wohl gewiß ſein, daß der Verfaſſer des Hebräerbriefes gerade für die geſetzlichen Sündopfer eine Berührung der mit unfreiwilliger Sünde (5, 2.) be= laſteten Gewiſſen (10, 2. 3.) nicht ausſchließt. Aber indem er auf ſeinem Standpunkte als Chriſt ihnen keinen anderen eigenthümlichen Erfolg nachſagen kann, als daß durch ſie die Sünden immer wieder in Erinnerung gebracht werden, ſo beſchränkt er ihre wirkliche Wirkung auf diejenige rituelle Reinheit, welche in der Abſicht des ihnen relativ gleichartigen Ritus zur Reinigung derjenigen liegt, welche ſich durch Berührung einer Leiche befleckt haben. Dem Erfolge nach dienen alſo die geſetzlichen Opfer auch nur dazu, die Unreinheit des Leibes zu heben, inſoweit ſolche durch das Geſetz conſtatirt war; der Erfolg des Opfers Chriſti tritt aber für das Sündenbewußtſein ein, welchem entgegenzuwirken jene Opfer vergeblich unternommen wurden. Nun hängt aber die Wirkung des Opfers Chriſti nicht ſowohl ·von ſeiner objectiven Fehlloſigkeit, als vielmehr davon ab, daß er durch ewigen Geiſt ſich ſelbſt dargebracht hat. Das Blut der Thieropfer wirkt eine Heiligung zur Reinheit· des Fleiſches, *διὰ ψυχὴν πρόσκαιρον* — wie wir zur Ausführung der Parallele im Geiſte des Rituals ergänzen dürfen — weit die Seele im Blute iſt, die vergängliche Seele aber auch nur eine Wirkung auf das Fleiſch, als das vergängliche Element am Menſchen, vermitteln kann. Nun heißt es im folgenden Satze nicht, daß das Blut Chriſti die Reinigung der Gewiſſen vermittele *διὰ πνεῦμα αἰώνιον*, wegen des ewigen Geiſtes, der in dem Blute

wäre. Und zwar wird dies deswegen nicht ausgesprochen, sowohl weil dem Geiste keine nähere Beziehung zum Blute vindicirt werden konnte, als auch weil der Werth dieses Opfers in seiner gegenständ= lichen Art nur so beruht, daß die persönliche Freiheit der Selbstdar= bringung mit eingerechnet wird. Christus ist nicht als Sache, sondern als Person Opfer; als solche aber ist er auch Priester; das, was er darbringt, wird also vollständig und eigenthümlich dargestellt, indem gesagt wird, wie er sich dargebracht hat. Deshalb wird die hier vorliegende Aussage gebildet; deshalb wird πνεῦμα αἰώνιον nicht als die Werthbestimmung des Dargebrachten, sondern als die Artbestim= mung des Darbringens seiner selbst eingeführt; deshalb endlich wird auch an anderen Stellen des Briefes (4, 15.; 7, 26. 27.) die Sünd= losigkeit Christi bei der Bezeichnung seiner Hohenpriesterwürde hervor= gehoben. Der vorliegende Ausdruck ist nun weder gleich dem objec= tiven πνεῦμα ἅγιον, wodurch die Person Christi nach ihrer göttlichen Herkunft bezeichnet würde, noch ist er an dieser Stelle blos Angabe des Motives der Selbstdarbringung. Vielmehr ist πνεῦμα Ausdruck für das menschliche Personleben (12, 9. 23.); dieses aber ist in Christus αἰώνιον, weil er vor der Welt von Gott zum Herrn aller Dinge bestimmt ist (1, 2.), und sofern die Erhebung zur Rechten Gottes in diesen Gedanken eingeschlossen ist. Indem aber ferner diese Art seines Personlebens nicht blos das Motiv seiner Selbstdarbrin= gung, sondern den durchgehenden Charakter dieses Handelns bildet, so ist mit Delitzsch u. A. darauf zu halten, daß hiermit auf die sittliche Vermittelung zwischen der Leistung Christi und seiner persönlichen Be= stimmung und Anlage, also auf den Berufsgehorsam hingewiesen ist, den der Verfasser des Hebräerbriefes (5, 8.) als die Bedingung der eigenen Vollendung Christi anerkennt. Der Berufsgehorsam ist ja natürlich der positive Kern der Anschauung von Christi Fehllosig= keit oder Sündlosigkeit; indem aber Christus durch diese Art seines ganzen Lebens sich zum erhabeneren Gegenbild der rituell fehllosen Opferthiere eignet, wie dies der Verfasser 10, 5—10. in Anlehnung an Psalm 40. ausdrücklich erörtert, so ist jene active Function natür= lich vor Allem die Bürgschaft dafür, daß er in richtiger Erkenntniß der Fügung Gottes sich selbst als Opfer bestimmt hat, um die Sei= nigen dadurch zu Gott zu führen.

Die Analyse des Satzes aus dem Briefe an die Hebräer hat auf eine Idee geführt, welche auch bei Paulus den tiefsten Grund für die Vorstellung von dem Opfer Christi bildet. Bevor dieselbe weiter

verfolgt wird, dürfen wir aber eine Ergänzung der Hebr. 9, 14. aus=
gedrückten Anſchauung von dem Werthe des Opfers Chriſti nicht über=
ſehen, welche 1 Petr. 1, 18—21. gefunden werden muß. Denn in=
dem Chriſtus, als das Mittel der Erlöſung aus dem nichtigen Wandel,
mit dem Paſſahopfer verglichen und indem der Werth ſeines Blutes
zunächſt auf ſeine Vergleichbarkeit mit der Fehlloſigkeit des Lammes,
alſo indirect auf ſeine Sündloſigkeit begründet wird, ſo erſtreckt ſich
der Blick des Petrus zugleich auf den Gegenſatz der Perſon Chriſti
gegen Vergängliches, welches wie Gold und Silber Mittel einer Er=
löſung ſein könnte. Nämlich die Unvergänglichkeit Chriſti, als des von
Gott vor Erſchaffung der Welt Vorherbeſtimmten und zu göttlicher
Würde Erhobenen, beſtimmt den Werth ſeines Blutes nachträglich noch
in einer über die Fehlloſigkeit hinausgehenden Weiſe, und giebt den
Geſichtspunkt an, welchem gemäß das Opfer dieſer Perſon die conſtitu=
tive ſittliche Wirkung zur Erlöſung der Gläubigen von dem nichtigen
Lebenswandel haben konnte.

Auch Paulus hat den Gedanken des Gehorſams Chriſti nicht in
directe Verbindung mit der Anſchauung von ſeinem Opfer gebracht.
Aber wie er jenen Gedanken in Uebereinſtimmung mit dem Verfaſſer
des Hebräerbriefes (5, 8.) zur Erklärung der himmliſchen Vollendung
Chriſti verwendet (Phil. 2, 8—11.), ſo bezeichnet er den Gehorſam
Chriſti doch auch als das Mittel für die Rechtfertigung der Vielen: διὰ
τῆς ὑπακοῆς τοῦ ἑνὸς δίκαιοι κατασταθήσονται οἱ πολλοί (Röm. 5,
19.), — nennt ihn alſo in demſelben Verhältniß, in welchem ſonſt
das Opfer Chriſti erwähnt wird. Wie nun aber jener Satz in die
Reihe der Antitheſen zwiſchen dem zweiten und dem erſten Adam
gehört, ſo iſt es nothwendig, aus den vorhergehenden Sätzen die
Ergänzungen für den angeführten Ausſpruch zu ziehen, wenn deſſen
Inhalt vollſtändig erhoben werden ſoll. Der Uebertretung Adam's
ſteht zunächſt nicht der Gehorſam Chriſti gegenüber, ſondern das
Gnadengeſchenk Gottes, welches vermittelt iſt durch die G n a d e des
M e n ſ c h e n Chriſti (V. 15.). Dieſes Gnadengeſchenk aber gereicht
auf Anlaß der vielen Uebertretungen zum Rechtfertigungsurtheil (V. 16.),
oder ſchließt vielmehr daſſelbe in ſich, ſo daß wiederum das göttliche
Rechtfertigungsurtheil direct der Uebertretung Adam's gegenübergeſtellt
und auf die δικαίωσις [1]) aller Menſchen bezogen wird (V. 18.). End=

---

[1]) Δικαίωσις ζωῆς bedeutet die Rechtfertigung, ſofern ſie das Leben (V. 17.)
zur Folge hat.

lich wird der Gehorſam Chriſti zum Zweck der Rechtfertigung dem
der Uebertretung zu Grunde liegenden Ungehorſam Adam's gegenüber⸗
geſtellt (V. 19.). Dieſe Gedankenreihe legt nun die Elemente aus⸗
einander, welche in der von Paulus Röm. 3, 25. 26. vorgezeichneten
Anſchauung ſymboliſch zuſammengefaßt ſind. Der Stellung Chriſti
als ἱλαστήριον entſpricht die χάρις τοῦ ἀνϑρώπου Ἰ. Χρ., dem
αἷμα entſpricht als werthgebender Grund die ὑπακοὴ τοῦ ἑνός, der
geſetzmäßigen Vollziehung des Opfers in dem Sterben Chriſti ent⸗
ſpricht als Erfolg das daran haftende δικαίωμα εἰς πάντας ἀνϑρώ⸗
πους εἰς δικαίωσιν ζωῆς. Jedes Sündopfer erſtrebt ein göttliches
Rechtfertigungsurtheil; aber ſofern daſſelbe als Folge des Opfers an⸗
geeignet wird, ſo iſt doch zu beachten, daß die prieſterlichen Opfer⸗
handlungen nur als Bedingung gelten können, unter welcher die in
der Kapporeth ſymboliſirte Gnade Gottes zu jenem Zwecke wirkſam
iſt. So haftet auch nach der Anſchauung des Paulus das δικαίωμα
an dem χάρισμα, dieſes aber iſt ἡ δωρεὰ ἐν χάριτι τῇ τοῦ ἀνϑρώπου
Ἰ. Χρ. Alſo die Ausſtattung des Menſchen Jeſus mit der göttlichen
Gnade iſt der eigentliche wirkſame Grund des an ihn geknüpften
δικαίωμα, — ein neuer Erkenntnißgrund für unſere Auslegung von
ἱλαστήριον —; die Opferqualität Chriſti iſt nur die Bedingung, an
der die Wirkſamkeit der göttlichen Gnade in Chriſtus zur Rechtferti⸗
gung der Gläubigen gereicht. Die Opferqualität aber, wenn ſie auch
regelmäßig an der Blutvergießung am eigenen Leibe wahrgenommen
wird, hängt doch im tieferen Grunde ſowohl davon ab, daß Chriſtus
freiwillig ſich zum Opfer beſtimmt hat, als davon, daß er von Gott
dazu beſtimmt iſt. Das letztere entſpricht zunächſt dem Umſtande, daß
auch die Opfer im Alten Teſtament nur als von Gott geordnete zweck⸗
mäßig ſind, ferner aber gehört die göttliche Anordnung dazu, damit
die Freiwilligkeit Chriſti nicht als Willkür, ſondern in Congruenz mit
göttlichem Berufe erſcheine. Der die ſittliche Freiheit realiſirende
Gehorſam gegen den von Gott verliehenen Beruf und gegen alle
Conſequenzen deſſelben qualificirt alſo Chriſtus zu dem Opfer; die
Eigenthümlichkeit ſeiner Perſon hingegen, daß er als Menſch Träger
der göttlichen Gnade, als Menſch das Ebenbild Gottes iſt, gewähr⸗
leiſtet, unter der Bedingung ſeines bis in den Tod erprobten Gehor⸗
ſams, die Rechtfertigung der Gläubigen. Indem in dieſer Formel der
Gedanke gefunden iſt, den Paulus in der Stelle des Römerbriefes
ſymboliſch andeutet, ſo ſoll nur beiläufig darauf verwieſen werden,
wie wenig der Gedanke der obedientia passiva von dem der obedien⸗

tia activa getrennt werden kann, oder vielmehr, wie widerspruchsvoll jener Begriff ist, wenn nicht der Gehorsam im Leiden als die höchste sittliche Activität und als die gleichartige Fortsetzung des im Leben erprobten Gehorsams gefaßt wird, welcher in keinem Momente des Conflictes mit den Gegnern ohne Leiden gewesen war. Die Opfer= qualität Christi ist also auf die Wahrheit des Ausspruches begründet: ἐμὸν βρῶμά ἐστιν, ἵνα ποιῶ τὸ θέλημα τοῦ πέμψαντός με καὶ τε= λειώσω αὐτοῦ τὸ ἔργον (Joh. 4, 34., vgl. 10, 17. 18.). Ferner aber handelt es sich bei dem Gehorsam Christi um die Erfüllung seines besonderen von Gott geordneten Berufswerkes, nicht des all= gemeinen sittlichen Gesetzes Gottes; und auch dies ist in charakteristischer Weise durch θέλημα ausgedrückt, welches im Neuen Testament nie das göttliche Gesetz, sondern die göttliche Regel des Handelns bezeich= net, in welcher die allgemeine Norm· mit dem besonderen Beruf und gelegentlich mit der Anwendung auf den einzelnen Fall der Pflicht zusammengefaßt ist. Diese Seite der Sache zu verfolgen, würde aber in die dogmatische Construction der Lehre vom Werke Christi gehören, welche an dem oben formulirten Gedanken des Paulus auch die straffste Zusammenfassung ihres Thema's gewinnt. Denn der Verfasser des Hebräerbriefes, obgleich er seinerseits die Doppelseitigkeit der Mittler= stellung Christi klar und deutlich anerkennt, indem er ihn den ἀπό= στολος καὶ ἀρχιερεὺς τῆς ὁμολογίας ἡμῶν (der unseren Glauben und dessen Bekenntniß begründet) nennt (3, 1.), faßt beides doch nicht so eng zusammen wie Paulus. Die Vertretung Gottes den Menschen gegenüber wird durch den ersten Titel nur auf das Reden Christi be= zogen, nicht aber in die Anschauung des Opfermomentes eingeschlossen; vielmehr findet Christus als Priester und als Opfer Gott selbst nur sich gegenüber im Himmel; und deshalb reicht die Anschauung vom Opfer Christi im Briefe an die Hebräer in demselben Maaße in das übergeschichtliche Gebiet hinein, als die Anschauung von Christus als Offenbarer Gottes hinter dem höchsten möglichen Ausdruck, den Paulus erreicht hat, zurückbleibt. Die unüberlegte Voraussetzung aber, als ob jede Gedankenreihe eines Schriftstellers im Neuen Testament zur Dog= matisirung fähig sei, mit welcher also Manche auch der im Hebräer= brief entwickelten Anschauung vom Opfer Christi nahe treten, findet ihr Gericht schon darin, daß man eine Entscheidung darüber sucht, ob Jesus sein Blut in den Händen oder in den Adern seines verklärten Leibes vor Gott gebracht habe! Eine solche Entscheidung aber gefunden zu haben, wie es natürlich nur außerhalb des bestimmten Gebietes der heiligen Schrift möglich iſt, wird man ſich nur auf dem Grunde einer ſich überhebenden ratio zutrauen.

Für die hiſtoriſche, bibliſch = theologiſche Abgrenzung der Vorſtel= lungen vom Opfer Chriſti iſt nur noch Ein Punkt übrig, die Nach= weiſung der Art der Sünde, für welche die Vergebung in jenem Opfer gewiß iſt. In dieſer Hinſicht ergiebt ſich nun, daß die Wir= kung des Opfers Chriſti von den Apoſteln durchgängig auf die **Mehr= heit der einzelnen Verfehlungen** oder Uebertretungen, nie= mals aber auf einen ſolchen Ausdruck der Sünde bezogen wird, dem gemäß dieſelbe als eine formale Einheit erſchiene. Die früher ſchon nach den Hauptbegriffen der Opferwirkung gruppirten Stellen brauchen hier nur in Erinnerung gebracht zu werden: 2 Kor. 5, 19.; Kol. 1, 14.; 2, 13.; Eph. 1, 7.; Hebr. 1, 3.; 2, 17.; 9, 14.; 1 Joh. 2, 2.; 3, 5.; 4, 10. Auch Hebr. 9, 26., wo die Wirkung des Opfers Chriſti als ἀϑέτησις ἁμαρτίας bezeichnet wird, iſt die unbeſtimmt gehaltene Einheit nur ein der Mehrheit gleichgeltender Ausdruck. Auch in den= jenigen Stellen, welche nach dem Typus des Paſſahopfers dem Opfer Chriſti die Wirkung einer Befreiung oder Erlöſung beilegen, iſt die= ſelbe auf die Anſchauung einer Mehrheit von Handlungen bezogen (Tit. 2, 14.; 1 Petr. 1, 18. 19.; Offenb. Joh. 1, 5.; vgl. Hebr. 9, 15.). So wenig reflectirt auch Paulus auf den Gedanken, daß die Ge= ſchlechtsſchuld oder die Erbſünde durch das Opfer Chriſti Vergebung finde, daß er in der Gegenüberſtellung von Chriſtus und Adam aus= drücklich die Vielheit der Uebertretungen als den Anlaß des Recht= fertigungsurtheils bezeichnet und damit ausdrücklich ausſchließt, daß dieſes Gnadengeſchenk durch das Sündigen des Einen (von welchem doch der allgemeine Todeszuſtand abhing) hervorgerufen ſei (Röm. 5, 16.).

Ferner ſind die Uebertretungen, ſofern ſie durch das Opfer Chriſti Vergebung finden, nach der Analogie deſſelben mit geſetzmäßigen Opfern als Verſehensſünden und nicht als zornwürdige qualificirt[1]). Nur die erſtere Klaſſe von Uebertretungen erfährt ihre Aufhebung durch die geſetzlichen Sündopfer (4 Moſ. 15, 27—31.); Chriſti Opfer wird als Sündopfer auf den regelmäßigen Beſtand des gött= lichen Bundes zurückgeführt; alſo kann die ganze Maſſe der Sünden, gegen welche es wirkſam iſt, nur als Verſehensſünden betrachtet wer= den. Wie der Verfaſſer des Hebräerbriefes (5, 2.; 9, 7.) jener alt= teſtamentlichen Regel ſich wohl bewußt iſt, ſo wird im Einklang damit

---

[1]) Vergl. de ira dei p. 20 sq.

an einigen Stellen des Neuen Teſtamentes die ganze Geſchichtsepoche
vor Chriſtus, ſofern ſie durch Sündhaftigkeit charakteriſirt werden ſoll,
durch die ἄγνοια bezeichnet (1 Petr. 1, 14.; Eph. 4, 18.; Apoſtelgeſch.
17, 30.). Nirgends iſt ausdrücklich geſagt, daß das Opfer Chriſti
den Zorn Gottes von der ſündigen Menſchheit abgewandt habe; und
ſo wenig dieſer Gedanke durch die Sündopferqualität Chriſti voraus=
geſetzt iſt, ſo wenig wird er zugelaſſen, indem Chriſtus als das Opfer
des Neuen Bundes der Sündenvergebung und als das vollendete
Paſſahopfer dargeſtellt wird. Denn das Bundesopfer, als Leiſtung
für die von Gott berufenen Bundesgenoſſen zum Abſchluß des Bundes
ihrerſeits, ſtützt ſich nothwendig auf die Wirkſamkeit der Bundesabſicht
Gottes. Wenn aber dieſe ihren beſtimmten Inhalt an dem Nicht=
gedenken der Sünden hat (Hebr. 8, 12.), ſo iſt damit das Gegen=
theil, nämlich der Zorn gegen die Sünder, ausgeſchloſſen. Daſſelbe
Argument gilt auch für die Darſtellung Chriſti als Paſſahopfer zur
Befreiung aus den Sünden. Als Sündopfer aber iſt Chriſtus ſo
wenig in eine allgemeine Gegenwirkung gegen den die Sünder ver=
nichtenden Zorn Gottes geſtellt, daß er mittels der dem Opferrauch
analogen Verkündigung der Apoſtel an den Verlorenen unter den
Menſchen eine Wirkung zu unablösbarem Tode, alſo zur Vollziehung
des göttlichen Zornes gegen ſie ausübt (2 Kor. 2, 15. 16.). Was
demnach die entgegengeſetzte Wirkung des Opfers Chriſti und der
apoſtoliſchen Verkündigung auf die zum Heil beſtimmten Menſchen,
die Gläubigen, betrifft, ſo ſtützt ſie ſich nur auf die zu dieſem Zweck
wirkſame Gnadengerechtigkeit Gottes. Dieſelbe verbürgt die Sünden=
vergebung den Gläubigen, denen allein das Opfer Chriſti heilſam iſt,
indem doch nur die hypothetiſche Gemeinde durch daſſelbe vor Gott
repräſentirt werden kann. Dagegen liegt den richtig verſtandenen
Opfern des Alten wie des Neuen Bundes der Gedanke fern, als ob
durch ſie die Gnade Gottes erſt aus einem Widerſtreit ſeiner Gerechtig=
keit oder ſeines Zornes befreit werden müßte.

V.

Von den übrigen Bezeichnungen der Heilswirkung des Todes
Chriſti ſtehen einige in der deutlichen Abhängigkeit von der Opfer=
vorſtellung, andere ſind von derſelben unabhängig. Indem zunächſt
jene erſtere Klaſſe von Ausſagen in Betracht gezogen werden ſoll, ſo
kommen wir auf einen Ausdruck zurück, der in gewiſſer Beziehung
uns ſchon beſchäftigt hat, λυτροῦν, λύτρωσις, ἀπολύτρωσις. Das

Verbum als Attribut Chriſti iſt für 1 Petr. 1, 18. 19.; Tit. 2, 14.
als Merkmal der auf Chriſtus angewendeten Vorſtellung vom Paſſahopfer erklärt worden. Im Hebräerbrief begegnen uns aber die beiden
Subſtantiva, erſtens im Zuſammenhang mit dem Prädicat der ab-
ſchließenden Sündopferhandlung des Hohenprieſters Chriſtus, εἰσῆλθεν
ἐφάπαξ εἰς τὰ ἅγια αἰωνίαν λύτρωσιν εὑράμενος (9, 12.), —
zweitens unmittelbar darauf in Anknüpfung an den Typus des Bundesopfers, διαθήκης καινῆς μεσίτης ἐστίν, ὅπως θανάτου γενομένου
εἰς ἀπολύτρωσιν τῶν ἐπὶ τῇ πρώτῃ διαθήκῃ παραβάσεων τὴν
ἐπαγγελίαν λάβωσιν (9, 15.) [1]). Endlich ſetzt Paulus die ἀπολύτρωσις
ἐν Χριστῷ Ἰησοῦ, indem er ſie durch die Schilderung des Sündopfers
erläutert, als die ſpecielle Gnadenwirkung Gottes, welche die Gerechtſprechung vermittelt (Röm. 3, 24.), erklärt den Ausdruck ferner durch
die ſpecifiſche Opferwirkung der ἄφεσις τῶν ἁμαρτιῶν (Kol. 1, 14.;
Eph. 1, 7.) und nennt ſie ſchließlich noch einmal ohne beſondere Erklärung unter den an Chriſtus geknüpften Heilswirkungen (1 Kor.1, 30.).

Es iſt anerkannt, daß der Gebrauch von λυτροῦν und λύτρωσις
in den LXX. den hebräiſchen Wörtern פָּדָה und גָּאַל und den davon
abgeleiteten Subſtantiven entſpricht und keineswegs die Vorſtellung
eines beſtimmten Mittels der Befreiung, etwa des Kaufes oder Löſe-
geldes, in ſich ſchließt, kurz, daß der Gebrauch der Wörter bei den
LXX. außer Beziehung zu ihrem griechiſchen Stammwort λύτρον
ſteht. Daſſelbe läßt ſich auch im Neuen Teſtament beobachten, indem
nicht nur Moſes λυτρωτής heißt (Apoſtelgeſch. 7, 35.), ſondern auch
vom Meſſias eine Befreiung des Volkes erwartet wird, welche der
aus Aegypten gleichartig wäre (Luc. 1, 68.; 2, 38.; 24, 21.). Demnach bedeutet die durch die Präpoſition ſpecificirte Form ἀπολύτρωσις
im Neuen Teſtament daſſelbe wie σωτηρία (Luc. 21, 28.; Eph. 1, 14.;
4, 30.; Hebr. 11, 35.), nämlich die Befreiung von allen irdiſchen
Hinderniſſen der Theilnahme am Gottesreich, endlich in ſpecieller Anwendung dieſes Gutes auf das Leibesleben die Befreiung des Leibes
von der Vergänglichkeit (Röm. 8, 23.). Es wäre alſo doch gewiß begründet anzunehmen, daß dieſe Bedingtheit des Wortſinnes auch in
den oben verzeichneten Stellen ſtattfinde. Während das urſprüngliche
Paſſah ein Mittel der λύτρωσις des erwählten Volkes aus Aegypten
war, ſo iſt Chriſtus als das vollendete Paſſahopfer das Mittel, um

---

[1]) Die Genitivverbindung ἀπολύτρωσις τῶν ἁμαρτιῶν iſt zu verſtehen wie
καθαρισμὸς τῶν ἁμαρτιῶν (1, 3.), Befreiung von den Verfehlungen.

die zur neuen Bundesgemeinde Erwählten aus ihrem nichtigen Lebens=
wandel zu befreien (1 Petr. 1, 18. 19.; Tit. 2, 14.). Wenn der
Neue Bund auf die Vergebung der Sünden begründet ist, so dient das
dessen Stiftung abschließende Opfer dazu, die Menschen von ihren
Verfehlungen zu befreien (Hebr. 9, 15.); das endgültige Sündopfer
ist das Mittel, eine ewige Befreiung herzustellen, natürlich der Menschen
von ihren Sünden (9, 12.). Und die Synonymie von ἀπολύτρωσις
und ἄφεσις ἁμαρτιῶν bei Paulus (Kol. 1, 14.; Eph. 1, 7.; Röm. 3,
24—26.) erfordert keine andere Erklärung. Die Stellen, welche die
Relation des λυτροῦν speciell bezeichnen, weisen auch nur auf die
Mehrheit der activen Sünden (1 Petr. 1, 18. 19.; Hebr. 9, 15.;
Tit. 2, 14.); da nun dieselben an den Menschen nur haften bleiben
durch die Schuld, welche sie nach sich ziehen, so ist es auch ganz folge=
recht, daß die Vergebung der Schuld als Wirkung des Opfers die
Menschen überhaupt von jeder Beziehung der Sünden auf sie befreit.
Diese Reflexion ist auch nicht etwa der biblischen Anschauung fremd.
Vielmehr entspricht die synonyme Behandlung der beiden Begriffe bei
Paulus dem Gedankengang des Ps. 130, 3. 4. 7. 8: „Wenn du Ver=
gehungen bewahrst, Jah, Herr, wer wird bestehen? Nein, bei dir ist
die Vergebung, deshalb wirst du gefürchtet. — Harre, Israel, auf
Jehova, denn bei Jehova ist die Gnade, und reichlich bei ihm Erlö=
sung, und er wird erlösen Israel von allen seinen Vergehungen.“
Dem entspricht es ferner vollständig, daß Paulus Röm. 11, 26. 27.,
in einem aus Jes. 59, 20. 21. und Jer. 31, 33. componirten und
dabei ungenauen Citate, den auf Vergebung der Sünden gerichteten
neuen Bund mit der Formel bezeichnet: ὅταν ἀφέλωμαι τὰς ἁμαρτίας αὐτῶν. Der Gedanke der ἀπολύτρωσις wird auch keineswegs
in directe Relation zu einem Gesammtzustande der Sünde oder zum
Begriffe einer Macht der Sünde über die Menschen gesetzt. Vielmehr
ist die Gedankenfolge Kol. 1, 13. 14. so zu verstehen, daß die Ver=
gebung der Schuld und die Befreiung von den Sünden, welche die
Genossen des Reiches Christi durch diesen bleibend besitzen, ein Merk=
mal davon ist, daß Gott sie aus der Gewalt der Finsterniß gerettet
habe, sowie das fortwährende Sündigen ein Merkmal der Unterwer=
fung unter diese Gewalt sein würde.

Diesen Folgerungen aus dem Sprachgebrauch des Alten wie des
Neuen Testamentes entzieht sich die herrschende Exegese der Gegen=
wart durch die willkürliche Behauptung, „bei ἀπολύτρωσις sei der
besondere Begriff Loskaufung nicht in den allgemeinen Befreiung

zu verflüchtigen" (Meyer zu Röm. 3, 24.), und „im Gebrauche von
λύτρωσις sei die Vorstellung eines λύτρον meistens erloschen, wie wenn
es von der Erlösung Israels oder von der mit dem Tage des Herrn
erfolgenden Erlösung der Gläubigen gebraucht wird, nicht aber da,
wo von der Erlösung der Menschen durch Christus die Rede sei",
wegen Marc. 10, 45.; 1 Tim. 2, 6. (Delitzsch zu Hebr. 9, 12.).
Nach Meyer war das λύτρον, welches Christus leistete, sein sühnendes
Opferblut, welches die Vergebung der Sünden, d. i. das Wesen der
ἀπολύτρωσις, bewirkte. Nach Delitzsch gilt das Blut Christi als λύτρον
an Gott, weil wir demselben zur Strafbuße unserer Sünde verhaftet
sind, also einer Leistung bedürfen, welche uns unserer Schuldhaft entledigt. Dieses exegetische φορτίον δυσβάστακτον ist doch wirklich zu
schwer für die schwache Voraussetzung, daß die auf dem Sprachgebrauch der LXX. fußenden Schriftsteller des Neuen Testamentes
zwar überall sonst, wo sie λυτροῦν und ἀπολύτρωσις schreiben, die
Etymologie dieser Wörter vergessen, daß sie aber in den vorliegenden
Stellen dieselbe auf's schärfste beachtet haben! Wodurch soll das bewiesen werden? Es kann nicht einmal für Petrus bewiesen werden,
obgleich dessen Antithese zwischen Gold und Silber und dem werthvollen Blute Christi (1 Petr. 1, 18. 19.) auf eine Combination von
λυτροῦν mit λύτρον zu deuten scheint. Aber man beachte doch, daß,
wenn in dem einen Gliede des Gegensatzes die Anwendung ver-
gänglicher Mittel, wie beispielsweise Gold und Silber, zum Zwecke
der λύτρωσις verneint wird, der Verbalbegriff selbst dadurch nicht
berührt, also nicht zum Begriff des Loskaufens specificirt wird, zumal
wenn die folgende Bezeichnung des unvergänglichen Mittels, nämlich
das Opferblut Christi, auch indem es für Gott werthvoll ist, entfernt
keine Aehnlichkeit mit einer Geldsumme als Kaufpreis hat. Man
müßte denn annehmen, daß Petrus die Wirkung des Opfers im Sinne
des Gesetzes, nach der Hofmann'schen Erklärung, als eine Zahlung
an Gott verstanden habe! Ich glaube durch die Erklärung von Marc. 10,
45. und durch die Bestimmung der Bedeutung von כֶּפֶר im Opferritual der weiteren Widerlegung von Meyer und von Delitzsch überhoben zu sein. Allerdings haben die Vorstellungen von Christus als
λύτρον und als Opfer zur Befreiung von Schuld und Sünden ihre
bestimmte Analogie zu einander. Beiden Begriffen liegt die Anschauung zu Grunde, daß Christus im Tode sein Leben an Gott hingiebt, und daß er dies in Vertretung der Gläubigen thut. Aber der
Zweck und die Wirkung beider Qualitäten der Hingebung des Lebens

Chrifti find verfchieden. Als λύτρον erwirft er die Befreiung der Gläubigen vom Sterben, ohne daß die Bedingung der Sündenver= gebung hierfür aufgefaßt ift; auf diefen Zweck aber ift feine Opfer= qualität bezogen, indem übrigens die Gewinnung des ewigen Lebens als Folge der Rechtfertigung vorbehalten ift. Beide Gedankenreihen in einander zu fchieben, liegt gar kein Grund in der exegetifchen und hiftorifchen Aufgabe; und wenn dies etwa in der Dogmatik geboten fein follte, fo darf dadurch das exegetifche Verfahren nicht beftimmt werden.

Von der Opfervorftellung abhängig find auch die Ausfagen des Paulus über die καταλλαγή der Gläubigen durch den Tod Chrifti (2 Kor. 5, 18—20.; Röm. 5, 10.; Kol. 1, 20. 21.; Ephef. 2, 16.). Die Vorausfetzung diefer Wirkung ift Kol. 1, 21., daß die Chriften als Heiden ἀπηλλοτριωμένοι καὶ ἐχϑροὶ τῇ διανοίᾳ ἐν τοῖς ἔργοις τοῖς πονηροῖς, natürlich gegen Gott, waren; ebenfo Röm. 5, 10. ἐχϑροὶ ὄντες[1]). Die Richtung des καταλλάσσειν ift 2 Kor. 5., Röm. 5., Eph. 2. auf Gott bezogen; Kol. 1, 20. ift derfelbe Gedanke in dem εἰρηνοποιήσας ausgedrückt, wozu fich die Ausfage V. 21. als fpeciellere Ausführung verhält, indem es auf die Herftellung des Frie= dens mit Gott ankommt. Uebrigens ordnet fich diefe Ausfage wieder der Abficht Chrifti unter, alle Dinge auf fich felbft hin in die richtige Ordnung zu bringen (ἀποκαταλλάξαι τὰ πάντα εἰς αὐτόν). Es han= delt fich alfo um die Ausföhnung der gegen Gott feindlich gefinnten und Gott zuwiderhandelnden Menfchen mit Gott, keinesweges aber zugleich um eine Ausföhnung des den Menfchen zürnenden Gottes mit den Menfchen. Weder liegt eine directe Ausfage diefes Inhaltes vor, noch kann gewiffen Auslegern zugeftanden werden, daß ein Ge= danke diefer Art von Paulus eingefchloffen oder vorausgefetzt werde. Vielmehr ift es Gott, der durch Chriftus die Welt mit fich ausgeföhnt hat (2 Kor. 5, 18. 19.), und der feine Liebe dadurch bewiefen hat, daß er den zu unferer Ausföhnung mit fich dienenden Tod Chrifti angeordnet hat (Röm. 5, 8—10.). Deshalb kann die Feindfchaft, welche durch diefes von Gott angeordnete Mittel aufgehoben wird, nur das active Widerftreben der Menfchen gegen Gott fein. Dies bezeichnet auch Paulus (Röm. 8, 7.; vgl. Jac. 4, 4.) als das Trachten der nicht erneuerten Menfchheit. Diefen activen Sinn verbürgt ferner

---

[1]) Hingegen bezeichnet Eph. 2, 16. ἔχϑρα das frühere Verhalten der Juden und der Heiden gegen einander.

die Verbindung ἐχθροὶ τῇ διανοίᾳ ἐν τοῖς ἔργοις τοῖς πονηροῖς (Kol. 1, 21.), da, wenn auch ἐχθρός an sich „verhaßt" bedeuten kann, der active Sinn von διανοία und von ἔργα πονηρά für die an sich nicht widersinnige active Bedeutung des Adjectivs entscheidet. Wenn nun Meyer hiergegen den passiven Sinn von ἐχθρός vertritt, so vindicirt er denselben für die eben besprochene Formel nicht in glücklicher Weise: „Durch ihre Gesinnung waren sie einst Gott entfremdet und ihm verhaßt; die bösen Werke bezeichnen die Sphäre, in welcher sie es gewesen waren (in den bösen Werken, in welchen ihr Verhalten sich bewegt hatte)." Wenn es also hiebei nicht umgangen werden kann, an die Action der ἐχθροὶ zu denken, so ist dadurch der active Sinn dieses Wortes unserem Verständniß aufgenöthigt. Auch die Appellation Meyer's an den Gebrauch von ἐχθρός Röm. 11, 28. stellt nicht den passiven Sinn des Wortes fest, obgleich für diesen Satz selbst Rückert auf den activen Sinn verzichtet, der denselben für die anderen Stellen geltend macht.

Die Juden heißen κατὰ μὲν τὸ εὐαγγέλιον ἐχθροὶ δι᾽ ὑμᾶς, κατὰ δὲ τὴν ἐκλογὴν ἀγαπητοὶ διὰ τοὺς πατέρας. Man argumentirt für den passiven Sinn von ἐχθροὶ aus dem passiven Sinn des ἀγαπητοί, also aus der logischen Correspondenz der parallelen Satztheile. Aber die anderen syntaktisch einander entsprechenden Theile beider Sätze sind nicht logisch coordinirt. Δι᾽ ὑμᾶς ist Zweck von ἐχθροὶ, διὰ τοὺς πατέρας Grund von ἀγαπητοί. Κατὰ τὴν ἐκλογήν bezeichnet den geschichtlichen Maaßstab der Liebe Gottes gegen die Israeliten; κατὰ τὸ εὐαγγέλιον ist jedenfalls der äußere Anlaß des ἐχθροί. Mag mit jenem Worte die amtliche Redethätigkeit der Apostel oder der Heilsinhalt ihrer Rede gemeint sein, so kann selbst Meyer, um den passiven Sinn von ἐχθρός zu gewinnen, nicht umhin, auf eine Action der Juden in Beziehung auf τὸ εὐαγγέλιον zu reflectiren: „im Hinblick auf das von ihnen verworfene Evangelium hat sich Gott feindlich zu ihnen gestellt". Da dies doch aber eine Eintragung ist, dergleichen das entsprechende Glied κατὰ τὴν ἐκλογήν nicht erfährt, so darf man sich auch hiervon überzeugen, daß die syntaktische Correspondenz der parallelen Satztheile keine logische in sich schließt, daß also das auf diese Voraussetzung gegründete Argument für den passiven Sinn von ἐχθροὶ nicht stichhaltig ist. Der active Sinn des Wortes ist aber die einfachste Annahme zum Verständniß des Satzes, der nichts Anderes ist als eine Resumtion von 10, 21.; 11, 11. Und freilich sind die Juden nicht als Gegner des Evangeliums, sondern,

auf Anlaß der an sie gerichteten, aber von ihnen abgewiesenen Heils=
verkündigung, als Gegner Gottes zu denken.   Damit nun aber der
heidnische Verstand sich nicht zu der Folgerung versteige, daß deshalb
auch Gott der Gegner der Juden sei, stellt Paulus dagegen das Zeug=
niß von der unverbrüchlichen Gnade Gottes gegen das einmal von
ihm erwählte Volk, welche, unter der Bedingung der Bekehrung der
Juden, deren Aufnahme in das Gottesreich verbürgt.   Es nähert sich
freilich dieser vorausgesetzten Probe heidnischen Verstandes, wenn man
dem göttlichen Zorn denselben Umfang vindicirt, den die menschliche Sünde
einnimmt, und deßhalb dem Paulus die Behauptung aufdrängen will,
„daß die Menschen vermöge ihrer ungetilgten Sünde mit Gottes heiligem
Zorn behaftet, ἐχθροὶ ϑεοῦ, deo invisi, seien“ (Meyer zu 2 Kor. 5,
18.).   Denn daß die entsprechende Auffassung der Versöhnung als
einer Umstimmung Gottes heidnisch ist, dafür ist auch Delitzsch Zeuge
(Hebräerbrief, S. 97.).   Deffenungeachtet behauptet auch dieser Ge=
lehrte (S. 96.), „das Werk Christi sei wirklich in selbstkräftiger ver=
dienstlicher Weise nicht blos Wandlung des Verhältnisses der Mensch=
heit zu Gott, sondern auch Gottes zur Menschheit, nicht blos Süh=
nung der Sünde, sondern auch des wider die sündige Menschheit zür=
nenden Gottes.“   Indem Delitzsch hiermit den vollen Ausdruck der
Orthodoxie bezeichnen will, ist er sich wohl bewußt, daß in der Schrift
nirgends Sätze vorkommen, wie Χριστὸς ἐξιλάσατο τὸν ϑεόν oder ὁ
ϑεὸς κατηλλάγη.   Den Grund, warum er sich dennoch verpflichtet
achtet, die von den Aposteln ausgesprochene Gedankenreihe durch die
„heidnische“ Auffassung des Gedankens der Versöhnung zu ergänzen,
bilden Aeußerungen über den Zorn Gottes wie Eph. 2, 3., Joh. 3,
36., die er unrichtig versteht, und die Klage Christi am Kreuz über
Gottverlassenheit, deren Sinn er übertreibt.   Jur die Combination
zwischen der vorgeblichen Erfahrung göttlichen Zornes durch Christus
und der vorgeblichen Correspondenz des göttlichen Zornes mit der
Gesammtsünde der Menschen bestimmt diesen Theologen zu der An=
nahme, daß die in der Schrift direct nirgends ausgesprochene Formel
von einer Versöhnung des Zornes Gottes durch das Leiden Christi zu
Gunsten der gesammten Menschheit — dem wahren Sinne der gött=
lichen Offenbarung entspreche.   Ob es wohl mit dem Grundsatz von
der perspicuitas scripturae in Einklang ist, solche durch Verstan=
desschlüsse aus vereinzelten Sätzen in der Bibel zu Stande ge=
brachte Behauptung, deren „heidnischen“ Charakter man selbst erkennt,
als das Schibbolet der Orthodoxie geltend zu machen?   Sollte es sich

nicht vielmehr empfehlen, die Stellen, welche zu so „heidnischen“ Folgerungen zu führen scheinen, einmal genau zu untersuchen, ob ihnen wirklich der vorausgesetzte Sinn entsprechen kann? Doch ich enthalte mich, diese Verflechtung exegetischer Aufgaben mit dogmatischen Bedürfnissen weiter zu verfolgen. Soweit die vorliegende Untersuchung über die Bedeutung von ἐχθρὸς τοῦ θεοῦ auf die Frage zurückführt, ob in der Schrift eine Correspondenz des Zornes Gottes mit der menschlichen Gesammtsünde und mit der Geschlechtsschuld Adam's behauptet ist, so habe ich die auf die oben angeführten Stellen begründete Behauptung anderwärts widerlegt [1]). Uebrigens erinnere ich hier auch nur daran, daß, wenn Zorn und Haß überhaupt verschiedene Größen sind, auch die biblischen Schriftsteller sie wohl zu unterscheiden wissen, und daß ein Schriftausleger nicht mit Vorsicht verfährt, der ἐχθρὸς τοῦ θεοῦ für „Gott verhaßt“ erklärt, weil ihm der Zorn Gottes als Correlat der menschlichen Sünde gilt.

Da der active Sinn jenes Wortes in den Stellen Röm. 8, 7., Kol. 1, 21., Röm. 11, 28. gesichert ist, da kein biblischer Schriftsteller von einem allgemeinen Hasse Gottes gegen die sündige Menschheit weiß, da die καταλλαγή als Gegenwirkung gegen die Feindschaft der Menschen von Gott ausgeht, so ist mit Rückert an dem ausschließlich activen Sinne des Wortes festzuhalten, indem es die Menschen als Objecte der göttlichen καταλλαγή bezeichnet. Καταλλάσσειν bedeutet nun eigentlich „in eine andere Richtung bringen, als welche bisher eingehalten wurde“. Demnach ist die eigentliche und ursprüngliche Relation des Begriffes in dem Ausdruck ἀπηλλοτριωμένος τοῦ θεοῦ zu finden. Jedoch ist auch das active ἐχθρὸς τῷ θεῷ, wenn es auch räumlich die Richtung auf Gott schon einschließt, insofern dem καταλλάσσειν correlat, als die darin ausgedrückte Willensbewegung ihren Zweck und ihr Motiv in einer von Gott abgewendeten Richtung hat, während sie ihren Zweck in Gott haben sollte. Insofern sind die Sünder Feinde Gottes und deshalb Gegenstand einer Einwirkung, durch welche sie auf Gott als auf ihren Zweck gerichtet werden. Ich begreife aber nicht, wie καταλλάσσειν in dem bezeichneten Sinne sein Correlat an der passiven Bedeutung von ἐχθρὸς τοῦ θεοῦ soll finden können. Hofmann [2]) weist nun freilich sowohl den activen als den passiven Sinn des Wortes ἐχθρός ab; es soll

---

[1]) De ira dei p. 17. 18.
[2]) A. a. O. S. 349.

bedeuten, daß wir „in einer Verfassung waren, wo wir Gott
wider uns hatten; sonst hieße es auch nicht $\varkappa\alpha\tau\eta\lambda\lambda\acute\alpha\gamma\eta\mu\epsilon\nu$, indem damit die Wandlung des Verhältnisses als eine solche bezeichnet
wird, durch welche wir anders zu stehen kamen und aufhörten, ihn
wider uns zu haben". Soweit ich diese Analyse des Begriffes zu
verstehen wage, kommt sie im Wesentlichen auf den passiven Sinn
des Wortes hinaus, bewegt sich aber in solchen Anschauungen, die ich
als nicht zweckmäßig abweisen muß. Es handelt sich bei $\grave\epsilon\chi\vartheta\varrho\grave{o}\varsigma\ \tau o\tilde{v}$
$\vartheta\epsilon o\tilde{v}$ um Bewegung und bei $\varkappa\alpha\tau\alpha\lambda\lambda\acute\alpha\sigma\sigma\epsilon\iota\nu$ um Richtung, nicht
um stehen, Verfassung, Verhältniß!

Daß nun die Sünder, als Feinde Gottes gedacht, ihren Zweck
in Gott finden, daß ihre Feindschaft gegen Gott in Frieden mit demselben verwandelt ist, kurz, daß sie mit Gott versöhnt sind, wird nun
durch Paulus von dem Tode Christi (Röm. 5, 10.; Kol. 1, 22.),
von seinem am Kreuze vergossenen Blute (Kol. 1, 20.), von der in
Christus vollzogenen Nichtanrechnung der Sünden (2 Kor. 5, 19.)
abgeleitet. Durch diese sich ergänzenden Merkmale ist nun die Opferqualität Christi mit aller Deutlichkeit bezeichnet. Dem entspricht die
Angabe der Liebe Gottes als des letzten Motives für den Zweck und
für die Anordnung des bestimmten Mittels (Röm. 5, 8.). Und danach erklärt sich auch die Erwartung der Zweckgemäßheit des Mittels.
Denn indem Gott durch die an den Tod seines Sohnes geknüpfte
Nichtanrechnung der Sünden einen specifischen Beweis seiner Liebe
gegen seine Feinde gegeben hat und ferner diese Liebeserweisung zum
Zwecke der Umstimmung seiner Feinde verkündigen läßt (2 Kor.
5, 18. 19.), ist der beabsichtigte Erfolg nach moralischer Nothwendigkeit gesichert. Was nun aber an der Wirkung der Apostel im Einzelnen zu erproben ist, das darf unter Voraussetzung des Glaubens
an Christus als objective Wirkung seines Opfertodes dargestellt werden, wie ja jede Heilswirkung von demselben nur unter dieser Voraussetzung ausgesagt wird. Die versöhnende Wirkung des Opfers
Christi ist aber auch gemäß der nachgewiesenen Vermittelung durchaus nicht blos eine zufällige Consequenz für Paulus, sondern dient
zur wesentlichen Ergänzung seiner Aussagen über die $\grave\alpha\pi o\lambda\acute\upsilon\tau\varrho\omega\sigma\iota\varsigma$
$\grave\epsilon\nu\ {}^{\backprime}I.\ X\varrho.$ Im Verhältniß zu diesem Begriffe und der in ihm ausgedrückten Wirkung des Opfers Christi ist die Sünde nur als eine
Mehrheit von Handlungen vorgestellt. Sofern eine gründlichere Be-
urtheilung der Sünde erforderlich ist, wird sie in dem Begriffe $\grave\epsilon\chi\vartheta\varrho\acute o\varsigma$
vergegenwärtigt; nämlich die vielen einzelnen Uebertretungen und Ver-

schuldungen haben ihre subjective Einheit in einer Gott widerstreben=
den Willensrichtung; die Tendenz des natürlichen Menschen ist ins=
gesammt wider Gott gerichtet (Röm. 8, 7.). Aber indem die Schuld
das Merkmal davon bildet, daß die einzelnen Uebertretungen dem
Subject bleibend angehören, daß ihnen der Charakter desselben ent=
spricht, so ist es unter Voraussetzung des Glaubens ganz folgerichtig,
daß die durch Christi Opfer vermittelte Gnadenwirkung Gottes, indem
sie den Menschen von seiner Schuld befreit, ihm nicht etwa blos seine
Uebertretungen aus der Erinnerung rückt, sondern die Umkehr seiner
Charakterrichtung auf Gott hin hervorruft. Denn ohne dies würde
auch die Sündenvergebung durch das Opfer Christi nicht als prin=
cipielle Bestimmung des Verhältnisses der Menschen zu Gott ver=
standen werden können. Hieraus ergiebt sich aber, daß der Pauli=
nische Gedanke der καταλλαγή im Wesentlichen nichts Anderes aus=
drückt, als was auch in der heiligenden Wirkung des Opfers
Christi gemeint sein muß. Denn so wie ἁγιάζειν bei Paulus und im
Briefe an die Hebräer die Wirkung des Opfers Christi auf die
Gläubigen bezeichnet (s. ob. S. 243 f.), bedeutet es dem alttestament=
lichen Sinne des Wortes gemäß „Gotte als Eigenthum aneignen“.
Seinen neutestamentlichen Sinn aber findet der Begriff schon in den
Formeln, die bei Petrus, bei Paulus und im Brief an die Hebräer
vorkommen (s. a. a. O.), daß Christus durch sein Opfer uns zum
Vater führe, oder daß wir deshalb Gott nahen dürfen. Dies ist
aber, wenn wir diese Formeln aus der sie beherrschenden Cultusan=
schauung auf das Gebiet der sittlichen Betrachtung hinübersetzen, nichts
Anderes als der Gedanke, daß das Opfer Christi, unter Voraus=
setzung des Glaubens, den Gesammtwillen jedes Menschen auf Gott
richtet, während derselbe bei seiner vorhergehenden Abwendung von
Gott im Widerspruch mit demselben begriffen war. Das active
Priesterrecht der Christen, als das Ziel der Heiligung durch Christi
Opfer, ist das Gegentheil der activen Feindschaft gegen Gott, von
welcher die Gläubigen abgebracht sind. Die Analogie zwischen „hei=
ligen“ in diesem Sinne und „mit Gott versöhnen“ ist namentlich
Eph. 2, 16. 18. sehr deutlich ausgeprägt. Daß Juden wie Heiden
durch Christus die Hinzuführung zum Vater in Einem Geiste haben,
dies gilt als Erkenntnißgrund dafür, daß Christus durch den Einen
Leib die Beiden mit Gott versöhnt hat, indem er am Kreuz ihre
Feindschaft, nämlich die zwischen Juden und Heiden, durch sich ver=
nichtet hat.

Im Briefe an die Kolosser bezieht aber Paulus die versöhnende Wirkung der Selbstopferung Christi, die Herbeiführung des Friedens mit Gott, sowie die Zurechtrichtung aller Wesen auf Christus selbst, nicht blos auf die Menschen auf der Erde, sondern auch auf die Wesen im Himmel. Welche Engel es bedürfen, in die rechte Richtung auf Christus hin gebracht zu werden, und wie dessen Opfertod dazu wirksam ist, wird sich nun aus der Art ergeben, in welcher Paulus die **Aufhebung des mosaischen Gesetzes** von Christi Tode ableitet. Denn darin besteht nach der Lehre des Paulus ein nicht minder wichtiger Heilserfolg des Todes Christi, als in der Rechtfertigung, Erlösung, Versöhnung der Gläubigen. Aber in den verschiedenen Briefen, in welchen der Apostel jene Aufhebung behauptet, bedient er sich verschiedener Vermittelungsgedanken. Am objectivsten und zugleich in directer Verknüpfung mit dem Opfercharakter des Todes Christi steht der Gedanke von der Aufhebung des mosaischen Gesetzes im Briefe an die Kolosser 2, 13—15. Die beiden parallelen Participien, χαρισάμενος, ἐξαλείψας, haben Gott zum Subject, wie das regierende Verbum συνεζωοποίησεν ὑμᾶς, und bezeichnen etwas diesem Acte Vorhergehendes. Die in der Auferweckung Christi eingeschlossene Belebung der aus den Heiden Gläubigen hat Gott vollzogen, nachdem er im Tode Christi uns, den Juden, die Uebertretungen vergeben hat u. s. w. Dieser Act aber ist zugleich derjenige, in welchem Gott das den Juden geltende Gesetz aufgehoben hat. Denn dieses wird als der von den Uebertretern desselben ausgestellte Schuldbrief vorgestellt, als die gegen sie zeugende eigene Handschrift, welche, indem sie auf die anerkannten Gebote sich bezieht, durch das indirecte Eingeständniß ihrer Uebertretungen zum vollgültigen Document der Schuld der Juden geworden ist. Die Erlassung der Schuld schließt die Auslöschung des Schulddocuments in sich; ist das Gesetz ein solches, so schließt jener Act Gottes die Beseitigung dieses in sich [1]). So wie nun die Annagelung Christi an's Kreuz das Mittel für dessen Tod ist, so macht Paulus in einer hinzugefügten Erläuterung die Beseitigung des Gesetzes in der Aussage anschaulich, daß Gott dasselbe auch an das Kreuz genagelt habe, um daran noch einen weiteren Effect anzuknüpfen. Jenes ist nämlich zugleich eine mit Schande behaftete Schaustellung und eine öffentliche

---

[1]) Nach dieser Gedankenreihe ist auch die Anspielung auf die Vernichtung des Gesetzes durch den Tod Christi Eph. 2, 14. zu verstehen.

Triumphfeier Gottes über die ἀρχαί und ἐξουσίαι, deren sich Gott vorher entkleidet oder entledigt hat. Diese auffallende Aussage wird nur dann für uns verständlich, wenn mit Hofmann die mediale Form ἀπεκδυσάμενος als solche gewürdigt wird. Die Engel aber, über welche Gott in Christus triumphirt, die er mit Schande zur Schau stellt, indem er das Gesetz zur Beglaubigung seiner Abschaffung an das Kreuz nagelt, deren er sich entkleidet, d. h. deren Umgebung er sich entzogen hat, können keine anderen Engel sein, als welche die Gesetzgebung vermittelt haben, in deren Mitte, von denen umgeben, Gott auf dem Sinai erschienen ist (5 Mos. 33, 2.; Pf. 67, 18. LXX.). Paulus sieht in dieser Vermittelung ein Merkmal der Unterordnung des Gesetzes unter die göttliche Verheißung und deren Verwirklichung durch Christus (Gal. 3, 19.). Er will damit natürlich den göttlichen Ursprung des Gesetzes nicht läugnen. Aber es läßt sich nicht verkennen, daß die Aeußerungen des Apostels über den Werth des von ihm in ungetheilter Einheit aufgefaßten Gesetzes verschieden sind, je nachdem er vorherrschend dessen sittlichen oder dessen ceremoniellen Inhalt im Auge hat [1]). Ferner bedient er sich des Ausdruckes ὁ νόμος τοῦ ϑεοῦ nur Röm. 7, 22. 25., 8, 7., wo jener erstere Gesichtspunkt ihn leitet, sonst niemals in den zahlreichen Erwähnungen in allen übrigen Briefen. Auch den Act der Gesetzgebung bezeichnet er nur in neutralen Ausdrücken (Röm. 5, 20.; Gal. 3, 17. 19.). Daraus ergiebt sich, daß die von der christlichen Theologie mit Recht bei Seite gesetzte jüdische Vorstellung von der Vermittelung der Gesetzgebung durch die Engel für Paulus eine weitergreifende Bedeutung gehabt hat, als gewöhnlich anerkannt wird. Sie macht sich in demselben Maaße geltend, als er am Gesetze die ceremoniellen Elemente beachtet. Wir hüten uns zu behaupten, daß Paulus mit deutlicher Unterscheidung des Stoffes des Gesetzes diese Elemente auf die Engel und nicht auf Gott zurückgeführt habe; denn zu dieser bestimmten Distinction bringt er es eben nicht. Aber das ergiebt sich aus Kol. 2, 15., daß er den die Gesetzgebung vermittelnden und die gesetzliche Oekonomie leitenden Engeln eine Abweichung von Gottes Heilsplan beimißt; denn ohne dies wäre in der Aufhebung des Gesetzes kein Triumph über sie und keine Schande für sie enthalten. Auf solche Abweichung müssen wir bei den Engeln auch denken, wenn dieselben es bedürfen, durch Christi Tod auf diesen

---

[1]) Vgl. Entstehung der altkathol. Kirche, S. 73.

Herrn aller Weſen hin die richtige Richtung zu empfangen (Kol. 1, 20.).
Die Möglichkeit ſolcher Abweichung ergiebt ſich aber aus dem Aus=
ſpruche des Apoſtels, daß die Engel im Himmel erſt durch die Er=
füllung des göttlichen Heilsplanes in Chriſtus die Einſicht in denſelben
gewonnen haben (Eph. 3, 10.). Wir wagen nun nicht, in dieſe
Geheimniſſe des Paulus weiter einzudringen, namentlich nicht zu ent=
ſcheiden, ob er die Abweichung der Engel des Geſetzes von dem Gange
des göttlichen Heilsplans in einem ſtofflichen Zuſatz zu dem göttlichen
Willen oder in einer kurzſichtigen Leitung der geſetzlichen Oekonomie
der Iſraeliten erkannt hat. Die vorherrſchende Anſicht des Paulus
vom moſaiſchen Geſetz, namentlich im Briefe an die Galater, iſt aber
ſo bedeutſam durch Gal. 3, 19. bezeichnet, daß wir davon auch für
unſere nächſtliegende Aufgabe noch weiteren Gebrauch machen dürfen.

Der Ausſpruch des Paulus Gal. 3, 13. 14., daß Chriſtus, in=
dem er den Fluchtod am Kreuze erlitt, uns, d. h. die Juden, aus
dem Fluche des Geſetzes losgekauft hat, damit der Segen Abraham's
auf die Heiden ſich erſtrecke, und damit die Chriſten insgeſammt
den verheißenen Geiſt durch den Glauben empfingen, — ſteht nämlich
entſchieden in Abhängigkeit von dem nachher B. 19. bezeichneten
Werthe des Geſetzes. Die Incongruenz der vom Geſetze vorgeſchrie=
benen Werke zum Zwecke der Rechtfertigung neben der Verheißung
des Lebens für die Erfüller des Geſetzes einerſeits, die Gültigkeit der
auf den Glauben und auf die Heiden berechneten Verheißung an
Abraham neben dem Fluche des Geſetzes über ſeine Uebertreter an=
dererſeits bilden Räthſel, zu deren Löſung die Auskunft dienen ſoll,
welche in B. 19. über die directe Beſtimmung und über das Ver=
hältniß des Geſetzes zu Gott gegeben wird. Das Geſetz iſt zum
Zweck der Uebertretungen gegeben worden (vgl. Röm. 5, 20.); es
hat alſo direct nicht Heitsbeſtimmung, ſondern nur indirect, indem
die beabſichtigte Vermehrung der Uebertretungen und die Bindung
der Juden an die Sünde das nächſte Object für die eigenthümliche
Bethätigung der Gnade Gottes iſt. Ferner bezeichnet das Geſetz
nicht den unmittelbaren Willen Gottes, indem es durch Engel
und durch Moſes vermittelt iſt, der als Mittler ſowohl dem Volke
als auch Gott angehört, während die Darſtellung des eigentlichen
Willens Gottes gemäß ſeiner Einzigkeit und Abſolutheit einen ſolchen
Mittler ausſchließen würde. Hieraus müſſen wir ſchließen, und
die Ergebniſſe des Briefes an die Koloſſer beſtärken uns darin, daß,
indem Paulus vom Anfange des britten Capitels über den νόμος

handelt, er denſelben nicht im einfachen und unmittelbaren Sinne als
Document des Willens Gottes anſchaut. So wenig es uns nun
gelingen wird, die poſitive Meinung des Paulus von dem Abſtande
zwiſchen dem Inhalte des Geſetzes und dem göttlichen Willen aufzu=
ſpüren, ſo iſt ferner aus dem Zuſammenhange des Capitels klar,
daß, wie das Geſetz kein Mittel für die Rechtfertigung der Juden iſt,
es zugleich ein Hinderniß für die Erfüllung der dem Abraham er=
theilten Verheißung für die Heiden iſt. Das Merkmal für jene In=
congruenz des Geſetzes zu dem Bedürfniß der Juden nach Rechtfer=
tigung iſt nun nach V. 10. der Fluch des Geſetzes über die Ueber=
treter deſſelben, da kein Jude behaupten kann, es vollſtändig erfüllt
zu haben. Zugleich iſt aber dieſer Fluch auch als Merkmal für das
Hinderniß der verheißenen Segnung der Heiden angeſehen, ſofern
die Aufhebung jenes Fluches über die Juden als das Mittel zum
Zweck der Segnung der Heiden dargeſtellt iſt (V. 13. 14.). Der
Fluch über die das Geſetz übertretenden Juden wird nun aber da=
durch aufgehoben, daß Jeſus, indem er am Kreuze den Tod erleidet,
das von dem Geſetze ſelbſt (5 Moſ. 21, 23.) bezeichnete Merkmal
der Verfluchung an ſich erfährt. Gemäß dieſem Charakter ſeines
Sterbens hat Chriſtus an ſich erfahren, was die Juden durch das
Geſetz bis dahin erfahren haben und nach deſſen directem An=
ſpruche ſtets erfahren müßten. Aber eben der mit Fluch des Geſetzes
bezeichnete Tod Chriſti hat die Juden aus dem Fluche des Geſetzes
losgekauft, damit ſortan die Anſprüche des Geſetzes an die Juden
aufhören, und dieſelben mit den Heiden zuſammen der Abrahams=
Verheißung theilhaftig würden.

Zur richtigen Analyſe dieſes Gedankens gehört alſo, daß man
die oben ausgeführte Anſchauung des Paulus von dem Geſetze im
Auge habe. Weil aber das exegetiſche Verfahren ſo überaus ſtarkem
Einfluſſe der Erwartungen unterliegt, welche man von der dogmatiſchen
und allgemein theologiſchen Bedeutung eines zur Auslegung vor=
liegenden Ausſpruches hegt, ſo muß ich darauf hinweiſen, wie wenig
das traditionell theologiſche Intereſſe an dieſem Ausſpruch über Chriſti
Tod auf die Reproduction der geſammten Gedankenreihe des Paulus
gerichtet iſt. Daß das Geſetz, indem es durch die Engel und durch
den Mittler Moſes verordnet iſt, nur mittelbar Gottes Wille ſei,
dieſen Gedanken hat ſich die alte theologiſche Schule nicht angeeignet;
vielmehr gilt ihr das moſaiſche Geſetz als die Expoſition des ewigen
Willens und der weſentlichen Gerechtigkeit Gottes. Demgemäß wird

von den Auslegern der Fluch des Gesetzes als der Ausdruck des
göttlichen Zornes betrachtet, und der B. 13. so erklärt, daß Christus,
indem sein Tod den Charakter des Fluches an sich getragen, den
Zorn Gottes an sich erfahren und in dieser Beziehung die Stelle
der Uebertreter des Gesetzes eingenommen habe, so daß Gottes Strafurtheil durch das Aequivalent des unschuldig Sterbenden befriedigt
und die Schuldigen daraus entlassen worden seien. Man mag ja
mit Delitzsch überzeugt sein, daß dieser Zusammenhang der Gedanken
der Wirklichkeit entspreche; nur soll man nicht behaupten, daß damit
der Gedankengang des Paulus im Galaterbriefe richtig reproducirt
sei! Paulus erkennt in dem dritten Capitel des Briefes an die Galater im Gesetze eben nicht den unmittelbaren Ausdruck des ewigen
Willens Gottes; er kann also auch nicht die Fluchdrohung des Gesetzes gegen seine Uebertreter als den Ausdruck des göttlichen Zornes
ansehen. Allerdings ist der in B. 10. citirte Spruch aus 5 Mos.
27, 26. an dem ursprünglichen Orte sicherlich eine Drohung des
Zornes Gottes. Denn „wer nicht aufrecht erhält die Worte dieses
Gesetzes zu dem Zwecke, sie zu erfüllen," ist allerdings bundbrüchig
und deshalb dem Zorne Gottes verfallen, während die Bundestreue
die Absicht der Erfüllung des Gesetzes in sich schließt. Aber dieser
Umstand kann dem Gedankengange des Paulus nicht angerechnet
werden, welcher, indem er dem modificirten Texte der LXX. folgt,
gerade auf das apokryphische ἐμμένει ἐν πᾶσι τοῖς γεγραμμένοις das
Gewicht legt. Dadurch ist es bedingt, daß er den Fluch des Gesetzes
nicht nach dem Mangel der Absicht der Gesetzerfüllung, sondern nach
der Unvollständigkeit der zur Gesetzerfüllung dienenden Werke mißt.
Da dies nun ein Fall ist, der bei allen Juden, auch bei den Bun-
destreuen, angenommen werden darf, so verfährt Paulus seinem
Texte gemäß, indem er die Subsumtion auch derjenigen Juden unter
den Gesetzesfluch behauptet, die er unter keiner Bedingung dem Zorn
Gottes unterwerfen würde. Denn Paulus hält durchaus die Linie
der authentischen Vorstellung vom Zorne Gottes inne, daß derselbe
nur gegen specifischen Ungehorsam und Abfall von Gott sich richtet,
und nirgends spricht er es aus, daß das jüdische Volk im Ganzen
und durchgehends von dem Bunde mit Gott abgefallen sei. Oder
vielmehr, wenn er den quantitativ größeren Theil des Volkes als
verstockt bezeichnet (Röm. 11, 7.), so bemißt er diesen Zustand nicht
nach dem Verhalten der Israeliten zum alten Bunde (10, 2), sondern danach, daß sie auf das Anerbieten und die Bedingungen des

neuen Bundes nicht eingehen wollen (11, 26.). Also wie Paulus das Gesetz nicht als den unmittelbaren Ausdruck des eigentlichen göttlichen Willens betrachtet, so kann ihm der Fluch des Gesetzes über die unvollständige Erfüllung desselben durch Werke nicht als der Ausdruck des göttlichen Zornes über die Gesammtheit der Juden gelten; die Loskaufung aus dem Fluche des Gesetzes bringt also nach der Absicht des Paulus Christus nicht in die gewöhnlich angenommene Berührung mit dem Zorne Gottes. Wenn man an die Andeutungen im Briefe an die Kolosser sich erinnert, so könnte man vielmehr geneigt sein, die V. 12. angeführte Verheißung des Lebens für die Erfüller des Gesetzes, der die prophetische Verkündigung der Rechtfertigung aus dem Glauben (V. 11.) widerstreitet, und jene Fluchdrohung über die Unvollständigkeit der Gesetzerfüllung als Merkmale der Beschränktheit und der Abweichung der Gesetzgeber-Engel zu erkennen. Indessen kann diese Vermuthung nicht auf die Stufe genügender Gewißheit erhoben werden.

Für die Erklärung des V. 13. kommt es nun ferner darauf an, daß man das Prädicat Christi, κατάρα, nur nach der hinzugefügten Motivirung aus 5 Mos. 21, 23. verstehe und nichts hineintrage, was den einfachen und aus sich verständlichen Wortlaut übersteigt. Da ist nun zunächst in dem Citat die Auslassung der Worte ὑπὸ θεοῦ zu beachten. Daß Paulus sie absichtlich ausgelassen habe, wie Bähr annimmt, wird nicht bewiesen werden können; aber daß dieselben mit Wieseler im Sinne des Paulus ergänzt werden dürfen, muß ich im Hinblick auf die nachgewiesene Ansicht des Paulus von dem Werthe und Ursprunge des Gesetzes bestreiten. Es wird demgemäß anzunehmen sein, daß unter dem Einflusse dieser Ansicht vom Gesetze die Worte der Aufmerksamkeit des Paulus entgangen sind oder sich seinem Gedächtnisse nicht eingeprägt haben. Ferner beweist Paulus die Bedeutung des Todes Christi dem Gesetze gegenüber nur nach dem äußeren Umstande, daß derselbe durch Kreuzigung erfolgt und insofern durch das Urtheil des Gesetzes als mit Fluch beladen bezeichnet ist. Das Prädicat der Loskaufung der Juden aus dem Fluche des Gesetzes durch dieses Mittel wird nun von Christus ohne alle Beziehung auf die Opfervorstellung ausgesagt. Die Gedankenreihe in Kol. 2, 14. braucht weder ergänzt zu werden, um die vorliegende Aussage des Paulus verständlich zu machen, noch darf sie ergänzt werden. Der Gedanke des ἐξαγοράζειν wird einfach vollzogen an der Anschauung, daß Christus, der nicht durch Unvollständigkeit der

Gesetzerfüllung unter den Fluch des Gesetzes gekommen ist, durch seinen Kreuzestod denselben an sich erfahren hat, und nach der Regel, daß diese von ihm nicht verschuldete Erfahrung nur an der Stelle Anderer ihm zu Theil geworden sein kann. Indem also die Erfahrung vom Gesetzesfluch, die Christus in seinem Tode am Kreuze gemacht hat, demjenigen Fluche gleichartig ist, den das Gesetz den Juden droht, so wird die Forderung des Gesetzes an die Juden durch die Substitution der Flucherfahrung Christi befriedigt, die Juden also von der Fluchdrohung des Gesetzes freigelassen. An diesem Zusammenhang darf nicht gedeutelt werden. Weder ist der Begriff des Loskaufens in diesem Zusammenhange mit Hofmann darauf zurückzuführen, daß Christus es sich so viel habe kosten lassen, noch ist er mit der Anschauung des an Gott entrichteten λύτρον, noch mit den Gedanken der ἀπολύτρωσις oder des ἀγοράζειν in dem Sinne des Apokalyptikers, welche auf der Opfervorstellung fußen, zu confundiren. Eine Eintragung in den Text ist der Gedanke, daß der Gesetzesfluch seine Gültigkeit überhaupt verloren habe, weil er, indem er den unschuldigen Christus getroffen hat, seine Befugniß überschritten habe. Die Fragen, auf die wir nach unserer theologischen Bildung sogleich verfallen, ob eine Substitution des Unschuldigen für die Schuldigen in dem gesetzten Fall denkbar sei, ob der Fluch, der die Einen oder die Anderen trifft, bei jener Ungleichartigkeit zwischen ihnen als gleichartig gedacht werden kann, — hat sich Paulus offenbar nicht vorgelegt. Die inneren sittlichen Bedingungen der mit einander verglichenen Personen berücksichtigt er eben nicht, indem er das Verhältniß des Fluches zu den Juden und zu Christus nach den äußeren Merkmalen sich vergegenwärtigt, die ihm die Substitution Christi für die Juden denkbar machen. Die Gewohnheit des dogmatischen Interesses an dem Ausspruch wird sich freilich gegen das mir unumgänglich scheinende exegetische Resultat sträuben, daß Paulus in dem Satze nicht eine Centralidee seines christlichen Vorstellungskreises kundgiebt, sondern daß er in einer verhältnißmäßig äußerlichen Betrachtungsweise die Aufhebung des mosaischen Gesetzes mit dem Tode Christi verknüpft. Aber eben im Interesse der Exegese, d. h. eines wirklich geschichtlichen Verständnisses der heiligen Schriften, ist nichts stärker zu perhorresciren, als die durch die Gewohnheit des dogmatischen Gebrauches beherrschte Isolirung gewisser Sätze von ihrem nachweisbaren und unumgänglichen Zusammenhang und die Erwartung, daß jeder Ausspruch eines neutestamentlichen Schriftstellers gleichen Werth

für deſſen Ideenkreis und für unſere theologiſche Aufgabe hat. Gerade
in dem vorliegenden Fall hat freilich die dogmatiſche Tradition dem
Gedanken des Paulus von der Vermittelung des mosaischen Geſetzes
durch Engel keine Folge gegeben, indem der vulgär jüdiſche Typus der
Vorſtellung unverkennbar iſt. Wenn nun aber nachgewieſen iſt, daß
die Ausſage in B. 13. durch dieſen Gedanken beherrſcht iſt, ſo wird
die theologiſche Auctorität des Paulus, die wir in Hinſicht ſeiner Deu-
tung des Todes Chriſti wahrlich in umfaſſender Weiſe und mit aller
Aufrichtigkeit erläutert haben, nicht verkürzt, indem wir behaupten, daß
die vorliegende Aeußerung ſich auf eine äußerliche Anſchauung des
Todesereigniſſes und auf die äußerliche Vergleichung deſſelben mit den
Anſprüchen des Geſetzes an die Juden beſchränkt, ohne daß das innere
Verhältniß des freiwilligen Sterbens Chriſti zu Gott und zu den
Sündern in den Geſichtskreis des Schriftſtellers tritt.

Wie wenig dieſe Vorſtellung innerhalb des Zuſammenhanges der
Pauliniſchen Ideen einwirkt, erkennt man daraus, daß Paulus im
Briefe an die Koloſſer und in dem an die Römer (7, 1—6.) für
die Aufhebung des Geſetzes durch Chriſtus ganz andere Vermittelungsgedanken geltend macht und an der letzteren Stelle offenbar das
Verhältniß der Taufe zum Tode Chriſti (6, 1—7.) in Anſchlag
bringt. Auch die beiden Ausſprüche: ἠγοράσθητε τιμῆς (1 Kor. 6,
20.; 7, 23.) haben nur eine entfernte Analogie zu dem Ausſpruch
von der Loskaufung vom Geſetzesfluch durch den Tod Chriſti. Ohne
Zweifel bezeichnet der Preis das in den Tod gegebene Leben Chriſti.
Als der gegenwärtige Beſitzer der Gläubigen iſt Gott gedacht, und
indem die Erwerbung derſelben für Gott als der gemeinte Gedanke
hervortritt, erklären ſich die Folgerungen: δοξάσατε δὴ τὸν θεὸν ἐν
τῷ σώματι ὑμῶν (6, 20.) und: μὴ γίνεσθε δοῦλοι ἀνθρώπων (7,
23.). Wer nun aber als der frühere Beſitzer und wer als das Subject des Kaufes gedacht iſt, iſt nicht ausgeſprochen. Wenn man ſich
danach richtet, daß der Kaufpreis nicht zugleich als das Subject des
Kaufes vorgeſtellt iſt, ſo iſt als das letztere Gott zu denken, der den
Tod Chriſti angeordnet hat (Röm. 8, 32.; 5, 8.). Dann iſt die
Anſchauung von der Opfervorſtellung unabhängig und nicht mit
Offenb. Joh. 5, 9. zu confundiren (ſ. ob. S. 256.). Als der frühere
Beſitzer der Gläubigen iſt aber keineswegs der Geſetzesfluch zu ergänzen, einmal weil die paränetiſchen Folgerungen aus dem Satze gar
keinen Vergleichspunkt mit jener Macht darbieten, dann auch, weil
dieſelbe im Sinne des Paulus nur Beziehung auf die Juden hat,

nicht aber auf die unterschiedslos angeredeten Juden und Heiden in
der Gemeinde zu Korinth. Es wird auch schwerlich entschieden werden
können, ob überhaupt ein früherer Besitzer, also die Sünde als ein=
heitliche Macht (wie Röm. 6, 10. 17 ff.), klar gedacht oder ob der
active Sündenstand, in der Mehrheit der Verfehlungen, vorausgesetzt
ist (wie 1 Petr. 1, 18.; Tit. 2, 14.). Im letzteren Fall würde frei=
lich der Begriff des Kaufens abgestumpft. Wenn hingegen die Vor=
stellung durch den Satz Röm. 6, 10. ergänzt würde, daß Christus in
Beziehung auf die Sündenmacht einmal für allemal gestorben ist, so
würde die Vorstellung des Kaufes in folgender Anschauung begründet
sein. Indem Christus durch sein Sterben unter die Macht der Sünde
kam, die durch den Tod ihre Herrschaft ausübt (Röm. 5, 21.), ist er
an die Stelle der der Sündenmacht unterworfenen Menschen getreten,
so daß diese für jenes Aequivalent entlassen worden sind. In dieser
Gestalt würde das Thema der patristischen Theorie von Paulus ge=
dacht sein, wenn wir ihm die präcise Ergänzung der unvollständigen
Anschauung zumuthen dürfen. Wenn aber schon dies immer ungewiß
bleiben muß, so ist wenigstens sicher, daß Paulus jenen Satz weder
auf ein Recht der Sünde auf Entschädigung für die zu entlassenden
Menschen, noch auf die Gerechtigkeit Gottes, der ein solches Recht
anerkannt hätte, zurückgeführt hat. Seine Anschauung beschränkt sich
auf die äußere Vergleichung des Todes Christi als Unterwerfung
desselben unter die Sündenmacht mit dem Bewußtsein der Gläubigen,
durch Christi Tod dieser Macht entzogen zu sein. Wer mehr hinter
den Worten des Paulus sucht, setzt fälschlich voraus, daß der Apostel
jeden seiner Gedanken nur in einer verstandesmäßigen Vermittelung
aller möglichen Momente desselben besessen habe, während eine solche
systematische Gebildetheit ihm überhaupt fremd ist, und er in unzäh=
ligen Fällen Bilder aufstellt, welche der gemeinten Sache nur in einer
gerade für den Moment brauchbaren Beziehung entsprechen.

In der nächsten Verwandtschaft mit der eben erörterten Vorstel=
lung steht diejenige, daß Christus durch sein Sterben die Todesmacht
vernichtet habe (2 Tim. 1, 10.), oder ausführlicher, daß er durch
seinen Tod den vernichten sollte, der die Gewalt über den Tod hat,
das ist den Teufel, und alle diejenigen befreien, welche durch Furcht
vor dem Tode während ihres ganzen Lebens der Knechtschaft verhaftet
waren (Hebr. 2, 14. 15.). In den patristischen Reflexionen über den
Tod Christi durchkreuzen sich immer die beiden übrigens unvereinbaren
Vorstellungen von einem Sieg Christi über den Teufel und von seiner

Ueberantwortung an denselben als Lösepreis für die Menschen. Aber soweit eine wie die andere Vorstellung im Neuen Testament angedeutet ist, haben sie ihre Analogie darin, daß sie unabhängig von der auf Christi Tod angewendeten Opfervorstellung sind. Bleek erklärt zu der Stelle des Briefes an die Hebräer, daß, da Christus als Sühnopfer zur Tilgung der Sünde gestorben ist, der noch fortdauernde Tod für die Gläubigen nicht mehr als Sold der Sünde gelten könne, also die Furcht vor demselben habe aufhören müssen. Hiermit ist jedoch nur die zweite Wirkung des Todes Christi erklärt, nicht die erste, und jene ist gewiß nicht richtig erklärt, da die Befreiung von der Todesfurcht jedenfalls als Folge der Vernichtung des Teufels und nicht etwa eine umgekehrte Reihe beider Wirkungen gemeint ist. Es kommt für die Erklärung darauf an, daß man die Grundanschauung von Tod und Teufel gewinne, welche der Schriftsteller gehegt hat, indem er die bestimmte Wirkung Christi durch seinen Tod ausgesprochen hat. Der Teufel gilt als der Gewalthaber über den Tod, weil er der beständige Urheber des Sündigens ist, dessen Folge der Tod ist (vgl. Weish. Sal. 2, 24.; Röm. 5, 21.). Die Herrschaft des Teufels und des Todes über die Menschen als Sünder ist eine absolute und unbeschränkte. Jedes Reich besteht aber nur, so lange seine Gesetze innerhalb seines Umfanges ausnahmslos gelten. Nun ist aber Christus in das Reich des Todes eingetreten, ohne die regelmäßige Bedingung zu erfüllen, d. h. als Sünder einzutreten. Diese Ausnahme im Todesreich ist also schon der Act der Vernichtung desselben oder des Teufels. Diese Bedeutung der Ausnahme, die Christus im Todesreich bildet, bewährt sich nun ferner auch in der Wirkung auf die bisherigen Unterthanen des Teufels, welche als solche durch die fortwährende Furcht vor dem Tode bezeichnet sind. Diese werden eben von der Herrschaft, die sie fürchten, befreit, indem sie von demjenigen an sich gezogen werden, der die Ausnahme im Todesreich bildet und deshalb selbst von der Herrschaft des Teufels auch im Tode frei ist. Im Vergleich mit dieser befreienden Wirkung Christi könnte seine eigene Ausnahmestellung im Todesreiche blos als die Potenz der Vernichtung des Teufels, und erst die davon abgeleitete Befreiung der bisherigen Unterthanen des Teufels als dessen wirkliche Vernichtung erscheinen. Allein wegen der Gewißheit dieser Folge wird eben schon der erste, blos auf die Ausnahmestellung Christi bezogene Act als vernichtend für den Teufel dargestellt, und die Ausdehnung der Ausnahmestellung Christi auf die von ihm

Befreiten gilt mit vollem logischen Recht als die in die Augen fallende
Erscheinung des Sieges Christi über den Teufel. Diese Vorstel-
lungsreihe unterscheidet sich endlich von der Auffassung Christi als
Kaufpreis so, daß bei dieser der Tod Christi als göttliches Verhäng-
niß über ihm, nach jener als freiwillige active Leistung erscheint. Die
Auslassung des Pronomen bei διὰ τοῦ θανάτου deutet auf die Vor-
stellung, daß, indem Christus absichtlich, freiwillig stirbt, er sich des
Todes als eines Mittels, dessen er an sich mächtig ist, zu seinem
Siegeszweck bedient. Außer anderen Eintragungen anderer Ausleger
ist es also auch eine Eintragung, wenn Hofmann [1]) bei dieser Gelegenheit davon schreibt, daß Satan den Tod dem widerfahren ließ, den
Gott dazu bestellt hatte, Urheber des Lebens zu werden. Von einem
„Widerfahrniß" des Todes Christi ist hier ebenso wenig die Rede
als von einem Kampfe mit dem Satan oder mit dem Zorne Gottes,
den die mythenbildende Phantasie von Delitzsch der von Christus aus-
gesagten Vernichtung des Satans vorhergehen läßt.

Es ist noch eine Betrachtungsweise des Leidens und Sterbens
Christi im N. Test. übrig, die Zurückführung seiner Heilswirkung
auf den Typus des Knechtes Gottes. In erkennbarer Absicht ist diese
Combination 1 Petr. 2, 21—25. vollzogen. Aber weder ergeht sich
der Apostel an dieser Stelle seines Briefes in ausdrücklich lehrhafter
Weise, noch in vollständiger Zusammenfassung aller Elemente des pro-
phetischen Bildes vom Leiden des Knechtes Gottes, noch auch in au-
thentischer Reproduction des Charakterzuges, den er überhaupt auffaßt.
Der Zusammenhang ist der, daß den Sclaven aus dem Beispiele
Christi ihr Beruf begründet werde, daß sie auch unter unverdienten
Plagen harter Herren geduldig und pflichttreu ausharren. Zu diesem
Zweck (V. 21.) wird das Vorbild des Sündlosen und im unverdienten
Leiden Geduldigen mit Worten des zweiten Jesaia (53, 9.) und mit
Anspielung auf die Forderung Christi (Matth. 5, 44.) beschrieben
(V. 22. 23.), dann die zur Nachahmung verpflichtende Bedeutung des
Todesleidens Christi wiederum mit Worten des zweiten Jesaia (53,
11. 12. 5.) hervorgehoben (V. 24.) und die Befähigung der Christen
zur Nachahmung des Beispiels Christi hinzugefügt (V. 25.), die in
Folge seines Todesleidens feststeht. In V. 24. geht nun zunächst das
Prädicat Christi, ἀνήνεγκε τὰς ἁμαρτίας ἡμῶν, auf die gleichartige
Aussage über den leidenden Knecht Gottes zurück. Es ist die Deu-

---

[1]) A. a. O. S. 389.

tung des Leidens desjenigen, der ſolches nicht ſelbſt verſchuldet hat. Indem nämlich das den Unſchuldigen und Sündloſen treffende Uebel die Folge der Sünden derer iſt, mit denen jener in ſittlicher Gemeinſchaft ſteht, trägt er die fremden Sünden ſelbſt, wie eine ihm aufgelegte Laſt. In Folge deſſen, erklärt der Prophet, ſind die Sünder geheilt worden, ohne daß ausgeführt würde, wie jenes Mittel zu dieſem Zwecke gedient hat. Indem nun Petrus dieſen Erfolg des unſchuldigen Leidens Chriſti mit den Worten des Propheten οὗ τῷ μώλωπι ἰάϑητε anerkennt, hat er durch Hinzuſetzung weniger Worte zum Gedanken des ἀναφέρειν ἁμαρτίας eine beſtimmte Art der Vermittelung bezeichnet, zugleich aber den prophetiſchen Sinn jener Formel eigenthümlich verändert. Chriſtus τὰς ἁμαρτίας ἡμῶν ἀνήνεγκεν ἐν τῷ σώματι αὐτοῦ ἐπὶ τὸ ξύλον. Die Veränderung des Verbalbegriffes, welche durch die Hinzufügung des räumlichen Zieles hervorgebracht wird, iſt freilich im Vergleich mit dem Gedanken in Jeſ. 53, 11. 12. nicht ſo ſtark, daß Petrus das Verbum nicht mehr im Sinne von נָשָׂא, ſondern im Sinne von הֶעֱלָה dächte, daß er mit Hebr. 13, 10. das Kreuz als Gegenbild des Altares und daß er die Sünden, die Chriſtus auf das Kreuz hinauftrug, als Opfer gedacht hätte. Denn eine ſo grobe Mißdeutung des altteſtamentlichen Gedankens vom Opfer iſt dem Petrus nicht zuzutrauen. Sondern wie das unverdiente Leiden das Tragen fremder Sünde iſt, ſo ſchließt das körperliche Leiden des Gekreuzigten in ſich, daß Chriſtus auch am Kreuze die fremden Sünden getragen, alſo in Anlehnung an die Anſchauung der Ortsveränderung, die ſein Leib in der Hinrichtung erfuhr, daß er die fremden Sünden, die er trug, mit an das Kreuz hinaufgenommen hat. Wenn nun dieſe Handlung, die der eigentliche Inhalt des „Widerfahrniſſes“ Chriſti iſt, den Zweck hat, ἵνα ταῖς ἁμαρτίαις ἀπογενόμενοι τῇ δικαιοσύνῃ ζήσωμεν, ſo iſt dabei die Vermittelung gedacht, daß die Vernichtung des leiblichen Lebens Chriſti im Tode am Kreuz zugleich die Vernichtung der von ihm getragenen fremden Sünden iſt, ſo daß die deren Schuldigen von denſelben getrennt und auf den Zweck, Gerechtigkeit zu üben, hingewieſen ſind. Indem dieſe Folge des Todes Chriſti zugleich als die Heilung und als die Zurückführung der bisher irre gehenden Schafe zu ihrem Hirten, Gott, vorgeſtellt wird (V. 25.), iſt ſowohl die Pflicht als auch die Befähigung der Gläubigen, Gerechtigkeit zu üben, genügend begründet, — alſo auch insbeſondere die Pflicht der Sclaven, unter unverdienten Plagen ihrer Herren auszuharren.

In complicirterer Verbindung steht die Anspielung auf den Typus des Knechtes Gottes Hebr. 9, 28: Χριστὸς ἅπαξ προςενεχθεὶς εἰς τὸ πολλῶν ἀνενεγκεῖν ἁμαρτίας ἐκ δευτέρου χωρὶς ἁμαρτίας ὀφθήσεται τοῖς αὐτὸν ἀπεκδεχομένοις εἰς σωτηρίαν. Delitzsch hat vollkommen Recht, indem er es als einen corrupten Gedanken bezeichnet, wenn man mit Kirchenvätern die Angabe des Zweckes von προςενεχθεὶς so verstehen wollte, daß die Sünden der Menschen in der Person Christi das eigentliche Object der Darbringung an Gott seien. So vom Verständniß alttestamentlicher Ordnungen verlassen, wie die heidenchristlichen Väter, ist eben der Verfasser des Briefes an die Hebräer nicht. Ebenso berechtigt ist Delitzsch, indem er die Bedeutung „fortschaffen" von dem Worte ἀνενεγκεῖν abwehrt. Aber indem nur die Bedeutung „tragen" gerechtfertigt ist, so ist dies doch nicht, wie es von Delitzsch geschieht, sogleich mit „büßen" zu vertauschen; denn dies ist nicht anders zu verstehen, als daß die Leiden, welche die Folge fremder Sünden sind, an der Person des Unschuldigen selbst S t r a f e derselben wären. Diese Wendung ist aber weder durch das Wort noch durch den Zusammenhang der Schilderung des Propheten begründet. Vielmehr dient die Formel dazu, um anschaulich zu machen, daß in Christus die Bestimmung zum Opfer und das unverdiente, durch fremde Sünden veranlaßte Leiden zusammenfallen. Dafür spricht erstens, daß schon von B. 26. an der Zusammenhang durch diesen Gedanken geleitet ist, ferner daß die Formel χωρὶς ἁμαρτίας, welche den directen Gegensatz gegen jene bildet, nur auf die Anschauung der Leidenlosigkeit des als Richter wieder erscheinenden Christus führt, die freilich wiederum nach dem Maaßstabe bezeichnet ist, daß dann Christus keine fremde Sünde auf sich nimmt. Unter diesen Umständen liegt eine Schwierigkeit nur in der Verknüpfung von προςενεχθεὶς und ἀνενεγκεῖν ἁμαρτίας durch den Zweckbegriff. Wenn unsere Deutung dieser Worte richtig ist, so ist in ihnen nicht der eigentliche Zweck, sondern nur ein wesentliches Merkmal des Opfers Christi bezeichnet. Durch diese Ueberlegung kann freilich unsere Deutung der Formel nicht erschüttert werden, da es eben unmöglich ist, mit Chrysostomus die fremden Sünden als Object der Darbringung an Gott zu verstehen. Aber man sollte erwarten, daß der Verfasser geschrieben hätte: ὁ Χριστὸς ἀνενεγκὼν πολλῶν ἁμαρτίας ἐν τῇ ἑαυτοῦ προσφορᾷ κτλ. Indem jedoch der Verfasser so geschrieben hat, wie es vorliegt, ist er dem Eindrucke des ἅπαξ gefolgt, welches in der Vergleichung (B. 27. 28.) hervorsticht. „Wie den Menschen bevorsteht, e i n m a l zu sterben, danach das Gericht",

ſo konnte nicht das Sündetragen und Leiden Chriſti auf einen in ſich
geſchloſſenen Zeitmoment reducirt werden, ſondern nur das Geopfert=
ſein. War nun aber wegen des ἅπαξ das προςενεχθείς zum Haupt=
begriff geworden, ſo konnte das mit der Opferung zuſammentreffende
Merkmal des Sünde=Tragens oder Leidens ſein bem Zuſammenhange
entſprechendes Gewicht nur gewinnen, indem es als ein Zweck der
Opferung bezeichnet wurde. Denn an ſich iſt das Geopfertwerden
Chriſti und das Sterben der Menſchen nicht vergleichbar, ſowie das
Gericht über die geſtorbenen Menſchen und die Wiedererſcheinung
Chriſti mit einander verglichen werden können. Nur indem am Opfer
Chriſti das Merkmal hervorgehoben wird, daß er in ſeiner Opferung
ſeine Beſtimmung zu leiden erreicht hat, freilich nur unſchuldigerweiſe
durch Ertragung der Folgen fremder Sünde, kann dieſes in das ein=
malige Opfer eingeſchloſſene Leiden dem einmal bei jedem Men=
ſchen eintretenden Tode gegenübergeſtellt werden.

Es iſt ein ſehr reichhaltiges Gebiet von Vorſtellungen, welches
wir durchmeſſen haben. Die Vielſeitigkeit der aus dem Neuen Teſta=
ment uns entgegengetretenen Anſchauungen von der Heilswirkung des
Todes Chriſti für die Gläubigen würde ſich freilich uns nicht auf=
geſchloſſen haben, wenn wir nicht geſtrebt hätten, die exegetiſch-hiſto=
riſche Aufgabe von den Einflüſſen der dogmatiſchen frei zu halten.
Dürfte ich das Zutrauen hegen, daß in dieſer Hinſicht der Erfolg der
Abſicht entſpreche, ſo könnte die gewonnene Ordnung der exegetiſchen
Reſultate die Stellung des Thema für die dogmatiſche Erkenntniß des
Gegenſtandes nur erleichtern und vor Fehlern ſichern. Im Allgemeinen
laſſen ſich die neuteſtamentlichen Ausſagen in zwei Gruppen ſondern,
die ihrem Umfang und ihrer Bedeutung nach ſehr ungleich ſind. Die
erſte Gruppe von Ausſagen folgt dem Grundgedanken, daß der Tod
Chriſti das Mittel iſt, durch welches derſelbe ſein Leben an Gott hin=
giebt. Unter dieſen Geſichtspunkt fällt die eigene Ausſage Chriſti von
ſeinem Leben als λύτρον, ferner die von dem Herrn ſelbſt und von
allen Schriftſtellern des Neuen Teſtamentes, ausgenommen Jacobus
und Judas, vertretene Vorſtellung von ſeinem Opfer. Dieſem Ge=
danken ließen ſich, abgeſehen von den aus dem Alten Teſtament ver=
ſtändlichen Wirkungen, auch die Begriffe der ἀπολύτρωσις und der
καταλλαγή unterordnen. Die andere Gruppe von Ausſagen folgt dem
Grundgedanken, daß das Leben Chriſti in die Richtung auf Größen
geſtellt wird, die in verſchiedener Abſtufung Gott entgegengeſetzt ſind,

auf den Fluch des Gefetzes, auf die Sünde als Macht, auf den Teufel
als Herrn des Todes. Endlich beziehen zwei Anspielungen des Petrus
und des Verfassers des Briefes an die Hebräer das Leiden Christi
auf den deuterojesaianischen Typus des Knechtes Gottes. So tief die
Opfervorstellung in das Verständniß der Eigenthümlichkeit Christi hin-
einweist, so sehr halten sich die Aussagen der zweiten Gruppe an die
äußerliche Seite des Todesereignisses.   Hingegen der Typus des
Knechtes Gottes, in wie geringem Maaße er auch nur herangezogen
ist, dient zu einer werthvollen Ergänzung der Opfervorstellung, welche
in der dogmatischen Lehre vom Werke Christi zum Zweck der ethischen
Analyse der Opfervorstellung nicht unbeachtet bleiben darf.

Die Idee des theokratischen Königs.

Mit besonderer Rücksicht auf die Königspsalmen.

Von

Prof. Dr. **Diestel** in Greifswald.

I.

Indem man noch heute gewohnt ist, die reiche Fülle der theokratischen Hoffnungen des Alten Testaments in dem Ausdrucke „messianische Idee" zusammenzufassen, öffnet man nur zu leicht einem Irrthum Thür und Thor, welcher der richtigen theologischen Erkenntniß
Gefahr bringt oder mindestens ihrer Entfaltung Hindernisse entgegen-
wirkt. Zu leicht nämlich bleibt man in der Meinung hangen, daß
der eigentliche Centralpunkt aller jener Hoffnungen der persönliche
Messias gewesen sei, — eine Ansicht, die ebenso sehr der unkritischen
Tradition entspricht, als sie dem einfachen Ueberblicke über den
Reichthum jener prophetischen Hoffnungen widerspricht. Die richtige
Ansicht ist indeß schon oft ausgesprochen worden; noch erfreulicher ist
die Wahrnehmung, daß dieselbe mehr und mehr festen Fuß zu gewinnen scheint — selbst unter Gelehrten von sonst sehr abweichenden
Grundsätzen und verschiedener Forschungsart. Man sieht es ein, daß
der innerste Kern und Mittelpunkt der „messianischen Idee" (denn
mit den nöthigen Cautelen dürfen wir wohl diesen Ausdruck beibehalten) bestehe in der Bewahrung und Vollendung des im
Volke Israel gestifteten Gottesreiches (und des mit ihm
geschlossenen Bundes) durch Jehovah. — In dieser Formel ist
schon ausgedrückt, wer nach dem einhelligen Zeugnisse aller Propheten als der wesentliche und alleinige Urheber, wie jeden, so auch
des messianischen Heiles gedacht worden sei. Es ist Jehovah, und
nicht der künftige Davidssohn. Wir nehmen erfreut Act davon, daß
z. B. Delitzsch in seiner Auslegung der Psalmen dieser Wahrheit
oft einen sehr bestimmten Ausdruck gegeben hat. Der Beweis dieses
Satzes (der hier nicht unsere Aufgabe ist) läßt sich ungemein leicht
führen: man vergleiche nur einmal die messianische Idee bei Jeremias
mit der bei Jesajas: hält man einseitig daran fest, daß die immer

genauere Ausführung des Bildes vom persönlichen Messias Aufgabe oder Ziel der Prophetie, soweit sie über die letzte Zukunft redet, sei, so müßte man einen bedenklichen Rückschritt bei dem späteren Propheten statuiren, d. h. die wahre Sachlage auf den Kopf stellen. Ohne eine völlige Klarheit in diesen Grundanschauungen, ohne den Muth zu allen richtigen Folgerungen — hat der theologische Streit über Messianität einzelner Stücke des Alten Testaments die beste Aussicht, endlos zu bleiben und sich noch mehr zu verwirren. Auf der einen Seite giebt man richtig zu, daß das gesammte Alte Testament „messianisch" genannt werden könne, insofern es durch seine progressive Entwickelung die Stufen liefert zu dem Baue, auf dessen Spitze der Neue Bund sich erheben sollte. Andererseits ist man doch wieder mit Aengstlichkeit bemüht, in möglichst vielen Stellen eine directe Weissagung „Christi" zu finden, gleich als wenn ohne dieselben alles Andere nur (heilsgeschichtlich) werthlose Schlacke sei. Freilich nahm dies Mißverständniß seinen Ausgang von Auffassungen des reformatorischen Zeitalters. Man wollte dem „Evangelium" Ewigkeit vindiciren; und sowie man in den Vätern emsig nach der allein rechten Lehre von der Rechtfertigung suchte, so mußte die reine Lehre von Christus schon im Paradiese verkündigt und von da durch alle Generationen fortgepflanzt worden sein [1]). Der organische Zusammenhang beider Testamente ward nur als wesentliche Identität verstanden; die geschichtliche Einheit ward zur dogmatischen verkehrt. Die lutherische Orthodoxie kümmerte sich noch weniger um das Ganze der Schrift; das Alte Testament diente nur, um einzelne Beweisstellen herauszugreifen; nur von „Christologie", nicht von messianischer Hoffnung konnte die Rede sein. Einen gewissen Tenor, einen Schatten von Entwickelung in der Reihenfolge der „messianischen Stellen" herauszufinden, mußte schon für Fortschritt gelten (Crusius), noch heute wagen Viele lieber einen Schritt rückwärts als vorwärts; und so überkommt den unbefangenen Beobachter leicht eine Art von Mitleid beim Anblicke dieser oft geschäftigen, meist nicht ungelehrten Danaiden.

Was Viele abhält, den Forschungen der neueren Theologie in unserer Frage vertrauend entgegenzukommen, ist der Wahn, damit auch entweder die messianische Idee fast ganz beseitigen oder ihr doch einen relativ sehr jungen Ursprung zuweisen zu müssen. Allein das erste Glied dieser Alternative gehört der rationalistischen Reaction an,

---

[1]) Vgl. Jahrb. VII, 716 ff.

die bald ein Menschenalter hinter uns liegt, das andere aber ist mit Mißverständnissen aller Art umgeben. Die Entstehung der recht spe= cifischen Messiasidee datirt selbst Ewald aus dem Anfange des neunten oder Ende des zehnten Jahrhunderts[1]). Dies gilt jedoch nur von dem Kreise von prophetischen Hoffnungen, die wir im engeren Sinne „messianisch" zu nennen gewohnt sind. Recht verstanden dürfen wir den Satz wagen: die messianische Idee war zu allen Zeiten ein integrirendes Element des wahren Glaubens an Jehovah. Denn stets gehörte es zum rechten Glauben, nicht nur auf Grund des geschlossenen Bundes sein Vertrauen auf Jehovah allein zu setzen, sondern auch gläubig zu hoffen, daß derselbe Israel bewahren und vollenden werde, also ein größeres Heil in der Zukunft schaffen, als die Gegenwart darbot. Die Art dieses Heiles und der Inhalt dieser Vervollkommnung mußte natürlich wechseln auf den verschiedenen Stufen der Geschichte. War es bei Abraham Bildung eines großen Volkes, so unter Mose die Führung des Volkes nach Canaan sowie Schutz und Pflege aller höheren Keime und geist= lichen Güter, deren Träger dasselbe sein sollte. Später galt es die Bewahrung des Davidgeschlechtes, Einheit des Reiches oder Herstel= lung echter Könige und echter Propheten, wodurch Gerechtigkeit, Friede und Gottesfurcht allein im Volke dauernd bleiben konnten. Und diese Hoffnung (die man nicht „subjectiven Wünschen" gleich stellen darf, wie es Hengstenberg in seiner Polemik gern thut) war deshalb religiöser Glaube, weil das Heil nicht von selbst „sprossen" konnte, sondern That Jehovahs sein mußte. Verschmähen wir es, von jenem festen Grundbegriffe aus die mannigfachen, heilsgeschichtlich noth= wendigen Wandlungen der theokratischen Hoffnung zu begreifen, so bleibt uns nur übrig, den klaren Text der Schrift zu verdrehen und die dogmatisch gefärbten Gläser fester aufs Auge zu drücken oder aber das echte religiöse Lebensblut des Alten Bundes nach Einer Seite hin völlig zu verkennen.

Mit jenem Irrthum, als ob die Idee des persönlichen Messias stets den Kern aller höheren Hoffnungen gebildet habe und bilden müsse, hängt eine noch immer stark wuchernde Unterscheidung zusam= men, mit welcher man die Arten der messianischen Stellen begreifen oder vielmehr besser rubriciren zu können glaubt: ich meine die Ein= theilung in direct= und typisch=messianisch. Die letztere Fassung

---

[1]) Vgl den schönen Abschnitt in der Geschichte des Volkes Israel, III, 481 ff.

setzte schon Theodorus von Mopsuestia der damals gäng und gäben Ansicht entgegen, die nur direct Christologisches anerkannte; aber schon Theodoret von Kyros bog sehr entschieden in das kirchlich ausgefahrene Geleise, auf den breiten Weg der Tradition ein. Und so blieb es bis in die Zeiten des Deismus und Rationalismus, wo überhaupt die Richtigkeit der Weissagungen stark angefochten wurde: die wirklich erfüllten mußten nach dem Erfolge erdichtet sein. Die bloße Wiederherstellung jener einseitig christologischen Auffassung vermochte selbstverständlich nicht Neues zu schaffen und tiefere Erkenntniß zu gewähren: den Typus beschränkte man auf Personen, Sachen, Institutionen, zu dem Zwecke, um die gesammte individuelle Besonderheit der alten Bundesreligion aufzulösen und gleichsam messianisch flüssig zu machen: denn auch im Cultus fand man unzählige „Vorbilder Jesu Christi" (Lundius, Lange, Hiller und Andere). — Eine positive Reaction gegen diese fast nur christologische Richtung geschah ohne einen neuen schöpferischen Gedanken: der Typus sollte ausschließlich dominiren. Man entging dadurch der herben Nothwendigkeit, aus unzähligen Stellen eine directe Messianität zu erpressen und mit Willkühr die ersten hermeneutischen Principien außer Kraft zu setzen. Was wurde als Ersatz geboten? Nun sollte das Volk Israel der erwählte Leib der Gottesoffenbarung sein, der sich nach und nach zu Einer Persönlichkeit zusammenzieht; die Offenbarung selbst ist Geschichte — flugs wandte man den Satz um: alles geschichtlich Gewordene in Israel sei eine directe Bildung und Offenbarung Gottes als Vorstufe zum Christenthum; alle Hauptträger und alle Hauptmomente der Geschichte zeigen messianisches Gepräge. Diese Aufgabe gewährte einen unerschöpflichen Quell zu geistreichen Combinationen; nur schade, daß man in dem Eifer darzustellen, was jene geschichtlichen Einzelnheiten bedeuten sollten, gar zu sehr den Nachweis dessen vergaß, was sie wirklich gewesen sind. Das forschende Auge blieb überwiegend auf den Gipfel, „das Ende der Tage", gerichtet: wie natürlich, daß da die Erkenntniß dessen, was unmittelbar zu den Füßen lag, wesentlich zurückblieb, daß über den Aehnlichkeiten die Unterschiede zu kurz kamen. Die erste Regel aller Forschung, verschiedene Gesichtspunkte reinlich zu sondern und erst dann zu combiniren, ward vernachläßigt: die trübe Mischung von Geschichte des Volks und Geschichte der Religion erzeugte nur einen Schein besserer Erkenntniß, nur eine sternenreiche Dämmerung, die vor dem helleren Tageslichte verfliegt.

Daran leidet überhaupt die Vorstellung des Typus. Bei sehr Vielen ist sie nur ein Nothbehelf, vorzüglich um der Collision zwischen Hermeneutik und einer mißverstandenen Auctorität des Neuen Testaments zu entgehen. Die Stelle, welche man nicht süglich direct-messianisch deuten darf, muß dann wenigstens „typisch" sein: das Wort hilft, wo der Gedanke fehlt. Aber sehen wir auch von diesen Nothfällen ab, so wird das Wesen des Typus selten recht erkannt. Typus bezeichnet (natürlich nicht grammatisch, sondern technisch angewandt) die Umrisse einer religiösen Erscheinung oder einer Idee, welche einer anderen höheren Erscheinung ähnlich sind. Jedoch hat diese Aehnlichkeit nur dann Werth, wenn sie nicht zufällig ist, sondern wenn beide Erscheinungen, die niedere wie die höhere, auf derselben Linie und demselben Gebiete der religiösen Entwickelung liegen, d. h. sie müssen in einem directen organisch-geschichtlichen Zusammenhange stehen. Das Letztere ist mithin die Voraussetzung, unter welcher allein jene Aussage von Typus einige Berechtigung und also auch Werth hat. Genau gesehen, birgt jedoch diese Voraussetzung selbst den ganzen Werth wissenschaftlicher Erkenntniß in sich. Denn jene typische niedere Erscheinungsform bleibt ja als solche unverstanden, mithin zu einem sicheren Vergleiche ungeeignet, wenn sie nicht vorab in ihrem besonderen Gebiete und in ihrem geschichtlichen Stadium gründlich untersucht und begriffen ist. Und ebenso ist es mit der höheren. Mithin läßt sich nicht einsehen, welche neue Erkenntniß für die eine und die andere Erscheinung uns zuwachsen sollte, nachdem beide erstens für sich, zweitens in ihrem organischen Zusammenhange begriffen sind, d. h. nachdem die Voraussetzungen und Vorbedingungen erledigt sind, unter denen allein die Rede von Typus werthvoll sein könnte, unter denen allein die Wahrnehmung von gewissen Aehnlichkeiten vor blendenden Trugschlüssen zu bewahren im Stande ist. Ueberdies — was sollen diese sporadischen Vergleichungen? Diese ganze Thätigkeit fällt zunächst in das Gebiet der „comparativen Religionsgeschichte" oder aber an den resumirenden Schluß der „biblischen Theologie", welche den übereinstimmenden Wahrheitsgehalt der testamentischen Offenbarungen übersichtlich zusammenstellt. Hier findet alle wirkliche Wahrheit, die jenen „Typen" zu Grunde liegt, ihren allein richtigen wissenschaftlichen Ort.

Wie berechtigt wir zu dieser Darlegung waren, weiß Jeder, der die Frage von der „Messianität der Psalmen" zum Gegenstande der Forschung gemacht hat. Denn hier gerade bringt man den Typus

am liebsten in Anwendung und, wie gesagt, meist weder in dem rich=
tigen Sinne noch auch in jenem großartigen Maaßstabe, den wir
vorhin kurz entwickelten. Gegenwärtig handelt es sich hier nicht um die
Messianität aller Psalmen, sondern nur eines kleinen Theiles derselben,
derer, welche die Schilderung oder den Preis des theokratischen Königs
zum Gegenstande haben. Da wir die Polemik nicht lieben, versagen wir
uns auch eine sonst lockende Prüfung der Anschauungen von Hupfeld oder
von Delitzsch [1]). Der Verlauf der Abhandlung wird noch Gelegen=
heit bieten, unsere Stellung zu den Ansichten dieser Gelehrten näher
zu bestimmen. Und will man einen Namen für unsere zu entwickelnde
Anschauung, so wird sie weder direct=christologisch noch typisch noch
real=historisch heißen können, — am ehesten noch die religions=
geschichtliche.

Treten wir nun unserer Aufgabe näher und fragen wir zunächst
nach den Kriterien, nach denen die Messianität der einzelnen
Stellen bestimmt werden könne: so werden dem Exegeten sogleich durch
die Berufung auf die Auctorität des Neuen Testaments die Hände
geführt oder vielmehr gebunden. Was zunächst Christus selbst an=
geht, so erkannte er sicher der alttestamentlichen Offenbarung göttliche
Auctorität zu; ja er fand auch in der Schrift seine ganze Lebens=
bahn gleichsam vorgezeichnet, und indem er hier den innersten gött=
lichen Willen in einer schlechthin einzigen Weise erkannte, ward für
ihn die Erfüllung seines eigenthümlichen Berufes auch eine Er=
füllung der heiligen Schrift [2]). Allein zugleich läßt er es deutlich

---

[1]) Noch weniger fühlen wir uns bewogen, auf die christologischen Vorstel=
lungen Böhl's (in f. B. „Zwölf messianische Psalmen. Basel 1862") einzu=
gehen, welcher in seiner „massiven" Typik alle Gefahren jener Richtung mit
greller Deutlichkeit vor Augen legt. Hätte er nur die Nothwendigkeit bewiesen,
alle theokratischen Größen als Typen Christi aufzufassen; hätte er nur gezeigt,
was aus solcher Parallelisirung (denn darüber hinaus kommt's doch nicht!) an
wirklicher Erkenntniß gewonnen werde! Fast auf Schritt und Tritt ergeben sich
aus seinen Sätzen mit ungesuchter Folgerichtigkeit Absurditäten aller Art: Alles
muthet uns an, als wäre es vor 200 Jahren geschrieben. Ueberhaupt begreifen
wir kaum die Möglichkeit solcher Anschauung (die z. B. im Protevangelium nicht
„den kleinsten fundamentalen oder substanziellen Bestandtheil des Evangelii"
vermißt) in einer Zeit, wo es doch nicht gar so schwer ist, von den Elementen
der Hermeneutik und von der Idee einer geschichtlichen Entwickelung wenigstens
eine leise Ahnung zu gewinnen.

[2]) Vgl. über diesen Punkt, wie über das Nächstfolgende die tiefen und un=
gemein lichtvollen Darlegungen bei R. Rothe, zur Dogmatik. 1863. S. 171 ff.

durchmerken, daß er ſich zur Auslegung und Auffaſſung des Alten Teſtaments, wie ſie in den damaligen Schulen der Schriftgelehrten üblich war, viel eher abweiſend und negirend als zuſtimmend ver= hielt. Vgl. Matth. 22, 29.; Marc. 12, 24.; Joh. 5, 39. Und eben deshalb iſt es mindeſtens unvorſichtig, wenn er bei ſeinen Rügen gegen die Phariſäer e concessis argumentirt, dieſe concessa ohne Weiteres als ſeine eigene Theſis hinzuſtellen. So bei der Davidität des 110. Pſalms (Matth. 22, 43.). Denn hier ſollen ſie mit ihren eigenen Waffen geſchlagen werden und ihren Mangel an Schrifter= kenntniß gerade auf chriſtologiſchem Gebiete einſehen lernen, während ſie doch i h r e Meſſiasidee an die Erſcheinung des Herrn kritiſch an= legen. Allein geſetzt auch, der Herr habe nie an der Davidität des oder der Pſalmen gezweifelt, ſo gilt hier durchaus die Entgegnung, daß eine derartige Kritik gänzlich nicht in ſeinem B e r u f e gelegen habe; es gilt T h o l u c k's Folgerung aus der allgemein menſchlichen Entwickelung des Erlöſers, daß ihm auch „alles zur Auslegung Er= forderliche nur bekannt und zugänglich geweſen ſein muß gemäß der Bildungsſtufe ſeiner Zeit und den Bildungsmitteln ſeiner Erziehung" [1]). — Anders freilich ſteht es mit den A p o ſ t e l n. So außerordentlich wenig der Herr in ſeinen Lehrreden das giebt, was man Schriftaus= legung nennen könnte, um ſo häufiger treffen wir dergleichen bei ſei= nen Schülern und Jüngern. Sie nehmen nicht nur die altteſtament= liche Offenbarung als göttlich an, ſondern betrachten auch die e i n = z e l n e n Worte der Urkunde als u n m i t t e l b a r e Gottesworte. Siehe R o t h e a. a. O. S. 180 ff. Wie unterſchiedslos und weit das ὁ θεὸς λέγει von dem Briefe an die Hebräer auf eine Menge Schrift= ſtellen angewandt wird, in welchen ſelbſt Gott in dritter Perſon ge= nannt oder gar von Menſchen a n g e r e d e t wird (1, 10.), iſt be= kannt. Unter den Gelehrten beſteht nun bekanntlich eine Differenz darüber, ob dieſe Art des Gebrauches, welche dieſelben Stellen auf ganz verſchiedene Dinge bezieht (Jeſ. 53, 4., vgl. Matth. 18, 17. und 1 Petr. 2, 24.; Gen. 13, 15., vgl. Röm. 4, 16. 18. und Gal. 3, 16.), welche als Schriftbeweis Worte anführt, die dem Alten Teſtament gänzlich fremd ſind (LXX 5 Moſ. 32, 43. und Hebr. 1, 6.), welche (Mich. 5, 1. und Matth. 2, 6.) durch eine eingeſchobene Ne= gation den Sinn der Schriftſtelle geradewegs umkehrt, welche auf handgreifliche Ueberſetzungsfehler dogmatiſche Folgerungen baut (Hebr.

---

[1]) Das Alte Teſtament im Neuen. 1854. S. 61.

10, 5. und Pf. 40, 7.; Hebr. 12, 26. 27. und Habak. 2, 6.), —
ob solcher Gebrauch der Schrift als Folge der natürlichen, schlech=
terdings nothwendigen, in der Zeit begründeten Unvollkommenheit, die
auch den Aposteln anhaftete, anzusehen sei, oder aber als directer
Ausfluß des sie beseelenden göttlichen Geistes, der sich selbst authen=
tisch auslege, ja als die „pneumatische Geisteshöhe". Eine Entschei=
dung zwischen diesen Ansichten würde uns gegenwärtig zu weit führen.
Für unsere Frage, inwiefern dieser apostolische Schriftgebrauch exege=
tische Norm sein könne, ergiebt sich vielmehr ein Zwiefaches. Erstens
nämlich ist es schlechterdings unmöglich, aus den sorgfältig zusam=
mengestellten, verglichenen und genau erwogenen Interpretamenten
eine sichere, feste Norm zu gewinnen, für andere Stellen leicht an=
wendbar, — wobei wir ausdrücklich betonen, daß wir von dem In=
halte solcher Regulative noch gar nicht reden wollen. Die Geschichte
der alttestamentlichen Exegese stellt ein immerwährendes Ringen mit
dieser mißverstandenen Auctorität dar (wie wir dies später in größeren
Zusammenhängen darzulegen gedenken) und liefert unzählige Bei=
spiele, wie Versuche, solche Normen aus der Anwendung des Alten
Testaments im Neuen zu gewinnen, in der Praxis zu einer sol=
chen Verflüchtigung alles bestimmten Sinnes, zu einer solchen Ver=
vielfältigung der Deutungen, zu einer solchen Unterschätzung aller
schlechthin nothwendigen Auslegungsmittel führten, daß der denkbar
übelste Erfolg eintrat: Auflösung der Schriftauctorität in einen kraft=
losen Schemen und Verdrängung derselben durch das nun emancipirte
kirchliche Dogma. Denn eine Urkunde, deren Worte eine Menge
Deutungen nebeneinander zulassen, hat keinen festen Sinn und kann
nichts gebieten. Daß man „die freie Art" der Schriftbenutzung her=
vorhebt, daß man viel mehr Anwendung und Anlehnung als Beweis
und Auslegung findet, hat mehr die Absicht, die Citationen zu ver=
theidigen, und stimmt indirect also für unsere Auffassung der Sache.
Demgemäß ist es denn auch nur eine Inconsequenz, wenn trotz dessen
einzelne Stellen wenigstens eine normirende Auctorität haben sollen.
So lange nicht als der nächste und einzige Sinn die Anwendung
etwa von Pf. 41, 10. (Joh. 13, 18.; 17, 12.; Apostelgesch. 1, 16.),
von 69, 5. 10. (Joh. 15, 25.; 2, 7.; Röm. 15, 3.), von 97, 7.
(Hebr. 1, 6.), von 102, 26. 27. (Hebr. 1, 10 ff.), 109, 8. (Apostg.
1, 20.) u. s. w. nachgewiesen werden kann, so lange ist es auch un=
wissenschaftlich und folgewidrig, etwa die Auslegung von Pf. 2. 45.
8. 16. 22. als normativ hinzustellen; und redet man davon, sie seien

„in gewiſſem Sinne" oder „typiſch" meſſianiſch, ſo iſt damit das
Recht einer anderen, rein objectiven Auslegung ſtillſchweigend zu=
gegeben. — Viel wichtiger aber als dieſe Singularitäten iſt das
Zweite — die feſte apoſtoliſche Ueberzeugung von dem innigen, or=
ganiſchen Zuſammenhange des Alten mit dem Neuen Bunde. Und
dieſe Anſicht — die ſich jeder anderen von einem bloß äußerlich ge=
ſchichtlichen Nexus klar gegenüberſtellt — iſt der urbildliche Kern aller
jener einzelnen Schriftanwendungen. Der Apoſtel Hauptaufgabe war
es, zu zeugen von der in Chriſto präſenten höchſten Offenbarung
Gottes. Und durch dies urbildliche Zeugniß haben wir auch jenen
Zuſammenhang beider Gottesbunde tiefer und allſeitiger verſtehen
gelernt (durch den Geiſt Gottes, der die Kirche erleuchtet), als es
nach den von Gott geſetzten Bedingungen jener Zeitbildung den
Apoſteln möglich war. Eine Interpretation, wie wir ſie heute üben,
wäre ihnen damals unnütz, ja für ihren Miſſionsberuf ſchädlich ge=
weſen, weil die Erkenntnißformen jener Zeit (zu denen in erſter
Linie die Schriftargumentation gehörte) weſentlich andere waren: in
ihnen mußten auch die Apoſtel zu wirken ſuchen, wollten ſie über=
zeugen [1]). Damit ſoll natürlich nicht geſagt werden, daß ſie „rab=
biniſch" auslegten [2]), nur daß ſie in ähnlichen Formen die Schrift
handhaben, aber wohl bewußt, in dieſen irdenen (alſo im Laufe der
Zeiten vergänglichen) Gefäßen einen köſtlichen Schatz zu hegen,
von dem die Meiſter in Iſrael nichts ahnten noch wußten.

Eine Norm für die Einzelexegeſe, alſo auch für die meſſianiſche
Deutung, vermag das Neue Teſtament nicht zu liefern. Die Neueren,
welche ſich an das Alte möglichſt anzuſchmiegen verſuchten, dispenſiren
ſich daher in concreto von dieſer „Auctorität" ſehr häufig, ſobald ſie
ihnen unbequem wird. Gerade bei den Pſalmen mußte aber dafür
ein anderes allgemeines Kriterium einſtehen. Man ſtellte die einzel=
nen Züge des geprieſenen Subjects zuſammen und ſuchte in dieſen
alle weſentlichen Merkmale zu finden, welche Chriſto zukommen und
die ihn von den Menſchen unterſcheiden. Zur Norm ward hier alſo
die — lutheriſche oder doch chriſtliche Dogmatik mit ihrer Chriſtologie.

---

[1]) Der eigenthümliche Hauptfehler bei beiden (den jüdiſchen Exegeten wie
den Apoſteln) beſtand darin, daß man höchſtens den Vers als ſchriftſtelleriſche
Einheit betrachtete, nicht aber den ganzen Pſalm oder ein ganzes Capitel
oder gar ein prophetiſches Buch. Jener Fehler entſtand dadurch, daß man auch
die anderen heil. Schriften nach Analogie der Thora auslegte.

[2]) S. Rothe a. a. O., beſonders S. 190 f.

Es geschah dies in dickleibigen Werken mit einer Naivetät, welche den völligen Mangel jeder Spur von historischem Sinne aufs offenste darlegte: und zwar meine ich nicht katholische Ausleger (deren gesammte theologische Bildungssphäre der Entwickelung des historischen Sinnes äußerst ungünstig ist), sondern protestantische. Daß man total incommensurable Größen verglich, davon hatten diese Repristinatoren keine Ahnung, und daß es dabei nicht ohne zahllose Willkürlichkeiten und exegetische Schnitzer abging, versteht sich von selbst. Schwachen Intellecten schien der Schluß, auf dem dieses Verfahren beruhte, bündig: die orthodox-dogmatische Form der Christologie ist die absolut wahre, mithin auch die Meinung des heiligen Geistes; nun aber hat der heilige Geist die Psalmen inspirirt und die Deutung im neuen Bunde bestätigt: also ist das Lied so und so auszulegen. Nur schade, daß die Entwickelung der Theologie längst die major widerlegt und die minor bedeutend modificirt hatte.

Wollte man einen Psalm auf den Messias deuten (denn nur von diesem, nicht von Jesus Christus konnte ja die Rede sein), so mußte man sich völlig auf den Boden der Jehovahreligion stellen, in den geschichtlichen Zeitpunkt hinein, in welchen das Lied fällt. Freilich erschien es nun leicht als ein Zirkel, zu sagen: die messianische Idee war zu den Zeiten jener Psalmen nicht vorhanden, sondern entstand erst viel später. Konnten nicht eben diese Lieder selbst Zeugnisse derselben sein? Aber der Beweis, daß der persönliche Messias Subject des Psalms sei, mußte dann auf anderem Wege geführt werden. Als Kriterium mußte die Form jener Idee dienen, welche zuerst bei den Propheten erscheint, — das ist also die Schilderung des Messias bei Jesaja und Micha. Hier haben wir festen und sicheren Boden. Freilich darf die Forderung nicht dahin gehen, daß wir alle Einzelnheiten jenes Bildes in den Psalmen wahrnehmen sollen, — wohl aber müssen die wesentlichen Umrisse der Figur dieselben sein, weil sonst weder von Identität noch von Continuität der Vorstellung die Rede sein kann. Dahin wird nun vor Allem gehören, daß dieser königliche Davidssohn am Schlusse des gegenwärtigen Aeon auftritt, d. h. 1) nach dem großen Gerichte nicht nur an den Heiden, sondern vornehmlich auch an Israel, 2) an dem Ende der Tage, wenn Jehovah die höchste Fülle des Heiles seinem erwählten Volke zukommen läßt. — Manche freilich meinen, der Dichter habe sich die Zukunft vergegenwärtigt, wofür sie jedoch auch nur ähnliche Indicien, wie bei den Propheten, nicht vorzubringen im Stande sind.

36*

Oder: der Meſſiasglaube war ſo verbreitet, daß es nur einer kurzen
Andeutung bedurfte — und Jedermann verſtand, was gemeint ſei.

Dieſe Anſicht gehört (wie oben angedeutet) zu den weit verbreiteten
Irrthümern, die mehr als ſtillſchweigende Vorausſetzungen denn als
laut ausgeſprochene Meinungen graſſiren, darum aber um ſo gefähr=
licher die richtige Erkenntniß hindern. Der Schluß ſcheint gar ſo natür=
lich: es ſtand feſt, 1) daß David's Königshaus nicht untergehen werde,
2) daß Jehovah ſich zu ihm ſtets bekennen wolle, 3) daß Er Iſrael
vollenden und verherrlichen werde — durch wen anders, als durch
einen zweiten, unendlich größeren und herrlicheren David? Allein jene
beiden erſten Prämiſſen konnten ſehr wohl nur die Sehnſucht nach
einem Könige wie David veranlaſſen, und das letzte Moment bedurfte
zu ſeiner Befeſtigung erſt der Ueberzeugung, daß es zur Vollendung
des Reiches einer völligen Aenderung aller Verhältniſſe bedürfe, ja
des ſtarken Gefühls, daß alle bisher wirkenden Potenzen nicht im
Stande ſeien, ein Gottesreich nach dem innerſten Sinne Jehovahs
dauernd herzuſtellen. Und ſolche Erkenntniſſe reifen erſt ſehr allmählich
und ſpät. Mithin iſt jener Schluß vorab irrthümlich, ſobald er nicht
durch thatſächliche Belege erhärtet wird. Dieſe aufzuweiſen, wird
recht ſchwer halten. Erklärlich iſt jener Irrthum freilich in hohem
Grade. So lange man die meſſianiſche Idee fälſchlich an den per=
ſönlichen Meſſias heftete, ſo lange man nur das Chriſtliche im
Alten Teſtamente der Berückſichtigung werth hielt: ſo lange mußte
man ſich ſcheuen, auch nur Ein Stadium der altteſtamentlichen Reli=
gion dieſes geiſtlichen Markes ermangeln zu laſſen, — darum dies
krampfhafte Suchen nach „meſſianiſchen“ Stellen, auf welches ſchon
der Deismus mit einem ſo traurigen Rückſchlage, mit einer ſo em=
pfindlichen Reaction antwortete.

Es gilt zunächſt, genau zu unterſcheiden zwiſchen der Erwartung
einer Zeit, welche die größte Fülle des Segens und Heiles dem
erwählten Volke (das ſtets das eigentliche Object aller Heilsthaten
Jehovahs bleibt) bringt, und der eines perſönlichen Meſſias. Jene
Erwartung nimmt verſchiedene Formen und Grade an. Wir be=
gegnen ihr zuerſt bei Joel in ausgeprägter Form, alſo in der Mitte
des neunten Jahrhunderts. Es ſollte doch zum gründlichen Nachdenken
auffordern, daß in der ſehr ausführlichen Darſtellung des Wirkens
der großen Propheten Elias und Eliſa doch nirgend eine Spur jener
Hoffnung ſich zeigt. Wenn irgendwo die Gelegenheit zur Aeußerung
derſelben ſo recht nahe gelegt war, ſo iſt es in jener Verzweiflung,

die Elias an den Berg Horeb treibt (1 Kön. 19). Aber welchen Trost
erhält er? Salben soll er zu Königen Hasael und Jehu, zum Propheten Elisa, — dazu die Eröffnung, daß noch 7000 Jehovahverehrer
in Israel geblieben seien (19, 15—18.). Also nichts von Messias,
nichts von Vollendung des Gottesreiches! Auch die Worte Ahia's an
Jerobeam 1 Kön. 11. gehören dahin: denn gesetzt, sie wären diplo-
matisch genau, so enthält V. 39. doch nur die Voraussage, Jehovah
werde den Saamen David's demüthigen, doch nicht für immer [1]). Ueberhaupt stimmt es durchaus nicht mit jener Ansicht von der weiten Verbreitung und Allgemeinheit des Messiasglaubens, daß die Bücher der
Könige, die auf Prophetenworte so ungemein achtsam sind, die ferner
das göttliche Walten in der Geschichte so streng und oft hervorheben,
daß darüber der eigentlich geschichtliche Stoff vielfach sehr zu kurz
kommt, — daß diese, obgleich doch schon im Exil geschrieben, jene
theokratischen Erwartungen so gut wie nirgends auch nur durchschimmern lassen. Ja, es ist sogar nicht unglaublich, daß der Bearbeiter
für diese Messianismen kein eben empfängliches Ohr besaß und demgemäß selbst wirkliche messianische Prophezeiungen im engsten Sinne
leicht mißverstand. Denn vielleicht war der erste Prophet, welcher einen
persönlichen Messias verkündigte, einen König, der alle Schäden Israels
heilen und die alten Grenzen des Reiches wiederherstellen werde, einen
„Heiland" — Jona, der Sohn Amittai's, der jedenfalls vor Jerobeam II. lebte, also etwa kurz nach Joel zu setzen sein müßte (2 Kön.
14, 25—28) [2]). Der Verfasser der Königsbücher sieht die Erfüllung
dieser Weissagung schon in Jerobeam II. — ein deutliches Vorspiel
der späteren jüdischen Exegese, messianische Prophetieen auf fromme
Könige (Hiskia, Josia) zu deuten, die keineswegs, wie man so oft
hört, erst aus Christenhaß entstanden ist. — Wie weit man übrigens diese eine Instanz vom Verfasser der Königsbücher gelten lassen
will, das Gegentheil läßt sich nicht beweisen, und doch müßten wir,
da eine positive Aussage vorliegt, diese Forderung stellen. Aber
auch bei Amos und Hosea richtet sich zwar die prophetische Hoffnung

---

[1]) Thenius z. St.: „Da der Vers fühlbar nachschleppt, könnte er sehr
wohl zum Troste der im Exil Lebenden vom Verarbeiter eingeschaltet sein."

[2]) Wir wollen dies aber mit all der Vorsicht ausgesprochen haben, deren
eine bloße Vermuthung bedarf. — Aehnlich verhielt es sich vielleicht mit
1 Kön. 13, 2., doch ist es hier viel unsicherer, und des Messias Thätigkeit (der
nur ein frommer König wäre) bliebe auf Ausrottung des unreinen Jehovah-
cultus beschränkt.

auf Abſtellung vieler Uebel und Leiden, unter denen das „Zerfallen
der Hütte David's" nur Eines iſt unter vielen, aber noch nicht auf
einen Davidiſchen Fürſten als Bürgen und Träger einer völlig neuen
Zeit. Dies finden wir erſt bei Jeſaja.

Sollen demnach Pſalmen, die in den Zeiten David's und Salomo's
geſchrieben ſind, als Object den perſönlichen Meſſias im Auge haben,
ſo müßte aus Documenten dieſer Zeit das Vorhandenſein (nicht
bloß die entfernte Möglichkeit) eines ſolchen Glaubens nachgewieſen
werden können. Daß wir dergleichen in 2 Sam. 7. und 23. nicht
beſitzen, trotzdem daß man mit merkwürdiger Plerophorie auf dieſelben
pocht, iſt für jeden unbefangenen Exegeten auf den erſten Blick klar;
doch werden wir dies unten deutlicher zeigen.

So wenig nun auch der eigentliche Kern der meſſianiſchen Hoffnung
den perſönlichen Meſſias als Moment in ſich ſchließt, ſo iſt doch die
glänzendſte Entfaltung derſelben mit der Erſcheinung eines ſolchen ſehr
nahe verknüpft. Und ſchon dadurch erhält die Frage eine hohe Wichtigkeit, — vollends, wenn wir erwägen, daß in der ſpäteren nachexiliſchen
Theokratie dieſe Form der Erwartung ſtärker und ſtärker dominirte
und ſogar die edleren und älteren Momente der religiöſen Hoffnung
ſehr in den Hintergrund drängte. Näher aber concentrirt ſich unſere
Frage dahin, wie es möglich war, daß die Idee des theokratiſchen
Königs im Kreiſe der meſſianiſchen Erwartungen ſo feſten Fuß faſſen
konnte, da ſie doch urſprünglich dem Weſen der wahren Theokratie
ſehr bedeutend widerſprach.

Auf dieſen Kern der Frage iſt man ſelten genug eingegangen. Und
doch bedurfte es eines längeren Proceſſes, ehe ſich das höher
gebildete (wir ſagen kurzweg: das prophetiſche) Bewußtſein mit jener
Idee nicht nur verſöhnen, ſondern ſie auch an die Spitze der herr-
lichſten Hoffnungen ſtellen konnte. Und in dieſem hochwichtigen Pro-
ceſſe gehören die ſogenannten Königspſalmen zu den bedeutſamſten
Mittelgliedern, zu den ſchlagendſten Documenten; das iſt
ihre unerſetzliche hohe Bedeutung in der Entwickelung der „meſſianiſchen Idee". —

II.

Welche Stellung ein irdiſches Königthum in Iſrael zu der Idee
der Theokratie oder der unbedingten Herrſchaft Jehovahs über das
ihm angehörige Volk einnehmen werde, war von vornherein noch keineswegs ſicher zu beſtimmen.

Denn jene Herrschaft Jehovahs schloß nicht einen Führer des Volks aus, der dasselbe einheitlich leitete — im Kriege als Heerführer, im Frieden als Richter. Die Zeiten Mose's und Josua's prangten eben deshalb in hellem Glanze der Erinnerung, weil eine solche kräftige Leitung das Volk vor den Gefahren der Vernichtung oder traurigen Zersplitterung bewahrt hatte. Das Aufstehen der „Richter" ward als ein hoher Segen Jehovahs empfunden: ihr Zurücktreten nach vollbrachter That deutete man nicht als eine gebieterische Nothwendigkeit, welche aus der Idee der Theokratie sich ergeben hätte. Der schwere Druck, den zügellose Feindesschaaren übten, mußte als Gottesstrafe erscheinen, wenn „kein Helfer" da war, der aus so großer Noth errettete, und erstand ein solcher, so war es Gnade und Segen, und den Mann erfüllte sichtlich „der Geist Jehovahs". Und wollte es nicht gelingen, darauf zu warten: das Volk mußte selbst die Wahl treffen: Jephtah läßt sich von den Aeltesten des transjordanensischen Gebietes feierlich zum Fürsten (קָצִין) bestellen — die Gottesbegeistung wird durch die menschliche Amtsbestellung durchaus nicht gehindert. Der Uebergang zu der bleibenden Würde eines solchen Fürsten war damit geebnet, vollends sobald das Uebel selbst als ein dauerndes sich herausstellte. Jehovah konnte einer solchen Institution deshalb nur günstig sein, weil ihm doch auch das Heil seines Volkes am Herzen lag, und die Erwählung eines kräftigen Volksführers auch bisher stets das natürliche Mittel gewesen war, um jenes Heil zu verwirklichen. Ein Widerspruch mit seinem Herrscherrecht lag fern, sobald die Wahl durch sein Wort, durch seine Propheten, vollzogen war: sie verbürgte die Uebereinstimmung mit den göttlichen Heilszwecken.

Diese günstige Auffassung des Königthums, wodurch dasselbe nur als Befestigung des in den besten Richtern dem Volke gewordenen Segens erschien, spiegelt sich deutlich wieder in einer jener Urkunden, welche wir über die Königswahl des Saul durch Samuel übrig haben, 1 Sam. 9, 1—10, 16. (Denn daß dieses Stück einer besondern Quelle angehöre, aus der es der Bearbeiter der Bücher Samuelis entnahm, ist durch Thenius u. A. festgestellt und läßt sich durch den sehr losen Zusammenhang mit Capp. 8. 11. 12. leicht erhärten.) In diesem Stücke sind 9, 16. und 10, 1. die einschlägigen Hauptverse. Jehovah hat „das Geschrei" Israels gehört über die schwere Landesnoth durch die Philister; er hat sein Volk angesehen; er will es aus der Hand dieser Feinde erretten, — und darum sendet er selbst den Saul zu Samuel, damit dieser ihn „zum Fürsten (נָגִיד) über sein Volk Israel" salbe. Diese Worte lassen keinen Zweifel, daß die Idee der Theokratie bei diesem Acte als völlig unverletzt erscheinen soll; zum Ueberfluß bestätigt es 10, 1., wonach Saul Fürst „über Jehovahs Eigenthum" (נַחֲלָה) werden soll. Der Ausdruck מֶלֶךְ ist hier absichtlich vermieden, da er, früherhin bei heidnischen Völkern vorzugsweise in Gebrauch (besonders den Kananitern), einen übeln Klang hatte. Als historisch ist aber doch gewiß das dringende Verlangen des Volkes nach einem solchen Fürsten anzusehen: warum dieser Verfasser es nicht erwähnte, läßt sich schwer sagen [1]); immerhin ist es angedeutet in den Worten: „Das Geschrei des Volks ist zu mir gekommen." Denn jenes Verlangen war doch, günstig gedeutet, ein Nothschrei des Volkes. Und darum konnte Samuel auch wohl. gewiß sein, daß das Volk seine Wahl billigen werde, sobald Saul thatsächlich die Befähigung zu jener hohen Würde nachgewiesen hatte: das persönliche Ansehen des großen prophetischen Richters bildete einen mitwirkenden Factor. — Wie stark auch immer die Analogieen der früheren Volksretter hierbei mitgeklungen haben, gewiß bleibt es, daß auch diese Quelle sich bewußt ist, daß es sich hier um Einsetzung einer neuen theokratischen Function handele, eines bleibenden Amtes, welches in seinem Range dem des Hohenpriesters mindestens gleichstehen solle. Daher erfolgt die weihende Salbung (10, 1.) in einer Form, die als die höchste anerkannt und gesetzlich gegeben war.

Allein das irdische Königthum hat auch eine Rückseite, deren tiefe Schatten seine Geschichte begleiten, — Schatten, welche schon seine Entstehung ahnungsreich verdüstern und seinen Glanz bedenklich schwächen. Wir schulden dem Verfasser unserer Urkunden unverkürzten Dank, daß er auch dieses Moment in scharfen Zügen hat hervortreten lassen, ohne ihm natürlich den Mangel einer historischen Ineinanderarbeitung der differenten Quellenschriften im Geringsten vorzuwerfen (1 Sam. 8.; 10, 17—27.; C. 12.).

Nach dieser andern Auffassung ist die Idee eines irdischen, bleibenden, sogar erblichen Königs in Israel ein Widerspruch mit der alterthümlichen Verfassung, ja mit der strenger gefaßten Theokratie.

---

[1]) Thenius meint, um nicht auf Samuel indirect ein schlechtes Licht fallen zu lassen; eher ist zu denken, daß der Verfasser die Anerkennung durchs Volk wie auch das Begehr desselben erst beim Kriege Sauls gegen Nahas dargestellt habe. Diese eigenthümliche Auffassung liegt auch 1 Sam. 12, 12. zu Grunde, freilich in einer spätern und andern Quelle.

Es will nichts verfangen, auf die äußerst geringen Spuren hinzu=
weisen, daß Jehovah gerade „König" über Israel genannt wird.
Freilich wird 2 Mos. 19, 5. Israel „ein Königreich" von Priestern
genannt, was die theokratische Idee eben nur andeutet; sehr allgemein
heißt es in dem (ohnehin später hinzugedichteten) Schlusse des Moses=
liedes: „Jehovah ist König immerdar" (2 Mos. 15, 18.). Und ebenso
richtig ist es, daß diese Bezeichnung später viel mehr auf Gottes
Weltherrschaft ausgedehnt wird. Dennoch liegt ja das Wesent=
liche jener Vorstellung darin ausgeprägt, daß das Volk Jehovah
gänzlich angehöre, daß er unter ihm wohne, es in der Wüste führe,
ja für dies sein Eigenthum auch streite. Als Herr, Gesetzgeber,
Krieger vereinigt Jehovah alle Functionen eines eigentlichen Königs,
und ein Mose, ein Josua sind nur Führer nach seinem Befehle,
ohne jede selbstständige Gewalt über das sonst freie Volk. Eine über=
aus kühne That war es freilich, einer so plastisch ausgeprägten Idee,
welche die religiöse wie politische Einheit nicht nur vermitteln, sondern
identificiren wollte, keinen sinnlichen, sichtbaren Vertreter zu geben.
Aber daß sie wirklich im Volke lange Zeit lebendig geblieben, beweist
der Umstand, daß sich Israel erst so gar spät, nach unsäglichen Wirr=
nissen, nach einem irdischen Könige sehnt. Das bezeugt auch das Wort
Gideon's, als ihm die erbliche Königswürde angetragen wird (Richt.
8, 22. 23.): „Jehovah soll herrschen über euch." Mit dieser Ant=
wort, welche schon den innern Widerspruch zwischen Theokratie und
Königthum andeutet, giebt sich das Volk zufrieden, und das verun=
glückte Unternehmen Abimelech's, seines Sohnes, das väterliche An=
sehen und jene günstige Stimmung ehrgeizig auszunützen, bestätigt es,
wie wenig das Volk für eine solche Institution damals reif war. —
Ganz anders lagen die Dinge zu Samuel's Zeit. In ihm, der zu=
gleich Prophet war, in seinem Vorgänger Eli, dem Hohenpriester,
hatten sich gleichsam die bisherigen höheren Kräfte zwar zusammen=
gefaßt, aber auch erschöpft[1]. Die inneren Wirrungen waren ge=
blieben; das Reich krankte „vom Scheitel bis zur Sohle", den Raub=
zügen plündernder Philistäerhaufen fast zum offenen, selten mit Nach=
druck gehemmten Raube. Dagegen blühten die anderen Staaten der
Heiden: wie geringfügig waren Philistäer, Ammoniter, Moabiter gegen
die vereinigte Kraft der Israeliten! Was war natürlicher, als daß

---

[1] — wie dies Ewald in seiner Geschichte des Volkes Israel II, 510 f. in
seiner geistvollen Art treffend darlegt.

man vor Allem in einer mächtigen andauernden kriegerischen Leitung, in der Hand eines wirklichen Königs, das alleinige Heilmittel gegen alle Leiden zu sehen glaubte! In der That war das Reich unter ein bedenkliches Dilemma gestellt. Entweder ließ man den Zustand, wie er war, und dann litt nicht nur das Volk unsäglich, sondern sein höherer weltgeschichtlicher Zweck, seine ganze Zukunft, wie seine Er= wählung ward aufs tiefste gefährdet. Oder es griff zu diesem Heil= mittel und scheute sich nicht, durch diese neue Institution, die in den mosaischen Grundlagen des Reiches nur schwer einen Ort fand, eine neue Aera zu beginnen und in dieser Verbesserung oder Ergänzung der reinen Gottherrschaft auch alle möglichen übeln Folgen ruhig auf sich zu nehmen.

Die bloße Existenz eines irdischen Königs in Israel, vollends bei vorherrschend politischen Aufgaben, brach von selbst die reine Herr= schaft Jehovahs, weil sie dieselbe aus einer absoluten (d. h. schein= bar Gottes allein würdigen) zu einer relativen, vermittelten machte. Und so konnte auch hierdurch der höhere Zweck des Gottesvolkes leicht beeinträchtigt und gefährdet werden. Denn wenn schon Priester und Prophet die Lösung jenes Dilemma's, die Wahrung der äußeren Vor= bedingungen für die Erfüllung jener Aufgabe Israels nicht gefunden hatten: konnte man dies von einem bloßen Könige erwarten, der weder das Eine noch das Andere war?

Freilich schien sich leicht ein Ausweg darzubieten, ähnlich wie er in jener zuerst dargelegten günstigen Auffassung des Königthums einen Ausdruck gefunden hat. Die Gegensätze konnten so vermittelt werden, daß der menschliche König der Mandatar und Gesandte des gött= lichen Oberkönigs würde. Nach Einer Seite ergab sich eine Stell= vertretung schon von selbst. Das Streiten Jehovahs mit Hülfe von Naturmächten und von Wundern (Sturm, Hagel; Panik) war stets nur als eine Beihülfe betrachtet worden, welche die geordnete Heeres= leitung nicht ausschloß, sondern voraussetzte. Hier ordnete es sich von selbst, daß der König als Feldherr auftrat, — und ein solches Amt hatte das Volk mit seiner Forderung auch vorzüglich im Auge. — Allein die Führung bedingte auch durchgängigen Gehorsam des Vol= kes, erheischte ein entschiedenes Gebieten des Fürsten, verbot jede Schmälerung durch Mächte von derselben unbedingten Geltung. Hier lauerte sofort ein Conflict mit den eigentlichen Organen des absoluten Willens. Weniger freilich mit den Priestern. Wir wissen, wie gering damals ihr Einfluß war; wir erkennen, daß, wo das Priester=

thum in den Händen eines Stammes, d. h. Familiencomplexes, oder
auch einer Kaste ist, seine Wirksamkeit sowie Widerstandsfähigkeit
gegen neue Ordnungen (und Lehren) [1] bei weitem weniger stark ist
als bei einer centralisirten Hierarchie, wo das Amt alle Staats= und
Familienbande sogar zu lösen sucht. Allein jeder kräftige Aufschwung
des Priesterthums, ja selbst das lebhafte Interesse des Königs für den
rechten Cultus — beides konnte Collisionen in Menge erzeugen, da
der Priester Gottes Gebot als unbedingt hinstellen mußte, der König
keinen Einspruch in seine Macht dulden konnte. Wo das Weltliche
und Religiöse kaum jemals in der Form von zwei trennbaren Sphä=
ren auch nur zum Bewußtsein kam, wo das Ineinssein beider Mo=
mente wesentlich zum eigentlichen Gepräge des ganzen Gemeinwesens
gehörte: da konnte von einer reinlichen (und damit friedlichen) Aus=
einandersetzung von „Kirche" und „Staat" keine Rede sein. — Noch
bedenklicher stand es mit dem Verhältniß des Königthums zum Pro=
phetenthume. Denn dieses sprach natürlich den göttlichen Willen
mit schlechthin unbedingter Gewalt aus, genoß ohnehin des höchsten
Ansehens (wie stets unter den ächten Semiten) und fand in jener
älteren Zeit einen bedeutenden Theil seiner Aufgabe gerade darin,
bei der Leitung des Staates mitzuwirken. Wie leicht konnte der König
die prophetischen Gebote als Eingriffe in seine Auctorität zu strafen
ansehen oder als Hindernisse seines Ehrgeizes mißachten! Und doch
blieb er von den Propheten abhängig, doch erforderte die Klugheit,
jeden offenbaren Conflict zu vermeiden. Denn sein Ansehen gründete
sich zunächst nur auf die freie Zustimmung des Volkes; ein gewalt=
sames Extrotzen des Gehorsams, unangesehen, daß er dazu einer bedeu=
tenden Hausmacht bedurft hätte, mußte Spaltungen und Wirrungen
aller Art herbeiführen, mithin den Segen einer monarchischen Leitung
gründlich verkümmern. — Aber auch wenn der König sich den Pro=
pheten beugte, so genügte dies nicht, wie wir bei Saul sehen, so
lange er nicht selbst etwas von prophetischem Geiste besaß, um das
Gotteswort tief zu verstehen und sich dasselbe in freier Weise innerlich
anzueignen. (Von der Stellung des Königs zum mosaischen Gesetze
ist nicht zu reden, da zu jener Zeit bekanntlich ein codificirtes Gesetz=
buch, wie der Pentateuch, noch nicht vorhanden war, mindestens nicht
in kanonischer Geltung stand.)

---

[1] Daher die schnelle Ausbreitung des Buddhismus unter den Augen und
trotz der Macht des Brahmanenthums.

Hätte man die Salbung als ein Symbol der erfolgten Erfüllung mit göttlichem Geiste anzusehen, wie häufig geschieht, dann wäre die Harmonie mit Einem Schlage da und Conflicte, wie sie die ganze Geschichte des Königthums aufweist, wären principiell unmöglich gewesen. Aber von einer solchen Deutung findet sich keine Spur. Auch die Erwählung durch den Propheten beugte jenen Uebeln nicht vor: der Conflict zwischen Volkswunsch und Theokratie hätte die Form haben müssen, daß sich das Volk aus eigener Wahl einen andern König setzen wolle, als der Prophet nach Gottes Wahl bestimmte: dann wäre die Nachgiebigkeit Israels gegen Samuel sofort die Lösung des Conflictes selbst. Allein so steht die Sache nicht; denn das Volk „hat Jehovah verworfen", schon als es sich an Samuel wandte, daß er ihnen einen König gebe.

Die Beeinträchtigung der reinen Gottesherrschaft lag also zunächst darin, daß Jehovah nicht mehr der ausschließliche Gesetzgeber sein konnte, daß der irdische König seinen Willen mit unbedingter Auctorität durchzusetzen suchen mußte. Den Mittelpunkt des ganzen Verhältnisses traf aber das „Recht" des Königs. Bisher war Jehovah der Eigenthümer seines erwählten Volkes; jetzt ward es der irdische König. Dies ist der eigentliche Sinn jener Vorhaltung, welche Samuel dem Volke macht (1 Sam. 8, 11—18.). Wenn es auf Jehovahs Befehl geschieht, so sollen die Worte gerade den schärfsten Widerspruch gegen das bisherige Verhältniß aufzeigen, während sie zugleich die dem Volke empfindlichste Seite darlegen. „Das Recht des Königs" ist freilich hier nur in seiner abstracten Form gedacht, aber doch als Recht, über Person und Eigenthum rücksichtslos zu schalten. Denn die Freiheit des Volkes bildet ja einen von den wesentlichen Zügen der Theokratie, woraus von selbst beiläufig erhellt, wie irrig es ist, die Gottesherrschaft mit Priestertyrannei zu verwechseln, die in Israel niemals bestanden hat. Jenes Recht entwirft ein trübes Bild; allein auf semitischem Boden kennt man keine Vermittelung, keine in bestimmte Grenzen eingeengte Machtfülle: entweder ist der Herrscher schrankenloser Eigenthümer des Volks oder er hat nur ein freies Ansehen, und seine Macht ist geringer als die des Lehnsherrn über starke Vasallen. Darin finden wir den Schlüssel zu der Erscheinung, daß sich das Volk durch jenes trübe Bild, das ihm der große Prophet entrollt, nicht abschrecken läßt. (Wie weit damals wirklich jenes „Königsrecht" ins Bewußtsein des Volkes drang, ist schwer zu sagen, da die genauere Ausführung — s. Thenius z. St. —

deutlich) eine spätere Zeit voll trüber Erfahrungen voraussetzt [1]). Viel=
leicht entstand dieser Abschnitt erst auf Grund des älteren Berichtes
1 Sam. 10, 25., wonach Samuel das Recht des Königthums in
eine Rolle schreibt und diese „vor Jehovah" niederlegt, — ein starker
Anklang an 2 Mof. 24., ähnlich wie 1 Sam. 12. sehr an die deu=
teronomischen Reden erinnert, weniger als Nachklang denn als
Vorspiel.)

Kein Wunder, daß bei dieser Fülle von Schwierigkeiten, welche
die neue Institution umgaben, der erste Versuch mit dem Benjaminiten
Saul im Ganzen mißglückte. Und doch wird sich die Wahl Samuel's
schwerlich rügen lassen. Ein flüchtige Lectüre unserer Urkunden hinter=
läßt leicht ein zu düsteres Bild von Saul's Persönlichkeit und Regie=
rung, da auf seinen Kampf gegen David der breiteste Nachdruck fällt.
Saul's bedeutendes kriegerisches Talent war zwar allen Aufgaben
seiner Zeit nicht völlig gewachsen (wie er denn die Philister nicht
dauernd demüthigen konnte), hinterließ aber im Volke doch ein tiefes
Bewußtsein, daß Israel ohne einen solchen ständigen Heerobersten im
Schmucke der höchsten Gewalt nicht gedeihen könne: die Monarchie
als solche war durch ihn fest begründet. Die Anhänglichkeit des Volkes
an ihn, zumal in den nördlichen und östlichen Theilen des Landes,
können wir uns nicht groß genug vorstellen; durch ihn ward z. B.
die alte Eifersucht zwischen Ephraim und Gilead (die unter Gideon
begann und unter Jiphtach zum Bürgerkriege ausartete) für immer zu
Grabe getragen. — Ebenso entschieden ist seine religiöse Strenge zu
betonen. Aber hier offenbart es sich deutlich, daß auch in religiösen
Dingen eine neue Zeit anbreche. Saul's Religiosität trägt ganz den
alterthümlichen Stempel einseitiger Gewissensenge: das Gelübde
gilt ihm, selbst für sein ganzes Heer ausgesprochen, so heilig und von
so unbedingter Gewalt, daß selbst sein Sohn der harten Strenge
desselben kaum entrinnt (1 Sam. 14, 24—45), und wie fürchtet er,
daß sich das Volk durch Blutgenuß schwer verschulden könne! (14, 32 ff.)
Sein Gehorsam gegen Samuel, auf einer fast abergläubischen Scheu
beruhend, zeigt sich nur in äußeren Formen. Für die Strenge des
Prophetenwortes hat er keinen Sinn; ob er oder Samuel opfere,

---

[1]) Vielleicht hat sich diese trübere Auffassung des Königthums schon unter
Saul in den Prophetenschulen gebildet; denn jenes bekannte Sprichwort 10, 12.
ist nur auf Grund eines gespannten Gegensatzes zu verstehen, welcher mit der
Haltung Samuel's (nach Saul's Verwerfung) wesentlich übereinstimmt.

ſcheint ihm Eins, wenn nur überhaupt geopfert wird. So entſtehen
Conflicte; zwei Beiſpiele geben die Urkunden; es mögen ſich noch
mehr ſolcher Fälle zugetragen haben. Bei dem Kriegszuge gegen die
Philiſter ſtellt Saul die militäriſchen Rückſichten höher; zurückgekehrt
vom Siege über Amalek, will er dem Volke den verdienten Beuten=
antheil nicht verkürzen, — beides achtungswerthe Geſichtspunkte, aber
in einer Theokratie nur untergeordneter Art. Samuel's Wort: „Ge=
horſam iſt beſſer als Opfer", bezeichnet die Verurtheilung der alten
ſtarren äußerlichen Gewiſſensſtrenge, bezeichnet den Anbruch eines
neuen, aus dem ſtets friſch ſprudelnden Quell des Prophetenwortes
ſchöpfenden Zeitalters. Saul's Dynaſtie kann nicht bauern, wenn der
alte Geiſt ſich in ihr fortpflanzt; barum wird ſie verworfen. Aber
kein Zeichen findet ſich, daß Samuel ſein hohes Anſehen mißbrauchte,
um das Saul's zu untergraben [1]); aber er ſorgt heimlich für einen
Nachfolger.

Den Höhepunkt erreicht das iſraelitiſche Königthum in David.
Den Werth aller folgenden Könige bemeſſen unſere Urkunden nach die=
ſem hervorragenden Urbilde. Da er der zweite König iſt, ſo erwacht
von ſelbſt die Neigung zu vergleichen: ſo reift an ihm eine beſtimm=
tere Vorſtellung, eine klarere Idee von einem theokratiſchen Könige,
der die kräftigſte Säule und leuchtendſte Zierde des ganzen Gemein=
weſens zu werden vermöge. So iſt ſeine hiſtoriſche Erſcheinung, allein
für ſich, epochemachend für die Entwickelung der religiöſen Anſchauun=
gen in Iſrael — noch unangeſehen ſeine Thätigkeit, die religiöſen
Gedanken und Gefühle des frommen Iſraeliten im Wort des Liedes
zu geſtalten und zu verklären.

An kriegeriſchem Genie überragte er ſeinen Vorgänger, für dieſen
Grund genug zu nie raſtender Eiferſucht und Argwohn. Seiner
Schule entſproſſen die kühnen Heerführer Joab und Abiſai, ſeine
Stiefneffen. Er iſt rechter König, weil er das Land ſiegreich und
nachhaltig beſchützt, die inneren Feinde demüthigt, die Grenzen ſo weit
hinausrückt, daß Iſrael in dieſer Südoſtecke Vorderaſiens eine im=
poſante und gefürchtete, bald auch gefeierte Macht wird. Die alte
Verheißung „vom Strom Aegyptens bis an den Euphrat", durch ihn
iſt ſie zur Wahrheit geworden. Die idealen Grenzen des Reiches
wurden ſeine thatſächlichen. — Und wie er nach außen hin die Frei=

---

[1]) Wie dies alte und neue Geſchichtsverdreher nicht müde werden zu
wiederholen.

heit herstellte und neu begründete, so achtet und ehrt er im Innern
die Freiheit der Volksgenossen — in einem Grade, daß man es ihm
zum Vorwurf machen konnte, die königliche Auctorität nicht genug zur
Geltung gebracht zu haben [1]). So wenig machte er von jenem übeln
„Rechte des Königs" Gebrauch. Welchen andern Heerführer hätte der
himmlische Oberkönig senden können, um „seine Streite auszukämpfen"?

In religiöser Hinsicht gewahren wir bei ihm einen gewissen Fort=
schritt. Zwar bleibt seine hohe Achtung vor den heiligen Institutionen
des Reiches stets dieselbe: nichts kann ihn bewegen, „den Gesalbten
Jehovahs" anzutasten; sein Freibeuterleben in Juda, dann in Ziklag
ist eine herbe Nothwehr, keine Rebellion [2]), die David leicht in un=
gleich glänzenderer Weise hätte ins Werk setzen können. — Aus dem
Blutbade der Priester in Nob entrinnt Ebjathar mit den Haupttheilig=
thümern und begleitet fortan David. Seit dieser Zeit benutzte David
häufig das heilige Loos als Orakel, wozu man vielleicht damals „die
Urim und Tummim" zu verwenden pflegte. Es geschieht dies jedoch
erst dann, als der Prophet Gad nicht mehr bei ihm weilte; denn
dessen Rath (1 Sam. 22, 5.) ist noch ganz in der Art der alten
Seher gehalten und in derselben Sphäre, wie das Orakel Ebjathar's.
Bezeichnend ist es aber, daß späterhin, nach dem Tode Saul's, dieses
heilige Loos bei David nicht mehr in Anwendung kommt, trotzdem
daß in sehr vielen Fällen, ja sogar in höchst wichtigen, rein religiösen
Fragen der König des göttlichen Winkes bedurfte und denselben suchte.
Vielleicht benutzte er es, um seine Begleiter, über welche er natürlich
nur eine geringe Auctorität hatte (1 Sam. 22, 2.), irgendwie be=
stimmt zu lenken, weniger weil er selbst eine heilige Scheu davor
hatte. Dies erhellt wenigstens ziemlich deutlich aus 1 Sam. 30, 6—8.
Fortan, sobald er wirklich König geworden, ist es allein das lebendige
Gotteswort durch den Mund der Propheten, vorzüglich Gad's und
Nathan's, dessen Weisungen er mit unbedingtem, oft tief schmerzlichem
Gehorsam sich beugt, dessen schärfste Rügen er in lauterer Demuth
hinnimmt (2 Sam. 12. 24.). — So war denn in David jene wun=

---

[1]) Zeugniß dafür ist die Leichtigkeit, mit der Absalom's Aufstand und nun
gar die Rebellion Scheba's am Ende seiner Regierung so bedeutende Dimen=
sionen gewinnen konnte.

[2]) Diese völlig falsche Auffassung zeigt sich auch in Duncker's Geschichte
des Alterthums I., gegen dessen Darstellungen von Samuel und David wir,
lediglich vom rein historischen Gesichtspunkte aus, lebhaften Protest er=
heben müssen.

derbare Einheit aller der Vorzüge gefunden, die ein theokratischer König in Israel haben sollte. Ohne Herr des Volks im übeln Sinne zu sein, gebot er über dasselbe und sorgte für seinen Schutz und seine Ehre in kraftvollster Weise. Der Wille des Gottkönigs war ihm unbedingt heilig; mit tief religiöser Empfänglichkeit begabt, verstand er die Propheten, wie kein Anderer; er war nur das ausführende Organ des göttlichen Willens. In dem Eifer für ächte Frömmigkeit leuchtete er seinem Volke voran; das Heiligthum Israels, die Lade des Gesetzes, stellte er auf eine hohe Warte, unmittelbar unter seinem mächtigen Schutze; Niemand vermochte so schön und erhaben Jehovah zu preisen und Dank zu spenden, wie dieser König des erwählten Gottesvolkes.

Durch David hatte das Gottesreich in Israel einen gewaltigen Schritt vorwärts gethan auf der Bahn zur Vollendung. Weil in ihm das wahre Ideal des theokratischen Königs zu einer annähernden Ver- wirklichung kam, gilt er als „messianische" Persönlichkeit; eine ähn- liche Erscheinung muß fortan Pfand und Bürge sein für die göttliche Gnade und für das wahre Heil Israels. Nach der alten Anschauung, daß der Geist eines Mannes sich in seinem Geschlechte forterbt, folgte daraus unmittelbar, daß das wahre Heil durch den Fortbestand der Davidischen Dynastie allein gesichert werden könne.

Dieser Gedanke gestaltet sich zu einer Verheißung, mit welcher das treue Walten des Königs gleichsam gekrönt und belohnt wird. Das herrliche Gebet David's 2 Sam. 7, 18—29. setzt einen an ihn ergangenen prophetischen Ausspruch voraus, mit dem ausschließlichen Hauptinhalte, daß Jehovah dem David ein Haus bauen wolle (V. 27.), welches ewig vor Ihm bestehen werde (V. 26.). Leider sind die Bü- cher Samuelis mit solchen Weissagungen überaus karg [1]), und so fin- den wir benn von dieser Prophetie 2 Sam. 7, 16. nur ein kleines Bruchstück und in V. 11ᶜ. eine Anspielung, gleich als wenn sie selbst schon früher ausgesprochen und erwähnt sei. Aufs engste schließt sich aber diese Wohlthat an den großen Zweck Gottes, Israel ganz als sein Eigenthum zu behalten. Eine weitere Aussicht auf göttliche Pläne mit dem Volke wird jedoch nicht eröffnet: es ist ja schon frei, mächtig und angesehen. — Jenem Gebete geht aber ein Abschnitt einleitend voran (2 Sam. 7, 4—16.), dessen Stellung mit seinem Inhalte und dieser wieder mit sich selbst disharmonirt, — eine augenfällige Erscheinung,

---

[1]) Vergleiche Ewald, Geschichte Israels III, 170.

die man nie hätte leugnen sollen. Der Rath, den Tempelbau zu unterlassen, wird keineswegs mit Gründen belegt, welche dem Wesen oder der besondern Lage David's entnommen sind, worauf dann die Hinweisung auf den Sohn gut passen würde; vielmehr geht die prophetische Abmahnung dahin, daß Jehovah überhaupt weder eines stattlicheren Hauses bedürfe, noch auch jemals diesen seinen Wunsch ausgesprochen habe ¹): — Wichtiger ist aber die folgende Charakteristik, welche Nathan von dem Nachfolger David's giebt. Jehovah sagt: „Ich will sein Vater sein und er soll mein Sohn sein" (2 Sam. 7, 14.). Für diese bedeutenden Prädicate haben wir hier die Grundstelle. Es ist durchaus Klügelei, von Dogmatismus angesteckt, welche hier von „göttlicher Zeugung" redet, die Sache verdunkelnd, nicht aufhellend. Es ist die Idee der väterlichen Fürsorge darin enthalten, der Erwählung zum besondern Eigenthume, dem dann der Gehorsam des „Sohnes" entspricht. So wenig soll sich damit eine specifische höhere Begabung verbinden, daß der Sohn, wenn er Sünden begeht, bestraft werden soll, wie alle anderen Menschen (denn das ist der Sinn), so daß der König darin keines Vorzuges genießt. Dagegen soll um David's willen „die Barmherzigkeit Gottes" nicht von ihm weichen. Eine schlagende Auslegung dieses Wortes bieten die Bücher der Könige. Abiam's Herz „war nicht ganz Jehovah ergeben". „Doch um David's willen gab ihm Jehova, sein Gott, eine Leuchte in Jerusalem und bestätigte seinen Sohn nach ihm" (1 Kön. 15, 4. 5.). Aehnlich 2 Kön. 8, 19. Außerdem wird die Güte der Könige Juda's meist nach David bemessen (1 Kön. 15, 14.; 2 Kön. 14, 3.; 16, 2.; 18, 3.; 22, 2.). — Wie alle Israeliten „Söhne Jehovahs" sind (5 Mos. 14, 1.), so muß es der König in besonderm Maaße sein, aber nur als die Spitze des erwählten Gottesvolkes. Diese Sohnschaft hängt genau mit dem Königsberufe zusammen und ist die bestimmtere Ausprägung des Gedankens, daß Jehovah stets „mit dem Könige ist" ²), d. h. zu seinen Unternehmungen

---

¹) Mir scheint glaublich, daß diese principielle Abmahnung etwa von Gad herrühre, weil sie auf einer alterthümlichen strengeren Anschauung beruht. Die folgende Verheißung vom Sohne David's ist dann wohl Nathanisch, der ohne Zweifel den Tempelbau günstiger beurtheilte, wie aus der Thätigkeit seines Zöglings, Salomo's, gleich nach dem Regierungsantritte zu schließen ist.

²) Hitzig (Die Psalmen übersetzt und ausgelegt. Leipzig und Heidelberg 1863. I, 6., genauer in seinem früheren Werke über die Psalmen. Heidelberg 1856. II, 218.) leugnet dies. Allein es ist das ein Fehlschluß aus der irrigen

Gedeihen giebt. So redete schon Samuel zu Saul (1 Sam. 10, 7.), Nathan zu David (2 Sam. 7, 3.). In Form eines Wunsches, aber in der Gewißheit, etwas zu erbitten, was recht eigentlich zum Wesen eines theokratischen Königs gehöre, spricht dies ein Dichter aus in Psalm 20, 5.

Wir sind im Stande, das ächt königliche Selbstbewußtsein Da-vid's, wie es jenen Prophetieen entsprach, in Umrissen zu zeichnen. Als Quelle sollen uns nur die sichersten Lieder dienen, bei denen die Wahrscheinlichkeit Davidischer Abfassung am größten ist, und die zugleich am meisten charakteristische Züge liefern.

So wenig weiß David von einem Widerspruche zwischen himm-lischem und irdischem Königthume, daß vielmehr die erstere Idee sich bei ihm in aller Stärke ausgesprochen findet, ja sogar noch höheren Schwung und festere Begründung erhält. Denn nun faßt David beide Vorstellungen, daß Jehovah der Herr der Heiden und Richter über die Völker sei und doch besonders Israel erwählt habe und schütze, so in Eins zusammen, daß jene universale Anschauung den mächtigen Hintergrund für diese particulare abgiebt, dort Macht und Gericht, hier Gnade und Huld (Psalm 7, 9. 11.). Daß Jehovah David's Königthum billige, hat er, außer durch Prophetenwort, noch dadurch recht augenscheinlich erwiesen, daß er den Umzug der Bun-deslade (auf der ja sein Thronesabbild ruhte) nach Zion, dem Sitze des Königs, zuläßt. Als Usa tödtlich getroffen war, konnte man zwei-feln, ob jene Uebersiedelung des heiligen Palladiums Gott gefalle. Aber der reiche Segen, den das Haus Obed=Edom's, bei welchem die Lade eine Zeit lang weilte, erfuhr, verscheucht jedes Bedenken, vollends nun der darauf folgende ungestörte feierliche Transport selbst. So hat Jehovah selbst sich in Zion seinen Wohnsitz erwählt, also neben dem neuen Könige (Psalm 24, 7—10.); Zion ist ein heiliger Berg geworden, auf dem die beiden Throne friedlich neben einander weilen; David sitzt zur Rechten des göttlichen Oberkönigs als geheiligter Va-sall, als der Gesalbte, der Jehovah ganz und gar angehört (Psalm 18, 51.). In diesem Verse klingt auch jene Nathanische Weissagung vom Fortbestande des Davidischen Hauses wieder.

Behauptung, als ob in 2 Sam. 7, 14. das Prädicat „Sohn" sich nur auf die „väterliche Züchtigung", ohne das selbstverständliche Correlat positiver Für-sorge, beziehen solle. Nach ihm „riecht die Sohneswürde in Psalm 2, 7. nach absolutistischer Gesinnung".

Die Folge dieser Gemeinschaft zeigt sich vor Allem in dem allseitigen Schutze, welchen Jehovah seinem Gesalbten verleiht: Er ist sein Schild, sein Hort, Zuflucht, Retter (3, 4.); Er läßt ihn sicher wohnen, ob auch Tausende sich wider ihn lagern (4, 9.), und seine Leuchte immerdar erglänzen (18, 29.). Weil aber die besondere Aufgabe David's in den Kriegen bestand, die zwar niemals offensiv waren, aber wegen der ehrgeizigen (Syrien) oder eifersüchtigen (Edom, Moab, Ammon) oder plünderungslustigen (Amalek, Philistäa) Nachbarn von selbst zu kühnen Eroberungen sich ausdehnten, so muß Jehovah ihm besonders kriegerischen Beistand und Sieg verleihen, indem er ja dadurch nur sein eigenes Erbe schützt. Jehovahs ist aber stets der Sieg (3, 9.). Dieser Beistand wird so vollzogen, daß Er theils den König „mit Kraft gürtet" (18, 33. 40.), theils aber in Seinem Wetter selbst ihm zu Hülfe kommt. Diese Theophanie ist in unvergleichlich herrlicher Weise in Psalm 18, 8—30. beschrieben. Sie beruht auf der großen Natursymbolik, nach welcher zwar „die Stimme Jahve's" in dem ganzen Bereiche der Natur sich kundgiebt (Psalm 29.), vorzugsweise aber im Gewitter „mit Hagel und Feuerkohlen und glühenden Pfeilen", — aber auch auf solchen thatsächlichen Grundlagen, wie sie Jos. 10, 11. [1]) in der Erzählung und Richter 5, 4. 5. 20. in dichterischer Rede erwähnt sind. Vgl. Jes. 30, 30.; 32, 19.; Hiob 38, 23.; 2 Mos. 9, 19. 25. Dahin gehört wohl auch die plötzliche Verwirrung der Feinde (wie nach einer Quelle den Aegyptern geschah im Rothen Meere [2 Mos. 14, 24. 25.]) oder ein ungeheurer Schreck, der in sie fährt, wenn sie ein Rauschen in den Lüften hören, als ob „Jehovahs Heere" oder zahllose fremde Hülfsvölker gegen sie losbrächen (2 Kön. 7, 6.). Von hier bis zu der Anschauung, daß Jehovah Zebaoth als ein eigentlicher Mitstreiter seinen Gesalbten in den Kampf begleite, ist nur Ein Schritt. (Jedoch haben wir jene Schilderung in Psalm 18. und 2 Sam. 22. als dichterische Form der Idee anzusehen, daß Jehovah bei diesen Siegen durch seine überall hinreichende Providenz wesentlich mitwirke. Denn die Berichte über David's Kämpfe sind zu wenig ausführlich oder stehen, wenn man

---

[1]) Daß nicht „ein Steinregen" gemeint ist mit Grotius, Calmet, Ilgen, sondern ein gewaltiger Hagel, darin stimmen mit Jes. Sirach 46, 6., Josephus, LXX alle Neueren überein. S. Keil, Comm. zu Josua, S. 176. Nach Knobel (III, 395.) soll hier „ein mythischer Zug" vorliegen, was wir nicht glauben, höchstens in Bezug darauf, daß mehr Feinde von den Hagelsteinen getödtet wurden, als durchs Schwert umkamen.

will, im zu hellen Licht der Geschichte, als daß sie solche Thatsachen erwähnten, wie bei der Schlacht von Gibeon.)

Das Bestehen jener innigen Gemeinschaft zwischen Jehovah und seinem Gesalbten war an Bedingungen geknüpft, deren sich David wohl bewußt ist. Unbedingtes Vertrauen zum göttlichen Walten, Gehorsam und völlige Ergebenheit gegen Gottes Willen bildeten die religiösen Voraussetzungen, aber eben deshalb verstanden sie sich für David so sehr von selbst, daß er ihrer kaum erwähnt. Hiezu kommt die sittliche Bedingung der Gerechtigkeit, die Zedakah im umfassendsten wie im engern Sinne [1]. Wer Jehovah nahen will zu seinem heiligen Berge, muß unschuldige Hände haben, reines Herzens sein, dem Nächsten nichts Böses thun, nicht verleumden und trügen, nicht Geschenke nehmen, um den Unschuldigen zu verurtheilen (Psalm 24, 3. 4.; 15, 1—5.). Am deutlichsten ist die Gerechtigkeit als Norm und Ziel aller königlichen Regierung entwickelt in Psalm 101. Er war sich wohl bewußt, daß diese Forderungen für ihn, der dem Throne Jehovahs am nächsten stand, selbst auf diesem „heiligen Berge" wohnte, am dringlichsten sich geltend machten. Und darin liegt ein Beweis, wie sehr er auch in seinem frommen Bewußtsein auf der Höhe seiner Zeit stand. — Den ganzen mächtigen Schutz Jehovahs nimmt er auch nicht in Anspruch, ohne sich dieser Bedingung bewußt zu sein, nimmermehr trotzend auf sein königliches Amt. Das rein theokratische Verhältniß bedurfte der Weihe durch die sittlich-religiöse Angemessenheit zum göttlichen Willen, um Wahrheit und Wirklichkeit zu werden. Wir sehen dies besonders aus Psalm 18, 21—25. Jehovah vergilt ihm „nach seiner Gerechtigkeit, nach der Reinheit seiner Hände", denn er hält die Wege des Herrn und hat seine Rechte vor seinen Augen. (Daß in solchen Aussprüchen weder die allgemeine „Sündhaftigkeit" geleugnet werde, noch eine irreligiöse Selbstgerechtigkeit sich kundgebe, haben wir a. a. O. nachgewiesen).

Ein leuchtendes Gegenbild, gleichsam als Widerspiegelung, des rechten königlichen Selbstbewußtseins erblicken wir in dem berühmten Psalm 110. [2] Der unbekannte Verfasser (der in nachdavidischer Zeit

---

[1] Vgl. meine Abhandlung in diesen Jahrbüchern, V, 212 ff.

[2] Alle Mißdeutungen und Verdrehungen, welche über dies herrliche Lied ein wahres Martyrium gebracht haben, im Einzelnen zurückzuweisen, kann unsere Aufgabe hier nicht sein. Wir verweisen für diese Abwehr auf Hupfeld, Psalmen, IV, 174—181., für das Positive auf Ewald, Psalmen. 1840. S. 56 ff.

lebte [1]) hat hier zwei alte Weissagungen, welche zu David, wahr=
scheinlich, kurz nach der Uebersiedelung der Bundeslade auf den Zion,
gesprochen waren, an einander gefügt (B. 1. und 4.), freilich ziemlich
lose, ohne näheren Zusammenhang, ohne abrundenden Schluß, so daß
das Lied in der That „etwas Bruchstückartiges und Räthselhaftes" er=
hält (de Wette, Olshausen, Hupfeld). Die Situation ist viel zu all=
gemein gehalten, um den Zeitpunkt deutlich zu erkennen, am wahr=
scheinlichsten noch mag das prophetische (erste) Wort in den Beginn
des zweiten großen Feldzuges gegen die Syrer fallen, der mit der
Eroberung der ausgedehntesten Gebiete endigte. Allein sowohl dieser
Punkt als auch selbst das rein historische Subject (David's) sind hier
relativ unwichtig, da der Verfasser die Aussagen deutlich in dem
Sinne macht, normale Züge im Bilde des theokratischen Königs auf
David anzuwenden. — Jehovah fordert den König auf, neben ihm
auf dem Throne zu ruhen, sein σύνϑρονος zu werden. So gefaßt,
läge hierin die feierliche Anerkennung desselben und Einordnung des=
selben in die theokratische Idee im denkbar höchsten Maaße. Von
Theilnahme an der „himmlischen Weltherrschaft in göttlicher All=
macht" [2]) kann um so weniger die Rede sein, da ja nach B. 2. Je=
hovah selbst in Zion weilend gedacht ist, nicht im Himmel, noch
unangesehen, daß damit eine Vorstellung auf den theokratischen König
übertragen wird, die selbst die ausgeprägteste Messiasidee bei den Pro=
pheten niemals in sich schließt. Ist nun gemeint: Du sollst ruhig
thronen, während ich kämpfend die Feinde niederwerfe? Also etwa
ähnlich der Aufforderung an Israel, da sie von den nachsetzenden
Aegyptern bedrängt wurden: Der Herr wird für euch streiten und
ihr sollt ruhig sein? [3]) Dem widerstreitet aber durchaus das Folgende:
solches Streiten Jehovahs bedarf nicht des Volkes; der König da=
gegen führt das ganze freiwillige Aufgebot des Volkes in den Kampf,
zerschmettert die Häupter der Feinde und trinkt erschöpft aus dem
Bach am Wege. So bleibt der König also nicht zu Hause, sondern
zieht in den Kampf. Soll er nun neben Jehovah sitzen, so kann dies
nicht auf dem Throne (in Zion selbst) sein, sondern auf dem Sieges=
wagen, in dem Jehovah mit zur Schlacht kommt [4]). Vergleichen wir

---

[1]) Sollte dieser Umstand nicht auch die Aufnahme des Liedes in das letzte
Psalmbuch erklären können?

[2]) So Hengstenberg z. St. 110, 1.

[3]) 2 Mos. 14, 14.

[4]) So richtig Ewald a. a. O.

Pſalm 18., ſo erblicken wir hier und dort denſelben Gedanken, nur in anderer Wendung, mit anderen Vorſtellungen: hier wie dort die perſönliche Theilnahme Jehovahs am Kampfe, den König hülf= reich unterſtützend, ihn „mit Kraft gürtend". Der König ſoll in=ſei= nem Kampfe gegen die Feinde (denn es gilt die definitive Beſeitigung aller Gefahren, welche dem erwählten Gottesvolke von Seiten der mächtigſten Heiden fort und fort drohten) des umfaſſendſten göttlichen Beiſtandes gewiß ſein. So löſt ſich jenes oft mißverſtandene „bis" (ich die Feinde zum Schemel deiner Füße gemacht haben werde) ganz leicht; denn mit der Unterwerfung derſelben hört von ſelbſt der Kampf auf, — oder man müßte denn einen fortwährenden Streit ohne Ende annehmen, da das „bis" unter allen Umſtänden eine Zeitdauer ſtreng begrenzt. Uebrigens bemerke man, daß von einer Weltherrſchaft nicht die Rede iſt (von der wir unten ausführlich handeln werden); mithin ſetzt unſer Lied die Ideen des zweiten Pſalms keineswegs voraus.

.Der zweite prophetiſche Ausſpruch mit noch ſtärkeren Formeln der höchſten Gewißheit lehnt ſich an die Beſtätigung des Königthums für David und für ſein Haus, wie ſie ſchon in 2 Sam. 7. erſcheint, hier aber in eigenthümlicher ſinnvoller Hoheit die religiöſe Seite in der Idee des theokratiſchen Königs betonend. Daß dieſer vierte Vers: „Du biſt ein Prieſter in Ewigkeit nach der Weiſe (nicht wegen, was durch die eigenthümliche Form דברתי und noch mehr durch kaum ermittelbaren Sinn ausgeſchloſſen iſt) Malkizedek's" — nicht auf Makkabäiſche Fürſten gehen könne, iſt längſt richtig dadurch beſeitigt worden: es müßte dann heißen: Du ſollſt König ſein. Denn dieſen als geborenen Prieſtern war eben nur das Königthum das Neue! Bei David umgekehrt. Durch ſein Wohnen auf dem Zion war er ja in die nächſte Nähe des Heiligthums gerückt; denn daß die Bundeslade ſelbſt und nicht die Stiftshütte als ſolche für das heiligſte Gut angeſehen wurde, weil allein die Gnadengegenwart Je= hovahs vermittelnd, bezeugt die Geſchichte ſeit Eli hinlänglich. Der Gotte Naheſtehende iſt aber Prieſter, d. h. er hat das Weſen und Recht des Prieſters (2 Moſ. 19, 22.; 4 Moſ. 16, 5.). Sollte das ganze Volk heilig werden und aus Prieſtern beſtehen, wie 2 Moſ. 19, 5. ausdrücklich beſagt, um wie viel mehr ſollte es nicht der König ſein können, der ja die Spitze des Volkes bildete, der am höchſten Erwählte unter den Erwählten? Daher iſt's nicht richtig, an dem כהן zu deuten, um das Prieſterliche auszumerzen, nicht eben nöthig,

auf die Freiheit David's und der Könige nach ihm in allen „kirch=
lichen" Angelegenheiten hinzuweisen. Setzte er doch selbst zwei Hohe=
priester ein, von denen wahrscheinlich einer in Jerusalem, der andere
in Gibeon bei der Stiftshütte verweilte[1]). Und es ist ja ein ent=
schiedener Anachronismus, in jenen Zeiten eine genaue Gliederung
und Abgrenzung der priesterlichen Rechte und Functionen anzunehmen.
Eine solche begann erst wohl mit dem Sturze der Athalja, welche
eine längere Regentschaft des Hohenpriesters Jojada zur Folge hatte;
seitdem mußte es wie ein Sacrilegium angesehen werden, wenn Usia
das alterthümliche Priesterrecht der Könige ausüben wollte. — So
scheint denn auch der Zusatz „nach der Weise Malkizedek's" unserm
(späteren) Dichter selbst anzugehören, der ohne Zweifel damit jedes
Bedenken beseitigen wollte, als ob mit dem Priesterprädicat irgend=
welche Rechte und Functionen behauptet wären, welche ausschließlich
dem Aharonitischen Priesterthume zukamen[2]). Ueberdies ist richtig be=
merkt, daß dieser Zusatz erst entstehen konnte, nachdem Jerusalem
lange bestanden, sein Name in Salem abgekürzt war und demgemäß
Malkizedek als urältester Vorgänger des theokratischen Königs in Zion
angesehen werden konnte. — So wird denn der Sinn von 110, 4.
sein: „Du bist als theokratischer König der Erwählte Jehovahs in
eminentem Sinne, höher als das Volk, und darum priesterlichen Ran=
ges, fähig, unmittelbar zu Gott zu nahen. So stellst Du hier in Sa=
lem ein Nachbild dar jenes alten Priesterkönigs, welchen selbst ein
Abraham durch Annahme des Segens und durch Gabe des Zehnten
ehrte. Und diese Stellung, wo Du des göttlichen Wohlgefallens sicher
bist, soll Dir nimmer geraubt werden!"
    Eine Beziehung auf den „Messias" in einem anderen Sinne
als in dem dargelegten wird durch jede Zeile, wie durch die Haltung
des Ganzen, verboten. Zunächst ist ja nicht von der Zukunft die
Rede, sondern von der Vergangenheit, der diese prophetischen Stücke
angehören; eine Repräsentation in die Gegenwart tritt nur ein, wo
der Zusammenhang der Rede über die Folge der Erscheinungen
keinen Zweifel läßt. Dann geht weder ein Gericht über Israel noch
über die Heiden dem Auftreten des geschilderten Königs voraus:

---

[1]) Erst als Ebjathar durch seine Theilnahme an der Thronerschleichung
Adonia's sich die Internirung in Anathot zugezogen hatte, ward die Einheit im
hohepriesterlichen Amte hergestellt (1 Kön. 2, 26. 27.).

[2]) Deshalb ist auch die Beziehung des Liedes auf Usia (de Wette, Ernst
Meier) unmöglich, da ja das Räuchern eben Hauptfunction der Aharoniden war.

und doch erscheint der Messias erst nach strengster Sichtung des Volkes von allen unreinen Elementen. Drittens ist der Messias nicht Kämpfer, sondern durchaus Friedensfürst. „Sollte Assur ins Land kommen", sagt Micha 5, 4., „so stellen wir gegen ihn sieben Hirten auf und acht Geweihete der Menschen." Was also die eigentliche Seele der messianischen Situation ist, das gerade fehlt hier: Läuterung Israels und Herstellung völligen Friedens, sogar mit Vernichtung aller Kriegswerkzeuge (Micha 5, 9—14.; Jes. 6, 13.; 9, 1—6.). Sehen wir aber auf die spätere Ausbildung der Messiasidee bei den Propheten kurz vor und während des Exils, so verändert sich jene grundlegende Situation in so hohem Grade, daß an eine Aehnlichkeit nicht zu denken ist; noch viel mehr tritt in dem Zustande des letzten höchsten Heiles der persönliche Messias zurück und wird einfach an David gemessen. — Was aber das Prädicat des Priesters betrifft, so wird ja niemals der „Messias" ausdrücklich so genannt. Nur zu Liebe unseres Psalms 110, 4., um diesem eine messianische Bedeutung im eschatologischen Sinne abzupressen, muß Zachar. 6, 13. eine Deutung leiden, der es so ausdrücklich wie möglich widerspricht: König und Priester sollen neben einander herrschen, ähnlich wie Serubabel und Josua, „und zwischen ihnen beiden [1]) wird Friede sein".

Einen letzten Beleg für die Davidische Auffassung des Königsthums finden wir in seinem Schwanengesange (2 Sam. 23, 3—7.), in den abgebrochenen wenigen Worten, die den freudigen Aufblick eines Sterbenden wiedergeben und darum eben nichts zeigen von dem leichten Schwunge eines Liedes aus der besten Zeit des großen Sängerkönigs [2]). Gewiß ist es ein altes Prophetenwort, das er in dem ersten Verse wiederholt (sagen wir mit Thenius); denn darauf führt leicht der Uebergang in B. 5.: „Wenn Jemand unter den Menschen gerecht, in der Furcht Gottes herrscht, der ist wie Gottes Licht am Morgen, der Sonne gleich, die wolkenlos aufgeht, dem erquickenden Regen gleich, der grünes Gras aus der Erde hervorlockt" [3]). Als nothwendige Bedingungen der segensreichen Regierung eines Königs werden also theils Gottesfurcht, theils

---

[1]) Selbst der neueste Ausleger, Köhler, interpretirt dies noch von den in Christo geeinigten Aemtern, zwischen denen Friede sein werde!!

[2]) Vgl. Ewald, Allgemeines über die hebräische Poesie und über das Psalmenbuch. Göttingen 1839. S. 99 ff.

[3]) Ganz deutlich spielt hierauf Psalm 72, 6. an, wo ja auch das Walten des gerechten Königs gezeichnet wird. S. Hengstenberg z. St.

Gerechtigkeit angegeben, deutlich so, daß die specifische Eigenthümlich=
keit eines Herrschers in Israel[1]) zurücktritt; beide hatte sich David
zur strengen Norm seines Waltens gemacht[2]). — Und darum eben
kann er sich daran erquicken, daß „so sein Haus vor Gott stehe, der
ein ewiges Bündniß mit ihm gemacht habe". V. 5. „All mein Heil,
all mein Begehren — wird Er es nicht hervorsprossen lassen?"
Worin dieses bestehe, ist nicht gesagt; hierin liegt aber zugleich seine
Hoffnung für die Zukunft. Und wenn ihm irgend ein Messiasbild
vorgeschwebt hätte, so hätte es hier seinen Platz finden müssen. Aber
jenes Heil ist Segen und Friede seines Volkes, was immerdar das
höchste Gut und darum den Gipfel der theokratischen Hoffnung aus=
macht — auch bei den späteren Propheten. — Der Schluß der Worte
ruft aber die unzähligen Mühsale ins Gedächtniß, die ihm von erbit=
terten inneren Feinden bereitet wurden, deren Ränke seine besten Ab=
sichten vereitelten; nur mit energischer Gewalt könne der König diese
Friedensstörer bekämpfen. So spiegelt sich in diesem Abschiedsliede
die sittlich=religiöse subjective Bedingung heilsamen Herrschens, die
gläubige Hoffnung göttlichen Beistandes, die Kraft königlicher Leitung,
das feste Vertrauen auf Erhaltung seines Hauses als des wür=
digen Trägers der neuen großen Institution, in hellen Streiflich=
tern wider.

III.

Die Regierung Salomo's eröffnete neue weite Gesichtskreise und
trug einen wesentlich anderen Charakter, als die der früheren Fürsten.
Aus dem hinreichend geschützten Reiche war ein mächtiges entstanden,
bei dem nun andere wieder Schutz finden konnten. Die prächtigen
Bauten des Königs zogen die Augen der Völker rings umher auf
sich; die Herrlichkeit und Größe des theokratischen Königthumes
entsprang aus dieser neuen Situation als nothwendige Zugabe zu
den bisherigen Eigenschaften. Die völlige Einheit der himmlischen und

---

[1]) Die häufigen Mißverständnisse jener schönen Worte haben erneuert Vai=
hinger, Stud. und Krit. 1839. S. 983 ff., und Fries ebendaselbst, 1857.
S. 646—689. Schon die ganz unmögliche Deutung des באדם von der ganzen
Menschheit, sowie die Supplirung eines Futurums verurtheilt diese Auslegung.
Vgl. übrigens z. St. überhaupt Thenius a. a. O.

[2]) Eine schöne Ausführung dieses Gedankens fanden wir in dem herrlichen
Liede 101.

irdischen Regierung trat in dieser Herrlichkeit gewissermaaßen klar vor
Aller Augen und schien unwiderruflichen Bestand haben zu müssen.

In den Anfang der Salomonischen Herrschaft führt uns der
anonyme Psalm 2. Doch ist dies eben nur der Anlaß, und wie
wir damit aller äußerlich historischen Deutung entgegentreten [1]),
welche meint, der Dichter habe die concreten Verhältnisse gleichsam
nur abgeschrieben, welche wo möglich den Nachweis fordert, „Gottes=
sohn" sei der ceremonielle „Hoftitel" des angeredeten Königs gewesen:
so weisen wir doch auch die Ansicht zurück, als ob das Lied in abstracto auf die bloße Idee des theokratischen Königthums gehe.
Denn dem widerspricht die lebhafte dramatisirende Bewegung des
Liedes, sowie der poetische Sinn überhaupt, der sonst mehr didactisch
sich kundgegeben hätte. Die stillschweigende Voraussetzung, daß der
König allen subjectiven Bedingnissen würdig entsprechen werde, wird
durch das citirte Prophetenwort in Vers 7. schlagend bestätigt.

Weitaus am wahrscheinlichsten haben wir den historischen Anlaß
in den mannigfachen Aufständen zu suchen, welche den jungen König
zu schleuniger Kraftentfaltung nöthigten. Wer freilich die Quellen nicht
mit historischem Blicke liest, wird sagen, daß nur das Ende der
Salomonischen Regierung derartig beunruhigt worden sei, — aus
keinem anderen Grunde, als weil der Verfasser des Buchs der Kö=
nige, unter dem Eindrucke des überwiegend friedlichen Charakters der
Salomonischen Regierung schreibend, jene kriegerischen Data an das
Ende seiner Erzählung gerückt hat (1 Kön. 11.). Vielmehr ist die
Darstellung dieser Zeit, welche Ewald gezeichnet hat, im Wesent=
lichen richtig [2]); man könnte höchstens den Aufstand der Kananiter
im Innern als fraglich bezeichnen. Wahrscheinlich bleibt er dennoch,
da sich dann die Unterdrückung derselben und allseitige Verwendung
zum Frohndienste am besten erklärt. Und jenem Eindrucke, Salomo
sei der rechte Friedensfürst gewesen im Gegensatze zu seinem Vater,
ist auch die große Dürftigkeit der Quellen in diesem Punkte zweifels=
ohne zuzuschreiben. Jedenfalls ergiebt sich aus Vers 6., daß der
Regierungsantritt dieses Königs in Zion selbst stattgefunden habe;

---

[1]) Sehr richtig Ewald, Psalmen. 1840. S. 114: „Der Dichter spricht,
auch wo er in Veranlassung einzelner Personen redet, nicht sowohl über diese
als von ewigen Gedanken und Hoffnungen getragen".

[2]) Geschichte des Volkes Israel, III, 268 ff. Eisenlohr, das Volk Israel
unter der Herrschaft der Könige. Leipzig 1856. II, 57 ff. Vgl. meinen Artikel
„Salomo" in Herzog's theol. Realencyclopädie, XIII, 332 ff.

mögen wir nun das fragliche מסכתי mit „gesalbt" oder „eingesetzt"
wiedergeben, — immer wird es dem Begriffe nach mit המליך zu=
sammenfallen. Denn David war längst allseitig bestätigter König, als
er den Zion zu seinem Sitze erkor; auf ihn paßt es also nicht. Und
wenn auch Salomo's Salbung am Gichon (also doch in Jerusalem)
erfolgte, so geschah doch seine Inthronisation im Palaste David's,
auf dem Zion (1 Kön. 1, 46—48.).

Die Stellung des irdischen Königs zu Jehovah erscheint hier in
derselben Innigkeit wie bisher, nur noch ausgeprägter. Jehovah er=
kennt ihn völlig als seinen Statthalter an, und darum ist eine
Auflehnung gegen den König eo ipso eine Empörung gegen Jehovah.
Daran knüpft sich auch die Sohneswürde des Königs (V. 7.),
welche deutlich mit seinem Regierungsantritte beginnt und erst durch
diesen erlangt wird. Die Analogie ist gegeben in Psalm 45, 17: Die
Söhne des Königs werden Fürsten im Lande, wie Salomo und Re=
habeam thaten. Daß man bei der Sohnschaft nicht an die physische,
noch an die geistliche Zeugung denken könne, sollte sich bei denen von
selbst verstehen, welche von den alttestamentlichen Ideen nur irgend
eine Kenntniß haben. Denn hiernach erhellt, daß für die Begriffs=
gewinnung die Stellen Ex. 4, 22., Deut. 14, 1. die gewiesenen Fund=
örter sind und daß uns in Psalm 89, 21—29. die authentische Aus=
legung vorliegt.

Aus unserem Liede läßt sich aber nichts gewinnen an Bedin=
gungen, denen der König nachkommen müsse, um dieser Sohnes=
würde theilhaftig zu werden. Vielmehr erhellt nur dies Eine: Je=
hovah will nicht nur den König unterstützen, ihm helfen, sondern für
ihn eintreten und die Empörung als eine Ihm angethane Be=
leidigung strafen[1]). Und solches Thun Gottes wird nun durch die
Sohnschaft des Königs motivirt. Weiteres dem Begriffe zu vin=
diciren, erlaubt nicht der Zusammenhang des Liedes, und es ist min=
destens mißverständlich, mit Delitzsch von einem „göttlichen Könige"
zu reden, da von höheren Qualitäten des Königs nicht die Rede ist.
Am wenigsten darf man anführen, daß „der Zorn" Jehovahs für
den König eintritt; denn den gefährdeten Wittwen und Waisen ge=

---

[1]) Nur zu sehr durchzieht unsere Anschauungen die Neigung, das göttliche
und menschliche Thun streng zu sondern. Das ist durchaus gegen Geist und
Sinn des alten Bundes. Und darum ist es nur die concrete sinnliche Form,
in welcher Jehovah für den König eintritt, wenn es heißt: „Du (König) wirst
sie mit eisernem Stabe zertrümmern, wie Töpfergeräth sie zerwerfen" (V. 9.).

ſchieht das Gleiche (Exod. 22, 22—24.). Vom Zorne des Königs iſt aber auch Vers 12. nicht die Rede; dieſe Mißdeutung Hengſtenberg's weiſt ſelbſt Delitzſch entſchieden zurück. Weil ferner eine viel ſpätere Chriſtologie aus unſerem Pſalme die Namen „Geſalbter" und „Sohn Gottes" entlehnt und auf den Meſſias im eschatologiſchen Sinne übertragen hat, daraus die ſtreng meſſianiſche Würde des Königs in unſerem Liede zu deduciren: das iſt ein ſo grober Fehlſchluß, daß er kaum einer Abweiſung oder gar einer ernſtlichen Widerlegung würdig iſt.

Das eigentlich Neue in unſerem Liede ſoll darin liegen, daß dem Könige „die Weltherrſchaft" zugeſchrieben wird. Subject und Prädicat ſind in dieſer Behauptung ſchief. Um ein „zuſchreiben" handelt es ſich nicht; nach Vers 8. verheißt Jehovah dem Könige, ihm die Enden der Erde zum Eigenthum geben zu wollen. Der Ausdruck Weltherrſchaft iſt verwirrend, da er zu leicht der richtigen Vorſtellung Thür und Thor verſchließt; den Begriff „Welt" kennt der Hebräer nicht, und weder von תבל noch von כל־הארץ iſt die Rede. Vielmehr iſt es hermeneutiſches Geſetz und exegetiſche Pflicht, nach Kräften die Vorſtellung zu reproduciren, welche im Sinne des Dichters den Umfang der verheißenen Herrſchaft bildet. Selbſt wenn wir eine Hyperbel annähmen, ſo iſt es abſurd, dies für unmöglich zu erklären, als ob der Autor ſich dadurch „lächerlich" gemacht haben würde, — eine Vorausſetzung, welche nur eine beiſpielloſe Unkenntniß orientaliſcher Redeweiſe an den Tag legt. Nach Pſalm 22, 28. ſollen alle Enden der Erde und alle Geſchlechter der Völker zu Jehovah kommen und vor ihm anbeten, weil er einen Unglücklichen aus großer Noth errettet hat [1]). Selbſt die ſchlichte Proſa der Königsbücher würde ſich ſolcher Hyperbeln ſchuldig machen. Denn nach I, 10, 23. ward Salomo größer „als alle Könige der Erde an Reichthum und an Weisheit", und „alle Lande" kamen, ihn zu ſehen und ſeine Weisheit zu hören. Oder wäre es eine nüchterne Umgrenzung des Wirkungskreiſes, wenn Jeremias (1, 5. 10.) zum Propheten „für die Völker" (לגוים) beſtellt wird und „über Völker und Königreiche" geſetzt, um auszureißen und zu zerſtören, zu bauen und zu pflanzen? Und jeder Kundige weiß, daß dieſe Beiſpiele ſich zahllos vermehren ließen. — Andererſeits läßt ſich jene „Weltherrſchaft", die

---

[1]) Eben dieſe Stelle liefert bekanntlich den Beweis, daß bei dem Ausdruck אפסי־ארץ nicht an „Grenzen des Landes" gedacht werden könne.

der Text nicht als Thatsache, sondern als Verheißung, d. h. als Idee, ausspricht, eben als solche sehr gut begreifen, auch ohne daß wir die Hyperbel zu Hülfe nehmen. Denn Jehovah herrscht ja über die ganze Erde, trotzdem daß er „Herrscher in Jakob" ist (Psalm 59, 14.). Ist nun der König Israels sein erwählter Statthalter, so folgt, daß sich dessen Gebiet auch so weit wird ausdehnen können, als die Herrschaft des himmlischen Oberkönigs sich erstreckt; das er- giebt sich als Consequenz aus der innigen Einheit beider. Damit ist aber nicht gesagt, daß der israelitische König ausschließlich in diesem weiten Gebiete herrschen solle. Die Bezeichnung für Jehovah „König der Könige" involvirt eine Einschränkung freilich deshalb nicht, weil sie nur die Macht des Höchsten über alle Erdenfürsten aus- drückt. Wohl aber gehört dahin Psalm 89, 28: Der König Israels soll der Erstgeborene (Sohn) werden und der Höchste unter „den Königen der Erde". Die Herrschaft der letzteren wird also selbst unter dem idealen Gesichtspunkte nicht aufgehoben, sondern nur in ein unter- geordnetes Verhältniß oder vielmehr auf eine niedrigere Stufe ge- stellt. Es liegt darin der große Gedanke embryonisch verborgen, daß alles Regiment auf Erden in irgend einem Maaße das göttliche Wal- ten zu repräsentiren und mit den göttlichen Zwecken der Weltleitung zu harmoniren im Stande sei. Späterhin gewinnt dieser Gedanke dann eine mythologische Form und wird zugleich klarer, wenn allen Völkern „Engel" übergeordnet werden, beauftragt, die Harmonie ihres Thuns mit dem göttlichen Zwecke herzustellen oder zu erhalten.

Was aber am wenigsten übersehen werden darf und die Vorstel- lung erst recht begreiflich macht: diese „Idee" lag von der realen Möglichkeit, ja Wahrscheinlichkeit bei weitem nicht so entfernt, als es uns scheinen möchte, denen die Begriffe „Welt" und „Erde" etwas gänzlich Anderes bedeuten als den Hebräern, wenn auch natürlich nur in quan- titativer Hinsicht. Wir haben, um recht zu interpretiren, den dama- ligen geographischen Gesichtskreis des Israeliten zu zeichnen und dann die Art und Weise uns zu vergegenwärtigen, wie man solche Herrschaft in Vorderasien zu denken gewohnt war, besonders die über auswärtige Völker.

Die Völkertafel Gen. 10. darf man nicht ohne Weiteres als Maaßstab annehmen. Sie giebt ja auch nur eine ethnologische Ueber- sicht, keine geographische; die Wohnsitze der Söhne Gomer's z. B. vermögen wir nach der Ansicht des Verfassers nicht anzugeben. Gleich- wohl ist der Umkreis, so weit wir ihn erkennen, zwar der größte und

weiteſte, den das Alte Teſtament kennt, an ſich aber ein geringer.
Die Linie würde vom Südoſtende des Schwarzen Meeres zwiſchen
dem Kaukaſus und den armeniſchen Gebirgen hindurchgehen, dem
Tigris folgen, die Mündung deſſelben kreuzen, Arabien im Oſten und
Süden durchſchneiden, über das Rothe Meer ſetzen, durch Abeſſinien
hindurch ſich nach Norden wenden, weſtlich von Aegypten durch Cyrene
in das Meer tauchen und dann auf kürzeſtem Wege den Ausgangspunkt am Schwarzen Meere wieder gewinnen, ſo daß nur Kreta, Cy-
pern, einige kleinere Inſeln und der Oſten Kleinaſiens in den Bereich
hineinfielen. Denn das Tarſchiſch iſt den Propheten ſichtlich eine Lo-
calität, von deren Lage ſie keine ſichere Vorſtellung hatten [1]). Allein
die Nachrichten in den übrigen hiſtoriſchen Schriften, ſelbſt in den
Königsbüchern und in Pſalmen, deuten auf ein viel geringeres Maaß
geographiſcher Kunde. Zur Zeit Salomo's, wo ſich doch der Geſichtskreis bedeutend ausdehnte, war wohl nur die Gegend bis zum Euphrat, Nordägypten und Nordarabien näher bekannt. Ja, ſelbſt auf
Syrien werden ſehr allgemeine Ausdrücke angewandt, wie „Könige der
Syrer, der Hethiter“. Von Aſſur und Babel ſchwieg damals die
Kunde, und ſie warb erſt beſtimmter und lebte wieder auf, als dieſe
Reiche in mächtige Bewegung geriethen und das Geſchick Iſraels
ſtark zu beeinfluſſen begannen. Iſrael ſelbſt, bisher ganz auf ſein
Ländchen, kaum ſo groß wie die Schweiz, beſchränkt, war an kleine
Dimenſionen viel zu ſehr gewöhnt, um nicht die Gebietserweiterungen
unter David, welche in der That das Reichsgebiet nicht bloß ſehr
vergrößerten, ſondern auch geradezu vervielfachten, ungeheuer zu finden.
Am meiſten war dies im Süden der Fall in den gewaltigen Ebenen
Arabiens, wo ein Flächenraum wie der Kanaans faſt zum verſchwin-
dend kleinen Theile wurde. Eine beſtimmte Grenze läßt ſich hier nicht
finden, und darum verlegte die Vorſtellung ganz von ſelbſt die „Enden
der Erde“ in dieſen arabiſchen Süden. Das erhellt aufs klarſte aus
Pſalm 72, 8. Eben daraus ergiebt ſich auch, daß an ein Herrſchen
jenſeits des Euphrat oder über die „Inſeln“ des Mittelmeeres nicht
gedacht wurde. Und darum kann auch David ſich „Haupt der Heiden“
nennen und ſtaunend ausrufen: „Völker, die ich nicht kannte, dienen
mir“ (Pſalm 18, 44.). Ja, bis in die ſpäteſten Zeiten hat ſich jener
Sprachgebrauch fortgeſetzt: nach Matth. 12, 42. kam die Königin
von Saba „von den Enden der Erde“, was unſeren obigen Schluß

---

[1]) Das Gleiche gilt von Ophir.

noch reichlich bekräftigt. Aus allem diesem ergiebt sich, daß bereits David's Eroberungen nahezu den Umkreis der Erde ausfüllten, wie er zu seiner Zeit im Bewußtsein der Israeliten sich zeichnete, daß mithin eine Herrschaft des Königs „bis an die Enden der Erde" nicht im Geringsten außerhalb einer realen Möglichkeit und Denkbarkeit lag. Und dabei sehen wir noch ganz davon ab, daß diese Herrschaft ein Geschenk Gottes sein soll und deshalb jeder Berechnung nach menschlichen Factoren sich entzieht. Aus dieser Verheißung aber auf die „übernatürliche" (will sagen „übermenschliche") Hoheit des Königs zu schließen, ist nur bei zwei groben Fehlern möglich, einmal bei einem gewaltigen Anachronismus, was den Kreis der geographischen Vorstellung betrifft, fürs Andere bei der entschieden textwidrigen Annahme, daß der König die „Erde" mit eigener Kraft erobern, beherrschen, richten werde.

Hierzu kommt fürs Zweite, daß die Unterthänigkeitsverhältnisse, die zu solcher Herrschaft gehören, nicht lose genug zu denken sind[1]). Selbst wo eine Eroberung im eigentlichsten Sinne vorgegangen ist, wird doch das eroberte Gebiet sehr häufig nicht besetzt oder gar incorporirt. Die Philister unterlassen dies z. B. stets, da nämlich 1 Sam. 13, 3. weder an ein Truppencorps noch an einen Beamten der Philister zu denken ist. Nur in Syrien blieben hie und da Militärposten der Israeliten stehen, die aber so unbedeutend waren, daß bei einer Selbstbefreiung des Landes ihrer gar nicht einmal Erwähnung geschieht, viel weniger daß sie dem Aufstande ein nennenswerthes Hinderniß in den Weg gelegt hätten. Meist blieben die einheimischen Fürsten bestehen; man begnügte sich mit Tributen. Aber schon die Sendung einfacher Huldigungsgeschenke (König Thoi von Hamath) genügte; eine Art von Oberherrlichkeit war doch anerkannt. Solche Bande waren viel loser als die der großen Vasallen im germanischen oder fränkischen Königthume; selbst die Stellung von Hülfsvölkern im Kriege ward nicht verlangt. Dadurch gewann diese Abhängigkeit im Wesentlichen den Charakter eines mehr oder minder freien Bündnisses, und stand dem Freundschaftsverhältnisse, der Allianz, ungemein nahe. Darum können wir sicher schließen, daß Salomo schwerlich je daran gedacht hat, daß zur Ausdehnung seines Reiches etwa die Eroberung

---

[1]) Wir verweisen hierbei auf die sehr lehrreiche und richtige Erörterung über die verschiedenen Formen der Unterthänigkeit, welche Marcus v. Niebuhr in seinem Werke „Geschichte Assurs und Babels" (Berlin 1857) S. 18 ff. giebt.

Phöniciens und Aegyptens gehöre, da er mit diesen Ländern nahe befreundet war. Wo aber einmal in einem Kreise asiatischer König= reiche die hervorragende Größe Eines Herrschers feststeht, da erzeugt sich ganz von selbst, fast nach dem Gesetze physischer Anziehung, ein Abhängigkeitsverhältniß seitens der Schwächeren, die sich an den Stär= keren schutzsuchend anlehnen. Und daraus folgt denn auch immer ein religiöses Verhalten, weil im ganzen vorderen Orient die po= litischen mit den religiösen Beziehungen aufs engste verflochten waren. Jedes berühmte große Heiligthum ladet durch seinen Ruf den Poly= theisten am leichtesten zur Verehrung ein [1]). Darum schließen sich selbstverständlich den Huldigungsgaben für den König Weihgeschenke an den Tempel und den Hauptgott an, und damit ist die Anerken= nung des letzteren in dem Grabe vollzogen, wie man es von einem heidnischen, von Jehovah nicht erwählten Volke nur irgend verlangen kann. Denn alle weiteren Pflichten resultirten aus dem speciellen Bundesverhältnisse Jehovahs mit Israel und hatten darum auf die anderen Völker keine Anwendung. Und deshalb müssen wir jene Aus= legung entschieden abweisen, welche in solchen Mahnungen, wie sie Ps. 2, 11. 12. enthalten, Aufforderungen zum Proselytismus erblickt.

Weitere Aufschlüsse über das Wesen des theokratischen Königs giebt Psalm 72., ein friedliches Gegenbild zu dem kriegerischen Drama in Psalm 2. Vielleicht fällt das Lied ans Ende der Salomo= nischen Regierung und hat als Regentenspiegel den Thronfolger im Auge. Leuchtet in Psalm 2. als Hintergrund die Fülle von Siegen David's hindurch, so hier der reiche Segen, den die Friedensregie= rung Salomo's dem Lande gebracht hat. Zwar ist es in beiden Lie= dern Jehovah, durch den der König Triumphe feiert, dort aber die helfende Macht, hier die Gabe richterlicher Weisheit. Dort ist das Ziel Erweiterung, hier Befestigung der Herrschaft durch Frieden und Gerechtigkeit. Die Ueberzeugung blickt durch, daß auf das Walten des irdischen Königs thatsächlich sehr viel ankomme, daß durch dasselbe die höheren Zwecke Gottes allein recht gedeihen können. Ein Messias im eschatologischen Sinne wird deutlich durch Erwähnung des Nachruhms (V. 17.) und der Nachkommen ausgeschlossen, noch ungerechnet, daß die ganze Lage des Reiches nicht im Entferntesten

---

[1]) Sehr deutlich zeigt sich dies in der Wirkung, welche die Bedeutung und der Ruf der verschiedenen Kaʼbaʼs auf die Gestaltung der politischen Verhältnisse Arabiens in vormuhammedanischer Zeit ausübte.

jene specifische andere Färbung zeigt, welche die spätere Prophetie von der messianischen Zeit aussagt, zumal das unmittelbare Einwirken Jehovahs sehr zurücktritt.

Auch hier erscheint die Weltherrschaft als Attribut des theokratischen Königthums, aber mit viel deutlicheren Farben, welche unsere obige Darstellung rechtfertigen. Zunächst übt das musterhafte, weithin leuchtende Friedensregiment eine starke Anziehung auf die Völker aus. Die für den Blick entferntesten Herrscher bringen Geschenke dar: „die Könige von Tarschisch und von den Inseln" im Westen und Norden, „die Könige von Saba" im Süden (72, 10.), so daß von hier aus der Uebergang zu allen Königen und allen Heiden sich von selbst macht (B. 11.). Und eine andere Form der Anerkennung als diese Gaben wird nicht beansprucht. — Zweitens ist es aber die Schutz und Hülfe gewährende Macht des Königs, welche zur Ausbreitung der Herrschaft wesentlich beiträgt. Sie ist übrigens eine einfache Consequenz der gerechten Regierung des Königs im Innern. Denn wie sich dieselbe gerade in dem Rechtsschutze beweist, den der König den sonst leicht gedrückten „Elenden und Armen" angedeihen läßt (2. 4.), so zeigt sich das gleiche Princip nach außen hin: er hilft den ungerecht Unterdrückten (B. 12—14.). Daß dem Verfasser höchst wahrscheinlich die Stellung der kleineren Wüstenscheichs in Nordarabien (wo Salomo ja bis ans Rothe Meer herrschte) vorschwebt, bezeugt die Erwähnung der Könige Saba's in Vers 10. und noch mehr Seba in Vers 15. Für diesen Schutz zahlen diese kleinen Fürsten gern reichlichen Tribut in dem Golde, an dem Arabien in alter Zeit bekanntlich so ungemein reich war, daß sich die Schriftsteller in Schilderung dieser Fülle überbieten [1]). So löst sich leicht jeder nur scheinbare Widerspruch in der Darstellung des Liedes, dem man sonst nur in der textwidrigsten Weise zu begegnen vermag [2]).

In welche Zeit auch immer Psalm 45. fallen möge, gewiß ist, daß die glänzende Gestalt Salomo's dem Dichter vorzugsweise vorgeschwebt habe, selbstverständlich so, daß er die dem Ideale entsprechenden Züge in seinem Bilde am meisten hervorhebt. Daß aber auch

[1]) Vgl. die Nachweise bei Bähr, Symbolik des mos. Cultus I, 260 ff.
[2]) Diese von mir fast beim ersten Lesen des Psalmes unabhängig gefundene Erklärung stellte schon, wie ich sehe, Pfeiffer 1803 auf, dem de Wette folgte. Hupfeld's Einwendungen scheinen mir nicht zuzutreffen; daß in den Augen des Königs das Blut der Volksgenossen theuer sei, ist doch eben kein merkwürdiges Zeichen von Gerechtigkeit; das Gold Saba's bleibt dabei immer unerklärt.

ein Hochzeitslied ebenbürtigen Rang habe unter theokratiſchen Liedern, folgt nothwendig aus dem prophetiſchen Worte, daß das Heil Iſraels an das Davidiſche Geſchlecht und Haus gebunden, durch das kräf= tige Gedeihen bedingt ſei. Zahlreiche Königsſöhne ſind eine treffliche Stütze der Herrſchaft, wenn ſie nicht tragiſch entarten, wie Ammon, Abſalom, Adonja. Und überdies ſicherte wiederum die Vermählung mit Fürſtinnen aus hohem Hauſe für jene Zeit den Reichsfrieden faſt in noch höherem Grade, als jede andere Art von Allianz [1]). — Der Preis des Königs dient im Pſalm ganz dieſem Geſichtspunkte. Die Schönheit ſteht demgemäß obenan ſammt der Beredtſamkeit: die Kraft und Kühnheit zieren den Tapfern und wirken unwiderſtehlich (Vers 3—6.). Was ihn aber unter den Königen der Erde zuhöchſt ſtellt, gleichſam als Erſtgeborenen, dem der reichſte Segen des Vaters ge= bührt (89, 28.), iſt ſeine Gerechtigkeit (Vers 8.), durch welche er ja Ebenbild des höchſten Gottkönigs wird. Was alſo im Bilde des Kö= nigs bisher faſt getrennt auftrat, Heldenthum und gerechtes Walten, erſcheint hier innig vereinigt. — Steht alſo gleich die Würdigkeit des Königs hier im Vordergrunde, ſo bildet doch, wenn nicht ihre Quelle, ſo ihre Baſis die göttliche Erwählung und die Beſtätigung der Herrſchaft des Davidhauſes. Der Thron iſt ein „Gottesthron“ (V. 7.), wie er auch 1 Chron. 29, 23. heißt. Dieſer Thron ſoll „immer und ewig“ währen, ganz analog mit 2 Sam. 7., wo ja eben die Dauer der Davidiſchen Dynaſtie, nicht bloß der Familie, ver= heißen wird. Es bezieht ſich demnach nicht auf dieſe beſtimmte Perſon des Königs; allein auch wenn es ſo wäre, würde die Annahme einer ſchlechthin ewigen Dauer dieſes Königs Vers 17. widerſprechen, und Pſalm 21, 5.; 61, 7.; 1 Sam. 1, 22. — Mit dem Namen „Elohim“ wird aber der König nicht bezeichnet. An und für ſich wäre dies nicht undenkbar. Zur Parallele darf man ſich aber nicht berufen auf Jeſ. 9, 5., wo der Meſſias גִּבּוֹר אֵל heißt; denn theils erreicht dieſe Benennung noch lange nicht das einfache „Elohim“, theils erſcheint jenes Prädicat in einer Reihe von Ausdrücken, welche die Idealität jenes verheißenen Meſſias unendlich höher ſtellen und reicher ausführen, als die des beſungenen Bräutigams. Näher liegt die

---

[1]) Zum Tempelliede konnte freilich Pſalm 45. erſt verwandt werden durch allegoriſche Um= und Mißdeutung. Daß aber alle Pſalmen nur zu dieſem kirchlichen Zwecke gedichtet worden ſeien, iſt eine dreiſte, unbegründete Behaup= tung, der die Thatſachen widerſprechen.

Vergleichung von Exod. 21, 6.; 22, 7.; Pf. 82., so daß der König als Stellvertreter Jehovahs gedacht wäre. Am meisten träfe Exob. 4, 16. zu: wie dort Moses der Gott Aharon's sein soll, indem er ihm die Worte Gottes gleichsam einflößt, so hier der König als der, der die Thaten Gottes vollführt. Ja, noch tiefer werden wir den Werth des „Elohim" hinabrücken müssen, wenn in Vers 8. seine „Genossen" (חברים) genannt werden trotz der hohen Anrede; denn jener Ausdruck deutet doch auf eine relative Gleichheit der Würde selbst. Allein dann hätte sich der Dichter gar mißverständlich aus= gedrückt. Denn ist „Gott" Anrede und bezieht sich dasselbe gleich darauf folgende Wort (אלהים) unbestritten auf Jehovah, so ist dadurch der irdische König Jehovah geradezu gleichgestellt. Daß aber eine solche Gleichstellung für die Anschauung des gesammten Alten Testa= ments unerträglich ist, daß ihr speciell das Messiasbild in den Pfal= men wie bei den Propheten durchaus widerspricht, weiß Jeder, dem es um ernste Erkenntniß zu thun ist [1]).

Aus diesen Darlegungen ergiebt sich, daß wir bei diesen Pfal= men (und andere lassen sich nicht herbeiziehen, da sie noch wenigere Merkmale der Messianität aufweisen, wie etwa Pfalm 20. 21.) den Messias der Zukunft als Object des Liedes nicht wahrzunehmen ver= mögen. Es scheint freilich einfach, zu sagen: War einmal die ewige Dauer der Davidischen Dynastie prophetische Verheißung, so war es ja leicht, ans Ende dieser Reihe einen vollkommenen König zu den= ken, der das Reich Gottes in Israel zu höchster Vollendung brachte. Aber erstens war dieser Gedanke eben nur möglich und sogar in dieser Abstractheit blieb sein Entstehen an zahlreiche Bedingungen gebunden; zweitens ist diese Möglichkeit noch nicht Wirklichkeit im exegetischen Sinne. Die nach möglichst vielen messianischen Liedern dürstenden Ausleger (die gerade durch diese Hast es indirect leugnen, daß das ganze Alte Testament messianischen Charakter trage) pflegen das Erstere gänzlich zu übersehen und den Beweis des zweiten Po= stulats, worauf Alles in dieser Frage ankommt, sich entweder zu er= sparen oder so zu führen, daß sie auch nicht einmal ein Verständniß der Frage verrathen. Warum sollte denn in David's Zeit die

---

[1]) Es ist in hohem Grade anzuerkennen, wenn ein Ausleger wie Delitzsch, obgleich er den oben zurückgewiesenen exegetischen Irrthum (Beziehung des Elo= him auf den König) theilt, trotz mancher Vorurtheile, den religionsgeschichtlichen Boden streng zu behaupten sucht und die übeln Härten der vulgären messiani= schen Auslegung wesentlich erweicht.

theokratiſche Hoffnung ſich auf einen Davididen in letzter Zeit wer=
fen, während David ſelbſt und ſein Sohn in Wirklichkeit Alles bereits
übertrafen, was man bisher für möglich gehalten hatte? An ihnen
entfaltete ſich erſt der Gedanke der wahren Größe Jſraels. Erſt
mußten die Zuſtände Jſraels ſich bedeutend verſchlimmern, das Reich
von der Höhe herabſinken, die traurige Zeit fortwährender Bedrückung
durch Feindeshand wiederkehren, ehe die Hoffnung ſelbſt neue
Kraft und beſtimmte Formen gewinnen konnte. Und ferner muß in
dem Liede ſelbſt der Nachweis geführt werden, daß an einen Meſſias
in eschatologiſcher Weiſe gedacht ſei. Die Merkmale müſſen überein=
ſtimmen mit dem Bilde, das die Propheten von ihm zeichnen: das
iſt in allen ſpecifiſchen Hauptmomenten nicht der Fall. Die Aus=
rede, der Dichter gebe eine Repräſentation des Meſſias und werfe
durch poetiſche Freiheit das Bild aus der Zukunft in die Gegenwart,
— haben wir bereits im erſten Abſchnitte genügend widerlegt. Fehlen
aber alle Kriterien, ein ſolches Verfahren exegetiſch zu erkennen, ſo
wird jene Rede zur unbegründeten Behauptung, die weder durch Wie=
derholung noch durch Dreiſtigkeit an Wahrheit gewinnt. Und ſolche
Kriterien, die factiſch fehlen, laſſen ſich ungemein leicht finden. Jn
vielen Klageliedern wird zuerſt das Leid als gegenwärtig geſchildert,
dann aber die Errettung, ſehr häufig auch als präſente. Dennoch
erhellt aus der Natur der Sache eine Succeſſion der Momente.
Ebenſo könnten wir uns leicht ein Lied denken, das etwa mit Klagen
anhebt, wie Pſalm 74., über das Treiben der Feinde, dann das Ge=
richt über das eigene Volk, endlich das Kommen Jehovahs und
ſeines Meſſias. Ein derartiges findet ſich aber nicht im ganzen Pſalter.

Sieht man ſich zu dieſem Eingeſtändniſſe genöthigt, ſo flüchtet man
zu noch haltloſeren Behauptungen. Man ſagt: Hat auch nicht David
ſelbſt oder der dichtende Jsraelit an Chriſtus gedacht, ſo kann es doch
der heilige Geiſt gethan haben. Entweder tritt dies in den Worten
ſelbſt hervor: wie will man dann beweiſen, der Dichter habe dies
nicht bemerkt, obgleich er dieſe Worte ſang und ſchrieb? Oder es
liegt in den Worten nicht, woher ſchöpft man die Kenntniß der
Nebengedanken, welche der heilige Geiſt gehabt hat? Es iſt ſtark,
ſich eine höhere, klarere Inſpiration zuzuſchreiben, als die Dichter ſelbſt
gehabt haben. Es führt uns ganz in die Zeiten des Mittelalters,
wo man nur über die verſtümmelte Leiche des Literalſinnes in das
Myſterium der Allegorie eingehen zu können glaubte. Daß der Aus=
leger religiöſen Sinn und dichteriſchen Geiſt mitbringen müſſe, wollen

wir stärker betont wissen als jene Commentatoren, von denen Manche
vom zweiten Stücke keinen Gran haben und unter dem ersten im
Grunde nur Hutteri (mortui) compendium verstehen. Jene Bedingungen bestätigen aber unser Ergebniß durchweg. Und es ist nicht
eben fromm, das Walten des heiligen Geistes für so unvollkommen
und höchst mangelhaft zu erklären, daß es ihm, der es doch auf perspicuitas scripturae sacrae abgesehen hat, so wenig gelang, diesen
höheren Nebensinn auch nur durchscheinen zu lassen. Wir sehen dabei
noch ganz von dem wichtigen ψεῦδος ab, die Psalmisten mit derselben
Art, ja sogar demselben Inhalte der Begeistung auszustatten wie
die Propheten, während jene doch ganz deutlich markiren, wo sie
nicht aus ihrem frommen Bewußtsein heraus singen, sondern
prophetische Offenbarung lyrisch verwerthen. — Solche Abirrungen,
die auf einen „Doppelsinn“ hinausgehen, stammen übrigens aus dem
Wahne, als ob mit der richtigen Erklärung den Psalmen aller messianische Werth genommen werde, und aus der Scheu, die heiligen Lieder zu Schmeichelgesängen auf menschliche Könige gewöhnlichen Schlags
erniedrigen zu müssen. Jener Wahn beruht auf gründlicher Unkenntniß des geschichtlichen Entwickelungsganges der alttestamentlichen Ideen
und diese Scheu sieht nur eine Alternative vor sich aufklaffen, ohne
die reichen Gefilde in der Mitte zwischen beiden gleich irrigen Extremen zu gewahren.

Um dennoch einzelne Psalmen auf David, Salomo u. s. w.
und auf Christus deuten zu können, flüchtet man in die Dämmerung
des Typus. Was Wahres darin enthalten ist, hat unsere These aufgenommen; was wir schon im Eingange ausführten, hat sich bewahr-
heitet: die typische Deutung läßt sich nicht erweisen und liefert keinen
Gran an klarerer Erkenntniß. An den Typiler stellt sich hier die
Aufgabe, aufzuzeigen, daß wirklich der Dichter an zwei Personen
gedacht habe, die durch eine lange Entwickelung getrennt seien. Aber
man faßt es auch anders: der Dichter hebe nur vorbildliche
Momente aus dem Leben und den Personen seiner Zeit hervor. Daß
aber jene Vergleichung zwischen Vorbild und Nach- oder Urbild,
die zur Herstellung eines Typusbegriffs schlechthin nothwendig ist,
von dem Dichter irgendwo angestellt sei oder auch nur seiner Seele
in irgend einem Grade von Klarheit thatsächlich vorgeschwebt habe,
wird nicht gezeigt und die Thesis bleibt unbewiesen, so unbekümmert
und phantasievoll man sie auch ausmalen, resp. breittreten mag. Im
Hintergrunde liegt bei dieser Richtung das πρῶτον ψεῦδος: still-

schweigende Identification der Idee des theokratischen Königs und des eschatologischen Messias, resp. des wirklichen Christus [1]).

Wir können aber noch weiter gehen. Thatsächliche Belege liegen vor, daß die lyrische Poesie überhaupt, soweit wir sie kennen, der prophetischen Messiasidee gänzlich fern geblieben ist. Es ist dies um so merkwürdiger, als ja die Propheten gerade in den messianischen Hauptstellen sich fast bis zu einem lyrischen Schwunge erheben. Die Umbildung ihrer Weissagungen in Poesie lag überaus nahe, dennoch besitzen wir nicht ein einziges Lied, in welchem dies unverkennbar zu Tage träte [2]). Alle jene Lieder gehören am wahrscheinlichsten ins 11. und 10. Jahrhundert, datiren also aus einer Zeit, in welcher auch nur das Vorhandensein der Messiasidee im engeren Sinne durch kein Document bestätigt ist. Jene Wahrnehmung und diese Thatsache sind zusammengenommen von einer solchen Kraft, die einem Beweise nahekommt und die höchstens durch ganz augenscheinliche, schlagende (aber eben nicht vorhandene) exegetische Thatsachen geschwächt werden könnte. Zum Ueberfluß haben wir noch ein Lied übrig, welches die Weissagung 2 Sam. 7. paraphrasirt und beinahe commentirt aus einer Zeit, als die eschatologische Christusidee längst ausgesprochen war, freilich auch schon wieder zu verblassen begann. Denn Psalm 89., den wir meinen, gehört wahrscheinlich in die Zeit kurz vor Zerstörung Jerusalems durch die Chaldäer [3]). Wäre es für das israelitische Bewußtsein so leicht, ja natürlich gewesen, am Ende der Davidischen Dynastie den größten Messias zu denken als den Hort und Träger höchster Hoffnung, so müssen wir die Erwähnung, ja Schilderung desselben in diesem Liede fordern, allerwenigstens in der Form, wie er von Jeremias verheißen wird. Und daß dies n i c h t der Fall ist, hat das Vollgewicht eines Beweises gegen jene Hypothese.

---

[1]) Damit fällt denn auch die kunstreiche Eintheilung der messianischen Psalmen zusammen, welche Delitzsch a. a. O. II, 414. giebt, obgleich wir viele Sätze auf S. 413. unterschreiben können.

[2]) Delitzsch macht auch auf diese Thatsache, die selten hervorgehoben wird, aufmerksam, aber ohne sie in ihrer Tragweite zu verwerthen.

[3]) Delitzsch legt das Lied in die Zeit Rehabeam's, da Scheschonk Jerusalem eroberte (1 Kön. 14.). Dagegen scheint uns zu sprechen, daß die Weissagung an David ziemlich weit zurückliegt, und daß damals von Juda Vers 42. kaum gesagt werden konnte. Gegen die Zeit n a c h dem Exile spricht Vers 44.

IV.

Die vorstehenden Erörterungen gewinnen aber erst einen rechten Abschluß, wenn wir das Bild des theokratischen Königs zu zeichnen versuchen, wie es sich aus den Quellen ergiebt. — Jene anfängliche Spannung zwischen dem himmlischen unsichtbaren und dem irdischen sichtbaren Königthume Israels ist so gänzlich verschwunden, daß sie nicht einmal in leisen Zügen und Andeutungen durchschimmert. Das letztere erscheint sogleich auf einer Höhe und in einer Vollendung, wie es ursprünglich kaum erwartet werden konnte. Das Volk wollte nur einen König, wie die Heiden ihn haben; Samuel salbt Saul zum „Fürsten über Jehovahs Eigenthum", eine Bezeichnung, welche in sehr latenter Weise die hohe Idee in sich barg, und die deshalb doch einen Mißbrauch zu orientalischem Despotismus keineswegs ausschloß. Merkwürdig ist, daß im Bilde des theokratischen Königs die richtige Stellung zur Volksfreiheit nirgend erwähnt wird, 110, 3. kaum angedeutet. Die Ursache erkennen wir leicht darin, daß die historische Erscheinung David's den Gedanken an solche Gefährdung gänzlich ausschloß. Ueberhaupt haben wir davon auszugehen: die geschichtliche reale Größe von David und Salomo ist die eigentliche Quelle der theokratischen Königsidee — ein Beleg für die alte Regel, daß die Idee sich gern an der concreten Wirklichkeit entzündet. Und auch dies stand fest, daß die Theokratie, weit entfernt, Schaden zu leiden, sich durch das Königthum erst zu einem ungeahnten Glanze entfaltete. Die Folge konnte nicht ausbleiben, daß fortan in jeder idealen Darstellung des Gottesreiches dem Könige ein hervorragender Platz gegeben ward; ohne ihn schien das Reich seines leuchtenden Edelsteines zu entbehren.

Nur um eines gewissen Ueberblicks wegen und ohne durch zu scharfe Linien die Züge des Bildes zu verzeichnen, beleuchten wir des Königs Stellung zu Gott, seine Persönlichkeit, sein Verhältniß zum Volke, endlich seine friedliche sowie kriegerische Thätigkeit.

Eine feste und ewige Stellung zum irdischen Königthume in Israel nimmt Jehovah erst ein, nachdem er David sein hohes Amt „bestätigt" hat. Er schließt mit ihm einen besonderen Bund, daß sein Haus und sein Thron ewig währen solle (89, 30. 36. 37.). Darum ist auch sein Thron ohne Weiteres ein Gottesthron, sofern er Jehovah allein Ursprung, Erhaltung und Gedeihen verdankt; Gott ist in eminentem Sinne „Gott des Königs" (45, 7. 8.). Daraus folgt, daß des Königs Walten das willige und genügende Organ iſt für Jehovahs Regierung; der König iſt ſein Statthalter. Dies Ver⸗ hältniß gewinnt in dem Ausdrucke „Sohn Gottes" eine beſondere Innigkeit und Wärme (2, 7.; 2 Sam. 7, 14.). David iſt Jehovahs Erſtgeborener unter den Königen der Erde und ſpricht zu Gott: „mein Vater biſt Du!" (89, 23.) Dieſe Declaration iſt bildlich als Zeu⸗ gung des Sohnes gedacht, gleichbedeutend mit der Einſetzung des Kö⸗ nigs auf dem Zion, dem Wohnſitze Jehovahs (2, 6. 7.; 110, 2.). Demnach wird auch Jehovah für dieſen ſeinen Sohn eintreten mit dem vollen Gewichte ſeiner Hülfe und ſeines Zornes gegen alle Wi⸗ derſacher (2, 9. 5. 12.). Die Salbung, als die in Iſrael geſetz⸗ liche höchſte Weiheart, ſtellt ihn dem Range nach dem Hohenprieſter gleich und ordnet die Königswürde in den Kreis der ordentlichen In⸗ ſtitutionen der Theokratie ein. So wenig wie beim Hohenprieſter iſt ſie jedoch beim Könige ein Symbol der Begabung mit heiligem Geiſte. Dieſe kommt vielmehr bei den theokratiſchen Perſonen vor, welche zu einer außerordentlichen Thätigkeit berufen werden, wie bei den Richtern und Propheten. In den Pſalmen wird daher wohl von einer Salbung mit Freudenöl geredet (45, 8.), nicht aber mit Gottes⸗ geiſt. Erſt eine viel ſpätere Nachwelt flicht auch die prophetiſche Be⸗ gabung in den Kranz von idealen Eigenſchaften ein, mit welchen ſie das Haupt des hochgefeierten David ſchmückt (2 Sam. 23, 2.). Die Geſchichte zeigt vielmehr, daß David ſelbſt ſich keineswegs prophetiſch begeiſtet weiß: im Gegentheil zeigt er gerade innerhalb ſeines Berufes ſtets die Demuth, welche auf Gottes Wort zurückgeht. Dieſes läßt er ſich anfangs durchs heilige Orakel mit Hülfe Ebjathar's, des Hohenprieſters, künden, ſpäter durch die Propheten Gad und Nathan. Sein Sohn Salomo erhält die Gabe der Regierungsweisheit, die von prophetiſcher Begeiſtung ſehr verſchieden iſt. — Vielmehr beſteht der rechte Segen, den der rechte König empfängt, in langem Leben (21, 5.), in Fülle der Freuden (45, 8. 9.), in vielen Söhnen, welche die ir⸗ diſche Kraft des Davidshauſes repräſentiren (45, 17.), in langdauern⸗ dem Nachruhme, der ihm eine Art Unſterblichkeit bietet (72, 17.; 45, 18.). — Schon die Salbung bringt den König in ein nahes Verhältniß zu Jehovah, noch mehr ſein Beruf und ſeine Sohnes⸗ ſtellung. So thront er denn neben ihm: der Geſalbte ſitzt an ſeiner Seite auf dem Siegeswagen (110, 1.). Wer aber erwählt iſt und Gotte nahen darf, hat prieſterlichen Charakter (Num. 10, 5. 6.; Exod. 19, 22.). Mithin iſt auch der theokratiſche König ein Prieſter

zu nennen, ähnlich wie Melchisedek beide Würden vereinte, obgleich
die priesterlichen Functionen in Sühne und Mittlerschaft den Aharoniden ungeschmälert verbleiben (110, 4.).

Was die specifischen Eigenschaften anlangt, mit welchen der theokratische König ausgestattet sein muß, so ist es eigenthümlich, wie selten diese hervortreten, — ein deutlicher Beweis, daß es sich hier nicht
um eine bewußte Idealisirung, sondern mehr nur um eine unwill-
kürliche Vorstellung handelt. In den Psalmen 15. und 101. ist es die
sittliche Geradheit und Gerechtigkeit, welche sich David als persönliches
Ziel vorsetzt, und ein Gehorsam gegen Jehovah versteht sich mehr
von selbst, als daß er irgendwie als Bedingung aufträte. Ist David
auch „Knecht Jehovahs" (18, 1.) genannt, so will dies überwiegend
seine Frömmigkeit bezeichnen; der große König ward in späterer Zeit
nach verschiedenen Seiten hin Ideal. Ebenso natürlich ist das Vertrauen des Königs auf „sein Heil", das daher von ihm nicht gefordert, sondern schlicht ausgesagt wird (20, 3.; 21, 8.). So wird
auch dem Könige Gerechtigkeit in seinen Regierungshandlungen gewünscht und ihr Vorhandensein als ein Glück bezeichnet (72.).
Schon näher tritt einer bedingungsweisen Darstellung 2 Sam. 23,
3. 4.: Der Herrscher muß gerecht und gottesfürchtig sein, wenn sein
Walten wahrhaft segensreich werden soll. Zu einer Steigerung dieser
Qualitäten über das gewöhnliche Maaß hinaus wird aber nicht fortgeschritten. Und andererseits wird nur vorübergehend dem Könige das
Prädicat „Held" beigelegt (45, 4 ff.), wie denn nur hier, wo die
Schilderung weitaus am meisten in der rein menschlichen Sphäre ver-
weilt, auf die persönliche Thätigkeit des Königs hingewiesen wird;
denn sonst tritt die Hülfe Jehovahs in den Vordergrund.

Diese Thätigkeit des Königs ist theils eine kriegerische, theils
eine friedliche; bei jener steht mehr die Regierungszeit David's, hier
mehr die Salomo's dem Dichter vor Augen. Zunächst begleitet den
König in allen seinen Unternehmungen das Glück, wenn er sich nicht
auf eigene Kraft, sondern auf Jehovah verläßt (20, 5—8.; 21,
8—10.). Denn die Kriege, die er unternimmt, führt er nicht aus
Ehrgeiz, sondern aus Nothwendigkeit, um den königlichen Beruf, das
Reich zu schützen, auszuführen; Kriege Jehovahs sind sie, der heilige
Gottessitz Zion verlangt Schirm. Gegen die Feinde muß daher Jehovah im Zorn entbrennen, sie schrecken, daß sie über ihr fruchtloses
Beginnen zur Einsicht kommen, oder die Hartnäckigen vernichten. Er
steht seinem Gesalbten zur Rechten; dieser ist nur irdisches Organ

des göttlichen Zornes, wenn er die Häupter der Feinde auf weitem
Lande beſiegt und ſie wie Töpfergeräth zerwirft (Pſ. 110. 2.). Dieſer
Erfolg entſpricht dem Motive: er vermehrt nicht Würde und Macht
des irdiſchen Königs, ſondern hat einen religiöſen Zweck, Anerken‐
nung der Oberhoheit Jehovahs, der ſeine Ehre nicht preisgeben und
ſein Eigenthum nicht vernichten laſſen kann. — Das wahre Wohl‐
gefallen Gottes ruht aber nicht auf dem Siege, ſondern auf dem
friedlichen Walten, der Bedingung alles Blühens und Gedeihens der
Völker, auf Bundestreue und milder Gerechtigkeit (45, 5.). Der
Gerechte blüht unter der Herrſchaft des rechten Königs, der Ungerechte
leidet ſeine Strafe; vorzugsweiſe aber richtet der König ſein Augen‐
merk auf die Lieblinge Jehovahs, die Armen und Elenden, und er‐
ſtreckt dieſe ſeine helfende Güte auch über die Grenzen ſeines Volkes
hinaus (72, 2—4. 12—14.). Ueberall findet ſich in reichſtem Maaße
Heil und Friede, gleichſam der Lebensodem der wahren Theokratie
(72, 1—5. 15.; 45, 8.); ſo lange Sonne und Mond ſcheinen, fürchtet
man Jehovah von Geſchlecht zu Geſchlecht (72, 5.).

Jehovah iſt aber nicht nur über Iſrael, ſondern auch über die
ganze Erde König. Sie gehört ihm, obwohl Iſrael in eminentem
Sinne ſein Eigenthum iſt. Deshalb weilt er auch ebenſo in Zion
wie im Himmel. Die Einheit beider Momente, des theokratiſchen und
univerſalen, muß ſich auch in der Herrſchaft des irdiſchen Königs
irgendwie reflectiren. Iſt derſelbe das erwählte Organ für die Herr‐
ſchaft Jehovahs über Iſrael, ſo kann er es auch in weiterem Sinne
werden, ſo weit es überhaupt irdiſche Reiche giebt. Sein Reich ſoll
ſich bis „an die Enden der Erde" erſtrecken. Selbſtverſtändlich iſt
dieſer Umfang nicht (mit grobem Anachronismus) nach unſeren geo‐
graphiſchen Anſchauungen (oder irgend welchen ſpäteren) zu deuten,
ſondern nach den damals in Iſrael gewöhnlichen. Hiernach wird die
Herrſchaft ſich wenig weiter erſtrecken, als David und Salomo, jener
im Norden, dieſer im Süden, ſie ausgedehnt hatten. Die Art und
der Grad dieſer Abhängigkeit anderer fremder Reiche, welche im
Orient ſtets eine religiöſe Anerkennung der Hauptgottheit des herr‐
ſchenden Volkes zu involviren pflegt, bemißt ſich an den damals (und
wohl auch zum Theil jetzt noch) in Vorderaſien üblichen Unterthänig‐
keitsverhältniſſen, die nicht loſe genug zu denken ſind. Und wie wird
dieſe weite Herrſchaft hergeſtellt? Nicht durch gewaltſame Eroberung,
vielmehr giebt Gott dem Könige auf ſeine Bitte die Heiden zu
ſeinem Eigenthume, ohne daß ſie aber je in daſſelbe religiöſe Ver‐

hältniß wie Israel träten (2, 8.). Die Könige der Erde hören von
der Weisheit und Größe des hochbegnadigten Königs von Israel
und senden freiwillig Huldigungsgaben (72, 10.; 89, 28.; 18, 44.).
Wollen sie dagegen sich gegen Israel empören, also nicht nur frei
werden, sondern auch den heiligen Berg Zion schädigen sammt dem
Könige, so trifft sie der vernichtende Zorn Gottes (2, 10.). Die
Existenz anderer Reiche, welche sich weder feindlich verhalten noch
auch eine Stellung einnehmen, welche in irgend welchem Grade eine
Anerkennung der Größe Israels und somit Jehovahs involvirt,
liegt gänzlich außerhalb der Sehweite und der Betrachtung der
Dichter.

Mit wenigen Strichen zeichnen wir nun der Vergleichung wegen
das Bild des theokratischen Königs, wie es bei den Propheten erscheint. Wir beschränken uns dabei auf die wichtigsten Momente.

Trotzdem, daß der König in dem ausgeführten Bilde der messianischen Zukunft stets seine Stellung erhält, so hängt er dennoch
keineswegs so eng mit derselben zusammen, daß etwa ohne ihn ein
wesentliches Heil gar nicht gedacht werden könnte. Zur Herbeiführung des höchsten Heiles ist er nicht schlechthin nothwendiges
Organ; das ist Jehovah. Und auch dies höchste Heil selbst ist die
schützende Gegenwart Jehovahs selbst, nicht in, sondern neben dem
Messias. Dessenungeachtet erscheint er gleichsam als höchste Zierde
der neuen Zeit; so eng hat die Vorstellung den unversehrten oder
gar den vollkommenen Zustand der Theokratie mit der Messiasidee
verflochten, selbst da, wo ihm, wie bei Jeremias, keineswegs un-
gewöhnliche Qualitäten beigelegt werden. Diese Erscheinung haben
wir wohl zumeist der Lyrik zu verdanken, welche die Idee des theokratischen Königs, stets an die historische Wirklichkeit angelehnt, populär machte; sie selbst aber gründet sich auf das altprophetische
Wort und will es nur reproduciren oder anwenden.

Im Volksbewußtsein blieb David der leitende Typus für die
Idee des Messias, mochte er selbst zurückersehnt, mochte ein ähnlicher
Sproß gehofft werden. Darum legen die Königsbücher ihn als Maaß-
stab ihrer Beurtheilung bei jedem Davididen an. Darum gewinnt
das populäre Messiasbild der nachexilischen Zeit einen so kriegerischen
Charakter. Dagegen knüpft die Königsidee bei den Propheten mehr
an den Typus der friedlichen Zeit Salomo's an; sowie dieser
Friedensfürst war, soll auch der Messias der Zukunft selbst „der
Friede" sein (Micha 5, 4.). Auf eine kriegerische Thätigkeit innerhalb

der neuen Zeit ſpielt eigentlich nur Micha 5, 4—8. an, die aber
nicht dem Meſſias zufällt, und die, wie nach Jeſaj. 9, 4., 2, 2 ff.,
mit der Vernichtung alles kriegeriſchen Geräthes endet. Nur die Iſrael
urſprünglich angehörigen Landſchaften werden erobert (Jeſ. 9, 14.). —
Uebrigens wird der Meſſias von den Propheten keineswegs an die
äußerſte Zeltgrenze gerückt oder durchweg in einen Zuſtand höchſter
Vollkommenheit geſetzt. (Jerem. 33, 17.), ſondern nur in eine Zeit,
wo ungetrübte Gnade Gottes in Iſrael waltet. Daher kann von einer
„Lehre“ von Meſſias, die etwa die ſpäteren Propheten immer mehr
detaillirt und ausgearbeitet hätten, nicht die Rede ſein.

Der Meſſias iſt Davidide, und ſo erfüllt ſich 2 Sam. 7.:
„dem David“ läßt Jehovah hervorgehen einen Sproß der Gerech=
tigkeit (Jer. 33, 15.); er ſtammt aus Bethlehem Ephrata, aus der
Wurzel Iſai's (Micha 5, 1.; Jeſ. 11, 1.). Er weidet das Land „in
der Kraft Jehovahs“ (Micha 5, 3.); doch wird ſonſt die Hülfe Gottes
nicht ſo ſtark hervorgehoben, weil der Meſſias nicht gewaltige ret=
tende Thaten auszuführen hat. Es beweist gegen die beſondere
Größe des Prädicates „Sohn Gottes“, iſt aber doch bemerkenswerth,
daß dem „Meſſias“ dieſe Stellung und Würde nicht zugewieſen wird.
(Denn daß der Zemach Jahve Jeſ. 4, 2. nicht dahin gehört, ſollte
allgemein feſtſtehen, und ſonſt heißt er nur „Zemach David's“ oder
Zemach allein.) Von einer Salbung iſt nicht die Rede, weder eigent=
lich noch figürlich, letztere wäre Jeſ. 11. ſchlechthin zu poſtuliren,
wenn mit dem Weiheact je eine Geiſtbegabung ſymboliſirt worden
wäre. — Dagegen erſcheint der Meſſias (wenn auch nur bei Jeſ.
9. 11.) begabt mit einer Reihe perſönlicher Qualitäten, welche dem
theokratiſchen Könige früher nicht beigelegt wurden und deutlich den
Trieb zeigen, ein Ideal zu verkündigen. Er empfängt „den Geiſt
Jehovahs“ in ungewöhnlicher Fülle, durch welchen er ein ſchlechthin
gerechtes Regiment zu führen im Stande iſt. Die Rückſicht auf etwa
zu beſtrafende Vergehen des Königs (2 Sam. 7, 15.; Pſalm 89,
31—34.) liegt fern. Ebenſo wenig wird auf ihn der prieſterliche
Charakter bezogen, da weder Sach. 6, 13. hiervon handelt, noch
auch Jerem. 30, 21.[1]), vielleicht weil er durch die reiche Begei=
ſtung als Träger eines außerordentlichen Berufes erſcheinen ſoll,
der mit Jehovah ſelbſtverſtändlich noch näher verkehrt als ein Prieſter.

---

[1]) Stähelin, meſſianiſche Weiſſagungen, S. 78.

Während eine kriegerische Thätigkeit dem Messias, trotz seiner Heldenkraft, nicht direct zugewiesen wird, ist er doch da zur Befestigung und Mehrung der Herrschaft (Jes. 9, 6.). Unwillkürlich zieht er durch seine Herrlichkeit die Heiden an: er steht ihnen als Panier da und nach ihm fragen sie (Jes. 11, 10.). Die Hauptfolge davon ist aber, daß alle Zerstreuten und Verbannten Israels zurückkehren dürfen ins Heimathland, das voll ist der Erkenntniß Gottes (11, 9. 12 ff.). So wird er „groß sein bis an die Enden der Erde" (Micha 5, 3.), ein Spruch, der nur auf den Schutz des Landes Bezug hat, nicht eine „Weltherrschaft" andeutet. Denn sein innerstes Wesen bildet seine Eigenschaft als „Friedensfürst" (Jes. 9, 5.).

Trotz dieser Unterschiede eignet aber jenen Denkmalen prophetisirender Lyrik deshalb eine wesentlich messianische Potenz, weil sie über den Standpunkt der mosaischen Theokratie hinausführen und integrirende Momente zu dem Zukunftsideal der späteren Prophetie liefern.

Anzeige neuer Schriften.

Exegetische Theologie.

Handbuch der Einleitung in die Apokryphen. Zweite Abtheilung: das vierte Buch Esra. Zum ersten Male vollständig herausgegeben, als ältester Commentar zum Neuen Testament, von Dr. Gustav Volkmar, Professor der Theologie an der Universität Zürich, Mitglied ꝛc. ꝛc. Tübingen, Verlag und Druck von L. Fr. Fues, 1863. 8. XI und 420 S.

Die apokryphische Apokalypse, welche von Esra herrühren will, ist schon in der alten Kirche sehr hochgeschätzt und vielfach gebraucht worden. Die Kirchenväter citiren sie wiederholt als Auctorität, mehr freilich im Abendlande, wo sie für Ambrosius (in seiner Schrift de bono mortis) eine Hauptquelle der Belehrung und Erbauung wurde, als im Morgenlande, das sich gegen die gesammte Apokalyptik kühler stellte. Ein Gebet aus 4. Esra ist ja sogar in die römische Liturgie übergegangen. So ward sie in die lateinische Vulgata aufgenommen, zumal sich kurz vor der Reformation das Interesse für dieselbe neu belebte. In neuerer Zeit geschah das Gleiche wohl am meisten durch Lücke's ausführliche Einleitung in die johanneische Apokalypse. Neuestens hat man aus anderem Gesichtspunkte, weniger aus Neigung für die jüdische Apokalyptik als vielmehr in dem Bestreben, die gesammte Literatur in der vor- und urchristlichen Zeit in ihren Zusammenhängen zu begreifen, diesem Buche von hoher Wichtigkeit eingehende Aufmerksamkeit geschenkt. Erst spät geschah dies von der Tübinger Schule, wenngleich sie vor Allem, die das Christenthum der „Urapostel" für eine rein „innerjüdische" Erscheinung erklärte, hinlänglichen Anlaß hierzu hätte finden können. Unser Verfasser holt das Versäumte nach: die Stelle des Titels „als ältester Commentar zum Neuen Testament" bezeichnet den Sehwinkel, unter welchem er das Buch betrachtet wissen will. So nennt er es im Vorwort „ein unentbehrliches Mittelglied in der ganzen Gottesoffenbarung (??), einen Zeugen der römischen Kreuzesgemeinde aus Flavius Clemens' Zeit, ihr nächst stehend und befreundet, auch unter Verwerfung des Kreuzes selbst, — ein Buch voll Geist und Kraft und weithin leuchtendem Lichte".

Der Verfasser hatte schon 1858 seine Ansichten über Auffassung und Zeitalter in einer Schrift veröffentlicht, denen er trotz lebhaften und eingehenden Entgegnungen, besonders von Hilgenfeld und A. v. Gutschmid, treu geblieben ist. Das erste Bedürfniß war aber Herstellung eines möglichst genauen und sicheren Textes. Denn die Vulgata, folgend dem ersten Drucke von Fust und Schöffer, hatte noch zwei andere ganz fremdartige apokryphische Stücke mit der eigentlichen Esra-Prophetie höchst unorganisch verbunden. Um die Textgestalt hat sich der Verfasser ein hohes Verdienst erworben. Ganz richtig legt er die

Itala zu Grunde, als dem ohne Zweifel griechischen Originale am nächsten
stehend. Doch wird sie ergänzt und vielfach berichtigt durch eine zweite Recension, von welcher die arabische und die äthiopische Uebersetzung zwei selbstständige Ueberlieferungen sind, die sich mithin gegenseitig controliren. Gleichzeitig
hat der Verfasser so viel Handschriften eingesehen als möglich; überall verfährt
er mit kritischer Feinheit, Umsicht und dem Scharfsinn, der stets seine Arbeiten
auszeichnet. Sehr weise ist es, daß er sich eigentlicher Conjecturen so viel als
möglich enthält, — es wäre dies auch ein um so bedenklicherer Versuch, als
man für diesen Styl, der die Uebertragung eines hebräisch gedachten und griechisch geschriebenen Buches in die schlechte römische Volkssprache enthält, wenig
Parallelen finden möchte. Nimmt man hinzu, daß der Verfasser des 4. Esra
als Apokalyptiker die Klarheit vermeiden und möglichst das Gedachte symbolisch
verhüllen mußte, so wird man sich nicht wundern, trotz aller Sorgfalt oft einen
Text zu finden, der jedem vernünftigen Verständnisse zu spotten scheint. Um so
mehr verpflichtet uns Dr. Volkmar zur Dankbarkeit, daß er eine sehr lesbare
Uebersetzung in's Deutsche hinzufügt, selbstverständlich, nicht ohne seine eigenen
Erklärungen in derselben wiederzugeben. Mag man auch mit Einzelheiten nicht
einverstanden sein: immerhin ist uns ein fester, kritisch wohl begründeter Halt-
punkt gegeben, an den sich alle weiteren Textverbesserungen leicht anlehnen können. Dergleichen werden wir wohl erwarten dürfen aus einer kritisch tüchtigen,
auf mehrere gute Handschriften gestützten Ausgabe des Aethiops, die der um
diese Literatur schon längst so hochverdiente Dillmann uns hoffentlich nicht mehr
lange vorenthalten wird.

Text und Uebersetzung bilden den ersten Theil der vorliegenden Schrift
(bis S. 272.); im zweiten wird zunächst das Wesen des Buches beleuchtet,
vor Allem das des Textes, ferner die Sprache des Originals, der Zweck des
Verfassers, Gliederung und Integrität. In der zweiten Unterabtheilung handelt
unser Verfasser über den controversesten Punkt, die Entstehungszeit des Buches.
Früher war man geneigt, das Buch für christlich zu halten, und diesen Schein
förderte man durch Interpolationen, indem z. B. dem Unctus meus „Jesus"
vorangestellt wird VII, 28., schon vor Ambrosius. Sobald man aber den durchweg jüdischen Typus klar erkannte, mußte das Buch auch vorchristlich sein.
Diesen argen Fehlschluß vom dogmatischen Charakter auf ein chronologisches
Datum geißelt Verfasser mit Recht, thut jedoch vielen Gelehrten Unrecht, wenn
er die Ansicht von der vorchristlichen Entstehung des Buches Henoch aus derselben trüben Quelle ableitet. Durch die Untersuchungen von Lawrence, Lücke,
van der Vlis, Hilgenfeld, Gfrörer, Volkmar u. A. hat die Forschung sehr wichtige Fortschritte gemacht, so daß die eigentliche Controverse bereits in sehr enge
Grenzen gebannt ist. Das berühmte Adlergesicht 11, 1—12, 39. giebt hier den
Ausschlag. Die sechs ersten Schwingen (nach Volkmar „Flügelpaare") gehen auf
die julischen Kaiser, die drei Häupter des Adlers auf die drei Flavier. Die
acht Gegenflügel werden zu vier Paaren und sollen auf Galba, Otho, Vitellius
und Nerva gehen. So ansprechend diese Deutung ist und so viel unter Anderem die
Zusammenfassung je zweier Flügel zu Einem Herrscher für sich hat, vermag die
letztere Deutung doch nicht zu überzeugen. Denn es will doch nicht klar werden,
wie es von Otho und Vitellius (zwischen ihnen und Galba „geht die scharfe
Linie hindurch, von der an es mit dem Adler zu Ende geht", S. 356.) heißen

könne: „sie werden für den Zeitpunkt bewahrt, wann die Zeit seines (des Adlers) Endes zu nahen beginnt". Und sehr befremdlich bleibt es, daß Nerva überhaupt zu den Usurpatoren während der Flavierzeit zählen soll, ja daß er zweimal auftritt, einmal als der letzte der je vier Unterflügel und dann noch einmal
nach dem Tode des letzten Flaviers. (Sonach dürfte die Beziehung dieser vier oder
acht Unterflügel auf römische Prätendenten während des Flavierreiches festzuhalten
sein.) — Dies führt schon auf die eigentliche Abfassungszeit. Man setzt dieselbe
häufig unter Titus. Denn nach 11, 27. soll dieser durch seinen Genossen (Bruder) fallen, während er nach der Geschichte natürlichen Todes gestorben ist. Allein
der Verfasser hat deutlich und sicher gezeigt, daß damals das Volksgerücht entschieden
darauf lautete, Domitian sei an dem Tode des Bruders schuld; und daß der
Verfasser unserer Apokalypse am wenigsten abgeneigt war, das gewaltsame Ende
des entsetzlichen Tempelzerstörers zu bezweifeln, versteht sich von selbst. Schrieb
also der Verfasser nach dem Regierungsantritte Domitians, so bleibt die Frage,
ob er den Tod dieses letzten Flaviers und das darauf folgende (?) schwache Usur-
patorenreich nur prophezeit oder noch miterlebt habe. Die Antwort ist schwierig;
denn die Bezeichnung für die letzte Regierung: regnum exile et turbationis
plenum, paßt sehr gut auf den schwachen Nerva, während es gleichwohl noch
unter Domitian allgemein feststand, daß nur Nerva, der schon Mitconsul Vespa-
sians gewesen, der Nachfolger des Kaisers werden könne; demnach konnte unser
Esra dieser Volksmeinung leicht Ausdruck geben. Und dafür scheinen mir zwei
Momente zu sprechen. Erstens ist Nerva als Usurpator charakterisirt, der sich
„über das Haupt der rechten Seite" erhebt, was wohl sehr wahrscheinlich war
nach den damaligen Conjuncturen, aber historisch nicht eingetroffen ist. Für's
Andere scheint mir 12, 33. dafür zu sprechen, daß nicht der schwache Nerva, sondern noch der letzte Flavier selbst im Gerichte dahingerafft werden solle. Der
Zeitunterschied ist freilich ungemein gering: während nach Volkmar der Verfasser um 97 n. Chr. geschrieben hat, würde nach der dargelegten kleinen Differenz die Abfassung 4 bis 5 Jahre früher fallen. Auf das Verständniß des Ganzen
hat dies wenig Einfluß. (Beiläufig bemerken wir, daß der Verfasser die Polemik
gegen andere Ansichten mit einer persönlichen Schärfe und Bitterkeit würzt,
welche das Buch gewiß nicht schmackhafter macht, vielmehr dem Leser die unbefangene Anerkennung seiner Verdienste nicht wenig erschwert.)

Noch mehr müssen wir die Art und Weise, wie Verfasser unser Buch in
gelegentlichen Anmerkungen und zusammenfassend am Schlusse §§. 29—36.
(S. 395—408.) zur Erklärung des Neuen Testamentes herbeizieht, als meist verfehlt bezeichnen. Daß die Erwartung eines überirdischen Christus erst durch
„die Aneignung der jesu-christlichen Zuversicht" in die jüdische Messianologie
übergegangen sei, soll aus 4. Esra hervorgehen, — freilich unter der bedenklichen
Annahme, daß Dan. 7, 13. nicht an eine messianische Einzelpersönlichkeit gedacht
sei, und bei der noch unsichereren Ansicht, daß das Buch Henoch nach 4. Esra
geschrieben sei. Daß wir damit auf keinen Fall die Bertholdt'sche Christologie
vertheidigen wollen, versteht sich von selbst; das noch immer zu viel gebrauchte
Buch bedarf einer sehr gründlichen Revision. Eine Anlehnung des 4. Esra an
die johanneische Apokalypse gestehen wir zu; das völlig unerwartete Eintreten
einer „dritten Posaune" 5, 4. würde allein dafür sprechen. Ueberhaupt ist es
höchst interessant, zu bemerken, wie mehrere ächt christliche Anschauungen in den

4. Esra übergeflossen sind; so daß er in der That als einer der tiefsinnigsten Männer rasteht, der den Propheten sehr nahe kommt. Dahin gehört z. B. die Ansicht, daß das Leiden Israels vom Falle Adams herkomme, — was der Verfasser als Anlehnung an „Paulus" faßt. Nach ihm hat die christliche Gnosis in unserem 4. Evangelium gleich selbstständig mit Justin Martyr die Bezeichnung für den Messias „der eingeborene Sohn Gottes" dem 4. Esra (4, 58.) entlehnt. Ebenso sollen mehrere Sprüche und Gleichnisse der Evangelien nur aus Stellen erklärt werden können, „die sich aus der eindringlichen Theodicee des neuen Esrabuches den Herzen eingeprägt hatten" (S. 289 ff). Unter Anderem hatte der Verfasser der Apostelgeschichte die Himmelfahrt Jesu nach der des Esra (14, 18—45.) gebildet. Auf die Widerlegung der einzelnen Behauptungen können wir hier nicht eingehen, da sie mit den sonstigen Ansichten des Verfassers über die Entstehung des neutestamentlichen Kanons auf's engste zusammenhängen. — Trotz dieser Mängel und Mißgriffe bleibt das Buch im Ganzen eine ebenso zeitgemäße als höchst dankenswerthe Gabe.

Greifswald.   L. Diestel.

Theologisch-homiletisches Bibelwerk. Die heilige Schrift Alten und Neuen Testamentes mit Rücksicht auf das theologisch-homiletische Bedürfniß des pastoralen Amtes in Verbindung mit namhaften evangelischen Theologen bearbeitet und herausgegeben von J. P. Lange. Des Neuen Testamentes IX. Theil: Die Briefe an die Epheser, Philipper und Kolosser, von Dr. Daniel Schenkel. Bielefeld, Verlag von Velhagen und Klasing, 1862. 218 S.

Das Bibelwerk von J. P. Lange hat sich, so weit es bisher vollendet ist, so vielseitige Anerkennung erworben, und seine Art der Behandlung ist so allgemein bekannt, daß wir über die Methode dieser neuen Abtheilung, welche wir Herrn Kirchenrath Schenkel verdanken, nicht besonders zu sprechen nöthig haben. Auch hier ist neben einer bündigen Exegese, die allerdings bisweilen etwas mehr Ausführlichkeit wünschen ließe, die dogmatisch-ethische Ernte aus dem jedesmaligen Schriftwort und eine Reihe anregender homiletischer Gedanken mit Rücksicht auf die besten practischen Ausleger gegeben.

Es liegt in der einmal gegebenen Form, daß Herr Kirchenrath Schenkel sich an manchen Stellen, vorzüglich wo eine biblisch-theologische Ausführung paulinischer Lieblingsgedanken nahe gelegen hätte, kürzer fassen mußte, als es uns nach dem, was er bietet, angenehm war, — vorzüglich ist dieß im Epheserbriefe der Fall, obwohl andererseits gerade hier die Auslegung in ihrer Kürze meistens erschöpfend und, auch wo man ihr nicht beistimmt, fördernd ist. Ebenso können wir die geringe Ausführlichkeit der critischen Erörterungen aus diesem Gesichtspunkte nur billigen, obwohl wir nicht leugnen können, daß uns die großen Schwierigkeiten, welche sich der Annahme des Epheserbriefes als eines Schreibens Pauli an die Epheser entgegenstellen, und welche aus der Vergleichung desselben mit dem Kolosserbriefe sich ergeben, nicht bloß kurz behandelt, sondern auch allzu leicht geschätzt zu sein scheinen.

In der Ausführung wüßten wir an der Art und Weise des Herrn Verfaffers Nichts, was wir vermißten. Die Auslegung ist gesund, liebevoll dem Schriftwort folgend und ohne Voreingenommenheit. Die dogmatisch-ethischen Ausführungen sind im höchsten Grade schätzenswerth und ebenso fern von orthodoxistischem als von rationalistischem Knechten des Schriftworts. In den homiletischen Zusätzen ist ein reiches Material für Prediger an die Hand gegeben.

Die einzelnen Punkte der Auslegung, in welchen uns des Herrn Verfassers Ansicht nicht überzeugend erscheint, deren Zahl vorzüglich im Epheserbriefe nicht unbedeutend ist, — anzuführen, scheint uns, wo im Allgemeinen die Exegese so durchaus gesund und richtig ist, weder von Nutzen noch mit dem Zwecke einer Anzeige vereinbar. Da das Buch unserer Empfehlung nicht bedürfen kann, indem es sich durch den Namen des Verfassers, wie des Herausgebers, genügend empfiehlt, — so begnügen wir uns, dem Herrn Verfasser unsererseits den Dank auszusprechen, den ihm gewiß diese Arbeit von ihren meisten Lesern gewinnen wird.

Göttingen. Hermann Schultz.

Der zweite Brief Petri und der Brief Judä, erklärt von Theodor Schott, Licentiat und Privatdocent der Theologie zu Erlangen. Erlangen, Verlag von Andr. Deichert, 1863. 8. VIII und 294 S.

Die beiden kleinen Briefe, deren Auslegung die vorliegende Arbeit gewidmet ist, haben sich in letzterer Zeit mehrfach einer gründlichen und unparteiischen Behandlung zu erfreuen gehabt und sind so gleichsam in ihr geschichtliches Recht, von der Exegese berücksichtigt zu werden, nach langer Vernachläffigung wieder eingesetzt. Dennoch kann eine so eingehende und ausführliche Bearbeitung, wie sie ihnen die Schrift von Herrn Lic. Schott zuwendet, bei den eigenthümlichen, meistens geschichtlichen, Schwierigkeiten, die sie bieten, und ihrer Wichtigkeit für die Erkenntniß des Urchristenthums nicht als überflüssig bezeichnet werden. Natürlich sind auch bei der vorliegenden Arbeit die critischen Fragen sehr in den Vordergrund getreten, denn in der That hängt mit ihnen das Verständniß der wichtigsten Stücke beider Briefe unzertrennlich zusammen. Der Herr Verfasser nun stellt sich hier auf die Seite der ziemlich starken Minorität, welche für den zweiten Petrusbrief den Apostel Petrus als Verfasser zu erhalten sucht. Es kann das an sich nicht auffallen. Es scheint einmal in unserer Zeit zu liegen, daß die, welche das Christenthum in seiner vollen Herrlichkeit und Tiefe auffassen, dadurch großentheils zu dem Bestreben verleitet werden, die Resultate, welche in Beziehung auf geschichtliche Behandlung der heiligen Schrift gewonnen sind, zu beargwöhnen und die Critik gleichsam dafür büßen zu lassen, daß ihre entschiedenste Pflege mit einer Verflachung des religiösen Gefühles zusammentraf. Eine solche Stimmung leitet auch den Herrn Verfasser offenbar. Denn so sehr wir davon entfernt sind, seiner Versicherung zu mißtrauen, daß er seine Ueberzeugung wissenschaftlich gewonnen hat, um so mehr, da er „gesteht, selbst auf das Ergebniß seiner Untersuchungen gespannt gewesen zu sein" (VI.), — so müssen wir doch andererseits behaupten, daß, wenn er „rückhaltlos gesteht, daß er die Bearbeitung des Briefes mit dem Wunsche begann, es möge sich ihm doch lieber seine Echtheit als das Gegentheil bewähren" (V.), wir darin eine bei einer historisch-critischen Untersuchung nicht unbedenkliche Voreingenommenheit sehen.

Wie dem aber auch sei, — bei dem äußerst entschiedenen Tone, in welchem er sein Resultat behauptet, — ganz im Gegensatze zu Brückner's und Wiesinger's vorsichtigem Endurtheile — sind wir berechtigt, eine vollkommen schlagende Beweisführung bei ihm zu erwarten.

Ehe wir zur Prüfung derselben übergehen, möchten wir der Anschauung des Herrn Verfassers gegenüber ein Doppeltes bemerken. Derselbe scheint nur zwei Möglichkeiten für unsere Frage zu kennen: petrinischen Ursprung des Briefes oder eine sittlich bedenkliche, das Buch aus dem Canon scheidende Fälschung (13. 14. 80. 90. 96. 122.). Wir unsererseits würden im zweiten Falle die Einkleidung des Briefes für nichts Anderes als eine Kunstform halten, wie sie damals zur Darstellung religiöser Dinge durchaus gebräuchlich war, wie sie in Daniel, Henoch, Koheleth, Weisheit Salomonis und in gewisser Art im Deuteronom und Job klar vor Augen liegt, und wie sie wahrscheinlich auch den Segen Jacob's, Mosis, die Bileamsweissagungen erklärt. Ein großer Mann der Vorzeit, eine religiöse Heldengestalt, tritt in solchen Büchern wie lebendig vor das Geschlecht der Gegenwart; das Wort, welches dem lebenden Geschlechte gepredigt werden soll, wird in seinen Mund gelegt, von dem Rahmen seiner Geschichte und Persönlichkeit, wie sie in der Gemeine leben, eingefaßt. Darum erhält die Rede natürlich den Character der Weissagung; die Geschichte entrollt sich gleichsam in großen Zügen vor dem Auge der Männer der Vorzeit wie ein Gemälde.* Weil aber eine Täuschung und Fälschung bei solchen Schriften nicht mehr beabsichtigt wird, als bei einem Dialoge des Platon, tritt allmählich die Gegenwart in ihr Recht zurück. Das Deuteronom giebt Mosis Tod, Koheleth erscheint am Schlusse des Buches in seiner eigenen Gestalt; so geht auch der zweite Petrusbrief aus dem Futurum in Präsens und Aorist über (2, 10 ff.). Ein Fälscher würde sich allerdings wohl davor gehütet haben.

Ferner stellt der Herr Verfasser die Frage nach der petrinischen Abfassung ohne Weiteres als identisch dar mit der anderen nach der Canonicität des Briefes (VI.). Aber auch ohne daß der Apostel Petrus sein Verfasser wäre, könnte der Brief seinen Platz im Canon behaupten. Wir können darüber nur zwei Richter anerkennen: das Zeugniß der alten Kirche, daß ein Buch aus dem heiligen Geiste geboren sei und aus der canonbildenden Zeit des Christenthums stamme, und das Zeugniß des heiligen Geistes in dem einzelnen Gläubigen, daß hier der echte Geist Christi wehe, — wogegen natürlich die Einkleidung und Kunstform des Briefes nicht im Geringsten streiten würde. Beide Zeugnisse haben sich im Wesentlichen für unseren Brief siegreich behauptet; so wird ihm sein Platz im Canon ungeschmälert bleiben müssen. Beide aber haben allerdings nicht ohne Widerspruch und nicht so entschieden sich geltend gemacht, wie bei anderen Schriften des Neuen Testaments; so werden wir den Brief als eine Schrift zweiten Ranges im Canon anzusehen haben.

Den Mittelpunkt der Frage nach der Echtheit des zweiten Petrusbriefes bildet jedenfalls sein Verhältniß zum Judasbriefe. Es ist ein offenbarer Mangel, daß der Herr Verfasser dasselbe erst zum Judasbriefe (S. 265.) behandelt und auch da wieder auf seine Auslegung verweist, die hinreichenden Beweis für die Abhängigkeit des Judasbriefes vom Petrusbriefe geliefert habe. So muß man von S. 205. bis 226. die einzelnen Notizen über diesen Punkt sammeln und gewinnt keinen klaren Gesammtüberblick über ihre Stärke.

Der Herr Verfasser sieht im Gegensatze zu fast allen neueren Auslegern im zweiten Petrusbriefe das Original, im Judasbriefe die Nachahmung. Er hat dabei gegen eine imposante Reihe von Gründen zu kämpfen, die er sogar zum Theile gar nicht in Abrede zu stellen vermag; aber er glaubt dennoch seine Meinung als die unzweifelhaft richtige erweisen zu können.

Er giebt zu, daß im Judasbriefe die Schilderung der Verführer die speciellere, genauere ist. — Daß dieß freilich in einem solchen Grade der Fall ist, daß der zweite Petrusbrief die apocryphischen Stellen, auf welche sich der Judasbrief bezieht, mehr voraussetzen als aussprechen darf, was ohne Kenntniß des Judasbriefes ganz unverständlich sein würde, — leugnet Herr Licent. Schott und muthet uns zu, zu glauben, 2 Petr. 2, 11. sei eine ganz andere Stelle, Sach. 3., gemeint. Was von solcher Behauptung zu halten sei, müssen wir dem unbefangenen Leser zu urtheilen überlassen. Jedenfalls aber scheint auch aus dem, was der Herr Verfasser zugiebt, der Schluß zu folgen, daß von zwei Schriften, welche denselben Gegenstand behandeln, diejenige die spätere sein muß, welche sich dunkler und undeutlicher ausdrücken kann, also die Kenntniß der anderen gleichsam voraussetzt. Herr Licent. Schott erklärt aber diese Erscheinung vielmehr aus dem weissagenden Character von 2 Petr. 2. (S. 268 ff.). Nun liegt die Sache gerade umgekehrt. Wäre 2 Petr. 2. Weissagung im eigentlichen Sinne des Wortes, so würde man erwarten, der Sache nach undeutlichere und weniger weitgehende Vorstellungen zu finden, wie das der Weissagung überall eigen ist; statt dessen geht der Sache nach die Kenntniß von den Verführern im Petrusbriefe über den Judasbrief hinaus (3, 3 ff.) und ist genauer bestimmt (2, 1.). Der Form nach aber müßte man auch da erwarten, daß die später an die Weissagung sich anschließende Erzählung auf die Weissagung hindeutete, also kürzer und selbstverständlicher redete, — nicht umgekehrt, daß die Weissagung sich formell auf die (spätere) Erzählung bezöge. Angesichts dieser Sachlage erkennt der Herr Verfasser dem Judasbriefe die größere schriftstellerische Ursprünglichkeit, weitaus größere geistige Körnigkeit zu (S. 265 f.) und schlägt den Schluß daraus dann mit dem Kraftworte nieder: „Das beweist nicht, daß der Judasbrief das Original und 2 Petri dessen ungeschickte „„Verballhornung““ ist, sondern nur, daß Judas jenes sachlich geschichtliche Abhängigkeitsverhältniß nicht in armseliger Ungeschicktheit, sondern in geistvoller und gewandter Reproduction durchgeführt hat" (S. 266).

Aber die ganze Vorstellung von einer eigentlichen Weissagung in 2 Petr. läßt sich nicht halten. Schon Vers 10. geht der Schriftsteller in eine präsentische Schilderung der Verführer über, ohne daß dabei die Möglichkeit vorläge, seine Worte etwa auf andere Menschen als die vorher gemeinten zu beziehen. Will der Herr Verfasser das als lebendige Schilderung in der Zukunft erklären (S. 96.), so übersieht er, daß das Verbum finitum mit dem Particip abwechselt, daß Vers 15. sogar der Aorist I. gebraucht wird. Vielmehr zeigt diese Erscheinung deutlich, daß auch in 2 Petr. die Verführer, von denen er redet, schon bekannte, gegenwärtige sind. Es ist das ohnehin die natürlichste Annahme; denn eine Weissagung bis in solche Specialitäten hinein ist in der Geschichte der Prophetie ohne Beispiel; dazu kommt, daß 3, 3 ff. der Prophet den Verführern Ausflüchte in den Mund legen und diese dann vor der Gegenwart widerlegen müßte, — ein psychologisch undenkbares Verhältniß.

Dabei braucht man dem Schriftsteller nicht Ehrennamen zukommen zu laffen, wie Gimpel, Eiel, deffen Ohren durch die Löwenhaut schimmern (S. 96.). Ein solches Verfahren ergiebt sich vielmehr als das ganz natürliche, wenn Petrus gleichsam in seinem geistigen Bilde vor die Gemeine der Gegenwart treten sollte. Ja es könnte dabei sogar Petrus selbst noch der Verfaffer sein, wenn man annähme, daß ihm selbst freilich die Irrlehrer in der dargestellten Gestalt schon sonst bekannt gewesen seien, daß aber für die Gemeine, an die er schreibt, dieselben noch zukünftig waren (vgl. Wiesinger zu d. St.).

Wenn aber die Irrlehrer dem Verfaffer des zweiten Petrusbriefes schon so bekannt waren, wie er sie schildert, dann haben dieselben sich in ihrem ganzen Wesen schon weiter und klarer entwickelt, als zur Zeit des Judasbriefes; dann aber ist der letztere früher, und zwar nicht ganz unbedeutend früher, als der erstere geschrieben.

Herr Licent. Schott glaubt dagegen seine Meinung, daß 2 Petr. 2. rein weiffagend zu faffen sei, besonders dadurch zu bekräftigen, daß er die Jud. 4. 17. erwähnten Weiffagungen als Beziehung auf 2 Petr. faßt (S. 218 f.). Man würde dieß dem angeführten evidenten Sachverhältniffe gegenüber nur dann annehmen können, wenn jene Verse des Judasbriefes diese Beziehung zwingend nahe legten. Daß aber das „von Alters her (πάλαι) Vorausschreiben" sich auf den, nach Herrn Licent. Schott, vor circa 12 bis 14 Jahren geschriebenen Brief, nicht auf Henoch's Weiffagung, beziehen sollte, wird uns der Herr Verfaffer wohl ebenso schwer wahrscheinlich erscheinen laffen, als daß der Ausdruck ῥήματα προειρημένα ὑπὸ τῶν ἀποστόλων τοῦ κυρίου ἡμῶν Ἰησοῦ Χριστοῦ gerade diesen einen Brief meinen sollte, während Evangelien und paulinische Briefe gerade die Voraussagung zukünftiger Lügenlehrer als einen Hauptpunkt altchristlicher Eschatologie erweisen

Ebenso wenig Erfolg hat die sehr ausführliche Vergleichung der einzelnen Ausdrücke zu diesem Zwecke (S. 272. bis 277.). Sie giebt schließlich immer das Resultat, daß im Petrusbriefe die Kenntniß von den vorliegenden Verhältniffen der Sache nach weiter gebildet ist, so daß natürlich einzelne neue Züge und eigenthümliche Ausdrücke sich finden, daß aber, wo beide der Sache nach nicht Verschiedenes angeben, im Judasbriefe die speciellere, ursprünglichere und genauere Form sich findet. Beides beweist aber die Priorität des Judasbriefes.

So dürfen wir wohl auch nach diesem neuen Versuche die Meinung, daß der zweite Petrusbrief das Original sei, als haltlos ansehen. Mit diesem Resultate nun würde nach dem Herrn Verfaffer die Unechtheit des zweiten Petrusbriefes erwiesen sein. Er sagt mit seiner gewöhnlichen Entschiedenheit: „Wenn es schon überhaupt schlechterdings nicht annehmbar ist, daß ein Apostel, und nun gar Petrus, den Brief eines Andern, sei's Apostel oder Nichtapostel, in solchem Maße benutzt haben sollte, so wird die Möglichkeit in jedem Falle dadurch ausgeschloffen, daß der Judasbrief von den Verirrungen als gegenwärtigen, der zweite Petrusbrief von ihnen als zukünftigen redet, der Verfaffer des letzteren also nur eine Pseudoweiffagung nach dem Bilde des Judasbriefes fingirt haben müßte. Mag man über diese Fiction an sich denken, wie man will, — eines Apostels ist sie absolut unwürdig" (S. 191). Diesen raschen Schluß können wir nun freilich nicht zugeben. Daraus, daß Petrus unter den Aposteln hervorragend und zu dem von Christus ihm anvertrauten Werke der Predigt eminent begabt war, folgt noch gar nicht, daß er nicht als Schriftsteller weniger gewandt und abhängiger gewesen sein sollte, vorzüglich da doch auch der erste Petrusbrief von den Meisten als ein nicht sehr selbstständiger angesehen wird. — Die Weissagungsform ließe sich allenfalls daraus erklären, daß solche Erscheinungen, obwohl dem Petrus bekannt, doch für die Leser noch zukünftige gewesen wären.

Doch möchten wir allerdings schon hier Herrn Professor Wiesinger gegenüber bemerken, daß die lose festgehaltene Form der Weissagung an sich mehr einer Kunstform, wie wir sie annehmen, als einem wirklich petrinischen Schreiben entspricht. Dazu kommt, daß der Judasbrief selbst zweifellos in die spätere apostolische Literatur fällt (Wiesinger S. 177.), daß er von den ἀπόστολοι schon sehr objectiv redet, den Tod des Jacobus wohl ohne Frage voraussetzt. Dabei bleibt historisch kaum die Möglichkeit, daß Petrus eine ziemliche Zeit nachher — denn die Veränderungen in Beziehung auf die Irrlehrer, sowie die Natur schriftstellerischer Benutzung an sich lassen keine ganz kurze Zeit vermuthen — den Brief benutzt haben kann. Abgesehen von aller späteren Tradition zeigt Joh. 21, 19. den frühen gewaltsamen Tod des Petrus als allgemein bekannte Thatsache, — der dann nicht über die neronische Verfolgung hinausliegen kann. So folgt unserer Meinung nach allerdings aus dem Verhältnisse zum Judasbriefe die Unechtheit des zweiten Petrusbriefes.

Nicht besser sieht es mit den anderen Versuchen des Herrn Verfassers aus, die gegen die Echtheit des Briefes vorliegenden Gründe zu entkräften; der eigentliche Kern bleibt unangetastet, wenn es ihm auch nicht selten gelingt, einzelnes Unhaltbare in den Meinungen der Gegner nachzuweisen. Vor Allem ist die Vergleichung mit dem ersten Petrusbriefe wichtig. Wenn nun hier die Stellung zu der Entwickelung des Lehrbegriffes eine im Wesentlichen gleiche ist, so müssen wir doch dem Herrn Verfasser gegenüber festhalten, daß der Begriff der ἐπίγνωσις θεοῦ eine eigenthümliche Färbung des religiösen Gedankenkreises für 2 Petr. verräth. Mit der Herbeiziehung des Begriffs γνῶσις, der wesentlich dasselbe sage, ist Nichts bewiesen (S. 169.). Denn gerade darauf kommt es an, zu erklären, wie ein besonders hervortretender religiöser Begriff in einer bestimmten Form sich in einem so kleinen Briefe mehrfach finden, in einem größeren desselben Verfassers, wo er ebenfalls in den Inhalt gehören würde, gänzlich fehlen kann. Aber Herr Lic. Schott ist überhaupt in hohem Grade über die „bedenkliche Sucht nach Lehrbegriffen" erzürnt (S. 171.) und meint, daß man dadurch, den Geistesreichthum der Apostel verkennend, sie zu mechanisch sich wiederholenden Formelmenschen machen wolle. Er bedenkt dabei wohl nicht, daß auch der reichst begabte Mensch, wenn er nicht ein unklarer Gefühlsmensch bleiben will, sich bestimmte Ausdrucksformen seiner Gedanken schaffen wird, an denen man ihn erkennen kann, wie z. B. Paulus den allerbestimmtesten Sprachtypus in religiösen Dingen besitzt. Auch ist nicht zu übersehen, daß die Predigt der Apostel damals nicht aus einem bereits vorhandenen reichen Material christlicher Ausdrucksformen wählen konnte, sondern sich für den einen Mittelpunkt des Glaubens selbst Offenbarungsformen schaffen mußte, die deßhalb von selbst ausgeprägt und bestimmt individuell wurden.

Für die Identität des Verfassers beider Briefe bietet nun freilich der Herr Verfasser eine Reihe von Beweisen, die an Quantität Nichts zu wünschen übrig läßt (z. B. S. 49. 50. 53. 67. 75. 78. 90. 128. 144. 168 f. 172. 179 ff.).

Aber bei näherer Betrachtung sind dieselben entweder Aehnlichkeiten, die man mit derselben Leichtigkeit auch mit jeder neutestamentlichen Schrift nachweisen könnte (vgl. z. B. S. 49. 50. 53.), — oder sie setzen voraus, daß nach der entgegengesetzten Meinung der Verfasser von 2 Petri den ersten Petrusbrief gar nicht gekannt haben soll. Die große Differenz in der Sprache, vorzüglich in der Syntax, giebt er zu (S. 185.) und kann sie nicht einmal auf Rechnung der Abhängigkeit vom Judasbriefe stellen. Aber sie erklärt sich ihm leicht. Petrus hat sich „selbstverleugnend", „aus Liebe zu den Lesern, die an des Paulus Art gewöhnt waren", im ersten Briefe sehr zusammengenommen, paulinisch zu schreiben. Im zweiten, wo er schon bekannt war, thut er es nur V. 1—11., nachher faßt ihn die starke Erregung beim Gedanken an die Irrlehrer, und „die natürliche Rede eines Simon Petrus tritt wieder hervor". Wirklich eine überraschende Auskunft! Solche Anschauung ist wieder dicht bei einer Critik, welche z B. meint, daß Paulus im Hebräerbriefe, um nicht Anstoß zu geben, seine Persönlichkeit so geschickt verstellte, daß sie die Ausleger nun nicht wiederfinden können. Die Apostel müßten in der That sehr wenig Kinder ihrer Zeit gewesen sein, sehr wenig Character in Wort und Ausdruck gehabt haben, um ein solches Verfahren auch nur durchführen zu können, — abgesehen von der Beschaffenheit solches Thuns selbst, welches mit der ganzen Bedeutung der Apostelstellung in der ältesten Kirche streitet.

Die Verschiedenheit der geschichtlichen Verhältnisse in der Gemeine, an welche doch beide Briefe, wenn sie echt sind, geschrieben sein müssen, erschreckt den Herrn Verfasser so wenig, daß er sogar in einem Jahre solche Veränderungen für möglich hält. Ueber solche Geschichtsbetrachtung (S. 153., vgl. 60. 86 158.) läßt sich nicht in der Kürze streiten, vor Allem wenn die Pastoralbriefe ohne Weiteres in die Untersuchung verflochten und sämmtliche Briefe, die Irrlehrer erwähnen, auf einen Punkt zusammengehäuft werden.

Selbstverständlich macht dem Herrn Verfasser die eigenthümliche Hervorhebung des Lebensbildes des Petrus keine Schwierigkeit. Er meint, sie sei sehr am Platze, weil die Verklärung Christi, um welche sie sich dreht, den sichersten Beweis für die Paruse gebe (S 2 f. 13. 52 f. 62. 115.). Uns freilich scheint mit dieser Erzählung der Verfasser ausdrücklich nur auf sein Ansehen und Gewicht hinweisen zu wollen, was bei der Voraussetzung einer Kunstform ganz natürlich und in der Ordnung ist, bei Petrus selbst aber sehr auffallen müßte, da er nach seiner ganzen Stellung nicht, wie etwa Paulus an die Corinther und Galater, Veranlassung haben konnte, seine Glaubwürdigkeit und Aucterität zu wahren.

Ebenso leicht werden Gründe zurückgewiesen, wie die Erwähnung der Briefe des Paulus, der ganz wie ein der Vergangenheit angehöriger dasteht (3, 15. 16.), wie die Benennung des Verklärungsberges als heiliger Berg (S. 65. 118. 137. 144. 146. 155. 156.). Es soll nur von den Briefen Pauli, die ihm oder der Gemeine bekannt waren, nicht von einer bestimmten Summe derselben die Rede sein (ἐν πάσαις ταῖς ἐπιστολαῖς!), sie sollen nicht mit den λοιπαὶ γραφαί (die allerdings wohl nur alttestamentliche Schriften sein können) auf eine Stufe gestellt sein (ὡς καὶ τὰς λοιπὰς γραφάς!). Dazu soll noch das Citat der Worte Christi im Barnabasbrief mit καθὼς γέγραπται — ohnehin critisch noch zweifelhaft — beweisen, daß solche Behandlung apostolischer Schriften als γραφαί schon damals möglich war (S. 148.). Als ob nicht der zweite Petrusbrief auf alle Fälle dem Pseudobarnabasbriefe an Alter und Ansehen voranstände!

Die Bemerkung, daß der Schriftsteller von der gewöhnlichen Erzählung der Verklärungsgeschichte abweicht (S. 65.), daß er sich dem Matthäus anschließt, nicht dem Lucas und Marcus (S. 117.), hat gar keine Bedeutung, wenn man sieht, wie noch die apostolischen Väter sehr frei die Geschichte Jesu nach mündlichen Quellen erzählen, und wie von „Benutzung" eines Evangelisten in seiner jetzigen Gestalt sich im ersten Jahrhundert gewiß kein Beispiel findet.

Wir halten den Beweis, wie er im vorliegenden Buche versucht ist, für durchaus mißlungen. Aber auch dem weitaus besonneneren und unbefangeneren Urtheile des neuesten Auslegers der beiden Briefe, Herrn Professors Wiesinger, müssen wir entschieden entgegentreten. Nach der Abhängigkeit des zweiten Petrusbriefes von dem Judasbriefe, einem der späteren apostolischen, — nach dem Verhältnisse des Styls und der Zeitumstände zu 1 Petri, — nach der Zusammenstellung der paulinischen Briefe als einer geschlossenen Reihe mit den heiligen Schriften, — nach der eigenthümlichen Nüancirung des Gedankengehaltes, — nach der Art, wie das Leben Petri erwähnt wird, und der weissagende Ton in den referirenden übergeht, scheint uns nicht Wiesinger's Schluß berechtigt (S. 30.), „daß das Urtheil der alten Kirche, die ihn [als petrinisch?] dem Canon einverleibte, auch noch heute für gerechtfertigter gelten muß, als die critische Verwerfung desselben", sondern vielmehr der andere, daß der Brief nicht von dem Apostel Petrus herrührt, — oder will man in solchen Dingen ein möglichst hypothetisches Urtheil, daß die Critik mit vollem Rechte den petrinischen Ursprung des Briefes anzweifelt, wenn sie auch noch nicht im Stande war, ein positives Resultat über ihn zur allgemeinen Geltung zu erheben. Dabei wollen wir dem Briefe weder seinen Platz im Canon — wenn auch als deuterocanonisch — noch seine eigenthümlichen Schönheiten und Vorzüge absprechen. —

Da es uns nicht thunlich erschien, den critischen Theil des vorliegenden Buches, wenn wir denselben überhaupt berücksichtigen wollten, nur andeutend zu übergehen, sind wir bei diesem Theile der Besprechung so ausführlich geworden, daß wir uns bei dem Urtheile über die eigentliche Auslegung beider Briefe möglichst kurz fassen müssen.

Vieles Einzelne scheint uns aus dem Bestreben, die Echtheit und Priorität des zweiten Petrusbriefes zu beweisen, verfehlt. Wir führen nur beispielsweise eine Reihe von Punkten an, in denen uns auch sonst des Herrn Verfassers Auslegung unrichtig erschienen ist. So die Auslegung von 1, 19., — die Beziehung von 2, 11. auf Sach. 3., die Auslegung von 3, 6 (das Gericht durch das Wasser soll in seiner Eigenthümlichkeit als nur umgestaltendes dem Endgerichte durch Feuer entgegenstehen, und Gen. 8, 21. soll sich auf diesen Unterschied beziehen), die Beschränkung der σοφία 3, 15. auf den einen in Rede stehenden Lehrpunkt, die Uebersetzung von δυσνόητα 3, 17., die Erklärung von πίστις παραδοθεῖσα Jud. 3. (das Verhalten des Glaubens, subjectiv, das durch Ueberlieferung zu Stande gekommen ist), die Beziehung von ἅπαξ Jud. 5. auf 2 Petr., von τὸ δεύτερον auf Jerusalems Zerstörung. Wir möchten noch kurz erwähnen, daß Herr Lic. Schott wiederum Judas und Jacobus, die Brüder des Herrn, als identisch mit den Söhnen des Alphäus und als Schwestersöhne der Maria auffaßt. Er nimmt dabei auch wirkliche Brüder Jesu gleichen Namens an

(S. 192 ff.). Ohne auf den Punkt weiter einzugehen, bemerken wir, daß, wenn wirkliche Brüder Jesu den Namen Jacobus und Judas trugen, es schwer zu denken ist, daß zwei Männer gleichen Namens, welche nur Vettern Jesu waren, gerade unter dem Namen „Brüder Jesu" in der einstimmigen Ueberlieferung der alten Kirche sollten gelebt haben.

Mehr aber als gegen diese Einzelnheiten möchten wir uns gegen die Art des Herrn Verfassers aussprechen, dem Schriftworte durch künstliche Vertiefung und nicht sachgemäße Lobsprüche zu Hülfe kommen zu wollen. Aus einem ein= fachen Verse, etwa einer Grußanrede, Alles herausdeuten, was möglicherweise in den Worten nach ihrer lexicalischen Bedeutung liegen könnte, und dann solche Verse „wunderbar tief" nennen (S. 20. 34. 61. 144. 205. 242.), ist keine ge= sunde Auslegung und kann von der heiligen Schrift füglich entbehrt werden. Ebenso wenig sind Uebertreibungen zu loben, wie S. 183., „daß in Allem, was wir aus dem nachapostolischen Jahrhundert haben, nicht so viel Reichthum und Tiefe evangelischer Wahrheit zu finden ist, wie allein schon in den neun kurzen Versen des ersten Theils unseres zweiten Petrusbriefes". Gewiß würde der Herr Verfasser Stellen aus Polycarp und Ignatius genug finden, die bei seiner Art der Auslegung eben solche Ausbeute gewährten.

Der crasse Realismus, der sich vorzüglich bei einer Schule alttestamentlicher Ausleger jetzt so herrschend zeigt, findet sich auch bei dem Herrn Verfasser. Die Engelehen mit Weibern werden weitläufig behandelt, ohne daß auch nur eine Andeutung sich fände, daß es auch eine mythische Erklärung derselben giebt. Der Streit um den Leichnam des Moses wird einfach als Factum angesehen und noch dazu recht geschickt an Deut. 34, 6. entwickelt (vgl. sonst S. 65. 66. 87. 88. 98. 234).

Daneben ist zu rügen, daß Herr Lic. Schott entgegenstehende Ansichten gern mit Ausdrücken bezeichnet, wie „pure Erfindung", „gröbliche Verdrehung", „Uebermaß von Verkehrtheit", „wahnwitzige, in sich selbst unmögliche Combina= tion" (S. 34. 96. 154. 157. 158. 175.). Was sollen solche Kraftausdrücke in Sachen, wo es sich um ein wissenschaftlich zu gewinnendes Resultat handelt, — noch dazu neben keineswegs ausreichenden eigenen Leistungen?

Doch genug des Tadels Wenn derselbe zu ausschließlich und unverhältniß= mäßig erscheinen sollte, so bitten wir, dieß dem Umstande zuzuschreiben, daß wir gerade in den Sachen, in welchen wir dem vorliegenden Buche nicht beistimmen zu können glaubten, eingehender sprechen mußten, um überhaupt die Sache or= dentlich darzulegen. Sonst gestehen wir gern, in der Auslegung der Briefe auf mancherlei anregende und fördernde Ausführungen gestoßen zu sein, in Be= treff deren wir z. B. auf die S. 28. 35. 36. 59. 67. 94. 120. 122. 253. auf= merksam machen. Ohnehin trägt eine neue wissenschaftliche Anregung solcher Fragen, wie die unserer Briefe, vorzüglich wenn sie so eingehend ist, wie die vorliegende Arbeit, ihren Nutzen in sich selbst.

Göttingen.   Hermann Schultz.

Historische Theologie.

Ueber das Leben des Ulfilas und die Bekehrung der Gothen zum Christenthum, von Dr. W. Bessell. Göttingen, 1860. 8. 119 S.

Ueber eine der merkwürdigsten Persönlichkeiten der deutschen Volks-, Kirchen-, Literatur- und Culturgeschichte, den Gothenbischof Ulfila, besaßen wir bekanntlich bis zum Jahre 1840 nur die unsicheren und theilweise widersprechenden Angaben der griechischen Kirchenhistoriker Sokrates, Sozomenos, Theodoret, sowie des Arianers Philostorgius in einem Auszug aus dessen Kirchengeschichte bei Photius. Neues unerwartetes Licht wurde über die persönlichen Verhältnisse, die Wirksamkeit und besonders die dogmatische Stellung Ulfila's verbreitet durch die von Waitz in einer Pariser Handschrift entdeckten, wahrscheinlich von einem Zeitgenossen und Schüler Ulfila's, einem Bischof Auxentius von Dorostorum, herrührenden biographischen Aufzeichnungen, welche einem längeren, die arianischen Streitigkeiten und besonders das Concil zu Aquileja vom Jahre 381 betreffenden Aufsatze eines nicht näher bekannten arianischen Bischofs Maximinus eingeschaltet sind (s. G. Waitz, über das Leben und die Lehre des Ulfila. Hannover, 1840. 4.). — Die Abfassungszeit jener Handschrift des Maximinus setzt Waitz zwischen 388 und 397, den Aufsatz des Auxentius etwa in dieselbe Zeit; als Todesjahr des Ulfila hat sich ihm 388, als dessen Geburtsjahr, da er siebzigjährig starb, 318 ergeben; da er mit 30 Jahren Bischof wurde, so hätte seine bischöfliche Wirksamkeit 348 begonnen; sieben Jahre (348—355) wirkte er unter den Gothen nördlich von der Donau, dann noch 33 Jahre lang (355—388) südlich von der Donau, nachdem die mit Ulfila geflüchteten gothischen Christen innerhalb des griechischen Reiches im Hämus Wohnsitze gefunden.

Diese chronologischen Bestimmungen, wie sie Waitz aus den bei Auxentius und Maximin vorliegenden Daten entnommen und wie sie seitdem allgemeine Annahme gefunden hatten, sind es nun zunächst, welche Herr Dr. Bessell in der vorliegenden Schrift einer Revision unterzogen hat und worüber er zu abweichenden Resultaten gelangt ist; weitere Untersuchungen über die Bekehrungsgeschichte der Gothen schließen sich an. Es hat dem Herrn Verfasser zum Zweck seiner Untersuchungen eine durch die Güte des Herrn Professors Waitz ihm mitgetheilte vollständige Copie jener Pariser Handschrift vorgelegen.

Was den ganzen vom Bischof Maximinus herrührenden Aufsatz betrifft, so hat Waitz daraus, daß darin eine Gesetzesstelle aus dem Jahr 388 citirt und Ambrosius als lebend vorausgesetzt wird († 397), den Schluß gezogen, daß die Abfassungszeit zwischen 388 und 397 fallen müsse. Bessell sucht dagegen nachzuweisen, daß diejenigen Stellen, welche den Ambrosius als lebend voraussetzen, nicht dem Maximin, sondern einem von diesem bloß aufgenommenen älteren Stück angehören, das wahrscheinlich 381—384 von einem Semarianer Palladius, Bischof von Ratiara, verfaßt sei. Es ergiebt sich hieraus zunächst die Möglichkeit, die Schrift des Maximinus erst ins fünfte Jahrhundert zu setzen; diese Möglichkeit wird aber zur Wahrscheinlichkeit durch die weitere, von Bessell unternommene Nachweisung, daß Maximinus erst nach 438, dem Publicationsjahr des Codex Theodosianus, geschrieben haben könne, da er ein kaiserliches Gesetz nicht in seiner ursprünglichen Gestalt, sondern mit derselben Verstümmelung anführt, wie es in jenem Geſetzescodex erſt erſcheint. Hieraus würde ſich — was wir beiläufig bemerken — zugleich die Möglichkeit ergeben, jenen Maximin, den Verfaſſer der Randſchrift des Pariſer Codex, für identiſch zu halten mit dem aus Auguſtin bekannten Arianer und Biſchof Maximinus.

Wichtiger aber noch ſind die Unterſuchungen Beſſell's für die Chronologie des Lebens Ulfila's und für die vielfach — auch nach den neueſten Unterſuchungen — noch dunkele Geſchichte der Gothenbekehrung. Sind auch die Reſultate unſerer Schrift in dieſer Hinſicht keineswegs über jeden Zweifel erhaben, geht Beſſell auch offenbar nicht ſelten in ſeiner kritiſchen Zweifelſucht, beſonders gegenüber von den Berichten der chriſtlichen Kirchenhiſtoriker, wie in ſeinen eigenen Hypotheſen und Combinationen viel zu weit: ſo ſind doch jedenfalls, abgeſehen von manchen Einzelheiten, ſeine Ergebniſſe von ſolcher Bedeutung, daß ſie für jede weitere Unterſuchung über die betreffenden Fragen werden den Ausgangspunkt bilden müſſen.

Es handelt ſich zunächſt um die Beſtimmung des Todesjahres Ulfila's. Er ſtarb, als er auf Befehl des Kaiſers zu einem Concil nach Conſtantinopel ſich begeben hatte. Dieſe Reiſe glaubt Waitz ins Jahr 338 ſetzen zu müſſen, da ein angeblich auf denſelben Anlaß ſich beziehendes kaiſerliches Geſetz, worin öffentliche Verhandlungen de religione verboten werden, das Datum des Jahres 388 trägt. Dagegen ſucht nun Beſſell nachzuweiſen, daß erſtens die Reiſe des Ulfila und ſeiner Mitbiſchöfe nach Conſtantinopel der hiſtoriſchen Umſtände halber nicht ins Jahr 338 fallen kann (S. 22 ff.), daß zweitens das in dem Fragment des Maximin citirte Geſetz vom Jahr 388 zu ganz anderen Zwecken gegeben iſt, als hier vorausgeſetzt wird, und daß vielmehr ein anderes im Codex Theodoſianus mitgetheiltes Geſetz d d. 10. Januar 381 dasjenige ſein muß, deſſen Auxentius erwähnt.

Durch eine kühne, aber freilich bei weitem nicht genügend begründete Conjectur ſucht Beſſell zu beweiſen, eine vom Kaiſer Theodoſius I. im Jahre 380—381 veranſtaltete theologiſche Verhandlung mit der arianiſchen Secte der Psathyropolistae oder Psathyriani ſei für Ulfila die Veranlaſſung geweſen, nach Conſtantinopel zu kommen, und während ſeiner Anweſenheit in der Hauptſtadt ſei er zu Ende 380 oder Anfang 381 geſtorben. Nur wiſſen wir leider über jene arianiſche Parthei der Pſathyrianer und die Zeit ihrer Entſtehung viel zu wenig Sicheres, um dieſer Hypotheſe mehr als den Werth eines glücklichen Einfalls zumeſſen zu können.

Wie es ſich aber auch mit dieſer ſpeciellen Vermuthung verhalten mag, der übrigen Annahme Beſſell's, daß Ulfila's Tod vor den Erlaß des theodoſianiſchen Geſetzes vom 10. Januar 381 und vor das ökumeniſche Concil von 381 zu ſetzen ſei, ſteht Nichts entgegen, ſie empfiehlt ſich vielmehr, wie uns ſcheint, durch verſchiedene Gründe mehr als die von Krafft neuerdings aufgeſtellte Vermuthung, das Jahr 383 ſei das der letzten Anweſenheit Ulfila's in Conſtantinopel und das Todesjahr deſſelben.

Aus dieſer Beſtimmung des Todesjahres ergeben ſich nun die weiteren Data für das Leben des Gothenbiſchofs. Geboren wäre er, da er in ſeinem 70. Jahre ſtarb, im Jahre 310/11; da er 40 Jahre lang Biſchof war, 7 im Gothenlande, 33 auf römiſchem Boden unter den in Möſien angeſiedelten Möſogothen, ſo fiele ſeine Biſchofsweihe ins Jahr 340/41, ſeine Ueberſiedelung aus dem transdanubischen Gothenlande ins römische Gebiet ins Jahr 348 unter Kaiser Conſtantius (S. 53.). Dies ſtimmt auch recht gut zu der Notiz des Philoſtorgius bei Photius, wonach Ulfila unter Conſtantin († 337) als Geſandter ins römiſche Reich gekommen und von Euſebius und den mit ihm verſammelten Biſchöfen (d. h. wohl von Euſebius von Nikomedien, † 341, und der von ihm geleiteten antiocheniſchen Synode von 341) zum Biſchof für die Chriſten im Getiſchen geweiht worden ſein ſoll (S. 97 ff.), nachdem er bereits längere Zeit als Lector bei einer im Reich angeſiedelten Gothengemeinde gewirkt und in dieſer Stellung das großartige Werk ſeiner Bibelüberſetzung begonnen hatte (S. 107.).

Es ſind nun hauptſächlich noch zwei Fragen aus der Lebensgeſchichte des Gothenbiſchofs, die uns intereſſiren und die auch von Herrn Dr. Beſſell ins Auge gefaßt werden, nämlich 1) ſeine Abſtammung und 2) ſeine weitere Miſſionsthätigkeit unter den bis jetzt noch jenſeits der Donau zurückgebliebenen und ſpäter erſt (376 und 380) in die Süddonauländer eingewanderten Gothen. Was zuerſt den letzteren Punkt betrifft, ſo vermögen wir hier dem Verfaſſer, der den Ulfila nach dem Jahre 348 nur noch unter den im griechiſchen Reich angeſiedelten ſogenannten Möſogothen oder Gothi minores wirken, die transdanubiſchen Gothen aber erſt 380 bei ihrem Donauübergang unter Theodoſius zum (arianiſchen) Chriſtenthum übertreten läßt, nicht durchaus Recht zu geben. Es iſt doch gewiß alle Wahrſcheinlichkeit dafür, daß bereits im Jahre 348 keineswegs alle gothiſchen Chriſten mit Ulfila ausgewandert, ſondern daß ein Samen des Chriſtenthums im transdanubiſchen Gothenland zurückgeblieben iſt. Daß in der Zeit zwiſchen Ulfila's Auswanderung und dem Donauübergang Fridigern's (348—376) fortwährend von verſchiedenen Seiten her unter den Gothen Athanarich's und Fridigern's miſſionirt wurde — theils durch Katholiken von Kleinaſien aus, theils durch den von Syrien aus dorthin gekommenen Audius und ſeine Anhänger, theils endlich namentlich auch durch Ulfila, der gewiß in fortwährender Verbindung mit ſeinen Landsleuten blieb, wird durch die Kirchenhiſtoriker in ihren zwar mehrfach confuſen, aber in der Hauptſache unzweifelhaft richtigen Nachrichten beſtätigt, und welche Fortſchritte in dieſer Zeit das Chriſtenthum unter den Gothen der Norddonauländer machte, zeigt am deutlichſten die 370—372 ausgebrochene zweite gothiſche Chriſtenverfolgung, in welcher Niletas, Sabas und Andere als Märtyrer ſtarben, andere gothiſche Chriſten ſich aber wieder über die Donau ins Römerreich flüchteten. Sicher waren alſo die Gothen nicht erſt 380 bei dem Donauübergang unter Theodoſius, von dem Eunapius berichtet, ſondern auch bereits bei demjenigen Fridigern's im Jahre 376 unter Valens keineswegs mehr durchaus Heiden, ſondern aus Chriſten und Heiden gemiſcht, wie uns Eunapius eben einen ſolchen Zuſtand des Uebergangs und der Religionsmengerei, freilich von ſeinem chriſtenfeindlichen Geſichtspunkte aus, in etwas abenteuerlicher Weiſe beſchreibt. Daß ſodann 376 bei dem Uebertritt der vor den Hunnen fliehenden Weſtgothen unter Fridigern und Alaviv auf römiſches Gebiet Verhandlungen zwiſchen dieſen und Kaiſer Valens wegen Annahme des Chriſtenthums und Zuſendung arianiſcher Geiſtlichen an die Gothen ſtattgefunden, daß ähnliche Verhandlungen wegen Anweiſung thraciſcher Wohnſitze und vielleicht auch wegen Annahme des Chriſtenthums durch einen gothiſchen Presbyter, in dem man eben Ulfila vermuthet hat, zwiſchen Fridigern und Valens noch unmittelbar vor der entſcheidenden Schlacht bei Adria-

nopel 378 gepflogen wurden, — das Alles beweiſt einerſeits, daß der Uebertritt
der Gothen zum Chriſtenthum keineswegs erſt 380 erfolgt iſt, andererſeits aber,
daß überhaupt dieſer Uebertritt nicht ſo auf einmal durch einen plötzlichen Ent=
ſchluß der gothiſchen Fürſten auf gut Glück hin geſchah, wie ſich Beſſell die Sache
denkt, ſondern daß die völlige Annahme des Chriſtenthums nur das Reſultat
eines langen, mehrere Decennien dauernden allmählichen Proceſſes war, bei
welchem allerdings mannigfache politiſche Gründe mitwirkten, aber weder die
einzigen noch die entſcheidenden waren.   Wer überhaupt von der Bekehrung
eines Volkes, wie die Gothen, eine Vorſtellung ſich zu machen vermag, der wird
auch von den Berichten der Hiſtoriker und Kirchenhiſtoriker über die Gothen=
belehrung eine andere Anſchauung gewinnen, als diejenige, die uns bei unſerem
Verfaſſer entgegentritt.   So dürfte alſo die Angabe der Kirchenhiſtoriker, daß
Ulfila auch bei der Bekehrung der 376 ins römiſche Gebiet eingewanderten Go=
then des Fridigern, und zwar nicht bloß indirect durch ſeine Schüler und ſeine
gothiſche Bibelüberſetzung, ſondern auch perſönlich, mitgewirkt habe, fortwäh=
rend Recht behalten gegen die von Beſſell erhobenen Einwendungen (S. 53 ff).

Ein anderer Punkt, der in die Geſchichte der Gothenbekehrung viele Un=
klarheit gebracht hat, und den Herr Beſſell, wie wir glauben, mit Glück aufzu=
hellen verſucht, betrifft die Verwechſelung der Donaugothen mit den Krim=
gothen, auf welcher insbeſondere die unrichtige Darſtellung der Kirchenhiſto=
riker beruht, als ob Ulfila und ſeine Gothen urſprünglich Athanaſianer geweſen
und erſt ſpäter zum Arianismus abgefallen.   Nicht die Donaugothen, ſondern
nur die bosporitaniſchen oder, wie ſie Procop ſpäter nennt, tetraxitiſchen Gothen
waren Katholiken und wußten nicht, ob ſie je, wie ihre übrigen Stammes=
genoſſen, Arianer geweſen.   Sie ſind es, denen jener Theophilus angehört, der
325 auf der Synode zu Nicäa anweſend iſt und die Acten derſelben unter=
ſchreibt als Theophilus Bosporitanus oder Theophilus Gothiae metropolis. Sie
ſind es wohl auch, die Athanaſius de incarnat. verbi §. 51. 52. meint, wenn
er von Barbaren redet, die durch die Lehre Chriſti vom Krieg zu friedlichem
und frommen Wandel geführt worden ſeien, und die überhaupt wohl gemeint
ſind, wenn ſchon vor der Mitte des vierten Jahrhunderts von katholiſch=chriſt=
lichen Gothen die Rede iſt. Da man nun von einem Theile der Gothen wußte,
daß ſie von Anfang an dem athanaſianiſchen Bekenntniß angehört, da man von
Märtyrern unter den Gothen wußte, die man ſich nur als katholiſche Chriſten
denken konnte, ſo machte man den Schluß, daß auch die Donaugothen urſprüng=
lich Katholiker geweſen, die erſt ſpäter entweder aus Dank oder Gefälligkeit
gegen Kaiſer Valens oder durch irgend welche andere Rückſichten zum Abfall
vom katholiſchen zum arianiſchen Chriſtenthum ſeien veranlaßt worden. Da man
insbeſondere von einem orthodoxen Gothenbiſchof Theophilus ca. 325 wußte, ſo
glaubte man ſich in dem noch berühmteren Gothenbiſchof Ulfila nur einen
Nachfolger und Glaubensgenoſſen des erſteren, ja einen Mittheilnehmer am ni=
cäniſchen Concil denken zu können, ohne zu wiſſen oder zu bedenken, daß beide
ganz verſchiedenen Localitäten, der eine den tetraxitiſchen Gothen der Krim,
der andere den Donaugothen angehörte.

Die erſte Entſtehung dieſer Verwechſelung der katholiſchen Krimgothen
mit den arianiſchen Donaugothen will Beſſell (S. 80 ff.) den zu Ende des
vierten Jahrhunderts verfaßten, aber ſpäter im fünften Jahrhundert noch einmal

überarbeiteten und durch Zusätze gefälschten Märtyreracten des gothischen Märtyrers Nicetas zuschreiben. Nachdem es in der Welt bekannt geworden, zu welcher Confession die Gothen sich bekannten, — nachdem „gothisch" sogar zur Bezeichnung einer besonderen Häresie geworden: so waren die Acta eines katholischen
Märtyrers unter den Gothen aus den letzten Zeiten Athanarich's mehr als verdächtig, und da erklärt es sich leicht, daß man Nicetas einen Schüler des Theophilus sein ließ und den Ulfila mitsammt den Gothen als ursprüngliche Katholiken darstellte. Später (in der zweiten Hälfte des fünften Jahrhunderts)
wollte man dann von einem Arianismus Ulfila's und der Gothen gar nichts
mehr wissen und machte sie geradezu zu Katholiken, indem man den Ulfila statt
an dem Arianerconcil von 360 an der zweiten allgemeinen heiligen Synode
zu Constantinopel vom Jahre 381 theilnehmen ließ, — wie die Acta Nicetae
in ihrer jetzt vorliegenden Gestalt thun.

Freilich geht auch hier wieder Herr Bessell in seinen Hypothesen entschieden
viel zu weit, wenn er meint nachweisen zu können, daß gerade eine ältere
Recension der Acta Nicetae es sei, woraus Sokrates und Sozomenos ihre
Nachrichten über das frühere katholische Bekenntniß Ulfila's geschöpft; es ist
ebenso gut das Umgekehrte oder der dritte Fall denkbar, daß die Acta und die
beiden Kirchenhistoriker eine dritte gemeinsame Quelle benutzt; und ebenso wenig
vermögen wir dem weiteren scharfsinnigen, aber auch willkürlichen und künst-
lichen Hypothesengebäude unsere Zustimmung zu geben, wonach Theodor von
Mopsuhestia es gewesen sein soll, der die Acta Nicetae in der Gestalt, wie sie
dem Sozomenos und Sokrates vorlagen, in die Literatur einführte, wonach Theodoret und Sozomenos ihre Nachrichten über Ulfila aus der ἱστορία Χριστια-
νική des Philippus Sidetes geschöpft, Sozomenos aber damit endlich auch
noch die orosisch-jordanische Quelle benutzt haben soll (S. 89—96.).

Wir können uns hier auf diese etwas spinösen Untersuchungen nicht näher
einlassen, berühren dagegen noch einen letzten Punkt, der aus Anlaß der Nachrichten des Philostorgius (S. 96 ff.) zur Sprache kommt, — nämlich die Frage
über die Abstammung des Ulfila.

Die Vorfahren des Ulfila sollen nach Philostorgius (hist. eccles lib. II.
cap. 5.) christliche Kappadocier gewesen sein, die von den Gothen zur Zeit des
Kaisers Gallienus aus Kappadocien, und zwar aus Sadagolthina, nicht weit von
der Stadt Parnassus an der galatisch-kappadocischen Grenze, in Gefangenschaft
geschleppt wurden. Waitz, Neander, Krafft ic. glauben, es sei kein Grund, diese
specielle Nachricht des arianischen Kirchenhistorikers zu bezweifeln, da 1) Philostorgius selbst aus Kappadocien stammte, also wohl unterrichtet sein konnte, da
2) Basilius, gleichfalls ein Kappadocier, in Briefen wiederholt darauf hinweist,
daß von Kappadocien aus zuerst der Samen des Christenthums unter den Gothen ausgestreut sei, und da 3) auch in späterer Zeit noch eine Verbindung zwischen den christlichen Gemeinden in Gothien und Kappadocien fortbestand. Dagegen bemerkt nun Bessell S. 110 ff. im Wesentlichen Folgendes:

Daß kappadocische Christen im dritten Jahrhundert von den Gothen geraubt
wurden, konnte allerdings der im fünften Jahrhundert schreibende Kappadocier
Philostorgius wohl wissen; weniger Glaubwürdigkeit kommt ihm zu hinsichtlich
der Existenz eines Enkels derselben, der 44 Jahre später (und mehr als ein
Jahrhundert vor seiner Zeit) im fernen Gothenlande geboren sein soll. Das

Zeugniß des Philostorgius ist also in diesem Stück zum Voraus ein sehr un-
sicheres. Dazu kommt die besondere Tendenz, welche Philostorgius, wie bei seiner
gesammten Geschichtsdarstellung, so auch bei dieser Angabe verfolgt: er will
zeigen, daß das angeblich im Jahr 267 von Kappadocien zu den Gothen ver-
pflanzte Christenthum kein anderes ist, als das später in Ulfila und seinen
Gothen zum Vorschein gekommene, d. h. der Arianismus; der Arianer Ulfila
des vierten Jahrhunderts hat sein Christenthum erhalten von seinen im dritten
Jahrhundert aus Kappadocien nach Gothien gewanderten Voreltern; also muß
das kleinasiatische Christenthum des dritten Jahrhunderts Arianismus gewesen
sein, — dies ist's, was Philostorgius beweisen will. Wahrscheinlich liegt auch
hier wieder eine Verwechselung der Donaugothen und Krimgothen zu Grunde;
nur die letzteren, nicht die ersteren, sind im Laufe des dritten Jahrhunderts auf
ihren Seezügen nach Kappadocien gekommen; nach der Krim, nicht nach Thra-
cien, sind also wohl jene kappadocischen Kriegsgefangenen, von denen man am
Ende des vierten Jahrhunderts noch Kunde hatte, und durch sie das Christenthum gebracht worden; die Christianisirung jener Krimgothen, deren Metropolit
325 dem nicänischen Concil anwohnt, nicht aber das Christenthum des Ulfila
ist auf jene kappadocischen Gefangenen zurückzuführen (S. 111 ff.). Wie die
orthodoxen Kirchenhistoriker ein dogmatisches Interesse hatten, den Ulfila mit dem
nicänisch-gesinnten Krimgothenbischof Theophilus zusammenzubringen, um auch
aus Ulfila einen ursprünglichen Athanasianer zu machen, der erst später (360)
zum Arianismus übergetreten sei: so war es ein entgegengesetztes dogmatisches
Interesse, das den Philostorgius leitete, wenn er das arianische Christenthum
des Ulfila von jenen kappadocischen Kriegsgefangenen des Jahres 267 ableiten will.

So bleibt uns denn für die Beurtheilung der Herkunft des Ulfila nur sein
gothischer Name und der Umstand, daß er von seinem Fürsten in Folge der
Unterwerfung des Volkes mit Anderen zu einer Gesandtschaft (an Constantin)
verwendet wurde. Beides führt darauf, daß Ulfila gut gothischer Herkunft war,
und letzteres noch darauf, daß er aus vornehmer Familie stammte (S. 119.).
Bessell vermuthet noch bestimmter, daß Ulfila bei seiner verhältnißmäßigen
Jugend eine gothische Geisel war: dreimal besiegte Constantin die Gothen, im
Jahre 322, 328 und 332, als Ulfila 11, resp. 17 und 21 Jahre alt war, und
in einem dieser Jahre also wäre Ulfila vermuthlich ins römische Reich gekommen; wo er dann bis zu seiner Bischofsweihe (341) verweilt und somit Zeit
genug hatte, mit dem Christenthum wie mit den beiden Sprachen des Reiches
genau bekannt zu werden.

Fassen wir die Hauptdata aus Ulfila's Leben, wie sie sich uns auf Grund
der Bessell'schen Untersuchungen ergeben, kurz zusammen, so gestalten sie sich
etwa folgendermaßen:

Ulfila ist im Donaugothenlande, nach Philostorgius von kappadocisch-christ-
lichen, wahrscheinlich aber von deutschen Eltern, etwa 311 geboren, unter
Constantin 328 oder 332 als Gesandter oder Geisel ins Römerreich gekommen,
hier im Christenthum unterrichtet worden, hat längere Zeit als Lector an einer
im römischen Gebiet angesiedelten Gothengemeinde gewirkt, wahrscheinlich auch
jetzt schon seine gothische Bibelübersetzung begonnen. Im dreißigsten Lebensjahre,
also 341, wurde er von Eusebius von Nikomedien auf einer Synode, vielleicht

der zu Antiochien, zum Bischof für das gothische Volk ordinirt. Er wirkt nun sieben Jahre lang im Donaugothenlande, bis die 348 unter einem gothischen Fürsten, wahrscheinlich Athanarich, ausgebrochene Christenverfolgung ihn veranlaßt, mit dem größten Theil der gothischen Christen ins römische Gebiet zu fliehen, wo er unter Constantius ehrenvolle Aufnahme und Erlaubniß zur Ansiedelung in Mösien bei Nikopolis erhält. Von seiner ferneren Wirksamkeit ist wenig bekannt, doch ist wahrscheinlich, daß sich dieselbe nicht bloß auf die ausgewanderten Mösogothen, sondern auch auf die nördlich von der Donau wohnenden Gothen Athanarich's und Fridigern's erstreckt hat, unter denen das Missionswerk gleichzeitig von verschiedenen Seiten her, von Arianern, Audianern und Katholikern betrieben wird, aber auch wiederholte Verfolgungen, besonders 370—372, zur Folge hat. Daß Ulfila an den weiteren Entwickelungen des Arianismus lebendigen Antheil genommen, zeigt sein von Auxentius aufbewahrtes Testament, wie seine Anwesenheit auf der arianischen Synode zu Constantinopel 360. Die durch den Hunneneinfall veranlaßte Einwanderung der Fridigern'schen Gothen, bei denen damals noch eine Mischung von heidnischen und christlichen Elementen sich zeigt, ins Römerreich (376) mag ihm Gelegenheit zur weiteren Ausübung seines Missionsberufes gegeben haben, obwohl uns hiervon aus den Quellen nichts Näheres bekannt ist. Nach der Beendigung des Gothenkriegs durch Theodosius wird er von diesem (380) mit anderen Bischöfen nach Constantinopel berufen zu einer Besprechung in religiösen Angelegenheiten. Während seiner Anwesenheit in der Hauptstadt (wahrscheinlich Anfangs 381) stirbt er. Kurz darauf hat sein Schüler, Bischof Auxentius von Dorostorum, seine Lebensbeschreibung verfaßt, wahrscheinlich zu einem apologetischen Zweck, zur Vertheidigung des arianischen Bekenntnisses, vielleicht zur Vorlesung vor dem Kaiser. Uns ist dieselbe fragmentarisch erhalten in einem aus dem fünften Jahrhundert (nach 438) stammenden Aufsatz eines arianischen Bischofs Maximinus (vielleicht desselben, der uns aus Augustin bekannt ist).

Göttingen.   Wagenmann.

Sebastian Castellio. Ein biographischer Versuch nach den Quellen von Dr. phil. Jacob Maehly. Basel, Bahnmaiers Verlag, 1863.

Sebastian Castellio (nach dem Verfasser zwar aus Savoyen, aber nicht nach der gewöhnlichen Angabe von Chatillon, sondern von einem Dorfe in der Nähe von Mantua: Saint-Martin du Fresne, gebürtig) gehört zu dem Kreise jener humanistisch angelegten, vom positiven Christenthum mehr oder weniger emancipirten, es bald nach der classischen, bald nach der speculativen Seite hin verflachenden Freidenker der Reformation. Ein Mann von edlem Streben und redlichem Gemüthe, ein classisch geschulter, scharfsinniger Geist mit bedeutendem Sprachtalent, aber, wenn auch persönlich fromm und nicht ohne einen gewissen Anflug idealisirender Mystik, doch seinem eigenen Geständniß gemäß ohne religiösen Tiefsinn (das wollen im Grunde die Worte sagen: fatidicum spiritum non habeo, s. S. 90.), darum seinen Gegnern, einem Calvin und Beza, nicht gewachsen, dazu mit einer Neigung zu unruhig dilettirender geistiger Freibeuterei begabt, ist Castellio immerhin, worin wir dem Verfasser beistimmen, namentlich um der Kämpfe willen, in die er mit den Häuptern der Reformirten

verwickelt worden ist, bedeutend genug, um eine eigene Biographie zu rechtfertigen. Was vorliegende Schrift dazu bietet, geht freilich über die Bedeutung
eines „Versuches" nicht hinaus. Das Material ist mit gründlicher Sorgfalt und
vieler Treue gesammelt, auch geschickt vertheilt, aber wie der begabte, auf anderem, ihm heimischen Gebiete glücklichere Herr Verfasser, ein Philolog, selbst
zugesteht, und wie sich in der schwankenden Unsicherheit und Unselbständigkeit
seines sich mannigfach widersprechenden Urtheils über die theologischen Seiten
seines Gegenstandes kundgiebt, fehlten ihm als Nichttheologen die rechten Mittel
zur vollständigen Würdigung seines Helden, den er mit edler Wärme zwar, aber
doch wesentlich vom allgemein-reflectirenden Standpunkte eines etwas vagen
kirchlichen Liberalismus aus sehr panegyrisch auffaßt, hie und da geneigt,
namentlich wo er den Castellio als den seiner Zeit voraneilenden Vertreter des
freien, duldsamen Geistes, ja als den „ersten Verfechter des großen Princips
der Toleranz" feiert, die kirchliche und die „allgemein menschliche" Anschauung
in einen vermeintlich unlösbaren Gegensatz zu stellen. Mag Castellio, der von
seinen Gegnern viel gelitten hat, auch mit seinem Gegensatz zu Gunsten der
Toleranz in relativem Rechte sein, so soll man nicht vergessen, daß es nicht bloß
einzelne dogmatische Differenzen, wie es der Verfasser stellenweise ansehen möchte,
sondern fundamental verschiedene Welt- und Lebensanschauungen waren, welche
die Streitenden von einander trennten, und wie viel es auf Seiten eines Calvin zu retten und zu wahren galt: das Werk der Reformation, deren innersten
Gedanken Castellio und seine Freunde fremd blieben, wie eine Reflexion auf
seine pelagianische Fassung des liberum arbitrium (S. 93 f.), seine spiritualisti-
sche Lehre von der Schrift, seine gnostische Ansicht über esoterisches und exoteri-
sches Christenthum (S. 95.), seine ganz classisch gefärbte Uebersetzung der Bibel,
von der der Verfasser etliche sehr charakteristische Proben beibringt (S. 26.),
seine rationalistisch abflachende Auffassung religiöser Charaktere, wie die durchaus
verfehlte des Moses (S. 58 ff.), u. A. auf's Deutlichste lehrt. — Besonders
dankenswerth ist ein chronologisches Verzeichniß der zahlreichen Schriften Castellio's, sowie die Mittheilung seiner im Rathsarchiv von Basel befindlichen
Vertheidigungsschriften gegenüber dem Rath und der Geistlichkeit dieser Stadt
und eines Zeugnisses des Calvin über Castellio. —

Flemingen bei Penig.   Dr. phil. Meier.

Entstehung, Kämpfe und Untergang evangelischer Gemeinden in Deutschland, von Dr. H. Heppe. Heft I.: Hammelburg und Fulda.
Wiesbaden, Verlag von Jul. Niedner, 1862.

Mit vorliegendem Schriftchen eröffnet der unermüdlich fleißige Verfasser
eine Reihe von Monographien, die an einzelnen Beispielen früher evangelischer,
jetzt katholischer Gemeinden von den Niederlagen erzählen sollen, die unsere
Kirche durch die Macht und List der römischen erlitten hat. Je geringer nicht
bloß unter Laien, sondern auch unter Theologen die Bekanntschaft auf diesem
Gebiete der Einzelforschung ist, auf dem es noch viel zu bebauen giebt, und je
mehr es gerade für die Kirche der Gegenwart geboten scheint, so wie es hier
geschieht, das evangelische Gemeindeleben in seiner ersten Begründung wie
in seinem treuen Kampfe um die Güter der Kirche zu zeigen, desto dankens-

werther ist dieses in seiner Art neue Unternehmen, das sich an die Gemeinde
wendet in anschaulicher, von allem unnöthigen Beiwerk freier, fast volksthüm-
licher Darstellung, die nur nach unserem Gefühle die Quellen selbst in ihrer
unnachahmlichen Frische und Einfalt noch öfter reden lassen sollte. Wie viel
Ausbeute übrigens auch dem Historifer dieses Werk aus zum Theil noch ganz
unbekannten und unbenutzten Urkunden gewähren und ihm neue Blicke in das
allgemeine Leben der Kirche darbieten wird, das sich hier in der Einzelgestalt
spiegelt, versteht sich. Von besonderem Interesse ist dieses erste Heft, das die
Geschichte der Re= und Deformation der vormals fuldaischen Stadt Hammelburg und des geistlichen Fürstenthums Fulda selbst erzählt, weil es die Bildung
einer evangelischen Gemeinde gerade auf einem von katholischen geistlichen Fürsten beherrschten Gebiete zeigt.

Sehr bezeichnend für die Treue katholischer Geschichtsdarstellung ist, was
der Herr Verfasser am Schlusse beibringt von der Art und Weise, wie ein katholischer Schriftsteller die Hauptquelle, aus der die vorliegende Darstellung geschöpft ist, die Chronik eines evangelischen Predigers von Hammelburg, im römischen
Interesse benutzt, ja verfälscht hat. — Zum Schluß möchten wir beiläufig einen
wenigstens scheinbaren Irrthum berichtigen. Auf Seite 24. wird von der um
das Jahr 1540 erfolgten erfreulichen Wendung in der Lage der arg bedrückten
Hammelburger Gemeinde erzählt und als ein günstiger Umstand bemerkt, daß
der Vater des Abts Johannes von Fulda, der Fürst Wilhelm zu Henneberg,
die römische Kirche verlassen habe. Dieser Uebertritt ist indeß erst später erfolgt.
Erst nachdem im Jahre 1543 die Einführung der Reformation im Hennebergischen durch Johannes Forster, jedoch nur sehr allmählich, begonnen und nachdem
sich im Jahre 1544 sein von je evangelisch gesinnter Sohn Georg Ernst öffentlich
zur Augsburgischen Confession bekannt hatte, hat sich der „alte Herr", der anfänglich „gar böse lutherisch" war und auch die Hammelburger Gemeinde seinerseits heftig bedroht, zu gleichem Schritte bewegen lassen. Wir verweisen dafür
auf Chr. Spangenberg's Hennebergische Historie (1599 erschienen), in welcher
auch des Hammelburger evangelischen Predigers Johann Spangenberg von
Alsfeld (nicht zu verwechseln mit dem Vater des Hennebergischen Chronisten,
dem bekannten Pfarrer von Nordhausen) gedacht und in Uebereinstimmung mit
erwähnter Chronik, entgegen dem Referat des katholischen Darstellers, erzählt
wird, wie ihn die Hammelburger von Breitenbach auf der Höhe, wo er acht
Jahre das Evangelium gepredigt, herzuberufen. — Wir wünschen aufrichtig, daß
sich der Verfasser in der Erwartung der Theilnahme des evangelischen Volkes
an solchem Werke, das sich recht zu einem „evangelischen Volksbuch" eignet,
nicht täuschen möge. Die bloße Negation gegen die römische Kirche reicht doch
zu einem dauernden Interesse an dergleichen Unternehmungen nicht hin.

    Flemingen bei Penig.   Dr. phil. Meier.

Sammlung etlicher Nachrichten aus der Zeit und dem Leben des
    Dr. Albr. Joach. v. Krakewitz, von Dalmer, Lic., Pastor zu Ra-
    kow. Stralsund, 1862.

    Die Schrift erneuert das Andenken eines Mannes von nicht hervorragender,
doch immerhin bemerkenswerther Stellung in der Spener'schen Periode. Krake=

witz war in den Jahren 1699—1721 Professor in Rostock, zuerst der orientali=
schen Sprachen, seit 1713 der practischen Theologie; dann ist er bis zu seinem
Tode, in seinem acht und funfzigsten Jahre, in Greifswald Professor und
Generalsuperintendent von Schwedisch=Vorpommern und Rügen gewesen. Vor=
zugsweise in seiner Rostocker Wirksamkeit fällt seine Betheiligung an den pieti=
stischen Streitigkeiten der Zeit, denen seine zahlreichen Dissertationen, polemische
Schriften und andere gelten. In diesen Händeln steht Krakewitz auf der Seite
jener Richtung, deren hervorragender Vertreter Val. Ernst Löscher ist. Hat er
auch seine Rostocker Professur mit einem Programm „de non speranda extra
ecclesiam Lutheranam salute" angetreten und den Pietismus stets bekämpft,
so geht doch durch seine Schriften das Bestreben, die lutherische Orthodoxie mit
einer lebendigen Frömmigkeit im Sinne des Pietismus zu vermitteln. Seine
erste Schrift wendet sich gegen Rechenberg und dessen Lehre von dem terminus
peremptorius salutis humanae, aber er sagt darin auch gegen den Zelotismus
lutherischer Polemik: „Man muß der Gottlosigkeit so wehren, daß man nicht zu=
gleich die hungrigen Seelen aushungere und den Durstigen das Trinken wehre,
damit ja nicht die Seelen zum Tode verurtheilt werden, die doch leben sollen."
Im Gegensatz zu dem Christus in nobis des Pietismus lautet seine Formel,
nach der Aufschrift einer seiner Dissertationen (vom Jahr 1714): de nobis in
Christo; aber seine Zeitgenossen nannten ihn einen „stillen Theologus". Seine
Polemik galt nicht wie die seines Rostocker Collegen Fecht der Person, sondern
der Sache. Er hielt es für unchristlich, „daß man so viel Personalia und an=
zügliche Dinge in die Controversie mischte", und begann sein Buch gegen Re=
chenberg damit, „vor dem Angesichte Gottes und seiner Gemeinde zu bezeugen,
daß so gar nicht meine Intention sei, den Herrn Autorem zu verketzern oder
Ehre an ihm zu erjagen: denn gleichwie ich von ihm ein christlich wahrheit=
und friedliebendes Gemüthe präsumire, so habe auch zu demselben das Ver=
trauen, er werde hierinnen mit mir einzig und allein die göttliche Wahrheit
suchen." Auf seinen Reisen verkehrt er gern mit Häuptern des Pietismus; so
in Halle mit Rechenberg, in Berlin mit Lütkens, als dieser noch, gleichzeitig mit
Spener, Propst zu Cöln war, und berichtet, daß er durch dessen „sehr solide
Discourse herzinniglich erquickt" worden sei. Aber nicht bloß wegen dieser per=
sönlich milden Stellung zum Pietismus ist er bei den Fanatikern der Ortho=
doxie, wie einem Schelwig in Danzig u. A., in den Verdacht des heimlichen Pie=
tismus gekommen und hat sich in Greifswald gegen widerliche Denunciationen
vertheidigen müssen, sondern er berührt sich mit den Pietisten auch in einigen
ihrer practischen Bestrebungen. Er hält in Rostock deutsche Vorlesungen über
Luther's Catechismus mit ausgesprochen erbaulicher Tendenz; einzelne seiner
exegetischen Collegien, bei denen er Luther's Bibelübersetzung zu Grunde legt,
erinnern wenigstens durch ihren practischen Character und die Hinweglassung
aller dogmatischen Excurse an die von A. H. Francke zuerst eingeführten erbau=
lichen Vorlesungen über die heilige Schrift. Er nimmt ein lebendiges Interesse
an der durch den Pietismus neu erweckten Missionsthätigkeit; mit Lütkens, der
als Hofprediger Friedrich's des Vierten von Dänemark das dänische Missions=
institut für die malabarische Küste begründen half, steht er in Briefwechsel über
die Missionssache, die er in einer Dissertation (1715) gegen die Unlust der lu=
therischen Orthodoxen vertheidigt. Seine Vorschläge zur allgemeinen Hebung des

Missionswerkes sind vollständig jener dänischen Missionsthätigkeit und der Praxis des Halle'schen Waisenhauses entnommen und nachgebildet. Selbst die Unions-gedanken, die dem Pietismus nicht fremd waren und in dem auf Leibnitz' Veranlassung 1703 von Friedrich dem Ersten zu Berlin veranstalteten Unions-collegium von Lütkens vertheidigt worden waren, finden wir bei Krakewitz wieder in einer 1706 gegen Dippel gerichteten Dissertation: als Grundlage der Vereinigung beider evangelischer Confessionen lutherische Fassung der wesentlichen Glaubenslehren bei Annahme der reformirten Cultusordnung. — So etwa würde sich das Bild von Krakewitz gestalten, wenn man den von Dalmer mit-getheilten Stoff in Verbindung setzt mit den allgemeinen Richtungen und Be-strebungen jener Periode. Leider fehlt es der Darstellung unseres Verfassers gerade fast an allen diesen historischen Gesichtspunkten und Anknüpfungen; die geistigen Zusammenhänge, in denen empfangend und gebend die theologische und kirchliche Stellung eines Mannes zu dem gesammten geistigen und kirchlichen Leben einer Zeit sich befindet, werden von dem Verfasser fast gänzlich unberück-sichtigt gelassen oder ganz äußerlich angedeutet. Nach dieser theologischen Seite hin bietet daher das Buch kein lebensvolles Bild seines Gegenstandes dar.

Eher kommt die kirchenamtliche Thätigkeit von Krakewitz zu ihrem Recht. Er hat den mecklenburgischen Catechismus verfaßt (1717), der sich seitdem als mecklenburgischer Landescatechismus bis in unsere Tage erhalten hat; sein in Greifswald (1724) verfaßter pommerscher Catechismus war bis an das Ende des vorigen Jahrhunderts in Gebrauch. Mancher Leser wird ungern einige cha-racterisirende Auszüge aus beiden Catechismen, ebenso wie Gründlicheres über das von Krakewitz redigirte Gesangbuch vermissen.

Sonst enthält das Buch reiches und mit mühevollem Fleiß zusammen-gebrachtes Material. Dem engen Gesichtskreis desselben und der Formlosigkeit einer mitunter fast chronikenartigen Darstellung wird man manches Einseitige oder sehr Ueberflüssige zu Gute halten.

Berlin.   Weingarten.

Systematische Theologie.

Vom Ursprunge der Sünde nach paulinischem Lehrgehalte in besonderer Berücksichtigung der einschlägigen modernen Theorieen, von
H. Fr. Th. L. Ernesti. I. Band (2. Ausgabe) 1862. II. Band
1862. Göttingen, Vandenhoeck und Ruprecht.

Das vorliegende Werk macht schon bei flüchtigem Anblick der wirklichen Reichhaltigkeit des in ihm angesammelten und verarbeiteten biblisch-theologischen und dogmatischen Stoffes den entschiedenen Eindruck einer bedeutsamen Erschei-nung auf dem Gebiete der Literatur über den paulinischen Lehrbegriff. Ein er-höhtes Interesse nimmt diese Arbeit jedoch darum in Anspruch, weil sie nicht nur eine in selbständigem Verlauf sich entwickelnde Untersuchung der paulinischen Lehre von der Sünde darbieten will, sondern eine in wissenschaftlichem Geist und Ton bewerkstelligte Auseinandersetzung mit den am prägnantesten ausgebil-deten Theorieen über die Lehre des Paulus vom Ursprunge der Sünde. Im

Allgemeinen nun scheint uns der Standpunkt, die Auffassungsweise, die Polemik des Verfassers völlig richtig zu sein, wenn man auch im Einzelnen, namentlich im Detail der Exegese, nicht selten anderer Ansicht wird sein müssen. Die Stoffbehandlung ist erschöpfend; man wird nicht leicht ein irgendwie wesentliches Moment übergangen finden; vielfach wird man eher bündigere, Unwesentliches ausscheidende Kürze zu wünschen sich veranlaßt sehen. Die Genauigkeit und Billigkeit in der Darstellung und Untersuchung fremder Anschauungen, die besonnene Ruhe des Urtheils, die Durchsichtigkeit der Darstellung, besonders die meist treffende und schlagende Abwickelung der Entscheidungsgründe sind Vorzüge, welche bei einer überwiegend polemischen Arbeit um so schwerer in's Gewicht fallen.

Der erste, schon seit 1854 der Literatur angehörige und vielfach berücksichtigte Band beschäftigt sich zunächst mit den neueren Modificationen der Sinnlichkeitstheorie und seine Tendenz ist, jede Ableitung des ersten Ursprungs oder des bleibenden Wesens der Sünde aus der Energie der Sinnlichkeit gegen den Geist als unpaulinisch nachzuweisen. Nachdem daher dem bekannten Satze Rothe's, daß die von ihrer Naturbasis noch dependenten Protoplasten nothwendig als ursprünglich sündig gedacht werden müssen, zunächst die dogmatische Instanz der Unverträglichkeit dieser Anschauung mit einem wirklichen Freiheitsbegriff entgegengestellt ist, werden nun die Grundlagen und Grundzüge des paulinischen Lehrbegriffs entwickelt. Zuerst die Anthropologie, S. 1—107. Die sachlich meist treffenden Bestimmungen, in welchen der Verfasser vielfach mit den Ergebnissen von Meyer, J. Müller, Beck, Chr. Schmid u. A. zusammentrifft, lassen hier zuweilen eine schärfere begriffliche Fixirung wünschen, wiewohl die im II. Bande S. 45—128. nochmals vorgenommene Untersuchung der paulinischen Anthropologie in dieser Hinsicht vielfach entschädigt. Der Hauptbegriff, welcher hier untersucht wird, ist der Begriff der σάρξ. Es werden drei Gesichtspunkte zur Eruirung der Bedeutung dieses Begriffs geltend gemacht: der physiologische, der historische und der ethische. Es fragt sich hier, in welchem Sinn Paulus die zunächst nur einen Theil der animalischen Körpersubstanz oder aber auch den ganzen animalischen Körper nach Substanz und Form bedeutende σάρξ zur Bezeichnung des ethischen Wesens des Menschen benützt. Man hat aus dieser Benennung gefolgert, daß nach Paulus die Sinnlichkeit es ist, welche kraft der ursprünglichen Organisation in dem Antagonismus von Geist und Fleisch von Anfang an die Oberhand hat. Dieß ist jedoch, wie auch Ernesti nachweist, unrichtig; wo σάρξ als ethisches Prädicat oder als ethische Bezeichnung des ganzen Menschen gebraucht ist, da ist nicht ohne Weiteres das Menschenleben als solches, sondern nur das empirische Menschenleben (was man etwa die historisch-anthropologische Betrachtungsweise nennen kann), nicht das Menschenwesen in seiner ursprünglichen Organisation, sondern das durch die Sünde factisch fleischlich gewordene Wesen des Menschen gemeint. Nur unter der Voraussetzung der Sünde und zwar einer nicht nothwendigen, anerschaffenen, sondern freien Sünde bezeichnet σάρξ den ganzen Menschen von der Seite seiner beseelten Leiblichkeit. Ist dem so, dann darf man freilich unter σάρξ nicht nur mit Ernesti die sündliche Lebensrichtung verstehen, sondern man muß zugeben, daß Paulus den ganzen Menschen, das Ich selbst nach seinem empirisch sarkischen Wesen, in seiner sündigen Isolirtheit von dem göttlichen Geist damit bezeichnen will. Aber eine durch die

anerschaffene Naturbeschaffenheit nothwendige Sünde lehrt Paulus nicht, auch
in Röm. 7, 7 ff. und Eph. 2, 3. nicht. Zu weit geht übrigens Ernesti, wenn
er ἁμαρτία in Röm. 7, 7 ff. nicht als angeborene sündliche Neigung fassen will
(S. 93 ff); er giebt ja selbst zu, daß dieser letztere Begriff im paulinischen
Ideensystem seine Stelle hat (II. S. 158.), ja daß man von Röm. 5, 12. und
1 Kor. 7, 14. aus auch in Röm. 7, 7. „an etwas Anderes nicht wohl denken
kann" (II. S. 305.). Ebenso ist der sehr künstliche Abschwächungsversuch von
Eph. 2, 3. (II. S. 174 ff.) exegetisch nicht annehmbar und dogmatisch nicht nöthig, da ja, wie Ernesti selbst hervorhebt (I. S. 105.), von dem gewordenen
Zustand des Menschen nach der Sünde auf den status originalis ein rechtmä-
ßiger Schluß nur möglich ist nach Abzug der sündlichen Depravation, welche
nach Eph. 2, 3. das Prädicat τέκνα ὀργῆς bedingt. Sehr wichtige Momente
zur Bestreitung der auf Paulus sich berufenden Lehre von einer ursprünglich
nothwendigen Sünde werden sodann aus der paulinischen Gotteslehre entwickelt
(S. 107—178.). Es ist in der That eine zu starke Zumuthung, glauben zu
sollen, daß Paulus das Böse als durch Gottes Willen verursacht oder bezweckt
oder nach der neuerdings wieder beliebten Wendung als mit der Erlösung zusammengeschaut und geordnet und so in anerschaffener Sünde verwirklicht sich
gedacht habe; man denke nur an die paulinische Fassung des Begriffs der göttlichen Strafgerechtigkeit. Wie wenig indeß Paulus den im status originalis
allerdings vorauszusetzenden Antagonismus von Geist und Leib mit einem ursprünglichen Dualismus verwechselt habe, erhärtet der Verfasser insbesondere aus
der paulinischen Betonung der Leibhaftigkeit in ihrer Einheit mit dem Geist
(S. 108. 132. 137.): ein Punkt, in welchem er sowohl mit J. Müller als mit
Beck zusammentrifft. Der christologische Abschnitt endlich (S. 178—271.) wendet
sich vor Allem gegen die Inconsequenz, mit welcher man es in der Anthropologie für ein unverbrüchliches Gesetz erklärt, daß alle sittliche Entwickelung der
Sünde als des Anfangs- und Durchgangspunktes bedürfe, und dann in der
Christologie doch das Nothwendige als nicht nothwendig behandelt. Mit Fug
und Recht wird geltend gemacht (S. 189—191.), daß von jener Anschauung
aus jeder Versuch, eine „ursprüngliche Richtigkeit der individuellen menschlichen
Natur" in Christo zu statuiren, erst recht zu dem an der kirchlichen Christologie
so schnell getadelten Doketismus führt, wenn man zuvor die der kirchlichen Lehre
zu Statten kommende Lehre, daß die Sünde, wie sie nicht zum Begriff des
Menschen gehört, so auch nicht den Protoplasten anerschaffen ist, so leichthin entfernt hat. Statt diese Consequenz sich zu verhehlen, ist es in der That offener,
wenn man den Doketismus geradezu für paulinisch erklärt. Und dieser wenigstens consequent durchgeführte Gedanke Usteri's ist es nun, dem der Verfasser
(S. 193—272.) eine ausgedehnte, theilweise seine Abhandlung über die christologische Grundstelle Phil. 2, 6 ff. (in den Studien und Kritiken 1848. IV.)
reproducirende und vertheidigende Ausführung über die paulinische Christologie
entgegenstellt, wobei indeß der leitende Gedanke immer die Rücksicht auf die
Sinnlichkeitstheorie bleibt. Nach dem Verfasser lehrt Paulus subordinatianisch:
eine Auffassung, die sich allerdings dem Doketismus immer am wirksamsten
gegenüberstellen wird, die uns jedoch in der vorliegenden Schrift keineswegs
genügend begründet erscheinen will. Ist doch der sogenannte paulinische Subordinatianismus vielfach nur der subordinatianische Schein, der den vom sote-

riologischen Standpunkt ausgehenden, also von unten nach oben gehenden Aus=
sagen des Apostels über den Erlöser anhaftet, weil ihnen gewöhnlich die oberste
theologische Spitze noch fehlt, die ihnen aber doch durch einige, in mehr gelegent=
lichen Bemerkungen oder auch in eigentlich lehrhaften Zusammenfassungen ent=
haltene Aussprüche zu Theil wird. Wir sind nach dem Stande der neueren
Exegese freilich weit entfernt, die eine höhere Dignität Christi in solchen Aus=
sprüchen findende Auslegung für die allein mögliche zu erklären. Aber befremden
muß es doch in hohem Grad, wenn auch Ernesti in Röm. 9, 5. nichts Begrün=
deteres verträgt, als daß man der schlauen erasmischen Interpunction folgen
und die dadurch gewonnene Doxologie als vorsichtige Moderation des auf Chri=
stum bezogenen, wohl etwas zu viel sagenden ὁ ἐπὶ πάντων fassen müsse; das
ist doch wohl so ziemlich das Gegentheil der paulinischen Intention in der Stelle.
Ferner ist auch uns die Beibehaltung der Lesart θεός in 1 Tim. 3, 16. zwei=
felhaft; nur wird der unmotivirte Ausfall gegen die steif gewordene Orthodoxie
(S. 204.) doch wohl kein Entscheidungsgrund sein sollen, wenigstens bei den
Lesern nicht, welche wissen, daß ganz dasselbe Prädicat von Rechtswegen nicht
minder dem Rationalismus zugehört, auch dem sogenannten gläubigen oder
supranaturalen, bei dem z. B. die auch hier vorgetragene Beziehung der Prä=
dicate εἰκὼν θεοῦ u. s. w. in Kol. 1, 15., 2 Kor. 4, 4., Kol. 2, 9. auf den
nachirdischen Christus stehende, aber nicht zu beweisende Voraussetzung ist. Der
Kern der weiteren Ausführung ist sodann die Idee, daß jene die Möglichkeit
der Sünde schon in der Präexistenz voraussetzende Reflexion des Sohnes Gottes
Phil. 2, 6., ob er dem Willen des Vaters zur Menschwerdung folgen oder sich
entziehen wolle, einerseits auf vorirdische Subordination führe, andererseits die
Sündlosigkeit des irdischen Christus als eine nicht physisch nothwendige, sondern
wahrhaft sittlich freie sicherstelle (S. 266 ff.), zugleich aber auch jeden Gedanken
an ein Einverständniß des Apostels mit der Sinnlichkeitstheorie ausschließe.

Der zweite Band, in welchem manche Sätze des ersten ihre nähere Begren=
zung und Begründung erhalten, beschäftigt sich überwiegend mit Jul. Müller,
wiewohl auch hier nicht selten in schlagender Weise der Sinnlichkeitstheorie die
nöthigen Bemerkungen gewidmet werden, z. B. II. 129 ff. 256. Die Methode
ist dieselbe wie im ersten Theile. Es werden zunächst im Zusammenhang die
Hauptmomente der Lehre J. Müller's vom Ursprung der Sünde angegeben und
dann wird ihre Legitimation durch Paulus κατὰ ῥητόν und κατὰ διάνοιαν ge=
prüft. Von Interesse ist es, zu hören, daß diese Untersuchung von einem Stand=
punkt aus geschieht, der nicht im Voraus das Recht der theologischen Speculation
biblisch vernichtet, sondern ihren Inhalt, ihre Resultate, also die Sache selbst an
der Schrift messen will. — Nimmt man, sagt der Verfasser, mit J. Müller im
Interesse der Freiheit einen vorzeitlichen Fall an und läßt sich mit einem vor=
leiblichen Existenzzustand ein anderes als ein ganz geistiges Böses nicht ver=
einigen, so fragt es sich zunächst, ob nach Paulus das Wesen der Sünde so ganz
spiritualistischer Natur ist. Der Verfasser findet, daß die paulinischen An=
schauungen der Annahme einer rein geistigen Urentscheidung ebenso wenig
günstig sind, als der dualistischen Voraussetzung eines ursprünglich gegebenen
oder nothwendig gewordenen Mißverhältnisses zwischen Sinnlichkeit und Geist
(S. 17—54.). Dieß ist wohl ganz richtig; nur wird sich im Einzelnen gegen
die Beweisführung gar Manches einwenden lassen. So ist z. B. gegen die ethi=

sche Auffassung des ζῆν Χριστῷ Röm. 14, 7 ff. nichts Entscheidendes gesagt (und die Berufung auf Meyer ist hier nicht zutreffend, denn Meyer hält die ethische Auffassung in B. 7. fest); warum man ferner aus speciellen Reflexionen die zu Grunde liegenden allgemeinen ethischen Anschauungen nicht soll erheben dürfen, ist nicht einzusehen; man wird demnach auch in Gal. 2, 20., wenn es darauf ankommt, die letzten Glieder des Gegensatzes in principieller Schärfe aufzufassen, allerdings mit J. Müller dem Leben unter dem νόμος das Leben κατὰ σάρκα substituiren, und zwar im sittlichen, nicht nur in dem nach Ernesti vom ethischen noch zu unterscheidenden historisch-anthropologischen Sinn; ebenso ist 2 Kor. 5, 15. das Sichselberleben doch erst dann in seiner vollen Tiefe und Bedeutung gefaßt, wenn man mit J. Müller aus der Vielheit der selbstischen Zwecke zurückgeht auf die Einheit der Selbstsucht; nicht minder hat wohl J. Müller in seinen Bemerkungen zu 2 Thess. 2, 3 ff. ganz Recht, nur folgt daraus, daß hiernach nicht nur der Ursprung und die entwickelte Vollendung, sondern auch die Grundrichtung der Sünde als Selbstsucht zu bezeichnen ist, noch gar nicht, daß die Selbstsucht als rein spiritualistischer Habitus ohne organisches Zusammensein mit dem concret sarkischen Factor zu fassen sei. So wenig der menschliche Organismus sich mechanisch theilen läßt, so wenig giebt es eine rein geistige Sünde; aber das Einheitliche, Principielle liegt nicht in der σάρξ, sondern im Geiste, der mit dem Willen, sich selbst (und zwar das Ich, wie es ist, nicht nur den Geist und nicht nur den Leib) zum höchsten Zweck zu setzen, die Kraft der Concentration in sich und die Punctualität der Einheit in sich verbindet. Wenn daher auch σάρξ die allgemeine Grundform der Sünde und die φιλαυτία nicht ein derselben coordinirter Factor ist, so müssen wir doch gerade als das Charakteristische des in der σάρξ zur Erscheinung kommenden und in ihr wirksamen Princips die Selbstsucht bezeichnen. Ist freilich die endliche σάρξ einmal zur sündlichen geworden, so wird sich die φιλαυτία ebensowohl aus der σάρξ entwickeln als das in ihr wirksame Agens sein; aber daraus folgt nicht, daß Paulus, wenn er die φιλαυτία als eine aus der empirischen σάρξ sich entwickelnde auffaßt, nicht auch der Natur der Sache gemäß die innere, mit relativer Freiheit den Ausschlag gebende Activität dem auf sich selbst sich beziehenden Willen zuschreiben könne. Er thut dieß vielmehr fast in allen den von dem Verfasser (S. 18—33.) umgedeuteten Stellen. — Die zweite Hauptfrage ist die nach der Möglichkeit des Entstehens der Sünde im zeitlichen Leben. Es wird in dieser Hinsicht (S. 59—143.) besonders die paulinische Psychologie und Ethik darauf angesehen, ob mit ihren Grundsätzen und Bestimmungen die Annahme vorzeitlicher Freiheitsacte und zumal einer so bedeutsamen Entscheidung vereinbar ist. Von Interesse ist in diesem Abschnitt vor Allem der Versuch, die Trichotomie, mit besonderer Rücksicht auf v. Hofmann's Bestreitung derselben, als paulinisch nachzuweisen; aber er ist mißlungen und mußte wohl mißlingen. Giebt man einmal zu, die Seele sei und bleibe das eigentliche Subject der Menschennatur (II. 100. 114), der Seele gehöre die Selbstentscheidung zu (II. 125.) u. s. w., was soll dann noch für den Geist als einen von der Seele ebenso wie die Seele vom Leib substanziell verschiedenen Factor übrig bleiben? Was hilft es, zu sagen, der Geist sei der Wesensgrund des Menschen, wenn doch die Seele wieder alles das sein soll, was das geistige Wesen des Menschen ausmacht, wenn doch z. B. der erste Mensch nur lebendige Seele war

mit der Aufgabe, sich zum concreten Geiste herauszubilden? Lautet dieß nicht
ganz anders, als der Satz, daß der Geist eine von der Seele verschiedene, den
psychologischen Bestand als coordinirter Factor constituirende Substanz sei?
Giebt man ferner zu, daß nach Paulus das Charakteristische des Unwiedergeborenen darin liegt, daß in ihm das πνεῦμα so zu sagen versiegen gegangen, aus-
getrocknet ist, welche Vorstellung von der psychologischen Integrität des natürlichen Menschen müßte man ihm dann unterstellen, wenn er gleichzeitig gemeint
haben soll, der Geist sei eine besondere Substanz neben der Seele?! Allein die
Dichotomie hat nicht nur, wie auch der Verfasser offenbar schwankend zugiebt
(II. S. 114.), ein wahres Moment, sondern Paulus lehrt dichotomisch, und die
Einwendungen des Verfassers haben uns nicht vom Gegentheil überzeugt. Man
wird freilich nicht sagen können, Geist und Seele seien zwei nur logisch verschiedene Bezeichnungen desselben Gegenstandes, aber man wird sagen, das Unterscheidende der menschlichen Seele von der thierischen ist, daß sie eine geistige
ist; und während nun die Seele unter der Sünde in Zwiespalt mit sich selbst,
ihrem eigensten Lebensgrunde entfremdet ist und darum eine „dem in ihr in-
wendigen πνεῦμα" (II. S. 107.) zuwiderlaufende Wirksamkeit hat (II. S. 112.),
so ist umgekehrt πνεῦμα die treffende Bezeichnung für das menschliche Geistes-
wesen in seiner durch die Erlösung wiederhergestellten ethischen Integrität: ein
paulinischer Gedanke, der dann doch wieder nicht identisch ist mit der von dem
Verfasser bekämpften Anschauung Delitzsch's, nach welcher die gesammte ethische
Aufgabe in die Verklärung des Leibes zu setzen wäre (II. S. 125 ff). — Die
letzte Instanz für den außerzeitlichen Fall ist nach J. Müller der Widerspruch
zwischen der Verbreitung der Sünde und ihrem Ursprung aus der persönlichen
Selbstentscheidung. Dieß wird S. 143—274. untersucht. Sowohl die Allgemeinheit der Verbreitung als den habituellen Charakter der Sünde als des angebo-
renen Hangs zum Bösen lehrt Paulus, und zwar Letzteres auch, was Ernesti
nicht läugnen sollte, in Röm. 7, 7. Aber es fragt sich, ob man sich auch für die
Behauptung, daß jede Sünde der persönlichen Selbstentscheidung entflamme, auf
Paulus berufen kann. Auf Grund der richtigen Unterscheidung zwischen dem
objectiven Factum eines Widerstreits mit dem göttlichen Willen und der subjectiven, an die Urheberschaft geknüpften Verschuldung stellt Ernesti (auch hierin
Schmid, bibl. Theol. des Neuen Testaments, 2. Ausg. S. 505 f., bestätigend)
den Satz auf, daß die angeborene Sünde nicht unter den Begriff der persönlichen Verschuldung fällt, daß also auch der Regreß auf eine vorzeitliche Selbstentscheidung seine letzte Begründung verliert. Daß dieß paulinisch ist, erhellt
aus Röm. 5. Der sehr reichhaltige Excurs über V. 12 ff. hat jedoch, was das
positive exegetische Resultat betrifft, schon darum etwas Unbefriedigendes, weil
eine doch ziemlich gesuchte Combination, wie die hier mitgetheilte, um den Preis
der Zerstörung des offenbaren inneren Zusammenhangs von V. 13. und 14. zu
theuer erkauft wäre. Für den Zweck der Bestreitung des angeführten Satzes
aus J. Müller genügt es jedenfalls, darauf hinzuweisen, daß Paulus ausdrücklich
sagt: nicht um des individuellen Sündigens willen stirbt der Sünder (V. 13.),
sondern von Adam her kommt Sünde und Tod für Alle. Weiterhin werden
wir sagen müssen: unseren Tod denkt sich Paulus weder als bloßes Erbübel
noch als Folge der Imputation fremder Sünde. Nicht als bloßes, durch die
Abstammung vermitteltes Naturübel; denn der Tod als der Sünde Sold ist

nicht ohne Sünde und kann nicht übergehen, ohne daß das ihn causirende Moment mit ihm übergeht; die Sünde ist aber nicht Naturübel, sondern sittliche Bestimmtheit. Er denkt sich den Tod aber auch nicht als Folge der Imputation der Sünde Adam's; denn gab es eine Periode (V. 13.), in der nicht einmal die eigene Sünde zurechenbar war, so kann eine fremde Sünde noch weniger zugerechnet werden. Aber stehen wir auf diese Weise nicht mitten in der von J. Müller für sich geltend gemachten Antinomie? Wir müssen sagen: Paulus denkt sich zunächst den Tod als ein mit der Sünde durch ein göttliches κρίμα verbundenes fortwirkendes Princip, wie die Sünde selbst, und weder der Tod noch die Sünde, soweit sie nur überkommen sind, führen auf persönliche Imputation zurück. Es ist damit ein Determinirtsein zur Sünde für alle Nachadamiten statuirt, aber ein Determinirtsein, das mit der Lehre von der ursprünglichen Nothwendigkeit der Sünde nichts gemein hat, das ferner nicht eine absolute Unfähigkeit zum Guten involvirt, indem, wenn es besagt: der natürliche Mensch kann nicht anders als sündigen, damit noch nicht gesagt ist: er kann nichts Anderes als Sünde thun, — das endlich, eben weil es mit der ganzen Schrift der Reaction des göttlichen Geistes und des Gewissens und der freien Entscheidung aus dem besseren Wissen und Wollen heraus Raum läßt, auch eine Schuld kennt auf Grund der Erbsünde. Und zwar müssen wir noch einen Schritt weiter gehen als Rothe, nach welchem Jeder nicht für das Daß des Sündigens, sondern nur für das Maß der von ihm positiv entwickelten Sünde verantwortlich wäre; die Verantwortung bemißt sich vielmehr nicht nur nach der selbstthätigen Weiterentwickelung der sündigen Anlage, sondern auch schon und zwar vor Allem nach der Reactionsfähigkeit gegen den sündlichen Hang und nach der aus ihr entwickelten oder nicht entwickelten Resistenz gegen denselben. Nicht der Hang, aber auch nicht nur unsere den Hang fortbildende Thätigkeit, sondern schon die Unterlassung der den Hang reprimirenden Thätigkeit unterliegt der Imputation. Es ist einleuchtend, wie sich in dem letzteren Punkte weiterhin das Moment der individuellen und das der Gesammt-Schuld berühren. Es sind dieß Sätze, welche, wenn auch nicht dem Ausdrucke, doch dem Sinne nach mit den Untersuchungen Ernesti's am Schluß des zweiten Bandes zusammenstimmen, Sätze, welche wir mit ihm für paulinisch halten müssen. Der letzte Abschnitt (II. S. 275—343.) enthält übrigens, entsprechend der Reichhaltigkeit des Ganzen, auch noch weitere beachtenswerthe Andeutungen und Gedanken, auf deren Darlegung wir jedoch hier verzichten müssen.

Tübingen. Dr. Heller, Repetent.

Praktische Theologie.

Evangelischer Liedersegen von Gellert bis zur neuesten Zeit. Herausgegeben von Dr. Ferdinand Seinecke. Dresden, L. E. Hermann, 1862. 8. XX und 236 S.

Es ist ein dreifacher Zweck, den der Herr Herausgeber mit der vorliegenden Sammlung verfolgt, ein apologetisch-polemischer, ein historischer und ein erbaulich-praktischer. Der letzte Gesichtspunkt steht ihm im Vordergrund: er möchte mit diesem evangelischen Liederfegen, den er zugleich als Ergänzung eines früher von ihm herausgegebenen Andachtsbuches für gebildete evangelische Christen bezeichnet, dazu beitragen, „daß der unermeßliche Segen, den das geistliche Lied unserer Kirche schon drei Jahrhunderte lang gebracht hat, in immer reicherer Fülle sich über unser Volk ergieße". Von diesem Gesichtspunkt aus sind denn auch Auswahl und Anordnung der 439 Nummern getroffen, die in neun Abschnitte und einen Anhang — wohl nicht ganz organisch — vertheilt sind. Die Auswahl scheint uns im Ganzen eine wohlgelungene, und wir können diesem evangelischen Liederfegen nur den herzlichen Wunsch mit auf den Weg geben, daß sein Gang durch die evangelische Welt ein gesegneter und segenbringender sein möge. Wir können uns hier auf diese praktische Seite der Sache nicht weiter einlassen, sondern möchten nur auf die apologetisch-polemischen oder hymnologischen Fragen, die der Herausgeber in seinem ausführlichen Vorwort bespricht, noch hinweisen. Er polemisirt hier gegen die unbedingten Lobredner des Alten, die unserer Epigonenzeit jede Befähigung, ein echtes Kirchenlied schaffen zu können, vornweg absprechen. Er legt eine Lanze ein für die neuere religiöse Lyrik unseres Volkes und kann es nimmermehr gutheißen, wenn uns die Vorliebe für das Alte und Alterthümliche gegen die Leistungen der Gegenwart einnimmt, wenn wir ohne Weiteres jedes aus der Tiefe eines gläubigen dichterischen Gemüthes hervorgegangene Lied mit den Worten abweisen, unsere Zeit habe den alten Kirchenstil verloren (S. XII.). Giebt er auch zu (S. VIII.), daß die Forderung, das Kirchenlied müsse objectiv sein, d. h. aus dem Glaubensgrunde der Kirche und dem Glaubensbewußtsein der Gemeinde hervorgehen, seine volle Berechtigung hat: so hebt er andererseits ganz richtig hervor, daß es im Wesen des Liedes an sich wie im Wesen und Leben der Reformation liegt, daß in einem Liede, wenn es anders ein wahrhaftes Lied und Ausdruck des evangelischen Glaubens sein soll, das Subjective mit dem Objectiven sich verbinden muß. Es ist ja wahr, daß von manchen objectivitätssüchtigen Subjectivisten unserer Tage mit jenen Kategorien von Objectivität und Subjectivität in theologischen und kirchlichen Dingen, und so ganz besonders auch auf dem Gebiete der Hymnologie, ein ebenso lächerlicher als verderblicher Mißbrauch getrieben wird. Man vergißt, daß die „Objectivität" so wenig wie die „Subjectivität" im Stande ist, geistliches Leben und insbesondere auch ein geistliches Lied aus sich zu erzeugen, sondern daß zur geistlichen Geburt und Wiedergeburt, und so auch zur poetischen Geburt eines geistlichen Liedes und zumal eines „Kirchenliedes", nur da kommt, wo Subjectivität und Objectivität sich auf's Innigste durchdringen, wo der objective Glaube der Kirche zur subjectivsten, individuellsten, persönlichsten Vertiefung und Ausgestaltung und wo andererseits das individuelle Glaubensleben zu einem so reinen und objectiven Ausdruck gelangt, daß es in dem Bewußtsein der ganzen gläubigen Gemeinde Anklang und Widerhall findet. Wo die Einzelnen oder die Kirche nach einer von beiden Seiten hin, nach der Seite des Objectivismus wie nach der des Subjectivismus, in einseitiger Weise abirren, wo das christliche Leben in purer Objectivität oder doch in lauter Gerede von Objectivität erstarrt und verknöchert oder wo es in lauter Subjectivismus, der sich möglicherweise für sehr objectiv hält, verschwimmt und sich verflüchtigt, — da wird im einen Fall so gut wie im anderen eine Zeit der geistlichen und darum auch der hymnologischen Dürre

eintreten. Nicht das vorherrschende „Gepräge der Objectivität", sondern die
Energie des allerpersönlichsten Glaubenslebens, das, wie es im lebendigen
Glauben der Gemeinde wurzelt, so auch wieder in der Gemeinde Glauben und
Leben zeugt, hat dem lutherischen Kirchenlied des Reformationszeitalters oder den
Liedern eines Paul Gerhardt ihre Kraft, ihren Schwung, ihre unübertroffene
Schönheit, ihren unvergänglichen Werth gegeben, und nicht die zunehmende
Subjectivität, sondern nur eben die Entleerung der Subjectivität von christ-
lichem Gehalt, wie sie im Orthodoxismus begann und in seinem Sohn, dem
Rationalismus, sich fortsetzte, hat den Verfall der geistlichen Dichtung wie des
geistlichen Lebens in den folgenden Jahrhunderten herbeigeführt. Dennoch ist
ja, wie der Geist sich nie unbezeugt läßt, so auch die geistliche Dichtung in der
evangelischen Kirche nie verstummt; freilich sind es ja mancherlei Gaben und
mancherlei Sänger und Sangweisen, durch die der Geist für die verschiedenen
Zeiten und Bedürfnisse sich bezeugt, und so wäre es ja gewiß verkehrt, irgend
einer Zeit den Beruf zur geistlichen Liederdichtung ganz absprechen zu wollen.
Ob aber ein geistliches Lied auch zum Gemeinde- und Kirchenlied werden kann,
das wird nicht von dem subjectiven Urtheil eines Einzelnen, nicht von den
Machtsprüchen gewisser modern-archaistischer Hymnologen, Literar- oder Kirchenhistoriker abhangen, sondern davon, ob die Gemeinde der Gläubigen darin den
Ausdruck ihres Glaubens, einen Widerhall und ein Förderungsmittel ihres
eigenen geistlichen Lebens findet. Das geistliche Lied muß erfahren, erlebt sein,
bevor es wird, und es muß wiederum erfahren, erlebt, bewährt sein im Mund
und Herzen der Gemeinde, bevor es zum Kirchenlied wird.

Gewiß hat daher der Herr Herausgeber gegenwärtiger Sammlung alles
Recht, „die weit verbreitete, man kann sagen, die jetzt herrschende Ansicht, daß
die gesammte neuere religiöse Lyrik unseres Volkes kein einziges Lied aufzuweisen habe, welches würdig wäre, neben den alten evangelischen Kirchenliedern
in unsere Gesangbücher aufgenommen zu werden", auf's Entschiedenste zu bekämpfen. Nur möchten wir ihn bitten, jene allerdings in gewissen Kreisen verbreitete Meinung nicht für die „jetzt herrschende" zu halten, und andererseits
liefert ja doch, wie er selbst zugesteht, auch diese Sammlung allerdings den Beweis, daß das letzte Jahrhundert zwar der geistlichen Lieder nicht wenige aufzuweisen hat, die Vielen zum Segen geworden sind und noch werden, und die
wir uns daher durch jene „Objectivisten" nicht werden rauben oder verleiden
lassen, daß aber freilich der echt kirchlichen, auch für den Gemeindegebrauch
geeigneten Lieder zwar einzelne, aber nicht eben allzu viele sich darunter befinden. „Echt kirchliche Dichtungen für die Gemeinde zu produciren, scheint",
wie Palmer sagt, „die neueste Zeit im Ganzen nicht angethan; meist ist auch
bei dem reichen Schatz, den wir haben, kein Bedürfniß vorhanden."

In der kurzen literarhistorischen Zugabe, dem Verzeichniß der Liederdichter
nebst kurzen biographischen Notizen, sind uns einzelne Unrichtigkeiten aufgestoßen;
wir möchten den Herrn Herausgeber bitten, diese, wie er es verspricht, in einer
zweiten Auflage berichtigen, diesen ganzen Abschnitt aber mit biographischem
und literargeschichtlichem Material etwas reicher als bisher ausstatten zu wollen.

Wagenmann.

Das biblisch-evangelische Princip der Lehrtropen,

mit besonderer Beziehung auf Zinzendorf.

Von

Hermann Plitt in Gnadenfeld.

Man ist in unserer Zeit vielfach bemüht, bedeutende Geister aus
der Vergangenheit der evangelischen Kirche, die in Folge der Alles
überfluthenden rationalistischen Strömung von den Meisten vergessen
oder mißverstanden worden waren, der Gegenwart wieder näher zu
bringen und für die wieder erstarkende gläubige Betrachtung der Dinge
aus der geistigen Hinterlassenschaft jener Männer alte Schätze her-
vorzusuchen, welche mit Segen neu verwerthet werden können. Ja,
man hat gern auch hinter die Zeit der Reformation, in das kirchliche
Mittelalter, zurückgegriffen und solche Männer wieder hervorgerufen,
in welchen ein biblisch-evangelisches Lebensprincip auch damals dunkler
oder heller wirksam war. Dieß Bestreben darf auch nicht als ein
Zeichen der Schwachheit und Unfähigkeit unsres Zeitalters zu selbständiger Production angesehen werden. Dieß gilt nur dann, wenn
die Restauration des Alten eine bloß repristinirende mechanische Reaction gegen die geistige Entwickelung des letzten Jahrhunderts ist, —
woran es ja allerdings leider auch nicht fehlt. — Wenn dagegen der
im Lichte der Schrift und Geschichte befreite und geklärte Blick sich
von einem sicheren Standpunkte der eigenen Ueberzeugung aus mit
Liebe und Dankbarkeit auf solche Erscheinungen zurückwendet, welche
in vergangener Zeit unter oft schweren Kämpfen zu den Wegen die
erste Bahn gebrochen haben, auf denen heutzutage das Glaubensdenken
Vieler sich ungehindert bewegt, so ist das nach Matth. 13, 52. ganz
in der Ordnung und es kann durch diesen eingehenderen Rückblick der
Gegenwart noch manches Gut für Erkenntniß und Leben zugeeignet
werden. Ganz besonders gilt dieß von den Ideen und dem Wirken
solcher Männer, welche darum mehr als Andere in den Kreisen der
Schule und Wissenschaft vergessen worden waren, weil sie zunächst
nicht für diese, sondern für das praktische christliche Leben thätig waren

ober doch ihre Ideen nicht in den üblichen wissenschaftlichen Formen
zu Tage gelegt haben.

So hat, abgesehen von ausgezeichneten Theologen der vor- und
nachreformatorischen Zeit, wie Joh. Wessel und J. A. Bengel,
die Aufmerksamkeit der Kirche und ihrer Wissenschaft mit Vorliebe sich
auch den Lebenskreisen der eben bezeichneten Art zugewandt, welche
lange Zeit hindurch nur von der verborgenen praktischen Frömmigkeit
hie und da gekannt und werthgeschätzt wurden. Dahin gehört z. B.
aus der vorreformatorischen Zeit die Mystik eines Suso und Tau-
ler, der Gottesfreunde, sowie die stille Wirksamkeit der Brüder des
gemeinsamen Lebens, aus dem Bereiche der evangelischen Kirche die
mit der Mystik verwandte und doch von ihr auch sehr verschiedene
theosophische Glaubensgnosis des philosophus teutonicus,
des Schusters von Görlitz, später die eines Oetinger, worauf so
Viele schon lange wieder mit Ehrfurcht und Lernbegierde hinblicken,
als könne und müsse von da aus erst die rechte christlich-evangelische
Speculation sich aufbauen.

In ähnlicher Weise ist auch der Graf Zinzendorf in unserem
Jahrhundert als praktischer Glaubenszeuge und Gemeinstifter in der
Christen- und Heidenwelt mehr wieder anerkannt und verstanden
worden. Dagegen hat man seinen theologischen Ideen noch wenig
oder gar keine Aufmerksamkeit zugewendet. Es ist dieß auch in der
That kein Wunder, weil er dieselben theils nirgends im Zusammenhang ausspricht, sondern immer nur aphoristisch, je nach dem gegebenen praktischen Anlaß des Lebens, theils auch da sie in einer
Form gibt, welche, noch ganz abgesehen von dem wunderlichen jargon
seiner Sprache, jedenfalls der wissenschaftlichen Präcision und Abrundung sehr ermangelt. Er war eben kein Mann der Schule, sondern durch und durch ein Mann des Lebens und der That. Aber
er war dabei von Natur ein originales Genie wie wenige Andere
und ein an Gnade und Gnadengaben reicher Jünger des himmlischen
Meisters von einer Innigkeit und Ganzheit der persönlichen Lebensgemeinschaft mit Ihm, wie vielleicht noch wenigere Andere. Dieß
berechtigt schon von vornherein zu der Vermuthung, daß wir bei diesem
merkwürdigen Manne allerdings auch theologische Ideen zu suchen
haben werden, welche, auf ihren inneren Gehalt und Geist gesehen,
der näheren Würdigung werth sind und auch in unserer Zeit noch
Segen schaffen können. Unter diesem praktischen Gesichtspunkte wollen
wir im Folgenden die Aufmerksamkeit auf eine solche von Zinzendorf

mit principieller Klarheit und constanter Energie festgehaltene, für das
kirchliche Leben, aber auch für die kirchliche Wissenschaft sehr bedeu=
tungsvolle Idee hinlenken, die sogenannte Tropenidee, oder das
biblisch=evangelische Princip der verschiedenen Lehr=
tropen in der Einheit des rechten fundamentalen christ=
lichen Heilsglaubens. Es ist dieß ein Begriff von solcher in=
tellectueller Tiefe und Lebendigkeit, daß er auch praktisch eine große
und weitreichende Bedeutung haben muß und wirklich zum Theil auch
schon gehabt hat. Aber er muß sie noch mehr erst in Zukunft ge=
winnen, und dazu bedarf es einer immer erneuten Geltendmachung
und Rechtfertigung des Princips gegenüber zahlreichen Mißverständ=
nissen von Freund und Feind.

Zinzendorf ist nicht der Urheber dieses Princips und der Sache
selbst, denn sonst könnten wir demselben eine solche Bedeutung nicht
zuschreiben, müßten es vielmehr für ein, wenn auch noch so geistreiches,
Menschenfündlein halten. Wir werden vielmehr zu zeigen suchen, daß
die Sache, das Vorhandensein eines solchen Verhältnisses, wie es
diesem Princip entspricht, so alt ist als die christliche Kirche und das
Princip eine Grundidee des Neuen Testamentes selbst, dessen Dol=
metscher Zinzendorf hier nur ist. Aber als solcher hat er den be=
stimmt formulirten Begriff und Ausdruck für dieses
Princip, welches er mehr als die meisten anderen Kirchenmänner
vor ihm praktisch auszuwirken berufen war, zuerst so gegeben und
festgestellt. Darin liegt für uns Recht und Pflicht, den Gegenstand
in unmittelbarer Verbindung mit seiner Person und Geschichte zu be=
trachten, während wir im Uebrigen, soll anders unsere Erörterung
ihre praktische Bedeutung behalten, bei derselben natürlich einen um=
fassenderen, allgemein theologischen Standpunkt einnehmen müssen und
nicht bloß diesen geschichtlichen und individuellen.

I. Geschichtliche Ausgangspunkte.

Blicken wir denn zunächst auf Zinzendorf's Person und Geschichte,
so ist hier vor Allem seine confessionelle Stellung und Führung zu
berücksichtigen. Denn um das Verhältniß der verschiedenen kirchlichen,
zunächst evangelischen Confessionen bewegt sich die Tropenfrage ja
hauptsächlich, sowie sie praktisch und gesammtheitlich in Betracht ge=
zogen wird. Zinzendorf war ursprünglich durchaus echter Lutheraner,
nach seiner Herkunft aus einer um dieses Bekenntnisses willen aus
Oesterreich emigrirten, nun in Kursachsen einheimischen und angesehenen

Familie, nach seiner Erziehung im Hause der Landvögtin von Gers=
dorf, seiner Großmutter, sowie nach seiner eigenen Gemüthsart und
Geistesrichtung. Denn die „freie und dreiste Art der Lutheraner,
Jedermann die allgemeine Gnade anzupreisen" (Naturelle Reflexionen,
Beilage, S. 54.), ist ganz das, was ihn selbst von früher Jugend
an charakterisirt, und im reifen Mannesalter noch (1749, vgl. Naturelle
Reflexionen, S. 359.) bekennt er, „von dem ihm so theuren lutheri=
schen Tropus bescheidentlich zu glauben, daß er für Kinder Gottes
der beste und seligste sei". Aber von frühe an hatte seine Lebens=
führung eine solche Gestalt gewonnen, daß er sich in diesem seinem
heimischen kirchlichen Kreise auch nicht abschließen konnte. Auf die
Erziehung im großmütterlichen Hause im Geiste Spener's, seines
Taufpathen, folgte die weitere Ausbildung im pietistischen Halle, dann
im orthodoxen Wittenberg, wo er als achtzehnjähriger Jüngling schon
den thätigen Vermittler zwischen beiden Universitäten und deren Stimm=
führern machte. Hatte er hier schon die Rechte aus Pflicht, Theo=
logie aber aus Neigung studirt, so führte ihn seine weitere weltliche
Standesbildung nach damaliger Sitte auf Reisen in der eingeschlagenen
Richtung fort. In Holland lernte er zuerst, „daß nicht alle Refor=
mirte raisonneurs (Subrationalisten) seien", in Paris, daß es auch
unter den Römisch=Katholischen wahre Kinder Gottes gebe. Und mit
allen Solchen, „die mit Ernst trachteten, rechte Christen zu sein" [1]), in
innige Gemeinschaft zu treten, trieb ihn seine eigene brennende Liebe
zu Christo und der tiefe Ernst seiner Lebenshingabe an Ihn. So
mußte er, der nun einmal nicht Theolog im Sinne der Schule war
und es nicht sein wollte noch sollte, von Außen und Innen zugleich
schon frühe zu einer Unterscheidung des Wesentlichen im Christen=
thum, des Lebens aus Gott im Glauben an Christum durch den heil.
Geist und der Centralwahrheit zum Heil, auf welcher dieß neue Leben
ruht, des Wortes vom Kreuz, von den verschiedenen menschlichen Auf=
fassungsformen des Einzelnen in Lehre und Leben, als dem nicht
Wesentlichen, hingeführt werden. Es war derselbe Standpunkt
praktischer Glaubensinnigkeit, auf welchem Amos Comenius seine
vielbewegte und wirkungsreiche Laufbahn geschlossen hatte, der Geist,
in dem er als Abschiedszeugniß an alle Gläubigen sein „Unum ne=
cessarium" und das „Testament der sterbenden Brüderunität", den
Mahnruf an die evangelischen Schwesterkirchen, verfaßte. Und doch

---

¹) Luther in der „Deutschen Meß" 1526.

hatte der junge Zinzendorf weder von Comenius noch von der alten
böhmisch=mährischen Brüderunität irgend nähere Kenntniß, sondern
diese Gemeinschaft der Ideen war von der einen Seite nur ein Stück
des verborgenen göttlichen Pragmatismus in seiner Vorbereitung auf
den künftigen Hauptberuf seines Lebens.

Von der anderen Seite aber war Zinzendorf der fromme junge
Graf, in dieser seiner schon früh gewonnenen Richtung ein lebendiger
und charaktervoller Repräsentant einer Zeitströmung, welche damals
schon länger her immer stärker hervorgetreten war. Die Blüthezeit der
kirchlichen Orthodoxie war vorüber und andere Mächte machten sich
geltend, ein Gegensatz gegen jene zuletzt unerträgliche confessionelle
Beschränktheit und theologische Zanksucht, welcher in verschiedenen theils
von einander unabhängigen, theils aber auch in einzelnen Persönlich=
keiten sich berührenden Richtungen auftrat. Die eine war eine eigent=
lich theologisch=wissenschaftliche, welche im Blick theils auf
das kirchliche Alterthum und die patristische Theologie, theils auf den
einfachen Wortlaut der Schrift einen Einigungspunkt für die streiten=
den Parteien suchte und bei Festhaltung des Grundes der evange=
lischen Lehre doch Duldung und Nachsicht in den specielleren und
abgeleiteten Lehrpunkten forderte. So in der lutherischen Kirche
G. Calixt und seine Schule, in der reformirten die sogenannte irenische
Schule und die arminianische Theologie eines Grotius, Episkopius
u. A. Die andere verwandte Richtung war mehr eine praktisch=
religiöse. In allen drei Confessionen machte sich nach der mehr
als hundertjährigen Periode des Streites, welche man seit dem Be=
ginn der Reformation hinter sich hatte, das Bedürfniß geltend, nun
lieber in der Stille eine innige und thätige Frömmigkeit zu suchen,
welche dem Herzen den Frieden in Gott zu geben im Stande sei,
welchen der Jesuitismus in der katholischen, der streitfertige Ortho=
doxismus in den evangelischen Kirchen untergraben hatte. So in der
römischen Kirche der Jansenismus, die Schule von Port royal, Pascal
mit seinem mächtigen Geisteszeugniß gegen das Jesuitenthum, der
Quietismus z. B. eines Fénélon; noch zu Zinzendorf's Zeit, am
Anfange des achtzehnten Jahrhunderts, der Streit um die Freiheit des
Schriftgebrauchs in der gallikanischen Kirche. So ferner in der refor=
mirten Kirche, der „antimysterischen", doch hie und da verwandte
Regungen, wie die Quäker und Baptisten in England, die Labbadisten
in Holland. Aber der geeignetere Boden für dergleichen war aller=
dings die deutsch=lutherische Kirche. Was Joh. Arnd begründet, führten

Spener und Francke hier fort und erfolgreich durch), ein individuell lebendiges Christenthum des Herzens und der That fand immer wei= teren Eingang bei den Suchenden. Dagegen bot der Bereich der reformirten Kirche, in Holland und England zugleich die Stätte des größten materiellen Reichthums und Aufstrebens, einen sehr empfäng= lichen Boden dar für die dritte hier noch zu nennende Richtung des Zeitgeistes: die von der Herrschaft der Kirche und Theologie allmäh= lich sich emancipirende, zum Theil aber noch mit lauterer christlicher Frömmigkeit verbundene weltliche Bildung. Die unchristliche negative Strömung der englischen Freidenker, der holländischen Philo= sophen und Skeptiker gehört weniger unter unseren Gesichtspunkt, ob= wohl Zinzendorf den Bayle viel gelesen hat und auch später oftmals bekannte, „bei den praktischen Philosophen werde er nicht gern ridikül" [1]). Die theoretische, zumal ungläubige Philosophie und ein schwächlicher Skepticismus lagen aber doch seiner energisch=praktischen Geistesart gänzlich fern. Dagegen jene positivere Richtung, wie z. B. eben Comenius als Pädagog und Verehrer Baco's, Grotius als Staatsmann und Rechtsgelehrter, Leibnitz als Philosoph und Uni= versalgenie sie auf verschiedenen Gebieten in verschiedener Weise ver= treten hatten, dürfen wir nicht übersehen. Es war damals auf allen Gebieten des Denkens und Lebens, in der Kirche und im Reiche der Weltbildung, der große Umschwung im Gang von dem, was man zu= nächst unter pädagogischem oder didaktischem Gesichtspunkt den „Verba= lismus" des sechszehnten und siebzehnten Jahrhunderts genannt hat zu der entgegengesetzten Richtung der Geister, dem „Realismus". In diesem alldurchdringend wirkenden Zuge der damaligen Zeit hat auch die pietistische Bewegung der deutsch=evangelischen Kirche zwar nicht ihren Ursprung gehabt, — denn dieser liegt in letzter Instanz viel tiefer — aber doch einen Mitanlaß und eine der Hauptursachen ihrer weit= greifenden Wirkung gefunden. Auch Zinzendorf mit seiner eigenthüm= lichen Lebensaufgabe darf nicht außer diesem zeitgeschichtlichen Zu= sammenhang betrachtet werden, soll er anders richtig verstanden und gewürdigt werden. Und darin, daß in jener Zeit, seit den letzten

---

[1]) Von dieser Seite trat er als Schriftsteller auf in jener merkwürdigen periodischen Schrift, welche er in den zwanziger Jahren während seiner Anstel= lung bei der Regierung in Dresden herausgab, dem Dresdener Sokrates, später zusammen gedruckt unter dem Titel der „deutsche Sokrates". Er will da den rechten Christen als den rechten Weisen, den Weltmenschen im Dienste des Fleisches und der Vernunft als den Thoren darstellen.

Decennien des siebzehnten Jahrhunderts, mit jenem geistigen Um=
schwung recht eigentlich für das gesammte europäische Culturleben die
„neuere Zeit", die Zeitrichtung eintrat, welche auch heute noch und
gerade gegenwärtig in eigenthümlich neuer, übermächtiger Weise das
Leben und Denken der Menschheit beherrscht, darin liegt die Bedeu=
tung Zinzendorf's auch für die Gegenwart noch. Man meint oft,
weil die göttliche Führung ihn mit seinem Wirken auf einen so engen,
in sich eigenthümlichen Zirkel anwies, in der Beziehung zu diesem
gehe seine geistige und kirchliche Bedeutung überhaupt auf, ja diese
seine Stiftung, die Brüdergemeine, sei wohl im Grunde eben nur ein
willkürliches Erzeugniß seiner individuellen Geisteseigenthümlichkeit,
Product der Herrscherlaune eines starken, aber barocken Geistes. Dieß
ist ein großer Irrthum. Was die Bedeutung zinzendorfischer Glau=
bensideen für alle Zeit und insonderheit für die unsere betrifft, so
wollen wir uns darüber hier nicht verweitläuftigen. Die folgende
Betrachtung selbst wird davon in Bezug auf den in der Ueberschrift
genannten Punkt einen Beweis abzulegen versuchen. Was aber die
Zeit betrifft, in welcher er lebte und wirkte, so müssen wir nach den
gegebenen geschichtlichen Andeutungen sagen, daß Zinzendorf's Rich=
tung vielmehr die breiteste Basis in den damaligen geistigen Bewe=
gungen hatte. Die genannten verschiedenen Momente hat er, als
Weltmann von Stande, Jurist und Staatsmann nach seinem ursprüng=
lichen Beruf, als Theolog nach dem Zuge seines Herzens und durch
Privatstudium, Erfahrungschrift und Schüler des spenerischen Kirchen=
geistes, lebendig in sich aufgenommen und zusammengefaßt, nicht auf
Grund von geschichtlichen Studien oder absichtlicher Reflexion, sondern
in frei ursprünglicher Weise, gleichsam unwillkürlich, in Wahrheit
aber von Gott dazu bereitet. Seine tiefe und umfassende Geistesart,
seine starke und eigenartige Persönlichkeit, wie sie schon in dem zwanzig=
jährigen Jüngling so lebendig ausgeprägt war, verband jene mannich=
faltigen Elemente in sich frühe zu einem nicht sofort einheitlich abge=
schlossenen, aber innerlich festen und wirkungskräftigen Ganzen, — ein
„Senfkorn" von reichem Inhalt für die Zukunft.

Und wie schon dieser erste Keim die Frucht verborgener göttlicher
Erziehung und Vorbildung war, so wurde derselbe hernach in einen
ganz neuen kräftigen Boden geworfen, um sich weiter zu entfalten,
indem Gott diesem Jüngling in Christo die mährischen Exulanten, die
Bekenner aus den wiedererwachten Resten der böhmisch=mährischen
Brüderunität, zuführte. In der Anfangsgeschichte dieses eigenthüm=

lichen Werkes Gottes zu Herrnhut ist für unseren Gesichtspunkt be=
sonders merkwürdig der 12. Mai 1724. An diesem Tage waren
Zinzendorf, der Lutheraner, und sein Jugendfreund, der reformirte
Friedrich v. Wattewille, mit anderen Gesinnungsgenossen eben
in Herrnhut, um da den Grundstein zu legen zu einem Anstaltshause
nach hallischem Zuschnitt. Da kamen zu den früheren mährischen
Exulanten an demselben Tage fünf junge Männer hinzu, und zwar
die ersten eigentlichen Nachkommen der alten Brüderunität. Zinzen=
dorf pflegt dieselben deswegen auszeichnend die „fünf Kirchen=
männer“ zu nennen. Ihnen nahm Wattewille's geisterfülltes Gebet
auf dem Grundstein das Herz und sie blieben in Herrnhut. Diese
äußere und innere Zusammenfügung einer Anzahl von Gläubigen und
Bekennern aus der deutsch=lutherischen, der schweizerisch=
reformirten und der böhmisch=mährischen Brüderkirche,
die, wie sie hier am Grundstein eines neuzubauenden Hauses des
Herrn vor Gott im Gebete lagen, bei all' ihren sonstigen nationalen
und confessionellen Verschiedenheiten allzumal göttlich eins waren
über dem einigen Grunde aller Lehre, dem Worte von Christo und
seiner Gnade, — diese lebensvolle geschichtliche Verknüpfung so ver=
schiedener Elemente ist der bedeutungsreiche Typus, die Thatweissagung
auf das umfassende Werk inmitten der evangelischen Gesammtkirche,
zu dessen Hinausführung Zinzendorf von Gott berufen und aus=
gerüstet war. Abermals ein an Keimen für die Zukunft reiches „Senf=
korn“.

Diesem göttlichen Gesetze treu blieb aber Zinzendorf zunächst ganz
beim Kleinen und Nächstliegenden stehen. Er suchte nur auf rein
praktischem Wege die beiden in Herrnhut damals hauptsächlich ver=
tretenen Typen, den lutherischen und den mährischen, unter sich zu ver=
binden, indem er die mährischen Ankömmlinge der lutherischen Pfarrei
zu Berthelsdorf einfügte, ihnen aber in Verfassung und Cultus da=
neben ihre eigenthümlichen Ordnungen zur Heiligung des Lebens und
zur Feier der Brudergemeinschaft im Herrn sicherte. Dabei ist nicht
zu verkennen und von ihm auch nie verhehlt worden die entschiedene
Vorneigung für seinen lutherischen Tropus, welche ihn beseelte, so
sehr, daß er gegen das specifisch Mährische sogar zeitlebens eine ge=
wisse Abneigung fühlte, weil es ihm zu eng und abgeschlossen in
manchen Beziehungen dünkte. So trat er bei seiner Anwesenheit in
Pennsylvanien 1742 unter Beiseitlegung seines mährischen Bischof=
thumes (seit 1737) als lutherischer Prediger bei der lutherischen Ge=

meine in Philadelphia ein, um dieser „feiner Religion" zu dienen,
und noch 1756, als neben einer allgemeinen Unitätssynode auch eine
besondere national=mährische gehalten wurde, ließ er sich in ziemlich
heftiger und theilweise wirklich ungerechter Weise über die Mängel
und Fehler des Mährenthums aus. Die Frommen der katholischen
Kirche traten ihm seit der Mitte der zwanziger Jahre immer mehr
fern. Seine Verbindung mit dem Cardinal Noailles brach er ab,
weil er dessen nachgiebige Schwäche gegen den römischen Stuhl nicht
billigen konnte. Das reformirte Element trat mehr und mehr zurück;
der reformirte Hausmeister Heiz verließ Herrnhut. Statt dessen suchte
Zinzendorf damals nach anderen Seiten hin, unter Schwärmern und
Sectirern, für Christum zu wirken, in Dresden unter Gichtelianern,
in Berthelsdorf an den Schwenkfeldianern, in der Wetterau unter
den Inspirirten. Aehnliches finden wir im Einzelnen auch später noch,
z. B. im Verhältniß zu den Separatisten in Frankfurt a. M., den
Mennoniten und Socinianern in Holland und sonst. Aber für un=
seren Gesichtspunkt, den Tropenbegriff, kommen diese Beziehungen
nicht in Betracht, da Zinzendorf demselben eine so weite Ausdehnung
theoretisch nicht gibt.

Erst seit 1736, dem Exilirungsjahre Zinzendorf's, wird sein Ver=
hältniß zur reformirten Kirche ein lebendigeres. Dazu wirkte sein
mehrfacher Aufenthalt in Berlin, in Holland und England, sowie die
neue Heimath, welche sein Werk seit jener Zeit in der Wetterau, zu
Herrnhaag, Marienborn u. s. w., fand. Es war dieß eine Zeit an=
gespanntester äußerer Bewegung und rastloser vielseitiger Thätigkeit,
zugleich aber auch innerer tiefgreifender Gährung der verschiedenen hier
sich durchkreuzenden geistigen Strömungen. Der trübe Absatz dieser
unruhevollen Gährungsperiode sind die Lehrparadoxieen und schwär=
merischartigen Verirrungen, in welche Zinzendorf und mit ihm seine
Gemeine damals so hineingerieth, daß auch so besonnene und billige
Männer wie Bengel nur ein verwerfendes Urtheil glaubten sprechen
zu können. Der unter all' diesen Bewegungen in der Stille sich bil=
dende lautere Kern, die geistige Grundlage der Brüdergemeine und
ihres Wirkens in der evangelischen Kirche für alle Folgezeit, eine Frucht
eben dieser Zeit der vierziger Jahre, ist die Tropenidee, d. h. die
Lehre von der Einheit der evangelischen Fundamentalwahrheit für Lehre
und Leben in der Mannichfaltigkeit der erscheinenden theoretischen und
praktischen Ausprägung, der von Zinzendorf damals gewonnene klare
Blick in das lebendig organische Verhältniß zwischen dem

pneumatischen Centrum des Lebens aus Gott für Erkenntniß und That und dem physisch und psychisch bestimmten weiten Umfang der Peripherie der Lehre und
Praxis, welche alles gottmenschlich verklärbare Irdisch-
menschliche in sich schließt und um jenen einigen Mittelpunkt immer mehr lebendig zusammenschließen soll.
Diese Idee ist es, welche Zinzendorf auf einigen Synoden jener Zeit,
besonders im Jahre 1744 und 1745, in verschiedener Weise entwickelte
und durchzuarbeiten suchte, ohne damals noch bei seinen Brüdern das
rechte Verständniß dafür zu finden, welche großentheils keineswegs
auf derselben Höhe der geistigen Betrachtung dogmatischer und kirchlicher Dinge standen.

Mitunter hatte der von der allumfassenden Christusliebe im
Glauben beseelte Mann im Sinne von Joh. 11, 52. und 10, 16.
unter dem rein praktisch soteriologischen und individuell innerlichen Gesichtspunkt die Verborgenen des Herrn, die zerstreuten Kinder Gottes
in spe, wohl auch unter allen Religionen und Secten, den Islam
und die Heidenwelt nicht ausgeschlossen, gesucht.

Aber wenn er in jener Zeit eingehender spricht von den verschiedenen Erscheinungsgestalten der wahren, auf die Offenbarung gegründeten Religion als ebensovielen „τρόποις παιδείας εἰς δικαιοσύνην
κατ' οἰκονομίαν καιρῶν" (vgl. 2 Tim. 3, 16. Eph. 1, 10. 3; 2. 9.
Gal. 4, 1 u. f.), Erziehungsweisen Gottes mit seinen
Kindern, so muß eine solche theoretische und principielle Behandlung dieses Begriffs dessen Grenzen auch nothwendig enger ziehen.
In der Religion Israels, als der Vorbereitung auf das Evangelium,
unterscheidet er[1]) vier Oeconomieen: die hausväterliche, die monar-
chische, die aristokratische — nach dem babylonischen Exil — und die
demokratische, die Zeit der Secten, der Pharisäer, Sadducäer, Essäer,
bis auf Johannes den Täufer und seine Massenpredigt. Hierauf
folgte die Zeit „von Gottes Ankunft auf der Welt und des Heilandes
Religion". „Er brachte die Kenntniß seines Vaters unter die Leute
und hat in seinen Reden eine Anstalt auf die Zukunft, die ersten
Fäden zu Weiterem hinterlassen. Auf Grund davon konnte Johannes
hernach bezeugen: „Bleibt nur bei dem Sohne, wer den Sohn
hat, der hat auch den Vater." Seitdem gibt es zwei Religions-

---

[1]) In einem Aufsatz, welchen er auf der Synode 1745 vortrug und erläu-
terte, der uns aber nur zum Theil erhalten ist in den Protocollen der Synode.

weisen auf der Welt, die wahre (zu Gott in Christo) und den Atheis-
mus (d. h. die Leugnung des υἱὸς θεός und damit des ἀληθινὸς θεός
überhaupt), der die Natur oder die Vernunft zu seinem Gott macht. Auf
dem Grunde der wahren Religion begannen die Apostel die Reformation
der jüdischen Kirche, sie zu erhalten und zu bessern. Paulus hat dieselbe über den Haufen geworfen und selbst die Judenapostel nicht
geschont. Das gab zwei Hauptsecten von Christianern, wozu später
noch mehrere kamen. Die Grundlage zu diesen Unterscheidungen ist
schon in den Apostelschriften gegeben, in den Ideen, welche den einzelnen Aposteln eigenthümlich sind. Nur der Heiland selbst ist Original und der heil. Geist sein Repetent. Die Menschen machen nur
Copieen. Die beste solche hat Johannes gemacht."

Ein ähnliches Verhältniß weiterer und engerer Begriffsbestimmung zeigt sich, wenn nun die gegenwärtigen Sonderungen der christlichen Gesammtkirche in Betracht gezogen werden. Unter dem ethisch-
praktischen Gesichtspunkt und beim Blick auf das geschichtlich Gewordene und Gegebene als solches kann Zinzendorf auch die römisch-
katholische Kirche als Tropus in Lehre und Leben gelten lassen. Auch
mitten in deren Irrthümern erkennt er noch einen Kern der Wahrheit,
welcher Segen stiftet und sie der Erhaltung unter göttlicher Geduld, also
auch der Achtung der Diener Christi werth macht, bis auf die Zeit der
Besserung — oder der Entscheidung. „Ich kann", heißt es in den
Naturellen Reflexionen (S. 362.), „zur Dependenz vom Stuhle zu
Rom zwar keine apostolische Verpflichtung finden, hingegen habe ich
weder zu Genf noch zu Edinburg oder sonst wo meine Cour damit
machen können, daß ich den Antichrist in der römischen Verfassung zu
finden vorgäbe. Gibt es einmal keine sichtbare Kirche auf Erden, so
müssen auch die von den anatolischen und occidentalischen großen
Synedriis independent gewordenen kleineren Haufen sich nicht eine
despotische Macht über einander anmaßen und von einer hussitischen,
lutherischen oder calvinischen catholica sprechen, deren eine die andere
unterjochen oder absorbiren könnte." Ein ander Mal (Beilage, S. 54.):
„Eine jede von den großen Religionen hat ihr eigenes Kleinod, wozu
sie den Schlüssel gleichsam allein hat; z. B. bei den Kindern Gottes
unter den Katholiken leuchtet eine gewisse ganz besonders sünderhafte,
gebeugte, zärtliche Blödigkeit gegen den Heiland hervor, nach Art der
Abigail und der Maria Magdalena, welche aus den monarchischen
Ideen, die man aller Zärtlichkeit gegen den Heiland ohnerachtet beibehält, entstehet. Der Lutheraner freie und dreiste Art, Jedermann

die allgemeine Gnade anzupreisen, schickt sich sehr wohl zur Predigt des Evangeliums und der Calvinisten Bedachtsamkeit, Circumspection und Accuratesse dient zur Correction der aus den vorigen entstandenen kühnen Ausdrücke"[1]). Aehnlich, aber schon unter mehr objectivem, dogmatischen Gesichtspunkte, schreibt er auf einer der genannten Syno= den der römisch=katholischen Religion das Verdienst zu, daß sie „die Gottheit Jesu Christi wie in einem Schatzkästlein bewahrt habe; die Lutheraner haben die Ungenugsamkeit unser und die Allgenugsamkeit des Verdienstes Christi, die Reformirten, insonderheit die Arminianer, haben die Gewissensfreiheit aufgebracht, denn ohne sie hätten die Luthe= raner den Gewissenszwang wieder eingeführt." Andererseits aber unter dem eigentlich dogmatischen und kirchlich=praktischen Ge= sichtspunkt ist Zinzendorf weit davon entfernt, die römische Kirche als gleichberechtigt neben die evangelischen zu stellen, sondern hier beschränkt er vielmehr die Geltung des Tropenverhältnisses mit gutem Grunde auf den Kreis der letzteren, den er sich dann gern als in dem refor= matorischen Grundbekenntniß, der Augsburgischen Confession, nach deren wesentlichem Gehalte consentirend denkt. Von diesem Stand= punkte aus statuirt er denn für die damalige Zeit, zunächst innerhalb des deutschen corpus evangelicorum, nur drei vollgültige kirchliche Tropen, den lutherischen, den reformirten und den mähri= schen, oder behandelt beim Blick auf die damals zunächst hervor= tretenden Parteien den Unterschied des hallischen Pietismus und des Herrnhutianismus nach dem gleichen Princip. „Wenn nur beide Par= teien", heißt es a. a. O. S. 53., „von denen die eine vorwiegend auf die Sünde, die andere mehr auf die Gnade gerichtet ist, einander in die Hände arbeiteten, so wäre dieß das beste Mittel, zu verhüten, daß der sogenannte Pietismus auf eine Art von Heuchelei, noch der so= genannte Herrnhutianismus auf eine anstößige Freiheit declinire." In

---

[1]) Hier mag auch noch eine verwandte, in ihrer Kürze immerhin mißver= ständliche, aber doch nicht wahrheitlose Stelle aus jenen Synodaläußerungen Platz finden: „Die Religionen (d. h. sonderkirchlichen Lehr= und Verfassungsformen) sind Gottes Oeconomieen, die Wahrheit und die Liebe zu seinem Sohne an die Menschen zu bringen je nach ihrer Fassungskraft und des Landes Temperatur. Zur englischen Luft schickt sich die englische, zur spanischen die katholische; zur französischen will sie schon nicht passen, daher steht die gallikanische Kirche zwischen dem Katholicismus und Protestantismus. Zu diesem schickt sich Deutschland ziemlich gut. Der Heiland hat alle Religionen unter seiner Geduld und will sie nicht abgeschafft wissen. Wenn z. B. die Italiener Freiheit zu denken be= kommen, so werden Servets und Socins daraus und nicht Speners."

Bezug auf jene drei evangelisch=kirchlich ausgebildeten Tropen erklärt
er (N. Resl. S. 358.): „Ich statuire zwar ein in den Grund=
lagen allgemeines und zuverlässiges systema veritatis, glaube auch, daß wer in irrigen Religionen selig wird, es
allemal einer dieser Grundwahrheit correspondirenden kräftigen Gnaden=
eröffnung zu danken habe, deren Application Gott allein heimgegeben
bleibt. Alle Branchen aber eines Lehrsystems halte ich unfehlbar für
unvollkommen und ein und dem anderen Irrthum oder, aufs gelindeste
zu sprechen, unganzen Ausdrucke eines vielleicht noch dazu unzuver=
lässigen Begriffs mehr oder weniger exponirt. Ich recommendire
den Brüdern allen christlichen Fleiß, sich dieses unvermeidlichen Uebels
soviel als möglich zu erwehren. Das beste Mittel dazu aber ist, sich
an die allernothwendigsten und simpelsten Aussagen der klaren Schrift=
worte zu gewöhnen und dahinein zu concentriren und dabei auf das
sorgfältigste zu vermeiden, daß die auch wahrscheinlichsten Problemata
zu Grundsätzen oder gar zu Objecten einiger Disceptation gemacht
werden. Auch müssen die mannichfaltigen von dem heil. Geist in=
dividualiter accommodirten Erfahrungen ja nicht durch eine determi=
nirte Aussprache der allgemeinen Imitation exponirt werden, so lange
die in der heil. Schrift davon befindlichen Ausdrücke liturgisch, praktisch,
experimental, ekstatisch oder gar allegorisch erscheinen, wohl aber als=
dann, wenn sie nach dem Verhältniß des biblischen Stils dogma=
tisch gefaßt sind.“

Hätte nur Zinzendorf selbst diese vorsichtige Regel in jener Zeit
sorgfältiger beachtet! — Auf die einzelnen drei evangelischen Schwester=
kirchen gesehen, sagt er (vgl. Spangenberg's Apologie vom J. 1751,
II. S. 439.): „Das Specialkleinod der Lutheraner ist die Glaubens=
einfalt, der Reformirten die schriftmäßige Präcision in der Lehre, der
Brüder die Zucht und Gemeinsamkeit. Aber zur Seite stehen jedes=
mal auch Abirrungen, bald zu fanatischen Ebullitionen, bald zum
Uebergewicht des menschlichen Kriticismus, bald zur sectirerischen Kirch=
lichkeit. Unsere tropi müssen lehren vor dergleichen auf der Hut zu
sein.“ „Die beiden jüngeren evangelischen Religionen“ (N. R. S. 339.)
„sollen einander durch die Darlegung der besten Seite ihrer Ver=
schiedentlichkeit in Schranken halten, die Präcision der einen die andere
von dem Enthusiasmus, wie hingegen die Parrhesie der anderen die
erste vom Pyrrhonismus zurückhalten. Aber eben deswegen muß man
zur Confundirung des einen tropus παιδείας in den anderen nicht
beitragen.“ Wohl aber wollte er, daß diese in der Grundwahrheit

zum Heile einigen Schwesterkirchen sich zu einander auch praktisch in ein solches schwesterliches Verhältniß zu gegenseitiger Handreichung setzten, und sah einen ersten Versuch dazu unter Anderem in jenem consensus Sendomiriensis der lutherischen, reformirten und brüderischen Gemeinen in Polen 1570, wie er denn einmal mit Bezug auf diesen Vorgang auf die Frage, ob er der „Erfinder" der Tropen sei, naiv antwortet: „Das kann ich nicht sein, da ich im sechszehnten Jahrhundert noch nicht gelebt habe." Und wie damals die böhmischen Brüder die haupt- sächlichen Gründer und Träger jenes Conföderationswerkes waren, so ist Zinzendorf allerdings auch der Meinung, daß die unter seiner Hand erneuerte Brüderkirche die besondere Bestimmung habe, die zwei jüngeren evangelischen Tropen in sich zu einer — wenigstens geisti- gen — Vereinigung zu bringen in der „Religion des Heilandes", wobei, um allen üblen Folgen vorzubeugen, immer weniger an Lehr- übereinstimmung vorauszusetzen und zu fordern sei, als wirklich vor- handen, während sonst in dergleichen Verhältnissen gewöhnlich mehr vorausgesetzt werde, als da ist.

Was die Brüdergemeine betrifft, so wollte er bei alledem doch auch in ihr selbst die Dreiheit der Tropen anerkannt und durchgeführt wissen und bemühte sich darum viel, z. B. indem er angesehene aus- wärtige Theologen und Kirchenmänner beider Confessionen bewog, das Amt eines praeses tropi lutherani oder reformati anzunehmen, um die Sache ihres Tropus bei den demselben zugethanen Gemeinen so- wie auf Synoden der Brüderkirche zu vertreten. In dieser Stellung finden wir für den reformirten Tropus den Oberhofprediger Kochius in Berlin, für den lutherischen den Oberhofprediger Hermann in Dresden. Aber alle diese Anstalten nach Außen hin wie nach Innen waren von keinem rechten Erfolg und Belang. Der Charakter der Brüdergemeine wurde immer mehr ein im Wesentlichen einfach unio- nistischer, nur in der innerlichen Weise, daß die lebendige Glau- bens- und Herzenseinheit über den Grundwahrheiten zur Seligkeit die Gesammtheit unter sich im Herrn verband und die besonderen Lehran- sichten über die confessionellen Streitpunkte den Einzelnen überlassen wurden. Dabei ist nicht zu verkennen, daß wenigstens in Deutschland die überwiegende Färbung des Ganzen in Lehre und Leben eine luthe- rische war und ist. Auch hierin war theils die Richtung Zinzendorf's selbst für sein Werk maßgebend, theils ist und bleibt der Grundzug des lutherischen Bekenntnisses einmal der dem deutschen Gemüth ent- sprechende. Von den Gemeinen in England und später auch von

denen in Amerika gilt das eben Gesagte aus diesem Grunde nicht so,
denn hier ist der reformirte Kirchengeist ebenso sehr ein mit dem Volks=
charakter eng verschwisterter. Der „mährische Tropus“ verlor sich,
sofern von einem solchen je mit voller Bestimmtheit hatte geredet
werden können, ganz von selbst mit dem allmählichen Aussterben jener
ersten Generation mährischer Emigranten. Mit der Sache verlor sich
denn nach und nach auch Begriff und Name der Tropen überhaupt
und erst in der Gegenwart hat sich die Brüdergemeine dieß Erbe
ihres Stifters wieder ausgesprochen und angeeignet[1]), aber theo=
retisch vor der Hand freilich nur noch in der etwas unbeholfenen
Form einfacher Namhaftmachung jener älteren drei Tropen, welche
wirklich nicht mehr vorhanden sind. Es kann gegenwärtig mit Grund
und Recht durchaus nur noch die Rede sein von einem innerhalb der
die gesammte Brüderunität umfassenden Consensuseinheit bestehenden
deutsch = lutherischen und englisch = reformirten Tropus. Diese beiden
haben wirklich in Lehre und Leben eine Bedeutung und praktisch,
namentlich in Bezug auf die Verfassung, ist diesem Verhältniß
auch bereits in ausgedehnter Weise Rechnung getragen worden.

Dagegen hat die Brüdergemeine den Tropenbegriff länger in
Gebrauch behalten im Verhältniß zu den beiden evangelischen Schwester=
kirchen bei ihrer „Diaspora“=Wirksamkeit im Bereich dieser beiden. In
dieser Beziehung sprach man in der Zeit Spangenberg’s, bis zu
Ende des vorigen Jahrhunderts, noch von einem lutherischen und re=
formirten Tropus und bezeichnete damit die in beiden Kirchen mit der
Brüdergemeine verbundenen, aber auf ihrem confessionellen Lehrgrunde
verharrenden Kreise von Gläubigen und suchenden Seelen. Erst als
in den evangelischen Kirchen selbst das Bewußtsein und die Beachtung
ihrer confessionellen Eigenthümlichkeiten immer mehr aufgehört hatte,
verschwand auch dieser Sprachgebrauch in der Brüdergemeine. Die
Sache selbst hörte damit in diesem Gebiet freilich nicht auf, denn auch
seit das confessionelle Bewußtsein wieder erwacht und geschärft worden
war, hat die Brüdergemeine nicht aufgehört, diese Thätigkeit inmitten
der evangelischen Kirche beider Zweige zu treiben, und treibt sie noch
heute in demselben Geist wie vor Alters, dessen leitendes Princip kein
anderes ist, als die Idee der Tropenverschiedenheit innerhalb des fun=
damentalen Lehrconsensus. Aber jedenfalls hat die Brüdergemeine
dieses Princip ihres Stifters, obwohl sie es praktisch bewahrte, wo

---

[1]) Vgl. Synodalverlaß 1848, S. 199. und 1857, S. 140.

es im Leben einen Anhalt fand, doch nicht theoretisch weiter ausgebildet
und schärfer bestimmt. Und auch Zinzendorf selbst hat das nicht ge=
nugsam gethan. Was wir bei ihm nach den obigen Anführungen
finden, ist die klar erfaßte und in den Hauptzügen ihrer offenbarungs=
geschichtlichen Geltung fixirte Idee, treffende Blicke in die kirchen=
geschichtliche, dogmatische und praktische Ausprägung dieser Tropen
besonders im Gebiet des evangelischen Bekenntnisses, eine geniale Er=
fassung der Aufgaben der verschiedenen evangelischen Sonderkirchen in
ihrem organischen und öconomischen Verhältniß zu einander und aller
zusammen für das Reich Gottes, nicht aber eine eingehendere theolo=
gische und wissenschaftliche Ausgestaltung der Tropenidee zum durch=
greifenden und fest basirten Princip. Das war seine Sache nicht.

Diese Aufgabe war geeigneteren Kräften eines größeren Kreises,
der wieder zum Glauben erwachten und an der Schrift erstarkten
neueren Theologie der deutschen evangelischen Kirche, aufbehalten. Aber
der Anfang zur Lösung derselben wurde doch auch hier zunächst mehr
in ethisch=praktischer Weise gemacht, wie dieß in solchen Dingen auch
sein muß. Und es würde nicht schwer sein, nachzuweisen, wie dabei
die stille Arbeit der Brüdergemeine unter Hohen und Niederen viel=
fältig verborgene Anregung zu diesen Bestrebungen gegeben hat, wenn
dieß hier näher zur Sache gehörte. Soviel ist jedenfalls gewiß, daß
in den kirchlichen Bewegungen, welche besonders in der preußischen
evangelischen Landeskirche seit den Freiheitskriegen vorgegangen sind,
in der Geschichte der Union und ihrer Theologie, jene zinzendorfischen
Ideen in vieler Hinsicht zu einer weitgreifenden Anwendung gekommen
und auf diesem Wege Wahrheiten zu einem Gemeingut der evange=
lischen Theologie geworden sind, welche vor hundert Jahren noch
Vielen etwas ganz Fremdes und wenig Verständliches waren. Selbst
diejenigen, welche ein Unionswerk wie dasjenige König Friedrich
Wilhelm's III. — das ja Zinzendorf nach dem Obigen auch keines=
wegs in allen Stücken gebilligt haben würde — für vielfach unvoll=
kommen und verkümmert halten oder welche die vornehmlich auf
Schleiermacher's Grunde erwachsene im engeren Sinne sogenannte
„neuere gläubige" Theologie weder in der Gestalt von Neander's
lebendig inniger Pectoraltheologie noch in der biblisch, dogmatisch und
kirchengeschichtlich durchgebildeten Consensustheologie eines Nitzsch für
das ganz ausreichende Fundament allseitiger Fortentwickelung der theo=
logischen Wissenschaft halten, — selbst diese Alle können doch, auch
wenn sie für ihre Person bestimmter von der einen confessionellen

Position ihren Ausgang nehmen zu müssen glauben, die Einen von lutherischer, die Anderen von reformirter, nicht umhin, anzuerkennen, daß nur durch gemeinsame Vertiefung in die biblische Grundlage, deren Einheit und Mannichfaltigkeit, wie in die Erbschätze der kirchlichen Vergangenheit aller Theile die vorliegende Aufgabe der Lösung näher gebracht werden kann. Die wissenschaftliche Textkritik und Textaus= legung in Bezug auf die Schrift, die biblische Theologie als eine ehe= dem ungekannte Disciplin, die gründlichere kirchengeschichtliche und dogmengeschichtliche Forschung, lauter Güter, welche, den ungeweihten Händen des Rationalismus entwunden, längst auf dem Gebiete evan= gelischer Glaubenstheologie eingebürgert sind, nöthigen gegenwärtig auch den sonst dogmatisch und confessionell mehr zu einem straffen Positivismus geneigten Theologen, die Wahrheit und das Recht der Mannichfaltigkeit in der Einheit des Christenthums in irgend einem Maße anzuerkennen und sich damit auseinanderzusetzen. Damit stehen sie aber bewußt oder unbewußt bereits auf Einem Boden mit dem Tropenprincip und wirken dazu mit, daß demselben ein immer tieferes Verständniß und eine immer mehr gesicherte Herrschaft in der evan= gelischen Theologie zu Theil werden. Wer so mit offenem Auge die Bewegung der letzteren in der Gegenwart betrachtet, kann nicht zwei= feln, daß es dieses ebenso befreiende als befestigende Princip ist, dem die Zukunft gehört. Und dieß ist um so mehr der Fall, weil auch gegenwärtig in der rechten und gesunden Weise der theologischen Arbeit die hülfreiche Mitwirkung des kirchlichen Lebens in derselben Richtung zur Seite steht. Nicht nur innerhalb Deutschlands fehlt es besonders seit den Stürmen des Jahres 1848 nicht an gesegneten Impulsen und Gelegenheiten zur praktischen Bethätigung der Liebeseinheit im Glauben bei sonst mannichfach abweichenden Lehransichten und Meinungen im Einzelnen, sondern von England aus ist durch den Evangelischen Bund auch der Versuch gemacht worden, in verwandtem Geiste ein weit= umfassendes öcumenisches Einigungsband um diejenigen zu schließen, welche, übrigens sehr verschieden gesinnt und gestellt, doch Alle zum Grunde der biblisch=evangelischen Heilslehre sich bekennen. Dieser Evangelische Bund, soviel Unvollkommenheiten und Hemmnisse er auch in sich selbst noch zu überwinden hat, ist doch ein schönes, in großem Maßstabe erfülltes Gegenbild jenes alten consensus Sendomiriensis und ein großes Zeichen der Zeit, ein Schritt mehr zur Herbeiführung des Zieles der evangelischen Kirche, welches auch Zinzendorf bei seiner Beschäftigung mit der Tropenidee vorschwebte: zur Verwirklichung

42 *

eines solchen evangelisch = katholischen Glaubensbundes der Liebe in
Christo durch die ganze Welt, welcher der gegenüberstehenden immer
zunehmenden Concentration des antichristlichen Weltgeistes die Stange
zu halten und in der entscheidenden Stunde den Sieg davonzutragen
im Stande sei. Ein solcher Bund kann aber nach evangelisch = pneu=
matischen Principien durchaus nur auf der im Tropenprincip ge=
gebenen Anerkennung der Mannichfaltigkeit in der Einheit des Christen=
thums beruhen. Mit gutem Grunde daher und gewiß nicht ohne
Segen hat gerade auf der letzten allgemeinen Versammlung des Evan=
gelischen Bundes in Genf die deutsche gläubige Theologie ihr Zeugniß
in diesem Sinne gethan, für „das Recht des Individualismus auf
theologischem und kirchlichem Gebiet". Was das englische praktische
Charisma für äußere Lebensgestaltung auf diesem seinem Grunde be=
gonnen hat, soll das deutsche theoretische Charisma für das Ver=
ständniß und den Ausbau des Lebens von seiner inneren Seite weiter
führen und befestigen helfen. Dazu möchten auch diese Blätter einen
geringen Beitrag liefern, indem sie auf das theoretische Princip hin=
weisen, welches allen diesen in unserer Zeit angeregten Bestrebungen
nach Vereinigung der evangelischen Lebenskräfte allein die klare und
feste Basis geben kann.

Dabei können wir uns freilich nicht verhehlen, daß dieses Er=
streben einer immer innigeren und umfassenderen Katholicität nicht
des Buchstabens nach römischer Weise, sondern nach evangelisch=geist=
lichem Princip auf Grund und mit Einschluß lebendiger Individuali=
sation auch inmitten der evangelischen Kirche selbst noch ein starkes
Hemmniß, ja unter den Anhängern dieser Richtung selbst noch manche
Hinderung findet. Schroff ihr gegenüber steht der einseitige Confes=
sionalismus, besonders auf lutherischer Seite, welcher in einem solchen
Streben nicht nur den verderblichsten Latitudinarismus und Syncre=
tismus sieht, sondern sogar das Resultat ethischer Unlauterkeit und
die entsetzliche Quelle immer neuer Unredlichkeiten in Wort und That,
wie dieß gerade in Bezug auf Zinzendorf und seine Tropenidee neuer=
lich ist behauptet worden. An sich freilich ist dieser Standpunkt dem
gegenwärtigen Stande der evangelischen Theologie und des evangelisch=
kirchlichen Lebens gegenüber, wie bereits angedeutet, ein reiner Ana=
chronismus und es würde bei näherer Bezugnahme auf die neuesten
Vorgänge sowohl theologischer als kirchlicher Art innerhalb dieser
Kreise leicht sein, zu zeigen, wie die auf diesem Wege gesuchte auch
nur partielle Einheit des lutherisch=confessionellen Lagers vielfach und

mit innerer Nothwendigkeit in das gerade Gegentheil umschlägt [1]). Insofern könnte man sich kurz dabei beruhigen, daß eine solche Tendenz
nun einmal für den wirklichen Gang der kirchengeschichtlichen Entwickelung nach Gottes Plan von keiner Bedeutung sei. Aber es wäre
dieß doch zu vorschnell und tiefer betrachtet auch weder der christlichen
Liebe und Weisheit noch speciell deren principiellem Ausdruck, dem
Tropenprincip, gemäß. Denn erstlich finden wir gegenwärtig in Folge
der Eigenthümlichkeit unserer kirchlichen Vergangenheit und Gegenwart
noch so Viele auf jener Seite, welchen wir in ihrer christlichen Treue
die höchste Achtung und Liebe schuldig sind, die wir daher, statt sie
wegzuwerfen, vielmehr in Liebe zu gewinnen suchen müssen. Zweitens
zeigen die Vertreter eines freieren und geistigeren Strebens noch so
viel Uneinigkeit und Unsicherheit, haben also das rechte göttliche Princip
ihres Standpunktes noch keineswegs alle mit der Klarheit und Festigkeit erfaßt, deren es bedarf, um nicht ängstlichen und befangeneren Ge-
müthern genugsamen Grund zu Zweifel und Mißtrauen zu geben.
Der weite Mantel der „Union" ist noch lange nicht bestimmt genug
auf das gesunde Tropenprincip im echten biblischen Sinne zurückgeführt und darum sehlt es denn auch bei vielen ihrer Anhänger noch
zu sehr an der Anerkennung des relativen Rechtes auch der Confession.
Drittens scheint eben jetzt wieder aufs Neue jener schon seit den vierziger Jahren wohlbekannte petulante Anspruch der großen entchrist-
lichten und unkirchlichen Massen sich laut zu erheben, welcher eine
solche Gestaltung der Kirche in Lehre und Leben fordert, die jedem
Belieben der rein natürlichen, unwiedergeborenen Individualität einen
unbeschränkten Raum gibt. Dieser äußere Feind bringt dann begreif-
licherweise sehr leicht und fast mit Nothwendigkeit durch seine grund-
stürzenden Angriffe wenigstens für den Augenblick auch das wahre
Princip der geordneten Freiheit des Geistes im Gesetze Christi noch
mehr in Mißcredit als jene mangelhafte Vertretung desselben von
Seiten seiner gläubigen Anhänger.

---

[1]) Statt uns damit aufzuhalten, wollen wir nur daran erinnern, daß selbst
Philippi in seiner „kirchlichen Glaubenslehre" verschiedene „Lehrtropen" sta-
tuirt, — aber freilich nur innerhalb des Kreises, den er gern als die einheitliche
Sphäre des lutherisch-kirchlichen Lehrbegriffs conserviren möchte, nämlich da, wo
zwischen den Bekenntnißschriften und den Ausführungen späterer orthodoxer
Dogmatiker eine gewisse Verschiedenheit hervortritt. Vgl. in der Lehre von der
Gnadenwahl Th. IV, I. S. 13 ff. Sollte das Recht zu solcher Anschauung nur
auf diesen bestimmten engen Kreis sich erstrecken?

Indeß auf der anderen Seite dürfen wir auch nicht vergessen, daß gerade von jener sich in ihrer besonderen Kirchlichkeit scharf abschließenden Seite her in letzter Zeit aus dem beredten Munde des seligen Stahl in seiner letzten Schrift ein Zeugniß erklungen ist, welches mit echt evangelischer Milde, die aus dem Herzen Christi stammt, doch sehr viel Anerkennung eines Hyperlutheraners für Andersgesinnte — für die reformirte Kirche sowohl als für den Pietismus und die Brüdergemeine — enthält, so daß die Hoffnung auf ein wenigstens relatives gegenseitiges Verständniß zwischen Vielen von beiden Seiten dadurch wesentlich gestärkt erscheint. Es weht in diesem Buche, trotz alles seines wirklichen Hyperlutheranismus am entscheidenden dogmatischen Punkt [1]), in der That etwas vom Geiste des Tropenprincips. Je größere Bedeutung diesem Werke schon vor seinem Erscheinen von jener Seite beigelegt worden ist, desto mehr sollten wir zu der Erwartung berechtigt sein, daß das Zeugniß desselben nicht nur in der einen, confessionellen, sondern auch in der anderen, ökumenischen, Richtung Eingang und Beachtung bei den Gesinnungsgenossen finden werde. Ein anderer, vielleicht noch stärkerer Grund zur Hoffnung aber ist dieser, daß die vorher genannten Angriffe von Seiten der unkirchlichen Masse gegen das gemeinsame Heiligthum des Evangeliums nach und nach, gerade je umfassender und handgreiflicher sie auftreten, unter Gottes Hand auch wiederum dahin wirken werden, die getrennten Brüder zu vereinigen. Solche Mittel der göttlichen Erziehung sind vor anderen dazu geeignet, die unbefestigten Freiheitsbestrebungen Solcher, welche es im Grunde treu mit dem Herrn und der Kirche meinen, zu ernüchtern und auf den sicheren Grund der göttlichen Ordnung zurückzuführen, aber ebenso auch die willkürliche Ueberspannung und Abschließung einer mißverstandenen Entschiedenheit zu mildern und die verirrte Kraft in die rechte Bahn zu leiten. Die Noth wird so vielleicht dazu helfen, daß Zinzendorf's Bekenntniß und Zeugniß auch heute immer wahrer werde:

> Wir haben all' Ein'n Erbverein
> Und dienen Einem Herren,

und:

> Wir als die von Einem Stamme
> Stehen auch für Einen Mann!

Aber damit dieß auch immer mehr in der rechten Weise, mit klarem

---

[1]) In der Lehre vom Abendmahl, wo Stahl ja ausgesprochenermaßen über die symbolische Kirchenlehre hinausgeht, weil diese das eigentliche Geheimniß des lutherischen Dogma noch nicht scharf und consequent genug zum Ausdruck bringe.

Bewußtsein und voller Freiheit geschehe, wird es denen, welche wissen, was Gott ihnen in diesem Lebensprincip der Tropenmannichfaltigkeit und Einigkeit in Christo gegeben hat, zur Pflicht, ihrerseits das laute Zeugniß abzulegen, daß eben in diesem Princip die tiefste Gottesweisheit nach Schrift, Geschichte und Geist liegt, das einzige Mittel, der Kirche Christi zum Ziele zu hel= fen, das Lösungswort ihrer inneren Wirren und das Losungswort ihres Sieges im Kampfe gegen die antichristische Welt. Ehe wir in diesem Sinne ein weiteres Wort über die Bedeutung des Tropenprincips sprechen, muß, um den gehörigen sicheren Boden zu gewinnen, einmal die Begründung desselben exegetisch und dogmatisch gegeben und sodann die nähere Bestimmung und Begrenzung des Begriffes festgestellt werden.

II. Begründung des Tropenprincips.

Unsere Begründung muß vor Allem eine biblische sein, an welche sich dann die weiteren dogmatischen Erörterungen anzu= knüpfen haben. Der Begriff der τρόποι παιδείας, verschiedener Er= ziehungsweisen Gottes mit den Menschen, stellt sich gleich von vorne= herein in den Mittelpunkt des biblischen Begriffs der Offenbarung. Denn diese ist nach der Schrift ihrem Wesen nach nichts Anderes als die göttliche Erziehung des Menschengeschlechts in der Zeit für die Ewigkeit. Darin ist zunächst durch die beiden Be= griffe Gottes und des Menschen die Grundbestimmung für diese gött= liche Thätigkeit gegeben, daß sie eine gottmenschliche im weiteren Sinne des Wortes ist, welche die Absolutheit des göttlichen Wesens und Wirkens in Relation setzt zu der Bedingtheit und Begrenztheit des menschlichen Wesens und Zustandes nach seinen Bedürfnissen und Fähigkeiten. Was in Gottes ewiger Welt Eines und vollendet ist, das wird hier in der Zeit, wird auseinander= und dargelegt, um vom menschlichen Geiste seinem Vermögen nach gefaßt und angeeignet zu werden, bis endlich die entfaltete ganze Fülle des göttlichen Lebens und Wahrheitsinhalts im vollendeten Menschengeschlecht wieder ein= heitlich zusammengefaßt (Eph. 3, 19.) und zurückgeführt werden kann in die durchdringende und umfassende Lebensgemeinschaft Gottes mit seinen Kindern, — ins ewige Leben, nach biblischem, besonders johan= neischem Ausdruck. Somit ist durch die beiden Begriffe der Zeit und der Erziehung für diese göttliche Offenbarungsthätigkeit näher dieß ausgesagt, daß sie wesentlich eine geschichtliche, eine von Zeit

zu Zeit in verschiedenen Stadien fortschreitende, vom grundlegenden
Anfang zur Erfüllung am Ziele hinführende ist. Dieß würde sie ge=
wesen sein auch ohne den Eintritt der Sünde, wie uns der in der
Schrift vorliegende Anfang dieser Erziehung an den ersten Menschen
im Paradiese klar zeigt. Dieselben hatten am Anfang die entscheidende
Erkenntniß der Wahrheit in ethischer Hinsicht, die Erkenntniß von Gut
und Bös, noch nicht und konnten sie noch nicht haben, aber sie mußten
und sollten sie bekommen und Gott hatte bereits die Vorbereitungen
getroffen, ihnen dieselbe auf heilsamen Wege mitzutheilen, als die
satanische Verführung der noch Unwissenden Alles änderte. Dieß ist
von den älteren protestantischen Theologen zu wenig anerkannt worden,
wenn sie den ersten Menschen bereits eine vollkommene Heiligkeit zu=
schrieben, die sie damals weder der Schrift nach hatten, noch der Natur
der Sache nach haben konnten. So ehrenwerth das treibende Motiv
bei dieser Anschauung war, indem man gegenüber römischen Ver=
flachungen des Begriffs der Sünde diesen in seiner ganzen Tiefe und
Kraft geltend machen wollte, so wenig war es doch richtig. Man
verlegte sich dadurch von vornherein den Weg zu einer wirklich ge=
treuen, schriftmäßigen und dem Leben in aller Hinsicht gerechten Fas=
sung jenes ersten Sündenfalles und seiner bösen Folgen nicht nur,
sondern auch der ganzen folgenden Heilsgeschichte oder Gotteserziehung
mit dem gefallenen Geschlecht. Und, was uns hier zunächst interessirt,
man verlor den Blick für die Wahrheit, daß, wie dort an dem reinen
Uranfange der Menschengeschichte, so auch nun in der Zeit irdischer
Erfülltheit der Offenbarung, unter dem Evangelium, dasselbe Gesetz
der geschichtlichen Bedingtheit und Bestimmtheit nothwendig seine volle
Geltung behalten müsse, wenn wirklich auf gottmenschliche, Gott und
dem Menschen in ihrem beiderseitigen Wesen angemessene Weise die
geschaffene Welt ihrem ewigen Vollendungsziele solle zugeführt werden.
Insofern scheiden sich eigentlich schon an diesem ersten Anfangspunkt
der biblischen Offenbarungsgeschichte zwei Wege, der einer einseitig
göttlichen, zu abstracten und daher mehr oder weniger unlebendigen
und der einer in voller Lebendigkeit gottmenschlichen Betrachtung, welche
die jedesmalige geschichtliche Relativität der einzelnen Offenbarungs=
stufe und Form, aber damit auch die allseitige Fülle und den ganzen
göttlichen Reichthum der Offenbarung in ihrer Ganzheit zum klaren
Ausdruck zu bringen sucht.

Innerhalb des Begriffes der Offenbarung im engeren und ge=
wöhnlichen Sinne als soteriologischer nach eingetretener Sünde ist

jedoch wenigstens die eine große Zweiheit und Aufeinanderfolge von
Offenbarungsstufen, die des alten und neuen Bundes, so deutlich und
durchgreifend in der Schrift dargestellt und geltend gemacht, daß sich
die Theologie der ernsten Anerkennung derselben nicht hat entziehen
können, und namentlich die lutherische hat dieß, dem Zeugnisse ihres
Stifters getreu, mit aller Energie gethan, während die reformirte
Kirche in der Unterscheidung von Gesetz und Evangelium nicht mit
der gleichen Schärfe und Klarheit zu Werke gegangen ist.

Man hat auf jener Seite das große Wort des Johannes: „Das
Gesetz ist durch Mose gegeben, die Gnade und Wahrheit ist durch
Jesum Christum geworden", namentlich in Bezug auf den ersten darin
angedeuteten Gegensatz von Gesetz und Gnade tief verstanden,
aber auch hin und wieder bekanntlich diesen Gegensatz so angespannt,
daß gerade das johanneische Zeugniß vom heiligen Gehorsam in der
Liebe nicht mehr verstanden wurde. Auch den zweiten in jenem Wort
gegebenen Gegensatz von Gesetz und Wahrheit hatte man damit
in seinem innersten Wesen gefaßt, daß nämlich das erstere, wenn das
Evangelium erst die Wahrheit, die ganze Wahrheit sei, somit nicht
die Wahrheit, nicht Wahrheit im vollen Sinne, sondern relativ Un=
wahrheit sein müsse. Man verstand in dieser gottgeordneten Auf=
einanderfolge den Ausdruck des großen pädagogischen und didaktischen
Grundgesetzes, wonach im Unterschied von der juristischen Forderung,
„nur die Wahrheit und die ganze Wahrheit" zu bekennen, der
rechte Lehrer dem Schüler vielmehr zwar auch nur Wahrheit, aber
gerade nie die ganze Wahrheit auf einmal geben muß (Joh. 16, 13.),
wenn er ihn wirklich auf die rechte Weise zu deren einstiger Erfassung
ausbilden und erziehen will. Man machte auch die Anwendung da=
von auf praktischem Gebiete, wie zuerst Luther in seinen Katechismen,
wenn er erst den Dekalog zu Grunde legt und dann den Glauben
folgen läßt. Aber man ließ beide Offenbarungsstufen meist noch zu
unorganisch neben einander stehen und setzte sie mitunter, wie das
gerade auch von Zinzendorf hernach noch mehr und in entschieden un=
richtiger Weise geschah, einander so entgegen, daß leicht jener vorher
gerügte Fehler einer gesetzlosen Gnadenlehre sich geltend machte. Man
sah oft im Gesetz nur den Scheln — wie Luther gegen Erasmus,
wenn er es mit dem Wort des Vaters an sein kleines Kind vergleicht,
das noch nicht gehen kann, dem er aber, damit es dieß nun lernen
soll, zuruft: „Komm her"! — Das Gesetz wurde zu sehr nur als
„Spiegel zart" aufgefaßt, um anzuzeigen, die sündige Art sei in unserem

Fleisch verborgen. Der erste und der dritte usus legis nach der Con-
cordienformel kamen nicht genug zum organischen Verständniß und zur
wirksamen Geltendmachung.

Man faßte das Gesetz, als das Specifische des alten Bundes,
zu sehr mit einer gewissen praktischen Einseitigkeit und zu wenig in
seiner wahren geschichtlichen Gestalt und Stellung, in seinem organischen Verhältniß zum Ganzen der alttestamentlichen Offenbarung.
Von einem Abraham und David wurde nach Röm. 4., ja von einem
Henoch und Noah in der Weise von Hebr. 11. zwar wesentlich richtig,
aber doch nicht vollständig und genau, ganz so gehandelt, als wären
sie Gläubige des neuen Bundes. So verlor man zu sehr den schönen
und tiefen organisch-genetischen, echt geschichtlichen und psychologischen
Fortschritt aus dem Auge, welchen die Wunderweisheit der göttlichen
Menschenerziehung schon innerhalb des alten Bundes allein entfaltet
hat. Zuerst in einem Noah, noch mehr in Abraham und den Patriarchen die positive Grundlegung durch die Gnaden offenbarung
für den Glauben, die doch wiederum schon so bestimmt durch den
Glaubensgehorsam der Empfänger bedingt und durchweg getragen
ist. Dann durch Mose die negative Fortführung der Offenbarung
durch das Gesetz, durch dessen scharf bedingte Verheißungen die
verhältnißmäßig unbedingten Zusagen der Patriarchenzeit wie in unerreichbare Ferne gerückt wurden, während doch zu gleicher Zeit beim
Gesetze selbst in seinen Opferinstitutionen und der ganzen Führung
des Volkes unter dem Gesetze reiche Elemente der entgegenkommenden,
der freien Gnade eingewebt sind. Die Folge davon ist, daß bei allem
organischen Unterschiede beider Oeconomieen, wonach, was in der ersten
wahr und gewiß gewesen, in der zweiten relativ unwahr und ungewiß
schien, doch auch die organische Grundeinheit beider insoweit genugsam
gewahrt ist, daß die Wahrheit als die Eine, weil beidemal göttliche,
für das geöffnete Auge immer auf trostreiche Weise so durchleuchtet,
wie Paulus dieß eben andeutet, wenn er Abraham, den Gläubigen
vor dem Gesetz, und David, den Gläubigen unter dem Gesetz, so unmittelbar in Parallele stellt (Röm. 4.). Schließlich tritt dann die einheitliche Zusammenfassung beider in den früheren Perioden ausein-
andergelegter Momente in der prophetischen Zeit noch tiefer und
lebendiger hervor, welche das Ende so recht zum Anfang zurückführt,
die Verheißungen erweitert und erhöht, verklärt — fast bis zur einheitlichen Zusammenschließung der Erfüllung — und das Gesetz (seiner
ethischen Seite nach) auf solche wesentliche Grundbegriffe reducirt

(Habakuk 2, 4. Micha 6, 8. u. a.), daß darin nur jener alte Pa=
triarchengehorsam des Glaubens, die unerläßliche ethische Bedingung
aller göttlichen Gnadenmittheilung, entwickelter wieder zu Tage tritt.

Und in diesem ebenso göttlich tiefen und wahren als menschlich
faßlichen und angemessenen Nacheinander in der Entwickelung dieser
gesammten Vorbereitungsoffenbarung ist doch auch zu gleicher Zeit
schon ein sehr lebendig individuell bestimmtes Nebeneinander, eine
organische Mannichfaltigkeit der Arten und des Grades, welche, von
der älteren Theologie in ihrem abstracten Verbalismus und Dog=
matismus ebenfalls zu sehr übersehen, von den Reformatoren selbst,
wie Luther und Melanchthon, doch bereits erkannt, von der neueren
biblischen Theologie aber in das hellste Licht gesetzt worden ist. Dieß
gilt einmal in ethischer Hinsicht. Wie so ganz anders, wie patriarcha=
lisch oder prophetisch verheißungsmäßig steht Mose, der Freund Gottes,
da mitten unter den Wettern des Sinai, die das Volk um seiner
Sünde willen für die Zeit von Gott gewissermaßen scheiden müssen,
damit es erst recht nahe könne gebracht werden! Wie anders steht
David als Saul, Elias als Ahab, Elisa als Gehasi u. s. w.! Welche
verschiedene Bedeutung des alttestamentlichen Grundbegriffes Gottes,
seiner Heiligkeit, öffnete sich den Einen, die ihn als den „Heiligen in
Israel" im Glauben erkannten, der unter seinem gehorsamen Volke
segnend und schützend wohnt, und den Anderen, welche den heiligen
Gott nur als den schrecklichen und eifrigen sehen konnten, der ein
fressend Feuer ist wider die Ungehorsamen! Sodann aber auch ab=
gesehen vom ethischen Centrum, welche Fülle von individuellen, psycho=
logisch und geschichtlich begründeten Unterschieden finden wir bei den
Männern derselben Periode, wie das besonders die reiche Hinterlassen=
schaft der prophetischen an einem Jesaias und Jeremias, Ezechiel und
Daniel so anschaulich zeigt!

Sollte nun nach einer in so reicher Fülle genetischer und orga=
nischer Mannichfaltigkeit entwickelten Voroffenbarung die endliche Er=
füllung in Christo, der neue Bund, der an die Stelle des alten
trat, mit Einem Male nur eine schlichte, vollständig in sich abgeschlossene
Einheit gebracht haben? — Von der einen Seite freilich, sofern er
eben die Erfüllung, das Vollkommene, sein sollte, mußte er es und
hat es gethan, zunächst in der Person des Stifters, des im Fleische er=
schienenen Wortes und Bildes, des Sohnes Gottes, des Gottmenschen,
sowie hernach in der Person des Einen Geistes, in dem und durch
den der verklärte Heiland fortwirkt, bis daß er sichtbar wieder er=

scheinen wird. Aber selbst in seiner geschichtlichen Person, weil sie eben die gottmenschliche war, aus so ungeheuerem Unterschiede in lebendig organische Einheit persönlich zusammengefaßt, finden wir sowohl nebeneinander ein göttliches Wissen und Durchschauen und ein menschliches Nichtwissen und Sich-Bescheiden dabei, als auch und noch mehr nacheinander die Hauptstufen seiner gottmenschlichen Lebensentwickelung, den Stand der Niedrigkeit und den der Verklärung; und in beiden wieder die untergeordneten Unterschiede, dort der Kindheit und der Mannheit nach irdischem Gesetz, hier der menschlichen Verklärung in den vierzig Tagen und der göttlichen Vollendungsherrlichkeit durch die Himmelfahrt und das Sitzen zur Rechten des Vaters, — Unterschiede, welche freilich die ältere kirchliche und namentlich lutherische Theologie eben auch nicht zu Recht und Anerkennung kommen ließ, die aber in der Schrift unzweideutig vorliegen und gegenwärtig immer mehr ein Gemeingut der gläubigen Theologie geworden sind, nachdem noch im vorigen Jahrhundert ein Zinzendorf mit seiner lebendigen — wenn auch im Einzelnen oft paradoxen und ungeschickten — Betonung der Menschlichkeit des Heilandes während der Zeit seiner Niedrigkeit und mit seiner tiefen Fassung der letzteren überhaupt heftigen Widerspruch erfahren mußte.

Wenn so schon der Herr selbst, in dem doch das Vollkommene in seiner superlativischen Einheitlichkeit endlich erscheinen sollte und nach langer reicher geschichtlicher Vorbereitung richtig verstanden auch wirklich erschienen ist, gleichwohl, weil er eben als Gottmensch in die Zeit kam, in eine menschlich-geschichtliche Mannichfaltigkeit des Bewußtseins und Seins, in ein Werden eingehen mußte, — wer kann zweifeln, ja, wer müßte nicht a priori dessen gewiß sein, daß in der Folgezeit der christlichen Lebensentwickelung dasselbe Gesetz in noch viel höherem Maße gelten müsse, die wesentliche Grundeinheit des Göttlichen und Ewigen sich nur in einer Mannichfaltigkeit des Menschlichen und Zeitlichen entfalten könne und werde?

Daß dem so ist, zeigt die Schrift des Neuen Testamentes in ihren beiden Haupttheilen, den Evangelien und den Briefen, deutlich, zunächst schon für diese in ihrer Art einzige apostolische Periode, wo die Verschiedenheit subjectiv-menschlicher Arten und Weisen so ganz besonders innig und einig zusammengefaßt und getragen war von der gleichen Gegenwart und Wirksamkeit des einen objectiven Gottesgeistes, welcher zunächst in diesem engeren, für alle Folge urbildlichen Lebenskreise Christi Werk zu vollenden hatte. Welche Verschiedenheit in der

Auffassung und Darstellung Christi zwischen den Synoptikern und
Johannes und wieder unter jenen zwischen den einzelnen selbst! Und
doch fehlt die wesentliche Einheit des Gesammtbildes nicht, so daß nur
kritische Befangenheit oder feindseliger Wille, ein divide et impera
zu üben, sie leugnen kann. Noch mehr, welche Verschiedenheit der
apostolischen Lehrtropen in den Briefen! Und doch fehlt auch hier die
Grundeinheit der evangelischen Lebenswahrheit und des seligmachenden
Heilsglaubens viel weniger, als Luther in seinem fast einseitigen Blick
auf Paulus, zumal dessen Römer= und Galaterbrief, zugeben mochte.
Wenn die evangelische Theologie nur erst den Johannes in seiner
ebenso grundlegenden als abschließenden einheitlichen Tiefe sich ganz
wird zur Aneignung gebracht haben, wird sie immer weniger, wie
Luther im Glauben gethan und die neuere Kritik ungläubig und will=
kürlich thut, von einem Gegensatz zwischen Paulus und Jacobus im
negativen Sinne sprechen, aber auch ebenso wenig mehr daran denken
können, wie die alte Orthodoxie gethan hat und die neue wenigstens
in praxi noch thun möchte, diese freie und reiche positive Mannich=
faltigkeit organischer Unterschiede sich durch einen mechanischen Begriff
vom Bibelbuchstaben zu verdecken und wegzudeuten. Es wird Gott=
lob wenigstens innerhalb der deutschen Theologie diese Wahrheit von
der wirklich vorhandenen Mannichfaltigkeit und Einigkeit der aposto=
lischen Lehrtropen in nicht langer Zeit so zum biblisch=theologischen
Grundaxiom geworden sein und ist es, namentlich was die Mannich=
faltigkeit betrifft, schon jetzt so sehr geworden, daß es unnütz wäre, hier
viele Worte darüber zu verlieren. Dagegen müssen wir doch im Blick
auf den Ausgangspunkt gegenwärtiger Betrachtung im Vorbeigehen
noch einmal daran erinnern, daß eben Zinzendorf es ist, der hundert
Jahre vor der Zeit unserer in dieser Hinsicht bahnbrechenden neuen
gläubigen Theologie diesen Blick auf die Gottesfülle der neutestament=
lichen Offenbarungswahrheit im Lichte des Geistes zuversichtlich und
klar gethan hat. Wenn er sein Verhältniß zu den Hallensern oft und
gern auf den parallelen Unterschied zwischen Paulus und Jacobus
zurückführte, so wollte er damit für die praktische Gestaltung desselben
seinen Brüdern eben den wahren Standpunkt des Geistes und der
Liebe eröffnen, welcher sie den eigenen Verstand am Geheimnisse Christi
in demüthiger Dankbarkeit ehren und wahren und doch auch den des
dissentirenden Bruders im gleichen Heilsglauben und aus verwandter
Oeconomie in derselben Gesinnung achten und seines Ortes anerkennen
lehrte.

Nur Einen Punkt aus dem Kreise des apostolischen Lebens und
Handelns wollen wir hier noch etwas näher herausheben, welcher uns
nicht nur zeigt, daß jene Mannichfaltigkeit der Gaben und Erkenntnisse
damals auch unter den Aposteln selbst wirklich vorhanden war, sondern
auch, daß sie dieselbe im Verhältniß zu der nicht minder vorhandenen
Grundeinheit des Geistes in Christo auf die eben bezeichnete Weise in
der Liebe auch ihrerseits anerkannt haben. Dieß geschah auf dem
ersten Apostelconcil zu Jerusalem, wie wir es nach Apostel=
gesch. 15. und Gal. 2. kennen lernen. Man kann den Gegensatz, der
hier zum Austrage gebracht werden sollte und principiell und wenig=
stens für die hauptsächlichen Träger der damaligen Kirche auch prak=
tisch wirklich zum Austrage gebracht worden ist, sich nicht groß und
tiefgreifend genug denken. Keine der späteren kirchlichen Differenzen,
ausgenommen den Gegensatz, welcher die Reformationszeit bewegte,
war so gewaltig und schwer zu erledigen. Ja, in gewissem Sinne
lag die Sache damals noch schwieriger als zur Zeit der Reformation.
Denn in dieser stand ein in Lehre und Leben offenbar und tief ver=
derbtes Kirchenthum menschlicher Art und Herkunft dem klaren Zeugniß
der Schrift und des Geistes so deutlich gegenüber, daß dem lauteren
Glaubenssinne die Wahl nicht schwer werden konnte. Nur sehr
Wenige waren damals, die in Folge der eigenen langen Gewöhnung
und einer persönlich arglosen und idealistischen Auffassung des Be=
stehenden, sowie in Kraft der auch dem katholischen Kirchenthum etwa
noch inwohnenden relativen und partiellen Wahrheit für ihre Person
und Zeit noch auf dem Grunde der alten Kirche stehen bleiben und
doch dem Herrn in lauterem Glaubenssinne dienen konnten. Anders
aber standen die Dinge zur Zeit jenes ersten Apostelconcils. Da
stand auf der einen Seite ein ins jüdische Gesetz gefaßtes Christen=
thum, welches, unmittelbar aus und in Israel erwachsen, sich nicht
anders betrachten konnte und wollte, denn als die wahre Blüthe, die
rechte Erfüllung der Offenbarung Gottes an dieß sein Volk durch
Gesetz und Propheten. Mit allem Nachdruck hatte der göttliche Meister
selbst bezeugt, daß durch ihn kein Titelchen des Gesetzes fallen sollte,
und noch zuletzt hatte er die Seinen angewiesen, das Beispiel der
unlauteren Gesetzeshüter auf Mosis Stuhl zwar zu fliehen, aber, was
sie sagten und lehrten, zu thun. Selbst im Blick auf ihre äußerste
Scrupulosität in Befolgung der kleinlichsten rituellen Forderungen
lautete sein Spruch: das Eine thun und das Andere nicht lassen.
Daß dieses von Gott selbst bei der wundergewaltigen Gründung des

theokratischen Volksthums demselben gegebene heilige Gesetz nun in
Christo irgend wie könne und dürfe abrogirt werden, das schien dem
treuen Judenthum eine Unmöglichkeit, der Gedanke daran ein Frevel.
Und doch lag auf der anderen Seite die unleugbare Thatsache vor,
daß Gott durch den Dienst begnadigter Zeugen, vor allen des Apostels
Paulus, ein gläubiges Volk aus den Heiden sich erweckt hatte, welches,
auf ganz anderem Boden erwachsen, abgesehen von denen, welche zu=
vor jüdische Proselyten gewesen, nicht nur überhaupt von diesem ge=
sammten jüdisch=nationalen Gesetzescomplex keine Kenntniß noch Ver=
stand hatte, sondern auch, hätten sie in diese Formen eingehen wollen,
aus dem Kreise ihres Volkes sich total hätten herauslösen und so ihre
erste und Hauptaufgabe fallen lassen müssen, ein Salz und ein Licht
zu sein für ihre nationale Umgebung. Dazu kam aber, daß das
gleiche Verhältniß der jüdisch=gesetzlichen Absonderung nun diese beiden
Theile der neuen Christengemeine aus aller Welt unter sich zu trennen
und außer demjenigen persönlich = brüderlichen Lebensverkehr mit ein=
ander zu halten angethan war, welchen die innere Gemeinschaft des
Glaubens und der Liebe doch gebieterisch forderte. Die Scene zwischen
Petrus und Paulus zu Antiochia, Gal. 2., stellt dieß anschaulich vor
Augen. Endlich trat zu dieser praktischen Schwierigkeit noch die nicht
minder große dogmatische, daß ein Paulus und seine Schüler durch
That und Wort den Anspruch erhoben, daß dieses außergesetzliche
Christenthum ein dem gesetzlichen innerlich durchaus gleichberechtigtes,
ja, dieß ihr eigenes Bekenntniß von der freien Gnade ohne des Ge=
setzes Werk das eigentlich lautere evangelische, dem Geiste Christi ganz
und erst wahrhaft entsprechende sei. Wie leicht mußte dem befangeneren
Judenthum dieser Standpunkt als menschliche Neuerung und unberech=
tigte Emancipation erscheinen, zumal wenn geborene Juden, wie diese
Heidenapostel, auch für ihre eigene Person sich so ganz zu demselben
bekannten!

Es ist in der That eine gnadenreiche Providenz Gottes, daß
dieser gewaltige Gegensatz in der ersten christlichen Kirche sich nicht
etwa nur, wie hernach, besonders seit der Zerstörung Jerusalems, ge=
schehen ist, allmählich durch die Umstände zum Siege des heidenchrist=
lichen Princips aufgelöst hat, sondern daß noch während des vollen
Bestandes des Judenthums und Judenchristenthums auf principielle
Weise darüber entschieden und ein so treuer Bericht über diesen großen
Vorgang in den heiligen Schriften für alle Folgezeit aufbewahrt worden
ist. Die spätere Kirche sollte und mußte hier mit der urbildlichen

Autorität des apostolischen Geistes darauf hingewiesen werden, wie sie in ähnlichen Differenzfällen zu handeln habe. Es ist ihre Schuld und eine schwere Versündigung zumal für die auf die Schrift gegründete evangelische Kirche, wenn sie davon keinen Gebrauch macht. Hier kann sie lernen erstens, daß, wenn solche Fragen nur von beiden Seiten im rechten Sinne des Geistes, im Gehorsam des Glaubens und der Liebe angegriffen werden, zwar eine menschlich durchgebildete dogmatische Einigung keineswegs immer erzielt werden wird und erzielt zu werden braucht, daß also darauf auch nicht Zeit und Kraft unnöthig zu verwenden sind und künstliche Henotika, wie man sie später in solchen Fällen so oft vergeblich mit aller Kunst zu schmieden gesucht hat, lieber ganz bei Seite gelassen werden. Sie sind immer wieder nur der Ausdruck des falschen fleischlichen Bestrebens nach einer, wenn auch noch so dürftigen, äußeren Uniformität, an der im Reiche Gottes nichts gelegen ist, weil sie, wäre sie auch erreicht, mehr schadet als nützt. Zweitens, daß aber der Geist Gottes dem Standpunkt klarerer und tieferer Erkenntniß, indem er ihn auch, wenn er wirklich von oben kommt, durch das Thatzeugniß des ihn begleitenden praktischen Segenserfolges legitimirt, zur rechten Zeit in Kraft zum Siege verhilft, und also die Vertreter desselben nicht nöthig haben, zu falschen, ebenfalls fleischlichen Mitteln zu greifen, um sich vor der Zeit und gewaltsam Recht und Freiheit zu erzwingen, sondern dann am besten fahren, wenn sie bei aller Festigkeit in Bewahrung und Bekenntniß der eigenen Glaubensüberzeugung auf die rechte Stunde vom Herrn harren und ihn seine Sache führen lassen. Drittens, daß beide Theile eben in dieser gegenseitigen Anerkennung der verschiedenen Standpunkte auf Grund der wesentlichen Einigkeit Aller im Fundamente des Heilsglaubens die rechte Uebung heiliger Liebe des Geistes lernen sollen, auch ohne daß sie in ihrer menschlich und begrifflich formulirten Glaubenserkenntniß sich vollständig zu einigen im Stande sind, und dabei nur die christliche Weisheit insoweit walten lassen müssen, daß sie um der Ordnung willen die verschiedenen Bekenntnißformen auch ein jedes auf dem nationalen und geschichtlichen Boden der Hauptsache nach stehen und sich conserviren lassen, auf welchem Gott dasselbe gegründet hat. Dagegen soll sich jene Liebesgemeinschaft auch bei verschiedenen Gaben und Erkenntnissen, Weisen und Formen um so mehr praktisch bethätigen und stärken durch die gegenseitige werkthätige Handreichung je nach Bedürfniß und vorhandenen Mitteln. Besonders die Freien müssen darin die Ehre und Krone ihrer Freiheit suchen, daß sie sich so durch die Liebe den Anderen dienstbar erweisen. Viertens endlich lernen wir, daß dabei der Stärkere, sofern er sich dieses seines Gnadenvorzuges bewußt ist, auch die Pflicht der Liebe hat, seinerseits um der Schwachheit der Anderen willen in den Punkten praktischer Art, wo der Anstoß für diese ein allzu harter ist, eine un= schädliche Concession zu machen und derselben wenigstens für die Zeit und für die Orte, wo die Verhältnisse dieß erfordern, gewissenhaft treu zu bleiben, indem er es der weiteren geschichtlichen Entwickelung unter Gottes Leitung zuversichtlich überläßt, der ihm geschenkten tieferen Erkenntniß nach und nach auch bei den Anderen immer mehr zu Raum und Sieg zu verhelfen.

Dieses göttlich=geistige, wahrhaft organische und genetische Neben= einander und Nacheinander, die Mannichfaltigkeit in der Ein= heit und das allmähliche Wachsthum zum Ziel, diese heilige Signatur alles wahrhaftigen gottmenschlichen Wesens im Leben und Erkennen ist an jenem großen Vorgang der apostolischen Zeit für alle Zeit der Kirche urbildlich vor Augen gestellt. Der Herr der Kirche selbst hat da zum ersten Male nicht sowohl Union nach Menschenweise als viel= mehr göttliche Unität des Geistes und der Liebe gestiftet und dadurch gezeigt, was dermaleinst, nach allen Wirren und Kämpfen einer langen wechselvollen Entwickelung seiner Stiftung auf Erden, die erfüllende Schlußgestalt sein soll und muß, in welcher allein sie den ganzen Reichthum der in ihr niedergelegten göttlichen Wahrheits= und Lebensfülle zum allseitigen und doch einheitlichen, heilig geordneten menschlichen Ausdruck bringen kann.

Damit aber dieses Ziel erreicht werde, muß die christliche Kirche erst lernen, in allen ähnlichen Fällen, wie sie sich im Lauf ihrer Ent= wickelung mit innerer Nothwendigkeit oftmals wiederholen, dieß aposto= lische Princip walten zu lassen. Bei jedem gottgesetzten größeren oder kleineren, partiellen oder umfassenden Neuanstoß in der Selbst= entfaltung der Kirche, in Lehre und Leben, kehrt das Verhältniß wieder, daß ein stärkerer erwachsener Sohn sich zu der schwächeren Mutter beziehungsweise selbständig stellt; und dieß geschieht mit Segen, wenn er dabei die rechte Pietät der Liebe nicht verletzt und sie die demüthige Weite des mütterlichen Herzens ihrerseits durch keine selbstsüchtigen Mo= tive sich rauben läßt. So war es damals, so finden wir es concret wieder an Luther und Staupitz, an Zinzendorf und Anton in Halle [1]).

---

[1]) Der edle Mann in seiner heiteren Einfalt und Demuth sagte einmal zu der Zeit, wo die Stimmung in Halle gegen Herrnhut schon eine immer un=

Aber das sind seltene Fälle. Schon früh hat die Mutter Kirche sich durch Sünde und Irrthum verwandelt in eine harte Herrin, der gegenüber dann die erwachsenen Söhne auch so leicht in hochfahrenden Trotz sich verirrt haben, und das fleischliche Trugbild einer am unrechten Ort angebrachten „Entschiedenheit" hat beide Theile dahin geführt, daß sie sich, ihre Gabe und Aufgabe, nicht mehr verstanden, weder die eigene noch die des Anderen, und so ist der Leib Christi immer tiefer und tödtlicher zerrissen worden. Der Begriff heiliger apostolischer Geistesunität ist ein Fremdling geworden in der Kirche, deren „Liebe untereinander" das Kennzeichen ihrer göttlichen Wahrheit und Heiligkeit sein soll. Der ungeistliche Sinn hat nicht mehr verstehen können und wollen, was das Neue Testament in Geschichte und Lehre doch so klar bezeugt. Denn so deutlich wie das eben betrachtete geschichtliche Beispiel aus dem Leben jener urbildlichen Zeit spricht der Apostel Paulus auch in seinem allerbestimmtesten Lehrzeugniß. Wenn er 1 Kor. 13. alles, auch das apostolische Weissagen und Erkennen unter das Gesetz des Stückwerks stellt, welches erst aufhören werde, wenn das Vollkommene im Jenseits eintritt, und darum die Liebe, das Band der Vollkommenheit (Kol. 3, 14.), welches schon jetzt jenes Vollkommene am meisten anticipirt, als das köstlichste Gut bezeichnet, so spricht er damit kurz und rund aus, daß alle menschliche, individuelle und gesammtheitliche, Erkenntniß und Lehre auch unter dem Evangelium unganz, nicht vollkommen, relativ sei. Das ist aber, wie wir gezeigt haben, die theoretische Grundlage des Tropenprincips. Und auch dieses selbst (als praktisches Princip, wie es sich auf diesem Grunde folgerichtig aufbaut) spricht der Apostel aus in jenen allereigensten Bekenntnißworten, in welchen er zugleich von allen denen dasselbe Bekenntniß und dessen Beobachtung fordert, welche in der Gemeine als τέλειοι, als gereifte Gläubige, Männer in Christo, gelten wollen: Phil. 3, 12—17., besonders V. 15. Für seine eigene Person überzeugt, noch nicht am Ziele zu sein, sondern eines steten Fortschritts zu bedürfen, setzt er dasselbe auch bei allen denen natürlich voraus, welche er als seine Schüler auffordert, auch seine Nachfolger zu werden. Aber mit ihm sollen sie nun auch zu diesem Fortschritt, zu diesem Abnehmen in sich

----

günstigere wurde, als Zinzendorf im irenischen Interesse dort besuchte, aber keinen rechten Eingang mehr fand, zu diesem: „Ihr seid das Gerstenbrod, von dem den Midianitern träumte, daß es an ihre Gezelte schlüge."

und Zunehmen in Christo mit entschiedener und willenloser Selbst-
hingabe an Ihn bereit sein und in diesem gemeinsamen gleichen Streben
heilig eins unter sich. „Sollt ihr sonst etwas halten, das
lasset euch Gott offenbaren", fügt der Apostel dann hinzu.
Jenes Fundamentale und Innerste soll auch das umfassend Allgemeine
sein, individuell verschieden aber kann das Besondere, Peripherische
sein, aber nicht willkürlich nach eigener Laune bestimmt, sondern
Gottes Offenbarung an jeden Einzelnen nach dessen Bedürfniß und
Fassungskraft. So soll Einer an dem Anderen im Glauben achten,
was derselbe Besonderes, „Anderes", meint, weil es ein Stück seines
τρόπος παιδείας in der Hand des göttlichen Erziehers und Lehrmeisters
ist. Dieses so nachdrucksvolle apostolische Wort ist die sedes prin-
cipalis unseres Tropenprincips im Neuen Testament, so klar und
bestimmt, daß dessen lebendige Schriftbegründung nicht verkannt werden
kann. Man könnte höchstens sagen, da Paulus vorher vom ethischen
Wachsthum in Christo rede und nicht sowohl vom intellectuellen, so
dürfe man auch hier nur an ethische oder ascetische Tropen denken,
nicht aber an dogmatische. Von denen haben wir denn auch in Röm. 14.
eine ausgeführte Lehre, und zwar ganz im Sinne des Tropenprincips:
Einigkeit in der Grundrichtung des wiedergeborenen Lebens (V. 6—9.),
Freiheit in der Art und Weise, dieselbe im Einzelnen zu bethätigen,
je nach der Gewissensüberzeugung eines Jeden vor dem Herrn im
Glauben (V. 5. 22. 23.). Aber erstlich hat das große Bekenntniß
des Apostels in der Philipperstelle einen so centralen Charakter, daß
man seiner Bedeutung ganz gewiß nicht genugthun würde, wollte man
die der Einheit zum Schluß eingeordnete Mannichfaltigkeit nur auf
solche ethische Observanzen beziehen, wie sie Röm. 14. behandelt werden,
Dinge, an welchen sich überdieß die „Schwachen" und Starken unterscheiden, während hier gerade die τέλειοι aufgerufen und unter sich
verbunden werden, also die dabei vorausgesetzte Mannichfaltigkeit eine
andere sein wird, welche auch im Kreise solcher Starken oder Gereiften
noch stattfindet. Suchen wir ein concretes Beispiel solcher speciellen
Lehrtropen innerhalb des nächsten paulinischen Kreises solcher τέλειοι,
so dürfen wir an des Apostels eigenes Verhältniß zu Apollos erinnern, wie es uns der erste Korintherbrief sowohl in mißverstandener
Verzerrung (1, 12.) als in seiner wahren Gestalt zeigt (3, 5 — 4, 6.),
und diese letztere ist abermals von der Art, daß das Gesagte uns
auf den Tropenbegriff zurückführt. Dasselbe thun im allgemeineren
Sinne auch andere Stellen dieses Briefes, wie 12, 4. und dieß ganze

43 *

Kapitel mit seiner reichen Schilderung der organischen Lebensfülle des Leibes Christi. Zweitens aber ist es überhaupt ein
völlig unhaltbarer Standpunkt, welcher in ethisch-praktischer Hinsicht
der individuellen Mannichfaltigkeit und Relativität ein Recht geben,
im dogmatischen Gebiet aber dasselbe leugnen will. Es wäre dann
die alttestamentliche Gesetzesform der Offenbarung im neuen Bunde
halb abrogirt und halb conservirt, es wäre der Wille evangelisch befreit, das Erkennen gesetzlich gebunden, also der neutestamentliche Er-
füllungsstandpunkt sowohl nach der objectiven als nach der subjectiven
Seite ein unharmonisch widerspruchsvoller. Eine solche Anschauung
durchschneidet den Grundbegriff der neutestamentlichen Offenbarungs-
plerosis, den Begriff des im Geiste geheiligten gottmenschlichen
Lebens, ein- für allemal. Darum finden wir auch diese Unterscheidung
zwischen Leben und Lehre nirgends in dem apostolischen Zeugniß,
sondern vielmehr das Gegentheil davon.

Dieser Blick auf die apostolische Lehre zeigt, daß die Handlungsweise, welche wir an jenem ersten Concil zu Jerusalem als die apostolische und pneumatische erkannt haben, auf einem ganz bestimmten
principiellen Grunde zunächst bei Paulus ruht. Mag ein Jacobus
minder tiefen und weiten Geistes gewesen sein, so können wir, was
den Johannes betrifft, am wenigsten zweifeln, daß er hierin mit Paulus
auf Einem Grunde gestanden habe, denn er legt überhaupt den Hauptnachdruck in seinem Zeugniß so sehr auf die thätige Liebesgemeinschaft
im fundamentalen Heilsglauben, daß er die specielle Fassung der
Glaubenslehren gar nicht näher berücksichtigt.

Es ist also nicht nur ein Uebersehen der göttlichen Winke in der
Zusammenfügung der heiligen Schrift und des geschichtlichen Vor-
bildes der Apostel, sondern es ist ein Nichtverstehen des principiellen
Standpunktes der auserwähltesten Rüstzeuge des Herrn, wenn die
Kirche dieses göttliche Recht der Mannichfaltigkeit in der Einheit des
Heilsglaubens so vielfach verkümmert und verkannt hat und statt dessen
oft ein Buchstabengesetz auf der Jünger Hälse zu legen geneigt ge-
wesen ist, welches im Neuen Testament keine Berechtigung findet.

Diese verkehrte Richtung kann einfach als Folge der Sünde, des
Verlustes an der in Christi und der Apostel Zeugniß wirksamen und
auf Grund davon der Kirche aller Zeiten zugänglichen Kraft des göttlichen Lebensgeistes, bezeichnet werden. Die rechte Kirche der Schrift,
wenn sie dieß wirklich sein will und ist, muß aus diesem Quell auch
die Erkenntniß ihrer Fehler schöpfen und den rechten Weg wieder

finden. Aber die Sünde ist auch der Jrrthum, die ethische Unwahr=
heit ist auch die intellectuelle, und es wird daher diese bußfertige Um=
kehr der Kirche zu ihrem göttlichen Beruf und dem apostolischen Vor=
bild sich nicht vollständig und mit gehöriger Sicherheit vollziehen,
wenn nicht in gleichem Grade mit der ethischen Willigkeit auch die
immer klarere und tiefere Erkenntniß inmitten der Kirche wächst, daß
die geforderte vollkommene Liebe des Geistes ihrer Natur nach auch
die vollendete Weisheit desselben Geistes ist. Dieß führt uns zu der
weiteren dogmatischen Begründung des Unitätsprincips, durch
welche die biblische, aus den Thatsachen und dem Worte der Schrift,
sich erst erfüllt und abschließt.

Es handelt sich bei der ganzen Frage immer um die mensch=
lich=subjective Aneignung einer göttlich=objectiven
Wahrheit für Erkennen und Leben und deren dogma=
tisch=ethische Durchbildung. Da bleibt nun der fleischlich=kurz=
sichtige Sinn einseitig bei dem Satze stehen, daß diese objective, auf
geschichtliche Offenbarung gegründete Gotteswahrheit zur Seligkeit,
wie sie in Christo für alle Welt ein= für allemal gegeben ist, ihrer
Natur nach ja nur Eine sein könne, ebenso sei das Organ der An=
eignung auf menschlicher Seite, das bußfertig=gläubige Herz und die
Fähigkeit des folgerichtigen und klaren Denkens, ein und dasselbe bei
Allen. Also, folgert man, müsse auch das Resultat bei Allen billig
das gleiche sein, der Dissensus des Einzelnen sei entweder Folge eines
Mangels in der ersten, ethischen, oder in der zweiten, intellectuellen,
Beziehung und müsse daher in beiden Fällen dem Rechte des Stärkeren
willig weichen, und wenn er dazu nicht willig sei, mit Gewalt dazu
genöthigt werden, zumal ein Stehenlassen desselben anderen Schwächeren
zum größten Schaden gereichen würde.

Dieß ist der Standpunkt, von dem aus die katholische Kirche
schon frühe zu ihren Ketzerverdammungen und Verfolgungen, die spätere
römisch=katholische, im Vollbesitz aller geistlichen und weltlichen Gewalt,
sofern sie im Taumel dieser Machtfülle überhaupt noch irgend eine
theoretische Begründung ihres Despotismus versuchte, zu ihren Auto=
dafé's zur Ehre Gottes und der Seelen Seligkeit, aber auch die evan=
gelische, als confessionell und territorial ausgestaltete, zu ihren feind=
seligen inneren Spaltungen und gegenseitigen Excommunicationen ge=
kommen ist. Und so wenig ist dieses einseitige und kurzsichtige Princip
der Betrachtung gegenwärtig schon überwunden, daß der Confessio=
nalismus unserer Tage nicht nur Bestrebungen entgegengesetzter

Richtung, wie die evangelische Allianz oder eine tiefere Consensustheologie, als bloße Ausflüsse fleischlichen Latitudinarismus bezeichnet,
sondern auch hie und da geradezu das eifrige Verlangen hat laut
werden lassen, „den Ketzerbegriff aufs Neue zu seiner nothwendigen
Anerkennung und Geltung zu bringen".

Wir wollen uns hier nicht damit aufhalten, nachzuweisen, wie
die römische Kirche, in welcher dieses ihr specifisch fleischliches Uni-
formitätsprincip zur vollständigen Durchbildung gekommen ist, den
lebendigsten Thatbeweis ablegt von seiner Unrichtigkeit. Nur in aller
Kürze sei daran erinnert, wie sie jenen consensus patrum, auf welchen
sie vornehmlich ihre kanonische Tradition, als nothwendiges Auslegungs-
gesetz für die in sich ungenugsame Schrift, baut, eben einfach erdichtet,
wo er in Wahrheit durchaus nicht vorhanden ist, und wie sie, wo sie
daraufhin Uebereinstimmung, d. h. Unterwerfung, fordert, dieselbe da,
wo sie solche nicht gleich findet, äußerlich erzwingt, innerlich aber auch
hier also fort und fort den Schein anstatt der Wahrheit setzt. Das
ganze, von Vielen auch in der evangelischen Kirche so angestaunte,
Herrscherprincip des Romanismus ist sonach ein ganz nach Art der
weltlichen Usurpatorenherrschaft auf List und Gewalt, Lüge und Sünde
gebautes Menschenwerk.

Die vollständige Ueberwindung des Irrthums ist immer nur
die positive, welche ihm die Momente der Wahrheit, in denen allein
seine Kraft liegt, nimmt und sich zueignet, um mit der Vollkraft der
ganzen Wahrheit der reinen Unwahrheit siegreich entgegentreten zu
können. Das Wahre nun in jener uniformistischen Anschauung ist
nur dieß, daß in dem Centralgebiet des ganzen Erkenntniß- und
Lebenskreises, um welchen es sich hier handelt, sowohl von der objectiven als von der subjectiven Seite, eine wesentliche und lebendige
Uebereinstimmung aller wahren Christen nothwendig und wirklich stattfindet. Dieses Centrum ist nach der objectiven Seite Christus und
sein Geist, — der gekreuzigte und auferstandene und in seinem Geiste
der Kirche allezeit gegenwärtige Christus, der κύριος πνεῦμα, als ihr
Grund, Träger und Ziel, Christus als die absolute Wahrheit und
das absolute Leben und darum als der einige Weg zum Vater, Christus
als die einige Weisheit, Gerechtigkeit, Heiligung und Erlösung, wie
er in der vom Geist verklärten Schrift dem Glauben sich darbietet
und in der durch denselben Geist wirksamen Gnade dem Glauben
sich mittheilt. Dieß ist das einige Object der menschlichen Glaubens-
aneignung zum ewigen Leben. Und das entsprechende Subject der-

selben, das Centrum des Lebenskreises nach der subjectiven Seite, ist das durch denselben Gottesgeist zur Buße und Glaubenswilligkeit er= schlossene und im Glauben zur Liebe und Hoffnung neugeborene Menschenherz, welches so ein Gefäß dieses göttlichen Lebensinhaltes zuerst werden will und dann durch Kraft von oben wirklich wird.

Wer nicht in diesem centralen Zauberkreise des Evangeliums — in den freilich kein Ungeweihter „durch eigene Vernunft und Kraft" eindringt —, auf diesem Wege der Neugeburt aus Gott heimisch geworden ist, der steht außerhalb des consensus omnium (vere) chri= stianorum; wer aber darin steht, der hat an diesem consensus bewußtermaßen Theil mit allen denen, welche ebenfalls da zu Hause sind, und diese Uniformität ist seine Freude und seine Krone.

In diesem Centrum hat die rechte unitas ihre geheiligte, ebenso göttlich feste als menschlich freie, wahrhaft gottmenschliche Lebensgrün= dung, und das ist ihr darum der Artikel, auf dem ihr, um mit Luther's Worten zu reden, „Alles stehet, das sie wider den Papst, Teufel und alle Welt lehret und lebet, dessen sie gar gewiß ist und sein muß, denn sonst ist Alles verloren und behält Papst, Teufel und Alles wider uns Sieg und Recht" (Schmalk. Art. Th. II. Art. 1.).

Aber um diesen Centralkreis baut sich nun eine weite Peripherie von dogmatischer und ethischer Erkenntniß und Ueberzeugung an, in= dem zu den verschiedenen Zeiten und in den verschiedenen Kreisen von diesem Mittelpunkt der Heilswahrheit aus das Ganze derselben durch= gearbeitet und so viel möglich bekenntnißmäßig systematisirt wird. Hier ist die Mannichfaltigkeit ebenso im Rechte wie dort die Einig= keit. Unleugbar ist für bestimmte Epochen und bestimmte kirchliche Bekenntnißgebiete auch hier eine fortschreitende Consensusbildung mög= lich, ja, sie bleibt an und für sich die unverrückbare Aufgabe der theo= logischen Forschung und des kirchlichen Gemeinlebens in ihrem beider= seitigen geordneten Wachsthum an Christo. Kann man unter ge= gebenen Verhältnissen diesem Ziel auf wirklich festbegründete und freie Weise um ein Stück näher rücken, so ist das ein hohes und dankens= werthes Gut und das Streben darnach gewiß ein löbliches und gott= gefälliges. Aber jede Voreiligkeit und Gewaltsamkeit rächt sich, wie die evangelische Kirche Deutschlands seit einem Menschenalter genugsam erfahren hat, auf empfindliche Weise, und es gehört nicht zum noth= wendigen Bestande der christlichen Kirche und ihrer verschiedenen Ab= theilungen, daß sie zu jeder Zeit und an jedem Orte diese Aufgabe

direct in Angriff nehme. Sie muß vielmehr oft auch hier in Ge=
duld und Glauben der göttlichen Führung harren lernen, ja, sie muß
sich aussprechen, daß es hienieden niemals möglich sein wird, zu einem
totalen, Alles umfassenden consensus omnium christianorum zu ge=
langen, sondern daß dieß vielmehr ein wesentliches Stück des „Voll=
kommenen" ist, welches nach der apostolischen Verheißung dann kommen
soll und kommen wird, wenn dieser Aeon des Werdens, des Stück=
werks, der ewigen Vollendung des Lebens und damit auch des Er=
kennens im Schauen Platz gemacht haben wird.

Der Grund davon liegt in der Beschaffenheit der beiden
hier concurrirenden Factoren, des Objectes und des
Subjectes, der Gotteswahrheit in Christo und des
menschlichen Erkennens und Denkens im Glauben. Und
weil Gott beide für die Zeit so gesetzt hat, wie sie sind und zu ein=
ander sich verhalten, so ist auch das daraus hervorgehende Resultat,
die freie Mannichfaltigkeit des Verstandes der Einzelnen, der Nationen,
der Zeitalter am Geheimniß Christi seines Ortes ein Gut und das
Streben, diesen Reichthum in jedem Theile unverkümmert zu erhalten
und jeden vor der Hand auf seinem eigenen Grunde auszubauen, eben=
falls löblich und gottgefällig, so lange nur jene Centraleinigkeit lebendig
bewahrt und bewährt und von dem eigenen Sonderbesitz nicht „höher
gehalten wird, als sich gebührt zu halten". Wenn alle Theile sich erst
in der Liebe und Demuth des wahren Glaubens fleißig geübt haben,
dann werden sie, will's Gott, auch in der Erkenntniß des Glaubens,
soweit möglich und heilsam, sich am gewissesten frei und fest zusammen=
finden.

Dieß ist der Grundbegriff des rechten, organisch durchgebildeten
und ethisch fundirten Tropenverhältnisses. Denn im Begriff des
Tropus liegt nicht nur, wie in dem oft in gleichem Sinn gebrauchten,
aber nicht gleichwiegenden des Typus, dieß, daß die Naturart und
Begabung des Individuums zu dieser bestimmten Auffassungsweise
der christlichen Wahrheit geführt habe, sondern auch dieß, daß Gott,
welcher Einer ist als Schöpfer und Erlöser, nach seiner Weisheit im
Anschluß an die natürliche Individualität den Einzelnen, zumal größeren
Kreisen, auch für die Zeit verschiedene Seiten der Einen Wahrheit
zur besonderen Aneignung und Verarbeitung vorhält. Damit ist aus=
gesprochen, daß die Mannichfaltigkeit nicht nur Naturnothwendigkeit
ist, sondern auch gottgewollt, also nicht bloß gelitten, sondern,
richtig verstanden und im gehörigen Maße, auch geehrt und geliebt

werden soll. Erst dadurch wird das ganze Verhältniß zu einem ethi=
schen, zur Sache des Glaubens und Gewissens, nicht bloß nach der
Seite der Einigkeit im Centrum, die gesucht und gepflegt, sondern
auch nach der Seite der peripherischen Mannichfaltigkeit, die in Werth
und Kraft erhalten werden muß. Daher, wenn die Gegner des
Tropenprincips dasselbe als unsittlich, seine Vertheidigung als ein
leichtsinniges Spielen mit der Wahrheit bezeichnen, so müssen wir
diesen Vorwurf gerade dem sich selbst genugsamen und unterdrückungs=
lustigen Confessionalismus machen. Es ist nur eine neue Form jenes
alten Streites zwischen Gesetz und Evangelium, ob das letztere, weil
es den νόμος τῶν ἐντολῶν ἐν δόγμασιν abthut, das Gesetz seinem
ewigen Wesen nach aufhebe und zur frevelhaften ἀνομία führe, oder
ob es nicht vielmehr auf diesem Wege des Geistes und der Freiheit
das Gesetz in diesem Sinne erst recht aufrichte.

Wenn die dogmatischen Gesetzesmänner auf ihrem Gebiete ebenso
wie jene Christen aus der Pharisäersecte im Praktischen der ersteren
Meinung sind, so liegt diesem Irrthum auch eine ähnliche Mißken=
nung der göttlichen Offenbarung sowohl als des menschlichen An=
eignungsvermögens für dieselbe zu Grunde. Ließen jene das Schwere
im Gesetz weg und waren desto fleißiger im Leichten und erhoben sie
dann die eigene Kraft des Menschen auf ethischem Gebiet über und
wider die Wahrheit, so thun die Geistesverwandten dasselbe auf in=
tellectuellem Gebiete.

Eine nähere Betrachtung des objectiven und des subjectiven Fac=
tors wird uns dieß zeigen und damit den Beweis liefern, wie auch
von dogmatischer Seite der rechte Evangelismus mit Nothwendigkeit
zu demselben pneumatischen Tropenprincip geführt wird, welches wir
vorher aus der Schrift vertheidigten.

Blicken wir zunächst auf das Object, die erfüllende Offen=
barung Gottes in Christo durch den heiligen Geist. Ja, es ist ein
im tiefsten Grunde, Wesen und Ziel einheitliches, wie Gott Einer ist.
Dieß muß jene ἑνότης πίστεως, jenes αὐτὸ φρονεῖν aller rechten
Christen als τέλειοι im paulinischen Sinne ebenso festhalten, als das
fundamentale monotheistische Bekenntniß gegenüber dem heidnischen
Polytheismus. Darauf allein ruht die menschheitliche Stellung und
Bedeutung des Christenthums als der Weltreligion im Gegensatz gegen
die Local= und Nationalculte der Heidenwelt. Der schlechthin einzige
Gottmensch, als die absolute und darum einzigartige Selbstoffenbarung
Gottes, ist mit Nothwendigkeit der Offenbarer und Begründer einer

solchen im Centrum ihres Wesens einheitlichen Religion für alle
Menschen. Aber auf der anderen Seite ist ebenso wahr, daß dieser
einige Gott eben in Christo, dem Gottmenschen, erst dadurch vollkommen
offenbar geworden ist, daß er sich als der dreieinige zu erkennen
gegeben hat. Das Bekenntniß von Gott dem Dreieinigen, als dem
vollendeten Urleben des Geistes und der Liebe, der absoluten Persönlichkeit und persönlich bestimmten Gemeinschaft in ihrer ewigen Herrlichkeit und Heiligkeit, ist nicht minder das Schibboleth des Christenthums gegen alle jüdische Unvollkommenheit und muhammedanische Verkehrung, alle deistische oder pantheistische Entleerung und Entkräftigung
des wahren monotheistischen Begriffs, und nach der anderen Seite hin
ebenso die Bedingung der menschheitlichen Ausgestaltung des Christenthums als Weltreligion in lebendig organischer, ebenso individuell concreter als gesammtheitlich einigender Weise. Die trinitarische Idee
Gottes ist das ewige heilige Urbild der einigen Mannichfaltigkeit, in
welcher allein die nach dem Bilde dieses Gottes geschaffene und in
Christo wiederhergestellte Menschheit werden kann, was sie sein und
werden soll. Und ebenso ist der Gottmensch, eben als der in die
Menschheit mit ihrer geschöpflichen Bedingtheit und Begrenztheit, mit
ihrer irdischen und geschichtlichen Bestimmtheit eingegangene Gott, in
seiner Person selbst schon das thatsächliche Pfand, der Bürge für eine
solche wahrhaft menschliche, psychologisch und geschichtlich individualisirte
Durchbildung der in ihm ebenso wesentlich gegebenen göttlichen Wahr-
heitseinheit. Aber beide correlate Grundbegriffe der göttlichen Lebenswahrheit, der trinitarische und der theanthropologische, versprechen
nicht nur diese mannichfaltige Ausgestaltung, sondern sie fordern sie
auch ebenso bestimmt und bringen sie nothwendig mit sich. Denn wenn
in beiden auf verschiedene Weise der Charakter des Organischen, d. h.
der göttlichen Lebensverbindung unterschiedener Momente, auf eminente
Weise zu Tage tritt, so ist damit auch das allem Organischen für
uns Menschen innewohnende Geheimniß unausweichlich mitgesetzt.
Es werden da für die menschliche Betrachtung die stärksten Contraste
entfaltet, Einheit und Mehrheit, Absolutheit und Relation, Unbedingtheit und Bedingtheit, Schöpferisches und Creatürliches, Nothwendigkeit
und Freiheit, Ewiges und Zeitliches, Sein und Werden, Transcendenz und Immanenz, Universalität und Individualität, kurz, alle die
polaren Gegensätze, deren unauflösliches und doch unergründliches
gegenseitiges Verhältniß jederzeit das große und vielgestaltige Problem
der menschlichen Speculation, das Proteusräthsel des Lebens für das

Denken bildet. Was auf dem niederen Standpunkt eines unvollstän=
digen Monismus des Gottesbegriffs und eines verzerrten Polytheis=
mus ebenfalls schon dem Denken Stoff zu Fragen giebt, die hier frei=
lich noch viel weniger auch nur annähernd gelöst werden können, das
große Räthsel vom Wesen Gottes und vom Wesen des Menschen,
das tritt hier mit einer solchen Energie urkräftiger Fülle, drastischer
Spannung und intensiver Concentration auf, daß um dieselben Punkte,
an welchen von jeher das menschliche Denken gearbeitet hat, ganz
neue, bisher ungeahnte Kreise der Betrachtung sich ziehen, Kreise, in
benen der zuversichtliche Blick lebensvoller Glaubensintuition des Geistes
auf das im Centrum wesensoffenbare Bild des wahrhaftigen Gottes
zwar in ebenso neuer Weise die ewige Lösung aller dieser Probleme
schaut und ahnt, in denen aber gleichwohl der endliche Verstand mit
seinen logischen Operationen an jedem Punkt auch auf das Grund=
geheimniß stößt, welches dieselben Probleme in sich schließen. Ein
unendlich höheres Licht ist mit der Lebensoffenbarung des Evangeliums
gegeben, aber zugleich tritt auch in eben diesem Licht das Dunkel nur
um so bestimmter in den Begriff, in welches sich das wahrhaftige
Sein, das ewige Leben, als trinitarisches in Gott, als theanthropolo=
gisches im Gottmenschen und in der von und zu Gott geschaffenen
Menschheit für die Zeit noch einhüllt. Es würde uns zu weit führen
und ist für den nachdenkenden Leser auch im Grunde überflüssig, an
den einzelnen Abtheilungen und Punkten des biblisch=kirchlichen Lehr=
systems nachzuweisen, wie überall das eben bezeichnete Verhältniß sich
geltend macht. Wer mit den dogmatischen Aufgaben im Sinne des
Glaubens und des unbefangenen Denkens sich beschäftigt hat, weiß
am besten, daß dem so ist. Ein solcher wird aber auch von vorn=
herein, wenn auch nicht immer unheilige Gesetzesenge der Gesinnung,
so doch einen mangelhaften, wenig tiefen und lebendigen Standpunkt
des Denkens in der Behauptung erkennen, daß trotzdem nun eine
fertige uniforme Dogmatik jeden Christenmenschen unter ihre Bot=
mäßigkeit nehmen könne und solle. Er wird vielmehr schon durch
diesen Blick auf den Gegenstand der christlichen Glaubenserkenntniß
zu der bestimmten Annahme gedrängt werden, daß dieses Object nur
auf eine bedingte und im Einzelnen mannichfach verschiedene Weise
von den einzelnen gläubigen Denkern, zumal von der gesammtheit=
lichen populär=praktischen Erkenntniß ganzer kirchlicher Verbände und
Zeitalter werde erfaßt werden können. Es gehört eine reiche Natur=
begabung von Gott und eine feste Gnadengründung im Glauben dazu,

um diese Fülle von Gegensätzen in ein auch nur einigermaßen har=
monisches Gesammtbild so zusammenzuschauen, daß sie wesentlich nur
noch als Unterschiede die Einheit des Ganzen nicht stören, sondern
bereichern und vollenden. Die Mehrzahl der Menschen ist viel be=
schränkter begabt und einseitiger angelegt, als daß dieß von Allen er=
wartet werden dürfte.

Dieß führt uns weiter zu der näheren Würdigung des sub=
jectiven Factors, des gläubigen Menschen, seines Erkennens und
Denkens. Hier ist es ein freier und scharfer Blick in die Fülle des
psychologischen Lebens im menschheitlichen wie im individuellen Ge=
biete und eine ebenso weite als gründliche Bekanntschaft mit dem Reich=
thum des christlichen Erfahrungslebens, seiner Grundlagen, Beziehungen
und Stufen, wodurch allein der richtige Gesichtspunkt gefunden werden
kann. Dieser doppelte Blick auf die naturmäßige, also mannichfaltige,
freie und doch geordnete, immer relativ und individuell bestimmte Be=
schaffenheit alles menschlichen Geisteslebens und daher auch des christ=
lich=gläubigen, gerade wo es am meisten Leben ist, diese Erkenntniß
und Würdigung des organischen Charakters, welchen mit allem
irdisch=menschlichen Wesen auch das christlich=gottmenschliche, die edelste
Blüthe von jenem, so unvermeidlich hat, fehlt leider Vielen. Die
gesetzliche Aengstlichkeit oder Ueberhebung von religiöser Seite, ein
gewisser ethisch=praktischer beschränkter Rigorismus in Anschauungen
und Grundsätzen, verkrüppelnde Schulmeisterei in der theologischen
Bildung und mechanische Gewöhnung, einer hergebrachten Autorität
gedankenlos nachzugehen, andererseits aber auch eine einseitige oder
zu beschränkte Naturbegabung machen es so Manchem schwer, ja fast
unmöglich, die psychischen Bedingungen und Zustände Anderer mit
einer solchen Selbstentäußerung des Geistes und der Liebe eingehend
zu würdigen, wie es hier nothwendig ist. Hier eigentlich haben die
so oft gehörten Klagen gegen geistliche Beschränktheit, dogmatische
Knechtung, kirchliche Unduldsamkeit und sectirerischen Hochmuth, die
ebenso oft ohne Grund und Recht erhoben werden, ihren am meisten
berechtigten Anlaßpunkt.

Werfen wir zuerst einen Blick auf die rein psychologische
Seite der Sache. Wer kann da zunächst dieß leugnen, daß alle ein=
zelnen Menschen, auch die gebildetsten und tüchtigsten, auch in den
erleuchtetsten Zeiten und Kreisen, Menschen, die auf der Höhe ihres
Zeitalters stehen, doch immer nur relativ begabt sind, wie überhaupt,
so auch in Bezug auf das besondere Gebiet des Erkenntnißvermögens,

welches hier zunächst in Betracht kommt? Es würde eine Trivialität genannt werden, wollten wir uns bemühen zu beweisen, daß etwa Goethe zwar ein großer Dichter, aber kein großer Staatsmann war, — aber wie Viele machen sich der Trivialität schuldig, diesen Beobach= tungswahrheiten keine Folge geben zu wollen, wenn es gilt, sich in die verschiedenen religiösen und christlichen Bestimmtheiten solcher Men= schen hineinzudenken und sie nach dem Maße des Gotteswortes doch so zu beurtheilen, daß dabei auch der Geist des θεὸς ἀγάπη, der nicht nur der Erlöser, sondern auch der Schöpfer ist, seine Stimme behält!

Nur auf das Erkenntnißvermögen allein gesehen, welch' ein Unter= schied zwischen Luther's mystisch unmittelbarer plastischer Intuition und praktisch treffendem Blick und eines Melanchthon verständiger Ge= nauigkeit, einfacher Klarheit und bescheidener Nüchternheit in seinem, an den Classikern gebildeten Denken! Man freut sich wohl einer ge= lungenen Charakteristik solcher reichbegabten Persönlichkeiten in ihrer Eigenart, — aber auf ihr christliches Denken, ihre individuellen Lehr= anschauungen soll das Alles keinen Einfluß haben. Bedenkt man auch, welches Opfer an persönlicher Lebendigkeit, wahrhaft gottmensch= licher Aus= und Durchbildung man damit dem vermeintlichen Offen= barungsgesetze Gottes in seiner Kirche bringt, wieviel Segenskräfte des Evangeliums man dadurch unterbindet, weil einmal nur lebendige Persönlichkeiten eine volle Wirksamkeit auszuüben vermögen und solche immer bestimmt individualisirt sein müssen, eben damit aber, wenn man sie bei dem läßt, „was Gott ihnen geoffenbaret hat", auch um so kräftiger werden, auf alle die zu wirken, welche von Natur ihnen gleichgeartet und gleichgestimmt sind? Hier ist jedes Zeitalter, jedes Volk, jeder Bildungskreis ebenfalls als eine solche individualisirte mo= ralische Person zu fassen, die nach ihrer Art will behandelt und ge= führt sein. Die specifisch lutherische Abendmahlslehre z. B. kann auch derjenige, welcher sich dieselbe in ihrer stricten, geschichtlich=confessio= nellen Form für seine Person nicht anzueignen vermag, als ein Er= zeugniß echt deutschen mystisch=theosophischen Geistesstrebens in prak= tisch einfältigem Gewande erkennen, welches in Gottes Oeconomie den Zweck hatte und noch hat, das tiefe Mysterium dieses Sacraments gerade dem deutschen Volksgeiste am ehesten faßbar zu machen und den Angriffen des Zweifels und der Gleichgültigkeit gegenüber heilig zu conserviren. Aehnlich verhält es sich für den romanischen Geist mit der strengen Prädestinationslehre in Bezug auf das Kleinod des

ewigen Lebens, die freie Gnade Gottes in Christo, die freilich an sich
nicht in diese überspannte Form gefaßt werden muß und darf, die in
dieser Fassung vielmehr vielfach verdunkelt wird, während sie ins Licht
gesetzt werden soll, die aber doch für den romanischen Geist schwer ohne
jedes Element solcher Unbedingtheit in der Wahl Gottes recht denkbar
und wirksam bleibt.

Aehnlich ist es mit den Lebensaltern bei den Einzelnen, aber auch
der Menschheit oder doch ihrer großen Culturgebiete, in denen auch
verschiedene Perioden verschiedene Lebensalter repräsentiren. Man hat
diese letztere Wahrheit seiner Zeit nur zu sehr ausgebeutet zu Gunsten
des Mittelalters und seines römischen Kirchenthums in Lehre, Gottes=
dienst, Verfassung. Aber auch ein rein gebliebenes Mittelalter würde
immer Mittelalter, d. h. Zeit des jugendlich phantasie= und gefühls=
reichen, weit ausgreifenden und doch wieder im Einzelnen festgebannten,
jetzt schwärmerisch ahnenden, dann spitzfindig Begriffe spaltenden Jüng=
lingslebens, gewesen sein. Unsere Zeit ist und bleibt eine alte, be=
ruhigte und gereifte in Vergleich mit jener. Und doch auch heute
noch ist der Jüngling in seinem Denken und auch in seinen Glaubens=
anschauungen ein Anderer als der Mann. Jener ist Idealist, Freund
des Geheimnisses, des Streites, in die schwierigsten Probleme am be=
geistertsten sich vertiefend, — dieser Realist, Freund der Klarheit und
Schärfe, des gesicherten Besitzes, mehr geneigt, seine Arbeit solchen
Punkten zuzuwenden, die er vergleichungsweise beherrschen zu können
glaubt, während er dasjenige stehen läßt, von dem er sich durch eigene
Arbeit überzeugt hat, daß es seine Kräfte übersteigt. Hat es seit
Melanchthon, der erst die schroffste Prädestinationslehre im Feuer für
Luther's Zeugniß gegen Erasmus sich angeeignet hatte und nach
zwanzig Jahren jeden Schein derselben als „phrases hebraicas" aus
dem Neuen Testamente zu entfernen fortwährend bemüht war, auch
nur Einen lebendigen und gründlichen Theologen gegeben, der nicht
diesem naturgemäßen Fortschritte menschlicher Geistesentwickelung in
den verschiedenen Phasen seiner wissenschaftlichen Ueberzeugung einen
mehr oder minder reichlichen Tribut gezahlt hätte?

Doch tiefer noch als alle diese natürlichen Unterschiede greifen die
speciell christlichen, die geistlichen Individualitäten und Entwicke=
lungsstufen, die freilich mit jenen oft unmittelbar und immer mittelbar
zusammenhängen, aber doch auch ihr ganz Eigenes haben, was eine
selbständige Würdigung derselben fordert.

Jeder irgend selbständig entwickelte Christ hat seine besondere

Physiognomie, der Eine die vorwiegend heitere, der Andere eine mehr
ernste; der Eine fliegt auf den Fittigen der freien Gnade, die der
Glaube kühn ergreift, der Andere geht einen sorgfältig genauen Gang
im Gesetze Christi; diesem ist der Sieg des Evangeliums bei sich und
bei Anderen wie die zu erobernde Burg dem Feldherrn, jenem wie
der Schatz, der mühsam gesucht und erarbeitet werden soll. Dieser
sieht in der Gotteswahrheit lauter Einfalt, lauter That und Leben,
jener preist ihre Tiefen, ihr Licht, das alle menschliche Erkenntniß
überstrahlt. Man kann dem Einen nicht aufdringen, was dem An=
deren sich ganz von selbst ergiebt. Welch' ein Unterschied zwischen
einem Chrysostomus und Augustin, Suso und Wessel, Luther und
Calvin, Zinzendorf und Wesley! Aber der Lebensgrund des evangeli=
schen Glaubens trägt sie Alle und Jeder hat zu seiner Zeit und für
seinen Kreis mit seiner Art und Gabe seinen providentiellen Beruf
von Gott. Mitunter muß außer der natürlichen Prädisposition noch
die besondere göttliche Führung mit dem Einzelnen dazu kommen, um
ihn gerade auf die Seite der Wahrheit zu führen, für welche der
Herr der Kirche ihn besonders zum Zeugen brauchen will; selbst die
Sünde und die Verkehrtheit in der Art ihrer Aeußerung muß dazu
beitragen.

Dazu kommt der unmerkliche, aber unberechenbare Einfluß der
Zeit, der Nationalität, in welcher der Einzelne steht, ein Einfluß, dem
er sich ebenso wenig ganz entziehen soll, als er es kann, weil er sonst
nicht geschickt sein würde, auf diese seine concrete Umgebung zu wirken.
Nicht umsonst ist des Menschen Sohn der Menschen Erlöser und
Richter, und das germanische Recht will, daß Jedem nach seinem
Stande von seinen Standesgenossen das Recht gesprochen werde. So
konnte nur ein Luther dem deutschen Volke die Reformation bringen,
aber die romanische Kirche des Evangeliums fand erst in Calvin ihren
Mann, den Geist, der sie in vieler Hinsicht noch heute beherrscht, wo
sie in Leben und Frische steht. Dieselbe glühende Jesusliebe bei Zin=
zendorf und Lavater, — aber jener ist ihr Zeuge gegenüber dem pie=
tistischen Gesetz unter vornehmen und geringen Laien, dieser gegenüber
dem rationalistischen Unglauben unter Gelehrten und Gebildeten von
der Schule, jeder von beiden nach seiner Art und durch seine Führung
zu seinem Beruf ausgerüstet und individualisirt. Und ebenso in der
Aufeinanderfolge der Zeiten, deren jede ihre Aufgabe und ihr Be=
dürfniß hat. Man vergleiche Luther's inneren Entwickelungsgang mit
demjenigen Spener's und beider darauf gegründete christliche Eigen=

thümlichkeit. Welcher jugendlich kühne Anomismus und welcher un=
befangen heitere Kosmismus dort, zur Glaubensbefreiung der geknech=
teten Christenheit von dem Joche des Gesetzes, — welcher gesammelte
Ernst und pünktlich treue, enthaltsame Gehorsam hier, zur Beugung
einer antinomistischen Gleichgültigkeit unter das Gebot des Wortes
und Geistes Christi! Es bedarf der Beispiele nicht weiter. An diesen
wenigen schon erkennen wir zur Genüge, wie es ebenso psychologisch
und geschichtlich begründet als öconomisch und pädagogisch gefordert
war, daß der Eine besonders diese Seite der Wahrheit zum Leben
erfaßte, der Andere jene, wie aber auch Keiner von Allen die ganze
Wahrheit absolut erschöpft hatte, sondern theils Anderen andere Seiten
ans Licht zu ziehen übrig ließ, theils durch seine relative Einseitigkeit
eine später ergänzende und berichtigende Erscheinung nothwendig machte.
Wäre nicht auch in Christo das menschliche Leben und Erkennen diesem
allgemeinen Gesetz der Relativität unterworfen, es gäbe keine Ge=
schichte der christlichen Menschheit!

Eben darum aber giebt es auch keine Geschichte auch nur eines
einzelnen Menschen und Christen, in der nicht dasselbe Gesetz in anderer
Weise sich wiederholte. Ein Anfänger, ein Kind in Christo, — sei es
auch leiblich ein Kind oder ein Erwachsener — wäre nicht, was in
diesem Begriffe liegt, wenn er nicht auch das Evangelium der Gnade
und Wahrheit sich anfangs noch mehr oder weniger eine Verheißung
und ein Gesetz Christi sein lassen wollte; aber ebenso wenig ist der
ein Jüngling in Christo, der nicht mit Klarheit und Kühnheit die Er=
füllungswahrheit der freien Gnade χωρὶς νόμου im Glauben erfaßte,
oder der ein Mann, ein Vater im Herrn, welcher noch nach dem ein=
heitlichen Lebensprincip seines Denkens und Handelns hier und dort
suchen müßte, statt es längst gefunden und zum bewährten Besitze zu
haben in Dem, der von Anfang ist, in dem alle Schätze der Weisheit
und Erkenntniß allein liegen, in dem aber auch allein alle Kraft zum
Wollen und Vollbringen uns gegeben ist. Was haben in diesem
Sinne die Kinder Gottes für eine Geschichte ihres Wachsthums im
Verstande am Geheimnisse Christi! Wie ist ihnen da in der einen
Periode diese, in der anderen jene Seite der Wahrheit ihr Licht und
Kleinod, bis sie am Ziel ihres Entwickelungsganges immer mehr zu
dem einigen Centrum alles Lebens und aller Wahrheit hindurch=
dringen, welches Grund und Ziel jedes rechten Wachsthums in Christo
bildet, jenes „ich=Nichts und Er Alles". Endlich wäre Der auch kein
rechter Theolog im göttlichen und lebendigen Sinne des Wortes, der

nicht auch in seiner dogmatischen Erkenntniß „wüchse an Dem, der das Haupt ist, Christus", der, statt „von Gott Offenbarungen" zu empfangen, nichts Anderes thäte, als in ein fertiges System menschlicher Sonderlehre sich mechanisch einzubürgern, um dann so recht auf diesen seinen Hefen liegen zu bleiben, unbekümmert um jeden möglichen eigenen und jeden wirklichen fremden Fortschritt.

Das Alles ist so in die Augen springend, so unleugbare Erfahrungsthatsache und so unzweideutig in sich selbst klar, daß kein auch nur irgend unbefangenes Urtheil sich dagegen verschließen kann. Von der Seite des Objects wie der des Subjects, um welche es sich hier handelt, ist dieses Princip der organischen Mannichfaltigkeit und genetischen Bewegung unabweislich gefordert, und selbst diejenigen, welche sich am meisten der Anerkennung dieser Wahrheit erwehren, legen meist dadurch wider Willen Zeugniß für dieselbe ab, daß sie selbst erst nach längerer Entwickelung bei dem Resultat des stabilen Princips angelangt sind, oder, wenn sie dasselbe etwa anfangs eifrig aufrichteten, später nicht im Stande waren, vollständig bei demselben zu verharren.

III. Die nothwendige innere Bestimmtheit und äußere Begrenzung des Tropenprincips.

Der Widerspruch gegen die in Rede stehende Wahrheit würde keineswegs so vielseitig und heftig sein, wenn es sich eben nur um einen rein theoretischen Satz handelte. Aber das ist allerdings nicht der Fall. Es spricht hier vielmehr die nächste praktische Rücksicht auf kirchliche und sociale oder politische Fragen nur zu sehr mit. Es scheint auf diesem Wege Kirche und Christenthum ganz und gar in jenen verschwommenen Brei von „Ansichten" oder „Anschauungen" aufgelöst zu werden, welchen die heutige Welt etwa als den Ausdruck des „modernen Bewußtseins", der religiösen Freiheit, oder gar als den Triumph der „Union" bezeichnet! — Wäre dem wirklich so, daß nur die Wahl offen stände zwischen dem confusen Chaos dieses fleischlichen Subjectivismus und der starren Ordnung einer dogmatischen Autoritätsherrschaft, dann müßte man sich ebenso sehr hier für die letztere entscheiden, wie auf politischem Gebiet für den monarchischen Despotismus gegenüber dem anarchischen der Masse. Eine solche Unität wäre die äußerste Calamität! Aber ein solcher Zustand verdiente diesen Namen nicht. Die wahrhafte Unität des Geistes und der Liebe steht ganz anders.

In diesem Sinne haben wir nun die innere wesentliche Bestimmtheit des rechten Unitäts= oder Tropenbegriffs nachzuweisen und die praktische Geltendmachung dieses Princips auf die erforderliche Weise zu begrenzen.

Die wahre Unität mit ihrem reichen Tropenleben ist, als die neue Geistesschöpfung Gottes in dem Erfüllungsreiche des Sohnes seiner Liebe, ebenso sehr wie die in demselben Sohne gegründete erste Schöpfung, die Natur, eine einheitlich geordnete Mannichfaltigkeit, ein wahrer Kosmos. Das einheitliche Centrum haben wir bereits gefunden. Dieß muß denn auch in dieser seiner Eigenschaft unerschütterlich festgehalten und wirksam geltend gemacht werden. Man gehe nur von gläubiger Seite klar und kühn mit der Losung: Jesus Christus, der Gottes= und Menschensohn, der Gekreuzigte und Auferstandene, die einige Weisheit und Gerechtigkeit, Heiligung und Erlösung für alle armen Sünder, ohne des Gesetzes Werk, allein aus Gnaden in Zeit und Ewigkeit, — man gehe mit dieser Losung schnurstracks hinein in die Haufen jener bekenntnißlosen und emancipirten Subjectivisten und die Gewässer werden sich zum Erschrecken sondern, wenn es nämlich die Weise des Glaubens wäre, über die Minorität seiner Bekenner zu erschrecken. Er weiß aber, daß es eben diese „kleine Heerde" ist, welcher des Vaters Wohlgefallen das Reich beschieden hat. Dieser centralchristliche Standpunkt muß namentlich in unserer Zeit um so fester gehalten werden, weil, wie die neuesten kirchlichen Vorgange in Frankreich, in Baden und anderwärts uns lehren, die Gefahr gegenwärtig wieder sehr groß ist, eine solche falsche Union zwischen dem Reiche Gottes und der Welt zu stiften, in der die glaubenslose Masse mit allen ihren fleischlichen Begriffen Raum und Recht hat, die Grundwahrheiten des Evangeliums aber selbst von Solchen, welche Gläubige sein wollen oder wirklich sind, diesem Götzen der Menge und ihrer „modernen" Anschauungen ohne Kampf geopfert werden. Aber hier ist der große Irrthum solcher Apologeten der „gebildeten Unkirchlichen" dieser, daß sie meinen, durch das feige Wegwerfen der Waffen christlichen Zeugnisses würden jene Menschen wirklich besser gewonnen werden, als durch ein treues und unerschrockenes Festhalten derselben. Und der Fundamentalirrthum liegt darin, daß man meint, die Massen überhaupt für ein lebendiges Glaubensleben gewinnen zu können. Dieß ist zu keiner Zeit gelungen und wird nie gelingen, weil es der Beschaffenheit der gefallenen Menschheit und der darauf gegründeten göttlichen Signatur des Erlösungsreiches in Christo als Kreuzreich

zuwider ist, so lange dieser Aeon seine gottgeordnete Währung hat.
Die Minorität der aufrichtigen Sucher und Liebhaber der Wahrheit,
welche nach Christi Ordnung für jetzt allein gewonnen werden kann
und darum auch allein gewonnen werden soll — benn was auf un=
heiligem Wege scheinbar gewonnen würde, wäre vor Gottes Augen
Schade und Verlust —, diese Minorität ist zu keiner Zeit durch fleisch=
liche Connivenz, sondern immer nur durch ein Geisteszeugniß mit Be=
weisung der Kraft in Wort und That gewonnen worden. Das gilt
heute noch ebenso und wird nur immer mehr gelten, je weiter die
Weltzeit vorrückt und die ethischen Grundfactoren der Weltgeschichte
sich klarer und schärfer herausgestalten.

In sicherer Erkenntniß dieses großen apostolischen Zeugenprincips
hat auch Zinzendorf Zeit seines Lebens geredet und gehandelt, oft
nur zu schroff Solche mit seinen „runden Confessionen“ abweisend,
welche er, doch mitunter wohl zu früh, für „Feinde des Heilandes“
glaubte halten zu müssen. Jedenfalls ist es sein schönes und durch
die That versiegeltes Bekenntniß in dieser Beziehung, was er in einem
Liede voll Glaubensbitten des Streiters Christi so ausspricht:

> Im Sturm unüberwindlich
> Und unveränderlich,
> Im Punkt vom Gnadenbündlein
> Ein so verwöhntes Kindlein,
> Das immer näher kriecht an Dich.

und:
> Dem Satanas ein Schrecken,
> Den falschen Geistern eine Last.

Aber ebenda heißt es auch:
> Im Umgang sehr verbindlich —

und:
> Mit Jedermann im Friede.

Dieß erinnert uns zunächst an die wichtige praktische Bestimmung, daß
die Art und Weise, wie jener Centralpunkt der evangelischen Heils=
wahrheit allenthalben geltend gemacht werden muß, wenn der Erfolg
der rechte sein soll, eben eine andere ist, als wir sie heutzutage so oft
bei denen finden, welche sich für die treuesten und strengsten Zions=
wächter und Bekenner ansehen. Es fehlt an dieser friedenreichen
Freundlichkeit der Begegnung, des Tons, des ganzen Benehmens, die
doch so tief aus dem Wesen der wahren Wiedergeburt quillt und die
rechte Weisheit von oben kennzeichnet. Wie hat ein Zinzendorf, mochte
er gegen Andere auch mitunter unbillig werden, die ihm mit einer
legalen Christlichkeit entgegentraten, gerade mit verkommenen Geistern,
mit dem Inspirirten Rock, dem Skeptiker Dippel, dem Socinianer

Crell und manchen Anderen der Art, so langmüthig sich gemüht und
doch nie seinen Herrn und das Wort vom Kreuze verleugnet! Dieser
ethische Factor muß hier allerdings gar sehr betont werden, soll wirklich auch zu unserer Zeit nur jene Minorität der Aufrichtigen, „die
da verordnet sind zum ewigen Leben", für das Evangelium gewonnen
werden. Wie oft ist dagegen hierarchische Ungeduld und schroffer Eifer
des Fleisches ein Hinderniß auch für Solche!

Indeß gehört dieß ethisch-praktische Moment nicht z u n ä ch st unter
unseren Gesichtspunkt, dagegen das andere dogmatische, daß nun
dieser „unüberwindlichen Unveränderlichkeit" in der Hauptsache, in dem
unum necessarium, wie wir es oben ausgesprochen haben, zur Seite
gehe eine entsprechende Weite und Freiheit in den Nebenpunkten der
Lehre, den non necessariis oder gar dubiis.

Diese Unterscheidung ist nun freilich eine von confessioneller Seite
a priori verworfene, und wir müßten, wollten wir hier erschöpfend
in unserer Widerlegung dieses Urtheils sein, alles das wiederholen,
was Andere ausführlicher und besser gesagt haben, z. B. J u l i u s
M ü l l e r in seiner Schrift über die Union. Dieß wäre hier nicht
am Ort. Begnügen wir uns, nach dem schon früher hierüber Bemerkten, damit, daran zu erinnern, daß die heil. Schrift des Neuen
Testamentes, welche wir evangelische Protestanten sämmtlich allein als
Quell und Norm der Wahrheit anerkennen, als das richtige Kriterium
zwischen dem Geiste aus Gott und dem Geiste nicht aus Gott n i ch t
hinstellt eine Lehre über das heil. Abendmahl, oder über die Prädestination, oder über die Verfassung der Kirche, sondern das Bekenntniß,
daß Jesus — der Sohn Gottes — im Fleische gekommen ist, d. h.
der Gottmensch ist, und daß in ihm als dem Gekreuzigten allein Heil
zu finden ist (1 Joh. 4, 2. 3.; 1 Kor. 1, 22 ff.). Jede Aufrichtung
einer a n d e r e n Scheidewand zwischen Christen und Nichtchristen oder
rechten Gläubigen und falschen Brüdern fällt somit einfach unter den
Begriff des von Paulus verurtheilten fleischlichen, sectirerischen Spal-
tungswesens (1 Kor. 1, 12 ff. 3, 3.). Aber auch dieß zugegeben, — und wenigstens der wahrhaft geist-
lich Lebendige im confessionellen Lager wird es seinem Herzen nach
zugeben — auch dieß zugegeben, handelt es sich hier beim Blick auf die
praktischen Verhältnisse ja nicht ausschließlich um diesen tiefsten Gegensatz
von Christenthum und Unchristenthum. Ueber diesen sind wir durch die
oben geforderte entschiedene Geltendmachung der evangelischen Centralwahrheit schon hinaus. Aber die Frage ist, wie innerhalb des christlich-

kirchlichen Gesammtgebietes, in welchem diese Centralwahrheit zur
Seligkeit Grund und Kern des gemeinsamen Bekenntnisses ist, nun
auch den geschichtlich gegebenen und gottgeordneten sonderkirchlichen
Unterschieden im Lehrbekenntniß Rechnung getragen und ihr Bestand
gesichert werden kann, wenn diese Besonderheiten im Lichte unseres
Tropenprincips doch nur als verschiedene menschliche Auffassungsweisen
gelten sollen.

Der Stein des Anstoßes ist hier dieser, daß, wenn überhaupt
zwischen Centralem und Peripherischem unterschieden und im Gebiete
des letzteren der Mannichfaltigkeit Raum gegeben wird, mit innerer
Nothwendigkeit auch jeder Einzelne den Anspruch hat, sich gegenüber dem Sonderbekenntnisse seiner Kirche dieses Rechtes für seine
individuelle Ueberzeugung bedienen zu dürfen. Es kommt hier namentlich für den Theologen, an sich aber für jeden wissenschaftlich gebildeten und denkenden Gläubigen unvermeidlich die Wahrheit zur Geltung, welche Zinzendorf gelegentlich paradox so ausspricht: „daß doch
eigentlich ein jeder Bruder in gewissem Sinn seinen eigenen
Tropus habe. Das sei die Religion, zu der er sich bekenne." Das
klingt sehr gefährlich, und hier liegt der eigentliche Angriffspunkt für
die Gegner des Tropenprincips. Denn es sind unter diesen, wenigstens aus dem Kreise der Theologen, im Grunde doch nur sehr wenige,
welche, rein theoretisch genommen, sich der Anerkennung schlechthin entziehen könnten und wollten, daß so manche speciellere Fragen der
christlichen Lehre, über die sie selbst erst nach manchen Entwickelungs-
phasen zu ihrer jetzigen „orthodoxen" Entscheidung gekommen sind,
doch vielleicht nicht ohne bestimmte Anhaltspunkte in der Schrift und
im christlichen Bewußtsein auch abweichend beantwortet werden könnten
und daß, wo dieß der Fall ist, keineswegs sofort intellectuelle Beschränktheit oder ethische Unlauterkeit vorausgesetzt werden dürfe. So
lange es sich daher nur um das friedliche Nebeneinanderbestehen äußerlich völlig gesonderter, „reinlich geschiedener", confessioneller Gebiete
handelt, läßt man sich dieß auch praktisch allenfalls gefallen. Aber
sobald die individuelle Entwickelung der Einzelnen innerhalb dieser
größeren Kreise nun auch beansprucht, daß jene theoretische Anerkennung ihr zu Gute komme, hört die Nachsicht auf. Auf der anderen
Seite ist es, jene theoretische Begründung einer Mehrheit von Lehrtropen einmal vorausgesetzt, wie auf der Hand liegt, ein Unding, die
Geltung dieser Wahrheit für den Einzelnen gänzlich zu negiren oder
zu fordern, daß ein Jeder, wenigstens jeder Theolog und Kirchen-

biener wegen jedes speciellen Diſſenſus; in welchem er ſich mit der
Lehre ſeiner Kirche befindet, in das Gebiet einer anderen emigriren
ſolle. Geſchieht dieß aber nicht, ſo ſcheint damit eine allgemeine Un=
ſicherheit des Bekenntnißſtandes und eine Verwirrung im Gebiete der
öffentlichen Lehre eintreten zu müſſen, welche nur von dem größten
Nachtheile ſein kann.

Dieſer unmittelbar praktiſche Geſichtspunkt, der Blick auf das
Verhältniß zwiſchen ſubjectiver Ueberzeugung des Einzelnen und ob=
jectiv gegebener Lehrbeſtimmung und Autorität, iſt es, welcher dem
Tropenprincip oft gerade die Treueſtmeinenden zu Gegnern macht und
ihren Angriffen, wie geſagt, den ſcheinbarſten Halt verleiht. Im ge=
ſchichtlichen Intereſſe müſſen wir hier zunächſt daran erinnern, daß
gerade dieſe durch das Leben ſelbſt ſich ihm unmittelbar aufdrängende
Rückſicht für Zinzendorf ſeiner Zeit das Hauptmotiv war zur
Ausbildung ſeiner Tropenidee und er tief überzeugt war, dadurch nicht
eine neue Schwierigkeit und Unordnung heraufzubeſchwören, ſondern
vielmehr in dieſem Princip das einzige Mittel gefunden zu haben, durch
welches ein vorhandenes und durch den inneren Fortſchritt des Reiches
Gottes in der evangeliſchen Kirche und ihrer Theologie nothwendig
immer mehr hervortretendes Verhältniß zu ſeiner rechten Ordnung
gebracht werden könne.

Und darin hatte er nach unſerer Meinung vollkommen Recht.
Die gegenwärtige Zeit bedient ſich auch dieſes Mittels bereits auf
mannichfache Weiſe und zum großen Segen der Kirche. Unſere Her=
vorhebung des Tropenprincips bringt daher in gewiſſem Sinne gar
nichts eigentlich Neues mit ſich, aber ſie giebt den chriſtlichen Ver=
brüderungen, die oft mehr nur aus unmittelbar praktiſchen Antrieben
des Lebens hervorgegangen ſind und in dogmatiſcher Beziehung mehr
nur das Gegebene an weſentlicher Einigkeit und minder weſentlichen
Differenzen zum Ausgangspunkt nehmen, eine beſtimmtere und ge=
ſicherte theoretiſche Grundlage, — ſie giebt zur Praxis das Princip
in einer aus dem gemeinſamen evangeliſchen Fundamentalprincip der
Schrift und des Glaubens richtig abgeleiteten Geſtalt. Und dieſe
theoretiſch=principielle Begründung iſt hier, wie in allen ſolchen Ver=
hältniſſen, von hohem Werth. Erſt dadurch kommen die praktiſchen
Geſtaltungen und Beſtrebungen zu rechter Klarheit und Selbſtgewißheit.

Richtig betrachtet, iſt es eben dieß Tropenprincip, welches allein
die collidirenden Forderungen individueller Freiheit und geſammtheit=
licher Ordnung und Feſtigkeit zu verſöhnen weiß. Wer ihm nicht

huldigt, kommt, sobald er an irgend einem Lehrpunkte zu einer individuellen Ueberzeugung gelangt, welche derjenigen seiner Umgebung
nicht conform ist, allerdings in den Fall, zu meinen, er müsse nun
der Wahrheit zu Ehren und den Anderen zum Heil dieß sein Licht
so bald und so hoch als möglich auf den Leuchter stellen und die
irrige Gegenlehre bekämpfen. Wenn nun zumal in einer Zeit wie
die unsere, wo jeder Theolog seinen wissenschaftlichen Gang durch-
gemacht und fast jeder in diesem oder in jenem Punkte seine Besonderheit hat, Alle diesen Weg verfolgen wollten, so würde allerdings eine
allgemeine chaotische Confusion an die Stelle jener confessionellen Rein-
lichkeit treten. Aber diesen Weg verbietet eben gerade das richtig verstandene Tropenprincip. Es legt dem Einzelnen allerdings in dem
Fall, daß sein Dissensus ein mehr centraler und von der Art ist, daß
er auch in der praktischen Lehrthätigkeit ohne unheilige Dissimulation
nicht verborgen bleiben kann, die Verpflichtung auf, sich, soviel an ihm
ist, nach einer Stätte seiner Wirksamkeit umzusehen, welche ihm eine
freie Bewegung nach seinem Verstande am Geheimnisse Christi gewährt. Aber es weist ihn auch an, diesen Ausweg so still als möglich, mit Vermeidung alles unnöthigen Aufsehens, zu nehmen; denn es
lehrt ihn Achtung vor dem in diesem Kreise von Gott geordneten
herrschenden Tropus und sagt ihm, daß, wenn sich nicht Jeder nach
der Schrift unterwinden soll, Lehrer zu sein, der Beruf eines Reformators noch viel seltener ist. Der rechte kindliche und männliche
Glaubensgehorsam verbietet es ihm, hier irgendwie eigenmächtig und
störend aufzutreten, und der Tropenbegriff kann ihn darin nur be-
stärken, denn er mahnt ihn, wie auch in solchen praktisch wichtigeren
Punkten, die doch immer nicht jenem einen Fundamental- und Central-
satze gleichstehen, seine eigene Erkenntniß noch unter das allgemeine
Gesetz des Stückwerks nach paulinischem Principe fällt.

Vollends aber wenn es sich nun bloß um minder bedeutende, zumal praktisch weniger hervortretende, rein schultheologische Punkte handelt, ist sich Jeder, der dem Tropenprincip huldigt, dessen klar bewußt,
daß da das ἐκ μέρους γιγνώσκομεν gilt und die abweichende Ansicht
Anderer, unbefangen betrachtet, von Seiten der Schrift und des
Denkens vielleicht ziemlich ebensoviel Instanzen für sich hat. Da kann
es ihm denn nicht einfallen, um eines solchen Dissensus willen etwa
seine gottgegebene Stellung im Lehramt aufzugeben, aber ebenso wenig
seine Gemeinde nun mit dieser seiner individuellen Ueberzeugung, deren
Werth und Inhalt sie größtentheils gar nicht einmal verstehen würde,

voreilig und eigenmächtig bewirthen, richtiger gesagt, verwirren zu
wollen. Vielmehr gilt ihm hier auf dogmatischem Gebiete ganz das=
selbe, was der Apostel für das ethisch=praktische fordert: Haft du die
Erkenntniß, so habe sie bei dir selbst, vor Gott; lerne, die Schwachen
im Glauben, d. h. in der Glaubenserkenntniß, aufzunehmen, wie
sich's gebühret, und errege nicht Streitfragen, welche die Gewissen
und den Glauben verwirren." So schlichtet gerade das Tropenprincip
sofort und auf die sicherste Weise die Schwierigkeiten, welche es, wenn
man so will, heraufbeschwört, denn es ist eben, als das rechte Lebens=
princip des Geistes und der Liebe, ebenso sehr das Princip der Ein=
heit in der Mannichfaltigkeit als dasjenige der Mannichfaltig=
keit in der Einheit.

Der schlagendste Beweis dafür liegt in der Thatsache, daß heut=
zutage, wo die Zeiten einer mechanischen Massenorthodoxie innerhalb
der Confessionen zum mindesten für die Theologen — Gott sei Dank —
auf immer vorüber sind, beinahe alle irgend geisteslebendigeren Ortho=
boxen und Confessionellen in dem Falle sind, trotz ihrer obligaten
Verwerfung unseres Princips dasselbe praktisch für ihre Person
in Bezug auf den einen oder anderen Lehrpunkt in der bezeichneten
Weise im Stillen walten zu lassen. Es werden Wenige, wenn sie
aufrichtig sein wollen, im Stande sein, dieß zu leugnen.

Sehen wir aber von diesen kirchlich=praktischen Fragen auch ab,
so werden andere Gegner des Tropenprincips immer noch einwenden,
daß doch so für den Einzelnen Alles zuletzt auf seine individuelle Ge=
wissensbeurtheilung ankomme, und es sei also mit dem vermeintlichen
Tropenprincip gar nichts Besonderes gegeben, vielmehr genüge hier
völlig das allgemeine ethische Princip des Evangeliums, daß der Glaube
sich eben in Demuth und Liebe bewähren müsse. Höchstens werde auf
diesem Wege ein Mittel an die Hand gegeben, vorhandene kirchlich=
praktische Verwickelungen im Einzelnen und im Großen einigermaßen
zu ordnen und die Gesammteinheit der christlichen Gemeine der Haupt=
sache nach zu erhalten, aber für die Wissenschaft, für die Theologie,
und die Förderung ihrer Aufgaben werde damit nichts Heilsames ge=
schafft. Für die rechte Organisirung verschiedener dogmatischer Rich=
tungen und Auffassungen werde ein sicheres dogmatisches Krite=
rium gar nicht geboten. Darauf antworten wir erstens, daß aller=
dings ein mechanisch äußerliches dogmatisches Kriterium über zulässigen
oder unzulässigen, begründeten oder willkürlichen Dissensus durch das
Tropenprincip nicht geboten wird, aber auch nicht geboten werden

kann und soll. Vielmehr ist gerade das die Krone und das göttliche
Wahrheitssiegel des Tropenprincips, daß es einen zunächst wissenschaft=
lich begründeten und bezogenen Satz so unmittelbar und innig zugleich
ethisch erfüllt und durchdringt. Alle rechte christlich=theoretische Wahr=
heit soll und muß zugleich eine ethische sein, ethisch begründet und
ethisch ausgewirkt, und so liegt die Kraft und Sicherheit der Wirkung
des Tropenprincips wesentlich eben darin, daß es einmal überhaupt
nur auf Grunde der treu und lebendig angeeigneten Centralheilswahr=
heit des Evangeliums die Geister zur Freiheit entbindet, eben
darum aber weiterhin auch allen Gebrauch derselben an das Gesetz
Christi, das Gesetz des Geistes im Glauben, bind·et. Es ist, wie
wir in der dogmatischen Begründung des Begriffs gezeigt haben, nicht
der Freibrief für eine beliebige Menge von natürlichen selbstwilligen
„Typen“ in dem Gebiet des individuellen Denkens, sonst wäre .es
allerdings das schlechte Gesetz subjectiver Willkür für dieses und das
rechte Seitenstück zu dem praktischen Emancipationsgesetze des modernen
Revolutionsstandpunktes im Leben, sondern es will nur der in der
Schrift und im Menschengeiste von Gott gesetzten Mannichfaltigkeit
ihr Recht wahren und weiß sich daher an diese göttlichen Zeugnisse
und Gaben gebunden. In diesem Sinne durch und durch ethisch be=
stimmt, als rechtes Princip der christlichen Freiheit im Reiche der
Glaubenserkenntniß ist es das gerade Gegentheil einer beliebigen sub=
jectiven Willkür, es ist das Princip des Glaubensgehorsams gegen
die göttlichen Führungen mit dem menschlichen Erkennen, das rechte
gottmenschliche Princip der Freiheit in der Abhängig=
keit, wie sie den Gotteskindern sowohl im Denken als im Leben
allein ziemt. „Was Gott einem Jeden geoffenbart hat“, sollen wir ja
nach des Apostels Willen an dem Bruder achten. Damit ist einer
zuchtlosen Willkür des individuellen Denkens und Setzens und einer
fleischlichen Connivenz dagegen von vornherein das Recht genommen,
vielmehr die Freiheit der Erkenntnißthätigkeit in den Gehorsam des
Glaubens und die Bande der Liebe im Glauben gebunden.

  · Zweitens aber behaupten wir, daß, im lebendig machenden Geiste
verstanden und mit der rechten Klarheit des Denkens angewandt, das
Tropenprincip allerdings auch wissenschaftlich und dogmatisch ein be=
stimmtes und sicheres Urtheil über die Stellung eines besonderen theo=
logischen Satzes im Lehrganzen verleiht. Denn es setzt einmal ein
lebendiges Verständniß des Centraldogma's des Evangeliums voraus
und verleiht andererseits den gehörigen Einblick in die verschiedenen

biblischen und speculativen Wege der Entfaltung desselben zu einer
Mannichfaltigkeit peripherischer Lehrbildungen in Bezug auf die ein=
zelnen abgeleiteten Punkte. Ebenso lehrt es die mitwirkenden psycho=
logischen und geschichtlichen Factoren bei dieser Ausgestaltung der Lehre
kennen und würdigen. Damit aber giebt es für einen aufrichtigen
Sinn und ein klares Denken Licht genug in das jedesmalige Ver=
hältniß des einzelnen fraglichen Satzes zum Centrum der evangelischen
Wahrheit oder zu den besonderen Bekenntnißschätzen einer kirchlichen
Gemeinschaft und setzt den Forschenden ausreichend in den Stand, so=
wohl seinen eigenen Standpunkt mit Sicherheit zu nehmen, als auch
den abweichenden richtig zu beurtheilen. Es öffnet den Blick in den
Organismus der gottmenschlichen Wahrheit in Christo und verhilft
darum auch zu einer organischen Behandlungsweise der
Theologie. Es macht nicht gleichgültig gegen die Bestimmung der
einzelnen peripherischen Lehrpunkte, denn im Wesen des Organismus
liegt die allerinnigste Einheitlichkeit, so daß kein Glied anders als
durch den lebendigen Zusammenhang mit dem Centrum Wahrheit und
Leben behält. So muß es auch für den Theologen ein hohes Gut
und beständiges Ziel bleiben, für seine Person soviel als immer
möglich von dem sicheren Centrum aus an der Hand der Schrift=
zeugnisse in der Schule des göttlichen Geistes und mit Hülfe des
möglichst folgerichtigen Denkens den Weg zu den einzelnen Punkten
der Peripherie so zu finden, daß ein jeder in das rechte Licht tritt.
Darum ist ihm für seine Person die verschiedene Bestimmung auch
der verhältnißmäßig am meisten peripherischen Lehrpunkte, z. B. der
Engellehre oder der Frage über Traducianismus und Creatianismus,
der eschatologischen Fragen über das Millennium u. s. w., durchaus
nicht gleichgültig und die erfahrungsmäßig vorliegenden Differenzen
auch der gläubigen und in den Hauptpunkten ganz übereinstimmenden
Theologen werden ihm nur immer erneuerter Anlaß zu einer wieder=
holten und gründlichsten Erforschung, um seine Ueberzeugung in Be=
treff derselben zu befestigen oder, wo nöthig, zu berichtigen.

Aber auf der anderen Seite ist es nun ebenso im Wesen des
Organismus begründet, daß doch ein großer Unterschied besteht zwi=
schen den Haupt= oder Centralorganen und den mehr in den Bereich
der Peripherie gehörigen, so daß, während bei jenen eine wesentliche
Gleichartigkeit gemäß dem einmal bestimmten Typus zur Gesundheit
des Lebens durchaus erforderlich ist, bei den anderen viel mehr Freiheit
und Mannichfaltigkeit der Gestalt, der Ausbildung, der Beweglichkeit

und Ebenmäßigkeit zulässig ist und wirklich stattfindet. Dasselbe findet
seine Geltung auch hier, und es kann nur einem Mangel an Un=
befangenheit und Klarheit des Denkens zugeschrieben werden, wenn
dieß verkannt wird. Tiefer betrachtet, muß sich dem Theologen sofort
zeigen, wie, unbeschadet des objectiv vorhandenen Lebenszusammen=
hangs aller Lehrpunkte mit dem Centrum, doch der Weg von diesem
zu jenen, die Reihe begrifflicher Vermittelungen exegetischer und dog=
matischer Art bei so manchen Punkten viel länger und complicirter ist
als bei anderen, also viel mehr bedingt durch die subjective Befähigung
und Uebung des Einzelnen in Bezug auf scharfes und folgerichtiges
Denken, durch psychologische und geschichtliche Gegebenheiten, welche
oft sehr schwer zu überwinden sind, durch praktische, besonders auch
polemische Anlässe, welche mehr, als an sich billig und recht ist, auf
die Bildung der theologischen Lehrbestimmung in bestimmten gerade
streitigen Punkten einwirken. So wenig nun der, welcher vom Tropen=
princip sich leiten läßt, eine beliebige theologische Willkür, individuelle
Caprice an irgend einem Punkte sich oder den Anderen erlauben wird,
so wenig er also, wie vorher. gesagt, ein buntes Chaos „naturwüch=
siger Typen" ohne Widerspruch gleichgültig hervorwuchern lassen kann,
so ernstlich er unter Umständen auch einem treuen Mitforscher da, wo
er ihn an irgend einem, vielleicht dem Centrum schon näheren, Punkte
nach seiner eigenen innigen Ueberzeugung abirren sieht, dieß ans
Herz legen und versuchen wird, ihn des Besseren zu überzeugen,
ebenso gewiß wird er doch auch immer bereit sein, die Ueberzeugung
des Anderen da, wo sie sich ihrerseits auf ein ethisches und intel=
lectuelles „Hier stehe ich, Gott helfe mir, ich kann nicht anders" zu=
rückzieht, zu ehren und für die Zeit stehen zu lassen.

Praktisch genommen, muß und soll das ja nun auch da geschehen,
wo der Dissensus wirklich ein schon ins Centrum reichender ist, und
da am allerwenigsten würde fortgesetztes Disputiren zum Ziele helfen,
wie die Geschichte der Kirche und Theologie am besten lehrt. Aber
theoretisch hört doch dann die gegenseitige Anerkennung auf. Dagegen
besteht diese bei den peripherischen Fragen eben darum, weil hier,
ihrer eigenthümlichen Natur wegen, der besser Belehrte doch auch sich
selbst immer sagen muß, daß er seinerseits vielleicht an irgend einem
Punkte der wissenschaftlichen Vermittelung unbewußt fehle, und anderer=
seits weiß, daß der Gegner, ohne am centralen Lebenspunkte des Heils=
glaubens Schaden zu leiden, hier so oder so dissentiren könne.

Nehmen wir hier beispielsweise eine dem Centrum des Heils=

glaubens von der einen Seite sehr nahe stehende Lehre, die von der
Person des Heilandes selbst, in nähere Betrachtung. Sie eignet sich
dazu um so mehr, weil sie auch in unserer Zeit eine von der gläubigen
Theologie viel bearbeitete ist und doch kaum Jemand aus diesem Kreise
wünschen wird, daß sie in der Weise wie in der alten constantino=
politanischen Zeit zum Object des Kirchenstreites und der gegenseitigen
Verdammung werde. Hier ist soviel gewiß, daß ein Jeder, der in
ethisch lebendiger Weise, mit dem Herzen und aus eigener Heils=
erfahrung auf dem sola fide und sola scriptura der evangelischen
Kirche steht, von keinem anderen Heilande wissen kann und will als
von dem wahrhaftigen Gottes= und Menschensohne, der unser Aller
alleiniges und absolutes Heil ist, dem Gekreuzigten und Auferstandenen,
der erhöhet ist zur Rechten des Vaters, und zukünftig zu richten die
Lebendigen und die Todten. Dieß haben wir als die Central= und
Fundamentalwahrheit zum Heil bezeichnet. Darin liegt für die nähere
dogmatische Bestimmung der Lehre von Christo, daß er nicht bloßer
Mensch ist. Der ebionitisch = rationalistische Christusbegriff kann als
Schwachheit in den Anfangsstadien des Glaubens unter gewissen Ver=
hältnissen bei dem Einzelnen vorkommen, wie dort bei Philippus
(Joh. 1, 46.) und in anderen ähnlichen Fällen (vergl. in Bezug auf
den heiligen Geist die „Jünger" Apgsch. 19, 1 ff. und den Apollos
18, 25.), aber auf die Dauer kann dabei Keiner bleiben, der wirklich
das Heil und den Heiland in der Schrift sucht (Joh. 5, 39. 40.).
Jesus der Gottmensch, das ist das specifisch christliche Grund=
bekenntniß. Und gewiß ist, daß, wenn mit lauterem Glaubenssinn
und klarem Denken an der Hand der Schrift in der Schule des
Geistes von diesem Grundbegriffe aus fortgeschritten wird, das wissen=
schaftliche Resultat davon kein anderes sein wird als die kirchliche
Christologie, welche erst in dem Begriff des persönlich präexistenten
λόγος θεός ihren klaren und sicheren Abschluß findet. Aber ebenso
muß eine in Einfalt nüchterne theologische Betrachtung zugeben, daß
dieses tiefste Geheimniß der neutestamentlichen Offenbarung in der
Schrift selbst verhältnißmäßig selten und zurückhaltend bezeugt ist und
in den apostolischen Verkündigungen, sowohl in der Apostelgeschichte als
in den Briefen, keineswegs zunächst als das Object des seligmachenden
Glaubens dargeboten wird. Dieß ist vielmehr der Gottmensch
oder Gottessohn in seiner geschichtlichen Person und
seinem geschichtlichen Werke. Auch darf zugegeben werden,
daß eine Fassungsweise der vielsagendsten Stellen bei Johannes und

Paulus, welche sich auf eine bloß ideale Präexistenz des Gottmenschen beschränkt, wenigstens allenfalls möglich ist. Darum hat man in unserer Zeit von gläubiger Seite nicht ohne guten Grund als den Grenzpunkt des anzuerkennenden christlichen Glaubens und Lehrens doch nur das Bekenntniß zu diesem geschichtlichen Gottmenschen, dem sündlosen Christus oder, biblisch ausgedrückt, dem „Heiligen Gottes" (Joh. 6′ 69.), bezeichnet. Bei einem Jacobus finden wir nichts, was darüber hinausginge. Es ist ein unvollkommener, aber doch noch ein christlich=biblischer Lehrtropus. Und dasselbe gilt noch mehr, wenn es sich nun weiter um die specielleren Bestimmungen der Christologie handelt, je nachdem auch bei vollem Bekenntniß zum johanneisch=pau= linischen Gottes= und Menschensohn der vorwiegende Gesichtspunkt ein theologischer oder anthropologischer, der eine Tropus mehr monophy= sitisch, der andere mehr nestorianisch, der eine mehr monotheletisch, der andere mehr dyotheletisch, der eine mehr athanasianisch, der andere mehr apollinaristisch ist, oder wenn der eine Tropus die Kenosis voller und tiefer faßt, der andere sie fast zur bloßen Krypsis abschleift u. s. w. Jeder unbefangene Theolog erkennt, daß für die Entscheidung solcher Fragen die Schrift viel weniger unmittelbare und evidente Zeugnisse giebt, als man oft behauptet, und daß dabei die individuelle Bestimmt= heit des einzelnen Denkers in geschichtlicher und intellectueller Hinsicht, daß anderweitige speculative und ethische Momente fast unvermeidlich auf die Bildung der persönlichen Ueberzeugung einwirken. Hier ist bescheidene Achtung fremder Lehrtropen so klar geboten, daß selbst die, welche unser Princip theoretisch verwerfen, demselben wenigstens prak= tisch — Gott sei Dank — oft redlich huldigen [1]). Dieß eine Beispiel mag

----

[1]) Viel schöner, lehrreicher und erbauender freilich ist es, wenn Theologen gleichen Glaubensgrundes, die aber in einem solchen Punkte verschiedener Ansicht sind, diesen Unterschied in principieller Anerkennung der von uns vertretenen Wahrheit wie im platonischen Dialoge gemeinsamen Suchens nach der vollen Wahrheit, besser gesagt, in echt christlich jüngermäßiger συζήτησις, miteinander durcharbeiten. Wenn in den „Jahrbüchern" Dr. Liebner und Dr. Dorner ihre abweichenden Ansichten von der κένωσις verhandeln, in den „Studien und Kri= tiken" Dr. Ullmann und Dr. Bähr ihren Dissensus über das geistliche Priester= thum der Gläubigen zur Sprache bringen, so muß der Leser diesen verehrten Männern nicht bloß für die Belehrung, sondern, tiefer genommen, auch für die Erbauung danken, welche dem gläubigen Theologenkreise dadurch geboten wird. Schreiber dieses kann bei Erwähnung des erstgenannten christologischen Differenz= punktes übrigens nicht umhin, im Blick auf Dorner's Christologie, Th. II. S. 1274., wo derselbe von der von ihm bestrittenen und als theopaschitisch be=

genügen. Denken wir babei baran, baß auch die Chriſtologie ſeiner
Zeit ſehr in den Hauptſtreit der Reformationszeit, über das Abend=
mahl, hineingezogen worden iſt, ſo können wir in dieſer, aber auch
in umfaſſender Beziehung auf alle ähnlichen Punkte ſagen: Das Tropen=
princip wird allerdings oft dahin führen, mit jenem berühmten Worte
Luther's zu Marburg einem diſſentirenden Bruder zu ſagen: „Es iſt
ein anderer Geiſt in dir, barum können wir uns hier nicht ver=
ſtändigen", aber es wird genauer unterſcheiden lehren, ob dieß ein
anderer Geiſt iſt im bibliſch=pneumatiſchen, d. h. zuletzt im religiös=
ethiſchen, im göttlichen Sinne, der Gegenſatz von 1 Joh. 4, 1 ff.,
und alſo die Brudergemeinſchaft in Chriſto keine Statt mehr findet,
oder ob es ein anderer Geiſt nur iſt im pſychologiſchen und geſchicht=
lichen, im menſchlichen Sinne, und wenn dieß der Fall iſt, weiſt
es vielmehr an, in dieſem niederen theologiſchen Diſſenſus den gott=
gewollten Anlaß zu finden für eine um ſo intenſivere Geltendmachung
der Fundamentaleinheit im Centrum trotz und über den verſchiedenen
theologiſchen oder confeſſionellen Anſchauungen. Im erſten Falle, der
Welt gegenüber, gilt es ein abſchneidendes Zeugniß, im anderen, den
Brüdern gegenüber, — ſeien ſie auch irrende oder ſchwache — ein neu
zu beginnendes gemeinſames Forſchen nach dem Ziele der Wahrheits=
erkenntniß oder doch ein gegenſeitiges Sich=Aufnehmen und Tragen in
der Liebe. Und dazu verleiht das richtig verſtandene Tropenprincip
eben das ſichere auch theoretiſch=dogmatiſche Licht. Es iſt in Wahr=
heit das, wie die Kirche und ihr Leben, ſo auch die Theo=
logie bauende und nach dem Maße des gegenwärtigen
Aeons vollendende Princip.

IV. Die Bedeutung des Tropenprincips für die Gegenwart.

Wir haben gezeigt, wie unſer Princip, richtig beſtimmt und be=
grenzt, keineswegs deſtructiver Natur iſt, ſondern durch und durch

---

zeichneten Kenotik ſagt, „daß als deren Vorläufer Zinzendorf anzuſehen ſei",
hinzuzufügen, wie er für ſeine Perſon allerdings nicht in den Wunſch des be=
rühmten Chriſtologen einſtimmen kann, „daß dieſelbe nur eine vorüber=
gehende ſein werde", ſondern vielmehr der Hoffnung lebt, dieſelbe werde ſich
nicht wieder aus der evangeliſchen Theologie vertreiben laſſen und nur immer
tiefer und klarer bibliſch und ſpeculativ begründet werden. Aber entſetzlich wäre
es freilich, wollte man mit roher Hand ſolche „noch junge und zarte Dogmatik"
(Nitzſch, Syſtem, §. 127.) zum Gegenſtande fleiſchlicher Streittheologie machen.
Das thut ſelbſt Philippi nicht. Vergl. Kirchliche Glaubenslehre, Th. IV.
S. 355. Anm.

positiv wirkt, während es doch der freien Entwickelung und Bewegung des Glaubensgeistes den Raum nicht nimmt, sondern vielmehr aus= drücklich vindicirt und principiell sichert. Darauf ruht seine Bedeu= tung für die Theologie, die christliche und kirchliche Wissenschaft, wie die eben angestellten Betrachtungen in Bezug auf dieses Gebiet uns schon nahe gelegt haben. Es kann keine gesunde, wahrhaft ge= schichtliche, organisch=genetische und doch lebendig freiheitliche Entwicke= lung der Theologie geben, als so, daß der Einzelne und jede Schule oder Generation bei ihrer Forschung immer ebenso willig und dankbar aus den Schätzen der Vergangenheit, zunächst der eigenen kirchlichen Vorfahren, schöpfen, als sie zugleich bereit sind, auf neue Gesichts= punkte einzugehen, welche der göttliche Geist genialen Menschengeistern im Glauben eröffnet. Stetigkeit und Bewegung, Ordnung und Frei= heit, Receptivität und Reproductivität — sofern von eigentlicher Pro= duction hier nicht die Rede sein kann —, die constitutiven Momente alles Lebens und aller Entwickelung, müssen auch die der Theologie sein, wenn sie gedeihen soll in diesem Aeon des Werdens. Eben dieß aber sind die beiden wesentlichen Momente des Tropenprincips.

In derselben Eigenschaft ist aber auch seine große praktische Bedeu= tung begründet für das kirchliche Leben einer Zeit wie die unsere, welche auf der einen Seite in allen Gebieten eine so vielseitige Indivi= dualisirung, so unendliche Mannichfaltigkeit und Bewegung der Ansichten, Bestrebungen und Thätigkeiten — gewissermaßen eine solche „Theilung der Arbeit" auch auf dem Boden der geistigen Thätigkeit, — zu Tage fördert, eben damit aber auf der anderen Seite die Menschheit um so mehr nöthigt, das Vereinzelte wiederum zu naher und lebendiger Ein= heit zusammenzufassen, will sie anders nicht jede Kraft sich eitel ver= zehren und die wahren Ziele all' ihres Bewegens unerreicht sehen. Und wenn auch der Menschheit, der Welt als solcher, nach der Schrift in der That kein anderer Ausgang geweissagt werden kann, als ein solcher allgemeiner und totaler Bankerott, eine solche fieberhafte Selbst= verzehrung ihrer excentrischen Bewegung und Thätigkeit, die sie in Gottes Augen bald zum πτῶμα macht, über welches dann zu seiner Stunde die Adler des Gerichtes kommen, — die Kirche hat eine andere Aussicht. In ihrem Panier steht der Sieg, denn ihr Herr muß und wird das Feld behalten. Mag sie äußerlich in jene Kämpfe und Zuckungen der in sich zusammenbrechenden Welt noch so sehr hin= eingezogen werden, — und das wird ja nach dem Worte der Weis= sagung geschehen und muß geschehen, der Kirche selbst zur heilenden und sichtenden Zucht — so wird sie eben nur gereinigt und recht zu sich selbst gebracht aus diesen Prüfungen hervorgehen, um als eine reine Braut dem Herrn entgegenzugehen, wenn er kommt. Die Kirche hat eine große Zukunft.

Darum hat aber die Kirche auch ihre große Aufgabe. Was der Welt nicht gelingen kann, das Losungswort zum Siege, das Lösungswort aus ihren Wirren zu finden, Freiheit und Festigkeit, Mannichfaltigkeit und Einigkeit, Individualität und Autorität, Subject und Object in wahrhafte und lebendige Harmonie zu bringen, das kann und soll die Kirche thun. Denn das alle Räthsel lösende Wort oder vielmehr die Erlösungsthat, ja die allbefreiende und alleinigende Persönlichkeit, den Gottmenschen und sein heiliges·gottmensch= liches Lebensprincip für Wirken und Erkennen, das, was die Welt ex professo nicht will, das nennt die Kirche ihre Krone und Kraft. Und je mehr sie, mit oder ohne ihren Willen, in den Entscheidungs= kampf mit der widerchristlichen Welt hineingetrieben wird, um so mehr wird sie diese ihre gottgegebene Waffe nach allen Seiten hin schwingen müssen. Dem „Hie Mensch=Gott!" (1 Mos. 3, 5.) wird immer be= stimmter und ausschließlicher das „Hie Gott=Mensch!" (Apgsch. 4, 12.; 1 Kor. 1, 22 ff.; 1 Joh. 4, 2. 3.) entgegentreten müssen. In diesem Centralpunkt wird sich dann jene rechte Einheit aller wahren Gläubigen gotteskräftig gründen, welche wir als das eine und erste Postulat des Tropenprincips erkannten. Aber je mehr so die Gemeine der Gläu= bigen als die Zionsschaar, als die kleine Heerde dastehen wird, der Sieg und Reich verheißen ist, je mehr in ihrer Mitte jene τελειότης des Apostels (Phil. 3, 15.) die νηπιότης (1 Kor. 3, 1 ff.) über= winden und ausstoßen wird, desto mehr wird sie auch mit Recht und Segen der Freiheit im Einzelnen, welche das zweite constitutive Mo= ment des Tropenprincips bildet, Raum lassen können. Bedurfte die noch schwächere, durch eine überwiegende Zahl von Periöken und Ka= techumenen oft sehr gehemmte Kirche als coetus vocatorum einer handgreiflicheren äußeren Formeinheit, welche diese Freiheit ausschloß, so ist die erstarkte und unter dem Kreuze durch den Geist neubelebte Kirche als communio sanctorum, i. e. fidelium, sicher genug auf den Felsen des Heils gestellt, um auch die Freiheit in ihrer Mitte tragen und zu ihrem weiteren Ausbau sich dienstbar machen zu können.

Die Kirche ist aber keineswegs angewiesen, unthätig zu warten, bis die Kämpfe der Zeit, die Angriffe der Welt sie zu dieser energi= schen Selbsterfassung in ihrem Grunde und Centrum zwingen. Im

eigentlichen Sinne von außen her gezwungen werden kann sie dazu
überhaupt nie. Jede wahrhaft ethische That, d. h. jede Glaubens=
und Geistesthat, muß eine That in und aus Gott, aber doch freie
That des Menschen, muß selbst gottmenschlicher Natur sein. In
Gottes Kraft und Trieb, im Gotteslichte der Schrift und des Geistes
soll daher die Kirche schon jetzt diesem Ziele nachjagen, ihre Dinge
gottmenschlich ansehen und einrichten lernen, das Tropenprincip ins
Leben zu setzen suchen, soviel es geht. Und sie thut das, ausge=
sprochen oder unausgesprochen, in mannichfaltiger Weise, wenn auch
unter fortwährendem und immer geschärftem Widerspruch so Vieler,
schon seit längerer Zeit. Den wirksamsten und kräftigsten unter ihren
mannichfachen Lebensäußerungen in Bezug auf das Verhältniß von
Kirche zu Kirche, von Individuum und Kirche, Theologie und Be=
kenntniß liegt die Richtung auf dieses Princip mehr oder weniger zu
Grunde, und hie und da werden die Segnungen davon bereits genossen.

Das Tropenprincip ist es, welches, richtig angewandt, für die
einzelnen confessionellen, kirchlichen Gebiete einen g e s u n d e n Con=
s e r v a t i s m u s begründet, der die der eigenen Kirche verliehenen
Gaben in Lehre und Leben ebenso achtet und liebt, als die der an=
deren, aber zu gleicher Zeit, eben weil er das letztere auch thut, sich
einem Fortschritt in Lehre und Leben nicht verschließt und dazu gern
auch von Anderen Hülfe annimmt. Es schließt den starren und aggres=
siven Confessionalismus ebenso aus, wie die nivellirende absorptive
Union, es führt in die Tiefe, in den Grund= und Urgedanken der
verschiedenen kirchlichen Bildungen in Lehre und Leben und findet d a
immer die Anknüpfungspunkte für ein gegenseitiges Verständniß und
eine relative Gemeinsamkeit des kirchlichen Lebens und Handelns im
Sinne der C o n f ö d e r a t i o n. Es gestattet eine solche Kircheneinheit,
welche Gemeinden und größere Verbände verschiedenen evangelischen
Sonderbekenntnisses unter ein g e m i s c h t e s R e g i m e n t zusammen=
faßt, eine unirte Kirche, welche aber der Mannichfaltigkeit der Be=
kenntnißtropen ebenso principiell ihre Bewegung läßt, wie sie dieselben
principiell und darum mit Recht auch praktisch in die höhere Einheit
zusammenschließt. Es läßt dabei für bestimmte Kreise und Zeiten
auch einer von innen heraus sich vollziehenden vollständigen U n i o n
Raum, aber es zieht sie nie mit Gewalt auf äußerlichem Wege her=
bei, sondern lehrt warten, bis und ob sie auf organischem Wege erwächst.

Auf speciellere Punkte bezogen wehrt es einer unchristlichen Zer=
trennung, z. B. in Hinsicht auf die A b e n d m a h l s g e m e i n s c h a f t,

wie ein beschränkter lutherischer Confessionalismus sie wieder herauf=
beschwören möchte, aber es rechtfertigt vollkommen eine differirende,
confessionell bestimmte Ausgestaltung der heiligen Feier in liturgischer
Hinsicht, je nach den geschichtlich gegebenen Grundlagen.   Denn vom
Standpunkt des Tropenprincips aus die Abendmahlslehre angesehen,
kommt allerdings der confessionelle Unterschied zu seinem bestimmten
Rechte, aber die über demselben liegende höhere Einheit des Glaubens
an den Herrn und sein Wort ebenfalls und noch mehr.   Das, was
Stahl den mysterischen Gedanken nennt, wie er nur dem lutherischen
Dogma eigne, dem reformirten aber durchweg fehle, ist freilich vom
christlich=soteriologischen und billig demgemäß auch vom kirchlich=prak=
tischen Standpunkt aus nicht anzusehen als ein wirklich wesentlich
Unterscheidendes in Bezug auf den Genuß des heil. Sacramentes und
dessen Feier.   Denn dieses Mysterium, daß nämlich der verklärte
Christus sich uns in substanzieller Vereinigung mit einem sichtbaren
Elemente mittheile (in, cum et sub), ist ein mehr ontologisches als
soteriologisches, das Interesse daran also mehr ein speculatives als
ein praktisches, und der Dissensus zwischen denen, welche so das
Mysterium des Abendmahls in die Elemente, und denen, welche es
vielmehr in den Act der Darreichung und des Genusses verlegen
(cum), wie Melanchthon im Unterschied von Luther, ist daher zwar
theologisch von Interesse, begründet bestimmt unterschiedene oder doch
unterscheidbare theologische Lehrtropen oder Schulen, aber er eignet
sich nicht dazu, kirchlich und liturgisch eine scharfe Sönderung darauf
zu gründen.   Denn den gläubig Genießenden beider Theile steht die
wesentliche göttlich=mysterische Thatsache fest, daß der verklärte Gottes=
und Menschensohn nach seiner Verheißung sich ihnen beim Genuß
dieser pfandmäßig versiegelten Elemente wahrhaftig selbst mittheilt, wie
er ist, in seiner geistleiblichen Wesenheit eingeht in sie, auf daß Er
in ihnen sei und sie in Ihm, wie der Vater in ihm und er im Vater
(Joh. 17, 21. 23.).   Dieß große Mysterium der Gnade und Allmacht
Gottes in Christo, die sacramentliche Neubegründung und Nährung
der unio mystica zwischen dem Haupte und den Gliedern, ist hier
das Wesentliche, dagegen gehört in das peripherische Gebiet die Frage
nach dem besonderen Seinsverhältniß des sich Mittheilenden zu den
Elementen, ob dieselben substanzielle Träger der Mittheilung sind
oder dynamische, d. h. Pfänder.   Diese Frage bezieht sich nur auf
das Formale, den modus communicationis, und ist um so weniger
kirchlich so zu premiren, weil der Unterschied dieser Anschauungsweisen

der Gemeinde als solcher, sofern sie eben nicht theologisch=speculativ denkt, überhaupt nur schwer zum richtigen Verständniß gebracht werden kann. Etwas ganz Anderes aber ist es, wenn, wie vom consequent reformirten Standpunkt aus, eben die reale, substanzielle und persönliche Gegenwart und Selbstmittheilung Christi im Abendmahle geleugnet und bloß eine Speisung mit den Gütern seines Reiches, mit den Kräften des Hauptes statuirt wird. Dieß ist auch praktisch genommen, für das Bewußtsein der Gemeinde, etwas Anderes und begründet daher mit gutem Rechte eine auch kirchlich und liturgisch durchgeführte Unterscheidung, welche nicht ohne Noth zu verwischen sein wird. Gleichwohl handelt es sich doch auch hier noch nicht um den Gegensatz von Glauben und Unglauben, sondern immer noch um eine innerhalb der Glaubenssphäre denkbare Verschiedenheit von Lehrtropen oder von „Maßen des Glaubens“ (Röm. 12, 3.) und Verständnissen am Geheimnisse Christi (Eph. 3, 4.), eine Verschiedenheit, die wohl kaum größer ist als die zwischen Jakobus einerseits und Paulus oder Johannes andererseits. Wenn also auch in Bezug auf Confession, Kirche und Sacramentsgenuß als Regel eine solche Sonderung dieser beiden Theile das Richtige sein wird, wie die nach Gal. 2. zwischen judenchristlichen und heidenchristlichen Gemeinen festgestellte, so ist ebenso gewiß für specielle Fälle der Noth und der Liebe ein Ueberspringen dieser Schranken nicht nur erlaubt, sondern geboten, wie Paulus dem Petrus gegenüber so ernstlich geltend machte. Dieß gilt theils, wenn ein Einzelner, weil er in fremder Gemeine herbergt, bei ihrem Sacramente zu Gaste zu gehen genöthigt ist, theils wenn in besonderen Momenten umfassender Einigung Vieler in dem gemeinsamen Heilsglauben an Christum diese Alle begehren, dieß göttliche Band der Geistesliebe auch durch den gemeinsamen Genuß des Sacramentes sich zu versiegeln, wie z. B. bei den Versammlungen des Evangelischen Bundes. Da ist denn die Durchbrechung der für gewöhnlich geordneten Sonderung eine Pflicht und ein Gut für den besonderen Fall, wie jene es ist für den gewöhnlichen Gang. Werden die Apostel, wenn sie sich als Brüder gegenseitig die Rechte der Gemeinschaft gaben, angestanden haben, mit einander die Eucharistie zu feiern, auch ohne ein zuvor ungestelltes Examen des Einzelnen über seine Lehre von derselben? So soll auch uns das Tropenprincip lehren, daß ein Jeder halte und werth halte, was er hat und nach seinem Maße von Gott hat, daß er aber auch dem Anderen Herz und Hand offen halte, wo Gott es will.

45*

Dasselbe Tropenprincip giebt ferner die sichere Basis für eine Glaubens- und Bekenntnißgemeinschaft, wie die des deutsch-evangelischen Kirchentages ist, und treibt zu einer immer mannichfaltigeren und kräftigeren Bethätigung in dieser Richtung, während das Princip kirchlich-confessioneller Autorität, welchem manche unter den anfänglichen Freunden und Förderern dieses Werkes huldigten, sie später mit innerer Nothwendigkeit von dem Kirchentage wegtrieb, weil dieß Princip eben das dem Tropenprincipe, auf welchem er ruht und allein bestehen kann, entgegengesetzte ist. Ebenso giebt das Tropenprincip einer Vereinigung in noch weiterem Umkreise, wie der Evangelische Bund, seine geordnete Basis, nur hier richtiger nicht in einem bestimmt formulirten Bekenntniß von einer Reihe Punkten, sondern bloß in jenem gemeinschaftlichen Centralwort von dem alleinigen Heil in der freien Gnade Christi für arme Sünder. Denn nur so können wirklich alle diejenigen eingeschlossen werden, welche, sei es auch in unbewußtem Widerspruch mit den Satzungen ihrer Kirche, wirklich dem Reiche Gottes durch die Geburt von oben einverleibt sind. Aber das Tropenprincip sichert auch einen so weiten Bund vor den naheliegenden Gefahren, wie sie hier z. B. in Ansehung des aggressiven Baptismus auf deutschem Boden sich fühlbar gemacht haben. Denn ein Baptist, der seine Spättaufe für mehr als einen nach dem Schriftbuchstaben berechtigten Tropus und die kirchenübliche Frühtaufe für einen Fundamentalirrthum, ja als eine Sünde ansieht, wird damit dem Tropenprincip untreu und kann mithin nicht mehr Glied eines auf gegenseitige Achtung gegründeten Liebesbundes im Glauben sein. Der baptistische Fanatismus sowohl als der antibaptistische schließen sich selbst von vornherein aus diesem Kreise aus. Dieß ist ein Punkt, an dem dieß schöne Werk noch seine ernstliche Probe fernerhin zu bestehen haben wird. —

Ebenso könnten fromme, aber kirchlich inconsequente Katholiken von diesem Standpunkt aus dem Bunde zugehören, indem sie das, was ihre Kirche zum Fundamentalartikel macht, die Tradition und die päpstliche Autorität, für ihre Person nur als Tropus betrachteten. Es wird dieß gegenwärtig nach der gegebenen Sachlage in dieser Beziehung nicht leicht geschehen, und darum sind Versuche zu solcher Vereinigung zwischen Evangelischen und Katholischen, wie sie neuerlich der revolutionären Zeitströmung gegenüber einmal gemacht worden sind, nicht an der Zeit und nutzlos, wo nicht nachtheilig. Aber das Tropenprincip lehrt gleichwohl, daß Verbindungen der Art, wie sie

vor dreißig, vierzig Jahren hie und da so innig bestanden, keineswegs
nur flüchtige Erzeugnisse einer kindlich unklaren Erweckungsbegeiste=
rung waren, sondern unter veränderten Verhältnissen durch Gottes
Gnade auch wieder möglich und wirklich werden können und dann
vielmehr die Frucht einer wenigstens evangelischerseits sehr ge=
reisten und befestigten Glaubens= und Erkenntnißstufe sein würden,
wie dieß bei Zinzendorf in seinem Verhältniß zum Cardinal Noailles
der Fall war. Doch dieß ist eine Frage der Zukunft. Bleiben wir
stehen bei der Gegenwart und ihren nächsten Aufgaben. Wir wollen,
um nicht zu weitläufig zu werden, auf einzelne Punkte aus dem ge=
genwärtigen kirchlichen Leben nicht weiter eingehen. Ohnehin, so
schön und wichtig alle Verbesserungen in den Verfassungs= und Cul=
tusformen der Kirchen sind, so erfreulich und gesegnet alle freien
Verbindungen und Thätigkeiten der Gläubigen, so würden wir doch
irren, wollten wir auf diese Dinge allzu viel bauen. Das Reich Got=
tes und Christi als das gottmenschliche Reich ist im eminenten Sinne
das Reich der Persönlichkeit. Denn Gott, der dreieinige Gott,
ist die absolut urbildliche Persönlichkeit und persönlich bestimmte Ge=
meinschaft, Christus, der Gottes= und Menschensohn ist die absolut einzige
Persönlichkeit, welche jenes höchste Urbild mit dem geschöpflichen Abbilde
und dieses selbst in seiner menschheitlichen Vielheit unter sich auf vol=
lendete Weise in Einheit setzt, und der in Christo erneuerte Mensch,
der Gottesmensch nach seinem Bilde, ist als Glied des Leibes unter
diesem Haupte allein wirklich der Träger des menschlichen Gottes=
bildes, wahrhaftige geschöpfliche Persönlichkeit. Der natürliche Mensch
ist nur Subject, Individualität, rand= und bandlos in seiner will=
kürlichen Ichheit. Der Gesetzesschüler oder Gesetzesknecht ist nur
Object, passiver Stoff für eine mechanisch von außen und oben ihm
aufgeprägte Form. Nur der Christ, das Kind und der Mann Got=
tes, ist Persönlichkeit, freier Ausbildner des von oben empfangenen
Lebensinhaltes in der Gemeinschaft mit Gott.

Nun sagt der Herr seinen Jüngern, den Christen: Ihr seid das
Salz der Welt! das, was allein jenem Selbstzersetzungsproceß der=
selben eine Gegenwirkung zu leisten vermag. Nur die in Gott
frei gewordene Persönlichkeit kann — sofern des Anderen Herz sich
eben nicht jeder rettenden Einwirkung verschließt, um mit der Welt
endlich verdammt zu werden — jene ungebändigte Willkür des Flei=
sches zum Glaubensgehorsam in Gott bringen und jene starre Ge=
bundenheit des Buchstabens zur Freiheit erlösen. Also, mag es bei

dem vielfachen gänzlichen Mißverstand und Mißbrauch, welchem in
unserer Zeit der Selbstüberhebung gerade dieser Begriff der Persön=
lichkeit unterliegt, noch so sehr als eine hohle Phrase klingen, noch
so mißverständlich sein, es bleibt Wahrheit, daß der Kirche nur ge=
holfen, sie für die Lösung ihrer großen Aufgabe nur gestärkt werden
kann durch rechte, in Christo gegründete und gereifte Persönlich=
keiten. Nicht Formen und Regeln und Autoritäten, noch auch
Massenmeetings und Majoritäten, sondern **Persönlichkeiten,** eben=
so frei in ihrer menschlichen Individualität als fest
in ihrer göttlichen Abhängigkeit von Christo, ebenso
sicher durch dieselbe in sich als innig offen für die
ganze Gemeine der Seinen, nur solche geheiligte begnadigte
Gottesmenschen können für unsere Zeit das rettende Licht, das leben=
erhaltende Salz sein. Wir sehen auch durch Gottes Gnade in den
Kämpfen der Gegenwart so manche solche Gestalt hier und dort, und
sie verstehen sich untereinander mehr und mehr. Aber viel fehlt noch
am Vorhandensein und am Verständniß, und in beiderlei Beziehung
kann nur das Tropenprincip der Lebenssame und Lichtträger sein,
durch welchen dem Mangel abgeholfen wird.

Die Mannichfaltigkeit der intellectuellen Vermittelung der Offen=
barungswahrheit, welche dieß Princip offen läßt und anerkennt, ent=
spricht der Mannichfaltigkeit individueller Bestimmtheiten, theils ange=
borner Gaben und Fähigkeiten, theils geschichtlich begründeter Rich=
tungen der Menschen und auch der Christen, deren Summe jedes=
mal für den Einzelnen die Naturbasis bildet, aus und auf welcher
die einheitliche Selbsterfassung der Persönlichkeit in Gott
sich fortwährend vollziehen muß und allein vollenden kann. Die Ein=
heit der Centralerkenntniß der Heilswahrheit im lebendigen Herzens=
glauben, welche das Tropenprincip ebenso bestimmt fordert und in
sich schließt, entspricht dieser entscheidenden Zusammenfassung der wie=
dergebornen Persönlichkeiten in Christo. Durch beide Momente zusam=
men sorgt dieses Princip dafür, daß wahre gottmenschliche, d. h. ebenso
frei menschlich individualisirte, eigenartige, als göttlich befestigte und
gleichartige, unter sich innig verbundene, Persönlichkeiten ins Leben tre=
ten, welche denn auch im Stande sind, das Leben befreiend und ver=
bindend zu bauen.

Das Leben ist Bewegung, Mannichfaltigkeit, aber es ist auch
grundinnige Festigkeit und zielvolle Einigkeit, und beides ist es am
meisten und reinsten in seiner gottmenschlich wiederhergestellten Ge=

stalt, im Reiche Gottes in Christo. Das Leben ist die polare Span=
nung, Unterscheidung und Wiederverbindung des Einzelnen zur Ge=
meinschaft, des Vielen zum Einigen. Dieselbe Wesensbestimmtheit
repräsentirt der Organismus im Reiche der Natur und die Persön=
lichkeit im Reiche des Geistes; jener ist der gottgesetzte niedere Typus
auf diese. Die Persönlichkeit ist in sich nur, was sie sein soll, wenn
sie sich organisch durchbildet und vollendet, und das Reich der Per=
sönlichkeiten vollendet sich nur als ein höherer Organismus freier
Einigung der Vielen. Darum kann die gottmenschliche Lebenseinig=
keit auf Erden, das Reich Gottes in Christo, nicht anders wahrhaft
und wirksam gebaut und vollendet werden, als durch solche Persön=
lichkeiten, in einem solchen Verhältniß zu einander stehend und mit
einander wirkend. Die Persönlichkeit als das Bild Gottes im ge=
schaffenen Leben ist ihrem Wesen nach Geist, selbstbewußte und freie
Activität, aber ebenso auch mit unmittelbarer Nothwendigkeit Liebe,
selbstbewußte und freie Gemeinschaft, wie Gott Geist und Liebe ist
in seinem ewig urbildlichen Wesen. Nur wo Geist ist, kann Liebe
sein, aber da muß auch Liebe sein, soll der Geist nicht entgeistet werden.
Wo also wahre geistige Selbsterfassung und Selbstbethätigung der
Einzelnen in Christo ist, und je mehr sie durch die lebensvolle Ge=
meinschaft mit Ihm in Kraft tritt, da muß auch in demselben Maße
innigere Gemeinschaft in Ihm, wahre geistige Selbsthingebung an
die Anderen und das Ganze sein, soll anders nicht beides, die Ein=
zelnen und die Gesammtheit, verderben. Der Geist ist die Bedingung
und das Band des Lebens, die Liebe das Band der Lebensvollendung.
Nur wenn die wiedergebornen Geister so in Christo Eines werden,
wie der Sohn mit dem Vater es ist im heiligen Geiste, können sie
vollkommen, kann das Gottesreich in Christo vollendet werden. Da=
rum sagen wir, daß weder mechanische Autorität noch mechanische
Majorität, sondern allein o r g a n i s c h e P e r s o n a l i t ä t und per=

---

¹) Ein Ausdruck welcher nach allem Gesagten freilich etwas Anderes
und mehr sagen, einen lebensvolleren und tieferen Begriff bezeichnen will
als das, was man nach der Analogie politischer Verhältnisse auch auf dem
kirchlichen Gebiet mit dem Namen einer „P e r s o n a l = U n i o n" bezeichnen
könnte, nämlich eine äußerlich verfassungsmäßige Verbindung innerlich mecha=
nisch gesonderter confessioneller Verbände in der obersten Spitze des territorialen
Regiments. Mit einer s o l c h e n kirchenpolitischen „Conföderation" ist dem Reiche
Gottes und seiner Vollendung immer nur noch sehr wenig gedient. Sie ist
nur ein leerer Rahmen für etwas Besseres.

ſonale Unität[1]) das Ziel iſt, auf welches die Kirche Chriſti an=
gelegt iſt und welchem ſie zugeführt werden ſoll. Iſt nun das Tro=
penprincip das auf denſelben conſtitutiven Grundideen ruhende be=
freiende und verbindende theoretiſche Agens, ſo iſt klar, wie ſeine Ent=
faltung und Geltendmachung allein, aber ſicher im Stande iſt, das
Leben ſo zu geſtalten und zu vollenden, wie es für dieſe Zeit mög=
lich und gottgeordnet iſt, bis dereinſt das Vollkommene kommen wird.
Weil aber im Gottesreiche nur das Beſtehen und Segen hat, was
der Herr durch Seinen Geiſt in den Menſchenherzen wirkt, nur was
aus Gnaden in den empfänglichen Schooß des Glaubens hineingezeugt
wird, darum iſt auch dieſe Durchführung des Tropenprincips zuletzt
nicht etwas, was durch Reden und Schreiben als ſolches zu Wege
gebracht werden könnte, ſondern eine Gabe von oben. Der Herr
wolle ſie in Gnaden ſeiner Kirche mehr und mehr verleihen! Dann
wird — daß wir noch einmal auf den geſchichtlichen Ausgangspunkt
unſerer Betrachtung zurückblicken —, dann wird auch Zinzendorf
nicht mehr um ſeiner der damaligen Zeit ſo weit voraneilenden Tro=
penidee willen als ein unwiſſenſchaftlicher Sonderling oder gar als
ein unſittlicher Verderber der Theologie und der Kirche gelten, ſon=
dern als einer der von Gott geſetzten und begnadigten Bauleute des
wahren Zion erkannt werden, nicht bloß für das praktiſch=kirchliche
Leben, ſondern mittelbar auch für die kirchliche Wiſſenſchaft, als die
rechte Weisheit des Geiſtes und der Liebe.

Bemerkungen über die evangelische Rechtfertigungslehre und ihre Geschichte,

in Beziehung auf die Angriffe in Döllinger's „Kirche und Kirchen".

Von

Dr. theol. J. E. Osiander, Dekan in Göppingen.

———

Es wird auch nach der Anzeige, in welcher mein hochverehrter Freund Dorner eine so treffende Darstellung und eine bei aller Billigkeit so schlagende Kritik des vorbezeichneten Werkes in dieser Zeitschrift gegeben und Geist, Manier und Principien desselben im Allgemeinen in kurzen Zügen ins Licht gestellt hat, wohl nicht als überflüssig erscheinen, einem besonderen wichtigeren Abschnitt desselben Werkes und einem darin etwas ausführlicher besprochenen Gegenstand eine genauere Beleuchtung zu widmen. Dieser findet sich in dem an sich und — nach der umfangreichen, eingehenden Behandlung zu schließen — dem Verfasser wohl auch selbst interessantesten und uns nächst berührenden Abschnitt des ersten Bandes über den Protestantismus in Deutschland, namentlich in dem Artikel, welcher der evangelischen Rechtfertigungslehre gewidmet ist.

Es zeugt von richtigem Tact der Polemik, daß der Gegner gerade diese Fundamentallehre und eigentliche Grundfeste der evangelischen Kirche [1], das materiale Princip des Protestantismus, das auch mit seinem formalen so wesentlich zusammenhängt, sich zu einem Hauptzielpunkt seiner Angriffe gewählt hat. Es sind hauptsächlich drei geschichtliche Angriffspunkte, um die sich die Darstellung und Bestreitung dieser Lehre bei Döllinger bewegt, ihre gänzliche Neuheit, als einer erst von den Reformatoren gemachten Lehre, ihre bereits eingetretene Auflösung und Antiquirung und ihre höchst verderblichen Folgen. Wir wollen mit dem Verfasser nicht darüber rechten, daß er nur mit geschichtlichen und also zunächst äußerlichen Gründen, nicht aber mit inneren, auf dem Schriftgrund und auf dem Gehalt und Wesen der Lehre beruhenden, sie ansicht; hat er ja doch neben der Schrift einen anderen Grund und Maßstab des Glaubens, die Tradition, und bewegt er sich ja nach der ganzen Richtung seines Wer-

———

[1] Luther: jacente articulo justificationis jacent omnia.

kes, wie dieses sich selbst bezeugt und benennt, auf historisch=politi=
schem Boden; auch spiegelt und entwickelt sich immerhin in der ge=
schichtlichen Gestaltung und Entwickelung mannichfach der innere Ge=
halt und Kern der Lehre. Es bedürfen aber jene historischen Argu=
mente einer genaueren Prüfung, die uns zeigen wird, wie schwach be=
gründet, ja wie fast durchaus unhistorisch sie sind.

I.

Mit großer Zuversicht tritt das erstgenannte jener drei Argu=
mente auf, die Erklärung dieser Lehre als eines dem kirchlichen Alter=
thum völlig fremden Lehrartikels, um dessen willen mit der gesamm=
ten kirchlichen Tradition gebrochen und dem dogmatischen Zeugniß der
Kirche aller Jahrhunderte jeder Werth abgesprochen sei: eine schwer
ins Gewicht fallende Anklage, wenn sie bewiesen oder beweisbar wäre;
es findet sich aber nicht einmal der Versuch dazu, er wäre auch ver=
geblich. Die Reformation kann sich hier freilich für ihr materiales
Princip gleich auf ihr formales, wie sie das auch reichlich thut,
stützen, auf das Schriftprincip, das ihr hoch über dem der Tradition
steht und mit dem Luther gleich auf dem Kampfplatz zu Worms im
scheinbaren Erliegen so herrlich gesiegt hat. Indeß so hoch der
Reformation die analogia fidei in der Schrift, der consensus
scripturae über dem consensus patrum steht, und so stark beson=
ders Luther sich im Gegentheil sogar über den dissensus patrum
und ihre Irrthümer ausspricht, auf der anderen Seite waltete nament=
lich in der deutschen Reformation denn doch auch entschieden der rich=
tige Tact einer gewissen von der Wahrheit und von der Liebe zu ihr
getragenen Pietät gegen das kirchliche Alterthum. Die wahre Re=
formation ist nicht Revolution, nicht willkürliche und eitele Neuerung,
sondern Erneuerung und Erhaltung des Ursprünglichen und Reinigung
von dem eingedrungenen Fremdartigen und Entstellenden. Das war
es, was unsere Reformatoren wollten und wirkten. Wie die Nation
nach Döllinger's eigenem schönen und wahren Worte sich in Luther
gleichsam verkörpert hatte, so sind seinem Werk bei all' seiner feurigen
Energie und aggressiven Begeisterung auch die Grundzüge des Na=
tionalcharakters, deutsche Treue und Besonnenheit, aufgeprägt. Daher
die schöne Mischung und Vereinigung des gewaltig negirenden und
schöpferisch productiven Elements der Reformation mit dem echt und
schonend conservativen und sogar ein Ueberwiegen des letzteren über
das erstere; daher auch der bescheiden=irenische Name **Apologie**,

welchen die Reformatoren unſerem erſten und fundamentalſten Be=
kenntniß, dem Augsburgiſchen, gegeben. Daher auch ſchon, ihrer apo=
logetiſchen Tendenz entſprechend, die Confeſſio und ihre Apologie das
Zeugniß des consensus patrum, dem die Dignität eines ſubſidiari=
ſchen Beweiſes mit Thierſch wohl könnte zugeſtanden werden, nicht
verſäumen noch verſchmähen, vielmehr den Zuſammenhang des evan=
geliſchen Bekenntniſſes mit dem kirchlichen Alterthum, wenn auch nicht
ängſtlich, doch gefliſſentlich nachweiſen; denn wie gelehrt wird (Con-
feſſ. VII.), „daß allezeit müſſe eine heilige chriſtliche Kirche ſein, welche
iſt die Verſammlung aller Gläubigen“, ſo kann ebenſo wenig als die
wahre Kirche und die Gemeinſchaft der Heiligen auch die wahre,
göttliche Lehre ganz untergehen, wenn auch die Glieder von jener
und die Bekenner von dieſer auf ein noch ſo kleines Häuflein zuſam=
menſchmelzen; und ſo läßt ſich zum Voraus erwarten, daß ein ſo
wichtiger Glaubensartikel wie die reine, troſtreiche evangeliſche Lehre
von der Rechtfertigung auch im kirchlichen Alterthum nicht unbezeugt
geblieben iſt [1]).

　　Den Chor der alten Zeugen für die evangeliſche Rechtfertigungs=
lehre, der bis auf die apoſtoliſchen Väter hinaufgeht, führt der ehr=
würdige Clemens Romanus in ſeinem erſten Brief an die Korinther,
der unbezweifeltſten unter den Schriften dieſer Väter, an, in der be=
kannten Stelle Capitel 32: καὶ ἡμεῖς — κληθέντες οὐ δι’ αὐτῶν
δικαιούμεθα, οὐδὲ διὰ τῆς ἡμετέρας σοφίας ἢ συνέσεως ἢ εὐσεβείας
ἢ ἔργων ὧν κατειργασάμεθα ἐν ὁσιότητι καρδίας, ἀλλὰ διὰ τῆς πίστεως, δι’ ἧς πάντας τοὺς ἀπ’ αἰῶνος ὁ παντοκράτωρ θεὸς ἐδικαίωσε,
womit noch andere Stellen bei Clemens, namentlich Cap. 12., zuſam=
menſtimmen. Auch bei den anderen apoſtoliſchen Vätern, namentlich
Polykarp im Brief an die Philipper, bei dem Verfaſſer des Briefs
an Diognet ꝛc., finden ſich Goldkörner dieſer Lehre, deren reinſten

---

　　[1]) Freilich iſt nicht zu leugnen, daß auch wieder anders lautende Stellen
zum Theil bei denſelben Schriftſtellern ſich finden und daß es überhaupt — wie
Hagenbach ſagt Dogmengeſch. S. 155. — „erſt einer ſpäteren Entwickelung vor=
behalten blieb, tiefer in die Idee des rechtfertigenden Glaubens im pauliniſchen
Sinne einzudringen“. Die Anerkennung dieſer Thatſache ſtreitet aber nicht im
mindeſten mit der obigen Beweisführung, zeigt vielmehr nur um ſo deutlicher,
wie die Reformation in der geſchichtlichen Geſammtentwickelung der chriſtlichen
Wahrheitserkenntniß ihre nothwendige, göttlich geordnete Stelle einnimmt, ſofern
es ihr gerade vorbehalten war, in dieſem Punkte den Schatz des evangeliſch=
pauliniſchen Lehrgehalts nach ſeinem ganzen Reichthum zu heben und mit voller
Klarheit ans Licht zu ſtellen.

Ausbruck Clemens giebt. Bei den Vätern sowohl der morgenländischen als der abendländischen Kirche, sowohl aus der Alexandrinischen als aus der Antiochenischen Schule, finden sich Zeugnisse von der evangelischen Heilsordnung in der Rechtfertigung. Bei Justin (Dial. c. Tryph. pag. 63) tritt der judicielle Begriff der Rechtfertigung hervor: θεὸς τὸν μετανοοῦντα ἀπὸ τῶν ἁμαρτημάτων ὡς δίκαιον καὶ ἀναμάρτητον ἔχει; dieß nur Eine Stelle unter mehreren von ihm, dem Irenäus und Tertullian (ex fidei libertate justificatur homo, non ex legis servitute) nachfolgen. Clemens Al., der doch so sehr auf Förderung und Verklärung des Glaubens zur Gnosis hinstrebt, erhebt doch den ausschließenden Werth des ersteren für das Heil: μία καθολικὴ τῆς ἀνθρωπειότητος σωτηρία ἡ πίστις —, ὁ νόμος παιδαγωγὸς ἡμῶν γέγονεν εἰς Χριστόν ἵνα ἐκ πίστεως δικαιωθῶμεν. Paedagog. I. pag. 71. ed. Dan. Heins.[1]) Basilius der Große preist den rechtfertigenden Glauben: αὕτη ἡ τελεία καὶ ὁλόκληρος καύχησις ἐν θεῷ, ὅτε μήτε ἐπὶ δικαιοσύνῃ τις ἐπαίρεται τῇ ἑαυτοῦ, ἀλλ᾽ ἔγνω μὲν ἐνδεῆ ὄντα ἑαυτὸν δικαιοσύνης ἀληθοῦς, πίστει δὲ μόνῃ τῇ εἰς Χριστὸν δεδικαιωμένον. Weit mehr hat der dialectische Geist und doch auch practische Sinn des großen Schülers von Clemens, Origenes, für diese Lehre in ihrer paulinischen Reinheit und Tiefe gethan und gezeugt. Die Exegeten unter den Vätern, denen Origenes mit so großem Verdienst angehört, sind ohnedieß voll von Zeugnissen ihres evangelischen Verständnisses der paulinischen Rechtfertigungslehre; bei Theodoret, Chrysostomus, Theophylakt, Oekumenius auf der einen, bei Ambrosius, Hieronymus, Hilarius auf der anderen Seite stößt man in ihren Commentaren fast überall darauf. Der gerichtliche, declarative Sinn der justificatio, der schon bei Justin sich findet (s. oben), tritt klar bei ihnen hervor; Theodoret zu Röm. 8, 33.: θεοῦ (ἡμᾶς) δικαίους ἀποφήναντος τίς κατακρῖναι δυνήσεται; Das so gehässig gewordene sola (πίστεως δεῖ μόνον, οὐκ ἔργων — Chrysost.) schlägt bei allen herzhaft durch; Orig. zu Röm. 3, 27.: sola igitur justa gloria est

---

[1]) Die Väter, besonders der griechischen Kirche, verstehen allerdings den Glauben und das Heil oft in vorherrschend intellectuellem Sinn; hier aber, wo Clemens die Einheit und Nothwendigkeit des Glaubens für Alle ohne Unterschied in ihrer Bildung und Entwickelung bezeugt, tritt das ethische und nicht unmerklich selbst das dogmatisch-judicielle Moment jener Begriffe ans Licht: πάντες γὰρ υἱοί ἐστε διὰ πίστεως κτλ. Dagegen findet sich allerdings die justificatio als Gerechtmachung Strom. VII. pag. 740.

in fide crucis Christi, quae excludit omnem illam gloriationem, quae descendit ex operibus legis; trefflich daher Erasmus: vox sola tot clamoribus lapidata in Luthero reverenter in patribus auditur. Daß bei dem großen Lehrer von der freien Gnade, Augustin, auch die evangelische Lehre von der Rechtfertigung nicht fehlen kann, läßt sich denken; der Kern davon liegt wesentlich in seinem System und ist von seinen großen Nachfolgern, den Reformatoren, aufs reichlichste daraus entwickelt. Eine schärfere Ausbildung hat unsere Lehre auch bei ihm noch nicht erhalten, wie aus seiner bekannten, die Rechtfertigung und Heiligung noch ungeschieden zusammenfassenden Bestimmung des Rechtfertigungsbegriffs erhellt: justificat impium Deus non solum dimittendo, quae mala facit, sed etiam donando caritatem, quae declinat a malo et facit bonum per Spiritum S.

Es war allerdings zu dieser Zeit das gesetzliche Element in die kirchliche Praxis, Disciplin und Ascese, und von da auch in die Lehre bereits so stark und mit solcher Stabilität eingedrungen, daß bei der hohen Geltung, welche die Kirche auch für Augustin hatte [1], selbst einem solchen Geist es schwer wurde, sich von jener Richtung zu entfesseln. Daher auch bei ihm, wie bei anderen Vätern, die tieferen und reineren Anschauungen von Sünde und Gnade und vom inneren Leben des Glaubens auf der einen und die Forderungen von Satisfactionen und gesetzlicher Bußpraxis auf der anderen Seite ganz unvermittelt nebeneinander herlaufen, wozu bei ihm noch kam, daß sein Kampf mit Pelagius und sein Prädestinatianismus ihn mehr auf die Gnade der Erneuerung als auf die der Rechtfertigung hintrieb, was ihn auch auf der anderen Seite wieder auf die Vermischung beider führen konnte. Jene halbirte und getheilte Richtung und Anschauung Augustin's in dieser Lehre schildert treffend Melanchthon in dem berühmten Antwortschreiben an Brenz über die Rechtfertigung vom J. 1531, wenn er von jenem sagt: eo pervenit, ut neget rationis justitiam coram Deo reputari pro justitia, et recte sentit. Deinde imaginatur nos justos reputari propter hanc impletionem legis, quam efficit in nobis Spiritus S. [2]

Die ungehörige Verbindung aber beider Elemente spricht Augustin selbst in seiner schon angeführten bekannten Definition von der

---

[1] Ueber den kirchlich beschränkten Standpunkt Augustin's s. Neander, Kirchengesch. II. Bd. 2. Th. S. 766 ff.

[2] Corpus Reform. II. pag. 501.

Rechtfertigung aus, wo er der justitia infusa wieder eine so bedeu=
tende Stelle einräumt, immerhin eine seltsame Verdunkelung und Ver=
unreinigung der Rechtfertigungslehre, die aus der nur gar zu leicht
geschehenden Verwechslung der nothwendigen Früchte und Zeugnisse
des Glaubens mit der Wurzel, dem Glauben selbst, und aus dem
naheliegenden Bedürfniß und dem freilich ungeschickten Bemühen her=
vorging, neben dem rein paulinischen Lehrtypus auch den des gegen
den Mißbrauch desselben polemisirenden Jakobus in Anwendung zu
bringen. Viel allerdings trug zu dieser Verflachung, Veräußerlichung
und Verderbniß unserer Lehre, die mit der steigenden Verderbniß der
Kirche in natürlicher Wechselwirkung steht, der stark in das Christen=
thum eingedrungene flache hellenische Freiheitsbegriff bei, der auch
durch die Reaction gegen die orientalisch=dualistischen Elemente des
Gnosticismus und Manichäismus in der altkatholischen Kirche ge=
nährt wurde; vgl. des Thomasius treffliche pragmat. Reflex. III. S. 223.
Doch ist zu beachten daß die justitia imputativa, wie in ihr ja auch
die Vergebung der Sünden das Erste ist, bei ihm die erste Stelle
einnimmt, um nichts zu sagen von der Menge zerstreuter Stellen
und ganzer Schriften, in welchen er die Freiheit der Gnade, das
Verdienst Christi, die Kraft des Glaubens so klar und lebendig ent=
wickelt, daß alles Verdienst menschlicher Werkgerechtigkeit dahinfällt:
lauter Anläufe zur evangelischen Rechtfertigungslehre [1]), wenn sie

---

[1]) Daher es, in diesem Sinn gefaßt, nicht als eine eitele Hyperbel zu achten
ist, wenn Melanchthon sich auf Augustin in dem schönen und wichtigen Artikel
der Conf. Aug. XX. beruft: Augustinus multis voluminibus gratiam et justitiam fidei contra merita operum defendit, womit es auch kein directer Wider=
spruch ist, wenn er im angeführten Brief an Brenz, der noch etwas in Augu=
stin's Ansicht gefangen war, diesen von seiner andern Seite auffaßt und bekennt:
et ego cito Augustinum tanquam prorsus ὁμόψηφον propter publicam de eo
persuasionem, cum tamen non satis explicet fidei justitiam, wie er denn
unmittelbar vorher den Augustin treffend so charakterisirt, daß er schon als der
Uebergang zur wahren Lehre angedeutet ist: Augustinus non satisfacit Pauli
sententiae, etsi propius accedit, quam scholastici. Ebendadurch wird aber auch
die scheinbare Unehrlichkeit oder Accommodation, die Melanchthon in Betreff
der Citation Augustin's mit vertraulicher Ehrlichkeit bekennt, bedeutend gemil=
dert oder entschuldigt. Wenn aber Döllinger die Anklage erhebt, „daß dem
Dogma zu Gefallen in das Augsburger Bekenntniß die offenbare Unwahrheit
aufgenommen worden, daß es sich schon bei Augustin finde, und Melanchthon
aus Scham sie aus der Ausgabe des Bekenntnisses weggelassen habe", so be=
ruht dieß auf der falschen Ansicht, daß der gewöhnliche (Mainzer) Text der Con=
fession eine getreue Abschrift des wirklichen Originals sei, was Tittmann (Augsb.
Confession, S. XI.) gründlich widerlegt hat.

gleich bei ihm noch keineswegs zu ihrem vollen Rechte kommt. Z. B. in Ps. 108.: quantalibet virtute praeditos antiquos praedices, non eos salvos facit nisi fides salvatoris.

Wo ist benn nun aber nach allem diesem, wenn wir auch nur auf die vier ersten und wichtigsten Jahrhunderte der christlichen Lehrgeschichte zurücksehen, der so dreist behauptete Bruch der reformatorischen Unterscheidungslehre mit dem ganzen kirchlichen Alterthum, — die in ihrer reinen Grundbedeutung im Verlauf der kirchlichen Jahrhunderte auch in den dunkelsten nicht ganz erloschen ist, sondern auch bei den ehrwürdigsten Zeugen derselben, dem großen Anselm, dem heil. Bernhard, Remigius und selbst Lombardus noch hell und kräftig, die reformatorische Lehre schon vorbereitend, fortklingt?

Was an diesem gewaltigen Vorwurf allein zuzugeben und worauf er zurückzuführen, ist das, daß die Lehre von der Rechtfertigung weder im frühesten noch im späteren kirchlichen Alterthum in ihrer ganzen Schärfe und Reinheit ausgebildet worden, vielmehr eben dieß der großen Epoche der Reformatoren als ihre mit ihrem ganzen Werk innig zusammenhängende Hauptaufgabe vorbehalten geblieben ist. Wie in der Welt- und Kirchengeschichte überhaupt, so auch in dem wichtigsten Zweig der letzteren, der kirchlichen Lehrbildung, hat Alles seine Zeit und bei aller Freiheit geistiger Bewegung doch auch seine mit innerer Nothwendigkeit bestimmten Entwickelungsstadien und Stufen.

Einer besonderen Entwickelung und Ausbildung konnte gerade die ursprüngliche Rechtfertigungslehre in den ersten Jahrhunderten, obgleich sie schon damals wie zu allen Zeiten dem Widerspruch und der Verunstaltung ausgesetzt war, nicht eben zu bedürfen scheinen. Ist es doch gerade diese Lehre, welche in der Schrift selbst im Kampf mit den entgegenstehenden Grundirrthümern pharisäischer Gesetzeslehre und Werkgerechtigkeit in einer Klarheit und Schärfe apostolischer Dialektik, die der dialektischen Bewegung im Herzen und Gewissen der Menschen so sehr entspricht, entwickelt und dargelegt ist und eine so feste und bestimmte Ausprägung erhalten hat, wie keine andere. Der hohe Trost, der hauptsächlich durch diese Lehre der Welt gebracht wurde, und der lebendige Glaube, der die Basis und die Seele dieser Lehre ist, schloß sich doch im Wesentlichen dem hohen Bedürfniß des Menschen so von selbst an und war so praktischer Natur, daß es dabei zunächst mehr eben auf die praktische als auf die theoretische Auffassung ankam. Es kommt dabei noch das in Betracht, daß die Lehre, von der es sich hier handelt, bei ihrer hohen Wichtigkeit

doch offenbar nur eine abgeleitete ift und baher eine feftere und tie=
fere Erkenntniß der Fundamentallehren, auf denen fie ruht, erftes
Bedürfniß war, das benn auch wirklich zuerft fich geltend machte und
das erfte Ziel der chriftlichen Lehrbildung geworden ift. Die Theo=
logie (im engeren Sinn), die Chriftologie und Soteriologie mit ihren
objectiven, Grund legenden Thatfachen waren es, an welche in der
Dogmengefchichte zuerft die Reihe kam.

Die chriftliche Theologie war in den erften Jahrhunderten (von
Juftin und feiner Zeit an, da die apoftolifchen Väter, die Organe
und Förderer des praktifchen Chriftenthums, für den Anbau chriftlicher
Wiffenfchaft nicht in Betracht kommen) der theoretifchen Seite, der
höheren Erkenntniß, der Entwickelung der Gnofis aus der πίστις, be=
fonders zugewendet. Es waren die Zeiten der zeugenden Kirche, die
ftets Grund anzugeben hatte der Hoffnung, die in ihr war; das Be=
kenntniß aber in feiner ganzen Entfchiedenheit fetzt eine tiefgegründete,
in fich felbft gewiffe Erkenntniß voraus. Die Anlage und Beftim=
mung des Chriftenthums zur göttlichen Weltreligion, der Kampf und
Gegenfatz, in den fie zur Denkart und zu den anderen Religionen der
Welt und ebendamit an das Licht der Welt heraustrat, die Noth=
wendigkeit ihrer apologetifchen Selbftbezeugung vor dem Volk und
vor den Großen der Welt, — das Alles und das in jenen Zeilen
fo erregte Bedürfniß für höhere und wahrhaft befriedigende Wahr=
heit, der in Myfterien und in Philofophenfchulen hervortretende For=
fchungs = und Erkenntnißtrieb gab der chriftlichen Wiffenfchaft ftarke
Impulfe und trieb fie fehr auf die Erkenntnißfeite des Chriftenthums
hin. Erzeigte fich ja doch, wie fo manche Väter felbft bekannten, die
Philofophie bei den Heiden, als Analogon des Gefetzes bei den Ju=
den, eben auch damals befonders als ein Medium des λόγος σπερ-
ματικός, als eine praeparatio evangelica und παιδαγωγὸς εἰς Χριστόν,
und ward, was zumeift von der edelften und mit dem Chriftenthum
verwandteften Philofophie, dem Platonismus, gilt, für manche tiefere
Geifter die Brücke zum Chriftenthum und verband fich mit demfelben
in der Art, daß das Chriftenthum felbft zur höheren und wahren
Philofophie ward und bei den Vätern oft diefen Namen führte.

Daffelbe hat auch — obgleich wefentlich eine praktifche Religion
des kindlich=einfachen, die hohen Worte menfchlicher Weisheit ver=
fchmähenden Glaubens und der thätigen Liebe — in feiner göttlichen
Einfalt eine Fülle und Tiefe göttlicher Geheimniffe und ihrer Offen=
barung in fich, die auf den eingepflanzten Trieb zur Wahrheit und

ihrer Erkenntniß einen mächtigen Reiz übt, ihm die höchste Befriedigung gewährt und auch nach dieser Seite hin den tiefften Bedürf-
niffen und höchften Intereffen des Menfchengeiftes fich anfchließt.
Die chriftliche und kirchliche Glaubensforfchung ging von ihrem Centrum aus, gemäß dem alten a Deo (Chrifto) principium; wie das
Bekenntniß und Syftem der chriftlichen Lehre, fo auch die Gefchichte
derfelben, die ganze Bildung und Entwickelung derfelben trägt die
große Fundamental= und Unterfcheidungslehre vom Judenthum und
Heidenthum, das Myfterium der Trinität, an der Spitze, bei deffen
Erforfchung und — foweit man es verfuchen konnte — begrifflicher
Feftftellung der Mittler felbft, das Verhältniß des Sohnes zum Vater — eben in Beziehung auf fein Mittlers= und Erlöfersgefchäft —
zunächft die Hauptfache war, woran fodann der große und lange
Lehrftreit über die Perfon Chrifti und das Verhältniß der beiden Naturen in ihm — in gleicher Beziehung — fich anfchloß. Dieß Alles
ftand in nahem Zufammenhang mit dem Erlöfungs= und Heilswerk,
aber in entfernterem mit der Heilsaneignung. In nähere Berührung
mit diefer fchienen, als es von den trinitarifchen und chriftologifchen
Bewegungen und Lehrkämpfen zu den anthropologifch=theologifchen, von
der Entwickelung der Lehre von der Perfon des Heilsftifters zur Entwickelung des Heilsbedürfniffes und des ewigen Heilsrathes kam, diefe
zu führen, aber auch da kam die implicite darin gegebene praktifche
Lehre von der Rechtfertigung, die in diefer Lehrentwickelung fo ftarke
Grundlagen erhielt, über den vielen zum Theil fpeculativen Momenten, durch welche diefe lief, noch nicht zu ihrem Recht; nur über das
negative Moment der Rechtfertigung, die Vergebung der Sünden,
fpricht Auguftin fich einfach, klar und wahr aus ohne alle dogma-
tifche Entwickelung. Einer fchärferen Beftimmung und reineren Ausbildung hätte fie fchon damals bedurft; denn die Rechtfertigungslehre
nach dem Evangelium hat einen inneren Gegner und Erbfeind an der
Eigengerechtigkeit des menfchlichen Herzens; und wie fehr wurde fie
fchon damals durch das Auswuchern kirchlicher Tradition und priefter-
licher Autorität und Vermittelung, wodurch das unmittelbare Verhältniß zu Gott durch den Glauben dem Einzelnen erfchwert wurde, mit
allerlei Irrthum und Mißbrauch jedenfalls in der Praxis verunftaltet
und der evangelifche Heilsweg wieder auf den gefetzlichen Boden geleitet! Und wie lange ift das geblieben und immer mehr fo geworden!

Mit der Verdunkelung der Lehre von der freien und den Sünder freifprechenden Gnade und von der rechtfertigenden Kraft des

Glaubens wurde auch die Kirche ſelbſt immer tiefer verdunkelt und
aus der evangeliſchen Freiheit in die Knechtſchaft des Geſetzes, der
Menſchen und der Welt verſetzt, immer mehr veräußerlicht und ver=
weltlicht. Zwar kam es in jenen dunkelen Zeiten, nicht ohne höheres
Walten des göttlichen Geiſtes in der Bildungsgeſchichte der chriſtlichen
Lehre, noch zu einer großen Lehrentwickelung, der letzten vor der in
der Reformation gegebenen und in naher, innerlich vorbereitender Be=
ziehung auf ſie, zu der Entwickelung des Erlöſungsdogma von Anſelm.
Aber die Scholaſtik wußte die plumpen Irrlehren vom Verdienſt der
Werke, von mißbräuchlicher Schlüſſelgewalt, vom Ablaß, vom Dienſt
und Verdienſt der Heiligen und dergleichen ſein und künſtlich genug
auszubauen und zu verknüpfen. Die ganze Heilslehre und Heilsord=
nung wurde verwirrt und Unheil und Verderben in Lehre, Cultus,
Verfaſſung und Zucht der Kirche, Unſicherheit und Troſtloſigkeit in
die gebundenen Gewiſſen gebracht. Die Reformation mußte ihr heil=
bringendes Werk eben damit anfangen, mit der Reform der verfälſch=
ten und verkehrten Lehre von der Heilsordnung und Heilsaneignung;
je näher es zur lange erſehnten und vorbereiteten Kirchenverbeſſerung
kam, deſto klarer und entſchiedener drangen ihre letzten Vorläufer,
ein v. Weſel, der tiefer und innerlicher gehende Weſſel und zuletzt
noch — nur ſieben Jahre vor dem Anbruch der deutſchen Reforma=
tion — der treffliche Vorreformator in Frankreich, Lefebre [1]), auf die
evangeliſche Lehre von der Rechtfertigung durch den Glauben hin. —
Das waren kräftige Feldzeichen und würdige Vorkämpfer zum nahen
und großen Kampf der Kirche und Sieg des Evangeliums.

So wenig durchbrach alſo die Reformation und ihre praktiſche
Hauptlehre, in der ſich eben der wahrhaft ethiſche Geiſt des großen
Werks und Kampfs und ihr Beruf zur Wiederherſtellung des reinen
praktiſchen Urchriſtenthums darſtellt, den Zuſammenhang mit den
älteren und neueren Zeugen der wahren Kirche vor ihr; ſo wenig iſt
ſie Revolution, ſondern wirklich nur Reformation und Regeneration
und darum ſelbſtverſtändlich Quelle neuen Lichts und Lebens. Sie
wurde das — eine Wiedergeburt der Kirche —, eben indem ſie zu
ihrem Angelpunkt die Lehre von der Wiedergeburt und der damit in=
nigſt zuſammenhängenden Rechtfertigung, die Lehre vom Heilsweg
und der Heilsordnung wählte. Es ſcheint merkwürdigerweiſe der

---

[1]) Siehe die treffliche Darſtellung ſeiner Lehre bei Merle d'Aubigné, hist.
de la réformation, tom. III, beſonders S. 487 ff.

Innigkeit und Tiefe des germanischen Stammes aufbehalten gewesen zu sein, die Lehre des Evangeliums, welche ganz besonders den Kern desselben in sich schließt und in welcher die Idee der Persönlichkeit und das persönlichste, innigste und freieste Verhältniß des Menschen zu Gott vorzüglich zu ihrem Rechte und ans Licht kommen, recht zu erforschen, auszuprägen und zur vollen Geltung zu bringen, wie denn auch der Protestantismus überhaupt ganz besonders den Völkern germanischen Stammes als seiner Wiege und seinem Herde eignet. Vom inneren Lebenskampf um den Schatz und Trost der Gnade und der Wahrheit ging Luther wohlbereitet zum großen Lehrkampf nach außen über. In einer Reihe von Stadien ist dieser durchgekämpft und nach manchen Wendungen, in denen es nicht an Annäherung der römischen an die evangelische Lehre und dieser an jene fehlt, zur wahren Scheidung und Entscheidung geführt worden — per tot discrimina rerum. Hier ist nichts übereilt worden und an Oberflächlichkeit und Leichtfertigkeit in einer so hochwichtigen Lehrentwickelung nicht zu denken. Gleich in der grundlegenden Confession ist eben diese Grund- und Unterscheidungslehre als das Panier der Kirche aufgesteckt und in der Apologie in hoher Klarheit, Gründlichkeit und Lebendigkeit der Beweis ausgeführt, den die Formula concordiae, wenn gleich nicht mit derselben Lebensfrische, doch mit kräftiger Glaubensentschiedenheit wieder aufnimmt. Die Rechtfertigung ist darnach der göttliche Beschluß und Urtheilsspruch, durch welchen der Mensch kraft der zureichenden Gerechtigkeit Christi von der Schuld seiner Sünden freigesprochen, als gerecht erklärt und behandelt, in die Kindschaft Gottes eingesetzt und wiedergeboren wird — allein durch den Glauben, mit dem er Christum und sein Verdienst ergreift. Auch in diesem ihrem einfachen Bestand und inneren harmonischen Zusammenhang ihrer drei Momente, der causa efficiens (gratia), meritoria (Christus) und instrumentalis (fides), trägt diese unsere Unterscheidungslehre ein gewisses Gepräge ihrer Wahrheit. Das dritte Moment im Bund mit den zwei ersteren schließt in sich den für das Heil so nothwendigen, tröstlichen Halt der Heilsgewißheit (im Gegensatz gegen die römisch-katholische Lehre von der Nothwendigkeit des Zweifels). Diese Gewißheit, wie überhaupt die Heilszueignung, wird vermittelt durch den heiligen Geist, hat aber verschiedene Stufen und ringt sich oft erst später zur völligen Freudigkeit und fühlbaren Versiegelung durch; s. Burk's treffliche Schrift: Rechtfertigung und Versicherung, S. 102 ff. Wenn dieser Theorie der Vorwurf einer zu todten und äußerlichen,

46 *

weil gerichtlichen Auffassung der Rechtfertigung und des in ihr ge=
setzten Verhältnisses des Menschen zu Gott gemacht wird, so ist zu
entgegnen, daß das hier zuerst und wesentlich hervortretende richter=
liche Verhältniß Gottes an sich nicht so rein äußerlich ist; es hat sei=
nen Anschluß und seinen Reflex im Innersten des Gemüths, im Fo=
rum des Gewissens. Daß übrigens bei einem solchen hohen Act der
heiligen Liebe Gottes das innergöttliche, innertrinitarische Verhältniß
dieses Beschlusses und Urtheils noch vor der applicativen Bezeugung
im Menschen (nach den Bestimmungen der alten kirchlichen Dogmatik)
in Betracht kommt, leuchtet um so mehr ein, da der Mensch eben
aus der Geschiedenheit von Gott wieder in die Gemeinschaft mit Ihm
zurückgeführt wird. Eine unlebendige Anschauung und Auffassung aber
kann der protestantischen, namentlich lutherischen Lehre nicht zugeschrie=
ben werden, da sie mit der Versetzung des Menschen in ein neues
Verhältniß zu Gott auch die Mittheilung und den Anfang eines neuen
Lebens, das schöpferische Princip eines neuen Verhaltens, die Wieder=
geburt, setzt, und der Glaube, der die Gnade und das Verdienst Christi
ergreift, kein todtes Wissen oder kalter Beifall, sondern als herzliches
Vertrauen lebendig und lebendig machend ist; die justificatio ist daher,
wie Melanchthon oft und stark betont, auch vivificatio. Eben die
lebendige und innerliche Auffassung der Rechtfertigung hat sie auch
gleich anfangs in so nahe Beziehung zur Wiedergeburt gebracht und
sie scheinbar der katholischen Anschauung wieder sehr genähert; letzte=
rer Begriff aber hat immerhin eine solche Weite, daß auch die Recht=
fertigung darunter begriffen werden kann, was auch die strenge Formula concordiae zugiebt [1]). Haec fides in altis pavoribus erigens
et consolans accipit remissionem peccatorum, justificat et vivi-
ficat; nam illa consolatio est nova et spiritualis vita, p. 73. Et
quia justificari significat ex injustis justos effici seu regenerari,
siguificat et justos pronuntiari seu reputari [2]). Wird die pro=

---

[1]) Vocabulum regenerationis interdum in eo sensu accipitur, ut simul et
remissionem peccatorum (quae duntaxat propter Christum contingit) et sub-
sequentem renovationem complectatur, quam Spiritus Sanctus in illis, qui per
fidem justificati sunt, operatur. Quandoque etiam solam remissionem peccatorum et adoptionem in filios Dei significat. Et in hoc posteriore usu saepe
multumque id vocabulum in Apologia Confessionis ponitur. Verbi gratia,
cum dicitur: justificatio est regeneratio. — — Quin etiam vivificationis vocabulum interdum ita accipitur, ut remissionem peccatorum notet, etc. p. 686.

[2]) Vergl. in Köstlin's Luther. Theol. Bd. II. S. 448. die Bestimmung der
zwei Haupttheile des Rechtfertigungsbegriffs bei Luther.

testantische Rechtfertigungslehre von den Gegnern eines inneren logischen Widerspruchs bezüchtigt und darum die justitia imputativa
nicht ganz ohne Hohn zur putativa gestempelt, so begegnet uns hier
eine gewisse auch sonst schon bemerkte Verwandtschaft des Romanismus, als mit Pelagianismus behaftet, mit dem Rationalismus [1]); wie
der Glaube überhaupt, so ist er insbesondere auch in diesem seinem
Gipfelpunkt und ist ebenso das Dogma vom Glauben in seiner my-
steriösen Tiefe göttlicher Offenbarung ein Zeichen, dem (von der fla-
chen, unerleuchteten Vernunft) widersprochen wird.　Der rechtfertigende Glaube ganz besonders ist Sache der tieferen inneren Erfahrung [2]); die begrifflichen und wissenschaftlichen Vermittelungen, die
dabei immerhin versucht werden mögen, werden sich nie ganz erschö-
pfen lassen; es ruht aber das Mysterium dieser abgeleiteten und angewandten Lehre vom Heil eben auf dem Geheimniß der Wurzellehre,
des Dogma von der Versöhnung und Erlösung, also der durch Christi
Opfer vollzogenen Harmonie der Heiligkeit und Liebe Gottes und der
repräsentativen Einheit des Mittlers, des Gottmenschen, der ebendarum
auch der Universalmensch ist, mit seinen Brüdern.　Auch liegt offenbar in schlechthiniger Verwerfung der zugerechneten Gerechtigkeit ein
nimium probans, indem damit auch alle Begnadigung und Vergebung der Sünden überhaupt fallen müßte. — Wird aber die so
starke Betonung des Glaubens und das die subjective Heilsaneignung
beschränkende sola, welches aber unser Lehrbegriff nicht mit solitaria
verwechseln läßt, noch immer angefochten, so haben die Gegner des
sola ihren Widerspruch mit dem eigentlichen Stifter unserer Lehre,
mit Paulus selbst auszumachen — nach der treffenden Bemerkung
Melanchthon's — offendit quosdam particula s o l a, quum et
Paulus dicat (Rom. 3, 28.) — fide, non ex operibus; item Eph. 2, 8.
Dei donum est —; item Rom. 3, 24. gratis justificati.　Si dis-
plicet exclusiva s o l a, tollant etiam ex Paulo illas exclusivas:
gratis, non ex operibus, donum est etc.　Apol. Conf. p. 73.
Wenn daher Döllinger S. 434. seinen Angriff in dieser Richtung sogar bis zum Vorwurf berechneter Untreue steigert, mit der Luther
mehrere Stellen, besonders der paulinischen Briefe, dieser Lehre zu

---

[1]) Sartorius hat eine eigene Schrift darüber; vergl. auch Thiersch, Vorlesungen II. S. 101.

[2]) Melanchthon an Brenz: De tantis rebus timide loquor, quae tamen
non intelliguntur, nisi in certaminibus conscientiarum.

lieb übersetzt und dem Urtext fremde, vom Reformator selbst erst zur Unterstützung seines Lieblingsdogma ersonnene Ausdrücke eingeschoben habe, so richtet sich durch das vorher Bemerkte dieser Ausfall von selbst [1]). Wie überhaupt Treue und Redlichkeit Grundzüge in Luther's nach dem rühmenden Zugeständniß des Gegners selbst vollendetem deutschen Charakter sind, so ist auch seine Treue gegen sein Heilig= thum, gegen das Wort Gottes, soweit es nach dem Stand der da= maligen biblischen Philologie nur immer möglich war, anerkannt, aber es war keine sklavische und mechanische Treue. Luther war wohl treu dem Buchstaben, aber ebenso sehr auch dem Geist des göttlichen Wortes, und das war er auch mit seinem sola [2]).

II.

Es läßt sich denken, daß auch dieses Dogma, so einfach auch an sich selbst, doch bei seinem hohen innern, sowohl thetischen als antithe=

---

[1]) Bengel z. a. O.: uno de duobus subtracto remanet unum. Luther hat also gut gerechnet, nicht unredlich berechnet bei dem sola. Bengel zu Röm. 3, 28 in seinem deutschen Testament: „Es gibt ganze Bücher voll von Zeugnissen de= rer, die vor Luthero dieses Wörtlein allein gebraucht haben. Doch muß man es recht verstehen: allein der Glaube rechtfertigt, doch ist und bleibt er nicht allein." Anton zu derselben Stelle: „welches Wörtgen dem eigentlichen Sinn nach unmöglich ausbleiben kann, und von Luthero nicht verstolener Weis' hin= gethan ist, da es schon die Uebersetzungen vor ihm gehabt haben."

[2]) S. Luther's Werke, Jenaer Ausg. Bd. V. S. 143 ff.: „Also habe ich hie Röm. 3. fast wohl gewußt, daß im lateinischen und griechischen Text das Wort (solum) nicht stehet, und hätten mich solches die Papisten nicht dürfen lehren. Wahr ist's, diese vier Buchstaben sola stehen nicht drinnen, welche Buchstaben die Eselsköpf ansehen, wie die Kühe ein neu Thor. Sehen aber nicht, daß gleichwohl die Meinung des Texts in sich hat, und wo mans will klar und ge= waltiglich verdeutschen, so gehörets hinein, denn ich habe deutsch, nicht lateinisch noch griechisch reden wollen. Das ist aber die Art unserer deutschen Sprache, wenn sich eine Rede begibt von zweien Dingen, der man eines bekennet und das andere verneinet, so brauchet man des Worts (solum) allein neben dem Wort nicht oder kein, als wenn man sagt: der Bauer bringet allein Korn und kein Geld — und dergleichen unzählige Weise in täglichem Brauch.

„In diesen Reden allen, ob es gleich die lateinische oder griechische Sprache nicht thut, so thuts doch die deutsche, und ist ihre Art, daß sie das Wort allein hinzusetzet, auf daß das Wort nicht oder kein desto völliger und deutlicher sei. — Denn man muß nicht die Buchstaben in der lateinischen Sprache fragen, wie man soll deutsch reden, wie die Esel thun, sondern man muß die Mutter im Hause, die Kinder auf der Gasse, den gemeinen Mann auf dem Markt da= rum fragen und denselbigen auf das Maul sehen, wie sie reden, und darnach dolmetschen, so verstehen sie es denn und merken, daß man deutsch mit ihnen redet."

tischen Interesse und bei der Beziehung zu verschiedenen Momenten
der gratia applicatrix weiterer Entwickelung und Ausbildung fähig
war.   Die alten Dogmatiker haben namentlich die Hauptmomente der
Objectivität des göttlichen Rechtfertigungsactes genauer hervorgehoben
und fixirt; besonders zu beachten ist die dogmatische Annahme eines
immanenten, innertrinitarischen, zeitlichen Actes der Rechtfertigung in
Gott, was zwar nicht in directem Schriftzeugniß gegründet, aber implicite im Begriff der δικαίωσις enthalten und in der Natur der
Sache gegeben ist.   Treffend vertheidigt diese Lehrbestimmung unserer
alten Dogmatiker mit Beleuchtung bedenklicher Seiten der idealeren
und abstracteren reformirten Anschauung von der ewigen Gnadenwahl
und der Aufnahme des Rechtfertigungsactes in diese Kling in Herzog's Encyklopädie, Bd. 12. S. 589., vgl. auch die tiefere theistische
Ansicht Dorner's über die Unveränderlichkeit Gottes in den Jahrbüchern für deutsche Theologie.

Gegen die Einseitigkeit und Erstarrung, welcher besonders auch
diese Lehre in der Zeit der todten Orthodoxie ausgesetzt war, hatte
sie als eine in sich gesunde und lebenskräftige Lehre des Evangeliums
hinlänglich Kraft zu reagiren.   Dieß zeigte sich besonders in der Reaction des Pietismus, der übrigens in seinen Häuptern und Haupt-
vertretern zum factischen Beweis seines lebendigen Zusammenhangs
mit der Kirche den Kern unseres Dogma in seinen wesentlichen Bestimmungen festhielt und nur die innere Causalverbindung der Rechtfertigung mit der Heiligung aufs Neue ans Licht zog und entfaltete.
Wie treu und fest steht Spener in dieser Lehre, besonders in seiner Erklärung des Luther'schen Katechismus! Wie Treffliches haben
Bengel und die bedeutendsten seiner Schüler, besonders Roos und
Burk, darüber gegeben! Steinhofer und Anton leben und weben
in diesem Glaubenselement. Auch Oetinger, in welchem sich die mystische Anschauung und Richtung mit der praktischen des Pietismus
in so origineller Weise verbunden hat, entwickelt die Rechtfertigungslehre gründlich und lebendig [1] in ihrer altevangelisch-kirchlichen Reinheit und paulinischen Tiefe.   Eine ebenso evangelisch gesunde, als
praktisch fruchtbare und lebendige Darstellung unseres Dogma giebt ein
Hauptrepräsentant evangelischer Mystik, Tersteegen [2].   Dagegen

---

[1] In seiner berühmten Dogmatik theologia ex idea vitae, pag. 274—283.,
und im biblisch-emblematischen Wörterbuch, S. 504—511.
[2] Im „Weg der Wahrheit" S. 491. — von dem Glauben und der Recht-

nicht ohne einige Abschwächung hinsichtlich theils der gerichtlichen Natur des Rechtfertigungsactes, theils seines tieferen Zusammenhangs
mit der sittlichen Erneuerung tritt diese Lehre, seinem ganzen Charakter nach, im Supranaturalismus auf; doch hält er im Wesentlichen
an der Objectivität des Actes und an der Reinheit der subjectiven
Bedingung von aller Beimischung sittlichen Verdienstes fest; so Mo-
rus, Döderlein, Storr und Andere; nur Tittmann, in welchem sich
sonst der Supranaturalismus zu seiner höchsten Entschiedenheit ausgebildet hat, zieht mit zu scharfer Sonderung der Sündenvergebung
und Rechtfertigung letztere aus dem gerichtlichen in den ethischen
Sinn: ex injustis justos effici —; „Augsb. Conf." S. 89: „in einem
solchen Zustande seines inneren Lebens sich befinden, der es möglich
macht, Gott wohlgefällig zu sein und zu werden und von ihm Gnade
und Segen zu erlangen." Und so hat sich also diese Lehre unseres
Bekenntnisses in die evangelische Kirche, die allerdings diesen ihren
Ehrennamen hauptsächlich von derselben hat, und in die Wissenschaft
ihres Glaubens nach verschiedenen Richtungen, soweit sie noch auf
dem Boden des Christenthums stehen, eingelebt und eingewurzelt.
Und nun nach drei Jahrhunderten soll nach Döllinger's kühner Behauptung die Continuität der Lehrentwickelung hier gerade abgebrochen
und die wesentlichste Unterscheidungslehre unserer Kirche aus der ganzen neueren Theologie mit einer einzigen Ausnahme verschwunden sein?
Wie soll dieß möglich sein, ein Conflict, ja ein so völliger Bruch der
evangelischen Theologie mit der evangelischen, namentlich lutherischen
Kirche und Kirchenlehre, ein solches Prognostikon der von den Gegnern vielfach gewünschten und von ihren Unglückspropheten oft ge-
weissagten Selbstauflösung unserer Kirche! Aber Gott sei Dank! so
weit ist es noch nicht gekommen und wird es auch nicht kommen, so
wahr als der Herr seiner Gemeinde verheißen hat, daß auch die Pforten der Hölle (und ihre kräftigsten Irrthümer) sie nicht überwältigen
sollen. Es ist aber zu bemerken, daß freie Bewegung und Entwickelung der kirchlichen Lehre in und aus sich selbst, die im Geist des
Protestantismus gegeben ist, noch keine Selbstauflösung ist. Das
rege Streben namentlich unserer Zeit nach Vermittelung des Glau-

---

fertigung. Aus allem dem erhellt, daß das oft geäußerte Urtheil über den Pietismus, neuestens auch von Thomasius a. a. O. S. 285., daß er die Rechtfertigungslehre factisch hinter die Buße und Heiligung zurückgestellt habe, bedeutende Beschränkung leidet; vergl. besonders die evangelisch gesunde und klare Beleuchtung
dieser Lehre bei Burk und Roos in ihren Abhandlungen darüber.

bens mit der Wissenschaft, das keineswegs eine Erhebung dieser auf
Kosten von jenem nothwendig in sich schließt, hat allerdings unsere
wichtige Cardinallehre nicht unberührt gelassen; aber ihre weitere
Ausbildung ist noch keine wirkliche Umbildung, und neue Modificatio=
nen sind noch keine völlige Alterirung oder Aufhebung des Alten, so
wenig als Evolution eine Revolution ist. Zwar ist der große Theo=
log, dessen freie, kritisch=dialektische Glaubensforschung einen so star=
ken Einfluß auf die ganze systematische Theologie unserer Zeit geübt
hat, in seinem kühnen Streben nach Umgestaltung oft nicht fern von
Umwälzung, und es läßt sich dieß namentlich auch nicht leugnen von
der Art, wie Schleiermacher die Lehre von der Rechtfertigung behan=
delt, diese zum Theil in einen subjectiv=psychologischen Proceß um=
gesetzt und mit Bestreitung der einzelnen Hauptmomente des kirch=
lichen Dogma sich der katholischen Anschauung von der justitia in-
haesiva wieder sehr genähert hat; doch ist er immer noch protestan=
tisch genug, um gegen wirkliche Rückkehr zur katholischen Lehre zu
protestiren. Unverkennbar ist von ihm eine Anregung zu einer mehr
subjectivirenden Richtung in dieser Lehre, zu ihrer größeren Verinner=
lichung mit verminderter Spannung ihrer Objectivität, damit sie nicht
zu einer starren werde, ausgegangen. Es ist zuzugeben, daß die neuere
Dogmatik und Exegese in ihrer Reaction gegen eine ihr vorangegan=
gene unlebendige Theologie die inneren Momente dieser Lehre hin und
wieder zu sehr betont hat und subjectiven Vermittelungen, welche alle
in verschiedener Richtung vom Glauben ausgehen, einen sehr be=
deutenden Spielraum läßt. Dabei gehen Einige von der ethischen
Natur, Energie und Würde des Glaubens aus, den sie als das höchste
Wohlverhalten gegen Gott, als Würdigkeit vor Ihm bezeichnen, wie
Menken, Beck, auch Nitzsch [1]), Baur [2]) als die Erfüllung, Ergän=
zung der noch fehlenden Gerechtigkeit. Andere suchen die Rechtferti=
gung als judicium secundum veritatem zu vermitteln und zu
begründen durch die eigenthümlich hohen Wirkungen des Glaubens.
Dabei wird von den Einen die sittliche Wirkung aufgefaßt, sofern der
Glaube die Wiedergeburt und das Princip des neuen Lebens, den
Anfang der Heiligung in sich schließt, wobei Gott in dem An=
fang des neuen Lebens auch schon seine Vollendung erkenne und ihn

---

[1]) S. System der christl. Lehre, §. 147, A.
[2]) Antisymbolik, in der Tübinger Zeitschrift für Theologie 1833, 3. Heft,
S. 151.

aus Gnade als solche schätze und gelten lasse, wie von Neander, Martensen, Kling und besonders neuestens Lipsius. Andere knüpfen an die mystische Wirkung des Glaubens, an die Gemeinschaft und Einheit mit Christo an, in die der Glaube einführt, kraft welcher Gott den Glaubenden nicht in sich selbst, sondern in Christo, und Christum in ihm ansehe. Daß durch solcherlei Auffassung Präcision und Richtigkeit des Lehrtypus, die Reinheit und Consequenz der Lehre, sowie die richtige Stellung der einzelnen Momente der Heilsordnung in etwas alterirt, die Objectivität der Heilsvermittelung leicht abgeschwächt oder gefährdet, die Heilsgewißheit selbst, sofern sie an etwas dem Menschen Inhärirendes geknüpft werden soll, verdunkelt und erschwert und ebendadurch an die katholische Anschauungsweise mehr oder weniger angestreift wird, läßt sich nicht in Abrede ziehen, ebenso wenig als daß es dem göttlichen decorum, den Ansprüchen der göttlichen Heiligkeit und Gerechtigkeit als entsprechender erscheint, wenn Christus in den Sünder als einen schon begnadigten und mit Seinem Blut und durch den Glauben an Sein Blut entsündigten eingeht, als wenn dieser sogleich in die Einheit mit Christo aufgenommen und ebendamit gerechtfertigt werden soll [1]); die unio mystica mit Christus ist von der unitio, dem Weg zur unio, welches eben die Rechtfertigung und der sie bedingende Glaube ist, wohl zu unterscheiden. So von dieser Seite und mit dieser letzteren Bestimmung gefaßt, ist die Erklärung und Vermittelung der Zurechnung der Gerechtigkeit Christi an den Sünder, seine Rechtfertigung vor Gott als eine „wahre und wirksame Anschauung Gottes", indem Er den Sünder in Christo anschaut, als ein judicium secundum veritatem am unverfänglichsten, ja am schrift- und in höherem Sinn naturgemäßesten, wie sie sich in einfacher und bestimmter Weise namentlich bei Thomasius findet [2]). In der attractiven und receptiven, Christum und seine Gerechtigkeit ergreifenden Natur des Glaubens liegt ein gewisses inneres Coincidiren, ein Gemeinwerden des Erkennenden mit dem Erkannten; aber eben weil das Hauptmoment des Glaubens die Receptivität ist, fällt alles Verdienst desselben, jeder Gedanke an die causa meritoria weg; die unio, von welcher Thomasius bei seiner Auffassung ausgeht, ist nach dem Ausdruck der alten Theologen die unio poenitentialis et

---

[1]) S. die treffliche Ausführung dieser und ähnlicher Bedenken bei Köstlin, vom Glauben, S. 331 ff.; Thomasius, Christi Person und Werk, S. 286 ff.

[2]) Christi Person und Werk, S. 162. 193. Grundlinien des Religionsunterrichts, §. 82.

fiducialis, wobei der Kern der Rechtfertigung darin besteht, daß sie ein
richterlicher, zurechnender Gnadenact ist. Wenn wegen dieses seines
hohen Werths und Segens dem Glauben schon eine Würdigkeit zugeschrieben worden, so könnte dieß seine gottgeziemende Angemessenheit zu seinem hohen Object und jedenfalls eine secundäre, (aus dem
Object selbst) abgeleitete Würdigkeit andeuten, wie denn die ehrwürdigen Theologen, die diesen Ausdruck gebrauchen, gegen alles eigene
Verdienst im Werk der Rechtfertigung protestiren, was insbesondere
auch von Beck, so frei er sich allerdings in der Entwickelung
und subjectiven, die juridische bekämpfenden Auffassung dieser Lehre
bewegt, nachdrücklich und nicht ohne Zurücklenkung zu den Reformatoren geschieht. Es bleiben also bei allen sich aufdringenden ernsten
Bedenken gegen manche neuere Behandlung unserer Lehre immer
noch wesentliche Elemente ihrer Substanz, und an einen eigentlichen
Abfall vom alt-evangelischen Dogma ist, wenn es auch nicht ganz an
Keimen dazu fehlt, nicht zu denken. Der Widerstand gegen den römischen Irrthum gerade in dieser Hauptunterscheidungslehre und
das protestantische Bewußtsein auch in dieser Beziehung ist noch nicht
erloschen. Wir haben es gesehen bei dem Möhler'schen Angriff, wie
ernstlich und tüchtig so angesehene Theologen von sehr verschiedenen
Farben, wie Marheinecke, Nitzsch, Baur[1]), jeder in seiner Weise
und doch gleich als Ein Mann, besonders auch für dieses Palladium
unserer Kirche eingestanden sind. Wie sorgfältig und entschieden wehrt
Nitzsch die katholischen und die Swedenborg'schen Irrlehren ab und
wahrt das Princip der Gnade und des Glaubens, die Priorität der
Rechtfertigung vor der Heiligung![2]) Man bedenke ferner, wie stark
Ebrard die subjective Seite der Rechtfertigung, die Receptivität im
Glauben, Lange die objective, declaratorische Seite betonen und im
Zusammenhang mit dem Ganzen beleuchten, wie conservativ selbst
noch Schenkel, an dessen eigenthümliches dogmatisches Princip, das
Gewissen, gerade diese Lehre eine besondere Anschließung findet, die-

[1]) Die „Antisymbolik“, gewiß eine der werthvollsten Schriften dieses außerordentlich fruchtbaren Theologen, giebt und vertritt im Ganzen die richtige objective Fassung der kirchlichen Lehre und hält sich viel freier von Einflüssen seiner philosophischen idealistischen Richtung als das spätere Werk „Paulus“; vergl.
namentlich seine in diesem gegebene paulinische Rechtfertigungslehre, S. 522 ff.
[2]) So auch besonders seine akademischen Vorträge über die christliche
Glaubenslehre, S. 158.: „Gott kommt mit Gnade nicht den Werken nach, sondern
zuvor, er kommt mit dem Wort.“

felbe behandelt hat; man denke an die reine und lebendige Auffaffung
des Dogma bei Heubner, Thierfch, v. Gerlach, Vilmar, Hofacker, Beffer,
Wiefinger (zu Jak. 2, 23), Ahlfeld, Fronmüller und bei Theologen,
die Döllinger ganz unberechtigt zur Linken als auch Apoftaten ftellt,
v. Hofmann [1]), Thomafius, Schmid, Sartorius, Köftlin, Liebner [2]),
fo wird man gewiß von Deftruction dieſes evangeliſchen Grund=
pfeilers in der ganzen neueren Theologie nicht reden können, und
auch das neuefte annähernde Urtheil Hafe's [3]) in folcher Richtung
darf uns nicht irre machen. Wie diefe Lehre beftanden hat längft
vor der Reformation, feit das Evangelium in der Welt ift, und ihre
und der erneuerten evangeliſchen Kirche Wurzel und ihr Centrum ge=
worden ift, mit welchem unfere Kirche fteht und fällt, fo befteht fie
noch und wird beftehen bis ans Ende der Tage, als der Kern der wah=
ren Heilslehre von der Rechtfertigung des Lebens in fich felbft heils=
und lebenskräftig, wie eben mit ihr hauptfächlich der Kirche aus dem
Verderben zum Heil, aus dem Tode zum Leben geholfen worden ift.

III.

Wie der tiefe Gehalt und die innere Herrlichkeit der evangeliſchen
Rechtfertigungslehre als einer wahren Centrallehre fich auch darin
zeigt, daß der Apoftel im Brief an die Römer den ganzen Schatz
des Evangeliums in ihr zuſammenfaßt und er auf Grund dieſer
Lehre den ganzen Bau des evangeliſchen Glaubens faft fyftematiſch,

---

[1]) Nach der 2. Ausgabe des Schriftbeweiſes, Bd. I. S. 612 ff., wo δικαι-
οῦσθαι die ftrengft objective und judicielle Faffung in eigenthümlicher Weiſe
erhält.

[2]) Nach feiner Erklärung im Vorwort zum Büchlein von Lipfius.

[3]) Handbuch der proteftantiſchen Polemit, S. 273: „Man darf es offen aus=
fprechen, daß dem jetzt herrſchenden proteftantiſchen Bewußtſein die ſemipelagia=
niſche Richtung des katholiſchen Dogma näher fteht als das reformatoriſche in
feiner düfteren Majeftät Daher geſchehen ift, daß proteftantiſche Theologen un=
ferer Tage, und folche, die fich für Träger des reinen Lutherthums achten, als
den feligmachenden Glauben gerade den in der Liebe thätigen beſchrieben, genau
nach dem ſcholaftiſchen Begriffe der fides formata, und ihn einem vermeinten
katholiſchen Dogma „der Rechtfertigung durch gute Werke" entgegenftellten."
Aehnlich S. 281., mit ausdrücklicher Beiftimmung zu Döllinger. Wenn aber
Hafe von der „düfteren Majeftät" des reformatoriſchen Dogma redet, fo ſcheint
das ein Verftoß zu fein gegen das Horaz'ſche non fumum ex fulgore, sed ex
fumo dare lucem. Letzteres leiftet unfer evangeliſches Dogma und es ift ihm da=
her wegen feiner Fülle göttlichen Troftes eher eine heitere, himmliſche Klarheit
zuzuſchreiben.

gleichsam — sit venia verbo! — die erste, großartigste, evangelische
Dogmatik aufgebaut hat, so breitet sich der Geist und die Kraft dieser Lehre auch auf alle Zweige und Gebiete des christlichen Lebens
segensreich aus. Auch ihre Wirkungen sprechen für diese Lehre.
Mag sie auch immer noch der Haß der Gegner als eine „seelenver-
derbliche" Lehre lästern, — dieß geschieht in reichem Maß von Döllinger S. 439. — es ist das die Schmach Christi, die sie Ihm, ihrem
lebendigen Mittelpunkt, nachzutragen hat, und darum auch ein Zeugniß und Siegel ihrer göttlichen Wahrheit. Daß sie thörichtem Mißverstand und unheiligem Mißbrauch ausgesetzt und dadurch schon sehr
verkehrt worden ist, wer wird es leugnen, aber wer das ihr selbst
anrechnen und mit dem Mißbrauch den rechten Gebrauch verdammen
wollen? Schon die Schrift, ein Petrus, ein Jakobus und selbst der
eigentliche Apostel dieser evangelischen Lehre mußten solchem Mißverstand und Mißbrauch steuern. Fragen wir aber die Geschichte, und
zwar besonders hinsichtlich unserer auf diese Lehre hauptsächlich erbau-
ten Kirche, so straft sie das verdammende und schmähende Urtheil
über unser Dogma als „ein seelenverderbliches" Lügen; denn wie
viel Verderben wir leider bei uns zugeben müssen, wer kann beweisen, daß es größer sei als in der Kirche, die gerade in dieser Lehre
am schärfsten sich von der unsern scheidet? Oder sollen wir in Hinsicht auf das Gute, das sich bei uns doch noch findet, annehmen, daß
bei uns die Praxis besser sei als die Theorie, wovon doch das Gegentheil gewiß viel häufiger ist? Sehen wir aber zurück auf das Zeugniß der früheren und frühesten Geschichte, was sagt sie aus von der
inneren Beschaffenheit und Kraft der evangelischen Rechtfertigungslehre? Wie zeugt diese von sich selbst in dem ganzen Leben und
Wirken ihres großen, gotterleuchteten ersten Organs und Herolds,
des Apostels Paulus, für den gerade diese Glaubenswahrheit, wie der
Mittelpunkt seiner ganzen Lehre, so die Seele seines ganzen Lebens
und Wirkens und der Trost und die Kraft seiner Leiden und seines
täglichen Sterbens geworden ist! Und wie der Vorgänger, so die
Nachfolger; auch sie, die Herolde der erneuerten evangelischen Lehre,
die Reformatoren, haben Alles für Schaden geachtet gegenüber der über-
schwänglichen Erkenntniß Jesu Christi, des Herrn, der unsere Gerechtigkeit ist; was sie von der Rechtfertigung durch den Glauben gelehrt
haben, das haben sie auch gelebt; aus den tiefsten und heiligsten
Kämpfen ihrer aufrichtigen Seelen ist ihnen der Sieg für sich selbst
und für die Kirche, das Licht und der Trost der evangelischen Recht-

fertigungslehre erwachsen; in den ernstesten Kämpfen haben sie das errungene Kleinod behauptet, verbreitet und uns überliefert; den Muth ihres Glaubens, die Kraft des Gebets, die unermüdete Treue in der Arbeit, die Standhaftigkeit in ihren unzähligen Gefahren und Nöthen, die hingebende Liebe zum Herrn und zu den Brüdern, die siegreiche Freudigkeit im Sterben, — das Alles haben sie aus dieser ihrer Cardinallehre geschöpft, und also kein Verderben, sondern nur Heil [1]).

· Ihr hohes praktisches Moment und den Keim [und die Bürgschaft eines neuen Lebens, der Gerechtigkeit des Lebens aus der Glaubensgerechtigkeit, trägt die evangelische Rechtfertigungslehre in sich selbst und in der ganzen Entwickelung, die sie bei Paulus ganz besonders in seinen zwei Hauptschriften von dieser Lehre, im Galater- und namentlich im Römerbrief, erhalten hat. Wie klar und herrlich läßt er da auf die tief und reich ausgeführte Rechtfertigung durch den Glauben und aus ihr die Vereinigung und ebendamit die Verähnlichung mit Christo folgen, den Untergang des alten und den Aufgang des neuen Lebens und sein Wachsthum bis zur herrlichen Vollendung! Wie wird überhaupt Gott besser von uns geehrt, als eben durch die gänzliche Vernichtigung unserer selbst, durch das völlige Absehen von uns selbst und allem Sichtbaren und durch das alleinige Aufsehen auf Ihn, auf Seine Verheißung und Gnade in Christo, also eben durch den Glauben und zwar ganz besonders durch den rechtfertigenden Glauben? In diesem speciellsten und persönlichsten Glauben, durch welchen der Mensch, in Christum eingehend, in der allerhöchsten Angelegenheit seines Herzens überschwänglich befriedigt und mit dem vornehmsten Gut, der Vergebung der Sünden, begnadigt wird, ist denn auch der Glaube an die speciellste, auf das ewige Heil abzielende Fürsehung Gottes in allen · Angelegenheiten des inneren und äußeren Lebens [2]), also das Allerseligste und Lebendigste gegründet. Der Glaube aber und die Begnadigung durch den Glauben ist zwar ein kostbares, aber kein unverlierbares Kleinod und Privilegium der Christen; es erfordert die treueste Bewahrung und Bethätigung und schließt dafür, für die christliche Besserung und Tugend, die kräftigsten Motive und ihre wesentlichsten Grundzüge in sich.

---

[1]) Ueber den hohen sittlichen Werth der evangelischen Rechtfertigungslehre sind schöne Stellen bei Hase a. a. O., namentlich S. 285., — treffend besonders die Bemerkung, daß darin „die ganze Subjectivität des Protestantismus beschlossen liegt, als eine freie, aber durch Christus befreite und an ihn hingegebene".

[2]) Röm. 8, 28 ff.

Wie der Glaube das Innerste und Freiefte im Menfchen ift, fo kom=
men auch feine Früchte, die Werke, aus freiem Trieb von innen her=
aus, und das Evangelium, fofern es felbft zum lebendigen und darum
nur um fo feineren und fchärferen Gefetz wird und den tieferen Kern
und Geift des Gefetzes in fich trägt, treibt daher keine mechanifche,
äußere Werkheiligkeit und Gerechtigkeit, fondern die innere Herzens=
gerechtigkeit als die Wurzel der äußeren. Die evangelifchen Grund=
triebfedern aber zum Guten find die zarteften und ernfteften, die
Dankbarkeit, Liebe und die Furcht Gottes. Eine fo hohe und fo
unverdiente Wohlthat, ein folches Heil, mit folchem Opfer bereitet, ge=
winnt dem Empfänger das Herz ab, daß es das bewegende Grund=
gefühl in ihm wird: „Die Liebe Chrifti dringet uns“, und ein Grund=
ton der Freude und des Dankes den ganzen Chriftenlauf und alle
feine Pflichterfüllung durchdringt, fo daß fie zum fanften Joch und
zur leichten Laft wird, wie der Heidelberger Katechismus die ganze
evangelifche Ethik in der Frage zufammenfaßt: „Wie wir Gott für
folche Wohlthat (die Erlöfung) danken follen“, und wie der Luther'fche
Katechismus in der Erklärung der zehn Gebote bei jedem einzelnen
als primum agens voranftellt: „Wir follen Gott fürchten und lieben.“
Denn Gott offenbart fich im Werk der Erlöfung und im Act der
Rechtfertigung ganz als die heilige Liebe, als Den, der gerecht ift und
gerecht erklärt, im Drang feiner freieften Gnade und in der ganzen,
ihren höchften Erweis vermittelnden Heiligkeit und Schärfe feines
Gefetzes und Gerichtes, womit die Sünde der Welt an dem heiligen
Sühnopfer gerichtet worden ift. „Wie follten wir entfliehen, fo wir
eine folche Seligkeit nicht achten?“

Muth und Demuth — das find die zwei charakteriftifchen Grund=
züge der auf die Begnadigung durch den Glauben gegründeten Bef=
ferung und Heiligung. Aller dem rein fittlichen Wirken fo widrige
und gefährliche Selbftruhm wird durch jene darniedergefchlagen und
mit dem Ernft der Selbftvernichtigung der Drang zur Verherrlichung
Gottes und Chrifti in Allem und über Alles und die völlige Unter=
werfung und Hingabe an Ihn im neuen Gehorfam gepflanzt, und
fern von eitler Lohnfucht die reine, unintereffirte Liebe zum Guten
und feine Uebung um Gottes willen. In diefer Demuth keimt der
wahre evangelifche Muth zum Guten, in der tief erkannten Schwach=
heit die wahre Stärke, in dem Gefühl, es noch nicht ergriffen zu
haben, der immer ftärkere Trieb, an der Hand der Gnade zu ergrei=
fen das Kleinod der himmlifchen Berufung; dabei wehrt das Ver=

zichten auf eigene Kraft und Verdienst mit dem lebendigen Bewußt=
sein und der freudigen Gewißheit des aus freier Gnade empfangenen
Heils jedem lähmenden Verzagen und läßt nicht als aufs Ungewiſſe
laufen, ſondern hilft und ſtärkt dazu, gewiſſe Schritte zu thun und
durch keinen Kampf ermüdet noch gebeugt fortzuſchreiten auf dem
Weg des Heils, in der Nachfolge Chriſti. — Das haben die Re=
formatoren, wie im Leben, ſo auch ſelbſt in der Lehre bewieſen; mit
Recht berufen ſie ſich auf ihr Verdienſt um Auslegung des Geſetzes:
„Die Unſeren werden mit Unwahrheit beſchuldigt, daß ſie gute Werke
verbieten. Denn ihre Schriften von den zehen Geboten und andere
beweiſen, daß ſie von rechten chriſtlichen Lebens = und Berufsarten
und Werken gute und nützliche Unterweiſung und Ermahnung gegeben
haben —." Augsb. Conf. Art. 20. Die berühmte Lobrede aber, mit
der Luther den Glauben preiſt als ein mächtig, ſchäftig und thätig
Ding u. ſ. w. in der Vorrede zum Römerbrief, iſt noch heute wahr;
ein ſprechender Thatbeweis dafür iſt, um nur an Einen zu erinnern,
das Leben und Wirken derjenigen Gemeinde, in welcher die Lehre
von der Verſöhnung und Rechtfertigung wohl am ſtärkſten und lau=
terſten getrieben wird, der evangeliſchen Brüdergemeine, wo uns die
Reinheit und Treue im Glauben, die Liebe zum Herrn und zu den
Brüdern und der aufopfernde und ausgebreitete Miſſionstrieb noch
immer in den geſegnetſten Früchten entgegentritt [1]).

So zeugt dieſe Lehre in ihrer Wirkung für ſich ſelbſt, daß ſie
eine Lehre von Gott iſt, nicht„ Seelen zu verderben", ſondern zu er=
halten; an ihren Früchten kann man ſie erkennen, an ihrer Beſſe=
rungskraft im Leben, an ihrem ganz einzigen Troſt im Sterben; den
haben die theuren Blutzeugen dieſer Lehre, den ſo viele Tauſende, die
allein auf die Gnade in Chriſto geſtorben ſind, empfunden; zu dieſem
Troſt, als der wahrhaftigen letzten Oelung im Sterben, greift nach
einer „geheimen eſoteriſchen Tradition" [2]) ſelbſt die römiſche Kirche in

---

[1]) Vergl. über dieſen ganzen Abſchnitt die treffende Bemerkung von Thierſch,
Vorleſungen II. S. 102. unten.

[2]) S. die trefflichen Worte Martenſen's, Dogmatik, S. 146 ff., und Thierſch
II, 130. 132 ff. — Vergl. die Bekenntnißformel zur letzten Oelung, evang.
Kirchen = und Schulblatt für Württemberg, 1862, Nr. 38: Credis, quod propter
te mortuus est Dominus Jesus Christus Dei filius? Credis non posse salvari
nisi per mortem ejus? Age ei semper gratias et in hac sola morte totam
tuam fiduciam compone. Huic morti totum te committe; hac morte te totum
contege eique te totum involve. Et si Dominus te voluerit judicare, dic:
Domine, mortem Christi objicio inter me et judicium tuum; aliter tecum non

ihrer Seelsorge, zumal bei Seelen, bei denen kein anderer Trost haf=
tet und Menschengedanken und eigene Gerechtigkeit wie löcherichte
Brunnen versiegen. Mit diesem ihrem Kleinod wird denn der Herr
bei seiner evangelischen Kirche bleiben bis an der Welt Ende.

~~~~~~~~~~~~~~~~~

Die Idee der Religion und des religiösen Lebens.

Von

H. Jacoby,

Gymnasiallehrer und Domhülfsprediger in Stendal.

Irgendwie hat schon Schleiermacher die Religion als einen
Proceß dargestellt, der keine Seite des menschlichen Geisteslebens un=
berührt läßt, er erkennt an, sowol daß die frommen Gefühlszustände
„sich in anderweitig geforderten Handlungen fortsetzen, als auch daß sich
der Trieb zur Betrachtung auf sie richten werde" [1]). Aber der Be=
griff der Religion ist ihm doch wesentlich schon im frommen Gefühl
verwirklicht und abgeschlossen, die von diesem abhängigen anderweitigen
Geistesbethätigungen sind nur darstellende Aeußerungen, keineswegs aber
das Wesen der Religion irgendwie mitbegründend. Ein wirklicher Fort=
schritt, von dem ausgegangen werden muß, ist durch Nitzsch geschehen. —

Wir versuchen es im Folgenden, die von ihm ausgesprochenen Ge=
danken in weiterer Ausführung und Begründung, auch nicht unbedeuten=
der Modification, die durch Betonung eines von ihm weniger beachteten,
uns sehr wichtigen psychologischen Gegensatzes hervorgerufen ist, dar=
zulegen. Zugleich bemerken wir im voraus, daß es wesentlich allein
das ideale Gebiet ist, auf dem unsere Betrachtung sich bewegt, daß da=
her ein Eingehen auf der Idee widersprechende Erscheinungen, von der
Sünde bestimmte Entwickelungen selten und nur episodisch stattfindet,
wenn es dazu dient das ideale Religionsleben heller zu beleuchten.

---

contendo. Si dixerit, quod merueris damnationem, dic: mortem Christi objicio
inter me et mala merita mea ipsiusque dignissimae passionis meritum offero pro
merito, quod ego habere debuissem eth eu non habeo. — Dicat iterum: mortem
Domini Jesu Christi pono inter me et iram tuam. Deinde dicat ter: in manus
tuas commendo spiritum meum. — Nach Chemnitz, exam. concilii Trident.
pag. 259. gehören diese Worte einer exhortatio Anselmi ad fratrem moriturum an.

[1]) Glaubenslehre, 2. Auflage, I. S. 13.

Die pſychologiſche Vorausſetzung.

Soll die Religion Inhalt des geſammten menſchlichen Geiſteslebens
ſein, muß ſo ſie in derſelben Weiſe ſich darin vollziehen, in welcher
überhaupt dem Subject irgend eine Beſtimmtheit gegeben wird, mit=
hin muß ſie ſich, um verwirklicht zu werden, einem Proceß unter=
werfen [1]). Bei dem Mangel einer Pſychologie, die nur irgendwie
entſcheidende Autorität wäre, iſt es wohl erlaubt wie geboten, unſere
Unterſuchung mit der Zeichnung eines pſychologiſchen Umriſſes zu be=
ginnen, und zwar ſcheint es das Angemeſſenſte, von dem Punkt aus=
zugehen, wo der geiſtige Proceß in der einfachſten Geſtalt vorliegt,
d. h. wir werden auf die Anfänge des individuellen menſchlichen Geiſtes=
lebens überhaupt zurückgehen müſſen. — Es iſt keine That des Menſchen,
der er ſeinen Urſprung dankt, er ſetzt ſich nicht ſelbſt durch einen
Vollzug ſeines Willens, ſondern ein Leiden und Widerfahrniß iſt es,
das in und an ihm geſchieht, da er geboren wird, ſein Daſein hat
ſeinen Grund in einer Urſache, die er ſelbſt nicht iſt. Je näher da=
her der Menſch ſeinem Urſprunge ſteht, um ſo mehr iſt er abhängig
und bedingt, aus der Bedingtheit bildet ſich erſt die Kraft, ſelbſt zu
bedingen, heraus. Die Function des geiſtigen Lebens wird daher
hier das Uebergewicht haben, in der ſich die Bedingtheit deſſelben voll=
zieht, und die Functionen der Freiheit werden erſt ſpäter zu gleichem
Recht gelangen. Das Gefühl iſt aber die Function der Bedingtheit,
Wille und Erkenntniß ſind die Functionen der Freiheit. — Das Gefühl
iſt ſomit die Hülle, in der am Anfangspunkt der menſchlichen Ent=
wickelung unſere Geiſtesbethätigungen geborgen und verborgen, em=
bryoniſch enthalten ſind. Aber obwohl ſie unmittelbar in einander ſind
und vom Gefühl unmittelbar beſtimmt werden, ſo fallen ſie doch nicht
zuſammen, ſondern es zeigt ſich irgendwie ſchon die Selbſtändigkeit
und Unterſchiedlichkeit, des Willens, indem er die Eindrücke, die im
Gefühl ſich ſammeln, nicht ablehnt, ſondern ſich aneignet, ſie geſche=
hen läßt, des Erkennens, indem der Inhalt des Gefühls ſich als Bild
darſtellt, ſo daß der denkende Geiſt ſich ſchon irgendwie als Bilder
aufnehmende, die Welt in ſich abbildende Macht bethätigt, wenn auch
nur eine Nachzeichnung des Sinnfälligen ſtattfindet und auch nur der
Stoff für die bearbeitende Vorſtellung damit gewonnen iſt. Dieſe
unmittelbare Einheit muß aber im Lauf der Fortentwickelung wieder

---

[1]) Nitzſch, Syſtem der chriſtlichen Lehre, ſechſte Auflage, S. 26: Der Be=
griff von der Urgeſtalt der Religion muß dem Begriffe vom Leben adäquat ſein.

aufgehoben werden, da jede Art und Weise des Geisteslebens zu einer
Selbständigkeit gelangen soll, in der sie ihren eigenen relativen Schwerpunkt in sich selbst gewinnt und sich in der Möglichkeit befindet, sich
schlechthin aus sich selbst zu vollziehen. Es entfaltet sich demnach ein
dreifaches Geistesleben, der Erkenntniß, des Gefühls und des Willens,
und indem sich ein jedes in sich selbst ausgestaltet, erschließt und abschließt, sich zu einer Welt, einem gegliederten Ganzen auswirkt, entsteht das theoretische, praktische und ästhetische Gebiet. Die Möglichkeit und Nothwendigkeit der Selbständigkeit schließt aber den Zusammenhang, die Einheit nicht aus, sondern bildet vielmehr nur den
Uebergang zu ihr als einer vermittelten. Aber die Möglichkeit der
Zerreißung ist gegeben, der selbstsüchtigen Vereinzelung einer Seite
gegen die andere, ebenso wie der Durchgang zur realen Freiheit durch
die formale für diese Ursache werden konnte, sich als Selbstzweck zu
setzen und damit den sittlichen Entwickelungsproceß aufzuheben. So
konnte es geschehen, daß sich die Theorie auf den Thron setzte und
die Idee des Menschen als wesentlich theoretische, logische faßte, so
daß in dem Erkennen sich der Begriff des Menschen schlechthin ver-
wirkliche. So ist der Logismus entstanden, wie er sich im philosophischen Gebiet als Monismus des Gedankens, im theologischen als Orthodoxismus und Rationalismus, auch als Gnosticismus und Theo-
sophismus ausgeprägt hat. Es kann aber auch das Handeln sich in
sich selbst ab- und den Einflüssen des Gefühls und der Erkenntniß
verschließen, so daß in die Herstellung von Werken die Aufgabe des
Menschen gesetzt wird, — der Irrthum des Pelagianismus, der Werkgerechtigkeit. Schließlich bleibt die Möglichkeit, daß das Gefühl sich
zum Gesammtmittelpunkt macht, die Lust oder Unlust als alleinigen
Maßstab der Werthschätzung anlegt und somit den Aestheticismus erzeugt. Letzterer stellt sich in der größten Formenfülle und geschichtlichen Mannichfaltigkeit dar. Wir zählen hierhin den Epikureismus,
weil das Gefühl es ist, dessen Befriedigung als einziges und höch-
stes Ziel erstrebt wird, ferner, um eine Erscheinung der modernen
Zeit zu nennen, die genialen Romantiker, das junge Deutschland,
weil das eigentliche Losungswort hier thatsächlich kein anderes ist als
„Emancipation des subjectiven Gefühls".

Ist es so zu selbstischer Vereinzelung, ungesetzlicher Selbstherrlichkeit der geistigen Einzelfunctionen gekommen, so hat damit der
Proceß der Entwickelung sein Ziel nicht erreicht, indem stätige Wirklichkeit geworden ist, was nur zeitweiliger Durchgang sein sollte.

47*

Denn dem normalen Entwickelungsgang hätte es entsprochen, daß der
Augenblick der Scheidung mit dem Augenblick der vermittelten Wieder-
vereinigung zusammengefallen, der relative Gegensatz in der einheitlichen Zusammenfassung sofort aufgehoben wäre. Und zwar, wie das
Gefühl den Ausgang der Entwickelung hergegeben hatte, so sollte es
auch der stille Ort, das ruhige Kämmerlein sein, in das die im weltlichen Treiben aufgeregten geistigen Bewegungen zu einsam innerer
Sammlung zurückkehren sollten, die sichere Stelle, in der die Schätze,
welche Erkenntniß und Wille erbeutet, niedergelegt würden, jetzt erst
eigenthümlicher Besitz des Menschen [1]). Denn so wenig der Mensch
je der Bedingtheit entwächst, so wenig wird die psychologische Function derselben je ausbleiben. Vielmehr entspringt jede Geistesthat
aus der Bedingtheit und mündet in diese. Jede Bethätigung des
Willens wie der Erkenntniß hat zur Voraussetzung, daß sich ein
Object als treibende und erregende Macht erwiesen hat, ist somit durch eine Spannung und Reizung des Gefühls veranlaßt [2]).
Und diese Bedingtheit hört nicht auf, wenn der Erkenntnißact vollzogen und die Handlung zur Ausführung gekommen ist, vielmehr
steigert sie sich, indem das erkannte Object ja noch mehr eine Bestimmtheit für das erkennende Subject geworden ist als zuvor, da
es nur die Erkenntniß reizte und zur näheren Beschäftigung mit sich
aufforderte. Und wiederum ist der Gegenstand einer wirklichen That
noch viel mehr bedingend für das Subject als der Zielpunkt einer nur als
möglich gesetzten [3]). So wird sich denn auch hier die Bedingtheit in
der Gestalt des Gefühls und zwar des beruhigten Gefühls kundthun. —

Es ist somit die sittliche Aufgabe des Menschen, den Inhalt jedes .
Erkenntnißactes in das Gefühl zu tauchen und damit, was ihm von
grauer Theorie anhaftet, abzustreifen. Denn die Theorie rein als
solche ist allerdings etwas Abstractes, weil eine zeitweilige Sonderung, ein relativ ausschließendes Hervortreten einer Einzelfunction des

---

[1]) Nitzsch a. a. O.: Alle Lebensverrichtungen gehen von dem fühlbaren
Sein aus und in dasselbe zurück.

[2]) Carlblom, das Gefühl in seiner Bedeutung für den Glauben, S. 55—
65. 79—80.

[3]) Gegen Martensen: die christliche Dogmatik, 1856, Seite 7: Die Schleier-
macherische Dogmatik setzt die Religion ausschließlich ins Gefühl, und da das
Gefühl der Ausdruck ist für die unmittelbarste Berührung des Bewußtseins und
des Gegenstandes, so kann man sagen, daß die Grundlage der Religiosität bezeichnet ist, ihre Grundlage, nicht ihre Krone.

Geistes¹); aber bei schlechthin normalem Vollzug mußte sofort eine
Synthesis erfolgen, eine Concretion, ein Wiederzusammenwachsen. Inhalt der Erkenntniß ist ja die Wahrheit, die das Herz fröhlich machen
und zur Lust stimmen soll, sich somit dem Gefühl mittheilen und so
selbst statt grauer Theorie als ein grüner Zweig des goldenen Lebens-
baumes erscheinen. So verstehen wir die Lust, welche die Frommen
des alten Bundes an dem Gesetz des Herrn hatten, so die Seligkeit
der Erkenntniß, von der die Schrift redet. Und ferner, jeder Vollzug des freien Willens, jede menschliche That, wie sie rechterweise
nichts Anderes als Darstellung des Gefühls sein sollte, als ein reales
Aussprechen dessen, wovon das Herz voll ist, und sich damit als eine
wahrhaft freie, selige That erweisen, so lag es in ihrem Wesen, sittlich bereichernd zum Gefühl zurück zu eilen, es sittlich zu bilden und
zu gestalten, so daß es in immer vollerem Sinn der Ausgangspunkt
sittlicher Antriebe werden mußte.

Allein wir haben von sittlicher Bildung geredet und doch ihre
Grundbedingung: Freiheit, Ichheit, Persönlichkeit, noch nicht berührt,
wenigstens nicht ausgesprochenermaßen, sondern in der Weise eines
Naturprocesses die Entwickelung des menschlichen Geisteslebens aufgefaßt, wenn wir auch durch die Begriffe eines normalen und abnormen Verlaufs ihre sittliche Voraussetzung angedeutet haben. Zuvörderst wie verhält sich das Ich zu diesen drei Offenbarungen des Geistes? Es schwebt nicht über ihnen als schlechthin selbständige Macht,
denn es giebt keine Bethätigung jener, die wir nicht dem Ich, als es
irgendwie bestimmend und von ihm bestimmt, zuschrieben, aber es ist
auch nicht nur das ihre Einheit ermöglichende und darstellende Organ,
denn es vermag Gefühle zurückzuweisen, Trieben zu widerstehen,
Erkenntnissen sich zu verschließen. Es steht in ihnen und ist ihr Organ, es steht über ihnen und ist ihr Herrscher und Leiter. Um die-
Stellung ser willen eignet dem Ich eine zwiefache Function, die Beurtheilung der Bethätigungen seines Geisteslebens und die dieser entsprechende Aneignung oder Zurückweisung jener Erscheinungen des
Geisteslebens. Es ist daher einmal Selbstbestimmung und dann
Selbstbewußtsein. Und zwar ist es beides in der Art, daß die Wirk-

¹) Nitzsch a. a. O. S. 26: Das Denken ist aber eine Besonderung des allgemeinen Geisteslebens, und das Thun nicht minder. Für sich können diese das Sein
und das selige Leben nimmermehr erreichen und andererseits nur indem Sein durch
den fühlenden Geist, durch den glaubenden und erfahrenden, Immanenz behalten.

lichkeit es nicht unmittelbar berührt, sondern ihren Inhalt ihm durch
die Vermittelung der Erkenntniß, des Gefühls und des Triebes zuführt.
Wir setzen somit eine zwiefache Erkenntniß und einen zwiefachen Willen, indem wir solches dem Ich und seiner Natur zuschreiben.   Wir
sind hiermit in der That im Rechte, indem es nur geringer Beobachtung bedarf, um zu erkennen, wie verschieden geartet die Erkenntniß
ist, die dem Ich als solchem in der Form des Selbstbewußtseins eignet, eine in abstracto bei allen Menschen gleiche, von der, die aus der
Natur stammt, überall in der Form der Begabung dem Inhalt, der Art
wie dem Maße nach verschieden, den Grund bildend für die Eigenthümlichkeiten und Individualitäten¹), wie sich auch die Beschaffenheit der Neigung, des Hanges, des Naturwillens, wie Hofmann
sagt²), im Gegensatze zu dem Personwillen, der sich zu jenem in
Verhältniß setzt, erkennen läßt. —

Den Inhalt der menschlich-sittlichen Aufgabe werden wir nun darin zu setzen haben, daß das Ich sich schlechthin seine Natur aneigne, und
zwar auf normale Weise, d. h. indem es sich von der Natur so bestimmen läßt, daß die eigene Freiheit gewahrt bleibt, eine Aufnahme
des Naturinhalts stattfindet, ohne daß sich das Ich von den Trieben
derselben als solchen gefangen nehmen läßt³). Der Trieb, sagt Trendelenburg irgendwo in den „logischen Untersuchungen", ist der uner-
füllte Zweckbegriff.   Er weist also immer auf ein vorhandenes Bedürfniß hin, das seine Befriedigung in dem sich fühlbar machenden
Triebe fordert.   Aber wie, wann, in welchem Maße diese stattfinden
soll, darüber gebührt das Urtheil allein dem selbstbewußten Ich. Der
Trieb ist an sich maßlos, nur bedingt durch die Kraft, die in ihm
sich kundthut, und wenn daher sein Anspruch von dem Ich geneh-
migt wird, so darf dieß doch nur so geschehen, daß seine Idee, sein

---

¹) F. v. Baader's sämmtliche Werke, Bd. 10. S. 318: Natur ist Beschaffenheit, Angeschaffenheit, was also allem beliebigen Selbstthun als Kunst vorhergeht und dieses als Können bestimmt oder bedingt.

²) Schriftbeweis, 1 Auflage, 1. Hälfte, S. 456.

³) Harleß, christliche Ethik, 5. Auflage, S. 16: Nicht in dem, was als Trieb,
Neigung, Begehren der menschlichen Natur, sei es Leibes oder Geistes, gedacht
werden muß, liegt irgend eine ethische Beziehung, vielmehr liegt das Ethische,
als mit der Freiheit gesetzt, immer in dem Verhältniß des natürlichen Triebes
u. s. w. zum Ich, d. h. in der Art, wie das Ich die Impulse seiner geistig-leib-
lichen Natur als bestimmten Lebenszwecken dienstbar erkennt und sie zu solchem
Zweck ein Bewegung setzt.

wesentlicher Gehalt anerkannt und in der Form bewußter That des Ichs zur Ausführung gebracht wird. Es ist somit dem Trieb nur veranlassende Bedeutung zuzugestehen, so daß er in der Gestalt des Personwillens ebenso sehr aufgehoben wie bewahrt bleibt. Der Trieb, der, das Personleben bestimmend, von diesem bestimmt wird, in dem Ich sich organisirend, von ihm organisirt wird, ist erst der Trieb, der seine sittliche Gestalt gewonnen hat. — Ein derartiges Verhalten gegenüber dem Naturleben ist aber auch die Bedingung für den normalen Verlauf der Entwickelung desselben selbst, indem diese von der organisirenden Bestimmung von Seiten des Personlebens abhängig ist, wie die Peripherie in dem festen Bestande des Centrums zugleich die Gewähr der Integrität ihres eigenen Daseins besitzt. Vollzieht sich nun Entwickelung und Aneignung in richtiger Weise, so wird sie zu dem Ergebniß einer Einheit führen, in welcher der Gesammtbestand des Naturlebens, als ein im Gefühl sich immer schließlich darstellender seinem Inhalte nach von dem Ich angeeignet, als sein innerlicher Leib, formell in diesem wiederum das regierende Haupt besitzt, eine Einheit, die wir ihrer Lebensfülle nach als das Leben des Gemüths, ihrer Form nach als Persönlichkeit bezeichnen. Beides also, das Gemüth (oder Herz) wie die Persönlichkeit sind in ihrem Dasein durch sittliches Verhalten des Menschen bedingt, wenn sie auch, was die Anlage betrifft, ursprünglich unserem Geiste einwohnen. Und hierin liegt der Grund, weshalb wir den etwaigen Einwurf, daß unsere Beschreibung auf jede, auch abnorme, Lebensentwickelung passe, abweisen können. Eben weil die Tendenz zu dieser Einheit dem menschlichen Geistesleben eingeboren ist und daher als das Ziel in der Weise eines Gesetzes den ganzen Entwickelungsgang beherrscht, eben deshalb muß in jeder Selbstentfaltung eines Menschenlebens der Verlauf ein ähnlicher sein. Aber die Aehnlichkeit ist die Aehnlichkeit eines Schattens oder Zerrbildes, statt des Ineinander giebt es hier nur ein Nebeneinander. Der vulgaire Rationalismus, in seiner Leerheit und Kahlheit unvermögend, dem Gefühl wahren Inhalt zu geben, kann nur eine sentimentale Poesie erzeugen, seine Gedanken sind ebenso unwirklich und langweilig, wie seine dichterischen Gestalten, darin entspricht sich Theorie und Aesthetik, aber weil beide in ihrer Tiefe nicht befriedigt sind, können sie auch nicht wahrhaft in einander gehen.

Wir haben jetzt den Umriß der psychologischen Entwickelung entworfen und schicken uns deshalb an, das religiöse Leben in der durch sie bedingten Gestalt darzustellen.

Die psychologische Gestalt der Religion.

Die erste Frage, die beantwortet werden muß, bezieht sich auf das Verhältniß des religiösen Lebens als einer Naturbestimmtheit zu der Form, die ihm als Inhalt des Personlebens zukommt. Hier werden wir nach dem Vorigen die drei Behauptungen aufstellen müssen: Erstens, die Religion als etwas Materiales und Objectives, d. h. als Inhalt, als Beziehung auf einen Gegenstand oder Eintritt eines Gegenstandes in uns, kommt dem Naturleben zu, während sie ihre richtige Form erst dann erhält, wenn das Personleben sie bestätigt und bejaht. Mit anderen Worten, die Religion ist nur erst nach einer Seite hin verwirklicht, wenn sie als religiöses Gefühl, als religiöser Gedanke, als religiöse Neigung erscheint; es genügt nicht, in Gefühlen der Gottesnähe sich zu ergehen, über sie Betrachtungen anzustellen, sich mit dem Vorhandensein religiöser Antriebe zu beruhigen; alles dieß entsteht leicht und vergeht noch leichter, hat somit keinen absoluten sittlichen Werth, als der Persönlichkeit irgendwie Aeußeres und Fremdes. Sie muß den religiösen Inhalt der Natur erst aneignen und besiegeln, um der Religion ihre subjective wesentliche Form zu verleihen. Sie muß das religiöse Gefühl in sich aufnehmen und ihm damit das Gepräge der Stätigkeit, den character indelebilis verleihen, sie muß den religiösen Trieb zur religiösen Selbstbestimmung, zur Selbstbestimmung für die Religion erheben und aus religiösen Gedanken ein religiöses Selbstbewußtsein herausbilden. Das ist das Eine [1]. Das Andere bezieht sich darauf, daß die religiöse Naturbestimmtheit im Nebeneinander ihrer Momente, ohne inneres gegenseitiges Verhältniß derselben, weder besteht, noch so von dem Ich angeeignet wird, vielmehr daß religiöse Gefühl veranlassend ist für

---

[1] Verwandt ist, was Martensen a. a. O. S. 10. 11. sagt: Das religiöse Bewußtsein schließt sich erst ab als ein religiöses Wollen. Im Gefühl und Erkenntniß sucht Gott den Menschen, um ihn an sein Reich zu ziehen, aber erst im Willen bestimmt sich die Religion als ein Cultusverhältniß von Seiten des Menschen. Kein Mensch kann sich dem absolut entziehen, von religiösen Gefühlen berührt zu werden; Niemand kann in jedem Sinn sich dem entziehen, in einen Gott leidenden Zustand versetzt zu werden, wenn auch nur in flüchtigen Augenblicken; Niemand kann sich absolut entziehen dem Lichte der religiösen Erkenntniß, das durch das Gewissen sich uns aufnöthigt. Aber es steht bei dem Menschen, ob er diesen Gefühlen Raum geben will, ob er sich entschließen will, dieses Gefühl gelten zu lassen, ob er sich hingeben und sich in ein freies Cultusverhältniß zu dem sich offenbarenden Gott setzen will. Der Wille ist daher das abschließende Moment in dem religiösen Bewußtsein.

den religiösen Trieb wie für die religiöse Betrachtung und diese wie=
derum zu jenem zurückkehren und seine Intensivität vermehren. So
geschieht die Aneignung des religiösen Naturlebens in der Weise, daß
die Aufnahme des religiösen Gefühls die Vermittelung hergiebt. Die
Einheit und der Zusammenschluß hat — dieß ist die dritte Be=
hauptung — das Dasein einer religiösen Persönlichkeit, eines religiösen
Gemüths zur Folge und zum Resultat. Hier ist nun religiöse
Stätigkeit vorhanden, das religiöse Gefühl bedarf nicht irgend wel=
cher Anregung, eine religiöse Stimmung hervorzurufen, es ist stets
lebendig, aber im Einklang und gleichmäßigen Verhältniß mit den
anderen religiösen Functionen, so daß es bald diese begleitend sich
vollzieht oder von ihnen als Zweck gesetzt wird. Dieses religiöse Ge=
müthsleben der religiösen Persönlichkeit als Zustand ist der religiöse
Frieden, innere harmonische Ausgestaltung, welche die Gewähr eines
ungestörten Bestandes mit sich führt.

Die Objectivität der Religion.

Aber was ist die objective Seite der Religion, ihr wesentlicher
Gehalt? Welches Verhältniß des Menschen ist in der psychologischen
Form, von der wir bis jetzt gesprochen, zur Verwirklichung gelangt?
Die Beantwortung dieser Frage liegt uns jetzt ob.

Wir glauben nun, daß Schleiermacher das rechte Wort gefunden
hat, wenn er Idee und Inhalt der Religion als unbedingte Abhängig=
keit bezeichnet [1]). Man hat diese Definition für bedenklich erklärt,
weil damit die Freiheit des Menschen aufgehoben werde. Zum Theil
hat Dr. Nitzsch darauf schon geantwortet a. a. O. S. 29: „Religiös
ist an dem freien Bewußtsein nichts als das Bewußtsein, frei durch
Gott und in Gott, d. h. abhängig von ihm zu sein." Freilich den
vorhergehenden Satz: „Es giebt kein Verhalten des geschaffenen persön=
lichen Wesens gegen Gott, welches eine vollständige Entgegenwirkung
gegen Gott enthielte", könnte man nur insofern gelten lassen, als es
gewiß wahr ist, daß schließlich dem Reiche des Bösen alle objective
Bethätigung versagt und nur dem Reiche Gottes Raum gegeben sein
wird. Aber insofern kann der Satz doch wohl vielleicht in Anspruch
genommen werden, als es dem sündigen Menschen zusteht, eine be=
stimmende Einwirkung auf Gottes Liebesverhalten zur Welt auszu=

---

[1]) Vergl. über diesen ganzen Abschnitt Carlblom a. a. O. Anhang, Philippi
und das absolute Abhängigkeitsgefühl Schleiermachers.

üben, nämlich seine heilige Liebe zu erregen, sich in der ihrer wesent=
lichen Richtung entgegengesetzten Weise des Zornwillens zu bethätigen.
Nur dürfen wir zugleich hinzufügen, daß damit die Abhängigkeit nicht
aufgehoben wird, da selbst dieß widergöttliche Verhalten in Gottes
zulassender Macht begründet ist und diese als gegenwärtige absolute
Bedingung den Menschen auch als Feind Gottes nicht verläßt, viel=
mehr seinem Gefühle sich aufdringt, sich ihm fühlbar macht. — Wir
gehen davon aus, daß das Selbstbewußtsein ebenso als gewordenes
sich stätig absolut bedingt fühlt wie als werdendes und das Woher
dieser Bedingtheit sich gegenwärtig hat.   Denn sich als Wirkung er=
kennen, ohne das Mitbewußtsein des Grundes zu haben, ist unver=
nünftig; in dem Maße, als wir unserer Endlichkeit inne werden, muß
auch zugleich das Unendliche in uns lebendig werden. Schleiermacher
sagt (Glaubenslehre, 2. Auflage, S. 20:) „Hierbei ist nur zuerst noch
aus dem Vorigen zu erinnern, daß dieses Woher nicht die Welt ist
in dem Sinne der Gesammtheit des zeitlichen Seins und noch weni=
ger irgend ein einzelner Theil derselben.   Denn das, wenngleich be=
grenzte, Freiheitsgefühl, welches wir in Bezug auf sie haben, theils
als ergänzende Bestandtheile derselben, theils indem wir immerfort in
der Einwirkung auf einzelne Theile derselben begriffen sind, und die
uns gegebene Möglichkeit einer Einwirkung auf alle ihre Theile las=
sen nur ein begrenztes Abhängigkeitsgefühl zu, schließen aber das
schlechthinige aus." Aber es muß noch weiter gegangen werden; auch
die Welt als die gegensatzlose, aber diese Gegensätze aus sich erzeu=
gende und entlassende Einheit kann nicht die Macht sein, der gegen=
über wir absolut abhängig sind, denn in der That und Wahrheit ist
auch sie etwas Untermenschliches, weil Unpersönliches. Nur die abso=
lute Persönlichkeit kann den Menschen in absolute Abhängigkeit ver=
setzen; der unpersönlichen Macht gegenüber fühlt der Mensch sich im
innersten Grunde überlegen, und ihr sich ergeben kann er nur im Ge=
fühl der Resignation oder des Entsetzens, wenn nicht der Taumel
des Leichtsinns es unterdrückt.   Der unpersönlichen Macht des Alls
u n t e r l i e g t der Mensch als ü b e r l e g e n. Sie ist es nicht, die Gegen=
stand der Religion sein kann.

Die subjective Verwirklichung der Religion durch das Gewissen.

Aus dem Gesagten geht hervor, daß der Mensch zu seiner Wahr=
heit nicht kommen, den Begriff seiner selbst nicht verwirklichen kann,

ohne damit seinem Selbstbewußtsein die Form des Gottesbewußtseins
zu geben.

Wie aber überhaupt keine wahrhaft lebendige That geschieht,
ohne daß ein Trieb, sie auszuführen, vorhergeht, welcher durch die
Ausführung befriedigt wird, so gilt dieß vor Allem für das Handeln,
welches die Ausgestaltung, Entwickelung und Darstellung des indivi=
duellen Lebens als einer Einheit zum Ziele hat. Wenn nun jeder Trieb
ebenso sehr Organ einer Kraft ist wie ihr Gesetz, ebenso von ihr bedingt,
als Ausdruck und Offenbarung ihres Wesens, wie sie bedingend, als
zusammenhaltender und Richtung gebender Einheitspunkt, so ist der
Trieb, welcher auf das Ganze der menschlichen Kräfte geht, von allen
Kräften getragen, wie alle tragend. Während der Einzeltrieb und
die Einzelkraft an sich maßlos ins Unendliche strebt, so ist es der
Gesammttrieb, in dem das Verhältniß aller Kräfte und Triebe in
ihrer maßvollen Unterordnung und sich gegenseitig bedingenden und
beschränkenden Gliederung seine Darstellung findet. Die Systemati=
sirung aller Kräfte, durch das Vorhandensein eines schlechthin bestim=
menden Mittelpunktes ermöglicht, ist in ihm als einer der Wirklich=
keit vorhergehenden und als Gesetz sie veranlassenden wie den Ver=
wirklichungsproceß stätig leitenden Idee vorgebildet. Dieser Gesammt=
trieb ist es daher, welcher mit dem Anspruch auf die höchste Autori=
tät auftritt, als höchste Norm der Entwickelung. Und weil das Ganze
des Menschenlebens in ihm vertreten ist, so gebührt ihm der Name
der menschlichen Idee, die freilich, wie das menschliche Leben über=
haupt, nur in individueller Gestalt zur Erscheinung kommt. Diese
Idee in individueller Form ist das menschliche Gewissen.

Indem nun das Gewissen eine Selbstherrlichkeit der absoluten
Macht und eine Intelligenz höchster Vernünftigkeit in sich offenbart,
welche weder durch einen Erkenntnißact noch eine Willensthat ent=
standen sind, so läßt sich das Gewissen nicht anders verstehen, als so,
daß wir in ihm die Abstrahlung der Idee Gottes vom Menschen er=
kennen. Denn das müssen wir festhalten, daß die Teleologie des
Menschen als eine wirksame Idee nicht zusammenfällt mit der Idee
Gottes vom Menschen, es würde damit der Geist Gottes zum idealen
Naturgrund des menschlichen Individuums gemacht und andererseits
der Mensch seiner Hoheit beraubt werden, indem so die Idee seiner selbst
ihm irgendwie etwas Aeußeres, nicht sein eigenthümlicher Besitz wäre.
Vielmehr werden wir sagen müssen, daß die Idee Gottes vom Men=
schen ein geschöpfliches, somit von ihr zeugendes Abbild in dem Men=

ſchen erzeugt hat, das, auf der Grenze zwiſchen Göttlichem und
Menſchlichem ſtehend, dieſes in der Macht jenes beherrſcht.

Das Gewiſſen iſt es nun, das den Menſchen antreibt, ſich als
religiös zu erfaſſen und zu ſetzen, indem es in einer Weiſe von und
für Gott Zeugniß ablegt, die ihn ebenſo als Grund unſerer Lebens=
verhältniſſe wie als höchſte Norm unſeres geſammten Verhaltens
offenbart. Damit ſind wir aber in eine Beziehung ſchlechthiniger
Abhängigkeit getreten, die ebenſo ſehr im Gefühl ſich kundgiebt und
der Erkenntniß ſich aufdringt, wie ſie als Trieb zur Abhängigkeit in
dem Gewiſſen mitbegründet iſt. Und weſentlich iſt es, daß der An=
trieb zu religiöſer Selbſterfaſſung vom Gewiſſen, vom Geſammttrieb
ausgeht, nicht etwa bloß der Trieb der Selbſterkenntniß, das Be=
friedigungsbedürfniß des Gefühls, der Trieb der Selbſterhaltung und
Selbſtgeſtaltung bloß als einzelne veranlaſſend ſind. Denn ſo würde
die urſprüngliche Kraft, mit der die abſolute Abhängigkeit ſich dem
Menſchen offenbart, zerſplittert werden, ſowohl weil leicht eine Seite
des Geiſteslebens, die in dem Individuum reicher und kräftiger iſt,
die religiöſe Beziehung allein ausbilden könnte, als auch weil, geſetzt,
daß in der That ein gleichmäßiges Verhältniß der Ausbildung beob=
achtet würde, dennoch ein Zuſammengreifen aller Saiten, um einen
volltönenden religiöſen Accord anzuſchlagen, ein Zuſammenwirken zu
e i n e m Ziele nur gedacht werden kann, wenn e i n e Richtung alle Be=
wegungen des Trieblebens beherrſcht. Indem es alſo das Gewiſſen
iſt, was die religiöſe Bewegung erregt, muß die Religion die Stel=
lung einer ſchlechthin bedingenden Macht einnehmen.

Aus dem Geſagten ergiebt ſich, in ein wie inniges Verhältniß
zu einander wir Religion und Sittlichkeit ſtellen. Die Sittlichkeit iſt
die Selbſtverwirklichung der immanenten Weſensidee oder, mit an=
deren Worten, eine ſolche Aneignung der eigenen Natur, die im Ge=
horſam gegen das in dieſer und über ſie waltende Gewiſſen geſchieht,
die ſeinen Geboten folgt. Die Religion aber hat ihr Weſen darin,
daß der Menſch ſich ſelbſt ſowohl in ſeinem Verhältniſſe wie in ſei=
nem Verhalten als von Gott geſetzt weiß und will. Sie iſt Sein
und Handeln in Gott als gewußtes und gewolltes. Demnach könn=
ten wir alſo vielleicht ſagen: Sittlich iſt es, dem Gewiſſen zu ge=
horchen, religiös, um d e s G e w i ſ ſ e n s w i l l e n den Gehorſam zu er=
weiſen. Sittlich iſt es, das wahrhaft Menſchliche zu thun, religiös, den
Willen Gottes zu erfüllen. Sittlich iſt es, als Menſch ſich wiſſen
und wollen, religiös, als Knecht Gottes ſein und leben. Sittlich iſt

es, den Inhalt des Gewissens anzuerkennen, religiös, die Form des Gewissens, in welcher er sich darstellt, zu bejahen. Aber läßt sich dieser Unterschied behaupten, ist es möglich, den sittlichen Inhalt von der sittlichen Form zu trennen? So wenig das Kind sittlich handelt, das des Vaters Befehl nur um der erkannten Zuträglichkeit und inneren Nothwendigkeit, nicht zugleich um der anerkannten Autorität willen erfüllt, so wenig ist der Mensch sittlich, welcher das Gute nur thut, weil es das wahrhaft Menschliche ist, und nicht zugleich um Gottes willen, dessen Autorität das Gesetz des wahrhaft Menschlichen gegeben hat. Ja sogar das dürfen wir behaupten, daß eine nicht religiöse Sittlichkeit das Moment der Unsittlichkeit an sich hat, insoweit Motiv und Ziel des Handelns in der Sphäre des, wenn auch nicht individuellen, so doch allgemein menschlichen Eigenlebens ihre Wurzeln haben, daher denn eine solche Sittlichkeit von dem Vorwurf einer wie sein auch immer gearteten Selbstsucht nicht freigesprochen werden kann. Erst die in der Religion sich gründende und in ihr sich abschließende Sittlichkeit trägt das Gepräge der Freiheit vom Selbstischen, welche dem Wesen der Sittlichkeit angemessen ist. So muß also das sittliche Thun geartet sein, daß der religiöse Antrieb immer vorhanden ist und das religiöse Sein die begleitende und abschließende Beziehung bildet. Das sittliche Leben ist zugleich Gottesdienst und Gebet.

Das Gebiet der religiösen Bethätigung und Vermittelung.

Als die sittliche Aufgabe des Menschen haben wir die richtige Aneignung der individuellen Natur bezeichnet. Allein diese kann nicht stattfinden, ohne daß zugleich die Natur, wie sie außer dem Menschen vorhanden ist, zur Anbildung gelangt. Nichtsdestoweniger bleibt zwischen beiden Gebieten ein Unterschied, der zu einer besonderen Betrachtung veranlaßt. Soll zwischen beiden Seiten der sittlichen Aufgabe kein Widerspruch stattfinden, so muß — das ist der erste Satz, den wir hier aufstellen müssen — die Natur von solcher Beschaffenheit sein, daß sie dem religiösen Sinn kein Hinderniß in den Weg legt, sondern denselben pflegt und nährt. Es würde sonst unmöglich sein, auf das Naturleben wirklich einzugehen, sich in dasselbe zu versenken, ein religiöser Akosmismus würde entstehen müssen, der sich von dem Vorwurf nicht freisprechen könnte, die von Gott gesetzte Idee seiner selbst nicht in ihrer Totalität erfüllt zu haben, somit ir-

gendwie aus Religion irreligiös geworden zu sein. Oder eine Gesetzlichkeit wäre berechtigt, die in stäter Besorgniß, Einklang zwischen
ihrem Leben in Gott und ihrer Beziehung zur Welt zu erhalten, in
keinem Augenblick ihres religiösen Lebens froh werden könnte, da sie
in der Welt eine Negation, einen undurchdringlichen Widerspruch gegen ihr religiöses Leben erblicken müßte.

Vielmehr verhält es sich so. Wie das Selbstbewußtsein sich nicht
vollziehen kann, ohne in und für sich selbst ein Zeugniß Gottes zu
sein, so verhält es sich auch mit der Welt außer ihm. Nur was bei
jenem Resultat denkender Vermittelung ist, Erzeugniß des sich selbst
Innewerdens, erscheint hier in der Gestalt einer Herrschaft der bildenden Idee über den lebendigen Stoff, zu deren Herstellung ein frei-
thätiges Selbst nicht mitwirksam gewesen ist. Die Sprödigkeit des
Stoffs kann nur bewirken, daß die Idee in größerer oder geringerer
Klarheit zu Tage tritt. — Die Aneignung der Natur geschieht nun
so, daß diese in das Selbstbewußtsein aufgenommen, d. h. erkannt
wird und die Selbstthätigkeit sie zum Gegenstand des Handelns macht.
Reden wir zuerst von der Wirkung der Natur auf das menschliche
Erkennen.

Es ist der Eindruck einer gewaltigen Realität und einer diese
beherrschenden Formenfülle, der bei der Betrachtung der Natur in
uns entsteht. Beides, Realität und Form, ist eng mit einander verknüpft, nie erscheint jene, ohne daß zugleich das Bild eines relativ
in sich geschlossenen Ganzen, eines durch die Einheit des Gedankens
gegliederten Formenreichthums in unserer Anschauung erregt wird,
und nie erfreuen wir uns an der Schönheit der Naturgestalt, ohne
daß das Gefühl einer mächtigen Wirklichkeit in uns lebendig wird.
Es erwacht also an der Natur in dem menschlichen Bewußtsein die
Idee einer intelligenten Macht und mächtigen Intelligenz, die im Hintergrunde und Innengrunde des Naturlebens waltet. Aber als eine
einige stellt sie sich ihm dar, denn die Natur zeigt ihm nicht das Bild
einer Fülle isolirter Mächte und Intelligenzen, ebenso wenig offenbart
sie etwa einen inneren Widerspruch, in dem sie zu einander ständen,
vielmehr nehmen wir ein Zusammenwirken aller Intelligenzen und
Mächte zur Darstellung eines harmonischen Ganzen wahr. Eine Einheit in der Fülle, diese von jener beherrscht und jene in dieser sich
bezeugend, — das ist das Bild, welches die Natur gewährt. Es ergiebt sich daraus, daß der Religiöse sowohl in der Nothwendigkeit
wie Möglichkeit sich befindet, die Natur allezeit zugleich als Schö-

pfung zu betrachten, schlechthin bedingt von einer mächtigen, allgegen=
wärtig sie durchdringenden Intelligenz. In einer solchen Anschauung
der Natur, die sich nie vollzieht, ohne daß die Idee Gottes mitge=
setzt ist, nimmt das Weltbewußtsein die Form des Gottesbewußtseins
an. Und zwar bedarf es dazu keiner abstracten Reflexion, sondern
nur Empfänglichkeit für den Eindruck, welchen die Natur als sinnlich
dargestellter Gedanke, als Kunstwerk erregt, um sie als Gebilde des
schöpferischen, Zwecke harmonisch verwirklichenden Gottesgeistes zu
verstehen. Gott ist es, der in und an der Natur sich erkennbar macht
und sie damit als Symbol seiner Gedanken legitimirt. Nur der Em=
pfänglichkeit und des Glaubens bedarf es. Die Empfänglichkeit ist
die reale Naturbasis des Glaubens, ohne welche er nicht wäre, aber
der Glaube ist erst die rechte Personform, die über das Gebiet des
Natürlichen hinausführende und erhebende sittliche Gestalt der Em=
pfänglichkeit. In der Empfänglichkeit hat die in der Idee vorhandene
Beziehung des Objectiven und Subjectiven im Subject ihre natür=
liche Verwirklichung gefunden, sie ist da ganz abgesehen von allen
Willensbestimmungen des menschlichen Personlebens; dieß ist nur in
der Lage, davon sittlichen Besitz zu ergreifen, sie anzuerkennen in
ihrem kräftigen Vermögen wie in ihrem verwirklichten Thatbestand
von Eindrücken, und damit sich gläubig zu verhalten, oder irreligiös
und unsittlich sich der Empfänglichkeit zu verschließen, sich ihr gegen=
über zu verstocken und sie so durch thatsächliche Ignorirung zu schwä=
chen, endlich wohl gar aufzuheben. Diese Empfänglichkeit des Selbst=
bewußtseins ist aber eine zwiefache, indem dieß in der Form des un=
mittelbaren und vermittelten Bewußtseins vorhanden ist. In erste=
rem ist diese insofern verwirklicht, als es sich ohne Weiteres und ur=
sprünglich in Harmonie mit dem Objectiven fühlt und in seinen Im=
pulsen von der Voraussetzung ausgeht, daß die hieraus entspringenden
Handlungen diese Harmonie bestätigen werden, also von dem Grund=
gefühl einer prästabilirten Uebereinstimmung beider Welten geleitet
wird. Man könnte auch sagen, es richte nach dem Maßstab der ein=
wohnenden Schönheitsidee, welche eine Verwirklichung ihrer selbst in
der objectiven Natur erkenne. Indem eine solche sich dem Menschen
in der Natur darbietet, sei es, daß er sich mit ihr zusammenfaßt, in=
dem er sich selbst als integrirenden Theil des Gemäldes betrachtet,
oder als das zugehörige Auge, als subjective lebendige Form ansicht,
— allezeit entsteht in ihm ein Maß der Gefühlsbefriedigung, das sich
nach dem Maß der wahrgenommenen Schönheit richtet und nicht sein

kann, will es sich nicht selbst ein unverständliches, unlösbares Räth=
sel, eine grundlose Zufälligkeit bleiben, ohne daß das Gefühl einer
Harmonie setzenden, Schönheit bildenden Intelligenz zugleich mit ent=
steht. Dieß Gefühl ist der tragende Grund, auf dem sich das far=
benreiche Bild der schönen Welt erhebt, ohne den es in der Luft
schweben, ja gar nicht festen Halt gewinnen könnte, vielmehr, vom
Zweifel ergriffen, nur als subjective Phantasiespiegelung, gleichsam
als Nebelgebilde einer Fata Morgana zerfließen müßte. Die sittliche Auf=
gabe besteht nun eben darin, dieß religiöse Mitgefühl immer zu Worte
kommen zu lassen und ihm die gebührende centrale Stellung zu gewähren.

Aber das vermittelte Bewußtsein, das begriffliche Denken? Es
gilt mutatis mutandis hier dasselbe, was vom unmittelbaren Be=
wußtsein ausgesagt wurde. Das Gefühl operirt mit der Anschauung
und diese wiederum ist nicht, ohne das Gesetz und den Maßstab ihrer
selbst in sich zu tragen; es ist die Idee der Schönheit, die ihr zu
Grunde liegt und des objectiven Bildes wartet, um concret zu wer=
den.. Das mütterlich empfangende Vermögen schöner Anschauung
wird von der objectiven Welt als zeugendem Princip berührt, um
das Bild individueller Schönheit herauszugebären. So ist auch das
begrifflich sich verwirklichende Denken nicht ohne immanentes Gesetz,
nicht ohne die Idee eines in sich geschlossenen Ganzen, eines Systems.
Und der concrete Begriff ist eine reale Geburt, aus dem empfäng=
=lichen Boden des Denkens von der zeugenden Objectivität heraus
gebildet. Wie nun alles Denken, sofern es wirklich diesen Namen ver=
dient, systematisch ist, d. h. von einer Einheit ausgeht und zu dieser hin=
strebt, so kann es auch nicht an die Betrachtung der Natur gehen,
ohne von der Voraussetzung geleitet zu werden, hier Einheit zu fin=
den. Ohne das Vorhandensein eines solchen Glaubens ist das Ent=
stehen und Bestehen der Wissenschaft nicht verständlich [1]). So liegt
denn in dieser Einheit der Natur, welche ebenso sehr immanent wie
transcendent sich erweist, die Möglichkeit begründet, so allezeit zu
denken, daß das religiöse Leben darin keinen Widerspruch, sondern
vielmehr eine Bestätigung findet. —

Wir haben die religiösen Beziehungen des Bewußtseins hier zu=
gleich in der Absicht betrachtet, um darin die Voraussetzungen für die
rechte Erkenntniß der religiösen Bestimmtheit in der praktischen An=

---

[1]) Vergl. die schönen Schlußerörterungen in Trendelenburg's „logischen
Untersuchungen".

eignung der außer uns daseienden Natur zu gewinnen. Denn nicht bloß das ist die Aufgabe des Menschen, das Bild der objectiven Welt in sich aufzunehmen, sie in sich einen Abglanz und Spiegel finden zu lassen, sondern zugleich soll der Welt das Bild des Menschen aufgeprägt, und sie zum Ab- und Ausdruck des Menschlichen gestaltet werden. Denn die Natur bedarf der Bildung, es muß in ihr zur Entwickelung gelangen, wozu sie selbst auffordert, die Anlagen, die nur als solche vorhanden sind, bedürfen der Verwirklichung[1]). Es ist aber ein und dasselbe, wenn wir behaupten, die Natur solle ihren eigenen Gesetzen gemäß und doch nach der Idee des Menschen gebildet werden. Denn je mehr die Natur dem Menschen verwandt gemacht wird, sein Gepräge ihr aufgedrückt, je menschlicher die Natur erscheint, um so natürlicher ist sie geworden, desto mehr entspricht sie sich selbst, und je mehr die Natur ihrer innersten Idee gemäß gebildet wird, je natürlicher somit ihre Gestalt ist, um so menschlicher ist sie zugleich. Denn die Natur ist für den Menschen und der Mensch für die Natur, daher bewegt sich der Mensch zur Natur hin und die Natur zum Menschen. Religiös wird dieß Handeln auf die Natur insofern sein, als das religiöse Weltbild, das Schöpfungsbild es ist, in dem das Ziel des Handelns beschlossen ist, die Natur in vergeistigter Gestalt, jetzt erst seiner würdig, Gotte darzustellen, und das religiöse Subject es ist, das sich in dem Handeln auf die Natur der Erfüllung eines von Gott gegebenen Berufes und einer von Gott dazu verliehenen Gabe gewiß ist.

Allein, indem wir jetzt von dem Gebiet handeln, in dem die Religion zur Ausübung und Verwirklichung gelangt, werden wir die religiöse Beziehung, welche die Menschheit zu einem in sich verbundenen und geschlossenen Ganzen macht, nicht übersehen dürfen. Und zwar sind es drei Punkte, welche es erklären, wie die Menschheit als solche sich stets in religiöser Stimmung befinden muß und kann: einmal weil ein jedes Glied, sich seiner Geschöpflichkeit und Idee auf religiöse Art bewußt, die in Jedem vorhandene selbige Stimmung mehrt und steigert. Dann aber achten wir darauf, wie ein Jeder weiß, daß ihm nur als Theilganzem seine Individualität zukommt, wie ihm da-

---

[1]) F. v. Baader, S. W. I, 169—170: Der Mensch bringt Nichts schlechthin hervor, sondern er setzt nur ein schon Vorhandenes fort. Sein Denken ist Nachdenken, sein Thun Auswirken einer Gabe, die er nur in Unterwerfung unter den Geber, diesen also anerkennend, erkenntlich empfängt. Denken ist nicht ein undankbares Nehmen oder Aufheben der Speise.

her die menschliche Gemeinschaft der heilige Ort sein muß, in dem er
allein im Stande ist, seinen göttlichen Erdenberuf zu erkennen und
zu erfüllen. Und schließlich jede Berührung der Individualitäten, wie
sie in der Liebe ihre sittliche Gestalt gewinnt, schlägt einen religiösen
Ton an. Die Liebe ist die weitreichendste und tiefgreifendste Ein=
wirkung der Subjecte auf einander, somit auch die größte Hülfe [1]),
die von dem Einen dem Anderen in der Aneignung seines Naturor=
ganismus, in dem Vollzug seiner religiös = sittlichen Aufgabe erwiesen
wird. Und zwar deshalb ist die Macht der Liebe so groß, weil die
von ihr ausgehende Wirkung nicht Einzelnes, sondern Alles, den gan=
zen Menschen betrifft, weil es eine centrale Bewegung ist, in die er
versetzt wird. Hierin hat es seinen Grund, daß Gott, das Weib
schaffend, sprach: Es ist nicht gut, daß der Mensch allein sei, ich will
ihm eine Gehülfin machen, die um ihn sei. —

Ergiebt sich so, daß jede Bethätigung des Menschen, die seinem
Wesen entspricht, aus einem religiösen Antriebe hervorgehen kann und
soll, ebenso auch in der Bethätigung selbst und dem von ihr erreich=
ten Ziel Befriedigung und Bestätigung des religiösen Lebens finden,
so wird die Frucht einer solchen Lebensentfaltung die vollkommene
Einheit des Menschen mit seiner Idee sein; und da die Idee ihren
idealen Stützpunkt in dem Gedanken Gottes vom Menschen, in dem
ewigen von Gott gesetzten und ihm gegenwärtigen Urbilde des Men=
schen hat, da ferner die reale Lebenswurzel der Idee als einer un=
persönlichen Macht in Gott liegt, in ihm gegründet ist, so daß ihr
Dasein im Menschengeiste nicht ohne Einwohnung des Geistes Gottes
gedacht werden kann, so haben wir ein Recht, in folgendem Satze
das Resultat der normalen religiösen Lebensentwickelung des Men=
schen auszudrücken: Die absolute Einheit mit Gott, die ideal in der
schlechthin bestimmenden Macht des göttlichen Willens begründet und
real in der Einwohnung Gottes als der das ganze Menschenleben in
Einklang mit dem creatürlichen Ich durchdringenden, tragenden, grün=
denden und vollendenden Lebenskraft vollzogen ist, mithin die volle und
auf vollkommen freie Weise zu Stande gekommene Umschlossenheit der
creatürlichen von der göttlichen Sphäre, — das ist der religiös=sittliche
Abschluß, welcher dem normal sich entwickelnden Menschenleben zukommt.

---

[1]) F. v. Baader, S. W. I, 44: Nicht, weil er schön ist, sagt Diotima in
Platon's Gastmahl, suche ich den Geliebten, sondern weil er mir hilft, das
Schöne zu erzeugen.

Baurs speculative Geschichtsconstruction und der Wunderanfang des Christenthums.

Von
Rudolf Baxmann, Lic. theol.
Inspector des evangelischen Stifts in Bonn.

Ueber das große Problem, wie Wissenschaft neben Christenthum, Theologie neben Philosophie und Historik bestehen könne, haben diese Jahrbücher auf Grund der von Dr. Niedner vorgezeichneten Geschichtstheorie und Dogmatologie einst Bericht erstattet [1]). Es wurde von mir dabei der Schluß gezogen, daß die wissenschaftliche Haltung der Theologie nicht verloren gehe, auch wenn nach Schleiermacher'scher Ansicht der praktische Zweck der Kirchenleitung und des Kirchendienstes die Seele und encheiresis theologiae ist, wodurch alle der Sache nach in die Philosophie und Historik gehörenden Disciplinen zu einem gemeinsamen Bau zusammengeschlossen werden. Solche Entwickelung, wie sie zuletzt wieder Holtzmann [2]) vertheidigt hat, wurde für den eigenthümlichen Rechtsbestand der Theologie im ausdrücklichen Gegensatz zu Solchen geliefert, die wie Strauß und Baur in dem Tone daherfahren, als müsse die Theologie untergehen und sich begraben lassen in Philosophie.

Seitdem hat sich ein Streit zwischen einem Philosophen und einem Theologen entsponnen, der nur zu sehr verräth, wie gern man auf Seiten der philosophischen Fachgelehrten die Sache so darstellt, als ob die Theologie „nach dogmatischen Voraussetzungen und Vorurtheilen die wissenschaftlichen Ueberzeugungen bestimme, die ächte Wissenschaft aber suche die geschichtliche wie jede andere Wahrheit ohne alle Nebenrücksichten und bestimme die dogmatischen Vorstellungen nach dem Ausfall der wissenschaftlichen Forschungen". So stand in einem anonymen Artikel über die Tübinger historische Schule (in v. Sybel's Hist. Ztschr. 1860, 3. Heft, S. 90—173.) zu lesen, und demgemäß ließ sich folgern, daß der Ungenannte, der von der Zinne der Partei aus über den Meister der Schule, dessen

---

[1]) 1859, S. 768—789. 1860, S. 352—370.
[2]) Die synopt. Evangelien, Leipzig 1863, S. VIII.

Grundsätze und Resultate sehr viel berichtete, über die Schüler aber sehr wenig und über das Verhältniß gar nichts, in welchem der Meister zu solchen Geschichtsforschern stand, die wie Gieseler, Bleek, Thilo, Hase, Niedner, Ewald auch die Quellen des Christenthums derselben Kritik, wie alle anderen Geschichtsquellen unterworfen, eine Wissenschaft der Dogmatik gar nicht gelten lasse oder höchstens nur als eine Sammlung von unwissenschaftlichen Voraussetzungen und Vorurtheilen. Eben aus dieser Quelle entsprangen denn solche Behauptungen, wie: daß Theologen und Historiker nicht von denselben Principien ausgehen, und daß ein theologischer und ein rein geschichtlicher Gesichtspunkt einander ausschließen. Der Tübinger historischen Schule wurde zwar auch ihr gutes Recht innerhalb der protestantischen Theologie gewahrt, indeß welche bedeutsamen Einwendungen gegen den Standpunkt und die Resultate derselben z. B. von Hase[1]) und Uhlhorn[2]) erhoben waren, darüber erfuhren die Historiker, denen bei Charakteristik doch zugedacht war, von dem Anonymus so gut wie nichts.

Gegen solche Darstellung erhob denn auch ein Theolog, der noch dazu in derselben historischen Schule seine Stelle hatte, Dr. Ritschl, in diesen Jahrbüchern[3]) vollwichtigen Einspruch: über die geschichtliche Methode in der Erforschung des Urchristenthums. Als Theolog im rechten Sinne des Wortes suchte er „bei der sich immer mehr steigernden Isolirung der verschiedenen Wissenschaften gegen einander, die der Bildung überhaupt und der Theologie insbesondere soviel Schaden bringt, den Verdacht abzuwehren, als ob die Geschichtsforschung der Theologen andere Wege als die der geschichtlichen Methode verfolge". Als Glied jener historischen Schule durfte er die Pflicht erfüllen, dem Nichttheologen in der Historischen Zeitschrift die Gründe darzulegen, aus denen Baur's Methode der Erforschung des Urchristenthums für rein historisch nicht gehalten werden kann, ohne daß er doch einen Streit gegen den verstorbenen Meister beabsichtigte.

Der Anonymus erwiderte in einem Sendschreiben an Herrn v. Sybel (Die historische Kritik und das Wunder, Hist. Ztschr. 1861, S. 356—373.) und freute sich der beobachteten Anonymität, die er anfangs nicht beabsichtigt hatte; denn sonst würde Ritschl nicht so

---

[1]) Die Tübinger Schule. Leipzig 1855.
[2]) In diesen Jahrbüchern 1858, S. 280 ff.
[3]) 1861, S. 429—459.

fehlgegangen sein und ihm nicht die vollständige Kenntniß der Acten über das, was Baur angeht, noch geordnete Beobachtungen über die Eigenthümlichkeit der Religion und des religiösen Erkennens abgesprochen haben. Indem er in solchen Aeußerungen das „volle Selbstgefühl des zünftigen Theologen" witterte, fand er es auch angemessen, seinen Gegner den Theologen beizuzählen, „die zu gebildet seien, um an Wunder zu glauben, und zu rücksichtsvoll, um sie zu leugnen". Einige Erläuterungen zu jenem Sendschreiben von Dr. Ritschl (Hist. Zeitschr. 1862, 3. Heft, S. 85—99.) wurden schließlich in demselben Heft (S. 100—116.) von E. Zeller, dem Verfasser der früheren Artikel, beantwortet: Zur Würdigung der Ritschl'schen Erläuterungen. Während Ritschl seinerseits den Hauptpunkt seiner Abhandlung für unangetastet hielt, daß der Hauptgedanke der Baur'schen Construction der christlichen Urgeschichte im Widerspruch mit den Quellen ist, beschließt Zeller seine dritte Rede wieder mit dem Hauptsatz der ersten Abhandlung, jenem Symbolum der Tübinger Schule, daß es zwischen dem Wunderglauben und der historischen Kritik keine Vermittelung gebe.

Sei es nun einem Dritten verstattet, die aus der gepflogenen Controverse zu ziehenden Resultate möglichst unparteiisch zusammenzustellen. Auch das sonst so unfruchtbare Feld der Personalien wird uns seine Frucht nicht weigern, dagegen die knapp gehaltene Erörterung der philosophischen und dogmatischen Fragen nach dem Wunderanfang des Christenthums weiht schon von selber in die Wichtigkeit des ganzen Streites ein. Das Persönliche bewegte sich wesentlich um das Verhältniß zu dem Stifter der Tübinger Schule, dem als einem „berühmten, viel anregenden Theologen" Ritschl so gut wie Zeller die gebührende Ehre erweisen will. Nur bekennt der Erstere, an dem Verfahren des Meisters theils durch dessen „Lieblingsbuch" über Paulus irre geworden zu sein, theils durch die Art, wie die Tübinger Kritik im Wettstreit mit den Zeloten der kirchlichen Theologie in Ermangelung von Gründen zur Verdächtigung der Charaktere greift. Indeß auch Zeller ist nicht gemeint, gegenüber der Autorität des Meisters die Segel der eigenen Kritik zu streichen. Mit schönem Freimuth bekennt er in der Biographie Baur's (in Haym's Preußischen Jahrbüchern, 1861 Juni und Sept.), als deren Verfasser er sich in seiner letzten Entgegnung bezeichnet [1]),

---

[1]) v. Sybel, Hist. Zeitschr. 1862, S. 105.

und in einzelnen Noten zu der von ihm edirten neuesten Kirchen=
geschichte seines Schwiegervaters [1]), daß er in diesem und jenem
nicht unwesentlichen Punkte anderer Meinung sei.

I.

Gehe ich zunächst auf Baur und die von ihm beliebte speculative
Geschichtsconstruction ein, so darf ich mich wohl zur Beweisung
eines unbestochenen Urtheils auf eine Aeußerung beziehen, die ich schon
vor der Entstehung dieses Streites mit Rücksicht auf Baur's Kirchen=
geschichte vom 4. bis 6. Jahrhundert gethan habe [2]): „Ein Zeichen
eines in Abstractionen leicht sich verfangenden Geistes (so sagte ich
früher) war es doch auch schon, als Baur noch auf Schleier=
macher'schem Boden stand und eine „Symbolik und Mythologie" in
systematischer Gestaltung der Creuzer'schen an die Seite stellen wollte,
indem er in den Aufzug des Schleiermacher'schen Schema's der Dog=
matik die heidnischen Religionen verwebte. Und diese abstracte Denk=
art ist ihm auch beim Uebergang in die Hegel'sche Schule geblie=
ben, ebenso merkbar in dem kritischen Zersetzungsproceß der pauli=
schen Briefe und der Evangelien, als auch bei der Behandlung der
Dogmen; ja sie hat sich eigentlich nur noch gesteigert, seitdem auch
Hegel's Dialektik eigentlich ein überwundener Standpunkt für ihn ge=
worden ist und der allgemeine Begriff alle concreten Vorstellungen
auslöscht, nicht mal mehr die Gegensätze verträgt, welche für Hegel
die springenden Punkte des Lebens waren." Ich finde an diesem
Satz nichts zu ändern, sondern alle seine Theile bestätigt durch die
von Ritschl und Zeller gegebenen Entwickelungen, namentlich in den
beiden Hauptpunkten, 1) was die Stellung zu Schleiermacher
und Hegel betrifft und 2) wie weit Baur's Behandlung
der urchristlichen Geschichte quellengemäß sei.

1. Ritschl hat die These gestellt [3]): Der Schleiermacher'schen
Theologie ist Baur nicht treu geblieben oder hat sie vielmehr von An=
fang an nur mit Ausschluß ihres specifischen Punktes, der Christo=
logie, sich angeeignet, tritt deßhalb auch in vollen Widerspruch mit
Schleiermacher, indem er das Christenthum als Resultat des Heiden=
thums und Judenthums verstehen will, was Schleiermacher aufs
äußerste perhorrescirt. Bei aller aufrichtigen Hochachtung vor dem

---

[1]) Kirchengeschichte des 19. Jahrh., Tübingen 1862.
[2]) Theol. Literaturblatt 1860, Nr. 15.
[3]) Hist. Zeitschr. 1862, S. 93.

persönlichen Verhalten Baur's zur Religion bezeichnete er dessen Ge=
schichts= und Religionsanschauung als getrübt durch die Hegel'sche
Theorie des absoluten Wissens, wonach der Geist mit seinen
Thaten keine Geschichte schafft und der Glaube in der niederen Re=
gion der bloßen Vorstellung hängen bleibt. Hier nun ist Act zu
nehmen von einem bedeutsamen Zugeständniß Zeller's [1]. Zwar daß
Baur in der Philosophie dogmatischer Absolutist gewesen, weist
Zeller mit Recht ab, sofern ein solcher Vorwurf besagen sollte, er
wäre im Stande gewesen, ein absolutes philosophisches Wissen em=
pirisch aufweisen zu wollen. Indeß gesteht Zeller zu, daß Baur in
der (mit Ritschl's Recurs auf die christliche Gnosis charakterisirten)
Periode unter dem Einfluß der Hegel'schen Religionsphilosophie der
einseitig theoretischen Auffassung der Religion zu viel eingeräumt
habe; erst etwa seit 1845 oder 1846 habe Baur sich mehr von der=
selben entfernt und das sittlich=religiöse Interesse als die tiefste Wur=
zel der Religion hervorgehoben. Auf ebendenselben Umschwung weist
Zeller in der Biographie [2] hin und fügt noch hinzu, daß Baur um
dieselbe Zeit für das bis dahin festgehaltene deterministische System
den Begriff der Freiheit eingetauscht habe. Man wird vielleicht nicht
irre gehen, wenn man zu dieser Umstimmung zwei in der That be=
deutende, von den Theologen nicht genug gewürdigte Abhandlungen
Zeller's mitgewirkt haben läßt (über das Wesen der Religion, Theol.
Jahrb. 1845, S. 26 ff.; über die Freiheit des menschlichen Willens,
das Böse und die moralische Weltordnung, ebend. 1846, S. 384 ff.).
Nur wird man die Umstimmung sich auch nicht zu groß denken dür=
fen; denn sonst hätte Baur auf seine großen dogmenhistorischen Ar=
beiten über die Versöhnung und die Dreieinigkeit, die auch nach Zel=
ler einen einseitigen Religionsbegriff zu Grunde gelegt haben, nicht
so einfach recurriren können, als es in beiden Ausgaben der Dog=
mengeschichte (1848 und 1858) und in seiner Geschichte des Christen=
thums geschieht. So gesteht denn auch Zeller ein, daß die Einseitig=
keit, womit Baur den Gnosticismus blos als Speculation erfaßte,
nicht auch in seinen ebenso wesentlichen religiösen Motiven, sich auch
1853 im „Christenthum der drei ersten Jahrhunderte" wiederfinde [3].
So wird denn auch Ritschl nicht im Unrechte sein mit dem Vorwurf

---

[1] Hist. Ztschr. 1862, S. 105.
[2] Preuß. Jahrb. 1861. II., S. 208.
[3] Ebend., S. 287.

des abſoluten Wiſſens, wenn man ihn nur ſo verſteht, wie er ge=
meint iſt, daß nämlich Baur jener Hegel'ſchen Begriffs= und Ideen=
lehre gehuldigt habe, welche die Einzelheiten der Geſchichte und die
Sprache der religiöſen Vorſtellung ſo vielfach mißkannt hat. Und
ſo hätte denn Zeller jenes „abſolute Wiſſen" im ſtrict Hegel'ſchen
Sinn nehmen ſollen, wie er es doch in der Biographie Baur's als
die pſychologiſche Wurzel aufgewieſen hat, aus der in der Gegenſchrift
gegen Möhler jene Unklarheit Baur's über ſeine eigene weitgreifende
Differenz vom kirchlichen Lehrbegriff ſich ergab[1]). Auch von der
chriſtlichen Gnoſis verlangt Zeller in ehrlich geübter Kritik[2]),
daß, wenn dieſelbe in der ganzen Weite als chriſtliche Religionsphiloſo=
phie gefaßt werde, Origenes, Erigena, Thomas von Aquinum, Spi=
noza (?), Leibnitz und A. eine Stelle in dieſem Werk hätten finden
müſſen; andererſeits aber, wenn der Gnoſticismus in ſeiner Eigen=
thümlichkeit als durchzogen von religiöſen Motiven gefaßt werde,
die anderen Philoſophie und Religion rein ſcheidenden Syſteme nicht
hineingehören würden.

Ebenſo wie in dieſem Punkte vom „abſoluten Wiſſen" iſt Zeller
auch rückſichtlich des Vorwurfs, daß Baur die Geſchichte als
geiſtlos angeſehen habe nach Hegel'ſcher Art, nicht ſo fern von der
Anſicht Ritſchl's. Es läßt ſich ja wohl ſtreiten, ob auch bei Hegel
die Geſchichte als geiſtlos erſcheine, da er überall die dialektiſche Ent=
wickelung der Sache ſelber nur nachzudenken verſuchte. Aber wenn
man das Leben der Geſchichte in der Entfaltung der Individualitäten
pulſiren ſieht und in der Art Neander's, auf das Individuelle und
Eigenthümliche der Geiſtesrichtungen einzugehen, nicht mit Zeller „dog=
matiſche Gebundenheit und unwiſſenſchaftliche Zerfahrenheit" findet,
ſondern die rechte Methode, dem in eigenthümlichen Gefäßen ſich
manifeſtirenden Geſammtgeiſt einer Zeit auf die Spur zu kommen:
dann muß man doch ſagen, daß Hegel kaum mit ſo harten Worten
wie Baur (in der Vorrede zur Lehre von der Dreieinigkeit) die Per=
ſönlichkeiten zerſtört und in bloße Namen und leere Schemen auf=
gelöſt hat, nur um die immanente Dialektik des reinen Begriffs für
die denkende Vernunft zurückzubehalten. Ohne dieß dialektiſche Spiel
des Geiſtes bleibt — nach Baur's ausdrücklichem Wort — den In=
dividuen für ihre ſubjectiven Intereſſen nur das Endliche und Be=

---

[1]) Ebend. II, 222.
[2]) Ebend. S. 284.

schränkte, das Zufällige und Willkürliche, das jeder vernünftigen Be=
trachtung widerstrebt. Trotz solcher Aeußerungen hat Zeller behaup=
ten können, daß „speculative Geschichtsbetrachtung" bei
Baur eigentlich ein ungeeigneter Ausdruck sei[1]. Er setzt
dafür die Idee der organischen Geschichtsbehandlung[2], die
Baur von Anfang an bei allen seinen Arbeiten geleitet habe und am
reinsten in den drei Bänden seiner Kirchengeschichte verwirklicht sei: hier
sei am vollständigsten die philosophische Betrachtung der Geschichte
mit dem geschichtlichen Empirismus verschmolzen.   Ja, wenn nur
Baur zu allen Zeiten von organischer Geschichtsbehandlung wirklich
geredet hätte! wenn er nur nicht, was Zeller ihm nachmacht, Nean=
der ob seiner Geistesrichtungen so sehr über die Achsel angesehen
hätte! Auch das Zauberwort „organisch" löst für solche Historiker
wie Droysen[3] noch nicht den Bann, und nicht mit Unrecht ist ge=
sagt[4], erschiene auf politischem Gebiet ein Buch wie Baurs kirchen=
geschichtliche Vorlesungen, wahrlich es würde als ein seltsamer revenant
angestaunt werden. Es soll ja wohl Baur das offene Auge für das
Charakteristische in Zeiten und Personen zugestanden werden, aber
nach Zeller's eigener Bemerkung hat er dem Biographischen und
dem aufs Biographische sich stützenden psychologischen Pragmatismus ge=
ringere Beachtung geschenkt: mit anderen Worten, ein weit reichen=
des Gebiet, worin sich das eigenthümliche Geistesleben offenbart, war
seinem dem Empirischen mehr abgewandten Auge mehr oder weniger
verschlossen, jenes Gebiet, das einst Schleiermacher in so hochfeiernden
Worten mit seinen Monologen umschrieben hat.

Messen wir schon allein an diesem Maßstabe, so scheint uns
Zeller doch über Gebühr in den Preußischen Jahrbüchern betont zu
haben, daß Baur ein Schüler Schleiermacher's war. Zwar
die Eigenthümlichkeit ist auch bei Schleiermacher nicht Eins und
Alles; sondern seine Art, wie er die Persönlichkeit daran giebt, damit
das Allgemeine herrsche, ist Manchen bedenklich erschienen. Auch die
Herleitung des Christenthums aus den vorangegangenen Religions=
stufen hat er nicht bis zu dem Grade perhorrescirt, daß ihm diesel=
ben als Vorbereitungsstufen ganz werthlos geworden wären. Aber

---

[1] S. 291.
[2] S. 212.
[3] Hist. Ztschr. 1863.
[4] N. Evang. KZ. 1863, Nr. 23.

die eigenthümliche Anschauung des Christenthums galt ihm schon in
den Reden über die Religion' als so grundverschieden von den heidni=
schen Religionen, daß es von selber als ein großartiger Mißverstand
seiner Systematik des christlichen Glaubens sich ergiebt,
wenn dieselbe den heidnischen Religionen aufgezwängt wird. Ein sol=
cher Schüler konnte denn auch meinen, dem Lehrer eine Ehre anzu=
thun durch die bekannte Parallele mit dem Häretiker Marcion (1828),
ja er konnte so hartnäckig sich stellen, den Lehrer besser verstehen zu
wollen, als dieser sich selbst. Denn trotzdem Schleiermacher's Send=
schreiben an Lücke es für zweierlei erklärt hatten, wenn er in der
Einleitung zu der Dogmatik verschiedene Lemmata aus philosophischen
Disciplinen gebe und wenn er danach in der Dogmatik selber die
Aussagen des frommen Selbstbewußtseins nach den bekannten drei
Formen construire, so wiederholte Baur in der christlichen Gnosis
1835 [1]) ungeachtet dieses ausdrücklichen Protestes seine frühere Mei=
nung, daß die Einleitung auch nach jenen drei Formen angelegt sei.
So konnte er denn in jenem Werke Schleiermacher die blos sub=
jectivistische Rolle zutheilen und das Geheimniß seiner Christo=
logie in ein subjectives Urbild sublimiren, während doch in der That
Schleiermacher mit Schelling und Hegel wetteiferte, eine objective
Dialektik, Physik und Ethik zu Stande zu bringen, und in seiner
Christologie gerade die historische Wirklichkeit erfaßt zu haben hoffte.
„Wer nicht glaubt, daß ich an dem historischen Christus festhalte"
(schrieb er 1825 an Sack) [2]), der hat auch kein Wort von meinem Buch
(der Dogmatik) und meiner Methode verstanden." So hätte denn
auch Baur sich nicht als einen recht verstehenden Schüler Schleier=
macher's erwiesen, wenn er 1845 den deterministischen Boden des
absoluten Abhängigkeitsgefühls etwa darum mit dem sittlich praktischen
vertauscht hätte, weil der Begriff der Freiheit und das System
der Ethik dabei nicht bestehen könne. Ja, Schleiermacher's ganzes
dogmatisches Princip hat Baur meines Bedünkens mißdeutet.
Sonst hätte er in seiner Dogmengeschichte [3]) das fromme Bewußtsein
nicht von selbst zum christlichen werden lassen und dieß nicht mit
dem idealistischen Ich=Princip der Kantischen und Fichtischen
Philosophie verglichen; sondern — was er als Complement dazu

---

[1]) S. 647.
[2]) Stub. u. Kr. 1848, S. 938.
[3]) 1. Aufl. §. 114. 2. Aufl. §. 119.

setzt — den die christliche Gemeinschaft als ihr Princip beseelenden
Gemeingeist hätte er als zugleich realistisches und histori=
sches Princip bezeichnet, nicht aber — wie er es thut — als Schleier=
macher's Pantheismus. Denn darin besteht ja bei Schleiermacher die
sonst von Baur so treffend beschriebene Ueberwindung des Wider=
spruchs zwischen Supranaturalismus und Rationalismus, daß ihm
der αὐθέντης τοῦ πνεύματος in dem historischen Christus gegeben ist,
von dem alles fromme und christliche Bewußtsein und Leben her=
strömt, nicht hineingerissen in den sich gegenseitig bedingenden Zu=
sammenhang der geschichtlichen Erscheinungen, sondern sich immer wie=
der verjüngend in der Quelle seines Ursprungs als etwas Unmittel=
bares und Ursprüngliches, als etwas Uebernatürliches, nur nicht von
der Art, daß es nicht auch wieder als naturgemäß begriffen werden
könnte. Zwar auch Zeller findet gerade hier Schleiermacher's ver=
wundbarste Stelle durch Baur's Scharfblick getroffen, jene künstliche
Verschlingung des philosophischen und des positiv=dogmatischen Ele=
ments, auf der Schleiermacher's theologische Eigenthümlichkeit beruhe [1]).
Indeß scheint doch Zeller's Note zur Kirchengeschichte des neunzehnten
Jahrhunderts [2]) zu bekunden, daß es ihm nicht so zu Sinne ist, als
hätte Baur mit seinen Anklagen Recht, die er gegen Schleiermacher
wegen Sophistik, Zweideutigkeit und absichtlicher Täuschung schleudert.
Solche engherzige, ungerechte Insinuationen hat A. Krauß [3]) schon
siegreich widerlegt und ihren Ursprung in dem pragmatischen Begriffs=
schematismus aufgezeigt, von dem Baur ausgeht, statt mit Schleier=
macher die Eigenthümlichkeit der Person und das persönliche Bewußt=
sein zum Ausgangspunkt zu nehmen.

　　Angesichts solcher Instanzen scheint doch wohl Zeller's Behaup=
tung [4]) bedenklich, daß der Einfluß des Schleiermacher'schen Systems
auf Baur höher anzuschlagen sei als der des Hegel'schen. Bei allem
Respect vor Baur's gediegener Persönlichkeit, seiner Meisterschaft und
Klarheit, seiner nie rastenden Arbeitskraft, seinem nie zu stillenden
Wissensdurst braucht man sich doch nicht so weit im Panegyrikus zu
versteigen, daß er ob solcher Gründlichkeit nichts leicht genommen
habe [5]). Für einen Geistesverwandten Schleiermacher's ist schon dieß

---

[1]) Preuß. Jahrb. 1861. II, 216.
[2]) S. 204 f.
[3]) Kirchenblatt für die ref. Schweiz 1862, Nr. 19. 20.
[4]) Preuß. Jahrb. 1861. I. S. 502.
[5]) S. 509.

ein leicht begründeter und darum nicht anzunehmender Gedanke, daß das wahre **Wesen der Religion erst durch die kritische Unter-suchung** über ihren Ursprung und ihre Geschichte ans Licht gebracht werde. Vielmehr: Religion und richtiges practisches Bewußtsein von ihrem Werth pflanzt sich fort vor aller Kritik und unabhängig von wissen-schaftlicher Erörterung. So interessant die von Zeller gegebenen Nachweise sind, wie in der Gegenschrift gegen Möhler Schleiermacher'sche Dogmatik und Hegel'sche Religionsphilosophie verschmolzen sind, so ha-ben sie doch auch ihre Mängel. Es genügt nicht, zu dem protestantischen Begriff des **Glaubens**, wie ihn Baur formulirt, blos Schleier-macher's Religionsbegriff in Parallele zu stellen und bei der **Prin-cipbestimmung des Protestantismus** im Gegensatz zum Katho-licismus auf das Hineinmischen des schlechthinigen Abhängigkeits-gefühls in Hegel'sche Kategorien hinzuweisen; vielmehr wenn man beachtet, wie Schleiermacher den rechtfertigenden Glauben und das Princip des Protestantismus an die fortwaltende Kraft Christi in der Kirche knüpft, dann zeigt sich die weite Entfernung seiner Anschauung von der Baur'schen Kritik. Ferner, wenn Zeller in die Unklarheit nicht eingehen mag, womit Baur seinen Standpunkt und den altpro-testantischen identificirte, sondern einer rein historischen Widerlegung Möhler's besseres Gelingen verheißt, die mit Aufgebung der veralte-ten wissenschaftlichen Formen die innere Berechtigung und die ge-schichtliche Nothwendigkeit des Protestantismus nachweise, so hat doch kaum Jemand so deutlich über eine solche historische Stellung zu den alten Bekenntnißschriften sich ausgesprochen als Schleiermacher, nicht blos in der Dogmatik und in kirchenpolitischen Broschüren, son-dern auch auf der Kanzel. An dieser Klarheit des Bewußtseins hätte Baur sich also schon 1835 spiegeln können. Aber, wie Zeller auch von der schwäbischen Theologie überhaupt bemerkt[1]), in Baur's per-sönlicher Entwickelung war der Uebergang vom älteren Tübinger Su-pranaturalismus zu Schleiermacher und weiter zu Hegel nicht durch eine Periode rationalistischer Kritik vermittelt gewesen. Es wurde dieser Mangel erst später nachgeholt, und auch nur allmählich. Ein-zelne Proben rationalistischer Behandlung der Apostelgeschichte indeß vernahm Zeller schon im Colleg 1833, aber noch ward ihre Authentie und rein geschichtliche Abzweckung nicht ganz und gar in Abrede ge-stellt. Auch das Evangelium Johannis hatte er 1836 noch nicht in

---

[1]) Preuß. Jahrb. 1861. II, 222.

den Kreis seiner Untersuchung gezogen, so daß er die Insinuation der
Evangelischen Kirchenzeitung, als urtheile er über das vierte Evange=
lium wie Strauß, mit gutem Gewissen zurückweisen konnte. Dieß
nun führt uns auf die zweite Frage, wie Baur's speculative Ge=
schichtsauffassung zu den Quellen der urchristlichen Geschichte sich ge=
stellt habe.

2. Ritschl hat in diesen Jahrbüchern die These aufgestellt, daß
Baur's Construction in Widerspruch mit den Quellen
stehe. Fruchtbar und wichtig erscheint auch ihm allerdings Baur's
Vergleichung zwischen den durch die Clementinischen Homilien ange=
deuteten Parteiverhältnissen des zweiten Jahrhunderts und den gleich=
artigen Spuren im apostolischen Zeitalter. Aber unstatthaft sind ihm
die Folgerungen, die Baur aus der Versicherung der Clementinen
über die solidarische Verbindung der essenischen Ebioniten mit den Ur=
aposteln gezogen hat. Ritschl findet nicht wie Baur im Galaterbrief
bezeugt, daß die Urapostel grundsätzlich die Beschneidung der Heiden=
christen gefordert hätten; er faßt die Apokalypse nicht so craß juden=
christlich, und den ersten Brief Petri und den des Jacobus verbannt
er nicht in das zweite Jahrhundert. Insonderheit hat er das Kreuz=
verhör, das Baur mit den kleineren Paulinen anstellt, als tumul=
tuarisch und tendenziös bezeichnet; unter den eclatanten
Fehlgriffen stellt er die Verurtheilung des Philemonbriefs wegen
der Analogie mit dem pseudoclementinischen Roman obenan, als
Beleg namentlich, wie Baur die Parteiverhältnisse des zweiten Jahr=
hunderts in das erste zurückgetragen habe, so daß die Urapostel als
Vertheidiger der allgemeinen Pflicht der Beschneidung in schroffen
Gegensatz zu Paulus treten. Ja auch betreffs des zweiten Jahr=
hunderts bestreitet Ritschl, daß Baur die Tendenz der Homilien rich=
tig gezeichnet habe, als ob sie den Gegensatz von Judenchristenthum
und Paulinismus (richtiger: Heidenchristenthum) hätten ausgleichen
sollen. Daß die katholische Kirche des zweiten Jahrhunderts
nicht, wie Baur es faßt, Product des Judenchristenthums
gewesen sei, daß vielmehr die Heidenchristen das Subject der
katholischen Kirche sind, diese Geschichtsanschauung findet er durch
den Ausschluß bestätigt, dem die Judenchristen aller Farben im zwei=
ten Jahrhundert als Häretiker verfielen. Dabei gesteht Ritschl ein,
daß noch andere Wege eingeschlagen werden könnten [1]), als er gethan,

---

[1]) Vgl. Uhlhorn in diesen Jahrb. 1858, S. 321 ff. 518 ff.

zur Lösung der Frage, wie denn die katholische Kirche bei ihrem hei=
denchristlichen Ursprung zu einer dem Judenchristenthum analogen ge=
jetzlichen Auffassung gelangt sei. Nur scheint ihm die geschichtliche
Methode zu verbieten, mit Baur diese Analoga als Ausflüsse des
Judenchristenthums zu bezeichnen, d. i. der von Pauli Gegnern ver=
tretenen Grundsätze. Schließlich klagt er noch, daß Baur die prak=
tische Grundanschauung der katholischen Kirche aus Clemens Alexan=
drinus, Tertullian 2c. zu bestimmen unterlassen habe.

Zeller's Sendschreiben erhob besonders dagegen Einspruch [1]),
als hätte Baur nur durch das aperçu über die Homilien sich zur
Unächterklärung so vieler neutestamentischer Schriften verleiten lassen.
Indeß daß Ritschl auch noch andere Motive dabei im Spiele bachte,
wird jedem Leser dieser Jahrbücher erinnerlich sein. Ferner die auf
Baur angewandten Ausdrücke „tumultuarisch und tendenziös“, „ecla=
tante Fehlgriffe“, — das sollte mehr in Ewald's Mund sich ziemen.
Aber auch aus Baur's Mund war ja schon lange Aehnliches über
das „leidenschaftliche Geschrei“; „die rohe tumultuarische Polemik“
gegen Strauß' Leben Jesu zu vernehmen, noch ehe die Kirchengeschichte
des neunzehnten Jahrhunderts aufgedeckt hat, wie herb und hart er
nicht blos über die wissenschaftliche, sondern auch über die sittliche
Haltung seiner Zeitgenossen geurtheilt hat. Zur Sache hat Zeller
auch nur kurze Gegenbemerkungen in einer nicht gerade für Exegese
und Kirchengeschichte bestimmten Zeitschrift machen können. Auf de
Wette's Autorität gestützt, fand er es der geschichtlichen Situation
nicht entsprechend, daß der strengste der Judenapostel, Jacobus, ein
so reines Griechisch, oder Petrus mit so vielen Reminiscenzen an
paulinische Briefe, an den Hebräer= und Jacobusbrief geschrieben ha=
ben sollte. Ja selbst — in seiner Würdigung der Ritschl'schen Er=
läuterungen [2]) — in Bezug auf die kleineren Paulinen getraute er sich
zu behaupten, daß Baur's Gründe wider deren Aechtheit noch unwi=
derlegt baständen. Es wird abzuwarten sein, wie sich Zeller einmal
mit anderen Gliedern der „Tübinger historischen Schule“ ins Künf=
tige abfinden wird, die wie z. B. Hilgenfeld, der dogmatisch so
ganz mit Baur harmonirt, nur milder über Schleiermacher urtheilt [3]),
doch die Wunden zu tief finden, die seine Kritik der kirchlichen Tra=

---

[1]) Hist. Zeitschr. 1861, S. 361.
[2]) Hist. Zeitschr. 1862, S. 108.
[3]) Zeitschr. für wissenschaftl. Theol. 1863, S. 32 ff.

dition geschlagen habe, und auch dem ersten Brief an die Thessalonicher, wie den Briefen an die Colosser und an Philemon das Anerkenntniß der Aechtheit nicht versagen [1]). Der Schüler Baurs, der in vielen Stücken seines Lehrers Lehrer wurde, Strauß, hat schwerlich unbedacht neulich von der großen (!) Art geredet [2]), wie Baur nicht selten mit widerspenstigen Einzelheiten gar zu kurzen Proceß gemacht, sich offenbare Gewaltsamkeiten erlaubt habe. Auch ein anderer Freund oder Schüler der Baur'schen Kritik [3]) sagt von Baur's Schematismus des Judenchristenthums und Paulinismus gerade heraus, daß das bisherige Begriffsalphabet vielfach abgenutzt und verschliffen sei. Es ist ein unverkennbarer Segen der von Baur gepflegten Wissenschaftlichkeit: Baur läßt sich auch von seinen Schülern an dem eigenen Maß der Voraussetzungslosigkeit messen [4]), und seine wissenschaftlichen Gegner brauchen nicht so ohne Weiteres seine Kritik bodenlos zu schelten, vielmehr, wie ein mit schöner Milde geschriebener Nekrolog sich ausdrückt [5]), eben weil Baur mit Documenten operirt, kann er auch auf diesem Wege widerlegt werden. Ja, Zeller selber hat in seiner Biographie Baur's treffend nachgewiesen, wie in allmählichem Fortschritt Baur die Lücken zu schließen trachtete, die seine vorigen Untersuchungen ihm nach gelassen hatten; so 1836, als er noch kein Interesse hatte, das Evangelium Johannis in den Kreis seiner Untersuchung zu ziehen, so auch späterhin, als die Untersuchungen seiner Schüler Planck und R. Köstlin über das Urchristenthum ein tieferes Eingehen auf die Person Jesu erheischten. Es war längere Zeit bei Baur auch nach Zeller eine empfindliche Lücke, daß die ursprüngliche gemeinsame Grundlage für den Gegensatz von Judenchristenthum und Paulinismus ununtersucht blieb. Und ebenderselben Meinung ist der andere Biograph Baur's [6]), der Judenchristenthum wie Ritschl in einem eng begrenzten historischen Sinn fassen will, nicht wie Baur bald in engerem, bald in weiterem Sinn; und so richtig er sonst das innere Gesetz der geschichtlichen Entwickelung bei Baur gezeichnet findet, es kommt ihm doch so vor, als seien für Baur seit der Betonung des Gemeinsamen im paulinischen Christenthum und in der urapostolischen

---

[1]) Der Kanon und die Kritik des N. T. Halle 1863, S. 174.
[2]) Ztschr. für wissenschaftl. Theol 1863, S. 86.
[3]) „Unsere Zeit", Leipz. 1862. 64. Heft, S. 252.
[4]) Deutsche Ztschr. für christl. Wissenschaft und christl. Leben, 1861 Febr.
[5]) N. Ev. K.-Z. 1861, Nr. 4.
[6]) „Unsere Zeit" a. a. O. S. 251.

Lehre die Gegensätze von Judenchristenthum und Paulinismus zum ziemlich unbequemen Gewand geworden, in welches die allgemeinen geschichtlichen Gegensätze des Universalismus und Particularismus, der nach immer freierer Entfaltung ringenden übergreifenden Geistigkeit des christlichen Princips und seiner zeitlichen, traditionellen und autoritätsmäßigen Erscheinung gekleidet werden. Lobt nun dieser Biograph jenes innere Entwickelungsgesetz, das Baur für das Urchristenthum aufgefunden habe, und tadelt er Ritschl, der bei seinem jetzigen Streben nach reinlicher Sonderung der empirisch unterschiedenen Erscheinungen ein viel zu äußerliches Bild vom Gesammtverlauf zu Stande bringe, so enthüllt sich eben in dieser Aeußerung dem exacten Geschichtsforscher doch wohl recht deutlich, auf welcher Seite man von vorher fertigen Schematismen und dialektischen Ideen über Auseinander- und Zusammengehen der Parteien ausgegangen ist und auf welcher Seite man, ungehindert durch irgendwelche Inspirationstheorie, den Grundsätzen der von Ranke und Niebuhr vorgezeichneten kritischen Methode huldigt. Es ist von größter Wichtigkeit, daß die Tübinger Schule mit ihrer Entwickelungstheorie sich allmählich auf den Anfänger und Vollender des christlichen Glaubens hingedrängt sah; selbst für die letzte Darstellung Baur's findet Zeller nicht unwesentliche Züge nachzutragen, um die Lehre Jesu vollständig aus den Quellen zu erheben[1]). Aber um so zäher hält Zeller fest an der Opposition gegen die Wunder, als ob die λόγια κυρίου nicht so gut wie die πράξεις unter diesen Begriff des Wunders zu stellen wären. Es führt uns dieß auf die Frage nach dem Wunderanfang des Christenthums.

II.

Es hat sich in dieser Controverse um einen specielleren und einen allgemeineren Punkt gedreht: 1) um Christi innere Gedankenwelt, 2) um das Verhältniß von Naturgesetz und Wunder.

1. Ritschl hat seinerseits anerkannt[2]), daß Baur die geschichtliche Erscheinung Jesu nie als die zufällige Veranlassung des christlichen Glaubens, sondern stets als den entscheidenden Anfang angesehen habe. Er erkannte darin eine Nachwirkung der der Orthodoxie zugewandten Elemente der Hegel'schen Anschauung, deren Prä-

---

[1]) Hist. Zeitschrift 1860, S. 145.
[2]) In diesen Jahrb. a. a. O. S. 446 ff.

müssen eigentlich darauf führen, den zureichenden Grund des im Chri=
stenthum realisirten absoluten Selbstbewußtseins Gottes nur in dem
Wesen Gottes selbst und in der absoluten Bethätigung desselben zu
suchen. Dabei hob er auch die von Baur vertretene Wendung der
Hegel'schen Philosophie nach links hervor, konnte also wohl der Be=
lehrung Zeller's [1]) überhoben sein, daß nicht die schlechtesten Kenner
der Hegel'schen Lehre genau das Gegentheil behaupten, daß nämlich
ein Wunderanfang des Christenthums danach undenkbar sei. Auf
alle Fälle war Ritschl[2]) im Rechte, darauf hinzuweisen, daß nur
eine durch philosophische Voraussetzungen geleitete, in der Geschichts=
betrachtung nicht einheimische Phantasie jene Baur'sche Formel bilden
konnte: „Die Messiasidee identificirte sich mit der Person Jesu so,
daß man in ihm den Messias anschaute." Ritschl hatte ein Recht,
zu fordern, wenn Baur den Anfang des Christenthums durch eine
ihm vorangehende Reihe von Ursachen und Wirkungen bedingt sein
lasse, so solle er doch auch wahrscheinlich machen, daß Jesus von
Nazareth nicht nur in persönlichem Verkehr mit Vertretern des helle=
nischen Eklekticismus und des alexandrinischen Judenthums gestanden
habe, sondern auch unter deren specifischem Einfluß[3]). Er durfte auch
darauf hinweisen, daß Baur seiner Pflicht als Geschichtschreiber da=
mit zu genügen gemeint habe, wenn er den Glauben an die Aufer=
weckung Jesu als unumgängliche Voraussetzung für alles Folgende
anerkannte, jedoch sein eigenes Urtheil über das geglaubte Factum
auszusprechen vermied. Er durfte schließlich[4]) nach historischer Me=
thode fordern, den Zweifel, den Baur gelassen hatte, ob Jesus sich
der Wahrheit gemäß für Gottes Sohn erklärt habe, zu entfernen;
denn wenn die geschichtliche Person Jesu keinen Glauben in den Aus=
sagen über sich selbst verdiene, so liege es in der Aufgabe des Histo=
rikers, daß entschieden werde, welcher Art jener Irrthum Jesu über
sich selbst war, d. h. ob Jesus ein Schwärmer oder ein Betrü=
ger oder Eins nach dem Andern gewesen ist. Das eigentlich phi=
losophische Problem, ob das Christenthum, d. h. zunächst die in=
nere Gedankenwelt Jesu, aus dem Heidenthum und Judenthum oder
aus göttlicher Offenbarung abzuleiten und im letzteren Falle in einem

---

[1]) Hist. Zeitschrift 1861, S. 371.
[2]) In diesen Jahrb. a. a. O. S. 447; Hist. Zeitschr. 1862, S. 91 ff.
[3]) In diesen Jahrb. 1861, S. 443.
[4]) Hist. Zeitschr. 1862, S. 92.

bestimmten Sprachgebrauch als Wunder zu betrachten sei, schien ihm außerhalb der Grenzen der Historischen-Zeitschrift zu liegen [1]).

Zeller hat auf manches der hier beregten Stücke keine Antwort gegeben, wenigstens keine directe. Er gesteht [2]) als Baur's Meinung zu, daß die Größe Christi, geschichtlich betrachtet, keine andere als eine rein menschliche gewesen sei, fügt aber gleich hinzu, daß er dieser geschichtlichen Bedeutung der Person Christi noch eine höhere (?!) entgegengestellt habe, wonach Jesus auf irgend eine Weise auch objectiv das gewesen ist, wofür der Glaube ihn nahm. Früher hätte Baur mit Hegel diese höhere Bedeutung darin gefunden, daß Jesu zuerst das Bewußtsein von der Einheit der göttlichen und menschlichen Natur aufgegangen sei; geschichtlich genauer (!) (1853) ging er auf die sittlich-religiösen Anschauungen und auf das messianische Bewußtsein Jesu zurück. Also nach Zeller wäre die höhere Bedeutung der geschichtlichen nicht mehr entgegenzustellen, sondern jene in diese aufzunehmen, wie er denn auch Baur's Christusbild zu vervollständigen strebt durch die im Vaternamen Gottes ausgedrückte Innigkeit und Unbedingtheit des religiösen Lebens [3]). So könnte benn Zeller auch leicht weiter sich getrieben finden, den Begriff des υἱὸς μονογενής so real zu vollziehen, daß auch das Einssein mit dem Vater zu seinem Rechte käme. Es würde sich dann fragen, ob Zeller das „etwas abgetragene Argument" — entweder Schwärmer oder Betrüger — wirklich damit eludirt habe, daß er es für geschichtlich wahrscheinlich erklärt [4]), Jesus habe sich als Sohn Gottes nur im Sinn eines geläuterten Messiasbegriffs erklärt und sei es in diesem Sinn auch wirklich gewesen; es sei weder Selbstbetrug noch Schwärmerei, wenn Jemand das vollberechtigte Gefühl seines geschichtlichen Berufs in die seine Zeit beherrschende Vorstellungsform faßt. Da, dünkt mich, klafft doch auch noch die unausgefüllte Lücke, wie weit benn jene Zeitvorstellung ein Recht auf Anerkennung in aller Folgezeit habe und welches die ewigen Bezüge zwischen dem göttlichen Wesen und dem menschlichen Werkzeug seien. Das ganz einzigartige Verhältniß Jesu inmitten des Natur- und Geschichtsverlaufes bedarf sicher einer eingehenderen Erörterung, die sich nicht scheut, auch die absolute Causalität der göttlichen Rathschlüsse nach der dem religiösen Bewußt-

---

[1]) Ebendas. S. 98.
[2]) Ebendas. S. 103.
[3]) Hist. Zeitschr. 1860, S. 115.
[4]) Ebendas. 1862, S. 114.

sein eigenthümlichen Auffassung mit in Rechnung zu setzen. Dieß legt uns die Frage nach den Wundern nahe.

2. Ja, die Wunder — so lautet die große Voraussetzung der voraussetzungslosen historischen Kritik — machen die Geschichtlichkeit der evangelischen Berichte auf ewig verdächtig. Zum Wesen und Begriff des Wunders gehört nach Zeller[1]), daß es der Analogie unserer gesammten Erfahrung widerstreite. Ganz abgesehen von der dogmatischen Frage nach der Möglichkeit des Wunders, wiewohl die Naturwissenschaften z. B. und ebenso alle anderen Wissenschaften außer der Theologie ihre Verneinung stillschweigend voraussetzen, könne der Historiker sich in keinem gegebenen Fall für die Wirklichkeit eines Wunders entscheiden, d. i. eines Vorgangs, welcher mit der Analogie aller sonstigen Erfahrung in Widerspruch ist. Mit der richtigen Fragstellung soll auch die Antwort von selbst gegeben sein; man frage nur: ist es wahrscheinlicher, daß solch ein Factum eingetreten sei, wodurch das Gesetz eines unzerreißbaren Zusammenhanges von natürlichen Ursachen und Wirkungen, welches für alle anderen Gebiete des Daseins gilt, nur auf dem einen der biblischen Geschichte seine Wirkung verliert, oder daß die Ueberlieferung, welche ein solches Geschehen berichtet, falsch sei?

Hiergegen stellte Ritschl[2]) für den Geschichtschreiber angesichts der Menge neutestamentlicher Wundererzählungen die Regel auf, dieß Element in der Urgemeinde als factisch zuzugestehen (1 Cor 2, 4. 12, 9 ff., vgl. Röm. 15, 19.), auch wenn es incommensurabel bleibt, was nach dem Maßstab der allgemeinen Regeln von Ursache und Wirkung sich ereignet habe. Insonderheit hätten die Berichterstatter und diejenigen, welche in der Gründungsepoche des Christenthums Wunder an sich erfahren zu haben oder solche ausüben zu können überzeugt waren, die Ereignisse gar nicht nach dem Maße ihrer Congruenz oder Incongruenz mit den Naturgesetzen deuten können, weil sie gar keine Vorstellung von Naturgesetzen hatten. Ueberhaupt diese landläufige philosophische Definition der Wunder als von den Naturgesetzen unabhängiger Ereignisse fand Ritschl unzureichend, da ja Wunder Objecte des eigenthümlichen religiösen Erkennens seien, welches im Glauben eingeschlossen ist, also nur im Verhältniß zu dieser subjectiven Bedingtheit Gegenstand wissenschaftlicher Betrachtung sein

---

[1]) Ebendas. 1861, S. 101. — [2]) Diese Jahrb. 1861, S. 438 ff. Vgl. Hirzel, Ueber das Wunder. Zürich 1863, S. 16. 186.

dürfen. Nach dem einfachen Gesetz, das Religiöse innerhalb seines Gebietes nach den ihm immanenten Gesetzen zu erforschen und zu beurtheilen, erklärte er das Wunder für etwas Objectives immer nur in Beziehung auf die subjective religiöse Erkenntniß, nicht aber im empirischen Sinn, daß man dasselbe unter physikalische oder metaphysische Gesichtspunkte fassen könnte. Wunder sind (das war die auf Pf. 107. gestützte positive Meinung) eine Erfahrung specieller Providenz Gottes, also nothwendig verbunden mit concreter Selbsterkenntniß, welche ihrer Art nach nicht in das Gebiet des wissenschaftlichen Erkennens hineinfällt. In diesem Sinne erlebt der religiöse Mensch noch immer und nothwendig Wunder und bedarf es nicht blos, an Wunder zu glauben, die Anderen widerfahren sind.

Zeller kam in seinem Sendschreiben[1]) auf die erste Frage so zurück: was ist wahrscheinlicher, daß die Zeugen sich irren, oder daß alle die Dinge, welche uns zum Anstoß gereichen, wirklich geschehen sind? Dabei wollte er nicht um mathematische Gewißheit, sondern blos um Wahrscheinlichkeit gestritten haben, gestand dann aber ein, daß die Unwahrscheinlichkeit des Wunders oder die Behauptung seiner Unerkennbarkeit und Unerweisbarkeit jeden folgerichtig Denkenden auch dazu führen müsse, die metaphysische Möglichkeit des Wunders zu verneinen. Auch über die Möglichkeit oder Unmöglichkeit urtheilen wir ja gleichfalls nach der Analogie der Erfahrung; was mit den formalen Bedingungen der Erfahrung übereinkommt, sage Kant, das sei möglich. Diesen formalen Bedingungen der Erfahrung aber, dem Gesetz des Widerspruchs, dem Gesetz der Causalität u. s. w. widerstreite das Wunder immer und nothwendig; denn was diesen Gesetzen gemäß ist, das ist kein Wunder. Gar bereitwillig gestand Zeller zu, daß man in alter Zeit Wunderglauben gehabt habe[2]); aber während Ritschl darin eine für die wissenschaftliche Erkenntniß unmeßbare Realität der inneren Lebenserfahrung erkennt, die gar nothwendig ist, damit ein Wunder zu Stande komme, bedeutet für Zeller solche religiöse Erfahrung nichts weiter, als was man erfahren zu haben glaubt[3]). Wirkliche Erfahrung ist ihm allein die Wahrnehmung realer Vorgänge, dagegen heißt jene religiöse Erfahrung nur eine vermeintliche; denn sie enthalte nur das Innerliche gewisser Gemüthszustände und die Vorstellungen, durch welche sich der Einzelne diese inneren Zustände erklärt. Daß auch

---

[1]) Hist. Zeitschr. 1861, S. 363. — [2]) Ebenf. S. 367. — [3]) Ebenf. S. 369.

ein Reales nach Ritschl dieses innerliche Erfahren verursache, näm=
lich die specielle Providenz Gottes, das soll eine petitio principii
sein und zur Thatsächlichkeit des Wunders nicht mitgehören. Um je=
doch nicht bezüchtigt zu werden, jene religiöse Erfahrung, die vermeint=
liche, zur Illusion zu machen, flüchtet sich Zeller hinter Kant und
Schleiermacher, die auch bestritten, daß im Begriff der Providenz
der des Wunders liege, und die doch weder die Vorsehung geleugnet
noch die positive Religion für Illusion erklärt hätten.

Sehen wir einmal zu, mit welchem Rechte Zeller diese Autori=
täten als Schirm gebraucht. Beide, Kant und Schleiermacher,
haben sich wohl gehütet, einen blos naturalistischen Causalzusammen=
hang anzufertigen, wie doch Zeller thut. Die theoretische Vernunft
entscheidet nach Kant's Kritik der praktischen Vernunft[1]) nicht mit
apodiktischer Gewißheit über die Art, wie wir uns eine Harmonie
der Naturgesetze mit denen der Freiheit denken sollen; ein mora=
lisches Interesse kann hier den Ausschlag geben. Schleiermacher[2])
gar vindicirt es gerade wie Ritschl dem subjectiven Erkennen, eine
Begebenheit in Beziehung auf die göttliche mitwirkende Allmacht zu
setzen, so daß alle Begebenheiten an sich und gleichsam von der gött=
lichen Ursächlichkeit aus angesehen gleich sehr Wunder sind; damit ist
die Betrachtung ebenderselben Begebenheiten in ihrem Naturzusammen=
hang nicht ausgeschlossen, sondern sie kann mit jenem religiösen Er=
kennen steigen und fallen. Schleiermacher ist sich bewußt, in den
Auseinandersetzungen der Glaubenslehre ungeachtet der Ableugnung
des absoluten Wunders dennoch das religiöse Interesse am Wunder=
baren wahrgenommen und gedeckt zu haben.[3])

Zu gleichem Zweck hat denn auch Ritschl in seinen Erläu=
terungen zu Zeller's Sendschreiben[4]) als Hauptinteresse für Philoso=
phie wie Geschichte hingestellt, die biblische Vorstellung der Wunder
zu fixiren, den Gedanken, der die Wundererfahrung überhaupt erst
möglich macht, indem er als die transscendentale Form zur
Organisirung der Empfindung wirkt. Diese Form ist der
Gedanke von der Allmacht und Gerechtigkeit (Gnade oder Zorn)

---

[1]) Ausg. von Rosenkranz S. 291.
[2]) Ueber die Religion (Anm. 16. zur 2. Rede).
[3]) Alb. Schweizer, christliche Glaubenslehre. Leipzig 1863. I. geht in die=
sem Stück, wie in anderen über Schleiermacher hinaus; seine Lösung der dog=
matischen Schwierigkeiten zu prüfen, ist mir nicht mehr verstattet.
[4]) Hist. Zeitschr. 1862, S. 95 ff.

Gottes, und nur unter dieſer Bedingung entſteht die Erfahrung von außerordentlichen Naturereigniſſen und bem baran geknüpften Segen oder Unſegen. „Wunder und Zeichen" — ſo beſtimmt Ritſchl bann genauer — findet der Hebräer, obſchon ihm die Vorſtellung von Natur geſeen fehlt, nur in ſolchen Erfahrungen auf dem Naturgebiet, bie er von ben als regelmäßig wahrgenommenen Ereigniſſen abwei= chend findet. Naturgeſetz nämlich als wiſſenſchaftlich erzeugter Ge= banke iſt lediglich der Gedanke der Nothwendigkeit einer Wirkung bei Vorausſetzung der beſtimmten endlichen Urſache; etwas Anderes aber iſt die Wahrnehmung gewöhnlicher und ſich immer wiederholen= ber Wirkungen in der Erſcheinungswelt, die ja freilich die Hebräer auch hatten. So wird denn die Wundererfahrung für Ritſchl zu einem durchgehenden Attribut der religiöſen Erkenntniß, ohne daß doch die Wunder naturgeſetzwidrige Ereigniſſe würden, obſchon Zeller ihm dieſen Begriff fortwährend unterſchiebe. Ja, auch wenn er die Prä= miſſe annähme, daß Naturereigniſſe, die den Geſetzen der Natur wi= derſprechen, für uns. wiſſenſchaftlich undenkbar ſeien, wenn er auch Wundererzählungen apokryphiſcher Art und die Möglichkeit von Irr= thümern bei den Wundererzählungen in der Bibel zugebe, ſo haben ihm doch die eigenen Zeugniſſe von Jeſus und Paulus über ihre Wunderkraft zu hohen geſchichtlichen Werth, um ſie ebenfalls als irrige Vorſtellungen bei Seite zu ſetzen. Jeſus und Paulus ſinb ſich nicht bewußt, im Widerſpruch mit den Naturgeſetzen zu wirken, ſie ſinb ſich nur bewußt, Außerordentliches und Seltenes zu wirken; alſo fällt das Zutrauen zur Wahrheit ihres Bewußtſeins gar nicht in den Spielraum des Zeller'ſchen Grundſatzes: Wunder ſinb un= möglich, weil ein Widerſpruch gegen die Naturgeſetze undenkbar iſt.

Zeller's letzte Entgegnung [1] erhob gegen Ritſchl den Vor= wurf, den Hauptpunkt umgangen zu haben; der handgreifliche Wider= ſpruch ſei nämlich noch nicht denkbar geworden, daß die Wunder et= was Objectives, aber nichts empiriſch Objectives, ſondern etwas Ob= jectives nur für die ſubjective Erkenntniß ſeien. Es ſcheint faſt, als habe Zeller Alles überhört oder umgangen, was Ritſchl von dem Gedanken der Allmacht und Gerechtigkeit Gottes geſagt hat, der keineswegs blos phi= loſophiſches Gebilde ſein ſoll, ſondern die transcendentale Form zur Organiſirung der Empfindung. Oder meint er, dergleichen als. pe= titio principii oder als „hohe Worte" abgefertigt zu haben? Man

---

[1] Hiſt. Zeitſchr. 1862, S. 101.

sollte doch auch von Zeller ein Wort darüber erwarten, wie er denn den durch lauter endliche Causalitäten hergestellten Naturzusammen= hang an die absolute Causalität anknüpft. Oder will er von Abso= lutem und Uebernatürlichem gar nichts wissen? Es scheint doch nicht so; denn als Ritschl schon den einzelnen Menschen nicht als Resul= tat eines natürlichen Gattungsprocesses, sondern, unter der Bedingung eines solchen, als wunderbare Schöpfung Gottes verstanden wissen wollte, beklagte sich Zeller über ungenaue Fassung des Wunderbegriffs, das könne nur dazu dienen, die Grenzen des Natürlichen und Ueber= natürlichen im Nebel figürlicher Ausdrücke zu verwirren [1]). Also werden wir schließen dürfen, Zeller erkennt ein wirklich Uebernatür= liches an, verlangt nur scharfe Sonderung der Grenzen. Geht aber diese Sonderung verloren, wenn man wie Ritschl dem religiösen Er= kennen zuschreibt, daß es sich mitten hindurch durch alle nach end= lichen Causalitäten hervorgebrachten Entwickelungsreihen der Welt von der absoluten Causalität und Gerechtigkeit berührt und ge= tragen wisse? Hat man den Begriff des Wunders so streng wie Zeller zu fassen, daß alle natürliche Vermittelung dabei ausgeschlossen sei? Denn darauf geht doch die Bemerkung Zel= lers [2]), daß Wunder zwar Ereignisse innerhalb des Naturzusammen= hangs, aber keine Naturereignisse seien, da sie ja nicht aus natürlichen Ursachen hervorgegangen sein sollen. So macht denn eigentlich Zel= ler auf eigene Kosten die Wunder zu solchen Erfolgen, welche nicht durch natürliche Ursachen bewirkt sind, und leitet daraus das Merk= mal ab, daß sie den Gesetzen der Natur widersprechen. Dagegen Ritschl steht doch keineswegs so vereinsamt mit der Behauptung, daß zur Vollziehung des Wunderbegriffes keins der erfahrungsmäßig gül= tigen Naturgesetze zu durchbrechen, vielmehr die Empfindung der lebendig gegenwärtigen absoluten Causalität hinzuzunehmen sei zu dem empirisch Objectiven, dem physikalischen und mathematischen Substrat des Naturzusammenhangs. Rothe [3]) z. B. hat sich des Geständnisses nicht geschämt, es wolle ihm nicht gelingen, solche Rede von Durch= brechung des Naturzusammenhangs (wie sie auch Zeller führt) über= haupt zu fassen, außer wenn Einer wie Strauß die Causalität, die wir Anderen „Gott" nennen, als nicht vorhanden betrachtet und nur

---

[1]) Ebend. 1861, S. 372.
[2]) Hist. Ztschr. 1862, S. 109.
[3]) Zur Dogmatik, Gotha 1863, S. 89.

die der natura naturans und naturata kennt. Und auch ein scharf=
sinniger Denker des Auslands [1] warnt, in den Wunderbegriff the
idea of a violation of the laws of nature hineinzumischen, und
mahnt, zur Wesensbestimmung der miracles lieber superhuman zu
machen, als supernatural und supermaterial, denn bei Vollziehung
der Wunder sei the use of means keineswegs ausgeschlossen. Es
wird ja doch wohl verstattet sein, auch die natürliche Erzeugung eines
Menschen unter den Begriff des Wunders zu stellen, trotz Zeller's
Furcht vor dem Nebel figürlicher Ausdrücke; und zumal die Entstehung
der Protoplasten, wie immer der äußere Vorgang zu denken sei, ob
aus generatio aequivoca oder wie anders, erfordert solchen Regreß
auf den lebendigen, schöpferisch waltenden Gott. Nichts ist verfehlter,
als mit Guizot [2] das Dilemma zwischen la génération spontanée
und la création du genre humain zu stellen und nur die Wahl
zu lassen: ou bien il a été le produit du travail propre et in-
time des forces naturelles de la matière, ou bien il a été
l'oeuvre d'un pouvoir surnaturel, extérieur et supérieur à la matière. Es ist dieß vielmehr zu der Strauß'schen Einseitigkeit, das
Natürliche als nur=Natürliches zu nehmen, der gegenüberliegende
Pol, das Uebernatürliche als nur=Uebernatürliches zu denken. Aber
das normale Verhältniß, wie Niedner es bestimmt hat [3]), in
w a h r h a f t e t h i s c h e r R e l i g i o n ist, daß immer mehr von dem
Göttlichen und Uebernatürlichen zugleich menschlich=natürlich werde,
daß der Menschen Antheilnahme an Gottes göttlicher Weltvollbringung
eine immer größere (reinere und vollere) werde.

Vielleicht liegt solche Fassung auch Zeller nicht sehr fern. Bei
Eröffnung seiner Theologischen Jahrbücher hat er sich zwar noch
ganz auf den Straußisch=Hegel'schen Standpunkt der Immanenz ge=
stellt; aber wie seine neuliche Antrittsrede in Heidelberg [4]) und die
darob erhobene Klage der Berliner Hegelianer beweist [5]), er schlägt
jetzt nicht mehr so correct Schule, hat Schleiermacher'sche Ingredienzien
aufgenommen, die Identität von Logik und Metaphysik gelöst und eine
E r k e n n t n i ß t h e o r i e postulirt, um daraus die formale Grundlage
nicht blos der Logik, sondern der ganzen Philosophie zu bilden, daß man

---

[1]) The Edinburgh Review, Oct. 1862, p. 378 ff.
[2]) L'église et la société chrétienne en 1861, Paris 1861, p. 24.
[3]) In diesen Jahrb. 1859, S. 779. Vgl. auch Joh. Hirzel, a. a. O., S. 126.
[4]) Heidelberg 1862.
[5]) Der Gedanke, III, 4. Berlin 1862.

nämlich die Bedingungen untersuche, an welche die Bildung unserer
Vorstellungen durch die Natur unseres Geistes geknüpft ist. Auf klare
Weise hat sich Zeller vom empirischen wie vom speculativen Dogma=
tismus geschieden und ist wieder beim Kantischen Kriticismus ange=
langt. Die allgemeinen Gesetze und die verborgenen Gründe der
Dinge sind ihm [1] nicht durch die Erfahrung als solche, sondern durch
das Denken erkennbar; so scheidet er sich vom empirischen Dogmatismus.
Andererseits hält er auch nichts von dem vermeintlichen Reichthum
eines absoluten Wissens, das sich an der dialektischen Construction
des Universums genügen läßt; so scheidet er sich vom speculativen
Dogmatismus. Ja, auch wenn er mit Kant alle unsere Vorstellungen
zugleich als eine Wirkung der Objecte und als ein Erzeugniß unseres
Selbstbewußtseins begreifen will, so soll das doch nicht in die un=
bestimmte Leere blos subjectiver Vorstellungen führen, sondern die
ä u ß e r e und die i n n e r e Erfahrung soll die Quelle objectiver Er=
kenntnisse sein. Gesetzt nun, Zeller ginge hier weiter auf den von
Schleiermacher's Dialektik gewiesenen Spuren und unterließe nicht, das
unmittelbare fromme Selbstbewußtsein in Betracht zu ziehen als die
volle Mitte der denkenden und der wollenden Function, so müßte sich
auch eine durch Beobachtung und Versuch erhärtete T h e o r i e d e s
r e l i g i ö s e n E r k e n n e n s neben dem allgemein theoretischen Erken=
nen ergeben. Und wenn denn von den beiden Methoden der Induc=
tion und Deduction das subjective Erkennen stets die letztere wählt
und aus dem Absoluten alle Begebenheiten in der Natur= und Gei=
steswelt herleitet, so wäre es doch niemals in die Versuchung geführt,
und gälte es dem allerseltensten Ereigniß, den von Gott geordneten
Naturzusammenhang für absolut durchbrochen zu erklären. Zeller
selbst hat einst (1842) das Wunder als die unmittelbarste Consequenz
des gewöhnlichen Theismus bezeichnet. „Wird Gott einmal" — diese
Aeußerung Zeller's adoptirt Rothe [2] — „als außerweltlicher Wille
gedacht, so muß man auch eine Bethätigung dieses Willens in der
Welt zugeben, diese Bethätigung aber, als Hereingreifen eines trans=
scendenten Princips in den Weltlauf, kann nur eine übernatürliche, ein
Wunder sein." Es erhebt sich nur die Frage, ob Zeller noch so
ganz unverrückt auf dem Boden reiner Immanenz haftet oder bei
seinem erklärten Fortschritt über Hegel hinaus das Princip der abso=

---

[1] Heidelb. Antrittsrede, S. 28.
[2] Zur Dogmatik, S. 87.

luten Causalität als transscendent anerkennt. Dann wäre die Frage nach der Möglichkeit und Wirklichkeit der Wunder, „die zur Religions= philosophie, Metaphysik und Erkenntnißtheorie so gut wie zur Theo= logie gehört" [1], wie von Zeller theologischerseits gern wird zugegeben werden, gemäß obiger von Rothe beifällig aufgenommener Aeußerung auch mitbeantwortet. Indeß es ist mir nicht ersichtlich, wenigstens nicht aus den mir vorliegenden Actenstücken, ob Zeller wirklich noch gegenwär= tig jeglicher Transscendenz den Krieg erklärt. Aber gezwungen ist er dazu, so lange er leugnet, daß irgend ein Wunder geschehen sei, d. i. ein aus natürlichen endlichen Ursachen unerklärbares Ereigniß.

Indeß in diesem Sinne haben die neutestamentlichen Bericht= erstatter nach Ritschl ihre Wunder auch nicht aufgefaßt, völlige Auf= hebung des Naturlaufs, Durchbrechung des Zusammenhangs von Ursache und Wirkung lehren sie nirgends. We must remember, — sagt auch der oben erwähnte englische Theolog [2] — that the lan- guage of scripture nowhere draws or seems even conscious of the distinction which modern philosophy draws so sharply be- tween the „natural" and the „supernatural".

Ja, Zeller selber, der sich in Bezug auf Jesu Selbstbewußtsein über seine Wunderthätigkeit in ganz skeptischer Reserve hält, weil sich darüber nichts ausmachen lasse, da ja mit der Ungeschichtlichkeit der Wunderberichte auch seine Reden der Ungeschichtlichkeit verfallen, hat bei Paulus wenigstens den Mangel an einem Begriff von Natur= gesetz, wie ihn Ritschl behauptet, zugegeben. Es leidet auch für Zeller [3] keinen Zweifel, daß Paulus bei den „Zeichen, Wundern und Kraftthaten", wodurch er seine Apostelwürde bewährt habe, an wirkliche Wunder, d. h. an übernatürliche Wirkungen, gedacht habe, über welche er freilich die Erwägung, daß jede übernatürliche Wir= kung innerhalb des Naturzusammenhangs mit den Naturgesetzen in Widerspruch sei, gewiß nicht angestellt habe. Unbedingt giebt Zeller zu, daß im Leben des Apostels Dinge vorgekommen sind, welche er nur auf eine übernatürliche göttliche Causalität zurückzuführen wußte; er sei also kein Betrüger. Aber wenn wir auch noch so sehr überzeugt seien, daß es bei allen jenen vermeintlich übernatürlichen Ereignissen vollkommen natürlich zugegangen ist, so sei er doch kein Schwärmer. Ein Schwärmer sei nur derjenige, welcher bei seinem

---

[1] Hist. Ztschr. 1862, S. 101.
[2] The Edinb. Review Oct. 1862, p. 389.
[3] Hist. Ztschr. 1862, S. 114.

Thun von leeren Einbildungen geleitet wird, nicht aber der, welcher sich wirkliche Erfahrungen aus den Voraussetzungen seiner Zeit und seines Bildungskreises erklärt oder die allgemein geltenden Glaubens= vorstellungen, mag auch Irrthümliches darin sein, zur Richtschnur nimmt: So erkennt benn Zeller die Realität der Glaubensmächte an, die in bestimmten Zeitaltern die Gemüther beherrschen, und klagt nicht einmal wegen der Entrückung des Paulus auf leere Einbildun= gen und Schwärmereien, sondern meint nur, daß wir da, wo für Paulus ein lebhaftes religiöses Interesse ins Spiel kam, weder eine nüchterne Beobachtung noch eine kritische Untersuchung der natürlichen Ursachen von dem Apostel erwarten dürfen. Indeß wie oben bei dem geläuterten Messiasbegriff entnimmt Zeller seinen Maßstab einzig und allein der Zeit, und die wirklich vorhandenen Bezüge zu dem Ewigen und Absoluten ignorirt er. Er hat, um zum realen Wunderbegriff aufzusteigen, es unterlassen, jenes Stück der Leiter anzusetzen, das Ritschl seiner Meinung nach abgesägt hat; nämlich wenn jenes reli= giöse Interesse nicht blos Product irgend eines Volks= und Zeitgeistes ist und darum auch nicht blos subjective Phantasmagorien producirt, wenn es vielmehr Wahrheit und Wirklichkeit ist durch das Hernieder= wirken der absoluten Causalität in die subjective Erfahrung, Anschau= ung Gottes, Anbetung im Geist und in der Wahrheit und darum auch Beweisung des Geistes und der Kraft, dann ist auch erwiesen, daß jene gen Himmel reichende Leiter, darauf die Engel Gottes auf= und niedersteigen, nicht ein leeres Nebelbild erhitzter religiöser Phan= tasie ist; sondern jeder religiös und christlich angeregte Mensch weiß, durch wen er also den Himmel offen sieht und wie sich an ihm das Wunder wiederholt hat, nach Gottes specieller Providenz „die Innigkeit und Unbedingtheit des religiösen Lebens wieder zu erlangen, wie das im Vaternamen Gottes ausgedrückt ist" (s. o. S. 748.).

Giebt man also auch immerhin eine große Menge erdichteter und fälschlich geglaubter Wunder zu seit Pythagoras und Sokrates bis auf Augustin und tief ins Mittelalter und bis in unsere Tage hinein, so wird man doch zu der von Ritschl behaupteten Incommensurabili= tät der urchristlichen Wunder sich bekennen dürfen. Man kann zwar — so wiederholt auch Holtzmann [1]) — die specifische Unerkennbarkeit dieser Seite der Urgeschichte, nicht aber ihre durchgängige Unwahrheit constatiren. Handelt es sich für den Historiker (so fährt Holtzmann

---

[1]) Die synopt. Evang., S. 510.

fort) lediglich um die **Wirklichkeit** der seltsamen Phänomene, so hat er das Recht entweder die Frage nach der Möglichkeit der Wunder aus dem Spiel zu lassen, oder zu verlangen, im Hinblick auf so manche heute noch unerklärbaren Erscheinungen des Natur- und Seelenlebens eine hinreichend beglaubigte Liste dessen vorzulegen, was auf diesem Gebiet **möglich**, was **unmöglich**.. Let that who find it difficult — heißt es in The Edinburgh Review [1] — to believe in anything, which is above the natural, first determine how much the natural includes. Was es mit unserer menschenmöglichen Erfahrung auf sich hat, wie weit vor Allem die naturwissenschaftliche Erkenntniß Strauß'scher Dogmatik reicht, darüber hat Al. v. Humboldt ja in bekannter Weise sich ausgesprochen.

Von ganzem Herzen einverstanden, daß die Siegespalme, um die alle unsere Wissenschaft zu ringen hat, in organischer Durchdringung der Speculation und Empirie, der Dialektik und Historie besteht, vermag ich doch nicht mit Zeller nach einer Parteigenossenschaft oder Zunft zu fragen, die solche reine historische Methode in Erbpacht hätte. Ich muß bei Hengstenberg und Baumgarten, was Zeller weit abzuweisen scheint [2]), den Gebrauch einer historischen Methode, das Ringen nach reiner Darstellung derselben so gut anerkennen wie bei der „Tübinger historischen Schule" [3]). Und Niemand, wenn er auch in der Mitte der Extreme steht, mag sich rühmen, im vollen Besitz der reinen Methode zu sein, vielmehr Jeder hüte sich, in dialektischer Speculation oder historischer Empirie jemals absolut fertig sein zu wollen. Der Theolog, der ebensowohl Philosoph als Historiker zu sein hat, kennt für seine Wissenschaft auch keine andere Rücksicht als die auf Erforschung der Wahrheit. Ebenso sollten beide, Philosoph und Historiker, sich mit dem Theologen in dem unerschütterlichen Bewußtsein eins wissen, daß das Wesen der Religion und des Christenthums nicht erst durch kritische Processe der Wissenschaft ans Licht zu bringen ist, sondern als der Verklärungsglanz Christi bringt durch all' den alten und neuen Streit der theologischen und kirchlichen Parteien siegreich hindurch.

---

[1]) S. 397.

[2]) Hist. Ztschr. 1861, S. 359.

[3]) Bemerkenswerth ist, mit welcher Reservation Alb. Réville, Rev. des deux mondes, Mai 1863, S. 104—141, Baur's Resultate mittheilt, cf. Rev. chrét. 1863, p. 313. Viel weiter geht The Tübingen School and its Antecedents. Bei R. W. Mackay. London 1863, S. 120. 240. 345.

Anzeige neuer Schriften.

Exegetische Theologie.

1) Die Psalmen. Uebersetzt und ausgelegt von Dr. Hermann Hupfeld, ordentlichem Professor der Theologie zu Halle. Vier Bände. Erster Band: 1855. Vierter Band: 1862. Gotha, Verlag von Friedrich Andreas Perthes. SS. XXIII, 439. VI, 425. 482. 478.

2) Commentar über den Psalter von Franz Delitzsch. Erster Theil: Uebersetzung und Auslegung von Ps. 1—89. Leipzig, Dörffling und Franke. 1859. SS. XX, 675. Zweiter Theil: Uebersetzung und Auslegung von Ps. 90—150. Nebst der Einleitung in den Psalter und vielen Beigaben masorethischen und accentuologischen Inhalts. Leipz. 1860. 530 S.

3) Die Psalmen. Uebersetzt und ausgelegt von Dr. Ferdinand Hitzig, Prof. d. Theol. in Heidelberg. Erster Band. Leipzig und Heidelberg, C. F. Winter'sche Verlagsbuchhandlung. 1862. SS. VI, 312 (geht bis Ps. 55).

4) Die Psalmen, nach dem überlieferten Grundtexte übersetzt und mit erklärenden Anmerkungen versehen von Adolf Kamphausen, Lic. d. Theol. und außerordentl. Prof. in Bonn. (Besonderer Abdruck aus Bunsen's Bibelwerk.) Leipzig, Brockhaus. 1863. Gr. 8. 280 S.

Die drei erstgenannten Werke vertreten auch drei verschiedene Richtungen unserer Exegese. Nehmen wir als viertes den großen Commentar Hengstenberg's hinzu, zu welchem die Arbeiten von Hupfeld und von Delitzsch sich in ein genau ausgesprochenes Verhältniß setzen, so hat das Psalmbuch in den beiden letzten Decennien eine Auslegung von jeder der größeren Hauptrichtungen heutiger Exegese erfahren. Können wir es nicht bergen, daß alle vier Commentare ebenso sich an die strengen Gesetze der Wissenschaft halten wollen, als auch den Inhalt als einen religiös höchst bedeutsamen genau ins Auge fassen, so daß mithin sie sämmtlich als wirklich theologische zu bezeichnen sind: so muß diese Erscheinung als eine höchst erfreuliche und für das Wachsen des Schriftverständnisses ungemein förderliche anerkannt werden. Denn so verschieden auch die oft widersprechenden Momente der Tradition und der freien Forschung, des kirchlichen Zweckes und der rein wissenschaftlichen Aufgabe aufgefaßt, combinirt, versöhnt werden mögen: ein schöner Ertrag wird da nicht fehlen, wo, wie hier, alle berechtigten Principien der Hermeneutik als thätige Agentia auftreten und wo Meister des Fachs die Auslegung üben. Neben solchen größeren Werken werden indeß die compendiöseren Bearbeitungen (zu denen das vierte zu rechnen ist und die besonders in den früheren Decennien zahlreicher hervortraten) ihr eigenthümliches Recht behalten und einen bedeutenden Einfluß ausüben. Ueberdieß dürfte jene Erscheinung auch einen Beleg für die erfreuliche Thatsache abgeben, daß das theologische Publicum die Nothwendigkeit eines genauen, ausführlichen und eingehenden exegetischen Studiums dringend fühlt, falls man die weite Verbreitung des Hengstenberg'schen Commentars noch nicht als solchen Beleg anzusehen geneigt sein sollte. — Selbstverständlich werden wir uns hier jeder ausführlichen Recension zu enthalten und uns nur auf eine charakterisirende Anzeige zu beschränken haben.

Hupfeld hatte schon längst den Plan, den Psalter zu commentiren; eine Bearbeitung des de Wette'schen Werkes, die er übernommen und begonnen hatte, erwies sich ihm aber als völlig unzureichend, und so entschloß er sich, wahrlich zu Gunsten des Wissenschaft und zum Danke für die Leser, zu einer ganz neuen Arbeit. Daß er alle Momente sorgfältig ins Auge fassen werde, welche die Hermeneutik gebietet, war wohl von einem solchen Forscher zu erwarten; was er aber selbst an die Spitze stellt als das heute nothwendigste Moment, das bildet den eigenthümlichen Hauptvorzug seines Werkes, — nämlich „die Erklärung der vorkommenden religiösen Begriffe und Anschauungen in ihrer eigenthümlichen geschichtlichen Gestalt, Begrenzung und Entwickelungsstufe". Man nennt dieß sonst die biblisch-theologische Seite der Exegese, Hupfeld bezeichnet sie mit dem Ausdrucke „theologische Auslegung". Leider ist dieser Name in einer so specifischen Weise für Verzerrungen der Exegese üblich geworden (welche Hupfeld mit scharfen, aber gerechten Worten abweist), daß wir Bedenken tragen, ihn zu adoptiren. Die historisch-grammatische Auslegung umschließt ja jenes Moment völlig, da bei einem religiösen Objecte selbstverständlich die Forderung eintritt, dasselbe in und aus dem geschichtlichen Entwickelungsgange der Religion selbst zu begreifen. Denn es ist doch nur eine üble Verkümmerung jenes „historischen" Momentes, wenn man es auf Notizen der äußeren politischen Zeitgeschichte beschränken will. — Daneben jedoch wird die sprachliche Seite, sowohl nach ihrem grammatischen als vorzüglich nach ihrem lexikalischen Momente, in ebenso starker als eigenthümlicher Weise berücksichtigt. Hier wie dort sind wir dem Verf. zum lebhaftesten Danke verpflichtet. Man weiß ja, daß seine grammatischen Publicationen theils nur einzelne Punkte umfassen, theils in einem Torso bestehen, der seine Vollendung schmerzlich vermissen läßt. Die fast durchsichtige Klarheit seiner Darstellungsweise, die feine Akribie gerade bis ins einzelnste Detail hinein, die ungemein scharfsinnige Beobachtungs- und Combinationsgabe, welche diesen Theil seiner Studien auszeichnet, sichern dem Leser auch da einen reichen Gewinn an Erkenntniß, wo er das Gebotene weniger als Besitz denn als fruchtbares Anregungsmittel sich anzueignen im Stande ist. In seinen lexikalischen Studien geht er meist darauf aus, die erste Urbedeutung zu gewinnen, zumal durch attente Vergleichung aller ähnlichen Wortstämme. So außerordentlich wichtig dieß gründliche Verfahren ist, so dürfte sich vielleicht hie und da die Rücksicht auf die oft sehr bedeutenden Aenderungen

und Wandelungen vermiſſen laſſen, die ein ſolcher Wortſtamm gleichſam von
der Wiege ab durchzumachen gehabt hat. Wir geben dieß weniger als einen Man=
gel zu, denn daß wir es als eine meiſt unvermeidliche, durch den Blick aufs
Ganze gebotene knappe Kürze bedauern möchten, weil dadurch die Evidenz der
Beweisführung bei neuen eigenthümlichen Herleitungen nicht ſelten beeinträchtigt
wird. Uebrigens iſt nicht zu vergeſſen, daß der Autor (ſ. S. XI). dieſe Incon=
venienz in einem noch ſtärkeren Grade fühlt als es der dankbare Leſer empfinden
möchte. — Schließlich nimmt Hupfeld zu den Anſichten ſeiner Vorgänger
eine ſehr beſtimmte und beſcheidene Stellung ein, wie uns dünkt, in muſterhaf=
ter Weiſe, wenn er einmal einen ſo ausführlichen Commentar ſchreiben wollte.
Er ſteht den beiden Extremen fern, entweder ohne Sichtung andere Anſichten zu
häufen (ein Verfahren, welchem der humoriſtiſche Griffel von Ed. Reuß bereits
längſt die prunkende Larve der Gelehrſamkeit abgeriſſen hat), oder aber die An=
ſichten der Vorgänger und lebenden Mitarbeiter faſt gänzlich außer Acht zu laſ=
ſen. Hupfeld geſteht es, er „gehöre nicht zu den Glücklichen, welche in beneidens=
werther Unſchuld wirklich die Welt mit ihren Orakelſprüchen abfinden zu können
meinen“. Ungern vermiſſen wir hierbei eine kleine Exception zu Gunſten derer,
welche ohne jene „Unſchuld“ nur etwa den Zweck verfolgen, das Ganze des
Pſalmbuches in überſichtlicher Form darzuſtellen, wie es etwa A. H. Francke in
ſeiner introductio in psalterium zu geben geſtrebt hat, wie es überhaupt die
Richtung der pietiſtiſchen Schule ebenſo charakteriſirt wie auszeichnet und wie
es ſeitdem von jeder Richtung aus mannichfach geſchehen iſt.

Der Verfaſſer will überall, wo es irgend möglich, auf die Anfänge der
exegetiſchen Ueberlieferung zurückgehen und auf die erſten Vertreter einer An=
ſicht hinweiſen. Referent hat, ſeitdem er die Geſchichte der altteſtamentlichen Exegeſe
zum Gegenſtand eines eingehenderen Studiums gemacht hat, längſt die gleiche
„Ueberraſchung“ empfunden, welche der Verfaſſer von ſich geſteht, nämlich das
Meiſte von dem, was in unſeren Commentaren irgend einem Neueren zugeſchrie=
ben wird, ſchon in den älteren und älteſten Quellen zu finden. So ſoll ſein
Commentar zugleich „eine Geſchichte der Pſalmenauslegung in ihren hervor=
ragenderen Stellen und Vertretern liefern, — freilich ohne Anſpruch auf Voll=
ſtändigkeit“. —

Außerdem ſetzt ſich die Vorrede gleich principiell mit Hengſtenberg aus=
einander. Bei dem völlig anderen Sehwinkel, unter welchem Hupfeld Religion
wie Wiſſenſchaft betrachtet, war eine ſcharfe Oppoſition hier vorauszuſehen, und
es iſt anzuerkennen, daß Hupfeld ſeinem Gegner nicht nur an dieſer Stelle reich=
liches Lob ſpendet in den Dingen, die allenfalls zu loben ſind, ſondern daß er
auch im Commentare ſelbſt keine Gelegenheit vorübergehen läßt, um alles Rich=
tige und Treffliche, was ſich in Hengſtenberg's voluminöſem Werke findet, offen
und ſelbſt nachdrücklich anzuerkennen, — ein loyales Verfahren, welches ſein An=
tipode zu erwidern bekanntlich nicht geneigt iſt. Das giebt ihm auch das Recht,
ſcharf und entſchieden zu reden. Durch die Auslegung zieht ſich daher ein Fa=
den ſteter Polemik hindurch, ſo unendlich viel auch unberückſichtigt bleibt, was
der Verfaſſer ſeinem eigenen Gericht überlaſſen will, „das unfehlbar einſt da=
rüber ergehen und dieſen ſchwülen Dunſtkreis, in welchem es ſo üppig wuchert,
wieder reinigen wird“. — Man hat dem Verfaſſer dieſe Polemik verdacht; als
ein überflüſſiges Beiwerk ſtöre es den Eindruck. Allein wer da weiß, wie weit

jenes Psalmenwerk des Berliner Gelehrten. verbreitet ist und starken Einfluß übt, wird es dem Verfasser Dank wissen, daß er sich die saure Mühe nicht hat verdrießen lassen, wenigstens die grellsten Irrthümer in ihrer Nichtigkeit, Blöße und Gefährlichkeit offen und schonungslos zu rügen und jene „cynische Hinwegsetzung selbst über den Schein der Wahrheit und allen wissenschaftlichen Anstand" gebührend zu würdigen. Vor Allem straft er die Verfälschung religiöser Wahrheit, nach welcher Hengstenberg „Gott als menschliches Parteihaupt" kennzeichne, die noch unvollkommenen Aeußerungen alttestamentlicher Frömigkeit vergröbere, die Spuren höherer Reinheit und Anschauung verflüchtige und dieß Zerrbild für ächtes Christenthum ausgebe. Hierzu giebt ihm die Auslegung freilich reichen Anlaß. Dagegen hätten wir (und mit uns Viele) die mehr persönliche Auseinandersetzung mit Ewald. gern unterdrückt gesehen.

Fast wie ein absichtlicher Gegensatz klingt es, wenn nun Delitzsch in seinem Vorworte Hengstenbergen ein reichliches Lob anstimmt, voll Dank und Verehrung, ohne im Geringsten der tiefdunkeln Schatten zu gedenken. Ist auch der ganze Sinn dieses Gelehrten weniger hierzu geneigt, so könnte es leicht verleiten, ihn auf demselben Standpunkte zu denken, während doch im Allgemeinen wie im Einzelnen die beide trennende Kluft nicht so klein ist und jedenfalls die schlimmsten Mängel dieses seines „Vorbildes" ihm glücklicherweise abgehen. Daß jener Commentar ihm selbst noch eine überreiche Nachlese gelassen, — so verwandt auch immer beider Grundanschauung sein möge — davon zeugt nicht nur die Existenz dieses ausführlichen Commentars (der nur 211 Seiten weniger zählt als der Hupfeld's), sondern auch jedes Blatt desselben. Dennoch schlägt die Vorrede, in der sich sehr klar Geist und Zweck der Arbeit ausspricht, vielfach einen recht scharfen Ton an. Wird Hupfeld gleich nach der lexikalischen und grammatischen Seite sehr gerühmt, er lasse hierin alle seine Vorgänger weit hinter sich, so trifft ihn um so stärker der Tadel „eines niedrigen Standpunktes, welchen dessen Werk zu dem christologischen Element der Psalmen einnimmt und bei welchem es weniger der Kirche dient, als jüdischer Polemik gegen das Christenthum in die Hände arbeitet" (S. XII.). Gern hätten wir diese banale Phrase vermißt, welche seit den Zeiten des Theodorus von Mopsuestia allen unbefangenen Interpreten der Psalmen und Propheten an den Kopf geworfen wird. Der „Calvinus judaizans" ist ja ein stehender Ausdruck der lutherischen Interpreten älterer Zeit, und wie der gleiche Vorwurf Grotius nicht geschadet hat, so wird sich Hupfeld wenig grämen, in solche Gesellschaft zu kommen. Was aber die „Niedrigkeit des Standpunktes" dabei soll, gesteht Referent nicht einzusehen, da die exegetische Evidenz hierin den Ausschlag giebt. Hupfeld wird sicher sich eines Besseren belehren lassen, wenn ihm Delitzsch das Christologische des zweiundzwanzigsten und anderer Psalmen klar beweist; aber mit den höheren Standpunkten und ihren Freibriefen für jede Willkühr läßt sich heute nicht mehr imponiren. Und dazu kommt, daß gerade bei den wichtigsten messianischen Psalmen die Ansichten Delitzsch's von Hupfeld bei weitem nicht so weit divergiren, wie man es hiernach glauben sollte. — Sehr erfreulich ist's, wenn auch Delitzsch auf eine „gründliche und feste Erklärung der Grundbegriffe, wie Zorn, Gnade u. s. w.", dringt. Er weist uns dabei auf die Wörterbücher von Pappenheim und Wessely hin, überhaupt auf die Arbeiten der jüdischen Gelehrten der Gegenwart. Wir beklagen die schwere Zugänglichkeit solcher Werke; was

wir aber davon kennen lernen, überzeugt uns mehr und mehr, daß man daraus
für jüdiſche Auffaſſung, Geſchichte und Inhalt des Talmud, jüdiſcher Sagenkreiſe
und Auslegung ungemein viel lernen könne, indeß bei weitem weniger für ein
richtiges Verſtändniß des A. T. Selbſt auf die Gefahr hin, daß Delitzſch den
Werth dieſer Literatur etwas überſchätzt, iſt es recht nützlich, immer wieder auf
die bedeutendſten Erſcheinungen derſelben hingewieſen zu werden. Vollends
dürften jene ſynonymiſchen Lexika die Arbeit nur in ſehr geringem Grade erleichtern. Sehr richtig weiſt Delitzſch „die Unterlegung angelernter Formeln der
Dogmatik“ ab und beklagt „die Armuth der kirchlichen Wiſſenſchaft“, obgleich
dieſelbe nur zu ſehr erklärlich iſt. Denn unter dem Banne ſtarr ſymboliſchen Dogmatismus reiſt niemals eine klare Einſicht in die Schrift. — Was Delitzſch als
Eröffnung eines ganz neuen Unterſuchungsweges angiebt, den er zuerſt betrete,
nämlich „die Einſicht in das Eigenthümliche dieſer verſchiedenen Liederkreiſe“
von David, Aſſaph, Korachiten, dürfte leider nicht Viele überzeugen. Wie er
überhaupt auf die alte Tradition einen ſehr großen Werth legt, ſo thut er dieß
auch bei den Pſalmen-Ueberſchriften, deren Richtigkeit, beſonders was die Verfaſſer angeht, bei jenem Wege meiſt vorausgeſetzt wird. In hohem Tone heißt
es: „Der aller Wiſſenſchaftlichkeit hohnſprechende Leichtſinn, mit welchem jene
bei Seite geſchoben zu werden pflegen [!!], verfällt verdientem Gerichte“ (S. VII.).
Dieſer „Leichtſinn“ ſcheint verbreitet zu ſein; Delitzſch hätte gut gethan, dieſe Leicht-
ſinnigen zu nennen. Referent geſteht, ſie nicht zu kennen, kaum Einen, der dazu
gehörte; vielmehr kennt er Viele, welche den Inhalt dieſer Inſchriften als alte,
aber nicht feſte, noch weniger ſichere Tradition einer genauen Prüfung unterziehen und erſt auf Grund derſelben das Maaß ihres Werthes beſtimmen.
Von einem „aller Wiſſenſchaftlichkeit hohnſprechenden obſtinaten Starr- und
Eigenſinn“, mit dem trotz der ſchlagendſten Gegengründe jedes Stück dieſer
Inſchriften vertheidigt wird, könnte man viel reden und Legionen von Beiſpie-
len aufſtellen. Delitzſch gehört zu dieſen nicht, vielmehr wahrt er ſich die Freiheit
der Kritik nicht nur in abstracto, ſondern auch in concreto. Daß Pſ. 88. „von
Heman, dem Esrahiten,“ herrühre, iſt „vielleicht nicht einmal Ueberlieferung ſondern nur Irrung“, I, 654. Auch die dem David beigelegten Stufenlieder (deren Namen er übrigens wie Geſenius deutet) Pſ. 122, 124, 131; 133. ſpricht
er dieſem Könige ab, und auch Pſ. 127. iſt ihm wohl „ein Salomopſalm, aber
kein ſalomoniſcher“. Sonſt geht er mit der Kritik recht ſparſam um. Selbſt
Pſ. 14., der nach ihm keine ſonderlichen Merkmale der davidiſchen Zeit aufzeigt,
ſoll doch von David ſein und das שבות שוב muß ſich die metaphoriſche Bedeutung gefallen laſſen, obgleich er Hengſtenberg's mehr als kühnen Tiraden über dieſen
Ausdruck widerſpricht. Für die ſchlagenden Inſtanzen, daß die metaphoriſche Deutung erſt aus der eigentlichen ſich hervorbilden könne, daß jene ungemein ſelten ſei,
erſt für viel ſpätere, exiliſche Zeiten beglaubigt (Ezechiel, Hiob), daß zu David's Zeit zu ſolcher Klage nicht Grund war, — dafür hat er keine Antwort. —
Ferner iſt von Delitzſch „zum erſten Male allſeitige Darſtellung der mannichfaltigen Kunſtformen der Pſalmen angeſtrebt; die alphabetiſchen Pſalmen ſind
auch alphabetiſch wiedergegeben, alle bedeutſamen Aſſonanzen ſind nachgebildet,
ſelbſt die abſichtsvollen [?] Rhythmen des Originals ſind nachgeahmt.“ Gerechte
Bewunderung zollen wir der ungemeinen Gewandtheit, mit der der Verfaſſer
unſere Sprache gebraucht; allein wir möchten zweifeln, ob nicht gar häufig das

oberste Formgeſetz des Ueberſetzers verletzt.worden ſei, nämlich deutſch zu
reden. Der Biegſamkeit unſerer Sprache hat der Verfaſſer, ſo löblich ſein Stre=
ben an ſich iſt, doch zu viel zugemuthet; und jedenfalls müſſen wir betonen,
daß die genannten Aufgaben beim Vertiren nicht in erſter, ſondern höchſtens in
zweiter Reihe ſtehen dürfen. Wir brauchen nur blindlings hineinzugreifen, um
recht gezwungene Wendungen zu finden, z. B. 34, 23: „Und bußfrei werden da=
ſtehn all' in ihm Geborgnen"; 35, 3: und ſperr' den Weg meinen Jagern";
35, 16: „Mit gemeinen Kuchen = Witzlern knirſchen ſie ob mir die Zähne" u. ſ. w.
Seine ſtete Schreibweiſe „Jahawâh" verunziert die ganze Ueberſetzung; die Recht=
fertigung im Vorwort charakteriſirt ſich durch die „feſtſtehende" Thatſache, daß
das ה mit Chatef-Patach geſprochen wurde, gleich als wenn die bekannte Härte
des ה ſich nirgend im Verbum היה zeige. — Ferner iſt dieſer Commentar der
erſte, ſo viel wir wiſſen, der bei Stropheneintheilung nicht den Vers, ſondern
die Stiche (freilich nicht in der Kürze wie bei Ernſt Meier) als die metriſche
Einheit feſthält, den Forſchungen Sommer's folgend. Referent geſteht, früher
lange geſchwankt zu haben. Es läßt ſich in der That mit dieſem Princip un=
gemein viel Ueberraſchendes erreichen; faſt bei der Hälfte der Pſalmen läßt es
ſich ziemlich zwanglos durchführen. Die Hauptinſtanz bildeten für mich jene alpha=
betiſchen Lieder wie 111. 112., bei denen jede Stiche mit einem neuen Buch=
ſtaben beginnt. Allein, genauer geſehen, erweiſen ſich dieſe Lieder als ſehr ſpäte
und ſchon recht welke Blüthen der hebräiſchen Lyrik, ſo ſchön auch die Gedanken
ſelbſt ſind. Gerade in ihnen iſt der ächte lyriſche Parallelismus faſt gänzlich
erſtorben, wie das in 111, 4. 9. 10.; 112, 3. 4. 9. ſehr klar hervortritt.
Dieſes Urgeſetz der hebräiſchen Metrik aber verlangt als Hauptträger einen vollen
Gedanken, der irgendwie eine parallele Wendung neben ſich hinſtellt. Ihre or=
ganiſche Verbindung wird gewaltſam geſtört, wenn man den Vers nicht als
ſolche Einheit faßt. Der Talmud, dem die organiſche Erfaſſung eines Schrift=
ganzen in ſeinem geiſtigen Zuſammenhange bis auf dürftige Reſte geſchwunden
iſt, wie ſeine völlig atomiſtiſche Exegeſe überall zeigt, ſollte hier doch nicht als
Zeuge vorgeführt werden. Auf Näheres einzugehen, geſtattet der Raum nicht.
— Im Anhange werden, ähnlich wie bei Hupfeld, die ſogenannten iſagogiſchen
Fragen beſprochen, von denen indeß Vieles auch in den Commentar eingeſtreut
iſt; das Meiſte hat bereits der Verfaſſer in Herzog's Realencyklopädie in dem
Artikel „Pſalmen" ausgeſprochen. Bemerkenswerth iſt, daß er die Exiſtenz mak=
kabäiſcher Pſalmen lediglich aus rein exegetiſchen Gründen nicht zugeben will,
nicht aber die Geſchichte des altteſtamentlichen Kanons dagegen ſprechen läßt, —
ein unbefangenes und richtiges Urtheil. Sehr dankenswerth ſind die Anhänge
von Baer: „Maſorethiſche Ueberſichten" und „das Accentuationsſyſtem der
Pſalmen, Job und Sprüche." In der Geſchichte der Pſalmenauslegung
möchten wir die Urtheile gar oft umkehren; aufgefallen iſt uns, daß Delitzſch
die oben angeführte ſehr eingehende introductio specialis von A. H. Francke,
die manches Eigenthümliche in der Auslegung enthält und eine innige Ver=
trautheit mit dem Gemüthsleben der Pſalmiſten kundgiebt, in der Ueberſicht aus=
läßt, ebenſo Sal. van Til, Venema u. A. Dagegen hat Hengſtenberg „die
Rieſenaufgabe des Pſalmenauslegers zuerſt wieder vollſtändig und allſeitig im
Geiſte der Kirche und alſo [!] in wahrer Geiſteseinheit mit den Pſalmiſten ge=
löſt", — ein Lob, dem gegenüber die ſcharfe Kritik Hupfeld's recht als ein brin=

gendes Bedürfniß und als Segen für die Wissenschaft sich darstellt. Bei Hitzig schreibt er (II, 448): „Wir wollen das kaum Glaubliche glauben, daß Hitzig selbst das Alles glaubt, was er schreibt." Referent gesteht offen, daß diese Empfindung fast unfreiwillig immer von Neuem ihn überkommt, sobald er zahllose Deutungen von Delitzsch selbst liest, und daß ihm jenes „Glaubenwollen" oft viel Mühe macht, z. B. bei Ps. 72. 22. und 3. — Als eigenthümliches hermeneutisches Agens betont Delitzsch bei den Psalmen, daß man sich ganz „in die mystische Tiefe ihres Gebetslebens" hineinversenken müsse, daß die eigentlichen Kräfte der Auslegung nicht aus dem Wissen kommen, sondern aus „Leben, Erfahrung, Salbung". Soll damit gemeint sein, daß der Interpret eigenes religiöses Leben besitzen müsse, um das Leben Anderer zu verstehen, ja daß er genau kennen müsse, was das Normale, also Christliche sei, um diese Zeugnisse alttestamentlicher Frömmigkeit in ihrer Eigenthümlichkeit, Reinheit und Höhe, mitunter auch in ihrer heilsgeschichtlich nothwendigen Schranke zu verstehen: dann stimmen wir mit ihm überein, sofern diese geistliche Biegsamkeit des Gemüthes lediglich die Voraussetzung für das Verständniß solcher Erscheinungen sein soll. Aber wir fürchten, es liegt wieder die uralte Verwechselung zu Grunde: die Stimmung religiöser Anempfindung, welche aus der Psalmenlectüre die meiste Erbauung, den reichsten geistlichen Genuß schöpft, hält man für die geeignetste zum wirklichen Verständniß. Dieß schädliche Quidproquo ist aber von Del. nicht vermieden. Die schönen geistlichen und geistvollen Gedanken, die er an die Erklärung oft ziemlich lose anknüpft, für Auslegung oder für lebendige Reproduction zu halten, dazu muß man einen starken Glauben haben oder aber aller Hermeneutik möglichst unkundig sein. Ref. glaubt hier ein Wort mitreden zu können; nicht nur hat er sich mit dieser Seite der sogenannten Auslegung sehr eindringlich beschäftigt, sondern er hat auch eine bedeutende Zahl von Psalmstellen zu Predigttexten verwandt; er glaubt darin „Erfahrung" zu haben, wobei natürlich jene obige Bedingung auch ein Wort mitgesprochen hat. Wir möchten gern aussagen: Delitzsch offenbare für alle leisen Regungen und Schwingungen der religiösen Affecte der Psalmen eine starke und treffende An= und Durchempfindung. In einfacheren Dingen gestehen wir es zu, allein viel häufiger leitet er uns durch seine prächtigen Gedankenblitze (in denen wir leider nicht immer die erleuchtenden und erwärmenden Sonnenstrahlen ächter Weisheit wahrnehmen) aus dem Texte heraus als in die Seele des Sängers hinein. Jene lebhafte, zu productive, stark empfindende Phantasie (denn die rein reproductive lassen wir gelten), das größte Hinderniß einer ächten Auslegung, scheint Delitzsch für das schönste und treffendste Medium derselben zu halten. Recht deutlich zeigt sich dieß in der Deutung der sogenannten messianischen Psalmen, wo die Tradition ihm, wenn nicht ein heiliges, so doch ein verjährtes Recht auf solche Mißmethode zu geben scheint. So in Ps. 22. Das geschilderte Leiden ist nach ihm Hyperbel, allein nun springt er unaufhaltsam von Emphase zu Emphase: die Hyperbel wird zur „dioramatischen Selbstanschauung David's", diese zum Typus, dann zur Prophetie; das Bewußtsein David's wird gleichgültig, sein „Geist" ersetzt es. „Vermöge des Geistes, welchen David seit der Salbung besitzt [?], schaut er sich in Christo; denn dieser Geist ist der Geist des künftigen Christus, — so daß sich sagen läßt, Christus rede hier durch David, inwiefern der Geist Christi durch ihn redet und das vorbildliche Leiden des Ahns zum

Darstellungsmittel seines eigenen künftigen macht" (I, 184). Räthselhaft ist es
uns, wenn er nach diesem mehr berauschenden als überzeugenden Passus sagt:
„Eine Wahrheit, die so hell ist wie die Sonne, braucht man nicht erst auf heu-
ristischem Wege zu suchen." Er fühlt, daß er für jedes Wort den Beweis schuldig geblieben ist; allein das höchst Problematische sofort als festes Axiom hinstellen heißt nicht, Leser zur richtigen Erkenntniß führen. So verstehen wir
nicht, wie er jene kühne Selbstgewißheit eines Ewald und Hitzig als „sittliche
Krankheitserscheinungen" fassen will.

Fassen wir aber unser Urtheil (ergänzend) zusammen, so gestehen wir es
unbedingt, daß wir keinen aus seiner Richtung hervorgegangenen Commentar
kennen, der so allseitig anregend und selbst, wo er zum Widerspruch reizt, fruchtbar wäre, und stellen ihn hoch über sein „Vorbild" Hengstenberg. Auch hier
zeigt Delitzsch wiederholt von Neuem, daß er seine Genossen an aufrichtigem (wenn
gleich nicht unbestechlichem) wissenschaftlichem Wahrheitsgefühl und Wahrheitssinn weit überragt, daß er die philologische Bedingtheit eines richtigen Verständnisses am schärfsten erkennt und von tendenziöser Apologetik sich am weitesten
entfernt. Denn daß er die jüdische und „kirchliche" Tradition so weit als möglich stützt, ist bei ihm Ergebniß einer durchaus tiefen und wahrhaften (nach unserer Ansicht freilich irrigen) wissenschaftlichen Ueberzeugung.

Den stärksten Gegensatz zu der Auslegungsweise von Delitzsch bildet der
Commentar von Hitzig. Schon 1835 hatte derselbe bekanntlich eine Uebersetzung mit einigen rein kritischen Noten erscheinen lassen und im folgenden
Jahre eine Geschichte der Psalmendichtung hinzugefügt, welche mehr oder minder eine Erklärung aller wichtigeren Lieder vertreten konnte. Jetzt giebt er neben
einer Uebersetzung erklärende Noten, ähnlich wie sein Commentar über den Jesajas und über die Sprüchwörter. Der zweite Band ist gegenwärtig (August 1863)
noch nicht erschienen, resp. in unsern Händen. Verfasser sei endlich so
weit, mit einzelnen Büchern des A. T. abschließen zu müssen. Dann aber
will er nicht länger für Meinungen verantwortlich sein, die er nicht mehr
hege, und sich nicht ferner tadeln lassen wegen richtiger Behauptungen, ohne
daß er die Untauglichkeit der Einreden aufzeige. Diesen sehr natürlichen Motiven verdanken wir ein Werk, in welchem das seltene und reiche Talent sowie
die bekannte geistvolle Originalität des Autors zu einer Darstellung kommen,
die ihrer zweckmäßigeren und leichter zu handhabenden Form wegen ohne Zweifel größere Verbreitung erlangen wird, als die erste Arbeit. — In einer kurzen
geharnischten Vorrede entwickelt der Verf. die Idee der Exegese in so treffenden
Zügen, wie dieß selten so klar gesagt worden ist. Vor Allem fordert er tüchtiges eigenes Studium der Grammatik, fordert das Gefühl dafür zu schärfen,
was wirklich Sprachgebrauch ist und nicht blos um der Grammatik willen möglich. Das müsse zunächst an der Prosa geübt werden, dann erst an der Poesie.
Er tadelt die Akrisie, die Worte sammt der Punctation schon für Text zu halten. Da er noch einmal Alles ruhig geprüft hat, so hofft er, man werde seine
Weise nicht mehr mit „der subjectiven visionären Kritik in Eine Verdammniß
zusammenwerfen". Ars non habet osorem nisi ignorantem; der Geist müsse
für höhere Kritik angelegt sein. Die theologische Auslegung in dem allein richtigen, oben nach Hupfeld angegebenen Sinne will er gleichfalls üben, und so
soll auch seine Arbeit zur Geschichte des religiösen Geistes in Israel Beiträge

ſpenden. Mit Freuden nehmen wir Act davon, daß alſo alle dieſe drei bedeutenden Pſalmenauslegungen die Nothwendigkeit anerkennen, die bibliſch-theolo-
giſche Seite der Exegeſe ſchärfer, als bisher geſchehen, ins Auge zu faſſen. —
Der Verf. will zu jeder Behauptung den Beweis geben. Allein gerade deßhalb
können wir ſeinen vielfachen Eigenthümlichkeiten nicht ein ſehr viel günſtigeres
Prognoſtikon ſtellen, als den Erfolg ſeiner erſten Bearbeitung, über deren geringe Wirkung er ſich beklagt. Es iſt ungerecht gegen den Leſer, ihn ſofort
einer mangelhaften Begabung oder Gelehrſamkeit oder alten Vorurtheils zu bezüchtigen, wenn er ſich nicht gleich von dem überzeugt, was uns klar iſt und
wofür wir ihm einen uns freilich genügenden Beweis bringen. Bekanntlich
ſind gerade die Haupteigenthümlichkeiten ſeiner Pſalmenexegeſe, die Fülle und
Sicherheit ſeiner hiſtoriſchen Bezüge, reſp. Nachweiſungen, die Menge von kritiſchen Textemendationen, die Herleitung vieler Lieder von Jeremias, die Zuwei-
ſung einer ziemlichen Anzahl in die makkabäiſche Zeit — beim theologiſchen
Publicum auf ſehr triſtige Bedenken geſtoßen. Im Ganzen ſind jene Momente
dieſelben geblieben, wenn auch im Einzelnen mannichfache Aenderungen ſich finden, was bei einem ſo lebhaft und energiſch forſchenden Geiſte wie Hitzig ja
ſelbſtverſtändlich iſt. Was den erſten Punkt anlangt, ſo hat er an Delitzſch, aber
noch mehr an Hupfeld einen ſehr entſchiedenen Gegner. Wird er es dieſem für
Stumpfſinn oder Uebelwollen auslegen, wenn er eine angegebene geſchichtliche
Situation nicht ſo geſtaltet findet, um ihr mit überzeugender Nothwendigkeit
ein Lied zuzuweiſen? Wie nun, wenn ihm andere Momente, die Hitzig nicht
in Betracht zieht, jener Situation zu widerſprechen ſcheinen, wenn die anderen
nicht der Art ſind, um nicht auf viele andern Situationen ebenſo gut zu paſſen?
Ueberhaupt geſtehen wir, daß hier das Urtheil überaus ſchwer iſt und entſchie-
dene Apodiktik ihres Ziels verfehlen muß. Zu Pſ. 3. vertheidigt er ſein Auf-
ſuchen hiſtoriſcher Lagen als Baſen der Pſalmen; der Wiſſenstrieb begnüge ſich
nicht mit weniger, ſondern ſtrebe herauszubringen, welche Verhältniſſe dieß wirklich geweſen ſeien. Ganz recht; wenn nun aber nach umſichtigſter Prüfung dieſe
Factoren ſchlechterdings nicht zureichen, ſo taugt es nicht, Schein für Wiſſen ein-
zukaufen, ſondern da muß ſich der Wiſſenstrieb mit dem Möglichen begnügen,
wie es ja der Verf. z. B. bei Pſ. 36. ſelbſt thut. Nichtsdeſtoweniger hat Hitzig
in vielen Fällen Treffendes beigebracht. So fordert in der That 4, 9. eine hiſtoriſche Situation, und da Ueberlieferung wie Sprache und Charakter des Liedes auf David hinführen, ſo liege die Beziehung auf 1 Sam. 30, 6. ſehr nahe.
Dagegen darf er nicht ſchelten, wenn man ſich ſträubt, den heiligen Berg 3, 5.
„auf den Sinai oder Baſan oder den Berg Gibeons“ zu deuten, und wenn man
dagegen eine Beziehung auf das heilige Orakel (1 Sam. 30, 7 ff.) als nothwendiges Subſtrat fordert. Gar ſonderbar nimmt ſich dagegen zu Pſ. 5.
die Bemerkung aus, David könne doch ſeinen Gegner nicht füglich mit
אִישׁ דָּמִים bezeichnen, gleich als wenn derſelbe ſich ſelbſt für einen ſolchen gehalten und die elenden Schimpfereien des Simei (auf die Hitzig
ausdrücklich hinweiſt) für gerecht anerkannt hätte! Aber dergleichen Wun-
derlichkeiten begegnen uns ſehr häufig. So ſoll Pſ. 8, 3. darauf gehen, daß
die Amalekiter die Kinder, Greiſe und Frauen in Ziklag leben gelaſſen hatten
(1 Sam. 30, 1. 2.) Geſetzt, dieß wäre denkbar und könnte einen ſolchen Ausdruck veranlaſſen: widerſpricht denn nicht der ganze Pſalm einer ſolchen Situa-

tion? Die Hauptsache blieb, daß die Weiber und Väter geraubt waren; das
Lob müßte auf die Wiedererlangung gehen, auf Dank für den gelungenen
Ueberfall, während zu einem Preise der Herrlichkeit des Menschen im Allgemeinen nichts einlud. Kann der Verf. nicht bündigere Beweise beibringen, so
fürchten wir sehr, daß er sich von Neuem über Theilnahmlosigkeit der Leser und
Unwirksamkeit seiner Studien zu beklagen haben werde. — Was die Vorschläge
zu Textemendationen betrifft, so ist Hitzig hierin sehr sparsam, vollends wenn
man den Commentar von Olshausen daneben stellt, ja nach unserer Ansicht
etwas zu sehr zurückhaltend. Lieber begnügt er sich mit Auslegungen, denen
man eine gewisse Härte vielfach nicht wird absprechen können. Sehr häufig
will er nur Accente (wie zu 45, 6.) oder nur Vocale (wie 17, 11. אֲשֶׁר כֹּו
oder 45, 5. nach LXX sehr richtig (וְהַדְרֵךְ) geändert wissen. Die stärkere Conjectur des heißen תוֹמִיךְ 16, 5. in תָמִיד „du bist beständig mein Theil"
wird nicht viel Freunde finden, ebenso die Einführung der neuen Partikel בָּל,
immo, vielmehr, aus בֵּל emendirt, in 16, 2. 32, 9., mehr noch die 32, 9. קְרָא
für קְרוֹב. Dagegen will er 16, 2. den Text nicht berichtigen, selbst nicht nach
LXX; er übersetzt: „den Heiligen, die im Lande sind, gehöre es" (הֵפָּה!), und
David meint: den Aeltesten im Lande Juda sollen die Beute-Antheile
(המה scil. ohne alle vorhergehende Erwähnung derselben oder von etwas Aehnlichem) gehören, welche David den Amalekitern von Ziklag aus abgenommen
hat. An anderen Stellen ist es geradezu unklar, wie er emendirt zu sehen wünscht,
So 36, 2., wo er übersetzt: „Eingebung der Sünde wohnt dem Gottlosen im
Innern seines Herzens"; er will, wie er sagt, den LXX folgen, welche geben:
φησὶν ὁ παράνομος τοῦ ἁμαρτάνειν ἐν ἑαυτῷ. Auch wäre ein Wort über
Olshausen's Vorschlag wohl am Orte gewesen. Höchst ingeniös erscheint auf den
ersten Blick die Correctur der verzweifelten Stelle 12, 9ᵇ. Indem er das
ן und das מ je zum folgenden Worte zieht, ändert er keinen Consonanten und
liest: נכר מַזָּלוֹת „Unseliges Verhängniß für die Menschenwelt." Allein נכר
oder נֵכֶר heißt nicht res iniqua, sondern steht in Synonymie mit אֵיד, jenes
Obad. 1, 12., dieses Hiob 31, 3., und bedeutet vielmehr selbst „Verhängniß, Verderben". מַזָּלוֹת ist ursprünglich „Wohnungen" und nach der einzigen Stelle
im A. T. 2 Kön. 23, 5. geht es auf die 12 Sternbilder des Thierkreises als Stationen der Sonne. Von da bis zur Bedeutung „Verhängniß" ist doch noch ein
starker Sprung, den Hitzig sogar selbst entschieden verurtheilt. Eine Erweiterung
der LXX bei 14, 3. findet sich nämlich in einem Codex hebräisch und beginnt mit
מַזָּל רַע; Hitzig rügt diesen Ausdruck als „rabbinisch und unbiblisch" im Sinne
von Gestirn, Verhängniß (Psalmen 1835, I, 16 f.). Und dieß hat er nicht
zurückgenommen, denn im Commentare verweist er ausdrücklich auf diese Note
seines früheren Werkes, I, 73. — Uebrigens ist auch Hupfeld mit Emendationen
sehr vorsichtig; wo er sie vorschlägt, kann man in den meisten Fällen zustimmen.

Die alte Frage, ob Jeremias mehrere Lieder gedichtet habe besonders Ps. 22,
ob viele in die makkabäische Zeit fallen, näher zu besprechen, gestattet der Raum
nicht, wie wir überhaupt unzählige kleinere und größere Dissonanzen unterdrücken müssen. Etwas wunderlich ist die gereizte Energie, mit welcher der
Verf. zu Pf. 29. darauf beharrt, der Psalmist habe das Lied während eines
großen Gewitters gemacht. Verfasser scheint keine Erfahrungen in poetischer
Production gemacht zu haben; sonst würde er nicht „die blasse Erinnerung"

„dem wirklichen Anblick" so schroff gegenüberstellen, würde wissen, daß der sinnliche Eindruck sich in der Erinnerung erst abklären und verklären, d. h. ver-
geistigen muß, ehe das Gedicht geboren wird. Die Anschauung ist natürlich der
Zeugungsmoment der poetischen Idee, aber nur die erregte Phantasie bildet und
gebiert erst das Gedicht. Oder spricht das letztere selbst dafür, daß die Erscheinungen nur eben poetisch abgeschrieben werden? Ist es Reproduction des sinnlichen Eindrucks der Gegenwart, wenn es über großen Wassern donnert
(V. 3.), wenn Cedern fallen (5.), wenn Libanon und Sirion erbeben (6.), die Wüste
Kades zittert und Hindinnen kreisen (8. 9.)? Denn die Fluth (10.) soll den strö-
menden Regen bedeuten. So ist es nicht richtig, wenn der Verf. Hupfeld und de
Wette etwas stolz, wenn auch in verzwickter Sprache, entgegenwirft: „Dem Un-
geiste, welcher von der concreten Wirklichkeit überall [!] wegzuckt [wovon hier ja
gar nicht die Rede ist], mangelt für den hebräischen Geist, der in dieselbe ergossen
und an sie gebunden ist, auch überall das Verständniß." Diese Sorte von Gebundenheit bedürfte doch wohl eines stärkeren Beweises, als ein Machtspruch ihn liefert.
Was das biblisch-theologische Element betrifft, dessen Bedeutung alle drei
Exegeten willig zugeben, so scheint uns Hupfeld weitaus das Bedeutendste an
Umfang wie an innerer Gediegenheit geliefert zu haben. Für den ersten Band
hat er in der Vorrede die wichtigeren Sacherklärungen genannt; es ist Schade
daß er bei den drei weiteren Bänden diese Mühwaltung dem Leser überlassen
hat. Hoffentlich werden nun manche lange gehegte Irrthümer auf immer abgethan sein. Dahin gehört die Erklärung von חסיד, deren active Wendung
vom religiösen ins sittliche Gebiet hinein übrigens einer späteren Phase angehört. Hierfür nennt Hupfeld nicht Vorgänger; sonst hätte er wohl den tüchtigen (wenn auch in vielen Dingen noch traditionell gebundenen) Fuller erwähnt, der in seinen miscell. sacr. libr. I. c. 8. (vgl. Critici sacri VIII. p. 873 seqq.)
über die Vorstellungen חסד, חסיד viel Richtiges beibringt und auch die ursprünglich passive Bedeutung des letzteren urgirt, natürlich wie seine Zeit es forderte,
mit etwas christlicher Färbung. Ueberhaupt legt Hupfeld alle in den Psalmen vorkommenden Vorstellungen mit jener sauberen Objectivität dar, die dem Religions-
historiker eignen muß; gleichwohl müssen wir zur Beschämung unserer Theologie eingestehen, daß gar häufig die mancherlei Mängel, die sich auch hier finden,
es beweisen, wie neu noch diese Arbeit eigentlich ist, so Treffliches die überall
gesunden Anfänge auch leisten mögen. — Von Delitzsch und Hitzig können wir
leider das Gleiche nicht sagen. Der Erstere rückt den Israelitismus (das Jahve-
thum) dem Christenthum zu nahe, der Andere zu fern. Sonst würde die große
Unbefangenheit und der fein spürende Scharfsinn des Heidelberger Gelehrten
leicht das trefflichste Material zu Tage fördern. Allein seine Erklärung von
Vorstellungen fällt oft sehr kurz aus und muß dagegen der logistischen Subtili-
tät das Feld räumen. Wie überaus fein ist z. B. die Bemerkung (S. 98.), daß
der Ausdruck „Jahve lieben" von einem Weibe (Debora, Richt. 5, 31.) herrührt, während der alte Hebraismus nur die Furcht Jahve's kenne! Wie unklar ist es dagegen, wenn er den Gedanken von 5, 9. dahin zusammenfaßt:
„Jahve führt seinen Weg gerade und ebnet dadurch, soviel an ihm liegt, den
Lebensweg des Menschen"! Die Hauptfrage, inwiefern dieß geschehe, wird
dadurch noch nicht gelöst. Jahve's Weg hat ja überhaupt den Doppelbegriff:
der Weg, den Er weist, und den er führt; jener ist sittliche Aufgabe, dieser

Geschick des Menschen. Ebenso wenig wird das wichtige und nicht leichte יאשמר erläutert (5, 11.), und dergleichen Fälle ließen sich außerordentlich häufen. Auch zweifeln wir, ob man die Bündigkeit des Schlusses S. 112 f. anerkennen wird: 19ᵇ· ist „uralt", denn das Gesetz ist ihm noch nicht ein jenseitiges, wie in den Zeiten „der jüdischen Dogmatik", — gleich als wenn diese auf das „Uralter" unmittelbar gefolgt wären; sonst ist der Schluß ja nicht im mindesten bündig. „Im Bewußtsein des Dichter's ist es noch zu keinem Bruche gekommen"; ja, weder Versöhnungstag noch Schuldopfer gab's zu Davids Zeiten, — trotzdem daß der Dichter um Verzeihung der „verborgenen Fehler" bittet. Mit Hupfeld, der eine Verwandtschaft von 19ᵇ· mit 119. findet und also den enormen Unterschied nicht sehe, „mit dem lasse sich nicht streiten" — wir fürchten, so manche Leser werden diesen Act der Resignation hitzig gegenüber ausüben. In der That ist der ganze Sehwinkel, unter dem dieser sonst so tüchtige Forscher die meisten Dinge betrachtet, so abnorm, so — originell, daß wir ebenso fürchten wie völlig aufrichtig beklagen, auch das gegenwärtige Werk werde die wissenschaftliche Iso-lirtheit, gegen welche sich das Selbstgefühl desselben mit hohem Wort vergebens sträubt, nicht beseitigen oder vermindern. An der Charakteristik, welche Hupfeld (Vorrede zu Bd. I. S. XVIII.) von ihm entwirft, wird sich wenig ändern lassen. Dennoch hoffen wir, daß recht Vieles von seinen Forschungen (z. B. der treff-liche Nachweis der Davidität von mindestens 13 Psalmen) wissenschaftliches Ge-meingut werden oder doch zu lebhafter eindringender Forschung anregen möge.

Einige Worte sagen wir noch über das vierte der oben angezeigten Werke, einen dankenswerthen Abdruck aus Bunsen's Bibelwerk von dem als uner-müdlichem und gewissenhaft arbeitenden Gelehrten wohlbekannten Herrn Prof. Kamphausen. Nirgends findet man eine so kurze und doch so gediegene Ueber-sicht, wenn es gilt, sich einen schönen Gesammteindruck von dem Psalmbuche zu verschaffen. Obgleich mehr für Laien bestimmt, halten Uebersetzung wie Noten das prüfende Auge des Fachgelehrten wohl aus und zeigen durchweg den be-rufenen Kenner, dem bekanntlich weitaus das Hauptverdienst an dem Bibel-werke (soweit es das A. T. betrifft) gebührt. Neben größter Treue schließt er sich so eng wie möglich an die Luther'sche Uebersetzung an. Untersuchungen über das Zeitalter der Lieder bleiben ausgeschlossen, da eben die mehr persön-lichen Lieder keine Aufnahme in die zur Erbauung bestimmte Sammlung fan-den. Eine Disposition giebt er nach Hupfeld. Ueberhaupt folgt er diesem Er-klärer gern; oft verhält er sich ganz ablehnend wie zu 2, 12., wo ihm weder eine der Erklärungen (außer „Küsset den Sohn") noch die Conjectur בל gefällt, oder 12, 7. und öfter. Das Unterthanenverhältniß der fremden Könige ist ihm „Zucht des Reiches Gottes"(?). In Pf. 6. will er die Krankheit nicht ausschließen, während nach V. 9, 11. nur die Feinde seine Noth herbeiführen. Pf. 16, 2. will er nur ן umstellen und übersetzen: „Und zu den Heiligen, die auf Erden, (spreche ich): Dieß die Herrlichen, an denen ich all' meine Lust habe", obgleich damit etwas, aber wenig geholfen ist; die LXX. müssen hier leiten. Zu 3, 8. folgt er Hupfeld, deutet aber mit einem „höchstens" schließlich die richtige Erklärung an. Indem jener durchaus einen synonymen Parallelismus herstellen will, muß er die Redeweise „auf die Backen schlagen", statt sie für den Act beschimpfen-der Beschämung, wie sonst durchgängig, zu nehmen, als Vernichtung der Feinde auffassen. Ist aber der Parallelismus nicht synonym, sondern klimac-

tifch, so ergiebt sich die Steigerung: Die Anschläge der Feinde gegen den Frommen werden zunichte, und dadurch ernten sie Schmach und Schande (also
gleich dem so häufigen יבשׁו), dann aber wird ihnen (durch Ausschlagen der
Zähne, wobei der Vergleich mit wilden Thieren im Hintergrunde liegt) auch
die Macht, fernerhin zu schaden, gänzlich genommen. Derselbe Gedanke, minder stark, 6, 11. am Schlusse. — Gern möchten wir noch manche treffende Erklärung anführen, mit anderen uns auseinandersetzen, wenn es der Raum gestattete. Weitaus mit den meisten Deutungen erklären wir uns einverstanden;
das Ganze entspricht in schönster Weise der Absicht des seligen Bunsen, der Gemeinde solide Kost und die reife Frucht ernster Gelehrsamkeit darzubieten.

    Gr.   L. D.

Dr. Heinr. Andr. Christ. Hävernick's Vorlesungen über die Theologie des A. T., herausgegeben von Dr. H. A. Hahn. Mit
einem Vorworte von Dr. Dorner. Zweite Auflage, mit Anmerkungen und Zusätzen herausgegeben von Dr. Hermann Schultz.
Frankfurt und Erlangen, Verlag von Heyder und Zimmer. 1863.
SS. XIV, 284.

    Wie groß das Bedürfniß nach einer tüchtigen Darstellung der biblischen
Theologie des A. T. sei, beweist der Umstand, daß das vorliegende Werk in seiner ersten Auflage 1848 bereits vergriffen war, ja daß das Begehr nach demselben sich von Jahr zu Jahr steigerte. Es liegt ein Unstern über diesem Zweige:
die brauchbarsten Bearbeitungen sind posthume Werke, von Daniel v. Coelln,
Steudel, Lutz. Niemand hätte jenes Werk für unvollkommener gehalten als der
selige Hävernick selbst. Denn er hinterließ die biblische Theologie nicht entfernt
in der gefälligen Abrundung wie etwa v. Coelln, vielmehr hat er diese Disciplin zum ersten und einzigen Male, wenn wir nicht sehr irren, im Winter
1844 auf 45 gelesen — zugleich mit Hiob; beide höchst anregenden Vorlesungen
mußte er krankheitshalber schließen; im Juli 1845 endete er (nach Kränkungen,
die in der Geschichte der Universitäten vielleicht unerhört sind) sein Leben, noch
bevor er die Mitte der Dreißiger erreicht hatte. Es ist hohe Zeit, Hävernick
als Theologen nicht mehr unmittelbar mit den Hengstenberg, Keil u. s. w. in
Eine Linie zu stellen, mögen immerhin die ersten Bände seiner Einleitung dahin fallen. Das ächte Wahrheitsgefühl war in ihm stark und lebendig und
brach sich nach und nach durch alle die Hüllen und Fesseln Bahn, welche seine
anfängliche theologische Bildung um seinen frischen, kräftigen Geist gelegt hatte.
In schöner Weise deutet das Vorwort von Dorner darauf hin; Ref. kann es
aus eigener Erfahrung und Bekanntschaft mit dem Seligen bezeugen. — Trotzdem daß jene Vorlesungen (meist aus guten Collegienheften von Hahn hergestellt) eigentlich nur den ersten Entwurf der Disciplin abgeben, sind sie in
hohem Grade werthvoll und zeigen überall nicht nur alle bekannten Talente des
Autors, sondern auch jenen rücksichtslosen Ernst, dem es nur um die objective
Wahrheit, nie um advocatenhafte Vertheidigung zu thun ist. Freilich entsprechen
sie nicht dem heutigen Stande der Wissenschaft. Und deßhalb hat der neue Herausgeber sehr wohl gethan, in Noten und Textergänzungen (die aber stets deut-

lich hervorgehoben sind) Beiträge zu liefern, die wir nur als höchst erwünscht bezeichnen können und welche die Zahl der Freunde dieses Werkchens unzweifelhaft vermehren werden.   Die unleugbare, vom Herausgeber stark gefühlte Dissonanz, daß er auf einem andern Standpunkte steht als der Autor, vermindert zwar die innere Einheit des Buches, steigert aber seinen Werth im Ganzen. Sein Verfahren ist viel klarer und stimmt mehr mit dem Geiste Hävernick's als das ähnliche, welches Keil mit Hävernick's Einleitung versucht hat.   Gern hätten wir nur die Noten vermißt, in denen der Herausgeber nichts weiter thut, als seine Abweichung oder Uebereinstimmung mit dem Texte zu constatiren. Denn daß ihn der Leser lediglich für das Eigene verantwortlich erklären würde, lag ja auf der Hand.   Im Texte selbst hätte er überdieß, besonders bei den Urtheilen über andere Werke, Manches streichen können, was gar zu deutlich das Gepräge nur mündlicher Rede trägt und Erzeugniß jener außerordentlichen Lebhaftigkeit ist, welche Hävernick im Vortrage die Worte und Urtheile nicht immer wägen ließ. — Daß der Letztere zwar das historische Princip für diese Disciplin als das allein berechtigte anerkennt, dennoch aber im „speciellen Theile" den Stoff nach den einzelnen dogmatischen locis abhandelt, thut zwar der wissenschaftlichen Vollendung Eintrag, mag indeß die didaktische Brauchbarkeit steigern.   Denn schon als „Vorlesungen" sind diese Studien für den Gebrauch von Studierenden vorzugsweise bestimmt und werden hier nützlich und anregend wirken. — Die Bemerkungen des Herausgebers können wir dem allergrößten Theile nach unterschreiben und er zeigt sich darin von Neuem als eine treffliche, hoffnungsvolle Kraft, von der die Wissenschaft noch viel Gutes zu erwarten hat. Unter den größeren Stellen, die derselbe in den Text aufgenommen hat, zeichnen wir die Darlegung der Hegel'schen Ansicht aus, S. 24 ff., über die Stellung des freien Willens zur göttlichen Weltregierung, 81 ff., über die Weisheit, 89 f., Vorstellung vom Menschen, 99 f., besonders über die Gegenwart des Heils im A. Bunde, 132—146., Weissagungen im Mosaismus, 164 ff.; in dem Passus über die prophetische Weissagung hat der Herausgeber Mehreres geändert nach der richtigeren chronologischen Reihenfolge — wie uns dünkt, mit vollem Recht. Eine Beilage über alttestamentliche Prophetie ist selbständig hinzugefügt, die früheren Beilagen über die Wunder in Aegypten, über Hiob 19, 23—29., über Genes. 49. sind weggelassen. — Der Raum würde weitaus nicht genügen, wollten wir alle die Punkte hervorheben, in denen uns des Herausgebers Ansichten vorzüglich treffend und gelungen erscheinen.   Dagegen möchte ich auf einen Passus hinweisen, der leicht Mißverständnisse herbeiführen könnte.   Er will (mit Hupfeld) einen doppelten Sinn in vielen Psalmen festhalten, einen grammatisch-historischen und „einen heimlichen Sinn des h. Geistes — nämlich die Bedeutung, die ohne Absicht des Verfassers diese Stellen kraft ihres Inhaltes in dem gläubigen Israel gewinnen mußten".   Ist letzteres wirklich ein „Sinn", den die Stellen haben? Das Thun des heil. Geistes fällt hier gar nicht in die Psalmen hinein, sondern lediglich in das Volk Israel, in welchem der heil. Geist die Messiashoffnung wirkte. Daß die Lectüre jener Psalmen jene Hoffnungen anfeuerte und reinigte, davon lag der Grund darin, daß jene die Idee des Königs als theokratisches Heilsmedium verkündigen. Jene Rede würde von Neuem den Sinn und die behufs des praktischen Gebrauchs sich an die Psalmen knüpfende Deutung (die als solche unrichtig ist) confundiren. Halten wir hier nicht die Grenze strenger Sonderung ein, so ist der alten Verwirrung, unter welcher in früheren Zeiten die Weissagung des A. T. litt, wieder Thür und Thor geöffnet.

Die Literatur ist an den betreffenden Stellen recht vollständig angegeben. Aus welchen Gründen der Herausgeber die ihm doch wohl bekannten, in diesen Jahrb. (IV, 1. V, 2. und 4.) erschienenen längeren Abhandlungen über Heiligkeit und Gerechtigkeit Gottes sowie über den Monotheismus der Semiten nirgend erwähnt habe, ist mir nicht klar geworden. Dagegen citirt er S. 156. Note 1. die Schrift über Gen. 49., deren positiven Theil der Verf. nicht mehr vertreten will, läßt aber die von Land aus. — Etwas mehr Sorgsamkeit bei den hebräischen Worten hätte nichts geschadet. So giebt der Herausgeber z. B. als die richtige Vocalisation S. 45. 4) יַהֲוֶה für יַהֲוֶה, was um so bedenklicher, da er sonst immer noch יְהֹוָה interpunctirt. Auch schreibt er in Elohim und Adonai das o beinahe durchgängig plene, während es doch bei beiden fast stets defectiv geschrieben wird. Adonai entsinnen wir uns nur Richt. 13, 8 plene gefunden zu haben. S. 64. lesen wir auch קְדֹשׁ יִשְׂרָאֵל. Bei etwas genauerer Durchsicht hätten sich dergleichen Mängel an Akribie wohl vermeiden lassen.

Gr.   L. D.

1) Ueber die Religion der vorislamischen Araber. Von Ludolf Krehl. Leipzig, Serig'sche Buchhandlung. 1863. VI und 92 S. gr. Lex.-Octav.

2) Ueber das Gesetzbuch des Manu. Eine philosophisch-literar-historische Studie von Dr. Fr. Johaentgen. Berlin, Dümmler'sche Verlagsbuchhandlung. 1863. X und 122 S.

Zu den allerwichtigsten Hülfswissenschaften der Theologie gehört bekanntlich die Religionsgeschichte; ja, ihre Bedeutung steigt von Jahr zu Jahr in dem Maaße, als langjähriges Dunkel sich zu lichten beginnt. Deshalb haben wir die Pflicht, interessanter Erscheinungen auf diesem Gebiete wenigstens mit einigen Worten zu gedenken. — Die erste der beiden Schriften (beiläufig in ungemein schöner Ausstattung) führt uns auf ein Gebiet, welches fast noch in die Religionsgeschichte Israels hineingehört: wie diese behandelt sie den religiösen Entwickelungsgang von Abrahamiden. Nachdem Tuch und Osiander über die Religion der vorislamischen Araber eine bedeutende Reihe von trefflichen Forschungen mitgetheilt hatten, versucht es Herr Dr. Krehl, völlig selbständig und mit sehr zahlreichen neuen, berichtigenden wie ergänzenden Ergebnissen, einen gewissen Entwickelungsgang in der Religion herauszufinden. Die Nachrichten von einem ursprünglichen Monotheismus der Araber läßt er nur zweifelnd gelten, obgleich Ref. selbst dieß Maaß der Anerkennung gern etwas sicherer begründet gesehen hätte, falls — dieß möglich ist. Nach dem, was der Verf. als festeres Wissen ermittelt, geht die arabische Religion vom Sterndienste aus; die hellsten Planeten und Fixsterne wurden vorzüglich verehrt. Neue Gottheiten werden erkannt und die Bedeutung schon bekannter sorgfältig und scharfsinnig näher bestimmt. Höchst gründlich werden Herodot's Angaben beleuchtet. Der zweite Abschnitt handelt

von dem vermeintlichen Heroendienst; die Nachrichten der muslimischen Schriftsteller weiß der Verf. mit geübtem Blicke auf das rechte Maaß zurückzuführen.
Das dritte Kapitel handelt vom Stein- und Baumcultus. Je dankbarer Ref.
für die vielfachen neuen Belehrungen ist, welche ihm die obige Schrift darbietet,
um so mehr reizt es ihn, seine Bedenken über einige Ansichten (z. B. über Amr
ben Luhaj) näher zu erörtern, was er vielleicht an einem anderen Orte thut.
Ein Anhang giebt einige interessante Originalstellen über wichtige Gottheiten.

Die zweite Schrift, gleichfalls von einem jungen tüchtigen Orientalisten
verfaßt, führt auf ein Gebiet, das weniger durch historische Zusammenhänge mit
dem Christenthum bedeutend ist, als vielmehr durch merkwürdige Analogien.
Denn auf indischem Boden begegnen wir ja einem Geiste, der dem griechisch-
germanischen innig verwandt ist; hier wie dort sehen wir aus religiösen Anfängen ein reiches philosophisches Leben entsprossen. Der Verfasser hat einen
der dunkelsten, aber auch interessantesten Punkte zum Gegenstande seiner Untersuchung gemacht, — die Zusammenhänge zwischen den beiden Hauptreligionen
Indiens, dem Brahmanismus und dem Buddhismus. Das Bindeglied ist
nämlich die Form der Sankhya-Philosophie, welche den Namen des Kapila trägt.
Daß solche Uebergänge stattfanden, wußte man wohl; über die Art derselben
hat aber der Verf. durch dieß Buch — eine Frucht mehrjähriger Studien in
Bonn, Paris und Berlin — überraschendes Licht verbreitet. Er weist nämlich
nach, daß zwischen dem Gesetzbuche des Manu und der Sankhya-Philosophie ein
principieller Zusammenhang stattfinde. Dadurch gewinnt natürlich auch das
Verhältniß dieses Urkanons aller brahmanischen Religion zu der gesammten indischen Philosophie neues Licht, und auch der Buddhismus erscheint nicht als
eine Reaction gegen den starr gewordenen Brahmanismus, sondern als Opposition des gesunden Volkskernes gegen die drohende Uebermacht der Brahmanen,
die damals auf dem Gipfel ihrer geistigen Entfaltung standen. Ja, das Dham-
mapadam fällt nach des Verfassers Untersuchungen fast in dieselbe Zeit mit der
letzten Redaction des Manava-Gesetzbuches, c. 350 v. Chr. Ueberhaupt ist das
Schriftchen nichts weniger als eine bloße Specialuntersuchung, sondern es beleuchtet
die Gesammtentwickelung des religiösen wie des philosophischen Geistes im alten
Indien in ebenso neuer als klarer Weise. Durchweg verräth der Verf., sehen
wir auch von seinen sehr tüchtigen Kenntnissen im Sanskrit ab (deren Beurtheilung wir Philologen überlassen), weiten Umblick, philosophischen Scharfsinn, reiche
Combinationsgabe und eine Reife des Urtheils, wie man sie in Erstlingsschriften
zu finden nicht gewohnt ist.

    Gr.   L. D.

Geschichte des Alten Bundes. Von Friedr. Rud. Hasse,
   weil. Consistorialrath, Dr. und ord. Prof. d. evang. Theologie
   in Bonn. Leipzig, Verlag von Wilhelm Engelmann. 1863.
   215 S. 8.

Der ungenannte Herausgeber dieses Buches bemerkt, daß der selige Hasse
es für den Druck bestimmt hatte. Wenn es uns nicht täuscht, so enthält das
Werk das Heft der Vorlesungen, welche er in regelmäßigen Zwischenräumen zu
halten pflegte. Der Hauptvorzug des Buches liegt in der sorgfältigen Einthei-

lung des Stoffes und der überaus sauberen und gefälligen Darstellung, die das Muster eines vollendeten Compendienstyles darbieten möchte. Es enthält nicht eigentlich eine Geschichte „des Alten Bundes", sofern man dabei doch zunächst an die Geschichte der Religion Israels denken wird; vielmehr ist sein Inhalt die Geschichte des Volkes Israel, — eine Bezeichnung, gegen welche der Selige sich merkwürdigerweise stets sträubte, obgleich der heilsgeschichtliche Charakter doch in dem religiös-solennen Ausdrucke „Volk Israel" (im Gegensatze zu „den Hebräern") deutlich genug ausgeprägt war. Die Religion ist im Ganzen berücksichtigt, ohne daß indeß auf die Entwickelung der Hauptideen eingegangen wäre. Im Allgemeinen ist das Buch ein geschmackvoller Auszug aus der Bibel Alten Testamentes, wobei die Erklärung hie und da sich in die Darstellung einflicht. Der Verfasser hält sich von allen Fragen der Einleitungswissenschaft gänzlich fern; eine kritische Quellenkunde, die von dem hergebrachten Kanon irgendwie abweiche, giebt es für ihn nicht. In gleicher Weise ist auch der Inhalt in der ebenmäßigsten Weise glaubwürdig; Alles liest sich so, als ob es nirgend kritische Zweifel gäbe, und somit bleiben wir auch mit aller apologetischen Tendenz verschont. Uebrigens erkennt man den alten Schüler Marheinecke's noch deutlich an der Vorliebe für die Dreitheilung, an vielen Kategorieen und an der Neigung, die einzelnen Perioden dialektisch zu vermitteln; das Traditionelle wird anmuthig zurechtgelegt. So geht z. B. der dritten Epoche (Königthum) ein Abschnitt voran, der „die Wendung" beschreibt in drei Schritten: Vorbereitung, Krisis, Begründung des Besseren. Die Zeit der Könige fällt unter den merkwürdigen Gesichtspunkt: „Sieg des Gesetzes". „Das Resultat der Richterperiode war, daß das Gesetz durch die Form, in der es sich in dem Conflicte mit dem natürlichen Willen bethätigte, die abstracte Objectivität verloren hatte, in der es zuerst aufgetreten war." „Jetzt konnte es nicht mehr Norm des Willens bleiben, sondern mußte Trieb desselben werden." Damit stimmt es freilich übel, wenn nun selbst unter Salomo das Gesetz doch nur „äußere Realität" geblieben ist, unangesehen, daß wir über das Maß der Gesetzesbeobachtung im Volke selbst sowohl in der Richterzeit wie unter den ersten Königen überaus wenig wissen. — Für wen das Büchlein recht geeignet sei, läßt sich schwer sagen, — etwa für Studierende, die ihre theologischen Studien beginnen und eine vorläufige Uebersicht über den Inhalt des A. T. wünschen. Wissenschaftlich kann es wohl nicht in Frage kommen; schon der Studierende wird für tausend Fragen und Bedenken, die die ernstlichere Beschäftigung mit dem A. T. mit sich bringt, schwerlich eine genügende, ja kaum überhaupt eine Antwort finden. Der Verf. geht Entscheidungen gern aus dem Wege, obgleich er sich, wie Ref. zwar nicht aus dem Buche erschließt, aber sonther weiß, mit Bruno Bauer, Ewald, Kurtz eingehend beschäftigt hatte. Ueber den Auszug aus Aegypten werden die Stellen bei den Profanschriftstellern sehr hübsch zusammengestellt; die Kritik war gewiß dem mündlichen Vortrage überlassen. Ueber die Hyksos wird eine Stelle aus Kurtz' heil. Geschichte angeführt, welche im Dunkeln läßt, ob die Israeliten mit ihnen identisch gewesen seien oder nicht; weder Ewald's noch Knobel's Ansichten werden berührt. Der Asasel bleibt unerläutert, S. 38. Die Stiftshütte wird kurz nach Hengstenberg symbolisirt, S. 31., obgleich dessen Ansichten über die Opfer in den Noten mit Fragezeichen erscheinen. Dunkel bleibt, warum als die heiligen Farben „Blau, Roth und Gelb" genannt werden; die

Aaronssöhne Nabab und Abihu waren betrunken, S. 38., und die ägyptische
Prinzessin hieß Thermuthis. Die Harmonistik tritt nur selten und schüchtern auf:
die aufständischen Korachiten, die vor Mose erschienen, trifft „der Blitz", die zurückgebliebenen verschlingt ein Erdbeben. Die Eselin Bileam's schweigt; nur „das
Thier versagte ihm den Dienst"; der Reiter hatte sich durch reiche Geschenke bewegen lassen, Israel zu verfluchen (was direct gegen den Text verstößt); seine
Segnung und seine „Bosheit", Israel zu verführen, sind unvermittelt. Der
Stamm Simeon wird im Segen Mosis übergangen, weil er sich am meisten
am Baal-Peor versündigt hatte (S. 52.), wovon wir nichts lesen, so wenig wie
die kuschitische Gemahlin des Moses mit der Zippora identisch war. Die Richterzeit soll „den Kampf des Gesetzes mit dem natürlichen Willen" vergegenwärtigen, was voraussetzt, daß allen Israeliten das Gesetz, wie eine Bibel, bekannt und
zugänglich gewesen, unangesehen, daß unsere Urkunden von diesem Processe nichts
sagen. — Auf die Chronologie wird sehr selten Rücksicht genommen, nicht einmal das Jahr des Auszugs genannt, nur am Schlusse findet sich ein synchro-
nistisches Verzeichniß über die Könige der beiden Reiche. Sehr hübsch sind die
Inhaltsangaben der Propheten; als besonders gelungen bezeichnen wir die Darstellung des Jeremias. Daniel ist im Sinne der traditionellen Apologetik ausführlich behandelt. — Jene genannten Inconcinnitäten, die wir nur aus hunderten aufgriffen, wären zum Theil gewiß durch eine Revision letzter Hand getilgt
worden. Aber auch jetzt wird das Buch für den oben angegebenen Zweck seine
segensreiche Wirksamkeit nicht verfehlen, obgleich es das Bedürfniß eines wissenschaftlichen Compendiums für die Geschichte Israels weniger befriedigt, als lebhafter fühlen läßt.

Gr.   L. D.

Die Einheit der biblischen Urgeschichte (1. Mos. 1—3) und
die Uebereinstimmung des Schöpfungsberichtes mit den Naturver-
hältnissen der Erde, nachgewiesen mit Beziehung auf die Ansichten
Dr. Delitzsch's, Dr. Hölemann's und Dr. Keil's von Phil. Frie-
brich Keerl. Basel 1863. Bahnmaier's Verlag. 8 SS. X, 214.

Richtig und mit einem großen Aufwande von Scharfsinn weist Keerl die
Ansicht Hölemann's zurück, daß Gen. 2. und 3., nicht chronologisch geordnet sei;
vielmehr hänge Alles hier genau zusammen. Nun aber muß das Paradies mit
dem Menschen gleichzeitig geschaffen sein, beide verhalten sich „wie Seele und
Leib", S. 83. Eine Einschachtelung der in Gen. 2. berichteten Pflanzen- und
Thierschöpfung in den ersten Schöpfungsbericht Gen. 1. ist nicht möglich, ohne dem
Texte Gewalt anzuthun. Vielmehr handelt es sich hier um eine wirkliche zweite
Schöpfung der Pflanzen und Thiere, nicht für die Erde, sondern besonders für
Eden. Denn die Thiere sind in Eden, nicht im Paradiese, und bleiben dort
auch nach dem Sündenfalle. Dagegen ist nun in Kap. 1. bis V. 26. keine
„Scissur", wohl aber sind mehrere „Klüfte" vorhanden in V. 27. und zwischen
27. und 28. In diese hinein paßt nun Kap. 2. und 3. Die schließliche Ge-
sammtbilligung mit „sehr gut" geht nur auf den Menschen — und zwar nach
dem Sündenfalle, aber nur „in Absicht auf das Ziel des göttlichen Rathschlusses

und der heilsgeschichtlichen Durchführung desselben", S. 204. Der Beweis jener Lückenhaftigkeit wird sehr naiv geführt; denn — Gen. 1, 27 ff. sage ja nichts von all' den Dingen, die im zweiten Kapitel stehen. Dieselbe grobe Erschleichung wird auf das Ruhen Gottes angewandt: er ruht von allen Werken; — das war aber nicht der Fall, wenn er nachher noch Bäume, Paradies, Mensch, Weib, Thiere schuf. Umgekehrt fehle in Kap. 2. der Segen zur Fortpflanzung. Jene „Klüfte" bestehen lediglich in der Einbildung des Verfassers, der für beide Kapitel denselben Autor und einen engen „organischen Zusammenhang" eben nur postulirt. — Ferner folgt, daß nicht Alles am 6. Tage stattgefunden habe; das Weib wäre da kaum 1 Stunde im Paradiese gewesen. Also müssen, übereinstimmend mit der Geologie, die „Tage" Schöpfungsperioden sein, und so bleibt für den Aufenthalt im Paradiese, für die psychologisch nothwendige Vorbereitung zum Sündenfalle, ein Zeitraum von „mehreren Tagen, ja von Wochen" übrig. Die übrige Schöpfung trägt aber schon den Keim des Bösen von Anfang an in sich; das Thohu va bohu war finster; Finsterniß und Tod werden in der Schrift stets als „correlate Begriffe" gedacht, — also kein Uebel ohne Finsterniß. Der Fall des Satans hat dabei mitgewirkt, und Gen. 1, 1. berichtet von einer ersten Schöpfung, B. 3 ff. von der Restitution der zerstörten, also wie seit Jac. Böhme schon Viele geträumt haben. Daher umgiebt an den ersten Tagen die Erde eine dämmerige Photosphäre. Das Paradies, welches die Kirchenlehre nur nominell, nicht wirklich hat (S. 95.), ist nur der Keim des Himmlischen; die Bäume, weiß Keerl, sind unvergleichlich viel herrlicher und köstlicher als die der Erde; es war nicht blos „ein schöner englischer Park", sondern Alles „durchaus ethisch", aber doch ganz wirklich. Der Lebensbaum hat seine Kraft in sich aus der herrlichen Paradieseserde gezogen, die ganz anders ist als der übrige Humus. „Zur Hut eines gewöhnlichen Gartens werden nämlich keine Cherubim bestellt", weiß Keerl als allgemeine Maxime anzugeben, S. 15.

Dieß merkwürdige Gemisch von cruder Phantasterei (Herr Richers ist oft gelobt) und von scharfsinnigen Bemerkungen ist mit großer selbstgewisser Tapferkeit und, weil es dem Autor flink von der Feder geht, etwas weitschweifig geschrieben. Verf. meint dadurch mit der „Kirchenlehre", „der orthodoxen Lehre" — dahin rechnet er curioserweise die vulgäre Harmonistik der beiden Schöpfungsberichte — in Widerspruch zu gerathen, was ihn aber nicht stört, da er sich an die Schrift hält. Deshalb enthält auch das Vorwort ganz richtige und treffende Sätze von der Freiheit der Schriftforschung gegenüber der Kirchenlehre. Aber Splitter und Balken! Höchst energisch bekämpft das Vorwort den Apriorismus bei der Schrifterklärung. „Was Gottes würdig oder unwürdig ist, das wissen wir nimmermehr a priori, im Gegentheil, wir erkennen dieß einzig und allein aus seiner Offenbarung" (S. IV.). Und doch ruht seine ganze Beweisführung auf diesem Fehler. „Wir können", heißt es S. 5., „auch schon a priori unmöglich einräumen, daß eine so wichtige Urkunde wie die Urgeschichte solche Widersprüche enthalte." Sie soll Portal und Fundament der Heilsgeschichte sein, ein Satz, dessen Beweis ohne die gröblichste Mißhandlung der Logik nicht wohl möglich wäre. Aber worin sind denn diese „Widersprüche"? Es ist nichts Anderes, als daß der israelitische Geist in einer zwiefachen Weise, weil unter ganz verschiedenen Zusammenhängen, die Idee des Schöpfungsactes, von dem es nie

ein Wissen, nur ein Glauben geben kann, darzustellen versucht hat. Der Sammler war nicht so „unklug", wenn er Beides neben einander stellte, nur daß er,
wie das ganze A. T. deutlich thut, diese sinnliche Form der Darstellung
nicht für einen Glaubensartikel hielt. Denn nur unter dieser ganz schiefen Voraussetzung ist von „Widerspruch" die Rede, der auf die Heilsgeschichte Einfluß
hätte. Das Werthlegen auf diese Aeußerlichkeiten, die ins Gebiet der Geologie
fallen, ist völlig modern und aus einer totalen Verzerrung der Bibelauctorität
entstanden. Der Verf. neigt im Allgemeinen keineswegs zu diesen schiefen Ansichten, um so stärker bewährt sich an ihm, wie inconsequent seine spröde Abneigung gegen die allereinfachste Lösung ist, welche allen theosophischen Kram
fern hält. — Uebrigens will der Verf. durchaus Uebereinstimmung haben zwischen den Ergebnissen der Geologie und Paläontologie, soweit sie Thatsachen
liefern, und der Bibel. Der Nachweis würde zu weit führen, daß er bei seiner
Fassung von Gen. 1. niemals die Naturwissenschaft befriedigen werde, zumal
derselbe schon oft geführt ist. Keil's und Delitzsch's Abweisung der Naturergebnisse wird gerügt. Auch zeigt sich eine ziemliche Belesenheit in naturwissenschaftlichen und philosoph. Büchern. Auf Grund deren wird unter Anderem eine Veränderung der Thierwelt durch den Sündenfall lebhaft bestritten, wobei der Autor
gern „die grauenhaften Saurier mit ihrer carnivoren Tendenz" (S. 28. 170.
und ö.) ins Gefecht führt. Das Buch soll sein früheres Werk „Der Mensch, das
Ebenbild Gottes", Basel 1861, ergänzen.

    Gr.   L. D.

**Studien zur Kritik und Erklärung der biblischen Urgeschichte Gen.
Kap. I—XI. Drei Abhandlungen von Dr. Eberhard Schrader, ordentl. Prof. d. Theologie in Zürich. Zürich, Verlag von
Meyer und Zeller. 1863. SS. VIII, 200.**

    Der Verfasser, der vor drei Jahren mit einer sehr tüchtigen Abhandlung
über die Verwandtschaft der äthiopischen Sprache mit den andern semitischen
Sprachen auftrat, beschäftigt sich in der ersten Abhandlung mit dem elohistischen
Schöpfungsberichte. Seine These, „daß wir diesen Bericht nicht mehr in seiner
ursprünglichen, d. h. (?) vom Verf. der Grundschrift concipirten, Gestalt vor
uns haben, daß dieselbe vielmehr bereits eine durchgreifende Umgestaltung erfahren hat von Jemandem, der dieselbe schon vorfand" (S. 5.) scheint uns nicht
sicher aus den Prämissen zu folgen. Dagegen sind die grundlegenden Observationen zum größten Theile vollkommen richtig. Referent hat dieselben seit 12
Jahren stets in seinen Vorlesungen vorgetragen und er freut sich, nicht nur in
Betreff dieser, sondern auch der anderen Abhandlungen eines unabhängigen Zusammentreffens mit vielen Forschungen dieses jungen strebsamen Autors. Der
letzte Verf. von Gen. 1, 1. habe nämlich eine bereits vorgefundene siebenfache
Eintheilung der Schöpfungswoche in den Rahmen der Woche gebracht. (Ziegler's und Nägelsbach's Vorgang bei dieser Idee war dem Verf. wohl unbekannt.)
Das göttliche Placet erscheint siebenmal, am Schlusse deshalb, weil in die Billigung des Ganzen auch der Mensch hineingezogen werden sollte, während es
daher einmal (am zweiten Werke) von dem Concipienten gestrichen wurde; der
Zusatz der LXX deutet ein richtiges Gefühl der vorhandenen Lücke an, hebt aber

im gegenwärtigen Texte die Symmetrie auf. Der Verf. hat Recht, daß ursprünglich die Vollzugsformel am Schlusse von V. 6. gestanden habe, und das
Placet bei V. 7., daß der Elohist dieser Umänderung des siebenfachen in ein
siebentägiges Wirken fremd sei, läßt sich nicht dadurch beweisen, daß derselbe
„aller Zahlensymbolik" fremd ist. Denn davon ist hier wohl nicht die Rede,
sondern lediglich, ob die Sabbathsidee zu seiner Zeit herrschend gewesen sei.
Die Rücksicht auf die Begründung des Sabbathsgebots in Exod. 20., welche
Verf. doch wohl dem Elohisten zuschreibt, würde für denselben und gegen die
These sprechen. Daß bei einem mehrfachen Thun Gottes eine altheilige Zahl
auftritt, ist noch nicht „Zahlensymbolik". Ebenso findet sich auch die Vollzugsformel siebenmal. Daß die Namengebung wie die Segnung je dreifach erscheine, möchte ich mit weniger Sicherheit für beabsichtigt erklären. Dann zeigt
Schrader, daß die Formel in 2, 4ᵃ· ursprünglich die Ueberschrift gebildet haben
müsse für den ersten Bericht, also in 1, 1. Sehr eingehend wird die Fassung
von 1, 1. erörtert und die Ewald'sche Ansicht so glücklich vertheidigt und bewiesen, daß Referent seine früheren Bedenken gegen dieselbe für erledigt erklären muß. V. 2. erscheint dann auch als Parenthese, was seinen Inhalt erst ins
rechte Licht rückt. Wir hätten gewünscht, der Verf. wäre mit seinen hübschen
Bemerkungen noch weiter gegangen und hätte gezeigt, wie man in dem Berichte
noch ganz deutlich das allmähliche traditionelle Entstehen der Sage wahrnehmen könne aus verschiedenen durchgeführten Vorstellungen, die sich aber gegenseitig vervollständigen. Dann erhält das Einzelne erst die rechte Beleuchtung.
— In der zweiten Abhandlung weist der Verf. schlagend nach, daß Gen. 6, 1—3.
nicht der Grundschrift, sondern dem Redactor angehöre, was gleichfalls dem
Ref. nie zweifelhaft gewesen ist, ebenso wenig wie der Erweis, daß die Nephilim
nicht Söhne der Engel und Menschentöchter seien. Neu war es ihm, daß die
berühmten Gibborim nicht diese Frucht bezeichnen, sondern Sprößlinge der Nephilim sein sollen; Alles kommt auf die Fassung des ‏וילדו להם‎ an. Und hier
scheint des Autors Deutung weniger zwingend. Denn behält einmal ‏ילד‎ seinen
ursprünglichen Sinn „gebären", so ist der Wechsel des Subjects, d. h. die Beziehung auf die Menschentöchter statt auf die Gottessöhne, ganz selbstverständlich
und ein ‏הנה‎ wäre übergroße Afribie. Von den Nephilim sagt Schrader
sonst das allein Richtige. Sehr ausführlich bespricht der Verf. die Unmöglichkeit,
dem ‏בשגם‎ einen rechten Sinn abzugewinnen, und schlägt die Verbesserung
‏נפשם‎ vor: „ihre Seele ist Fleisch". Der Wahn von einer Bußfrist von 120
Jahren wird sehr schlagend zurückgewiesen. — In der dritten Abhandlung sondert der Autor die Stücke, welche dem annalistischen, dem prophetischen Erzäh-
ler sowie dem Redactor angehören. Wir können hier nicht ins Einzelne eingehen; auch hier würde unsere Zustimmung kleinere Bedenken weit überwiegen.
Sehr gut bemerkt Schrader S. 125., daß in Gen. 2. 3. Adam nie als Eigen-
name vorkomme, daß mithin das dreifache ‏לאדם‎ unter der Präpos. mit Kamez,
nicht mit Sch'wa zu interpungiren sei. Sollte dieses aber nicht schon bemerkt
sein? Ref. ist freilich im Augenblicke kein Gewährsmann im Gedächtniß; er
weiß nur, daß er dieß selbst von Anfang an nie anders gemeint und stets vorgetragen hat. Neu und richtig ist dagegen, daß das Auftreten des Eigennamens
Adam in 4, 25. nicht auf den „Annalisten", sondern auf den Redactor führt.
Dabei muß man aber wohl im Auge behalten, daß letzterer solche Einschaltun-

nicht erfindet, sondern aus mündlicher, vielleicht selbst schriftlicher Tradition ein-
fügt, — eine Bemerkung, die Dr. Schrader noch öfter hätte wiederholen können
für harthörige Leser. Ueberraschend und geistreich ist die Vermuthung, daß in der
prophetischen Urkunde gewiß als Sohn des Kainiten Lamech Noah aufgeführt
worden sei — mit der Namenserklärung, welche ihn zum wilden Vater in einen
erfreulichen Gegensatz stellt. Unzweifelhaft hätten wir hier dann die älteste Tradition, wonach nur Kain das Geschlecht fortpflanzt und die von dem Ersatz
durch die Sethitenlinie nichts weiß. In Hinsicht der Sintfluth wiederholt er
den Beweis, den Hupfeld und Böhmer geführt haben, daß zwei verschiedene
Bearbeitungen derselben musivisch in einander gefügt seien, wobei indeß 7, 8. 9.
dem Redactor zufällt. Bekannt war die ganz andere Sintfluthsrechnung beim
„Jahvisten" mit 40 und 7 Tagen, also in runden Zahlen; neu und scharfsinnig
ist dagegen der Nachweis, daß der elohistische Bericht selbst (außer der Rechnung
auf Ein Sonnenjahr) noch eine ältere Berechnung auf $2 \times 150 = 300 = 10 \times 30 =$
10 Monate in sich berge, die mit dem Anfange des dritten Monates begonnen
und mit dem folgenden Neujahr geschlossen habe. Am Schlusse stellt er anhangs-
weise die Berichte beider Urkunden nebeneinander, — ein sehr dankenswerthes
Unternehmen, das die Lectüre wesentlich erleichtert.

Durchweg zeigt der Verf. eingehenden Scharfsinn, mildes Urtheil, Klarheit
der Deduction; besonders rühmen wir das Werthlegen auf sprachliche Atribie,
die ungemein häufig den allein richtigen Entscheid giebt. Die Ausstattung ist
sehr schön, wie wir es bei dieser Verlagsfirma gewohnt sind; die wenigen Druckfehler stören nicht.

Gr.   L. D.

Die heilige Schrift in deutscher Uebersetzung mit allgemeiner ausführlicher Erklärung nebst Einleitungen. Von Dr. Ludwig Phi-
lippson. Dritte verbesserte Ausgabe ohne den Text und die
Holzschnitte des großen Bibelwerkes. Leipzig, Baumgärtner's Buchhandlung 1862. Vier Bände. gr. 8.

Der in israelitischen Kreisen berühmte Verfasser veranstaltet hier eine wohl-
feilere Ausgabe seines großen Bibelwerkes, das in ungleich prächtigerer Ausstattung zuerst 1854 und dann 1858 zum zweiten Male erschien. Sein Standpunkt hat die meiste Aehnlichkeit mit dem Hengstenberg's; gegen die isagogische
Kritik verhält er sich meist abwehrend; so gingen „die Gegner aller positiven
Religion" darauf aus, die fünf Bücher Mosche's, diese Grundlage der positiven
Religion, „kritisch zu vernichten, ihr die Säulen abzusägen", I. S. 29. Darum
wiederholt er in der Einleitung zum Pentateuche die bekannten Gründe für
Integrität und Mosaicität; die wissenschaftlichen Ergebnisse der Composition
erscheinen in carikirter Darstellung. Doch nimmt er Glosseme an 1 Mos. 36,
31—43. 46, 8—27.; 2 Mos. 6, 10—7, 7.; 4 Mos. 21, 14—20. 27—30. Der
Harmonistik entgeht er vielfach durch die Hinweisung, daß solche Werke, die
vor 3000 Jahren geschrieben seien, naturgemäß für uns viel Unlösliches und
Unbegreifliches darbieten. Obgleich Alles Wahrheit, nirgend Dichtung sein soll,
neigt er doch bei Gen. 3. stark zur Allegorie; dagegen verwirft er Philo, der
„auf den alten Stamm der Offenbarung das junge Reis neuplatonischer My-

sticismus zu pfropfen" versucht habe. Obgleich er sich im Ganzen an die Tradition hält, wahrt er sich doch den jüdischen Commentatoren gegenüber sein freies Urtheil; so ist nach ihm Jes. 7, 14. durchaus bildlich nach Hosea 1. zu erklären, mithin nicht nach der Almah zu fragen. 7, 15. sei ein unbeholfenes Glossem, ebenso die Zeitbestimmung in 7, 8. Auf seinem Standpunkte zeigt indeß der Verf. tüchtige Gelehrsamkeit und Scharfsinn; Solche, welchen die Commentare der altjüdischen Ausleger nicht zur Hand sind, werden in den reichen Citaten aus denselben manche Belehrung finden. Ref. zweifelt indeß, ob das Werk sich über seinen Leserkreis hinaus unter den Christen viel Anklang verschaffen werde, da diese, wenn sie auch im Ganzen der Richtung des Verf. in Bezug aufs A. T. folgen, lieber zu den Bibelwerken von Lisco und Gerlach greifen.

Gr.   L. D.

Sadducäer und Pharisäer. Von Abraham Geiger. (Sonderabdruck aus dem 2. Bd. der jüd. Zeitschrift für Wissenschaft und Leben.) Breslau, Schletter'sche Buchhandlung. 1863. 48. S.

In dieser Broschüre weist der geistvolle Verfasser auf einen Aufsatz hin, der in der Protest. Kirchenzeitung 1862, Nr. 44, erschien und darauf aufmerksam machen möchte, daß man mehr, als bisher geschehen, auf die Forschungen der jüdischen Gelehrten, Herzfeld, Grätz, Jost und besonders Geiger, in Betreff der drei jüdischen Secten Rücksicht nehme. Der Aufsatz stellte vor Allem Geiger's Ansicht hin und wird deßhalb vom Verf. gelobt. Indeß fügt der Letztere noch mehrfache sehr dankenswerthe Erläuterungen hinzu, welche einzelne Streitpunkte über die Leviratsehe, das Aas, die Wöchnerin, heil. Mahlzeiten, Räucherwerk erörtern. Die Sadducäer, der zadokitische Priesteradel, hielt fest an der priesterlichen Reinigkeit, die ihn zugleich über das Volk stellte. Die Pharisäer ehrten das Amt, aber wollten kein Vorrecht der Person, suchten vielmehr durch Forderung der priesterlichen Heiligkeit auch für Alle die trennende Kluft auszufüllen. Ein Anhang bespricht den Kampf Hillel's gegen das Priesterthum. Im Pharisäismus betont der Verf. sein schon früher, in dem bekannten Werke „Urschrift und Uebersetzung der Bibel", dargelegtes Ergebniß von zwei Richtungen, welche die alte und neue Halachah hochhielten. Die Stellung der Boëthusen (die in den Evangelien „Herodianer" heißen sollen) zu den beiden anderen Hauptparteien wird mehrfach erläutert. Wie wichtig die genauere Kenntniß derselben für das Verständniß der Evangelien sei, weist Geiger S. 29 ff. an einigen schlagenden Beispielen nach. Im Markusevangelium sei die Darstellung am präcisesten. — Von der Wichtigkeit dieser Erkenntnisse überzeugt, empfehlen wir die kleine Schrift sammt den damit zusammenhängenden Forschungen dringend und lassen uns nicht dadurch stören, daß Jesus als pharisäischer Reformer geschildert wird, der, wie die ganze Richtung, in Halbheiten stecken geblieben sei, S. 32. Dergleichen muß man schon mit in den Kauf nehmen.

Greifswald.   L. Diestel.

Die mosaische Stiftshütte von Prof. Dr. Chr. Joh. Riggenbach. Academisches Programm. Mit drei lithographirten Tafeln. Basel, Bahnmaier's Verlag, 1862.

Neumann's Buch „die Stiftshütte in Bild und Wort", welches darauf an=
gelegt ist, die Ahnung von einem geheimen Zauber überirdischen Sinnes, der
hinter den äußeren Formen verborgen liegt, zu erwecken, zu läutern und zu
voller geistiger Erkenntniß zu verklären, zeigt, wie unsicher und willkürlich eine
Forschung sich bewegt, die von der festen, durch die Angaben im Exodus dar=
gebotenen Grundlage abweicht und schnell zu einer Vergleichung mit den Heilig=
thümern anderer Völker greift, die doch in der That für das genauere Verständ=
niß des biblischen Berichts unmittelbar nichts beiträgt. Wenn aber auch die=
jenigen, welche den sicheren Weg der Auslegung der Bauvorschriften in Exodus
25—27. 30. und des Berichts über die Ausführung des Baues in Exod. 36—38.
einzuhalten sich ernstlich bemüht haben, in Beziehung auf Einzelnes zu sehr ver=
schiedenen Ansichten gelangt sind, so erklärt sich dieses daraus, daß einige Kunst=
ausdrücke bis jetzt noch nicht ganz sicher verstanden sind und daß daher die Be=
schreibung für uns hie und da nicht in anschaulicher Klarheit verläuft. Eine
neue, gründliche, auf alle Angaben des Textes eingehende, diese in sinniger
Weise zusammenfassende und Haltpunkte für die Wegräumung der Schwierig=
keiten in einer anschaulichen Vorstellung von dem ganzen Bau gewinnende
Untersuchung können wir, wie die Sachen stehen, nur mit Freude begrüßen.
Und eine solche hat uns Prof. Riggenbach gegeben. Sein Buch zerfällt in zwei
Theile. I. Beschreibung der Stiftshütte. Der Herr Verf. glaubt, Alles, was
für die Construction der Stiftshütte von wesentlichem Belang ist, feststellen zu
können, mit Ausnahme der Dicke der Deraschim, die unsicher bleibt, weil eine
Angabe fehlt, die nur durch eine auf der Auslegung eines sehr dunkelen Verses
ruhende Combination zu gewinnen möglich ist. Bekanntlich kommen vorzugs=
weise vier Fragen in Betracht. Erstens, wie sind die den Vorhof umgebenden
Säulen zu zählen? An zwei Seiten sollen je zwanzig, an zwei Seiten je zehn
stehen; vier davon müssen Ecksäulen sein, die man wohl doppelt gezählt und
deßhalb nur 56 Säulen angenommen hat. Der Verf. hält mit Kamphausen,
Fries, Neumann die Zahl 60 fest, mit Recht, denn die Länge der Vorhänge
verlangt für jede Langseite 21, für jede kürzere Seite 11 Säulen; wenn doch
nur je zwanzig, beziehungsweise je zehn angegeben werden, so erklärt der Verf.
dieses durch die Annahme, daß die einundzwanzigste Säule der ersten Langseite
nicht mitgezählt werde, weil sie zugleich die erste von den elf der kürzeren
Seite ist; ebenso werde die elfte der kürzeren Seite nicht mitgezählt, weil sie
zugleich die erste von den einundzwanzig der zweiten Langseite ist, u. s. w.
Durch die Zeichnung auf Tafel 1. wird die Zählung in anschaulicher Weise dar=
gestellt; sie erklärt alle Angaben des Textes, und so trage ich kein Bedenken,
sie für die richtige zu halten. Zweitens, hingen die bunten Teppiche mit den
Cherubim=Bildern nach innen als Tapeten oder nach außen über die mit Gold
überzogene Holzwand herunter? Der Verf. bringt nach meiner Ansicht ent=
scheidende Gründe für die letztere Annahme vor, der gemäß also die Cherubim=
Teppiche die Decke der Wohnung bildeten, an beiden Seiten aber für den, der
seinen Standpunkt im Innern der Wohnung nahm, hinter der Holzwand hin=
gen und durch diese verdeckt waren. Drittens, welche Dicke halten die Dera=
schim und, was damit zusammenhängt, wie waren die zwei Deraschim an den
Ecken der Hinterwand mit den daranstoßenden Deraschim der beiden Langwände
verbunden? Der Verf. nimmt für die zehn Ellen langen und anderthalb Ellen

breiten Deraschim eine Dicke von einer Elle an und stützt diese Annahme auf eine eigenthümliche Auslegung der schwierigen Stelle Exod. 26, 24., welche aussagen soll: und (die zwei Balken an den Ecken) sollen wie Zwillings= brüder neben den nächsten Balken der Langseiten stehen von unten auf, und zugleich sollen sie sein ganz (ein jeder) bis zu seiner Ecke bis zum ersten Ringe. Gegen diese Auffassung drängen sich sehr gewichtige Bedenken auf, sowohl in sprachlicher als auch in sachlicher Beziehung, doch muß ich darauf verzichten, sie an dieser Stelle geltend zu machen, denn mit wenigen Worten läßt sich die immerhin sorgsam erwogene und in die Gesammtanschauung von dem Bauwerke hineingefügte Ansicht des Herrn Verfassers nicht widerlegen. Viertens, wo waren die goldenen Ringe zum Durchstechen der Riegel ange= bracht? Ich meine mit dem Herrn Verf., an der Außenwand. Daß aber der mittlere Riegel durch die Mitte der Balken hindurchgesteckt gewesen sei, wage ich doch nicht anzunehmen. — II. Folgerungen. Der im Ganzen so klare und bis ins Einzelnste gehende Bericht kann nur auf Anschauung eines wirklich vor= handenen Heiligthums beruhen. Einen Punkt hebt der Verf. noch besonders hervor. Waren die Balken eine Elle dick, so seien für den Transport derselben, welche 576 Centner wiegen mochten, 24 Wagen nöthig gewesen und die Söhne Merari hätten für den Transport der heiligen Gegenstände, den sie zu besorgen hatten, im Ganzen achtundzwanzig Wagen gebraucht. Die Fürsten der zwölf Stämme schenkten, wie Num. 7, 3. angegeben wird, sechs Wagen mit zwölf Rin= dern für den Dienst am Heiligthum. Wären nur diese sechs Wagen zum Trans= port vorhanden gewesen, so würde man sich zu der Annahme verstehen müssen, daß die Deraschim nicht schwere Balken, sondern leichtere Bretter oder Bohlen waren. Aber mit Recht fragt der Verf.: Wo steht es, daß jene sechs Wagen, welche die Fürsten schenkten, die einzigen blieben? Auf keinen Fall kann aus der Er= wähnung dieser sechs geschenkten Wagen ein Grund hergenommen werden für die Entscheidung der Frage, ob Balken oder Bretter gemeint sind. — In einem zweiten Abschnitte des zweiten Theiles wird über die Bedeutung der Stiftshütte gesprochen. In der Periode der typischen Auslegung habe man die Bedeutung, welche das Heiligthum für seine Zeit halte, nicht gewürdigt. Das sei nicht zu billigen. Aber man dürfe in unserer Zeit auch nicht die Bedeutung desselben im Zusammenhange der Offenbarungsgeschichte übersehen. Der Verf. unter= nimmt es, die Grundlinien einer Deutung der Stiftshütte zu ziehen, ohne den Anspruch zu erheben, daß Jeder ihm folgen müsse. Nachdrücklich wird hervorgeho= ben, daß die Stiftshütte ihre feste Stellung hat innerhalb des mosaischen Gottes= dienstes und daß dieser über sich hinausweise. Jesu Kommen ins Fleisch hat in Wahrheit das Wohnen Gottes unter seinem Volke bereitet, das die mosaische Hütte erst im Schattenriß vorgebildet hatte. Der mosaische Gottesdienst im Ganzen ist Typus des vollkommenen Gottesdienstes. Das berechtigt uns nicht, die Stiftshütte als Typus anzusehen, dem nun ein bestimmtes Gegenbild bis ins Einzelnste gegenübergestellt werden müsse. — In der Deutung der Zahlen, Maße und Farben kann ich dem Verf. nicht folgen. Würde z. B. für die Zahl 12, wenn sie die Grundzahl für die Cubus=Form des Allerheiligsten wäre, sich nicht ebenso leicht eine Deutung finden lassen wie für die Zehnzahl? Und so ist es auch mit den anderen Zahlen, den Farben und Metallen. Wir können nur sagen: Alles war für die Bedürfnisse der mosaischen Zeit passend und zweck=

mäßig eingerichtet und angeordnet; aber das gilt auch von dem Tempel des Salomo, der aus anderem Material erbaut war und andere Maße darbot.

Bertheau.

Bibliorum codex Sinaiticus Petropolitanus. Auspiciis augustissimis imperatoris Alexandri II. ex tenebris protraxit, in Europam transtulit, ad juvandas atque illustrandas sacras literas edidit Constantinus Tischendorf. Petropoli 1862. 4 Bände in Fol. (Von den 300 angefertigten Exemplaren dieser Prachtausgabe hat die kaiserl. russische Regierung, auf deren Kosten das Werk ans Licht getreten, 200 zur eigenen Disposition und Geschenken behalten, während 100 bem Herausgeber überlassen worden sind, um sie in den Buchhandel gelangen zu lassen. Preis 230 Thlr. Preuß. Cour., 864 Fr., 34½ Pfd. Sterl.)

Was der nun verewigte Dr. August Hahn in Breslau in seiner neuen Stereotypausgabe des Neuen Testamentes, Leipzig 1861, Praef. (not. subsid.), p. XXIV. n. 7. im Sinne Vieler sagte: Qualis sit codex Sinaiticus nuperrime a Tischendorfio ex Oriente allatus, de quo fama magna percrebuit quique aetate et indole non par solum, sed praestantior Vaticano esse perhibetur, dicere demum licebit, ubi editus fuerit, id quod cum multis ardentissime efflagitamus", und was mit ihm die bedeutendsten Männer im Fache der biblischen Kritik in Deutschland, England, Frankreich und anderen Ländern fast einstimmig aussprachen, das ist auch auf eine überraschend schnelle Weise in Erfüllung gegangen. Mit jener Energie und Ausdauer, die Herrn Dr. Tischendorf eigenthümlich ist, hat er wirklich, was man kaum für möglich hielt, zum 1000jährigen Jubiläum des russischen Reichs innerhalb dreier Jahre die Herausgabe des oben genannten Werkes vollendet. Der erste Band desselben enthält die Prolegomena: über die Geschichte der Entdeckung und der Bearbeitung des Codex Sinaiticus, über alle paläographischen Eigenthümlichkeiten und die alten Correctoren desselben, über die ins Eusebische Zeitalter zu setzende Abfassungszeit, über den wunderbaren, durch die merkwürdigsten Beglaubigungen griechischer und lateinischer Kirchenväter ausgezeichneten Textcharakter; hierauf einen paläographischen Commentar mit 15000 Noten; zum Schluß 21 Tafeln lithographischer und photolithographischer Facsimiles, von denen die beiden letzten zur Vergleichung mit der sinaitischen Handschrift Facsimiles von 36 anderen Documenten von den Herculanensischen Rollen an enthalten. Band II. u. III. enthalten das griechische Alte Testament, und zwar: ein Fragment aus dem 1. Buch der Chronik (ein anderes Fragment, 1 Chron. 11, 22—19, 17., ist bereits 1846 in der Ausgabe des Codex Friderico-Augustanus erschienen, den Dr. Tischendorf 1845 in 43 Blättern vom Sinai nach Europa mitbrachte, der aber mit dem Cod. Sin. ein und derselbe ist, jetzt Eigenthum der Universitätsbibliothek zu Leipzig); das Buch Tobias von Cap. 2. an (Cap. 1, 1—2, 2. sind ebenfalls bereits im Cod. Frid.-August. erschienen), Buch Judith mit Ausnahme eines Blattes, 1. und 4. Buch der Makkabäer, Jesaias, Jeremias Cap. 1—10, 24. (Cap. 10, 25—52, 34. mit Thren. 1, 1—2, 20. ebenfalls bereits im Cod. Frid.-

August.), neun von den kleinen Propheten: Joel, Obabja, Jonas, Nahum, Habakuk, Zephanja, Haggai, Zacharias, Maleachi; ferner die Psalmen, Proverbia,
Prediger, Hoheslied und Weisheit Salomonis, Jesus Sirach und Hiob. (Da
im Cod. Frid.-August. von den historischen Büchern nur Nehemia und Esther
vollständig und 2 Esra 9, 9. bis ans Ende vorhanden sind, so fehlen vom
Alten Testament der ganze Pentateuch, die Prophetae priores: Josua, Judicum,
1 und 2 Samuelis, 1 und 2 Regum; von den Prophetis posterior.: Ezechiel,
Hoseas, Amos, Micha; von den Hagiographis: Ruth, die 2. Hälfte der Threni,
Daniel, ein Theil des 1. Buchs der Chronik und 2 Chron. ganz. Außerdem
von den Apokryphis: Baruch und 2. und 3. Buch der Makkabäer. Sämmtliche
genannte Bücher sind wahrscheinlich schon längst dem Verderben anheimgefallen
und für immer von dieser Handschrift verloren.)

Band IV. enthält das ganze Neue Testament ohne die geringste Lücke, und
als Anhang den vollständigen Brief des Barnabas und den 1. Theil vom Hirten des Hermas. Das ganze Werk ist zugleich ein Prachtwerk von typographi-
scher Eleganz, hervorgegangen aus der Officin von Giesecke und Devrient in
Leipzig, das auch auf der letzten Londoner Weltausstellung den Preis bekam.
Es ist hiermit eine Handschrift in die Oeffentlichkeit gelangt, die, Jahrhunderte
lang verborgen, für alle Zeiten eins der schätzbarsten Kleinode für die Kritik der
heil. Schrift sein wird. Offenbar gehört sie zu den allerältesten vorhandenen
Pergamenthandschriften. Der Charakter der Schriftzüge selbst, die Abfassung in
vier neben einander stehenden Columnen, der Mangel aller Initialbuchstaben, die
große Seltenheit und Einfachheit der Interpunction sind lauter wesentliche Merkmale des höchsten Alterthums, die ihre Analogie nur in den Herculanensischen
Papyrusrollen und einigen wenigen uralten Fragmenten finden. Unter den
neutestamentlichen Handschriften kann höchstens der Cod. Vaticanus, der bisher stets von Kennern in das 4. Jahrhundert unserer Zeitrechnung gesetzt wurde,
namentlich in Bezug auf Orthographie und grammatische Eigenthümlichkeit, mit
ihm in eine Kategorie gesetzt werden. Dazu kommt, daß der Brief des Barnabas und ein Theil vom Hirten des Hermas sich ohne Weiteres an die kanonischen Bücher anschließen, was auf die Zeit des Eusebius hinweist, der diese
beiden Schriften zu denen rechnet, welche ein beschränkteres Ansehen in der
Kirche genossen. Auch die Reihenfolge der neutestamentlichen Bücher selbst,
daß die Apostelgeschichte und die katholischen Briefe ihren Platz erst nach den
Paulinischen Briefen gefunden haben, während die Vatikanische und Alexandrinische Handschrift sowie der Pariser Palimpsest die allgemein übliche Anordnung
befolgen, indicirt ein sehr hohes Alterthum. Dr. Tischendorf spricht seine Ansicht
in dem „Vorworte zur sinaitischen Bibelhandschrift, als Manuscript gedruckt,
Leipzig 1862. 4.“ S. 38 ff. dahin aus, daß die Sinaitische Handschrift vor die
Mitte des 4. Jahrhunderts, ins Zeitalter des Eusebius, gesetzt werden kann, in
die Zeit, wo nach dem Uebertritt Kaiser Constantin's des Gr. eine große Anzahl von Abschriften der heiligen Schrift sich nothwendig machte, von denen allein
im Jahre 331 funfzig für den Kaiser selbst bestimmt wurden. Durch Schenkung
kam dieselbe in das ums Jahr 530 durch Kaiser Justinian begründete Kloster der
heil. Katharina am Fuße des Sinai, das als ein festes ehrwürdiges Asyl christlicher Andacht in der Vereinsamung der Wüste niemals zerstört worden ist.

Gleichwohl ist die Aechtheit auch dieser Handschrift und ihr Werth von verschiedenen Seiten angefochten worden. Einmal von Seiten zweier holländischer Gelehrten, der Professoren Kuenen und Cobet zu Leyden, die in der Vorrede zu ihrer Ausgabe des Neuen Testaments ad fidem codicis Vaticani mit Bezug auf den Codex Sinaiticus, den sie jedoch noch nicht kannten, ausdrücklich sagen: „multum veremur, μὴ ἄνθραξες ὁ θησαυρὸς ἀναφανῇ." Dann zu wiederholten Malen in englischen Zeitschriften, in der Literary Gazette Juli 1861, im Guardian September 1862 und anderwärts, denen der in den Jahren 1855 und 1856 vielgenannte Simonides das Material geliefert hat, welcher kühn behauptet, dieselbe Handschrift 1839 auf dem Berge Athos unter der genauesten, bis auf die Tinte sich erstreckenden Nachahmung der ältesten Urkunden zum Geschenk für den Kaiser Nikolaus selbst angefertigt zu haben, die eben keine andere gewesen sei, als der durch die ganze Welt gepriesene Tischendorf'sche Codex Sinaiticus. Endlich vom russischen Archimandriten Porphyrius Uspenki, der hauptsächlich aus inneren Gründen das Alter des Codex Sinaiticus, den er bei seinem Aufenthalt im Sinaikloster 1845 und 1850 wiederholt gesehen, an verschiedenen Stellen verglichen und in einem in russischer Sprache verfaßten Buche beschrieben hat, in die zweite Hälfte des 5. Jahrh. herabsetzt, überdieß wegen verschiedener Abweichungen vom textus receptus ihn der Ketzerei beschuldigt. Dr. Tischendorf hat es selbst übernommen, in einem geharnischten Aufsatze: „Die Anfechtungen der Sinaibibel, von C. Tischendorf. Leipzig 1863. 8." (24 S.) seinen Gegnern zu antworten.

Referent ist von Anfang an nach Kenntnißnahme der „Notitia editionis codicis bibliorum Sinaitici auspiciis imperatoris Alexandri II. susceptae. Accedit catalogus codicum nuper ex Oriente Petropolin perlatorum. Item Origenis scholia in Proverbia Salomonis partim nunc primum partim secundum atque emendatius edita. Cum duabus tabulis lapidi incisis. Ed. A. F. C. Tischendorf. Lips. 1860." 4. nicht in Zweifel gewesen, hat aber bei genauerer Prüfung der Ausgabe des Cod. Sin. selbst sich noch vollständiger von der Aechtheit und Wichtigkeit dieser Handschrift zu überzeugen Gelegenheit gehabt. Es sprechen dafür innere und äußere Gründe. Was zunächst die äußeren betrifft, so sind alle Merkmale des hohen Alterthums, wie schon oben angegeben, vorhanden und dieselben von Kennern des Faches wiederholt anerkannt worden, unter Anderen auch von dem verewigten Gottfried Hermann, der sich bereits 1845 über den Codex Friderico-Augustanus ausgesprochen, welcher ja eben nur ein Fragment des Sinaiticus ist. Dr. Tischendorf selbst, der bereits 25 Jahre lang seine ganze Thätigkeit vorzugsweise der Kritik des Neuen Testaments mit seltener Beharrlichkeit und sichtbarem Erfolge gewidmet hat, ist hinlänglich Bürge, daß weder seinerseits eine Täuschung vorgekommen, noch viel weniger ein absichtlicher Betrug gegen das Publicum vorliegen kann. Wichtiger aber erscheinen die inneren Gründe, welche für die Aechtheit und das hohe Alterthum des Codex sprechen. Eine Anzahl Beispiele aus dem Neuen Testament, namentlich aus den Evangelien, mögen Zeugniß geben.

Matth. 1, 25. hat Codex Sinaiticus zugleich mit B. Z. 1. 33. die einfachen Worte: ἕως (οὗ) ἔτεκεν υἱόν, statt der gewöhnlichen Lesart: τὸν υἱὸν αὐτῆς τὸν πρωτότοκον. Unter den alten Uebersetzungen stimmen Copt. Sahid. Ver. Colb. Germ. 1. und von den Kirchenvätern Hilar., Ambros., Gregor. Thaumat. und Hieron. mit dem Sinait. überein, von denen der letztere ausdrücklich bemerkt, daß er die letzten Worte, αὐτῆς τὸν πρωτότοκον, in den meisten älteren Codicibus nicht gefunden habe. Sie sind jedenfalls aus Luc. 2, 7. genommen, wie ähnliche Beispiele in den Evangelien öfter vorkommen.

Matth. 7, 13., wo ἡ πύλη von Clem. Alex., Origenes und einigen anderen Kirchenvätern und Uebersetzungen weggelassen wird. Unter allen Handschriften hat allein Cod. Sin. diese Worte ebenfalls nicht.

Matth. 13, 35. hat Cod. Sin. διὰ τοῦ προφήτου Ἡσαΐου zugleich mit 5 Minuskelhandschriften, 1. 13. 33. 124. 253., die aus den ältesten und getreuesten Uncialen abgeschrieben worden sind, gerade wie Euseb. in seinen Codd. fand, welche Lesart auch durch die Clement. homil. bestätigt wird, obwohl das Citat nicht aus Jesaias entlehnt ist und daher schon sehr zeitig von den Abschreibern und allen Uebersetzungen durch Weglassung des Wortes Ἡσαΐου corrigirt wurde. Die angezogenen Worte gehören vielmehr dem Assaph an, Pf. 78, 2., wie Eusebius und Hieronymus richtig bemerken.

Matth. 18, 24. findet sich bei Origenes mit Copt. und Sahid. πολλῶν für das übrigens allgemeine μυρίων, eine Lesart, die nur Cod. Sin. bestätigt.

Marc. 8, 7. hat Cod. Sin. ganz allein die sehr einfache Lesart: καὶ εὐλογήσας αὐτὰ παρέθηκεν. Dagegen der text. rec.: καὶ εὐλογήσας εἶπε παραθεῖναι καὶ αὐτά. Tischendorf: καὶ ταῦτα εὐλογήσας εἶπεν παρατιθέναι καὶ αὐτά.

Die Perikope Marc. 16, 9—20. fehlt im Cod. Sin. wie im Vatic. Eusebius und Hieronymus berichten ausdrücklich, daß „fast alle alten guten Handschriften" die letzten 12 Verse dieses Evangeliums nicht enthalten, und für das Eusebische Zeitalter bestätigen dasselbe verschiedene Handschriften der altlateinischen, armenischen, äthiopischen und arabischen Versionen.

Eine merkwürdige Uebereinstimmung des Cod. Sin. mit Cod. D. (Cantabrig.), einigen alten lateinischen Versionen und Augustin findet auch statt Luc. 24, 51., wo die Worte καὶ ἀνεφέρετο εἰς τὸν οὐρανόν fehlen, welche das eigentliche Factum der Himmelfahrt Christi andeuten, so daß dasselbe in den Evangelien merkwürdigerweise nirgends mit klaren Worten erzählt wird, obwohl es durch Act. 1. und viele andere Stellen unerschütterlich fest steht.

Luc. 7, 35. hat text. rec. mit allen Handschriften und Uebersetzungen: ἀπὸ τῶν τέκνων αὐτῆς, wo Ambrosius bemerkt, daß die meisten griechischen Handschriften („plerique Graeci") nicht ἀπὸ τῶν τέκνων, sondern ἀπὸ τῶν ἔργων lesen, was bis jetzt einzig der Cod. Sin. bestätigt.

Luc. 24, 13. ist die Lesart im text. rec. σταδίους ἑξήκοντα. Allein Eusebius, Hieronymus und Origenes haben ἑκατὸν ἑξήκοντα, was sich ebenfalls im Cod. Sin. und einigen Uncial- und Minuskelhandschriften vorfindet.

Joh. 1, 4. ἐν αὐτῷ ζωὴ ἦν text. rec. mit fast allen alten Zeugnissen. Dagegen Cod. D. mit Sahid., It., Clem., Hilar., Ambros., Vigil., Aug.: ἐν αὐτῷ ζωή ἐστιν, womit auch Cod. Sin. übereinstimmt, wie denn Origenes ausdrücklich meldet, daß diese Lesart in manchen alten Handschriften sich vorfinde.

Joh. 1, 18. hat Cod. Sin. mit B. L. 33., der syrischen und äthiopischen Uebersetzung und vielen Kirchenvätern, von denen Clem., Orig., Basil. d. Gr., Epiphan., Chrill., Ollar. öfter schwanken: ὁ μονογενὴς θεός; text. rec. ὁ μονογενὴς υἱός, während andere Handschriften blos ὁ μονογενής lesen.

Joh. 2, 3., wo Cod. Sin. übereinstimmt mit den allen lateinischen und der äthiopischen Uebersetzung, sowie Syr. in marg.: „Et vinum von babebant, quoniam consummatum erat vinum nuptiarum", offenbar eine Gloſſe, die ſich in der älteſten Zeit eingeſchlichen hatte.

Joh. 6, 51., wo Cod. Sin. allein mit Tertull. und August. Spec. den Text aufbewahrt hat: καὶ ὁ ἄρτος, ὃν ἐγὼ δώσω ὑπὲρ τῆς τοῦ κόσμου ζωῆς, ἡ σάρξ μού ἐστιν, offenbar eine Vereinfachung der Worte des Herrn.

Joh. 7, 8. giebt Cod. Sin. mit Cod. D., 6 Minuskelhandſchriften und vielen Ueberſetzungen die Lesart: ἐγὼ οὐκ ἀναβαίνω, während der text. rec.: ἐγὼ οὔπω ἀναβαίνω. offenbar einem Corrector ſeinen Urſprung verdankt.

Joh. 7, 50. läßt Cod. Sin. die Worte ὁ ἐλθὼν νυκτὸς πρὸς αὐτόν einzig und allein ganz weg. Sie ſind wahrſcheinlich aus 19, 39. an dieſe Stelle hereingezogen worden, was ſchon daraus hervorgeht, daß ſich in dieſen wenigen Worten ſehr viele Varianten befinden.

Joh. 12, 32. text. rec.: πάντας ἑλκύσω. Auguſt. ſagt ausdrücklich, daß es heiße πάντα (Vulg. omnia), welche Lesart ſich im Cod. D. 56., in einigen alten Ueberſetzungen und bei verſchiedenen Kirchenvätern vorfindet. Auch Cod. Sin. beſtätigt ſie.

Joh. 13, 10. bietet allein Cod. Sin. die Lesart: ὁ λελουμένος οὐ χρείαν ἔχει νίψασθαι (mit Weglaſſung der Worte ἢ τοὺς πόδας), wie Origenes vorzugsweiſe in ſeinen Handſchriften geleſen hat, mit denen auch einige alte Ueberſetzungen übereinſtimmen.

Joh. 17, 7. text. rec.: νῦν ἔγνωκαν. Einige andere Handſchriften: νῦν ἔγνωκα. Chryſoſtomus bemerkt jedoch ausdrücklich, daß in verſchiedenen ſeiner Handſchriften die Lesart νῦν ἔγνων (cognovi) ſtehe. Der einzige Cod. Sin. beſtätigt dieſelbe.

Joh. 19, 38. hat Cod. Sin. allein mit der Sahid., Syr., Hieros. und den lateiniſchen Handſchriften die Lesart: ἦλθον οὖν καὶ ἦραν αὐτό. Dagegen der text. rec. ἦλθεν οὖν καὶ ἦρε τὸ σῶμα τοῦ Ἰησοῦ.

Joh. 21, 25. wird ganz weggelaſſen von dem einzigen Cod. min. 63., obwohl eine große Anzahl Scholien dieſen Vers ausdrücklich als eine προσθήκην bezeichnen. Origenes, Pamphilus, Cyrillus, Chryſoſtomus kannten ihn ſchon. Der Cod. Sin. läßt ihn jedoch weg, und nur ein Corrector aus ſpäterer Zeit hat ihn noch hinzugefügt.

Auffallend iſt in den meiſten angezogenen Stellen die Uebereinſtimmung mit Origenes, Tertullianus, Auguſtinus und den älteſten Ueberſetzungen, obwohl aus inneren Gründen verſchiedene dieſer Lesarten bereits als Gloſſeme oder eigenmächtige Verbeſſerungen des urſprünglichen Textes erſcheinen.

Zum Schluß noch zwei Stellen aus den Pauliniſchen Briefen. Eph. 1, 1. ſtimmen Cod. Vat. und Sin. in der Ueberſchrift des Briefes überein, indem ſie die Worte ἐν Ἐφέσῳ weglaſſen. Origenes fand dieſelbe Lesart in ſeinen Handſchriften. Auch Basil. M. adv. Marc. 5. erklärt ausdrücklich, daß er die Worte ἐν Ἐφέσῳ in den allen Handſchriften vermiſſe. Noch beſtimmter ſpricht ſich Hieron. adv. Eunom. 2, 19. aus. Daß auch Marcion die Worte ἐν Ἐφέσῳ nicht kannte, geht daraus hervor, daß er den Brief ad Laodicenses überſchrieb, wie Tertull. adv. Marc. ausdrücklich berichtet.

Endlich 1 Tim. 3, 16. beſtätigt Cod. Sin. die Lesart ὃς ἐφανερώθη, wie auch A. C. F. G. (in B. E. H. fehlt 1 Tim.) leien. Die gewöhnliche Lesart iſt bekanntlich θεὸς ἐφανερώθη.

Was den griechiſchen Text des Alten Teſtaments betrifft, ſo ſtimmen auch hier vorzugsweise Cod. Vat. und Sin. überein. Nur in den Büchern Judith und Tobias schließt sich der Sin. an die altlateinischen und syrischen Uebersetzungen vollständig an.

Das Resultat für die Kritik des Neuen Testaments möchte dieses sein, daß allerdings durch die Auffindung des Cod. Sinaiticus im Verein mit dem Vaticanus und den ihnen verwandten und nächststehenden Handschriften ein für die Zeit des 4. und 5. Jahrhunderts diplomatischer Text herzustellen ist, der vorzugsweise der afrikanischen Kirche angehörte (textus Alexandrinus s. occidentalis im Gegensatz des textus Constantinopolitanus, orientalis sive Asiaticus), eine Ansicht, die schon der verewigte Lachmann in der Anzeige seiner Ausgabe des Neuen Testaments in den Theologischen Studien und Kritiken 1830, S. 817—845., aussprach. Gleichwohl wird bei der Fehlerhaftigkeit auch dieser ältesten Handschriften, bei den eigenmächtigen Verbesserungen, die auch in diese bereits eingedrungen sind, sowie bei dem öfteren Mangel der Uebereinstimmung unter ihnen die innere (höhere) Kritik eintreten müssen, um über die ächte ursprüngliche Lesart, über die Aechtheit eines Abschnitts zu entscheiden.

Als Beweis diene die Perikope von der Ehebrecherin, Joh. 7, 53—8, 11, welche im Cod. Sin. fehlt, in Uebereinstimmung mit B. C. L. T. X. und etwa 60 Minuskeln, sowie Origenes, Chrysostomus, Basilius d. Gr., Cyprian, Tertullian und mehreren alten Uebersetzungen. Allein mit Recht sagt schon Augustinus de conjugio adult. 2, 7. „factum esse, ut nonnulli modicae fidei vel potius inimici verae fidei, metuentes peccandi impunitatem dari mulieribus suis illud quod de adulterae indulgentia Dominus fecit, auferrent codicibus suis, quasi permissionem peccandi tribuerit qui dixit: jam deinceps noli peccare!" Die Authentie kann bei der großen Anzahl von Zeugen gar nicht bezweifelt werden, unter denen sich Codd. D. G. H. K. M. U. mit der großen Menge der Minuskeln, sehr vielen alten Uebersetzungen und Hieronymus, Ambrosius, Augustinus befinden, um so mehr, da auch innere Gründe dafür sprechen. Denn wem könnte es wohl eingefallen sein, gerade diesen Abschnitt einzuschalten, wenn er nicht von Anfang an sich vorgefunden hätte? Dagegen ist es ganz klar, daß eben um seines möglichen Anstoßes willen schon zeitig eine Verdächtigung der Aechtheit eintrat, später aber derselbe restituirt wurde. Daher die große Anzahl der Varianten im Texte und die Verschiedenheit der Stellung. Mit Recht haben daher Scholz und Hahn die Perikope als ächt im Texte beibehalten, Griesbach, Knapp, Theile haben sie als verdächtig in Klammern geschlossen, während Lachmann und Tischendorf sie ganz weglassen.

Rochlitz in Sachsen.   Bruder.

Babel, das Thier und der falsche Prophet. Biblisch-symbolische Studie über Offenb. Joh. 13—19. nebst einer Einleitung in die Apokalypse von A. Chr. Lämmert, Pfarrer zu Weil im Schönbuch in Württemberg. Gotha, Rud. Besser. 1863. 130 S.

Referent muß gestehen, daß er eher erschrickt als erfreut ist, wenn in gegenwärtiger Zeit die apokalyptische Literatur besonders stark anwächst; denn gerade diese Periode, in welcher das theologische Bewußtsein und Leben durch allerlei theosophische, chiliastische und ähnliche Zeitneigungen getrübt ist, scheint nicht vor-

zugsweise zu einem reinen Blick und wissenschaftlichen Urtheil über die Apokalypse geeignet zu sein, wie es denn auch ein leidiges und in seinen Wirkungen
bereits als gefährlich zu erkennendes Symptom ist, daß selbst die Kanzeln von
apokalyptischen Deutungen nicht frei gehalten werden[1]). Desto erfreulicher aber
ist es, wenn sich unter das Gewirre unserer Zeit- und Zukunftsdeutungen hinein
eine klare Stimme, wie in obiger kleinen Schrift, vernehmen läßt, und wir
dürfen hoffen, daß sie um so mehr Gehör finden werde, da sie von allgemeinen
Principien ausgeht, in denen auch die positivsten Apokalyptiker nicht positiver
sein können als der Verfasser, was namentlich von der die verschiedenen Weisen
überirdischer Offenbarung behandelnden Einleitung gilt. Wir unsererseits können
ihm in diesen grundlegenden Ausführungen nicht überall folgen, wenn er z. B.
S. 17. die Visionen als Gebilde, als Kunstschöpfungen der Engel classificirt
oder S. 27 f. selbst das Schreiben noch in den Zustand der Ekstase einrechnet,
und einiges Andere dieser Art. Aber, wie gesagt, um so mehr müssen auch die
strengsten Apokalyptiker in ihm einen Mann erkennen, der die allgemeinen Anschauungen von Schrift und Prophetie mit ihnen theilt und dennoch durch ge-
wissenhafteste Erwägung und Durcharbeitung des fraglichen Gegenstandes zu
einem Resultate kommt, das mit den freieren, wissenschaftlichen Ansichten nahe
zusammentrifft. Eine blos historische Erklärung, wonach sich in der Apokalypse
blos die Zeit des Verfassers, deren Aengsten und Hoffnungen spiegeln würden,
genügt ihm nicht; aber ebenso wenig sieht er in dem Buche ein gleichsam in
Chiffern geschriebenes Weltprogramm, dessen einzelne Figuren, so wie sie hier
vorgeführt werden, in der Geschichte als bestimmte Personen oder Potenzen am
bestimmten Ort auftreten müßten und deren Zeit sogar aus den beigegebenen
Ziffern berechnet werden könnte. Er will (S. 23.) in den prophetischen Bildern
die Idee zu erkennen suchen, „die, von Anfang an keimhaft und eingewickelt vorhanden, ihre volle Realisirung mehr und mehr gewinnend, in den wechselndsten,
aber immer angemessenen und innerlich und äußerlich ähnlichen und verwandten
Formen sich ausspricht.“ Sehr gut wird S. 24. gesagt: „Wir bleiben bei dem
Israel und David's Thron κατὰ πνεῦμα, und wer solches für Ausleerung und
Verflüchtigung des Wortes erklärt, mag dann auch die Anbetung im Tempel zu
Jerusalem für eine realere halten als die im Geist und in der Wahrheit; er mag
die Weisheit Gottes in der Weltregierung vornehmlich darin finden, daß sich
die göttlichen Heilsthaten mit der Wiederherstellung des jüdischen Staates in
Palästina abschließen sollen. Man kann freilich Alles glauben, wenn man will;
man kann die Lehren der Geschichte, die Winke des Neuen Testamentes zur Er-
klärung des Alten ignoriren, man kann den Hebräerbrief bei Seite legen und
glauben, daß man im zukünftigen Tempel noch werde auf dem Brandopferaltar
Lämmer opfern und der ganze israelitische Cultus werde wiederhergestellt werden.
Aber hat man damit wirklich, was man will, Realitäten? Sind Wahrheit, Liebe,
Glaube, Geduld, Hoffnung, — ist das ganze inwendige Geistesleben des einzelnen
Menschen und der Gemeinde Gottes sammt dem Wandel in den Fußtapfen

---

[1]) Wir beklagen es mit dem Verfasser (S. 24.), daß die homiletische Tactlosigkeit und die theologische Dreistigkeit bereits sich nicht mehr scheut, eine buchstäbliche Erfüllung der alttestamentlichen
Weissagungen von einer künftigen Reichsherrlichkeit der Juden wie ein Dogma zu verkündigen. Kann
man sich noch wundern, wenn derlei Dinge den Leuten zu Kopf steigen und daraus sectirerische Ver-
wirrungen und Scandale entspringen?

Christi flüchtiger, leerer, weniger real als Tempel, Altäre, Länder, Städte, ja als Himmel und Erde?" — Von Ebrard adoptirt der Verfasser (S. 25.) den Grundsatz: „Eine Auslegung, welche hier Alles erklären und vorausbestimmen und definiren will, ist von vornherein falsch. Eine docta ignorantia, ein demüthiges Sich-Bescheiden ist die schönste Zierde eines christlichen Auslegers der Offenbarung Johannis."

Unser Verfasser beschränkt sich jedoch, nach einer Einleitung und Angabe der Disposition der Apokalypse, auf die drei apokalyptischen Figuren, die der Titel nennt. Babel ist ihm —im Anschluß an den Daniel'schen Typus desselben — nicht Rom oder die römische Kirche, das Papstthum, sondern „der Repräsentant der von Gott abgekehrten Welt in all' ihrer Macht, Herrlichkeit, Weisheit und Verkehrtheit, wie sie noch bis auf diesen Tag uns vor Augen steht" (S. 49.). „Die Schilderung seines Wesens und seiner geschichtlichen Ausbildung bis zu seinem Gerichte deckt sich mit keiner einzigen bisher geschichtlichen Erscheinung" (S. 58.). „Wir mögen mit demselben Rechte, wie im Neuen Testamente die Stadt Rom Babylon genannt wird, das apokalyptische Babel nicht nur auf Rom und das römische Reich, sondern auch, über den Kreis der biblischen Geschichte hinausgehend, auf das alte Athen, Korinth, ja wohl auch in unseren Tagen auf London mit England, Paris mit Frankreich, Wien, Berlin, Petersburg, Hamburg, Neu-York beziehen . . . In der Apokalypse steht nichts von der Reformation und nichts von Rom" (S. 59.). „Babel ist der Cultus des Genius" (S. 60.), es ist „derjenige Theil der Menschheit, der alle seine Mittel zu seiner Selbstverherrlichung ausbeutet, der den Versuch macht, ohne Gott sich ein diesseitiges falsches Himmelreich zu machen." — Das Thier dagegen sind (S. 94.) „die Heiden, die wider die Heiligen streiten mit der Hülfe des Drachen und sie überwinden", genauer (S. 102.): „es ist diejenige unter Leitung des Satans vom Sündenfall her stehende Macht der Erde, welche aus den physischen und sinnlichen Kräften des Menschen sich gebildet hat, anfänglich — und bei einzelnen Menschen noch immer — mit mehr natürlich gutartigem Charakter, im Verlauf aber heranwachsend nach Aehnlichkeit eines Raubthiers zu einem rohsinnlichen, blutdürstigen, raubgierigen und gottfeindlichen Heidenthum, von der Macht des göttlichen Wortes im Christenthum eine Zeit lang gedämpft, aber dann doch wieder in dasselbe eindringend, von der aus der Menschenvernunft erwachsenen ebenfalls ungöttlichen Macht zugleich beherrscht und großgefüttert und von einer anderen finsteren Potenz in der Welt, welche unter dem Bilde des falschen Propheten erscheint, so gestärkt, daß es nach Zerstörung der cultivirten Abgötterei und Ausübung harter Tyrannei über die Gemeinde Gottes in Gemeinschaft mit dem Satan und dem falschen Propheten allen Christenglauben zu zertreten unternimmt und dann von Christo gestürzt werden wird. Das Thier zu unserer Zeit herrschend, erscheint unter den meisten Heidenvölkern und im Muhammedanismus; in der Christenheit ist es temporär schon hervorgebrochen in Revolutionszeiten; seine Herrschaft ist noch nicht gekommen, aber wer die Lasterhöhlen der Communisten kennt, kann es ahnen, wie schrecklich sie werden wird." — Die Beweise, die aus der Schrift selbst für diese Unterscheidung zwischen Babel und dem Thier genommen werden, können wir hier nicht resumiren; daß nicht das Papstthum, nicht die abgefallene Christenheit unter Babel gemeint sein könne, wird namentlich daraus einleuchtend erwiesen, daß das abgefallene Volk Gottes nicht als

Hure, sondern als Ehebrecherin, Babel aber nicht als Ehebrecherin, sondern constant als Hure bezeichnet wird. Die Zahl 666 erklärt Verfasser (S. 100.) gar nicht als Symbol eines Namens, sondern er construirt dieselbe aus den 60 und 6 Ellen, die das Bild Nebukadnezar's Dan. 2, 31. 38. gemessen und welchen nun die Hundertzahl nur als Steigerung beigefügt sei, so daß die ganze Zahl (S. 102.) die höchste Spitze menschlichen Hochmuths und menschlicher Empörung bezeichne, eine Erklärung, die jedenfalls das für sich hat, daß der Verfasser nicht, wie diejenigen, die Jahreszahlen baraus berechnen wollen, riskirt, von der Geschichte Lügen gestraft zu werden, — ein Vortheil, der bei apokalyptischen Deutungen sehr viel werth ist. Der falsche Prophet endlich ist (S. 115.) das Heidenthum in heiliger, der Christusfeind in christlicher und apostolischer Gestalt. Er ist bald orthodox, bald heterodox; „er ist in unseren Tagen bald heuchlerisch pietistisch, bald sectirerisch, bald streng kirchlich und confessionalistisch, bald mystisch. Die Dogmatik kennt er wohl sammt dem Schriftbuchstaben und bedient sich ihrer nach Belieben."

Wäre auch unser Verfasser, wo er auf bestimmte Nachbilder der apokalyptischen Vorbilder hinweist, der Gefahr nicht ganz entgangen, die allen Apokalyptikern droht, daß sie nach irgend einer Aehnlichkeit in historischen Gestalten ihre Schriftdeutungen allzu sicher auf bestimmte Objecte richten, darin steht er doch principiell auf dem richtigen Standpunct, daß er die apokalyptischen Figuren für alle spätere Zeiten als ethische Typen betrachtet, deren Nachbilder immer wieder neu, bald in dieser, bald in jener geschichtlichen Erscheinung erkannt werden. Damit nähert sich ganz mit Recht die apokalyptische Auslegung der praktischen Anwendung, und diese kann mit einer genaueren historischen Untersuchung der Apokalypse, mit der Lösung ihrer Räthsel aus der Zeitgeschichte des Verfassers und dem, was als nahe erwartet wurde, sehr gut zusammen bestehen.

Palmer.

St. Pauli erster Brief an die Korinther in Bibelstunden für die Gemeinde ausgelegt von W. F. Besser. (Auch mit dem Titel: Bibelstunden. Auslegung der heil. Schrift für das Volk. Neues Testament, achter Band.) Halle, Mühlmann. 1862. VIII und 810 S.

Die „Bibelstunden" von W. F. Besser sind seit einer Reihe von Jahren so bekannt und anerkannt, daß wir uns eigentlich begnügen können, das Erscheinen dieses neuen Bandes einfach zur Anzeige zu bringen. Es bewährt sich auch in diesem die Gabe des Verfassers, den Bibeltext zu klarem, populärem Verständniß zu bringen und ihn für das praktische Leben fruchtbar anzuwenden, so daß seine Arbeiten als eine recht lehrreiche Schule für erbauliche Auslegung empfohlen zu werden verdienen. Namentlich auch versteht er es, Zeiterscheinungen in's Licht der göttlichen Wahrheit zu stellen, indem er auch unter ganz heterogenen, der neuen Zeit angehörigen Formen das Gleichartige herausfindet, was Paulus in seiner Zeit unter seinen Gemeinden theils zu rügen, theils wenigstens zurechtzustellen Anlaß hatte (vgl. z. B. S. 23., was über die modernen methodistischen Gebetsversammlungen, — S. 204. über die der öffentlichen Meinung gebührende und nicht gebührende Rücksichtnahme, — S. 491. über den mo-

dernen Cultus des Genius gesagt ist). Daß der Verfasser das specifisch Lutherische stark betont, war auch bei diesem Bande um so mehr zu erwarten, als gerade die kirchlichen Angelegenheiten, auf welche sich der erste Korintherbrief einläßt, dazu besonders viele Aufforderung für ihn enthielten; schon in den ersten
Capiteln bietet ihm die Parteiung in Korinth den Anlaß dazu, sich eifrig dagegen zu wehren, daß der moderne Confessionalismus mit jenen Spaltungen,
jenem exclusiven Auftreten derer, die da sagen: ich bin Kephisch u. s. w., könnte
in Parallele gestellt werden, — eine Vertheidigung, die freilich bei dem Unbefangenen ihren Zweck nicht ganz erreichen wird. In dieselbe Kategorie gehören
die Erörterungen über das Amt (S. 155. und sonst mehrfach), über Ehe und
Ehescheidung (S. 358.), die allzu rasche Deutung des Wortes κατηχεῖν 1 Kor.
14, 19. auf den kirchlichen Katechismus (S. 671 f.) u. a. m. Löblich dagegen
achten auch wir es, daß er überall der lutherischen Bibelübersetzung, auch wo er
sie ergänzt oder genauer bestimmt, ihr gebührendes Recht angedeihen läßt. Vom
rein exegetischen, überhaupt theologisch-wissenschaftlichen Standpunct aus wäre
freilich Manches in den gegebenen Erklärungen zu beanstanden, Manches zu vermissen. Die Exegese von Kap. 3, 12. u. s. w., wo er das Aufbauen von Holz,
Heu und Stoppeln auf dem gelegten Grunde nicht als Gegensatz zu Gold, Silber
und Edelsteinen, sondern als zusammengehörig mit diesen, also nicht als schlechtes
Bauen im Gegensatze zu festem und tüchtigem, sondern Alles zusammen als zum
Einbau und dessen wohnlicher, schöner Herstellung nützliches Material ansieht,
läßt sich recht gut hören; dagegen ist es nicht gelungen, das Verbrennen (3, 14. 15.)
und Seligwerden als durch's Feuer zu klarem, befriedigendem Verständniß zu
bringen. Wenn S. 334. gesagt wird: „Dem paradiesischen Menschen war's nicht
gut, allein zu bleiben; dem sündigen Menschen aber ist's gut, daß er kein Weib
berühre", so scheint uns das eine sophistische und gewaltsame Herstellung des Ein-
klangs zwischen der Ehemoral der Genesis und der des Paulus zu sein; es
hätte viel mehr darauf Gewicht gelegt werden dürfen, daß die letztere, wie so
manches Aehnliche, einen provisorischen Charakter hat und auf der Voraussetzung
einer Drangsalszeit und einer Nähe der letzten Katastrophe der Welt ruht,
welche Voraussetzung nicht eine allgemeine Anwendbarkeit zuläßt. S. 435. vertheidigt der Verfasser die paulinische Deutung des alttestamentlichen Satzes, daß
dem Ochsen am Dreschwagen kein Maulkorb angelegt werden soll (9, 9 ff.), zu
sehr als wirkliche Auslegung und Darlegung des ursprünglich schon in jener
Satzung liegenden Sinnes, während eine vorurtheilsfreie Exegese hier doch gewiß
nur eine Allegorisirung zu erkennen vermag. Gott sorgt ja allerdings auch für
die Ochsen. Würde wohl irgend ein christlicher Theolog die Pflicht, den Ver-
kündern des Evangeliums den leiblichen Unterhalt zu gewähren, aus jenem alttestamentlichen Gesetzesartikel beweisen oder irgend eine Christengemeinde der
späteren Zeit darin einen Verpflichtungsgrund anerkennen? Sehr bedenklich war
es uns, S. 367. zu lesen, daß sogar die Beibehaltung der Kaste unter den bekehrten Hindus als eines volksthümlichen Instituts aus 7, 21. 22. vertheidigt
wird, — ein Argument, das bequem auch für die „häusliche Institution" der
amerikanischen Sclavenstaaten geltend gemacht werden könnte. Nicht genügend
ist die Erklärung von 1 Kor. 15, 29.; die Erklärung Luther's wäre allerdings
am einfachsten, wenn das Taufen schon als bloßes Benetzen im Gange gewesen
wäre; eine Flußtaufe aber über Gräbern ist nicht möglich. In dem ganzen

Capitel aber hätte auch einer Gemeinde gegenüber ganz wohl darauf aufmerksam gemacht werden dürfen, welch' lehrreiche Methode theologischer Beweisführung der Apostel in demselben anwendet, wie er zuerst historisch und zugleich mit Rück= weisung auf die Prophetie die Augenzeugen über Christi Auferstehung abhört, dann aber den Schluß macht aus dem eigenen christlichen Bewußtsein auf das als Causalität desselben nothwendig vorauszusetzende Factum. Wenn Christus nicht auferstanden wäre, so wären wir noch in unseren Sünden, unser Glaube wäre eitel u. s. w. Diese ganze Argumentation würde unwirksam, wenn Jemand entgegnete: Je nun, ich kann nicht helfen, euer Glaube ist eitel, euere Predigt ist vergeblich, ihr seid noch in eueren Sünden, die in Christo Entschlafenen sind verloren. Diese Entgegnung aber erweckt oder fürchtet der Apostel nicht, denn ihm und allen Christen ist es innerlich unmittelbar gewiß, sie sind sich, wie ihrer selbst, so auch dessen bewußt, daß ihr Glaube nicht eitel ist, daß sie nicht mehr in ihren Sünden sind. Also wird auch hier rückwärts geschlossen: weil ich mir dieses Zustandes bewußt bin, so muß Christus auferstanden sein; jenes ist eine Thatsache, die nur durch diese Thatsache erklärbar ist. Aber der Apostel bleibt nun doch nicht bei diesem Rückschlusse von der Wirkung auf die Ursache, vom subjectiven Christenleben auf das objective Leben Christi stehen, sondern V. 20. kehrt er rasch zu dem Satze zurück: Nun ist „Christus auferstanden", er greift also hier, wie zum Sichersten, doch wieder zu der historisch bezeugten Thatsache zurück. Dieses Verfahren ist, wie gesagt, so lehrreich, daß auch in der Gemeinde die= jenigen, die über christliche Dinge denken wollen (und denken sollen wir sie ja alle lehren), ganz wohl darauf aufmerksam gemacht werden dürften.

Wäre das Buch bestimmt, eine praktische Auslegung des Briefes zum Ge= brauche für Prediger zu geben, so würden wir allerdings noch etwas vermissen, nämlich eine reichere Darlegung derjenigen Momente und Beziehungen im Texte, die dem Prediger und Katecheten den Anhaltspunct zu weiteren Aus= führungen geben. So wäre z. B. zum 13. Capitel noch gar Vieles zu sagen gewesen; der dazu erforderliche Raum würde z. B. durch Weglassung der jedem Abschnitte beigegebenen Gebete nöthigenfalls zu beschaffen gewesen sein. Allein da der Verfasser sie als Bibelstunden giebt, ohne Zweifel so, wie er sie gehalten, so trat jene Rücksicht auf homiletische und katechetische Ausbeute für den Leser zurück, und wir haben kein Recht, dem Verfasser ein Abgehen von seinem seit= her befolgten und im Ganzen mit so viel Glück und Anerkennung verfolgten Plan zuzumuthen. Auch dem gegenüber, was wir weniger gutheißen konnten, ist des Guten so überwiegend viel von ihm gegeben, daß er unseres aufrichtigen Dankes auch für diese neue Gabe versichert sein darf.

Palmer.

Der erste Brief Petri, in 20 Predigten ausgelegt durch Dr. Rudolph Kögel, evangel. Prediger an der deutschen Gemeinde im Haag. Mainz, Kunze. 1863.

Nur kurz sei in diesen Blättern, die sonst keine Predigtwerke zur Anzeige bringen, auf obige Schrift aufmerksam gemacht, theils weil sie — wie die Ar= beiten von Oosterzee — ein erfreuliches Zeichen der geistigen Gemeinschaft zwi= schen Deutschland und Holland ist, theils weil sie, auch abgesehen hiervon, ver=

dient, nicht unter der Masse von Predigt- und Erbauungsbüchern zu verschwinden. Der Verfasser geht, wie es die rein homiletische Form mit sich bringt, nicht in der Art exegesirend auf jeden einzelnen Vers und Begriff ein, wie dies in Besser's Bibelstunden der Fall ist; dafür aber erhält der praktische Theolog hier zugleich eine Menge der lehrreichsten Auslegungen, welche und wie sie praktisch verwerthet werden können; die Uebertragung des Bibelwortes in's wirkliche Leben und zugleich die rednerische Zusammenfassung eines Textinhalts durch ein abgerundetes Thema versteht er vortrefflich (so z. B. über 3, 8—17: ein eng Gewissen und ein weites Herz); die Partition ist immer einfach, klar und übersichtlich. Sprache und Styl sind ebenso würdig wie belebt; nur der Anfang von Nr. X. („Eine Frage, Geliebte! Darf in der Kirche politisirt werden?") ist nach unserem Gefühle nicht in dem der Kanzel angemessenen Tone gehalten. Doch hält sonst der Verfasser den edleren Predigtstyl auch darin ein, daß er sich des abscheulichen, nichtswürdigen Unfugs, den, zu schlechtem Beispiel für das jüngere Geschlecht, selbst hochberühmte Prediger mit der Verwüstung unserer Sprache durch Fremdwörter treiben, enthält. Die mittelalterlichen Prediger sind als classische Denkmale deutscher Sprache von den Sprachgelehrten anerkannt; wie viele unserer vielgerühmten Predigtwerke werden die deutschen Sprachforscher der Zukunft noch als ebenso werthvolle deutsche Spracherzeugnisse anerkennen, wenn nicht jenem Greuel einmal Einhalt gethan wird? Daß sehr gut auch in reinem Deutsch, ohne bei der Sprache der Zeitungen oder der Katheder Fremdländisches zu betteln, die reichste Gedankenentwicklung möglich ist, das lehrt — mit Ausnahme weniger Stellen — auch vorliegendes Werk.

Palmer.

Historische Theologie.

Die neueren Bearbeitungen der Geschichte des französischen Protestantismus. Eine literarisch-kritische Uebersicht.

In den letzten dreißig Jahren sind eine Reihe von Publicationen über ein ziemlich unbekanntes Gebiet der Kirchengeschichte erschienen, über den französischen Protestantismus. Einige der bedeutendsten Werke sind von unseren Landsleuten verfaßt und so mag eine kurze Uebersicht über die betreffende Literatur auch für den deutschen Theologen nicht uninteressant sein.

Der französische Protestantismus bietet schon dem oberflächlichen Beobachter eine der merkwürdigsten Erscheinungen der Geschichte dar. Von Anfang an verfolgt und verkannt, brachte er es nie dahin, nur einen Augenblick die Zügel der Herrschaft in die Hand zu bekommen; von rein religiösen Elementen ausgehend, wurde er aufs tiefste in das Gewebe der Politik verstrickt. Der größte Reformator nach Luther war dort geboren, aber das Vaterland vermochte ihn nicht zu halten; alle reformatorische Anregung kam von außen her und dies mag zum Theil die Schuld tragen, daß die Reformation nie populär wurde; nie hat sie die großen Massen des Volkes durchdrungen und gewonnen, sie blieb beschränkt auf den Adel, besonders den niederen, auf die gebildeten Stände des Volkes, Gelehrte, Kaufleute, Handwerker und auf die erregbare Bevölkerung des Südens; das romanische Franzosenthum trat auch damals wieder in Gegensatz zu dem

wallonischen. Die Heimath der alten Ketzer war auch die der neuen geworden,
nur wußten die Cevennosen ihren Glauben besser zu vertheidigen und zu bewahren als die Albigenser ihre Irrthümer. Einen Theologen ersten Ranges
brachte das protestantische Frankreich nicht hervor (nach Calvin), selbst die berühmtesten Geistlichen, Dumoulin, Claude, Jurieu, Saurin u. s. w., wenn auch
für ihre Zeit bedeutend, hatten nie die Einwirkung auf die Nachwelt wie ein
Arndt, Spener, Bengel. Dagegen treffen wir eine Fülle von Männern, die
Feder und Schwert gleich gut führten, um ihren Glauben zu schützen, von interessanten Charakteren, an denen jeder Zoll ein Protestant ist (Coligny, La Noue,
Mornay, d'Aubigné), und was der französischen Kirche etwa abgehen mochte an
theologischem Wissen, das wird reichlich aufgewogen durch das Blut ihrer vielen
Märtyrer, durch die Treue ihrer Geistlichen (wie Antoine Court und Paul Rabaut), auf deren wahrhaft apostolisches Wirken sie mit Recht stolz ist. Eine
ecclesia pressa war sie stets, auch in den besten Tagen, aber so wenig sie zum
Triumphe gelangte, außer in ihren Blutzeugen, so wenig ist sie je ganz überwunden worden.

Für geschichtliche Behandlung ist hier ein reicher Stoff vorhanden; sehen
wir, wie die Enkel das Erbe ihrer Väter verwendet haben.

Die Reihe der Geschichtschreiber eröffnete Charles Coquerel mit seinem 1841
erschienenen Werke „über die Kirche der Wüste". Er war in der glücklichsten
Lage für ein derartiges Werk; die zahlreichen Papiere der Familie Rabaut standen ihm zur Verfügung, um so schätzbarer zu einer Zeit, wo fast nichts Ge-
drucktes vorlag; das Andenken an die erlittenen Verfolgungen, die Liebe zur
eigenen Kirche, die kaum erst der Ruhe genoß, die Verehrung, in welcher der
alte Geistliche der Wüste stand, die frische lebendige Darstellung verschafften dem
Buch großen Eingang bei den Glaubensgenossen. Das schwere Elend der letzten
60 Jahre (1724 — 1787, dem Jahre des Toleranzedicts), die Gefahren der Bekenner des Evangeliums, die zahllosen Mühsale der Geistlichen, deren Arbeit —
die Sammlung und Befestigung der Gemeinten — mit dem schönsten Erfolg
gekrönt war, bilden seinen Inhalt. Entschiedene Mängel sind freilich nicht zu
läugnen, ein fester Plan fehlt und der beliebte Kanzelredner geräth in Gefahr,
die Declamation auf das ernste Gebiet der Geschichte überzutragen, aber die
Hauptsache war gethan, „der Pauke ein Loch gemacht", und dies Verdienst kann
dem Verfasser nicht geschmälert werden. Es folgte Werk auf Werk. De Felice
schrieb mit Wärme und Anmuth seine „Geschichte des französischen Protestantismus von der Reformation bis zur Gegenwart". Das Buch, mehrfach aufgelegt
und ins Deutsche übersetzt (von Papst), entbehrt bei aller Begeisterung für die
Protestanten der kritischen Schärfe, neue Publicationen haben auch sonst seinen
Werth vermindert; für einen allgemeinen Ueberblick bleibt es aber stets noch ein
brauchbares Handbuch, da es das einzige [1]) bis jetzt erschienene Werk ist, welches
die ganze Geschichte umfaßt.

Wahrhaft bedeutend ist dagegen „La France protestante", herausgegeben
von den Gebrüdern Haag, eine Encyclopädie der Protestanten Frankreichs,

---

[1]) Das Werk von Puaur mit demselben Titel, auf 6 Bände berechnet, ist noch nicht vollendet;
dazu erklärt der Verfasser ausdrücklich, für das große Publicum zu schreiben, und da er dies redlich
gehalten hat, auch nichts Neues beibringt, glauben wir darüber weggehen zu dürfen.

welche sich einen Namen in der Geschichte gemacht haben. Das Ganze, in 10
Bänden vorliegend, welchen sich ein Band Nachtrag anschließt, war eine Riesen-
arbeit, deren glückliche Vollendung von der rastlosen Thätigkeit der beiden Brüder,
ihrem eisernen Fleiß, ihrem Scharfblick in Entwirrung genealogischer Schwierigkeiten, ihrem Geschick in Entdeckung neuer Quellen, Handschriften u. s. w., das
rühmlichste Zeugniß ablegt. Beide (geborene Mömpelgarder) unternahmen das
Werk fast ohne Mittel und Vorarbeiten, ohne durch irgend eine amtliche Stellung
gefördert zu werden, reisten in den bedeutendsten Städten Frankreichs, Hollands
und der Schweiz umher, die gesammelten Notizen wurden auf das umfassendste
benutzt, und eine für Franzosen seltene Pünktlichkeit und Einfachheit ziert die
Ausführung. — Es ist in jeder Beziehung das Hauptwerk über den französischen
Protestantismus, für alle künftigen Untersuchungen ist damit ein fester Boden
gelegt und der wissenschaftlichen Behandlung dieses Gegenstandes der kräf-
tigste Anstoß gegeben. Ihre Landeskirche hat nicht mehr denn ihre Schuldigkeit
gethan, als sie den beiden Verfassern eine Liebesgabe von 14,000 Frcs. zum
Zeichen ihrer Dankbarkeit verehrte[1]).

Ungefähr um dieselbe Zeit, wo der erste Band der France protestante erschien, wurde ebenfalls zur Weckung des Interesses am historischen Protestantismus eine eigene Zeitschrift gegründet: Bulletin de la société de l'histoire du
Protestantisme français, unter Mitwirkung der beiden Haag, des jüngeren
A. Coquerel, Jules Bonnet, Waddington u. s. w. herausgegeben von Charles
Read, dem Chef der nicht-katholischen Culte im französischen Cultministerium. In
monatlichen Heften erscheinend, macht sie es sich zur Aufgabe, ein Correspondenz-
blatt für alle Freunde der protestantischen Geschichte zu sein, neu aufgefundene
Documente zu veröffentlichen; auch Originalabhandlungen sowie Uebersetzungen
aus deutschen Werken finden Platz in ihren Spalten. Wir wollen aus der
Masse dessen, was jedes Jahr geboten wird, nichts anführen, sondern nur bemerken, daß es ein unentbehrliches Hülfsmittel für Jeden ist, der sich näher mit
dem französischen Protestantismus beschäftigt, ein Blatt, dem nichts zu wünschen ist
als größere Verbreitung. Die Herausgeber klagen über Theilnahmlosigkeit ihrer
Glaubensbrüder; der Vorwurf ist nicht ganz ungegründet, doch darf man nicht
vergessen, daß eine solche wissenschaftliche Zeitschrift nur allmählich sich einen
größeren Leserkreis gewinnt. Und unbillig wäre es, die Anerkennung zu verschweigen, welche die genannten Bestrebungen schon gefunden haben. 1859 wurde
in allen reformirten Kirchen Frankreichs ein Freudenfest gefeiert. 300 Jahre
waren vergangen, seitdem die Abgeordneten von 11 Gemeinden während der
Maitage (23—25. 1559) in Paris zusammengetreten waren und ihrer Kirche in
einer Verfassung Einheit und Consistenz gegeben hatten. Eine Denkmünze wurde
geschlagen, jene Versammlung darstellend, es regnete eine Fluth von Broschüren
über die Anfänge ihrer Kirche, in Nimes und an anderen Orten wurden Gottesdienste im Freien gehalten zur Erinnerung an die Versammlungen in der
Wüste, — kurz, Alles vereinigte sich, das Band der Einheit unter den Gemeinden
zu befestigen, die Jetztzeit mit der Vergangenheit vertraut zu machen.

---

[1]) Zum Beweis, wie diese Männer rastlos beschäftigt sind, einer wissenschaftlichen Richtung in der
französischen Theologie Bahn zu brechen, diene nur die Notiz, daß Herr Eugen Haag (obgleich Laie)
gegenwärtig die erste französische Dogmengeschichte herausgiebt.

Wenden wir uns nach dieser allgemeinen Uebersicht den einzelnen Arbeiten[1]) zu, so können wir drei Perioden unterscheiden:

I. Das Aufkommen des Protestantismus bis zum Edict von Nantes (1521 bis 1598. Sturm = und Drangperiode);

II. bis zur Aufhebung des Edictes von Nantes (1685. Zeit der Ermattung und Ruhe);

III. bis zum Toleranzedict Ludwig's XVI. (1787. Die Kirche der Wüste).

I. Wie beim deutschen Protestantismus die Zeit vom 31. October 1517 an bis zum Augsburger Religionsfrieden 1555 — dem in einigen Hinsichten das Edict von Nantes gleichgestellt werden kann — weit mehr literarisch behandelt wurde als die folgenden 50—70 Jahre, so dürfen wir dasselbe auch bei Frankreich voraussetzen. Die Gründung einer Kirche bietet für Jedermann mehr Interesse dar als ein ruhiger Weiterbau, die Erhaltung von Verfassung und Lehre. Die neue Zeit, welche mit der Reformation begann, gefiel sich darin, gleich anfangs einen großen Reichthum von kühnen, edlen Gestalten zu schaffen, deren Werth durch ihr tragisches Geschick nur erhöht wurde. Nicht mit Unrecht hat ein alter Memoirenschreiber jene Jahre die Jugendzeit des Protestantismus genannt, voll Gährens und Tobens, aber auch geschmückt mit all' ihrem Zauber, der frischen, fröhlichen Begeisterung und Liebe.

Zu den bedeutenderen Arbeiten über die Anfänge des Protestantismus gehört neben Triqueti, „die ersten Tage des Protestantismus in Frankreich", und H. Lutteroth, „die Reformation in Frankreich",—zwei Jubiläumsschriften — die Geschichte der Kirche von Nîmes von Borrel. Nîmes ist eine alte Hugenottenstadt und war lange Zeit die Hauptstadt der Protestanten in Südfrankreich. Die Gründung der Kirche dort ist gleichsam Muster und Vorbild für die meisten anderen; darum sind genaue Nachrichten so wichtig, weil im Ganzen die Quellen über jene Zeit sehr spärlich fließen. Nachrichten über die Anfänge der Reformation in einem ganzen Lande giebt C. Schmidt in „Gerard Roussel" (1845); er war Geistlicher bei Margaretha von Navarra und dadurch Reformator von Béarn; wichtig ist die Schrift wegen des Einflusses, den die geistreiche Prinzessin auf die ganze literarische Bildung ihrer Zeit ausübte, noch mehr, weil durch sie Licht fällt in die heimathlichen Zustände des Bourbonen und Condé.

Wie in der Brétagne und Normandie protestantische Kirchen entstanden, darüber giebt uns Vaurigaud (Geistlicher in Nantes) Aufschluß in der neu herausgegebenen Chronik von Philipp le Noir, Sieur de Crévain, einer mit großer Genauigkeit und Localkenntniß geschriebenen Urkunde, bei der nur zu bedauern ist, daß die letzten Theile, welche die allmähliche Vernichtung und Aufhebung jener Kirchen unter Ludwig XIV. enthielten, verloren gingen. Die wichtigste Kirche, die von Paris, erwartet noch ihren Geschichtschreiber. Ath. Coquerel (der Sohn), im Besitz einer Menge interessanter Papiere, sammelt seit einer Reihe von Jahren Notizen zu einem solchen Werke, dem er in jeder Beziehung gewachsen ist und von dem seine Gemeinde in wöchentlichen Abendvorträgen Proben zu hören bekommt. Den besten Aufschluß über jene Frühlingszeit geben

---

[1]) Wir werden im Nachfolgenden nur Specialwerke anführen; Ranke, Merle d'Aubigné, H. Martin, Michelet, Lacretelle, Capefigue u. s. w. liegen außer unserem Bereich.

die Briefe Calvin's, an Gemeinden und an Privatpersonen gerichtet, gesammelt von Jules Bonnet, von Mignet im Journal des savants (1857—59) mit ausgezeichneten Anmerkungen commentirt, ebenfalls eine Geschichte jener ersten Zeit, ein Bruchstück jener sehnlichst erwarteten Geschichte der Reformation, die zwar versprochen ist, aber, wie es scheint, nicht ausgeführt wird. Es ist das um so mehr zu bedauern, da Mignet wohl der Mann ist, der Frankreichs Geschichte im sechszehnten Jahrhundert am gründlichsten kennt und neben seltener Unparteilichkeit (er ist Katholik) eine Meisterschaft in Styl und Darstellung besitzt, wie wir sie unter den Zeitgenossen nur noch bei Ranke finden.

Ehe wir zu den Religionskriegen übergehen, dürfen wir nicht vergessen, einen Mann zu erwähnen, dessen Leben aufs innigste mit dem Gedeihen des Protestantismus verwachsen ist, Theodor Beza von Baum. Es war eine schöne Aufgabe für den Straßburger-Theologen, den zu schildern, der für die Kirche Frankreichs mehr gethan hat als alle die Anderen, der ebenso gut Theolog als Diplomat war, der eingeweiht war in alle Geheimnisse, der, in Verbindung mit den bedeutendsten Männern seiner Zeit stehend, selbst nicht zu den homines minoris ordinis zählte. Baum hat nichts versäumt, seiner Aufgabe nachzukommen; an dem Reichthum des gesammelten Materials, an der Pünktlichkeit der Darstellung, an der kritischen Schärfe und dem ruhigen, gehaltenen Ton erkennt man den deutschen Gelehrten. Schritt für Schritt, fast Tag für Tag kann man Beza's Leben verfolgen und über die Jahre 1559—1563, also über die Verschwörung von Amboise, das Colloquium von Poissy, die Schlacht bei Dreux, kurz, über den ersten Religionskrieg ist es wohl das Beste, was man lesen kann. Freilich ist zu befürchten, daß das Werk ins Unendliche anschwillt, wenn auf diese Weise fortgefahren wird; noch mehr aber ist zu fragen, wann der III. und IV. Band erscheinen werden.

Gehen wir einen Schritt weiter, so finden wir abermals einen Mann, auf dem das Auge mit Wohlgefallen ruht, — Coligny, dessen Leben E. Stähelin in den Protestantischen Monatsblättern von Gelzer (Jahrg. 1858) bearbeitet hat. Der Admiral ist eine der seltenen Erscheinungen, auf welche das Geschick so viel Licht ausgegossen hat, daß für den Schatten kein Raum mehr übrig scheint; Frankreich hat größere Staatsmänner gehabt als ihn, das ist kein Zweifel (trotz seines patriotischen Gedankens, Frankreich von spanischem Einfluß loszureißen, täuschte er sich doch sehr über das Verhältniß der beiden Großmächte bei dem Project des Flandrischen Kriegs kurz vor der Bartholomäusnacht), er war kein Feldherr ersten Ranges — denn die meisten Schlachten hat er verloren —, er hat in keiner Weise den kommenden Geschlechtern Bahn und Weg vorgeschrieben, aber in ihm hat das seinen reinsten Ausdruck gefunden, was ein Protestant sein soll als Familienvater, als Bürger und Parteihaupt. Die Protestanten aller Zeiten haben diese Eigenschaften in ihm bewundert und von den Katholiken nur die ihm ihre Anerkennung versagt, welche in das Te Deum über die Bartholomäusnacht einstimmten. So schildert ihn Stähelin, und wir freuen uns, daß die ehrwürdigen Züge des großen Mannes im Andenken der Nachwelt wieder aufgefrischt wurden. Eine Lebensbeschreibung in streng wissenschaftlichem Sinn sollte das Buch, entsprechend seinem Leserkreise, nicht sein; aus dem vorhandenen Material ist das Resultat gut herausgezogen und zu einem hübsch abgerundeten Ganzen verbunden. Wesentlich Neues über den Admiral und die ganze Familie der Châtillons dürfen wir erst beim Erscheinen ihrer Briefe und Correspondenz erwarten, deren Sammlung von den Herren Ch. Read und Felix Bourquelot (dem Herausgeber der Memoiren Claude Haton's) vorbereitet wird.

Wohl früher als diese Briefe werden wir eine Biographie begrüßen dürfen, welche für die französische und italienische Reformationsgeschichte von größter Wichtigkeit sein wird, — das Leben von Renata d'Este, Herzogin von Ferrara, Tochter Ludwig's XII. Außer Johanna d'Albret (über welche ebenfalls keine neuere Schrift existirt) hat keine Frau Frankreichs einen so entschiedenen Einfluß auf die religiöse Bewegung jenes Jahrhunderts ausgeübt als diese; durch sie wurde Andelot, Coligny's Bruder, an Glaubensmuth und Geistesfraft ihm ebenbürtig, mit Calvin's Schriften bekannt; als Herzogin in Italien leistete sie den wieder erwachenden classischen und religiösen Bestrebungen den möglichsten Vorschub; als Witwe in Montargis lebend, war ihr kleiner Hof der Zufluchtsort aller bedrängten Protestanten; durch ihre Verwandtschaft mit dem regierenden Hause und mit den Guisen, durch Briefe im Verkehr mit den ersten Männern ihrer Zeit stehend, ist sie eine der anziehendsten Frauengestalten des an berühmten Frauen so reichen Frankreichs. Jules Bonnet, dessen Werk wir hiermit ankündigen, hat in den jetzt auf das liberalste geöffneten Bibliotheken und Archiven Oberitaliens eine schöne Blumenlese ihrer Briefe getroffen und wird bei seinem anerkannten Talent als Forscher und als Schriftsteller (vergleiche die Episode „Olympia Morata") auf jeden Fall Tüchtiges leisten.

Ueber kein Ereigniß jenes ereignißvollen Jahrhunderts ist so viel geschrieben und gestritten worden als über die Bartholomäusnacht. War sie vorher bedacht? war sie das Werk eines augenblicklichen Entschlusses? diese Frage ist für den Psychologen wie für den Historiker gleich wichtig und gleich unlösbar. Soldan in seiner Abhandlung „Frankreich und die Bartholomäusnacht" (Raumer's histor. Taschenb auf 1854) glaubte mit einem „Nein" (nicht vorher bedacht) abgeschlossen zu haben. Die Gebrüder Haag, die gründlichen Kenner jener Zeit, behaupten das Gegentheil; Polenz bleibt bei Ranke's Ansicht, welche wohl das Richtige, aber keine Entscheidung giebt: „Wir haben hier (bei Karl IX.) mit einer inneren Zweizüngigkeit zu thun, welche das Entgegengesetzte zugleich beabsichtigen kann." Eine nicht zu verachtende Beigabe zu dieser Literatur ist eine Broschüre von Athan. Coquerel (Sohn), abgedruckt aus der „Novelle revue de théologie", werthvoll wegen der Detailschilderung und der Benutzung einiger bisher unbekannter Depeschen.

Mit diesen Jahren haben wir den Zeitpunkt erreicht, bis zu welchem die beiden deutschen Hauptwerke über den französischen Protestantismus gedrungen sind: „W. Soldan, Geschichte des französischen Protestantismus bis zum Tode Karl's IX. 2 Thle. 1853", und „G. v. Polenz, Geschichte des französischen Calvinismus, 3 Thle." Soldan's Werk ist ein Muster von Specialgeschichte; Genaueres über die Zeit von Franz I. bis Karl IX. kann man kaum lesen; ruhig und maßvoll, unparteiisch und sicher, nicht aufregend und nicht abstoßend, kalt prüfend und scheidend beschreibt er Frankreichs Leben im Innern, seine Beziehungen zu den Nachbarvölkern, die finanziellen Verlegenheiten und die religiösen Wirren, Kriege und Schlachten mit großer Klarheit und Gediegenheit. Soldan's Standpunkt ist wesentlich der staatsmännische; jede Seite soll zu ihrem vollständigen Rechte kommen, jede Partei ihre gebührende Stelle im Ganzen

erhalten; er giebt uns ein Gemälde vom damaligen Frankreich, hübsch und glücklich ausgeführt, nur, möchte uns bedünken, sind die Farben etwas gleichmäßig
aufgetragen; ein Zug der Nüchternheit geht durch das Ganze hindurch. Aber
Soldan's Verdienst wird stets bleiben, bei dem verwickelten Gewebe der damaligen Zustände die einzelnen Fäden gesondert und herausgehoben zu haben; für
Einen, der auf denselben Standpunkt sich stellt, wird es daher ziemlich schwer sein,
viel Neues und Besseres beizubringen, dagegen eine andere Seite beim Calvinismus hervorzuheben, ist nicht unmöglich, und dies hat Polenz gethan. Soldan
schreibt die Geschichte der Ereignisse, Polenz die der Parteien und des sie bewegenden Geistes. Die drei ersten bis jetzt erschienenen Bände umfassen die Zeit
vom Anfang der Reformation in Frankreich bis ungefähr 1575; die folgenden
sollen sich bis zur Revolution von 1789 erstrecken, so daß wir hier zum ersten
Mal eine vollständige deutsche Geschichte des Calvinismus bekämen. Der erste
Band (bis zum Tode Heinrich's II 1559) bringt eine kurze Charakteristik des
französischen Katholicismus — die antikirchlichen und antipäpstlichen Regungen,
Albigenser, Waldenser, d'Ailly, Gerson, Clemengis, die gallikanischen Freiheiten —, geht dann über zum Eindringen der lutherischen Reformation in Frankreich; der Uebergang vom Lutherthum in den Calvinismus, des Meisters Leben
und Lehre, die Blüthezeit des Protestantismus — diese Partieen sind mit Vorliebe ausgeführt. Der zweite Band enthält die vier ersten Religionskriege bis
1575. Schlachten und diplomatische Verhandlungen zu schildern, überläßt Polenz
Anderen; dagegen wird scharfe Musterung gehalten über die beiderseitigen Streitkräfte, über die Kriegszucht der zwei Parteien, und mit Befriedigung kann er
nachweisen, daß die Hugenotten zwar 1000 schlugen, die Katholiken aber 10,000.
Die politische und kirchliche Organisation der Hugenotten, das Entstehen verschiedener Parteien im Schooß der Gläubigen (die Consistorialen, Politiker ꝛc),
ihr Zusammenwirken und Widerstreben nehmen eine hervorragende Stelle in
diesem Bande ein. Der dritte Band endlich mit interessanten und sorgfältigen
Abhandlungen über die rechtsgeschichtlichen Schriften des 16. Jahrhunderts, über
die so folgenreichen Pamphlete der Hugenotten vor und nach der Bartholomäusnacht (Le tossin, reveille-matin, Franco-Gallia, Junius Brutus) zeigt am besten
den Standpunkt des Verfassers. Den Geist des Calvinismus will er beschreiben,
ihm geht er nach, wo er sich zeigt in Lehre, Verfassung, Schriften und
Kriegen; da sucht er den sichersten Schlüssel zur Erklärung der hugenottischen
Handlungen, hier findet er den Maßstab zur Beurtheilung ihrer Tugenden und
Laster. Philosophische und psychologische Reflexionen können da nicht ausbleiben,
sie schwellen oft zu kleinen Abhandlungen an, und dieser Einfluß zeigt sich auch
in Sprache und Styl, nicht immer zum Vortheil. Dies und die Wärme, die
das ganze Buch athmet, zusammenfassend, glauben wir nicht irre zu gehen, wenn
wir das Werk von Polenz eine großartige Apologie des Calvinismus nennen;
einseitig ist sie jedoch nicht, die Fehler und Schwächen werden zwar beklagt,
aber nicht verkannt.

Die politische und religiöse Seite haben ihre Vertreter. Barthold in
„Deutschland und die Hugenotten", I. Bd. 1849, hebt die deutsch-nationale
Seite hervor. Der Einfluß der beiden Nachbarländer auf einander im sechzehnten Jahrhundert, die diplomatischen Unterhandlungen und Verträge mit
den einzelnen Fürsten und Fürstlein, der Zuzug deutscher Hülfstruppen bil

der Chatillons dürfen wir erst beim Erscheinen ihrer Briefe und Correspondenz erwarten, deren Sammlung von de Herren Ch. Read und Felix Bourquelot (dem Herausgeber der Mémoires Olive Haton's) vorbereitet wird.

Wohl früher als diese Briefe werden wir eine Biographie begrüßen dürfen, welche für die französische und italienische Reformationsgeschichte von größter Wichtigkeit sein wird. — das Leben d. Renata d'Este, Herzogin von Ferrara, Tochter Ludwig's XII. Außer Jehana d'Albret (über welche ebenfalls keine neuere Schrift existirt) hat keine Frau Frankreichs einen so entschiedenen Einfluß auf die religiöse Bewegung jenes Jahrhunderts ausgeübt als diese; durch sie wurde Andelot, Coligny's Bruder, an Glaubensmuth und Geisteskraft ihm eben-bürtig, mit Calvin's Schriften bekannt als Herzogin in Italien leistete sie den wieder erwachenden classischen und religiösen Bestrebungen den möglichsten Vor-schub; als Witwe in Montargis lebo, war ihr kleiner Hof der Zufluchtsort aller bedrängten Protestanten; durch ihre Verwandtschaft mit dem regierenden Hause und mit den Guisen, durch Briefe im Verkehr mit den ersten Männern ihrer Zeit stehend, ist sie eine der anziehendsten Frauengestalten des an berühmten Frauen so reichen Frankreichs. Jule Bonnet, dessen Werk wir hiermit ankü-digen, hat in den jetzt auf das liberale geöffneten Bibliotheken und Archi Oberitaliens eine schöne Blumenlese ihr Briefe getroffen und wird bei sei anerkannten Talent als Forscher undals Schriftsteller (vergleiche die Epi Olympia Morata-) auf jeden Fall Tüchtiges leisten.

Ueber kein Ereigniß jenes ereignißvollen Jahrhunderts ist so viel ge-der und gestritten werden als über die Bartholomäusnacht. War sie bedacht? war sie das Werk eines augenblicklichen Entschlusses? diese F für den Psychologen wie für den Historiker gleich wichtig und gleich u Soldan in seiner Abhandlung »Frankreich und die Bartholomäusnacht« mer's bisher. Taschenb. auf 1854) glaub mit einem »Nein« (nicht vorhe abgeschlossen zu haben. Die Gebrüder Haag, die gründlichen Kenner j behaupten das Gegentheil; Polenz blei bei Ranke's Ansicht, welche Richtige, aber keine Entscheidung giebt »Wir haben hier (bei Kar einer inneren Zweizüngigkeit zu thun, welche das Entgegengesetzte abzichtigen kann.« Eine nicht zu verachtende Beigabe zu dieser eine Broschüre von Athan. Coquerel (sohn), abgedruckt aus der „N do théologie", werthvoll wegen der Detailschilderung und der Be-ger bisher unbekannter Depeschen.

Mit diesen Jahren haben wir den Zeitpunkt erreicht, bis z beiden deutschen Hauptwerke über den französischen Protestantis sind: »W. Soldan, Geschichte des französischen Protestantismu Karl's IX. 2 Thle. 1853«, und »G. v. Polenz, Geschichte des fr tinismus, 3 Thle.« Soldan's Werk istein Muster von Speci nauere über die Zeit von Franz I. bis Karl IX. kann man k-nnt massvoll, unparteiisch und sicher, ist aufregend und ni-rollsend und scheidend beschreibt er Frankreichs Leben im In-ihungen zu den Nachbarvölkern, die finanziellen Verlegenhei-glßten Wirren, Kriege und Schlachten mit großer Klarheit Soldan's Standpunkt ist wesentlich der staatsmännische; jede vollständigen Rechte 　　　　　　　　　gebührende

flüchteten

des berühmten
cloren. In der
und militäriſche
Staatsmann und
ltem Schrot und
oß der handgreif-
Männern, die ihr
Schriften benutzte
ur les écrivains fr
r einen Beitrag
außer den genam
die Buchdruckerſa
ausgezeichneten H:
kurzen Lebensabri

France, Newyork 1834, l.

ben den Inhalt des mit mühsamem Fleiße und großer Detailkenntniß geschriebenen Buchs (bis zum Jahre 1563. Das Ganze sollte mit dem Edict von
Nantes schließen, es ist uns aber keine Fortsetzung zu Gesicht gekommen).
Scham und Unmuth ergreift den Patrioten, nachweisen zu müssen, wie viel
deutsches Blut floß und wie spärlich Frankreichs Gold, wie sich die Deutschen
anstrengten, um den politischen Feinden, die zugleich die religiösen Freunde
waren, zu ihrem Rechte zu verhelfen, ohne daß ein Wörtlein von Herausgabe
der drei Städte Metz, Toul und Verdun verlauten durfte.

Während uns über Heinrich III. und die Ligue kein Werk bekannt ist, das
auf die Protestanten besonders Rücksicht nähme, sind dagegen die Anfänge Heinrich's IV. trefflich geschildert in E. Stähelin's umfangreichem Werk: „Der
Uebertritt Heinrich's IV. zur kathol. Kirche", Basel 1856. An Frankreich lag es
damals, ob Westeuropa protestantisch werden oder katholisch bleiben solle; bei der
Auflösung aller politischen und socialen Bande, bei den furchtbaren Partei-
kämpfen und der thatsächlichen Untüchtigkeit der leitenden Häupter stand die
Entscheidung in letzter Hand bei dem einzigen großen König, den Frankreich
im 16. Jahrhundert hervorbrachte, bei dem ersten Bourbonen, Heinrich von Na-
varra. Als präsumtiver Thronerbe, als Haupt der Hugenotten, als König und
Held Aller Augen auf sich ziehend, durch seine persönlichen Vorzüge über die
Mittelmäßigkeit jener Zeit hervorragend, fragte es sich, welchen Einfluß seine
religiöse Gesinnung auf die Politik haben werde, ob der Politiker oder der Hugenott mächtiger in ihm war. Der Grund seines Uebertritts, dessen einzelne
Phasen aufs eingehendste besprochen werden, lag nicht bloß in der zwingenden
Macht der Verhältnisse, sondern noch mehr in Heinrich's Charakter; sittliche
Haltlosigkeit, religiöse Indifferenz, großer Wankelmuth, welcher sich hie und da
auch zu einer protestantischen Glaubensfreudigkeit begeisterte, haben den Uebertritt Heinrich innerlich möglich gemacht, und die irren nach Stähelin sehr,
welche glauben, der König habe, um seinem Lande den Frieden zu bringen, das
Heil seiner Seele und den Frieden seines Gewissens geopfert. Seines Herzens
Wunsch war, sich die Krone Frankreichs aufzusetzen, mochte das nun in St. Denys
oder in einer protestantischen Kapelle sein; seine Geschicklichkeit wußte Alles so
vorzubereiten, daß jeder Schritt, der ihn dem Katholicismus näher brachte, als
ein erzwungener erschien, während er in Wirklichkeit ein ersehnter war. Als
Hugenott (im strengen Sinne) wäre er nicht König geworden, das erkennt auch
Stähelin an (gegenüber den französischen Protestanten, die es immer noch behaupten); blieb da ein anderer Ausweg, als zu Rom überzutreten? Stähelin
findet ihn in einer gallikanischen, vom Papst unabhängigen, von den schwersten
Mißbräuchen gereinigten Kirche. Zu jeder Zeit war ihre Bildung gewünscht,
damals ganz besonders; ein Nationalconcil, vom König berufen und geleitet,
hätte sie möglich gemacht und eingeführt; unter ihrem Dache wären die Protestanten als Brüder und Freunde anerkannt und sicher gewesen, vielleicht auch
die ganze Kirche, wie die Englands, allmählich zur Reform übergegangen. Mit
dem sonst hochgepriesenen Edict von Nantes, dessen Zustandekommen die letzten
Bogen füllt, nahm der Protestantismus ab, sein frisches Leben vertrug sich schlecht
mit dem Buchstaben des Gesetzes und unterlag, so daß (in religiöser Hinsicht)
die größte Wohlthat für die Gemeinde des evangelischen Bekenntnisses die Aufhebung jenes Edictes war.

Es ist gewiß von großem Werthe, daß ein Theolog die Feder für jene Zeit in die Hand genommen hat, zumal ein solcher, dem reiche Mittel zur Verfügung standen und der ermüdende Quellenstudien nicht scheute. In das Dunkel des viel besprochenen „salto mortale" kam Licht; des Königs sittlich = religiöses Leben ist zum ersten Mal sittlich beleuchtet und in seinem Einfluß auf die Ereignisse gezeigt; von dem Lorbeerkranz, der Heinrich's Stirn hergebrachtermaßen ziert, streift Stähelin einige Blätter ab, sie fallen dafür dem guten Genius der Hugenotten, Du Plessis = Mornay zu; die Schilderung seines Lebens und Wirkens ist äußerst gelungen und anziehend. — Jene oben genannten Schlußfolgerungen aber scheinen uns doch etwas zu hoch gegriffen; eine gallikanische Kirche, welche die Protestanten schützt, ist leichter auf dem Papier zu construiren, als in Wirklichkeit auszuführen; stets haben die gallikanischen Regungen (und über solche kam man doch nie hinaus) mit einer Verfolgung der Ketzer, also auch der Protestanten, geendet. Eine Kirche der Wüste mag ein schönes Ding sein, und Viele mögen sie für das Ideal einer Kirche halten, wir glauben aber, es ist auch etwas Gutes, unter seinem Feigenbaum und Weinstock ruhig zu wohnen; diese Möglichkeit den Hugenotten gegeben zu haben, bleibt Heinrich's Verdienst, er brach entschieden mit den Traditionen des Mittelalters und stellte den Staat über die Kirche. Wenn nun seine Nachfolger unser Bekenntniß in Frankreich mit Feuer und Schwert verfolgten, so werden sie billig in der Geschichte gebrandmarkt, auf den Gründer jener Dynastie wollen wir aber der Steine nicht allzu viele werfen.

Was über die politische Geschichte jenes Jahrhunderts geschrieben wurde, glauben wir ziemlich [1]) vollständig angeführt zu haben; es bleibt noch übrig, kurz nach dem literarischen Leben zu sehen. Bürger = und Religionskriege sind nie geeignet gewesen, große Dichter hervorzubringen, da gedeiht höchstens die Satire, und in der hat Agrippa d'Aubigné Vortreffliches geleistet; was sonst der strenge Geist Calvin's erlaubte, war die Dichtung eines religiösen Epos (von Guillaume de Salluste, Hrn. von Bartas, dem Vorgänger Milton's) und die Aufführung religiöser Dramen, wie deren in den 70er Jahren manchmal in La Rochelle erwähnt werden. Anna von Rohan, die Schwester des berühmten duc de Rohan, verfaßte mehrere, sie gingen aber sämmtlich verloren. In der Prosaliteratur wurde mehr geleistet, von La Noue, „politische und militärische Gedanken", Du Plessis = Mornay, gleich bedeutend als Theolog, Staatsmann und Soldat, endlich Agrippa d'Aubigné, „den Hugenott von altem Schrot und Korn", dessen Bücher wegen ihrer drastischen Sprache und trotz der handgreiflichen Gascognaden heute noch gern gelesen werden, — Männern, die ihre freiwillige und unfreiwillige Muße zur Abfassung dieser Schriften benutzten. Ihre Verdienste hat Sayous in seinen études littéraires sur les écrivains français de la réformation, 2 Bde. 1854, gewürdigt. Da er einen Beitrag zur französischen Literaturgeschichte geben will, so sind außer den genannten noch Calvin, Farel, Beza, Hotmann berücksichtigt, ferner die Buchdruckerfamilie der Stephani (Robert und Heinrich Estienne); für den ausgezeichneten Hubert Languet, der lateinisch schrieb, war kein Raum; einen kurzen Lebensabriß des

---

[1]) Das Werk von Smedley: History of the reformation in France, Newyork 1834, kam uns nicht zu Gesicht.

Letzteren gab Richard Treitschke als Einleitung zu dessen „Junius Brutus", Leipz. 1856. Eine Seite der literarischen Thätigkeit dagegen ist gar nicht zu ihrem Rechte gekommen: die theologischen Arbeiten des 16. Jahrhunderts fanden noch keinen Bearbeiter; Epoche machend war zwar kein Werk, doch haben Chandieu, Marlorat, Merlin u. s. w. Tüchtiges geleistet, und da sie Alle so ziemlich einer Richtung folgten, würde es sich der Mühe lohnen, diese calvinische Schule im Zusammenhange von Schreiben und Wirken darzustellen, — eine Einleitung zu der jedenfalls wichtigeren Theologie des 17. Jahrhunderts.

II. Wir sind damit in das Zeitalter der Ruhe eingetreten; freilich war es eine Ruhe vor dem Sturm, eine religiöse Abspannung und Ermattung zeigt sich allenthalben. Der Strom der Reformation, nun in ein geregeltes Bett gezwängt, begann seine Wellen ruhiger und langsamer zu rollen; der Fall Rochelle's (1629) machte der Selbständigkeit und Bedeutung der Reformirten ein Ende, sie waren damit angewiesen, ernstlich der Künste des Friedens zu pflegen, und genossen bis zu Mazarin's Tode (1660) so ziemlich ihrer besten, glücklichsten Zeit. Mit Ludwig's XIV. Emporkommen änderte der Hof seine Politik, es begannen jene gesetzlichen und ungesetzlichen Beschränkungen, die mit der Aufhebung des Edicts endeten. Wie immer läßt sich über eine solche Friedenszeit am wenigsten sagen. Die Waffengefährten Heinrich's IV. waren ins Grab gesunken, große Männer standen nach ihnen nicht mehr auf. Der einzige politisch bedeutende Reformirte ist der Herzog von Rohan; die anderen Großen schlossen allmählich Frieden mit dem Hof und traten über. So wird man es ziemlich natürlich finden, daß wenig literarische Producte über jene Zeit erschienen sind. Noch zum Theil der vorigen Periode angehörend ist Léonce Anquez, les assemblées politiques. Da es seit Heinrich's Uebertritt an einem leitenden Haupte fehlte, waren sie die politischen Vertreter ihres Bekenntnisses, häufig der Spielball der reformirten Adeligen. Die Acten und Beschlüsse dieser Versammlungen (von 1573—1622), zum Theil aus Manuscripten ausgezogen, werden hier mitgetheilt; eine Geschichte ist das Buch keineswegs, aber sehr schätzbare Materialien giebt es an die Hand

Polenz in seinem vierten Bande (der nächstens erscheint) wird über die Zeit bis zum Gnadenedict von Nimes (1629) berichten; sonst ist uns kein Werk bekannt. Die politische Geschichte der Protestanten ist allerdings untergegangen in der allgemeinen französischen. Dafür blühte protestantische Gelehrsamkeit wie nie in Frankreich. Die „verirrte Heerde" hatte gute Hirten, Kanzel und Lehrstuhl waren trefflich besetzt und Männer wie Daillé, Dumoulin, Drelincourt, Claude zierten ihr Bekenntniß durch Wandel und Wissen.

Schweizer in seinen Centraldogmen und in einer Abhandlung in Baur's Jahrbüchern von 1853 hat über die theologischen Streitigkeiten unter den Protestanten berichtet. Die französischen Werke von Nicolas über die protestantischen Universitäten und von Vinet über die Kanzelredner des 17. Jahrhunderts kamen uns leider nicht zu Gesicht. — Ein reiches Feld der Bearbeitung liegt aber da noch offen.

Die beste Uebersicht über die ganze Periode gibt die Einleitung der histoire des réfugiés von Weiß. Die Schrift ist von der königl. Akademie gekrönt worden und verdient es auch; nicht bloß, daß jene Einleitung sehr klar und gediegen ist, sondern die Verfasser haben sich keine Mühe verdrießen lassen, an

Ort und Stelle in den verschiedenen Ländern, wohin die Reformirten flüchteten (Schweiz, Deutschland, Holland und England), die genauesten Nachforschungen anzustellen. Von ihnen geleitet, kann man den Strom der Auswanderung verfolgen zum Theil bis auf unsere Zeit (besonders da, wo französische Kirchen gegründet wurden), bis die Fremden allmählich mit den Bewohnern der Länder verschmolzen, deren Gastfreundschaft sie genossen. Mit gerechtem Stolz wird erzählt: wohin die Hugenotten kamen, brachten sie ihr Capital, ihre arbeitsamen und geschickten Hände mit; Gewerbe und Fabriken blühten auf zum bitteren Schaden des Heimathlandes, das die eigenen Kinder muthwillig verstieß.

Glücklich mochten die heißen, die Leben und Glauben in die Verbannung trugen, glücklicher mindestens als die, welche im Vaterland zurückblieben unter dem Druck der Säbel und der Soutane. Nie hat das Evangelium in Frankreich schlimmere Tage gehabt, als die langen Jahre von der Aufhebung des Edicts von Nantes bis zur Sammlung der Gemeinden durch Antoine Court, 1685—1716. Die blutigen Verfolgungen, Einkerkerungen, Hinrichtungen, die zahlreichen, oft unfreiwilligen Uebertritte, die greuelvollen Camisardenkriege hatten die französische Kirche an den Rand des Verderbens gebracht, es drohte allgemeine Auflösung, Verwilderung. Geistliche waren zwar stets einige im Lande oder schlichen sich vom Ausland herein, glaubensstarke Männer, die ihr Leben meistens am Galgen oder auf dem Rad endeten, aber sie waren zu schwach, vor den Riß zu treten, zumal die Propheten der Cevennen den Zwiespalt in die Gemeinden selbst getragen hatten. Daß sich unter diesen Umständen noch ein guter Kern in den Gemeinden erhalten hat, gehört nicht zu den geringsten Wundern jener wunderbaren Geschichte und ist jedenfalls ein unvergängliches Zeugniß für die Kraft des protestantischen Glaubens. Die schwerste der Prüfungen wurde so mit Gottes Hülfe überstanden; wenn auch die folgenden Jahre, besonders nach dem blutigen Edikt von 1724, des Jammers genug über Einzelne und ganze Gemeinden ausgegossen, hatte doch die Kirche, einen Mann, der sich an die Spitze stellte, ihr die alte Ordnung, den regelmäßigen Gottesdienst wieder gab, den schon erwähnten Antoine Court, welcher für die französische Kirche das wurde, was Samuel für die israelitische, und der dazu die Freude hatte, sein Werk einem Nachfolger zu hinterlassen, wie kein würdigerer aufgefunden werden konnte, Paul Rabaut; dieser führte mit milder, aber fester Hand das ihm anvertraute Schifflein bis zum Toleranzedict Ludwig's XVI. Die Stürme der Revolution zu beschwören, war der alte Arm zu schwach.

III. Diese letzte Zeit, welche dem Volksbewußtsein nicht zu fern liegt, ist mehrfach bearbeitet. Außer dem bereits erwähnten Werk von Coquerel ist besonders anzuführen: N. Peyrat, histoire des pasteurs du désert. 2 Bde. 1842. Für die Cevennolen, die Nachfolger der alten Camisardenkrieger, schreibt Peyrat, „die Kindespflicht gegen die Heimath erfülle er, wenn er die schlummernde Erinnerung an die glorreichen Tage der Vorzeit wecke; darum sei er von Thal zu Thal gewandert, habe Sagen und Traditionen an Ort und Stelle gesammelt, mit den schriftlichen Aufzeichnungen verglichen und so eine Chronik jener 100 Jahre zusammengestellt". Weiteren Anspruch kann das Buch auch kaum machen; wohl sind die „Pastoren", unter welchem Namen promiscue Geistliche, Prädicanten, Propheten und Krieger verstanden werden, ziemlich vollständig angeführt, aber von Kritik ist in dem Werke wenig zu finden. Der interessanteste, darum auch

und ... in ...
... Teu... und ...
stellen ...
... zum ...
... warten, ...
... melzen, ...
... ...
... ...
... des ...
... ...
glück. ...
... ...
... ...
... 1716 ...
... ...
... ...
... ...

... ...
... ...
... ...

deskirche
namt in
amt ein
f rechter
u muß?
Staats=
Pfarrer
se, ...
...

schwerste Punkt, das Prophetenthum[1]) jener Zeit, ist mit einer kurzen Hinweisung auf das Alte Testament abgemacht, eine psychologische Erklärung gar
nicht versucht.

Immer noch das Beste über die Camisardenkriege giebt Hofmann, „die
Geschichte des Aufruhrs in den Cevennen". Tieck's bekannte Novelle hatte ihn
dazu angeregt. Es war das erste deutsche Werk, das über jene Zeit erschien,
und verdient wohl, den Reigen anzuführen; die damals vorhandenen Quellen
sind treulich benutzt, das Bild jener unerquicklichen Zeit ist einfach und wahrheits-
getreu gezeichnet, recht im Gegensatz zu dem französischen Pathos von Peyrat.
Der größte Märtyrer der Wüste, Claude Brousson († 1698), der das corpus
juris mit dem Evangelienbuch vertauschte und ein ebenso bedeutender Prediger
wurde, wie er ein beliebter Advocat gewesen war, hat seinen Biographen gefunden in H. Baynes, the evangelist of the desert (London 1853). Antoine
Court ist dies Glück noch nicht zu Theil geworden, was um so mehr zu bedauern
ist, da auch sein reicher handschriftlicher Nachlaß (auf der Genfer Bibliothek) noch
nicht gehörig benutzt wurde. Ueber Paul Rabaut werden wir aus der Feder
von Athan. Coquerel (Sohn) etwas erwarten dürfen. Eine treffliche Probe von
dem, was er zu leisten vermag, haben wir in Jean Calas et sa famille, der
ersten aktenmäßigen und genauen Darstellung jenes berühmten Processes. Un-
dankbar wäre es, bei diesem Anlaß eines Mannes zu vergessen, dem die letzte
Trübsal der Protestanten den Vorwurf gegeben zu einem ausgezeichneten Roman: Trois sermons sous Louis XV. par F. Bungener (auch ins Deutsche übersetzt). Der Roman vermag die Geschichte nicht zu ersetzen, aber um die Aufmerksamkeit auf jene Zeit zu lenken, dafür hat er mehr gethan, als viele Historiker.
Styl und Sprache, Geschmack und Anlage des Buches machen es überdies zu
dem besten seiner Art.

Gerade hundert Jahre sind vergangen, seit auf dem Marktplatz von Tou-
louse das letzte protestantische Märtyrerblut geflossen ist (10. März 1762). Es
war wie kein anderes fruchtbar für die Kirche; von dort an schlug die Idee
der Toleranz in Frankreich durch, die rechtliche Anerkennung der Reformirten
ließ nicht lange auf sich warten; sie ist ihnen seitdem verblieben, wenn auch
unter manchen Anfechtungen. Der „Univers", seligen Angedenkens, brachte jedes neue Jahr eine neue Anklage. Im August 1861 fand sich der „Constitu-
tionnel" bemüßigt, das oben erwähnte Bulletin anzugreifen und ihm vorzuwerfen: „Die alten Pamphlete gegen die katholische Kirche werden aus dem Mo-
der der Vergangenheit gezogen und schon den Herzen der Kinder Haß eingepflanzt." — Abgeschmackt war es, von Kindern zu reden, etwas Wahres ist
aber an der Behauptung, nur trifft der Vorwurf nicht das Bulletin und seine
Herausgeber, sondern die katholische Kirche, welche ihre protestantische Genossin
so stiefmütterlich behandelte, daß diese heute noch nicht ihr viel vergossenes
Blut verschmerzen kann und vor neuen Angriffen stets auf der Hut ist. Dieses
Verhältniß hat Einfluß auf die Art der Geschichtschreibung. Die Franzosen gerathen leicht in Gefahr, weil sie mitten in der Partei stehen, parteiisch zu schreiben; durchschnittlich sind die deutschen Bearbeitungen maßvoller und vorurtheils-

---

[1]) Siehe darüber die Abhandlung von M. Göbel in der Zeitschrift für historische Theologie
Jahrg. 1854 u. 1855.

loſer. Die Proteſtanten beider Zungen werden ſich aber freuen, daß auch dieſer lange vernachläſſigte Zweig unſerer Kirchengeſchichte neue Blüthen zu treiben beginnt; mögen die ſchönen Früchte nicht ausbleiben! —

Stuttgart.   Theodor Schott.

Carl Hildebrand Freiherr v. Canstein. Zum Theil nach handſchrift= lichen Quellen. Mit Portrait und Facſimile. Verſuch eines Bei= trages zur Geſchichte des Speneriſch=Franckiſchen Pietismus von C. H. Chr. Plath, Oberlehrer und Prediger in Halle. Halle, Verlag der Buchhandlung des Waiſenhauſes, 1861.

Von der richtigen Bemerkung ausgehend, daß der bedeutende Antheil des Adels an der erſten pietiſtiſchen Bewegung eins der eigenthümlichen Merkmale dieſer Erſcheinung ſei (im charakteriſtiſchen Unterſchiede, ſetzen wir hinzu, von der Reformation des 16. Jahrhunderts), entwirft der Verfaſſer hier zum guten Theil aus handſchriftlichen Quellen der Waiſenhausbibliothek, hauptſächlich Briefen des Geſchilderten an A. H. Francke, das Lebensbild des Freiherrn v. Canſtein. Als ein echtes, treues Geiſteskind Spener's, als ein beſonders hervorragender Vertreter des damaligen frommen Adels und geſunder pietiſtiſcher Laie, als der väterliche Freund Zinzendorf's, als der nächſte Vertraute Francke's, vornehmlich aber als der Stifter der erſten reichgeſegneten Anſtalt zur Verbreitung der Bibel, die er ſelbſt auch theilweiſe auslegt, wird er vom Verfaſſer mit vieler Liebe und gerechtem Urtheil, wenn auch ſtellenweiſe zu ſehr nach dem Maaße eines einſei= tigen kirchlichen Doctrinärismus, dargeſtellt. Der Verfaſſer läßt meiſt die Quellen ſelbſt reden, aus denen er jedoch nebſt vielen merkwürdigen Stücken auch nicht wenige nur für einen beſchränkten Kreis von Leſern intereſſante Specialitäten mittheilt, worunter die Klarheit und Durchſichtigkeit des wohl angelegten Bildes empfindlich leidet. Was die von dem Verfaſſer auch bezüglich der geiſtigen Gaben und Eigenthümlichkeiten behauptete auffallende Aehnlichkeit zwiſchen Can= ſtein und Zinzendorf anlangt, ſo können wir ihm hierin nicht beipflichten. Canſtein iſt, wie ſein geiſtlicher Vater Spener, eine verſtändige, klar-beſonnene Natur, von edler, liebenswürdiger Einfalt und Erbaulichkeit, viel mehr in ſich geſchloſſen als Zinzendorf, frei von ſeinen Extravaganzen wie von der frommen Manier mancher ſeiner Standesgenoſſen, aber auch ohne die hohe religiöſe Genialität eines Zinzendorf, viel methodiſcher zugeſchnitten und in der from= men Geſchäftigkeit und Betriebſamkeit des Pietismus von ihm entſchieden über= troffen. — Wie wenig übrigens der Pietismus ſich von Haus aus in irgend welchen bewußten Gegenſatz zur Kirche und kirchlichen Lehre geſtellt hat, ſieht man — was wir gegenüber einigen mindeſtens mißverſtändlichen Bemerkungen des Herrn Verfaſſers ſagen — an Canſtein recht deutlich, der ſich durchaus in auf= richtiger Uebereinſtimmung mit dem Bekenntniß der Kirche weiß, wenn auch ſeine ganze Wirkſamkeit ſich nicht ſowohl in den Dienſt der Kirche zur Heran= bildung eines Kirchenvolkes ſtellt, als vielmehr auf eine Förderung privater Frömmigkeit und individuellen religiöſen Lebens ausgeht.

Flemingen bei Penig.   Dr. phil. Meier.

Praktische Theolo

Die nothwendigen Grundlagen iner
Ordnung vereinigenden Kirchenrfaff
von Dr. E. Herrmann, Ffrath
Göttingen. Berlin, Wilh. Frtz, 1

Die Absicht dieser Schrift ist au dem
geht von der Ueberzeugung aus, die : mit
bene ansieht, daß unsere Zeit zum Aibau b
berufen, daß dieser aber nicht im hochrlich
der episkopalen Macht der Consistorie1 sonde
Elemente in die Consistorialverfassungu bem
auch die zerstörenden Kräfte mit herezunehm
vorhandenen Lebenskräfte überhaupt r̤hr zu
von nicht zurückschrecken. Eine bloß herlich
einheitliches Princip für diese Bereinung
solches sei, sagt der Verfasser S. 10, er we
Idee eines „kirchlichen Constitutionalinus".
dort, „den Schrecken zu theilen, welcr leid
liche Männer, besonders aus dem Laestand
ergreift. Vielmehr bedauere ich es aus tiefjh
eine Entfremdung gegen einen wahrht groß
Baue des sittlichen Gemeinwesens anhidigt
Kirche zu Gute zu kommen." Sehr r̤hr;
der politische Verstand und das politche
gediehen ist, daß man in einer redlich c.
allein richtigen, für die Fürsten wie ü
dann kann es uns nicht wundern, war
wisser Theologen und Kirchenmänner
Laie kirchliche Rechte haben soll, die 1
fasser wünscht sehr mit Recht, die Kird
seinem Erneuerungsprocesse vorangef
wahrt er sich (S. 12.) aufs bestimm
derne Constitutionalismus auf die
liege, wie S. 14 ff. ausgeführt ist
vollständig Kirche sei, die analoge
Staat sei; der Sprachtact nenn
auch Staaten. Wir können bi
aber wir müssen gestehen, daj
schiedenheit nicht zur oide
nicht einen St
bend; ij
Jahrhu1
die Stu
nicht u1

Praktische Theologie.

Die nothwendigen Grundlagen einer die consistoriale und synodale Ordnung vereinigenden Kirchenverfassung. Ein Kirchentags=Vortrag von Dr. E. Herrmann, Hofrath und Professor der Rechte in Göttingen. Berlin, Wilh. Hertz, 1862.

Die Absicht dieser Schrift ist auf dem Titel ausgesprochen; der Verfasser geht von der Ueberzeugung aus, die er mit Recht als eine allgemein vorhandene ansieht, daß unsere Zeit zum Ausbau der evangelischen Kirchenverfassung berufen, daß dieser aber nicht im hochkirchlichen Sinne, durch bloße Steigerung der episkopalen Macht der Consistorien, sondern nur durch Aufnahme synodaler Elemente in die Consistorialverfassung zu bewerkstelligen sei; die bloße Furcht, auch die zerstörenden Kräfte mit hereinzunehmen, indem man die in der Kirche vorhandenen Lebenskräfte überhaupt mehr zur Verwendung bringe, dürfe davon nicht zurückschrecken. Eine bloß äußerliche Combination beider, wobei kein einheitliches Princip für diese Vereinigung vorhanden sei, genüge nicht; ein solches sei, sagt der Verfasser S. 10, eher wenigstens formell gefunden in der Idee eines „kirchlichen Constitutionalismus". „Ich bin weit entfernt", heißt es dort, „den Schrecken zu theilen, welcher leider manche eifrige und treue kirchliche Männer, besonders aus dem Lehrstande, schon bei diesem bloßen Worte ergreift. Vielmehr bedauere ich es aufs tiefste, wenn sich in dieser Abneigung eine Entfremdung gegen einen wahrhaft großen Fortschritt unserer Zeit in dem Baue des sittlichen Gemeinwesens ankündigt, der dazu angethan ist, auch der Kirche zu Gute zu kommen." Sehr wahr; wenn aber in gewissen Kreisen selbst der politische Verstand und das politische Rechtsbewußtsein noch nicht so weit gediehen ist, daß man in einer redlichen constitutionellen Regierungsweise den allein richtigen, für die Fürsten wie für die Völker heilsamen Weg erkennt, dann kann es uns nicht wundern, wenn noch viel weniger der Aberglaube gewisser Theologen und Kirchenmänner sich damit befreunden kann, daß auch der Laie kirchliche Rechte haben soll, die nicht vom Klerus abhängen. Unser Verfasser wünscht sehr mit Recht, die Kirche dürfte hierin vom Staate, der ihr in seinem Erneuerungsprocesse vorangeschritten, etwas lernen. Gleichwohl verwahrt er sich (S. 12.) aufs bestimmteste dagegen, daß ohne Weiteres der moderne Constitutionalismus auf die Kirche übertragen werde. Der Unterschied liege, wie S. 14 ff. ausgeführt ist, darin, daß die Localgemeinde für sich schon vollständig Kirche sei, die analoge bürgerliche Gemeinde aber nicht für sich schon Staat sei; der Sprachtact nenne die Localgemeinden schon Kirchen, nicht aber auch Staaten. Wir können hier alle die weiteren Ausführungen nicht copiren, aber wir müssen gestehen, daß sie uns jene These von einer principiellen Verschiedenheit nicht zur Evidenz gebracht haben. Daß man die Localgemeinde nicht einen Staat nennt, ist als Sache des Sprachgebrauchs doch nicht entscheidend; ist doch auch das deutsche Wort „Staat" erst der Redeweise der letzten Jahrhunderte angehörig, und andererseits pflegen wir auch nicht mehr zu sagen: die Stuttgarter, die Göttinger Kirche, sondern Gemeinde. Ueberdieß: haben nicht unsere Reichsstädte in der That die Einheit von Staat und Gemeinde

enso dargestellt, wie sie, evangelisch geworden, die Einheit von Landeskirche
nd Gemeinde repräsentirten? Und wenn wir auch das Schultheißenamt in
ner Gemeinde nicht ein Staatsamt nennen, wie allerdings das Pfarramt ein
irchenamt ist: ruht nicht dennoch die rechte Staatsverwaltung ebenso auf rechter
emeindeverwaltung, wie das Kirchenregiment sich aufs Pfarramt stützen muß?
t nicht auch der weltliche Ortsvorstand ganz in derselben Weise an die Staats-
setze gebunden und der unmittelbarste Vollstrecker derselben, wie der Pfarrer
 die Kirchengesetze, während das freie persönliche, nicht durch Gesetze, son-
rn durch Verhältnisse und Bedürfnisse der Localgemeinde bedingte Wirken
iderseits sich ebenfalls entspricht? Auch in der weiteren Ausführung, so sehr
r das positiv über die Kirche und ihr Regiment als ein aus dem ursprüng-
hen Rechte der Gemeinde abgeleitetes Regierungsrecht Gesagte vollkommen
htig finden, ist uns das über den Staat und sein Regiment Gesagte allzu
onarchisch; es fragt sich ja eben, ob das Regiment eines Landes nicht ebenfalls
incipiell ein aus dem Selbstregierungsrecht eines Volkes erst abgeleitetes Recht
 dessen Concentrirung in einer monarchischen Spitze wir zwar für die größte
ohlthat, für das absolut Vernünftige, nicht aber für ein gleichsam vor der
istenz des Volkes, also der Gemeinde, schon existirendes, göttliches Recht
ten: Daß bei alledem noch wichtige Unterschiede bestehen, das liegt unzwei-
haft im Wesen des kirchlichen und des staatlichen Lebens; dort kann in vielen
ziehungen ein Zwang gar nicht ausgeübt werden, der hier ausgeübt werden
f und muß, weil er nur das legale Verhalten, nicht aber das Gewissen be-
fft; aber so weit reicht unseres Erachtens der Gegensatz doch nicht, daß man
ein könnte, eine synodale Kirchenordnung sei von einer constitutionellen Staats-
nung schlechthin verschieden. Der Hr. Verfasser will in der Synode kein
rlament sehen. Geht man von den wirklichen Beständen aus, wo das Parla-
nt "Ihrer Majestät getreue Opposition" zu sein, so oft für seinen Hauptberuf
ieht, dann freilich wird Niemand wünschen, einem geordneten und von gutem
iste beseelten Kirchenregiment solch eine Opposition in Gestalt eines kirchlichen
rlaments gegenüber zu stellen; der Staat kann solche Dinge vertragen, der
che entspränge viel Unheil daraus. Aber solche gegenseitige Spannung liegt
t im Princip; denken wir uns beide Theile aus gewissenhaften, kirchlich geten Männern besetzt, so wäre es ein Zusammenwirken des gesetzgebenden
 vollziehenden Elementes, des unmittelbar volksthümlichen Lebens und der
bestimmten Formen sich bewegenden, daher stetigeren Kirchenregierung. Unser
faffer sagt S. 21: Falls der Kirche ihr monarchisches Haupt verloren ginge,
wäre "in der Synode das völlig rechtmäßige Organ der Landeskirche vor-
den, welches sich sofort mit der Zweckmäßigkeitsfrage zu beschäftigen hätte,
velcher neuen Weise für einen ständigen Mittelpunct des Kirchenregiments
organ sey"; ganz richtig, aber wenn die Dynastie ausstirbt oder abdankt, ist
ann nicht ganz ebenso das Parlament, welches für eine neue Besetzung des
ierungsamtes zu sorgen hat? Denn so hoch die Majestät den Fürsten über
 Volk emporhebt, christlich betrachtet ist auch seine Krone das Attribut eines
 eines Dienstes zum Wohle der Volksgemeinde, wofür er zwar keinem
chen, desto gewisser aber Gott verantwortlich ist.
Was S. 35 ff. über die Nothwendigkeit einer festen Centralbehörde, her-
ebenso über die Nothwendigkeit, daß diese durch eine Synode mit den

Praktische Theologie.

Die nothwendigen Grundlagen einer die consistoriale und synodale
Ordnung vereinigenden Kirchenverfassung. Ein Kirchentags=Vortrag
von Dr. E. Herrmann, Hofrath und Professor der Rechte in
Göttingen. Berlin, Wilh. Hertz, 1862.

Die Absicht dieser Schrift ist auf dem Titel ausgesprochen; der Verfasser
geht von der Ueberzeugung aus, die er mit Recht als eine allgemein vorhandene ansieht, daß unsere Zeit zum Ausbau der evangelischen Kirchenverfassung
berufen, daß dieser aber nicht im hochkirchlichen Sinne, durch bloße Steigerung
der episkopalen Macht der Consistorien, sondern nur durch Aufnahme synodaler
Elemente in die Consistorialverfassung zu bewerkstelligen sei; die bloße Furcht,
auch die zerstörenden Kräfte mit hereinzunehmen, indem man die in der Kirche
vorhandenen Lebenskräfte überhaupt mehr zur Verwendung bringe, dürfe davon nicht zurückschrecken. Eine bloß äußerliche Combination beider, wobei kein
einheitliches Princip für diese Vereinigung vorhanden sei, genüge nicht; ein
solches sei, sagt der Verfasser S. 10, eher wenigstens formell gefunden in der
Idee eines „kirchlichen Constitutionalismus". „Ich bin weit entfernt", heißt es
dort, „den Schrecken zu theilen, welcher leider manche eifrige und treue kirchliche Männer, besonders aus dem Lehrstande, schon bei diesem bloßen Worte
ergreift. Vielmehr bedaure ich es aufs tiefste, wenn sich in dieser Abneigung
eine Entfremdung gegen einen wahrhaft großen Fortschritt unserer Zeit in dem
Baue des sittlichen Gemeinwesens ankündigt, der dazu angethan ist, auch der
Kirche zu Gute zu kommen." Sehr wahr; wenn aber in gewissen Kreisen selbst
der politische Verstand und das politische Rechtsbewußtsein noch nicht so weit
gediehen ist, daß man in einer redlichen constitutionellen Regierungsweise den
allein richtigen, für die Fürsten wie für die Völker heilsamen Weg erkennt,
dann kann es uns nicht wundern, wenn noch viel weniger der Aberglaube gewisser Theologen und Kirchenmänner sich damit befreunden kann, daß auch der
Laie kirchliche Rechte haben soll, die nicht vom Klerus abhängen. Unser Verfasser wünscht sehr mit Recht, die Kirche dürfte hierin vom Staate, der ihr in
seinem Erneuerungsprocesse vorangeschritten, etwas lernen. Gleichwohl verwahrt er sich (S. 12.) aufs bestimmteste dagegen, daß ohne Weiteres der moderne Constitutionalismus auf die Kirche übertragen werde. Der Unterschied
liege, wie S. 14 ff. ausgeführt ist, darin, daß die Localgemeinde für sich schon
vollständig Kirche sei, die analoge bürgerliche Gemeinde aber nicht für sich schon
Staat sei; der Sprachtact nenne die Localgemeinden schon Kirchen, nicht aber
auch Staaten. Wir können hier alle die weiteren Ausführungen nicht copiren,
aber wir müssen gestehen, daß sie uns jene These von einer principiellen Verschiedenheit nicht zur Evidenz gebracht haben. Daß man die Localgemeinde
nicht einen Staat nennt, ist als Sache des Sprachgebrauchs doch nicht entscheidend; ist doch auch das deutsche Wort „Staat" erst der Redeweise der letzten
Jahrhunderte angehörig, und andererseits pflegen wir auch nicht mehr zu sagen:
die Stuttgarter, die Göttinger Kirche, sondern Gemeinde. Ueberdieß: haben
nicht unsere Reichsstädte in der That die Einheit von Staat und Gemeinde

benfo dargeftellt, wie fie, evangelifch geworden, die Einheit von Landeskirche
und Gemeinde repräfentirten? Und wenn wir auch das Schultheißenamt in
einer Gemeinde nicht ein Staatsamt nennen, wie allerdings das Pfarramt ein
Kirchenamt ift: ruht nicht dennoch die rechte Staatsverwaltung ebenfo auf rechter
Gemeindeverwaltung, wie das Kirchenregiment fich aufs Pfarramt ftützen muß?
Ift nicht auch der weltliche Ortsvorftand ganz in derfelben Weife an die Staats-
gefetze gebunden und der unmittelbarfte Vollftrecker derfelben, wie der Pfarrer
an die Kirchengefetze, während das freie perfönliche, nicht durch Gefetze, fondern durch Verhältniffe und Bedürfniffe der Localgemeinde bedingte Wirken
beiderfeits fich ebenfalls entfpricht? Auch in der weiteren Ausführung, fo fehr
wir das pofitiv über die Kirche und ihr Regiment als ein aus dem urfprünglichen Rechte der Gemeinde abgeleitetes Regierungrecht Gefagte vollkommen
richtig finden, ift uns das über den Staat und fein Regiment Gefagte allzu
monarchifch; es fragt fich ja eben, ob das Regiment eines Landes nicht ebenfalls
principiell ein aus dem Selbftregierungsrecht eines Volkes erft abgeleitetes Recht
ift, deffen Concentrirung in einer monarchifchen Spitze wir zwar für die größte
Wohlthat, für das abfolut Vernünftige, nicht aber für ein gleichfam vor der
Exiftenz des Volkes, alfo der Gemeinde, fchon exiftirendes, göttliches Recht
achten: Daß bei alledem noch wichtige Unterfchiede beftehen, das liegt unzweifelhaft im Wefen des kirchlichen und des ftaatlichen Lebens; dort kann in vielen
Beziehungen ein Zwang gar nicht ausgeübt werden, der hier ausgeübt werden
darf und muß, weil er nur das legale Verhalten, nicht aber das Gewiffen betrifft; aber fo weit reicht unferes Erachtens der Gegenfatz doch nicht, daß man
fagen könnte, eine fynodale Kirchenordnung fei von einer conftitutionellen Staats-
ordnung fchlechthin verfchieden. Der Hr. Verfaffer will in der Synode kein
Parlament fehen. Geht man von den wirklichen Beftänden aus, wo das Parlament „Ihrer Majeftät getreue Oppofition" zu fein, fo oft für feinen Hauptberuf
anfieht, dann freilich wird Niemand wünfchen, einem geordneten und von gutem
Geifte befeelten Kirchenregiment folch eine Oppofition in Geftalt eines kirchlichen
Parlaments gegenüber zu ftellen; der Staat kann folche Dinge vertragen, der
Kirche entfpränge viel Unheil daraus. Aber folche gegenfeitige Spannung liegt
nicht im Princip; denken wir uns beide Theile aus gewiffenhaften, kirchlich gefinnten Männern befetzt, fo wäre es ein Zufammenwirken des gefetzgebenden
und vollziehenden Elementes, des unmittelbar volksthümlichen Lebens und der
in beftimmten Formen fich bewegenden, daher ftetigeren Kirchenregierung. Unfer
Verfaffer fagt S. 21: Falls der Kirche ihr monarchifches Haupt verloren ginge,
wäre „in der Synode das völlig rechtmäßige Organ der Landeskirche vorhanden, welches fich fofort mit der Zweckmäßigkeitsfrage zu befchäftigen hätte,
. welcher neuen Weife für einen ftändigen Mittelpunct des Kirchenregiments
. forgen fei"; ganz richtig, aber wenn die Dynaftie ausftirbt oder abdankt, ift
dann nicht ganz ebenfo das Parlament, welches für eine neue Befetzung des
Regierungsamtes zu forgen hat? Denn fo hoch die Majeftät den Fürften über
das Volk emporhebt, chriftlich betrachtet ift auch feine Krone das Attribut eines
Amtes, eines Dienftes zum Wohle der Volksgemeinde, wofür er zwar keinem
Menfchen, defto gewiffer aber Gott verantwortlich ift.

Was S. 35 ff. über die Nothwendigkeit einer feften Centralbehörde, hernach ebenfo über die Nothwendigkeit, daß diefe durch eine Synode mit den

Gemeinden selbst in Contact trete, gesagt ist, dem gebührt unsere volle Zustimmung; ebenso dem, was schließlich über die Vertheilung der Functionen
an Consistorium und Synode vorgeschlagen ist. Nur meinen wir, diese Ausführungen enthalten so viel mit der parlomentarischen Institution auf politischem
Gebiet Analoges, daß die fast ängstliche Verwahrung gegen jede Confusion mit
dieser, die S. 34 wiederkehrt, uns nicht so nöthig erschiene. Geht man überhaupt von der Ansicht aus, daß die Verfassung der Kirche nicht ihrem idealen
oder göttlichen, ewigen Wesen, sondern ihrer realen, menschlichen, weltlichen,
aber darum dennoch nothwendigen Existenzform angehört, so nimmt man weniger Anstoß an der Uebertragung politischer Formen auf diese Seite ihres Daseins; ginge mit den politischen Formen auch der Weltgeist auf sie über, dann
freilich wäre sie übel berathen; allein dieser Weltgeist steckt im Constitutionalismus nicht weiter und nicht schlimmer, als er in jeder anderen Form, namentlich
auch in der Gestalt eines reinen Episkopalismus und so auch in jeder syno-
dalen Form, in die Kirche eindringen und ihr zum Unheil werden kann.

Palmer.

Lightning Source UK Ltd.
Milton Keynes UK
UKHW020828271218
334508UK00011B/521/P